U0544492

北京市優秀古籍整理出版扶持項目

漢學師承記箋釋

「修訂本」

附 經師經義目録 ［清］江藩 纂
漢學師承記續記 ［清］趙之謙 纂
漆永祥 整理

上册

［清］江藩 纂
漆永祥 箋釋

北京联合出版公司
Beijing United Publishing Co.,Ltd.

鄭堂先生小像(全幅)

清丁以誠寫真　費丹旭補圖　阮元等題跋

南京博物院藏

鄭堂先生小像（局部）

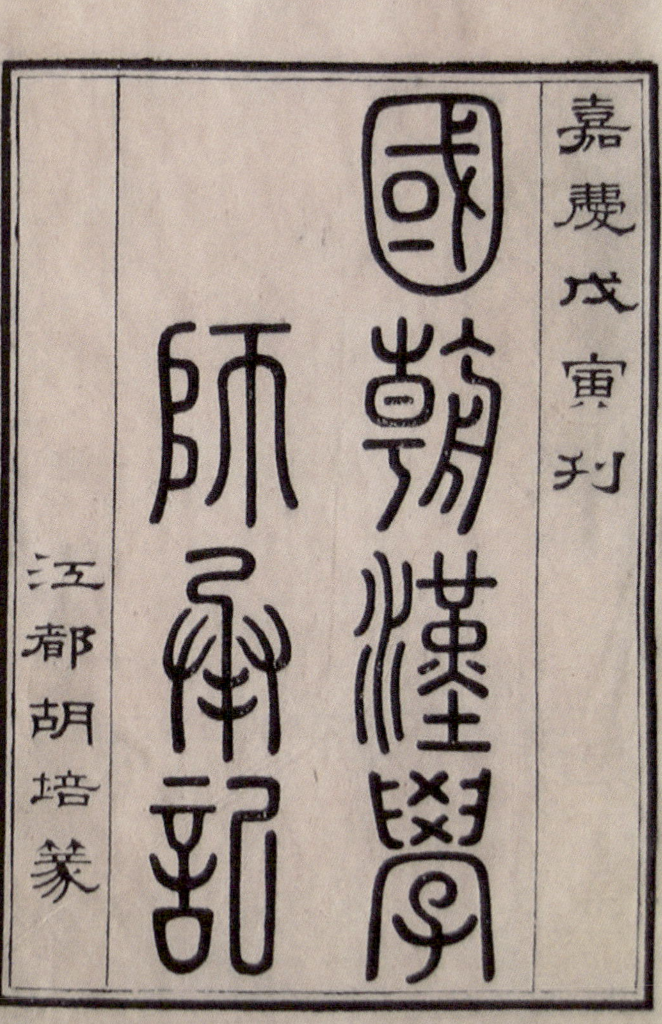

嘉慶戊寅刊

國朝漢學師承記

江都胡培篆

國朝漢學師承記序

兩漢經學所以當尊行者爲其去聖賢最近而二氏之說尚未起也老莊之說盛於兩晉然道德莊列本書具在其義止於此而已後人不能以已之文字飾而改之是以晉以後鮮樂言之者浮屠之書語言文字非譯不明北朝淵博高明之學士宋齊聰頴特達之文人以已之說傅會其意以致後之學者繹之彌悅改而必從非釋之亂儒乃儒之亂釋魏收作釋老志後蹤跡可見矣吾固曰兩漢之學純粹以精者在二氏未起之前也我

朝儒學篤實務爲其難務求其是是以通儒碩學有束

嘉慶二十四年刻本

本書所用底本　南京圖書館藏

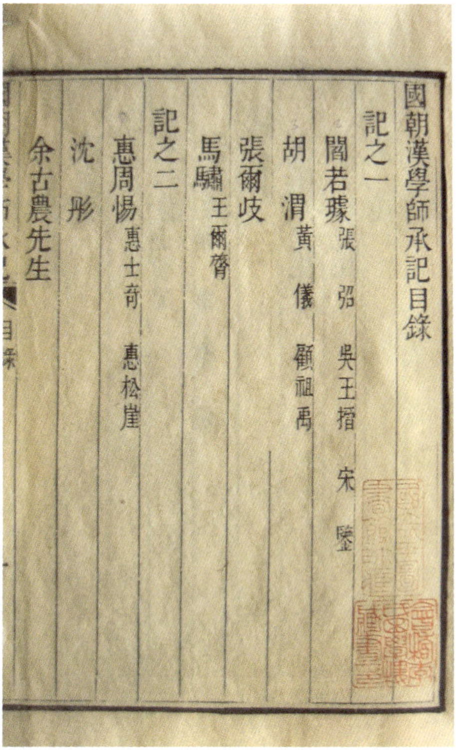

國朝漢學師承記目錄

記之一

閻若璩 張弨 吳玉搢 宋鑒

胡渭 黃儀 顧祖禹

張爾岐

馬驌 王爾膂

記之二

惠周惕 惠士奇 惠松崖

沈彤

余古農先生

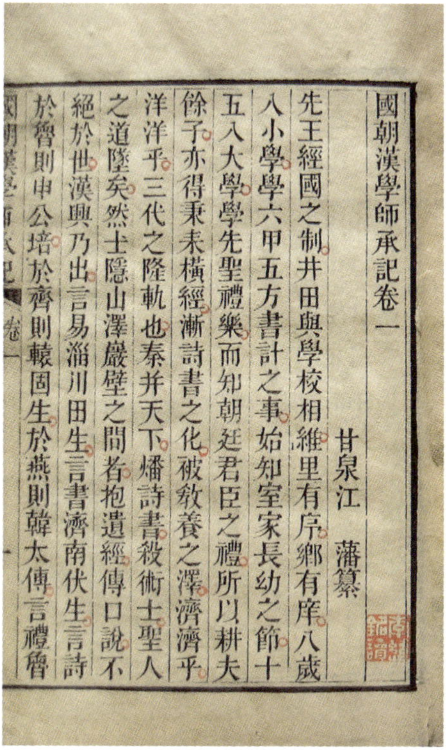

國朝漢學師承記卷一

甘泉江藩纂

先王經國之制，井田與學校相維，里有序，鄉有庠。八歲入小學，學六甲五方書計之事，始知室家長幼之節；十五入大學，學先聖禮樂，而知朝廷君臣之禮。所以耕夫餘子，亦得秉耒橫經，漸詩書之化，被敎養之澤，濟濟乎，洋洋乎，三代之隆軌也。秦并天下，燔詩書，殺術士，聖人之道墜矣。然士隱山澤巖壁之間者，抱遺經，傳口說，不絕於世。漢興，乃出。言易，淄川田生；言書，濟南伏生；言詩，於魯則申公培，於齊則轅固生，於燕則韓太傅；言禮，魯

嘉慶二十三年初刻初印本

清李慈銘批校本　中國國家圖書館藏

加七少詹服其精審早年爲公羊何休之學撰公羊義
疏二十九卷又以玉篇廣韻諸書中字體之不悖於六
書者補許氏說文之闕名曰說文補遺其書藏於家乾
隆五十三年以老疾告歸未幾卒

國朝漢學師承記卷二

程晉芳字魚門一字戢園江都人家山陽饒於貲蓄讀
書蓄書五萬卷丹黃皆徧性又好客延攬四方名流與
袁大令枚趙觀察翼蔣編修士銓爲詩歌唱和無虛日
由此名日高而家日替矣累試南北闈不售乾隆二十
七年
高宗純皇帝南巡
召試授中書後十年始成進士改主事旋授吏部員外
郎與修四庫全書
欽命改翰林院編修君生而頎長美鬚髯酒酣耳熱縱
論時事則掀髯大笑少所容貸至於獎掖後進則有譽

國朝漢學師承記 卷七

嘉慶二十三年初刻初印本
清李慈銘批校本　中國國家圖書館藏

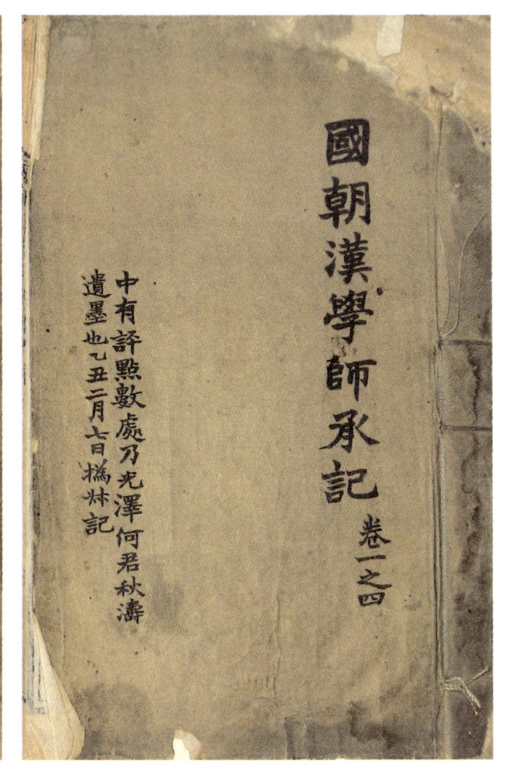

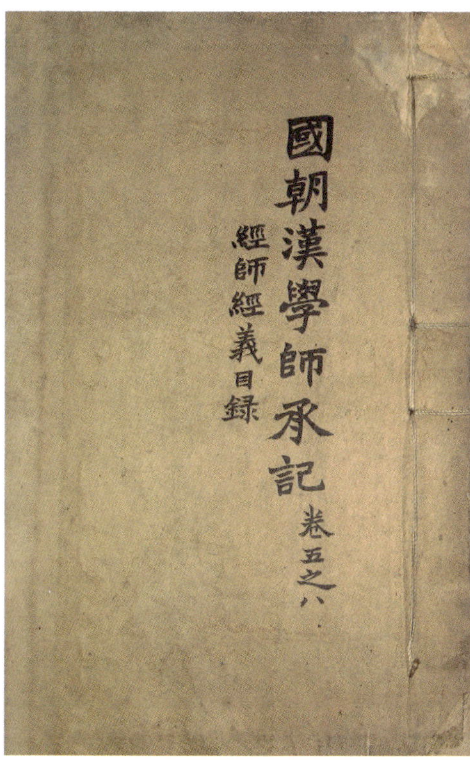

清何秋濤、趙之謙、民國譚大臨批校嘉慶時刻本
天津圖書館藏

國朝漢學師承記

國朝漢學師承記序

兩漢經學所以當尊行者爲其去聖賢最近而二氏之說尚未起也老莊之說盛於兩晉然道德莊列本書具在其義止於此而已後人不能以己之文字飾而改之是以晉以後鮮樂言之者浮屠之書語言文字非譯不明北朝淵博高明之學士宋齊聰穎特達之文人以己之說傅會其意以致後之學者繹之彌悅改而必從非釋之亂儒乃儒之亂釋魏收作釋老志後蹤跡可見矣吾固曰兩漢之學純粹以精者在二氏未起之前也我朝儒學篤實務爲其難務求其是是以通儒碩學有束

清何秋濤、趙之謙、民國譚大臨批校嘉慶時刻本
天津圖書館藏

又別有昂吉兒傳重喜已附於塔不已兒傳而又別有重喜傳阿朮魯已附於懷都傳而又別有阿朮魯傳譚澄已附其父資榮傳而又別有譚澄傳此又朱氏所未及糾者也其他事跡舛譌如仁宗莊懿皇后卒於仁宗朝未嘗尊爲皇太后吾也而圖谷都從木華黎之弟帶孫非從木華黎張子良來歸元帥察罕非因阿朮艮直爲深州長官在太祖朝非世祖朝此皆謬戾之顯然因搜羅元人詩文集小說筆記金石碑版重修元史後恐有違
功令改爲元詩紀事生平著述傳於世者潛研堂文集五十卷詩集十卷二十二史攷異一百卷潛研堂金石文跋尾元集六卷亨集七卷利集六卷貞集六卷十駕齋養新錄二十卷養新餘錄三卷日記抄 卷補元史氏族表三卷元詩紀事補元史藝文志六卷先生不專治一經而無經不通不專攻一藝而無藝不精經史之外如唐宋元明詩文集小說筆記自秦漢及宋元金石文字
皇朝典章制度滿洲蒙古氏族皆研精究理不習盡功古人云經目而諷於口過耳而闇於心先生有焉戴編修震嘗謂人曰當代學者吾以曉徵爲第二人蓋東原

清何秋濤、趙之謙、民國譚大臨批校嘉慶時刻本
天津圖書館藏

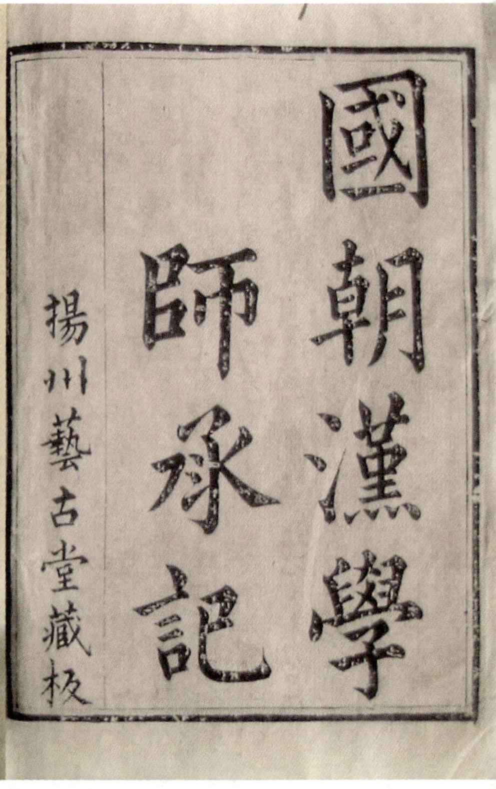

國朝漢學師承記

揚州藝古堂藏板

國朝漢學師承記序

兩漢經學所以當尊行者爲其去聖賢最近而二氏之說尚未起也老莊之說盛於兩晉然道德莊列本書具在其義止於此而已後人不能以已之文字飾而改之是以晉以後鮮樂言之者浮屠之書語言文字非譯不明北朝淵博高明之學士宋齊聰穎特達之文人以已之說傅會其意以致後之學者繹之彌悅改而必從非釋之亂儒乃儒之亂釋魏收作釋老志後蹤跡可見矣吾固曰兩漢之學純粹以精者在二氏未起之前也我朝儒學篤實務爲其難務求其是是以通儒碩學有束

嘉慶二十五年揚州黄氏藝古堂刊二酉堂藏板本
上海圖書館藏

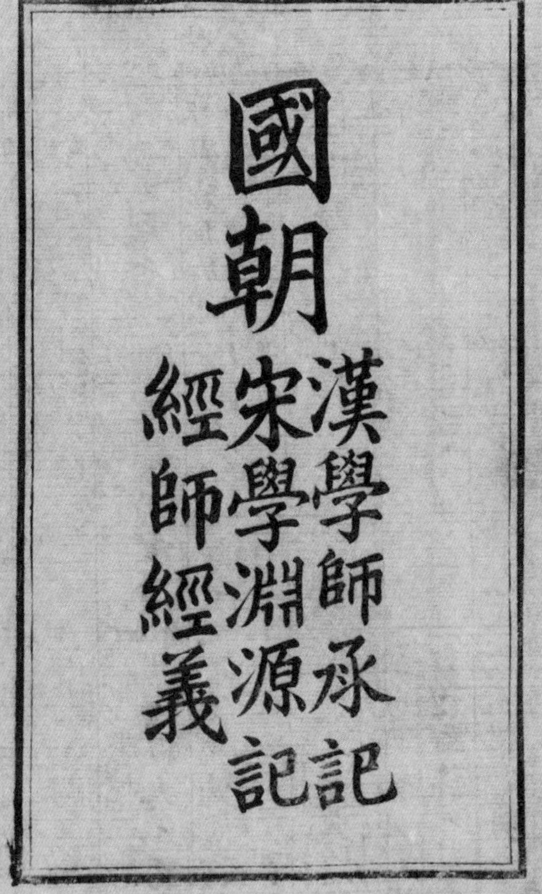

國朝

漢學師承記

宋學淵源記

經師經義

國朝漢學師承記序

兩漢經學所以當尊行者爲其去聖賢最近而二氏之說尚未起也老莊之說盛於兩晉然道德莊列本書具在其義止於此而已後人不能以己之文字飾而改之是以晉以後鮮樂言之者浮屠之書語言文字非譯不明北朝淵博高明之學士宋齊聰穎特達之文人以己之說傅會其意以致後之學者繹之彌悅改而必從非釋之亂儒乃儒之亂釋魏收作釋老志後蹤跡可見矣吾固曰兩漢之學純粹以精者在二氏未起之前也我朝儒學篤實務爲其難務求其是是以通儒碩學有束

江艮庭先生（顧廣圻　徐頲）

褚寅亮

記之三

王鳴盛　金曰追（費士璣　李賡芸）

錢大昕　錢塘　錢坫（錢大昭）

記之四

王蘭泉先生（戴敦元　王紹蘭　袁廷檮　鈕非石）

朱笥河先生（朱錫庚　李威　孫星衍　吳鼒）

武億

洪亮吉（劉逢祿）　張惠言　臧琳（莊炘　趙懷玉　臧鏞）

記之五

江　永

金　榜

戴　震　程瑤田　汪龍　王念孫　王引之　龔麗正　段玉裁

記之六

盧文弨

紀　昀　翁方綱

邵晉涵

任大椿　汪庭珍　胡長齡

洪　榜　汪莱　羅永符　洪梧　洪瑩

道光丁亥（七年）刻本
湖南省圖書館藏批校本

國朝漢學師承記

國朝漢學師承記卷一

甘泉江　藩纂

先王經國之制井田與學校相維里有序鄉有庠八歲入小學學六甲五方書計之事始知室家長幼之節十五入大學學先聖禮樂而知朝廷君臣之禮所以耕夫餘子亦得秉耒橫經漸詩書之化被教養之澤濟濟乎洋洋乎三代之隆軌也秦并天下燔詩書殺術士聖人之道墜矣然士隱山澤巖壁之間者抱遺經傳口說不絕於世漢興乃出言易淄川田生言書濟南伏生言詩

咸豐四年刻《粵雅堂叢書》本
湖南省圖書館藏

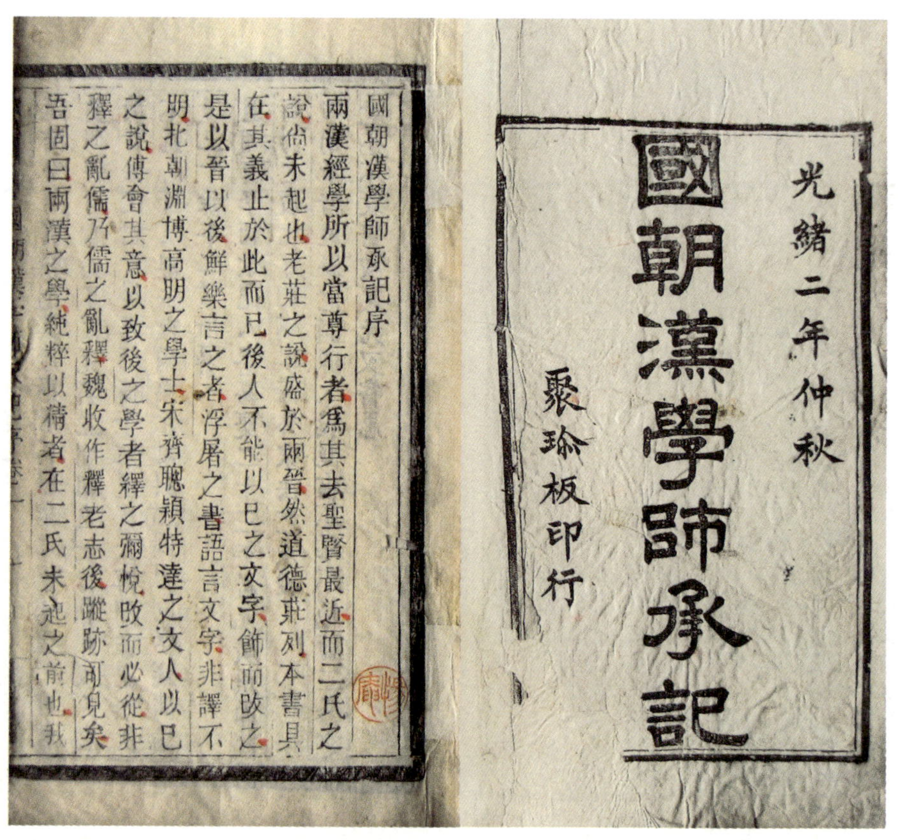
光緒二年仲秋

國朝漢學師承記

聚珍板印行

國朝漢學師承記序

兩漢經學所以當尊行者爲其去聖賢最近而二氏之說尚未起也老莊之說盛於兩晉然道德莊列本書具在其義止於此而已後人不能以已之文字飾而改之是以晉以後鮮樂言之者浮屠之書語言文字非譯不明北朝淵博高明之學士宋齊聰穎特達之文人以已之說傳會其意以致後之學者繹之彌悅改而必從非釋之亂儒乃儒之亂釋魏收作釋老志後蹤跡可見矣吾固曰兩漢之學純粹以精者在二氏未起之前也我

光緒二年聚珍板印行本
天津圖書館藏

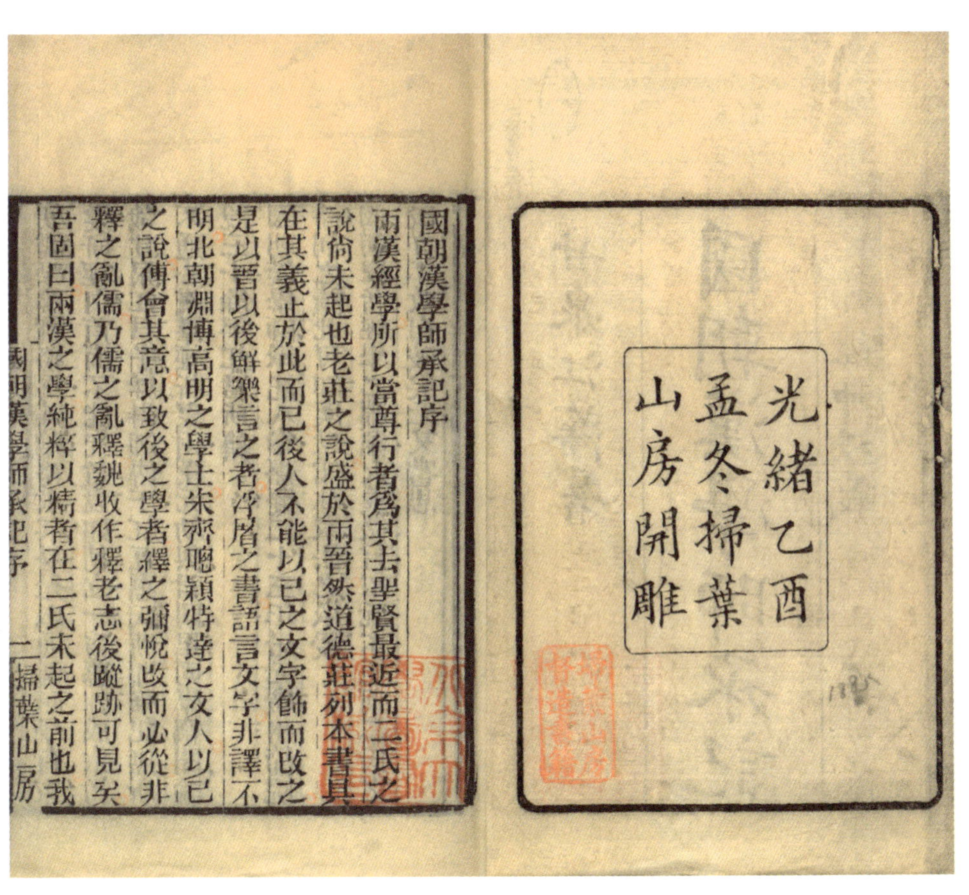
光緒乙酉
孟冬掃葉
山房開雕

國朝漢學師承記序

兩漢經學所以當尊行者爲其去聖賢最近而二氏之說尚未起也老莊之說盛於兩晉然道德莊列本書具在其義止於此而已後人不能以己之文字飾而改之是以晉以後鮮樂言之者浮屠之書語言文字非譯不明北朝淵博高明之學士宋齊聰穎特達之文人以己之說傅會其意以致後之學者繹之彌悅改而必從非釋之亂儒乃儒之亂釋魏收作釋老志後蹤跡可見矣吾固曰兩漢之學純粹以精者在二氏未起之前也我

光緒乙酉（十一年）上海掃葉山房刻本
北京大學圖書館藏

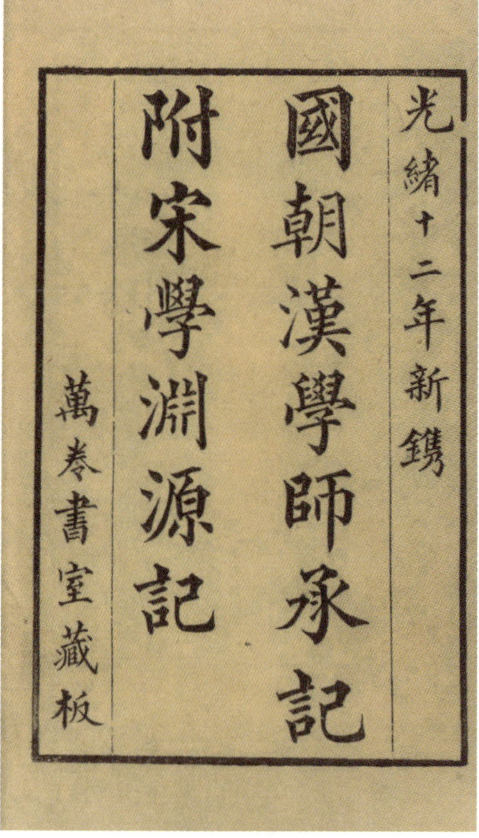
光緒十二年新鐫

國朝漢學師承記

附宋學淵源記

萬卷書室藏板

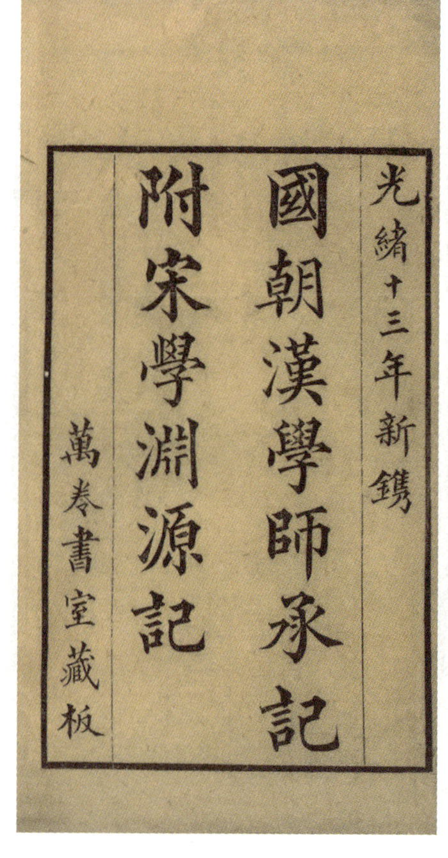
光緒十三年新鐫

國朝漢學師承記

附宋學淵源記

萬卷書室藏板

光緒十二年、十三年萬卷書室刻本
北京大學圖書館藏

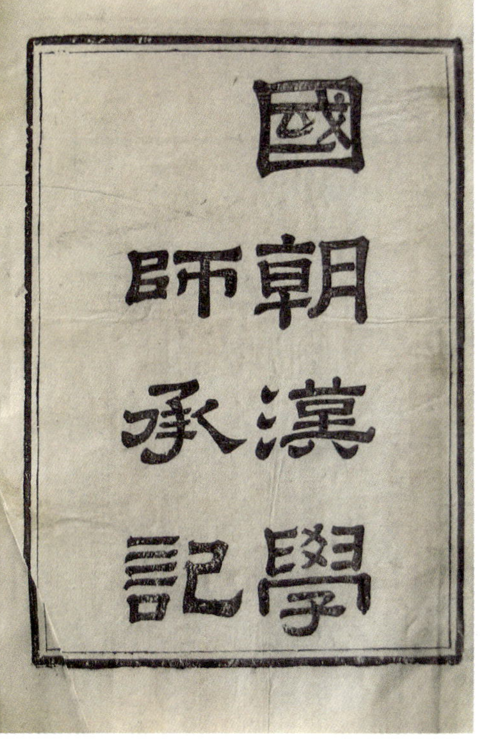
國朝漢學師承記

國朝漢學師承記序

兩漢經學所以當尊行者爲其去聖賢最近而二氏之說尚未起也老莊之說盛於兩晉然道德莊列本書具在其義止於此而已後人不能以己之文字飾而改之是以晉以後鮮樂言之者浮屠之書語言文字非譯不明北朝淵博高明之學士宋齊聰頴特達之文人以己之說傅會其意以致後之學者繹之彌悅改而必從非釋之亂儒乃儒之亂釋魏收作釋老志後蹤跡可見矣吾固曰兩漢之學純粹以精者在二氏未起之前也我朝儒學篤實務爲其難務求其是是以通儒碩學有束

光緒十二年江巨渠補刊《江氏叢書》本
北京大學圖書館藏

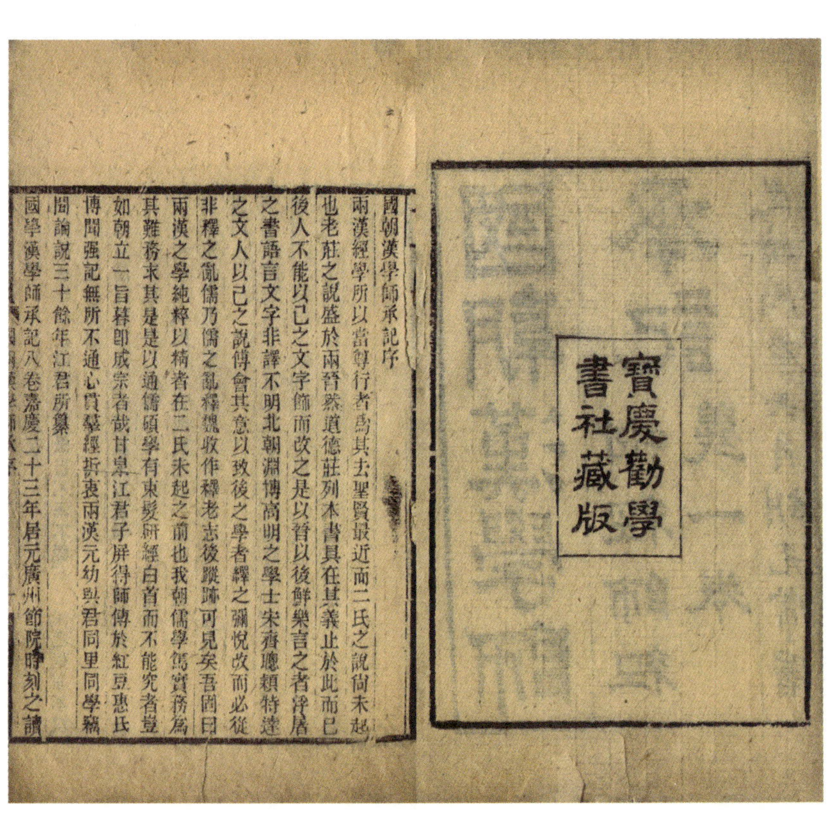
寶慶勸學書社藏版

國朝漢學師承記序

兩漢經學所以當尊行者爲其去聖賢最近而二氏之說尚未起也老莊之說盛於兩晉然道德莊列本書具在其義止於此而已後人不能以己之文字飾而改之是以晉以後鮮樂言之者浮屠之書語言文字非譯不明北朝淵博高明之學士宋齊聰穎特達之文人以己之說傅會其意以致後之學者繹之彌悅改而必從非釋之亂儒乃儒之亂釋魏收作釋老志後蹤跡可見矣吾固曰兩漢之學純粹以精者在二氏未起之前也我朝儒學篤實務爲其難務求其是以通儒碩學有束髮研經白首而不能究者豈如朝立一旨暮即成宗者哉甘泉江君子屏得師傳於紅豆惠氏博聞強記無所不通心貫羣經折衷兩漢元幼與君同里同學竊聞論說三十餘年江君所纂

國朝漢學師承記八卷嘉慶二十三年居元廣州節院時刻之讀

光緒二十二年寶慶勸學書社刻本
湖南省圖書館藏

光緒丙申
成都志古
堂重校刻

跋

古者國家有巡守封禪朝聘燕饗明堂宗廟辟雍之儀天子廣集衆儒講議與禮損益古今之宜推所學以合於世用根柢六經憲章四代先王制作之精義可攷而知焉自後儒以讀書爲翫物喪志義理典章區而爲二度數文爲棄若弁髦箋傳注疏東之高閣又其甚者肆其剗獲之見著爲一家之言綴王肅之庛詞棄鄭君之奧論末學膚受後世滋惑經學浸微蓋七百年矣

國朝漢學昌明超軼前古閻百詩駁僞孔梅定九定歷算胡朏明辨易圖惠定宇述漢易戴東原集諸儒之大

光緒丙申（二十二年）成都志古堂重校刻本

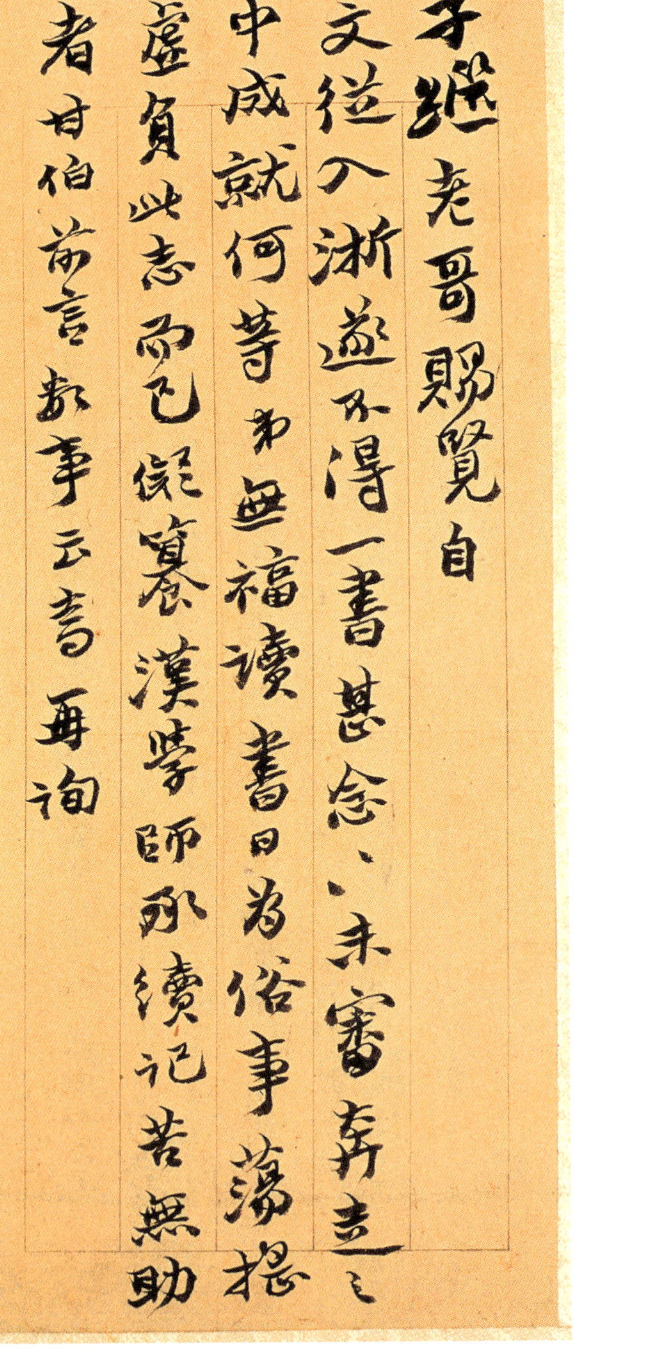

子繩老哥賜覽：自
文從入浙，遂不得一書，甚念、、。未審奔走之
中成就何等？弟無福讀書，日為俗事蕩搖，
甚負此志而已。擬纂漢學師承續記，苦無助
者。甘伯前言叙事云云，再詢

清趙之謙致胡培系手札一通
文化發展出版社二〇一八年《崇本堂藏趙之謙翰墨》本（張鐵林收藏）

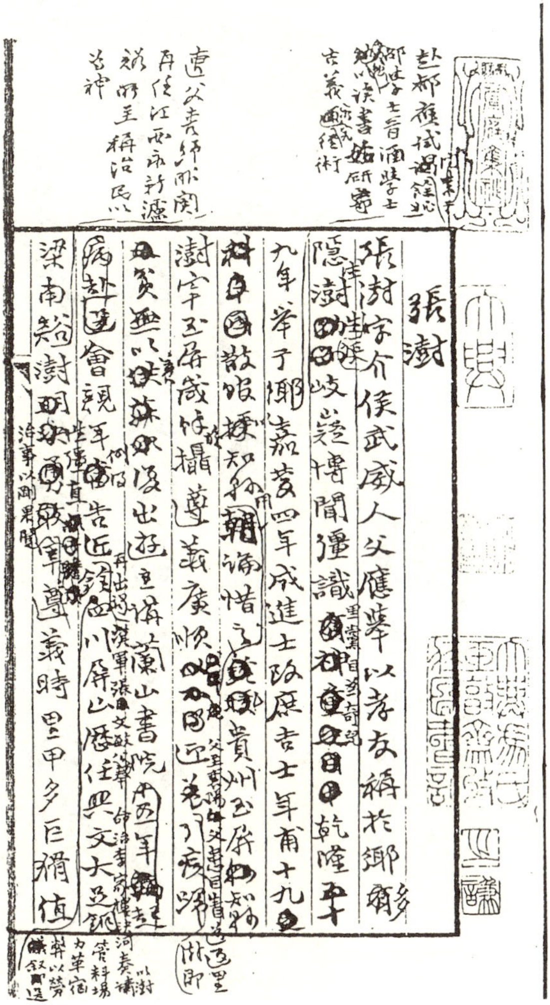

清趙之謙纂《國朝漢學師承續記》
殘稿本　中國國家圖書館藏

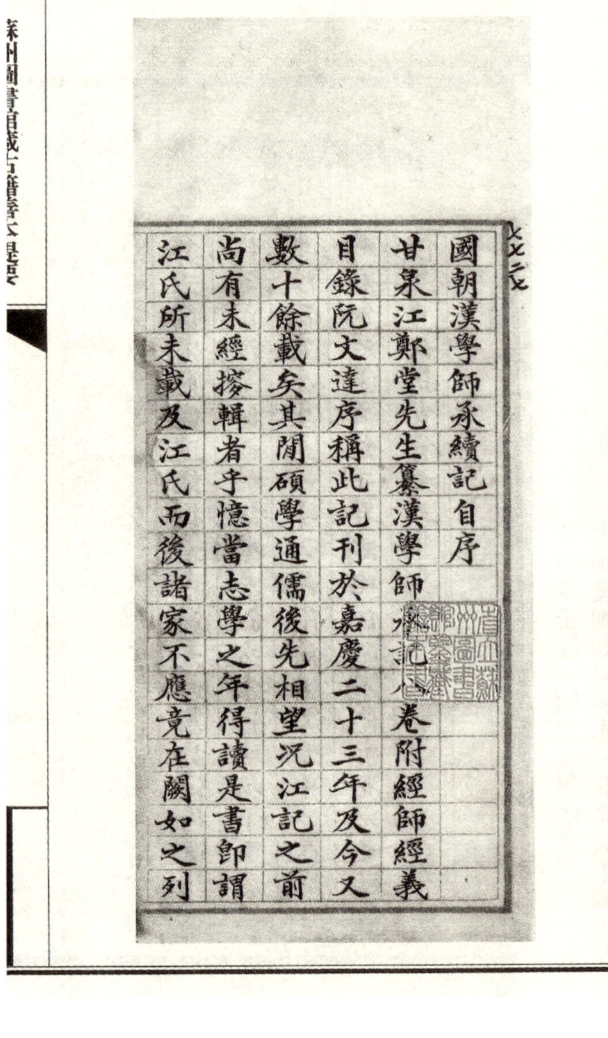

國朝漢學師承續記自序

甘泉江鄭堂先生纂漢學師承記八卷附經師經義目錄阮文達序稱此記刊於嘉慶二十三年及今又數十餘載矣其閒碩學通儒後先相望況江記之前尚有未經搜輯者乎憶當志學之年得讀是書卽謂江氏所未載及江氏而後諸家不應竟在闕如之列

清曾文玉纂《國朝漢學師承續記》八卷
《續國朝經師經義目録》一卷
稿本　蘇州市圖書館藏

清謝章鋌注《國朝漢學師承記注》底本
古閩黃煇如家鈔本　北京大學圖書館藏

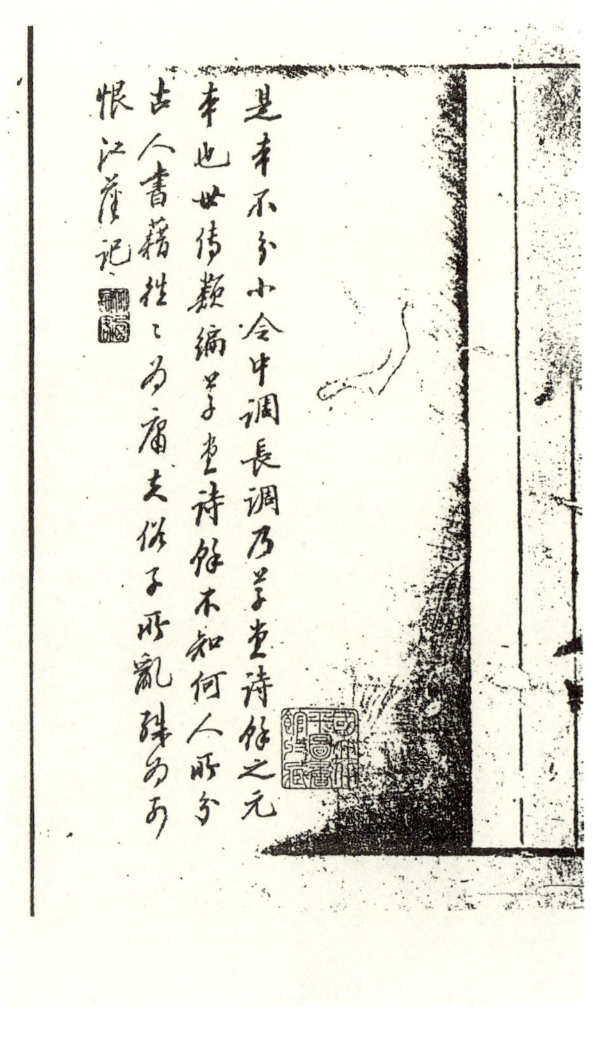
是本不分小令中調長調乃草堂詩餘之元本也世傳類編草堂詩餘不知何人所分古人書籍往往為庸夫俗子所亂殊可恨江藩記

嘉靖三十三年楊金刻《草堂詩餘》江藩跋文（手迹）

有「竹西詞客」印　中國國家圖書館藏

目録

凡例……（一）
前言……（四）
國朝漢學師承記序……［清］阮元（一）
國朝漢學師承記 卷一……［清］江藩（一）
閻若璩 張弨 吴玉搢 宋鑒……（三六）
胡渭 黄儀 顧祖禹……（九一）
張爾岐[一]……（一一二）

[一] 祥案：「岐」原書多作「歧」，或誤作「技」。吉常宏、吉發涵古人名字解詁：「稷，謂后稷，周之始祖。……至古公亶父，遷於岐山之下，築城營田，逐漸强盛，爲滅商奠定基礎。……以『稷若』應『爾岐』，言古公遷岐之功與后稷相若。」案「岐」、「歧」二字，古人相假不分，然此爲人名，當有區别，故本書凡遇張爾岐名，皆統一改爲「岐」。

馬　驌　王爾膂……（一一三）

國朝漢學師承記　卷二

惠周惕　惠士奇　惠松崖[一]……（一三四）
沈　彤……（二〇五）
余古農先生……（二一二）
江艮庭先生……（二二四）
褚寅亮……（二三八）

國朝漢學師承記　卷三

王鳴盛　金曰追……（二四七）
錢大昕　錢　塘　錢　坫……（二五八）

[一] 祥案：惠棟爲余蕭客、江聲之師，乃江藩之太老師，故江藩尊崇之，稱字而不稱名。本書中凡余蕭客、江聲、王昶、朱筠等江藩之師，皆稱字而不名之，以爲尊禮。

國朝漢學師承記　卷四

王蘭泉先生　袁廷檮〔一〕…………（三一九）
朱笥河先生…………（三七一）
武　億…………（四一六）
洪亮吉　張惠言　臧　琳…………（四二九）

國朝漢學師承記　卷五

江　永…………（四五四）
金　榜…………（四七三）
戴　震…………（五〇一）

國朝漢學師承記　卷六

盧文弨…………（五三七）

〔一〕祥案：「袁廷檮」三字，原刻本無，而卷四王蘭泉先生大題下有之，今據補。近藤注謂粤雅堂叢書本有之，實粤雅堂本此目録下亦無之。

紀　昀……（五四八）
邵晉涵……（五七四）
任大椿……（五八四）
洪　榜……（五九〇）
汪元亮……（六〇三）
孔廣森　李文藻　桂　馥……（六〇四）

國朝漢學師承記　卷七

陳厚耀……（六四九）
程晉芳……（六六五）
賈田祖……（六七二）
李　惇……（六七四）
江德量……（六七九）
汪　中……（六八二）
顧九苞　顧鳳毛……（七一二）
劉台拱……（七一五）

鍾　褎……（七一九）
徐　復……（七二一）
汪光爔……（七二三）
李鍾泗……（七三〇）
凌廷堪……（七三三）

國朝漢學師承記　卷八

黄宗羲……（七四九）
顧炎武……（七九六）

汪跋……［清］汪喜孫（八三三）

附録一

國朝經師經義目録……［清］江　藩（八三七）
易……（八三七）
書……（八三九）

詩……（八四二）
禮……（八四四）
春秋……（八四六）
論語……（八四八）
爾雅……（八四九）
樂……（八五〇）
伍跋……［清］伍崇曜（八五二）

附録二

國朝漢學師承續記……［清］趙之謙纂 漆永祥整理（八五四）
一、錢大昭 子東垣 繹……（八五四）
二、錢 侗 錢師徵……（八六〇）
三、朱右曾 葛其仁 陳詩庭 陳 瑑……（八六二）
四、王念孫……（八六八）
五、王引之……（八七六）
六、汪 萊……（八七七）

七、洪震煊……（八八二）
八、丁履恒……（八八六）
九、胡承珙……（八九一）
一〇、張澍……（八九五）
一一、汪喜荀……（九〇三）
一二、劉文淇 子毓松 戴清……（九〇五）
一三、龔鞏祚……（九〇六）
一四、凌堃……（九〇八）
一五、張穆 苗夔……（九一七）
一六、胡匡憲……（九二四）
一七、胡秉虔 胡肇昕……（九二五）
一八、胡雲林先生……（九三一）
一九、胡培翬 章遇鴻 胡紹勳 胡紹煐 楊大堉 涂煊 韓印 席元章 馬釗……（九三五）
二〇、胡廷綬……（九四二）

附録三

趙之謙國朝漢學師承續記整理記……漆永祥（九四七）

從趙之謙論學叢札看漢學師承續記……漆永祥（九六一）

附録四

主要參考引用書目……（九七八）

箋釋緣起與後記……（一〇二三）

重印本後記……（一〇三七）

修訂本後記……（一〇三八）

全書綜合索引……（・1・）

凡例

一、漢學師承記一書，版本甚多。嘉慶二十三年初刻初印本，與後來刻本，文字偶有不同。本書以南京圖書館藏嘉慶二十三年刻本爲底本（據初刻本剜改本），校以清李慈銘批校初刻初印本（中國國家圖書館藏），清趙之謙等批校嘉慶時刻本（天津圖書館藏），咸豐四年伍崇曜刻粤雅堂叢書本，北京中華書局一九八三年鍾哲整理本與二〇〇一年日本明治書院刊近藤光男譯注本。

二、凡漢學師承記正文譌誤，仿中華書局校點本二十四史之例，其誤字以（　）、正字以〔　〕爲識別（如「陳〔傅良〕（良時）」），脱文以〔　〕補入，他如衍文、乙文亦依例標出，皆出校記，改爲定本，並於箋釋中詳其依據；凡注文中曰「某當作某」、「某疑爲某」之類，皆不改原書；兩説皆可者，不妨並存。而原書中避諱字、手民氏筆誤字等，皆逕改之，不另出校記。

三、凡本書中古今字、異體字、俗體字、生僻字等，皆作適當之統一，個别改動有礙於書中原意者，則仍酌情予以保留。

四、本書凡援引周予同氏、近藤光男氏之發明者，皆以「周注」、「近藤注」明示之；鍾哲氏之校語，亦以「鍾校」標出；而一得之愚則標「祥案」，以爲識別。凡糾補諸家釋校與論説之誤者，亦一一標明。

五、漢學師承記一書，成於晚近，詞旨淺顯，釋義無多，然所涉清代學術故實、學者交游、經義考訂及歷代學術流變等，則紛紜繁雜，非釋不明。故本書略於釋詞釋義，而詳於釋人釋事，即蒙繁冗之譏，亦在所不辭。

六、本書箋釋人名，皆依姓名、生卒年、字號、籍貫、宦績、學行、著述(以見存之書爲主)爲次；末注明參考引用之書，又以碑傳、年譜、史傳爲次，俾初學者易於檢索。

七、本書注釋書籍，並依書名、卷帙、内容、版本等爲次。所注版本以今人整理標點之通行佳本爲先；無今人整理之本，或整理本不足據者，則或注精刻本，或注叢書本，不計其是否初刻本。因整理本爲專家所爲，清人叢書本精校爲多，且尋討較易也。

八、清代山川地名與行政區劃，與今間有異同。本書釋地，凡與今地同名同地者，皆略而不注；凡同名異地、異名同地之類，則只注今爲某地，不追溯其設始由來。清代職官，亦僅注明其當時之職責，不復追溯其設官原委與流變。

九、本書後附江藩經師經義目録，因其與漢學師承記，一倣正史經籍志，一倣儒林傳，二者當相稽互參，不可分離爲二也。另附筆者整理之清季學者趙之謙所纂國朝漢學師承續記殘稿本，可與江書並讀。

一〇、書後另附拙作趙之謙國朝漢學師承續記整理記、從趙之謙論學叢札看漢學師承續記兩文，或於讀者瞭解趙氏續記略有裨益。末附主要參考引用書目與全書綜合索引，俾便讀者查檢。

前　言

我初次接觸漢學師承記這本書，是在二十年前；初次認真閱讀此書，是在十五年前；初次動手收集資料對此書進行像樣的研究，是在十年以前；而將漢學師承記箋釋作爲北京大學中國古文獻研究中心的科研項目立項，也已經有七個年頭了。

關於董理這部稿子的緣起與過程，我將在全書末的箋釋緣起與後記中詳述。在此主要是對江藩本人與漢學師承記的方方面面進行一些簡要的論述，以使讀者對其人其書有個大致的瞭解。

一、江藩生平與學行

江藩，小名三多，初名帆，字雨來，或作豫來；後改今名，字子屏，一作國屏，號鄭堂，晚字節甫，又自署竹西詞客、辟支迦羅居士、炳燭老人等。其著書處曰蠅須館、半氈齋、伴月樓、炳燭齋（亦曰炳燭室）等。本籍安徽旌德之江村（今旌德西鄉白地鎮），其祖父

日寅，徙揚州，遂爲甘泉(今江蘇揚州)人。江藩生於乾隆二十六年(一七六一)，卒於道光十年(一八三〇)，享年七十歲。[一]

江藩父起棟(一七二二—一七八六)，字胥容，號秋莊，佛號若波。習賈而性好讀書。年三十五，至吴，樂其山水，遂家於此，並與當地名家汪縉(一七二五—一七九二)、薛起鳳(一七三四—一七七四)、余蕭客(一七二九—一七七七)、江聲(一七二一—一七九九)等相過從。也正因爲如此，江藩少年時是在吴縣成長，他所從之師也是他父親的這幾個當地老友。十二歲，江藩從薛起鳳受句讀，薛氏即諭以涵養工夫。又嘗從汪縉游，薛、汪二氏之學皆由儒入佛，所謂「爲學知尊孔子，而游乎二氏者」[二]。受此二人影響，江起棟本人學佛成了居士，而江藩也深溺佛學，講佛説法。他自稱「昔日不味葷與酒，我亦婆羅門裏人」[三]，即當時之真實寫照。同時受父親勸戒，江藩才開始讀儒書，究世法。十五歲，起棟館余蕭客於家，江藩始知風雅之旨。他不僅從余氏受經，亦從其誦文選，學詞賦，江藩精於選學，基於此時。蕭客卒，江藩又從惠棟的另一弟子江聲學習，江氏教之讀七經、三史及説文，乃從其受

[一] 關於江藩的卒年，一般都遵從江藩後輩張丙炎所作扁舟載酒詞跋稱江氏「卒年七十一」來推算，閔爾昌江子屏先生年譜據此隸江氏逝於道光十一年(一八三一)。筆者遵從江藩友人陳逢衡讀騷樓詩二集卷一汪冬巢寒林獨步圖注中之説，推斷江氏卒於道光庚寅(十年)。詳參拙著江藩與漢學師承記研究第三章江藩生平事蹟考，上海古籍出版社二〇〇五年版，第二三一—二三八頁。

[二] 清汪縉汪子二録自序，續修四庫全書影印嘉慶十年王芑孫刻汪子遺書本，集部第一四三七册第二八四頁。

[三] 清江藩伴月樓詩鈔卷上墨莊遠齋宿予家作一宵清話遠齋有詩記之次韻一韻，上海圖書館藏清鈔本，無頁碼。

惠棟易。藩之精於漢易，深通訓詁，補惠棟周易述而成周易述補，其初軔即在這一時期。

十六歲時（一七七六），江藩自稱受知於朱筠（一七二九——一七八一），但此説頗可懷疑。因爲此時朱氏在北京，而江藩尚未進京，二人無由得見。十八歲，江藩得識王昶，且尊之爲師。又著有爾雅正字，曾請王鳴盛審閲，受到王氏的稱讚。其少年時期求學之次第，大致如此。

二十五歲以前的江藩，生活在殷實富足之家，他與父親兩代人的搜覓鈔録，使家中積書達到三萬餘卷。然而，放棄經商而業儒的江藩，家道開始中衰，而此期間突如其來的天災人禍，則更使他從此與貧苦困頓結下深緣，終其一生，再未改變。

乾隆五十一年（一七八六），江藩二十六歲，這是他一生風華正茂的時期，也是他的生活由富足跌向貧窮的轉捩點。這年開始，江南連年遭災，赤地千里，百姓流離失所，饑死溝壑。對於江藩而言，天災之外，更疊人禍。當年二月，父親起棟唱佛名辭逝。翌年，母吴孺人隨之撒手人寰。可憐「既寡兄弟，又少期功」的江藩〔二〕，在喪荒蝟集之下，到了每日只能喝一碗稀粥以維持活命的地步。萬般無奈之下，他只好將書籍用來易米，使書倉爲之一空。這段時間，江藩在無事時就删選自己的詩作成乙丙集二卷。又請人畫了一幅書窠圖，遍請名流

〔二〕清江珠小維摩詩稿序，嘉慶十六年金陵劉文奎家録本，第二B頁。

題詠，心緒不寧時，他就從畫中追憶當年的森森插架與誘人書香，並聊以慰藉頽頓落寞的心情。

料理完父母的喪事，江藩暫離家中的老母（生母徐孺人），開始了爲衣食奔波的客游生活。乾隆五十二年，他南下江西，時前任寧國府知府、星子人謝啓昆丁憂在家，雖然服闋但以病在籍，江藩客其家，與胡虔諸人論學。第二年冬，王昶赴江西布政使任，江藩遂轉投其師門下。五十四年，王氏陞任刑部右侍郎，離贛入京，江藩只好復歸吴下。

雖然身處貧困，江藩仍讀書撰著不輟，隨著交游日廣，學問日增，江氏此時在學術界也漸漸有了聲名。在吴門，時人將他與任兆麟有「吴中二彦」之目〔一〕；在揚州，又以他與焦循「皆以淹博經史，爲藝苑所推，時有『二堂』之目」〔二〕；又與焦循、黄承吉、李惇等「嗜古同學，輒有『江焦黄李』之目」〔三〕。

乾隆五十六年（一七九一），江藩負笈北上入京，館於當時的東閣大學士兼管禮部事務、軍機大臣陝西韓城人王杰（一七二五—一八〇五）府第。五十八年，時凌廷堪（一七五七—一

〔一〕清張允滋選、任兆麟纂吴中女士詩鈔卷二江珠青藜閣詩讀松陵任夫人春日閒居詩即次原韻奉寄，乾隆己酉刊本，第一册第一二A頁。

〔二〕清王豫群雅集卷二五焦循小傳注，嘉慶戊辰王氏種竹軒刻本，第六册第七B頁。

〔三〕清黄承吉夢陔堂文集卷五孟子正義序，一九三九年燕京大學鉛印本，第二册第一A頁。

八〇九)亦入王氏幕中，江氏遂與之講求天算之學。六十年，返至江寧(今江蘇南京)應布政司試，未中。嘉慶元年(一七九六)，復進京，仍館王杰府中。

江藩在京期間，當時盛傳他曾注清高宗的詩集，並差點得到召見之事。事實是，當時由王杰等人爲總纂，編纂清高宗的御製詩五集一百卷、目録十二卷，凡編高宗自乾隆四十九年至六十年(一七八四—一七九五)所作詩共八千七百餘首，編成後乾隆六十年由内府刊行。江藩所做的工作是查核與校訂詩中大量注文，而不是自己另起爐竈，專做御製詩的注釋，自然也就没有召見的可能性了。

嘉慶三年，江藩落魄南歸，復至江寧應試，仍不中。但不幸總是伴隨著他，先是嘉慶六年(一八〇一)，他的生母徐孺人逝世；七年，江氏因傷足而不得不卧床五十餘日，幸無大礙；九年，他感情篤深的唯一妹妹江珠病卒，没有子嗣的江藩真正成了「孤家寡人」。十一年，福建人伊秉綬(一七五四—一八一五)官揚州知府，與丁憂在籍之阮元(一七六四—一八四九)議編揚州圖經與揚州文粹，延江藩、焦循等共任編纂。十二年，儀徵令顏希源議修縣志，江藩應阮元之邀助其編纂。十三年，再至江寧應試仍不中。十七年，阮元任漕運總督，駐山陽(今江蘇淮安)，延江藩主麗正書院，以布衣爲諸生師，丁晏(一七九四—一八七五)等人從其學。二十一年秋，忽得痹疾，幾成殘廢。時已五十六歲的江藩，憂心自己心血結成的書籍，若魂魄一去，將同秋草，因此欲募貲刻書，友人爲作募梓圖。這段時期，江氏往來各地謀生，同時斷斷續續地撰寫漢學師承記等書，大概到了嘉慶十六年時，師承記的初稿就基本完成了。

江藩北上既已失意，而在揚州又無可依憑，於是遂有轉而南下碰碰運氣的想法。恰好在嘉慶二十二年（一八一七），阮元由湖廣改任兩廣總督。二十三年，阮氏主修廣東通志，於是江藩遂饑驅而赴嶺南。也是在此年，他得到阮元的支持，終於絀力刊刻了漢學師承記與經師經義目録。第二年，廣東通志開纂，江氏任總纂之一，同時阮元令其子阮福（一八〇一—一八七八）入江氏門下執弟子業。道光二年（一八二二），通志修成。三年，江藩又受肇慶知府屠英之邀，前往修肇慶府志。在肇慶時，他對當地所産端硯興趣濃甚，日事收藏，且樂此不疲。

道光六年五月，阮元調任雲貴總督。在此前一年，江藩也決意結束「只今鬢髮已衰白，尚作諸侯老賓客」的流浪生涯〔一〕，掉舟北返，退息里門。在嶺南期間，江氏修書所得館金，本來不菲，但他却盡以用來購買端硯，而且爲了這些石頭，路遇劫匪，差點成了刀下之鬼。回到揚州的江藩，因館金用盡，窮老益甚，開始了落寞淒凉的晚景。他先依時任兩淮鹽政的老友曾燠（一七六〇—一八三一），但曾氏很快於道光六年四月，被嘉慶帝召回入京。好在曾

〔一〕 清曾燠賞雨茅屋詩集卷一七飲酒行贈江鄭堂，續修四庫全書影印嘉慶二十四年增修本，集部第一四八四册第一七三頁。

煥向甘泉監生黄奭推薦江藩爲老師宿儒，黄氏遂脩重禮延江氏館其家者四年，才使江藩不至於流落街頭。九年(一八二九)，已是風燭殘年的江藩辭館歸家。由於多年來僦屋而居，遷徙無定，原刻書板也亡失過半。他的侄子順銘等補修書板，雕印江藩的書籍，成節甫老人雜著八種，其餘藏稿尚多，然無力續刻。翻過這個年頭的春間或春夏之交，已是古稀之年的江藩，終於像燃盡了的蠟燭一樣熄滅了！

江藩一生的經歷大致如上，他性格豪爽，强飲無度，以至於喝酒喝到耳聾。又好客任俠，隨手揮霍。故阮元説他「爲人權奇倜儻，能走馬奪槊。豪飲好客，至貧其家」〔一〕。雖然一生南北奔波，身類浮屠，但據筆者統計，江氏所著、所參編、所整理之書達三十九種之多。現存世者，江氏自著有周易述補四卷、樂縣考二卷、爾雅小箋三卷、半氈齋題跋二卷、國朝漢學師承記八卷、國朝經師經義目録一卷、國朝宋學淵源記二卷附記一卷、舟車聞見録二卷雜録續集一卷續録三集一卷、端研記一卷、續南方草木狀一卷、廣南禽蟲述一卷附獸述一卷、乙丙集二卷、伴月樓詩鈔三卷、隸經文四卷續隸經文一卷、炳燭室雜文一卷、炳燭室雜文補遺一卷(王欣夫輯)、炳燭室雜文續補一卷(漆永祥輯)、扁舟載酒詞一卷等，另經解入門

〔一〕清阮元定香亭筆談卷四，叢書集成新編本，第七九册第六二〇頁。

八卷，舊題江藩撰，此乃後人僞撰而託名於江氏者〔一〕。江氏參編之方志有嘉慶揚州府圖經八卷、嘉慶重修揚州府志七二卷卷首一卷、道光廣東通志三三四卷卷首一卷、道光肇慶府志二二卷卷首一卷、校補陸志一卷等。在當時學者中，亦可謂著作等身，而漢學師承記作爲其代表作，更是不斷刊刻，成爲風行不衰的學術史名著。〔二〕

二、漢學師承記版本與續纂、注譯諸本

漢學師承記一書，自鏤版至今，版本甚多。日本學者近藤光男教授，在其國朝漢學師承記（譯注）的解説中，鉤稽提要，凡列自清嘉慶至民國二十四種版本及未見二種。筆者多年來勤加搜討，所得是書刻本、活字本、鉛印本、電子排印本、續纂本、注釋本等達五十餘種，現擇其重要及有特色之版本十五種，敘述如右。〔三〕

〔一〕關於經解入門的作僞者，向有崔適、章太炎、繆荃孫等説法，然均屬臆測。最新的研究成果爲司馬朝軍教授兄之考證，認爲是書編者應爲皇朝五經彙解的編纂者『抉經心室主人』歐景岱，詳參司馬朝軍經解入門整理與研究，武漢大學出版社二〇一七年版。

〔二〕有關江藩著述之詳情，請參拙著漢學師承記研究第四章江藩著述考，第八〇—一〇八頁。

〔三〕詳參拙文漢學師承記版本考述，載北京大學中國古文獻研究中心集刊第五輯，北京大學出版社二〇〇五年版，第二三七—二五〇頁。又參拙著漢學師承記研究第五章漢學師承記版本考，第一〇九—一三二頁。

（一）國朝漢學師承記八卷 國朝經師經義目録一卷 嘉慶二十三年初刻初印本 一函二册 中國國家圖書館藏清李慈銘批校本

是書封面爲桃紅色，右上一行隸書「嘉慶戊寅刊」，中間大字篆書兩行「國朝漢學師承記」，「國」字抬高一格，右下一行隸書「江都胡培翬」。每半葉十行，行二十一字。後來刻本皆有之阮元序，是本無有。考阮序曰「江君所纂國朝漢學師承記八卷，嘉慶二十三年居元廣州節院時刻之」，紬阮氏之語意，可知作是序前即有刻本。是書與後來刻本，除無有阮序外，卷二褚寅亮末原文作「撰公羊義疏二十九卷……未幾卒」一段，與今本不同。又卷四王昶「刑部江西司郎中」下原刻本有「是年詔開經咒館……故有是命」一段，後來刻本皆删去，蓋因事涉佛門之故。另他處亦有爲後來刻本所删者。本書原爲李慈銘所藏，有李氏圈點、補注、批校甚多。是書爲真正初刻初印本，筆者所見僅國圖一部，誠可珍也。

（二）國朝漢學師承記八卷 國朝經師經義目録一卷 嘉慶二十三年刻本 一函四册 南京圖書館藏

是書封面、版式與初刻本全同，爲據初刻本之版片重印者。所不同者，有阮序。卷二褚寅亮末改爲「撰公羊釋例三十篇……五十五年卒」一段，較初刻本爲詳。而卷四王昶及他處文字，則逕爲删去，其餘並無不同。阮序作於戊寅除夕（一八一九），竊以爲江氏初刻在前，阮氏作序在後，江氏極重阮序，遂旋即修板重印，並將阮序刊入。然則是本最早亦當在嘉慶二十四年印出，因所用板片仍爲初刻本，故後人所謂嘉慶二十三年初刻本者，多指此本。蓋因此本流傳較廣，後來刻本，皆與此本同，而諸家又皆未見真正之初刻本也。今仍題爲「嘉慶二十三年刻本」焉。

（三）國朝漢學師承記八卷　國朝經師經義目録一卷　一函二册　嘉慶二十五年揚州黄氏藝古堂刊二酉堂藏板本　上海圖書館藏

是書封面爲淡粉紅色。楷書二行「國朝漢學　師承記」大字，左下爲「揚州藝古堂藏板」小字一行。書中偶有朱筆點過，無校改之跡。是本據阮亨序，乃據江藩自廣州寄往揚州之初印本（實爲上述嘉慶二十三年刻本）校刻者，字體生硬呆板，遠不如前本。又與後來刻本不同者，阮序後爲阮亨序，論是書「深得史家之體例」，評價甚高，下接紀略三則，此其與諸本不同者。

（四）國朝漢學師承記八卷　國朝經師經義目録一卷　一函二册　嘉慶時刻本　清何秋濤、趙之謙、民國譚大臨批校　天津圖書館藏

是書天津圖書館著録爲「嘉慶十七年刻本」，蓋以汪喜孫跋爲據，大誤；續修四庫全書據此本影印，著録亦沿襲其誤。封面爲隸書大字「國朝漢學　師承記」兩行，「國」字抬高一格書寫。其書與嘉慶二十四年刻本全同，即字畫版式，無一不肖，唯封面有異。書中偶有何秋濤題識，以趙之謙批注較多。趙氏後來撰漢學師承續記，觀此書亦可知其於清代漢學用力

甚深。批校最多者爲譚大臨，然率多粗淺固陋之語，不值一噱也。

（五）國朝漢學師承記八卷　國朝經師經義目録一卷　國朝宋學淵源記二卷附記一卷　扁舟載酒詞一卷　道光三年刻本　一函六册　上海圖書館藏

是書封面左上隸書題「道光癸未六月刊」，中間隸書大字兩行「國朝漢學　師承記」，右下題「江都胡培題」。排次爲阮序、目録、正文、汪跋、經義目録、宋學淵源記、扁舟載酒詞。是書亦爲據嘉慶二十三年刻本重印者，唯增入宋學淵源記與扁舟載酒詞二種。依筆者之見，此即近藤氏所謂江氏家刻本也。

（六）國朝漢學師承記八卷　國朝經師經義目録一卷　國朝宋學淵源記二卷附記一卷　咸豐四年刻粤雅堂叢書本　四册　北京大學圖書館藏

是書刻入粤雅堂叢書中，爲小字刊本。次序爲阮序、目録、正文、經義目録、伍崇曜跋、汪跋、淵源記、又伍崇曜跋。其書雖仍據嘉慶本，但重新刊刻，每半頁九行，行二十一字。每卷末皆有「譚瑩玉生覆校」一行。其書校勘精審，勘正原本之誤不少，然亦有原本不誤而是本反誤者。近藤氏言「粤雅堂本給以後光緒時諸刊本以很大的影響。此恐怕是因爲對於試圖重刊師承記的人們來説，此本較之原刊本或家刻本要容易尋獲之故」〔二〕。此説甚確，

〔二〕參近藤光男譯注國朝漢學師承記解説，日本明治書院二〇〇一年版，上册第一六頁。

是書後來刊本，多據粤雅堂本重刻與翻刻，故論版本之影響，當以粤雅堂本爲最也。

（七）國朝漢學師承記八卷　國朝經師經義目録一卷　光緒二年聚珍版活字本　一函二册

天津圖書館藏

是書爲師承記活字本中最早者。封面有字三行，右上、左中楷書小字題「光緒二年仲秋」、「聚珍板印行」二行，中間隸書大字「國朝漢學師承記」一行。目録頁有「正傳四十人，附傳十六人」題句。每卷末亦有「譚瑩玉生覆校」字，每半頁九行，行二十一字，爲據粤雅堂本重刊者也。次序爲阮序、目録、正文、汪跋、伍跋、經義目録。書中多硃筆圈點，偶有改字，如卷八顧炎武節「設有大故」，「故」原書誤作「殆」，已爲改正，他處之誤尚多也。

（八）漢學師承記八卷　經師經義目録一卷　宋學淵源記二卷附記一卷　民國十年上海文瑞樓排印本　一函四册　中國國家圖書館藏

是書爲師承記鉛印本之最早者。封面右上行書題「甘泉江子屏先生纂」，中爲「漢學師承記」一行，左爲「附宋學淵源記　朱鋐署」，内封爲「上海　文瑞樓　印行」三行。每半頁十五行，行三十三字。凡遇「國朝」之類字仍抬行焉。全書次序爲阮序、目録、正文、汪跋、伍跋、經義目録、達序、宋學記、伍跋，在諸本中爲序跋皆全，且次序整飭者也。

（九）漢學師承記八卷凌善清標點　二册　民國二十年上海大東書局排印國學門徑叢書本

是書封面左中行書題「國學門徑叢書之一」。内有凌善清緒言，其論此書之言，不出民國間梁啓超、章炳麟諸人説之範圍，無所發明。甚如以「江鈞」爲江藩之子，不知其名爲「江懋鈞」，更不知其爲嗣子；又若以「惠硯谿」誤作「惠元谿」之類，則知其於清學知之甚淺。惟其標點，較許嘯天本，訛誤爲少，後來周予同注本及其他標點本，即據是本，然多沿訛襲謬，承而未改者。

（一〇）國朝漢學師承記八卷　經師經義目録一卷　國朝宋學淵源記二卷附記一卷　一册

北京中華書局一九八三年鍾哲整理本

是書爲近年來最通行之本。其所據底本，爲光緒九年山西書局本，除標點分段外，又校以嘉慶二十三年刻本，咸豐四年粵雅堂叢書本、光緒十二年江氏叢書本、光緒二十二年寶慶勸學書社本。除明顯錯字逕改外，凡與各本有歧異處，根據具體情況酌改或兩存，皆出校注説明。是書校改上述諸本之誤不少，然其錯訛之字及標點、斷句之誤亦復不少焉。

（一一）國朝漢學師承續記　不分卷　清趙之謙纂　殘稿本　三册　中國國家圖書館藏

趙之謙（一八二九—一八八四）一生，以書畫篆刻名世，故其學反爲所掩，人多不知（趙氏生平事蹟詳參本書末附録三）。其所纂漢學師承續記，今殘存手稿三册。其中一册封面有「國朝漢學師承續記稿本第二」字樣，餘二册皆書衣無字。前後無目録，無序跋，無頁碼，每半頁九行，每行字數不等。全稿以行草書之，因爲是手稿，故改竄塗乙，處處皆見。全稿無先後次序，凡正傳二十人，附傳十九人，又附十五人，總五十四人，適爲江書之半。有已經完稿無缺者，有尚未完成或缺略太甚者。趙書除了體例依仿江書外，其史料來源、編纂方式、敘事方法皆步趨江氏，且敘事簡潔，整飭有法，亦不亞於江書焉。〔一〕

（一二）國朝漢學師承續記　八卷　續國朝經師經義目録　一卷　清曾文玉纂　稿本　四冊　蘇州市圖書館藏　未見

是書現藏蘇州市圖書館，蘇州市圖書館藏善本圖録經部著録。其著録提要稱：「清曾文玉撰，其昌紅格箋稿本。四冊。六行二十字。白口，四周雙邊。書口下有『底下雙門（雙行小字）其昌』六字。前有曾文玉自序，國朝漢學師承續記凡例，國朝漢學師承續記目録。曾文玉，清末廣東新會縣人。生平不詳。又著有四庫後出書序跋、經史蠡測。」〔二〕此提要誤江藩爲江沅，圖録僅附有書影一幀，爲曾氏自序首頁。稱「甘泉江鄭堂先生纂漢學師承記八卷附經師經義目録，阮文達序稱此記刊於嘉慶二十三年，及今又數十餘載矣，其間碩學通儒，後先相望，況江記之前，尚有未經搜輯者乎？憶當志學之年，得讀是書，即謂江氏所

〔一〕清趙之謙原稿、漆永祥整理漢學師承續記，見全國高等院校古籍整理與研究工作委員會編中國典籍與文化論叢第七輯，北京大學出版社二〇〇二年版，第三二九—三七八頁；又參拙文趙之謙國朝漢學師承續記整理記，載臺灣中山大學清代學術研究中心編第七屆清代學術研討會論文集，二〇〇二年版，上册第三五—四八頁。又從趙之謙論學叢札看漢學師承續記，載中國典籍與文化二〇〇四年第一期，第九〇—九六頁。以上二文又皆附本書之末焉。

〔二〕蘇州市圖書館藏古籍善本提要（經部）國朝漢學師承續記八卷附國朝經師經義續總目一卷，蘇州圖書館編，南京鳳凰出版社二〇〇四年版，第三册第一四〇頁。

未載及江氏而後諸家，不應竟在闕如之列。」〔二〕案曾氏自序書影頁即此而止，其他不能悉知。筆者經多方努力，均因館方不允許復製與迻録，至今未睹全書，故是書其他情況，難以周悉，至爲憾焉！

（一三）國朝漢學師承記注底本　清謝章鋌注　古閩黄煇如家鈔本　一册　北京大學圖書館藏

謝章鋌（一八二〇—一九〇三），字枚如，號藤陰客、藥階退叟等，清季福建長樂人。光緒三年（一八七七）進士。自稱於性理、考據、詞章、經濟之學，皆有發明。曾主漳州、龍巖、致用諸書院。著述後人輯爲賭棋山莊所著書多種。據謝氏自述，其注釋漢學師承記，用力甚深，且全書已成稿過半。然注本却遭胠篋之災，後雖欲再爲此舉，然終未能成稿。今北京大學圖書館所藏國朝漢學師承記注殘稿一册，每半頁十一行，行二十五六字不等。無頁碼，共十頁。首條爲「卷五戴震傳末王念孫廣雅疏證十卷」，凡引段玉裁序、王念孫自序及謝氏案語。全書近三十條，爲注戴震、顧炎武、惠士奇、盧文弨、江聲、武億、惠棟、李惇、顧九苞、汪光爔等傳所蓄資料。蓋隨得隨書，故無有前後次序，亦不成卷。從嚴格意義上説，謝氏之稿，只是注書前的資料長編而已。

〔二〕清曾文玉國朝漢學師承續記自序，蘇州市圖書館藏古籍善本提要（經部），第三册第一四一頁。

（一四）漢學師承記注　周予同選注　民國二十三年上海商務印書館排印學生國學叢書本

是書全一册，凡四百九十三頁。次序爲周予同自序、凡例、目次、正文注釋，末附原書目録。周氏全書爲選注，即所注諸人，凡涉天算、樂律諸學者皆不爲之注。此注爲漢學師承記第一家相對完整的注本，不僅方便了研讀師承記的學者，而且對後來近藤光男注本及筆者箋釋之本，皆有一定的影響，在後二書的注釋中，都直接或間接地參考了周注。周予同先生乃研究經學史的專門之家，故其注於經學淵流與傳承、經今古文之争與流變、歷代經學史等方面，原原本本，注釋清晰。但周注的缺失亦極明顯：因爲是選注，不僅師承記中大量傳記被删，而且删略原文甚多，故雖然仍附録原文於注釋中，但仍難逃割裂之嫌；天文、曆算、音律諸學，乃乾嘉考據學家之特長，棄而不注，則其學無所表見；周氏注書時，參考之書有限，故此注頗有疏漏；周注在標點、斷句、釋詞方面，錯訛甚多。周先生曾寄望再版時改訂原書，俾成完帙，但終未能實現先生當年的願望，這是一件十分遺憾的事情。

（一五）國朝漢學師承記（譯注）　［日］近藤光男譯注　三册　日本明治書院二〇〇一年版

近藤光男（一九二一—），日本京都人。一九四四年畢業於東京帝國大學文學部支那哲學支那文學科。先後任日本京都大學、東京大學助教，北海道大學副教授、教授，御茶水女子大學教授等。日本著名漢學家。著述豐碩，有關清代學術者有中國古典詩叢考、漢詩大系清詩選、戴震集（翻譯）、清朝考證學研究與國朝漢學師承記（譯注）等。筆者以爲，近藤氏之譯注有如下鮮明之特色：第一，對江藩一生的學行與漢學師承記編纂之背景、體例、内容等進行了全面的論述，澄清了許多以往研究中學術界的誤解與曲解。第二，對漢學師承記各種版本進行了詳悉的搜集、比勘與研究。第三，近藤氏之日文翻譯，亦獨具特色。第四，近藤氏在注師承記每篇之前，先討究該篇之資料來源。第五，全書注釋清楚，言簡意賅，詳略得當，引據豐富，深得注家之體。第六，凡師承記中涉及天文、算學、音律之部分，注釋極爲詳盡。第七，圖文並茂，旁行斜上。第八，全書末附以國朝漢學師承記年表，又附以人名索引、書名索引、地名索引、職官索引、語彙索引與插圖一覽，這些索引，極大地方便了讀者對本書的檢尋與利用。但全書也有明顯的缺點與不足：其一，江藩著述與師承記版本，近藤氏所知所見者並不全備，故在江藩生平事蹟與版本考辨方面所缺尚多。其二，近藤氏注釋中，在參考引用近今人成果方面，主要參考了日本老一輩學者的研究成果，而於中國學者百餘年來清代學術研究成果，稱引甚少，近二十年來學者之説，更不涉及。其三，近藤注簡明扼要，準確明晰，然亦多注釋之誤與闕漏未注者。但綜而論之，近藤氏之譯注本，乃一部極具特色之精注本。

三、漢學師承記編纂諸題

（一）漢學師承記之編纂環境與成書時間

在中國古代學術史上，記述學術史與相關人物的史著，向來是走兩條綫：其一是官方正史自史記以來的儒林傳；其二是私家修史，以朱熹伊洛淵源録影響最大。元修宋史，受其啓迪，一破傳統格局，創立道學傳爲儒家最高標準，儒林傳降爲次等，文苑傳更是等而下之。至於私家修學術史，更是從體例至形式，皆多依朱子。清康熙時，在官修明史過程中，對於是否仍保留道學傳，曾展開過激烈的争論。後來黄宗羲上書史館，力主廢道學而一切總歸儒林，得到一致認可。自兹以降，明史遂議定不立道學傳，而恢復正史只立儒林、文苑之傳統。〔一〕在私家著史上，黄宗羲也另立新途，他編纂明儒學案，此後學案體史著蜂出，影響甚大。

至乾隆初，明史修訂完成，從此這一話題不再對學者有吸引力。但是，清朝的國史儒

〔一〕有關明史編纂過程及其争議，可參閲包遵彭主編明史編纂考中諸家論文，臺灣學生書局一九六八年版。又可參朱端强萬斯同與明史修纂紀年，北京中華書局二〇〇四年版。本節所引，詳見朱書第一一三、一七一—一八五頁。

林傳應該如何編纂，國史館却無有成法，以至於造成「儒林無案據，故百餘年來人不能措手」的困局[一]。盡管如此，儒林傳以何爲標準收録人物，仍是有争議的。例如翁方綱就主張，「今日儒林之目，必以篤守程朱爲定矩」[二]。嘉慶十五年（一八一〇），奪職在京的阮元自願兼任國史館總裁，纂輯儒林傳，同時他向自己的好友焦循、臧庸、朱錫庚、弟子張鑑等人徵求意見，諸人皆有論説。如焦氏主張「太史公創儒林列傳，推本孔子，尊崇六藝，班氏踵之，所列之人，皆經學也」[三]。張鑑則以爲需要義理、考據、名物之學兼顧，不必拘牽「心性」二字[四]。而阮元指出，當代學術尊尚的特點是「崇宋學之性道，而以漢儒經義實之」[五]。阮氏是站在官方立場上，當然要擺出持漢宋之平的架式，實際是仍是以漢學爲主。這是當時圍繞官修儒林傳而産生的議論，而江藩漢學師承記也正是在此氛圍中産生的。

與此同時，在乾隆中後期，宋明理學也經過康熙朝「小盛」之局後，衰微不振，而代之而起的是以惠棟、戴震、錢大昕、紀昀、朱筠等爲代表的考據學派，隨著清廷開四庫全書

[一] 清阮元揅經室一集卷二擬國史儒林傳序附阮福案語，清阮元撰、鄧經元點校，北京中華書局一九九三年揅經室集本，上册第三八頁。

[二] 清翁方綱復初齋文集卷一一與曹中堂論儒林傳目書，續修四庫全書影印清李彦章校刻本，集部第一四五五册第四四四頁。

[三] 清焦循雕菰樓集卷一二國史儒林文苑傳議，一九八五年北京中華書局重印叢書集成初編本，第二一九三册第一八一頁。

[四] 清張鑑冬青館甲集卷五再答阮侍郎師書，續修四庫全書影印吴興叢書本，第一四九二册第五六頁。

[五] 清史稿卷四八〇儒林傳序，北京中華書局一九八七年點校本，第四三册第一三〇九九頁。

館，館中人物，多爲考據學家，考據學隨之達到鼎盛。然而，無論在朝廷國史館還是民間私撰之書，却都没有能顯示出考據學興盛這一學術界的現實。黄宗羲明儒學案，雖然從體裁上改變了一種敘事方式，但其所述仍是宋明理學之統緒。其他撰著，仍多從朱熹伊洛淵源録之緒餘，爲理學家樹碑立傳。所有這些，顯然不是江藩與考據學派學者所想看到的一代學術史傳。

不僅如此，在嘉慶時期，清王朝也走過了其極盛的時代，由盛轉衰。而與此成正比的是，隨著四庫全書的編纂完成，以及江永、惠棟、戴震、錢大昕這些具有領袖氣度與典範作用的大師的凋謝，考據學家開始趨向於在某一領域做窄而深的研究。考據學也走向衰微，學術界對其抨擊也日增一日。因此，在考據學派内部，學者也開始有意識地總結當代學術，分析利弊得失。這一方面體現在整理刊刻學者成果，另一方面則體現在爲考據學家樹碑立傳。而主要以阮元、焦循、凌廷堪、江藩等人爲代表，其中影響最大的是阮元主纂的皇清經解、十三經注疏、經籍籑詁、疇人傳諸書和江藩編纂的國朝漢學師承記等書，而在學術史的研究中，則尤以漢學師承記影響爲最大。

如前所述，雖然學術界的客觀情勢需要有學者來完成編纂一代學術史的重任，但這一工作由江藩來完成，並且得到學術界的認可，也是江氏自身具備各種條件所致：其一，考據學家最講師承家法，而江藩本人遠紹漢代鄭玄，自號鄭堂；最主要的還是他是當時學界大師惠棟的再傳弟子，即所謂「紅豆門生弟一人」[一]。其二，江藩本身的學術功底而言，他精於經學，兼擅史法，精熟文選，妙於詞章，具備了編纂史傳的條件。其三，江藩開始編纂漢學師承記的時候，當時學術界名家如惠棟、江永、戴震、錢大昕、王鳴盛、王昶、朱筠、紀昀等已經過世，他們都留下了大量著作，且多已刊刻行世。同時，他們卒後，其子嗣與門生故舊又爲他們撰寫了大量的行狀、墓銘與傳記。尤其是錢大昕潛研堂全書的刊版流布，直接促進了漢學師承記的編纂。其四，江藩另外具備的一個條件是，他從小生長在蘇州地區，中年後在揚州生活，這是清中葉江南學術最爲活躍的兩個地區。同時，江氏中年後，又北上南下，交游所至，莫非名家，漢學師承記中的人物，有不少都是他的師長與學友，他與這些學者多有交往，論學切磋，飲酒唱和。故其言談舉止，音容笑貌，都深刻地印在江藩的腦海中，所以日後在爲他們樹碑立傳時，江氏自己就掌握了許多第一手的史料。因此他筆下的人物，多個性鮮明，特點突出，正是因爲對其身世、人品、掌故與學術都非常瞭解的緣故。

試圖編纂漢學師承記，在江藩年輕時就已經有此想法，可能從某種程度上是受他的老師余蕭客、江聲等人的影響，或許當年他們師徒之間就聊到過此議題。只是由於家道中落，奔

[一] 清江喜孫抱璞齋詩集卷四五哀詩江鄭堂先生，清江喜孫撰、楊晉龍主編江喜孫著作集本，臺灣中央研究院文哲所二〇〇三年版，上册第三五九頁。

波衣食，所以無暇纂輯而已。筆者從各卷中所述之人與事進行了推定，認爲可以較爲肯定地說：漢學師承記一書，雖然是江藩年輕時就已謀畫的編纂計畫，但其主要動筆編纂的時間，則集中在嘉慶十二年到十六年(一八〇七—一八一一)間，尤其是後兩年。全書完成後，尚有小的修改，直到嘉慶二十三年(一八一八)他南下廣州，才將全書刊板行世。我們還有一個强有力的證據，就是錢大昕的次子錢東塾正是在嘉慶十一年至十二年間刊行了潛研堂全書家刻本。江藩編纂錢大昕時參考了錢氏潛研堂文集與十駕齋養新録等書。不僅如此，江氏全書中幾乎有三分之一的傳記是據潛研堂文集中的碑傳文字改編的，這一時間與以上推定之時間不僅不矛盾，而且恰好是可以互證的。

(二)漢學師承記書名釋義

江藩將自己的書取名爲國朝漢學師承記，他想表達的深義究竟是甚麽呢？

「國朝」是古人對當朝的尊稱，江藩書名中的「國朝」二字，亦當依是例而解釋。而「漢學」與「師承」之取名，却深可玩味。「漢學」一詞，是相對「宋學」提出來的，古人偶亦用之。清初學者，亦稱漢學，但並未强調「漢學」者即自己從事之學術，將自己從事之學術標舉爲「漢學」，與「宋學」相對，始於惠棟，後人將清代考據學稱爲「漢學」，亦因此之故。如果我們站在乾隆時學者的角度來看，將當時漢學特徵細加分别，漢、宋相對，可以概括爲如下幾點：

其一，漢儒去古未遠，所得多七十子大義；宋儒去古已遠，難得孔門之真義。其二，漢儒重視訓詁，講師承，明源流；宋儒鄙棄故訓，無師法，少本根。其三，漢儒治學實事求是，講求證佐；宋儒治學空衍虛理，全憑胸臆。其四，漢代經學直接七十子而上溯孔、孟，最爲純正；宋儒則援釋、道入儒，經學淆雜衰微。其五，不排除傳統經學中的義理之學，但主張由考據以通義理，亦即戴震所謂「由字以通其詞，由詞以通其道」。其六，對宋明學者的正心誠意、立身制行之學，大加贊同，且樹爲楷模。

綜上所論，乾嘉時期學者所謂的「漢學」，筆者以爲，張爾田爲王欣夫松崖讀書記所撰之序中論漢學之語，最能概括上述諸説，也最爲符合清儒之原意。其曰：

有考據學，有漢學：正音讀，通訓詁，考制度，辨名物，此考據學也；守師説，明家法，實事求是以蕲契夫先聖之微言，七十子後學之大義，此漢學也。〔一〕

張氏論漢學之義，從清儒的思想而言，至爲精當。漢學的最終目的是「契夫先聖之微言，七十子後學之大義」。孔聖與七十子皆已往矣，而他們的「微言大義」却皆存乎五經之中，考辨恢復秦漢之經學，即離聖人之真意不遠。此清儒矻矻治學之原委，亦江藩漢學師承記中「漢學」之大義。

就「師承」而論，漢儒有所謂師法、家法之學。因此，清季皮錫瑞説「漢人最重師法。師

〔一〕王欣夫撰，鮑正鵠、徐鵬整理蛾術軒篋存善本書録甲辰稿卷三松崖讀書記，上海古籍出版社二〇〇二年版，下册第一三一七頁。

之所傳，弟之所授，一字毋敢出入；背師説即不用。師法之嚴如此」[一]。清儒重師法，始自惠棟，經惠氏提倡，漢儒這種重師法、家法的傳統也爲乾嘉學者所接受，正因爲守師承家法如此重要，所以清儒治經，即極重師承家法，尤其是惠棟一脈，更是如此。故阮元論江氏此書之宗旨是「讀此可知漢世儒林家法之承授，國朝學者經學之淵源，大義微言，不乖不絶，而二氏之説亦不攻自破矣」。[二]阮氏之説，一語中的。也就是説，江藩書名中的「師承」有兩種深意：一是遠紹漢儒家法之學，即「漢世儒林家法之承授」；二是近述清儒傳授源流，即「國朝學者經學之淵源」。

因此，國朝漢學師承記用一句話來概括就是：用傳記體史著之體裁，用正史儒林傳史法，用以記述清朝漢學派學者之經學傳授淵流、師承與經學成就的一部當代學術史。

與此同時，江藩另輯經師經義目録，其與師承記之關係，用李慈銘的話來説，就是「殊有班氏儒林傳、藝文志家法」[三]。也就是説，師承記爲儒林傳，述諸儒師承關係與經學成就；經師經義目録爲藝文志，述諸經承傳之源流與諸家代表性著述。二者相互補充，不可或缺，是不可分割的一個整體。

[一] 清皮錫瑞著、周予同注釋經學歷史三經學昌明時代，北京中華書局一九五九年版，第七七頁。
[二] 清江藩纂、漆永祥箋釋漢學師承記箋釋卷一阮元國朝漢學師承記序，上海古籍出版社二〇一三年版，上册第四頁。
[三] 清李慈銘著、由雲龍輯越縵堂讀書記同治癸亥十月初四日條，上海書店二〇〇〇年版，第四七八頁。

（三）漢學師承記編纂之體裁與方法

江藩著述豐碩，然其所署題，惟漢學師承記作「甘泉江藩纂」，與他書皆異。近藤光男教授非常敏感地體會到江氏「纂」字的含義。其曰：

江藩署「纂」之實態，乃因師承記之構造爲就已知之當時所見碑誌傳狀與學者著述，詳爲檢討分析，再加之江藩一己之編纂方法而成。不僅如此，書中亦貫徹有吴郡惠氏質直中庸之「述而不作」的著述精神。〔一〕

近藤氏此言，可謂實獲江藩之心！江氏的本意即是仿司馬遷、班固儒林傳之例，對當朝漢學家學術史，依孔氏「述而不作」之立場與態度進行編纂，因此不稱「著」而稱爲「纂」。

關於師承記的體裁，近代以來，學術界多將漢學師承記視爲「學案體」史書，認爲主要是受黄宗羲明儒學案的影響而成。因此許嘯天整理之民國十七年上海群學社排印本漢學師承記，甚至直接將書名也改稱清儒學案，又民國二十五年上海世界書局排印本漢學師承記，則是與宋元學案、明儒學案、清儒學案小識合編，稱爲四朝學案。筆者以前撰文也認爲是如此，這一看法實際上是錯誤的。漢學師承記仍是傳統正史中儒林傳類的傳記類史書，而不是學案體史著。而且就江藩而言，明儒學案等皆爲理學系統之書，即此而論他也不會仿其體

〔一〕 近藤光男國朝漢學師承記（譯注）解説，上册第三九頁。

裁的。

在江藩編纂漢學師承記的同時，焦循在給阮元寫信時提出了收集史料與編纂國史儒林傳的具體方法，主要有七條：一曰徵實，二曰長編，三曰兼收，四曰鑒别，五曰詳載，六曰公論，七曰附見。〔一〕又阮元論其儒林傳稿之編纂方法曰：

凡各儒傳語，皆採之載籍，接續成文，雙注各句之下，以記來歷，不敢杜撰一字。且必其學行兼優，方登此傳，是以多所襃許，以見我朝文治之盛。至於著述醇疵互見者，亦直加貶辭。此外，私家狀述涉於秘譽者，謹遵館例，一字不録。〔二〕

阮元編纂疇人傳與儒林傳稿的這一方式，其子阮福稱「全是裁集句而成，不自加撰一字」〔三〕。近藤氏以爲江藩纂漢學師承記，也採用這種「集句式」的編纂方法，雖然是否受阮元「示唆」無證據斷定，但很明顯是有影響的。〔四〕筆者以爲，我們現在没有證據能説明江藩纂漢學師承記時，曾向阮元或焦循等人徵求過意見，反過來説也不能證明阮元纂儒林傳時，曾向江藩徵求過意見。但有一點是可以肯定的，那就是這種收集史料與具體編纂方法，是當時考據學家所

〔一〕清焦循雕菰樓集卷一二國史儒林文苑傳議，一九八五年北京中華書局重印叢書集成初編本，第二一九三册第一八一—一八五頁。
〔二〕清阮元儒林傳稿凡例，續修四庫全書影印清嘉慶時刻本，史部第五三七册第六一八頁。
〔三〕清阮元揅經室一集卷二擬國史儒林傳序，揅經室集本，上册第三八頁。
〔四〕近藤光男國朝漢學師承記（譯注）解説，上册第四〇頁。

共同的思想，很難説是誰影響誰，因爲江藩在其炳燭室雜文中有原名一篇，亦是純用集句法撰成的。如果要追究集句法的根源，我認爲可能要上溯到「集句詩」的起源，關於這點，此處不再詳細展開討論。

（四）漢學師承記選人之原則與標準

關於漢學師承記的選人原則，學術界也是評價不一。筆者認爲，江藩的選人原則與標準主要體現在下面四方面：

其一，學者必須在經學方面有突出成就，在學術取向上以是否宗漢與是否重師承等爲絶對原則，這是要入選江書的充分必要條件。其二，時間下限以當時已逝之學者爲主，健在者不爲作記。這既是江氏著書之原則，亦爲中國傳統史學所共遵的原則——「蓋棺論定」。其三，對自明末清初至江藩當時人物的選擇上，重點爲乾嘉時期的學者。如果細繹江藩的想法，大概有三個原因：詳近略遠是史家常見之法則，江藩亦不例外；乾隆中葉以前的學者，其經學著述爲衆所認可者，多已纂入四庫全書中，故大力表彰者，自然應當以乾隆中葉以後至江藩當時爲重點；與上述時代成正比的是，清代漢學的發達，也恰好在乾嘉時期，因此江藩把筆墨的重點放在了爲當代學者樹碑立傳的基點上。其四、著意收録遺落草澤、踏實治學而默默無聞的學者。這是江書另一個著書動機，也可以稱爲是他重要的選人原則。

因之，江氏書中凡正傳四十人，附傳十七人，又附六十二人，總計一百一十九人。如果我們只按人頭來數的話，實際上乾嘉時期考據學家大多被網羅進去，遺漏甚少。

（五）漢學師承記史料之别擇與取捨

漢學師承記的史料來源，可大致區分爲如下四種：

其一、全部或大部分襲自當時學者所作行狀、墓表、傳記。如惠士奇、惠棟採自錢大昕惠先生士奇傳、惠先生棟傳，江永全採戴震江慎修先生事略狀等。其二、删節或加工墓誌銘、傳狀而成。如胡渭採自杭世駿胡先生渭墓誌銘，王鳴盛參考王昶王鳴盛傳，王昶參考阮元誥授光禄大夫刑部右侍郎王公昶神道碑，武億參考朱珪博山縣知縣武君億墓誌銘等。其三、將墓表、傳狀文字與傳主或他人文集中與傳主有關的學術文章相結合。如閻若璩參考錢大昕、杭世駿閻先生傳，又加入古文尚書疏證與潛邱劄記中主要論點；馬驌參考施閏章靈璧縣知縣馬公墓誌銘，又採録馬氏繹史中文字；錢大昕參考王昶詹事府少詹事錢公大昕墓誌銘，又大量引入錢氏潛研堂文集與十駕齋養新録中學術觀點等。其四、全部或大部分由江藩自撰，而這些人或爲江氏師長，或爲好友。如余蕭客、江聲、賈田祖、江德量、徐復、李鍾泗等記。

在史料的甄别與選擇上，漢學師承記也有其特點，由於是對學術人物作傳記，江藩在書中首先突出的是學術性。其次，在論及漢宋之争或漢宋之學需取一棄一之時，江藩則明顯地表現出棄宋崇漢的門户之見，甚至不惜曲解或篡改史料。同時，江藩也重視對所記學者事功之學的記載。在記述學者學術與功業的同時，也對終生未仕者的品行、遭遇多有論述，尤其是江藩多次感觸而發，對自己和他所記學者的困頓生活和暗淡身世深鳴不平，此亦江氏書中一大特色。

（六）漢學師承記卷帙之分合與意向

江藩將漢學師承記全書分爲八卷，以收録自清初至嘉慶時學者治漢學者。學術界向來以爲，江藩在卷一記清初南北治漢學者，卷二、卷三、卷四、卷七爲吴派亦即惠棟一派學者，卷五、卷六爲江永、戴震等皖派學者，卷八黄宗羲、顧炎武爲清初非漢非宋之學者。筆者不同意此説，是因爲筆者不同意江藩當時胸中横亘者一條吴、皖分派的分界綫。在此我們試分析江氏卷帙分合與其意向：

卷一所記諸人，爲清初南北治漢學之學者。卷二所收人物，爲東吴三惠及其弟子之學。此二卷人物歸類，我們與前人之説並無分别。

卷三所隸爲王鳴盛、錢大昕二人及其弟子與戚屬，皆爲嘉定一地之學。而嘉定之學，非惠非戴，自具特色，不可强判入吴派，亦不可硬隸歸皖派。

卷四中，王昶（附袁廷檮又附戴東元、王紹蘭、鈕樹玉）、朱筠（又附朱錫卣、朱錫賡、李威、孫星衍、吴鼒）二氏乃江藩尊禮之師，王昶主持風會，與袁枚相對抗；朱氏倡言輯永樂大典，啓清廷纂四庫全書之軸，其在安徽學政任，校刻説文解字，提倡古學。王、朱二氏又扶植考據學家，不遺餘力。而武億、洪亮吉（附張惠言、臧琳又附莊炘、趙懷玉、董士錫、臧庸、劉逢禄）二人，則皆爲朱氏弟子，江藩友人。故是卷所記，爲江藩師友之學，其與惠棟一脈，亦有區别。如果説王昶受惠氏影響，尚勉强可通；但如果説朱筠受惠學影響，則實是風馬牛不相及矣。

卷五乃爲專記江永、金榜、戴震師弟之學，皆爲徽學之代表人物。

卷六情形最爲複雜，試細分析之。本卷所收人物，依次爲盧文弨、紀昀（又附翁方綱）、邵晉涵、任大椿（又附任兆麟、汪廷珍與胡長齡）、洪榜（又附洪梧、汪萊、羅永符與洪瑩）、汪元亮、孔廣森（附李文藻、桂馥又附孔繼涵、郝懿行、牟廷相、趙曾、許鴻磐與王夏）等。從學術師承與淵源看，正記中盧文弨、紀昀各有其家學淵源，任大椿、洪榜、孔廣森與戴震有學術淵源，而邵晉涵與錢大昕有師承關係，汪元亮與余蕭客、江聲關係密切，有惠學門風。因此，很難説此卷中人物當屬於某家某派。從籍貫來看，盧文弨、邵晉涵爲浙江餘姚人，紀昀爲直隸獻縣人，任大椿爲江蘇震澤人，洪榜爲安徽歙縣人，汪元亮爲江蘇吴縣人，孔廣森爲山東曲阜人。另附傳、又附諸人，則任兆麟爲江蘇震澤人，汪廷珍爲江蘇淮安人，胡長齡爲江蘇通州人，洪梧、汪萊、羅永符、洪瑩爲安徽歙縣人，翁方綱爲直隸大興人，孔繼涵、桂馥爲山東曲阜人，李文藻爲山東益都人，郝懿行、牟廷相爲山東棲霞人，趙曾爲山東萊陽人，許鴻磐爲山東濟寧人，王夏爲山東膠州人。其中北方、南方人各居其半。因此，江藩將他們歸隸爲一卷，筆者以爲主要是承卷一清初南北各家後，記述乾嘉時期南、北方治漢學的學者。

卷七所記，基本上爲揚州一府之學者，是爲揚州之學。前人將他們或歸吴派、或歸皖派，從治學風格而言，如果非要歸隸一派，則汪中、凌廷堪諸人，於戴震爲近；隸之吴派，失之過遠。

卷八所記黄宗羲、顧炎武二人。從學術宗主上來説，黄宗羲反對程、朱，而尊陸、王；顧炎武反對陸、王，而尊程、朱。他們屬於非漢非宋，但又皆對清中葉漢學的發達有導夫先路的作用，因之江氏另編一卷，置諸卷末。

因此，從江藩的卷帙分合與意向看，如果江氏充分考慮到了師承與地域等關係，肯定是没錯的，因爲他的目的就是記述「國朝漢學師承」。但我們却無論如何也看不出所謂吴、皖分幟，或者强吴弱皖的絲毫迹象。

四、漢學師承記評價與影響諸題

漢學師承記與經師經義目録刊行後，在當時學術界引起了巨大反響，可以用八個字來形容，一方面是「好評如潮」，另一方面則是「駡聲不絶」。從當時及後來的評價看，考據學家與宋學派學者都對江書做出了各自的反應，以阮元爲代表的考據學派學者評價甚高，以方東樹爲代表的宋學派學者評價甚低。而近今人對該書的評價則多是對前兩派説法的翻版。

（一）漢學師承記之總體評價與影響

對漢學師承記的評價，在此書未刊行之前就已經有了。江藩在全稿初成之後，就請友人龔自珍爲該書作序。龔氏認爲，清中葉學術的特質是「道問學」，而缺少「尊德性」，這一大的學術環境決定了江藩本人的學術也只能是「道問學」。在江書刊行時，得到阮元的支持，阮氏在漢學師承記序中評價江書所記，能使讀者知「漢世儒林家法之承授，國朝學者經學之淵源」〔二〕，這點我們在前面已有述説，這是江藩全書的核心論題，也是其要達到的主要目的。另外如汪喜孫、伍崇曜、李慈銘、黄式三、謝章鋌、皮錫瑞諸家，又從全書體例、編纂方法與手段、謹守師承等方面予以總體性的肯定。

而對師承記持批評或者否定態度的，也爲數不少，首當其衝的是方東樹，其漢學商兑一書，完全是針對漢學師承記而作，全書處處駁難江藩及其他考據學家。方氏站在程朱理學的立場上説話，所以指斥江永爲「漢學之渣穢」〔三〕，又認爲「漢學家宗旨議論，千端萬變，務

〔二〕清江藩纂、漆永祥箋釋漢學師承記箋釋卷一阮元國朝漢學師承記序，上册第四頁。
〔三〕清方東樹纂、漆永祥彙校漢學商兑卷上注，北京聯合出版公司二〇一七年版，第三五頁。

破義理之學，祧宋儒之統而已」。〔一〕方東樹還逐條列舉江氏經師經義目録，然後又逐一批駁，認爲：

> 如惠氏、江氏之言，則門户習氣之私太甚。……若用心浮淺，又挾以門户私見，叫囂呵斥，惟以能詆訾前哲、爲争名自矜之計，則無論其言未是，即是亦不成氣象矣。〔二〕

至於其他諸家之論江書之失，有門户之見，是公認的江書最大缺失。其他錯訛，亦多有之。如謝章鋌認爲江書著録之人物，將揚州學者鍾裦、徐復、汪光爔等收録，是因爲有「交游聲氣之情」〔三〕。又伍崇曜在評論江藩的宋學淵源記時認爲，江藩爲人褊鄙，近似毛奇齡〔四〕。又論師承記王昶一篇記載王氏「以五七言詩争立門户，譏其太邱道廣一事」，又洪亮吉中載江氏指摘洪氏用事訛舛，洪氏斷斷强辯等事，「無論有乖史例，亦適徵其所養之不醇」。〔五〕而周予同又接著伍氏關於史例的話題説，江藩未能將劉逢禄、龔自珍等今文學派録入，「不能不

〔一〕清方東樹纂、漆永祥彙校漢學商兑卷中之下，第一九五頁。
〔二〕清方東樹纂、漆永祥彙校漢學商兑卷下，第二〇六頁。
〔三〕清謝章鋌賭棋山莊文集卷四書漢學師承記宋學淵源記後，續修四庫全書影印清光緒十年南昌使廨刊本，集部第一五四五册第三〇四頁。
〔四〕清江藩纂、鍾哲整理國朝宋學淵源記伍崇曜跋，第一九一頁。
〔五〕清江藩纂、漆永祥箋釋漢學師承記箋釋伍崇曜跋，下册第八九一頁。

算是一種缺陷」〔一〕。支持周氏之説的，還有支偉成等人。而徐復觀的批評，則更是擴大到江氏全書中人物的收録，認爲江氏是故意「張大門户」，將「與他有私誼，但在學術上並無成就之人立傳，以滿足其『自我擴充』之心理要求」，同時又在史料採擇方面如襲錢大昕所撰諸家傳記時，「妄加删竄，點金成鐵」。〔二〕而劉師培則認爲，江書「未明近儒學術之統系」。又周予同將歷代經學史書籍分爲以經師爲中心的、以書籍爲中心的、以典章制度爲中心的三大類。在談到以經師爲中心的漢學師承記此類史著時，周氏評論曰：

這類著作的缺點：第一，每每是斷代的記載，不能看見經學的整個趨勢；第二，每每偏重個人的成就，而抹殺某一時代的全體表現；第三，甚至於僅有姓名而没有事實，或附以極簡短的小傳，大有「録鬼簿」的形式。〔三〕

前人對漢學師承記的總體評價與缺失，大致有如上的觀點。筆者以爲，對漢學師承記一書，我們可以做出如下的評價：

第一，漢學師承記實際上就是經學師承記，江藩認爲清儒之學上承兩漢、下啓當時，基本上準確地把握住了清代漢學重師承，溯淵流，遵古訓，重證佐，輕臆説的學術特徵；較

〔一〕周予同清朝漢學師承記序言，商務印書館一九三四年國學基本叢書本，第四九頁。
〔二〕徐復觀清代漢學平議，中國思想史論集續編，臺北時報出版公司一九八五年版，第五一七—五三六頁。
〔三〕周予同經學歷史序言，第七頁。

爲客觀、全面地對自清初至清中葉考據學之學術淵源、師承關係、學術宗旨、代表人物及成就得失等，是最早對清代漢學進行全面總結與評價的專著。

第二，由於作者本人既是一位漢學家，又是以當時人記當時事，且謹守「實事求是」、「述而不作」的原則，故江氏對諸家學術記述有較强的學術性和可靠性。徐復觀譏其對錢大昕的文字「妄加删竄，點金成鐵」，顯然有失公允。

第三，就全書體例與編纂方面而言，無論是選人原則、卷帙排次與經師經義目録的收書標準，都比較全面地覆蓋到了乾嘉考據學的各個層面，反映了當時考據學研究的最高成就，尤其是突出凸現了經學研究成就。後人所論江藩對今文經學有所忽略，事實上在兩漢是否真正有今、古文經學之争，在今日也是争論之話題。江藩當時更不將常州學者莊存與輩視爲今文經學，至於劉逢禄，當時還活在世上，故不爲列傳，但在又附中曾提及。龔自珍師從外祖父段玉裁，在江藩看來，更是自家人，故還請龔氏爲己書撰序。因此，説江藩忽略今文學派，似有强行扣帽子之嫌。至於王昶、朱筠入傳，一方面這二人是江藩的業師，另一方面他們在不同場合支持漢學，將其入選，也可以理解。劉師培謂江書未通清儒之統系，因爲江書是爲漢學家立傳，當然他不會過多地考慮其他學者，以此批評江藩，恐江氏不受。

第四，由於傳記體史書體裁所限，江書所記，乃當代學術史，而體例又是人各爲記，當然不可能成爲一部有系統的、縱貫通代或一代的經學史，這是體例與時代的局限。

第五，至於議及江藩的人品，如舉江書中論王昶「太邱道廣」事、論自己與洪亮吉交惡事，這種記事方法在歷代史著中也大量存在，不能作爲江書有失體裁，或者江氏人品有問題的證據。也有學者認爲，此正好體現其實事求是的一面。如王樹民先生論江氏記載其與洪亮吉交惡事，反映「其書頗能實事求是，不爲個人恩怨所轉移」。〔一〕可見這樣的問題，是仁者見仁，智者見智了。總起來説，在談到江書承上啓下的作用時，周予同論曰：

江氏立場於純粹後漢古文學家的見地，對於清代「漢學」大師爲個别的記述，上繼黄百家、全祖望的宋元學案與黄宗羲的明儒學案，下開章炳麟的檢論清儒篇與梁啓超的清代學術概論，在中國學術史的著作裡，實佔有異常重要的地位，而迴非唐鑑國朝學案小識所可相提並論呢。〔二〕

而王樹民亦稱「從學術史方面説，漢學師承記之範圍雖狹，在清人之著作中，尚未有能逾之者」。〔三〕這兩段話非常好地説明了漢學師承記的作用與影響。

（二）漢學師承記之漢宋門户問題

江藩編纂漢學師承記的目的，就是爲了彰顯漢學，打擊宋學，以確立漢學的學術統系與

〔一〕王樹民江藩的學術思想及漢學與宋學之争，河北師範大學學報（哲社版）一九九九年第二期，第一二二頁。

〔二〕周予同清朝漢學師承記序言，第五〇頁。

〔三〕楊向奎清儒學案新編八王樹民子屏學案，濟南齊魯書社一九九四年版，第八册第三一四頁。

地位。因此從這一意義上説，討論江藩有漢宋門户，似乎是個多餘的問題。筆者在此要論述的是：江藩是運用甚麽方法與手段來達到自己的目的。我們先仍然羅列學術界對此問題的代表性看法。

如前所述，對江藩漢學師承記有褒漢貶宋傾向提出商榷最早的，是他的好友龔自珍。龔氏在與江子屏牋中指出，江氏書名有「十不安」，此爲盡人皆知之事。客觀而論，龔氏之説是對的，清學既不同於漢，亦不同於宋，但我們説江藩編纂是書的目的就在於張大漢學，區别門户，所以他並没有接受龔氏的建議，刊書之時仍以漢學師承記名其書。刊刻之後，駁斥是書最力的爲方東樹，他説「江氏作漢學師承記，阮氏集經解，於諸家著述，凡不關小學，不純用漢儒古訓者，概不著録」。〔一〕又如謝章鋌、黄式三、皮錫瑞諸人也都有類似的意見。近代以來，學術界基本上都持此説，認爲江藩因有漢宋門户，故貶宋褒漢，有失公允。但也有少數學者認爲，江氏如此做法，並不足爲奇，李慈銘、梁啓超、錢穆等人多持此觀點。

而筆者則以爲，江藩漢宋門户不僅是有，而且從其本心出發，他的目的就是爲了區别漢宋門户，因此説他「絶無門户之見」顯然不確。問題是他在書中，是如何通過對史料的纂輯，來達到他彰顯漢學而打擊宋學的目的。筆者以爲主要通過以下四個方面：

〔一〕清方東樹纂、漆永祥彙校漢學商兑卷上，第三五頁。

其一，抨擊宋學，不遺餘力。師承記開卷，江藩先對自先秦至明的經學史進行了簡明的回顧與評價，對宋明經學，江氏基本上是完全否定的。其二，擯斥宋學人物，不爲立傳，同時在史料選擇上，對宋學派人物如李光地、劉大櫆、方苞、姚鼐、秦瀛、余廷燦、章學誠等所寫傳狀、墓誌等，一概不加參考。其三，在同一史料中，選擇對漢學有利之材料，刪削對宋學有利之材料，此類例子很多，限於篇幅，在此不一一列舉。其四，不惜歪曲史料來抬高漢學。例如江藩書中，凡涉方苞者，屢鄙薄之，以至曲意改篡史料。

另外有趣的是，也有學者本持宋學，反對漢學，而江藩未見其著述，亦不瞭解其人，故反誤爲漢學家而録入者，這其中最典型的就是卷七程晉芳一篇。實際詳考程氏學行，其非但不主漢學，且爲反漢學者，其言程朱之學爲正，陸王爲偏，又論當時漢學諸家之弊，皆敢言時人所不敢言者。江藩實不知程氏所治何學，惟於影響之間，遂入師承記中。對於全書體例甚嚴的江藩而言，羨入程氏，實可謂自毀其例。

（三）漢學師承記置黄宗羲、顧炎武於卷末之問題

有關漢學師承記的卷帙排次，引起後人争議的就是爲甚麼將黄宗羲、顧炎武置於末卷，反過來説也就是爲甚麼將閻若璩、胡渭置於首卷呢？江藩在師承記卷八末以主客答問的形式，從政治、學術兩方面進行解釋。後來學者也各持一端，如伍崇曜、朱一新、皮錫瑞、葉德輝、梁啓超、徐復觀、湯志鈞、朱維錚以及日本學者本田成之等人，或以爲是政治的原

因，或以爲是學術的原因。朱一新甚至顯斥江藩類如宋代奸臣章惇，指斥不謂不苛[一]。也又有人認爲江氏置黄、顧於末卷是因爲「個性偏急，故意與阮元立異」[二]。但也有學者認爲，江氏將黄、顧二人安排在卷末，是可以理解的，如周予同、侯外廬等人即持此看法。筆者也以爲，江藩的卷帙安排是可以理解的，而其主要的考慮是學術的關係而不是政治的因素，更不是因爲避忌文字獄的緣故。下面試分析之：

第一，就顧炎武、黄宗羲而言，如前所述，顧炎武學宗主程、朱，黄宗羲學主陸、王。以易學研究爲例，顧炎武對漢易持反對態度，認爲「荀爽、虞翻之徒，穿鑿附會，象外生象……十翼之中，無語不求其象，而易之大指荒矣。豈知聖人立言取譬，固與後之文人同其體例，何嘗屑屑於象哉！王弼之注，雖涉於玄虛，然已一掃易學之榛蕪，而開之大路矣。不有程子，大義何由而明乎」！[三]這對乾嘉時期學者尊奉漢易，反對王弼、程朱易學的惠棟、江藩們來説，顯然是不能接受的。但是黄、顧二人在明末清初反對空疏學風，提倡勤奮求實的風氣，在治學方法上主張從識字審音入手，開乾嘉學術之先河，故爲一代學者所

[一] 清朱一新著、吕鴻儒等點校無邪堂答問卷二倣司馬談論六家要指綜論國朝諸儒學術，北京中華書局二〇〇〇年版，第七八頁。

[二] 朱維錚漢學與反漢學——江藩的漢學師承記宋學淵源記和方東樹的漢學商兑，見其求索真文明——晚清學術史論，上海古籍出版社一九九六年版，第二一頁。又參其漢學師承記（外二種）之導言，第六—七頁。

[三] 清顧炎武著、黄汝誠集釋日知録集釋卷一「卦爻外無别象」條，上海古籍出版社一九八五年縮印本，上册第九三—九四頁。

既宗，從這種意義上説與乾嘉考據學又有著不可分割的關聯，所以江藩採用變通的辦法，既指出黄、顧二人的先導作用，又因其學術宗主力挺程朱或陸王、反對漢學，與乾嘉時人路途大異，故置諸卷末。

第二，閻若璩與胡渭的情況，與黄、顧大不相同。盡管閻、胡二氏也不是江藩所指嚴格意義上的漢學家，但閻氏古文尚書疏證與胡氏易圖明辨對於古文尚書與河圖、洛書的辨僞，將宋明理學家高懸在頭頂的所謂「虞廷十六字心傳」判定出於僞書，指出河圖、洛書乃宋初人所造，徹底抽掉了宋明理學賴以立説的根基，給本已不濟的理學以最重的一擊，並爲乾嘉時人否定理學提供了强有力的證據，爲考據學的發達掃清了障礙，這才是江藩重視閻、胡並置諸卷首的最主要原因。

第三，乾隆初明史修成定本時，清廷即對明朝殉難諸臣採用褒揚的口吻，至乾隆四十一年敕編勝朝殉節諸臣録，共録有明「仗節死義者」三千六百餘人，分别賜謚。因此在乾隆中後期，表揚明季諸臣已經不是避忌之事，如錢大昕屢屢稱清初嘉定的抗清武裝爲「義兵」就是顯證。即江藩自己所著書中，如舟車聞見續録三集中論張同敞、李元胤、王祥諸人事，皆記明末清初抗清諸事，亦無所避。因此，如果認爲江藩是因爲怕招文字之禍而將黄、顧置於卷末，盡管江藩的言論也有此意，認爲二人「雖前朝之遺老，實周室之頑民」，但這只不過是托詞而已。

第四，至於認爲江藩是故意與阮元立異，才將黄、顧置於卷末，此説並不確當。江、阮二人，同里同學，乃終身好友。江藩卒後，阮氏憶及這位「早年益友」，還稱爲「老師宿儒」[一]。只是江書乃一己之撰著，而阮書乃代纂之國史；江書專爲表彰漢學，阮書則要兼顧儒林，體例不同，角度不同。故江書置黄、顧於卷末，阮書舉二人於卷首，也是各行其是，並非有意立異。

第五，至於「江藩津津樂道的，是閻氏在康熙間怎樣被達官賞識，尤其是怎樣被未來的世宗憲皇帝優禮」，才將其置諸卷首，更不是真正的原因。在封建時代，絶大部分的家狀、行述、墓銘、傳記乃至年譜在記述傳主或譜主一生行事時，對於像受到皇帝優禮、名臣知遇這樣的事實，都不會略而不載，即使皇帝賞賜的一件物品、一首詩作、一紙字帖等，也會不憚繁冗，大書特書。在以帝王爲中心的封建時代，江藩記閻若璩受雍正帝之禮優，恐怕亦當作如是觀，這也是封建時代傳記的通例，而不是江藩爲閻氏一人所創之特例，因爲如此就認爲江藩是在表彰閻氏與統治者的積極合作精神而置諸卷首，黄、顧不與統治者合作，才貶諸卷末，這種看法顯然是不合理的。

（四）漢學師承記與後世吴皖之分派

漢學師承記的卷帙之分，還帶來了江藩所難以料及的影響。如果把卷一、卷八所記清初

〔一〕清阮元揅經室再續集卷三高密遺書序，續修四庫全書影印清道光阮氏文選樓刻本，集部第一四七九册第六一〇—六一一頁。

諸人除外，則卷二至卷七適爲後來章炳麟劃分吴、皖兩派的直接依據。章氏之後，梁啓超更是直接論「吴、皖派之説，出自江氏漢學師承記」。

實際上，如果從乾嘉學者或江藩本人的本意來講，他們往往是惠、戴並尊，即汪中所論二人「咸爲學者所宗」。〔一〕又任兆麟所謂「海内考據家無不稱『惠戴』」〔二〕。就江藩之書而論，江氏雖爲惠門高弟子，但並不褒惠而貶戴，其論惠、戴之學時稱「三惠之學盛於吴中，江永、戴震諸君繼起於歙，從此漢學昌明，千載沈霾，一朝復旦。」〔三〕也是惠、戴並尊，甚至當時還有人論江藩之學是惠、戴兼治。如李斗揚州畫舫録論曰：

江藩字子屏，號鄭堂。幼受業於蘇州余仲林，遂爲惠氏之學。又參以江慎修、戴東原二家。〔四〕

在近代以來，仍不乏持此説者。如錢穆曰：

江藩漢學師承記洪榜傳稱榜爲「衛道之儒」，又全録其與朱笥河發明東原論學一書，可證其時不徒東原極推惠，而爲惠學者亦尊戴，吴、皖非分幟也。〔五〕

〔一〕清汪中述學外篇大清故候選知縣李君之銘，臺灣廣文書局一九七〇年影印本，第九B頁。
〔二〕清任兆麟有竹居集卷一〇戴東原先生墓表，嘉慶元年兩廣節署刻本，第一一册第三一B頁。
〔三〕清江藩纂、鍾哲整理國朝漢學師承記卷一，第六頁。
〔四〕清李斗撰，汪北平、涂雨公點校揚州畫舫録卷九小秦淮録，北京中華書局一九九七年版，第一九四頁。
〔五〕錢穆中國近三百年學術史，北京中華書局一九八六年版，上册第三五七頁。

但自章炳麟本江藩之書而劃分吴、皖兩派並得到梁啓超等人的應和之後，學術界遂將乾嘉考據學分爲吴、皖兩派或吴、皖、揚州三派，幾成定論。且多貶惠而尊戴，且反謂江藩褒惠而貶戴。如章炳麟論江書「與戴君鉏鋙」，又「堅貞守師，遂擅其門，以褊心訾異己」。〔一〕又梁啓超稱「子屏主觀成見太深，其宗漢學，大抵右元和惠氏一派」。〔二〕又凌善清更以爲「江藩在當時，是惠棟的嫡派。他想把吴派奉爲正統，故不惜自亂其例，將戴震等皖派人物拉攏進來，以鞏固自家的壁壘，對抗宋學，大有清學即漢學之概」。〔三〕更有論者將諸家之説列舉，且重責江藩曰：

江藩的國朝漢學師承記既然是一本關於清代考據學發展脈絡的書，就應該把當時考據學的派别、規模及其代表人物介紹清楚。但江藩恰恰在這點上做的不夠妥當。國朝漢學師承記本傳四十人，附在别傳末的有二十七人，其中記敘了吴派二十餘人，連江藩的朋友徐復、李鍾泗等這樣不出名，没甚麽成就的人也拉上來壯大吴派的陣容，無怪乎後人譏他「是揚州老，地方觀念太重，所以許多『吴下阿蒙』都攬了進來。」

對皖派他只記了江永、戴震、盧文弨、任大椿、汪元亮、洪榜、金榜和孔廣森等幾

〔一〕章炳麟太炎文録初編卷一説林，續修四庫全書影印民國章氏叢書本，集部第一五七七册第三九四頁。
〔二〕梁啓超梁啓超論清學史二種，第四三八頁。
〔三〕凌善清標點漢學師承記緒言，民國二十年上海大東書局排印國學門徑叢書本，第一四頁。

個人，連聞名遐邇的段玉裁、王念孫和王引之父子都略而不録。……清代考據學中，皖派無論是其聲勢、成果還是規模都遠遠大於吴派。……國朝漢學師承記從編纂體例上没有如實反映出當時考據學的這種特點，反而給人一種假像：似乎吴派的規模比皖派大得多。這反映了江氏森嚴的門户之見。〔一〕

那麽，江藩書中真的是如此嗎？筆者現就漢學師承記與經師經義目録中分五個方面進行類比，看江書中是不是真的就「褒惠貶戴」或者「略皖詳吴」：

其一，從江書中各家文字篇幅之長短看。在漢學師承記中，如果就篇幅的長短來看，卷二的惠周惕無疑是最長的一篇，但因爲是記述祖孫三代的學術，故文字自然比别篇要長，即使記述惠棟之字數要較乃祖、乃父爲長，然亦不是全書中最長的篇幅。全書中最長的既不是三惠、也不是江永、戴震，而是錢大昕。再就他卷中所謂吴、皖兩派學者之記，也都互有詳略，難分軒輊。

其二，從篇中記述之内容看。江藩記述三惠與江永之學，除本記外，其他地方很少論及。但在記述戴震之學時，除本記外，值得關注的是在卷六紀昀中，全録紀氏爲戴震考工記圖所作之序，在同卷洪榜中又録洪氏與笥河朱先生書，又孔廣森中全録孔氏戴氏遺書序，這

〔一〕 三英江藩和他的國朝漢學師承記，古籍整理研究學刊一九九二年第一期，第三〇頁。

些文字皆可與戴震記相發明、相補充，正是江氏匠心獨運處，紀、洪、孔三篇，幾乎是爲戴震一篇服務的。不知那些「詳吴略皖」説的學者們爲甚麼對此視而不見？如果按他們的思考方式推理，我們甚至可以説漢學師承記是「詳戴略惠」了。

其三，從對惠、江、戴諸人的評價看。江藩在全書中唯一的一次將惠、戴並舉，即是前舉「三惠之學盛於吴中，江永、戴震諸君繼起於歙」。這也被後世學者認爲是「尊吴貶皖」，但實際上這只是一種時間差而已，而江藩並没有硬將三惠與江、戴强爲牽合，造成江、戴之學承自三惠的事實。在全書的評價中，對惠棟的評價引用錢大昕的説法，以爲其學處於漢代何休、服虔之間，馬融、趙岐輩不能及。〔一〕但評價江永之學，稱「一代通儒」，又引用戴震之説，稱江氏之學「自漢經師康成後，罕其儔匹」〔二〕，評價似又在惠棟之上。江藩又論戴震「其學長於考辨，立一義，初若創獲，及參互考之，確不可易」，又引其孟子字義疏證中語，評價亦自不低。〔三〕而江藩全書中評價最高者，既非三惠，亦非江、戴，而是錢大昕。江藩對戴震將自己定爲當時學界第一，置錢大昕爲第二的説法很不以爲然。江氏在比較戴、錢二人學術後説：「然東原之學，以肄經爲宗，不讀漢以後書；若先生學究天人，博綜群籍，自開

〔一〕清江藩纂、漆永祥箋釋漢學師承記箋釋卷二惠棟，上册第二一三頁。
〔二〕清江藩纂、漆永祥箋釋漢學師承記箋釋卷五江永，上册第四九二頁。
〔三〕清江藩纂、漆永祥箋釋漢學師承記箋釋卷五戴震，上册第五三二頁。

國以來，蔚然一代儒宗也。」〔一〕「一代儒宗」顯然比評價江永的「一代通儒」還要高。因此，即對諸人的評價中，我們也絲毫看不出江藩對惠棟有特別的偏好與推尊，與江、戴有特殊的貶損與打壓。

其四，從經師經義目録的著録情況看。江藩經師經義目録共計收録六十四人次（除去重復共三十三人）九十五種書籍。若按章、梁等所劃吴、皖分派，則吴派有十三人三十三種，皖派有六人二十八種。若單從人數上看，吴派較皖派多出一半以上，然從著録的書籍數量看，則兩派基本上是平分秋色。如果更計算三惠、江永、戴震數人，則三惠（周惕、士奇、棟）九種，江永十三種，戴震六種，即戴氏在當時倍受争議的孟子字義疏證也赫然在列。從以上這幾組數字，我們又幾乎要得出「詳皖略吴」的結論，如果按梁啓超之分法，將焦循、凌廷堪、劉台拱等再析出爲「揚州學派」，則吴派更爲遜色。這樣一來，所謂「詳吴略皖」之説，又從何而説起呢？

其五，從學者的生卒時間看。江藩著書之體，我們已經多次提到過，其存人與存書的原則是記述已逝之學者，在世者無論成就多大，亦在舍棄之列。而後世所論之皖派學者尤其是學術界憤憤不平的是江藩將段玉裁、王念孫、王引之等人未專記論述，可是大家都忽略了當

〔一〕清江藩纂、漆永祥箋釋漢學師承記箋釋卷三錢大昕，上册第三二一頁。

時他們都尚存於世的事實；而所謂吴派中的大部分學者尤其是揚州學者，多年壽不永，中年即逝，故得隸入師承記中。所以給人們造成一種書中有意略記皖派的表面現象。可是，如果讀人之書，連該書起碼的體例原則也不瞭解，就妄加議論，指斥不休，這又該從何説起呢？

因此，筆者認爲：在江藩心中，没有吴、皖兩派分争角立的思想與意識；而漢學師承記書中，也無有「尊惠貶戴」或「詳吴略皖」的確鑿證據。上述近今人的説法，皆爲皮附不當之語。至於江書所記揚州學者，傅斯年譏其「地方觀念太重，所以許多『吴下阿蒙』都攬了進來」。這一方面如上所述這些揚州學人多年壽不永，中年即逝；另一方面他們身處下層，其學行實有可書者，因此盡管他們多爲江氏故友同里，但爲漢學師承記採録書中，亦是體例所允，情理所宜，袒護同鄉，私諸友朋，自來史家，即是如此，我們似可以原諒江氏的這點「偏好」與「私誼」吧。

（五）簡論江藩之學術地位

百餘年來，由於受學術界對乾嘉考據學整體貶大於褒評價的影響，故對江藩與漢學師承記的評價也常被任加貶斥。筆者在此對江氏學位地位簡評如下：

江藩作爲惠棟的再傳弟子，成爲惠派傳人第三代中最爲特出的代表人物。汪喜孫「紅豆門生弟一人」的評價並非虚美，而是當時學術界實事求是的定評。而江氏在中年以後，與汪其中、阮元、凌廷堪等人力主韻文爲文章之祖，貶斥唐宋八大家，與桐城派争古文正宗。其治學不僅獨擅漢學，又博通諸學，具有揚州學者諸學兼通的學術特質，使他又成爲揚州學術的重要代表人物。就學術成就而論，即現今存世之書，江氏在經史四部皆有著述，其所治之學，經史、小學、天算、地理、金石、樂律等，無所不包，有着諸學會通的特點。與當時學者如焦循、阮元、凌廷堪、洪亮吉、顧廣圻等人相比，江藩無論在著述的數量、品質與影響方面，都毫不遜色，尤其是漢學師承記爲他贏得生前身後之大名。作爲一名出色的經史學家與學術史研究專家，在中國經學史、學術史、清代考據學史等研究領域，江藩都應有其相當的地位與影響。而江氏一生，終以監生，客幕求食，居無定所。因此，他既不能像錢大昕、王鳴盛、王昶等人那樣，宦海浮出後，復優游林下，課藝書院，名滿天下，學滿天下，著述滿天下，弟子滿天下；更不能像紀昀、阮元等人那樣，既爲朝廷重臣，復爲學林泰斗，主持風會，獎掖後學，主纂書籍，名實兼得。由於生活窘迫，又歿後無子，故其著述如戴氏考工車製圖翼等十餘種，散佚無存，即存世者也流傳未廣，這些對江藩在世時的學術發展與後世對他研究，無疑都造成了相當負面的局限與影響。

五、幾句感謝的話

在本前言的最後，我要對在董理此書過程中熱情關心與幫助過我的師長與朋友們，表達我萬分的感念之情！這段文字按慣例應當在後記中，但我的所謂後記是很不嚴肅的、信馬由韁的嘮叨文字。如果將這段話放置其中，會沖淡我想要表達的尊禮與敬意，因此放在此處，權當附上一篇感謝信而已。

首先我要衷心銘感的是我的恩師李教授慶善先生與孫教授欽善先生，李先生教我以漢學師承記爲基點，來讀清儒的書籍；孫先生賜示我從史源的角度來徹底研究此書，此後才有了我對漢學師承記的研讀與箋釋，孫師還審讀了部分卷帙，並提出諸多指導意見。其次我要感謝的是臺灣『中央研究院』歷史語言研究所陳鴻森教授，在書成稿前後，助益甚多。另外一位需要特別感謝的是清華大學科技史研究所的馮立昇教授，馮先生是研究中國古代科技史的專家，現全書中有關天文、曆法、數學、樂律部分的條目，都經過先生審閱並做了大量的修改，甚至有些條目是馮先生重新注釋的，沒有他的幫助，這些條目我幾乎無所措手足！原人民文學出版社編審陳新先生審讀了全稿，糾正了大量的錯謬，陳先生從整理全宋詩的時候一直到現在，對我們這些後生小輩總是有求必應，關懷備至，在此也向先生獻上一份深深的感謝！我在這裡還要鄭重感謝日本漢學界老前輩、原御茶水女子大學教授近藤光男先生，先生研究漢學師承記一生，成就斐然。我曾信札向先生求助他所藏漢學師承記的版本等資料，先生雖然年事已高，健康欠佳，但他仍命福岡教育大學的鶴成久章教授賜札並寄來了書影照片，此中高誼，感何如之！鶴成久章先生也隨信寄來了他的大作，在此一並表示感謝！

本書作爲北京大學中國古文獻研究中心的科研項目，在經費方面得到中心領導的大力支持。自從一九九九年中心成立後，我就做一些填表跑腿、送往迎來的打雜工作，這是非常耗時而又無奈的事情。中心主任安平秋教授總是盡量不佔用我的時間，讓我安心完成本書的箋釋工作。因爲我以前的書中出過荒唐的錯誤，所以安先生常囑咐我一定要謹慎，不可再犯類似的錯訛。中心副主任楊忠教授對本書的進展也非常關注，我也經常向楊先生請教，他的細心與認真，給了心浮氣躁的我不少啓迪。在此也向安先生、楊先生以及中心其他領導表達誠摯的感謝！

在十餘年來收集資料與箋釋此書的過程中，或提供資料，或糾謬指訛，或疑義相商，或熱情鼓勵的師長與朋友太多，在此我只能將他們中部分先生的大名列出，以表示我衷心的感謝！下面的排名是我的獨創，即根據地域距離的遠近而羅列的，這些師長與朋友是：臺灣『中央研究院』文哲所林慶彰教授、林玫儀教授、蔣秋華教授、楊晉龍教授，近代史所張壽安教授，廣州暨南大學古籍所張玉春教授，中山大學古籍所黃仕忠教授，復旦大學中國古代文學研究中心章培恒教授，復旦大學圖書館吴格教授、楊光輝博士、眭駿博士，華東師範大學古籍所嚴佐之教授，上海圖書館郭立暄博士，蘇州大學中文系涂小馬教授，南京師範大學社會發展學院劉進寶教授、古文獻學系王鍔教授，南京博物院徐湖平院長，南京圖書館徐憶農教授，安徽旌德縣縣志辦公室汪忠來先生，西北師範大學文學院伏俊璉教授，山東大學文史哲研究院杜澤遜教授，清華大學圖書館劉薔教授，北京大學中文系蔣朗朗教授，中國古文獻研究中心沈培教授、劉玉才教授等。我要特別在此一提的是本中心的盧偉學兄，電腦對我來説只是一個打字機，一旦出了毛病，我自己的解決方式就是關機或者撥斷電源，盧兄是我隨叫隨到的義務修理員，没有他的幫助，這部稿子早成病毒的幾何體了。另外還要感謝北京大學圖書館、中國國家圖書館、上海圖書館、復旦大學圖書館、江蘇省圖書館以及其他我訪書到過的圖書館古籍部的老師與工作人員，恕我在此不能一一列舉他們的尊名。我經常一日之内翻閱十數種古籍，没有他們的辛勤工作和熱情相助，這部書稿也是很難完成的！

前年初春，上海古籍出版社社長王興康先生因事來北大，我與先生在通往東門的路上閒聊，先生辱問我最近在做些甚麽，我答以在做漢學師承記的箋釋，已經好多年了，仍未完成。先生説如果完成了，可以先寄部分稿子給他，看可否在他們那裡出版。秋間，王先生又命社裡第七編輯室的黄曉峰先生來電話詢問此事。路上無意説的一句話，王先生竟然還記得，着實讓我感動！於是我又得寸進尺地寫信給他，問可否將我的師承記箋釋、師承記研究以及整理之江藩集三部書稿同時出版，没想到竟得到王先生與社領導的鼎力支持。上海古籍出版社是我心目中份量很重的出版社，他們願意爲我這樣一個黯然無聞的學界後輩花如此大的氣力，此又豈止「感佩」二字所能形容！但願這幾部書的出版，能不辱没他們對我的抬愛和上海古籍出版社在學界的盛譽，這也是我最惴惴不安的！黄曉峰先生是本書的責任編輯，從開始聯係到此書出版，他前後花費了極大的心力，在此也向他表示衷心的感謝！

我已經用了太多的感歎號，就請讓我再用一次，我虔誠地、默默地祝福上述的前輩與朋友們平安、健康、幸福、快樂！隴右漆永祥二〇〇五年夏酷暑時節書於京郊西二旗紫石齋中。

國朝漢學師承記序[一]

兩漢經學所以當尊行者[二]，爲其去聖賢最近，而二氏之説尚未起也[三]。老、莊之説，盛於兩晉，然道德、莊、列，本書具在[四]，其義止於此而已，後人不能以己之文字，飾而改之，是以晉以後鮮樂言之者。浮屠之書[五]，語言文字，非譯不明，北朝淵博高明之學士，宋、齊聰穎特達之文人，以己之説，傅會其意，以致後之學者，繹之彌悦，改而必從，非釋之亂儒，乃儒之亂釋。魏收作釋老志後[六]，蹤跡可見矣。吾固曰：兩漢之學純粹以精者，在二氏未起之前也。我朝儒學篤實，務爲其難，務求其是[七]，是以通儒碩學，有束髮研經[八]，白首而不能究者[九]，豈如朝立一旨、暮即成宗者哉！

[一]此序今亦見阮元揅經室一集卷一一。阮元(一七六四—一八四九)，字梁伯，一作良伯，改字伯元，號雲臺，亦作芸臺，又號揅經老人、雷塘菴主、瀛洲仙客等，清揚州人，占籍儀徵。乾隆五十四年(一七八九)進士。累官至湖廣、兩廣、雲貴總督。道光朝，拜體仁閣大學士，管理刑部，調兵部。卒謚文達。其學博而能專，精於經史，力主漢學，兼及義理。所至提倡經術，主持風會，海内尊爲山斗。一生所編、所刻與所著之書數十種，主編有十三經注疏及校勘記二一七卷、皇清經解一四一二卷、經籍籑詁一〇六卷、疇人傳四六卷，另主修方志、金石等書多種。選輯刊刻有小琅嬛館敘録

書、文選樓叢書等。自著有詩書古訓六卷、積古齋鐘鼎彝器款識一〇卷、曾子注釋四卷、揅經室集五四卷等。事見清張鑑等編雷塘菴主弟子記、王章濤阮元年譜，劉毓崧通義堂文集卷六、清史列傳卷三六，清史稿卷三六四有傳。

〔二〕祥案：經學一詞，當有廣義、狹義之分。狹義之經學，專指儒家通過對諸經之訓詁、考據與闡釋，以求得聖人之微言大義，自漢至清學者所言經學，多指此而言。廣義之經學，則如日本學者本田成之所云，「所謂經學，乃是在宗教、哲學、政治學、道德學的基礎上加以文學的、藝術的要素，以規定天下國家或者個人的理想或目的的廣義的人生教育學」。近代以來，多指此義，則幾至無所不包矣。徐復觀認爲，若就經學而論，經學的精神、意義、規模，雖至孔子已奠其基，但經學之所以爲經學，亦必具備一種由組織而具體化之形式。此形式至荀子而始挈其要，至秦方完成。經學流派，可大别之爲漢、宋二派，一主訓詁，一主義理。然二者乃一車之雙輪，各重一偏，則不能周至大道也。詳參清皮錫瑞經學歷史、劉師培經學歷史教科書、徐復觀中國經學史的基礎、本田成之中國經學史諸書。

〔三〕宋王應麟小學紺珠藝文類二氏：「老、釋。」清中葉漢學家以爲，兩漢經學最爲純正，而魏、晉以後，儒者以釋、道之説解經，重以玄學之虚渺，理學之空疏，使經學轉爲衰微。

〔四〕道德即老子，道家稱道德真經或道德經，相傳老子修道德，著書五千言。莊子今本三十三篇，戰國時莊周撰，分内、外、雜篇。列子，舊題戰國時人列御寇所撰。漢志著録八篇，已佚，今存八篇爲晉張湛輯注本。

〔五〕浮屠，即佛，又作休屠、佛陀、浮圖等，譯音無定字，爲梵語 Buddha 之音譯，譯言「覺者」或「智者」。後漢書卷四二楚王英傳：「英少好游俠，交通賓客，晚節更喜黄老，學爲浮屠齋戒祭祀。」注引袁宏後漢紀：「浮屠，佛也。西域天竺國有佛道焉。佛者，漢言覺也，將以覺悟群生也。其教以脩善慈心爲主，不殺生，專務清静。」廣弘明集卷二：「浮圖，或言佛陀，聲相轉也。譯云净覺，滅成明覺，爲聖悟也。」

〔六〕魏收（五〇六—五七二），字伯起，小字佛助，北朝鉅鹿下曲陽（今河北晉縣）人。北魏時，典起居注，修國史。東魏時，仍修國史。北齊除中書令，兼著作郎，詔撰魏史。武成帝時，兼右僕射。卒謚文貞。撰有魏書一三〇卷。北齊書卷

三七、北史卷五六有傳。釋老志爲魏書十志之一，前代正史皆無爲釋、道立專志者，有自魏收始。

[七]祥案：此謂清代學者治學之手段與學風。「務爲其難」者，謂治訓詁考據之學也；「務求其是」者，謂實事求是之學風也。乾嘉學者治學，力主從文字訓詁入手，如惠棟九經古義述首稱：「識字審音，乃知其義。」戴震戴東原集卷三六書論序：「自昔儒者，其結髮從事，必先小學。」錢大昕潛研堂文集卷二四小學考序：「六經皆載於文字者也，非聲音則經之義不正，非訓詁則經之義不明。」又阮元揅經室一集卷二論語一貫説：「聖賢之言，不但深遠者非訓詁不明，即淺近者亦非訓詁不明也。」漢書河間獻王傳：河間獻王劉德「修學好古，實事求是」。師古注：「務得事實，每求真是也。」乾嘉時學者遠承漢學，並將訓詁考據之實與空衍義理之虚相區别，求實黜虚，力主實學。如錢大昕潛研堂文集卷二五盧氏群書拾補序曰：「通儒之學，必自實事求是始。」又凌廷堪校禮堂文集卷三五戴東原先生事略狀，比較實事與虚理云：「昔河間獻王『實事求是』。夫實事在前，吾所謂是者，人不能强辭而非之，吾所謂非者，人不能强辭而是之也，如六書、九數及典章制度之學是也；虚理在前，吾所謂是者，人既可别持一説以爲非，吾所謂非者，人亦可别持一説以爲是也，如理義之學是也。」同時阮元也有相類似的論述，其揅經室三集卷五惜陰日記序曰：「漢書云：『修學好古，實事求是。』後儒之自遁於虚而争是非於不可究詰之境也，河間獻王竟逆料而知之乎！我朝儒者，束身修行，好古敏求，不立門户，不涉二氏，似有合於『實事求是』之教。」

[八]後漢書卷二七杜林傳：林從張竦「受學，博洽多聞，時稱通儒。」注：「風俗通曰：『儒者，區也。言其區别古今，居則玩聖哲之詞，動則行典籍之道，稽先王之制，立當時之事，此通儒也。』」祥案：清儒又多以通儒與俗儒作相對之詞，如潘耒日知録序：「有通儒之學，有俗儒之學。學者將以明體適用也，綜貫百家，上下千載，詳考其得失之故，而斷之於心，筆之於書，朝章國典，民風土俗，無不洞悉。其術足以匡時，其言足以救世，是謂通儒之學。若夫雕琢辭章，綴輯故實，或高談而不根，或剿説而無當，淺深不同，同爲俗學而已矣。」

[九]漢書藝文志：「古之學者耕且養，三年而通一藝，存其大體，玩經文而已，是故用日少而畜德多，三十而五經立

也。後世經傳既已乖離，博學者又不思多聞闕疑之義，而務碎義逃難，便辭巧説，破壞形體；説五字之文，至於二三萬言。後進彌以馳逐，故幼童而守一藝，白首而後能言；安其所習，毁所不見，終以自蔽。此學者之大患也。」祥案：阮氏此處反其意而用之，言清儒用心之專壹及著述之堅韌與不苟也。

甘泉江君子屏[一]，得師傳於紅豆惠氏[二]，博聞强記，無所不通，心貫羣經，折衷兩漢。元幼與君同里同學[三]，竊聞論説三十餘年。江君所纂國朝漢學師承記八卷，嘉慶二十三年居元廣州節院時刻之[四]，讀此可知漢世儒林家法之承授，國朝學者經學之淵源[五]，大義微言，不乖不絶[六]，而二氏之説，亦不攻自破矣。

[一]祥案：子屏，或作國屏，江藩之字。吉常宏、吉發涵古人名字解詁江藩：「詩大雅板：『價人維藩，大師維垣。大邦維屏，大宗維翰。』『子』爲男子之美稱。」有關江氏之字號與生平，詳參本書前言一江藩生平與學行。

[二]紅豆惠氏，即惠棟，參本書卷二惠松崖。江藩師從惠棟弟子江聲、余蕭客，爲惠氏再傳弟子，故此云「得師傳於紅豆惠氏」。又如江藩妹江珠小維摩詩稿酬王子乘見贈四絶句原韻其二論其兄，有「紅豆流傳頗有名」之句；又清洪亮吉更生齋詩續集卷四十六日集賓月閣棧江上舍藩亦有句稱「紅豆一株傳絶學」；而清汪喜孫抱璞齋詩集卷五五哀詩江鄭堂先生更稱江藩爲「紅豆門生第一人」，等等。

[三]江藩爲甘泉人，阮元雖占籍儀徵，但實爲揚州人。其揅經室二集卷二揚州北湖小志序即曰：「元但通籍儀徵而已，實揚州郡城北湖人也，元家在北湖九龍崗。」祥案：九龍崗，在揚州城西北四十五里公道橋側，當時屬甘泉縣（今屬邗江縣），故阮氏言與江氏同里。

［四］嘉慶二十二年（一八一七）八月，阮元由湖廣總督調兩廣總督；十月，抵廣州赴任。二十五年三月，在廣州城西開學海堂。道光六年（一八二六）調雲貴總督。參雷塘菴主弟子記卷六。節院，清代總督或巡撫駐衙之俗稱。

［五］祥案：阮氏此既述清代漢學之特徵，亦明江氏以漢學師承記命書之深意。乾嘉學者以爲：漢儒去古未遠，所傳多七十子之微言大義；漢儒師法相承，學有本根；漢儒精於小學，其所見多古字古音；漢儒經學，無釋道之學影響，最爲純正，故所得皆聖人之真意也。所謂師法，言師弟相授之法。荀子修身：「不是師法而好自用，譬之是猶以盲辨色，以聾辨聲也，舍亂妄無爲也。」漢儒多言師法。如漢書卷七四魏相傳：「相明易經，有師法。」又卷七五李尋傳：「治尚書，與張孺、鄭寬中同師。寬中等守師法教授，尋獨好洪範災異，又學天文月令陰陽。」又卷八一張禹傳：「禹經學精習，有師法，可試事。」後漢書卷二五卓茂傳：「學於長安，事博士江生，習詩、禮及曆筭，究極師法，稱爲通儒。」故皮錫瑞經學歷史三經學昌明時代曰：「漢人最重師法。師之所傳，弟之所授，一字毋敢出入，背師説即不用。師法之嚴如此。」清儒重師法，始自惠棟。其九經古義述首曰：「漢人通經有家法，故有五經師訓詁之學，皆師所口授，其後乃著竹帛。所以漢經師之説立於學官，與經並行。五經出於屋壁，多古字古言，非經師不能辨。經之義存乎訓，識字審音，乃知其義。是古訓不可改也，經師不可廢也。」又王鳴盛十七史商榷卷二七「師法」條：「漢人説經重師法……又稱家法，謂守其一家之法也。……前漢多言師法，而後漢多言家法，不改師法，則能修家法矣。」又阮元揅經室二集卷七王西莊先生全集序：「夫漢人治經，首重家法，家法亦稱師法。前漢多言師法，後漢多言家法。至唐，承江左義疏，惟易、書、左氏爲後起者所奪，其餘家法未嘗亡也。自有破樊籬者，而家法亡矣。」因之，重師承，明淵流，遂爲清代漢學明顯不同於宋明理學之重要特徵之一。

［六］漢書藝文志：「昔仲尼没而微言絶，七十子喪而大義乖。」師古曰：「精微要妙之言耳。」

元又嘗思國朝諸儒，説經之書甚多，以及文集、説部，皆有可採，竊欲析縷分條，加以翦截，引繫於羣經各章句之下[一]。譬如休寧戴氏解尚書「光被四表」爲「横被」，則繫之堯典[二]；寶應劉氏解論語「哀而不傷」[三]，即詩「惟以不永傷」之「傷」[四]，則繫之論語八佾篇[五]，而互見周南。如此勒成一書，名曰大清經解[六]。徒以學力日荒，政事無暇，而能總此事，審是非，定去取者，海内學友惟江君暨顧君千里二三人[七]。他年各家所著之書，或不盡傳，奥義單辭，淪替可惜，若之何哉！歲戊寅除夕，阮元序於桂林行館[八]。

[一]後漢書卷二八上桓譚傳：「博學多通，遍習五經，皆詁訓大義，不爲章句。」章懷注：「章句謂離章辨句，委曲枝派也。」呂思勉章句論：「章句二字之本義，蓋即今之畫段點句，則凡今所謂符號者，亦皆謂之章句，蓋以偏名爲全名。豈以章句二者，在符號中關係最大，故舉以概其餘，抑章句最先有，其餘皆後起，故遂蒙其名邪？未可定也。然古所謂章句者，必不僅指分章斷句二者，則可斷言。」祥案：章句者，非僅斷句詁字也。蓋逐句以釋詞，逐章以括義，闡述其文，鋪暢其義，以相傳授也。又諸家章句，各有不同，故愈往後世，愈爲煩碎耳。

[二]尚書堯典：「光被四表，格於上下。」祥案：「光」，漢書所引多作「横」，諸書所引或作「廣」。鄭玄釋「光」爲「光耀」之義。戴震以爲，「横被」，廣被也。充盛所及曰横，貫通所至曰格。「横」轉寫爲「桄」，脱誤爲「光」。見戴氏尚書義考卷一、戴東原集卷三與王内翰鳳喈書。案戴氏以「光」與「横」通是也，而以「横」爲「桄」而脱誤爲「光」則非也。實則「光」、「桄」古見母陽韻，「横」匣母陽韻，三字韻皆可通，非轉寫脱誤之譌也。王引之經義述聞卷三「光被四表」條駁之甚詳。阮元以爲戴氏此解，因音求義，而古義自明，故舉例説明清儒治學之法也。

[三]劉臺拱論語駢枝：「詩有關雎，樂亦有關雎，此章據樂言之。古之樂章皆三篇爲一。……樂亡而詩存，説者遂徒執關雎一詩以求之，豈可通哉？『樂而不淫』者，關雎、葛覃也；『哀而不傷』者，卷耳也。關雎，樂妃匹也；葛覃，樂得婦職也；卷耳，哀遠人也。哀樂者，性情之極致，王道之權輿也。能哀能樂，不失其節，詩之教無以加於是矣。葛覃之賦女功，與七月之陳耕織，一也。季札聞歌豳而曰：『美哉！樂而不淫。』即葛覃可知矣。」祥案：阮氏之義，謂今關雎之詩，由詩句但可會得「樂而不淫」之義，絶不見其「哀傷」之感，而劉氏所言，以樂之關雎釋之，其義甚確。斯爲創解，前所未有，故阮氏引以爲例。由阮氏所舉二例亦可見，清代考據學家之釋經，因音求義，推陳創新，二者皆爲當時學者所重也。

[四]詩周南卷耳：「我姑酌彼兕觥，維以不永傷。」

[五]論語八佾：「子曰：『關雎，樂而不淫，哀而不傷。』」

[六]大清經解，即阮氏後來主編之皇清經解，亦稱學海堂經解，計一千四百一十二卷，以撰者先後爲次，收自清初顧炎武以降至當時阮元及其子阮福、嚴杰等七十三人經學著述一百八十餘種。咸同間，又續增馮登府書二種、許鴻磐一種。祥案：此序爲阮氏主纂經解意圖之發軔。後阮氏於道光五年（一八二五）輯刻皇清經解，由嚴杰主持其事（杰乃阮氏妹婿張熙之師），而不復以顧廣圻、江藩主事者，顧氏時在揚州校刻唐文粹諸書，而江氏已退息里門矣。六年，阮氏移任雲貴總督，輯刻之事皆郵筒往復商榷，於九年全書成。而其次序，則實以人之先後爲次。據夏昶之序，以人爲次者，則續通志堂經解之意也。夏氏所未言者，則以人爲次，易於成書故也。全書有道光至同治間刊本、臺灣漢京文化事業有限公司影印本、上海書店一九八八年影印本等。

[七]顧廣圻（一七六六—一八三五），字千里，以字行，號澗蘋，又號思適居士、無悶子等，清江蘇吴縣人。諸生。從江聲游，通惠棟之學。精於經史百家，尤擅版本、校勘諸學，與盧文弨合稱「盧顧」。又長詩賦駢文，校刻之書甚衆。自著有説文辨疑一卷、戰國策札記三卷、百宋一廛賦一卷、韓非子識誤三卷、思適齋集一八卷等。事見李兆洛養一齋文集續編

卷四墓誌銘，清史列傳卷六八、清史稿卷四八一有傳。阮氏以顧、江爲能主持其事者，二人皆師從江聲，爲惠棟再傳弟子，精目録、版本、校勘之學，且研精經史，著述豐碩，在當時皆首屈一指之學者也。阮元定香亭筆談卷四：「甘泉江鄭堂藩，淹貫經史，博通群籍。旁及九流、二氏之書，無不綜覽。……元和惠徵君定宇棟，經學冠天下，鄭堂受業於惠氏弟子余君仲林，盡得其傳。所著周易述補、爾雅正字諸書，皆有發明。」又阮氏揅經室再續集卷三高密遺書序：「（黄奭）言幼讀書爲舉業，入安定書院，曾賓谷先生異之曰：『爾勿爲時下學，余薦老師宿儒一人與爾爲師。』乃甘泉江鄭堂子屏藩也。……子屏之師余蕭客仲林，爲惠松崖先生之弟子，四庫收其古經解鉤沈，曾館子屏家，此子屏昔所告予者。……賓谷先生所爲『老師宿儒』，誠是也！」

［八］戊寅除夕，爲嘉慶二十三年除夕，即西元一八一九年一月二十五日。行館，清代大吏如督撫等每歲巡防官員暫居之地。阮氏揅經室四集詩卷一一有桂林除夕憶雷塘菴僧心平，即是年除夕在桂林行館度歲時作也。

國朝漢學師承記　卷一

甘泉江　藩　纂

先王經國之制，井田與學校相維[一]，里有序，鄉有庠[二]。「八歲入小學[三]，學六甲、五方、書計之事[四]，始知室家長幼之節[五]。十五入大學[六]，學先聖禮樂，而知朝廷君臣之禮。」所以耕夫餘子，亦得秉耒橫經[七]，漸詩、書之化[八]，被教養之澤。濟濟乎！洋洋乎[九]！三代之隆軌也。

[一]經國，治國。井田，上古土地制度，因形似井狀，故名。詳參穀梁傳宣公十五年、漢書卷二四上食貨志上。

[二]漢書食貨志上：「里有序，而鄉有庠。」孟子梁惠王上：「謹庠序之教。」注：「庠序者，教化之宫也。殷曰序，周曰庠。」又參孟子滕文公上。

[三]此段見漢書食貨志上。漢書卷八五杜鄴傳：「初，鄴從張吉學，吉子竦又幼孤，從鄴學問，亦著於世，尤長小學。」注：「小學，謂文字之學也。周禮『八歲入小學，保氏教國子以六書』，故因名云。」又漢書藝文志：「古者八歲入小學，故周官保氏掌養國子，教之六書，謂象形、象事、象意、象聲、轉注、假借，造字之本也。」

[四]漢志顔注：「蘇林曰：『五方之異書，如今祕書學外國書也。』臣瓚曰：『辨五方之名及書藝也。』師古曰：『瓚説是也。』」周注：「王先謙補注：顧炎武曰：『六甲者，四時六十甲子之類。五方者，九州嶽瀆列國之名。書者，六書；

計者，九數。』……周壽昌曰：『此禮記內則之言。禮，九年，教之數日。鄭注，朔望與六甲也；猶言學數干支也。六年，教之數與方名。鄭注，方名，東西；即所云五方也，以東西該南北中也。十年，出外就傅，居宿於外，學書記；即書計也。書，文字；計，籌算也。六書、九數，皆古人小學之所有事也。』」

[五]詩周南桃夭：「之子於歸，宜其室家。」朱熹詩集傳卷一：「室謂夫婦所居，家謂一門之內。」大戴禮保傅篇：「及太子少長，知妃色，則入於小學。」亦此意也。

[六]大學，與小學相對之辭。周時貴族子弟十五歲入大學。大戴禮保傅：「古者八歲而出就外舍，學小藝焉，履小節焉；束髮而就大學，學大藝焉，履大節焉。」

[七]耕夫餘子，泛指不識字之人。漢書食貨志上：「是月，餘子亦在於序室。」注：「蘇林曰：『餘子，庶子也。或曰，未任役爲餘子。』師古曰：『未任役者是也。幼童皆當受業，豈論嫡庶乎？』」秉耒橫經，謂邊耕作邊學經，所謂耕讀之家也。橫，通黌，學也。

[八]漢書卷五六董仲舒傳：「漸民以仁。」注：「漸謂浸潤之。」

[九]濟濟、洋洋，皆美盛之意。詩齊風載驅：「四驪濟濟，垂轡瀰瀰。」毛傳：「濟濟，美貌。」尚書伊訓：「聖謨洋洋，嘉言孔彰。」又論語泰伯：「洋洋乎，盈耳哉！」又後漢書卷七九上儒林傳序：明帝時，「饗射禮畢，帝正坐自講，諸儒執經問難於前，冠帶縉紳之人，圜橋門而觀聽者蓋以億萬計。其後復爲功臣子孫、四姓末屬別立校舍，搜選高能以受其業，自期門羽林之士，悉令通孝經章句，匈奴亦遣子入學。濟濟乎，洋洋乎，盛於永平矣！」

秦併天下，燔詩書，殺術士[一]，聖人之道墜矣。然士隱山澤巖壁之間者，抱遺經，傳口說[二]，不絕於世。漢興，乃出[三]。「言易[四]，淄川田生[五]；言書，濟南伏生[六]；言詩，於魯則申公培[七]，於齊則轅固生[八]，於燕則韓太傅[九]；言禮，魯高堂生[一〇]；言春秋，於齊則胡毋生[一一]，於趙則董仲舒[一二]。」自兹以後，專門之學興[一三]，命氏之儒起[一四]，六經五典[一五]，各信師承，嗣守章句，期乎勿失。西都儒士，開横舍[一六]，延學徒，誦先王之書，被儒者之服，彬彬然有洙泗之風焉[一七]。爰及東京[一八]，碩學大師，賈、服之外[一九]，咸推高密鄭君[二〇]，生炎漢之季[二一]，守孔子之學，訓義優洽，博綜羣經，故老以爲前修[二二]，後生未之敢異。

[一]祥案：此段與下段多採自漢書卷八八儒林傳序、史記卷一二一儒林傳序、南齊書卷三九劉瓛傳、北史卷八一儒林傳序、隋書卷七五儒林傳序等。然所載前後次序與删引程度皆不同。漢書儒林傳序：「及至秦始皇兼天下，燔詩書，殺術士。」注：「燔，焚也。」

[二]史記儒林傳序：自秦始皇焚書坑儒，「六藝從此缺焉」。漢書儒林傳：漢初，「申公獨以詩經爲訓故以教，亡傳，疑者則闕弗傳。」顔注：「口説其指，不爲解説之傳。」

[三]史記儒林傳序：「及高皇帝誅項籍，舉兵圍魯，魯中諸儒尚誦習禮樂，弦歌之音不絶，豈非聖人之遺化，好禮樂之國哉？……漢興，然後諸儒始得修其經藝，講習大射鄉飲之禮。」漢書儒林傳序同。

[四]此段見漢書儒林傳序，史記儒林傳序所載前後次序不同。

[五]漢書儒林傳：「漢興，田何以齊田徙杜陵，號杜田生，授東武王同子中、雒陽周王孫、丁寬、齊服生，皆著易傳數篇。」淄川，今山東淄博市。

［六］伏生，名勝，漢初濟南人。秦博士。治尚書。漢孝文帝時，欲召之，老不能行，於是乃詔太常使掌故晁錯往受之。秦時焚書，伏生壁藏之。漢定，求其書，亡數十篇，獨行二十九篇，即以教以齊、魯間。學者由是頗能言尚書，諸山東大師無不涉尚書以教。史記、漢書儒林傳有傳。

［七］申公，名培，魯人。漢初，弟子自遠方至受業者千餘人，獨以詩經爲訓詁口傳以教。武帝初，曾使束帛加璧、安車蒲輪駕駟迎至京師。史記、漢書儒林傳皆有傳。

［八］轅固生，齊人。以治詩，景帝時爲博士。因其廉直，拜爲清河太傅。武帝初，以賢良徵。自是之後，齊言詩皆本轅固生。史記、漢書儒林傳皆有傳。

［九］韓生，名嬰，燕人。文帝時爲博士，景帝時爲常山王太傅。推詩之意而爲内、外傳數萬言，淮南賁生受之。自後燕、趙間言詩者由韓生。漢書儒林傳有傳。

［一〇］高堂生，魯人，字伯。秦焚書，士禮獨存，高堂生能言之。以禮十七篇授瑕丘蕭奮等，爲治禮者所宗。事見史記儒林傳，漢書儒林傳有傳。

［一一］胡毋生，齊人。治公羊春秋，景帝時爲博士。年老，歸教於齊，齊人言春秋者宗事之。史記、漢書儒林傳皆有傳。

［一二］董仲舒（前一七九—前一〇四），漢廣川（今河北棗强）人。少治春秋，景帝時爲博士。武帝時，爲江都王相、膠西王相。主罷黜百家，獨尊儒術之策。善以陰陽災異論説春秋得失。今存春秋繁露一七卷。史記儒林傳、漢書卷五六有傳。

［一三］此段爲刪裁南齊書卷三九劉瓛傳「史臣曰」一段文字而成。漢書卷七五夏侯勝傳：夏侯建「自顓門名經，爲議郎博士，至太子少傅。」注：「顓與專同。專門者，自别爲一家之學。」又漢書儒林傳稱，眭孟死，「彭祖、安樂皆顓門教授」。師古曰：「顓與專同。專門，言各自名家。」又清皮錫瑞經學歷史十經學復盛時代：「國朝經師，能紹承漢學者，有二事：

一曰傳家法，……一曰守顓門。」

［一四］命氏，即命世、名世。孟子公孫丑下：「五百年必有王者興，其間必有名世者。」清焦循孟子正義卷九：「命世，即名世，謂前聖既没、後聖未起之間，有能通經辨物，以表章聖道，使世不惑者。」

［一五］莊子天運：「孔子謂老聃曰：『丘治詩、書、禮、樂、易、春秋六經。』」左傳昭公十二年：「是能讀三墳、五典、八索、九丘。」鄭注：「皆古書名。」僞書序：「伏羲、神農、黄帝之書，謂之三墳。」祥案：是書皆不見歷代目録著録，宋時張商英自稱得於民家，實仍僞造之本；明時程榮刻入漢魏叢書，題晉阮咸注，更是僞中之僞。此數種古書名，歷代以來，解釋繁多，然終無定論，付諸闕如可矣。

［一六］横舍，即黌舍。後漢書卷三三朱浮傳：「先建太學，進立横舍。」

［一七］論語雍也：「文質彬彬，然後君子。」集解：「包曰：『彬彬，文質相半之貌。』」祥案：彬彬，亦作斌斌。史記儒林傳序：「自此以來，則公卿大夫士吏，斌斌多文學之士矣。」洙泗，洙水與泗水，洙水源於今山東新泰市東北，泗水源於泗水縣東，二水交匯後流入淮河，後其下游爲大運河之部分。孔子居於洙、泗之間教授弟子，故後世以「洙泗」爲儒家之代稱。禮記檀弓上：「吾與女事夫子於洙、泗之間。」

［一八］爾雅釋詁：「爰，於也。」尚書盤庚下：「乃正厥位，綏爰有衆。」又史記卷一一七司馬相如傳：「文王改制，爰周郅隆。」索隱：「爰，於、及也。」

［一九］碩學大師，學問淵博之師長。後漢書卷七九下儒林傳論：「夫書理無二，義歸有宗，而碩學之徒，莫之或徙，故通人鄙其固焉。」又史記卷一二一伏生傳：「學者由是頗能言尚書，諸山東大師無不涉尚書以教矣。」賈、服，賈逵與服虔。賈逵（三〇—一〇一），字景伯，漢扶風平陵（今陝西咸陽西北）人。官至侍中，領騎都尉。以大夏侯尚書教授，尤明左傳、國語，爲左氏解詁三十篇、國語解詁二十篇。肅宗時，詔入講經。令自選嚴彭祖、顔安樂等諸生高才者二十人，教以左氏。學者宗之，後世稱爲通儒。後漢書卷三六有傳。服虔，字子慎，漢滎陽人。官至九江太守。作春秋左氏傳解。後漢

書卷七九下有傳。

[二〇]鄭玄(一二七—二〇〇),字康成,漢高密人。少爲鄉嗇夫,造太學受業,博通諸經,精於曆算。師事馬融,後因黨錮,杜門不出。與何休等争論今古文,義據通深,由是古學遂明。玄經傳博洽,遍注群經,稱爲純儒,齊、魯間宗之。後漢書卷三五有傳。著書今存三禮注、毛詩箋,他如周易注九卷、尚書注九卷等,多已佚。清黄奭輯有高密遺書一四種(漢學堂叢書本),孔廣林輯有一七種(通德遺書本),袁鈞輯有鄭氏佚書二一種(光緒十四年杭州書局刻本)等。後漢書卷三五有傳,另可參王利器鄭康成年譜,有齊魯書社一九八三年版。

[二一]周注:「漢以火德王,故稱炎漢。」

[二二]故老,年長而有閱歷之人。詩小雅正月:「召彼故老,訊之占夢。」前修,前代賢人。楚辭:「謇吾法乎前修兮,非世俗之所服。」又後漢書卷三九劉愷傳:「今愷景仰前修,有伯夷之節。」注:「前修,前賢也。」

晉王肅自謂辨理依經[一],逞其私説,僞作家語[二],妄撰聖證[三],以外戚之尊[四],盛行晉代。王弼尊老、莊而注周易[五],杜預廢賈、服而釋春秋[六],梅賾上僞書[七],費甝爲義疏[八],於是宋、齊以降,師承凌替,江左儒門[九],參差互出矣。然河洛尚知服古[一〇],不改舊章,左傳則服子慎[一一],尚書、周易則鄭康成,詩則並主於毛公[一二],禮則同遵於鄭氏。若輔嗣之易,惟河南、青、齊間有講習之者[一三],而王肅易亦間行焉。元凱之左氏但行齊地[一四],僞孔傳惟劉光伯、劉士元信爲古文[一五],皆不爲當時所尚。隋書云[一六]:「南人約簡,得其英華;北學深蕪,窮其枝葉。」豈知言者哉!

[一]王肅(一九五—二五六)，字子雍，三國魏東海(今山東郯城西南)人。官至中領軍。卒謚景侯。曾採會同異，注諸經，並撰定其父王朗所作易傳，當時皆立於學官。肅善賈逵、馬融之學，著聖證論等，專與鄭玄之學立異。三國志卷一三有傳。

[二]孔子家語一〇卷，王肅僞撰並注。乃肅自取先秦古書割裂綴成，再取以爲證，駁難鄭玄之説。然遺文軼事，往往多見於其中，不可盡以僞書而廢也。清孫志祖有家語疏證六卷，可參。

[三]聖證論一二卷，王肅撰。全書以攻擊譏刺鄭玄之學爲務，宋以來久佚。清馬國翰輯有一卷，又皮錫瑞有聖證論補評二卷，皆可參。

[四]周注：「王肅女元姬適司馬昭，即晉書後妃傳上所謂文明王皇后，晉武帝司馬炎之母。武帝於肅爲外孫，故云『外戚之尊』。」

[五]王弼(二二六—二四九)，字輔嗣，三國魏山陽高平(今山東金鄉西北)人。官至尚書郎。年二十餘卒。崇尚老、莊，與何晏、夏侯玄、荀融等辯論，開虚理玄談之風。撰周易注、老子注等，易注即今十三經注疏所本。事見三國志卷二八魏書鍾會傳附。

[六]杜預(二二二—二八四)，字元凱，西晉杜陵(今陝西西安)人。官至鎮南大將軍、都督荆州諸軍事。卒贈征南大將軍，謚成。嗜左傳，自稱有左傳癖。其解左氏，既承賈逵、服虔之學，又自爲説解，著春秋左傳集解三〇卷，今存十三經注疏中。又有春秋釋例一五卷等。三國志卷一六、晉書卷三四有傳。祥案：此曰杜氏「廢賈、服而釋春秋」，實則今杜氏集解中，承賈、服之説者十之五六，並未全廢耳。惠棟易漢學原序所論「杜氏雖有更定，大較同於賈、服」之言是也。

[七]梅賾，或作梅頤、枚賾，字仲真，東晉西平人。官至豫章太守。獻僞古文尚書及僞尚書孔氏傳，當時信以爲真，立於學官。事見世説新語方正、隋書經籍志。隋志：「晉世秘府所存，有古文尚書經文，今無有傳者。及永嘉之亂，歐陽、大小夏侯尚書並亡。濟南伏生之傳，唯劉向父子所著五行傳是其本法，而又多乖戾。至東晉，豫章内史梅賾，始得安

國之傳，奏之，時又闕舜典一篇。齊建武中，吴姚方興於大桁市得其書，奏上，比馬、鄭之本多二十八字，於是始列國學。」又經典釋文敍録：「江左中興，元帝時，豫章内史梅賾奏上孔傳古文尚書。亡舜典一篇，購不能得，乃取王肅注堯典從『慎徽五典』以下分爲舜典篇以續之。學徒遂盛。」

［八］費甝，南朝梁江夏（今湖北武漢）人。官國子助教。曾著尚書義疏一〇卷。事見隋志、經典釋文敍録。

［九］江左，古人述地理，以東爲左，西爲右，故江左亦稱江東，泛指長江下游以東地區今江蘇省等地；與之相對的長江下游以西地區今江西省等地，稱爲江右或江西。此江左泛指南北朝之南朝地區。經典釋文敍録：「江左中興，立左氏傳杜氏、服氏博士。」

［一〇］河洛，指黄河與洛水流域地區，泛指南北朝時期之北朝地區。隋書儒林傳序：「自晉室分崩，中原喪亂，五胡交争，經籍道盡。魏氏發迹代陰，經營河朔，得之馬上，兹道未弘。暨夫太和之後，盛修文教，搢紳碩學，濟濟盈朝，縫掖巨儒，往往傑出，其雅誥奧義，宋及齊、梁不能尚也。」

［一一］北史儒林傳序：「大抵南北所爲章句，好尚互有不同。江左，周易則王輔嗣，尚書則孔安國，左傳則杜元凱；河洛，左傳則服子慎，尚書、周易則鄭康成。詩則並主於毛公，禮則同遵於鄭氏。」又見隋書儒林傳序。

［一二］毛公，有大毛公、小毛公，此指大毛公。大爲毛亨，漢初魯（今山東曲阜）人。作毛詩詁訓傳三〇卷於其家，河間獻王得而獻之，亨授趙人毛萇，爲小毛公。爲河間獻王博士。然毛公之事及其傳授，諸家説法不一。參漢書儒林傳、隋書經籍志。

［一三］北史儒林傳序：「河南及青、齊之間儒生，多講王輔嗣所注，師訓蓋寡。」河南，郡名，治雒陽（今河南洛陽東北）。青州，治臨菑（今山東淄博）；北魏時有齊州，治歷城（今山東濟南）。

［一四］北史儒林傳序：「晉世，杜預注左氏。預玄孫坦、坦弟驥，於宋朝並爲青州刺史，傳其家學，故齊地多習之。」

［一五］北史儒林傳序：「下里諸生，略不見孔氏注解。武平末，劉光伯、劉士元始得費甝義疏，乃留意焉。」又：「煬

帝即位，復開庠序，國子、郡縣之學，盛於開皇之初。……於時舊儒多已凋亡，惟信都劉士元、河間劉光伯拔萃出類，學通南北，博極今古，後生鑽仰。所製諸經義疏，搢紳咸師宗之。」劉焯（五四四—六一〇），字士元，信都（今河北冀縣）人。劉炫，字光伯，景城（今河北滄州）人，卒後門人謚曰宣德先生。二人結盟爲友，閉户讀書，時稱「二劉」。隋煬帝時，皆爲太學博士。焯著稽極一〇卷、曆書一〇卷等。北史卷八二、隋書卷七五皆有傳。

［一六］隋書儒林傳序：「大抵南人約簡，得其英華；北學深蕪，窮其枝葉。考其終始，要其會歸，其立身成名，殊方同致矣。」此數語又見北史儒林傳序。

唐太宗挺生於干戈之世［一］，創業於戎馬之中［二］，雖左右櫜鞬［三］，櫛沐風雨，然鋭情經術，延覽名流，即位後讎正五經，頒示天下，命諸儒粹章句爲義疏［四］。惜乎孔沖遠［五］、朱子奢之徒，妄出己見［六］，去取失當［七］，易用輔嗣而廢康成，書去馬、鄭而信僞孔［八］，穀梁退麋氏而進范寧［九］，論語則專主平叔［一〇］，棄尊彝而寶康瓠［一一］，舍珠玉而收瓦礫［一二］，不亦慎哉［一三］！

［一］唐太宗，即唐高祖次子李世民（五九九—六四九）。在位期間，鋭意圖治，從善如流，去奢靡之風，行輕賦之政，政清人和，史稱「貞觀之治」。在位近二十三年（六二七—六四九）。卒謚文皇帝。事見唐温大雅大唐創業起居注、舊唐書卷二至卷三、新唐書卷二太宗本紀。

［二］舊唐書卷一八九上儒學上：「至武德［三］年，太宗討平東夏，海内無事，乃鋭意經籍，於秦府開文學館。廣引文學

之士，下詔以府屬杜如晦等十八人爲學士，給五品珍膳，分爲三番更直，宿於閣下。及即位，又於正殿之左，置弘文學館，精選天下文儒之士虞世南、褚亮、姚思廉等，各以本官兼署學士，令更日宿直。聽朝之暇，引入内殿，講論經義，商略政事，或至夜分乃罷。」

［三］左傳僖公二十三年：「左執鞭弭，右屬櫜鞬。」釋文：「櫜，受弓器；鞬，弓衣。」新唐書卷一九八儒學上：「太宗身櫜鞬，風纚露沐，然鋭情經術，即王府開文學館，召名儒十八人爲學士，與議天下事。」

［四］舊唐書儒學上：「太宗又以經籍去聖久遠，文字多訛謬，詔前中書侍郎顔師古考定五經，頒於天下，命學者習焉。又以儒學多門，章句繁雜，詔國子祭酒孔穎達與諸儒撰定五經義疏，凡一百七十卷，名曰五經正義，令天下傳習。」祥案：五經正義卷數，諸書記載不一，據新唐書藝文一著録爲：周易正義十六卷（舊唐書經籍上爲十四卷），魏王弼、晉韓康伯注，國子祭酒孔穎達、顔師古、司馬才章、王恭，太學博士馬嘉運，太學助教趙乾葉、王談、于志寧等奉詔撰；尚書正義二〇卷，漢孔安國傳（即僞孔傳），孔穎達、太學博士王德韶、四門助教李子雲等奉詔撰；毛詩正義四十卷，漢毛亨傳、鄭玄箋，孔穎達、王德韶、齊威等奉詔撰；禮記正義七十卷，漢鄭玄注，孔穎達、國子司業朱子奢、國子助教李善信、賈公彦、柳士宣、范義郡、魏王參軍事張權等奉詔撰；春秋正義三十六卷（舊唐書經籍上爲三十七卷），晉杜預注，孔穎達、楊士勳、朱長才等奉詔撰。

［五］孔穎達（五七四—六四八），字沖遠，訛作仲達，唐衡水人。曾從劉焯問學，博通諸經。官至國子司業。與魏徵纂成隋書。又與顔師古等受詔撰定五經正義。卒謚曰憲。舊唐書卷七三、新唐書卷一九八有傳。

［六］朱子奢（？—六四一），唐蘇州吴人。官國子司業。與孔穎達等奉敕撰禮記正義，又與房玄齡等奉敕撰文思要博等書。舊唐書卷一八九上、新唐書卷一九八有傳。祥案：關於五經正義署名，錢大昕潛研堂文集卷九答問六以爲「唐初删定五經正義，孔穎達以官高獨專其名。」又周注：「以孔穎達年輩在先，名位較重，故推以爲首。本書云孔、朱之徒，因不止孔、朱二氏也。」

［七］祥案：清儒對唐修正義，頗多不滿，概而言之，有五因焉：其一、注疏之體，疏不破注。故疏文申注，每每曲從注文，犯株守之弊。其二、唐人小學疎淺，疏文往往闇於訓詁而不明假借；其三、疏文釋經申注，多緣詞生訓，不得真解；其四，疏文成於衆手，體例不一，諸經詁字，矛盾錯出；其五、疏文冗繁復沓，讀之令人昏昏。如錢大昕潛研堂文集卷九答問六曰：「唐初正義，曲狥一家之言，彼經與此經矛盾者甚多。要其義據閎深，則詩、禮爲上，春秋次之，易、書爲下。」此亦清人代表性觀點。

［八］馬融（七九—一六六），字季長，漢右扶風茂陵（今陝西興平東）人。官至南郡太守。博洽多聞，鄭玄、盧植均出其門下。曾遍注群經，有易章句一〇卷、尚書傳一〇卷、周官傳一二卷等。後漢書卷六〇上有傳。

［九］周注：「麋氏，麋或糜之誤。麋信，字南山，三國魏東海人。官樂平太守。撰春秋穀梁傳注十二卷。正史無傳，見經典釋文叙録及隋志。楊士勳穀梁疏引作麋信，禮記正義引作縻信，册府元龜麋信外復出康信，太平御覽引穀梁注作庾信。蓋皆誤訛，當作麋信爲是。麋氏穀梁注已亡佚，馬國翰玉函山房輯佚書輯爲一卷，可參考。」范寧（三三九—四〇一），字武子，晉南陽順陽（今河南淅川）人。終官豫章太守。少篤學，多所通覽。著述今存春秋穀梁傳集解一二卷。事見晉書卷七五范汪傳附。

［一〇］何晏（一九〇—二四九），字平叔，三國魏南陽人。何進孫。齊王芳正始初，曲合於曹爽，爲散騎侍郎，遷侍中尚書。及爽敗，爲司馬懿所殺。晏少以才秀知名，好老、莊言，援老釋儒，與夏侯玄、王弼等倡玄學，成一時之風氣。今存論語集解一〇卷。事見三國志卷九魏志曹爽傳附及注、世説新語文學等。

［一一］史記卷八四賈誼傳：「斡棄周鼎兮寶康瓠。」集解引如淳曰：「爾雅曰：『康瓠謂之甈。』大瓠也。」爾雅釋器：「康瓠謂之甈。」注：「瓠，壺也。」尊彝，泛指祭祀用貴重禮器。周禮春官司徒：「司尊彝，掌六尊六彝之位。」

［一二］魏書卷五三李安世傳：「安世曰：『聖朝不貴金玉，所以賤同瓦礫。』」

［一三］債，同顛。穀梁傳僖公二十八年：「以爲晉文公之行事，爲已傎矣。」注：「以臣召君，傎倒上下。」

宋初承唐之弊，而邪説詭言，亂經非聖，殆有甚焉[一]。如歐陽修之詩[二]，孫明復之春秋[三]，王安石之新義是已[四]。至於濂、洛、關、閩之學[五]，不究禮樂之源，獨標性命之旨，義疏諸書，束置高閣[六]，視如糟粕，棄等弁髦[七]，蓋率履則有餘[八]，考鏡則不足也[九]。

[一]祥案：宋時治經不尊舊詁，自創新義，風氣虚浮，當時學者即多有所駁。如司馬光傳家集卷四二論風俗札子曰：「竊見近歲公卿大夫好爲高奇之論，喜誦老、莊之言，流及科場，亦相習尚。新進後生，未知臧否，口傳耳剽，翕然成風。至有讀易未識卦爻，已謂十翼非孔子作；讀禮未知篇數，已謂周官爲戰國之書；讀詩未盡周南、召南，已謂毛、鄭爲章句之學；讀春秋未知十二公，已謂三傳可束之高閣。循守注疏者，謂之腐儒；穿鑿臆説者，謂之精義。」又宋吴曾能改齋漫録卷二引國史曰：「慶曆以前，多尊章句注疏之學。至劉原甫爲七經小傳，始異諸儒之説，王荆公修經義，蓋本於原甫。」又宋王應麟困學紀聞卷八：「自漢儒至於慶曆間，談經者守訓詁而不鑿。七經小傳出而稍尚奇矣。至三經新義行，視漢儒之學若土梗。……陸務觀曰：『唐及國初學者，不敢議孔安國、鄭康成，況聖人乎！自慶曆後，諸儒發明經旨，非前人所及，然排繫辭，毁周禮，疑孟子，譏書之胤征、顧命，黜詩之序，不難於議經，況傳注乎？』斯言可以箴談經者之膏肓。」

[二]歐陽修（一〇〇七—一〇七二），字永叔，號醉翁、六一居士，宋吉州永豐（今江西吉安）人。仁宗天聖八年（一〇三〇）進士。從尹洙、梅堯臣等游，以文章冠天下。終官至樞密副使，參知政事。卒謚文忠。主編參編有崇文總目六六卷、新唐書二二五卷等。自著後人合刻有歐陽文忠公全集一五三卷。宋史卷三一九有傳。毛詩本義一六卷，歐陽修撰。以

意逆志，下以己意，未嘗輕議毛、鄭，然亦不曲徇二家，其所訓釋，往往得風人之旨。然後人排斥詩序，亦始自是書。有歐陽文忠公全集本、四庫全書本等。

[三]孫復（九九二—一〇五七），字明復，學者稱泰山先生，或稱富春先生，宋晉州平陽（今山西臨汾）人。官至殿中丞。與胡瑗、石介並以師道明正學，開宋明理學之端。學精春秋。有春秋尊王發微一二卷、春秋總論三卷等。宋史卷四三二有傳。春秋尊王發微一二卷，四庫總目謂：「復之論上祖陸淳，而下開胡安國，謂春秋有貶無褒，大抵以深刻爲主。晁公武讀書志載常秩之言曰：『明復爲春秋，猶商鞅之法，棄灰於道者有刑，步過六尺者有誅。』蓋篤論也。而宋代諸儒，喜爲苛議，顧相與推之，沿波不返，遂使孔庭筆削，變爲羅織之經。夫知春秋者，莫如孟子，不過曰『春秋成而亂臣賊子懼』耳。使二百四十二年中，無人非亂臣賊子，則復之説當矣；如不盡亂臣賊子，則聖人亦必有所節取，亦何至由天王及諸侯大夫，無一人一事不加誅絶者乎！過於深求，而反失春秋之大旨者，實自復始。」

[四]王安石（一〇二一—一〇八六），字介甫，號半山，宋撫州（今江西臨川）人。仁宗慶曆二年（一〇四二）進士。神宗熙寧二年，爲參知政事，領三司條例使，遂行新法。後罷相，晚年退居金陵，不與外事。以元豐中封荆國公，世稱荆公。博極群書，著述甚富。今存有周官新義一六卷、考工記解二卷、臨川集一〇〇卷等。宋史卷三二七有傳。新義即三經新義五五卷，王安石主纂，吕惠卿、王雱同纂，分别爲周官新義二二卷、毛詩新義二〇卷、尚書新義一三卷，皆佚於明代，清乾隆時從永樂大典中輯得周官新義一六卷。諸書大抵據安石所纂字説以訓釋經義，發明亦多。然安石編是書爲其變法張本，故立政造事，追而復之，以所覩乎今，考所學乎古，附會穿鑿，所在多有。故晁公武郡齋讀書志論周官新義曰：「介甫以其書理財居半，愛之。如行青苗之類皆稽焉。所以自釋其義者，蓋以其所創新法盡傳著經義，務塞異議者之口。」有四庫全書本、王安石全集本等，毛詩新義又有一九八二年北京中華書局版邱漢生輯注詩義鉤沈本。

[五]濂、洛、關、閩，爲宋代理學之主要學派。濂指濂谿（水名，位於今湖南道縣）周敦頤（一〇一七—一〇七三），洛指洛陽程顥（一〇三二—一〇八五）、程頤（一〇三三—一一〇七），關指關中（張載爲關中地區郿縣橫渠人，在今陝西眉縣）

張載（一〇二〇—一〇七七），閩指閩中（朱熹本安徽婺源人，生於福建延平）朱熹（一一三〇—一二〇〇）。

［六］韓愈昌黎集卷五寄盧仝：「春秋三傳束高閣，獨抱遺經究終始。」

［七］弁，緇布冠；髦，幼童垂於眉際之髮。古時男子成人，行冠禮，先加緇布冠，次加皮弁，復加爵弁，三加之後即不再用緇布冠，並剃去垂髦，理髮爲髻。後世因以弁髦喻無用之物。左傳昭公九年：「文、武、成、康之建母弟，以蕃屏周，亦其廢隊是爲，豈如弁髦，而因以敝之。」

［八］率履，指循守教令，躬行禮法。詩商頌長發：「率履不越，遂視既發。」鄭箋：「遍省視之，教令則盡行也。」

［九］近藤注：「漢書卷八五谷永傳：黑龍現，天子下問谷永，答曰：『願陛下追觀夏、商、周、秦所以失之，以鏡考己行。』注：『鏡謂監照之；考，校也。』」

元、明之際，以制義取士[一]，古學幾絶，而有明三百年[二]，四方秀艾，困於帖括[三]，以講章爲經學[四]，以類書爲博聞[五]，長夜悠悠，視天夢夢[六]，可悲也夫！在當時豈無明達之人、志識之士哉？然皆滯於所習，以求富貴，此所以儒罕通人，學多鄙俗也。[七]

［一］制義，即八股文。啓功説八股：「科舉考試是皇帝命令去考試『士子』的事，皇帝的命令稱爲『制』，皇帝命作的文藝便叫做『制藝』。考試的内容是要士子講明所學的某種經書中的某項道理。講解經書中道理的文章叫做『義』，今天的教科書、教材還叫『講義』，以經書中某項道理爲題目去考試士子，這種試卷文章叫做『經義』。……廣義的『經義』既是皇帝命作的，也曾被稱爲『制義』，與『制藝』一稱有時混用。」

［二］明自太祖朱元璋洪武元年（一三六八）開國，至毅宗朱由檢崇禎十七年（一六四四）亡國，前後凡二百七十八年，若

計至南明桂王永曆十五年(一六六一),亦不足三百年,此所謂「三百年」者,就成數而言也。

[三]新唐書儒學上:「四方秀艾,挾策負素,坌集京師,文治焆然勃興。」帖括,唐代試士,明經科試以「帖經」,後因應試人多,考官遂選偏僻章句爲題,士子因取偏僻隱幽之經文,編爲歌訣,熟讀記憶,以圖應試,稱爲帖括,意謂包括「帖經」之門逕。後世因稱科舉之文爲帖括。舊唐書卷一一九楊綰傳:「其明經比試帖經,殊非古義,皆誦帖括,冀圖僥倖。」顧炎武日知録卷一六明經:「以經義取士者謂之明經。……唐時入仕之數,明經最多,考試之法,令其全寫注疏,謂之帖括。……今之學者,並注疏而不觀,殆於本末俱喪,然則今之進士,又不如唐之明經也乎!」

[四]講章,即講義,指宋明理學家之講學。清儒以爲,宋明理學家空談性理,導致明亡,故對講學極爲反感。如黄宗羲南雷詩文集上陳叔大四書述序:「余生平頗喜讀書,一見講章,便爾頭痛。」又顧炎武亭林文集卷四與人書二十二以爲,講學者貌似與聖人游,而實乃「日從事於聖人而去之彌遠」,故力主「能文不爲文人,能講不爲講師」。又紀昀閲微草堂筆記卷三灤陽消夏録三論曰:「以講經求科第,支離敷衍,其詞愈美而經愈荒;以講經立門户,紛紜辨駁,其説愈詳而經愈荒。」又汪中述學别録講學釋義論「講學」之義云:「講,習也;習,肆也;肆,講也。……古之爲教也,以四術。書則讀之,詩、樂同物,誦之歌之,弦之舞之,揖讓周旋,是以行禮。故其習之也,恒與人共之。……禮樂不可斯須去身,故孔子憂學之不講。後世群居終日,高談性命而謂之講學,吾未之聞也。」

[五]類書,古代編纂圖書的一種方式,編輯群書,或以字分,或以類分,包舉四部,爲資料彙編,以便查檢。一般認爲最早起源於魏文帝曹丕命群儒所纂之皇覽。唐宋以來,以詩賦考試,臨事取給,故類書大行,如唐北堂書鈔,宋太平御覽、册府元龜,明永樂大典等。然其弊亦夥,清儒以爲類書大行乃造成學術空疏之原因之一。如四庫總目卷一三五子部四五類書類一小序曰:「此體一興,而操觚者易於檢尋,注書者利於剽竊,轉輾裨販,實學頗荒。」

[六]詩小雅正月:「民今方殆,視天夢夢。」鄭箋:「方,且也。民今且危亡,視王者所爲,反夢夢然亂無統理安人之意。」

［七］此採隋書儒林傳序中句以駁明代學者之錮於時文也，用意於原文略異。原序曰：「爰自漢、魏，碩學多清通，逮乎近古，巨儒必鄙俗。文、武不墜，弘之在人，豈獨愚蔽於當今，而皆明哲於往昔？在乎用與不用，知與不知耳。然曩之弼諧庶績，必舉德於鴻儒，近代左右邦家，咸取士於刀筆。縱有學優入室，勤逾刺股，名高海内，擢第甲科，若命偶時來，未有望於青紫，或數將運舛，必委棄於草澤。然則古之學者，禄在其中，今之學者，困於貧賤。明達之人，志識之士，安肯滯於所習，以求貧賤者哉？此所以儒罕通人，學多鄙俗者也。」

我世祖章皇帝握貞符［一］，膺圖籙［二］，撥亂反正［三］，伐罪弔民［四］，武德定四海［五］，文治垂千古［六］。順治十三年，勅大學士傅以漸撰易經通注［七］，以永樂大全繁冗蕪陋［八］，刊其舛訛，補其闕漏，勒爲是書，頒之學官。

［一］清世祖愛新覺羅福臨（一六三八—一六六一），皇太極第九子。六歲即位，在位十九年（一六四三—一六六一）。廟號世祖，謚章皇帝。參清世祖實録、清史稿卷四、卷五世祖本紀。貞符，貞正之符瑞，喻掌握國家政權。此「握貞符」與下文「膺圖籙」，皆指順治帝順承天意，滅明立清之事。

［二］膺，受也。僞書武成：「誕膺天命，以撫方夏。」圖籙，亦作圖録，即圖讖，漢代宣揚符命占驗之書，後世帝王因以喻君權神授。文選卷三張衡東京賦：「高祖膺籙受圖，順天行誅。」又卷五九沈約齊故安陸昭王碑文：「稷、契身佐唐、虞，有大功於天地。商武、姬文，所以膺圖受籙。蕭、曹扶翼漢祖，滅秦、項以寧亂，魏氏乘時於前，皇齊握符於後。」

［三］公羊傳哀公十四年：「撥亂世，反諸正，莫近諸春秋。」漢書卷一下高帝紀下：「群臣曰：『帝起細微，撥亂世，反之正，平定天下。』」又同書卷六武帝紀贊：「漢承百王之弊，高祖撥亂反正。」

［四］左傳哀公二十三年：「以辭伐罪足矣，何必卜？」孟子梁惠王下：湯始征自葛，「誅其君而弔其民。」又文選卷四〇梁任昉百辟勸進今上牋：「伐罪弔民，一匡靖亂。」

［五］國語晉語九：「有武德，以羞爲正卿。」史記卷六秦始皇本紀：「遂發討師，奮揚武德。」四海，猶天下。僞書大禹謨：「文命敷於四海。」

［六］禮記祭法：「文王以文治，武王以武功。」

［七］傅以漸（一六〇九—一六六五），字於磐，號星岩，清聊城人。順治三年（一六四六）一甲一名進士。累官至武英殿大學士兼兵部尚書。歷充明史、太宗實録纂修官。主纂有易經通注九卷等。清史列傳卷五、清史稿卷二三八有傳。易經通注爲傅以漸、曹本榮奉敕撰。順治十三年，清世祖謂前代説易，皆尊程朱，明永樂大全出，於易理多所發明，但其中同異互存，不無繁而可删，華而寡要者。故命以漸等擇前代與近時諸家論易之説，折衷其詞簡理明者，輯成一編。十五年，書成奏進。然外間不得寓目，原稿藏曹本榮子孫家，乾隆時開四庫館，繕録進呈，得以寫入四庫全書中。詳見四庫總目卷六經部易類六本書提要。有四庫全書本、光緒十七年三餘堂刻湖北遺書本等。

［八］永樂大全，指五經大全與四書大全，凡一九〇卷。明永樂十二年（一四一四），敕命在籍翰林胡廣等修，十三年九月告成。計周易大全二四卷、書傳大全一〇卷、詩經大全二〇卷、禮記大全三〇卷、春秋大全七〇卷，統命爲五經大全；又四書大全三六卷。實則諸書皆襲宋元人書而成，如周易大全乃割裂宋董楷周易傳義附録、元董真卿周易會通、胡一桂周易本義附録纂疏、胡炳文周易本義通釋四家之書，餖飣成編；書傳大全剿襲元陳櫟尚書集傳纂疏、陳師凱書蔡傳旁通而成；詩經大全襲元劉瑾詩傳通釋而成；春秋大全鈔自元汪克寬胡傳纂疏；禮記大全以元陳澔禮記集説爲主，兼採諸儒之説凡四十二家以成書。四書大全則因元倪士毅四書輯釋，稍加點竄而成。詳參顧炎武日知録卷一八「五經四書大全」條、朱彝尊經義考諸書提要、四庫總目諸書提要及皮錫瑞經學歷史十經學積衰時代。

聖祖仁皇帝嗣位[一]，削平遺孽[二]，親征西番[三]，戡定三藩[四]，永清六合[五]。然萬機之暇[六]，棲神墳典[七]，悦志藝文，闡五音六律之微[八]，稽八線九章之術[九]。天亶睿知[一〇]，典學宏深[一一]，伊古以來所未有也。康熙十九年，勅大學士庫勒納等編日講四書解義[一二]、日講書經解義[一三]。二十二年，勅大學士牛鈕等編日講易經解義[一四]。三十八年，奉勅撰春秋傳説彙纂[一五]。五十四年，又敕大學士李光地等撰周易折中[一六]。六十年，又敕大學士王頊齡等撰書經傳説彙纂[一七]，又勅户部尚書王鴻緒等撰詩經傳説彙纂[一八]。凡御纂羣經，皆兼採漢、宋先儒之説，參考異同，務求至當，遠紹千載之薪傳，爲萬世不刊之鉅典焉。

[一]清聖祖愛新覺羅玄燁（一六五四—一七二二），世祖第三子。八歲嗣位，年號康熙。在位六十一年（一六六二—一七二二）。廟號聖祖，謚仁皇帝。六年，親政。十二年，下令撤藩；二十年，平定三藩叛亂；二十二年，統一臺灣；二十八年，與俄國訂尼布楚條約；三次親征準噶爾。政主寬緩，國力漸至强盛。又精於經史、天算諸學。有文集一七六卷。參清聖祖實録、清史稿卷六至卷八聖祖本紀。

[二]遺孽，本謂人死後所遺之子。徐陵與陳司空書：「會靡遺孽。」此謂當時割據臺灣的鄭氏政權。順治三年（一六四六），鄭成功起兵抗清，後爲南明永曆帝封爲延平郡王。十五年，鄭氏率兵圍攻侵佔臺灣的荷蘭軍隊，次年復臺灣全島。二十二年，清福建水師提督施琅率水師攻臺，成功孫克塽出降，清廷收復臺灣。

[三]清初，居於中國西北的蒙古族分爲漠南蒙古、漠北喀爾喀蒙古與漠西厄魯特蒙古三大部。漠西又分準噶爾、和碩

特、杜爾伯特、土爾扈特四部。康熙二十九年（一六九〇），自封爲汗的準噶爾領主噶爾丹在沙俄支持下反叛，大舉進攻内蒙，康熙帝御駕親征，清兵與叛軍激戰於博洛和屯（今河北隆化縣境内），噶爾丹慘敗逃逸；三十五年，噶爾丹再起叛軍，康熙帝亦再率軍親征，與叛軍戰於昭莫多，重創之；翼年二月，復統大軍至寧夏親征，進剿噶爾丹殘部，噶爾丹暴病而死，叛軍全軍覆没。清廷平定叛亂，西部邊疆復歸和平。詳參温達等編親征朔漠方略四〇卷、清史稿卷七聖祖本紀二。

［四］清初，降清明將中，吴三桂以功封平西王，留鎮雲南；尚可喜封平南王，留鎮廣東；耿仲明之孫耿精忠封靖南王，留鎮福建，時稱「三藩」。各擁兵自重，形同割據。康熙十二年（一六七三），朝廷下令撤藩，三藩相繼叛亂。清廷經長達八年之戰争，終於康熙二十年（一六八一），平定叛亂，恢復統一。此即史稱之「三藩之亂」。詳參清勒德洪等編平定三逆方略六〇卷、清楊陸榮三藩紀事本末二二卷等書。

［五］永清，永久清平。尚書泰誓上：「爾尚弼予一人，永清四海。」六合，天地四方。吕覽審分：「神通乎六合。」注：「六合，四方上下也。」

［六］萬機，亦作萬幾。尚書臯陶謨：「兢兢業業，一日二日萬幾。」僞孔傳：「幾，微也；言當戒懼萬事之微。」漢書卷八六王嘉傳引「幾」作「機」，顔注：「言有國之人不可傲慢逸欲，但當戒慎危懼，以理萬事之機也。」

［七］淮南子泰族訓：「今夫道者，藏精於内，棲神於心，静漠恬淡，訟繆胸中。」

［八］尚書臯陶謨：「予欲聞六律、五聲、八音。」孟子離婁上：「師曠之聰，不以六律，不能正五音。」注：「六律，陽律太簇、姑洗、蕤賓、夷則、無射、黄鍾也；五音，宫、商、角、徵、羽也。」此五音六律，泛指樂律之學。

［九］八線，數學名詞，即三角函數之正弦、餘弦、正切、餘切、正割、餘割六線及正矢、餘矢二線。詳參本書第五一三頁注［一］。九章，亦作九數。劉徽九章算術注序：「周公制禮而有九數，九數之流，則九章是矣。」此泛指天算之學。

［一〇］爾雅釋詁：「亶，厚也。」睿知，同叡知。周易繫辭上：「古之聰明叡知，神武而不殺者夫。」四庫總目卷一六經

部詩類二欽定詩經傳説彙纂：「是編之作，恭逢聖祖仁皇帝天亶聰明，道光經籍，研思六義，綜貫四家。」

［一一］尚書説命下：「念終始典於學。」正義：「念終念始，常在於學。」

［一二］庫勒納（？—一七〇八），亦作庫勒訥，姓瓜爾佳氏。滿洲鑲藍旗人。官至户部、吏部尚書。曾充明史總裁及三朝國史副總裁，奉敕編日講四書解義、日講書經解義等。滿漢名臣傳滿洲名臣傳卷二一有傳。日講四書解義二六卷，庫勒納等編。爲康熙日講時君臣所推演四書之講義。有四庫全書本等。

［一三］日講書經解義一三卷，康熙十九年御定，大學士庫勒納等編。以講筵舊稿，編次而成。大旨在敷陳政典，以昭宰馭之綱維；闡發心源，以端慎修之根本。又因爲講稿，故文字通順，析理淺白，於名物訓詁，不復瑣瑣以求。詳四庫總目卷一二經部書類二本書提要。有康熙時内府刊本、四庫全書本等。

［一四］牛鈕（一六四八—一六八六），字樞臣，姓赫舍里氏。滿洲正藍旗人。康熙九年（一六七〇）進士。累官至内閣學士兼禮部侍郎。爲易經講義總裁官。後充鑑古輯略總裁，又充明史總裁。詳清錢儀吉碑傳集卷四〇徐乾學墓誌銘。日講易經解義一八卷，牛鈕等奉敕編。卷首爲筮儀、卦圖、卦象、卦變歌等。是編亦爲講幄敷陳，體例與宋以來奏進講義，大致略同，講求經世之道，所謂以經學爲治法。有四庫全書本、上海古籍出版社一九九一年影印四庫易學叢刊本。

［一五］春秋傳説彙纂四〇卷，王掞、張廷玉奉敕編。卷首爲引用姓氏、綱領，綱領敘春秋源流、大旨義例、傳注得失、讀春秋之法及王朝圖、列國圖等。是書詳考胡安國春秋傳，凡胡氏有乖經義者，一一駁正，多所刊除。先儒舊説，亦多採録。有康熙時内府刊本、四庫全書本、浙江書局本等。

［一六］李光地（一六四二—一七一八），字晉卿，號厚菴，又號榕村，清福建安谿人。康熙九年進士。累官至直隸巡撫，文淵閣大學士。謚文貞。學宗性理，長於輿地之學。著述合刻爲榕村全書。清史列傳卷一〇、清史稿卷二六二有傳。周易折中二二卷，李光地等奉敕纂。是書採摭群言，進呈乙覽，以定取捨。卷首綱領敘作易傳易源流、讀易之法及諸家醇疵、釋易義例等。以易學當以朱子爲主，故列本義於先，而經傳次第則悉依本義原本。於象數、義理各有所主，所謂上律

河洛之本末，下及衆儒之考定與通經之不可易者折中而取之，故名曰折中。有四庫全書本等。

［一七］王頊齡（一六四二—一七二五），字顓士，一字容士，號瑁湖，晚號松喬老人，清華亭人。康熙十五年（一六七六）進士。十八年，舉博學鴻詞科，授編修，與修明史。累官至工部尚書、武英殿大學士等職。卒謚文恭。有世恩堂詩集三五卷詞集二卷經進集三卷等。清史列傳卷一〇、清史稿卷二六七有傳。書經傳説彙纂二四卷，王頊齡等奉敕撰。卷首列引用姓氏、書傳圖，綱領論删書傳書源流、今文古文之别等。全書以蔡傳居前，衆説列後，然後參稽得失，辨别瑕瑜，可從者發明證佐，不可從者辨訂訛舛，義可兩通者别爲附録。有雍正時内府刊本、四庫全書本等。

［一八］王鴻緒（一六四五—一七二三），初名度心，字季友，號儼齋，又號横雲山人，清華亭人。康熙十二年（一六七三）一甲二名進士。累官至工部尚書、户部尚書等職。先後充明史總裁、清會典副總裁。自著有横雲山人集三二卷。事見張伯行正誼堂文集卷二五墓誌銘，清史列傳卷一〇、清史稿卷二七一有傳。詩經傳説彙纂二〇卷序説二卷，王鴻緒等奉敕撰。卷首引用姓氏外，以歷代史志所載詩經傳授源流等爲綱領。全書以朱熹詩集傳爲綱目，參稽古義，以補闕疑。文義相殊相近者復爲折中。末附序説二卷，專論歷代詩序之争論等。有四庫全書本等。

世宗憲皇帝際昇平之時［一］，咸寧之世［二］，未明求治，乙夜觀書［三］，雖夙通三乘［四］，然雅重七經［五］。即位之後，即刊行聖祖欽定詩經傳説彙纂、書經傳説彙纂，皆御製序文，弁於卷首，又編定聖祖日講春秋解義［六］。雍正五年，御纂孝經集注［七］，折衷羣言，勒爲大訓［八］，推武、周達孝之源［九］，究天地明察之理［一〇］，故能心契孔、曾［一一］，權衡醇駁也［一二］。

[一]清世宗愛新覺羅胤禛(一六七八—一七三五),自號破塵居士,又號圓明居士。聖祖第四子。康熙六十一年(一七二二)即位,在位十四年(一七二二—一七三五)。年號雍正,廟號世宗,謚憲皇帝。厲行改革,懲治貪污,實行「攤丁入畝」,設軍機處,推行保甲制等,維護了清廷之穩定與繁榮。然行政太過酷苛,弊病叢生。有文集三〇卷。詳參清世宗實録、雍正朝起居注册、清史稿卷九世宗本紀。

[二]周易乾卦:「首出庶物,萬國咸寧。」唐李鼎祚集解引劉瓛曰:「立君而天下皆寧,故曰萬國咸寧也。」又後漢書卷四和帝殤帝紀:「天下清静,庶事咸寧。」

[三]乙夜,約今午後十時,爲五更之一。漢以降以甲(午後八時)、乙(十時)、丙(十二時)、丁(凌晨二時)、戊(凌晨四時)紀夜,謂之「五更」或「五夜」。後漢書卷一下光武紀下:光武帝「每旦視朝,日仄乃罷。數引公卿、郎、將,講論經理,夜分乃寐。」又唐蘇鶚杜陽雜編卷中:「唐文皇帝,每視朝後,即閲群書。嘗曰:『若不甲夜視事,乙夜觀書,何以爲人君邪?』」

[四]三乘,佛教以車乘喻佛法,因人接受能力不同,分三種情形,爲三乘:謂聲聞乘,悟諸諦而得道;緣覺乘,悟十二因緣(無明、行、識、名色、六入、觸受、愛、取、有、生、老、死)而得道;菩薩乘,因六度(佈施、持戒、忍辱、精進、禪定、智惠,即所謂六波羅蜜)而得道。祥案:此「夙通三乘」指雍正帝早年禮佛事。雍正少時即喜佛典,爲雍親王時,爲迷惑對手,争得皇位,以「天下第一閒人」自號,與僧侣如章嘉呼土克圖喇嘛、迦陵性音、弘素等人往還密切,舉行法會,講論佛法,章嘉許其「得大自在」。又編悦心集、集雲百問等。在位期間,亦曾召開法會,又以文覺禪師住於宫中,參與機務,倚之如左右手。又大修佛寺,凡名山古寺,皆遣僧主之。參清世宗詩文集、清蕭奭永憲録、馮爾康雍正傳諸書。

[五]祥案:七經之稱,歷代有異,各家不一。此指康熙時御纂七經。陶湘清代殿板書始末記曰:乾隆時,「開三禮館,刻三禮義疏與易、詩、書、春秋傳説彙纂合裝,總名御纂七經。」

[六]日講春秋解義六四卷，爲清聖祖講筵舊稿，世宗復加考論，編次成帙。卷首先爲總説、綱領、通論、經傳源流、傳注得失等。因宋儒進御舊體，以闡發微言，演繹經文，每條發左氏之事迹，明公、穀之義例。有康熙六十年内府刊本、四庫全書本等。

[七]孝經集注一卷，雍正帝指授儒臣，簡汰前代諸家注釋，仿朱熹論語、孟子集注之體，纂輯而成。有雍正間武英殿刊本、四庫全書本等。

[八]尚書顧命：「嗣守文、武大訓，無敢昏逾。」

[九]禮記中庸：「子曰：『武王、周公，其達孝矣乎！』」朱熹集注：「達，通也。言武王、周公之孝，乃天下之人通謂之孝，猶孟子之言『達尊』也。」

[一〇]孝經感應：「子曰：『昔者明王，事父孝，故事天明；事母孝，故事地察。長幼順，故上下治。天地明察，神明彰矣。』」注：「王者父事天，母事地，言能敬事宗廟，則視天地能明察也。……事天地能明察，則神感至誠而降福祐，故曰彰也。」

[一一]曾參（前五〇五—前四三五），字子輿，春秋魯南武城（今山東棗莊）人。與父點皆爲孔子弟子。生性質魯，事親至孝。據傳孝經即爲其作。後世稱爲「宗聖」。事見論語、史記卷六七仲尼弟子列傳。

[一二]此段論孝經語，引自四庫全書簡明目録卷三經部六孝經類御纂孝經集注。

至高宗純皇帝御極六十年[一]，久道化成[二]，不疾而速，不行而至[三]，武功則耆定十全[四]，文德則旁敷四海[五]，富既與地乎侔訾[六]，貴乃與天乎比崇[七]，盛德日新[八]，多文日富[九]。乾隆元年，詔儒臣排纂聖祖日講禮記解義[一〇]。十三年，欽定周官義疏、儀禮義疏、禮記義疏[一一]。二十年，大學士傅恒等奉勅撰春秋直解[一四]。於易則不涉虛渺之説與術數之學[一五]，觀象則取互體，以發明古義[一六]。於詩則依據毛、鄭[一七]，溯孔門授受之淵源。事必有徵，義必有本，臆説武斷，概不取焉[一八]。於禮則以康成爲宗，探孔、賈之精微[一九]，綜羣儒之同異，本天敍地[二〇]，經國坊民[二一]，治法備矣[二二]。於春秋則採三家之精華，斥安國之迂謬[二三]，闡尼山之本意，洵爲百王之大法也[二四]。經學之外，考石鼓[二五]，辨大昌[二六]、用修之非[二七]；刊石經[二八]，澗開成、廣政之陋[二九]。又刻御製説經文於太學[三〇]，皆治經之津梁，論古之樞要，所謂懸諸日月、焕若丹青者也。於是鼓篋之士、負笈之徒[三一]，皆知崇尚實學[三二]，不務空言，游心六藝之囿，馳騖仁義之塗矣[三三]。

[一]清高宗愛新覺羅弘曆（一七一一——一七九九），自號長春居士、信天主人，晚號古稀天子、十全老人等。世宗第四子。雍正十三年（一七三五），即位，在位六十年（一七三六——一七九五）。年號乾隆，廟號高宗，謚純皇帝。先後平定西北準噶爾部與大小和卓之叛亂，穩定新疆、西藏政局，在西南少數民族地區實行改土歸流，强化中央集權。在大興文字獄之同時，編纂大型叢書四庫全書。其在位中期，清王朝至鼎盛時期。然好大喜功，自稱有「十全武功」；六次南巡，所到縻費。至其末期，清廷由盛轉衰。著有樂善堂文集定本三〇卷、文集七四卷、詩集四三四卷等。詳參清高宗實録、清史稿卷一〇至一六高宗本紀。

[二]易恒卦：「『亨，無咎，利貞。』久於其道也。……聖人久於其道而天下化成。」注：「言各得其所恒，故皆能長

久。」正義：「聖人應變隨時，得長久之道，所以能光宅天下，使萬物從化而成也。」

［三］易繫辭傳上：「唯神也，故不疾而速，不行而至。」

［四］耆定，致定也。詩周頌武：「嗣武受之，勝殷遏劉，耆定爾功。」毛傳：「耆，致也。」十全，即所謂「十全武功」。清高宗在位期間，曾有十次大規模軍事行動：乾隆十二年（一七四七）至十四年，四川大金川之役；二十年，平定準噶爾達瓦齊之役；二十年至二十二年，平定新疆阿睦爾撒拉之役；二十三年至二十四年，平定南疆大、小和卓叛亂；三十年至三十四年，征緬甸之役；三十六年至四十一年，征大、小金川之役；五十一年至五十三年，平定臺灣林爽文之役；五十三年至五十四年，征安南（今越南北部地方）之役；五十五年、五十六年至五十七年，兩次抗擊廓爾喀（今尼泊爾）之役。詳參親征朔漠方略、平定金川方略、平定準噶爾方略、平定兩金川方略、欽定臺灣紀略、清趙翼皇朝武功紀盛、魏源聖武紀諸書。

［五］旁敷，猶旁薄，普及之義。漢書卷八七下揚雄下：「陶冶大鑪，旁薄群生。」注：「旁薄，猶言蕩薄也。」祥案：此謂乾隆帝開四庫全書館修書等事。

［六］「訾」，通貲，粵雅堂叢書本等作「資」。訾，侔訾，等富。說文：「侔，齊等也。」韓非子五蠹：「超五帝，侔三王者，必此法也。」

［七］比崇，比高。周禮考工記匠人：「堂修七尋，堂崇三尺。」注：「崇，高也。」

［八］易繫辭上：「富有之謂大業，日新之謂盛德。」注：「廣大悉備，故曰富有；體化合變，故曰日新。」又禮記大學：「苟日新，日日新，又日新。」

［九］禮記儒行：「不祈多積，多文以爲富。」

［一〇］日講禮記解義六四卷，爲清聖祖經筵講義，未及編次成帙。乾隆初，命以舊稿校刊頒行。集衛湜等一百四十餘家之説，加以剪裁，以暢達發揮，歸於謹小慎微之旨。有乾隆時内府刊本、四庫全書本等。

［一一］周官義疏、儀禮義疏、禮記義疏，合稱三禮義疏，鄂爾泰等奉敕撰。周官義疏四八卷，全書首冠以御製日知薈説論周官者十則，而採掇群言，又分七例：曰正義、曰辨證、曰通論、曰餘論、曰存疑、曰存異、曰總論。其於不可解者，則付諸闕如。儀禮義疏四八卷，體例與周官義疏同。全書大旨以儀禮集説爲宗，而參核諸家，以補其舛漏。禮記義疏八二卷，以經文四十九篇，析爲七十七卷，附載圖五卷，其體例亦與前二書同。是書廣摭群言，於郊社、樂舞、裘冕、車旗、尊彝、圭鬯、燕飲、饗食，以及月令、内則諸名物，皆一一辨訂。三書皆有乾隆時内府刊本、四庫全書本等。

［一二］傅恒（？—一七七〇），字春和，姓富察氏，滿洲鑲黄旗人。官至經略，保和殿大學士。先後主持金川、準噶爾、雲南軍務，高宗倚爲重臣。曾充經筵講官，平定準噶爾方略正總裁，又奉敕編周易述義、詩義折中等書。滿漢名臣傳滿州洲名臣傳卷四五、清史列傳卷二〇、清史稿卷三〇一有傳。周易述義一〇卷，傅恒等奉敕撰。以多推闡周易折中之蕴，異其體而遵其義，故曰述義。隨文詮釋，大旨以切於實用爲本。有清内府刊本、四庫全書本等。

［一三］詩義折中二〇卷，傅恒等奉敕撰。體例與周易述義同。先是帝因孫嘉淦論詩所見平實近理，因命疏次其義，凡舊説之可存者存之，當更正者更正之。訓釋多參古義，大旨亦同。分章多準鄭玄，而徵事率從小序。有清内府刊本、四庫全書本等。

［一四］春秋直解一五卷，傅恒等奉敕撰。大旨在發明春秋本義，以除去他説，故曰直解。有清内府刊本、四庫全書本等。

［一五］四庫總目卷一〇八子部術數類小序：「術數之興，多在秦、漢以後，要其旨不出乎陰陽、五行生剋制化，實皆易之支流，傅以雜説耳。」總目分術數爲數學、占候、相宅相墓、占卜、命書相書、陰陽五行數類。祥案：此「於易則不涉虚渺之説與術數之學」者，乃四庫館臣攻擊王弼、韓康伯以來，以道、釋入儒，援以釋易，流於玄虚；又術數讖緯之學，附會支離，乖易本旨，故亦所不取。如總目卷六經部易類六末案語曰：「讖者詭爲隱語，預决吉凶」，「緯者經之支流，衍及旁義」，故乾鑿度、易緯稽覽圖等七書外，皆入存目焉。又於推演數學者，「略存梗概，以備一家，其支離曼衍，不附經

文，於易杳不相關者，則竟退置術數家。」又卷七經部易類存目一元鄭滁孫大易法象通贊曰：「自來以奇偶推易者，病於穿鑿；以老莊談易者，病於虛無。」皆是也。

［一六］此兩句採自四庫簡明目録卷一經部易類一御纂周易述義。互體亦稱互卦、約象、中爻，漢京房首用「互體」一詞，後鄭玄、荀爽等以之解易，有所謂二爻互體、三爻互體、四爻互體、五爻互體、半象互體諸説。王應麟周易鄭康成注亦曰：「以互體求易，左氏以來已有之。凡卦二至四、三至五，兩體互交，各成一卦，是謂一卦含四卦，繫辭謂之中爻。」又戴震經考卷一互體：「朱子曰：『以二、三、四爲一卦，又以三、四、五爲一卦，爻辭取象，或以上、下正體之卦，或以中間二互體之卦。春秋左傳所載占筮，間取互體，漢、魏以來，諸儒説象，蓋易中取象之一端，不可廢也。』」

［一七］四庫總目卷一五經部詩類小序曰：凡採録解詩諸書，「則尊漢學者居多焉」。又卷一六經部詩類二詩義折中：「諸臣恭承彝訓，編校是書，分章多準康成，徵事率從小序。使孔門大義，上溯淵源；卜氏舊傳，遠承端緒。」

［一八］四庫簡明目録卷二經部三詩類欽定詩義折中：「大旨據依毛、鄭，溯孔門授受之淵源。使事必有徵，義必有本。一切虛談臆斷，咸與湔除。而宋儒微論，不失風人之意者，亦不廢參考。」祥案：江藩採入時删「宋儒」一句，更見其尊漢黜宋之意焉。

［一九］賈公彦，唐洺州永年（今河南洛陽東北）人。高宗時，官至太學博士。主纂周禮義疏五〇卷、儀禮義疏五〇卷、禮記義疏八〇卷、孝經義疏五卷、論語疏一五卷等。舊唐書卷一八九、新唐書卷一九八有傳。案：唐人正義，清儒多抨擊之。然於三禮正義則尚加以尊禮，則因有鄭玄之注，孔、賈等之疏亦善之故耳。四庫總目卷一九經部禮類一周禮注疏曰：「公彦之疏，亦極博核，足以發揮鄭學。朱子語録稱『五經疏中，周禮疏最好』。蓋宋儒惟朱子深於禮，故能知鄭、賈之善云。」又卷二一禮記正義曰：「其書務伸鄭注，未免有附會之處。然採摭舊文，詞富理博，説禮之家，鑽研莫盡。譬諸依山鑄銅，煮海爲鹽，即衛湜之書，尚不能窺其涯涘，陳澔之流，益如莛楹矣。」

［二〇］禮記禮運：「是故夫禮，必本於天，殽於地，列於鬼神。」釋文：「殽，法也。」

［一二一］禮記坊記：「君子之道，辟則坊與？坊民之所不足者也。大爲之坊，民猶踰之。故君子禮以坊德，刑以坊淫，命以坊欲。」祥案：坊，同防。

［一二二］四庫簡明目録卷二經部四禮類欽定儀禮義疏：「是編採鄭、賈之精微，綜群儒之同異。」又同卷日講禮記解義：「始本天殺地之理、坊民經國之方，並推衍詳明，足爲百王大法。」

［一二三］胡安國（一〇七四—一一三八），字康侯，宋崇安人。哲宗紹聖四年（一〇九七）進士。高宗時，爲給事中、中書舍人。卒謚文定。精於經學，尤長春秋。有春秋傳三〇卷。事見宋胡寅斐然集卷二五行狀。春秋傳三〇卷，書成於宋南渡以後，故感激時事，往往借春秋以寓意，不必一一悉合於經旨。明初定科舉之制，春秋尊用胡傳。四庫總目卷二七經部春秋類二本書提要：「故有明一代，春秋之學最弊。馮夢龍春秋大全凡例有曰：『諸儒議論，盡有勝胡氏者，然業已尊胡，自難並收以亂耳目。』則風尚可知矣。爰逮本朝，敦崇經術，欽定春秋傳説彙纂，於安國舊説，始多駁正，棄瑕取瑜，擷其精粹，已足以綜括原書。」

［一二四］百王，謂歷代帝王也。荀子不苟：「百王之道，後王是也。」四庫總目卷二九經部春秋類三春秋直解曰：「大旨在發明尼山本義，而剷除種種迂曲之説，故賜名曰直解。」

［一二五］石鼓，即石鼓文，其形如鼓，上鐫篆文，鼓凡十，每鼓徑約三尺餘，舊傳爲周宣王時獵碣，今人多以爲秦刻。今藏北京故宫博物館。所釋字數亦各家不一。清王昶金石萃編卷一周宣王石鼓文隸定四百六十字。王氏曰：「乾隆五十五年，高宗純皇帝臨雍講學，見石鼓原刻，懼其歲久漫漶，爲立重欄，以蔽風雨，别選貞石，勒石鼓之文，俾海内士人便於椎拓。御製重刻石鼓文序，從韓愈詩定爲宣王時物。」

［一二六］程大昌（一一二三—一一九五），字泰之，宋休寧人。高宗紹興二十一年（一一五一）進士。累遷權吏部尚書。卒謚文簡。有易原八卷、禹貢論五卷後論一卷圖五卷、雍録一〇卷、演繁露一六卷續六卷、考古編一〇卷等。宋史卷四三三有傳。

[一一七]楊慎(一四八八—一五五九),字用修,號升庵,明新都人。武宗正德六年(一五一一)一甲一名進士。嘉靖時,充經筵講官。以議禮忤世宗,謫戍雲南。慎學博洽,推明代第一。著述有升庵集、丹鉛録等二百二十餘種。明史卷一九二有傳。詳案:程大昌雍録卷九岐陽石鼓文七條,駁韓愈以石鼓文爲周宣王時物之説,以爲當爲成王時所制。楊慎升庵外集雖以爲宣王時物,然又謂從李賓之所得唐人拓本,多至七百有二字,又言見東坡之本。明陸深金臺紀聞已疑其非,然朱彝尊曝書亭集卷四七石鼓文跋辨之甚詳,定爲僞迹。乾隆帝主韓愈説,以爲石鼓宣王時作,故此謂「辨大昌、用修之非」。清高宗御製文三集卷九集石鼓所有文成十章制鼓重刻序:「蓋石鼓之爲宣王時作,與夫宜置同學爲萬世讀書者之津逮,自以韓昌黎之見爲正。」

[一一八]清馮登府石經補考卷一一國朝石經考異序:「乾隆五十八年,詔刊十三經於太學,即長洲蔣衡所書,勘定立石,依開成石經,參以各善本,多所訂正。彭尚書元瑞曾撰考文提要十三卷,以證校正所自。當時因急於告竣,未及盡改。迨我仁宗睿皇帝嘉慶八年,尚書奏復重修,於是覆命廷臣磨改,以期盡善。故前後搨本不同。」

[一一九]廣韻:「湔,洗也。」此謂校勘、刊正也。開成,即開成石經。唐文宗大和七年(八三三),命唐玄度覆定石經字體,於國子監兩廡創立石九經,並孝經、論語、爾雅,凡十二經一百五十九卷,開成二年(八三七)告成。後世謂之開成石經。廣政,廣政石經。五代後蜀孟昶廣政十四年(九五一),鐫周易等,至宋仁宗皇祐元年(一〇四九),鐫公羊傳畢,是爲石室十三經,即後世所謂廣政石經。

[一二〇]欽定國子監志卷五五金石志三御製説經文石刻,至卷五八皆同,凡載乾隆帝讀歸有光易圖論等百餘篇,大率皆説經之文,亦有如五事箴、五福頌、讀史記儒林傳等作。

[一二一]禮記學記:「入學鼓篋,孫其學也。」注:「鼓篋,擊鼓警衆,乃發篋出所治經業也。孫,猶恭順也。」又抱樸子袪惑:「書者,聖人之所作而非聖也,而儒者萬里負笈以尋其師。」

[一二二]舊唐書卷一一九楊綰傳:綰極言科舉之弊,以爲當「取左傳、公羊、穀梁、禮記、周禮、儀禮、尚書、毛詩、

周易，任通一經，務取深義奥旨，通諸家之義。……所冀數年之間，人倫一變，既歸實學，當識大猷，居家者必修德業，從政者皆知廉恥，浮競自止，敦龐自勸，教人之本，實在兹焉。」祥案：實學一詞，自唐以業，歷代所述，内涵不一。宋明學者以治小學訓詁爲虚，以明性理之學爲實；清代漢學家，又以專事經術，明小學訓詁爲實，治性理之學爲虚。然皆以科舉時文、華麗辭賦爲虚則歷代皆一。故今人以「實學」爲「明清思潮」，是歟非歟！

[二三]漢書藝文志序：「游文於六經之中，留意於仁義之際。」又司馬相如上林賦：「游於六藝之囿，馳騖乎仁義之塗。」

我皇上誕敷文教[一]，敦尚經術，登明堂[二]，坐清廟[三]，次羣臣，奏得失，天下之衆，鄉風隨流，卉然興道而遷義[四]。家懷克讓之風，人誦康哉之詠[五]。猗歟！偉歟[六]！何其盛也。蓋惟列聖相承，文明於變[七]，尊崇漢儒，不廢古訓，所以四海九州强學待問者[八]，咸沐菁莪之雅化[九]，汲古義之精微。縉紳碩彦，青紫盈朝[一〇]；縫掖巨儒[一一]，絃歌在野[一二]，擔簦追師[一三]，不遠千里，講誦之聲，道路不絶，可謂千載一時矣[一四]。

[一]我皇上，即清仁宗愛新覺羅顒琰（一七六〇—一八二〇），高宗第十五子。乾隆六十一年，嗣皇帝位，在位二十五年（一七九六—一八二〇）。年號嘉慶，廟號仁宗，謚睿皇帝。嘉慶四年，始親政，除和珅。時四川、湖北等地白蓮教起事，波及五省，傾全國之力平定之。時承高宗弊政，吏治敗壞，國力衰替。雖力圖振興，終無起色。有味腴書室全集定本四〇卷隨筆二卷、仁宗文集六二卷、詩集一七四卷等。參清仁宗實録、清史稿卷一六仁宗本紀。尚書大禹謨：「帝乃誕敷

文德，舞干羽於兩階。」僞孔傳：「大布文德以來之。」

[二]周禮考工記匠人注：「明堂者，明政教之堂。」又淮南子本經注：「明堂，王者布政之堂。」祥案：上古明堂之制已失，歷代學者多有考釋，然各爲一説，聚訟莫決。即清儒中，亦是諸説不一。如惠棟明堂大道録卷一明堂總論曰：「明堂爲天子大廟，禘祭、宗祀、朝覲、耕籍、養老、尊賢、饗射、獻俘、治曆、望氣、告朔、行政，皆行於其中，故爲大教之宮。」另參沈彤果堂集卷三禮記明堂位問、戴震戴東原集卷二明堂考、汪中述學内篇明堂通釋、阮元揅經室一集卷三明堂論、江藩隸經文卷一明堂議等文。今人楊向奎論曰：「古代樸拙，階級劃分後統治者雖有宮室亦簡陋，一室多用途，明堂即其一，至今我國西雙版納尚有『大房子』，即古明堂之遺，大房子即太室，太室即明堂，行政之堂，會議之堂，祭祀之堂，亦群居之處。後來學者不明此義，遂予明堂以許多神秘色彩。惠棟的明堂大道録是典型的經師著作，以明堂爲『玄宮』，於玄宮亦不得其解。」詳參楊氏清儒學案新編卷五儀徵學案。

[三]詩周頌清廟序：「清廟，祀文王也。」毛傳：「清廟者，祭有清明之德者之宮也。」後世謂天子祖廟爲清廟，亦稱太廟。司馬相如上林賦：「登明堂，坐清廟。」注引郭璞曰：「清廟，太廟也。」

[四]上林賦：「鄉風而聽，隨流而化，芔然興道而遷義。」注引郭璞曰：「芔，猶勃也。」吕向注：「皆勃然興道義也。」祥案：此段及上文皆化上林賦之句而用之，賦曰：「於是歷吉日以齊戒，襲朝衣，乘法駕，建華旗，鳴玉鸞，游於六藝之囿，馳騖乎仁義之塗。……登明堂，坐清廟，次群臣，奏得失，四海之内，靡不受獲。於斯之時，天下大説，鄉風而聽，隨流而化，芔然興道而遷義，刑錯而不用，德隆乎三皇，功羨於五帝。」

[五]克讓，能讓；康哉，安寧。文選卷一一何晏景福殿賦：「家懷克讓之風，人詠康哉之詩。」尚書堯典：「允恭克讓。」僞孔傳：「信恭能讓。」又益稷：「元首明哉，股肱良哉，庶事康哉。」

[六]漢書卷六武帝紀贊：「猗與！偉與！何行而可以章先帝之洪業休德，上參堯舜，下配三王。」師古曰：「猗，美也；偉，大也。與，辭也。言美而且大也。」

[七]尚書堯典：「黎民於變，時雍。」僞孔傳：「時，是；雍，和也。言天下衆民皆變化化上，是以風俗大和。」

[八]禮記儒行：「儒有席上之珍以待聘，夙夜强學以待問，懷忠信以待舉，力行以待取。」清孫希旦禮記集解卷五七：「儒者之强學，所以自致其知，非爲君之來問也，而自可以待問。」

[九]詩小雅菁菁者莪序：「菁菁者莪，樂育材也。能長育人材，則天下喜樂之矣。」後世常以「菁莪」喻培育人才或人才之盛。

[一〇]後漢書卷七五夏侯勝傳：「士病不明經術；經術苟明，其取青紫如俛拾地芥耳。」師古曰：「青紫，卿大夫之服也。」

[一一]縫掖，亦作逢掖，儒者之服，代指儒生。掖同腋。世説新語文學「鄭玄在馬融門下」條注引玄别傳：「大將軍何進辟，玄乃縫掖相見。」

[一二]絃歌，同弦歌，伴音誦詩，此謂民間深厚之學習風氣。吕氏春秋慎人：「夫子絃歌鼓舞，未嘗絶音。」又列子仲尼：「絃歌誦書，終身不輟。」

[一三]擔簦，亦作簷簦，打傘也。史記卷七六虞卿傳：「虞卿者，游説之士也。躡蹻簷簦，説趙孝成王。」集解引徐廣曰：「簦，長柄笠。音登。笠有柄者謂之簦。」

[一四]千載一時，亦作千載一遇、千載一會、千載壹合，謂極其難得之機會也。東觀漢記卷八耿況傳：「太史官曰：耿況、彭寵，俱遭際會，順時乘風，列爲藩輔，忠孝之策，千載一遇也。」

藩綰髪讀書[一]，授經於吴郡通儒余古農、同宗艮庭二先生[二]，明象數制度之原[三]，聲音訓詁之學。乃知經術一壞於東、西晉之清談，再壞於南、北宋之道學，元、明以來，此道益晦。至本朝，三惠之學盛於吴中[四]，江永、戴震諸君繼起於歙[五]，從此漢學昌明，千載沉霾，一朝復旦。暇日詮次本朝諸儒爲漢學者[六]，成漢學師承記一編，以備國史之採擇。

[一]綰(wǎn)髮，周注：「猶言結髮、束髮，謂初成童之年也。」

[二]余古農，余蕭客之字；江艮庭，江聲之字。二人皆江藩之業師，故尊稱字而不稱名。詳參本書卷二余古農先生、江艮庭先生注。

[三]象數，易學術語。象，卦象、爻象；數，筮數、爻數。左傳僖公十五年：「龜，象也；筮，數也。物生而後有象，象而後有滋，滋而後有數。」注：「言龜以象示，筮以數告，象數相因而生，然後有占，占所以知吉凶。」漢儒如孟喜、京房、鄭玄、荀爽、虞翻等人解易，專明象數之學。師承記卷二江艮庭先生：「藩少從余古農先生學，先生没後，藩汎濫諸子百家，如涉大海，茫無涯涘。先生教之讀七經、三史及許氏説文，乃從先生受惠氏易。」又江藩妹夫吾學海小維摩詩稿後序：「室人江氏，名珠，字碧岑，以多病，又號小維摩。乾隆二十九年甲申生。幼而聰慧，偕其兄鄭堂，受經於汪大紳先生。期年，先外舅秋莊公延余師古農館其家，余與碧岑同塾焉。」

[四]三惠，謂惠周惕、士奇、棟，詳本書卷二惠周惕。吴中，惠周惕、士奇皆江蘇吴縣人，至惠棟時因行政區劃更設，改爲元和籍。

[五]江永、戴震，並詳見本書卷五江永、戴震。歙，江永爲婺源（今屬江西）人，戴震爲休寧（今屬安徽）人，清皆屬安徽省徽州府，治歙縣，故稱。

[六]祥案：「漢學」一詞，相對「宋學」而言。以己所爲之學術標舉「漢學」，始於惠棟，後人將清代考據學稱爲「漢學」，亦從惠棟始。清中葉考據學家之所以力主漢學，其因有四：其一，漢儒去古未遠，所得多七十子大義；宋儒去古

已遠，所得非孔門之真義。其二，漢儒重視訓詁，重師承，明源流；宋儒鄙棄故訓，無師法，少本根。其三，漢儒治學實事求是，講求證佐；宋儒治學空衍虛理，全憑胸臆。其四，漢代經學直接孔、孟，最爲純正；宋儒則援釋、道入儒，經學淆雜衰微。故棄宋宗漢，然對於「漢學」一詞，如何解釋，當時各家即有不同。如顧廣圻思適齋集卷一三壤室讀書圖序曰：「漢學者，正心誠意而讀書者是也；宋學者，正心誠意而往往不讀書者是也；俗學者，不正心誠意，而尚讀書者是也。是故漢人未嘗無俗學，宋人未嘗無漢學也。論學之分，不出斯三途而已矣。」此從治學的態度方面論漢學、宋學與俗學之區別，又如方東樹儀衛軒文集卷一辨道論曰：「以六經爲宗，以章句爲本，以訓詁爲主，以博辨爲門，以同異爲攻，不概於道，不協於理，不顧其所安，騖名干澤，若飄風之還而不儻，亦辟乎佛，亦攻乎陸王，而尤異端寇讎乎程朱，今時之弊蓋有在於是者，名曰『考證漢學』。」方東樹攻漢學最力，他是從宗宋學的角度論述的。民國時劉師培近代漢學變遷論曰：「古無漢學之名，漢學之名始於近代，或以『篤信好古』該漢學之範圍。然治漢學者未必盡用漢儒之説；即用漢儒之説，亦未必用以治漢儒所治之書。是則所謂漢學者，不過用漢儒之訓詁以説經，及用漢儒注書之條例以治群書耳。」此説較近清儒之義。而張爾田爲王欣夫松崖讀書記所撰之序中論曰：「守師説，明家法，實事求是以蘄契夫先聖之微言，七十子後學之大義，此漢學也。」竊以爲此説最爲符合清儒之原意焉。

嗟乎！三代之時，弼諧庶績[一]，必舉德於鴻儒[二]；魏、晉以後，左右邦家[三]，咸取才於科目。經明行修之士[四]，命偶時來，得策名廊廟[五]；若數乖運舛，縱學窮書圃[六]，思極人文[七]，未有不委棄草澤，終老丘園者也。甚至饑寒切體，毒螫癠膚[八]，筮仕無門，齎恨入冥[九]，雖千載以下，哀其不遇，豈知當時絶無過而問之者哉！是記於軒冕則略記學行[一〇]，山林則兼誌高風[一一]。非任情軒輊[一二]，肆志抑揚，蓋悲其友麋鹿以共處[一三]，候草木以同彫也。

［一］僞書益稷：「允迪厥德，謨明弼諧。」疏：「以輔弼和諧其政。」又尚書堯典：「允釐百工，庶績咸熙。」史記卷一五帝本紀作「信飭百官，衆功皆興。」此史遷以訓詁代經文也。

［二］論衡本性：「自孟子以下至劉子政，鴻儒博生，聞見多矣。」又超奇：「故夫能說一經者爲儒生，博覽古今者爲通人，採綴傳書以上奏記者爲文人，能精思著文連結篇章者爲鴻儒。」

［三］左右，同佐佑，輔助也。易泰卦：「輔相天地之宜，以左右民。」釋文：「左音佐，右音佑。」集解引鄭玄曰：「左右，助也。」邦家，亦作家邦，國家也。尚書湯誥：「俾予一人，輯寧爾邦家。」詩小雅我行其野：「樂只君子，邦家之光。」

［四］經明行修，漢薦舉人才四科之一，後世代指學博多美者。漢官儀：武帝元狩六年（前一一七），以四科舉士：一德行高妙，志節清白；二學通行修，經中博士；三明達法令，足以決疑；四剛毅多略，遭事不惑。又小學紺珠制度類四科：「漢四科：德行志節、經明行修、明曉法律、剛毅明勇。」

［五］策名廊廟，謂在朝做官。左傳僖公二十三年：「策名委質，貳乃辟也。」注：「名書於所臣之策。」疏：「策，簡策也。古之仕者，於所臣之人，書己名於策，以明繫屬也。」廊廟，朝廷。國語越語下：「謀之廊廟，失之中原，其可乎？」

［六］司馬相如上林賦：「修容乎禮園，翱翔乎書圃。」郭璞曰：「尚書所以疏通知遠者，故游涉之。」案：賦中「書圃」乃專指，本文泛指衆多書籍，學窮書圃，謂讀遍天下書也。

［七］後漢書卷七三公孫瓚傳論：「舍諸天運，徵乎人文。」注：「天運猶天命也，人文猶人事也。易曰：『觀乎人文，以化成天下。』」

［八］北史卷八二王孝籍傳：「毒螫瘠膚，則申旦不昧。」毒螫（shì），亦作螫毒，毒害也。史記卷二五律書：「喜則愛心

生，怒則毒螫加，情性之理也。」瘏（cǎn）膚，膚痛，病痛。漢書卷八五谷永傳：「榜箠瘏於炮格。」師古曰：「瘏，痛也。炮格，紂所作刑也。」

［九］齎恨入冥，言抱恨而死，抱憾終身。齎恨，抱恨。後漢書卷二八下馮衍傳：「傷誠善之無辜兮，齎此恨而入冥。」

［一〇］軒冕，指高官。莊子繕性：「不爲軒冕肆志。」

［一一］山林，指隱士，與上文軒冕相對而言。漢書卷七二王吉傳贊：「山林之士，往而不能反；朝廷之士，入而不能出。二者各有所短。」誌，記也。列子楊朱：「太古之事滅矣，孰誌之哉？」

［一二］周注：「軒輊，猶言抑揚也。車前高曰軒，後低曰輊；引申凡議論有所抑揚，如車之高低，亦曰軒輊。漢書馬援傳：『居前不能令人輊，居後不能令人軒。』注：『言爲人無所輕重也。』」

［一三］梁書卷五〇劉峻傳：「昔之玉質金相，英髦秀達，皆擯斥於當年，韞奇才而莫用，候草木以共凋，與麋鹿而同死。膏塗平原，骨填川谷，湮滅而無聞者，豈可勝道哉！」又見文選卷五四。又蘇軾赤壁賦：「況吾與子漁樵於江渚之上，侶魚蝦而友麋鹿。」

閻若璩

張　弨　吴玉搢　宋　鑒

閻若璩，字百詩［一］，先世居太原縣西寨村［二］，五世祖始居淮安［三］。祖世科，明萬曆甲辰進士，官至布政司參議［四］。父修齡，郡學生［五］。若璩生，世科愛之，常抱置膝上，摩其頂曰：「汝貌文，其爲一代儒者，以光吾宗乎！」若璩生而口吃，性鈍，六歲入小學，讀書千遍，不能背誦。年十五，冬夜讀書，扞格不通，憤悱不寐［六］，漏四下，寒甚，堅坐沉思，心忽開朗，自是穎悟異常[七]。是年，補學官弟子[八]，一時名士如李太虚、方爾止、王于一、杜于皇，皆折輩行與交[九]。若璩研究經史，寒暑弗徹，嘗集陶貞白[一〇]、皇甫士安語[一一]，題所居之柱云：「一物不知，以爲深耻；遭人而問，少有寧日。」[一二]

[一]李詳媿生叢録卷三：「閻潛邱先生若璩，字百詩。取義應璩之百一詩。往嘗告之亡友袁君淡生，亦以爲然。先生又字瑒次，見張石洲月齋集沈果堂鈔尚書古文疏證跋。」李氏自注：「魏志王粲傳：『應瑒弟璩。』故字瑒次。」又吉常宏、吉發涵古人名字解詁：「三國魏應璩是建安時代著名詩人，有百一詩傳世。名『若璩』，應之以『百詩』，乃仰慕應璩，期望亦如應氏能有名作傳世。」

[二]西寨村，位於今太原市晉源區金勝鄉。清魏禧魏叔子文集外篇卷八閻氏本支敘：「閻氏受姓，相傳爲周昭王少子，爲泰伯曾孫，爲唐叔虞後，皆遠無所考信。修齡之録，斷自元初遷太原仲賓公始，傳七世而遷淮安。……元初自祁遷太原嘉節都西寨村者，曰第一代始祖仲賓公。」張譜注：「杭大宗、錢曉徵兩傳，俱作五世祖始居淮安。趙飴山墓誌銘，則曰六世祖，蓋由先生之身而上溯之，爲六世也。」

[三]淮安，清府名，其首縣爲山陽，即今江蘇淮安市。

[四]閻世科（一五七〇—一六四二），字伯癸，號磻楚，又號龍門。明萬曆三十二年（一六〇四）進士。官至湖州府推官、遼東寧前兵備道參議。參黄宗羲南雷文定後集卷二參議閻公神道碑銘。祥案：此曰「官至布政使司參議」，誤。黄氏神道碑：「萬曆四十五年，「陞山東右參議兼按察司僉事，廷議邊才，改爲寧前兵備。」趙執信所撰閻若璩墓誌銘亦曰世科「官至遼東寧前兵備道參議」，杭世駿道古堂文集卷二九閻若璩傳同。張譜引萬曆甲辰進士履歷便覽曰：「閻世科……癸丑，升郎中，遼東管糧。……丁巳，升寧前參議。戊午，回籍。」江氏全襲錢大昕潛研堂文集卷三八閻若璩傳，錢氏不知何

據，江氏襲之未改耳。

［五］閻修齡（一六一七—一六八七），字再彭，號牛叟。諸生。明末隱居白馬湖濱。有眷西堂詩文、紅鵰亭詞行世。事見王弘撰傳、江蘇詩徵卷九。

［六］禮記學記：「發然後禁，則扞格而不勝。」論語述而：「不憤不啓，不悱不發。」

［七］杭傳：「六歲入小學，口吃，資頗鈍，讀書至千百過，字字著意，未熟，且多病，母聞讀書聲，輒止之，闇記不敢出聲。十五歲，冬夜讀書，有所礙，憤發不肯寐，漏四下，寒甚，堅坐沈思，心忽開，如門牖洞闢，屏障壁落，一時盡徹，自是穎悟異常。」

［八］祥案：張譜繫入學爲順治八年十六歲時。其引淮山肆雅曰：「録順治八年李提學嵩陽類考，先生以商籍入淮安學。首題『伯夷叔齊至怨乎』，次題『視天下悦而歸己』。」

［九］杭傳：「名流如李宗伯太虛、方處士爾止、梁商丘公狄、王處士于一、李孝廉小有、杜貢士于皇、宗人孝廉古古，與之上下議論，咸拱手推服。」李明睿，字太虛，南昌人。明天啓二年（一六二二）進士。官左諭德。入清，官至禮部侍郎。方文（一六一二—一六六九），字爾止，號嵞山，桐城人。明諸生。少負時譽，與從子以智聲名相頡頏。入清，隱居金陵。有嵞山集一二卷續集四卷又續集五卷。事見嵞山續集附朱書方嵞山先生傳，孫静庵明遺民録卷三四有傳。王猷定（一五九九—一六六一），字于一，號軫石，南昌人。貢生。遭明末亂，居揚州，後寓居西湖。著有四照堂集一六卷。事見碑傳集卷一三六韓程愈王君猷定傳，清史列傳卷七〇、清史稿卷四八四有傳。杜濬（一六一一—一六八七），字于皇，號茶村，晚號半翁，黄岡人。崇禎十二年（一六三九）副榜。避亂金陵，後卒於揚州。有變雅堂文集八卷詩集一〇卷等。事見方苞望谿文集卷一三墓碣，清史列傳卷七〇、清史稿卷五〇一有傳。

［一〇］陶弘景（四五二或四五六—五三六），字通明，南朝梁秣陵人。自幼篤志道術，齊高帝嘗引爲諸王侍讀。後隱居句容句曲山中，自號華陽隱居，晚號華陽真逸，又曰華陽真人。精於陰陽、五行、風角、星算、輿地、醫術等。梁武帝

時，每有大事，無不咨請，時人謂之「山中宰相」。卒謚貞白先生。著述今存有鬼谷子注三卷、真誥二〇卷、陶貞白集二卷等。梁書卷五一、南史卷七六有傳。

［一一］皇甫謐（二一五—二八二），字士安，自號玄晏先生，晉安定朝那（今寧夏固原東南）人。博綜典籍百家之言，以著述爲務。後得風痹疾，猶手不釋卷，時稱「書淫」。晉武帝時，累徵不起。著述今存有帝王世紀一〇卷、高士傳三卷等。事見世説新語文學，晉書卷五一有傳。

［一二］祥案：「一物」陶氏原文及閻氏所引皆作「一事」。王應麟困學紀聞卷二書「好問則裕」條閻氏按語曰：「問曰切問、曰審問、曰下問、曰亟問、曰無宿問。余嘗集陶弘景、皇甫謐爲柱聯曰：『一事不知，以爲深恥；遭人而問，少有寧日。』亦可見其志云。」又案：南史卷七六陶弘景傳：「讀書萬餘卷，一事不知，以爲深恥。」又世説新語文學「左太沖三都賦初成」條注：皇甫謐「年二十餘，就鄉里席坦受書，遭人而問，少有寧日。」李詳媿生叢録卷三：「閻潛邱先生少日，集陶貞白、皇甫士安『一物不知，以爲深恥；遭人而問，少有寧日』爲楹帖。錢竹汀先生文集閻先生傳、江鄭堂漢學師承記俱言之。貞白事明見傳中，晉書士安本傳無此。曾詢繆藝風、楊星吾兩先生，俱云未知。偶讀世説新語文學篇『左思』條，劉孝標注引王隱晉書有之，欣然如解癥結。」近藤光男國朝漢學師承記譯注上册：「揚雄法言君子篇曰：『聖人之於天下，恥一物之不知。』張衡應閒：『仲尼不遇，故論六經以俟來辟，恥一物之不知。』（後漢書本傳引）又趙翼陔餘叢考卷四三成語一事不知以爲深恥項，舉『晉書：陶淵明謂范隆曰：一物不知，君子之恥。』」陳鴻森漢學師承記駢枝（載彭林主編中國經學第三輯，廣西師範大學出版社二〇〇八年版，以下所引此文，皆簡稱駢枝）：「森按：趙翼所舉乃王隱晉書，非今書也。汪辟疆方湖日記幸存録云：『一物不知，以爲深恥，今人皆以爲出南史陶宏景傳（原注：物作事）。然晉書載紀：劉淵嘗謂同門生米紀、范隆曰：吾每觀書傳，嘗鄙隨、陸無武，絳、灌無文。道由人弘，一物之不知者，固君子之所恥也。（晉書卷一百一）則在貞白前矣。又錢竹汀宮詹潛研堂集閻若璩傳：嘗集陶貞白、皇甫士安語，題所居之柱云：一物不知，以爲深恥；遭人而問，少有寧日。晉書皇甫謐傳無此二語；世説新語文學篇注引王隱晉書有之。然非兩人自語，若

云集傳語，則得之矣。』江藩此文悉本錢傳，亦沿竹汀誤爲集貞白、士安二家語。至近藤所舉揚雄、張衡兩例，又在汪氏所稱劉淵之前矣。」

年二十，讀尚書，至古文，即疑二十五篇之譌[一]，沈潛二十餘年[二]，乃盡得其癥結所在，作古文尚書疏證[三]。其說之最精者[四]：謂「漢書藝文志言[五]：『魯共王壞孔子宅，得古文尚書，孔安國以考二十九篇，得多十六篇。』[六]楚元王傳亦云：『逸書十六篇，天漢之後，孔安國獻之』[七]。古文篇數之見於西漢者如此，而梅賾所上乃增多二十五篇[八]，此篇之不合也。

[一]梅賾所獻僞古文尚書二十五篇爲：大禹謨、五子之歌、胤征、仲虺之誥、湯誥、伊訓、太甲上、太甲中、太甲下、咸有一德、說命上、說命中、說命下、泰誓上、泰誓中、泰誓下、武成、旅獒、微子之命、蔡仲之命、周官、君陳、畢命、君牙與冏命。

[二]錢傳作「三十餘年」，與此不同。張譜引行述曰：「著尚書古文疏證，蓋自二十歲始，而諸子史集，亦自是縱學，無不博覽。」祥案：疏證初成四卷，黃宗羲爲之序，後四卷次第成之。疏證中記事按語，尚有丙子（康熙三十五年）時所記，則全書定稿在閻氏著書四十年後，然則錢氏之說，較江氏說爲勝耳。

[三]古文尚書疏證九卷，今存八卷，若璩没後，傳寫佚其第三卷，他卷亦多有録無書之條，編次先後未歸條理，蓋猶草創之本。黃宗羲謂是書「取材富，折衷當」，四庫總目謂書中辨古文尚書之僞，「引經據古，一一陳其矛盾之故，古文之

僞乃大明」。有乾隆十年閻學林刻本、四庫全書本、皇清經解續編本等。

[四]以下見古文尚書疏證卷一「第一言兩漢書載古文篇數與今異」條。祥案：江藩此文，多據錢傳而成，錢傳節引閻書，疏證本文較此爲詳，下引文亦同。

[五]漢書藝文志一卷，班固撰。漢書十志之一，爲正史目録類志書之始。其書據劉歆七略而成，分六藝、諸子、詩賦、兵書、術數、方技等六類三十八種，凡著録自先秦至漢圖書五百九十六家，一萬三千二百六十九卷。可參近人顧實漢書藝文志講疏、張舜徽漢書藝文志通釋、陳國慶漢書藝文志注釋彙編諸書。

[六]漢志：「古文尚書者，出孔子壁中。武帝末，魯共王壞孔子宅，欲以廣其宫，而得古文尚書及禮記、論語、孝經凡數十篇，皆古字也。……孔安國者，孔子後也。悉得其書，以考二十九篇，得多十六篇。安國獻之。遭巫蠱事，未列於學官。」孔安國，孔子十二世孫。師事申公，治古文尚書。官至臨淮太守。見漢書卷八八申公傳附。又今文尚書二十九篇爲：堯典、皋陶謨、禹貢、甘誓、湯誓、盤庚、高宗肜日、西伯戡黎、微子、泰誓、牧誓、洪範、金縢、大誥、康誥、酒誥、梓材、召誥、洛誥、多士、無逸、君奭、多方、立政、顧命、費誓、吕刑、文侯之命、秦誓等。古文尚書十六篇詳見本書下文及注。

[七]語見漢書卷三六楚元王傳附劉歆移太常博士書。天漢：漢武帝年號（前一〇〇—前九七）。

[八]梅賾，見本書第七頁注[七]。梅氏嘗自稱得古文尚書及孔氏傳，謂得鄭沖、蘇愉之傳，獻於朝廷。當時君臣信以爲真，遂立於學官，實皆賾所僞造。唐時孔穎達等爲之疏，遂大行於世。事見世説新語方正「梅賾嘗有惠於陶公」條及注。

「杜林[一]、馬、鄭皆傳古文者[二]。據鄭氏説，則增多者舜典、汩作、九共、大禹謨、益稷、五子之歌、胤征、典寶、湯誥、咸有一德、伊訓、肆命、原命、武成、旅獒、冏命十六篇，而九共有九篇，故亦稱二十四篇。[三]今晚出書無汩作、九共、典寶等篇，此篇名之不合也。」

[一]此段見疏證卷一「第三言鄭康成注古文篇名與今異」條。杜林（？—四七），字伯山，東漢扶風茂陵（今屬陝西）人。官至大司空。博洽多聞，精古文之學，時稱通儒。初在西州，得漆書古文尚書一卷，常寶愛之，以授衛宏、徐巡，遂大行。後漢書卷五七有傳。

[二]馬，馬融，見本書第十一頁注[八]；鄭，鄭玄，亦見本書第六頁注[二十]。

[三]語見尚書正義堯典第一虞書疏引鄭注，典寶在咸有一德下。

「鄭康成注書序[一]，於仲虺之誥、大甲、説命、微子之命、蔡仲之命、周官、君陳、畢命、君牙，皆注曰『亡』，而於汩作、九共、典寶、肆命諸篇，皆注曰『逸』。」[二]逸者，即孔壁書也[三]。」

[一]此段見疏證卷一「第三言鄭康成注古文篇名與今異」條按語。

[二]祥案：閻氏原文「肆命」之下尚有「原命」一篇，凡「亡」、「逸」皆十三篇。又疏證卷一「第十六言禮記引逸書皆今有且誤析一篇爲二」條按語：「鄭注書有『亡』有『逸』：『亡』則人間所無；逸則人間雖有，而非博士家所讀。杜氏注統名爲

『逸』，此其微别。」

[三]逸書，爲漢時所傳二十九篇以外之尚書，即古文尚書，因其得於孔子宅壁中，故又稱孔壁書、壁中書等。清儒如沈淑、江聲、孫星衍、顧觀光等皆有輯本可參。史記卷一二一伏生傳：「孔氏有古文尚書，而安國以今文讀之，因以起其家。逸書得十餘篇。」

「康成雖云受書於張恭祖[一]，然其書贊曰『我先師棘下生子安國亦好此學』[二]，則其淵源於安國明矣。今晚出書與鄭名目互異，其果安國之舊耶？」

[一]此段見疏證卷二「第十七言安國古文學源流真僞」條。後漢書卷三五鄭玄傳：鄭氏「從東郡張恭祖受周官、禮記、左氏春秋、韓詩、古文尚書。」

[二]書贊，鄭玄著，今佚。語見尚書正義卷一「虞書」大題下疏文，作「棘子下生安國亦好此學」。祥案：疏證卷二「第十七言安國古文學源流真僞」條按語曰：「鄭康成書贊曰：『我先師棘子下生安國亦好此學。』見孔穎達疏。『先師棘子』字頗不可解，遍檢南北監本及近刻常熟毛氏本俱然，詢諸四方同人亦無從辯析。越數載，讀水經注淄水引鄭志曰：『張逸問贊云：我先師棘下生何時人？鄭康成答云：齊田氏時，善學者所會，齊人號之棘下。生，無常人也。』始悟是『我先師棘下生子安國』，『子』字讀屬安國。然不曰『孔』而曰『子』者，何也？隱十一年公羊傳：『子沈子曰』。注云：『沈子，稱子冠氏上者，著其爲師也；不冠以子者，他師也。』康成自以淵源於安國，故冠子於安國之上。其不曰『子孔子』者，又所以别於『孔子』也。此正康成經學之典且精也。」又案：棘下，又作稷下，地名，戰國齊都城臨淄稷門（今山東淄博東北）。見水經注二六淄水。戰國時齊學者會聚之處，號「稷下學社」。史記卷四六田敬仲完世家：齊宣王「喜文學游説之士，自如騶

衍、淳于髡、田駢、慎到、環淵之徒七十六人，皆賜列第，爲上大夫，不治而議論。是以齊稷下學士復盛，且數百千人。」集解引劉向别録：「齊有稷門，城門也。談説之士期會於稷下也。」周注：「本春秋魯邑，當今山東肥城縣南。」誤。春秋成公三年：「叔孫僑如帥師圍棘。」即此地，非本篇之棘也。

又云[一]：「古文傳自孔氏，後惟鄭康成所注者得其真；今文傳自伏生，後惟蔡邕石經所勒者得其正[二]。今晚出書『宅嵎夷』，鄭作『宅嵎鐵』[三]；『昧谷』鄭作『柳谷』[四]；『心腹賢腸』，鄭作『憂賢陽』[五]；『劓、刵、劅、剠』，鄭作『臏、宫、劓、割頭、庶剠』[六]，與真古文既不同矣。石經殘碑遺字，見於洪适隸釋者五百四十七字[七]，以今孔書校之，不同者甚多[八]。碑云高宗之饗國百年，與今書之『五十有九年』異[九]；孔敘三宗以年多少爲先後，碑則以傳敘爲次[一〇]，則與今文又不同。然後知晚出之書蓋不古不今，非伏非孔，别爲一家之學者也。」

[一]此段見疏證卷二「第二十三言晚出書不古不今非伏非孔」條，引文次序與原文略異。

[二]蔡邕（一三三—一九二），字伯喈，東漢陳留（今河南開封）人。官至中郎將。善辭章，精音律，工書畫。著述今存有獨斷二卷、琴操二卷等。後漢書卷六十下有傳。後漢書本傳：「邕以經籍去聖久遠，文字多謬，俗儒穿鑿，疑誤後學，……乃與五官中郎將堂谿典……等奏求正定六經文字，靈帝許之。邕乃自書丹於碑，使工鐫刻，立於太學門外。於是後儒晚學，咸取正焉。」經文以隸體書之，後世稱「漢石經」，亦稱「熹平石經」。

［三］尚書堯典：「分命羲仲，宅嵎夷，曰暘谷。」祥案：說文：「暘，暘山，在遼西。一曰嵎鐵，暘谷也。」又「堣夷，在冀州陽谷。立春日，日值之而出。」史記卷一五帝本紀：「嵎夷既略。」索隱：「今文尚書及帝命驗並作『禺鐵』，在遼西。鐵，古夷字也。」又釋文：「尚書考靈曜及史記作『禺銕』。」正義：「夏侯等書『宅嵎夷』爲『宅嵎鐵』。」皮錫瑞今文尚書考證卷一：「書正義引夏侯等書作『嵎鐵』，『嵎』字與說文合，非必後人增之。『鐵』，譌體，當作『鐵』。蓋作『禺鐵』者，夏侯尚書；作『禺銕』者，歐陽尚書也。陳喬樅說：『銕』，古音通夷，故從夷作『銕』，『銕』、『鐵』字同。『禺夷』即『嵎銕』之渻文。今文尚書或作『嵎鐵』，或作『禺銕』，讀皆同『夷』，皆三家異文也。」

［四］尚書堯典：「分命和仲，宅西，曰昧谷。」祥案：周禮天官縫人：「翣柳」。鄭注：「柳之言聚，諸飾之所聚。書曰：『分命和仲，度西，曰柳谷。』」疏曰：「書曰者，是濟南伏生書傳文。故云：『度西，曰柳谷。』見今文尚書。」史記卷一五帝本紀：「居西土，曰昧谷。」集解引徐廣曰：「一作『柳谷』。」三國志卷五七虞翻傳注引翻奏鄭解尚書違失事目言：「古大篆卯字讀當爲柳，古卯、柳同字，而以爲昧。」近人楊筠如尚書覈詁卷一：「說文分卯、丣二部，昧音與丣不近。王師謂說文劉、柳雖從丣得聲，但殷墟書契前編卷一第二十四葉『卯一牛』，卯即劉字，殺也。漢人亦稱劉爲『卯金刀』。蓋字本從卯，散氏盤柳字作[illegible]，石鼓文作[illegible]，亦均從卯，不從丣。蓋卯、丣本即一字，卯昧同聲通用。詩小星『惟參與昴』，與下文『稠』葉韻，足證卯、昧、劉、柳古音本近，故得通用也。淮南子又作『蒙谷』，蒙、昧亦通用字。」

［五］尚書盤庚：「今予其敷心腹腎腸，歷告爾百姓於朕志。」僞孔傳：「今我其布心腹腎腸，輸寫誠信，歷遍告汝百姓於我心志。」祥案：此古文也。敷，布也。志，意也，見廣雅釋詁。左傳宣公十二年：鄭伯曰『敢布腹心』，即此義也。又書疏云：「夏侯等書『心腹腎腸』曰『憂腎陽』。」此今文也。孫星衍尚書今古文注疏卷六：「疏文舛誤，當爲『優賢揚』三字。文選左思魏都賦曰：『優賢著於揚歷。』張載注云：尚書盤庚曰：『優賢揚歷。』歷，試也。魏志管寧傳陶丘一等薦寧曰：『優賢揚歷。』裴氏注曰：『今文尚書曰優賢揚歷，謂揚其所歷試。』未知此云『歷，試也』及『謂揚其所歷試』，是鄭注否，不敢妄載爲注。案：心腹二字似優，賢字似腎，腸字似揚，歷字上屬，則下『告百姓於朕志』爲句。漢咸陽令唐扶頌：『優

賢揚歷。』國三老袁良碑：『優賢之寵。』皆用今文尚書。」

［六］尚書呂刑：「爰始淫爲劓、刵、椓、黥。」僞孔傳：「於是始大爲截人耳、鼻、椓陰、黥面，以加無辜，故曰五虐。」祥案：此古文也。又堯典疏夏侯等書「劓、刵、劅、剠」爲「臏、宮、劓、割頭、庶剠」，此今文也。王鳴盛尚書後案曰：「『臏、宮、劓、割頭、庶剠』者，臏即刖，割頭即大辟，庶剠即墨。庶，煮也。秋官庶氏以藥物熏攻毒蟲，故以名官。彼注庶讀如藥煮之煮。司刑注：『墨，黥也。先割其面，以墨窒之。』言刻額爲瘡，以墨塞瘡孔，令變色。則墨須煮，故云『庶剠』也。」又王引之經義述聞卷四駁王鳴盛説曰：「『宮、劓、割』當作『宮、割、劓』。太平御覽刑法部宮割下引尚書刑德放曰：『宮者，女子淫亂，執置宮中，不得出。割者，丈夫淫，割其勢也。』此引訓釋甫刑之詞。蓋宮、割皆是淫刑，割字即在宮字下，故書緯隨宮字解之。若在劓字之下，則與宮字不相連屬，不得如此訓釋矣。……案：王氏不知『割』字本在『宮』字下，而誤以『割頭』二字連讀，其説庶字之義，尤爲穿鑿。今考御覽刑法部黥下引尚書刑德放曰：『涿鹿者，笮人顙也。黥者，馬羈笮人面也。』又引鄭注曰：『涿鹿、黥，皆先以刀笮傷人，墨布其中，故後世謂之刀墨之民也。』然則墨刑在面謂之黥，在額謂之涿鹿。涿古讀若獨。涿鹿，疊韻字也。『頭庶剠』即『涿鹿黥』。頭、涿古同聲，庶即鹿之譌耳。」又案：今文尚書考證卷二六以爲，王引之説「甚確。夏侯等書之『臏、宮、割、劓、頭庶剠』，即説文之『刖、劓、斀、黥』也。臏即刖，宮、割即斀，頭庶剠即黥，劓今古文同。合上文殺戮無辜，凡五刑。若以割頭爲大辟，則上文殺戮已言之，重復無義矣。王鳴盛説失之。」

［七］洪适（kuò）（一一一七—一一八四），字景伯，晚號盤洲老人，宋饒州鄱陽（今江西鄱陽）人。與其弟遵、邁以文章學問名世，稱「三洪」。紹興十二年（一一四二），中博學鴻詞科。累官至尚書右僕射、同中書門下平章事兼樞密使。卒謚文惠。精金石之學。有隸釋二七卷、隸續二一卷、盤洲集八〇卷等。宋史卷三七三有傳。隸釋二七卷，凡載碑版一百八十九種。有乾隆四十三年錢塘汪氏樓松書屋刊本、民國二十五年上海涵芬樓影印本、北京中華書局一九八五年刊本等。疏證卷二「第二十三言晚出書不古不今非伏非孔」條：「漢石經殘碑遺字收於隸釋中者，『盤庚百七十二字，高宗肜日十五字，牧誓

二十四字，洪範百八字，多士四十四字，無逸百三字，君奭十一字，多方五字，立政五十六字，顧命十七字，合五百四十七字。以今孔書校之，多十字，少二十一字，不同者五十五字，借用者八字，通用者十一字。」

［八］疏證卷二「第二十三」條按語曰：「洪氏總計尚書、論語字數頗誤，當云尚書五百五十五字，論語九百七十三字，又無逸篇百二字，二誤爲三。」

［九］尚書無逸：「高宗之享國五十有九年。」漢石經「享」作「饗」，「五十有九年」作「百年」。周注：「按『饗』、『享』通用。僞孔古文「五十九年」，以高宗在位言，石經今文『百年』以壽言，故不同。」

［一〇］尚書無逸：「周公曰：『烏呼！我聞曰：昔在殷王中宗，嚴恭寅畏，天命自度。治民祗懼，不敢荒寧。肆中宗之享國，七十有五年。其在高宗，時舊勞於外，爰暨小人。作其即位，乃或亮陰，三年不言；其惟不言，言乃雍，不敢荒寧，嘉靖殷邦，至於小大，無時或怨。肆高宗之享國，五十有九年。其在祖甲，不義惟王，舊爲小人。作其即位，爰知小人之依，能保惠於庶民，不敢侮鰥寡。肆祖甲之享國，三十有三年。自時厥後立王，生則逸；生則逸，不知稼穡之艱難，不聞小人之勞，惟耽樂之從。』」周注：「漢石經作『中宗嚴恭寅畏天命自亮以民祗懼（下闕）或怨肆高宗之饗國百年自時厥後（下闕）』顧炎武石經考云：『孔氏敘商三宗，以年多少爲先後；此碑獨闕祖甲，計其字，蓋在中宗以上，以傳序爲次也。』按閻語蓋本顧氏。祖甲，即太甲，湯之孫。高宗，即武丁，小乙之子。中宗，即大戊，殷中興之王。僞孔書以在位年數之多寡爲先後，故先大戊，次武丁，後太甲；漢石經以世代之傳敘爲先後，故先太甲，次大戊，次武丁。」

「班孟堅言［一］：『司馬遷從安國問故［二］，故堯典、禹貢、洪範、微子、金縢諸篇多古文説』［三］，許慎説文解字亦云：『其稱書孔氏』［四］。今以史記［五］、説文與晚出書相校，又甚不合［六］。安國注論語：［七］『予小子履。』［八］以爲『墨子引湯誓，其辭若此』，不云此出湯誥，亦不云與湯誥小異，然則『予小子履』云云，非真古文湯誥，蓋斷斷也。其注『雖有周親，不如仁人』句[九]，於論語則云：『親而不賢不忠，則誅之，管、蔡是也。仁人謂微子、箕子。來則用之。』於尚書則云：『周，至也。言紂至親雖多，不如周家之少仁人。[一〇]』其詮釋相懸絶如此，豈一人之手筆乎？」

[一]此段見疏證卷二「第十九言安國注論語與今書傳異」條。班固（三二—九二），字孟堅，漢扶鳳安陵（今陝西咸陽東北）人。彪子。明帝時，詔爲蘭臺令史，繼父業續成漢書一〇〇卷。章帝時，受詔撰白虎通德論二卷。後因竇憲事，牽連下獄而死。事見漢書卷一〇〇敘傳，後漢書卷七十下有傳。

[二]司馬遷（約前一四五—？），字子長，漢夏陽（今陝西韓城）人。談子。武帝元封中，遷繼父業，爲太史令。李陵降匈奴，遷極言其忠，因下獄，處腐刑。得釋，爲中書令。發憤著成太史公書一三〇卷，後人又輯有司馬子長集一卷。事見史記卷一三〇太史公自序，漢書卷六二有傳。

[三]漢書卷八八儒林傳：「安國爲諫大夫，授都尉朝，而司馬遷亦從安國問故。遷書載堯典、禹貢、洪範、微子、金縢諸篇，多古文說。」

[四]此引文見許慎説文解字敘。許慎（約五八—約一四七），字叔重，漢汝南召陵（今河南偃城東）人。從賈逵受學，馬融常推敬之，時有「五經無雙許叔重」之譽。官至太尉南閤祭酒。有説文解字一五篇等。事見許沖上説文解字表，後漢書卷七九下有傳。説文解字一四卷敘一卷，凡分五百四十部首，計九千三百五十三字，又重文一千一百六十三字，注十三萬三千四百四十一字。推六書之義，分部類從，至爲精密，以小篆爲主，字義解釋，皆本六書，爲治小學者所宗。今有北京中華書局一九六三年縮印本等。

[五]史記一三〇卷，司馬遷撰。原稱太史公書、太史公記或太史公，魏、晉時始有今名，至唐定名。全書以記傳體體裁，凡記載自黄帝以降至漢武帝太初年間約三千年史事，爲歷代正史所祖。遷殁，尚未成全帙，後來續補之者以褚少孫最爲知名，今書有「褚先生曰」者即是。書本單行，後人以劉宋裴駰集解、唐司馬貞索隱與張守節正義合刊，稱「三家注」。今有日本學者瀧川資言史記會注考證，網羅宏富，詳贍可參。通行本以北京中華書局點校本最爲精審。

[六]僞書與史記説不合者，疏證卷二「第二十四言史記多古文説今異」條曰：「余嘗取史遷書所載諸篇讀之，雖文有增損，字有通假，義有補綴，及或隨筆竄易，以就成己一家之言，而要班固曰『多古文説』，則必出於古文而非後託名古文者所可並也。余故備録之以俟好古者擇焉。」又與説文不合者，疏證卷二「第二十五言説文皆古文今異」條曰：「許慎説文解字序云：『其偁易孟氏、書孔氏、詩毛氏、禮周官、春秋左氏、論語、孝經，皆古文也。』慎子沖上書安帝云：『臣父本從賈逵受古學，考之於逵作説文。』是説文所引書正東漢時盛行之古文，而非今古文可比。余嘗取以相校，除字異而音同者不録，録其俱異者於左。」閻氏所列，詳參疏證諸條。

[七]疏證卷二「第十九言安國注論語與今書傳異」條：「漢傳論語有三家：一魯論、一齊論、一古論。古論出自孔子壁中，博士孔安國爲之訓解，馬融、鄭康成注皆本之。藝文志所云二十一篇，有兩子張是也。何晏集解論語中，有『孔子曰』者，即安國之辭。余嘗取孔注論語與孔傳尚書相對校之。如『予小子履敢用玄牡』三句……。」周注：「按閻以何晏論語集解之孔子爲孔安國注，後儒如沈濤、丁晏等以集解孔注亦爲王肅所僞託，其説不同。」

[八]論語堯曰：「予小子履敢用玄牡，敢昭告於皇皇后帝：有罪不敢赦。」何晏集解引孔安國注曰：「履，殷湯名。此伐紂告天之文。殷家尚質，未變夏禮，故用玄牡。皇，大；后，君也。帝，謂天帝也。墨子引湯誓，其辭若此。」又墨子兼愛下：湯曰：「惟予小子履敢用玄牡，告於上天后曰：今天大旱，即當朕身。」又吕氏春秋順民：「昔者湯克夏而正天下，天大旱，五年不收，湯乃以身禱於桑林曰：『余一人有罪，無及萬夫；萬夫有罪，在余一人。』」程樹德論語集釋卷三九：「按：『予小子履』以下，孔傳『此伐桀告天文，墨子引湯誓，其辭若此』。孔安國既爲古文尚書作傳，乃不引尚書而

引墨子，不云湯誥而云湯誓，已足證明孔傳之僞。且尸子、韓嬰詩傳亦稱湯之救旱，禱於山川。周語内史過引湯誓『余一人有辠，無以萬夫。萬夫有辠，在余一人。』韋昭注：『今湯誓無此言。』則已散亡矣。是秦漢間人所見本皆如此，此可見梅賾作僞之疎，集注不察而信之，蓋偶失考。」又前代諸家之説，亦可詳參程氏集釋。

［九］論語堯曰：「雖有周親，不如仁人。」集解引孔氏曰：「親而不忠不賢則誅之，管、蔡是也；仁人，謂箕子、微子。」又僞書泰誓中：「雖有周親，不如仁人。」僞孔傳：「周，至也。言紂王至親雖多，不如周家之少仁人。」

［一〇］近藤注：「疏證第十九條『不如周家之多仁人』，孔傳作『少』，錢大昕撰閻氏家傳已爲修正，然漢學師承記光緒九年山西書局刊本作『多』，或勉强與疏證相校而改耶？」

又云［一］：「古未有夷族之刑［二］，即苗民之虐［三］，亦衹肉刑止爾［四］；有之，自秦文公始［五］。僞作古文者偶見荀子有『亂世以族論罪，以世舉賢』之語，遂竄之泰誓篇中［六］。無論紂惡不如是甚，而輕加三代以上慘酷不德之刑，何其不仁也！」

［一］此段見疏證卷四「第六十三言泰誓有族誅之刑爲誤本荀子」條。

［二］夷族，亦曰夷宗，殺戮三族也。荀子君子：「一人有罪，而三族皆夷。」王先謙荀子集解卷一七：「三族，父、母、妻族也。夷，滅也。均，同也。謂同被其刑也。」祥案：三族之説，諸家不一。如儀禮士昏禮：「惟是三族之不虞。」鄭注：「三族，謂父昆弟、己昆弟、子昆弟。」周禮春官小宗伯：「掌三族之别，以辨親疏。」鄭注：「三族，謂父、子、孫。」史記卷五秦本紀：秦文公「二十年，法初有三族之罪。」集解：「張晏曰：『父母、兄弟、妻子也。』如淳曰：『父族、母族、妻族也。』」

[三]「苗民」，粵雅堂本等作「苗氏」。即三苗，古國名，一曰部族名。書堯典：「竄三苗於三危。」僞孔傳：「三苗，國名。縉雲氏之後，爲諸侯，號饕餮。」史記卷一五帝本紀：「三苗在江淮、荆州數爲亂，於是舜歸而言於帝，……遷三苗於三危，以變西戎。」集解引馬融曰：「國名也。」正義：「吴起云：『三苗之國，左洞庭而右彭蠡。』……今江州、鄂州、岳州，三苗之地也。」

[四]肉刑，亦作肉辟，殘害肉體之刑法，有墨、黥、剕、宫、大辟五種，故又稱五刑。荀子正論：「治古無肉刑，而有象刑矣。」集解：「肉刑，墨、劓、剕、宫也。」

[五]秦文公（？—前七一六），秦襄公子，在位五十年（前七六五—前七一六）。事見史記卷五秦本紀。秦文公時有夷族之刑，見本書第五十頁注[一二]。

[六]尚書泰誓上：「罪人以族，官人以世。」僞孔傳：「一人有罪，刑及父母、兄弟、妻子。言淫濫，官人不以賢才，而以父兄，所以政亂。」

荀卿曰[一]：『誥誓不及五帝。』[二]司馬法言[三]：『有虞氏戒於國中，夏后氏誓於軍中，殷誓於軍門之外，周將交刃而誓之』[四]。當虞舜在上，禹縱征有苗，安得有會（羣）后誓師之事[五]？此亦不足信也。司馬法曰：『入罪人之地，見其老弱，奉歸無傷；雖遇壯者，不校勿敵；敵若傷之，藥醫歸之。』[六]三代之用兵，以仁爲本如此，安得有『火炎崑岡，玉石俱焚』之事[七]？既讀陳琳檄吴文云[八]：『大兵一放，玉石俱碎。』鍾會檄蜀文云[九]：『大兵一發，玉石俱碎。』乃知其時自有此等語，則此書之出魏、晉間又一佐也。」

[一]此段見疏證卷四「第六十四言胤征有玉石俱焚語爲出魏晉間」條。

[二]荀子大略：「誥誓不及五帝，盟詛不及三王，交質子不及五伯。」

[三]司馬法一卷，舊題戰國齊司馬穰苴撰。約成書於戰國中期，中國最古老之兵法之一。漢志稱軍禮司馬法百五十篇，入禮類，隋、唐志均作三卷。今傳非全帙，僅存仁本、天子之義、定爵、嚴位、用衆五篇。其言大抵據道依德，本仁祖義，爲其軍事思想之根本，三代軍政之遺規，猶藉存什一於千百。後人列爲武經七書之一。有武經七書本、續古逸叢書本等。

[四]司馬法天子之義：「有虞氏戒於國中，欲民體其命也；夏后氏誓於軍中，欲民先成其慮也；殷誓於軍門之外，欲民先意以待事也；周將交刃而誓之，以致民志也。」鈕國平司馬法箋證：「戒，誓，誓師。國中，都邑。體，體察。命，指放逐四凶的命令。先成其慮，先作好參戰的思想準備。先意，先治勇鋭之意以待戰陣之事。致民志，向民衆表達必死之志，也就是要民衆有必死之志。」

[五]祥案：「會后」僞書大禹謨及閻氏原文皆作「會羣后」，江氏漏「羣」字，今補之。誓師，出征時集將士而告誡激勵之辭也。僞書大禹謨：「帝曰：『咨，禹。惟時有苗弗率，汝徂征。禹乃會羣后，誓於師曰：濟濟有衆，咸聽朕命。』」僞孔傳：「會諸侯共伐有苗，軍旅曰誓。」

[六]司馬法仁本：「冢宰與百官布令於軍曰：『入罪人之地，無暴神祇，無行田獵，無毁土功，無燔牆屋，無伐林木，無取六畜、禾黍、器械。見其老幼，奉歸勿傷；雖遇壯者，不校勿敵；敵若傷之，藥醫歸之。』」司馬法箋證：「罪人，有罪的諸侯。治要『人』引作『國』。暴，對上不敬曰『暴』。神祇，指神位。土功，土木工程。燔，焚。六畜，馬、牛、羊、犬、豕、雞。校，抵抗。敵，仇。」

[七]僞書胤征：「火炎崑岡，玉石俱焚。」僞孔傳：「山脊曰岡，崑山出玉，言火逸而害玉。」

[八]文選卷四四孔琳檄吴將校部曲文：「大兵一放，玉石俱碎。雖欲救之，亦無及已。」陳琳（？—二一七），字孔

璋，漢廣陵射陽人。初爲何進主簿，後歸袁紹。多辭采，善屬文，爲「建安七子」之一。所著明人輯有陳孔璋集二卷。事見三國志卷二一魏書王粲傳附。

[九]文選卷四四鍾會檄蜀文：「大兵一放，玉石俱碎。雖欲悔之，亦無及也。」與閻氏所引略異。鍾會（二二五—二六四），字士季，三國魏潁川長社（今河南許昌）人。繇子。曾與鄧艾領軍滅蜀。官至司徒。三國志卷二八魏書有傳。

又云[一]：「武成篇先書一月壬辰[二]，次癸巳，又次戊午，已是月之二十八日，後繼以癸亥、甲子，是爲二月之四五日，而不冠以二月，非今文書法也。洛誥稱乙卯[三]，費誓兩稱甲戌[四]，此周公、伯禽口中之詞[五]，指此日有此事云爾，豈史家紀事之例乎？」

[一]此段見疏證卷四「第五十三言武成癸亥甲子不冠以二月非書法」條。祥案：此段引文節略太過，語意不貫，可詳參原文。

[二]僞書武成：「惟一月壬辰，旁死魄，越翼日癸巳，王朝步自周，於征伐商。厥四月哉生明，王來自商至於豐。乃偃武修文，歸馬於華山之陽，放牛於桃林之野，示天下弗服。丁未，祀於周廟。邦甸侯衛，駿奔走，執豆籩。越三日庚戌，柴望，大告武成。……既戊午，師逾孟津。癸亥，陳於商郊，俟天休命。甲子昧爽，受率其旅若林，會於牧野。」

[三]尚書洛誥：「周公拜手稽首曰：『予惟乙卯，朝至於洛師。』」

[四]尚書費誓：「公曰：『甲戌，我惟征徐戎。……甲戌，我惟築，無敢不供。』」

[五]周公，即姬旦，亦稱周公旦。文王子。輔武王滅商立周，封於魯。武王死，成王年幼，周公攝政。平武庚、管叔、蔡叔。建成周雒邑，修禮樂制度等。伯禽，周公子。周公相成王，伯禽留東都洛陽。封於魯。曾在柒地擊退徐戎，作

柒誓，今本尚書作費誓。周公、伯禽事，詳見史記卷三三魯世家。

又云[一]：「書序益稷本名棄稷[二]，馬、鄭、王三家本皆然，蓋別是一篇，中多載后稷與契之言。揚子雲法言孝至篇[三]：『言合稷、契之謂忠，謨合皋陶之謂嘉。』[四]子雲親見古文，故有此言。晚出書析皋陶謨之半爲益稷，則稷與契初無一言，子雲豈鑿空者耶[五]？」

[一]此段見疏證卷五上「第六十六言今皋陶謨益稷本一別有棄稷篇見揚子」條。

[二]僞書益稷序僞孔傳：「禹稱其人，因以名篇。」正義：「禹言暨益暨稷，是禹稱其二人，二人佐禹有功，因以此二人名篇，既美大禹，亦所以彰此二人之功也。禹先言暨益，故益在稷上。馬、鄭、王所據書序此篇名爲棄稷。棄稷一人，不宜言名又言官，是彼誤耳。又合此篇於皋陶謨，謂其別有棄稷之篇，皆由不見古文，妄爲説耳。」

[三]揚雄（前五三——一八），字子雲，漢成都人。成帝時因獻賦，拜爲郎。王莽時爲大夫，校書天禄閣。有方言一三卷、太玄一〇卷、法言一〇卷等。明人又輯有揚子雲集四卷。漢書卷八七有傳。又法言一七篇，舊有晉李軌，唐柳宗元，宋宋咸、吴秘注及司馬光集注，後彙刻爲五臣音注本一〇卷。近人汪榮寶有法言義疏二〇卷，有北京中華書局一九八七年陳仲夫點校本。

[四]法言孝至：或問「忠言嘉謀」。曰：「言合稷、契之謂忠，謀合皋陶之謂嘉。」汪榮寶法言義疏卷一九：「『忠言嘉謀』錢本、世德堂本作『嘉謨』，下『謀合皋陶』作『謨合』，此校書者因皋陶謨乃尚書篇名，故改『謀合皋陶』字爲『謨』，而並改『或問嘉謀』字爲『嘉謨』也。……按書序：『皋陶矢厥謨，禹成厥功，帝舜申之，作大禹、皋陶謨、棄稷。』今僞孔本分皋陶謨爲兩篇，其所分之下篇改題益稷。孔疏云：『馬、鄭、王所據書序此篇名爲棄稷，又合此篇於皋陶謨，謂其別有棄稷

之篇，皆由不見古文，妄爲説耳。』王氏鳴盛後案云：『書序益稷本名棄稷。蔡邕獨斷云：漢明帝詔有司採尚書皋陶篇制冕旒。今其制正在益稷内，可見不可分篇。且孔穎達書疏以爲馬、鄭、王合爲一篇，别有棄稷爲妄説，及作詩齊譜疏，又引皋陶謨弼成五服，一人之作，自相矛盾。據法言云：言合稷、契之謂忠。若如晚晉本，稷、契無一遺言，子雲何以遽立此論？知揚所見真棄稷篇中多稷、契之言也。此篇至晉而亡，今之割皋陶謨下半篇以爲益稷者，乃晚晉人所分也。』西莊此説甚允。子雲説經雖皆用今文，然固非不見古文者。重黎云：『或問周官，曰：立事。左氏，曰：品藻。』苟非親見二書，必不妄作此語。此云言合稷、契之謂忠，亦正據尚書棄稷逸篇爲説，非想當然也。」

［五］鑿空，弄空，借喻立説之穿鑿。通雅：「鑿空，弄空也。」戴震戴東原集卷一〇古經解鉤沈序：「古人之小學亡，而後有故訓，故訓之法亡，流而爲鑿空。數百年已降，説經之弊，善鑿空而已矣。……是故鑿空之弊有二：其一緣詞生訓也，其一守訛傳謬也。緣詞生訓者，所釋之義非其本義；守訛傳謬者，所據之經非其本經。」

其辨孔傳之僞云［一］：「三江入海［二］，未嘗入震澤［三］，孔謂江自彭蠡分而爲三［四］，共入震澤者，謬也。」

［一］此段見疏證卷六下「第九十言安國傳三江入震澤之非」條，又「第八十九言濟瀆枯而復通乃王莽後事安國傳亦有」條，又亦可參第九十二、九十三條。尚書禹貢：「三江既入，震澤厎定。」僞孔傳：「震澤，吴南大湖名。言三江已入，致定爲震澤。」正義：「傳云自彭蠡江分爲三入震澤，遂爲北江而入海。是孔意江從彭蠡而分爲三，又共入震澤，從震澤復分爲三，乃入海。鄭云三江分於彭蠡，爲三孔，東入海，其意言三江既入，入海耳，不入震澤也。」案閻氏疏證從鄭氏説。

［二］祥案：三江之説，自古以來，言人人殊，閻氏所據，漢志及鄭注之説耳。漢書卷二八上地理志上引禹貢此語，

師古注曰：「三江，謂北江、中江、南江也。」初學記地部引鄭注云：「三江，左合漢爲北江，右會彭蠡爲南江，岷江居中則爲中江。故書稱『東爲中江』者，明岷江至彭蠡，與南北合，始得稱中也。三江分於彭蠡爲三孔，東入海。」又今文尚書考證卷三引錢塘説曰：「禹貢之三江，職方之三江也。地理志南江、北江、中江皆揚州川，此釋職方也，即釋禹貢矣。揆孟堅所言，江過湖口分爲三，而以行南道者爲南江，行北道者爲北江，行中道者爲中江，合乎禹貢導水之經，誠不易之論也。」近人曾運乾尚書正讀又以爲「三江者，江隨地而異也。江會漢爲北江，會彭蠡爲南江，會匯爲中江。既入者，入於海也。」陳橋驛以爲，漢志所言三江，絶非禹貢之意。古人所謂長江爲中江，憑空設想與大江平行有兩條北江與南江，歷代解釋，牽强附會，皆不可信。實則禹貢中，三江與九河同，皆爲泛指多數而言，並不是有九條河川、三條江流的存在。然水經注中如卷二九沔水注有婁江、東江與松江爲三江，又卷四〇漸江水注引韋昭以松江、浙江、浦陽江爲三江。此類在酈注中實指河川數位的三江，與禹貢三江絶不相同。詳參陳著酈學札記中地名九河三江條。

[三]震澤，一名具區，即太湖（在今江蘇境内）。

[四]彭蠡，澤名，本位於今湖北黄梅、安徽宿松南、江西境内長江北岸龍感湖、大官湖與泊湖一帶，今指鄱陽湖。

「金城郡[一]，昭帝所置，安國卒於武帝時，而傳稱積石山在金城西南，豈非後人作僞之證乎！」

[一]此段見疏證卷六上「第八十七言漢金城郡乃昭帝時置安國傳突有」條。祥案：尚書禹貢：「浮於積石。」僞孔傳：「積石山，在金城西南，河所經也。」疏證詳言其僞曰：「考漢昭帝紀始元六年庚子秋，以邊塞闊遠，置金城郡。地理志金城郡，班固注並同。不覺訝孔安國爲武帝時博士，計其卒，當於元鼎末元封初，方年不滿四十，故太史公謂其蚤卒。何前

始元庚子三十載，輒知有金城郡名，傳禹貢曰積石山在金城西南耶？……始元庚子以前，此地並未有此名矣，而安國傳突有之。固注積石山在西南羌中，傳亦云在西南，宛出一口。殆安國當魏、晉，忘却身係武帝時人耳。」金城，漢郡名，治允吾，在今甘肅永靖西北。

「傳義多與王肅注同[一]，乃孔竊王，非先有孔說而王取之也。漢儒說六宗者，人人各異[二]，王肅對魏明帝，乃取家語『孔子曰所宗者六』之語[三]，肅以前未聞也，而僞傳已有之，非孔竊王而何！」其論可謂信而有徵矣。

[一]此段見疏證卷四「第五十三言武成癸亥甲子不冠以二月非書法」條按語。

[二]尚書舜典：「禋於六宗。」僞孔傳：「精意以享謂之禋。宗，尊也。所尊祭者，其祀有六：謂四時也，寒暑也，日也，月也，星也，水旱也。」正義：「漢世以來，說六宗者多矣。歐陽及大、小夏侯說尚書皆云，所祭者六：上不謂天，下不謂地，旁不謂四方，在六者之間，助陰陽變化，實一而名六宗矣。孔光、劉歆以六宗謂乾坤六子：水、火、雷、風、山、澤也。賈逵以爲六宗者：天宗三，日、月、星也；地宗三，河、海、岱也。馬融云萬物非天不覆，非地不載，非春不生，非夏不長，非秋不收，非冬不藏，此其謂六也。鄭玄以六宗言禋，與祭天同名，則六者皆是天之神祇，謂星、辰、司中、司命、風師、雨師。星，謂五緯星；辰，謂日月所會十二次也；司中、司命，文昌第五、第四星也；風師，箕也；雨師，畢也。晉初，幽州秀才張髦上表云：臣謂『禋於六宗』，祀祖考所宗者六，三昭三穆是也。司馬彪又上表云：歷難諸家及自言己意，天宗者，日月、星辰、寒暑之屬也；地宗，社稷、五祀之屬是也；四方之宗，四時、五帝之屬。惟王肅據家語六宗與孔同。各言其志，未知孰是。」

［三］祥案：今文尚書考證卷三：東觀漢紀：「孝成時，匡衡奏立北郊，復祠六宗。至建武都雒陽，制郊祀，六宗廢不血食。大臣上疏，謂宜復舊，上從公卿議，由是遂祭六宗。」續漢志：「安帝元初六年，以尚書歐陽家説，謂六宗者，在天地四方之中，爲上下四方之宗。三月庚辰，初更立六宗，祠於雒陽城西北戌亥之地，禮比太社。」劉昭注引李氏家書曰：「司空李郃侍祠南郊，不見六宗祠。奏曰：『案尚書肆類於上帝，禋於六宗。六宗者，上不及天，下不及地，傍不及四方，在六合之中，助陰陽，化成萬物。漢初甘泉、汾陰天地亦禋六宗。孝成時，匡衡奏立南北郊祀，復祀六宗。及王莽謂六宗，即易六子。建武制祀，六宗廢不血食。宜復舊制。』上從郃議。據此，則漢初已祭六宗，皆用今文之義。至王莽始用劉歆僞説耳。」

康熙元年，始游京師，合肥龔尚書鼎孳爲之延譽[一]，由是知名。旋改歸太原故籍[二]，爲廩膳生[三]。崑山顧炎武游太原[四]，以所撰日知録相質[五]，即改訂數則，炎武心折焉[六]。未幾，出游鞏昌[七]，與陳秀才〔子〕壽善[八]，一夕共成七言絶句百首，名曰隴右倡和詩[九]。

［一］龔鼎孳（一六一五—一六七三），字孝升，號芝麓，明末清初合肥人。崇禎七年（一六三四）進士。授兵部給事中。李自成入京，受直指使職。入清，官至禮部尚書。謚端毅。乾隆時，詔削其謚。工於詩詞，與錢謙益、吳偉業並稱「江左三大家」。所著述合刻爲定山堂全集。事見碑傳集補卷四四嚴正矩龔端毅公傳，清史列傳卷七九、清史稿卷四八四有傳。祥案：康熙元年，龔鼎孳以禮部侍郎補用。杭傳：「康熙元年，始游京師，合肥龔鼎孳爲宗伯，相知最深，頗爲延譽，由是知名。」

［二］張譜隸改歸太原籍在康熙二年。

［三］廩膳生，省稱廩生。明、清科舉考試，國子監學外，於府、州、縣皆置學，生員色目，曰廩膳生、增廣生、附生。初入學曰附學生員。廩、增有定額，以歲、科兩試等第高者補充。清制月給廩餼銀四兩。增生可依次升爲廩生，廩生可升爲國子監生，稱歲貢。詳參清史稿卷一〇六選舉一。

［四］顧炎武，詳參本書卷八顧炎武。

［五］日知録三二卷，是書初刻本八卷，有康熙時符山堂刻本。後潘耒所刻爲三十二卷。全書編次大抵以經義、政事、世風、禮制、科舉、藝文、名義、古事真妄、史法、注書、雜事、兵及外國事、天象術數、地理、雜考證等，以類相從，浩博精善。道光時，有嘉定黄汝成爲集釋，用力最深。今上海古籍出版社一九八四年影印道光十四年黄氏西谿草廬重刊日知録集釋本，附以顧氏日知録之餘、李遇孫日知録續補正、丁晏日知録校正、俞樾日知録小箋、黄侃日知録校記、潘承弼日知録補校與版本考略等，最爲全備可參。祥案：顧、閻之相見，在康熙十一年壬子（西元一六七二年）。疏證卷七「第九十八」條按語：「憶余晤寧人壬子冬。」又卷六「第八十九」條按語：「壬子冬，客太原，顧寧人向余稱朱謀㙔水經注箋爲三百年一部書，余退而讀之，殊有未然。」

［六］四庫總目卷一一九子部雜家類日知録：「閻若璩作潛邱劄記，嘗補正此書五十餘條。若璩之壻沈儼，特著其事於序中，趙執信作若璩墓誌，亦特書其事。若璩博極群書，睥睨一代，雖王士禎諸人，尚謂不足當抨擊，獨於詰難此書，沾沾自喜，則其引炎武爲重，可概見矣。然所駁或當或否，亦互見短長，要不足爲炎武病也。」又同卷論潛邱劄記：「若璩學問淹通，而負氣求勝，與人辨論，往往雜以毒詬惡謔，與汪琬遂成讎釁，頗乖著書之體。然記誦之博，考核之精，國初罕其倫匹。雖以顧炎武之學有本原，日知録一書，亦頗經其駁正，則其他可勿論也。」

［七］鞏昌，清府名，治今甘肅隴西縣。祥案：顧、閻論學在康熙十一年，張譜隸出游鞏昌在康熙十二年（一六七三），故江氏得曰「未幾」。

［八］周注：「陳壽善，未詳待考。」祥案：周注誤，杭傳作「陳秀才子壽」，是，今據補「子」字。子壽，名祺芳，常熟

人。諸生。客游半天下，游錢謙益、龔鼎孳之門，詩文豪宕，有逸氣。有韜庵、鷗波等集。清龐鴻文等纂光緒常昭合志稿卷三〇有傳。閻氏四書釋地又續卷下：「憶亡友陳祺芳子壽之言，天下事莫難於讀書，莫奇於用兵，餘俱平且易耳。」

［九］杭傳：「長汀黎副使士宏爲之序。」張譜引黎氏託素齋集中序文曰：「癸丑臘盡，趙子石寅……訪余於張掖……曾不數語，石寅即自稱於犖昌陳階六少參所，得交兩詩人：一爲陳君子壽，一爲閻君百詩。……兩君日坐老屋頹簷，以詩角險，真若大將將十萬師，分壇據壘，無敢勝負。壁觀者無不驚駭失魂魄。……兩詩人……終日擁被含毫，真若有萬不可已之事，屬稿連篇，至一二千言不止。」張穆注：「繹序意，知無一夕成絶句百首之事。」案隴右倡和詩，今不見傳本。

十七年，應博學宏詞科試不第［一］，留京師，與長洲汪編修琬反覆論難［二］。琬著五服考異成［三］，若璩糾其謬，琬雖改正［四］，然護前輒，謂人曰［五］：「百詩有親在，而喋喋言喪禮乎？」若璩聞之曰：「王伯厚嘗云［六］：『夏侯勝善説禮服［七］，謂禮之喪服也。蕭望之以禮服授皇太子［八］，則漢世不以喪服爲諱也。唐之奸臣，以凶事非臣子所宜言［九］，去國恤一篇［一〇］。識者非之。』講經之家，豈可拾其餘唾哉！」崑山徐贊善乾學問曰［一一］：「於史有徵矣，於經亦有徵乎？」若璩曰：「按雜記曾申問於曾子曰［一二］：『哭父母，有常聲乎？』申，曾子次子也。檀弓［一三］：『子張死，曾子有母之喪，齊衰而往哭之。［一四］』夫孔子没，子張尚存，見於孟子［一五］。子張死而曾子方喪母，則孔子時曾子母在可知，記所載曾子問一篇，正其親在時也。」乾學歎服［一六］。

[一]博學宏詞科，即博學弘詞科，清時避乾隆帝諱，弘改作宏，鴻等。清代制科，取前代舊例，有博學鴻詞科、經濟特科、孝廉方正科等。康熙十七年詔：「凡有學行兼優、文詞卓越之人，不論已仕、未仕，在京三品以上及科、道官，在外督、撫、布、按，各舉所知，朕親試録用。其內、外官，果有真知灼見，在內開送吏部，在外開報督、撫，代爲題薦。」明年三月，召試太和殿體仁閣，凡一百四十三人。試璿璣玉衡賦及省耕排律二十韻，帝親覽試卷，取一等彭孫遹、倪燦、張烈、汪霦、喬萊、王頊齡、李因篤、秦松齡、周清原、陳維崧、徐嘉炎、陸棻、馮勖、錢中諧、汪楫、袁佑、朱彝尊、湯斌、汪琬、邱象隨等二十人，二等李來泰、潘耒、沈珩、施閏章、米漢雯、黄與堅、李鎧、徐釚、沈筠、周慶曾、尤侗、范必英、崔如岳、張鴻烈、方象瑛、李澄中、吴元龍、龐塏、毛奇齡、錢金甫、吴任臣、陳鴻績、曹宜溥、毛升芳、曹禾、黎騫、高詠、龍燮、邵吴遠、嚴繩孫等三十人。共計五十人，其中大部分入史館與修明史。

[二]汪琬(一六二四—一六九一)，字苕文，號鈍庵，堯峰，晚號鈍翁，清長洲(今蘇州)人。順治十二年(一六五五)進士。官至刑部郎中。康熙十八年，中博學宏詞科，授翰林院編修，與修明史。詩文與侯方域、魏禧齊名。著有鈍翁前後類稿六二卷續稿五六卷，後又手自删定爲堯峰文鈔五〇卷。事見陳廷敬午亭文編卷一四墓誌銘，清史列傳卷七〇、清史稿卷四八四有傳。

[三]五服考異，即古今五服考異八卷。書前附引用諸書，附録十數條爲荀子、鄭玄、朱熹等論喪服之語。全書考喪服歷代因革始末，以儀禮爲案，而以清律斷之，雜以辨證，又雜採諸家之書而稍述己見於其末。汪氏以爲考諸圖則聖人製作之本意截然有則，故書中圖示爲多。書今存鈍翁前後類稿卷五一至卷五八。有清康熙時刻本、續修四庫全書同影印康熙本等。

[四]張譜引行述：「十七年，應鴻詞制科，日與傅山人青主游處。而反覆辯論，則李天生檢討、汪鈍翁編修爲多。」祥案：閻、汪二人論難喪服之語，詳見潛邱劄記卷四喪服翼注中，又他處亦多有。其曰：「汪氏琬與予論禮服京師，不合，頗聞其盛氣。既而歸，近且合刊正、續稿，悉改而從我。」又劄記卷六與陸翼王書：「鈍翁毀我於朝，又詈我於私室，

終不肯已。」又同卷與陶紫司書：「承示鈍翁古今五服考異，酌古佐今，信爲不刊之典。但序疑及儀禮處，謂丈夫三十而娶，爲之妻者，乃有夫之姊之長殤之服，不亦異乎？疑姊字誤，不知非誤也。……此特向吾友弟云爾，不敢爲鈍翁道也。」又一通曰：「欲叩之，恐嬰其怒也。宛轉托人致訊，果不出弟所料，學術至此，竟成塗炭矣。」又同卷與江辰六書、與際冰修書、與李公凱書、與戴唐器書等，皆駁汪氏之説。又四庫總目卷一七三集部別集類二六堯峰文鈔：「琬性狷急，動見人過，交游罕善其終者，又好詆訶，見文章必摘其瑕纇，故恒不滿人，亦恒不滿於人。與王士禎爲同年，後舉博學鴻詞時，乃與士禎相忤。……又與閻若璩論禮相詬，若璩載之潛邱劄記中，皆爲世口實。然從來勢相軋者，必其力相敵，不相敵則弱者不敢，强者不屑，不至於互相排擊，否則必有先敗者，亦不能久相支拄。……若璩博洽亦名一世，不與他人角，而所與角者，惟顧炎武及琬，則琬之文章學問，略可見矣。」又案：依總目之説，則若璩乃妄自尊大之人，實則閻氏篤於師友，敬禮有加。如論其業師吴一清，劄記卷五題邵文莊簡端録曰：「余年二十五歲，始從同里吴太易先生學。」又困學紀聞箋卷二「五福不言貴」下閻氏注：「先師吴太易先生問余：『五福無貴，子知其説乎？』對曰：『未也。』先生曰：……此論甚精。」又四書釋地三續卷上「天時不如二句」條：「業師吴太易先生謂……語此時，歲在庚子，距今四十有二年。墓木已拱，著書莫遂，恐有名字翳如之感，爲識於此。」自注：「先生諱一清，大河衛人。丁酉北闈舉人，甲辰擬會元，後二年卒。」是閻氏於其師卒後四十餘年，尚拳拳不忘矣。又閻氏對於友人之説可採者，亦皆虚心接受。如疏證卷五上：「余嘗有感南沙熊氏將注春秋，先求明曆。……癸亥三載，於京師就吴任臣志伊學曆，歸而交秦淵雲九里中，益研窮之。久之，始得通其術。」又卷七：「癸亥甲子，晤友胡朏明京師，余時以書求助於朏明，久之，方肯草數條以應，中有余百思不到者。」又卷八論閻氏見姚際恒論僞古文之書，「凡十卷，亦有失有得，失與梅氏、郝氏同，得則多超人意見外，喜而手自繕寫，散各條下」。吴、胡、姚，皆閻氏諍友，閻雖時駁其説，然亦不没其功也。又如閻氏之於黄宗羲，雖有微詞，然終以師禮待之。張譜引閻氏南雷黄氏哀詞序稱，黄氏既卒，閻氏聞凶訊，不覺失聲。「聞先生名也久，而知先生愛慕我，肯爲我序所著書，許納我門牆。……余號慟曰：『已矣，吾不獲親及先生之門矣，奈何！』」遂仿聶雙江禮王陽明故事，撰文爲贊，拜師於黄氏位前，「以告於大徵君棃翁夫子之靈」。故後來黄嗣艾南雷學案收及門弟子，閻氏亦厠其間焉。閻氏與顧炎武，雖潛邱劄記卷五駁顧氏六十餘條，其中日知録四十一條，餘則駁肇域志等書，但閻之於顧，始終禮敬不已。劄記卷六與劉超宗書第十八通曰：「寧人著有字書五種，托力臣繕寫授梓，力臣曾寄一樣本來，果博且精，不可及也。嘗私願此地縉紳有如馬宛斯其人者，文學中有如傅青主、顧寧人其人者，使後生小子，感奮覺起，紹明古學，直追金華、嘉定諸先生之遺風，豈不盛哉！豈不快哉！」又同卷與石企齋書第三通：「讀陳游擊季立書，自知古無葉音之説爲精確，寧人書亦非嘔數升血讀之不可。」又同卷與戴唐器書第二十七通：「復讀寧人音學五書，心花怒生，背汗浹出，前輩所謂譬如美人經時再見，轉覺眄睞有異耳。不知新城王侍郎何以病掃，幾無一足取正。恐能詩未必通韻學也。」又第三十五通：「鈍翁不足攻，平生心摹手追者：顧也、黄也。黄指太沖、顧指寧人。」又劄記卷五補正日知録中稱顧氏，或稱「寧人」，或稱「寧老」，然則顧氏在閻氏心中，儼然長輩前賢耳。然閻氏對汪氏則貶汰不留餘地。一則曰「鈍翁文略一披閲，竟同嚼蠟無味，奈何？但有一可感者汪氏族譜序。」再則曰「鈍翁讀書，多不通文理」，三則曰「鈍翁不足攻」，見潛邱劄記卷六與戴堂器書第二十八通、第三十五通、第三十六通。又葉燮汪文摘謬之引言論汪琬曰：『余嘗評其文有四語，謂行文無才，持論無膽，見理不明，讀書無識。』此則因汪氏學問，遠不及閻，而其護短又特甚，故閻氏屢激辱之。而顧氏則學純品粹，故閻氏雖多駁日知録之失，而始終不敢越禮。質言之，閻之於汪，既不重其學，又不重其人，故斥之不遺餘力；閻之於顧，既重其學，又重其人，故駁之謹慎有度也。然張譜引劄記喪服翼注條後張氏注曰：「劄記有詩云：『汪筆王詩重本朝，詩尤兼筆挾風騷。晚來酬答争名甚，輸與抽身價更高。』又嘗稱鈍翁居鄉，人品高絶，可謂惡而知其美矣。」然則閻氏即於汪琬，亦留有餘地，並不皆按之入地也。

[五]祥案：閻、汪二氏此段論難，見困學紀聞卷五儀禮「夏侯勝善説禮服……」條閻氏注文。其曰：「己未、庚申，在京師，與汪鈍翁論喪禮不合，鈍翁詆余曰：『聞渠有嚴親在，奈何喋喋與人言喪禮、豫凶事？非禮也！』」此事又載劄記卷六與陸翼王書、與李公凱書，可互參。

[六]王應麟(一二二三—一二九六)，字伯厚，號深寧，學者稱厚齋先生。南宋鄞縣(今浙江寧波)人。理宗淳祐元年(一二四一)進士。累官至禮部尚書兼給事中等。博洽多聞，以考據見長。著述今存有詩地理考六卷、通鑑地理通釋一四卷、漢制考四卷、漢書藝文志考證一〇卷、困學紀聞二〇卷等。宋史卷四三八有傳。

[七]夏侯勝，字長公，漢東平(今屬山東)人。始昌族子。善説禮服。宣帝時，官至長信少府、太子太傅。受詔撰尚書説、論語説。漢書卷七五有傳。

[八]蕭望之，字長倩，漢東海蘭陵(今山東蒼山)人。好學，治齊詩，事同縣后倉。後從夏侯勝問論語、禮服。宣帝時，官至御史大夫。後爲太子太傅，以論語、禮服授皇太子。後遭弘恭、石顯所陷，飲鴆自殺。漢書卷七八有傳。

[九]新唐書卷二〇禮樂志：「周禮五禮，二曰凶禮。唐初，徙其次第五。而李義府、許敬宗以爲凶事非臣子所宜言，遂去其國恤一篇，由是天子凶禮闕焉。至國有大故，則皆臨時採掇附比以從事。事已，則諱而不傳，故後世無考焉。」

[一〇]資治通鑑卷二〇〇唐高宗顯慶三年(六五八)正月：「長孫無忌等上所修新禮，詔中外行之。先是，議者謂貞觀禮節文未備，故命無忌等修之。時許敬宗、李義府用事，所損益多希旨，學者非之。太常博士蕭楚材等以豫備凶事，非臣子所宜言，敬宗、義府深然之，遂焚國恤一篇。由是凶禮遂闕。」祥案：國恤，指帝后之喪。此段引文詳見困學紀聞卷五儀禮閻氏注，又見潛邱劄記卷六與陸翼王書。

[一一]徐乾學(一六三一—一六九四)，字原一，號健庵，清崑山人。顧炎武甥。康熙九年(一六七〇)進士。累官至刑部尚書。曾受詔總裁清一統志等，主纂通志堂經解，自著有憺園集三六卷等。詳見韓菼有懷堂文稿卷一八行狀，清史列傳卷一〇、清史稿卷二七一有傳。

[一二]禮記雜記下：「曾申問於曾子曰：『哭父母，有常聲乎？』曰：『中路嬰兒失其母焉，何常聲之有？』」鄭注：「嬰猶鷖彌也。言其若小兒亡母啼號，安得常聲乎？所謂『哭不偯』。」

[一三]引語見禮記檀弓下。

〔一四〕齊衰，喪服名，五服之一，次於斬衰。以粗麻布做成，因其緝邊縫齊，故稱齊衰。爲繼母、慈母服期衰三年，爲祖父母、妻、庶母服齊衰一年，爲曾祖父母服齊衰五月，爲高祖父母服齊衰三月。詳參儀禮喪服、禮記檀弓上。

〔一五〕孟子滕文公上：「昔者孔子没，三年之外，門人治任將歸，入揖於子貢，相向而哭，皆失聲，然後歸。子貢反，築室於場，獨居三年，然後歸。他日，子夏、子張、子游，以有若似聖人，欲以所事孔子事之，强曾子。曾子曰：『不可。江、漢以濯之，秋陽以暴之，皓皓乎不可尚已！』」

〔一六〕困學紀聞卷五儀禮「夏侯勝善説禮服」條閻氏注文末曰：「宫贊擊節曰：『雖百喙，亦不能解矣。』」

〔二十二〕（三十一）年〔一〕，客閩歸，乾學延至京師，爲上客。每詩文成，必屬裁定。曰：「閻先生學有師法〔二〕，非吴志伊輩所及也〔三〕。」合肥李公天馥亦云〔四〕：「詩文不經百詩勘定，未可輕易示人。」及乾學以尚書歸里，奉敕修一統志〔五〕，開局於洞庭東山〔六〕，既又移嘉善〔七〕，從歸崑山，若璩皆從事焉。

〔一〕祥案：客閩歸當爲康熙二十二年，杭傳作「二十一年」。張譜引行述曰：「二十一年，客福建。……二十二年，客福建方歸，司寇公來邀，復至京師。公家盛賓客，客皆當世魁士，而賢重府君逾常等。」又疏證卷一「第十六言禮記引逸書皆今有且誤析一篇爲二」條按語：「癸亥秋，將北上。先四、五月間，浄寫此疏證第一卷成。六月，攜往吴門，於二十二日夜半，泊武進郭外。」然則二十二年，至京師時，已後半年矣。杭氏、江氏皆誤。蓋江氏襲自杭傳，而手民氏訛爲「三十一年」耳，今據改之。

〔二〕師法，見本書第五頁注〔五〕。

科。授檢討，與修明史，專撰曆志。自著有十國春秋一一四卷、山海經廣注一八卷等。清史列傳卷六八、清史稿卷四八四有傳。

［三］吴任臣（？—一六八〇），字志伊，號託園，别號爾器、徵鴻等，清仁和（今杭州）人。康熙十八年，中博學鴻詞科。授檢討，與修明史，專撰曆志。

［四］李天馥（一六三七—一六九九），字湘北，號容齋，清合肥人。順治十五年（一六五八）進士。官至吏部尚書、武英殿大學士。卒謚文定。著有容齋千首詩、古容詞一卷。事見韓菼有懷堂文稿卷一六墓誌銘、清史列傳卷九、清史稿卷二六七有傳。

［五］清一統志，康熙間徐乾學奉敕纂，未成。乾隆八年（一七四三）纂輯成書，爲三四〇卷，後又增修爲五〇〇卷。每省皆先立統部，冠以圖表，首分星野，次建置沿革，次形勢，次職官，次户口，次田賦，次名宦，皆統括一省。其諸府州縣及直隸州，又各立一表，所屬諸縣繫焉。而小類較省加詳，共分二十一門，而外藩及朝貢諸國，别附録下。有四庫全書本等。嘉慶十六年再續修，道光時成書，即嘉慶重修一統志，今有北京中華書局一九八六年影印本等。

［六］洞庭，山名，位於江蘇太湖中，分東、西二山，東即古莫釐山，西即古包山。祥案：康熙二十五年（一六八六），徐乾學以禮部侍郎，充一統志、會典、明史三館總裁。二十八年，因其子樹穀考選科道事，爲副都御史許三禮所劾，上章乞歸。命攜書局，即家編輯。二十九年，乾學歸里，開局洞庭東山，纂輯一統志。張譜引行述曰：「先是，府君殫精經學，佐以史籍，客司寇公所。時方修一統志，與顧處士景範、黄處士子鴻周旋，遂喜談地理，二君固地理專家也。」又疏證卷六上：「庚午季夏，置書局於洞庭東山，撰輯一統志。」又潛邱劄記卷二釋地餘論：「憶庚午重九，病新愈，後東海公招登高莫釐峰。」則其時已在洞庭矣。又裘璉横山文集卷七纂修書局同人題名私記曰：「康熙二十六年，天子命廷臣纂修大清一統志，而以刑部尚書崑山徐公爲總裁。公受命之後，日夜淵兢，不遑啓處。……乃選五湖之濱，洞庭之山，僦園池亭館之美者而分居之，得十有四人焉。此外，供事之員，善書之士，及奔走使令之役，復三四十人。嗚呼盛已！」其十四人者，「德清胡渭生，無錫顧祖禹、子士行，秦關踈，晉江黄虞稷，山左閻若璩，太倉唐孫華，吴暻，常熟黄儀，陶元

淳，錢塘沈佳，仁和吕澄，慈谿姜宸英、裘璉。」

［七］康熙三十一年（一六九二），徐乾學因濰令朱敦厚事落職，書局亦撤，仍奉旨續進所纂書，乃避居嘉善，又僦居郡西華山之鳳村，閻氏皆客隨焉。

若璩精於地理之學，山川形勢，州郡沿革，瞭若指掌。嘗曰［一］：「孟子言讀書當論其世［二］，予謂並當論其地。少讀孟子書［三］，疑滕定公薨，使然友之鄒問孟子［四］，何緩不及事；及長大，親歷其地，乃知故滕國城在今縣西南十五里［五］，故邾城在今鄒縣東南二十六里［六］，相去僅百里，故朝發而夕至，朝見孟子而暮即反命也。」因撰四書釋地六卷［七］、釋地餘論一卷［八］。又據孟子七篇，參以史記諸書，作孟子生卒年月考一卷［九］。

［一］此段見疏證卷六上「第八十六」條。

［二］孟子萬章下：「一鄉之善士，斯友一鄉之善士；一國之善士，斯友一國之善士；天下之善士，斯友天下之善士。以友天下之善士爲未足，又尚論古之人。頌其詩，讀其書，不知其人，可乎？是以論其世也，是尚友也。」

［三］疏證卷六上「第八十六」條：「予少時習孟子。」又見四書釋地「蓋」條。

［四］孟子滕文公上：「滕定公薨。世子謂然友曰：『昔者孟子嘗與我言於宋，於心終不忘。今也不幸至於大故，吾欲使子問於孟子，然後行事。』然友之鄒，問於孟子。孟子曰：『不亦善乎！親喪，固所自盡也。曾子曰：生，事之以禮；死，葬之以禮，祭之以禮，可謂孝矣。諸侯之禮，吾未之學也。雖然，吾嘗聞之矣：三年之喪，齊疏之服，飦粥之食，自

天子達於庶人，三代共之。』然友反命，定爲三年之喪。」

［五］滕，春秋國名。清屬山東兗州府，今山東滕縣西南。

［六］邾城，春秋邾國之地。清屬山東兗州府，今山東曲阜東南。

［七］四書釋地六卷，即四書釋地一卷續一卷又續二卷三續二卷。閻氏因解四書者，往往昧於地理，致乖經義，遂撰此書。釋地以外，牽連而及人名、物類、典制及他釋經義者，總四百二十餘條。大抵事必求其根柢，言必求其依據，旁參互證，多所貫通。雖亦有過執己意者，然可據者十之七八。有四庫全書本、皇清經解本等。

［八］釋地餘論一卷，見潛邱劄記卷二，凡六十餘條。若璩因禹貢山川及四書中地名，已詳疏證與釋地，而此特其餘論，中多有與胡渭、顧祖禹、黄儀輩辨地理之語。

［九］孟子生卒年月考一卷，是編博引諸書，考孟子出生年月及前後行事出處等事。然於孟子生卒年月，卒無的據，亦萬難有的據也。有皇清經解本等。

晚年，名益著，學者稱爲潛邱先生［一］。世宗在潛邸，手書延至京師［二］，握手賜坐，呼「先生」而不名。索觀所著書，每進一篇，未嘗不稱善。疾亟，請移就外，留之不可，乃以大牀爲輿，上施青紗帳，二十人舁之出，移居城外十五里，如卧牀簀，不覺其行也［三］。卒年六十有九，時康熙四十三年六月八日［四］。世宗遣官經紀其喪，親製輓詩四章，有「三千里路爲余來」之句［五］。後爲文以祭之，有云：「讀書等身，一字無假；孔思周情，旨深言大。」［六］若璩以諸生而受聖主特達之知［七］，可謂得稽古之榮矣。

[一]四庫總目卷一一九子部雜家類三潛邱劄記：「曰『潛邱』者，若璩本太原人，寄居山陽。爾雅曰：『晉有潛邱。』元和郡縣志曰：『潛邱在太原縣南三里。』取以書名，不忘本也。」

[二]張譜引行述曰：康熙四十三年，「三月二十七日進府。殿下止府君跪拜迎送，執手賜坐，日索觀所著書，每進一書，未嘗不稱善。凡飲食、藥餌、衣服，及几研陳設諸物，罔不經心日，極其精腆，命太醫院林大文先生朝夕視，且曰：『吾受益先生日正長，勿亟論著。』」

[三]張譜引行述：五月二十六日，「忽下泄，神氣頓委。……(六月)五日早，乃謂不孝曰：『此地非易簀所也，吾病殆不能起。殿下比以世子抱恙，憂心忡忡而慰我，日再至。老人心甚不安，汝可泣求移館，勿延旦暮矣。』六日晨起，頓首辭，殿下固留不可，則命以大牀爲輿，上施青紗帳，二十人舁之。移城外十五里如卧牀，不覺其行也。」

[四]康熙四十三年六月八日，即西元一七〇四年七月九日。張譜引行述：六月「七日，泄瀉不止。……明日早，不孝見氣色漸異，泣問體中有所苦否？府君慨然曰：『吾年六十有九，不能自主持，則平日讀書奚爲！殿下禮老朽甚，比遣官料理我喪且從厚。我家風本儉素，取其稱可耳。勿有絲豪過，倘有欲延僧誦經，爲資冥福者，祈免。』語畢微笑而逝。不孝詠慟絶數四，哀迷困匱，手足無措，所賴以辦大事者，秋毫皆殿下賜也。」

[五]張譜引行述載清世宗輓章曰：「褒衣博帶鉅儒身，瞥見松堂縿幕新。天上星躔歸處士，人間藝圃失經神。魯魚猶辦讎書力，辰巳先徵入夢因。絶勝匡牀揚子宅，謝家庭樹有奇珍。」「清流地望表清淮，北海碑前絳帳開。一萬卷書維子讀，三千里路爲余來。春風倚檻鋪經藥，夏雨臨窗潤緑槐。花下談經無兩月，那堪二豎鎮相催？」「自昔儒英並大年，先生白髮已蕭然。初疑瘦骨全符鶴，詎料輕身早蜕蟬。舊德豈嫌百歲耄，古稀猶欠一春延。遺編歷落珍珠字，留與韓門籍湜傳。」

[六]張譜引行述載清世宗祭文曰：「維康熙四十有三年，歲次甲申，六月朔己巳，越十有七日乙酉，皇四子多羅貝勒，以剛鬣柔毛之奠，致祭於召試博學鴻詞、待贈徵仕郎、内閣中書舍人百詩閻老先生之靈曰：嗚呼！聖有四教，天有

六經。著述開道，益智增明。自古在昔，賢哲代生。闡幽微顯，咀華含英。爰至我朝，登三咸五。文治昌崇，邁越千古。蔚彼儒林，或出或處。論述麟麟，流聲區宇。先生挺出，群賢之標。家世奕奕，衣冠而朝。聰明踔厲，頭角垂髫。既長學篤，矻矻晨宵。孫敬編柳，高鳳漂麥。董生下帷，舍園坐隔。不爲榮利，沈思經籍。仰視屋樑，俛披簡策。當其未得，寤寐之求。萬鍾千駟，莫解厥憂。當其得之，飛舞泳游。如鳥入雲，如魚脱鉤。下筆吐辭，天驚石破。讀書等身，一字無假。積軸盈籍，日程月課。孔思周情，旨深言大。嘗入鎖院，厄於有司。徵書下賁，桂巷杉籬。遂自蓬茅，揮翰彤墀。歸而杜門，名山永期。縉紳士夫，東西造請。小子後生，執經守屏。道日以穹，望日以迴。靈光巋然，長淮南境。余從知不，既耳先生。旋讀所著，響傣益誠。惠然肯就，安車之迎。懷鉛挾槧，樂我書城。方圖久習，用祛蒙陋。乃兹溘然，月未三殼。嗚呼先生，人亡名壽。詩紀毛傳，書從伏受。禮學精邃，先後鄭君。春秋揭昭，杜范齊尊。此數子者，雖逝實存。嗚呼先生，庶幾同論。維是薄殖，誰與考業？聚短離長，音容莫接。陳醴芼虀，芳甘飲食。布奠傾觴，式增淒惻。嗚呼哀哉，尚饗！」又唐李漢昌黎集序：「日光玉潔，孔思周情。」

[七]禮記聘義：「圭璋特達，德也。」鄭注：「特達，謂以朝聘也。璧從則有幣，推有德者無所不達，不有須而成也。」又文選卷五一王褒四子講德論：「咨夫特達而相知者，千載一遇也。」唐劉良注：「特，獨也。」

平生長於考證，遇有疑義，反覆窮究，必得其解乃已。嘗語弟子曰：「曩在東海公邸夜飲[一]，公云：『今晨直起居注[二]，上問古人言使功不如使過，此語自有出處，當時不能答。』予舉宋陳（傅良）（良時）有使功不如使過論[三]，篇中有秦伯用孟明事[四]，但不知此語出何書耳。越十五年，讀唐書李靖傳[五]，高祖以靖逗留[六]，詔斬之，許紹爲請而免[七]。後率兵破開州蠻，俘擒五千，帝謂左右曰：『使功不如使過，果然。』謂即出此。又越五年，讀後書獨行傳[八]，索盧放諫更始使者勿斬太守[九]，曰：『夫使功不如使過。』章懷注[一〇]：『若秦穆公赦孟明而用之，霸西戎。』乃知全出於此[一一]。甚矣！學問之無窮，而尤不可以無年也。」

[一]東海公，即徐乾學。案：潛邱劄記卷一：「憶甲子初夏，自碧山堂移徐公健庵寓邸。夜飲，言今日直起居注」云云。則此乃康熙二十三年（一六八四）事。

[二]起居注，官名。清代起居注官不專設，均由翰林、詹事、坊局官以原銜兼充，雖無實權，但由於其侍從皇帝左右，以筆札司紀載，出入承明，最稱華選。故其出路非常優越，可以不次升遷，甚或有官至各省督撫藩臬，以及朝廷尚書等職者，因此爲人所重。

[三]周注：「陳良時，宋史無傳，待考。」祥案：周注未細考也。劄記卷一：「讀宋陳傅良時論，有使功不如使過題。」則此「陳良時」爲「陳傅良」之誤。錢、杭二傳皆脱一「傅」字，江氏誤襲之耳，今據改。陳傅良（一一三七—一二〇三），字君舉，號止齋，宋里安人。孝宗乾道八年（一一七二）進士。寧宗嘉泰中，知嘉州，進寶謨閣待制。卒謚文節。著述今存有春秋後傳一二卷、止齋集五二卷等。宋史卷四三四有傳。祥案：今查宋史本傳及止齋集，皆不見陳氏有使功不如使過論文。

[四]秦伯，即秦穆公（？—前六二一），一作繆公，名任好。在位期間，任用百里奚、蹇叔等賢臣，勵精圖治，國以富强；又伐西戎，益國十二，爲『春秋五霸』之一。在位三十九年（前六五九—前六二一）。事見左傳僖公三十三年、史記卷五秦本紀等。孟明，名視。百里奚子。史記卷五秦本紀：秦繆公三十三年（前六二七），使孟明等將兵伐鄭，爲晉軍大敗於殽。繆公復孟明官秩如故，愈益厚之。翼年，復使「將兵伐晉，戰於彭衙。秦不利，引兵歸。……三十六年，繆公復

益厚孟明等，使將兵伐晉，渡河焚船，大敗晉人，取王官及鄗，以報殽之役。晉人皆城守不敢出。於是繆公乃自茅津渡河，封殽中尸，爲發喪，哭之三日。……三十七年，秦用由餘謀伐戎王，益國十二，開地千里，遂霸西戎。」

［五］新唐書卷九三李靖傳：「蕭銑據江陵，詔靖安輯，從數輕騎道金州，會蠻賊鄧世洛兵數萬屯山谷間，廬江王瑗討不勝，靖爲瑗謀，擊却之。進至峽州，阻銑兵不得前。帝謂逗留，詔都督許紹斬靖，紹爲請而免。開州蠻冉肇則寇夔州，趙郡王孝恭戰未利，靖率兵八百破其屯，要險設伏，斬肇則，俘禽五千。帝謂左右曰：『使功不如使過，靖果然。』因手敕勞曰：『既往不咎，向事吾久已忘之。』靖遂陳圖銑十策。有詔拜靖行軍總管，兼攝孝恭行軍長史，軍政一委焉。」又見舊唐書卷六七李靖傳。李靖（五七一—六四九），字藥師，唐京兆三原（今屬陝西）人。姿魁秀，通兵法。官至刑部尚書、尚書右僕射等。卒謚景武。後人録其論兵語，爲李衛公問對三卷。

［六］漢書卷五二韓安國傳：「軍法，行而逗遛畏懦者要斬。」又卷九四上匈奴傳上：「祁連知虜在前，逗遛不前。」注引孟康曰：「律語也。謂軍行頓止，稽留不進也。」

［七］許紹，字嗣宗，唐安州安陸（今屬湖北）人。隋末歸唐，授硤州刺史，封安陸郡公。以破蕭銑功，進譙國公。舊唐書卷五九、新唐書卷九〇有傳。

［八］近藤注：「後書」非脱誤「漢」字。……潛邱劄記及杭氏、錢氏皆作「後漢書」，師承記山西書局本補入「漢」字。祥案：近藤氏説是。古人書中，如此省稱者多矣，此不必補也。中華書局本以山西書局本爲底本，故亦有「漢」字耳。後漢書卷八一獨行列傳序：「孔子曰：『與其不得中庸，必也狂狷乎！』又云：『狂者進取，狷者有所不爲也。』此蓋失於周全之道，而取諸偏至之端者也。然則有所不爲，亦將有所必爲者矣；既云進取，亦將有所不取者矣。如此，性尚分流，爲否異適矣。中世偏行一介之夫，能成名立方者，蓋亦衆也。或志剛金石，而剋扞於强禦。或意嚴冬霜，而甘心於小諒。亦有結朋協好，幽明共心；蹈義陵險，死生等節。雖事非通圓，良其風軌有足懷者。而情迹殊雜，難爲條品；片辭特趣，不足區别。措之則事或有遺，載之則貫序無統。以其名體雖殊，而操行俱絶，故總爲獨行篇焉。」

[九]劉玄(？—二五年)，字聖公。王莽末年，起兵，號更始將軍，旋改元更始，定都洛陽，後遷都長安。赤眉軍攻入長安，玄敗降被殺。後漢書卷一一有傳。又後漢書卷八一索盧放傳：「放字君陽，東郡人也。以尚書教授千餘人。初署郡門下掾。更始時，使者督行郡國，太守有事，當就斬刑。放前言曰：『今天下所以苦毒王氏，歸心皇漢者，實以聖政寬仁故也。而傳車所過，未聞恩澤。太守受誅，誠不敢言，但恐天下惶懼，各生疑變。夫使功不如使過，願以身代太守之命。』遂前就斬。使者義而赦之，由是顯名。」章懷注：「若秦穆赦孟明而用之，霸西戎。」

[一〇]章懷，即唐章懷太子李賢(六五七—六八四)，字明允，高宗第六子。始封潞王，後立爲太子，受詔監國。繼以忤武則天，廢爲庶人。則天臨朝，迫令自殺。睿宗即位，追贈皇太子，謚章懷。賢嘗令右庶子張大安注後漢書，行於世，即今章懷注。舊唐書卷八六、新唐書卷八一有傳。

[一一]祥案：閻氏以二十年之功，得「使功不如使過」出處，慨言「學問之無窮，而尤不可以無年」。考宋佚名編重廣會史卷四一有「使功不如使過」條，凡列後漢書索盧放傳、竇憲傳，漢書朱博傳、張敞傳、王嘉傳，魏書高柔傳，新唐書李靖傳、鄭從讜傳諸史所載將功補過之例，凡閻氏所論者，皆在其中，且詳且盡，益令人感慨學問之無窮矣！

天性多否少可，詞科五十人中[一]，獨許吴志伊之博覽，徐勝力之强記而已[二]。如李天生[三]，謂其杜撰故事；汪鈍翁，謂其私造典禮[四]。所服膺者三人：曰錢受之[五]、黄太沖、顧寧人。然論受之，則曰「此老春秋不足作準」。論太沖，則曰「太沖之徒麤[六]」；待訪録[七]，指其繆訛，不一而足。指摘日知録一卷[八]，見潛邱劄記中[九]。藩聞之顧君千里云[一〇]：「曾見初印亭林所刊廣韻[一一]，前有校刊姓氏，列『受業閻若璩』名。」則若璩嘗執贄崑山門下。然若璩所著書中，不稱亭林爲師，豈亭林没後，遂背其師耶[一二]！所著古文尚書疏證、四書釋地、孟子生卒年月考、潛邱劄記[一三]，行於世。

子詠[一四]，亦能文。

[一]潛邱劄記卷六與徐電發書：「故山有來問五十人人物如何者，弟答以吴志伊之博覽，徐勝力之彊記，可稱雙絶。若李天生之杜撰故事，汪苕文之私造典禮，恐亦未必有三焉。語雖戲，殆亦實録云。」又疏證卷四「第五十四」條按語：「己未，留京師，富平李因篤天生告予曰：『晉用夏正，子知之乎？』余曰：『然。』天生曰：『周天王固許之用也。觀定四年啓以夏政疆以戎索可見。』予曰：『左氏乃政字，非正字。即政與正通，然則於伯禽、康叔皆曰啓以商政，疆以周索，魯、衛乃又建丑乎？何周初自亂其正朔也？』天生爲語塞。」

[二]徐嘉炎（一六三一—一七〇三），字勝力，號華隱，清浙江秀水（今嘉興）人。康熙十八年，中博學鴻詞科。官至内閣學士兼禮部侍郎。充三朝國史及會典、一統志副總裁。有抱經齋集二〇卷等。清史列傳卷七〇、清史稿卷四八四有傳。

[三]李因篤（一六三一—一六九二），字天生，號子德，又號中南山人，清富平（今屬陝西）人。明季諸生，懷樸直，尚氣節，人稱「關西夫子」，與盩厔李顒、郿縣李柏稱「關中三李」。康熙十八年，中博學鴻詞科。授檢討，旋以母病辭歸。有受祺堂詩三五卷文集四卷續集四卷。事見顧炎武亭林文集卷五墓誌銘、清吴懷祺三李年譜，清史列傳卷六六、清史稿卷四八〇有傳。

[四]潛邱劄記卷四喪服翼注：「汪氏琬臨殁，删其稿爲堯峰文鈔，戴晟西洮購以示我，讀之頗有幽冥之中負此良友之感。蓋爲余所駁正者，悉刊以從我，有駁正而未及聞於彼者，承謬仍故，將來恐疑誤後生不小。一爲喪服或問一條，一爲答或人論祥禫第二書也。西洮請徵其説，余曰：『同母異父兄弟之服，檀弓以爲大功非同父母者。汪氏乃爲之服曰：禮同父母之昆弟期同父異母之昆弟大功。』憶五十人初授翰林官，訖有問此中人物云何者，余答以若吴任臣之博覽，徐嘉炎之

彊記，可稱『二妙』。若李因篤之杜撰故事，汪琬之私造典禮，恐亦未必有三焉。一時流傳，以爲口實。私造典禮，正坐此等耳。」

［五］錢謙益（一五八二—一六六四），字受之，一字牧齋，晚號蒙叟，自稱絳雲老人、東澗遺老，常熟人。早年入東林黨。明萬曆十八年（一五九〇）進士。官至禮部右侍郎、翰林院侍讀學士，坐事削籍歸。南明福王時，起用爲禮部尚書，與馬士英相勾結。入清降，爲禮部右侍郎管秘書院事，充明史館副總裁。旋南還，不復出。家富藏書，學貫四部。詩標唐宋，與施閏章、汪琬合稱「江左三大家」，謙益爲之首。有初學集一一〇卷、有學集五〇卷、杜詩箋注二〇卷等。清王峻艮齋文集卷三、清史列傳卷七九、清史稿卷四八四有傳。

［六］此段引文見杭傳。羸，同粗，粗略。禮記儒行：「羸而翹之，又不急爲也。」劄記卷六與劉頌眉書第三通：「左傳襄二十五年：『太史書曰：崔杼弑其君。崔子殺之，其弟嗣書，而死者二人，其弟又書，乃舍之。南史氏聞太史盡死，執簡以往，聞既書矣，乃還。』杜氏無注，林氏注云：『南史氏，齊史之在外者。』安得以其南字懸揣有南、北二史官，真妄而謬矣。太沖先生序：『崔杼弑其君，此檮杌之書法。』南史、楚史執簡而往書齊國之事，此何異於送死，且喫自己飯管人家閒事乎！太沖之徒羸，此其一班。」

［七］待訪録，即黄宗羲明夷待訪録一卷，原與留書合稱待訪録，因頗多觸犯時忌，故擇其中三分之一刊刻爲明夷待訪録，餘則爲留書，所謂留存未刊之書也。因黄氏題辭有「吾雖老矣，如箕子之見訪，或庶幾焉。豈因『夷之初旦，明而未融』，遂秘其言也」之句，故後人刻時增「明夷」二字。今存明夷待訪録一卷，爲原君、原臣、原法、置相、學校、取士、建都、方鎮、田制、兵制、財計、胥吏、奄宦諸篇，浙江版黄宗羲全集本第一册又録明夷待訪録未刊文文質、封建二篇。留書今存文質、封建、衛所、朋黨、史五篇。有黄宗羲全集本等。

［八］閻氏論顧氏之失，除補正日知録外，又見古文尚書疏證、潛邱劄記、四書釋地諸書中。

［九］潛邱劄記六卷，傳本有二：當時一爲其孫學林所刊眷西堂本，一爲山陽吴玉搢所删定本。若璩是書，原無定

稿，學林刊本悉依舊稿，一一編録，無有體例。吴氏所删之本，卷一取學林原刻本首二卷雜記，删併而成；卷二爲原刻卷三地理餘論，考論山川地理；卷三取原刻首三卷同類内容編次而成；卷四主要爲喪服翼注；卷五取原刻卷四雜文序跋、補正日知録而成；卷六則爲原刻卷五與人答論經史書札等。原卷六詩詞則爲其所删省。吴氏本較原本爲整飭有序。今學林刊者有康熙時眷西堂刊本，吴氏刊本有四庫全書本、皇清經解本等。

〔一〇〕顧千里，顧廣圻之字，詳見本書第七頁注〔七〕。

〔一一〕廣韻五卷，宋真宗時陳彭年等奉敕編。其書參照唐切韻而成，凡二〇六韻，依平、上、去、入分爲五卷。有周祖謨廣韻校本，詳贍可參。顧氏所刊本爲依宋本重刻，爲康熙六年陳上年、顧炎武、李因篤、張弨符山堂刻本，今北京圖書館藏有清傅山批注、祁寯藻跋本。

〔一二〕祥案：關於顧、閻關係及閻對顧之尊禮，見本書第五九頁注〔六〕。又張譜末引諸家論閻氏之學及著述後，論江氏此語云：「顧、閻相見，在康熙十一年壬子，而廣韻刻於康熙六十年丁未，王山史山志云：『李子德嘗得廣韻舊本，顧亭林言之陳祺公，托張力臣鋟木淮陰。』案：書前列正字姓氏四行云：『上谷陳上年祺公、吴郡顧炎武寧人、關中李因篤天生、淮陰張弨力臣』。與山史之言正合。此事本於潛丘無涉，何爲無端拉入，若今日名士之標榜乎？且四人皆冠以地，不應潛丘獨稱受業，即真執贄門下，廣韻非顧氏私書，受業之稱於誰加之？惟四行後，空白一行，下又記云：『悉依元本，不敢增添（祥案：原文作『添改』）一字。』千里因從此空白之一行生波。夫太沖、亭林，皆潛丘心折之人，太沖卒，潛丘仿雙江故事，追稱弟子，豈有於亭林而反背之？千里天性輕薄，於總角至交之李尚之其歿也，乃造作文字，重相詆毀。常熟王應奎柳南隨筆曰，陳在之學詩於馮定遠，盡得其指授，而背輒毀定遠，不遺餘力，定遠比之於逢蒙，遍訴邑中士大夫，在之反以此得名。於是邑中後進之士從定遠游者，或因聲名未立，遂有效在之故事者矣。然則千里殆漸染在之之風，而並欲污前賢以自益也。此論又何足怪？但不可使後進少年以潛丘爲藉口耳，余所以不能已於辯也。」

〔一三〕祥案：閻氏所著書，除以上諸書外，尚有毛朱詩説一卷、孔廟從祀末議一卷，有昭代叢書本；校定困學紀聞三箋二〇卷，見清趙恩承輯趙氏藏書本等。

［一四］閻詠，字復申，初名詒樸，字元木，號左汾。若璩長子。少有學行，多爲豪賢引重。康熙四十八年（一七〇九）進士。官中書舍人。不趨時好，工於篆刻，有印譜、左汾近稿行世。另輯朱子古文書疑四十七條，附見其父尚書古文疏證後。事見張譜末注、清史稿卷四八一閻若璩傳附。

同時山陽有張弨者［一］，字力臣［二］，隱於賈［三］，受業於崑山顧炎武［四］，究心小學，有婁機漢隸字原校本［五］。敘曰：

［一］山陽，縣名，清淮安府附郭，今江蘇淮安縣。古人名字解詁：「詩小雅彤弓：『彤弓弨兮。』毛傳：『弨，弛貌。』弓弛則無力，張始有力。應以『力』，取反義相協。」

［二］祥案：張弨祖永年，明萬曆間以薦舉南京鴻臚寺丞。父致中（一五九七—一六四一），字性符。崇禎中拔貢生。淹貫百家，詩文俱醇，留心理學。家故貧，而所藏鼎、盉、碑版文甚富，精於字學，辨體審音，釐正謬誤，爲學者宗。著述多不傳。三子：弨、瞉、弧，弨最有名。見段朝端張力臣先生年譜明天啓五年條注。如此，則張氏之學，亦有家學淵源矣。

［三］段譜康熙九年條引王士禛題府山堂圖曰：「力臣雖居錢刀場中，而別具一邱一壑之意。」

［四］段譜康熙六年：「是年，爲亭林先生開雕音學五書於淮上。」又亭林文集卷二音學五書後序：「余纂輯此書三十餘年……已登版而刊改者猶至數四，又得張君弨爲之考説文、採玉篇、仿字樣，酌時宜而手書之，二子葉增、葉箕分書小字，鳩工淮上，不遠數千里累書往復，必歸於是，而其工費則又取諸鬻産之直，而秋豪不借於人，其著書之難而成之不易

如此。」

[五]婁機（一一三三—一二一一），字彦發，宋嘉興人。孝宗乾道二年（一一六六）進士。官至參知政事。爲官精勤，奬掖人才。卒謚忠簡。深於小學，書法精美。有漢隸字原六卷、班馬字類五卷傳世。宋史卷四一〇有傳。漢隸字原六卷，其書前列考碑、分韻、辨字三例，次碑目一卷，次以禮部韻略二百六部，分爲五卷，韻不能載者十四字，附五卷之末。有明末毛氏汲古閣刻本、四庫全書本、四庫薈要本等。張氏漢隸字原校本一卷附録一卷，始校於康熙二十三年，成於二十九年，其體例内容詳下文所述。有清同治四年望三益齋刊張亟齋遺集本。

自隸變篆以就省[一]，而碑版各家，可以隨意增減點畫，改易偏旁，好異尚奇，貽誤後學。今悉準之説文，於漢隸字原中取一正體，以朱筆標出之；或破體而不至背正體者，亦標出之；其雖無當於正體而近是者，亦點出之；其全譌者，則據説文駁正之；其本碑不誤而字原抄寫致錯者，亦校正之。

[一]此段引文見漢隸字原校本自敘，又見全祖望鮚埼亭集内編卷三一漢隸字原校序所引。

論「辭」字曰[二]：「『辭』乃『辭訟』之『辭』，若『辤受』之『辤』，則從『受』，而『文詞』之『詞』又別焉。」論「懷」字曰[三]：「『懷』乃『懷想』之『懷』，若『褱抱』之『褱』，則不從『心』，而『褎袖』之『褎』，又別焉。」論「麟」字曰[三]：「麟，大牝鹿也。非西狩所獲也[四]。四靈之一[五]，乃『麔』字也[六]。」論「氤氳」二字曰[七]：「以篆法當作『壹壼[八]』，而隸無『壼』字，故借爲『煙煴』[九]，又借『煴』而爲『緼』，若『氤氳』乃俗字，而『絪』亦俗字也。」論「雕」字曰[一〇]：「『雕』之爲『鵰』，猶『雞』之爲『鷄』[一一]，本一字，而『彫』，則琢也[一二]。今反歧『雕』與『鵰』爲二字，而系『雕』與『彫』爲一字[一三]，謬之尤者也。」

[一]以下所舉，皆採自全祖望漢隸字原校序中所舉諸例。説文辛部：「辭，訟也。从𤔔，𤔔猶理辜也。𤔔，理也。𤕦，籀文辭从司。」又辛部：「辤，不受也。从辛从受。受辛宜辤之。𤕰籀文辤從台。」段注：「按：經傳凡辤讓皆作辭説字，固屬叚借，而學者乃罕知有辤讓本字，或又用辤爲辭説而愈惑矣。」又司部：「詞，意内而言外也。从司从言。」段注以爲此字當作䛐，與辛部之辭，其義迥别。辭者，説也，謂篇章也；䛐者，意内而言外，謂摹繪物狀及發聲助語之文字也。積文字而爲篇章，積䛐而爲辭。二篆之不可混一也。又張舜徽説文解字約注卷一七詞：「凡稱言辭、文辭、命辭，當以詞爲正字，經傳多以辭爲之。」

[二]説文心部：「懷，念思也。从心褱聲。」又衣部：「褱，俠也。从衣眔聲。一曰橐。」又「裏，袖也。一曰藏也。从衣鬼聲。」祥案：懷，思念之義；褱，懷挾之義，古或作褱夾；裏，懷袖之義。玉篇以爲褱、裏二字或體。自經傳借懷爲褱、裏，二字遂廢。

[三]説文鹿部：「麟，大牝鹿也。从鹿粦聲。」

[四]春秋魯哀公十四年：「春，西狩獲麟。」疏：「麟者，仁獸，太平之嘉瑞。」

[五]禮記禮運：「四靈以爲畜，故飲食有由也。何謂四靈？麟、鳳、龜、龍。」

[六]説文鹿部：「麐，牝麒也。从鹿吝聲。」朱駿聲説文通訓定聲屯部弟十五麐：「與麟别。爾雅釋獸：『麐，麕身，

牛尾，一角。』經傳皆以麟爲之。」又坤部弟十六麟：「與麒麐字別。子虛賦『射麋腳麟』，東京賦『解罘放麟』，注：『大鹿曰麟。』」段注於「麐」字曰：「經典麒麟無作麐者，惟爾雅從吝。……麐者，麟之或字。」

[七]易繫辭下：「天地絪緼，萬物化醇。」釋文：「絪，本又作氤；緼，本又作氳。」惠棟周易古義下：「『天地絪緼』，當作壹壼。」惠氏自注：「從説文，朱龜碑作『壹緼』，或作『氤氳』，亦俗字。張有復古編云：『壹從壺吉，於悉切。壼從壺凶，於云切。吉凶在壺中，不得泄也。別作氤氳，又作絪緼，並非。』」

[八]説文壹部：「壹，專壹也。从壺吉聲。」又壺部：「壼也。从凶从壺。不得泄，凶也。易曰：『天地壹壼。』」段注：「繫辭傳文。今周易作『絪緼』，他書作『烟煴』、『氤氳』，蔡邕注典引曰：『烟烟煴煴，陰陽和一，相扶皃也。』許據易孟氏作『壹』，乃其本字也，他皆俗字也。許釋之曰『不得泄』也者，謂元氣渾然，吉凶未分，故其字從吉凶，在壺中，會意。」

[九]文選卷一班固東京賦：「隆元氣，調烟煴。」

[一〇]説文隹部：「雕，[鳥敦]也。从隹周聲。鵰，籀文雕从鳥。」説文通訓定聲孚部弟六雕，「雕假借爲彫。書顧命：『雕玉仍几。』禮記少儀：『車不雕几。』王制：『雕題交趾。』明堂位：『爵用玉琖，仍雕。』……皆謂刻鏤也。」

[一一]説文隹部：「雞，知時畜也。从隹奚聲。鷄，籀文雞從鳥。」

[一二]説文彡部：「彫，琢文也。从彡周聲。」

[一三]祥案：此謂後世以雕、彫通借互用，雕之本義漸失，而專以鵰爲猛禽之字也。

論「華」字曰[一]：「古作『𠌶』，通作『華』，宋、齊以前無『花』字，北朝魏、齊之交始有之。[二]」論「彊」字曰[三]：「彊者，弓有力也。强則蚚也，非彊也。」論「累」字曰[四]：「『纍纍』之『纍』省而爲『累』[五]，非『積絫』之『絫』[六]。」論「序」字曰[七]：「『庠序』之『序』，是學名，非

「『次敘』之『敘』[八]。」論「艸」字曰[九]：「『艸』乃象形，若『草』則斗櫟實也[一〇]，别爲一字。」論「气」字曰：「凡天气、地气之气，皆气也[一一]。加『米』是『氣廩』之『氣』[一二]。今妄以『气』爲『氣』，而加『食』字爲『餼』[一三]，贅文也。」

[一]説文華部：「華，榮也。从艸从𠂹。」又𠂹部：「艸木華也。从𠂹亏聲。𠌶，𠂹或从艸从夸。」段注：「此與下文華音義皆同。華，榮也。釋艸曰：『華，荂也。』華、荂，榮也。今花字行而𠂹廢矣。」

[二]廣雅釋草：「花，華也。」王念孫疏證：「顧炎武唐韻正云：『考花字自南北朝以上，不見於書。……唯後魏書李諧傳載其述身賦曰：樹先春而動色，迎艸歲而發花。又曰：肆雕章之腴旨，咀文苑之英華。花字與華竝用。而五經、楚辭、諸子、先秦、兩漢之書，皆古本相傳，凡華字未有改爲花者。』引之案：廣雅釋花爲華，字詁又云：『蘤，古花字。』則魏時已行此字，不始於後魏矣。」

[三]説文弓部：「彊，弓有力也。从弓畺聲。」又䖵部：「强，蚚也。从虫弘聲。」段注：「叚借爲彊弱之彊。」

[四]説文糸部：「纍，綴得理也。一曰大索也。从糸畾聲。」段注：「按：纍、絫二字大不同。纍在十五部，大索也，其隸變不得作累；絫在十六部，增也，引申之延及也，其俗體作累，古所不用。」

[五]孟子梁惠王下：「若殺其父兄，係累其子弟，毀其宗廟，遷其重器，如之其可也！」注：「係累，猶縛結也。」

[六]説文厽部：「絫，增也。从厽从糸。絫，十黍之重也。」段注：「增者，益也。凡增益謂之積絫。絫字隸變作累，累行而絫廢，古書時見絫字，乃不識爲今之累字。」

[七]説文广部：「序，東西牆也。从广予聲。」段注：「經傳多假序爲敘，周禮、儀禮『序』字注，多釋爲次弟是也。」

[八]説文攴部：「敍，次弟也。从攴余聲。」

[九]說文艸部：「艸，百芔也。从二屮。」段注：「俗以草爲艸，乃別以皁爲草。」說文通訓定聲孚部弟六艸：「經傳皆以草爲之，漢書多以屮爲之。」

[一〇]說文艸部：「草，斗櫟實也。一曰象斗子。从艸早聲。」徐鉉曰：「今俗以此爲艸木之艸，別作皁字，爲黑色之皁。案：櫟實可以染帛，爲黑色，故曰草。通用爲草棧字。今俗書皁，或从白从十，或从白从七，皆無意義，無以下筆。」祥案：經典艸、草二字互借，由來已久。如易離象傳：「百穀草麗乎土。」書禹貢：「厥草惟繇。」說文引皆作艸。書洪範：「庶草蕃廡。」後漢書班固傳引作艸。周禮秋官庶氏：「嘉艸攻之。」釋文：「本亦作草。」

[一一]說文气部：「氣，雲氣也。象形。」段注：「气、氣古今字。自以气爲雲氣字，乃又作餼爲廩氣字矣。」說文通訓定聲履部弟十二氣：「今隸作乞。……象雲氣，此氣象天地閒氤氲之氣也。經傳皆以廩氣字爲之。」

[一二]說文米部：「氣，饋客之芻米也。从米氣聲。餼，氣或从食。」段注：「聘禮：『殺曰饔，生曰餼。』餼有牛羊豕黍粱稻稷禾薪芻等，不言牛羊豕者，以其字從米也。經典謂生物曰餼。从食而氣爲聲，蓋晚出俗字，在假氣爲氣之後。」王筠說文釋例卷七異部重文：「氣有重文槩、餼。槩从既而加米，不顧既之已从皀也；餼从氣而加食，不顧氣之已从米也。蓋孳育寖多，不必作自古聖，不顧其安如此。許君引論語『不使勝食既。』今本既作氣，正是一字。蓋近世用餼，而以氣代氣，惟論語猶存此正字。解論語者乃以氣臭解之，非也。」

論「俊」字曰[一]：「千人之材曰俊；若雋，則肥肉也[二]。『冋』乃『弓』之橫體，引弓射隹，故曰得雋，非俊也。今加『人』於『雋』旁，通以爲『俊』，謬之大者也。」論「黻」字曰[三]：「黑與青相次之文，『巿』則上古蔽前之皮，其字象形。『巿』之重文曰『韍』[四]，非『黻』也。後世加『艸』於『巿』爲『芾』，非也。又改『韋』作『系』爲『紱』，亦非也。漢人不曉，妄用之。宋之米元章名芾[五]，而通書作『黻』，皆誤也。」其書之大略如此。

[一]説文人部：「俊，材千人也。从人夋聲。」説文通訓定聲屯部第十五俊：「字亦作儁。」祥案：俊與儁通，尚書皋陶謨「俊乂在官」，文選卷二〇曹植弓責詩李善注「俊」作「儁」。又淮南子齊俗：「然非待古之英俊而人自足者，因所有而用之。」文子下德「俊」作「儁」。「俊」亦與「儁」通，禮記月令「贊傑俊」，吕氏春秋孟夏紀「俊」作「儁」。國語晉語四「成而儁才」，補音「儁通作俊」。

[二]説文隹部：「雋，肥肉也。从弓，所以射隹。」段注：「尹文子曰：『千人才曰俊，萬人曰傑。』淮南子泰族訓曰：『智過萬人者謂之英，千人者謂之俊，百人者謂之豪，十人者謂之傑。』」

[三]説文黹部：「黻，黑與青相次文。从黹犮聲」又市部：「市，韠也。上古衣蔽前而已，市以象之。天子朱市，諸侯赤市，大夫葱衡。从巾，象連帶之形。韍，篆文市从韋，从犮。」段注：「按：經傳或借黻爲韍……或借芾爲之，如詩候人、斯干、采菽是也；或借沛爲之……；或作紱，如今周易乾鑿度朱紱、赤紱是也。」

[四]許氏説文以小篆爲主，而列古文、籀文與小篆之另一形體於其下，稱爲重文，共收重文一一六三字。

[五]米芾（一〇五一—一一〇七），亦作黻，字元章，號襄陽漫士等，世稱米襄陽，又稱米南宮，宋太原人。官至禮部員外郎。能詩文，蓄金石，尤精書畫。著述今存有硯史一卷、書史一卷、詩集五卷等。宋史卷四四四有傳。

力臣雖不知古人假借通用之説，然謹守叔重之書，辨鄉壁虛造之字[一]，其學識遠出戴侗[二]、楊桓之上矣[三]。雅好金石文字[四]，遇荒村野寺，古碑殘碣埋没榛莽之中者，靡不椎拓。嘗登焦山[五]，乘江潮歸壑，往山巖之下，藉落葉而坐，仰讀瘞鶴銘[六]，聚四石，繪爲圖，聯以宋人補刻字，證爲顧況書[七]，援據甚核。力臣書法唐賢，世稱能品[八]，爲炎武寫廣韻及音學五書[九]，今世傳彫本是也。

[一]許慎說文解字敘：「世人大共非訾，以爲好奇者也。故詭更正文，鄉壁虛造不可知之書，變亂常行，以耀於世。」

[二]戴侗，字仲達，號合谿，宋末元初永嘉（今浙江温州）人。宋度宗淳祐間進士。以國子簿出守台州。精六書之學。今存六書故三三卷。事見宋元學案補遺卷七〇。祥案：六書故大旨主於以六書明字義，謂字義明，則通貫通籍，理無不明。共分數、天文、地理、人、動物、植物、工事、雜、疑九部。其闡釋字義，言明假借，頗具慧眼。然不能精究經典古字，反以近世差誤等字，引作證據，以世俗字釋鐘鼎文，故爲當時及後來學者所不滿。如元吾丘衍學古編謂「六書到此，爲一厄矣」。四庫總目卷四一經部小學類二本書提要以爲「盡變說文之分部，實自侗始」。有明萬曆時刻本、四庫全書本。

[三]楊桓（一二三四—一二九九），字武子，號辛泉，元兗州（今屬山東）人。官至秘書少監。博覽群籍，尤精篆籀之學。著述今唯六書統二〇卷傳世。元史卷一六四有傳。六書統以六書統諸字，故曰「統」。共分象形、會意、指事、轉注、形聲、假借六目，前四目仿戴侗六書故之例，後二目則桓自創。於六書理論，多有建樹。然立說立例，任意變亂。四庫總目卷四一經部小學類二本書提要謂「變亂古文，始於戴侗，而成於桓，侗則小有出入，桓乃至於橫决而不顧，後來魏校諸人，隨心造字，其弊實濫觴於此」。有元至大元年江浙行省儒學刻元明遞修本、四庫全書本等。

[四]清吴昆田等纂光緒淮安府志卷二九張弨傳：「尤嗜金石文字，嘗躬歷焦山水滸，仰卧沙石，手拓瘞鶴銘；又謁唐昭陵，遍拓從葬諸王公墓碑及六馬圖贊；過濟寧州，拓孔子廟五漢碑。皆加辨論，根據詳洽，人以爲董彦遠、黄伯思不過也。」

[五]焦山，山名，位於今江蘇鎮江市東北長江中。康熙六年十月，張弨偕僕從往焦山拓瘞鶴銘，凡三日。「第僕石之

下，仰搨爲難，僕之兩手又不能兼理搨具，予乃取落葉藉地，親仰卧以助之，墨水反落污面，不顧也。」詳參張氏瘞鶴銘辨。

[六]瘞鶴銘，碑刻，華陽真逸撰，上皇山樵書。文自左至右，筆法渾穆。位於焦山崖石上。以雷震墜入江中，破碎不完，字多殘闕，傳本互異。康熙時陳鵬年募工撈出，陷之焦山亭壁間。共存五石，有七十七字，又不全九字。至其書者，或以爲王羲之、或以爲陶弘景，或以爲顧況，説法不一。張弨撰爲瘞鶴銘辨一卷，共得六十九字，較宋黄伯思東觀餘論、董逌廣川書跋所載者，多得八字。今有張亟齋遺集本。

[七]顧況，字逋翁，號華陽山人，唐蘇州人。肅宗至德二年(七五七)年進士。善爲歌詩，工畫山水。官著作郎。後貶饒州司户，遂歸隱茅山。著述今存華陽集三卷。事見舊唐書卷一三〇李泌傳附、唐才子傳卷三。

[八]顧炎武亭林詩集卷五贈張力臣：「張君二徐流，篆分特精妙。」

[九]張氏所刻廣韻及音學五書，詳參本書第八一八頁注[一一—六]。

力臣之後有吴玉搢[一]，字藉五，號山夫[二]，考古書文字之異，取字體之假借通用者，系韻編次，各注所出，爲之辨證，著别雅五卷[三]。亦癖金石，與力臣同嗜[四]，作金石存十卷[五]。乾隆年間[六]，游京師，秦大司寇蕙田，延至味經軒中[七]，校定五禮通考[八]。後以廪貢生官鳳陽訓導卒[九]。

[一]段朝端吴山夫先生年譜康熙三十七年條：「字藉五，號山夫，晚號頓研，或稱鈍根，淮安山陽人。」又雍正二年條，段氏據吴氏天發神讖碑考末署「滁江玉搢」，「是先生一字滁江也」。

[二]祥案：玉搢祖會乾，康熙中歲貢生，績學植行，里人奉爲大師。多隱德，學者私謚爲真士先生。父寧謐（一六五六—一七二三），字静公，康熙二十三年（一六八四）舉人。官廣德州學正。楷法遒美，多手鈔書。著有鑄錯軒稿、桐川樂府。參段譜康熙三十七年條。

[三]别雅五卷，取字體之假借通用者，依韻編次，各注所出，而爲之辨證。然徵引雖博，佚而不載者甚多。故後有許瀚别雅訂五卷，訂補是書之不足。今有乾隆七年程氏督經堂刻本、四庫全書本、光緒七年藝林山房刻文選樓叢書本等，别雅訂有滂喜齋叢書本等。

[四]程晉芳勉行堂文集卷二一詠軒詩草序：「山夫篤古耆金石，精考據。」

[五]金石存一五卷，是書彙録古今金石文字，分篆存、隸存。全書旁搜博採，共録金石文字一百四十八種。並對其中官閥、世次、年月、輿地及文字之異同等，篆、隸、行、楷之遞變等，皆有考訂。今有乾隆時刻本、涵海本、叢書集成初編本等。

[六]段譜乾隆十八年條：「蓋先生於是年由歲貢入都試教習，主秦樹峰司寇家。據茶餘客話，司寇五禮通考皆經先生手定。樹峰嘗言得三異人，山夫其一也。」

[七]秦蕙田（一七〇二—一七六四），字樹峰，號味經，清金匱人。乾隆元年（一七三六）一甲第三人進士。歷官至工部、刑部尚書。卒謚文恭。擅經術，能文章，尤精三禮。主纂五禮通考二六二卷，自著今僅存味經窩就正稿一卷、秦文恭公古文鈔不分卷等。事見潛研堂文集卷四二墓誌銘，清史列傳卷二〇、清史稿卷三〇四有傳。味經軒，秦氏書齋名。

[八]五禮通考二六二卷，清初徐乾學主編有讀禮通考，然惟詳喪祭，秦氏乃因徐氏體例，網羅衆説，以成一書。按吉、凶、軍、賓、嘉之目，先經後史，各以類别，凡爲類七十有五，首採經史，次及諸家傳説儒先所未能决者，疏通證明，使後儒有所折衷。是書先後編纂近四十年，又有戴震、錢大昕、王鳴盛、王昶等學者參與，故考證經史，原原本本，爲治禮者所重。有四庫全書本、嘉慶時刻本、二〇二〇年北京中華書局版方向東、王鍔等點校本。

［九］祥案：吴氏於乾隆二十一年，由歲貢生補鑲藍旗教習，在職二年。二十三年至三十五年，任鳳陽訓導前後達十三年。歸，三十八年，年七十六卒於家。參段譜各年條。

又有安邑宋半塘者[一]，傳潛邱之學。半塘名鑒，字元衡，世居運城。生而穎悟，善讀書。乾隆甲子，舉於鄉。戊辰，成進士。銓授浙江常山縣知縣[二]。三年，調鄞縣。蒞鄞七年，以廉能升廣東南雄府通判[三]，署連州[四]，又署澳門同知，又署潮陽縣[五]。所至有政聲，士民立生祠，頌遺愛焉。以親老告歸，囊無長物，攜書數千卷而已。歸田後，弟某爲確山令，馳書招之，至確山，卒於官署。

［一］安邑，縣名，今山西運城縣。宋鑒父在詩。康熙六十年（一七二一）進士。官至鴻臚寺少卿。清介樸誠，究心理學。光緒嘉慶縣續志卷四有傳。

［二］宋鑒任常山知縣爲乾隆十四年至十六年，參清李鍾瑞等修光緒常山縣志卷三七職官。

［三］宋鑒任南雄府通判爲乾隆二十三年。參清黄其勤纂道樂直隸南雄州志卷四職官志二通判。

［四］清單興詩纂同治連州志卷五職官：「宋鑒，乾隆二十五年正月任。政治明决，緝獲凶犯，準記大功。」

［五］宋鑒任潮陽知縣爲乾隆二十六年，翼年繼任者爲黄立世，故其在職僅一年，參清張其翻纂光緒潮陽縣志卷一四職官。

［六］祥案：民國張縉璜修確山縣志卷七職官表：「宋楘，山西安邑人。舉人。乾隆四十年任。」則當爲宋鑒弟無疑，

又宋渠後接任者有朱宗樑，不明上任年月。朱氏後接任者爲魯瑛，乾隆四十五年任。然則鑒「卒於官署」，當爲乾隆四十年至四十二、三年間或更前耳。

半塘湛深經術，尤精小學，以潛邱古文尚書疏證，文詞曼衍而不爾雅，重輯尚書考辨四卷[一]。嘗曰：「經義不明，小學不講也；小學不講，則形聲莫辨，而訓詁無據矣。說文解字，乃小學之祖也，取而疏之，治經者其有所津逮乎！」採經、史、方言、玉篇、廣韻、水經注諸書爲說文解字疏[二]，詳贍辨博。又益以坿、借、備三門，如水部「沛」字[三]，本遼東水名，附訓爲澤[四]，借訓爲大、爲僕[五]，此皆見於經傳者。若見於史者，如漢書禮樂志「神哉沛」，師古注「沛，疾也」[六]；司馬相如封禪文「沛然改容」，師古注「感動」[七]；又大人賦「沛艾赳螑」注，張揖曰「沛艾，駊騀也」[八]，則謂之備也。此乃宋氏一家之學。附者，說文無此訓，以經注訓附益之，故曰附。至於借例，與附益無二，又非通借之借，意當時必有一說以處之，不可得聞矣。又有易見、尚書彙鈔、漢書地理考、詩文集，藏於家[九]。

[一]尚書考辨四卷，是書一辨今文、古文、僞古文源流，二辨古字異同，三辨僞書鈔襲之本，四辨論、孟、春秋、左傳、國語、禮記、書序逸篇之與僞古文殊異。條理分明，簡核則校閻氏古文尚書疏證而過之。有宋氏家刻本、山右叢書本等。

[二]說文解字疏，此書今未見傳本。

[三]說文水部：「沛，沛水，出遼東番汗塞外，西南入海。从水市聲。」又後漢書卷五二崔駰傳引慰志賦：「故英人乘斯時也，猶逸禽之赴深林，蝱蚋之趣大沛。」注引劉熙曰：「沛，水草相半。」

[四]風俗通山澤：「沛者，草木之蔽茂，禽獸之所蔽匿也。」孟子滕文公下：「沛澤多而禽獸至。」注：「沛，草木之所生也。」又公羊傳僖公四年：「大陷於沛澤之中。」注：「草棘曰沛。」

[五]廣雅釋詁：「沛，大也。」管子揆度：「焚沛澤。」注：「大澤也。」祥案：沛爲僕者，通跋，經傳顛沛、蹎跋通用，倒僕之義也。詩大雅蕩：「顛沛之揭。」毛傳：「顛，僕；沛，拔也。」馬瑞辰毛詩傳箋通釋：「沛即跋之同聲叚借。說文：『跋，蹎也。』顛沛即蹎跋也。……樹之僵僕曰顛沛，人之僵僕亦曰顛沛，其義一也。」

[六]漢書卷二二禮樂志：「靈之來，神哉沛。」師古曰：「沛，疾貌。」司馬相如（前一七九—前一一八），字長卿，漢成都人。武帝時，獻賦爲郎，出使西南夷有功，拜孝文園令。善辭賦，鋪張揚厲。著述後人輯有凡將篇一卷、司馬長卿集二卷。史記卷一一七、漢書卷五七有傳。

[七]漢書卷五七下司馬相如傳下：「於是天子沛然改容。」師古曰：「沛然，感動之意也。」

[八]漢書司馬相如傳下：「沛艾赳螑仡以佁儗兮，放散畔岸驤以孱顔。」顔注引張揖曰：「沛艾，駊騀也。赳螑，申頸低卬也。仡，舉頭也。佁儗，不前也。」祥案：沛艾、駊騀疊韻。說文：「駊騀，馬摇頭也。」引申爲高大之貌，漢書卷八七揚雄傳上：「崇丘陵之駊騀兮，深溝嶔巖而爲谷。」師古曰：「駊騀，高大狀也。」

[九]祥案：宋鑒著述，今僅存尚書考辨四卷。易見二卷，有乾隆四十五年刻本、嘉慶時刻本，見王紹曾清史稿藝文志拾遺經部易類著録，然未見傳本。又有尚書今古文考辨二卷，稿本，見臺灣國立中央圖書館善本書目經部著録。其他如尚書彙鈔、漢書地理考、詩文集等，諸家均未見著録，殆已皆佚矣。

子葆淳，字帥初，一字芝山[一]。乾隆甲午優貢生，癸卯舉人，隰州學正，以例授國子監助教[二]。學問淹通[三]，工詩古文詞。性愛金石，隸書、行楷、山水，皆入能品，傳其家學[四]。時陽城張古餘太守與芝山友善。太守名敦仁，古餘其字也[五]。乾隆甲午舉人，乙未成進士，戊戌補應殿試，以知縣用。今官吉安府知府[六]。於學無所不窺，邃於經術，尤精天文曆算，北方之儒者也。

[一]葆淳號陖𡷊、亦作倦𡷊，見清馮金伯墨香居畫室卷五宋葆淳。

[二]墨香居畫室卷五：「以優貢入成均，充八旗教習。丙午，北闈闋賢書，授隰州學正，旋告歸。」又清蔣寶齡墨林今話卷七宋葆淳：「官隰州年餘，即告歸。」依二家之説，則充八旗教習在前，任隰州學正在後也。

[三]墨林今話卷七：「善山水，精金石考據之學。……游跡半天下，所至以詩畫名。余曾見其水墨小卷，筆甚奇肆，兼南北兩宗，得宋元古趣，書法唐人，亦遒樸可愛。……丁丑歲，來吴門，年七十矣。……客死於浙。」又錢泳履園畫學宋葆淳：「流寓揚州，爲廣陵書院山長，没時年近八十矣。」據此可知，宋氏當生於乾隆十三年，至其卒年，則在嘉、道之際矣。

[四]宋葆淳之著述，今存有陰經符注一卷、陖𡷊手録書畫册一卷、輯本漢氾勝之遺書一卷等。

[五]張敦仁(一七五四—一八三四)，字古餘，亦作古愚，山西陽城人。乾隆四十年(一七七五)進士。以知縣起家，官至雲南鹽法道。精於吏事，有循聲。博學富藏書，精考訂，尤精天算之學，所刻書多稱善本。著述有緝古算經細草三卷、求一算術三卷、開方補記六卷等。清史列傳卷六九、清史稿卷四七八有傳。

[六]祥案：清史稿張敦仁傳：嘉慶「六年，調授江西吉安。」誤。清劉繹纂吉安府志卷一一秩官志：「張敦仁，嘉慶

十二年任，十五年、十九年復任。」

胡渭

黄儀 顧祖禹

胡渭，初名渭生，字朏明[一]，一字東樵，世爲德清人[二]。曾祖友信[三]，明隆慶戊辰進士。廣東順德縣知縣，有政聲，工古文，與歸有光齊名[四]，世所稱思泉先生也。父公角[五]，天啓甲子舉人。渭生十二而孤，母沈攜之避寇山谷間，雖遭顛沛，猶手一編不徹[六]。十五爲縣學生，試高等，充增生，屢赴行省試，不售。乃入太學，嘗館益都馮文毅公家[七]。渭潛心經義，尤精輿地之學。崑山徐尚書乾學奉詔修一統志[八]，開館洞庭山，延渭與黄儀子鴻、顧祖禹景范、閻若璩百詩分郡纂輯，因得博觀天下郡國書，又與子鴻輩觀摩相善，而問學益進焉。

[一]古人名字解詁：「原名渭生，字朏明。僞古文尚書武成：『厥四月哉生明。』故以『明』應『生』。書召誥：『惟丙午朏。』孔傳：『朏，明也。月三日明生之名。』月再生明爲朏，故以『朏』飾『明』。改名後未改字，以渭、朏音近，可相代。」夏定域德清胡朏明先生年譜：「晚號東樵。」

[二]夏譜：「始祖諱子中，由餘姚遷居德清。」

[三]胡友信（？—一五七三），字成之，學者稱思泉先生，明德清人。穆宗隆慶二年（一五六八）進士。除順德令，有

政聲，卒於官。生平以理學經濟自任，又精制藝，與歸有光齊名，世稱「歸胡」。有天一山房稿。事見明史卷二八七歸有光傳附，又康熙德清縣志卷七、咸豐順德縣志卷二一有傳。

［四］歸有光（一五〇六—一五七一），字熙甫，學者稱震川先生，明崑山人。世宗嘉靖四十四年進士（一五六五）。官南京太僕丞。精於史學，曾與修世宗實録。善古文，推崇唐宋，原本經術，卓然大家。有震川集四〇卷等。明史卷二八七有傳。

［五］胡公角（？—一六四四），字子益。明熹宗天啓四年（一六二四）舉人。肆力史、漢百家之文，振筆有其祖之風。有敕六軒稿、千尋閣義，今皆佚。事見康熙德清縣志卷五選舉、杭世駿道古堂文集卷四〇胡渭墓誌銘。

［六］杭世駿道古堂文集卷四〇胡渭墓誌銘：「歸則牖户漂摇，草竊猶充斥。有田數十頃在遠鄉，租船至中途，輒被劫掠。乃鬻負郭之田以完賦，家遂赤貧。」錢林文獻徵存録卷六胡渭傳：「值寇亂，母攜之避兵山谷間，教以書，略能上口，遂有志嚮學。」

［七］杭銘：「年十五，游於庠，試高等，爲增廣生。高文遠俗，連不得志於有司，乃入太學。館益都相國所。」馮溥（一六〇九—一六九一），字孔博，號易齋，清益都（今山東青州）人。順治四年（一六四七）進士。累官至文華殿大學士兼吏部尚書。卒謚文毅。在任多所建言，又喜儒士，築萬柳堂以接納之。有佳山堂初集一〇卷二集八卷。事見毛奇齡文華殿大學士馮文毅公溥事實，清史列傳卷七、清史稿卷二五〇有傳。

［八］徐乾學及修一統志事，詳見本書第六六頁注［五］。又胡渭禹貢錐指例略：「昔大司寇崑山徐公，奉敕纂修大清一統志。館閣之英，山林之彦，咸給筆札以從事。己巳冬，公請假歸里，上許之，且令以書局自隨，公於是僦舍洞庭，肆志蒐討，湖山閒曠，風景宜人。時則有無錫顧祖禹景范、常熟黄儀子鴻、太原閻若璩百詩，皆精於地理之學。以渭之固陋，相去什伯，公亦命繙閱圖史，參訂異同。二三素心，晨夕群處，所謂『奇文共欣賞，疑義相與析』者，受益弘多，不可勝道。」

渭素習尚書禹貢，謂僞孔、孔沖遠及蔡沈於地理皆疎舛[一]，如「三江」當主鄭康成説[二]，庾仲初之言不足信[三]；「浮於淮、泗，達於河」，「河」當從説文作「菏」[四]；「滎、波既豬」，「波」當從鄭康成本作「播」[五]；梁州之黑水與導川之黑水，不可溷而爲一[六]。因足疾家居，博稽載籍及古今注釋，考其同異，而折中之，依經立解，章别句從，成禹貢錐指二十卷[七]。「錐指」者，取莊子秋水篇「用管窺天，用錐指地」之意，言所見者小也。

[一]孔沖遠，即孔穎達，參本書第十頁注[五]。蔡沈（一一六七—一二三〇），字仲默，宋建陽人。元定三子。少從朱熹學，中年屏舉子業，隱居九峰，學者稱九峰先生。著有書集傳六卷、洪範皇極内篇五卷等。宋史卷四三四、宋元學案卷六七有傳。

[二]此見胡氏禹貢錐指卷六「三江既入」條下。「三江」鄭注已見本書第五五頁注[二]。

[三]庾杲之，字景行，一字仲初，南齊新野人。累遷至尚書左丞、太子右衛軍。卒謚貞。南齊書卷三四、南史卷四九有傳。杲之揚都賦注曰：「今大湖東注爲松江，下七十里有水口，分流東北入海爲東江，與松江而三也。」是庾氏以松江、婁江、東江爲三江（即原太湖尾閭吴淞江、婁江、東江）。閻若璩、胡渭等皆以鄭氏説爲是，詳參禹貢錐指卷六「三江既入」條及本書第五五頁注[二]。

[四]尚書禹貢：「浮於淮、泗，達於河。」釋文：「河如字。説文作『菏』。」禹貢錐指卷五「浮於淮泗達於河」條：「菏謂菏澤，在今兗州府定陶縣東北。説文『菏』字下云：『禹貢浮於淮、泗，達於菏。从水苛聲。』徐鉉音『古俄切』。隸从艸作

『菏』，俗遂訛爲『荷』，又訛爲『河』也。許慎時經猶作『菏』，而史記、漢書並作『河』，蓋後人傳寫之誤。」祥案：說文解字約注卷二一「菏」：「古菏水一作荷水，分東、西二段。東段自今山東定陶縣北分古濟水東出，瀦成菏澤；又東流爲菏水，經今成武、金鄉兩縣北，東注古泗水。西段自今定陶縣西濟水南岸分出，東北流至縣北，還入濟水。尚書禹貢、漢書地理志及水經所言菏水，皆指東段；酈氏水經注，則兼指西段也。此水爲古代連接濟泗二水、溝通中原與東南之重要水道。禹貢所云『浮於淮泗，達於河』，乃謂徐州貢道自淮泗取道菏水以通向中原耳。今本禹貢作『達於河』，蓋傳寫者偶脫『菏』字上節，因謁爲『河』，史記、漢書並沿其誤，當以許書正之。」

［五］尚書禹貢：「滎、波既豬。」釋文：「滎，澤也。波如字，馬本又作播。」禹貢錐指卷八「滎波既豬」條：「孔傳云：『滎澤、波水已成遏豬。』正義曰：『洪水之時，此澤大水，動成波浪，今壅遏而爲豬不氾濫也。』閻百詩云：『案馬、鄭、王本波並作播，伏生今文亦然，惟魏、晉間書始作波，與漢書同。』」祥案：閻氏所謂與漢書同者，謂今本漢書卷二八上地理上引禹貢作「滎波既豬」也。

［六］尚書禹貢：「華陽、黑水惟梁州。」孔傳：「東據華山之南，西距黑水。」禹貢錐指卷九「華陽黑水惟梁州」條：「薛氏曰：『梁州北界華山，南距黑水。黑水，今瀘水也。酈道元說黑水亦曰瀘水、若水。』渭按：……黑水，諸家遵孔傳，謂出雍歷梁，入南海，爲二州之西界，故其說穿鑿支離，不可得通。唯韓汝節疑梁州自有黑水爲界，與導川之黑水不相涉，而不謂薛氏已先得之。蓋古之若水，即禹貢梁州之黑水，漢時名瀘水，唐以後名金沙江，而黑水之名遂隱，然古記間有存者。地理志滇池縣有黑水祠，一也；山海經黑水之間有若水，二也；水經注自朱提至僰道有黑水，三也；輿地志黑水至僰道入江，四也。今瀘水西連若水，南界滇池，東經朱提、僰道，其爲梁州之黑水無疑矣。」又卷一二「導黑水至於三危入於南海」條：「林氏曰：『三危距南海凡數千里，禹導黑水至三危，即得其故道，遂從此以達南海，蓋其間數千里不加人功修治，故經載此水至於三危，即曰入於南海也。』薛氏曰：『黑水至沙州燉煌縣經三危山，流出徼外，書謂南流入海，其當時之所見邪？夏之西境，極於流沙，而知黑水之所歸，則當時即敘之戎大略爲可知也。』渭按：『黑水』、『三危』

並見雍州，梁之黑水，別是一川，非界雍之西者。黑水自三危以北，杜氏謂今已堙涸，自三危以南，則水行徼外，不可得詳，亦莫知其從何處入南海也。南海自揭陽以西至象林，皆是經所謂海盡東海也。唯黑水所入爲南海，故言南以別之。」祥案：黑水究爲何指，歷代諸家聚訟，莫衷一是。胡氏例略亦謂：「導水九章，唯黑水原委，杳無蹤跡……紛紛推測，終無確據，不如闕疑之爲得也。」

［七］禹貢錐指例略：「歲甲戌家居，嬰子春之疾，偃息在牀，一切人事謝絶，因取向所手記者，迴圈展玩，撮其機要，依經立解，章別句從，歷三朞乃成，釐爲二十卷，名曰禹貢錐指。案：莊子秋水云：『用管闚天，用錐指地。』言所見者小也。禹身歷九州，目營四海，地平天成，府修事和之烈，具載於此篇。彼方跐黄泉而登太皇，始於玄冥，反於大通，而吾乃規規然求之以察，索之以辯，是亦井竈之見也。夫其不曰『管闚』而曰『錐指』者，禹貢爲地理之書，其義較切故也。」案禹貢錐指二〇卷，卷首例略及附圖凡四十七幅，又有一卷中分爲二卷或三卷者，故實則全書二十六卷。其書體例先列經文；亞經文一字爲集解，集歷代諸儒之説；又亞一字爲辨證，歷代義疏及方志、輿圖，搜採殆盡，於九州分域山水脈絡，古今同異之故，一一討論詳明。有清康熙間刻本、四庫全書本等，又有上海古籍出版社一九九六年鄒逸麟整理本。

又謂禹貢山川，非圖不明[一]，而漢永平中賜王景之圖，及晉司空裴秀之圖皆亡[二]，宋程大昌禹貢山川地理圖世無傳本[三]，而合沙鄭氏東卿禹貢二十五圖世亦罕覯[四]，且於郡國山川，未能精審，先儒舊説與經異者不能釐正。乃據九州五服導山導水之文[五]，證以地志水經，參之傳記，計里畫方，爲圖四十七[六]，古今水道山脈，條分縷析，聚米畫沙[七]，如身歷目擊者矣。

[一]祥案：此段節引禹貢錐指圖序，詳可參考原文。

[二]永平，漢明帝劉莊之年號（五八—七五）。王景，字仲通，漢樂浪詌邯（今朝鮮人民共和國新義州與平壤市之間）人。官至廬江太守。善治水利，明帝以其功業有成，賜山海經、河渠書、禹貢圖等。後漢書卷七六有傳。又裴秀（二二四—二七一），字季彦，晉河東聞喜（今屬山西）人。魏時爲尚書僕射。入晉，官司空。卒謚元。晉書卷三五有傳。又晉書裴秀傳：秀「以職在地官，以禹貢山川地名，從來久遠，多有變易，後世説者或强牽引，漸以暗昧。於是甄摘舊文，疑者則闕；古有名而今無者，皆隨事注列；作禹貢地域圖十八篇奏之，藏於秘府。」裴氏圖久佚，今僅存序於晉書本傳。

[三]程大昌，見本書第二八頁注[二六]。周注：「按江言程圖世無傳本，蓋本胡説；實則乾隆間修四庫全書，曾由永樂大典中輯存二十八圖。四庫總目提要卷十一經部書類一程大昌禹貢論禹貢後論山川地理圖下云：『今以永樂大典所載校之，祇缺其九州山水實證及禹河、漢河二圖耳。其餘二十八圖，巋然並在，誠世所未覯之本。今依通志堂圖敘原目，並爲二卷，而大昌之書復完。』則程圖今僅缺其三。詳可參考四庫全書總目。」祥案：周注誤。山東大學文史哲研究院杜澤遜教授兄函告云：「禹貢山川地理圖，南宋淳熙八年泉州州學刻本，舊藏上海鬱松年宜稼堂，後歸烏程蔣氏密韻樓，再歸祁陽陳澄中，建國初從香港購歸，今藏中國國家圖書館，一九八五年由北京中華書局影印爲古逸叢書三編之一種，首尾完具，其中九州山川實證總圖、今定禹貢河漢對出圖俱在。通志堂經解本、四庫全書本皆非完帙。又所缺二圖，提要已明言，周氏誤以禹河、漢河爲二圖，故曰『今僅缺其三』耳。」

[四]朱彝尊經義考卷八〇鄭氏東卿尚書圖曰：「一卷。存。按合沙鄭氏尚書圖，宋刻，不著撰人名，圖凡七十有七。……合沙、漁父，鄭東卿自號，當即其所著書。」祥案：朱氏所列七十七圖，其中如書篇名、逸書篇名、作書時世、君臣名號等，均非圖，然則七十七圖，非皆爲圖明矣。此書朱氏之後，著録者無，蓋已佚矣。

[五]尚書益稷：「惟荒度土功，弼成五服。」僞孔傳：「五服，侯、甸、綏、要、荒服也。服五百里，四方相距，爲方五千里。」又禹貢：「五百里甸服。」詳參禹貢疏文。

［六］禹貢圖一卷，於禹河初徙、再徙及漢、唐、宋、元、明河圖，考究精密，爲圖四十有七，附諸禹貢錐指前，詳可參考原圖。

［七］後漢書卷二四馬援傳：「援因説隗囂將帥有土崩之執，兵進有必破之狀。又於帝前聚米爲山谷，指畫形勢，開示衆軍所從道徑往來，分析曲折，昭然可曉。」又宋史卷四二九朱熹傳：「幼穎悟，從群兒戲沙上，獨端坐，以指畫沙，視之八卦也。」

漢唐以來，河道遷徙，雖非禹貢之舊，要爲民生國計所繫，故於導江一章，備考歷代決溢改流之跡［一］。論近日淮、黄之勢云［二］：「清口不利［三］，海口愈塞，加以淫潦，而河、淮上流，一時並決。洪澤諸湖，衝盪高堰，人力倉卒難支，必決山、鹽、高、寶諸湖［四］，而淮南海口，沙壅更甚，爲禍尤烈。近日治河，乃遏之使不得北，而南入於淮，以便運耳［五］。南行非河之本性，東衝西決，率無寧歲［六］，非治河，治漕也。設會通有時不用，則河可以北。先期戒民，凡田廬、塚墓當水之衝者，悉遷他所，官給其費，兩岸之隄，增卑培薄，更於低處創立遥隄［七］，使暴水至，得左右游波，寬緩而不迫。然後縱河所之，決金龍［八］，注張秋，而東北由大清河入於渤海［九］，不煩人力也。」其説可稱卓論，豈不通時務之迂儒所能哉！

［一］禹貢錐指卷一三下「附論歷代徙流」條，考歷代黄河決流改溢之跡甚詳可參。

［二］此段見禹貢錐指卷一三下「附論歷代徙流」，然引文多有删節，詳可參原文。

［三］清口，又名泗口、清河口，在今江蘇清江西南。古泗水入淮之口，爲交通要道。金、元以降，黄河奪泗入淮，清口遂爲河防要地。

［四］山、鹽、高、寶，即今江蘇淮安、鹽城、高郵、寶應四地。禹貢錐指卷一三下此句下自注曰：「明隆慶四年、萬曆三年，淮挾湖水以東兩決於高堰，山陽、高、寶、興、鹽諸境悉爲巨浸。」

［五］祥案：明清時期，黄、淮屢決屢塞，又屢塞屢決，不計其數。清初，河、淮同流，淤沙漸積，水患頻生。即康熙間之水患，大者如康熙元年，河決原武、祥符；十六年，河水四溢，時淮、黄四潰，東南凡山陽、高郵、寶應、鹽城、興化、泰州、如皋七州縣，皆成汪洋。清代治水因兼顧漕運，故如胡氏言「近日治河，乃過之使不得北，而南入於淮，以便運耳」。如順治九年，河決封丘大王廟，毁縣城，北入海，大爲漕渠梗。發丁數萬治之，旋築旋決。給事中許作梅，御史楊世學、陳斐交章請勘九河故道，使河北流入海。總督河道楊方興曰：「黄河古今同患，而治河古今異宜。宋以前治河，但令入海有路，可南亦可北。元明以迄我朝，東南漕運，由清口至董口二百餘里，必藉黄爲轉輸，是治河即所以治漕，可以南不可以北。若順水北行，無論漕運不通，轉恐決出之水東西奔蕩，不可收拾。今乃欲尋禹舊蹟，重加疏導，勢必别築長隄，較之增卑培薄，難易曉然。且河流挾沙，東之一則水急沙流，播之九則水緩沙積。數年之後，河仍他徙，何以濟運？」詳參清史稿卷一二六至一二九河渠志。

［六］「率」，禹貢錐指卷一三作「卒」。

［七］遥隄，亦作遥堤。清代六部成語詞典工部遥堤：「離河堤稍遠而修築的防水堤岸稱爲遥堤。起雙重屏障作用。」

［八］金龍，即金龍口，亦名荆龍口，在今河南封丘縣西南。黄河自龍門、砥柱而下，至此處最爲險隘，歷代河決屢在此口。

［九］大清河，一稱上清河，海河水系五大河之一，在今河北省中部。因上游多支流，源短流急，明清時期屢有水患。

嘗謂[一]：「詩、書、禮、春秋，皆不可無圖，惟易無所用圖，六十四卦二體六爻之畫[二]，即圖也。八卦之次序方位[三]，乾坤三索、出震齊巽二章盡之矣[四]，安得有先後天之别哉[五]！河圖之象[六]，自古無傳，何從擬議？書之文，見於洪範[七]。五行、九宫，初不爲易而設。」作易圖明辨十卷[八]。

[一]此段節引自胡渭易圖明辨題辭。

[二]六十四卦，亦稱别卦、重卦、六爻卦、大成之卦等，周易符號體系。由陰爻、陽爻組成，每六爻組成一别卦。二體，謂六十四卦之上下兩單卦；六爻，謂六十四卦自下而上一至六畫符號。

[三]八卦，亦稱經卦、單卦、小成之卦等。易繫辭上：「易有太極，太極生兩儀，兩儀生四象，四象生八卦，八卦定吉凶。」八卦爲易之基本卦，由陰爻、陽爻排列而成，每三爻組成一卦，依次爲：乾、坤、震、巽、坎、離、艮、兑。八卦方位，即八經卦象徵之方位。易説卦：「萬物出乎震，震東方也；齊乎巽，巽東南也；……離也者，明也，萬物皆相見，南方之卦也；……乾，西北之卦也；……艮，東北之卦也。」震爲正東，兑爲正西，離爲正南，坎爲正北，艮爲東北，巽爲東南，乾爲西北，坤爲西南。宋人以説卦之方位爲「後天方位」，又有所謂「先天方位」，即乾南、坤北、離東、坎西、震東北、巽西南、艮西北與兑東南。

[四]易説卦：「乾，天也，故稱乎父；坤，地也，故稱乎母。震一索而得男，故謂之長男；巽一索而得女，故謂之長女。坎再索而得男，故謂之中男；離再索而得女，故謂之中女。艮三索而得男，故謂之少男；兑三索而得女，故謂之少女。」正義：「索，求也。以乾、坤爲父母而求其子也，得父氣者爲男，得母氣者爲女。」又説卦：「帝出乎震，齊乎巽，

相見乎離，致役乎坤，説言乎兑，戰乎乾，勞乎坎，成言乎艮。萬物出乎震，震，東方也。齊乎巽，巽，東南也。齊也者，言萬物之絜齊也。離也者，明也；萬物皆相見，南方之卦也。聖人南面而聽天下，嚮明而治，蓋取諸此也。坤也者，地也。萬物皆致養焉，故曰『致役乎坤』。兑，正秋也。萬物之所説也，故曰『説言乎兑』。『戰乎乾』，乾，西北之卦也。言陰陽相薄也。坎者，水也，正北方之卦也。勞卦也，萬物之所歸也，故曰『勞乎坎』。艮，東北之卦也。萬物之所成終而所成始也，故曰『成言乎艮』。」周注：「按胡渭之意：以『乾坤三索』一章已盡八卦之次序，『出震齊巽』一章已盡八卦之方位。宋儒作伏犧八卦次序，伏犧八卦方位；伏犧六十四卦次序，伏犧六十四卦方位四圖，謂爲先天易；又作文王八卦次序，文王八卦方位二圖，謂之後天易，實爲無知妄作。詳可參考胡渭易圖明辨卷六、卷七『辨先天古易』上下卷及卷八『辨後天之學』。」

［五］四庫總目卷六經部易類六易圖明辨：「初陳摶推闡易理，衍爲諸圖，其圖本準易而生，故以卦爻反覆研求，無不符合，傳者務神其説，遂歸其圖於伏羲，謂易反由圖而作。又因繫辭河圖、洛書之文，取大衍算數，作五十五點之圖，以當河圖；取乾鑿度太乙行九宫法，造四十五點之圖，以當洛書。其陰陽奇偶，亦一一與易相應，傳者益神其説。又真以爲龍馬神龜所負，謂伏羲由此而有先天之圖，實則唐以前書絶無一字之符驗，而突出於北宋之初。」祥案：文言之本義，此先天、後天謂在天時之先行事或在天時之後行事。宋初，道士陳摶撰先天圖，其所謂先天則指道家煉丹家對文言先天語之借用，意謂人生來固有之自然體質，後天則指人爲修煉之事。後陳摶傳之李之才，之才傳之邵雍，雍更發明以乾、坤、坎、離爲四正卦之圖式爲伏羲所畫，即乾南、坤北、離東、坎西、震東北、兑東南、巽西南、艮西北，故稱其爲先天圖；又以漢易中坎、離、震、兑爲四正卦之圖式爲文王所畫，即離南、坎北、震東、兑西、艮東北、巽東南、乾西北、坤西南，故稱其爲後天圖，由此有所謂先天之學與後天之學。詳參易圖明辨卷六至卷七「辨先天古易」上下卷及卷八「辨後天之學」等。

［六］古人以爲，伏羲時黄河中有龍馬背負「河圖」，夏禹時洛水中有神龜背負「洛書」。易繫辭上：「河出圖，洛出書，

聖人則之。」故後人以爲八卦乃據河、洛推衍而生。西漢時劉歆以爲河圖即八卦，洛書即尚書洪範，胡渭亦力主此説。漢代有河圖九篇，洛書六篇，以附會九六之數。宋初陳摶創「龍圖易」，吸收漢唐九宫説與五行生成數，創一圖式爲龍圖，即河圖。後劉牧將龍圖發展爲河圖、洛書，稱九宫圖爲河圖，五行生成圖爲洛書。南宋時蔡元定則與劉氏相反，以五行生成圖爲河圖，九宫圖爲洛書。朱熹周易本義卷首載其圖，後世多從之。至於二者之關係，後人以爲河圖、洛書相爲表裡，圖爲體，書爲用；圖主常，書主變；圖重合，書重分。胡渭以爲，河圖爲發揮易繫辭「天地之數五十有五」而出，而洛書則來源於乾鑿度鄭注及其九宫圖。並認爲河圖、洛書爲四方所上圖經之類。詳參易圖明辨卷一河圖洛書。清儒自胡渭後，圖書之僞似成定讞，然如李光地主纂之周易折中、胡煦周易函書、江永河洛精藴等書，仍堅主宋儒之説。一九七七年在安徽阜陽縣雙古堆發現的西漢汝陰侯墓出土文物中，發現有「太乙九宫占盤」，其圖式與洛書完全相符，亦可見宋人圖書，并非臆造。

〔七〕尚書洪範：「鯀陻洪水，汩陳其五行。……五行：一曰水，二曰火，三曰木，四曰金，五曰土。水曰潤下，火曰炎上，木曰曲直，金曰從革，土爰稼穡。」洪範五行之説，爲後世五行説之祖。又下文九宫，指坎一宫、坤二宫、震三宫、巽四宫、中五宫、乾六宫、兑七宫、艮八宫、離九宫。其分别與天象中之九星、地域之九州相對應，其排列則依洛書九數：坎一宫屬白水，屬正北方；坤二宫屬黑土，屬西南方；震三宫屬碧木，屬正東方；巽四宫屬緑木，屬東南方；中五宫屬黄土，位居中央；乾六宫屬白金，居西北方；兑七宫屬赤金，居正西方；艮八宫屬白土，居東北方；離九宫屬紫火，居正南方。胡渭以爲五行、九宫，五行首出洪範，而以九宫爲河圖，則造端於明堂月令，初與易了不相涉，參易圖明辨卷二「五行」、「九宫」。

〔八〕易圖明辨一〇卷，卷一辨河圖洛書，卷二辨五行九宫，卷三辨周易參同契、先天太極，卷四辨龍圖、易數鉤隱圖，卷五辨啓蒙圖書，卷六、卷七辨先天古易，卷八辨後天之學，卷九辨卦變，卷十辨象數流弊。有四庫全書本、皇清經解續編本，又一九九一年巴蜀書社版王易等整理本。

又言洪範古聖所傳[一]，如日月之麗天[二]，有目者所共覩。而間有晦盲否塞者，先儒曲説爲之害也。漢儒五行傳專主災異[三]，以瞽史矯誣之説[四]，亂彝倫攸敘之經[五]，其害一也[六]；洛書之本文，具在洪範，宋儒創爲白黑之點、方圓之體、九十之位，書也而變爲圖矣。且謂洪範之理通於易[七]，劉牧以九爲河圖、十爲洛書[八]，蔡元定兩易其名[九]，其害二也；洪範元無錯簡，而宋儒任意改竄，移「庶徵」「王省惟歲」以下爲「五紀」之傳[一〇]，移「皇〔極〕」「斂時五福」至「其作汝用咎」[一一]，及「三德」「惟辟作福」以下並爲「五福」、「六極」之傳[一二]，其害三也[一三]。作洪範正論五卷[一四]。

[一]此段引文見洪範正論胡渭自序。

[二]易離：「日月麗乎天，百穀草木麗乎土。」疏：「『日月麗乎天，百穀草木麗乎土』者，此廣明附著之義。」

[三]漢書卷二七上五行志上：「漢興，承秦滅學之後，景、武之世，董仲舒治公羊春秋，始推陰陽，爲儒者宗。宣、元之後，劉向治穀梁春秋，數其旤福，傳以洪範，與仲舒錯。至向子歆治左氏傳，其春秋意亦已乖矣；言五行傳，又頗不同。是以擥仲舒，別向、歆，傳載眭孟、夏侯勝、京房、谷永、李尋之徒所陳行事，訖於王莽，舉十二世，以傳春秋，著於篇。」祥案：諸家以陰陽災異言事者，詳見漢書卷七五眭孟傳。

[四]國語周語上：「瞽史教誨。」注：「瞽，樂太師；史，太史也，掌陰陽天時禮法之書。」又書仲虺之誥：「夏王有罪，矯誣上天。」又國語周語上：「其刑矯誣，百姓攜貳。」注：「以詐用法曰矯，加誅無罪曰誣。」

[五]尚書洪範：「王乃言曰：『嗚呼，箕子！惟天陰騭下民，相協厥居。我不知其彝倫攸敘。』箕子乃言曰：『我聞在昔，鯀陻洪水，汨陳其五行，帝乃震怒，弗畀洪範九疇，彝倫攸斁。鯀則殛死，禹乃嗣興。天乃錫禹洪範九疇，彝倫攸敘。』」孔傳：「言我不知天所以定民之常道理次敘問何由。」

[六]洪範正論卷二「水曰潤下……」條：「鄭氏云：『此五行，即六府也。蓋指生民日用之利而言之。』王氏讀書管見云：『五行非泛論造化，指五材言之，乃養民之六府耳。』此言深得經旨，劉向説洪範五行，專主災異，以爲田獵不宿，飲食不享，出入不節，奪民農時，及有姦謀，則木不曲直。棄法律，逐功臣，殺太子，以妾爲妻，則火不炎上；作宮室，飾臺榭，内淫亂，犯親戚，侮父兄，則稼穡不成；好功戰，輕百姓，飾城郭，侵邊境，則金不從革；簡宗廟，不禱祠，廢祭祀，逆天時，則水不潤下。漢志於五者之後，又各摭其事，應以實之。此皆穿鑿附會之説，非經旨也，今一槩不取。」

[七]洪範正論卷一「初一曰五行」條：「東序之河圖已亡，其象不傳；而洛書本文則具載於洪範。劉歆之説，理無可疑。馬融亦無所異，而鄭康成易注引春秋緯云河圖有九篇，洛書有六篇，則以洛書爲帝王録紀興亡之數，而非九疇之所自出矣。怪誕不經，莫此爲甚，然猶不離乎文字也。東晉初，安國傳出，云龜文有數，至於九書之爲數，造端於此。北周盧辯注大戴禮，於明堂九室下云，法龜文也，實本孔傳。然隋人説此經，不從鄭亦不從孔，仍用劉歆之説。唐人義疏壹遵斯軌，訖無異議。逮宋之中葉，有僞龍圖者出焉，託名陳希夷始爲奇白偶黑之點，而以墨絲聯絡於其間，纍纍如貫珠。劉牧效之，著易數鉤隱圖，亦作此狀，而乙太一九宮爲河圖，五行生成爲洛書，謂天所錫者唯五行，餘八疇皆禹推演而得之。審如所言，則經當云『天錫禹洪範五行』，安得謂之『九疇』邪？時又有僞關子明易傳（後山叢談云阮逸所撰），言龜背之文，九前一後，三左七右，四前左二前右，八後左六後右，朱子信之，以劉牧爲非，命蔡季通草易學啓蒙，遂兩易其名，而以五行爲河圖，九宮爲洛書，又用劉牧經緯表裏之説，謂易可通於範，範可通於易，範之綱數四十有五合乎洛書，其子目五十有五合乎河圖，爲説彌巧，去經彌遠。志箕子之學者，其可不亟爲掃除，以纂遺經之墜緒乎！」

[八]劉牧（一〇一一—一〇六四），一作牧之，字先之，號長民，宋衢州人。仁宗初舉進士第。累官至荆湖北路轉運判

官。治易屬圖書一派。著述今存易數鉤隱圖三卷附遺論九事一卷。事見王安石臨川集卷九七墓誌銘、宋元學案卷二。四庫總目卷二經部易類二易數鉤隱圖提要：「牧之學出於种放，放出於陳摶，其源流與邵子出於穆李者同，而以九爲河圖，十爲洛書，則與邵異。……至蔡元定則以爲與孔安國、劉歆所傳不合，而以十爲河圖，九爲洛書，朱子從之。」劉圖之異，詳參易圖明辨卷四「辨易數鉤隱圖」。

[九]蔡元定(一一三五—一一九八)，字季通，學者稱西山先生。宋建陽人。韓侂胄禁道學，元定謫道州。卒謚文節。著有洪範解、太衍詳説等，今存律吕新書二卷、西山公集一卷等。宋史卷四三四有傳。蔡氏之圖，見易圖明辨卷五，有蔡氏河圖、蔡氏洛書。

[一〇]尚書洪範：「八，庶徵：曰雨，曰暘，曰燠，曰寒，曰風，曰時。」又「五紀：一曰歲，二曰月，三曰日，四曰星辰，五曰曆數。」

[一一]祥案：「皇極」，原文無「極」字。鍾校：「『極』字據洪範原文增。」是。今據補。

[一二]尚書洪範：「三德：一曰正直，二曰剛克，三曰柔克。」又「九，五福：一曰壽，二曰富，三曰康寧，四曰攸好德，五曰考終命。六極：一曰凶短折，二曰疾，三曰憂，四曰貧，五曰惡，六曰弱。」

[一三]祥案：胡氏所謂「宋儒任意改竄」者，如四庫總目卷一三經部書類存目一王柏書疑曰：「尚書一經，疑古文者，自吴棫、朱子始；並今文而疑之者，自趙汝談始。改定洪範，自龔鼎臣始；改定武成，自劉敞始。其並全經而移易補綴之者，則自柏始。……至於堯典、臯陶謨、説命、武成、洪範、多士、多方、立政八篇，則純以意爲易置，一概託之以錯簡，有割一兩節者，有割一兩句者，何脱簡若是之多，而所脱之簡，又若是之零星破碎、長短參差，其簡之長短廣狹，字之行款疎密，茫無一定也。其爲師心杜撰，竄亂聖經，已不辨而可知矣。」又同卷論元胡一桂定正洪範「於必不可通者，更遞爲錯簡之説，以巧飾其謬，遂割裂經文，强分經傳，移『曰王省惟歲』以下八十七字，爲第四、第五章之傳；移『無偏無陂』以下五十六字於『皇建其有極』句下，爲五章之經；移『斂時五福』以下，割裂其文，爲九章之傳。其餘亦多移

彼綴此，臆爲顛倒，並據吴澄之説，改『而康而色』句爲『而康而寧』，改『是彝是訓』句爲『是彝是倫』，則並其字而竄易之」。

［一四］洪範正論五卷，大旨以禹之治水，本於九疇，故首言「鯀堙洪水」，繼言「禹乃嗣興」，終言「天乃錫禹」，則洪範爲體，而禹貢爲用，互相推闡，其義乃彰。其辨證漢儒專主災異，推衍五行，穿鑿附會之謬，駁河圖、洛書之僞，以及宋儒以錯簡爲由，變亂洪範次序之非等，皆有據依。有乾隆四年胡紹芬刻本、四庫全書本等。

又作大學翼真七卷［一］，言格物致知之義［二］，釋在邦畿章内，本無缺文，無待於補［三］。其議論之正，可謂通儒矣。

［一］大學翼真七卷，全書卷一分爲四目：大學二字音義、先王學校之制、子弟入學之年、鄉學之教；卷二分三目：小學之教、大學之教、學校選舉之法；卷三分三目：大學經傳撰人、古本大學、改本大學；卷四以下爲渭所考定之本，大旨仍以朱熹爲本，力闢王陽明改本之誤。間有其孫彦昇按語。有清乾隆間戴上鏞刊本、四庫全書本等。

［二］禮記大學：「欲誠其意者，先致其知；致知在格物。」鄭注：「知謂知善惡吉凶之所終始也。格，來也；物，猶事也。其知於善深則來善物，其知於惡深則來惡物，緣人所好來也。」朱熹大學章句：「致，推極也；知，猶識也。推極吾之知識，欲其所知無不盡也。格，至也；物，猶事也。窮至事物之理，欲其極處無不到也。」祥案：胡氏以朱子之言爲是。大學翼真卷四「致知在格物」：「格字諸家訓解終無定説，而愚有以信格物之爲窮理者，以朱子之言決之也。朱子曰格物字義皆有據……蓋格物、致知雖二目，而通爲一事，在誠意力行之先，自當爲窮理，非扞禦外物之謂也。……物，猶事也，不出乎人倫日用之間。」

［三］大學翼真卷四「物格而後知至」條：「觀章句物格知至，則知所止矣云云，則此節爲申知止節，了無可疑。自近世

有從饒氏之説者，以此節爲順推功效有宗或問之説者，以此爲覆解上文，而章句之本旨晦矣。於是有移知止物有二節以爲格致之傳者，决裂聖經，爲害非小。唯雨蒼説得分明，不但董氏之改本可以永廢，即朱子之補傳亦可不用。蓋格物致知與止善一滚釋在邦畿章内，元無闕文，無待於補也。」

康熙己卯，因再從姪會恩官京師[一]，乃復游日下[二]，禮部尚書李振裕[三]、侍講學士查昇[四]，皆以爲當代儒宗。未幾，以老病歸。昇供奉内廷，暇日以禹貢錐指進呈，上覽而嘉之。問年籍，對曰：「浙江人，六十餘歲，禮部侍郎會恩之叔也。」[五]四十(四)〔二〕年[六]，法駕南巡[七]，渭撰平成頌一篇，獻諸行在，有詔嘉奬，召至南書房直廬[八]，賜饌及書扇，又御書「耆年篤學」四大字賜之，禁直諸臣咸謂一時之曠典云。五十三年正月九日，卒於家，年八十有二。

[一]胡會恩(?—一七一五)，字孟綸，號茗山，清德清人。胡渭從子。康熙十五年(一六七六)一甲二名進士。累官至刑部尚書。著有清芬堂存稿八卷等。事見清姚世錫前徵録、清張維屏國朝詩人徵略初編卷九。祥案：據王士禛居易録卷三〇載，康熙三十七年，胡會恩由大理寺少卿陞内閣學士兼禮部侍郎。

[二]日下，謂京都也。晉書卷五四陸雲傳：「雲與荀隱素未相識，嘗會張華坐。華曰：『今日相遇，可勿爲常談。』雲因抗手曰：『雲間陸士龍。』隱曰：『日下荀鳴鶴。』」

[三]李振裕(一六四一—一七〇七)，字維饒，號醒齋，清吉水人。康熙九年(一六七〇)進士。歷官刑、工、户、禮四

部尚書。有白石山房集二七卷。事見國朝耆獻類徵初編卷五六。禹貢錐指例略曰：「己卯，余復入帝城，謁大司徒吉水李公，以禹貢錐指就正。公覽之喜曰：『是書博而不雜，精而能該，不惟名物殫洽，兼得虞夏傳心之要。出以問世，誰曰不宜！』」又李振裕白石山房集卷一六禹貢錐指序，稱此書爲「禹貢之功臣」，「其有功於經學也大矣」，「不惟昌明地理之學，兼亦窺見古聖人財成輔相之意，漁仲所謂深於道，殆庶幾焉」。

[四]查昇(一六五〇—一七〇七)，字仲韋，一字漢中，號聲山，清海寧人。查慎行族子。康熙二十七年(一六八八)進士。累官至少詹事，卒於官。以詩文著稱。有鄂渚紀事一卷、淡遠堂詩集二卷等。事見方苞望谿文集卷一二墓表，清史列傳卷七一、清史稿卷四八四有傳。

[五]李氏禹貢錐指序：「今乙酉首春，振裕校書内庭，與禁直諸臣從容言天子崇經，搜求遺逸，若是書者，豈可令伏而不見？查學士昇尤重其典核，乃以其書奏呈，上覽而善之。三月南巡狩，駐蹕吴郡。渭親齎是書，並所撰平成頌一篇，恭詣行宫以獻。上復稱善，且令宣至南書房賜饌，賜御詩及扇額。」又胡會恩禹貢錐指紀恩：「上方表章六經，内廷燕閒，問當世有潛心經學、著述可傳者否？侍講學士臣查昇，以禹貢錐指進，上覽而善之。問年籍，對曰：『浙江人，六十餘歲，禮部侍郎胡會恩之叔也。』及法駕南巡，叔感九重特達之知，恭詣行宫，獻平成頌一篇。臣昇取以奏御，上賞其文，許賜扁額，且命宣臣與叔同至行在南書房。臣跪奏：『臣叔胡渭，係臣受業之師，潛心經學二十年。所著有禹貢錐指一部，已經奏御，蒙恩宣至。』上悦，中使傳旨云：『渭所教出者人才如此，其學固可知也。』有頃，中使捧數扇以出，皆宸翰。一賜臣，乃御製西湖詩一首，宣諭云：『此扇與賜徐潮者同。』復舉一授臣叔曰：『皇上以此賜汝。』恩出望外，驚喜交並，同叩頭謝訖。日亭午，上撤御饌一筵，宣賜大學士掌院學士查昇、臣會恩，而叔亦與賜焉。久之，内出『耆年篤學』四大字宣賜渭，天語親褒，奎章燦爛，禁直諸臣，謂一時曠典，登之起居簿。薄暮捧出，道旁觀者，皆以爲榮云。」

[六]祥案：江氏以胡渭進書事隸此年，誤，實爲四十四年康熙帝第五次南巡時事，非四十二年第四次南巡時事也。夏定域年譜康熙四十四年引禹貢錐指紀恩末注曰：「按乙酉漱六軒本錐指，卷面題『康熙乙酉孟夏草莽臣胡渭恭進』，首頁

印有康熙御筆『耆年篤學』四字，並題『康熙四十四年四月十七日賜臣胡渭』。按文獻徵存録、錢傳、國朝先正事略、國史館本傳，均繫此事於康熙四十三年，又師承記及閻譜繫於四十二年，閻譜並謂『潛邱垂老，諄諄以求御書爲言，蓋有感於朏明之事』。均誤。」今據改。

［七］史記卷九吕太后本紀：「迺奉天子法駕，迎代王於邸。」集解引蔡邕曰：「天子有大駕、小駕、法駕。法駕上所乘曰金根車，駕六馬。」祥案：清聖祖一生，凡二十三年、二十八年、三十八年、四十二年、四十四年、四十六年六巡江南。此「南巡」指四十四年第五次巡視江南。

［八］南書房，爲清内廷機構之一。在紫禁城内月華門南。康熙十六年（一六七七），以侍講學士張英、内閣學士高士奇供奉内廷，爲入直南書房之始。選翰林院中才品兼優者於此直廬，代擬諭旨，備帝顧問，講論學業等。直廬，即今值班之義。

黄儀［一］，常熟人。篤信古學，於經史中地理及各家輿地書，靡不究心［二］。謂班書地志所載諸川，第言其所出所入，而中間經歷之地不可得聞，惟水經注備著之，然非繪圖，讀者不能了然於心目。乃反覆尋玩，每水各爲一圖，如某水出某縣，向某方，流逕某縣某方，至某縣合某水，某縣入某水，無一不具［三］。閻若璩見之，不忍釋手，歎曰：「酈道元千古以下第一知己也！」［四］

［一］黄儀（一六三六—？），字子鴻，清常熟人。精輿地之學。徐乾學奉敕修一統志，儀與閻若璩、胡渭、顧祖禹諸人

同入志局。尤精水經注，潛研三十餘年。又詩學晚唐，詞格俊邁。卒年六十餘。有一統志初稿、水經注圖、訂正晉書地理志等，均未見傳本。其論説爲閻若璩尚書古文疏證、潛邱劄記、四書釋地、胡渭禹貢錐指諸書所引者甚多。今存紉蘭集二卷（又有十九卷之鈔本，藏常熟市圖書館，蓋爲足本），又有詞集一卷，亦未見所傳，夏定域輯有黄子鴻遺稿拾零一卷，録其詩詞二十三首。事見王士禎香祖筆記卷二、夏定域黄儀傳略（載南京師範大學編文教資料一九九五年第二期），清史稿卷四八四有傳。

[二]裘璉横山文集卷三琴川黄子鴻紉蘭草敘：「琴川黄君子鴻，少讀書，輒喜取二十一史中地理志，研尋覃究之，凡歷代山川關隘争戰險阨，郡國屬置遷建異同，莫不嫺熟於胸中。」

[三]閻若璩尚書古文疏證卷六下「第九十三」條按語：「子鴻曰：『某讀水經注三十年。』」又潛邱劄記卷二：「黄子鴻，篤信水經注者。」清劉獻廷廣陽雜記卷四謂黄氏沈酣水經注，「參伍錯綜，各得其理。好學深思，心知其意，吾於子鴻見之矣。千世之後，復有子雲、善長，抑何幸歟！更得宋人善本，正其錯簡脱譌，支分縷析，各作一圖，其用心亦云勤矣。」

[四]胡渭禹貢錐指例略曰：「水經注一書，『子鴻深信而篤好之，反覆尋味，每水各寫爲一圖，兩岸翼帶諸小水，無一不具，精細絶倫，余玩之不忍釋手，百詩有同嗜焉。昔善長述宜都山水之美，沾沾自喜曰：『山水有靈，亦當驚知己於千古。』至今讀之，勃勃有生氣，吾三人表章酈注，不遺餘力，亦自謂作者有靈，當驚知己於千古也！』」

顧祖禹，無錫人。徙居常熟[一]，客於釣渚渡，依范九鼎[二]，後居膠山黄守中家[三]。父柔謙[四]，字剛中，精於史學，著山居贅論一書[五]。祖禹少承家訓，不事帖括，經史皆能背誦如流水。性好遠游，足跡遍天下，無所遇[六]，歸而閉户著書[七]，撰歷代州域形勢九卷、南北直隸十三省一百十四卷、川瀆異同六卷、天文分野一卷，共一百三十卷，又用開方法繪地圖□卷，名曰讀史方輿紀要[八]。凡職方廣輿諸書，承譌襲謬，皆一一駁正，詳於山川險要及古今戰守之蹟，而景物名勝皆在所略[九]。讀其書，可以不出户牖，而周知天下之形勝，爲地理之學者，莫之或先焉。世所稱三大奇書，此其一也。其二則梅文鼎曆算全書[一〇]、李清南北史合鈔[一一]，然合鈔本人所易爲，李書尤嫌疎漏，豈能與顧氏、梅氏之書稱鼎足哉！

[一]清裴大中等修光緒無錫金匱縣志卷二一：「顧祖禹，字景范，家對宛谿，號廊下顧。父柔謙，爲贅婿昆湖譚氏，生祖禹，祖禹故間自署常熟，實世錫人也。」又參王德毅顧祖禹年譜稿。陳鴻森駢枝以爲，華希閔無錫縣志顧氏本傳，稱祖禹間自署常熟，實無錫人也。江藩此傳及姚椿傳略、清史稿並襲其説。然周宏偉顧祖禹籍貫辨正，魏禧、彭士望序顧氏方輿紀要等，皆以爲顧氏宛谿屬蘇州府常熟縣，非常州府無錫轄境，其交遊亦俱以其爲常熟人。「另祖禹除自署『宛溪』、『常熟』外，間署吴中（蘇州），不見有自署無錫之例。然則江傳以祖禹爲無錫人，徙居常熟，此沿華希閔之誤耳。」又關於顧祖禹生卒年，陳氏依據夏定域、倉修良之考證，又據上海圖書館藏顧氏方輿紀要稿本，有祖禹之孫顧根跋文，以爲祖禹生於崇禎四年（一六三一），卒於康熙三十一年（一六九二）。

[二]范賀，字鼎九，改字九鼎，清常熟釣渚人。明亡，與蘆葦小舟中遇顧祖禹、黄守中，遂訂交。工古文。著有常熟志遺，今佚。常昭合志稿卷三〇有傳。

[三]膠山，山名，位於今江蘇無錫縣城東北。黄庭（一六二五—一七〇四），字守中，事見陸楣鐵莊文集墓誌銘。光緒

無錫金匱縣志卷二一：「中歲，與黃庭結鄰，遂家膠山。」

［四］顧祖禹讀史方輿紀要總敘一論其家世曰：出三國吳丞相顧雍後，「由隋唐以迄兩宋，代有名人，而徵君原九於宋端平元年，由臨安避地梁谿，耕讀於宛谿之上。……明成化中，徵侍郎允敬始官於朝，曾孫光禄丞大棟。當嘉靖間，好談邊徼利病，躍馬游塞上，與大司馬靈寶許公論善，撰次九邊圖說，梓行於世。子文耀，萬曆中以光禄大（夫）官正奉使九邊，還對條奏甚悉，天子稱善。文耀生龍章，早卒。龍章生柔謙，九歲而孤，好讀書，補邑弟子，深慨科舉之不足裨益當世，慨然欲舉一朝之典故討論成書，及强仕而遭流寇之變，遂遯入山，焚筆瘞硯，率子祖禹躬耕於虞山之野。」

［五］山居贅論，書今不傳。閻氏尚書古文疏證卷六下「第九十二」按語、胡渭禹貢錐指卷一三下「附論歷代徙流」條皆引此書之説，蓋其書中多論地理之語，當時有傳鈔之本焉。

［六］光緒無錫金匱縣志卷二一：「少負異才，博涉群籍，出游踰嶺嶠而歸。」

［七］光緒無錫金匱縣志卷四〇雜識：「顧宛谿祖禹，弱冠時貧甚，爲里塾師，歲得脩脯止六金，以半與婦，俾就養婦翁家，餘盡市紙筆燈油，題其館曰：『夜眠人静後，早起鳥啼先。』其自勵如此。著方輿紀要，日草數條，或以事曠，必夜不寐以補之，熟於山川阨塞戰陣攻守之略，會『三藩』用兵，崎嶇閩浙，迄無所遇。嘗題淮陰侯廟云：『重瞳帳下未知名，隆準軍中亦漫行。半世行藏都是錯，如何壇上會談兵？』蓋自況也。」

［八］讀史方輿紀要一三〇卷，顧氏凡例曰：「是書以古今之史質之於方輿，史其方輿之鄉導乎？方輿其史之圖籍乎？苟無當於史，史之所載不盡合於方輿者，不敢濫登也。故曰讀史方輿紀要。」全書以史爲主，以志證之；形勢爲主，地理通之。採舊聞，搜載記，成一家之言。凡歷代州域形勢九卷，記自唐虞以還至明歷代地理形勢；南北直隸十三省一一四卷，記兩京與明十三布政使司行政區劃及所屬州、府、縣之地理形勢，涉及城鎮、山川、關隘、橋樑、驛站等；川瀆六卷，述川瀆異同，詳述歷代地理書之論河渠水利；天文分野一卷附輿圖要覽，則臚列歷代史志有關星宿分野之論。魏禧謂爲「數百年所絶無僅有之書」。今人整理有一九五五年中華書局排印本、上海古籍出版社一九九三年讀史方輿紀要稿

本等。

［九］魏禧敘：「其書言山川險易古今用兵戰守攻取之宜，興亡成敗得失之迹，所可見景物游覽之勝不録焉。」

［一〇］梅文鼎（一六三三—一七二一），字定九，號勿庵，清宣城人。篤志嗜古，精於中西曆算之學。一生已刻未刻天算著述達七十餘種，有方程論六卷、平三角舉要五卷、弧三角舉要五卷等，以承學堂刻梅氏叢書輯要所收最爲完備。又有績學堂文鈔六卷詩鈔四卷等。事見方苞望谿文集卷一三墓碣，清史列傳卷六八、清史稿卷五〇六、疇人傳卷三七至三八有傳。曆算全書六二卷二九種，梅文鼎撰。以言曆者居前，言算者列後，所收諸書大抵梅氏著述之精者。有雍正時兼濟堂刻本、四庫全書本、梅氏叢書輯要本等。

［一一］李清（一六〇二—一六八三），字心水，號映碧，又號棗園、碧水翁、天一居士等，清興化人。明崇禎四年（一六三一）進士。歷官刑科、工科給事中等。入清，杜門著述，屢徵不起。長於史學，又善詩文。有南北史合注一九一卷、南唐書合訂二五卷、三垣筆記三卷補遺三卷附識三卷等。乾隆間修四庫全書時，其書多遭禁燬。事見汪琬堯峰文鈔卷二一行狀、徐乾學憺園全集卷三二墓表，清史稿卷五〇〇有傳。南北史合鈔，以南朝宋、齊、梁、陳，北朝魏、齊、周、陳爲南北史，並爲之注，廣徵博引諸家正史及他書史料，考訂諸書異同，糾其譌誤。四庫全書編纂期間，是書本已著録且有提要，後因李清涉文字獄案而撤燬之，故傳本絶少，有四庫全書底本、光緒時木樨軒鈔本等。

張爾岐

張爾岐，字稷若［一］，自號蒿庵居士［二］，濟陽人也。少爲縣諸生，遂志好學，工古文詞［三］，著天道論［四］、中庸論［五］、〔後〕篤終論［六］，爲時所稱。

［一］祥案：爾岐之名，參本書目録第二頁注［一］。張爾岐家世，其遠祖大倫，自明初徙自棗强。祖蘭（一五三九—一六一八），字汝馨，號前川，少時産落，自奮力田，乃復殖。性慷慨，能佐人緩急。父行素（一五八二—一六三九），號龍谿，以藩掾除湖廣石首驛丞。之任三日，遽馳歸侍養。性樂儒術。多懿節，爲世人推重。後罹兵難。事見張爾岐蒿菴集卷三處士前川府君墓表、將仕佐郎龍谿府君墓表、蒿菴處士自敘墓誌，乾隆濟陽縣志卷一四雜記。

［二］李焕章蒿菴集序：「稷若先生慟其尊大人之及於難也，取詩『匪莪伊蒿』，號蒿菴，又稱蒿菴先生。」祥案：爾岐又號汗漫道人，見蒿菴集卷二汗漫道人張爾岐書並跋安寓居士自作。

［三］蒿菴集卷二日記又序，爾岐自述其求學次第，倍爲曲折，真切感人。其曰：「崇禎皇帝大行之年，予始焚棄時文，不復讀，思一其力於經與史。乃悠泛無成緒，倍於讀時文時之於經與史也。因自訟曰：古之君子之爲學也，自一年而七年謂之小成，九年謂之大成，非無利鈍，約略具是不甚遠也。予十五聞有所謂聖人之道者而悦之，今二十年自視猶初也。初見先儒病干禄之學，意其咎在時文；焚且棄矣，又誰咎！若是乎，經與史之不可日月期也；若是乎，聖人之道之不可以力也；若是乎，天實生才不善不可强也。罔然者久之，忽自悟曰：是矣，是不可以他咎也，是不可以爲天實生才不可强也。憶十五授詩矣，父師董之，有司歲時進退之。顧以多病，日學黄帝内經、神農本草，下迨脈訣、甲乙、難經，又以其説近老氏，學老氏，而詩廢十九。學史矣，因並學書、春秋，父師董之，朋友言議，文章日需之。顧以興亡之際，感慨不自已，旁及樂府、選、近諸體，填辭雜歌之，以澹予心，以平予氣，而史又廢。是時餘力之及時文者，百一耳。又以時重諸子，學諸子。二十六，感友人之説，肆力於時文。時文喜雜引周禮、禮記，學周禮、禮記。己卯，有天日之慟。鄉人鮮解禮者，學禮。從俗奉佛，學佛書。其時意有所屬，學兵家言。兵家天時最雜，學太乙，學奇門，學六壬，學雲物風角。歲屬大祲，酷吏時殺人如草，釜量肉，澤量骨，惴惴潛身，不出户庭。日焚香誦易，學易。學此不成，去而之彼；彼又不可成，以又有奪彼以去者，不僅彼之奪此也。癸未前學固如此其不一也。迨棄時文，學經史，君父之恨，

身世之感，更至遞起。自分永棄於時，心儀梅福、申屠蟠、王裒、孫登、陶潛之爲人，時時取老子及參同、文始之流，讀之以自遣。雜坐田父酒客間，劇談神仙、方技、星卜、冢宅不絶口。所謂經與史，名焉存耳。意之所至，亂抽一帙；意之所止，不必終篇。勿論不解，即解亦不憶。嗟乎！將安歸咎哉！古人有言：『匪勤匪昭，匪壹匪測。』是殆不可悔也。自今往後，業有定紀，不敢雜。首大學，次論語，次中庸、孟子，次詩，次書，次易，次春秋，次周禮、儀禮、禮記；史則主綱目，次前編、續編，本朝通紀、大政録；雜書則大學衍義及補、西山讀書記、文獻通考、治安考據、文章正宗、名臣奏疏、大明會典。日有定課，不敢息。經自日一章至日三章，史自日一卷至日二卷，視力爲準。其修其廢，各詳於册。身既隱矣，安所用吾志！退者之不可不學，更甚於進者之不可不學也。不敢告人，且勸吾退者之務。」祥案：日記序作於崇禎八年爾岐二十三歲時，又序之作，則在國亡以後耳。又羅有高尊聞居士集卷五張爾岐傳：「先是，爾岐工科舉之文。……久之，其父石首驛丞行素罹兵難，爾岐創怛甚，欲身殉。又欲棄家爲道士，顧母老而止。然遂焚毁諸生業，别字曰蒿菴。鬱伊屏處，不通人事，而大覃思儀禮、周官、曲臺記、易、詩、春秋，作資治通鑑綱目後語以見志。志操堅定，履苦節而甘，澹泊平中，宿光不耀。詣益精，游泳六藝，得其會通。」

[四]天道論上下二篇，今存蒿菴集卷一。天道論上曰：「吾鄉邢先生作天道難知論，以紓其怨，予讀而傷之。釋曰：『天道之難知也，求天道者之自爲不可知也。其視天若有國之君然，日懸賞罰以待功罪，銖銖而衡之，毋怪其愈推而愈不應也。推而不應，因以衰君子之心，而作小人之氣。吾懼其説之長也。』」又天道難知論一卷，濟陽邢其諫撰。其諫（一五七九—一六六七）字信卿，號慰山，明諸生。官至太原府通判分署代州。有政聲。有信古録二卷、斯馨館集等。事見蒿菴集卷三慰山邢先生墓誌銘。

[五]羅傳：爾岐「深悼學者樂以詭辭談中庸，傀瑣亂經非法，蠹蝕人心，不可以默，作中庸論。」詳蒿菴集卷一中庸論。

[六]晉皇甫謐悼厚葬之害，著論爲葬送之制，名曰篤終論，見晉書卷五一皇甫謐傳。爾岐感當世喪葬之風，聽信巫

覡，崇奢背禮，爲害甚烈，遂作後篤終論，倡言「奢而示之以儉，儉而示之以禮，移風易俗，誠貴者賢者之責也」。詳蒿菴集卷一後篤終論。故江氏此文，「後」字不可省，今據補之。

年三十[一]，讀儀禮，歎曰[二]：「漢初，高堂生傳儀禮十七篇[三]。武帝時，有李氏得周官五篇，河間獻王以考工補冬官[四]，共成六篇奏之[五]。後復得古經五十六篇於魯淹中，其十七篇與高堂生所傳同，餘三十九篇無師説[六]。漢志所載傳禮者十三家[七]，其所發明，皆周官及此十七篇之旨也。十三家獨小戴大顯[八]，近代列於經以取士，而二禮反日微[九]。蓋先儒於周官疑信各半[一〇]，而儀禮則苦其難讀故也。夫疑周官者，尚以新莽、荆國爲口實[一一]，儀禮則周公之所定，孔子之所述[一二]，當時聖君、賢相、士君子之所遵行，可斷然不疑者，而以難讀廢[一三]，可乎？」

[一]蒿菴集卷二儀禮鄭注句讀序：「愚三十許時，以其周、孔手澤，慕而欲讀之，讀莫能通。旁無師友可以質問，偶於衆中言及，或阻且笑之。聞有朱子經傳通解，無從得其傳本。坊刻考注、解詁之類，皆無所是正，且多謬誤。所守者，惟鄭注、賈疏而已。」

[二]此段見蒿菴集卷二儀禮鄭注句讀序。

[三]史記卷一二一儒林傳：「言禮，自魯高堂生。」索隱：「謝承云『秦氏季代有魯人高堂伯』，則『伯』是其字。云『生』者，自漢已來儒者皆號『生』，亦『先生』省字呼之耳。」儒林傳又云：「諸學者多言禮，而魯高堂生最本。禮固自孔子時而其

經不具，及至秦焚書，書散亡益多，於今獨有士禮，高堂生能言之。」

〔四〕河間，地名，今河北獻縣東南。河間獻王劉德（？—前一三〇），景帝子。景帝前元二年（前一五五）立爲河間王。修學好古，實事求是。喜儒學，修禮樂，好古籍，廣爲蒐集。所得如周官、尚書等皆古文先秦舊書，又立毛詩、左氏春秋博士。薨謚曰獻。事見史記卷五九五宗世家，漢書卷五三有傳。考工，即考工記一卷，記載六門工藝三十種工種（闕二種）之技術規則。清江永周禮疑義舉要考工記一以爲乃東周後齊、魯間精物理、善工事而工文辭者爲之。因周禮冬官久佚，西漢時河間獻王以補周禮冬官之闕，故後世謂之周禮冬官。

〔五〕經典釋文序録：「河間獻王開獻書之路，時有李氏上周官五篇，失事官一篇，乃購千金，不得，取考工記補之。」隋書經籍志：「漢時有李氏得周官，周官蓋周公所制官政之法，上於河間獻王，獨闕冬官一篇。獻王購以千金，不得，遂取考工記以補其處，合成六篇奏之。」

〔六〕漢志：「禮古經者，出於魯淹中及孔氏，與十七篇文相似，多三十九篇。」隋志：「又有古經，出於淹中，而河間獻王好古愛學，收集餘燼，得而獻之，合五十六篇。……惟古經十七篇，與高堂生所傳不殊，而字多異。」周注：「按禮古經或稱逸禮。淹中，顔師古漢書注引蘇林曰：『里名也。』」

〔七〕漢志：「凡禮十三家，五百五十五篇。」周注：「按十三家與原文目録不符，今已不可考釋，故不録。」祥案：周説似是而非。漢志禮類凡著録禮古經五十六、卷經十七篇、記百三十篇、明堂陰陽三十三篇、王史氏二十一篇、曲臺后倉九篇、中庸説二篇、明堂陰陽説五篇、周官經六篇、周官傳四篇、軍禮司馬法百五十五篇、古封禪群祀二十二篇、封禪議對十九篇、漢封禪群祀三十六篇、議奏三十八篇，計目十有四，而篇數五百五十有四。司馬法一家，七略本在兵權謀家，班固取彼而入此也。又顧實漢書藝文志講疏卷二：「今計古文經、古文記合一家，今文經一家，明堂陰陽至明堂陰陽説共五家，周官經、傳合一家，軍禮司馬法以下共五家，合計十三家。」然則原目並無不符矣。

〔八〕小戴，即小戴禮記，亦即今所傳禮記。戴聖，字次君，漢梁（治今河南商丘）人。與戴德（字延君）同受禮於后倉。

德號大戴，爲信都太傅；聖號小戴，以博士論石渠，至九江太守。漢書卷八八有傳。禮記正義序引鄭玄六藝論曰：「戴德傳記八十五篇，則大戴記是也；戴聖傳禮四十九篇，則此禮記是也。」

［九］祥案：元陳澔撰禮記集説一〇卷，明初始定禮記用集説，胡廣等修五經大全，禮記亦用陳氏爲主，用以取士，遂誦習相沿，治周禮、儀禮者反鮮焉。二禮，即周禮、儀禮。又三禮之名，始自漢末。鄭玄注儀禮、周禮、禮記，並著三禮目録，因有三禮之名。儀禮亦稱士禮，因其書首九篇爲士禮，故稱。周禮初名周官，史記、七略及漢志皆作周官，王莽時立爲學官，始稱周禮。

［一〇］祥案：周官爲河間獻王獻於朝廷者，爲古文經，當時禮家均未之見。及劉向父子校書，始著於録，王莽時立於學官。然當時今文學者疑信不定。唐賈公彦序周禮廢興引馬融周官傳序云：「至孝成皇帝，達才通人劉向、子歆，校理秘書，始得列序著於録略。……時衆儒並出，共排以爲非是。」又序周禮廢興曰：「林孝存以爲武帝知周官末世瀆亂不驗之書，故作十論、七難以排棄之。何休亦以爲六國陰謀之書。惟有鄭玄遍覽群經，知周禮者，乃周公致太平之迹，故能答林碩之論難，使周禮義得條通。」

［一一］漢書卷九九王莽傳：「元始四年，「徵天下通一藝教授十一人以上，及有逸禮、古書、毛詩、周官、爾雅、天文、圖讖、鍾律、月令、兵法、史篇文字，通知其意者，皆詣公車。」王莽（前四五—二三），字巨君，漢元城（今河北大名）人。元帝皇后之侄。平帝立，以莽爲大司馬，元后以太皇太后臨朝稱制，委政於莽，號安國公。平帝死，立孺子嬰爲帝，自稱攝皇帝，後自稱帝，國號新，後世稱「新莽」。凡制度藝文，大事更涉，連年征戰，民不聊生。地皇四年，赤眉軍攻入長安，莽被殺。漢書卷九九有傳。荆國，指王安石，參本書第一三頁注［四］。祥案：王莽立周官博士，又仿周官建立國家制度；王安石爲推行改革，著周官新義，其制亦多仿周禮。後世學者遂以王莽、安石爲藉口，攻駁周禮。如歐陽修歐陽文忠公集卷四八問進士策：「周禮其最後出……漢武以爲瀆亂不驗之書，何休亦云六國陰謀之説。……六官之屬略見於經者五萬餘人，而里閭縣都之長、軍師卒伍之徒不與焉。……其人耕而賦乎？如其不耕而賦，則何以給之？」又蘇軾東坡

續集卷九天子六軍之制：「周禮之言田賦、夫家車徒之數，聖王之制也。其言五等之君，封國之大小，非聖人之制也，戰國所增之文也。」此皆反對安石新法，故有如此之說。至清，學者仍持此說。如顧炎武亭林文集卷二儀禮鄭注句讀序：「自熙寧中，王安石變亂舊制，始罷儀禮，不立學官，而此經遂廢，此新法之爲經害者一也。」又四庫總目卷一九經部禮類一周官新義：「安石以周禮亂宋，學者類能言之。然周禮之不可行於後世，微特人人知之，安石亦未嘗不知也。安石之意，本以宋當積弱之後，而欲濟之以富强，又懼富强之説必爲儒者所排擊，於是附會經義，以鉗儒者之口，實非真信周禮爲可行，其後用之不得其人，行之不得其道，百弊叢生，而宋以大壞，其弊亦非真緣周禮以致誤。」此說似較諸家爲圓融矣。

[一二]禮記明堂位：「周公踐天子之位，以治天下。六年朝諸侯於明堂，制禮作樂，頒度量，而天下大服。」史記卷四七孔子世家：「孔子之時，周室微，而禮樂廢，詩、書缺。追迹三代之禮，序書傳，上紀唐虞之際，下至秦繆，編次其事。……故書傳、禮記自孔子。」祥案：此禮記指儀禮。

[一三]四庫總目卷一九經部禮類小序：「古稱議禮如聚訟，然儀禮難讀，儒者罕通，不能聚訟。」

因鄭康成注文古質[一]，賈公彦釋義曼衍，學者不能尋其端緒，乃取經與注章分之，定其句讀[二]，疏其節，録其要，取其明注而止[三]。有疑義則以意斷之，亦附於末，始名儀禮鄭注節釋，後改名儀禮鄭注句讀[四]。又參定監本脱誤凡二百餘字[五]，並考石經脱誤凡五十餘字，作正誤二篇附於後。成書之時，年五十九矣[六]。

[一]此段亦節引爾岐序文。

[二]四庫總目卷二〇經部禮類二儀禮鄭注句讀：「案禮記曰：『一年離經辨志。』注曰：『離經，斷句絶也。』則句讀爲

講經之先務。沈約宋書樂志，於他樂歌皆連書，惟鐸舞曲，聖人制禮樂篇，有聲音而無文義，恐迷其句，遂每句空一字書之，則難句者爲之離析，亦古法也。」

[三]「其」，原序作「足」，文義較備。

[四]儀禮鄭注句讀一七卷附儀禮監本正誤一卷石經正誤一卷，是書全録鄭注，摘取賈疏，而略以己意斷之，又因其文古奥難通，故並爲句讀。至於字句異同，則取校諸本，校其譌缺。有四庫全書本、四庫薈要本等。

[五]此下數句引文見顧炎武亭林文集卷二儀禮鄭注句讀序。監本，歷代國子監所刻印之書籍。始於五代後唐宰相馮道等校刻九經，宋、元、明、清皆有監本。明時北京國子監所刻稱北監本，南京國子監所刻爲南監本。監本爲朝廷國子監所刻，故有一定之權威性。此監本指明代所刻監本儀禮。顧序：「若天下之書皆出於國子監所頒，以爲定本，而此經誤文最多，或至脱一簡一句，非唐石本尚存之於關中，則後儒無由以得之矣。」蒿菴集捃遺儀禮監本正誤序：「十三經監本，讀書者所考據。當時較勘非一手，疏密各殊。至儀禮一經，脱誤特甚，豈以罕習故忽不加意耶？」

[六]張氏儀禮鄭注句讀序：「至庚戌歲，愚年五十九矣，勉讀閲六月，乃克卒業焉。」

崑山顧炎武游山左[一]，與爾岐友善，讀其書而爲之序，手録一本，藏山西祁縣所立書堂[二]。嘗與汪琬書[三]，稱爾岐之學，根本先儒，立言簡當。又與友人論師道書曰[四]：「獨精三禮，卓然經師，吾不如張稷若。」其爲亭林所推重如此。

[一]山左，山東省之别稱。清張穆顧亭林先生年譜卷二：炎武於順治十四年（一六五七），「由青州至濟南，與徐東癡夜、張稷若爾岐定交。」羅傳：「是時，崑山顧炎武以博洽名天下，遇人平視持厓岸，不肯假借人，人得偶語爲大幸。游濟

南，偶於館所聞人談儀禮。駐聽之，則指畫古宫制朝聘、大享表次、箸位，士喪禮内外、男女、賓主、東西面、南北面、哭泣、弔問之次，東西階登降、送迎之節，又説鄉射、大射、鄉飲酒、燕禮歌樂、飲饌之筭，纚纚數千言，條理純貫井辨，不閡不慮，衝口啚肊，而辭罔不順比。則大驚，問館人曰：『彼何者？』館人曰：『是故鄉里句讀師張生也。』厥明，炎武戒童僕，肅名刺，修古相見禮，相與論議甚歡，恨相見晚。定交，既别去，相存問甚殷。」

［二］蒿菴集卷三自敍墓誌：「儀禮鄭注句讀鮮受者，遇崑山顧寧人炎武録一本，藏山西祁縣所立書堂。」顧亭林先生年譜卷三：康熙十四年，「赴濟陽訪張稷若。……八月，自山東歷河南，抵山西之祁縣，主戴楓仲廷栻家，楓仲爲築室祁縣之南山，先生因之置書堂焉。」

［三］汪琬，見本書第六一頁注［一二］。亭林文集卷三答汪苕文書：「儀禮鄭句讀一書，根本先儒，立言簡當。以其人不求聞達，故無當時之名，而其書實似可傳。使朱子見之，必不僅謝監嶽之稱許也。」

［四］祥案：江氏曰「與友人論師道書」，誤。亭林文集卷六廣師：「苕文汪子刻集，有與人論師道書，謂『當世未嘗無可師之人，其經學修明者，吾得二人焉：曰顧子寧人，李子天生；其内行淳備者，吾得二人焉：曰魏子環極，梁子曰緝。』炎武自揣鄙劣，不足以當過情之譽，而同學之士，有苕文所未知者，不可以遺也，輒就所見評之。夫學究天人，確乎不拔，吾不如王寅旭；讀書爲己，探賾洞微，吾不如楊雪臣；獨精三禮，卓然經師，吾不如張若稷。蕭然物外，自得天機，吾不如傅青主；堅苦力學，無師而成，吾不如李中孚；險阻備嘗，與時屈伸，吾不如路安卿；博聞强記，群書之府，吾不如吴任臣；文章爾雅，宅心和厚，吾不如朱錫鬯；好學不倦，篤於朋友，吾不如王山史；精心六書，信而好古，吾不如張力臣。」然則江氏誤以汪氏之文爲亭林之文耳。考汪氏堯峰文鈔卷九有師道或問，言「予既有論師道一書，乃復作或問，以廣其志」。然其中所論，皆與此文所論皆不相涉也。

爾岐閉户著書，是以世無知者[一]。平生交游，炎武之外，則長山劉友生[二]、樂安李象先[三]、關中李中孚[四]、王弘撰四人而已[五]。所著書有夏小正傳注一卷[六]、吴氏儀禮考注訂誤一卷[七]、弟子職注一卷[八]、老子説略二卷[九]、濟陽縣志九卷[一〇]、蒿庵集三卷[一一]、蒿庵閒話二卷[一二]、春秋傳議未成[一三]。晚年，蕭然物外，不與世接，自爲墓銘而卒[一四]。

[一]羅傳：「其居敗屋，不修治，黎莠塞途。藝蔬果養母。集其弟四人，講説三代古文於母前，愉愉如也。聲華不出州里，而户外錯長者履跡。」

[二]劉孔懷，字友生，號果庵，清長山（今山東鄒平境内）人。精於考覈，與顧炎武、張爾岐等往復論學。有四書字徵、五經字徵等。事見蒿菴集卷二題劉友生範文正公流寓考、張穆顧亭林先生年譜卷二順治十五年條注。

[三]李焕章（一六一四—一六八八），字象先，號織齋，清樂安（今山東廣饒）人。明諸生。入清不仕。與顧炎武、張爾岐、周亮工等交厚。曾與爾岐共修山東通志。有織齋集鈔八卷。事見蒿菴集卷二織齋集鈔序、四庫總目卷一八一集部别集類存目八織齋集鈔提要等。

[四]李顒（一六二七—一七〇五），字中孚，學者稱二曲先生，清盩厔（今陜西周至）人。與李柏、李因篤相友善，時稱「三李」。不與外交，悉心著述。有四書反身録八卷、觀感録一卷、李二曲先生全集二六卷等。事見全祖望鮚埼亭集内編卷一二窆石文，清史稿卷四八〇有傳。

[五]王弘撰（一六二二—一七〇二），字無異，又字文修，號山史，亦號待菴，清華陰人。康熙十八年，薦博學鴻詞，以病辭。精於金石之學，與顧炎武、張爾岐交厚。有周易筮述八卷、砥齋集一二卷、山志初集六卷二集六卷等。清史列傳卷六六、清史稿卷五〇一有傳。

［六］夏小正注一卷，漢戴德傳，隋志著録一卷，記動植物之習性與活動。有宋傅崧卿注四卷。此爲金履祥注，張爾岐輯，黄叔琳增定，今存。

［七］吴氏儀禮考注訂誤一卷，張氏自敘墓誌曰：「俱藏家塾。」乾隆濟陽縣志卷一三著録。蒿庵閒話卷二以爲，舊題元吴澄三禮考注，「皆採自鄭、賈，往往失其端末；至其自爲説，則大違經意。」遂爲之勘訂，且「疑其書殆庸妄者託爲之」。四庫總目卷一二九子部雜家類存目六蒿庵閒話提要以爲，爾岐論「三禮考注，出於依託，極爲精核。蓋爾岐本長於禮，故剖析鑿鑿。使盡如斯，則方駕日知録可也」。

［八］弟子職注一卷，本管子之一篇，漢時即別篇單行。後人以爲亦非管子所爲，乃古塾師相傳以教弟子者。弟子職之於管子，似内則之於小戴禮記。舊有唐尹章注，後有劉績補注。爾岐自敘墓誌曰「俱藏家塾」，乾隆濟陽縣志卷一三著録。然未見傳本。

［九］老子説略二卷，爾岐自謂流覽老子本文，讀之未通，輒以己意占度，稍加一二言於句隙之間。不執拘求解，反之是書以解是書而已，故名之曰説略。是編大旨在涵泳本文，自得理趣，明白簡當。有四庫全書本、齊魯書社一九九三年周立升等點校本。

［一〇］濟陽縣志九卷，爾岐序謂自弱冠以來，思前志之未備，遂「訪問故事，搜剔逸聞，間有所獲，即録簡端。塗乙增竄，筆迹重沓，幾不自辨。偶因農暇，命兒子、門人筆録之。稍依原目，定爲九卷。」此書乾隆濟陽縣志卷一三藝文雖著録，然已曰「逸」。而蒿菴集附録周震甲書張蒿菴先生自敘墓誌後曰：「乾隆五十又九年，歲在甲寅，秋七月，偶得此志於書簏中，因急裝之以存文獻。先生之在山左，實我朝第一人也。」然則此志或許仍存天壤間耶？

［一一］蒿菴集三卷，是編爲爾岐自定，今所傳之本，爲乾隆三十八年桂林胡德琳重爲輯定之刻本，仍爲三卷，卷一論、説、辨、書，卷二序、題跋，卷三記、傳、墓誌、雜著與詩詞等，計八十五篇。其中如天道論、中庸論、後篤終論等，皆説理詳明，鍼砭世風，皆有益之文。末附詩詞數首。又羅振玉輯有蒿菴集捃遺一卷，録文八、賦二、詩九十三首，

爾岐之遺文，大略具焉。今有山東齊魯書社一九九一年張瀚勳點校本。

[一二]蒿庵閒話二卷，爾岐題識以「其於經學則無關大義，於世務亦不切得失，故命之閒話焉」。實則爲札記體裁，隨得隨書，積二十年而成。論説經史百家，亦皆中的之語。今有山東齊魯書社一九九一年張瀚勳點校本。

[一三]春秋傳議四卷，爾岐自敘墓誌謂「草春秋傳議未成」，故四庫總目謂「未成之稿，而好事者刻之」。其書意在折衷三傳，歸於至當，然發明胡傳處居多，猶未敢破除門户。祥案：爾岐所著書，尚有周易説略四卷、風角書八卷、自訂書義此三種今存。又有新濟藝文二卷外篇一卷、日記不分卷、周易程傳節録、邵子節録等，未見傳本。

[一四]詳見蒿菴集卷三蒿菴處士自敘墓誌。

馬驌

王爾脩

馬驌[一]，字宛斯[二]，一字驄御，鄒平人。順治己亥進士。謁選在京師，用才望與順天鄉試同考官[三]，後爲淮安府推官[四]，尋奉裁，改知靈(璧)(壁)縣[五]，有善政，卒於官。士民皆哭，且號於上曰：「願世世奉祀。」於是得部檄，祠名宧。

[一]祥案：此篇多採自施閏章學餘文集卷九一墓誌銘。其曰：「其先世自棗强徙鄒平。父獻明公，績學補諸生，早逝。大父肖南公，推財讓善，里中稱德門焉。」

[二]古人名字解詁：「玉篇馬部：『驌，驌驦。古之良馬。』説文馬部：『驄，馬青白雜毛也。』……一字宛斯。宛指西

域之大宛。其地以産良馬著稱。史記大宛列傳：『而天子好宛馬。』因詩魯頌駉有『思馬斯臧』、『思馬斯才』等語，遂以『斯』綴『宛』。言惟大宛之馬斯得謂之良馬。」又乾隆靈壁縣志略卷三馬驌傳：「字秋期，號宛斯。」與諸家所記有異。

[三]用，因也。詩邶風雄雉：「不忮不求，何用不臧。」順天，清府名，屬北直隸，治大興、宛平。鄉試，因在秋天考試，故亦稱秋闈，科舉考試名。清制，每三年爲一科，凡逢子、午、卯、酉年爲正科，遇萬壽、登極各慶典加科者曰恩科。鄉試時，各省試子集於省城，朝廷選派正副考官，試四書五經、策問、八股文等，稱鄉試。同考官，亦稱房考，同考官在正、副主考官之下，負責鄉、會試各房分卷及評閱諸事。清制鄉試同考官，視省大小，人數在十八員至八員不等。

[四]施銘：「推官淮安，尋奉裁，改靈璧縣四年，卒官。靈士民皆哭，且號於上曰：『願世世奉祀。』於是得部檄，祀名宦。……治淮甫三月，數有平反。爲靈璧蠲荒災，除陋弊，刻石縣門，歲省己力亡算，流亡復業者數千家，故靈人至今痛之。」閻若璩尚書古文疏證卷八「第一百十五」條：「鄒平馬公驌字宛斯，當代之學者也。司李淮郡，後改任靈璧令。予以己酉東歸，過其署中，秉燭縱談，因及尚書有今文古文之別，爲具述先儒緒言，公不覺首肯。」

[五]祥案：「璧」當爲「璧」，諸本皆誤，「璧」、「璧」二字，古人通用，然此縣名，不可互易，今改之。乾隆靈璧縣志略卷三：「清躬惠民，盡革積弊。……博極群書，著作甚富。公退即張燈升閣，手校心讎，申旦不寐，積勞成疾，卒官。士民痛之，祀於名宦。」又卷二：「馬驌，康熙八年任。」又「吴嵩，内江進士。十二年任。」然則馬氏在靈璧任，前後五年耳。

驌少孤[一]，事母以孝聞。穎敏强記，於書無不精研，而尤癖左氏春秋，以敘事易編年，引端竟緒，條貫如一傳，謂之左傳事緯[二]，凡數萬言。又取太古以來及亡秦之事，合經史諸子，鉤括裁纂，佐以圖考，參以外録，謂之繹史[三]。分五部：一曰太古三皇五帝，計十篇；二曰三代夏商西周，計二十篇；三曰春秋十二公時事，計七十篇；四曰戰國春秋至亡秦，計五十篇；五曰外録，紀天官、地志、名物、制度等，計十篇[四]。合一百六十篇，篇爲一卷。其書最精，時人稱爲「馬三代」[五]。顧炎武讀是書[六]，歎曰：「必傳之作也！」

[一]施銘：「君少孤，穎敏强記，涉目經史，輒仿古爲圖畫，考制度，殫精研推，上下群籍，於左氏春秋尤癖。」

[二]左傳事緯一二卷附録八卷，全書取左傳事類，分爲百有八篇，篇加論斷，内輿地有説無圖，蓋未成也。四庫總目謂是書於左氏「能融會貫通，故所論具有條理，其圖表亦皆考據精詳，可以知專門之學，與涉獵者相去遠矣。」有四庫全書本、齊魯書社一九九二年徐連城點校本等。

[三]繹史一六〇卷，凡纂録自太古至秦末之事。仿袁樞紀事本末之體，每一事各立標題，詳其始末，篇末論斷，出驌自作。四庫總目謂「雖其疏漏抵牾，間亦不免，而蒐羅繁富，詞必有徵，非羅泌路史、胡宏皇王大紀所可及，且史例六家，古無此式，與袁樞所撰，均可謂卓然特創，自爲一家之體者矣。」又李清繹史敘評此書獨勝古人者有四焉：一曰體制之别創也，一曰譜牒之咸具也，一曰紀述之靡舛也，一曰論次之最覈也。今有二〇〇二年北京中華書局版王利器整理本等。

[四]外録，即别録十篇，爲天官、律吕通考、月令、洪範五行傳、地理志、詩譜、食貨志、考工記、名物訓詁與古今人表。

[五]王士禛池北偶談卷九「馬驌」條：「博雅嗜古，尤精左氏學，著繹史一百六十篇，篇爲一卷，始開闢原始，迄古今人表，其書最爲精博，時人稱爲『馬三代』。崑山顧亭林尤服之。」又閻若璩尚書古文疏證卷五上「第六十九」條按語：「近時馬公驌，著繹史，内儀禮十七篇分章句，附傳記，又兼及大、小戴諸書，真是繭絲牛毛，讀之每令人心氣俱盡。」

［六］張穆顧亭林先生年譜卷二：順治十五年（一六五八），炎武「過鄒平，游張氏萬斛園，與邑人馬宛斯驌訪碑郊外。」又十六年，「抵鄒平，訂其縣志。」張穆注：「施尚白縣志序，是時比部張奉之請告家居，藏書多善本，博採勤蒐。進士馬宛斯，討核詳實，而吴門顧寧人自上谷來，悉授以校之，書遂成，凡八卷。」然則馬氏纂縣志，顧氏曾參與校訂焉。

康熙四十四年［一］，仁皇帝南巡狩，至蘇州。一日，垂問驌所著書，命大學士張玉書物色元版［二］。明年四月，令人賫白金二百兩，至鄒平購板入内府［三］。

［一］王士禛分甘餘話卷一「繹史」條：「康熙四十四年，聖駕南巡，至蘇州。一日，垂問故靈璧知縣馬驌所著繹史，命大學士張玉書物色原版。明年四月，令人賫白金二百兩至本籍鄒平縣，購版入内府，人間無從見之矣。」

［二］張玉書（一六四二—一七一一），字素存，號潤甫，清丹徒（今江蘇鎮江）人。順治十八年（一六六一）進士。歷官至刑部、兵部尚書，文華殿大學士兼户部尚書等。卒謚文貞。充平定朔漠方略總裁、明史總裁官、佩文韻府總纂官。有張文貞公集一二卷等。陶正靖晚聞先生集卷五、清史列傳卷一〇、清史稿卷二六七有傳。

［三］祥案：馬氏所著書，尚有順治鄒平縣志八卷，有順治十七年刻本等。又有十三代瑰書二五册，凡集先秦至魏晉南北朝四部之書一百七十五部。民國鄒平縣志卷一七曰「乾隆時已散佚」。

同時有王爾膂，字襄哉［一］，號止庵，一號泡齋。掖縣諸生。讀經宗漢學，以爲鄭夾漈謂漢人窮經而經亡［二］，此言大非。漢儒有家法，七十子之大義，賴漢以存，窮經而經亡，當在魏晉以後。蓋荀、虞之易亂於王輔嗣[三]，馬、鄭之書亡於僞孔氏[四]，賈、服之春秋淆於杜元凱[五]。其倖存者，毛、鄭之詩[六]，何氏之公羊[七]，鄭氏之三禮耳。窮經當以毛、何、鄭爲主，然後參以六朝、唐、宋、元、明諸儒，擇其善而折衷焉，庶乎可矣。

[一]古人名字解詁：「僞古文尚書君牙：『今命爾予翼，作股肱心膂。』……『襄』猶『翼』，同爲輔佐之意。『哉』爲語氣詞，以表命令。」

[二]鄭樵（一一〇四—一一六二），字漁仲，號夾漈，又號谿西逸民，宋莆田人。博涉四部之書，尤精史學，於天文、地理、氏族、名物諸學莫不通曉。官至樞密院編修官。著述豐富，晚年成通志二百卷，尤以其中之二十略爲專精。宋史卷四三六有傳。

[三]荀爽（一二八—一九〇），一名諝，字慈明，漢潁陰（今河南許昌）人。獻帝時，官至司空。精通諸經，尤精於易，世謂「碩儒」。著禮傳、易傳、詩傳、尚書正經、春秋條例等。後漢書卷六二、三國志卷一〇有傳。虞翻（一六四—二三三），字仲翔，三國吴餘姚人。仕爲騎都尉，後因謾罵孫權，貶交州。精於易學。於易、論語、老子、國語等皆有注。三國志卷五七有傳。王輔嗣，即王弼，見本書第七頁注[五]。

[四]馬，馬融；鄭，鄭玄。僞孔氏，即尚書僞孔傳之作者。見本書第七頁注[七]。

[五]賈，賈逵；服，服虔。元凱，杜預之字。皆見本書第七頁注[六]。

[六]毛，毛亨。見本書第八頁注[一二]。

[七]何氏，何休（一二九—一八二），字邵公，東漢任城樊（今山東兖州）人。質樸訥口，然精研六經。官至諫議大夫。所著有春秋公羊解詁，爲公羊制定義例，闡述春秋之微言大義。後漢書卷七九下有傳。

其論讀史也，以正史爲主，而旁證以外史。如前、後漢外，有荀悦、袁宏兩漢紀[一]；三國志外[二]，有蕭常續漢書、謝陛季漢書[三]；晉書外[四]，有崔鴻十六國春秋[五]；南、北史、宋、齊、梁、陳、隋諸書外[六]，有許嵩建康實録[七]；新唐書外[八]，有劉昫舊唐書、范祖禹唐鑒[九]；五代史外[一〇]，有尹洙五代春秋[一一]，范坰、林禹吴越備史[一二]，句延慶錦里耆舊傳[一三]，馬令、陸游南唐書[一四]；宋史外[一五]，北宋有王禹偁東都事略[一六]、曾鞏隆平集[一七]，南宋有李心傳建炎以來朝野雜記[一八]、徐夢莘北盟會編[一九]、葉紹翁四朝聞見録[二〇]；元史外[二一]，有蘇天爵名臣事略[二二]。凡此諸書，皆當參互考訂，以知其得失。亦一時之學者也[二三]。

[一]荀悦（一四八—二〇九），字仲豫，漢潁陰（今河南許昌）人。幼好學，精春秋。官至侍中。有漢紀三〇卷、申鑒五卷等。後漢書卷六二有傳。漢紀三〇卷，仿左傳之體，起漢元年（前二〇六），迄王莽地皇四年（二三），裁剪漢書外，亦間有增補，時人稱其詞約事詳，論辨多美。袁宏（三二八—三七六），字彦伯，東晉陽夏（今河南太康）人。官至東陽太守。有後漢紀三〇卷、竹林名士傳三卷等。晉書卷九二有傳。後漢紀參考荀悦漢紀等書，自出鑒裁，較荀書爲勝。後世以荀悦書稱前漢紀，與袁書合稱兩漢紀，有兩漢紀本、四部叢刊本、北京中華書局二〇〇二年張烈點校本等。

[二]三國志六五卷，陳壽撰。陳壽（二三三—二九七），字承祚，西晉安漢（今四川南充北）人。官至治書侍御史。精於史學。另有古國志、益部耆舊傳、編蜀相諸葛亮集等。晉書卷八二有傳。三國志分魏、蜀、吴三志，以魏爲正統，無表、

志，以紀傳體體裁纂之。記事頗爲簡略，後有裴松之注，詳贍過於本書。今通行本有北京中華書局一九六三年點校本。

[三]蕭常，宋廬陵(今江西吉安)人。鄉貢進士。有續後漢書四二卷義例一卷音義四卷。初，常父壽朋，病陳壽三國志帝魏黜蜀，欲爲更定，未成而卒。常因繼父志爲此書，以蜀爲正統，吴、魏爲載記。記事多有增黜，大旨在於書法，不在事實。然其義例精審，頗得史法。有四庫全書本、叢書集成初編本、齊魯書社二〇〇〇年陸吉等點校本。謝陛，字少連，明歙人。嘗宗朱熹帝蜀之意，作季漢書五六卷，以蜀爲正統，列魏、吴爲世家，以董卓、袁紹諸人爲載記。義例甚繁，其創立名目，又往往失常，故不爲學界所重。事見明李維楨大泌山房集卷二〇、四庫總目卷五〇史部别史類存目季漢書提要。

[四]晉書一三〇卷，唐房玄齡等奉敕撰。唐初前人所撰晉史有十八家之多，玄齡等以南齊臧榮緒晉書一一〇卷爲主，參考諸家，編爲是書。新增載記之目，以前趙、後趙等十四國入之，而以前凉、西凉入列傳。記事上起司馬懿，下至劉裕代晉。今通行本有北京中華書局一九七四年點校本。

[五]崔鴻，字彦鸞，北魏鄃(今山東平原)人。官至齊州大中正。有十六國春秋一〇二卷序例一卷年表一卷。記晉代北方十六國之史。每國各爲篇卷。原書北宋時已散佚，自明以來學者多加輯佚，今傳本以清湯球所輯十六國春秋輯補，參考諸書，所輯皆明出處，最爲可據。有增訂漢魏叢書本、齊魯書社二〇〇〇年劉曉東等點校本。

[六]南史八〇卷，唐李延壽撰。以紀傳體記南朝宋、齊、梁、陳四代史。起劉宋武帝永初元年(四二〇)，迄陳後主禎明三年(五八九)。北史一〇〇卷，唐李延壽撰。記事自北魏拓跋珪登國元年(三八六)起，至隋恭帝義寧二年(六一八)止。宋書一〇〇卷，南朝梁沈約奉敕撰。其書以徐爰宋書六十五卷爲依據而成。記自宋武帝永初元年(四二〇)至順帝昇明三年(四七九)間劉宋一代史事。南齊書五九卷，南朝梁蕭子顯撰。記南齊二十四年(四七九—五〇二)間之史事。梁書五六卷，唐姚思廉撰。先是思廉父察著此書未竟，思廉繼父業以成是書。記梁朝五十六年(五〇二—五五七)間史事。陳書三六卷，唐姚思廉撰，亦爲在其父稿基礎上撰成。記陳朝(五五七—五八九)三十三年間史事。隋書八五卷，唐魏徵等撰。記隋朝三

十八年（五八一—六一八）史事，然志書内容則上溯至漢魏時期，於歷代典章制度所記尤詳。以上諸史，皆有北京中華書局點校本最爲精善可參。

［七］許嵩，唐肅宗時人。其自署曰嵩陽，生平事蹟無考。有建康實録二〇卷。以實録體裁，備記六朝事蹟，起吴孫權，迄陳後主，凡四百年，而以後梁附之。因六朝皆都建康，故以名書。有四庫全書本、北京中華書局一九八六年張忱石點校本等。

［八］新唐書二二五卷，宋歐陽修、宋祁等撰。原名唐書，後人稱新唐書，又稱劉昫之唐書爲舊唐書以爲區别。較舊唐書有所删裁，亦有增補。記唐一代二百九十年歷史（六一八—九〇七）。有北京中華書局一九七五年點校本。

［九］舊唐書二〇〇卷，後晉劉昫等撰。依唐國史、起居注及諸家之書撰成。計唐一代之史事。有北京中華書局一九七五年點校本。范祖禹（一〇四一—一〇九八），字淳父，一作淳甫，一字夢得，宋華陽（今四川廣元）人。仁宗嘉祐八年（一〇六三）進士。歷官龍圖閣學士，知國史院事，與修實録。著有唐鑒二四卷、帝學八卷、范太史集五五卷等。宋史卷三三七有傳。司馬光主修資治通鑒，祖禹爲編修官，分掌唐史，遂以其自得者著成唐鑒一二卷。後吕祖謙爲注，分二十四卷。有四庫全書本、金華叢書本、三秦出版社二〇〇三年白林鵬等點校本。

［一〇］五代史，此指新五代史七四卷（舊五代史南宋後湮没無聞，乾隆時始從永樂大典中輯出），宋歐陽修撰。記事上起後梁開平元年（九〇七）朱温滅唐稱帝，下迄周顯德元年（九六〇）趙匡胤滅周，計五十三年之史。有北京中華書局一九七四年點校本。

［一一］尹洙（一〇〇一—一〇四七），字師魯，宋河南（今河南洛陽）人。仁宗天聖二年（一〇二四）進士。慶曆時，歷知渭、慶、潞等州。博學有識度，尤深春秋。有五代春秋二卷、河南集二七卷等。宋史卷二九五有傳。歐陽修撰五代史，嘗約與洙分撰，五代春秋即或作於是時。全書仿春秋筆法，體用編年，始梁太祖朱温開平元年（九〇七），迄周世宗顯德七年（九六〇）。有河南先生文集本、紫藤書屋叢刻本、叢書集成續編本等。

［一二］范坰、林禹，皆宋人，生平事蹟不詳。吴越備史四卷補遺一卷，今存殘本。舊題宋武勝軍節度使掌書記范坰、巡官林禹撰。宋陳振孫直齋書録解題以爲錢俶弟儼所撰，託名范、林者。全書記載吴越王錢鏐以下累世事蹟。自宋季以來，已非完書。有四庫全書本、學津討原本等。武林掌故叢編本另有清錢受徵雜考一卷，另四部叢刊續編本有張元濟校勘記一卷。

［一三］句延慶，字昌裔，北宋末人。四庫總目疑爲華陽（今四川廣元）人。自稱前榮州應靈縣令。著錦里耆舊傳四卷，一名成都理亂記。原書八卷，闕卷一至卷四。紀前蜀王氏、後蜀孟氏據蜀時事。其體實近編年，所録亦頗簡略。有四庫全書本、叢書集成初編本等。

［一四］馬令，宋宜興人。撰南唐書三〇卷，記南唐自李昪開國至李煜降宋（九三七—九七五）之歷史。陸游（一一二五—一二〇九），字務觀，宋越州山陰（今浙江紹興）人。寧宗時詔同修國史，實録院同修撰，兼秘書監。後進爵渭南縣伯。博涉經史，精於詩文，著述有南唐書一八卷、老學庵筆記一〇卷、劍南詩稿八五卷、渭南文集五〇卷、放翁詞一卷等。宋史卷三九五有傳。陸游因不滿於馬令南唐書，遂重加編撰爲十八卷。馬、陸二書相較，前者史料豐富，敘述詳備；後者多明考證，敘次簡潔，各有其長。皆有四庫全書本、南唐書合刻本、叢書集成初編本等。

［一五］宋史四九六卷，元脱脱等撰。是書上起宋太祖建隆元年（九六〇），下迄帝昺祥興二年（一二七九），記載宋代三百一十九年之史事。然此書大旨在表彰道學，且成書倉匆，詳略失當，編次混亂，亦多錯訛。今通行本有北京中華書局一九七七年點校本。

［一六］王禹偁（九五四—一〇〇一），字元之，宋濟州鉅野（今山東巨野）人。太宗太平興國八年（九八三）進士。官至左司諫、判大理寺，後出知黄州，遷蘄州。曾與修太祖實録。著有五代史闕文一卷、小畜集三〇卷外集七卷等。宋史卷二九三有傳。祥案：東都事略，舊皆題王偁撰，實爲王稱，字季平，宋眉州（今四川眉山）人。孝宗淳熙十三年（一一八六），於知龍州時進東都事略一百三十卷，官至吏部郎中。事見宋會要輯稿崇儒五之四〇、嘉慶眉州屬志卷一一。東都事略一三

〇卷，因北宋都東京，亦稱「東都」，故名。以紀傳體記載北宋自宋太祖至欽宗間史事。敘事約而該，議論亦皆持平，爲治宋史者所寶重。有四庫全書本、宋遼金元别史本、齊魯書社二〇〇〇年孫言誠等點校本。

［一七］曾鞏（一〇一九—一〇八三），字子固，世稱南豐先生，宋建昌南豐人。仁宗嘉祐二年（一〇五七）進士。官至中書舍人。工文章，精經史，富藏書，蓄金石。理宗時追謚爲文定。著述今存有書經説一卷、隆平集二〇卷、元豐類稿五〇卷等。宋史卷三一九有傳。隆平集二〇卷，四庫總目以爲非曾鞏撰，爲宋人之舊笈。是書紀太祖至英宗五朝之事。有四庫全書本、國學基本叢書本等。

［一八］李心傳（一一六六—一二四三），字微之，號秀巖，南宋井研人。歷官至工部侍郎、兼秘書監事。精於諸經，尤邃史學。著述今存丙子學易編一卷、建炎以來繫年要録二〇〇卷、建炎以來朝野雜記四〇卷、道命録一〇卷、舊聞證誤四卷等。宋史卷四三八有傳。建炎以來朝野雜記四〇卷，取宋南渡後事蹟，以上德、郊廟、典禮、制作等爲次分二十六門編纂，每門又各分子目，體例實同會要。與建炎以來繫年要録，互相經緯。有國學基本叢書本等。

［一九］徐夢莘（一一二六—一二〇七），字商老，宋清江（今江西樟樹西南）人。高宗紹興二十四年（一一五四）進士。因撰三朝北盟會編，特旨詔除直祕閣。博涉多識，精於史學。今傳有三朝北盟會編二五〇卷。宋史卷四三八有傳。會編以紀事本末之體，記起徽宗政和七年（一一一七），迄高宗紹興三十一年（一一六一），共四十五年之史事。凡敕、制、詔、誥、國書、書疏、奏議、記序、碑誌等，登載靡遺，向爲治宋史者之所重。有上海古籍出版社一九八七年影印本等。

［二〇］葉紹翁，字嗣宗，又字靖逸，宋龍泉人。從葉適學，與真德秀、葛天民交甚密。仕履不詳，後棄官居西湖。著述今存四朝聞見録五卷、靖逸小稿一卷等。全宋詩卷二九四九有小傳。聞見録五卷二〇七條，敘高、孝、光、寧宗四朝軼事。四庫全書以其頗涉煩碎，不及李心傳之書，故列之小説家類。有四庫全書本、叢書集成初編本、北京中華書局一九八九年沈錫麟等點校本等。

［二一］元史二一〇卷，明宋濂等撰。記自蒙古興起至元朝立國以迄滅亡之史事。元史之修，倉促成書。紕漏錯訛，在

在而有，又失於剪裁，重復疊出。通行本有北京中華書局一九八三年點校本。

［一二二］蘇天爵（一二九四—一三五二），字伯修，號滋谿，元真定（今河北正定）人。官至江浙行省參政。精史學，多著述。有元朝名臣事略一五卷、滋谿文稿三〇卷等，又輯有元文類七〇卷。元史卷一八三有傳。元朝名臣事略一五卷，記元代名臣事實，始木華黎，終劉因，凡四十七人。大抵據諸家文集所載墓碑、家狀等，雜著可取者，間亦採録，並一一注其出處，以示徵信。今有北京中華書局一九九六年姚景安點校本。

［一二三］王爾膂其他著述，據清張思勉修乾隆掖縣志卷五載，尚有止菴詩草，今未見。

國朝漢學師承記　卷二

甘泉江　藩　纂

惠周惕　惠士奇　惠松崖

惠周惕[一]，字元龍，一字研谿[二]，吴縣人。先世居扶風[三]，遠祖元（祐）（祜）[四]，徙洛陽。靖康末[五]，以文林閣學士扈高宗蹕[六]，如臨安，家湖州[七]。生善[八]，分爲四支：曰四七，曰廿一，曰三八，曰小一。三八支後七傳至倫[九]，始遷吴縣東渚邨。五傳至洪[一〇]，洪年至一百五歲，吴下所稱百歲翁是也。洪生萬方[一一]，萬方生有聲，有聲生周惕。有聲字樸菴[一二]，明歲貢生，與同里徐枋友善[一三]，以九經教授鄉里[一四]，尤精於詩。

[一]古人名字解詁：「易乾卦：『九二，見龍在田，利見大人。九三，君子終日乾乾，夕惕若，厲無咎。』因彖有『大哉乾元』之詞，故以『元』飾『龍』。」祥案：周惕原名恕，字而行，後改名。王士禛漁洋山人自撰年譜康熙八年（一六六九）條：「淮安張弨力臣、長洲惠恕來執贄。惠後改名周惕，字元龍。」

[二]祥案：研谿亦作硯谿，本水名。周惕硯谿先生遺稿卷下與文賓日：「研谿在陽山之西，彭山之陽，龍山之陰。其水二支：一自鄧尉虎山橋南來，一自安山西來，匯爲彭山漚，漚分出爲谿。先君子讀書齋在谿之東龍山之下，其地平

衍，諸小水環繞之，所謂東渚村也。」惠士奇先府君行狀：「宅南有谿，方而窪，形如硯凹，俗名硯凹谿，故公自號硯谿。」

[三]碑傳集卷四六楊超曾翰林院侍讀學士惠公墓誌銘：「其先陝西扶風人，始祖元祐自關中徙洛陽。」

[四]祥案：「祐」，原作「祐」，誤。惠氏宗譜等皆作「祐」，粵雅堂本亦改正之，今據改。惠元祐（一〇八一—一一四一），字吉甫，原籍扶風，卜居湖州，宋人。爲人慷慨，尚氣節。師從尹焞。哲宗元符中，爲國子監直講。徽宗宣和末，金人陷平州及燕山州縣，奉使督諸道兵入援，領鄧州路。高宗即位，扈蹕至臨安。秦檜用事，遂乞終老歸。後知岳飛死事，悲號而卒。事見惠氏宗譜卷四明王居正宋文淵閣學士惠公傳。

[五]靖康，宋欽宗趙桓年號（一一二六—一一二七）。

[六]祥案：王居正惠公傳：「乙巳，金人陷平州及燕山州縣，奉使督諸道兵入援，加文林閣學士。丙午，淵聖即皇帝位，晉文淵閣學士，仍兼領鄧州路。」惠棟九曜齋筆記卷一「扶風」條：「予家出自扶風，始祖文林閣學士吉甫公諱元祐，尹和靖高弟子也。」錢大昕眉批曰：「文林閣學士，宋時無此官名，譜牒所載未可信。」案錢氏所言甚是，宋時有文林郎，爲文散官名，從九品；又爲選人階名，從八品。無文林閣學士，即文淵閣學士亦無之。明太祖時，於南京奉天門東建文淵閣，成祖遷都北京，又於宮内東廡建文淵閣，且置大學士，此文淵閣學士之始也。宋高宗趙構（一一〇七—一一八七），字德基。徽宗第九子。初封康王。徽、欽二帝被金虜去後，即位於南京，後渡江，建都於臨安。在位三十五年（一一二七—一一六二）。聽信秦檜，殺害岳飛等抗金名將，割地、稱臣、納貢於金。精於書畫，有翰墨志。事見宋史卷二四高宗本紀。

[七]王居正惠公傳：「帝思回鑾，乃命扈駕如臨安，卜居於吴興之大全港，杜門謝客，易冠服，作方外游。」

[八]惠氏宗譜卷七統宗世系圖：「善，字天成，娶錢氏，自吴興徙居姑蘇長洲陽山西，居焉。」

[九]據惠氏宗譜卷七統宗世表：始祖元祐生善，善生四七、廿一、三八、小一。三八公名正，正生曾，曾生壽夫，壽夫生承祐，承祐生仁，仁生鑾，鑾生楊，楊生敬，敬生倫，倫生□，□生昌文，昌文生葵，葵生播，播生洪。

[一〇]惠洪，字潤甫，號豫谿，壽登期頤，終一百〇五歲，孫有聲爲建百歲堂以紀念之。事見惠氏宗譜卷三二東渚徙

居關上市浜世表。

[一一]惠萬方（一五六六—一六四四），字懷珍，性豪邁，多隱德。崇禎十四年（一六四一），江南大饑，出儲粟設粥廠以賑饑，全活無算。事見惠氏宗譜卷三二東渚徙居關上市浜世表。

[一二]惠有聲（一六一一—一六九七），原名爾節，改名有聲，字律和，號樸菴。萬方次子。明諸生。明亡，隱居著述。與同郡徐枋友善。通經，尤明左氏春秋。以九經教授鄉里。著有左傳補注一卷、百歲堂書目四卷。事見惠氏宗譜卷三退隱樸菴公傳贊、卷三二東渚徙居關上市浜世表。

[一三]徐枋（一六二二—一六九四），字昭法，號俟齋，晚號秦餘山人，明末清初長洲（今江蘇蘇州）人。崇禎十五年（一六四二）舉人。入清，隱居不仕。詩文健拔，兼工書畫。有居易堂集二〇卷集外詩文一卷等。事見清葉燮己畦文集卷一六墓誌銘，清史稿卷五〇一有傳。祥案：康熙六年（一六六七）秋，徐枋自蓮花峰遷於東渚之宜橋，僦橋南張氏屋以居，有聲家在橋北折西。有聲棄諸生，隱居於此，不妄交接，獨喜徐氏之來。惠周惕硯谿先生遺稿卷下書徐昭法先生手札後云：「先生品行高一世，與先君爲舊相識，於是相見歡甚。往來過從，輒移日。予兄弟操几杖以隨。論詩論文，是時先生甥吴權、權之甥潘耒皆從吴江來省先生，遂與二子定交。如是三年而先生復還去矣。」

[一五]九經，歷代説法不一。惠棟述其家學，撰九經古義，爲易、書、詩、周禮、儀禮、禮記、公羊、穀梁與論語。

研谿先生少傳家學，又從徐枋、汪琬游[一]，工詩古文詞。既壯，阨於貧，遍游四方[二]，與當代名士交，秀水朱彝尊亟稱之[三]，文名益著。康熙辛未[四]，成進士。選庶吉士[五]，因不習國書[六]，改密雲知縣[七]，卒於官。著有易傳[八]、春秋問、三禮問、詩説及研谿詩文集[九]。

[一]汪琬，見本書第六一頁注[二]。

[二]惠士奇先府君行狀：「既冠，阨於貧。……於是去爲府吏，遲頓不及事。去試弁，孱無拳勇。又去爲廢居，數折閱不售。凡業三遷而三窮。……既壯……公與諸儒學相高，名相甲乙，而獨不能取容當世，故卒以齟齬窮。庚申夏，公歸自北，循江以南，踰石頭，越鵲尾，轉白茆灣，折而北，絶淮浮泗，泝河入濟。一留齊，三至蘇，再過曹、魯，折而東，出句章，入於粵，並海上乃還。計其程，水浮陸走，蓋不十數萬里，凡歷十有二年，而公之窮益甚。」

[三]朱彝尊(一六二九—一七〇九)，字錫鬯，號竹垞，清秀水(今浙江嘉興)人。康熙十八年(一六七九)，中博學鴻詞科。授翰林院檢討，充明史纂修官。工詩，善屬文，精考據。有經義考三〇〇卷、日下舊聞四二卷、明詩綜一〇〇卷、曝書亭集八〇卷等。清史列傳卷七一、清史稿卷四八四有傳。惠棟松崖文鈔卷二范湖詩鈔序：「長水前輩推倦圃、竹垞。竹垞與先王父爲莫逆交。」

[四]硯谿先生全集卷六囈語集題識：「春，成進士。夏五月，選入翰林，誦習國書。」王士禎漁洋山人自撰年譜康熙三十年條：「奉命主考會試，得張鍰等百五十餘人。正主考文華殿大學士張玉書、工部尚書陳廷敬，而兵部侍郎李光地及士禎副之。」惠棟注：「棟先王父硯谿公以是年成進士，榜後謁山人，甫就坐，山人謂曰：『闈中得君卷，張、陳、李三公皆欲擬第一，予獨難之，因置第六。以數十年老門生，暗中摸索，反以予故，不得元，豈非恨事？』歎息久之。蓋先王父於康熙八年執贄於山人，迄今已二十三年矣。」祥案：據明清進士題名碑録索引，惠周惕殿試最終名次爲二甲第七名。

[五]庶吉士，即翰林院庶吉士。清因明制，設庶常館，進士殿試後朝考前列者，得選用爲庶吉士。肄業三年期滿，再經考試後按等第分别授職，謂之散館。二甲進士授編修，三甲授檢討。參清文獻通考卷八三職官七。

[六]國書，即滿文，亦稱清文、清書、清字。清廷建立後，以滿文爲國書，設滿文館，翰林入館學習，而漢族翰林往往不願習之，故期滿考試多有因不合格而受貶罰者，惠周惕即其一也。又如清史稿卷三〇五錢維城傳：「維城習清文，散

館列三等。上不懌，曰：『維城豈謂清文不足習耶？』傅恒爲之解。」

[七]硯谿先生全集卷六曖語集題識：「散館，以國書不通，外調知密雲縣。」又雍正密雲縣志卷三：康熙三十五年（一六九六），「由翰林改授密雲知縣」。

[八]祥案：據惠棟硯谿公遺事載，有聲著述等身，亂後散佚。周惕傳其學，「因著詩說、易傳、春秋問、三禮問諸書。……其易傳、春秋問、三禮問，公悉口授大義，命先君書之。其後先君述兩世之學，著易說、春秋說、禮說、大學說數十卷。」然則諸書除詩說外，餘皆不傳，但精華已皆採入士奇易說、春秋說、禮說、大學說諸書中也。

[九]詩說三卷，是書於毛傳、鄭箋、集傳，無所專主，而多以己意參證。汪琬謂此書爲「毛、鄭之功臣，而夾漈、紫陽之諍子」。有硯谿先生全集本、四庫全書本等。又周惕硯谿先生全集一一卷，凡八種，詩七卷，文一卷，詩說三卷。詩爲北征集一卷、崢嶸集二卷、東中集一卷、紅豆集一卷、曖語集一卷、謫居集一卷。文一卷，中多有替他人如田雯等代作者。其詩格每兼唐、宋，然皆自出新意，風神轉佳。有惠氏紅豆齋刻本。又硯谿先生遺稿二卷，孫男惠棟編，上卷詩，下卷文，蓋爲全集以外所得者。有庚辰叢編本等。

子士奇，字天牧[一]，晚年自號半農人。研谿先生夢東里楊文貞公來謁[二]，已而生先生，遂以文貞之名名之[三]。年十二，即能詩，有「柳未成陰夕照多」之句，爲先輩所激賞。二十一爲諸生，不就省試。或問之，曰：「胸中無書，焉用試爲！」乃奮志力學，晨夕不輟，遂博通六藝九經諸子及史、漢、三國志，皆能闇誦。嘗與名流宴集，坐中有難之者曰：「聞君熟於史、漢，試爲誦封禪書[四]。」先生朗誦終篇，不遺一字，衆皆驚服。

[一]古人名字解詁：「書呂刑：『王曰：嗟！四方司牧政典獄，非爾惟作天牧。』孔傳：『主政典獄謂諸侯也。非汝惟天牧民乎！』以『天牧』應『士奇』，謂士之特異者應爲天牧養民衆。」祥案：錢大昕潛研堂文集卷三八惠士奇傳：「一字仲儒。」

[二]楊士奇（一三六五—一四四四），名寓，以字行，明泰和人。宣宗、英宗時，與楊榮、楊溥同掌國政，時稱「三楊」。卒謚文貞。編著有三朝聖諭録、歷代名臣奏議三五〇卷、文淵閣書目四卷，自著有東里文集九七卷別集四卷等。明史卷一四八有傳。

[三]錢傳：「先生之生也，父夢貴人來謁，視其刺，乃東里楊文貞公，遂以文貞名名之。」

[四]惠氏宗譜卷五奏對紀恩録載，康熙五十四年春，帝問士奇曰：「『聞汝能背誦廿一史，有諸？』士奇以不能對。上顧掌院揆公敘曰：『此亦難事。』」此可見士奇當時，確熟乎史籍，以致康熙帝亦有風聞耳。封禪書，史記八書之六，記祭祀天地之事。見史記卷二八。

戊子，鄉試第一。明年，成進士[一]。選庶吉士，散館，授編修。癸巳、乙未會試[二]，兩充同考官。聖祖嘗問廷臣誰工作賦，閣學蔣廷錫以華亭王頊齡、仁和湯右曾及先生三人對[三]。其後己亥正月，太皇太后升祔禮成[四]，奉命祭告炎帝陵、舜陵[五]。故事：祭告使臣，學士以上乃得開列，先生以編修得膺寵命，洵異數也。庚子，主湖廣鄉試[六]。冬，奉命督學廣東[七]。雍正元年癸卯，命留任三年。

［一］楊銘：「己丑，會試第十六名，殿試二甲十六。館選庶吉士。丁内艱。」

［二］癸巳爲康熙五十二年，即西元一七一三年。聖祖實録卷二五六康熙五十二年八月辛巳：「以大學士王掞、工部尚書王頊齡爲會試正考官，兵部左侍郎李先復、内閣學士沈涵爲副考官。」又卷二六二康熙五十四年四月癸酉：「以工部尚書王頊齡、都察院左都御史劉謙爲會試正考官，内閣學士蔡升元、王之樞爲副考官。」同考官一般不入實録，故無士奇名也。

［三］惠士奇奏對紀恩録載，康熙五十四年正月：「士奇内直，隨班以書進。……上問南書房諸臣，近日工作賦者誰？於是少詹事蔣公廷錫以王公頊齡、掌院湯公右曾暨士奇三人名對。」蔣廷錫（一六六九—一七三二），一名酉君，字揚孫，號西谷，又號南沙，别號青桐居士，清常熟人。康熙四十二年（一七〇三）特選進士。歷官至户部尚書兼兵部尚書、文華殿大學士。充明史總裁，並參與古今圖書集成、佩文韻府、康熙字典等之編纂。又善畫花鳥，尤擅牡丹。有牡丹百詠一卷、蔣西谷集一二卷等。清史列傳卷一一、清史稿卷二八九有傳。王頊齡，參本書第一二頁注［一七］。湯右曾（一六五六—一七二二），字西崖，仁和人。官至吏部右侍郎、兼掌院學士。工詩擅文。有懷清堂集二〇卷。事見方苞望谿集外文卷七墓誌銘，清史列傳卷九、清史稿卷二六六有傳。

［四］太皇太后，指清世祖順治帝皇后博爾濟吉特氏（一六四八—一七一七），爲科爾沁貝勒綽爾濟女。順治十一年册封爲后，十五年廢。康熙即位，尊爲皇太后，居慈仁宫。康熙待其極爲孝敬。崩，謚孝惠章皇后。清史稿卷二一四有傳。升祔，祭名。錢玄三禮辭典：「祔祭在虞祭、卒哭祭之後，立主祔祭於祖廟，並排列昭穆之位。祭畢主反寢。祔，亦作付。儀禮既夕禮：『三虞，卒哭，明日以其班祔。』鄭玄注：『班，次也。祔，卒哭之明日，祭名。祔猶屬也，祭昭穆之次而屬之。』」

［五］炎帝陵，即茶陵，炎帝神農氏之陵，在今湖南省炎陵縣西；舜陵，亦名零陵、永陵，帝舜之陵名，在今湖南省寧遠縣東南。

［六］錢傳：「庚子秋，主湖廣鄉試，得夏力恕等九十九人，多知名士。」聖祖實録卷二八八康熙五十九年六月乙卯：

以「編修惠士奇爲湖廣鄉試正考官，編修吕謙恒爲副考官。」

［七］聖祖實録卷二九〇康熙五十九年十一月丙寅：「編修惠士奇提督廣東學政。」

嘗謂漢時蜀郡僻陋，文翁守蜀［一］，選子弟就學，遣雋士張（叔）（寬）等東受七經［二］，還以教授。其後司馬相如、王襃、嚴遵、揚雄相繼而起［三］，文章冠天下。漢之蜀，今之粤也。於是毅然以經學倡。三年之後，通經者多，文體爲之一變［四］。又謂今之校官，古博士也。博士明於古今，通達國體，今校官無博士之才，弟子何所效法。訪諸輿論，有海陽進士翁廷資［五］，其學品勝校官之職，具疏題補韶州府教授［六］，得以誘進多士。吏部以學臣向無題補官員之例，格不行［七］。世宗特旨：「惠士奇居官聲名好，所舉之人，諒非徇私，著照所請補授，後不爲例［八］。」在任遷右春坊右中允［九］，超擢侍講學士［一〇］，轉侍讀學士。丙午，任滿還都，送行者如堵牆。既去，粤人設木主，配食先賢：廣州於三賢祠、惠州於東坡祠、潮州於昌黎祠［一一］，元旦及生日［一二］，諸生肅衣冠入拜。其得士心如此。

［一］文翁，漢廬江舒（今安徽舒城）人。少好學，通春秋。景帝末，爲蜀郡守，乃選郡縣小吏開敏有材者張叔等十餘人，親自飭厲，遣詣京師，受業博士，或學律令。後數歲，蜀生皆學成還歸，文翁依材選用，有官至郡守刺史者。又修起學官於成都，招下縣子弟以爲學官弟子，並減免其賦役。由是蜀地大化，蜀地學於京師者比齊魯焉。文翁卒後，民爲立祠以祭之。事見漢書卷二八地理志下，同書卷八九有傳。

[二]「張寬」，漢書卷八九文翁傳作「張叔」，錢傳誤引，江氏轉録錢傳，亦誤，今據改。

[三]漢書地理志下：「及司馬相如游宦京師諸侯，以文辭顯於世，鄉黨慕循其迹。後有王褒、嚴遵、揚雄之徒，文章冠天下。繇文翁倡其教，相如爲之師。故孔子曰：『有教亡類。』」司馬相如，見本書第八九頁注[六]。王褒，字子淵，漢資中（今四川資陽）人。宣帝時爲諫大夫。善辭賦。有聖主得賢臣頌等。漢書卷六四下有傳。嚴遵，字君平，以字行，漢蜀人。揚雄之師。依老、莊之旨，著書十餘萬言。事見漢書卷七二王吉傳序。揚雄，見本書第五四頁注[三]。

[四]錢傳：「下車日，焚香設誓，不妄取一文，不妄徇一情。頒條教，以通經爲先，士子能背誦五經、背寫三禮、左傳者，諸生食廩餼，童子青其衿。……於是毅然以經學倡，三年之後，通經者漸多，文體爲之一變。世宗御極，覆命留任三年，粤士皆爲踴雀躍，争棄兔園册，專事經籍，而通經者愈多，其爲文章，郁郁莘莘，比於江、浙矣。」

[五]翁廷資，字爾偕，號海莊，清廣東海陽（今潮州）人。康熙四十八年（一七〇九）進士。官四川渠陽知縣，旋以疾罷。因惠士奇薦，補爲韶州府學教授。後主韓山講席。著有韓山詩箋、楝花小墅諸書，藏於家。光緒海陽縣志卷三九有傳。

[六]題補，清代補授官員之一種方式。按官員銓選制規定，凡應具題奏補之官員出缺，其上司在應調、應陞題缺人員中揀選，題請補用，稱爲題補。

[七]格，止。漢書卷四七梁孝王傳：「太后議格。」師古注引張晏曰：「止也。」

[八]雍正朝起居注册雍正三年二月二十九日丁酉，大學士馬齊等「覆請吏部議駁提督廣東學政惠士奇奏請將伊同年進士前引見知縣因病革退之翁廷資補授韶州府學教授一疏。上曰：這事情議得是。惠士奇居官聲名好，伊所舉之人諒非徇私，今翁廷資患病既痊，著照惠士奇所請補授，後不爲例。」又參惠棟松崖筆記卷一「特恩著令」條、惠氏宗譜卷五旌節録。

[九]右春坊右贊善，官名。清制，屬詹事府。左、右春坊，滿、漢左右各一人，正五品。左、右中允，亦滿、漢左右各一人，正六品。左、右春坊各官掌記注撰文。參清黄本驥歷代職官表卷三詹事府。

［一〇］侍講學士，與下文侍讀學士，皆官名。清屬翰林院。侍讀、侍講皆滿、漢各三人，從四品。侍讀學士以下掌撰著記載。參清史稿卷一一五職官二翰林院、歷代職官表卷三翰林院。

［一一］三賢祠，在廣州城南東横街，祠宋周敦頤、明王陽明與陳獻章。惠州，今屬廣東省。宋蘇軾曾貶於此，後當地人建祠以紀念之。潮州，今亦屬廣東省。唐韓愈曾貶居於此，後民建祠以紀念之。

［一二］惠士奇先府君行狀：「公以前明崇禎十四年正月十八日生於東渚舊宅。」祥案：時爲西元一六四一年二月二十七日。又硯谿先生遺稿卷上春日雜興十首其二：「佳晨遮莫醉騰騰，鑾榼提攜荷友朋。」自注：「正月十八日爲余生辰，陳其年簡討、潘次耕太史及宋聲求教諭醵錢置酒。」

丁未五月，奉旨修鎮江城［一］，以産盡停工罷官。乾隆元年，奉旨調取來京引見［二］，以講讀用，所欠修城銀兩得寬免。丁巳六月［三］，補侍讀。戊午，以病告歸。辛酉三月卒［四］，年七十有一。

［一］祥案：惠士奇在粤六年，勤於王事，深得人心。但回京後因奏對不稱旨，旋奉旨修鎮江城。其奏對以何不稱上意，今不可考，然雍正朝起居注册雍正十二年九月十六日引絲綸簿曰：「鎮守江南京口鎮海將軍王釴奏：『原任直隸布政使楊紹、原任翰林院侍講學士惠士奇奉旨修理鎮江府城垣，查楊紹共用過銀一萬八百餘兩，惠士奇用過銀三千九百餘兩，咸稱家産已盡，應否令其回籍？候旨遵行』一疏。奉諭旨：『楊紹準其回籍。惠士奇夤緣督撫，保留兩任學政，伊在廣東惟事逢迎，巧詐沽名，致令士習浮囂，毫無整頓約束，深負委用之恩。及離任回京，奸狀畢露，派修鎮江城垣，又復遲延推諉，將貲財盡爲藏匿，祇修三千餘兩之工程，兼欲邀清廉之名，希圖脱卸，甚屬奸鄙。著仍留鎮江，再修二千金之工，

該將軍奏聞請旨，倘仍敢怠玩，即行糾參，另加重處。』」此旨之斥惠氏，幾爲非人矣，然考雍正帝此前曾數有詔，稱「惠士奇居官聲名好」，雍正四年十一月，士奇尚奉旨「在任六年，聲名甚好，著來京陛見」（參惠氏宗譜卷五硃批）。然起居注册中詔語却不同如此，實則清世宗自摑其面、出爾反爾也。清梁章鉅國朝臣工言行記卷一三惠士奇舟中與子書（篇名爲筆者所加）：「猶記康熙六十一年秋，試初畢還省城，與將軍管源忠、巡撫楊宗仁燕語，管謂予曰：『老先生不名一錢，固善，萬一日後奉旨當差，如之何？』楊正色曰：『天理可憑，決無此事，吾能保之。』予搖手曰：『保不得！保不得！』楊愕然曰：『何謂也？』予曰：『男兒墮地，死生禍福已前定，萬一吾命當死，公能保我不死耶？君子惟潔乃心、盡厥職而已，他非所知也。』管左右顧，笑曰：『好漢！好漢！』予當時已料及此事，君能致其身，即粉骨分所不辭，倘有幾微難色，便非好漢。汝當仰體我心，歡欣鼓舞，以樂饑寒，則我快然無憾矣。」若如士奇之説，則修城之事，似爲預料中事也。再考士奇修城七年所費，尚不足四千兩，所修不及二十分之一，已家資告竭，終以産盡停工罷官。至乾隆元年起復，所欠修城銀兩得寬免。即此亦可決其非貪婪之官也明矣。明清皇帝之懲外任之大員，有俗所謂「殺熟」之法，即各省總督、巡撫、布政使、學政等要員，久任一地，必搜刮民脂，貪贓無數，待其離任回京，則藉一罪名，迫其以贓款或修城，或治河等，惠士奇之懲修鎮江城者，蓋亦受此禍耳。

［二］清代六部成語詞典：「古代禮制，皇帝接見臣下、少數民族首領和外賓等，由有關大臣引導入見，稱引見。清制，京官五品以下，外官四品以下，由於授官、京察、大計、升調、俸滿等，均須朝見皇帝，文官由吏部引見，武官由兵部引見。」

［三］錢傳：「六月，補侍讀。時已垂老，耳漸聾。」

［四］士奇生於康熙十年八月十五日（西元一六七一年九月十七日），卒於乾隆六年三月二十二日（一七四一年五月七日），壽七十有一歲。參惠氏宗譜卷三二東渚派徙居關上市浜三八支世表。

先生邃深經術，撰易說六卷[一]、禮說十四卷[二]、春秋說十五卷[三]。其論易曰[四]：「易始於伏羲，盛於文王，大備於孔子，而其說猶存於漢。不明孔子之易，不足與言文王；不明文王之易，不足與言伏羲。舍文王、孔子之易而遠問庖犧[五]，吾不知之矣[六]。漢儒言易，如孟喜以卦氣[七]，京房以通變[八]，荀爽以升降[九]，鄭康成以爻辰[一〇]，虞翻以納甲[一一]，其說不同，而指歸則一，皆不可廢。今所傳之易，出自費直[一二]，費氏本古文，王弼盡改爲俗書[一三]，又創爲虛象之說，遂舉漢學而空之，而古學亡矣。易者，象也[一四]。聖人觀象而繫辭[一五]，君子觀象而玩辭，六十四卦皆實象，安得虛哉！[一六]」

[一]易說六卷，是書雜釋卦爻，專宗漢學，以象爲主，然有意矯王弼以來空言說經之弊，故徵引極博，而不免稍失之雜。有四庫全書本、皇清經解本等。

[二]禮說一四卷，是編不載周禮經文，惟標舉其有所考證辨駁者，各爲之說，依經文次序編之。全書於古音古字，皆爲之分別疏通，使無疑似，復援引諸史百家之文，或證明周制，或參以鄭氏所引之漢制，以遞求周禮，而各闡其制作之深意，持論皆有根抵。有四庫全書本、璜川吴氏經學叢書本、皇清經解本等。

[三]春秋說一五卷，是書以禮爲綱，而緯以春秋之事，比類相從，約取三傳附於下，亦間以史記諸書佐之。大抵事實多據左氏，而論斷多採公、穀，每條之下，多附辨諸儒之說；每類之後，又各以己意爲總論。有四庫全書本、璜川吴氏經學叢書本、皇清經解本等。

[四]此段引文見易說卷二。

[五]庖犧，即伏羲，亦作伏戲、宓羲、包犧等。戲、羲、犧古屬歌部；伏、庖並母字，包爲幫母字，皆讀重脣。故字異而音同可通。

[六]周注：「宋儒易學以爲易有先天、後天。庖犧之易稱爲先天，文王、孔子之易稱爲後天。惠士奇所謂舍文王、孔子之易而遠問庖犧，即譏斥宋儒之專以先天、後天言易也。」

[七]孟喜，字長卿，漢東海蘭陵(今山東蒼山縣西南)人。後爲丞相掾。從田王孫受易。博士缺，衆人薦喜，上聞喜改師法，遂不用。清儒輯有周易孟氏章句二卷。漢書卷八八有傳。卦氣，漢儒易學術語，始自孟喜。卦爲易之六十四卦，氣即自然消長進退之陰陽之氣。卦氣者，六十四卦與一年中四時、二十四節氣、十二月、七十二候之相互結合交配，因之産生所謂四正卦(坎、離、震、兑)、十二消息卦(復、臨、泰、大壯、夬、乾、姤、遁、否、觀、剥、坤)、六日七分法、七十二候説等，用以解釋易之諸種現象。詳參惠棟易漢學卷一、二孟長卿易。

[八]京房(前七七—前三七)，字君明，漢東郡頓丘(今河南清豐西南)人。官至魏郡太守。因卦氣陰陽災變論時政之弊，爲石顯所譖，遭棄市。師事焦延壽，精易及音律等。有京氏易傳三卷。清儒輯有周易京氏章句一卷。漢書卷七五有傳。通變，京房解易，重陰陽消息等變化以釋卦，其法以八宮卦(乾、震、坎、艮、坤、巽、離、兑)爲基礎，每宮由一純卦統七變卦，中又有本位卦、世卦、游魂卦、歸魂卦之分，又有飛伏、互體等諸種變化。詳易漢學卷三、四京君明易。

[九]荀爽，見本書一二七頁注[三]。升降之説，創自京房，京氏解易，以「陰陽升降」解之，荀爽以「乾升坤降」解易，即乾、坤兩卦爻位互易，乾卦九二居於坤卦六五爻位，坤卦六五居於乾卦九二爻位，所謂陽在二者當上升坤五爲君，陰在五者當降居乾二爲臣。乾升坤爲坎(☵)，坤降乾爲離(☲)，成既濟(䷾)定，則六爻得位。反之亦有陽降陰升之變化。詳易漢學卷七荀慈明易。

[一〇]爻辰，鄭玄解易術語，指乾坤十二爻與十二辰(地支)之相配，即以十二地支中之陽支子、寅、辰、午、申、戌，分別配乾卦初至上六爻；以十二地支中之陰支未、酉、亥、丑、卯、巳，分別配坤卦初至上六爻。依此推附，十二

支與四方、二十四節氣、十二生肖、四獸、二十八宿、五行等皆產生對應關係，納入卦爻之中以釋易。詳參易漢學卷六鄭氏易。

［一一］虞翻，見本書第一二七頁注［三］。納甲，朱震漢上易傳卦圖：「納甲何也？曰舉甲以該十日也。」納謂卦納十天干，以十天干配八卦，甲爲十干之首，以代表十天干，故簡稱「納甲」。乾納甲壬、坤納乙癸、震納庚、巽納辛、坎納戊、離納己、艮納丙、兑納丁。又以十二地支配八卦，則稱「納支」。納甲之説，創自京房，虞翻亦多以此釋易。詳參易漢學卷三虞仲翔易。

［一二］費直，字長翁，漢東萊（今山東黄縣）人。治易爲郎，至單父令。長於卦筮，無章句，徒以彖、象、繫辭、文言解説經文。漢書卷八八有傳。漢志：「及秦燔書，而易爲筮卜之事，傳者不絶。漢興，田何傳之。訖於宣、元，有施、孟、梁丘、京氏列於學官，而民間有費、高二家之説。劉向以中古文易經校施、孟、梁丘，或脱去『无咎』、『悔亡』，唯費氏經與古文同。」又隋志：「漢初又有東萊費直傳易，其本皆古字，號古文易。以授琅玡王璜，璜授沛人高相，相以授子康及蘭陵毋將永。故有費氏之學，行於人間，而未得立。後漢陳元、鄭衆，皆傳費氏之學。馬融又爲其傳，以授鄭玄。玄作易注，荀爽又作易傳。魏代王肅、王弼，並爲之注。自是費氏大興，高氏遂衰。」

［一三］惠棟九經古義卷二周易下：「自唐人爲五經正義，傳易者止王弼一家，不特篇次紊亂，又多俗字。」

［一四］四庫總目卷一經部易類小序：「漢儒言象數，去古未遠也。……王弼盡黜象數，説以老、莊。」又同卷周易注提要：「弼之説易，源出費直。……但弼全廢象數，又變本加厲耳。」

［一五］易繫辭下：「是故易者，象也。象也者，像也。」

［一六］易繫辭上：「聖人設卦觀象，繫辭焉而明吉凶，剛柔相推而生變化。是故吉凶者失得之象也，悔吝者憂虞之象也，變化者進退之象也，剛柔者晝夜之象也。六爻之動，三極之道也。是故君子所居而安者，易之序也；所樂而玩者，爻之辭也。是故君子居則觀其象而玩其辭，動則觀其變而玩其占，是以自天祐之，吉無不利。」

其論春秋曰[一]：「春秋三傳，事莫詳於左氏，論莫正於穀梁。韓宣子見魯春秋曰[二]：『周禮盡在魯矣。』然則春秋本周禮以記事也。左氏褒貶，皆春秋諸儒之論，故紀事皆實，而論或未公。公羊不信國史，惟篤信其師説，師所未言，則以意逆之，故所失常多[三]。要之，左氏得諸國史，公、穀得之師承，雖互有得失，不可偏廢。後世有王通者[四]，好爲大言以欺人，乃曰[五]：『三傳作而春秋散。』於是啖助、趙匡之徒，争攻三傳[六]，以伸其異説[七]。夫春秋無左氏，則二百四十年盲焉如坐闇室之中矣。公、穀二家，即七十子之徒所傳之大義也。後之學者，當信而好之，擇其善而從之[八]。若徒據孟子『盡信書不如無書』之説[九]，力排而痛詆之，吾恐三傳廢而春秋亦隨之而亡也[一〇]。左氏最有功於春秋，公、穀有功兼有過，學者信其所必不可信，疑其所必無可疑，惑之甚者也。」

[一]此段引文非出一處，且前後次序不一，分見春秋説卷一、卷三、卷五、卷六、卷七。

[二]左傳昭公二年春，晉侯（平公）使韓宣子來聘，觀書於太史氏，見易象與魯春秋。曰：「周禮盡在魯矣，吾乃今知周公之德與周之所以王也。」

[三]春秋説卷五：「公羊不信國史，亦不信周官，惟篤信其師之説，其師之説所未言，則以意逆之，故失者常多。……昭二年韓宣子來聘，觀書於太史氏，見易象與魯春秋，曰：『周禮盡在魯矣！』然則春秋本周禮以紀事，學者不明周禮，焉識春秋？……左傳最有功於春秋，公、穀有功兼有過，學者信其所必不可信，疑其所必無可疑，則又惑之甚者也。」

又見同書卷六，較此爲略。

［四］王通，字仲淹，隋龍門（今山西河津）人。幼篤學，文帝仁壽間，西游長安，上太平十二策，不用，遂退居教授，薛收、房玄齡、李靖、魏徵等皆北面受王佐之道。煬帝大業中，以著作郎、國子博士徵，不就。卒年三十三。門人謚曰文中子。有中説一〇卷等。事見新唐書卷一六四王質傳、舊唐書卷一九〇上王勃傳。

［五］王通中説卷二天地篇：「蓋九師興而易道微，三傳作而春秋散。」

［六］啖助，字叔佐，唐趙州（今河北趙縣）人。玄宗天寶末，歷臨清尉、丹陽主簿，秩滿隱居不仕。淹該經術，尤善春秋。有春秋集傳。新唐書卷二〇〇有傳。趙匡，字伯循，唐河東（今山西永濟）人。與陸質同爲啖助高弟，稱「趙夫子」。歷官洋州刺史。助卒，匡爲損益其春秋集傳。著有春秋闡微纂類義統。事見新唐書卷二〇〇啖助傳附。

［七］新唐書啖助傳：「助愛公、穀二家，以左氏解義多謬，其書乃出於孔氏門人。且論語孔子所引，率前世人老彭、伯夷等，類非同時；而言『左丘明恥之，丘亦恥之』。丘明者，蓋如史佚、遲任者。又左氏傳、國語，屬綴不倫，序事乖刺，非一人所爲。蓋左氏集諸國史以釋春秋，後人謂左氏，便傳著丘明，非也。助之鑿意多此類。」又啖助傳贊：「春秋、詩、易、書，由孔子時師弟子相傳，歷暴秦，不斷如繫。至漢興，剗挾書令，則儒者肆然講授，經典浸興。左氏與孔子同時，以魯史附春秋作傳，而公羊高、穀梁赤皆出子夏門人。三家言經，各有回舛，然猶悉本之聖人，其得與失蓋十五，義或繆誤，先儒畏聖人，不敢輒改也。啖助在唐，名治春秋，摭詘三家，不本所承，自用名學，憑私臆決，尊之曰『孔子意也』，趙、陸從而唱之，遂顯於時。嗚呼！孔子没乃數千年，助所推者果其意乎？其未可必也。以未可必而必之，則固；持一己之固而倡茲世，則誣。誣與固，君子所不取。助果謂可乎？徒令後生穿鑿詭辨，詬前人，舍成説，而自爲紛紛，助所階已。」惠氏春秋説中，駁斥趙匡之説最夥，如卷一一曰：「凡史無文，左氏皆無傳，蓋無徵不信，故不敢以異説亂經，或以爲左氏紀事，誕妄不足信，始自趙匡，南、北宋諸儒從而和之，於是學者胸馳臆斷，異説並興，左傳雖存而實廢矣。吾恐左傳廢而春秋隨之而亡也，獨抱遺經，力排異説，非吾徒之責而誰責歟！」又四庫總目卷二六春秋類一春秋集

傳纂例：「助之説春秋，務在考三家得失，彌縫漏闕，故其論多異先儒，如論左傳非丘明所作，漢書丘明授魯曾申，申傳吴起，自起六傳至賈誼等説，亦皆附會。公羊名高，穀梁名赤，未必是實。又云春秋之文簡易，先儒各守一傳，不肯相通，互相彈射，其弊滋甚。左傳序周、晉、齊、宋、楚、鄭之事獨詳，乃後代學者因師授衍而通之，編次年月，以爲傳記，又雜採各國諸卿家傳及卜書、夢書、占書、縱横小説，故序事雖多，釋經殊少，猶不如公、穀之於經爲密。其説未免一偏，故歐陽修、晁公武諸人，皆不滿之。而程子則稱其絶出諸家，有攘異端、開正途之功。蓋舍傳求經，實導宋人之先路，生臆斷之弊，其過不可掩，破附會之失，其功亦不可没也。」

［八］論語述而：「述而不作，信而好古，竊比於我老彭。」又「三人行，必有我師焉，擇其善者而從之，其不善者而改之。」

［九］孟子盡心下：「孟子曰：『盡信書，則不如無書。』」集注：「載事之辭，容有重稱而過其實者，學者當識其義而已；苟執其辭，則時或有害於義，不如無書之愈也。」

［一〇］春秋説卷三：「三傳倖存，三禮殘闕，後之學者，不能信古而好之，擇其善而從之，疑則闕之，徒據孟子『盡信書則不如無書』之説，於是力排而痛詆，以爲禮記皆漢人僞造，以求購金，則大學、中庸皆不足信，後世俗儒之議論，甚於秦灰矣。嗚呼！」

其論周禮曰：「禮經出於屋壁［一］，多古字古音。經之義存乎訓，識字審音，乃知其義，故古訓不可改也。康成注經，皆從古讀，蓋字有音義相近而譌者，故讀從之。後世不學，遂謂康成好改字，豈其然乎［二］！康成三禮、何休公羊，多引漢法，以其去古未遠，故借以爲説。賈公彦於鄭注如『飛茅』［三］、『扶蘇』［四］、『薄借綦』之類［五］，皆不能疏，所讀之字亦不能疏，輒曰從俗讀[六]，甚違『不知蓋闕』之義。夫漢遠於周，而唐又遠於漢，宜其說之不能盡通也，況宋以後乎？周秦諸子，其文雖不盡雅馴，然皆可引爲禮經之證，以其近古也。」

[一]賈公彦序周禮廢興引馬融傳曰：「秦自孝公已下，用商鞅之法，其政酷烈，與周官相反。故始皇禁挾書，特疾惡，欲絶滅之，搜求焚燒之獨悉。是以隱藏百年。孝武帝始除挾書之律，開獻書之路，既出於山巖屋壁，復入於秘府，五家之儒莫得見矣。」

[二]禮説卷一「瘍醫」條：「學者不明六書，乃謂康成好破字，不亦異乎？」又卷五「山虞澤虞掌山澤之政令」條：「學者不知音，以爲康成好破字。」

[三]周禮夏官司弓矢：「凡矢，枉矢、絜矢利火射，用諸守城車戰。」鄭注：「枉矢者，取名變星，飛行有光，今之飛矛是也，或謂之兵矢。」賈疏：「按輈人云：『弧旌枉矢以象弧也。』按孝經緯援神契云：『枉矢射慝。』考異郵曰：『枉矢者，取名變星，飛行有光。』漢時名此矢爲飛矛，故舉以爲説也。」惠士奇禮説卷一一「枉矢絜矢利火射」條：「枉矢利火射，康成謂『取名變星，飛行有光，今之飛矛』，矛與鳧古音同。漢之飛矛，古之飛鳧也。以其飛行有光，一名電影。凡車戰，以强弩矛戟爲翼，飛鳧電影副之。飛鳧，赤莖白羽，銅爲首；電影，青莖赤羽，鐵爲首。晝以絳縞，長六尺，廣六寸，爲光耀；夜以白縞，長六尺，廣六寸，爲流星。星有毛羽，狀如蛇行。古之枉矢，號曰飛兵，大黄參連弩用之。」

[四]周禮夏官司戈盾：「及舍，設藩盾，行則斂之。」鄭注：「舍，止也。藩盾，盾可以藩衛者，如今之扶蘇與？」賈疏：「云『如今之扶蘇』者，舉漢法以況之也。」禮説卷一一「藩盾」條：「司戈盾掌建乘車而設藩盾，舍則設之，行則斂之。康成謂藩盾如今扶蘇。蘇與胥古文通，故扶蘇一作扶胥，蓋秦、漢間語，周之藩盾也。建之乘車，以蔽左右，軍旅會同，

前後拒守。大者八尺輪三十六乘。輓者每乘二十四人，以大扶胥爲武衛焉；中者五尺輪大櫓，扶胥七十二具；小者鹿車輪小櫓，扶胥一百四十六具。皆以矛戟爲翼，扶胥爲衛。在車兩藩，故曰藩盾。止則設焉，嚴其守也；行則斂焉，利其行也。王之乘車則然。若凡兵車，雖行亦設之，所以陷堅陣、敗强敵。説者遂以扶胥爲車名，失之甚矣。大扶胥者，左傳偪陽之役，狄虒彌建大車之輪而蒙之以甲以爲櫓者是也。古者材士持强弩矛戟，夾車而趨，左八人，右八人，止則持輪以爲羽翼；狄虒彌以一人當之，非所謂有力如虎者乎？扶胥之大小，眡其輪之高卑。高則建大，卑則建小。建櫓於輪，非以輪爲櫓也。」

[五]周禮夏官弁師：「王之皮弁，會五采玉璂，象邸玉笄。」鄭注：「會讀如大會之會。會，縫中也。璂讀如薄借綦之綦。綦，結也。皮弁之縫中，每貫結五采玉十二以爲飾，謂之綦。詩云『會弁如星』，又曰『其弁伊綦』是也。邸，下柢也。以象骨爲之。」賈疏：「漢時有薄借綦之綦，故讀從之，亦取結義。薄借之語，未聞。」禮説卷一一「王之皮弁會五采玉璂」條：「案説文云：『不借，綦。』喪服傳注云：『繩菲，今之不借。』孟子趙岐注云：『蹝，草履也。敝喻不惜。』齊民要術云：『草履之賤者曰不惜。』然則不借一作不惜，言不相假借，亦不足憐惜也。釋名：『齊人云搏臘。』然則薄借綦，齊人語，即説文所謂不借綦也。案廣雅不借、薄平，皆履名。其紟謂之綦。内則注云：『綦，履繫。』士喪禮：『繫結於跗，連絇。』絇在履頭，有孔，穿繫於中，而結於足。康成引之，亦取結義也。璂，一作瑧，或省作琪。會，一作膾。説文云：『骨擿可會髮者。』詩曰：『膾弁如星。』儀禮作鬠，云鬠笄，義取會聚之義。晉志云：『縫中名曰會，以采玉爲瑧。瑧，結也，謂縫而結之。』穀梁傳曰：『齊謂之綦，楚謂之踙，衛謂之輒。』輒一作縶。然則綦亦齊語，謂連並而絆縶也。」

[六]惠氏所識者，如周禮春官典同：「凡聲，高聲䃂，……陂聲散。」注：「鄭大夫讀陂爲人短罷之罷。」賈疏：「陂讀爲人短罷之罷，從俗語讀之。」又典庸器：「掌藏樂器庸器，及祭祀，帥其屬而設筍虡。」注：「杜子春云：筍讀爲博選之選。」賈疏：「子春云筍讀爲博選之選者，此當俗讀當時語者有博選之言，故讀從之也。」又考工記弓人：「老牛之角紾而昔。」注：「鄭司農云：紾讀爲抮縳之抮。」賈疏：「先鄭云紾讀爲抮縳之抮者，未知讀從何文，蓋從俗讀。」賈疏此類尚

多，此不一一列舉。

幼時讀廿一史[一]，於天文、樂律二志，未盡通曉。及官翰林，因新法究推步之原[二]，著交食舉隅二卷[三]。言測日食者，先求食限[四]，食限必在兩交，去交近則食，遠則否，有入食限而不食者，未有不入食限而食者也。古法不能定朔，故日食或在晦[五]。説者謂日之食晦朔之間，月之食惟在望，此知二五而不知十也[六]。日月有平行，有實行，有視行[七]；日月之食，亦有實食，有視食。實食者，日月在天相揜之實度；視食者，人在地所見之初虧、食甚、復圓也[八]。古術或知求實行，莫知求視行；皆知求平朔，莫知求實朔。故不能定朔者以此。七政有高卑[九]，故有恒星天、有五星天、有日天、有月天[一〇]。古人以恒星最高，遂指恒星爲天體；新法於恒星天之外，又有宗動天[一一]，合於九重之數[一二]。宗動者，七政之所同宗也。沈括謂日月星辰之行[一三]，不相觸者，氣而已，此不知曆象者也。如日月有氣而無體，則月焉能揜日哉？日高而月下，五星亦有高下，高下既殊，又焉能相觸乎？春秋[一四]：「日有食之既」。既者，有繼之辭，非盡也。新法謂之金錢食：日大月小，月不能盡揜日光，故全食之時，其中闕然，而光溢於外，狀若金錢也。

[一]廿一史，明代南、北監皆刻二十一史，盛爲通行。分别爲：史記、漢書、後漢書、三國志、晉書、宋書、南齊

書、梁書、陳書、魏書、北齊書、周書、隋書、南史、北史、新唐書、新五代史、宋史、遼史、金史與元史。

［二］後漢書卷三八馮緄傳，緄弟允「善推步之術」。注：「推步，謂究日月五星之度，昏旦節氣之差。」

［三］交食舉隅，是書未見傳本，諸家著録，或曰一卷，或曰二卷，或曰三卷。交食，指日月交會時發生之日食與月食現象。是書當爲研究日月食之專著。惠士奇春秋説卷一一末凡列春秋自隱公三年至定公十五年間所發生之日食三十四次，並言「詳見交食舉隅」，然則確有成書，今佚之耳。

［四］此段引文今見於春秋説卷一一，較此處所引爲詳。祥案：此段主要論日、月食現象，現詳述之，下不再舉例。日食指太陽被月球遮蔽之現象。月球在繞地球運行過程中，有時會行至太陽與地球中間，此時月球之影子落於地球表面上，位於影子裡之觀測者，即看到太陽被月球遮住，此即日食。月球之影子可分爲本影、僞本影（本影延長部分）與半影。發生日食時，觀測者有時可能在本影範圍内，看到太陽被月球所遮，此爲日全食；倘觀測者在僞本影範圍内，則月球不能完全遮蔽太陽，在太陽邊緣剩下一周光環，稱日環食；觀測者在半影内，則能見到太陽之一部分爲月球所遮，此即日偏食。假如白道（月亮視運動軌道，亦稱月道，也即月球繞地球公轉之軌道在天球上之投影。它是天球上之一個大圓，與黄道相交於兩點）與黄道（太陽周年視運動軌道，也即地球繞太陽公轉之軌道平面與天球相交之大圓）在同一平面，則每月逢朔即發生日食，然實際上白道與黄道平均有約五度九分之傾角，朔時月球有時在太陽上方經過，有時在太陽下方經過，並非每次皆能遮蔽太陽而發生日食，只有當朔時太陽離白道與黄道之交點在某一角度内才會發生日食，此角度爲發生日食的最大距離，被稱爲日食限（月食限與此相仿）。日食限亦有變化，最小爲十五點四度，最大爲十八點五度。發生日食需滿足兩個條件：一是月球在朔之時；二是太陽同交點之距離在日食限以内。日食分五階段：月球圓面初與太陽圓面相接觸時，稱爲初虧，爲日偏食之始；初虧後約一小時，月球與太陽兩圓面相内切，稱爲食既，此時日全食始；月球圓面中心與太陽圓面中心最近時，稱爲食甚；月球圓面與太陽圓面第二次内切，稱爲生光，此時日全食結束；生光後約一小時，月球圓面與太陽圓面第二次外切，稱爲復圓，日偏食結束。月食指月球進入地球陰影，月面變暗之現象。地球在背著

太陽之方向有一條陰影，地影亦分本影與半影兩部分。月球在繞地球運行過程中有時進入地影，即發生月食。月球全部進入地影，則發生月全食；部分進入本影，則發生月偏食；有時月球不進入本影，只進入半影，稱半影月食。月食爲月球進入地影之現象，故月食只能發生在望日，即農曆十六日前後，由於白道與黄道有約五度九分之傾角，所以並非每個望日都發生月食，只有月球運行到黄、白交點附近時，才可能發生月食。參中國大百科全書天文卷、中國天文學史整理研究小組編著中國天文學史第六章日食和月食。

[五]古人以推驗交食作爲檢驗曆法之疏密的標準。若曆法無誤，則日食當發生在朔，月食當發生在望，然因觀測方法與推算之失誤，即會發生「當食不食」或「不當食而食」之現象；或在時間上發生誤差，即不在朔而在晦，如漢初往往記載朔前一日之晦日或晦前一日日食。春秋説卷一一：「日食必在朔，猶月食必在望，故春秋日食必書朔，其有不書朔與日者，由日官不能定朔，故日食或失之前，或失之後。……唐、宋以上，曆法皆疎，或不能定朔，故日食恒在晦。説者謂日之食晦朔之間，月之食惟在望，此知二五而不知十也。」

[六]史記卷四一越世家：「王之所求者，鬭晉、楚也。晉、楚不鬭，越兵不起，是知二五而不知十者歟！」

[七]平行、實行、視行，是與太陽、月亮及五星運動的不均勻性及其觀測相聯繫的概念。由於地球和月亮運行軌道都是橢圓，因此它們的運動速度是不均勻的，近地點速度快，遠地點速度慢。「平行」是將運行軌道視爲圓形，按平均運動(即平均速度)計算出的太陽(或月亮)的行度。「實行」爲太陽(或月亮)沿軌道實際運動的行度。由於實際觀測的地點是在地球表面的某處，不可能在地球的中心，而太陽、月亮的真位置是從地心看它們在天球上的投影，因此又有與「實行」相對應的「視行」觀測之值。「實行」則是考慮到周日視差等影響的改正值。清儒之説，詳參秦蕙田五禮通考卷一九六嘉禮六十七觀象授時。

[八]春秋説卷一一：「實食者，日月在天交會之實度；視食者，人在地所見之初虧、食甚、復圓之行度也。」

[九]七政，日、月與金、木、水、火、土五星。尚書舜典：「在璿璣玉衡，以齊七政。」明史卷二五天文一：「日、

月、五星各有一重天，其天皆不與地同心，故其距地有高卑之不同。其最高最卑之數，皆以地半徑準之。」

［一〇］春秋説卷一一此下惠氏自注：「新法謂之大陽天、大陰天。」

［一一］西方古代天文學家將恒星和日月五星按到地球的遠近爲序排列，各在一重天上，在這八重天之外還有一重想像的「宗動天」。明史天文一：「楚詞言：『圜則九重，孰營度之？』渾天家言：『天包地如卵裡黄。』則天有九重，地爲渾圓，古人已言之矣。西洋之説，既不背於古，而有驗於天，故表出之。其言九重天也，曰最上爲宗動天，無星辰，每日帶各重天，自東而西左旋一周。次曰列宿天，次曰填星天，次曰歲星天，次曰熒惑天，次曰太陽天，次曰金星天，次曰水星天，最下曰太陰天。自恒星天以下八重天，皆隨宗動天左旋。然各天皆有右旋之度，自西而東，與蟻行磨上之喻相符。」

［一二］九重，當指中國傳統九天、九重天之説。楚辭天問：「圜則九重，孰營度之？」淮南子天文訓：「天有九重。」祥案：古人謂天有九重，然太玄所云九天（中天、羨天、從天、更天、晬天、廓天、咸天、沈天、成天），即淮南子所謂「九野」，非九重也，故中國古代「九天」之説不詳。

［一三］沈括（一〇三一—一〇九五），字存中，宋錢塘（今浙江杭州）人。仁宗嘉祐八年（一〇六三）進士。神宗熙寧五年（一〇七二），提舉司天監。精於天算、農醫諸學。著有夢谿筆談二六卷、蘇沈良方八卷（與蘇軾書合刊）、長興集四二卷（今存一九卷）等。宋史卷三三一有傳。胡道静夢谿筆談校正卷七象數一：「又問予曰：『日月之形，如丸邪？如扇邪？若如丸，則其相遇豈不相礙？』予對曰：『日月之形如丸。何以知之？以月盈虧可驗也。月本無光，猶銀丸，日耀之乃光耳。光之初生，日在其傍，故光側而所見纔如鉤，日漸遠則斜照而光稍滿。如一彈丸，以粉塗其半，側視之，則粉處如鉤；對視之，則正圜。此有以知其如丸也。日月氣也，有形而無質。故相值而無礙。』」

［一四］春秋桓公三年：「秋七月壬辰，日有食之既。」祥案：有，又也。公羊傳：「既者何？盡也。」穀梁傳：「既者，盡也。有繼之辭也。」范寧集解：「盡而復生，謂之既。」

又撰琴篴理數考四卷[一]，其略云：「十二律[二]，黄鍾至小吕爲陽，蕤賓至應鍾爲陰[三]，陽用正而陰用倍，蕤賓長，小吕短，黄鍾中，自古相傳之舊法也。晉永嘉之亂[四]，有司失傳。梁武帝始改舊法[五]，黄鍾長，應鍾短，小吕中，由是陽正陰倍之法絶。漢魏律篴小吕一均之下徵調[六]，黄鍾爲宫[七]，有小吕，無蕤賓，故假用小吕爲變徵，黄鍾篴之黄鍾宫爲正宫，小吕篴之黄鍾宫爲下宫，徵最小而以爲宫，故爲下宫。隋鄭譯遂以黄鍾正宫當之[八]，擅去小吕，用蕤賓，以附會先儒宫濁羽清之説。夫宫濁羽清者，指下徵調而言，譯改爲正宫，是以歷代之樂皆患聲高。隋、唐以來，惟奏黄鍾一均[九]，而旋宫之法廢矣[一〇]。古法盡亡，獨存於琴篴，篴孔疎密，取則琴暉[一一]。琴之十二律起於中暉，篴之七音生於宫孔。黄鍾篴從宫孔黄鍾始，一上一下，終於蕤賓；琴自中暉黄鍾始，一左一右，終於十暉。」書成，惟嘉定王進士恪見而喜之[一二]，餘莫能解也。

[一]琴篴理數考四卷，未見傳本。篴，笛之異體字。周禮春官笙師：「掌教歈竽、笙、塤、籥、簫、篪，篴，管，春牘、應，雅，以教祴樂。」鄭注：「今時所吹五孔竹篴。」明朱載堉律吕全書卷八律吕精義内篇八篴：「周禮：笙師掌教吹篴。先儒讀篴爲滌蕩之滌。風俗通曰：篴者，滌也。所以滌蕩邪穢納之雅正也。蓋篴笛音義並同。古文作篴，今文作笛。其名雖謂之笛，實與横笛不同，當從古作篴以别之可也。」

[二]十二律，傳云：「十二律，黄帝之所作也。周禮：太師掌六律、六吕，以合陰陽之聲。六律陽聲，黄鍾、太蔟、姑洗、蕤賓、夷則、無射也；六吕陰聲，大吕、應鍾、南吕、林鍾、仲吕、夾鍾也。及秦始皇焚書蕩覆，典策缺

亡，諸子瑣言時有遺記。呂不韋春秋言：「黃鍾之宮，律之本也，下生林鍾，林鍾上生太蔟，太蔟下生南呂，南呂上生姑洗，姑洗下生應鍾，應鍾上生蕤賓，蕤賓下生大呂，大呂下生夷則，夷則上生夾鍾，夾鍾下生無射，無射上生中呂。三分所生，益其一分以上生；三分所生，去其一分以下生。」祥案：此處推算十二律的方法即通常所稱的「三分損益」法。如果用「三分損益」法上下相間確定律長，大呂、夾鍾、仲呂三呂還要乘以二才能滿足音樂上的要求。按照淮南子天文訓對十二律推算方法的記載，蕤賓之後須再「上生大呂」。夢谿筆談卷五樂律一：「謂一上生與一下生相間，如此，則自大呂以後，律數皆差，須自蕤賓再上生，方得本數。」

[三]此句中之小呂，即指仲呂，也稱中呂。夢谿筆談卷五樂律一：「自黃鍾相生，至於中宮而中，謂之陽紀；自蕤賓相生，至於應鍾而終，謂之陰紀。」即黃鍾、太蔟、姑洗爲「陽律」，大呂、夾鍾、仲呂爲「陽呂」；而蕤賓、夷則、無射爲「陰律」，林鍾、南呂、應鍾爲「陰呂」。

[四]永嘉(三〇七—三一二)，爲晉懷帝司馬熾之年號。永嘉之時，兵災頻仍，書籍遭燬。晉書卷一六律曆上：「漢末天下大亂，樂工散亡，器法堙滅，魏武始獲杜夔，使定樂器聲調。夔依當時尺度，權備典章。及武帝受命，遵而不革。至泰始十年，光禄大夫荀勖奏造新度，更鑄律呂。元康中，勖子籓嗣其事，未及成功。屬永嘉之亂，中朝典章，咸没於石勒。」又隋志：「惠、懷之亂，京華蕩覆，渠閣文籍，靡有孑遺。」

[五]梁武帝蕭衍(四六四—五四九)，字叔達，南蘭陵人。仕齊爲雍州刺史，後擁兵入建康，大權獨攬，封梁王，旋廢齊帝自立，改國號梁。在位四十八年(五〇二—五四九)。重儒興學，糾奸擿伏，嚴懲貪殘，政事爲之改觀。然篤信佛教，糜費無數。侯景之亂，京師陷，饑困而死。後追尊爲武皇帝。著述後人輯有梁武帝御製集。梁書卷一至三有本紀。梁武帝本自諸生，博通前載，梁氏之初，樂緣齊舊。武帝思弘古樂，素善鍾律，詳悉舊事，遂自制定禮樂。詳見隋書卷一三至十五音樂、卷一六律曆上。

[六]均，古代用來校正各個樂調的五音標準。漢書律曆志：「均長七尺，系以絲，以節音樂。」

［七］宮，五聲樂調名稱之一。五聲爲宮、商、角、徵、羽，又稱五音，大致相當於現代簡譜中的1、2、3、5、6五音。把它們按照音的高低排列起來，就成爲五聲音階，宮爲這一音階的起點。後來又加上了變宮和變徵，稱爲七聲。變宮、變徵相當於現代音樂簡譜上的4、7。這樣就形成了七聲音階。古代多以宮爲音階的第一級音。五聲或七聲音階只是反映了相對音高，實際音樂中還要與十二律搭配起來確定絕對音高。以黃鍾爲宮音，則各音與律的關係爲（表中清黃鍾爲比的黃鍾高八度的音）：

十二律	黃鍾	大呂	太蔟	夾鍾	姑洗	仲呂	蕤賓	林鍾	夷則	南呂	無射	應鍾	清黃鍾
七聲	宮		商		角		變徵	徵		羽		變宮	清宮

［八］鄭譯（五四〇—五九一），字正義，隋滎陽開封人。頗有學識，兼知鍾律。周武帝時，以給事中起家。隋初，因定策功爲上柱國。受詔參撰律令，參議樂事，撰樂府八篇奏之。遷岐州刺史。卒謚達。隋書卷三八有傳。鄭氏關於十二律之說，詳見隋書卷一四音樂中。

［九］黃鍾一均，指黃鍾宮調一種樂調。

［一〇］旋宮之法，即旋宮轉調之法，是就五聲或七聲與十二律搭配而言的。以五聲爲例，雖然古人多以宮爲音階的第一級音，但實際上，商、角、徵、羽也可以作爲第一級音，在樂曲旋律中扮演主音角色。因此也有調式的不同。而理論上十二律都可以用來確定宮的高音，黃鍾宮只是其中的一種。這種可以輪流做宮的方式，被稱之爲旋宮。通過旋宮，可有十二種不同高音的宮調式。這樣，在黃鍾宮中的徵音，在夾鍾宮中就成了角音，而到了仲呂宮中則成了商音。同樣還可以組成商、角、徵、羽各種調式。這些不同調式之間的轉換就被稱之爲旋宮轉調。

［一一］琴暉，古琴板面上標記泛音節位置的志徽。吴玉搢别雅卷一：「琴暉，琴徽也。陳氏樂書琴暉論曰：琴之爲樂，絃合聲以作主，暉分律以配臣，自古暉有十三，俗傳暉爲徽墨之徽，誤矣。」又文獻通考亦載琴有十三暉，皆不作

徽矣。

[一二]王恪，字愚千，又字蕙蒂。康熙五十七年（一七一八）進士。官唐河知縣，有政績。歸里，主豫章書院。光緒嘉定縣志卷一六有傳。

所著有紅豆齋小草[一]、詠史樂府及南中集、采蓴集、歸耕集各一卷[二]，人海集四卷[三]、時術録一卷，海内學者稱爲紅豆先生。初，研谿先生由東渚郙遷居郡城東南香谿之北[四]，郡城東禪寺有紅豆一株[五]，相傳白鴿禪師所種[六]，老而枯矣。至是時，復生新枝，研谿先生移一枝植堦前，生意郁然，僧睿目存爲繪紅豆新居圖[七]，自題五絶句，又賦紅豆詞十首[八]，和者二百餘人。四方名士過吴門者，必停舟訪焉。因自號紅豆主人。所以鄉人稱研谿先生曰老紅豆先生，半農先生曰紅豆先生，松崖先生曰小紅豆先生。

[一]紅豆齋小草，諸家著録或一卷，或不明卷數，未見傳本。

[二]詠史樂府，是書未見傳本。諸家著録或作詠史詩。南中集一卷，士奇有半農先生集三卷，其中南中集爲粵游之作，采蓴集爲洞庭紀游之作，皆早年詩作。沈德潛謂其「詩近唐人，以自然爲宗」。又紅豆齋時術録一卷，言古人古制，亦論時人時政也。今有紅豆齋刻本。又歸耕集一卷，未見。

[三]人海集四卷，未見。士奇又有大學説一卷，有璜川吴氏經學叢書本。另有惠氏經説五卷、漢書纂録、惠氏宗譜、勸學初編、小題編等，參與修撰三禮義疏、三朝國史、八旗通志初集等書，詳拙文東吴三惠著述考，載袁行霈主編國學研

究第十四卷，北京大學出版社二〇〇四年版。

［四］香谿，民國吴縣志卷三九下第宅園林：「紅豆書莊，惠吉士周惕宅，在城東南冷香谿之北。」

［五］紅豆，亦稱相思子，植物名。原産嶺南，子大如豌豆，略扁，色鮮紅。東禪寺，在縣學東南。吴赤烏間陳丞相宅。崇禎時毁。康熙二十三年復新之。

［六］白鴿禪師，其生平事蹟不詳。硯谿先生遺稿卷下論文十則附記一則：「紅豆莊，僕所寓地也。江南有三紅豆：一在錢牧齋家，一在王太常家，一在東禪寺。今僕取爲己有，故以名莊。」民國吴縣志卷三九下第宅園林：「四方名士過吴門，必停舟車訪焉。傳子及孫，六十年來鐵干霜皮，有參天之勢。庚申，兵燹，樹被伐，遺址僅存。」

［七］僧睿目存，即瀞睿，字目存，又號童心道人，清吴縣（今蘇州）人。工畫山水花草人物。與惠士奇、張大受等結詩社，著有餘習吟一卷、尋微集一〇卷等。事見民國吴縣志卷七七上引横金志。

［八］祥案：周惕五絶句今見硯谿先生遺稿卷上余卜居城東以東鄰紅豆名齋目存上人爲余作圖且屬詩人石年題其上得五絶句，又紅豆詞十首見硯谿先生詩集卷二崢嶸集上。

松崖先生，半農先生之次子也。名棟，字定宇［一］，一字松崖。初爲吴江學生員，復改歸元和籍［二］。自幼篤志向學，家有藏書，日夜講誦，自經、史、諸子、百家、雜説及釋、道二藏，靡不穿穴。父友臨川李紱一見奇之曰［三］：「仲孺有子矣。」學士視學粤東，先生從之任所。粤中高才生蘇珥、羅天尺、何夢瑶、陳海六［四］，時稱「惠門四子」［五］，常入署講論文藝，與先生爲莫逆交。至於學問該洽，則四子皆自以爲遠不逮也。及學士毁家修城，先生往來京口［六］，饑寒困頓，甚於寒素。遭兩喪［七］，不以貧廢禮。終年課徒自給，甑塵常滿[八]，處之坦如。雅愛典籍，得一善本，傾囊弗惜，或借讀手抄，校勘精審，於古書之真僞，瞭然若辨黑白。乾隆十五年[九]，詔舉經明行修之士，兩江總督文端公尹繼善[一〇]、文襄公黄廷桂交章論薦[一一]，有「博通經史，學有淵源」之語。會大學士九卿索所著書，未及進而罷歸，然先生於兩公，非有半面識也。

[一]古人名字解詁：「易繫辭下：『上棟下宇，以待風雨。』飾以『定』，謂其居。」

[二]清世宗實録卷二四雍正二年九月甲辰（一七二四年十月二十四日），析長洲縣地置元和縣，同爲府之附郭，今皆屬江蘇蘇州市。

[三]李紱（一六七三—一七五〇），字巨來，號穆堂，又號臣洲，清江西臨川人。康熙四十八年（一七〇九）進士。歷官至廣西巡撫，直隸總督。坐事當斬，免死，令纂八旗通志。乾隆時，再官至内閣學士。因其詩文語多憤疾，且與戴名世有往還之作，著述遭禁燬。學宗陸、王，詩文皆遒。有穆堂類稿五〇卷别稿五〇卷、穆堂詩文鈔一一卷等。事見全祖望鮚埼亭集卷一二神道碑，清史列傳卷一五、清史稿卷二九三有傳。

[四]蘇珥（一六九九—一七六七），字瑞一，號古濟，清廣東順德人。乾隆三年（一七三八）舉人。惠士奇高弟子，士奇稱之爲「南海明珠」。珥與南海何夢瑶、勞孝輿、吴世忠，順德羅天尺、陳世和、陳海六，番禺吴秋，有『惠門八子』之目。工詩，精書法。有安舟遺稿、筆山堂類書等。清史列傳卷四八五有傳。羅天尺，字履元。乾隆元年舉人。所居里名石湖，世遂以「後石湖」稱之。受知於惠士奇。與勞孝輿等修廣東通志。有五山志林八卷、瘦暈山房詩删一三卷等。清史列傳卷七一、清史稿卷四八五有傳。何夢瑶，字報之，一字贊調，號西池，晚號研農。雍正八年進士。官遼陽知州。惠士奇曾延其入幕。學問博通，著述甚富。有莊子故、匊芳園詩文鈔等。清史列傳卷七一、清史稿卷四八五有傳。陳海六，字湧人，一

字鼇山，潛心宋五子書，所得獨深，爲惠士奇所重。以優行貢太學，考教習，派八旗官學，未當館而歸。選饒平訓導。事見清馮奉初纂咸豐順德縣志卷二五蘇珥傳附。

［五］咸豐順德縣志卷二五蘇珥傳：「雍正初，珥年十三，受知督學吴縣惠士奇，旋食餼，入幕，與同縣羅天尺、陳海六、南海何夢瑶襄校閲，稱『惠門四俊』。」

［六］京口，今江蘇鎮江市。

［七］祥案：惠棟母徐氏卒於雍正十一年六月初十日（一七三三年七月二十日），享年六十二歲。父士奇卒於乾隆六年三月二十二日（一七四一年一月七日），於乾隆六年十一月十九日（十二月二十六日），合葬於吴縣二十二都七圖冬字圩先塋之次癸山丁向。此所謂「兩喪」，蓋即指此而言也。詳參惠氏宗譜卷三二東渚派徙居關上市浜三八支世表。

［八］甑塵，亦作塵甑，謂家貧斷炊。後漢書卷八一范冉傳：冉遭黨人禁錮，後結草室而居。「所止單陋，有時絶粒，窮居自若，言貌無改。閭里歌之曰：『甑中生塵范史雲，釜中生魚范萊蕪。』」

［九］乾隆十五年，爲西元一七五〇年。清史稿卷一一高宗本紀二：二月「辛丑，採訪經學遺書。」

［一〇］尹繼善（一六九五—一七七一），姓章佳氏，字元長，號望山，滿洲鑲黄旗人。雍正元年（一七二三）進士。累官至雲貴、川陝、兩江總督，文華殿大學士兼軍機大臣。曾任國史館總裁。卒謚文端。有尹文端公詩集一〇卷。事見袁枚小倉山房文集卷三神道碑，清史列傳卷一八、清史稿卷三〇七有傳。

［一一］黄廷桂（一六九一—一七五九），字丹崖，滿洲漢軍鑲紅旗人。康熙時，襲雲騎尉世職。乾隆朝，累官四川、陝甘總督，武英殿大學士，加太保，封忠勤伯。體國奉公，有直聲。後卒於軍中，謚文襄。清史列傳卷一六、清史稿卷三二三有傳。

年五十後，專心經術，尤邃於易，謂宣尼作十翼，其微言大義，七十子之徒相傳，至漢猶有存者。自王弼興而漢學亡[一]，幸傳其略於李鼎祚集解中[二]。精研三十年，引伸觸類，始得貫通其旨，乃撰周易述一編[三]，專宗虞仲翔，參以荀、鄭諸家之義，約其旨爲注，演其説爲疏，漢學之絶者千有五百餘年[四]，至是而粲然復章矣。書垂成而疾革[五]，遂闕鼎至未濟十五卦，及序卦、雜卦傳二篇。

[一]隋書經籍志論易曰：「梁丘、施氏、高氏亡於西晉，孟氏、京氏有書無師。梁、陳鄭玄、王弼二注列於學官，齊代惟傳鄭義。至隋，王注盛行，鄭學浸微，今殆絶矣。」

[二]李鼎祚，唐資州（今四川資中）人。歷官至殿中侍御史。以經術名當世，尤邃於易。有周易集解一七卷，採唐以前解易諸家之説凡三十餘家，存舊説甚多，故爲後世所重。有雅雨堂叢書本、北京中國書店一九九〇年影印本等。

[三]周易述四〇卷，凡周易述二一卷、易微言二卷、易大義三卷、易例二卷、易法一卷、易正訛一卷、明堂大道録八卷與禘説二卷。惠氏棄王弼、韓康伯以來注疏，以荀爽、虞翻之説爲主，兼採漢、魏諸家之説，偶亦涉及宋以來人説，自爲注而自疏之。尚缺自鼎至未濟十五卦卦爻辭及序卦、雜卦二傳之注疏。易微言二卷，彙輯先秦、兩漢諸家論説與易相契者，逐條列舉，以區别於宋儒之義理。體例蕪雜，尚是未經整飭之書。易大義（或作易大誼）三卷，實即中庸注二卷與禮運注一卷，惠氏以爲禮運、中庸，純是易理，又易道尚「中和」，而「中庸」即「中和」。故注此二篇與易相發明。其中禮運注缺，尚是未完之書。易例二卷，明易之由始，考漢儒傳易淵流與解釋漢儒易學原理。其中十三類有目無書，易法一卷，闕。當爲明漢儒釋易之本例法則。易正訛一卷，闕。是書當爲校勘是正文字之作。明堂大道録八卷，惠棟認爲，上古明堂爲大教之宫，而禘祀之禮行於明堂之中，其制備於三代，而詳載於周禮冬官，冬官亡而明堂之法失，然尚寓於説卦及漢儒

解易書中，故著此二書以考明之。書名明堂大道録，乃「大道者，取諸禮運，蓋其道本乎易而制寓於明堂，故以署其篇。」禘説二卷，則因學易而得明堂之法，因明堂而知禘之説，於是刺六經爲禘説，使後之學者知所考焉。惠氏諸書，以周易述爲核心，另立新疏，易微言、易大義明易之「微言大義」，易例、易法明聖人作易之源及漢儒解易之本例法則，易正訛校歷代相沿之訛文誤字以復古本之舊，明堂大道録與禘説鉤稽明堂之法與禘祀之制以證易爲軍國大政之用。諸書交相爲用，融貫一體，不可或缺，爲惠棟精心結撰之係列著述。詳參拙文四庫總目提要惠棟著述糾誤，載文史二〇〇〇年第四期。

[四]周注：「按虞翻卒於三國魏青龍元年癸丑，當公曆二三三年；惠棟卒於清乾隆二十三年戊寅，當公曆一七五八年。先後相距，適爲一千五百二十六年。」近藤注亦引周説。祥案：江氏此語，蓋爲清儒常言，泛指自漢末至清中葉乾隆時約千五百年左右之時間，未必確指自虞翻卒年至惠棟卒年間之時間也。

[五]疾革，病亟、病危也。禮記檀弓下：「若疾革，雖當祭必告。」鄭注：「革，急也。」清顧棟高萬卷樓文稿第七本惠徵君松崖先生墓誌銘：「晚輯周易述一書，垂成而歿。」

孔氏正義據馬融、陸績説[一]，以爻辭爲周公所作，與鄭學異，其所執者，明夷六五云「箕子」，升六四云「王用亨於岐山」，皆文王後事也[二]。先生獨能辨之。於明夷之五曰[三]：「箕子當從古文作『其子』[四]，『其』古音『亥』，亦作『萁』[五]。劉向云[六]：『今易其子作荄茲。』荀爽據以爲説[七]，讀『萁子』爲『荄茲』。『其』與『亥』，『子』與『茲』，文異而音義同[八]。三統曆云：『該閡於亥[九]，孳萌於子[一〇]。』該、荄亦同物也[一一]。五本坤也，坤終於亥，乾出於子[一二]，用晦而明，明不可息，故云『其子之明夷』[一三]。馬融俗儒，不識七十子傳易之大義，讀『其』爲『箕』，蓋涉象傳而謁[一四]。五爲天位，箕子臣也，而當君位，乖於易例甚矣[一五]。謬種流傳，兆於西漢。博士施讎讀『其』爲『箕』[一六]，蜀人趙賓述孟氏之學[一七]，以爲箕子明夷，陰陽氣無箕子。箕子者，萬物方荄兹也。賓據古義，以難諸儒，諸儒皆屈，於是施讎、梁丘賀皆嫉之[一八]。孟喜、讎、賀同事田王孫，喜未貴而學獨高。喜所傳易家候陰陽災變書，得自王孫，而賀惡之，謂無此事。語聞於上，宣帝遂以喜爲改師法[一九]，中梁邱之譖也。讎、賀嫉喜而並及賓，班固作喜傳，亦用讎、賀之單詞，皆非實録[二〇]。劉向別録猶循孟學[二一]，故馬融俗説，荀爽獨知其非，復用賓古義，而晉人鄒湛以漫衍無經議之[二二]。蓋魏晉以後，經師道喪，王肅詆鄭氏而禘郊之義乖[二三]，袁準毁蔡、服而明堂之制亡[二四]，鄒湛譏荀諝而周易之學晦，郢書燕説[二五]，一倡百和，何尤乎後世之紛紜也。」

[一]陸績（一八七—二一九），字公紀，三國吴縣（今江蘇蘇州）人。官至鬱郡太守。精於諸經，長於易、禮。有周易注、太玄經注等。後漢書卷三一、三國志卷五七有傳。

[二]周易正義卷首第四論卦辭爻辭誰作：「其周易繫辭，凡有二説：一説以卦辭、爻辭並是文王所作。知者，案繫辭云：『易之興也，其於中古乎？作易者，其有憂患乎？』又曰：『易之興也，其當殷之末世，周之盛德邪？當文王與紂之事邪？』……伏犧制卦，文王繫辭，孔子作十翼，易歷三聖，只謂此也。故史遷云：『文王囚而演易』即是『作易者其有憂患乎』。鄭學之徒，並依此説也。二以爲驗爻辭多是文王後事。案升卦六四：『王用享於岐山。』武王克殷之後，始追號文王爲王，若爻辭是文王所制，不應云『王用享於岐山』。又明夷六五：『箕子之明夷。』武王觀兵之後，箕子始被囚奴，

文王不宜豫言『箕子之明夷』。又既濟九五：『東鄰殺牛，不如西鄰之禴祭。』説者皆云『西鄰』謂文王，『東鄰』謂紂王。文王之時，紂尚南面，豈容自言己德受福勝殷，又欲抗君之國，遂言東西相鄰而已。又左傳韓宣子適魯，見易象云：『吾乃知周公之德。』周公被流言之謗，亦得爲憂患也。驗此諸説，以爲卦辭文王，爻辭周公，馬融、陸績等並同此説，今依而用之。」

［三］此段引文見惠棟周易述卷五「明夷六五」條疏文，略有删節。

［四］阮元周易注疏校勘記：「『箕子之明夷』，石經、岳本、閩監、毛本同。釋文：『蜀才箕作其。劉向云：今易箕子作荄滋。』」周易述卷五「明夷六五條」疏：「蜀才從古文作『其子』，今從之。」

［五］亥，匣母之部，其、基，見母之部，群母之部，故得相通。

［六］劉向（約前七七—前六），本名更生，字子政，漢沛（今江蘇沛縣）人。官至中壘校尉。性簡易，積思經術。成帝時，校書於天禄閣，撰别録，又有新序一〇卷、説苑二〇卷等。漢書卷三六有傳。案：劉向語引文見前注［四］。

［七］荀爽語，惠氏引自經典釋文。

［八］其與其，古皆爲群母之部字，子與兹，莊母之部字，音皆得通。

［九］三統曆，曆法名。漢時劉歆就太初曆造三統曆，以釋春秋。以經文於春三月每月書王，爲古之三統，即夏正建寅爲人統，商正建丑爲地統，周正建子爲天統，故亦稱三正曆。又漢志以爲「三統者，天施、地化、人事之紀也」。師古注引李奇曰：「統，緒也。」

［一〇］漢志引三統曆曰：「故陽氣施種於黄泉，孳萌萬物，爲六氣元也。」師古曰：「孳讀與滋同。滋，益也。萌，始生。」

［一一］周注引王先謙漢書補注云：「律書：『亥者，該也。言陽氣藏於下，故該也。』説文：『亥，荄也。十月，微陽起，接陰盛。』釋名：『亥，核也。收藏百物，核取其好惡真僞也。亦言物成皆堅核也。』」又云：「律書：『子者，滋也。

滋者，言萬物滋於下也。』説文：『十一月，陽氣動，萬物滋。人以爲偁，象形。』滋、孳義同。釋名：『子，孳也。陽氣始萌，孳生於下也。』」

［一二］漢志引三統曆：「黄鍾……始於子，在十一月。……應鍾……位於亥，在十月。……十一月，乾之初九，陽氣伏於地下，始著爲一，萬物萌動，鍾於太陰，故黄鍾爲天統，律長九寸。」

［一三］易明夷六五：「箕子之明夷，利貞。」惠氏以爲「箕子」當作「其子」，故云。

［一四］明夷：「箕子之明夷。」集解引馬融曰：「箕子，紂之諸父，明於天道、洪範之九疇，德可以王，故以當五。知紂之惡，無可奈何，同姓恩深，不忍棄去，被髮佯狂，以明爲暗，故曰『箕子之明夷』。」祥案：馬融以此「箕子」爲殷末三仁之箕子。而惠氏以爲馬融誤解附會，又涉象辭而誤，故云。

［一五］惠氏釋易，極重「當位」與否，二與五位，皆爲君位，臣不當居，若以馬融等之釋，則明夷六五乃箕子爲臣而居五位，與易之常例不合，故言「乖於易例甚矣」。

［一六］施讎，字長卿，漢沛人。與梁丘賀、孟喜皆從田王孫受易。後爲博士。宣帝甘露中，與諸儒論五經於石渠閣。漢書卷八八有傳。

［一七］漢書卷八八孟喜傳：「喜好自稱譽，得易家候陰陽災變書，詐言師田生且死時枕喜厀，獨傳喜，諸儒以此耀之。同門梁丘賀疏通證明之，曰：『田生絶於施讎手中，時喜歸東海，安得此事？』又蜀人趙賓好小數書，後爲易，飾易文，以爲『箕子明夷，陰陽氣亡箕子；箕子者，萬物方荄兹也。』賓持論巧慧，易家不能難，皆曰：『非古法也。』云受孟喜，喜爲名之。後賓死，莫能持其説，喜因不肯仞，以此不見信。喜舉孝廉，爲郎，曲臺署長，病免。爲丞相掾。博士缺，衆人薦喜。上聞喜改師法，遂不用喜。」

［一八］梁丘賀，字長翁，漢琅琊諸（今山東諸城）人。從京房受易，後更事田王孫。宣帝時，召爲郎，後以卜筮有應，爲太中大夫，至少府。著述皆佚，清儒輯有周易梁丘氏章句一卷。漢書卷八八有傳。

［一九］宣帝，漢宣帝劉詢（前九一—前四九），武帝曾孫。大將軍霍光廢昌邑王賀，迎立爲帝。任賢用能，勵精圖治。在位二十五年（前一一四—前四九）。事見漢書卷八宣帝紀。

［二〇］漢書卷六二司馬遷傳贊：「其文直，其事核，不虚美，不隱惡，故謂之實録。」師古注引應劭曰：「言直録事實。」

［二一］别録二〇卷，劉向撰。漢成帝時，向爲光禄大夫，與任宏等校書中秘，每一書已，向輒條其篇目，撮其指意，録而奏之。會向卒，哀帝命其子歆繼之，歆於是總群書而奏其七略，爲輯略、六藝略、諸子略、詩賦略、兵書略、術數略、方技略。已佚，梗概存漢志中。祥案：漢志著録「易經十二篇，施、孟、梁丘三家」，又「章句施、孟、梁丘氏各二篇」。又曰：「訖於宣、元，有施、孟、梁丘、京氏列於學官，而民間有費、高二家之説。劉向以中古文易經校施、孟、梁丘經，或脱去『无咎』、『悔亡』，唯費氏經與古文同。」惠氏蓋以劉向無異辭，故言「别録猶遵循孟學」耳。

［二二］鄒湛，字潤甫，晉新野人。官至國子祭酒，轉少府。著書及論事議二十五首。清儒輯有周易統略一卷。晉書卷九二有傳。經典釋文引鄒湛解易讖荀爽曰：「訓箕爲荄，詁子爲滋，漫衍無經，不可致詁。」祥案：關於明夷六五爻辭之釋，前注［一六］漢書卷八八孟喜傳引趙賓説，惠棟取以爲證。而師古注曰：「易明夷卦彖曰：『内文明而外柔順，以蒙大難。文王以之，利艱貞，晦其明也。内難而能正其志，箕子以之。』而六五爻辭曰：『箕子之明夷，利貞。』此箕子者，謂殷父師説洪範者也，而賓妄爲説耳。荄兹，言其根荄方滋茂也。荄音該，又音皆。」又案鄭玄讀「箕子」爲「荄兹」，王應麟鄭氏周易注序謂「其説近乎鑿」，譏刺「喜新厭常，其不爲『荄兹』者幾稀」。惠棟遵信鄭義，嘉慶時學者張澍養素堂文集卷二九駁惠定宇箕子明夷説，亦駁惠氏此説「大謬」。

［二三］周注：「禘郊之説，王、鄭互殊，可參考王肅聖證論，兹舉一段以爲例。鄭玄云：『天子祭圜丘曰禘，祭宗廟大祭亦曰禘。三年一祫，五年一禘。祫則合群廟毁廟之主於太祖廟合而祭之；禘則增及百官配食審諦而祭之。天子先禘祫而後時祭，諸侯先時祭而後禘祫。魯禮，三年喪畢而祫，明年而禘。圜丘、宗廟大祭俱稱禘。祭有兩禘，明也。』王肅

云：『天子諸侯皆禘於宗廟，非祭天之祭。郊祀后稷不稱禘；宗廟稱禘。禘、祫一名也。合而祭之，故稱祫；審諦之，故稱禘。非兩祭之名。三年一祫，五年一禘。總而互舉之，故稱五年再殷祭，不言一禘一祫，斷可知也。』（見後魏書禮志孝文太和十三年詔引及通典卷五十引）按鄭以禘有二，一爲宗廟大祭，一爲圜丘之祭。王駁鄭説，以爲禘惟有一，即宗廟大祭；若圜丘之祭，乃郊祭，不能稱爲禘。惠棟主鄭説，不以王説爲然，詳可參惠著禘説。」

〔一一四〕袁準，字孝尼，晉陳郡陽夏（今河南太康）人。以儒學知名。官至給事中。著正論等十餘萬言。又爲易、禮、詩傳，注喪服經等。晉書卷八三有傳。周注：「按蔡邕作明堂月令論，服虔注左傳，於僖公五年傳及文公二年傳，於明堂亦有所訓釋。至晉袁準作正論，始根本攻擊明堂制度，以爲『取詩、書放逸之文，經典相似之語而致之，不復考之人情，驗之道理。』」祥案：惠棟明堂大道録卷一明堂總論：「三代以前，其法大備，詳於周禮之冬官，冬官亡，而明堂之法遂不可考，略見於六經，而不得聞其詳。説經者異同間出，惟前漢之戴德、戴聖、韓嬰、孔牢、馬宮、劉歆，後漢之賈逵、許慎、服虔、盧植、潁容、蔡邕、高誘諸儒，猶能識其制度，惜爲孔安國、鄭康成、王肅、袁準四人所亂。安國以禘止爲審諦昭穆，故漢四百年無禘禮；康成以文王廟如明堂制，謂國外別有明堂；王肅又以禘嚳爲后稷之所自出，非配天之祭；及袁準作正論，謂明堂、太廟大學各有所爲，排詆先儒，並及六經。於是明堂之法，後人無有述而明之者矣。」

〔一一五〕韓非子外儲説左上：「郢人有遺燕相國書者，夜書，火不明，因謂持燭者曰：『舉燭。』而誤書『舉燭』。舉燭，非書意也。燕相受書而説之曰：『舉燭者，尚明也；尚明也者，舉賢而任之。』燕相白王，王大悦。國以治，治則治矣，非書意也。今世學者，多似此類。」

於升之四曰〔一〕：「文王爻辭，皆據夏、商之制。春秋引夏書『惟彼陶唐，帥彼天常〔二〕，有此冀方』。服虔云：『堯居冀州，虞、夏因之。』禹貢冀州『治梁及岐〔三〕』。爾雅云[四]：『梁山，晉望也。』[五]諸侯三望[六]，天子四望[七]，梁山爲晉望，明梁、岐皆冀州之望[八]。此王謂夏后氏受命祭告，非文王也。」

[一]此段見周易述卷六「升六四」條疏文，删節過簡，可詳參原文。周注：「按惠棟主爻辭爲文王作，故以升卦六四『王用享於岐山』之王爲夏后氏，而以岐山爲夏都冀州望祭之山。」

[二]引文見左傳哀公六年。杜注：「逸書也。」國語周語下：「帥象禹之功，度之於軌儀。」韋昭注：「帥，循也。」

[三]惠疏原文：「禹貢曰：『冀州既載。』又云：『壺口治梁及岐。』」梁，山名，在今陝西韓城縣境，接郃陽縣界。蔡沈書經集傳以爲在今山西離石縣。岐，山名，又名天柱山、鳳凰山，在今陝西岐山縣東北。

[四]語見爾雅釋山。

[五]望，即望祀，祭名，祭山川也。周禮地官牧人：「望祀，各以其方之色牲毛之。」鄭注：「望，祀五嶽、四鎮、四瀆也。」

[六]春秋僖公三十一年：「夏四月，四卜郊，不從。乃免牲。猶三望。」穀梁傳范寧集解引鄭君曰：「望者，祭山川名也。謂海也、岱也、淮也。非其疆界，則不祭。」又公羊傳：「三望者何？望祭也。然則曷祭？祭泰山、河、海。」

[七]周禮春官大宗伯：「國有大故，則旅上帝及四望。」鄭注：「四望，五嶽、四鎮、四瀆。」賈疏：「言四望者，不可一往就祭，當四向望而爲壇遥祭之，故云四望也。」

[八]前注[六]引穀梁傳注曰「非其疆界，則不祭」，故惠氏以「梁、岐皆冀州之望」。

其説乾之四德曰[一]：「元者，天地之始[二]。説文『元〔从〕（從）一』[三]，『道立於一，造分天地，化生萬物』[四]。乾之初九，積善在下，陽之始生，東方爲仁，故云『善之長』[五]。陰陽交而後亨，乾之九二當上升坤五爲天子[六]，故文言再言君德[七]。經凡言亨者，皆謂乾坤交也[八]。乾六爻二四上匪正，坤六爻初三五匪正[九]。乾變坤化，六爻皆正，成兩既濟[一〇]，故云『各正性命，保合太和』[一一]。和即利，正即貞也。經凡言利貞者，皆爻當位，或變之正，或剛柔相易。惟既濟一卦，六爻皆正，故云『剛柔正而位當』[一二]。雜卦篇所謂『既濟定也』。」「卦具四德者七[一三]，乾坤變化而成兩既濟；屯三爻變，革四爻變，皆成既濟[一四]；隨三四易位，成既濟[一五]；无妄三四易位，上爻又變而成既濟[一六]；臨二升居五位，三爻又變而成既濟[一七]。故皆言元亨利貞也。」

[一]此段見周易述卷一乾卦疏文，文多刪節改寫。易乾卦：「乾，元、亨、利、貞。」文言：「元者，善之長也；亨者，嘉之會也；利者，義之和也；貞者，事之幹也。君子體仁足以長人，嘉會足以合禮，利物足以和義，貞固足以幹事。君子行此四德者，故曰：元、亨、利、貞。」

[二]惠疏原文：「初，始也，元亦始也。何休注公羊曰：『元者，氣也。天地之始。故傳曰大哉乾元，萬物資始。』」

[三]説文：「元，始也。从一从兀。」又爾雅釋詁：「元，始也。」祥案：説文之例，凡「从某」之字皆作「从」，不作「從」。江藩書中此類字作「從」者甚多，今皆依説文之例改之，下文及他卷不再出注焉。

[四]説文：「一，惟初大始，道立於一，造分天地，化成萬物。」

[五]易乾文言：「元者，善之長也。」惠注：「乾爲善，始息於子，故曰『善之長』。」惠疏：「乾爲善，虞義也。初乾爲

積善，故曰『善』。『始息於子』謂初九甲子也。」

［六］此惠氏用荀爽義也。乾文言：「時乘六龍，以御天也。」集解引荀爽曰：「御者，行也。陽升陰降，天道行也。」又乾象辭：「見龍在田。」集解引荀爽曰：「見者，見居其位。田，謂坤也。二當升坤五，故曰『見龍在田』。」惠棟易例卷二「乾升坤降」：「荀慈明論易，以陽在二者，當上升坤五爲君；陰在五者，當降居乾二爲臣。蓋乾升坤爲坎，坤升乾爲離，成既濟定，則六爻得位，繫詞所謂『上下無常，剛柔相易』。彖所謂『各正性命，保合太和，利貞之道也』。」又參惠棟易漢學卷七荀慈明易。

［七］乾文言：「『見龍在田，利見大人』，君德也。」此句兩次出現，故曰「文言再言君德」。

［八］惠疏原文曰：「乾坤，消息之卦。乾息坤消至二當升坤五爲天子，乾坤交，故亨。凡言亨者，皆謂乾坤交也。」

［九］惠疏：「虞翻義也。二、四、上以陽居陰，初、三、五以陰居陽，故皆不正。」案：匪，同非。廣雅釋詁四：「匪，非也。」詩齊風雞鳴：「匪雞則鳴，蒼蠅之聲。」

［一〇］祥案：惠氏之意，乾二、四、上三爻升至坤，坤初、三、五三爻降至乾，則成兩既濟之卦象，則初、三、五三爻爲陽爻，二、四、上三爻爲陰爻。如此則陰陽當位，六爻皆正。

［一一］語見乾彖辭。惠疏：「乾變坤化，六爻皆正，故『各正性命』；乾爲性，巽爲命也。乾坤合德，六爻和會，故『保合太和』；正即貞，和即利，故『乃利貞』。」

［一二］易既濟：「亨小，利貞，初吉終亂。」彖辭：「利貞，剛柔正而位當也。」

［一三］此段見周易述卷一屯卦疏。疏：「卦具四德者七：乾、坤、屯、隨、臨、无妄、革，皆以既濟言也。」案：易乾文言：「元亨利貞。」坤：「元亨，利牝馬之貞。」屯：「元亨利貞，勿用有攸往，利建侯。」隨：「元亨利貞，无咎。」臨：「元亨利貞，至於八月有凶。」无妄：「元亨利貞，其匪正有眚，不利有攸往。」革：「巳日乃孚，元亨利貞，悔亡。」七卦皆有「元亨利貞」，故曰「卦具四德者七」。詳參易例卷下「元亨利貞皆言既濟」條。

[一四]屯(䷂)第三爻六三爲陰爻，若易以陽爻，則成既濟(䷾)。革(䷰)第四爻九四爲陽爻，若變爲陰爻，亦成既濟卦。

[一五]隨(䷐)之第三爻六三爲陰爻，第四爻九四爲陽爻，若二爻互易，則成既濟卦象。

[一六]无妄(䷘)第三爻六三爲陰爻，第四爻九四爲陽爻，若二爻互易，又變第六上九爲陰爻，則成既濟卦象。

[一七]臨(䷒)第二爻九二爲陽爻，第五爻六五爲陰爻，若第二爻升至五位，第五爻降至二位，又第三爻九三陽爻變爲六三陰爻，則成既濟卦象。

其論占筮之法曰[一]：「易稱『天下之動，貞夫一』[二]，故卦爻之動，一則正，兩則惑。京氏筮法，一爻變者爲九六[三]，二爻以上變爲八[四]。晉公子得貞屯、悔豫皆八，乃三爻變，不稱屯之豫而稱八[五]；穆姜遇艮之八，乃五爻變，不稱艮之隨而稱八[六]，所謂『貞夫一』也。」「七者[七]，蓍之數；八者，卦之數。蓍圓而神，卦方以知，神以知來，知以藏往。知來爲卦之未成者，藏往爲卦之已成者，故不曰七而曰八。春秋内外傳無筮得某卦之七者[八]，以七爲蓍之數，未成卦也。」

[一]此段見周易述卷一七繫辭下「天下之動貞夫一者也」條疏。又見易例卷上「占卦」條、「左氏所占皆一爻動者居多」條。

[二]易繫辭下：「天下之動貞夫一者也。」正義：「言天地日月之外，天下萬事之動，皆正乎純一也。若得於純一，則

所動遂其性；若失於純一，則所動乖其理。」

[三]易例卷下「七八九六」條曰：「蓍爲陽，故云七；卦爲陰，故云八。爻爲變，故稱九六。天地之數，止七八九六。……七八九六，合之爲三十，而天地之數畢矣。」又「九六義(七八附)」條曰：「其九六之義，繫辭『天地之數五十有五』，有天九地六(九家易謂：九，天數；六，地數。)乾之筴二百一十有六，坤之筴百四十有四，皆以四九、四六積算，則爲乾九坤六。又十二律本於易，十一月黄鍾，乾初九也。黄鍾爲天統，律長九寸六分。林鍾，坤初六也。林鍾爲地統，律長六寸，亦乾九坤六，此九六之義也。」

[四]周注：「京房筮法見易林補遺。『二爻以上變爲八』，疑『八』上脱『七』字。惠棟易例卷一『占卦』條云：『易林補遺，京房占法，一爻動則變，亂動則不變。若然，一爻變爲九六，二爻以上變爲七八也。愚謂：左傳所占卦，如云其卦遇蠱，其卦遇復。穆天子傳其卦遇訟，皆六爻不動也。其云遇艮之八，及晉語遇泰之八，皆二爻以上變，仍爲七八而不變也。』按江文蓋據此。」祥案：周注誤。周易述卷一七繫辭下「天下之動貞夫一者也」條疏：「京氏筮法：一爻變者爲九六，二爻以上變者爲八，故晉語重耳得貞屯、悔豫皆八，乃三爻變，不稱屯之豫而稱八，左傳穆姜遇艮之八，乃五爻變，不稱艮之隨而稱八者，皆是貞夫一之義也。」又惠氏下文明言：「七者，蓍之數；八者，卦之數。蓍圓而神，卦方以知，神以知來，知以藏往。知來爲卦之未成者，藏往爲卦之已成者，故不曰七而曰八。春秋内外傳無筮得某卦之七者，以七爲蓍之數，未成卦也。」然則惠氏原文如此，「八」上並無脱「七」字也。

[五]晉公子，即晉文公重耳(？—前六二八)，獻公子。春秋時晉國國君。獻公寵驪姬，殺太子申，重耳流亡國外十九年，後以秦文公之力得返爲君。在位九年(前六三六—前六二八)。國力强盛，稱霸諸侯。事見左傳、史記卷三九晉世家、國語晉語。晉語：「公子親筮之。曰：尚有晉國。得貞屯、悔豫，皆八也。司空季子曰：吉。是在易，利建侯。」韋昭注：「蓍曰筮。尚，上也。命筮之辭也。禮曰：某子尚享之。内曰貞，外曰悔。震下坎上，屯；坤下震上，豫。得此兩卦，震在屯爲貞，在豫爲悔。八謂震兩陰爻，在貞、在悔皆不動，故曰皆八。謂爻無爲也。建，立也。以周易占之，二

卦皆吉也。屯初九曰：『利建侯。』豫大象曰：『利建侯行師。』吉。」周注：「按屯卦爲䷂，豫卦爲䷏，自屯之豫，一、四、五爻皆變，故云『乃三爻變』。」

［六］穆姜（？—前五六四），魯成公之母。事見左傳成公十六年、襄公九年。左傳襄公九年：「穆姜薨於東宮。始往而筮之，遇艮之八。史曰：『是謂艮之隨。隨，其出也。君必速出。』姜曰：『亡。是於周易曰：隨，元亨利貞，无咎。』」周注：「按艮卦係艮下艮上䷳，隨卦係震下兑上䷐，自艮之隨，惟第二爻不變，其餘五爻皆變，故云『乃五爻變』。」

［七］此段見周易述卷一六繫辭傳「天一地二」條注，又見易例卷下「九六義」條。「九六義」條曰：「繫辭曰：『天一地二，天三地四，天五地六，天七地八，天九地十。』子曰：『夫易，何爲者也？』虞仲翔注云：『問易何爲取天地之數也。』下傳云：『是故蓍之德圓而神，卦之德方以知，六爻之義易以貢。』蓍圓而神，七也（七七四十九）；卦方以知，八也（八八六十四）；六爻易以貢，九六也。是天地之數，易之所取，止有七八九六，以爲蓍卦之德，六爻之義。至其用以筮而遇卦之不變者，則不曰七而曰八。蓋蓍圓而神，神以知來；卦方以知，知以藏往。知來爲卦之未成者，藏往爲卦之已成者。故不曰七而曰八。左傳襄九年，穆姜始往東宮而筮之，遇艮之八。晉語重耳歸國，董因筮之，得泰之八。八者，卦之數。故春秋內、外兩傳從無遇某卦之七者，以七者筮之數，卦之未成者也（據揲蓍之時，七八九六，皆卦之未成者；既成之後，則七八爲象，九六爲變。及舉卦名，則止稱八不稱七，此古法也。）」

［八］周注：「春秋內、外傳指左氏傳及國語二書。漢書司馬遷傳贊：『孔子因魯史記而作春秋，而左丘明論輯其本事，以爲之傳；又纂異同爲國語。』韋昭國語解敘：『丘明復採録前世穆王以來，下訖魯悼智伯之誅，以爲國語。其文不主於經，故號曰外傳。』王充論衡案書篇：『國語，左氏之外傳也。』」

又因學易而悟明堂之法［一］，撰明堂大道録八卷、禘説二卷。大略謂説卦「帝出乎震」[二]，帝者，五帝也[三]，在太微之中[四]。五德相次，以成四時[五]，聖人法之，立明堂，爲治天下之大法。明堂有五室四堂[六]，室以祭天，堂以布政[七]。王者承天統物，各於其方以聽事，謂之明堂月令，今所傳月令是也[八]。古之聖人，生有配天之〔業〕(德)[九]，没有配天之祭[一〇]。故太皞以下，歷代所禘[一一]，太皞以木德，炎帝以火德，黄帝以土德，少皞以金德，顓頊以水德[一二]。王者行大享之禮於明堂，謂之禘、祖、宗，其郊則行之南郊[一三]。禘、郊、祖、宗〔四〕(曰)大祭[一四]，而總謂之禘者，禘其祖之所自出故也。鄭注大傳「不王不禘」[一五]，及詩長發「大禘」箋[一六]，皆云「郊祀天」，是郊稱禘也。周頌雝序云「禘太祖也」，鄭箋云「太祖謂文王」，是祖稱禘也。劉歆云「大禘則終王」[一七]，是宗稱禘也。董子曰：「天地者，先祖之所自出也。」[一八]禘者，禘其祖之所自出，故四大祭皆蒙禘名。禘禮上溯遠祖，旁及毁廟，下逮功臣[一九]。聖人居天子之位[二〇]，行配天之祭，推人道以接天，而天神降，地示出，人鬼格[二一]。夫然而陰陽和，風雨時，五穀熟，草木茂，羣生咸遂，物無疵厲，所謂「既濟定也」[二二]。先儒皆以明堂上有靈臺，下有辟雍，四門有太學[二三]。〔潁〕(穎)容春秋釋例云[二四]：「太廟有八名：肅然清静，謂之清廟；行禘祫，序昭穆，謂之太廟；告朔行政，謂之明堂；行饗射，養國老，謂之辟雍；占雲物，望氛祥，謂之靈臺；其四門之學，謂之太學；其中室，謂之太室。總謂之宫。」[二五]盧植禮記注亦云[二六]：「明堂即太廟，與靈臺、辟雍，古法皆同一處，近世殊異，分爲三耳。」而晉時袁準著論非之[二七]，昧於古制矣。王者覲諸侯或巡狩四岳，則有方明[二八]。方明者，放乎明堂之制也，亦謂之明堂，荀子所謂「築明堂於塞外以朝諸侯」[二九]。戰國時，齊有泰山明堂[三〇]，即方明也。周書朝諸侯則於明堂[三一]，儀禮觀諸侯則設方明[三二]。故虞禋六宗而覲四岳羣牧，周禮方明而覲公侯伯子男[三三]。六宗、方明，即明堂六天之神，鄭氏謂天之司盟，非也[三四]。自明堂之制不詳，而禘禮亦廢。鄭氏知圜丘、方丘之爲禘[三五]，而不知爲明堂六帝。王肅又誤據魯禘，改禘爲宗廟之祭，無配天之事，此魏明所以庥漢四百餘年廢無禘祀也[三六]。禘行於明堂，明堂之法本於易。中庸言至誠可以贊化育，與天地參[三七]，此明堂配天之義也。

[一]明堂大道録、禘説，參本書第一六四頁注[三]。

[二]惠棟以爲，説卦自「帝出乎震」以下至「然後能變化既成萬物也」一節，爲「陳明堂之法」，故於周易述説卦傳注疏及明堂大道録、禘説書中，皆詳疏其義，可參。

[三]五帝，歷代所指五帝不一，詳下文注。周易述卷二〇説卦傳注「上帝，五帝，在太微之中」句疏曰：「此何休義也。劉歆七略曰：『王者師天地，體天而行。是以明堂之制，内有太室，象紫微；南出明堂，象太微。』援神契亦謂：『五精之神，實在太微。』故知五帝在太微之中。」

[四]太微，星名，三垣之上垣。位於北斗之南，軫翼之北，有星十，以五帝座爲中，成屏藩之狀。史記天官書：「衡，太微，三光之廷。匡衛十二星，藩臣。」

[五]祥案：惠氏説卦傳注作「四時之序，五德相次」。四時，春、夏、秋、冬；五德，指木、火、土、金、水。

[六]惠疏：「五室謂中太室，東青陽，南明堂，西總章，北玄堂。四堂各有室，兼中央爲五，故有五室四堂也。」

[七]惠疏：「後魏封軌明堂議文。軌又云『依行而祭，故室不過五；依時布政，故堂不逾四』是也。」祥案：封軌文見魏書卷三二封軌傳。原文「依行」作「依天」，是。

[八]惠疏：「蔡氏章句曰：『月令，所以順陰陽、奉四時、效氣物、行王政也。成法具備，各從時月，藏之明堂，所以示承祖考神明，明不敢褻瀆之義，故以明堂冠月令。』虞、夏、商、週四代行之……大戴採以爲明堂月令，馬氏附月令於小戴，而刪『明堂』字，故止謂之『月令』也。」

[九]祥案：「德」爲「業」之誤，惠氏原注作「業」，又明堂大道録卷六「明堂配天」條亦曰：「古之帝王，生有配天之業，殁享配天之祭。」今據改。

[一〇]惠疏：「中庸言：『唯天下至聖，爲能聰明睿知，足以有臨也。』下云：『凡有血氣者，莫不尊親，故曰配天。』是生有配天之業也；古文尚書伊訓篇曰：『惟太甲元年十有二月乙丑朔，伊尹祀於先王，誕資有牧方明。』劉歆釋之曰：『言太甲雖有成湯、太丁、外丙之服，以冬至越茀祀先王於方明，以配上帝。』方明者，放明堂之制，太甲行吉禘之禮，宗祀成、湯於明堂以配上帝。是没有配天之祭也。」

[一一]祥案：「所」，粵雅堂叢書本作「稱」。鍾校：「『稱』，各本俱作『所』。」祥案：作「所」是，惠氏原注亦作「所」也。

[一二]惠疏：「蔡氏獨斷曰：『易曰：帝出乎震。震者，木也。宓犧氏始木德王天下也；木生火，故宓犧氏没，神農氏又以火德繼之；火生土，故神農氏没，黄帝以土德繼之；土生金，故黄帝氏没，少昊氏以金德繼之；金生水，故少昊氏没，顓頊氏以水德繼之。』是言五德相次，自太皞以下也。」

[一三]惠疏：「禘者，圜丘之大禘、與春夏之時禘及喪畢之吉禘也；祖者，如周之祖文王也；宗者，如周之宗武王也。皆配天之祭，又皆蒙禘之名，謂禘其祖之所自出故也。后稷之祀在南郊，郊特牲曰：『兆於南郊，就陽位也。』又云：

『於郊，故謂之郊。』故云唯郊行之於南郊，其三大祭皆在明堂也。爾雅祭名曰：『禘，大祭也。』」

［一四］祥案：「四」原作「曰」，誤。惠氏疏文作「四」，山西書局本已改正，今據改。

［一五］見禮記大傳「禮不王不禘.王者禘其祖之所自出.以其祖配之」鄭注。祥案：自「鄭注大傳」至「故四大祭皆蒙禘名」，爲惠氏疏文，注上文「禘、郊、祖、宗四大祭，而總謂之禘者，禘其祖之所自出故也」句，錢傳録入，江氏襲之，然疏中「禘者，禘其祖之所自出，故四大祭皆蒙禘名」，又與上重復，故此段疏文當删者也。

［一六］見詩周頌長發序「長發，大禘也」句鄭注。

［一七］見漢書卷七三韋玄成傳引劉歆議。顔注引服虔曰：「蠻夷，終王乃入助祭，各以其珍貢以共大禘之祭也。」師古曰：「每一王終，新王即位，乃來助祭。」

［一八］見董仲舒春秋繁露觀德。

［一九］惠疏：「『禘禮上溯遠祖』者，謂如周始祖之上，又有遠祖嚳。虞喜曰『終禘及郊宗石室』是也。『旁及毁廟』者，謂四廟二祧之外，又及毁廟，皆升，合食，序昭穆，故韓詩内傳曰『祧取毁廟之主，皆升，合食於太祖』是也。『下逮功臣』者，謂功臣從祀。周書大匡曰：『勇如害上，不登於明堂。』高堂隆釋之云：『謂有勇而無義，死不登明堂而配食。』故蔡氏據禮記大學志云善人祭於明堂，其無位者，祭於太學。是言禘祭下逮功臣之事也。」

［二〇］惠疏：「『聖人居天子之位』，謂如文言所云『飛龍在天』，乃位乎天德，有天德而居天位者也。説文曰：『董仲舒云：古之造文者，三畫而連其中謂之王，三者，天、地、人也。而參通之者王也。孔子曰：一貫三爲王。』故云以一德貫三才。」

［二一］惠疏：「『行配天之祭』者，謂上四大祭也。天道遠，故推人道以接天，禘禮之灌是也。以孫格祖，以祖格天，故天神降，地示出，人鬼格。即大司樂所云『若樂六變，則天神皆降；八變，則地示皆出；九變，則人鬼可得而禮』是也。」

[一一二]惠注原文作「夫然而陰陽和，風雨時，五穀熟，草木茂，民無鄙惡，物無疵厲，群生咸遂，各盡其氣，威厲不試，刑措不用，風俗純美，四夷賓服，諸福之物，可致之詳，無不畢至，所謂既濟定也。」惠疏：「『夫然而陰陽和』以下，既濟之事也。民皆仁厚，故無鄙惡，六沴不作，故物無疵厲，鴻範五行傳所謂『五福乃降，用章於下』是也。『群生咸遂，各盡其氣』者，謂畢其壽命之氣也。『諸福之物，可致之詳，無不畢至』者，此皆董子對策文。『諸福之物』，謂如鳳皇、麒麟皆在郊棷，龜龍在宮沼之類是也；『可致之詳』，謂如天降甘露，地出醴泉，山出器車，河出馬圖之類是也。既濟則各正性命，保合太和，中庸曰『致中和，天地位焉，萬物育焉』。言明堂之大道本於易，故云。伏羲畫八卦以贊化育，其道如此也。」

[一一三]惠注「聖人法之，立明堂，爲治天下之大法」句，惠疏曰：「尋明堂之制，備於冬官，冬官亡，故黄圖月令論所稱不盡與古合，爲袁準所駁，然其法取於易則同也。先儒戴德、戴聖、韓嬰、孔牢、馬宮、劉歆、賈逵、許慎、服虔、盧植、潁容、蔡雍、高誘諸人，皆以明堂上有靈臺，下有辟雍，四門有太學。」又下引諸家之説，又參明堂大道録卷一「明堂總論」、「明堂四門先儒不詳」、「明堂靈臺同處」、「諸儒論明堂」與卷四「明堂四門」諸條。

[一一四]見明堂大道録卷一「諸儒論明堂」條引。潁容，「潁」爲「穎」之誤，惠氏周易述、明堂大道録等書中所引亦皆作「潁」，今據改。容字子嚴，漢陳國長平(今河南西華)人。博學多通，善春秋左氏。著有春秋釋例。後漢書卷七九下有傳。釋例，隋志著録一〇卷，已佚。清王謨、馬國翰皆有輯本一卷，有漢魏遺書鈔本、玉函山房輯佚書本。

[一一五]以上諸説，詳參惠氏明堂大道録卷一「明堂總論」、「明堂靈臺同處」條，卷三「明堂頒朔聽朔」條，卷五「明堂行政」、「明堂清廟」條，卷六「明堂靈臺」、「明堂大學四學」條，卷七「明堂養老」條等。

[一一六]盧植(約一五九—一九二)，字子幹，漢涿郡(今河北涿縣)人。少師事馬融，精於學。官至尚書。時董卓議廢少帝，植獨抗之，因免歸。有禮記注等。後漢書卷九四有傳。盧氏禮記注，隋志輯有二〇卷，已佚，清人王謨等有輯本數種可參。此處引盧氏語見明堂大道録卷一「諸儒論明堂」條引。

［二七］惠氏明堂大道録卷八「辯袁準正論」條，專辨袁氏之失，斥其「亂經而謂之正論，七十子之辠人也」。

［二八］方明，天子行會同之禮時所設上下四方之神主。方四尺，上下四方設六色，並設圭璧等玉。儀禮覲禮鄭注：「方明，上下四方神明之象也。」

［二九］見荀子彊國。

［三〇］孟子梁惠王下：「齊宣王問曰：『人皆謂我毁明堂，毁諸？已乎？』孟子對曰：『夫明堂者，王者之堂也。王欲行王政，則勿毁之矣。』」注：「謂泰山下明堂，本周天子東巡狩朝諸侯之處也。」

［三一］逸周書明堂解：「周公攝政君天下，弭亂六年，而天下大治，乃會諸侯於宗周，大朝諸侯明堂之位。」

［三二］祥案：錢傳引此句作「儀禮覲諸侯則設方明」，江氏轉引而省「儀禮」二字，今本逸周書度邑解有「我維顯服，及德之方明」句，然與本文所述「方明」無涉，故當依錢傳爲是，此二字不可省，今據補。又案：儀禮覲禮：「諸侯覲於天子，爲宫方三百步，四門壇十有二尋，深四尺，加方明其上。方明者，木也。」

［三三］明堂大道録卷四「明堂六天」條：「明堂有六天，其天子覲諸侯則有六宗。六宗，即六天之神，又謂之方明。虞禋六宗而觀四嶽、群牧，周祀方明而覲公侯伯子男，其制一也。」

［三四］尚書堯典：「肆類於上帝，禋於六宗。」古尚書説以爲六宗，日、月、星辰、岱山、河、海也，馬融以爲天地四時也，鄭玄以爲星、辰、司中、司命、風伯、雨師也。又儀禮覲禮鄭注：「方明，上下四方神明之象也。上下四方之神者，所謂明神也。會同而盟，明神監之，則謂之天之司盟。」明堂大道録卷四「六宗」：「案周禮以實柴祀日月星辰，以槱燎祀司中、司命、風師、雨師，不稱禋祀，禋祀者明堂之祭，鄭説非也。」

［三五］周禮春官大司樂：「冬日至，於地上之圜丘奏之」，「夏日至，於澤中之方丘奏之」，「於宗廟之中奏之」，鄭注：「此三者皆禘大祭也。」

［三六］宋書卷一六禮志三：魏明帝「景初元年十月乙卯，始營洛陽南委粟山爲圓丘，詔曰：『蓋帝王受命，莫不恭承

天地，以彰神明；尊祀世統，以昭功德。故先代之典既著，則禘郊祖宗之制備也。昔漢氏之初，承秦滅學之後，採摭殘缺，以備郊祀。自甘泉、后土、雍宮、五畤神祇百萬位元，多不經見，並以興廢無常，一彼一此，四百餘年，廢無禘禮。古代之所更立者，遂有闕焉。』」

［三七］中庸：「唯天下至誠爲能盡其性；能盡其性，則能盡人之性；能盡人之性，則能盡物之性；能盡物之性，則可以贊天地之化育；可以贊天地之化育，則可以與天地參矣。」

又有易漢學七卷［一］、易例二卷，皆推演古義，鍼砭俗説。

［一］易漢學七卷，今本八卷者，第八卷原爲惠氏周易本義辨證末之附録，後隸本書第八卷。是書追考漢儒易學，掇拾緒論，以見大凡。凡孟喜易二卷、虞翻易一卷、京房易二卷（干寶易附）、鄭玄易一卷、荀爽易一卷，其末一卷，爲惠棟論易之語。凡採輯遺佚，鉤稽考證，學者得以見漢易之梗概。有四庫全書本、皇清經解續編本等。

於書有古文尚書考二卷［二］，謂孔壁中古文得多十六篇［三］，内有九共九篇，析之爲二十四篇。鄭康成所傳之二十四篇［三］，即孔壁真古文。東晉晚出之二十五篇［四］，與漢書不合［五］，可決其僞。唐人詆鄭所傳爲張霸僞造者［六］，妄也。今文太誓三篇，其略見於太史公書［七］，太史公從安國問故［八］，當可信。唐人尊信晚出之太誓，而以今文太誓爲僞，亦非也［九］。

[一]古文尚書考二卷，是書於尚書採摭史記、前、後漢書及群經注疏，大旨謂孔壁中古文多得十六篇，内有九共九篇，析之爲二十四，鄭玄所傳之二十四篇，即孔壁真古文，東晉晚出之二十五篇，與漢書不合，可決其僞，唐人詆鄭所傳爲張霸僞造者妄也。有皇清經解本等。

[二]此段採自古文尚書考卷一「鄭氏述古文逸書二十四篇」、「辨正義四條」、「梅氏增多古文二十五篇」、「附閻氏若璩尚書古文疏證」諸條。另參本書閻若璩及本頁注「六」。

[三]孔穎達尚書正義虞書疏引鄭玄曰：「鄭玄則於伏生二十九篇之内，分出盤庚二篇爲康王之誥，又泰誓三篇，爲三十四篇。更增益僞書二十四篇爲五十八。所增益二十四篇者，則鄭注書序舜典一、汨作二、九共九篇十一、大禹謨十二、益稷十三、五子之歌十四、胤征十五、湯誥十六、咸有一德十七、典寶十八、伊訓十九、肆命二十、原命二十一、武成二十二、旅獒二十三、冏命二十四。」

[四]經典釋文序録：「江左中興，元帝時，豫章内史梅賾奏上孔傳古文尚書。亡舜典一篇，購不能得，乃取王肅注堯典從『慎徽五典』以下分爲舜典篇以續之。學徒遂盛。」

[五]古文尚書考卷一「梅氏增多古文二十五篇」條：「今梅氏增多篇數，分之爲二十五，合之爲十九，與藝文志不合。」

[六]孔穎達尚書正義虞書疏：「孔君所傳，值巫蠱不行以終。前漢諸儒，知孔本有五十八篇，不見孔傳，遂有張霸之徒，於鄭注之外，僞造尚書凡二十四篇，以足鄭注三十四篇爲五十八篇。其數雖與孔同，其篇有異。」周注：「按孔穎達之意，以梅賾僞孔古文尚書二十五篇爲真，以鄭玄所傳二十四篇篇目爲張霸之徒僞造。張霸僞造尚書百兩篇，事見漢書儒林傳及王充論衡佚文篇。儒林傳云：『世所傳百兩篇者，出東萊張霸，分析合二十九篇，以爲數十；又採左氏傳、書敘，爲作首尾，凡百二篇。篇或數簡，文意淺陋。成帝時，求其古文者，霸以能爲百兩徵。以中書校之，非是。……乃黜其書。』惠氏以爲孔穎達以鄭所傳二十四篇（即十六篇）爲張霸僞造，其説之可疑有四。文繁不録，詳可參考原書。」

［七］史記卷四周本紀：武王「十一年十二月戊午，師畢渡盟津，諸侯咸會。曰：『孳孳無怠！』武王乃作太誓，告於衆庶：『今殷王紂乃用其婦人之言，自絶於天，毁壞其三正，離逷其王父母弟，乃斷棄其先祖之樂，乃爲淫聲，用變亂正聲，怡説婦人。故今予發維共行天罰。勉哉夫子，不可再，不可三！』」

［八］漢書卷八八儒林傳：「孔氏有古文尚書，孔安國以今文讀之，因以起其家逸書，得十餘篇，蓋尚書茲多於是矣。遭巫蠱，未立於學官。安國爲諫大夫，授都尉朝，而司馬遷亦從安國問故。遷書載堯典、禹貢、洪範、微子、金縢諸篇，多古文説。」

［九］古文尚書考卷一「附閻氏若璩尚書古文疏證」條：「西漢之太誓，博士習之，孔壁所出，與之符同，是孔子所定之舊文也。自東晉別有僞太誓三篇，唐、宋以來，諸人反以西漢之大誓爲僞。」周注：「按唐人蓋指孔穎達尚書正義。正義於泰誓序下云：『尚書遺秦而亡……漢初惟有二十八篇，無泰誓矣。後得僞泰誓三篇，諸儒多疑之。』下又引馬融、王肅之言，以今文泰誓爲僞，而尊信東晉晚出之泰誓。文繁不録，詳可參考原書。」

於春秋有左傳補注六卷［一］，自序云：「嘗見鄭康成之周禮、韋弘嗣之國語［二］，純採先儒之説，末乃下以己意，令學者審其異同。杜元凱春秋集解，雖根本前修，而不著其説，又其持論間與諸儒相遠，於是樂遜序義［三］、劉炫規過之書出焉［四］。今刺取經傳，附以先世遺聞，宗韋、鄭之遺，前修不揜；效樂、劉之意，有失必規。而於古今文之同異，辨之尤悉」云。

［一］左傳補注六卷，是書主旨在發明賈逵、服虔之學，附以群經，作爲補注。據惠棟序，是書之作，始於其王父有聲，傳序相授，於今四世。棟因刺取經傳，附以先世遺聞，廣爲補注六卷。有四庫全書本、叢書集成初編本等。

［二］韋昭（二〇四—二七三），字弘嗣，三國吴雲陽人。官至中書僕射。著述今存國語集解二一卷。三國志卷六五有傳。國語二一卷，亦名春秋外傳，舊題春秋末左丘明編，今人以爲成書於戰國時期。全書分周、魯、齊、晉、鄭、楚、吴、越八國，爲最早之分國記事史。記事上起西周中期周穆王征伐犬戎，下迄春秋、戰國之交晉國韓、趙、魏三家滅智氏，前後約五百餘年之史事。韋昭國語集解爲今傳是書之最早注本，保存了大量漢代學者之注釋。

［三］樂遜（五〇〇—五八一），字遵賢，北周猗氏（今山西臨猗）人。少從徐遵明學。官至東揚州刺史。以經術教授，學者稱之。有春秋序義等，皆不傳。北史卷八二、周書卷五五有傳。北史本傳：「著春秋序義，通賈、服説，發杜氏違，辭理並可觀。」

［四］周注：「炫有春秋規過三卷，摘杜義中之失而正之，以自居於諍友之列，故曰『規過』。此書北史及隋志未著録，蓋附於炫所作春秋左氏傳述義之末。唐志始分别著録，云三卷。書今佚。清馬國翰玉函山房輯佚書及黄奭黄氏逸書考均有輯本。」

其注「秦穆姬屬賈君」［一］，用唐尚書説，以賈君爲申生妃；「令尹蔿艾獵」［二］，用世本説［三］，爲叔敖之兄［四］；「同盟於亳城北」［五］，用服虔本，證「亳」爲「京」之譌；「塹防門而守之廣里」［六］，用續漢書及京相璠説［七］，以防門、廣里爲地名［八］；「吴句餘」［九］，用服虔説，以爲吴子餘祭［一〇］；「萬者二人」［一一］，用吴仁傑説［一二］，「二人」當爲「二八」；「臧文仲廢六關」［一三］，訓「廢」爲「置」，讀如公羊「廢其（無）〔有〕聲者」之「廢」［一四］。皆前人所未及道也。

［一］左傳僖公十五年：「晉侯之入也，秦穆姬屬賈君焉，且曰盡納群公子。晉侯烝於賈君，又不納群公子，是以穆姬怨之。」周注：「按晉侯即晉惠公，名夷吾。驪姬之亂，太子申生死，夷吾與諸公子出奔。及父獻公死，夷吾以秦力入爲晉侯。穆姬爲申生同母之姊，爲秦穆公夫人。賈君，杜預左傳集解以爲『晉獻公次妃賈女』。惠氏以爲申生之妃。左傳補注卷一云：『案獻公取爲賈，則是正妃，爲惠公之適母，何須穆姬之屬？唐尚書曰：賈君，申生妃。故僖十年傳云：夷吾無禮。此爲近之。』」

［二］令尹，春秋楚官名，爲最高之行政長官。左傳宣公十一年：「令尹蔿艾獵城沂。」集解：「艾獵，孫叔敖也。」左傳補注卷二云：「案世本，艾獵爲叔敖之兄。又孫叔敖碑云：『君名饒，字叔敖。』以艾獵爲孫叔敖名，此服、杜臆説。世本是也。」

［三］世本，漢志載有十五篇。記黄帝以來至春秋時列國諸侯大夫之氏姓、世系、居（都邑）、作（制作）等，後人增補，記事至漢代，已佚。清人有輯本甚多。

［四］孫叔敖，蔿賈子。楚莊王時爲令尹。施教導民，上下和合，世俗稱美，以賢能稱。事見左傳宣公十一年、十二年，吕氏春秋諸書，史記卷一一九有傳。

［五］春秋襄公十一年：「公會晉侯、宋公、衛侯……伐鄭。秋七月己未，同盟於亳城北。」左傳：「四月，諸侯伐鄭。……秋七月，同盟於亳。」左傳補注卷三：「案經云：『同盟於亳城北。』二傳皆云：『京城北。』公羊疏：『服氏之經亦作京城北，與此傳同。』棟案：亳城當依服氏作京。京，鄭地，在滎陽，隱元年傳謂之京城是也。亳，無考，非也。」

［六］左傳襄公十八年：「冬十月，會於魯。……同伐齊。齊侯御諸平陰，塹防門而守之廣里。」杜注：「其城南有防，

「京相璠曰：『平陰，齊地也。在濟北盧縣故城西南十里。平陰城南有長城，東至海，西至濟，河道所由，名防門，去平陰三里。』司馬彪郡國志曰：『濟北盧縣有平陰城，有防門，有光里。』京相璠曰：『防門北有光里。齊人言廣，音與光同。』杜氏以平陰『城南有防，防有門，於門外作塹，橫行廣一里』。皆臆説也。」

［七］續漢書，司馬彪（？—三〇六）撰。彪字紹統，晉温（今屬河南）人。博覽群籍。官至秘書丞。曾注莊子、作九州春秋、續漢書。晉書卷八二有傳。續漢書八三卷，爲記述後漢歷史之紀傳體史書。今僅存八志，梁劉昭注范曄後漢書，因其書無志，故取而補入後漢書中。京相璠，晉人。生卒仕履不詳。有春秋土地名三卷，見隋志。清儒有輯本一卷。

［八］防門，地名，在今山東平陰縣東北；廣里，地名，在今山東長清縣西南。

［九］左傳襄公二十八年：「慶封……奔吴，吴句餘予之朱方，聚其族焉而居之。」集解：「句餘，吴子夷末也。」正義：「服虔以句餘爲餘祭。」左傳補注卷四：「司馬貞曰：『計餘祭，襄十九年卒，則二十八年賜慶封邑不得是夷末。』棟案：服虔以句餘爲餘祭，是也。」

［一〇］餘祭（？—前五三一），春秋吴王。後爲閽者所殺。在位十七年（前五四七—前五三一）。事見史記卷三一吴太伯世家。

［一一］左傳昭公二十五年：「將禘於襄公，萬者二人。」集解：「禘，祭也；萬，舞也。於出禮，公當三十六人。」左傳補注卷六：「吴仁傑曰：『淮南書亦云：禱於襄廟，舞者二人。案傳氏言四人爲列，尚不成樂，況二人乎？當作八，傳文誤也。』」

［一二］吴仁傑，字斗南，一字南英，自號蠧隱，又號蠹豪，宋崑山人。博洽經史，爲朱熹門人。孝宗淳熙時進士。官羅田令、國子學録。今存有易圖説三卷、兩漢刊誤補遺一〇卷、離騷草木疏四卷等。事見宋元學案卷六九、宋史翼卷二九。

[一三]臧文仲（？—前六一七），即臧孫辰，春秋魯大夫。卒謚文仲。事見左傳文公二年、論語公冶長。左傳文公二年：「仲尼曰：臧文仲，其不仁者三，不知者三。下展禽，廢六關，妾織蒲，三不仁也。」集解：「塞關，陽關之屬。凡六關所以禁絶未游而廢之。」左傳補注卷二：「家語云：『置六關。』王肅曰：『六關，關名。魯本無此關，文仲置之，以税行者，故云不仁。』棟案：廢與置，古字通。公羊傳曰：『去其有聲者，廢其無聲者。』鄭志答張逸曰：『廢，置也。』以廢爲置，猶以亂爲治，徂爲存，故爲今，曩爲曏，苦爲快，臭爲香，藏爲去。郭璞所謂詁訓義有反覆旁通，美惡不嫌同名也。杜氏云：『六關所以禁絶未游而廢之。』周禮建國有門關，安可廢？況後傳塞關、陽關皆有明文，豈旋廢旋復之與？杜氏此説，昧於義矣。小爾雅亦以廢爲置，杜集解頗用孔鮒之説，獨不及此，何也？」

[一四]公羊傳宣公八年：「其言萬人去籥何？去其有聲者，廢其無聲者，存其心焉耳。」何注：「廢，置也；置者，不去也。齊人語。」祥案：據公羊傳及惠氏上文所述，皆作「廢其無聲者」，明此句「有」字，錢氏涉上「去其有聲者」而誤，江氏襲之未改，今據改。

又言[一]：「公羊有嚴、顔二家[二]，蔡邕石經所定者，嚴氏春秋也；何邵公所注者，顔氏春秋也。石經公羊末云『桓公二年，顔氏有所見異辭』云云[三]。僖公三十年，顔氏言『君出則己入』[四]，今何本皆有之。又云『顔氏無伐而不言圍者，非取邑之辭也』[五]。今何本亦〔無〕（有）之[六]。以此知何所注者，顔氏本也。鄭康成注三禮，引隱二年『放於此乎』[七]，隱〔五〕（三）年『登戾之』[八]，桓十一年『遷鄭焉而鄙留』[九]，皆與何氏異，與石經同。蓋鄭所據者，嚴氏本也。」

［一］此段見惠棟九經古義卷一三公羊古義上。

［二］嚴彭祖，字公子，漢東海下邳（今江蘇睢寧）人。與顏安樂同事眭孟，傳春秋之學。官至太子太傅。廉直不事權貴。安樂，字公孫，魯國薛（今山東滕縣）人。眭孟姊子。官至齊郡太守丞，後爲仇家所殺。二人漢書卷八八皆有傳。又漢書嚴彭祖傳：「孟弟子百餘人，唯彭祖、安樂爲明，質問疑誼，各持所見。孟曰：『春秋之意，在二子矣！』孟死，彭祖、安樂各顓門教授。由是公羊春秋有顏、嚴之學。」

［三］語見洪適隸釋卷一四。公羊傳桓公二年：「所見異辭，所聞異辭，所傳聞異辭。」阮元校勘記：「唐石經原刻無第三『所』字，後磨改補入。隸續載石經殘碑曰：『桓公二年，顏氏有所見異辭、所聞異』，以下缺。然則熹平立石者，爲嚴氏春秋，於此無『所見異辭』三句；何氏所注者，爲顏氏春秋，於此有之。漢石經於碑末列其同異。」

［四］公羊傳僖公三十年：「元咺之事君也，君出則己入，君入則己出，以爲不臣也。」阮氏校勘記：「唐石經、諸本同。隸釋載公羊殘碑後云：『三十年，言君出則己入。』然則熹平石經不與何本同，故舉其異者言之。」

［五］文見公羊襄公十二年傳。

［六］周注：「『今何本亦有之』，各本師承記皆作『有』，但惠棟九經古義卷十三公羊上原文作『今何本亦無』。按『有』當作『無』，或江引偶誤，或刻誤。何休本爲顏氏春秋，顏氏既無『伐而不言圍』云云，則何本不當言『有』甚明。」祥案：周説是，今據改之。

［七］考工記：「摶埴之工，陶、旊。」鄭注：「旊讀如『放於此乎』之放。」周注：「按『放於此乎』系嚴本公羊隱二年傳文，今本何氏公羊依顏氏作『昉於此乎』。注云：『昉，適也。』放作昉，文不同。」

［八］禮記大學：「一人貪戾，一國作亂。」鄭注：「戾之言利也。……春秋傳曰：『登戾之。』」周注：「按『登戾之』系嚴本公羊隱五年傳文，今本何氏公羊依顏氏作『登來之』。注云：『登讀言得。得來之者，齊人語也。齊人名求得爲得來。作登來者，其言大而急，由口授也。』戾作來，文不同。又『隱三年』師承記各本皆作『三』，按『三』當作『五』，或江誤引，或

刻誤，九經古義原文作『五』，亦可證。」祥案：周説是，今據改之。

［九］周禮大司徒：「凡造都鄙，制其地域而封溝之。」鄭注：「都鄙，王子弟公卿大夫采地，其界曰都鄙所居也。……春秋傳曰：『遷鄭焉而鄙留。』」周注：「按『鄙留』系嚴本公羊桓十一年傳文，今本何氏公羊依顔氏作『野留』。注云：『野，鄙也。』鄙作野，文不同。」

又云[一]：「應劭風俗通稱穀梁爲子夏門人[二]，楊士勳謂『受經於子夏』[三]。按桓譚新論云[四]：『左氏傳世，遭戰國寖微，後百餘年，魯穀梁赤爲春秋，殘略多所違失。[五]』然則穀梁子，非親受經於子夏矣。古人親受業者稱弟子，轉相授者稱門人[六]，則穀梁於子夏，猶孟子之於子思[七]，故魏麋信注穀梁，以爲與秦孝公同時也[八]。楊士勳言穀梁作傳[九]，傳孫卿，卿傳魯人申公[一〇]，申公傳博士江公[一一]。按孫卿，齊湣、襄時人[一二]，當秦之惠王[一三]，則在其後。卿所〔著〕（注）書[一四]，言天子廟數及賻、賵、襚、含之義[一五]，述春秋善胥命[一六]，而言盟詛不及三王[一七]，諸侯相見，仁者居守[一八]，皆本穀梁説。其言傳孫卿，信矣。隱元年傳：『成人之美，不成人之惡。』僖二十二年傳『過而不改，是謂之過。』二十三年傳：『以不教民戰，則是棄其師[一九]。』今皆在論語中。傳所載與儀、禮二記合者尤多[二〇]。故鄭康成曰：『穀梁，善於經者也[二一]。』」

［一］此段見九經古義卷一五穀梁古義卷首。

[二]風俗通，即風俗通義一〇卷，應劭編，謂之「風俗通義」者，言通於流俗之過謬，而事該之於義理也。其姓氏篇散佚，清儒從永樂大典中輯出爲附録一卷，綴於全書之末。周注：「引語，今本風俗通未見。蓋據晁公武郡齋讀書志轉引。按穀梁子，漢志云魯人。其名字，説各不同：桓譚新論、應劭風俗通、蔡邕正交論云名赤；王充論衡案書篇云名寘；阮孝緒七録云名俶，字元始；楊士勳穀梁疏又引作淑；顔師古漢志注云名喜。要之，皆不甚可據。」

[三]楊士勳，唐人。籍貫不詳。官四門博士。撰春秋穀梁傳疏。事見春秋左傳正義序。春秋穀梁傳序疏：「公羊子名高，齊人。受經於子夏，故孝經説云春秋屬商是也；爲經作傳，故曰公羊傳。」

[四]桓譚（約前二三—五〇），字君山，漢沛國相（今安徽濉谿）人。好音律，善鼓琴，通天文，精五經。官議郎給事中。光武帝好讖緯，譚極言其非，出爲六安郡丞，尋病卒於途中。著新論二九篇。後漢書卷二八上有傳。新論，隋志著録十七卷，已佚，清人輯有一卷。

[五]語見太平御覽卷六一〇春秋引桓譚新論曰：「左氏傳世，後百餘年，魯穀梁赤爲春秋，殘略多所遺失。」

[六]歐陽修文忠集卷一三五後漢孔宙碑陰題名：「漢世公卿，多自教授，聚徒常數百人，其新受業者爲弟子，轉相傳授者爲門生。」又參閻若璩四書釋地三續卷中「弟子門人」條。

[七]子思（約前四八三—前四〇二），名伋，孔子子鯉之子。曾爲魯繆公師。相傳著有子思子二十三篇，見漢志。唐以後已佚，宋人輯有一卷。

[八]經典釋文序録：「與秦孝公同時。」

[九]春秋穀梁傳序疏：「穀梁赤「爲經作傳，故曰穀梁傳。傳孫卿，孫卿傳魯人申公，申公傳博士江翁。」

[一〇]申公，漢魯（今山東曲阜東）人。少與楚元王交，俱事齊人浮丘伯受詩。武帝時，安車以蒲裹輪，駕駟迎至長安，爲太中大夫，然時帝好文辭，終不用，以病免歸，卒年八十餘。弟子爲博士者千餘人。申公卒以詩、春秋授，而瑕丘江公盡能傳之，徒衆最盛。漢書卷八八有傳。

[一一]江公，瑕丘(今山東兖州)人。史稱「大江公」。受穀梁春秋及詩於申公，傳子至孫爲博士。漢書卷八八有傳。周注：「王先謙漢書補注引沈欽韓語曰：『傳不言申公穀梁所授。案穀梁序疏云：穀梁傳孫卿，孫卿傳魯人申公。』按申公之年，不能逮事荀卿，而其師浮丘伯也；蓋荀卿傳浮丘伯，丘伯傳申公。」

[一二]齊湣王(？—前二八四)，名地，宣王子。戰國齊王。在位十七年(前三〇一—前二八三)。齊襄王(？—前二六五)，名法章。湣王子。在位十九年(前二八三—前二六五)。祥案：荀子約生於西元前三一三年，卒於前二三八年，故曰「齊湣、襄時人」。

[一三]秦惠文王(？—前三一一)，名駟。孝公子。戰國時秦君，在位期間始稱王。在位二十七年(前三三七—前三一一)。事見史記卷五秦本紀。

[一四]祥案：「注」，惠氏原文作「著」，是，今據改。此「所著書」，指荀子也。

[一五]穀梁傳僖公十五年：「因此以見天子至於士皆有廟，天子七廟，諸侯五，大夫三，士二。」荀子禮論：「故有天下者事十世，有一國者事五世，有五乘之地者事三世，有三乘之地者事二世，持手而食者不得立宗廟。所以別積厚者流澤廣，積薄者流澤狹也。」楊倞注：「十當爲七。」又穀梁傳隱公元年：「乘馬曰賵，衣衾曰襚，貝玉曰含，錢財曰賻。」荀子大略：「貨財曰賻，輿馬曰賵，衣服曰襚，玩好曰贈，玉貝曰唅。賻、賵所以佐生也；贈、襚所以送死也。」楊倞注：「此與公羊、穀梁之説同。」

[一六]穀梁傳桓公三年：「夏，齊侯、衛侯胥命於蒲。胥之爲言猶相也，相命而信諭，謹言而退，以是爲近古也。」集解：「申約言以相達，不歃血而誓盟，古謂五帝時。」荀子大略：「不足於行者説過，不足於信者誠言。故春秋善胥命，而詩非屢盟，其心一也。」

[一七]穀梁傳隱公八年：「誥誓不及五帝，盟詛不及三王，交質子不及二伯。」荀子大略篇所載同，惟「二伯」作「五伯」。

［一八］穀梁傳桓公十八年：「知者慮，義者行，仁者守。有此三者備，然後可以會矣。」集解：「桓無此三者，而出會大國，所以見殺。」荀子大略：「諸侯相見，卿爲介，以其教出畢行，使仁居守。」楊倞注：「使仁厚者主後事。」王先謙荀子集解引王念孫曰：「『教出』當爲『教士』，謂常所教習之士也。」

［一九］論語顏淵：「成人之美，不成人之惡。小人反是。」又論語衛靈公：「子曰：過而不改，是謂過矣。」又論語子路：「以不教民戰，是謂棄之。」祥案：惠棟謂此數語左傳中文，皆見今論語中也。

［二〇］周注：「此句，惠氏九經古義卷十五原文作『傳中所載與儀禮、禮記諸經合者不可悉舉』。按穀梁與儀禮合者，如桓三年傳云：『禮，送女，父不下堂，母不出祭門，諸母兄弟不出闕門。父戒之曰：謹慎從爾舅之言。母戒之曰：謹慎從爾姑之言。諸母般申之曰：謹慎從爾父母之言。』與儀禮士昏禮所云：『父送女，命之曰：戒之，敬之，夙夜毋違命。母施衿結帨，曰：勉之，敬之，夙夜無違宮事。庶母及門內施鞶，申之以父母之命，命之曰：敬恭聽宗爾父母之言，夙夜無愆，視諸衿鞶。』文相似。又穀梁與禮記合者，如僖十四年傳云：『天子七廟，諸侯五，大夫三，士二。』與禮記王制『天子七廟，三昭三穆，與大祖之廟而七，諸侯五廟，二昭二穆，與大祖之廟五。大夫三廟，一昭一穆，與大祖之廟而三。士一廟，庶人祭於寢。』及禮記祭法『王立七廟……諸侯立五廟……大夫立三廟……適士二廟……官師一廟……庶士庶人無廟』説相同。」

［二一］周注：「語本鄭玄六藝論。六藝論，今佚，清儒有輯本。惠氏蓋據徐彦春秋穀梁傳序題下疏引。」

其論論語曰［一］：「宣尼言［二］：『述而不作。［三］』於魯論見之［四］。鄉黨一書，半是禮經［五］；堯曰數章，全書訓典［六］。論君臣則『人言不廢』［七］；譏無恒則『南國有言』［八］。於善人爲邦，則曰『誠哉是言』［九］；於隱居行義，則曰『吾聞其語』［一〇］。素絇唐棣，逸詩可誦[一一]；百官冢宰，古典可稽[一二]。『出門如見大賓，使民如承大祭』，此胥臣多聞之所述也[一三]；『視其所以，觀其所由，察其所安』，此文王官人之所記也[一四]；『克己復禮』，左氏以爲古志[一五]；『己所不欲，勿施於人』，管子以爲古語[一六]。見小問篇。『參分天下，而有其二』，周志之遺文也[一七]；今逸周書，即周志也，在程典篇。『陳力就列，不能者止』，周任之遺言也[一八]。推此言之，聖人豈空作哉！」

[一]此段見九經古義卷一六論語古義末。

[二]宣尼，孔子之代稱。祥案：惠氏原文作「夫子」。

[三]論語述而：「述而不作，信而好古，竊比於我老彭。」

[四]周注：「此語惠氏九經古義卷十六原文無。按論語，漢時有魯論、齊論、古論三者。魯人所學，謂之魯論；齊人所學，謂之齊論；孔壁所得，謂之古論。魯論二十篇，齊論二十二篇，古論二十一篇，詳可參考漢書藝文志、儒林傳及隋書經籍志等。」

[五]鄉黨爲論語第十篇。業師孫欽善先生論語注譯曰：「全篇内容爲孔子踐履禮儀的情況，從中可窺見古禮概貌。」

[六]堯曰爲論語第二十篇。惠氏原文於「數章」下自注曰：「孔壁論語，子張已下，别爲一篇。」孫師論語注譯曰：「本篇包括三章。第一章爲堯禪帝位時命舜之辭、商湯伐桀告天之辭、周武王封諸侯之辭等。編論語者置於此，或明孔子『祖述堯舜，憲章文武』之意。文字前後不連貫，當有脱落。第二章爲孔子答子張問從政。第三章所記孔子語與前多有重複。可見這論語的最後一篇是勉强補綴而成的。漢書藝文志著録論語古文二十一篇，班固自注：『出孔子壁中，兩子張。』漢人如淳注曰：『分堯曰篇後子張問何如可以從政已下爲篇，名曰從政。』據此，古文論語把此篇分爲兩篇，則更爲支離。」

［七］論語子路：「定公問：『一言可以興邦，有諸？』孔子對曰：『言不可以若是。其幾也，人之言曰：爲君難，爲臣不易。如知爲君之難也，不幾乎一言而興邦乎？』曰：『一言而喪邦，有諸？』孔子對曰：『言不可以若是。其幾也，人之言曰：予無樂乎爲君，唯其言而莫予違也。如其善而莫之違也，不亦善乎？如不善而莫之違也，不幾乎一言而喪邦乎？』」

［八］易益上九：「立心勿恒，凶。」論語子路：「子曰：『南人有言曰：人而無恒，不可以作巫醫。善夫！』『不恒其德，或承之羞。』子曰：『不占而已矣。』」

［九］論語子路：「善人爲邦百年，亦可以勝殘去殺矣。誠哉是言也！」

［一〇］論語季氏：「見善如不及，見不善如探湯；吾見其人矣，吾聞其語矣。隱居以求其志，行義以達其道；吾聞其語矣，未見其人也。」

［一一］論語八佾：「子夏問曰：『巧笑倩兮，美目盼兮，素以爲絢兮。何謂也？』子曰：『繪事後素。』曰：『禮後乎？』子曰：『起予者商也！始可與言詩已矣。』」又子罕：「『唐棣之華，偏其反而。豈不爾思？室是遠而。』子曰：『未之思也，夫何遠之有？』」祥案：以上論語所引詩，除「巧笑倩兮，美目盼兮」見詩經衛風碩人外，餘皆不見於傳本詩經，故惠氏曰「逸詩可誦」。

［一二］論語憲問：「子張曰：『書云：高宗諒陰，三年不言。何謂也？』子曰：『何必高宗，古之人皆然。君薨，百官總己以聽於冢宰三年。』」

［一三］論語顏淵：「仲弓問仁。子曰：『出門如見大賓，使民如承大祭。己所不欲，勿施於人。在邦無怨，在家無怨。』仲弓曰：『雍雖不敏，請事斯語矣。』」又左傳僖公三十三年：「初，臼季使過冀，見冀缺耨，其妻饁之。敬，相待如賓，與之歸。言諸文公曰：『敬，德之聚也。能敬必有德，德以治民，君請用之。臣聞之：出門如賓，承事如祭，仁之則也。』」案臼季，即胥臣，食采於臼，故稱臼季。晉大夫。官至司空，亦稱司空季子。

[一四]惠氏原文此句下注曰：「文王官人，本載周書，大戴採之以爲記。」又論語爲政：「子曰：『視其所以，觀其所由，察其所安，人焉廋哉？人焉廋哉？』」此語又見逸周書官人解、大戴禮記文王官人。

[一五]論語顏淵：「顏淵問仁。子曰：『克己復禮爲仁。一日克己復禮，天下歸仁焉。爲仁由己，而由人乎哉！』」又左傳昭公十二年：「仲尼曰：『古也有志，克己復禮，仁也。』」

[一六]祥案：「己所不欲，勿施於人」，論語凡兩見。一見顏淵篇，一見衛靈公篇：「子貢問曰：『有一言而可以終身行之者乎？』子曰：『其恕乎！己所不欲，勿施於人。』」又管子小問：「語曰：澤命不渝，信也；非其所欲，勿施於人，忠也。」

[一七]論語泰伯：「舜有臣五人而天下治。武王曰：『予有亂臣十人。』孔子曰：『才難，不其然乎？唐虞之際，於斯爲盛。有婦人焉，九人而已。三分天下有其二，以服事殷。周之德，其可謂至德也已矣。』」又「三分天下有其二」，亦見逸周書程典篇。

[一八]論語季氏：「孔子曰：『求！周任有言曰：陳力就列，不能者止。』」集解：「周任，古之良史。」

其論爾雅曰[一]：「釋詁、釋訓[二]，乃周公所作[三]，以教成王[四]，故詩稱『古訓是式』[五]。漢時謂之故訓，又謂之詁訓[六]。詁訓者，雅言也[七]。周之古訓，仲山式之[八]；子之雅言，門人記之。俗儒不信爾雅，而仲山之古訓，夫子之雅言，皆不存矣。」

[一]此段江藩採錢傳，錢氏所引，不知何據，今不見於惠氏諸書中。

[二]釋詁、釋訓，皆爾雅篇名。爾雅序篇：「釋詁、釋言，通古今之字，古與今異言也。釋訓，言形貌也。」

[三]張揖進廣雅表：「昔在周公，纘述唐虞。……著爾雅一篇，以釋其義。」經典釋文序録：「釋詁一篇，蓋周公所作。釋言以下，或言仲尼所增，子夏所足，叔孫通所益，梁文所補。」

[四]成王，即周成王。武王子，名誦。幼年即位，周公旦攝政，七年後返政。在位三十七年。事見史記卷四周本紀。

[五]詩大雅蕩：「古訓是式，威儀是力。」九經古義卷六毛詩古義下：「傳云：『古，故；訓，道。』箋云：『故訓，先王之遺典也。』説文引詩作『詁訓』，云『訓故言也』。張輯雜字云：『詁者，古今之異語也。訓者，謂字有意義也。』郭氏尒雅有釋詁、釋訓，樊、孫等尒疋皆爲釋故、釋訓。藝文志詩有魯故、韓故、齊后氏故、孫氏故、毛詩故訓傳，書有大、小夏侯解故，皆所謂『故訓先王之遺典也』。小顏曰：『故者通其指義。』孔穎達以爲古訓者，故舊之道，故爲先王之遺典，何其謬與！逸周書大開武解曰：『淫文破典，典不式教，民乃不類。』荀卿子引傳曰：『博聞彊志，不合王制，君子賤之。』皆謂不式古訓是也。」

[六]毛詩正義周南關雎詁訓傳第一疏曰：「詁訓者：詁者，古也。古今異言，通之使人知也。訓者，道也。道物之貌以告人也。」又「詁訓者，通古今之異辭，辨物之形貌，則解釋之義盡歸於此。」

[七]論語述而：「子所雅言，詩、書、執禮，皆雅言也。」集解：「雅言，正言也。讀先王典法，必正言其音，然後義全。」祥案：惠氏下文言「子之雅言，門人記之」，亦指此語，因論語爲孔門後學所記孔子語録，故云。

[八]詩大雅烝民：「保兹天子，生仲山甫。仲山甫之德，柔嘉維則。令儀令色，小心翼翼；古訓是式，威儀是力。」毛傳：「仲山甫，樊侯也。」正義：「仲山甫，是樊國之君，爵爲侯，而字仲山甫也。周語稱樊仲山甫，諫宣王，是山甫爲樊國之君也。韋昭云：『食采於樊。』」

又撰九經古義十六卷[一]，討論古字古言，以博異聞，正俗學。又以范蔚宗後漢書缺略遺誤[二]，范書行而東觀漢記[三]、謝承[四]、薛瑩[五]、司馬彪[六]、華嶠[七]、謝沈[八]、張瑩[九]、袁山〔松〕(濤)諸家之書皆亡[一〇]，乃取初學記[一一]、藝文類聚[一二]、北堂書鈔[一三]、太平御覽諸書[一四]，作後漢書補注十五卷[一五]。所有撰述，如王文簡公精華録訓纂二十四卷[一六]，盛行於世，論者以爲過於任淵之注山谷[一七]，李壁之注荆公詩焉[一八]。周易本義辨証五卷[一九]、太上感應篇注二卷[二〇]，亦經好事刊刻。惟山海經訓纂十八卷[二一]、九曜齋筆記二卷[二二]、松厓筆記二卷[二三]、松厓文鈔二卷[二四]，世無刊本。又有諸史會最[二五]、竹南漫録[二六]，皆未成書。卒於乾隆二十三年戊寅五月[二七]，年六十有二。先生晚年，盧運使見曾延至邗上[二八]，如雅雨堂十種[二九]、山左詩鈔[三〇]、感舊集[三一]，皆先生手定焉。

[一]九經古義一六卷，是編所解，凡易、書、詩、三禮、公羊皆兩卷，穀梁、論語皆一卷。曰「古義」者，言漢儒訓詁之學，得以考見於當時者。有四庫全書本、皇清經解本、叢書集成初編本等。

[二]蔚宗，范曄之字。曄(三九八—四四五)，南朝宋順陽(今河南淅川)人。泰子。少好學，善文章，曉音律。官至尚書吏部郎，左遷宣城太守。遂删取諸家後漢史書而成後漢書。後因事被殺。宋書卷六九、南史卷三三有傳。

[三]東觀漢記二四卷，漢劉珍等撰。原書一四三卷，起光武帝至靈帝。殘。乾隆朝四庫館臣從永樂大典等書中輯得二十四卷。有乾隆六十年掃葉山房刊本、民國三十七年上海中華書局本等。

[四]謝承，字偉平，三國吴會稽山陰(今浙江紹興)人。博學洽聞。官至武陵太守。撰後漢書百餘卷。事見三國志卷五〇吴書五妃嬪傳及注引會稽典録。據隋志，謝承後漢書一三〇卷，其記事忠義隱逸，蒐羅最備，不以名位爲限，且於江左

事尤悉。後散佚。今有上海古籍出版社一九八六年周天游八家後漢書輯注本。

［五］薛瑩，字道言，三國吴沛郡竹邑（今安徽宿縣）人。吴亡，爲晉散騎常侍。曾與韋昭等同撰吴書，又撰後漢記等。事見三國志卷六五吴書韋曜傳，同書卷五三有傳。薛氏後漢記一〇〇卷，隋時即殘存六五卷，後佚。今有上海古籍出版社一九八六年周天游八家後漢書輯注本。

［六］續漢書八十篇，司馬彪撰。記事起於世祖，終於孝獻，隋志載其書八十三卷。今亡佚，唯所撰八志後人合入范曄後漢書中，劉昭注亦附之焉。今有上海古籍出版社一九八六年周天游八家後漢書輯注本。

［七］華嶠（？—二九三），字叔駿，西晉平原高唐（今山東禹城）人。才學深博，有良史之志，官秘書監。卒謚曰簡。撰後漢書九七卷。晉書卷四四有傳。後漢書，起於光武，終於獻帝，凡記東漢一百九十五年之史。後亡佚，今有上海古籍出版社一九八六年周天游八家後漢書輯注本。

［八］謝沈，字行思，一作静思，東晉會稽山陰（今浙江紹興）人。博學多識，明練經史。官著作郎，撰後漢書百卷等。晉書卷八二有傳。後漢書一〇〇卷，又後漢書外傳一〇卷，隋時已殘存八十五卷，後亡佚。今有上海古籍出版社一九八六年周天游八家後漢書輯注本。

［九］張瑩，爲晉江州從事，其生平事蹟不詳。撰後漢南記五五卷，隋時已殘缺，後亡佚。今有上海古籍出版社一九八六年周天游八家後漢書輯注本。

［一〇］祥案：「松」，原文誤作「濤」，誤。粤雅堂本等已改正，今據改。袁山松（？—四〇一），東晉陳郡陽夏（今河南太康）人。博學能文，善音樂。與羊曇善唱樂、桓伊能挽歌，時稱「三絶」。官至吴郡太守。著後漢書百篇。晉書卷八三有傳。後漢書，隋志載九十五卷，已殘，後亡佚。今有上海古籍出版社一九八六年周天游八家後漢書輯注本。

［一一］初學記三〇卷，唐徐堅等奉敕纂，或曰張説總纂。是書之編，初爲唐玄宗諸皇子作文時查核事類、取用辭藻之用，因便初學，故名初學記。凡分天、歲時、地、州郡、帝王等二十三部，諸部下又設子目凡三百一十三類。其所採摭，

皆隋以前古書，而取去謹嚴。今有一九六二年北京中華書局版司義祖點校本。

［一二］藝文類聚一〇〇卷，唐歐陽詢等奉敕纂。是書凡分歲時、政治、産業等四十八部，下又各分細類，比類相從，事居於前，文列於後，俾覽者易爲功，作者資其用。所引四部書一千四百三十餘種，其中十之七八今已亡佚，賴是書得以存之。今有中華書局上海編輯所一九六二年汪紹楹整理校訂本、一九八一年上海古籍出版社重印本。

［一三］北堂書鈔一六〇卷，隋虞世南纂。全書原爲一七三卷，分帝王、后妃、政術、刑法、封爵等十九部八百餘類。今有一九八九年中國書店影印本。

［一四］太平御覽一〇〇〇卷，北宋李昉等奉敕撰。全書分爲天、時序、地、皇王、偏霸、皇宗、州郡等凡五十五部五千三百六十三類，其所輯書則採自北齊修文殿御覽，唐藝文類聚、文思博要三書。所引四部書籍一千六百九十種，絶大部分已佚。今有四庫全書本、四部叢刊三編本等。

［一五］後漢書補注十五卷，是書初名後漢書訓纂，則取姚察漢書訓纂之名。初本十五卷，爲流傳輯出之鈔本；惠氏定本爲二十四卷，即今刻本補注。惠書卷帙次第，依范曄原書，次司馬氏志，及劉昭注補於末，體例仿史記索隱，而精核過之。清末王先謙爲後漢書集解，徵引惠書甚多。有嘉慶時德裕堂刊本、粤雅堂叢書本、叢書集成初編本等。

［一六］王士禛（一六三四—一七一一），字子真，又字貽上，號阮亭，晚號漁洋山人，清新城（今山東桓臺）人。順治十五年（一六五八）進士。官至刑部尚書。其詩主淡遠自然、清新藴藉，宣導「神韻」説，與朱彝尊有「南朱北王」之稱。卒謚文簡。著有古懽録八卷、分甘餘話四卷、古夫於亭雜録五卷、池北偶談二六卷、居易録三四卷、香祖筆記一二卷、漁洋山人詩集二二卷續集一六卷、漁洋山人精華録一〇卷、帶經堂集九二卷等。事見宋犖西陂類稿卷三一墓誌銘，清史列傳卷九、清史稿卷二六六有傳。精華録訓纂二十四卷，王士禛精華録一〇卷，題爲門人盛符升、曹禾仿宋任淵纂黄庭堅山谷精華録之例編訂，林佶謄寫刊刻，實則出王氏手定，從其三千餘首詩中擇録一千六百餘首，以古今體分爲十卷，其中古體四卷、今體六卷。注釋者則在惠書前有徐夔，徐注僅成詠史小樂府一卷與近體六卷。惠注考辨詳明，尤重當代掌故、地理之釋

解。時人黄叔琳以此注「爲漁洋之毛、鄭」。又四庫總目卷一七四集部别集類存目一精華録謂「是書先有金榮箋注盛行於時，棟書出而榮書遂爲所軋，要亦勝於金注耳」。案此説大誤，實則金榮漁洋山人精華録箋注襲自惠注，故惠氏有箋注辨訛一卷附於其書末，以明其鈔襲並辨其失，總目之語，適爲本末倒置矣。今有上海古籍出版社一九九九年李毓芙等整理漁洋山人精華録集釋本。

[一七]任淵，字子淵，宋新津人。高宗紹興元年(一一三一)，以文藝類試有司第一。歷官提點潼州刑獄。有山谷内集詩注二〇卷、後山詩注一二卷等。事見四庫總目卷一五四集部别集類七兩書提要。任氏山谷内集詩注二〇卷，與史容外集注一七卷、史季温别集注二卷，後人合刊之，黄氏三集，賴三人注以存。其注大綱皆系於目録，每條之下，使讀者考其歲月，知其遭際，因以推求作詩之本旨。今有四庫全書本、叢書集成初編本等。

[一八]李壁(一一五九—一二二二)，字季章，號雁湘居士，又號石林，宋丹棱人。李燾子。光宗紹熙元年(一一九〇)進士。累官參知政事，兼同知樞密院事。後遭劾，出知遂寧府。卒謚文懿。著述今存有中興戰功録一卷、王荆公詩注五〇卷。宋史卷三九八有傳。王荆公詩注五〇卷，其捃摭蒐集，具有根柢，疑則闕之，箋釋之功，足補後學。今有上海古籍出版社一九九三年影印本、巴蜀書社二〇〇二年李之亮王荆公詩注補箋本等。

[一九]周易本義辨証五卷，朱子作周易本義，依吕祖謙所定之古本，程子易傳則仍依王弼本。明人修周易大全，取朱子卷次割裂附於程傳，坊本易本義，遂以程之次第爲朱之次第，沿訛襲繆。棟著此書以更正之，又以採吕祖謙之古易音訓附之。其坊刻之訛字，亦一一勘訂之。有省吾堂四種本等。

[二〇]太上感應篇注二卷，舊題漢嘉夾江隱者李昌齡所編，近今人考證爲燕慕容皝之作。全書千餘字，宣揚天人感應，勸善懲惡。惠棟以爲是書所述，證之諸經傳，無不契合，爲勸善之書之最古者，非魏晉後道家悖於聖人者可比。其注體例有散，有駢，有韻語，蓋仿成玄英之注莊子也，徵引贍博，極爲典賅。有粤雅堂叢書本等。

[二一]山海經訓纂十八卷，錢大昕竹汀先生日記鈔卷一作山海經補注一本。今南京圖書館藏山海經補注五卷，稿本，

殘存一册。蓋如後漢書訓纂例，初名訓纂後改補注者也。惠氏以郭璞所注爲未盡，隨以所見疏於旁，又廣徵説文、爾雅、博物志、水經注、路史、太平御覽及其他類書，考究異同，以爲補注。所謂十八卷者，蓋以山海經原書卷帙而爲説也。

［一二二］九曜齋筆記二卷，是書今本三卷。惠氏以「九曜」名齋，蓋即其隨父在廣州時所著書也。九曜石據傳爲太湖靈璧石，五代時運至廣東藥州，共九石。此書凡五百餘條，前兩卷雜論，卷二末「趨庭録」諸條，則爲早歲時受庭訓之記録，卷三後百餘條爲專論稱謂之條。有聚學軒叢書本。

［一二三］松厓筆記二卷，「厓」多作「崖」。今本凡三卷，二百五十餘條，摘白帖、意林、太平御覽、太平廣記諸書，間及時人語，凡四部之書莫不旁雜交涉，惠氏中年以前，治學廣雜，此亦一證，較九曜齋筆記更爲蕪雜。有聚學軒叢書本等。

［一二四］松崖文鈔二卷，爲貴池劉世珩得之於蕭穆者，共三十一篇，蕭氏又搜得九篇，共四十篇，依類編次，仍分二卷，以副原數，由劉氏刊之。卷中諸文多爲替他人代筆之作也。惠氏自謂「文章貴簡」，其文亦簡潔有法，不支不蔓，劉世珩謂「淵雅峻潔」。有聚學軒叢書本等。

［一二五］諸史會最，是書未見。棟有漢事會最二十四卷（清鈔本，藏中國國家圖書館）、漢事會最人物志三卷（靈鶼閣叢書本），爲匯録兩漢人物、事件之資料鈔集，蓋爲其後漢書補注採輯之用。諸史會最，料亦必如是體例耳。

［一二六］竹南漫録，是書未見。然惠氏精華録訓纂屢引之，則有成書也。又鄭偉章文獻家通考卷一五「汪適孫」條曰：「汪有蠶豆花館琁籍小録兩册，鈔稿本，共九十八頁，前有吴慶坻跋，後有洪煨蓮跋，藏清華大學圖書館。其中所記之珍刻孤稿，如宋版隋書六十四本、惠棟竹南漫録稿本十一本，不見於振綺堂書目中，殆適孫所自購，非公帳物也。」然則惠氏是書，或許尚存天壤間也。

［一二七］錢傳：「先生卒於戊寅五月，年六十有二。」

［一二八］盧見曾（一六九〇—一七六八），字抱孫，號雅雨山人，山東德州人。康熙六十年進士。官兩淮鹽運使，後以乾隆帝追查歷任鹽政提引徵銀事入獄，死獄中。少即工詩，後治經學，尊從漢儒。在揚州建雅雨堂，延攬名流，日事文字之

樂。主持輯刻有雅雨堂叢書、山左詩鈔、感舊集等，自著有讀易便解二卷、雅雨堂集七卷等。清史列傳卷七一有傳。邗上，即揚州，因邗江而得名。王銘：「丙子、丁丑，先生與予同客盧運使見曾所，益得讀先生所著。」

［二九］雅雨堂十種，凡一二八卷，清盧見曾輯，惠棟主其事，且代爲纂輯。包括李氏易傳、鄭氏周易、尚書大傳、大戴禮記、戰國策、匡謬正俗、摭言、北夢瑣言、封氏聞見記、文昌雜録等。有乾隆二十一年德州盧氏刊本。

［三〇］山左詩鈔六〇卷，盧見曾與宋弼、董元度諸人所輯。清德州宋犖編有山左明詩鈔三五卷，凡收録明代山東一省之詩人四百三十一家。是書則繼宋氏所編，收録清代山左詩人之詩，且綴以小傳。有乾隆二十三年刊本。

［三一］感舊集一六卷，爲王士禛所選輯同時師友之詩作，盧見曾延淄川張漁村採集故實，爲作者之小傳。有乾隆十七年刊本。祥案：如上所述，是書與山左詩鈔，皆非惠棟手定，江藩之説爲無據也。

同時與先生友善者，沈彤［一］、沈大成［二］。大成字學子，號沃田，華亭人。有學福齋集。受業弟子最知名者，余古農、同宗艮庭兩先生［三］，如王光禄鳴盛［四］、錢少詹大昕［五］、戴編修震［六］、王侍郎蘭泉先生［七］，皆執經問難［八］，以師禮事之。錢少詹爲先生作傳，論曰：「宋、元以來，説經之書，盈屋充棟。高者蔑棄古訓，自誇心得，下者勦襲人言，以爲己有。儒林之名，徒爲空疎藏拙之地，獨惠氏世守古學，而先生所得尤深，擬諸漢儒，當在何邵公、服子慎之間，馬融、趙岐輩不能及也。」

［一］沈彤，詳參本卷沈彤。

[二]沈大成(一七〇〇—一七七一)，字學子，號沃田，江蘇華亭(今上海松江)人。乾隆時諸生。富藏書，晚客揚州盧見曾署中，與惠棟、戴震諸人往還。嘗校訂經史諸書甚夥。今有近游詩鈔二卷、學福齋詩集三七卷文集二〇卷傳世。事見碑傳集卷一四一汪大經行狀，清史列傳卷七二有傳。

[三]余古農，即余蕭客之字，參本書卷二余古農先生；艮庭先生，即江聲，參本卷江艮庭先生。因余、江皆江藩之師，故不稱名而稱字，且遵禮稱先生，本卷題惠棟爲惠松崖，卷四題王蘭泉先生、朱笥河先生亦爲同例。

[四]王鳴盛，參本書卷三王鳴盛。

[五]錢大昕，參本書卷三錢大昕。錢大昕竹汀居士年譜：乾隆三十八年，「十一月，擢詹事府少詹事」。

[六]戴震，參本書卷五戴震。段玉裁戴東原先生年譜：乾隆四十年，「會試不第，奉命與乙未貢士一體殿試，賜同進士出身，授翰林院庶吉士。」

[七]王蘭泉，王昶之號，參本書卷四王蘭泉先生。周注：「王蘭泉，王昶之字。」祥案：周注誤，蘭泉爲王昶之號。阮元揅經室二集卷三王昶神道碑：「以居蘭泉書屋，學者稱蘭泉先生。」嚴榮述庵先生年譜卷首：「因有蘭泉書屋，琴德居，故時亦以爲號焉。」又神道碑：乾隆「五十四年，擢刑部右侍郎」。

[八]後漢書卷七九上儒林傳序：明帝時，「饗射禮畢，帝正坐自講，諸儒執經問難於前，冠帶縉紳之人，圜橋門而觀聽者蓋億萬計。」

沈彤

沈彤[一]，字冠雲，一字果堂，吴江縣諸生也。康熙、雍正間，何學士焯以制義宣導學者[二]，四方從游弟子著録者四百餘人。弟子中惟陳季方[三]、陳少章及彤最知名[四]。季方工文詞，少章精史學，彤獨以窮經爲事，核先儒之異同而求其是，爲文章不貴詞藻，抒心自得而已。應博學宏詞科，以奏賦至夜半不及成詩，不入選[五]。有人薦修三禮及大清一統志[六]，議敘得九品官[七]，恥不仕。遂歸吴江，閉户治經，矻矻終年，羣經皆有撰述。尤邃於禮，著周官禄田考三卷[八]。因歐陽修有周禮官多田少[九]、禄且不給之疑，故詳究周制以與之辨，官爵數、公田數、禄田數三篇，積算特爲精密。

[一]惠棟松崖文鈔卷二沈君彤墓誌銘：沈氏「系出吴興，自元季遷吴江。……曾祖諱自南，國朝順治乙未進士。山東蓬萊縣知縣，以清惠稱。祖諱永智。考諱始樹，生三子，君其長也。」

[二]何焯（一六六一—一七二二），字屺瞻，晚號茶仙，其先於元元統間以義行旌門，故學者稱義門先生，清長洲人。康熙四十二年（一七〇三）進士。後授編修。博通經史，精於校勘。又善時文，精書法。有義門讀書記五八卷、校訂困學紀聞二〇卷、義門先生集一二卷，又曾選刻行遠集、歷科程墨等。事見沈彤果堂集卷一一墓誌銘，清史列傳卷七一、清史稿卷四八四有傳。

[三]陳汝楫，字季方，清常熟人，遷吴縣。監生。康熙時，師從何焯，研窮經史，工詩古文，又爲李光地入室弟子。屢試不第。光地薦修周易折中，書成，以老母乞歸。卒年六十二。有賞詩閣詩集四卷文集六卷。重修常昭合志卷三〇、民國吴縣志卷六六有傳。

[四]陳景雲（一六七〇—一七四七），字少章，清長洲人。少從何焯學，博通經史，尤長史學考訂，文章簡潔有法。

卒，門人私謚曰文道先生。著有綱目辨誤四卷、兩漢訂誤五卷、三國志校誤三卷等多種。清史列傳卷七一、清史稿卷四八四有傳。

〔五〕全祖望鮚埼亭集卷二〇沈果堂墓版文：「大科之役，有薦之者，始入京，方侍郎望谿、李侍郎穆堂皆稱之，予亦由二公以識君。君平生有所述作，最矜慎，不輕下筆，幾幾有含毫腐穎之風，予以爲非場屋之材。」祥案：正如全氏所言，沈氏後果不中。

〔六〕高宗實録卷二二乾隆元年七月辛丑條：「命大學士鄂爾泰、張廷玉、朱軾、兵部尚書甘汝來爲三禮館總裁，禮部尚書楊名時、禮部左侍郎徐元夢、内閣學士方苞、王蘭生爲副總裁。」沈廷芳墓誌銘：「雍正間至京師，望谿方公見其所疏三經，謂得聖人精奥；讀其文，又謂氣格直似韓子。乾隆初元，輯三禮義疏，遂薦入館，名動輦下。」又據李富孫鶴徵後録，沈彤「由内閣學士吴家騏薦舉」。然則薦舉入京者爲吴家騏，而薦入三禮館者，則爲方苞也。江藩書中多誣方氏，故諱而不舉其名耳。至後來劉聲木桐城文學淵源考卷二又曰，沈彤「師事方苞，湛深經術，所爲文深厚古質，格律端謹，不事文飾，務蹈理道，無譁囂浮侈之習。中歲，與方苞商訂三禮，辨論精核，述作矜慎，不輕意下筆」。此則又以沈氏爲方苞弟子，較之江藩，亦所謂過猶不及矣。

〔七〕吴德旋初月樓續聞見録卷一：「冠雲以諸生應博學鴻詞舉，至京師，最爲方侍郎靈皋所推重，薦修一統志。書成，授九品官，不就。」清代六部成語詞典吏部：「清制：凡官員考核成績優良或有各種功績者，交吏部核議，按照等級、次第給予獎勵，稱爲議敘。或紀録，或加級。加倍議賜獎勵者，稱爲優敘。」

〔八〕周官禄田考三卷，是書分官爵數、公田數、禄田數三篇。自歐陽修有周禮官多田少、禄且不給之疑，後人多從其説，即有辨者，不過以攝官爲詞，彤是書獨詳究周制，以與之辨。有果堂全集本、四庫全書本、皇清經解本等。

〔九〕歐陽修及其論「周禮官多田少，禄且不給」之説，詳參本書第一一二頁注〔二〕。

又以儀禮古人患其難讀，自唐賈公彥後，惟朱子[一]、李如圭[二]、張淳[三]、黃榦[四]、楊復五人[五]，乃專攻士禮，著有儀禮小疏[六]，惜未成書，惟有士冠禮、士昏禮、公食大夫禮、士喪禮、喪服傳五篇，每篇附以監本刊誤，卷末又附左右異尚考一篇。其說以康成、公彥爲宗，兼採元敖繼公之注[七]，然掊擊君善者十之七，從其說者十之二三耳。彤述作矜慎，不輕意下筆，所著如尚書小疏[八]、春秋左傳小疏[九]，僅有數十則，以視近日士大夫急於成書，蹈鹵莽滅裂之譏者，有天壤之分矣。其書傳於世者，周官祿田考、儀禮小疏之外，有吳江、震澤二縣志[一〇]、果堂集十二卷[一一]。彤老而無子，窮困以卒，得年六十有〔五〕（四）[一二]。

[一]朱熹有儀禮經傳通解三七卷，取儀禮爲經，而取禮記及經史雜著中有關禮者附於本經之下，又兼取諸儒之注疏，編排修纂，對賈疏多所刪潤，且於經之篇次亦有所移置。朱熹卒後，其婿黃榦、弟子楊復等又爲續二九卷。有四庫全書本、西京清麓叢書正編本等。

[二]李如圭，字寶之，宋廬陵（今江西吉安）人。高宗紹興時進士。官至福建路撫幹。嘗與朱熹校訂禮經。有儀禮集釋三〇卷、儀禮釋宮一卷等。事見宋元學案卷六九。集釋亦爲乾隆時四庫館臣從永樂大典中輯出，是書全録鄭注，旁徵博引，以爲之釋，多發賈疏所未備。有四庫全書本、叢書集成初編本等。

[三]張淳，字忠甫，宋永嘉人。著有儀禮識誤。其書久佚，乾隆間從永樂大典中輯出三卷。張氏當時所見之本甚多，其保存古注，校勘是正，最爲詳審。有四庫全書本、叢書集成初編本等。

［四］黄榦（一一五二—一二二一），字直卿，號勉齋，宋福州人。朱熹婿。官至知安慶府，有治績。卒謚文肅。有禮記集注一四卷、論語通釋一〇卷、勉齋集四〇卷等。宋史卷四三〇有傳。

［五］楊復，字茂才，號信齋，宋福州人。鄭逢辰爲江西漕，以所撰儀禮經傳通解續獻於朝，贈文林郎。今存儀禮圖一七卷、儀禮旁通圖一卷。全書録儀禮十七篇經文，節取舊説，疏通其意，各詳儀節陳設之方位，繫之以圖，凡二百有五。又分宫廟門、冕弁門、牲鼎禮器門，爲圖二十有五，名儀禮旁通圖附於後。有通志堂經解本、四庫全書本等。

［六］儀禮小疏，是書取儀禮士冠禮、士昏禮、公食大夫禮、喪服、士喪禮五篇，爲之疏箋，各數十條，每篇後又各爲監本刊誤，卷末附左右異尚考一篇，考證頗爲精核，其説皆具有典核，足訂舊義之訛。其中亦有過於推求，轉致疏舛者。有果堂全集本、四庫全書本，皆爲一卷。而皇清經解本分爲八卷本，第八卷爲左右異尚考。

［七］敖繼公，字君善，元長樂（今福建福州）人。家於吴興。官至信州教授。有儀禮集説一七卷。敖氏以爲，鄭注疵多而醇少，遂删其不合於經者，意有未足，則取疏記或先儒之説以補之；又未足，則附以一得之見。卷末各附正誤，考辨字句頗詳。有通志堂經解本、四庫全書本等。

［八］尚書小疏一卷，所解自堯典至禹貢僅數十則，四庫總目謂其往往失之好異。蓋彤長於三禮，尚書非其所精耳。有果堂全集本、皇清經解本等。

［九］春秋左氏傳小疏一卷，是編以趙汸、顧炎武所補左傳杜注爲未盡，更爲訂正，然尚爲未完之書。有果堂全集本。祥案：惠棟墓誌銘曰，沈氏「著群經小疏若干卷，凡所發正，咸有義據」。然則沈氏諸經之小疏，原本欲合爲一書，因其早逝，故全書未終耳。

［一〇］沈彤吴江縣志序：「乾隆甲子之季秋，邑宰衡陽丁公與震澤宰陳公，聘紳士數人修輯縣志，開館於松陵書院，以翰林倪先生總其事，而彤副之。會倪先生有疾，丁公遂命彤立綱目，舉凡例，篇定其體分纂，稿脱則稽其異同得失整齊之，務核其詳。……丁卯二月，謀卒業付刊，時倪先生已物故，仍屬彤。……至冬而竣。」據此則二志主纂者實爲沈彤矣。

今存乾隆吳江縣志五八卷卷首一卷，乾隆震澤縣志三八卷卷首一卷，題倪師孟、沈彤纂。雍正三年，析吳江而置震澤縣。二縣沿革地理互相關涉，故同時纂修。吳江志有乾隆十二年刻本，震澤志乾隆十一年刻本。

[一一]果堂集一二卷，是集多訂正經學文字，援據典核，考證精密，其於禮制、服制，多所考訂，尤足補漢、宋以來注釋家所未備。又其中釋骨一卷，爲講明經穴而作，凡取内經所載人身諸骨，參以他書所説，臚而釋之，中間多所辨正，非惟正名物之舛，並可以糾鍼砭之謬。此篇亦有單行之本。有果堂全集本、四庫全書本等。祥案：沈氏之書，尚有毛詩要義三〇卷，有清勞氏震無咎齋鈔本，今藏上海圖書館。

[一二]祥案：惠棟墓誌銘：「乾隆十七年十月二十五日，吳江沈君果堂以疾卒。……君生於康熙二十七年戊辰，得年六十有五。」沈廷芳墓誌銘、陳黃中傳同。然則江氏説誤，沈氏實得年六十有五，非六十四也。今據改。

藩向在京師[一]，有夫己氏問予曰[二]：「叔嫂有服乎？無服乎？[三]」予答之曰：「據禮經，是叔嫂無服也。考奔喪云[四]：『無服而爲位者，唯〔嫂叔〕（叔嫂）[五]。及婦人降而無服者麻[六]。』鄭注：『雖無服，猶弔服加麻，袒免[七]，爲位哭也。』則叔嫂之服，弔服加麻，袒免，既葬而除，無所謂大功也[八]。」夫己氏出鄞人萬充宗叔嫂有服辨示予[九]，大笑曰：「子墨守鄭學，知其一而不知其二，豈得謂禮家乎？」充宗之文，因晉成粲之説[一〇]，而曲解喪服傳『夫之所爲兄弟服，妻降一等』[一一]，以證叔嫂之大功，而謂康成不能解，公彦强爲之解。予心知其説之謬，然無以應也。南歸後，讀儀禮小疏曰[一二]：『「夫之所爲兄弟服，妻降一等」。鄭於上記注云[一三]：『兄弟，猶言族親也。』此兄弟同義，故不重出。賈云：『妻從夫服，其族親即上經夫之諸祖父母，見於緦麻章，夫之世叔父母，見於大功章。夫之昆弟之子不降，嫂叔又無服。今言從夫降一等，記其不見者，當是夫之從母之類乎？』彤謂此條總結上經，非專記其不見者。夫之姑姊妹，見於小功章，賈乃遺之。至云從母之類，則有若夫之從祖父母，夫之從父姊妹之類，皆以小功而降爲緦，有若夫之族曾祖父母、族祖父母、族父母，及夫之從祖姑姊妹適人者之類，夫皆爲之緦，妻皆降而無服，並包含於其中矣。從母者，母之女兄弟也，故亦可稱兄弟。」此可以發成粲之癥結，息充宗之狂喙矣。且自愧不能潛心尋討傳文及鄭、賈之説，至爲夫己氏所折，乃知果堂肆禮之精審如此。嗟乎！先輩之用心縝密，烏可及哉！

［一］閔爾昌江子屏先生年譜乾隆五十八年：「自山右至都門。……在都與凌次仲、王更叔講求象緯之學。」

［二］左傳文公十四年：「齊公子元不順懿公之爲政也，終不曰公，曰夫己氏。」注：「猶言某甲。」後世以深爲厭惡而不願稱其名者爲「夫己氏」，江氏此處所指具體爲何人，今不可考。

［三］服，喪服。禮記曾子問：「曾子問曰：『大夫、士有私喪，可以除之矣，而有君服焉，其除之也，如之何？』孔子曰：『有君喪服於身，不敢私服，又何除焉？』」

［四］奔喪，禮記第三十四篇篇名。孔疏引鄭玄三禮目録曰：「名曰『奔喪』者，以其居他國聞喪奔歸之禮。」

［五］叔嫂，奔喪作「嫂叔」。鄭注：「正言『嫂叔』，尊嫂也。」祥案：禮經或言「叔嫂」、或曰「嫂叔」，常不分別，江氏因此之故，隨意書之，然依鄭注，此處「嫂叔」不可倒也，江氏誤，今乙正之。

［六］鄭注：「婦人降而無服，族姑姊妹嫁者也。」疏：「麻謂緦之絰也。」麻即緦麻，緦衰，喪服五服之最輕者。錢玄三禮辭典：「其服用布，爲六百縷，縷經漂洗，織成布後不再漂洗。王爲諸侯之吊服。一説一千一百六十縷。據喪服，凡爲族曾祖父母、族祖父母、族父母、族昆弟、妻之父母、舅、甥、壻等，均服緦衰三月，既葬除之。」

［七］袒免，亦作免袒，喪服。三禮辭典：「袒，解左臂外衣袖；免，去冠用布纏頭。袒免，爲朋友在他邦者，及同高祖之父者之服。」

［八］三禮辭典：「大功，喪服五服之一。大功者，其布經粗略鍛煉。衣裳布用七升，服期九月。爲姑、姊妹、女子子之適人者、從父母昆弟等服之。」此與江氏説不同。

［九］萬斯大（一六三三—一六八三），字充宗，別字褐夫，又自號跛翁，清鄞（今浙江寧波）人。博通群書，尤精經學。有學禮質疑二卷、學春秋隨筆一〇卷等。清史列傳卷六八、清史稿卷四八一有傳。

［一〇］成粲，晉武帝同時人。官至平陸令、北軍中候、太常等官。精於禮學，朝廷制定禮儀，多所參預。事見晉書卷一九禮上、卷四〇楊珧傳、卷四五何攀傳、宋書卷四二王弘傳等。

［一一］祥案：杜佑通典卷九二禮五二凶一四嫂叔服引太常成粲云：「嫂應有服，作傳者横曰無服，蔣濟引娣姒婦證，非其義。論云喪服『夫爲兄弟服，妻降一等』，則專服之兄弟固已明矣。尊卑相倂，無不由報，此論之嫂叔大功，可得而從。」

［一二］引文見儀禮小疏卷四「夫之所爲兄弟服，妻降一等」句下。

［一三］此見儀禮本節上句「大夫之子於兄弟，降一等」句下鄭注。

余古農先生

先生諱蕭客，字仲林［一］，別字古農，吴縣布衣也。先生生五歲，父幕游粤西不歸，母即知氣理空言，顏授以四子書、五經，夜則課以文選及唐、宋人詩古文。年十五，通五經，無補經術，思讀漢、唐注疏。家貧，不能蓄書，有苕谿書棚徐姓識先生[一]。一日，詣書棚借左傳注疏，匝月讀畢，歸其書。徐姓訝其速，曰：「子讀之熟矣乎？」曰：「然。」徐手翻一帙，使先生背誦，終卷無誤。徐大駭曰：「子奇人也！」贈以十三經注疏、十七史[三]、說文解字、玉篇[四]、廣韻[五]。於是閉户肄經史，博覽羣書。性癖古籍，聞有異書，必徒步往借，雖僕僕五六十里[六]，不以爲勞也。以郭璞注爾雅用舊注而掩其名[七]，謂之攘善無恥[八]，乃採注疏及太平御覽諸書中犍爲舍人[九]、孫炎[一〇]、李巡舊注而爲之釋[一一]。書未成，先成注雅別鈔八卷[一二]，專攻陸佃新義、埤雅[一三]，及羅願爾雅翼之誤[一四]，兼及蔡卞毛詩名物解[一五]。沈宗伯德潛見其書[一六]，折節下交。

[一]清吴翌鳳懷舊集卷五余蕭客：「字仲林，一字景初。」

[二]苕谿，一名苕水，水名。有二源：出浙江天目山之南者爲東苕，出天目山之北者爲西谿，兩谿合流，由小梅、大溇兩湖口入太湖。相傳此水夾岸多苕花，秋時飄散水上如飛雪，故名。書棚，即書肆、書鋪、書坊。葉德輝書林清話卷二「書肆之緣起」條：「至宋則建陽、麻沙之書林、書堂，南宋臨安之書棚、書鋪，風行一時。」

[三]小學紺珠卷四藝文類十七史：「史記、漢書、後漢書、三國志、晉書、宋書、南齊書、梁書、陳書、後魏書、北齊書、後周書、隋書、南史、北史、唐書、五代史。」祥案：此唐書、五代史指新唐書、新五代史。王鳴盛十七史商榷序：「十七史者，上起史記，下迄五代史，宋時嘗匯而刻之者也。……舊唐書、舊五代史，毛刻所無，而云十七史者，統

言之仍故名也。」案王氏所云毛刻，指明末毛晉汲古閣刻十七史。王氏十七史商榷含舊唐書、舊五代史，實爲十九史也。

［四］玉篇三〇卷，梁顧野王撰。以楷書爲字頭，分五百四十二部，收一六九一七字，每字下先反切，然後釋字義，引群書爲佐證，加以按語。原本僅殘存三卷，今本爲唐孫强增字，宋陳彭年等重修，改名大廣益會玉篇。今有北京中華書局一九八七年影印張氏澤存堂刊本。

［五］廣韻五卷，宋丘雍、陳彭年等奉詔修。乃參唐陸法言切韻等修訂增益而成。依平、上、去、入分二〇六韻。同韻之字又依聲類分組，同音字共用一切音，謂之「小韻」。分部整敕，詳贍有秩。今有北京中華書局一九六〇年周祖謨廣韻校本，最爲便覽。

［六］孟子萬章下：「子思以爲鼎肉使己僕僕爾亟拜也。」注：「僕僕，煩猥貌。」

［七］郭璞（二七六—三二四），字景純，晉聞喜人。官至弘農太守。好經術，妙於陰陽曆算。有爾雅注三卷音義二卷圖一〇卷、方言注一三卷、穆天子傳注六卷、山海經注二三卷等。晉書卷七二有傳。爾雅注，自唐以來傳三卷本。是書綴集異文，會粹舊説，考方言，採俗語，能糾謬正訛，删除蕪雜。然其引漢魏時人如樊光、孫炎等爾雅注，多不言所自，且多貶損，爲後世所譏。今有湖北教育出版社一九九八年朱祖延主編爾雅詁林本，薈萃諸家，最爲便用。

［八］穀梁傳成公五年：「孔子聞之曰：『伯尊其無績乎？攘善也。』」注：「績，功也；攘，盗也。取輩者之言而行之，非己之功也。」

［九］犍爲舍人，亦作犍爲文學。生平事蹟不詳。經典釋文序録：「犍爲郡文學卒史臣舍人，漢武帝時待詔。」有爾雅注三卷。書中多收古字異字，雖零文衹義，皆可與後改者參校而得爾雅之初義。已佚，清黄奭、馬國翰皆有輯本可參。

［一〇］孫炎，字叔然，三國魏樂安（今山東博興）人。受學鄭玄之門人，稱東州大儒，徵爲秘書監，不就。著有爾雅音、爾雅注外，於諸經多有注。事見三國志卷一三王肅傳附。爾雅注，爾雅音，今皆亡。孫氏師承有自，訓義優洽，反語注音較他家爲多，亦爲反語之説創自孫氏之證。清黄奭輯其爾雅音注四六九條，載爾雅古義卷四中；馬國翰輯得爾雅音

一卷九二條，又爾雅注三卷四二二條，皆可參。

[一一]李巡，東漢汝陽(今河南汝南)人。靈帝時中黄門。爲人清忠，不争威權，曾建言與諸儒共刻熹平石經。有爾雅注等。事見後漢書卷七八吕强傳附。爾雅注三卷，多同於劉歆注，其異文殊語，亦有諸家所無者。此書已佚，清黄奭輯得三〇四條，載爾雅古義卷三中；馬國翰輯得三〇五條，亦可參。

[一二]注雅別鈔八卷，未見。

[一三]陸佃(一〇四二—一一〇二)，字農師，號陶山，宋越州山陰(今浙江紹興)人。神宗熙寧三年(一〇七〇)進士。官至禮部侍郎，旋因黨籍，出知亳州。少從王安石學，精於禮學及名物訓詁。著有埤雅二〇卷、爾雅新義二〇卷、陶山集一六卷等。宋史卷三四三有傳。爾雅新義，其書不事考證，專意於「微言奥旨」，故不免臆説，然於爾雅義例亦間有發明。有宛委別藏本、叢書集成初編本等。又埤雅，言爲爾雅之輔也。凡分釋魚、釋獸、釋鳥、釋蟲、釋馬、釋木、釋草、釋天。其説諸物，大抵略於形狀，而詳於名義。中多引王安石字説，間有博雜之失。有四庫全書本、叢書集成初編本等。

[一四]羅願(一一三六—一一八四)，字端良，號存齋，宋徽州歙縣人。孝宗乾道二年(一一六六)進士。官至知鄂州。博學好古，爲朱熹所稱道。著述今存有羅鄂州小集六卷、爾雅翼三二卷等。宋史卷三八〇有傳。爾雅翼凡分釋草、釋木、釋鳥、釋獸、釋蟲、釋魚數類，因爾雅爲資，略其訓詁、山川、星辰等，而於動植物研究特詳。有四庫全書本、叢書集成初編本等。

[一五]蔡卞(一〇五八—一一一七)，字元度，宋仙游人。神宗熙寧三年(一〇七〇)進士。王安石以女妻之，故從安石學。累官至尚書左丞。有毛詩名物解二〇卷。宋史卷四七二有傳。毛詩名物解，凡分釋天、釋百穀、釋草、釋木、釋鳥、釋獸、釋蟲、釋魚、釋馬、雜釋、雜解十一類。大旨以王安石字説爲宗，然徵引發明，亦有出於孔穎達正義、陸璣草木蟲魚疏外者。有通志堂經解本、四庫全書本等。

[一六]沈德潛(一六七三—一七六九)，字確士，號歸愚，清長洲(今江蘇蘇州)人。乾隆四年(一七三九)進士。官至禮

部侍郎。卒謚文愨。著有歸愚詩鈔二〇卷餘集一〇卷、文鈔二〇卷餘集八卷等，所編有古詩源一四卷、唐詩別裁集二〇卷、明詩別裁集一二卷、清詩別裁集三六卷等。事見袁枚小倉山房文集卷三神道碑，清史列傳卷一九、清史稿卷三〇五有傳。周注：「宗伯爲禮部侍郎之舊稱。周禮春官有大宗伯，爲古六卿之一；後世因稱禮部尚書曰大宗伯，禮部侍郎曰宗伯。」

年二十二，以注雅別鈔就正於松崖先生，先生曰：「陸佃、蔡卞乃安石新學[一]，人人知其非，不足辨；羅願非有宋大儒，亦不必辨。子讀書撰著，當務其大者遠者。」先生聞之矍然[二]，遂執贄受業，稱弟子焉。

[一]周注：「陸佃，安石之門人；蔡卞，安石之壻而從學安石者，故云。」

[二]文選卷一班固東都賦：「主人之辭未終，西都賓矍然失容。」注：「說文曰：『矍，驚視貌也。』」

吴縣朱丈文游，藏書之富，甲於吴門[一]，延先生教讀，館於滋蘭堂中[二]，得遍讀四部之書。又嘗閲道藏於玄妙觀，閲佛藏於南禪寺。居恒手一編弗輟，日不足，則繼之以夜，於是目力虧損，不見一物[三]。有人傳以坐暗室中，目蒙藍布，存想北斗七宿，一年之後，目雖能視，然讀書但能讀大字本而已。直隸總督方恪敏公觀承聞其名[四]，延至保定，修畿輔水利志[五]。間游京師，與朱學士笥河先生[六]、紀文達公昀[七]、胡文恪公高望相友善[八]，咸謂其學在深寧、亭林之間[九]。因目疾復作，舉歙戴震以代[一〇]，遂南歸，以經術教授鄉里，閉目口授，生徒極盛。是時，江震滄孝廉名筠者，亦以目疾教讀，時人皆稱爲「盲先生」[一一]。同郡以經義詩古文詞相論難者，薛家三先生[一二]、汪愛廬先生[一三]、彭進士紹升[一四]、汪孝廉元亮[一五]，先生上下議論，風發泉湧。家三先生曰：「鬼谷子縱橫家[一六]，舌有鋒鍔，不可當也。」

[一]朱煥，字文游，號滋蘭堂主人，清吴縣（今江蘇蘇州）人。邦衡侄。富藏書，精於版本、目録之學，與惠棟、余蕭客諸人交。事見程晉芳勉行堂文集卷二桂宧藏書序。

[二]余蕭客古經解鉤沈後序：「己卯秋，蕭客從事鉤沈，載寒暑易，尚書古注，旁搜略遍，而周易五卷，既削稿。其後得交朱太學文游，學博思精，所藏宋元精本，率前日所未見及，所求而不得，若王應麟集鄭玄尚書注之類，莫不畢具，傳本往還，一瓻無費。越一歲辛巳，遂下榻滋蘭精舍，丹鉛朝夕，樂不爲疲，至於左目幾成青盲。而鉤沈得信而有徵，於先儒言匪面命之言提其耳焉。」顧廣圻思適齋書跋卷三題清河書畫舫：「乾隆年間，滋蘭堂主人朱文游三丈、白堤老書賈錢聽默，視裝訂簽題根腳上字，便曉屬某家某人之物。」又葉昌熾藏書紀事詩卷五引吴門補乘：「余蕭客，字仲林。年十五，通九經。聞有異書，必假鈔録。同邑朱煥，藏書甲吴中，館之滋蘭堂，因得博覽。手一編，終夜不寢，遂患目。構一室，無窗户，上穴一方，以通天光。設修几，書册鱗次，潛心研究，爲古經解鉤沈。」

[三]任兆麟有竹居集卷一〇墓誌銘：「中歲，得目疾，畏風、日，搆一室無窗户，上穴一方以通天光，設巨案周其室，書册鱗比，誦習之，寒暑弗間也。」

[四]方觀承（一六九八—一七六八），字遐谷，又字嘉谷，號問亭，清桐城人。官至直隸總督。卒謚恪敏。工詩，善書

法。主編有直隸河渠書一〇三卷、壇廟典禮三卷等。自著有東閭剩稿一卷、入塞草一卷、方恪敏公奏議七卷等。事見袁枚小倉山房文集卷三神道碑，清史列傳卷一七、清史稿卷三二四有傳。祥案：清代職官年表第二册總督年表：乾隆十四年七月，方觀承由浙江巡撫遷直隸總督，至三十三年八月，以病免歸，旋卒。

[五]畿輔水利志，即直隸河渠書。是書原稿一一一卷，首衛河，次漳水、滏水、大陸澤、寧晉泊等水，次序自南而北，敘畿輔河道，尚未爲完書。近藤注引段玉裁戴東原先生年譜乾隆三十三年條曰：是年應直隸總督方承觀之聘，修直隸河渠書，未成。會方氏卒，戴氏入都。此書清稿，一藏曲阜孔繼涵府中，一藏直隸總督吴江吴元理家。嘉慶十四年，吴江王履泰捐納通判，其父乃周之甥婿，履泰因此得是書掩爲己有，删削幾半，益以乾隆三十四年以後事，易名畿輔安瀾志，繕寫進呈，上命武英殿刊行。恩賞履泰同知，發永定河道試用。戴氏嗣子中孚聞之，之曲阜取原稿百十一卷入都，意欲辨正，而無肯言於上者。遂抑鬱而歸，存段玉裁所，屬其校刊也。

[六]朱笥河先生，即朱筠，詳見本書卷四朱笥河先生。

[七]紀文達公昀，紀昀卒謚文達，詳見本書卷六紀昀。

[八]胡高望（？—一七九八），清仁和人。乾隆二十六年（一七六一）一甲二名進士。授編修。官至湖北、江西、江蘇學政，吏部右侍郎。卒謚文恪。國朝耆獻類徵初編卷九五有傳。

[九]深寧，宋王應麟之號，詳見本書第六四頁注[六]；亭林，顧炎武之號，詳本書卷八顧炎武。

[一〇]戴震，詳見本書卷五戴震。

[一一]江筠，字震滄，清長洲人。乾隆二十七年舉人。博雅好古，長於三禮、三傳之學。晚失明，教授生徒以終。有儀禮私記。國朝耆獻類徵初編卷四二二有楊熙傳。儒林瑣記余蕭客：「既愈，盲其目，乃口授著書，時稱爲『盲先生』，同時有江筠者，亦以盲人著書。」

[一二]薛起鳳（一七三四—一七七四），字家三，一字皆山，號香聞居士，元和（今江蘇蘇州）人。乾隆舉人。通佛學。

曾主講沂州書院。與余蕭客、汪元亮同學，爲古文詩歌，見稱於時。有香聞遺集四卷、薛家三遺文一卷等。事見彭紹升二林居集卷二二行述、江藩國朝宋學淵源記卷下附記薛香聞師。薛氏亦江藩之師，宋學淵源記附記：「藩從先生受句讀，方十二齡，即諭以涵養工夫。」

［一三］汪縉（一七二五—一七九二），字大紳，號愛廬，清吴縣（今江蘇蘇州）人。諸生。其學出入儒釋，與彭紹升相往還。曾主來安建陽書院。工詩古文。著有汪子文録一〇卷詩録四卷等。事見彭紹升二林居集卷二三行述、江藩宋學淵源記卷下附記汪愛廬師。汪氏亦爲江藩之師焉。

［一四］彭紹升（一七四〇——一七九六），字允初，號尺木，又號知歸子，長洲人。啓豐子。乾隆二十六年（一七六一）進士。早年喜陸、王之學，後從薛起鳳、汪縉學，閱大藏經，歸心佛學。有二林居集二四卷等。事見江藩宋學淵源記卷下附記彭尺木居士，清史列傳卷七二、清史稿卷四八〇有傳。

［一五］汪元亮，詳見本書卷六汪元亮。汪元亮爲諸生，故此文稱孝廉。

［一六］鬼谷子，戰國楚人。因其所居，號稱鬼谷子或鬼谷先生。相傳爲蘇秦、張儀師，後世尊爲縱横家之祖。有鬼谷子三卷，今存，然不似戰國時人所作，蓋後世依託之作。事見史記卷六九蘇秦傳、卷七〇張儀傳。

先生狀貌奇偉，頂有二肉角，疎眉大眼，口侈多髯，如軌革家懸鬼谷子像［一］，故同社中戲呼爲「鬼谷子」。乾隆年間，詔開四庫館［二］，徵四方名彦充校讎之任，有人以山陰童鈺及先生名達於金壇［三］，因一諸生、一布衣，格於例，不果薦。先生貧病交攻，再娶無子。卒年四十有七［四］。其牢騷不平之氣，往往托之美人香草，形於歌詠，哀音微茫，有騷人之遺意焉［五］。

[一]軌革家，謂占術者。軌革，占術之一種，古時術士以人之貌像占驗，以附會人事之吉凶。宋史藝文志有軌革秘寶、軌革指迷等，今不傳。

[二]乾隆三十七年正月，清高宗下詔在全國徵訪圖書；三十八年二月，下詔校核永樂大典，開四庫全書館；四十六年十二月，第一份四庫全書成，即今文淵閣本。詳見四庫全書總目卷首辦理四庫全書歷次聖諭、纂修四庫全書檔案、黄愛平四庫全書纂修研究等書。

[三]童鈺（一七二一—一七八二），字二如，改二樹，號璞岩，清山陰人。少棄舉業，專攻詩古文。與同郡劉文蔚、沈翼天、姚大源、劉鳴玉、茅逸、陳芝圖結社聯吟，稱「越中七子」。善畫，尤長於梅。與纂河南府志一一六卷（與裴希純同纂）。自著有二樹詩略五卷補一卷、二樹山人寫梅歌一卷續編一卷等。事見袁枚小倉山房文集卷二六墓誌銘，清史列傳卷七一有傳。于敏中（一七一四—一七八〇），字叔子，一字重棠，號耐圃，清江南金壇人。乾隆二年（一七三七）一甲第一名進士。歷官至户部尚書、文華殿大學士。四庫館開，爲正總裁而主其事。卒謚文襄。主編有臨清紀略一六卷、户部則例一二〇卷、西清硯譜二四卷等，自著有素餘堂集三四卷、于文襄手札不分卷等。事見章學誠章氏遺書卷一六墓誌銘，清史列傳卷二一、清史稿卷三一九有傳。

[四]任銘：「君没於乾隆四十二年某月日，年四十有九。」與江氏不同，似當以任説爲是也。

[五]蕭統文選序：「楚人屈原，含忠履潔。……臨淵有懷沙之志，吟澤有憔悴之容；騷人之文，自兹而作。」

生平著述甚多，爾雅釋、注雅别鈔悔其少作[一]，不以示人。文選音義亦悔少作[二]，然久已刊行，乃别撰文選雜題三十卷[三]，又有選音樓詩拾若干卷[四]。先生深於選學[五]，因名其樓曰「選音」。疾革之時[六]，以雜題、詩集付弟子朱敬輿[七]，敬輿寶爲枕中秘[八]，以是學者罕知之，惟古解經鉤沉已入四庫經部[九]。當日戴震謂是書有鉤而未沉者[一〇]，有沉而未鉤者。然沉而未鉤，誠如震言，若曰鉤而未沉，則震之妄言也。今核考其書，豈有是哉！惟皇侃論語義疏[一一]，其書出於著鉤沉之後，且爲足利贋鼎[一二]，何得謂之鉤而未沉者乎[一三]！

[一]爾雅釋、注雅別鈔，皆未見。然余氏有爾雅鉤沈三卷，存古經解鉤沈卷二八至卷三十中。採爾雅唐以前舊解，然亦有未能鉤稽者，如一切經音義中爾雅古注，即未能輯出。

[二]文選音義八卷，四庫總目謂是書罅漏叢生，其闕失凡有數端：一曰引證亡書，不具出典；一曰本書尚存，轉引他籍；一曰嗜博貪多，不辨真僞；一曰摭拾舊聞，漫無考訂；一曰疊引瑣説，繁複矛盾；一曰見事即引，不究本始；一曰旁引浮文，苟盈卷帙；一曰鈔撮習見，徒溷簡牘。蓋蕭客究心經義，詞章非其所長，故致疏漏如此耳。有乾隆二十三年自序静勝堂刊本、文林綺繡本。

[三]文選雜題三〇卷，即文選紀聞三〇卷。或疑原題雜題，其門生朱邦衡易爲紀聞，故江藩猶仍初名也。其體例博採群書，分條編次，有所見，則附雙行案語，一如惠棟著書家法。今收入碧琳琅館叢書中。

[四]選音樓詩拾，未見傳本。

[五]選學，即文選學。翁廣圻注困學紀聞評文：「李善精於文選，爲注解，因以講授，謂之『文選學』。」

[六]禮記檀弓下：「若疾革，雖當祭必告。」鄭注：「革，急也。」

[七]朱邦衡，字敬輿，號秋崖，清吴縣（今蘇州）人。爲余蕭客弟子。喜藏書，手自鈔録如惠棟後漢書補注等多種。事

見葉昌熾藏書紀事詩卷五「朱邦衡」條注。

［八］枕中秘，亦作枕中、枕中書。越絶書外傳枕中：「以丹書帛，置之枕中，以爲邦寶。」又漢書卷三六劉向傳：宣帝「復興神仙方術之事，而淮南有枕中鴻寶、苑秘書，書言神仙使鬼物爲金之書。」注：「鴻寶、苑秘書，並道術篇名。藏在枕中，言常存録之不漏泄也。」祥案：江藩此謂余氏「以雜題、詩集付弟子朱敬輿，敬輿寶爲枕中秘，以是學者罕知之」。然任銘曰：「又著文選音義四卷、選音樓詩拾若干卷、集注蘇黄滄海續題襟集，俱未就。君爲文典博古茂，非空談，故不苟作也。弟子江藩編次爲集，得二十餘篇藏焉。」蓋朱、江二氏雖同爲余氏弟子，然並非交好，或有矛盾，故江氏如是説耳。

［九］任銘：「嘗慨漢、唐諸儒舊經注多散佚，爰採輯各家分條纂録，編古經解鉤沈三十卷，書成，告祀先聖暨文昌之神，同學多爲詩以紀其事。會有詔採訪遺書，有司以其書進，宣付四庫館。」案古經解鉤沉三〇卷，「沉」亦作「沈」。凡採自周迄唐以前諸訓詁，旁及史傳類書，悉著其目；以傳從經，鉤稽排比，一一各著其所出之書；又經文異同，並以北宋本參校，以正明監本之失。摭拾搜羅，頗爲勤備。言「古」以别於現行刊本，言「經解」不言「注疏」，以並包異同，「鉤沉」則借晉楊方五經鉤沉之名而義不必借。故名曰古經解鉤沉焉。有果堂全集本、四庫全書本。

［一〇］戴震戴東原集卷一〇古經解鉤沈序不載此語。四庫總目謂：「至梁皇侃論語義疏，日本尚有全帙；又唐史徵周易口訣義，今永樂大典尚存遺説。是書列皇書於佚亡，而史氏書亦未盡採。蓋海外之本，是時尚未至中國，而天禄之珍，皮藏清祕，非下里寒儒力所能睹也。」近藤注以爲此即江氏「鉤而未沈者」、「沈而未鉤者」之出處。祥案：近藤説近是。戴震古經解鉤沈序雖不載此語，然戴氏入四庫館中，時傳言經部提要多出其手，故江氏殆有是語耳。且江氏是語，亦爲相對提要而言，所謂「沈而未鉤者」，即周易口訣義是也，故「誠如震言」；而「鉤而未沈」者，即論語義疏是也，江氏以爲日本傳本乃足利僞書，故駁「震之妄言」，爲其師辯護也。

［一一］皇侃（四八八—五四五），梁書本傳作皇偘，南朝梁吴郡（今江蘇蘇州）人。任國子助教、員外散騎侍郎。通諸

是書疏何氏集解，又採晉衛瓘等十三家説與集解無妨者，互爲證明，以示廣聞。漢、晉人舊注古義，後世鮮存，此書亦考古經，精音韻訓詁。今存論語義疏一〇卷。梁書卷四八、南史卷七一有傳。論語義疏一〇卷，三國魏何晏注、梁皇侃疏。是之一助爾。

［一二］足利，日本國足利學校，位於今栃木縣足利市。日本平安時期由小野篁創建，屢有廢興。明治三十六年，設置足利學校遺蹟圖書館，存古物書籍至今。詳參近藤注［四四］。贗鼎，即贗品。韓非子説林：「齊伐魯，索讒鼎，魯以其雁往。齊人曰：『雁也。』魯人曰：『真也。』齊曰：『使樂正子春來，吾將聽子。』魯君請樂正子春，樂正子春曰：『胡不以其真往也？』君曰：『我愛之。』答曰：『臣亦愛臣之信。』」

［一三］祥案：皇侃論語義疏，余蕭客尚未能見，故江藩爲其師辯護，然謂皇氏書爲「足利贗鼎」者，則非也。此書宋志、中興書目、晁公武郡齋讀書志、尤袤遂初堂書目，皆尚著録，至陳振孫直齋書録解題，遂不著録，知其佚在南宋時。是書隋時即傳入日本。康熙九年，日本人山井鼎等作七經孟子考文，自稱其國有是書，然中國無得其本者。故朱彝尊經義考，注曰「未見」。乾隆三十七年，浙江布政使王亶望得是書日本傳本，入四庫全書館中，著録於四庫全書中。同時王氏亦刻有巾箱本，其版後歸鮑廷博，鮑氏入其知不足齋叢書中。是書因日本傳本已改原書體例，且四庫館臣又有剜改，故經文與今本多有異同，爲清代學者所疑，然與錢曾讀書敏求記所引高麗古本合，其疏文與余蕭客古經解鉤沈所引，雖字句或有小異，而大旨悉合。故四庫總目卷三五經部四書類一論語義疏曰「知其確爲古本，不出依託。」是書有日本學者武内義雄整理本，爲恢復古鈔本之舊貌，今存武内義雄全集第一卷中。又案：關於是書傳入詳情及江藩對此書之態度，詳參近藤注。

藩爲先生受業弟子［一］，聞之先生曰：「鉤沉一書，漢、晉、唐三代經注之亡者，本欲盡採，因乾隆壬午四月得虚損症［二］，危若朝露，急欲成書，乃取舊稿録成付梓，至今歉然[三]。吾精力衰矣，汝能足成之，亦經籍之幸也。」藩自心喪之後[四]，遭家多故[五]，奔走四方，雨雪載塗，饑寒切體，不能專志壹心，從事編輯。今年已五十，忽忽老矣，歎治生之難，蹈不習之罪，有負師訓，能不悲哉！

[一]江藩乙丙集自序：「予束髮時，即能爲五七言詩，閉門造車，絶無師法。年十五，從余仲林先生游，始知風雅之旨。」

[二]宋陳言三因極一病証方論卷一三虚損証治：「難經論損從皮毛至於筋骨，此乃辨氣脈深淺次第也。原其所因，屬不内外，或大病未復，便合陰陽；或疲極筋力，饑飽失節。盡神度量，叫呼走氣，所以諸証蜂起。……遂致榮衛之失，虚勞損傷，皆自此始。蓋皆由於人身而致然也。」

[三]余蕭客古經解鉤沈後序：「壬午二月，目疾甚，百方自療。四月，未盡，復轉入虚損。頭不得俯，不得回顧，行不得盤旋，回顧盤旋，眩暈耳鳴，輒通夕不止。……夏五月，扶疾繕寫。八月，書二十九卷畢。」

[四]心喪，指余蕭客卒之事。禮記檀弓上：「事師無犯無隱，左右就養無方，服勤於死，心喪三年。」注：「心喪，戚喪如父，而無服也。」史記卷四七孔子世家：「孔子葬魯城北泗上，弟子皆服三年。三年心喪畢，相訣而去。」

[五]江藩一生坎坷，乾隆五十年、五十一年間，頻遭喪荒，日唯一饘粥，以所聚書易米，書倉一空。後客游江西等處，困頓狼狽，故有是語。參拙著江藩與漢學師承記研究之附録一江藩年譜新編。

江艮庭先生

先生諱聲，本字鱷濤，後改叔澐[一]。其先世居休寧之梅田，後遷蘇州，又遷無錫，復歸吴下，遂爲吴縣人[二]。少與兄震滄孝廉同學[三]，不事帖括。讀尚書[四]，怪古文與今文不類，又怪孔傳庸劣，且甚支離，安國所爲不應若此。年三十五，師事同郡通儒惠松崖徵君[五]，得讀所著古文尚書考及閻若璩古文疏證，乃知古文及孔傳皆晉時人僞作。於是集漢儒之説，以注二十九篇，漢注不備，則旁考他書，精研故訓，成尚書集注音疏十二卷[六]，附補誼九條、識僞字一條、尚書集注音疏前後述外編一卷，尚書經師系表也。經文注疏，皆以古篆書之[七]。疑僞古文者，始於宋之吴才老[八]，朱子以後，吴草廬[九]、郝京山[一〇]、梅鷟皆不能得其要領[一一]。至本朝閻、惠兩徵君所著之書，乃能發其作僞之跡，剿竊之原。若刊正經文，疏明古注，則皆未之及也。先生出而集大成，豈非伏、孔、馬、鄭之功臣乎！

[一]古人名字解詁：「此連姓成文。澐，江水大波。杜甫禹廟詩：『雲氣生虚壁，江聲走白沙。』江水波濤翻湧則成江聲，故以『澐』相應。」又孫星衍平津館文稿卷下江聲傳：「字叔澐，號艮庭。」祥案：叔亦作未，江氏尚書集注音疏卷一題「江聲學」下自注：「江聲，字未澐，江南蘇州府吴縣人也。……數不偶啱，動與時韋，因取周易艮背之誼，自號艮庭。」

[二]孫傳：「漢江革五十七世孫，六世祖禹奠，自休寧遷吴門，有孝行，載在方志。曾祖大淅。祖文懋。父黔。生聲，凡有兩兄一弟。聲弱不好弄，聰慧絶倫，七歲就傅讀書，問讀書何爲？師以取科第爲言，聲求所以進於是者。父故爲治業，既折閲，居無錫，聲與兄授徒爲養。……既孤，因不復事科舉業，獨好經義古學，得許氏説文，説而習之，曰：『吾始知讀書當先識字也。』」

[三]震滄，江筠之字，見本書第二一八頁注[一一]。

［四］自「讀尚書」至「成尚書集注音疏十二卷」，乃節取江聲尚書集注音疏卷一題「江聲學」下注語。

［五］尚書集注音疏卷一題「江聲學」下注作「年三十五，師事同郡惠松崖先生。」孫傳作「年三十」，不確。

［六］尚書集注音疏一二卷，江氏病唐貞觀時爲諸經正義，自詩、禮、公羊外，皆取晉人後出之注，而漢儒專家師説反不傳。故依惠棟周易述之例，撰爲此書。其意在存今文二十九篇，而有别於梅氏所上二十八篇之僞。前十卷爲疏解音注尚書本文，十一卷釋百篇之敘六十七條，十二卷輯逸文六十二條、又附二十條。又卷末補誼九條、續補誼五條；尚書集注音疏述，則自述集注之大意，同於敘也；尚書經師系表則分今文家、古文家，表列而詳述之。江氏自刻本爲乾隆五十八年篆書精刊本，又有皇清經解本等。

［七］祥案：江聲除此書外，即平日治學及與友朋通信，亦多用篆體書寫。孫傳：「聲不爲行楷者數十年，凡尺牘率皆依説文書之，不肯用俗字。」又焦循雕菰樓集卷一八江處士手札跋：「處士兩書，皆用許氏説文體手自篆之，工妙無一率筆，尤足見其德性之醇穆。」

［八］吴棫，字才老，宋建安（今福建建甌）人。徽宗政和八年（一一一八）進士。官至泉州通判，有惠政。精訓釋之學，著有書裨傳一三卷、詩補音、韻補等書。今除韻補五卷尚存外，餘皆佚。事見宋徐蕆韻補序，同治福建通志卷一八七有傳。

［九］吴澄（一二四九—一三三七），字幼清，號草廬，元崇仁人。官至國子監司業，遷翰林學士。卒謚文正。曾與修英宗實録。精經史，善文章。著有易纂言一〇卷、書纂言四卷、禮記纂言三六卷、春秋纂言一二卷、吴文正集一〇〇卷等。元史卷一七一有傳。

［一〇］郝敬，字仲輿，號楚望，明京山人，故亦稱郝京山。神宗萬曆十七年（一五八九）進士。官至户部給事中。於諸經多有經解，又批點史書甚多。有九經解一六五卷，批點史記瑣瑣二卷、批點前漢書瑣瑣四卷、批選杜工部詩四卷等，總都爲山草堂全書。事見明史卷二八八李維楨傳附。

［一一］祥案：四庫總目卷一二經部書類二易纂言：「古文尚書，自貞觀敕作正義以後，終唐世無異説，宋吴棫作書裨傳，始稍稍掊擊，朱子語録亦疑其僞。然言性言心言學之語，宋人據以立教者，其端皆發自古文，故亦無肯輕議者。其考定今文、古文，自陳振孫尚書説始；其分編今文、古文，自趙孟頫書古今文集注始；其專釋今文，則自澄此書始。」

其辨泰誓曰［一］：泰誓「今文、古文皆有之，漢儒皆誦習之，馬、鄭皆爲之注。自東晉僞古文出，則有泰誓三篇，世無具巨眼人，遂翕然信奉［二］，以爲孔壁古文，因目此爲今文，且反疑其僞，以故寖微而至於亡。」「〔觀〕（顧）其遺文，記火流穀至之事［三］，且無諸傳記所引之語，故馬融雖爲之注，不能無疑。今姑備録馬説而辯之。馬融書敘曰［四］：『泰誓後得，案其文，似若淺露［五］。』又云：『八百諸侯，不召自來［六］，不期同時，不謀同詞［七］。及火復於上，至於王屋，流爲雕［八］，五至，以穀俱來，舉火神怪，得毋在子所不語中乎［九］！又春秋引泰誓曰［一〇］：民之所欲，天必從之。國語引泰誓曰［一一］：朕夢協朕卜，襲於休祥，戎商必克。孟子引泰誓曰［一二］：我武惟揚，侵於之疆，則取於殘，殺伐用張，於湯有光。孫卿引泰誓曰［一三］：獨夫紂。禮記引泰誓曰［一四］：予克紂，非予武，惟朕文考無罪；紂克予，非朕文考有罪，惟予小子無良。今之泰誓，皆無此語。吾見書傳多矣，所引泰誓而不在泰誓者甚多，弗復悉記。略舉五事以明之，亦可知矣。』馬此説具正義。」

［一］引語節引自尚書集注音疏卷五太誓中「在上位而不耐進臤者逐」句下疏文，下兩段皆同。

［二］史記卷一二〇鄭當時傳：「山東士諸公以此翕然稱鄭莊。」又史記卷一三〇太史公自序：「天下翕然，大安殷富。」

［三］周注：「『顧』江聲原著作『覿』，疑江引偶誤，或刻誤。」案周説是，今據改。

［四］馬融敘見尚書正義卷一一泰誓上「泰誓三篇」下疏。

［五］論衡超奇：「若夫陸賈、董仲舒，論説世事，由意而出，不假取於外；然而淺露易見，觀讀之者，猶曰傳記。」

［六］史記卷四周本紀：「周武王九年，「武王渡河，中流，白魚躍入王舟中，武王俯取以祭。既渡，有火自上復於下，至於王屋，流爲烏，其色赤，其聲魄云。是時，諸侯不期而會盟津者八百諸侯。諸侯皆曰：『紂可伐矣。』」此事又見史記卷三殷本紀。

［七］「詞」正義原引作「辭」。

［八］「雕」正義原引作「鵰」。

［九］周注：「論語述而：『子不語：怪、力、亂、神。』按馬融以火流穀至之事，近於神怪，故云『在子所不語中』。」

［一〇］語見左傳襄公三十一年。

［一一］語見國語周語下，韋昭注曰：「大誓，伐紂之誓也。故，故事也。」

［一二］語見孟子滕文公下。祥案：此句阮刻本正義引馬融注「則取於殘」作「取彼凶殘」。趙注：「太誓，古尚書百二十篇之時泰誓也。我武王用武之時，惟鷹揚也。侵紂之疆界，則取於殘賊者，以張殺伐之功也。民有簞食壺漿之歡，比於湯伐桀爲有光寵，美武王德優前代也。今之尚書泰誓篇，後得以充學，故不與古太誓同，諸傳記引泰誓皆古泰誓也。」

［一三］荀子議兵：「湯、武誅桀、紂，若誅獨夫。故大誓曰：『獨夫紂。』此之謂也。」

［一四］語見禮記坊記。鄭注：「大誓，尚書篇名也。克，勝也；非予武，非我武功也；文考，文王也；無罪，則言有德也；無良，無功善也。此武王誓衆以伐紂之辭也。今大誓無此章，則其篇散亡。」釋文：「大音泰，本亦作泰，

注同。」

辯之曰：「案融之意，以泰誓非伏生所傳，故疑之爾。融獨不見伏生之尚書大傳乎[一]？泰誓『維四月，太子發上祭於畢』云云[二]，大傳既引其文矣，其所以不傳者，蓋生年老，容有遺忘，自所得二十八篇之外，不能記憶其全故爾。大傳引九共曰[三]：『予辨下土，使民平平，使民無敖。』引帝告曰[四]：『施章乃服明上下。』能録其片語，而不傳其全文，是其不能記憶之明驗也。然則泰誓雖不出於伏生，不得謂非秦火已前伏生所藏之舊文矣。且漢書藝文志云[五]：『尚書古文經四十六卷，爲五十七篇。』計伏生書二十八篇，三分盤庚，則爲三十，加孔氏多出之二十四篇，才五十四，加太誓三篇，適五十七，無泰誓則不符其數[六]。又李顒集注尚書[七]，於此泰誓輒引孔安國曰，則孔氏古文亦有此篇，安國且作傳矣。而兩漢諸儒備見今文、古文者，未嘗疑泰誓有今古文之異，然則今文泰誓同乎古文，又可知矣。融獨以其後得而疑之，則五十四篇惡在其可信邪？若其所稱『八百諸侯，不期而會』，則婁敬説高帝嘗言之矣[八]，司馬子長亦録其文於本紀矣，不既信而有徵乎！又若『火流爲雕』『以穀俱來』，斯乃符命之應，猶龜書、馬圖之屬也[九]。孔子繫易曰[一〇]：『河出圖，洛出書，聖人則之。』論語記孔子之言曰[一一]：『鳳鳥不至，河不出圖，吾已矣夫！』然則符瑞之徵[一二]，聖人且覬幸遇之，而乃以『火流』、『穀至』爲神怪，謂爲『子所不語』，豈通論乎！且思文之詩不云乎[一三]：『〔貽〕(詒)我來牟[一四]，帝命率育。』即此『以穀俱來』之謂，融亦將斥詩爲誕乎？不然，詩則信之，書則疑之，進退皆無據矣。」

[一]尚書大傳四卷，舊題漢伏生撰。相傳伏生所傳共四十一篇，鄭玄復銓次爲八十三篇，然其篇目早佚。其文或說尚書，或不說尚書，大抵如詩外傳等書，與經義在離合之間，掇拾舊文，推衍旁義，然多存古訓舊典。清惠棟、孫之騄、陳壽祺、王闓運等皆有輯校本，可參。

[二]史記卷四周本紀：「武王上祭於畢。」索隱：「畢，天星之名。畢星主兵，故師出而祭畢星也。」周注引陳壽祺尚書大傳輯校卷二引泰誓曰：「唯四月，太子發上祭於畢，下至於孟津之上，乃告於司馬、司徒、司空、諸節：『亢才！予無知，以先祖先父之有德之臣，左右小子。予受先公，戮力賞罰，以定厥功，明於先祖之遺。』太子發升於舟。中流，白魚入於舟。王跪取出，俟以燎。群公咸曰：『休哉！』」鄭玄注云：「發，周武王也。卒父業，故稱太子也。」陳壽祺案云：「亢才，史記周本紀作『信哉』。『才』、『哉』古通。……『亢』乃『允』字之誤。司馬子長以訓詁改經文，故爲『信』也。」

[三]周注：「見尚書大傳輯校卷一。九共，尚書虞書篇名。」

[四]周注：「見尚書大傳輯校卷一。帝告，尚書虞書篇名。困學紀聞卷二云：『殷傳有帝告篇。』」

[五]語見漢書藝文志。

[六]周注：「按王先謙漢書補注所數今古文尚書篇數，與江氏微異，王氏謂今文尚書二十八篇中，盤庚分爲三篇，顧命分出康王之誥一篇，共三十一篇；加泰誓三篇，爲三十四篇；加古文尚書二十四篇，爲五十八篇。云五十七篇者，以武成一篇亡於建武之際，故五十八減一而爲五十七。桓譚没於世祖時，在建武前，武成未亡，故云五十八；班氏作漢書，在顯宗時，武成已亡，故云五十七。按二説不同處即江氏不數康王之誥，而王氏數康王之誥而去後逸之武成。」

[七]周注：「李顒，字長林，東晉江夏人。官至本郡太守。正史無傳。顒曾撰南書集注十卷，見陸德明經典釋文序録、隋書經籍志及唐書藝文志；惟隋志作集解尚書十一卷，書名卷帙稍異。書今佚，馬國翰玉函山房輯佚書亦僅有目而無書。江所云，蓋據孔穎達尚書正義。」祥案：見正義泰誓下疏。

[八]婁敬，漢齊人。因勸漢高祖建都長安有功，賜姓劉氏，拜爲郎中，號奉春君，後封建信侯。時匈奴强盛，敬建和親之策，並徙山東諸侯後代豪强十餘萬口，充實關中。史記卷九九、漢書卷四三有傳。史記卷九九婁敬傳：敬説高祖曰「武王伐紂，不期而會孟津之上八百諸侯，皆曰紂可伐矣，遂滅殷。」

[九]龜書、馬圖，即洛書、河圖，參本書第一〇〇頁注[六]。

[一〇]語見易繫辭上。

[一一]語見論語子罕。集解：「孔曰聖人受命，則鳳鳥至，河出圖，今天無此瑞，吾已矣夫者，傷不得見也。河圖，八卦是也。」

[一二]符瑞，符祥、祥瑞也。管子水地：「藏以爲寶，剖以爲符瑞。」漢書卷七七劉輔傳載上成帝書：「臣聞天之所與，必先賜以符瑞；天之所違，必先降以災變。此神明之徵應，自然之占驗也。」

[一三]語見詩周頌思文。毛傳：「牟，麥；率，用也。」鄭箋：「貽，遺；率，循；育，養也。武王渡孟津，白魚躍入於舟，出涘以燎。後五日，火流爲烏。五至，以穀俱來。此謂『遺我來牟』，天命以是循存后稷養天下之功，而廣大其子孫之國。」

[一四]祥案：「貽」原文作「詒」，思文及鄭箋皆作「貽」，粤雅堂本已改正之，今據改。

融又以書傳所引泰誓甚多，而疑此泰誓皆無有。又案：湯誓篇傳自伏生，既又出諸孔壁，今文、古文若合符節，而「予小子履敢用玄牡」云云，載於墨子兼愛篇[一]，而湯誓未有其文。故孔安國注論語堯曰篇，不敢質言湯誓之文，而云「墨子引湯誓，其詞若此」[二]。又墨子尚賢篇引湯（泰）誓曰[三]：「聿求元聖，與之戮力同心，以治天下。」而湯誓中亦無之。然而謂湯誓有逸文可也，謂湯誓爲僞書則不可。以此相況，泰誓亦猶是耳，夫復奚疑哉！不獨此也，大傳引盤庚曰[四]：「若德明哉，湯任父言，卑應言。」引無逸曰[五]：「厥兆天子爵。」今盤庚、無逸具在，而皆無是言。經與傳俱出於伏生，不應傳録其文，經反遺其語。然則伏生既傳之後，歐陽、夏侯遞有師承，猶不能無闕逸，況泰誓經灰燼之餘，百年而出[六]，反怪其有遺逸邪！且夫傳記諸書，夫人而見之矣，苟欲僞造，必不敢張空拳以自吐其胸臆[七]，並不敢出神奇以駭人之觀聽，將摭拾典籍以（供）（龔）補綴[八]，依據誼理以爲干城[九]，以求售其欺於後世，如彼僞孔氏之所爲矣，安肯故留此間隙，以滋後人之議哉？蓋惟當時實有其事，史官據事直書，而無所顧忌，故有「火流」、「穀至」之文。逮其後遺文殘闕，傳之者謹守殘編，而不敢補緝，故無諸傳記所引之語，斯何足怪乎！季長之説，吾不謂然，故爲此辨。」此又閻、惠二君所未及也。

[一]墨子兼愛下：「且不唯禹誓爲然，雖湯説即亦猶是也。湯曰：『惟予小子履，敢用玄牡，告於上天后曰：今天大旱，即當朕身履，未知得罪於上下。有善不敢蔽，有罪不敢赦，簡在帝心。萬方有罪，即當朕身；朕身有罪，無及萬

方。』」孫詒讓墨子閒詁卷四：「論語堯曰篇集解引孔安國云『墨子引湯誓』，國語周語内史過引湯誓，與此下文略同。韋注云：『湯誓，商書伐桀之誓也。今湯誓無此言，則已散亡矣。』案孔安國引此作湯誓，或兼據國語文，尚賢中篇引湯誓，今書亦無之。」

［二］論語堯曰：「舜亦以命禹曰：『予小子履，敢用玄牡，敢昭告於皇皇后帝。有罪不敢赦，帝臣不蔽，簡在帝心。朕躬有罪，無以萬方；萬方有罪，罪在朕躬。』」集解引孔安國注曰：「履，殷湯名也。此伐桀告天文也。殷家尚白，未變夏禮，故用玄牡也。皇，大也；后，君也；大，大君；帝，謂天帝也。墨子引湯誓，其文若此。」

［三］語見墨子尚賢中。墨子閒詁卷二：「湯誥僞孔傳云：『聿，遂也。大聖陳力謂伊尹。孔疏云：戮力，猶勉力也。……今湯誓無此文，僞古文摭此爲湯誥，謬。』」又周注：「『湯誓』各本誤作『泰誓』，今改正。」案周説是，今據改。

［四］語見尚書大傳輯校卷一「殷傳」盤庚篇。

［五］周注：「見江著尚書集注音疏卷八無逸篇逸文。疏云：『白虎通爵篇引無逸文如此，伏生大傳亦引之。』按尚書大傳輯校，此句未輯録。」

［六］祥案：「灰燼」，江氏原文作「焚書」，意同，指秦始皇焚書事。自秦始皇焚書至漢武帝時孔壁古文尚書出，將近百年，故云「百年而出」。

［七］漢書司馬遷傳：「張空弮，冒白刃。」注引李奇曰：「弮，弩弓也。」師古曰：「讀書以爲拳擊之拳，大謬。拳則屈指，不當言張，陵時矢盡，故張弩之空弓，非是手拳也。」

［八］祥案：「供」原文作「龔」，粤雅堂本等改作「供」，是。今據改。又江氏原文「將」前有「直」字，語意充足，此不宜删省也。

［九］誼理，即義理。説文：「誼，人所宜也。」段注：「誼、義，古今字。周時作誼，漢時作義，皆仁義字也。」又詩周南兔罝：「赳赳武夫，公侯干城。」毛傳：「赳赳，武貌；干，扞也。」鄭箋：「干也城也，皆以禦難也。」正義：「釋言文

孫炎曰：『干，盾。自蔽扞也。』」

先生精於小學，以許叔重説文解字爲宗，説文所無之字，必求假借之字以代之。生平不作楷書，即與人往來筆札，皆作古篆，見者訝以爲天書符籙，俗儒往往非笑之，而先生不顧也[一]。嘗著六書説一首[二]，自書勒石。其説轉注[三]，以五百四十部爲「建類一首」，以「凡某之屬皆从某」爲「同意相受」，實前人所未發[四]。又恒星説一卷[五]，文不録。喜爲北宋人小詞，亦以篆書書之。

[一]孫傳：「世人訾朱學士筠及江徵君作字兼篆體，蓋少見多怪耳。」

[二]六書説一卷，是書一首以六書中象形、會意、諧聲三者是其正，指事、轉注、假借三者是其貳，指事統於形，轉注統於意，假借統於聲。其尤與前人不同者則爲轉注之説，以爲立字以爲部首，所謂「建類一首」，取一字之意以概數字，所謂「同意相受」，五百四十部之首即所謂一首，凡「某之屬皆從某」即「同意相受」。有小學類編本等。

[三]説文敍：「轉注者，建類一首，同意相受。考、老是也。」祥案：許慎釋「轉注」義含糊不清，後世學者所論，更歧見疊出，至今未有定論。裘錫圭文字學概要六漢字基本類型的劃分六書説，綜論前人釋轉注之别曰：「一，以轉變字形方向的造字方法爲轉注，宋元間的戴侗（六書故）、元代的周伯琦（六書正譌）等主張此説；二，以與形旁可以互訓的形聲字爲轉注字，南唐徐鍇（説文解字繫傳）等主張此説；三，以部首與部中之字的關係爲轉注，清代江聲（六書説）等主張此説；四，以在多義字上加注意符滋生出形聲結構的分化字爲轉注，清代鄭珍、鄭知同父子等主張此説；五，以在已有的

文字上加注意符或音符造成繁體或分化字爲轉注，清代饒炯(文字存真)等主張此説；六，以文字轉音表示他義爲轉注，宋代張有(復古編)、明代楊慎(轉注古音略)等主張此説；七，以詞義引申爲轉注，清代江永(與戴震書)、朱駿聲(説文通訓定聲)等主張此説；八，以訓詁爲轉注，清代戴震(答江慎修先生論小學書)、段玉裁(説文解字注)等主張此説；九，以反映語言孳乳的造字爲轉注，章炳麟(轉注假借説)等主張此説。以上諸説，大都顯然跟漢代學者的原意不合。」

[四]六書説：「説文解字一書凡五百四十部，其分部即『建類』也，其始『一』終『亥』五百四十部之首，即所謂『一首』也。下云『凡某之屬皆從某』，即『同意相受』也。」

[五]恒星説一卷，今存。江氏既爲尚書集注音疏，於「乃命羲和」下，限於疏體，未能暢發，故别爲此説三千一百一十六字，注七百二十五字，並附李鋭算術於左，以相參證，以明恒星之説。有昭代叢書本等。江氏著述，除上述諸書外，尚有尚書異文(孫星衍補訂，有岱南閣叢書本)、論語竢質三卷附校譌一卷(胡珽校譌)續校一卷(董金鑑續校，有琳琅秘室叢書本)、艮庭雜著一卷艮庭小慧一卷(乾隆時江氏近市居刻本)等。

先生性耿介，不慕榮利。交游如王光禄鳴盛、王侍郎蘭泉先生、畢制軍沅[一]，皆重其品藻，而先生未嘗以私事干之，所以當事益重其人。嘉慶元年[二]，詔開孝廉方正科[三]，江蘇巡撫費公淳首舉先生[四]，賜六品頂帶[五]。卒年七十有〔九〕(八)[六]。晚年，因性不諧俗，動與時違，取周易「艮背」之義[七]，自號艮庭，學者稱爲艮庭先生云。

[一]畢沅(一七三〇—一七九七)，字纕蘅，一字秋帆，號靈岩山人，清鎮洋(今江蘇太倉)人。乾隆二十五年(一七六〇)一甲一名進士。累官至陝甘、湖廣總督。博通經史，精小學、金石、輿地諸學。主編有續資治通鑑三二〇卷、山左金

石志二四卷、三楚金石記三卷、關中金石記八卷、中州金石記八卷等，自著有夏小正考注一卷、老子道德經考異二卷、釋名疏證八卷、靈岩山人詩集四〇卷詩後集八卷靈巌山館文鈔不分卷等。所校所輯亦夥，多彙編於其經訓堂叢書中。事見錢大昕潛研堂文集卷四二墓誌銘，清史列傳卷三〇、清史稿卷三三二有傳。又案：制軍，亦稱制臺。明清對總督之別稱。明武宗嘗自稱總督軍務，臣下避諱，改總督爲總制，故有制臺、制軍之稱。

［二］孫傳：「今上元年，詔舉郡縣孝廉方正之士，有召用爲京外官者，阮撫部與予各從官所馳書江蘇大府交薦聲，聲固不知。陳方伯奉玆造門請見，聲辭勿見，有府縣申牒敦請，又陳情不肯應命。費撫部淳及方伯卒以徵君應聘，賜六品頂戴，以年老終於家。」

［三］孝廉方正科，清科舉名。合漢孝廉與賢良方正之科而爲之。自雍正時起，凡新帝嗣位，由地方督撫舉薦孝廉方正之士，授以六品頂戴。乾隆以降，由地方官保舉，經送吏部考察，合格者任用爲州縣與教職等。

［四］費淳（？—一八一一），字筠浦，清浙江錢塘（今杭州）人。乾隆二十八年（一七六三）進士。官至吏部、兵部、工部尚書，體仁閣大學士等職。曾充國史館總裁。卒謚文恪。清史列傳卷二八、清史稿卷三四三有傳。

［五］頂帶，清代官員用以區別等級之服飾，爲冠上之頂珠，有顔色與品質之不同。有紅寶石、珊瑚、藍寶石、青金石、水晶、硨磲、金之别。文六品之朝冠，頂鏤花金座，中飾藍寶石一，上銜硨磲。吉服冠頂亦用硨磲。詳參清史稿卷一〇三輿服二。

［六］祥案：閔爾昌江子屏先生年譜嘉慶四年條：「是年，江艮庭先生殁」。注：「孫淵如平津館文稿江聲傳：『嘉慶四年九月三日卒，年七十有九。』續疑年録同。漢學師承記云：『年七十有八。』卒年未詳。案：尚書集注音疏卷十二末艮庭自識：『乾隆五十四年，年六十有九。』又小引：『五十八年，年七十有三。』以此計之，卒嘉慶四年，實七十有九。若年七十八，則當卒嘉慶三年矣。疑漢學師承記誤。」案閔説是，今據改。

［七］易艮卦：「艮其背，不獲其身；行其庭，不見其人。无咎。」彖辭：「艮，止也。」

藩少從古農先生學[一]，先生没後，藩汎濫諸子百家，如涉大海，茫無涯涘。先生教之讀七經、三史及許氏説文[二]，乃從先生受惠氏易。讀書有疑義，質之先生，指畫口授，每至漏四下，猶講論不已，可謂誨人不倦者矣。

[一]古農，余蕭客之字。見本卷余蕭客。

[二]七經，見本書第二二頁注[五]。三史，魏晉南北朝時，以史記、漢書、東觀漢記爲三史，後東觀漢記佚，唐以後遂以史、漢、後漢書爲三史。小學紺珠卷四藝文類六藝述三史曰：「司馬遷史記、班固漢書、范曄後漢書。」

子鏐[一]，字貢庭，名諸生。孫沅[二]，字鐵君，優貢生。世傳其學。弟子數十人，元和顧廣圻[三]、長洲徐頲最知名[四]。廣圻字千里，號澗蘋，邑諸生。天資過人，無書不讀，經、史、小學、天文、曆算、輿地之學，靡不貫通，又能爲詩古文詞駢體文字，當今海内學者莫之或先也。頲字述卿，嘉慶甲子舉人，乙丑以第二人及第，今官翰林院編修。先生老友中往來親密者，錢宮詹大昕、褚部郎寅亮。宮詹别有傳。

[一]江鏐（一七四三—一八〇〇），字貢庭，號補僧。聲子。諸生。從父治經學，兼及史部諸書與文選學，尤精左傳。詩宗盛唐。晚年好佛。事見江沅染香盦文集卷下先府君行略、清史列傳卷六八江聲傳附。

［二］江沅（一七六七—一八三八），字子蘭，號鐵君，鏐子。嘉慶十二年（一八〇七）歲貢生。師從彭紹升，治儒佛兩家之學，又精小學訓詁，駁正段玉裁説文解字注之訛甚多。晚年受戒於常州天寧寺，乃衣僧衣，居浮屠氏舍，自號秃居士。著有説文釋例二卷、説文解字音韻表一五卷、染香盦文集二卷、文外集一卷、詩録二卷、算沙室詞鈔二卷等。事見朱綬江沅傳，清史列傳卷六八、清史稿卷四八一有傳。

［三］顧廣圻，見本書第七頁注［七］。

［四］徐頲（一七四七—一七九八），字直卿，清長洲（今蘇州）人。嘉慶九年（一八〇四）舉人，翌年以一甲第二名成進士。授編修。任安徽學政。回京，充咸安宫總裁，文淵閣直學士，國史館總纂。道光元年，陞詹事。二年，爲内閣學士兼禮部侍郎，再督安徽學政。少從江聲學，得其指授，精於説文。光緒蘇州府志卷八九有傳。

褚寅亮

褚寅亮，字搢升［一］，號鶴侣［二］，一字宗鄭［三］，長洲人也。乾隆十六年［四］，召試舉人，内閣中書，官至刑部員外郎。與錢宫詹大昕爲同年友［五］。深於經學，從事禮經幾三十年。嘗謂「宋人説經［六］，好爲新説，棄古注如土苴，惟儀禮一書爲樸學，空談義理者不能措辭，而晦庵、勉齋、信齋又崇信之，故鄭氏之學，未爲異義所汩［七］。至元吴興敖繼公撰集説，雖云採先儒之言，其實自注疏而外，皆自逞私意，專攻鄭氏，學者苦注疏之難讀，而喜其平易，乃盛行於世」。「蓋君善之意不在解經，而有意與康成立異，特其巧於立言，含而不露，若無意於排擊者，是以入其玄中而不悟[八]。至於説有不通，甚且改竄經文，曲就其義，不幾於無所忌憚乎！」著儀禮管見四卷[九]。

[一]古人名字解詁：「僞古文尚書周官：『少師、少傅、少保，曰三孤，貳公弘化，寅亮天地，弼予一人。』此周成王訓導百官之辭。謂三孤佐三公，共輔天子，敬明天地，以期大治。儀禮士喪禮：『設韐帶，搢笏。』鄭玄注：『韐帶用革。搢，插也。插衣帶之右旁。』束帶搢笏，爲古代大夫之服飾。綴以『升』，謂束帶搢笏，登朝堂之上，輔君主治理天下。」

[二]任兆麟有竹居集卷六〇墓表：「字搢升，一字鶴侶，系出漢少孫之後。世居河南。至宋高宗時，有官平江令者，其後居吴，遂爲長洲人。五世祖于仁，爲長子知縣，有循聲。祖思，縣學生，治穀梁春秋。父省曾，歲貢生，治毛詩。」

[三]祥案：據任表，乾隆三十六年，寅亮丁父憂。「居喪，日讀儀禮，以鄭注精深，非後儒可及，遂以『宗鄭』自號焉。」然則江氏以「宗鄭」爲又字者，誤也。

[四]乾隆十六年，爲西元一七五一年。任表：「乾隆十六年，上南巡，召試行在，賜舉人，授内閣中書。從總憲梅瑴成研求算術，洞悉句股、少廣、三角、八線之原。充方略館纂修。二十一年，遷刑部主事……尋陞員外郎。」又據錢大昕潛研堂文集卷四三中書舍人吴君墓誌銘，乾隆帝此次南巡，於浙江得嘉善謝墉、錢塘陳鴻寶、秀水王又曾三人，於江南得懷寧蔣雍植、全椒吴烺、長洲褚寅亮、休寧吴志鴻、常熟孫夢逵及嘉定錢大昕六人。「有詔：之九人者，皆授以内閣中書舍人之職」。

[五]潛研堂文集卷二四儀禮管見序：「同年友褚君鶴侶於經學最深，持論最平，從事禮經者幾三十年，乃確然知鄭義之必可從，而敖説之無所據。」又中書舍人吴君墓誌銘：「乾隆十七年，九人聚於京師，『其六月，置酒於崑城寓邸，九人者皆至，痛飲甚樂。嗣後或一月或半月，輒小集。中書舍人例間三日一入直，閲十日則持被宿於直廬。它日無事，則相從談

詩文，雜以詼嘲，泥酒取飲，蓋無日無之也。」

[六]祥案：江氏此記襲自錢大昕儀禮管見序，然自「嘗謂宋人説經」至「乃盛行於世」，乃節引錢氏之説，非褚氏之語；自「蓋君善之意不在解經」至「不幾於無所忌憚乎」，方爲錢氏引述褚氏之語。江藩皆以爲褚氏論學之語而引之，大誤。

[七]尚書洪範：「鯀陻洪水，汨陳其五行。」僞孔傳：「汨，亂也。」

[八]近藤注：「元中，蓋三統術所謂之元中耶？」下詳列其數。祥案：近藤氏此注大誤。「元」乃「玄」字，避康熙帝諱而改者，錢氏儀禮管見序作「玄」，鍾哲本改「元」爲「玄」是矣。世説新語文學：「支道林、殷淵源俱在相王許，相王謂二人：『可試一交言。而才性殆是，淵源崤、函之固，君其慎焉！』支初作，改轍遠之；數四交，不覺入其玄中。相王撫肩笑曰：『此自是其勝場，安可争鋒！』」

[九]儀禮管見四卷，今本爲三卷附録一卷，又作十七卷者，因其上卷又分爲六、中卷又分爲五、下卷又分爲六也。是書以爲敖繼公禮記集説，其意不在講經，而在與鄭玄立異，及其説有不通，則改竄經文，以遷就其詞。故褚氏依鄭注立説，貫串全經，疏通而證明之。有粤雅堂叢書本、續皇清經解本、叢書集成初編本等。

其説之最精者，如鄉飲酒記[一]：「北面者東上。」敖改「東」爲「西」，駁之曰：「注明言統於門，門在東，則不得以西爲上也。」鄉射記[二]：「勝者之弟子，洗觶升酌[三]，南面坐，奠於豐上[四]，降，祖執弓，反位。」敖以「祖執弓」句爲衍。駁之曰：「勝者之弟子，即射賓中年少者，以是勝黨，故祖執弓，非衍文也。」燕禮[五]：「〔媵〕（勝）觚於賓[六]。」敖改「觚」爲「觶」。駁之曰：「凡獻以爵者[七]，酬以觶，燕禮宰夫主獻，既不以爵，則酬亦不以觶矣，安可破觚爲觶乎！」大射儀[八]：「以耦左還上射於左。」敖依鄉射改爲「於右」。駁之曰：「上射位在北，下射位在南，鄉射、大射所同。但鄉射位在楅西[九]，從楅向西，則北爲右；大射次在楅東，從楅向東，則北爲左。敖比而同之，昧於東西之别矣。」喪服記[一〇]：「公子爲其妻縓冠[一一]。」敖改「縓」爲「練」。駁之曰：「練冠之紕[一二]，亦飾以縓，故閒傳云『練冠縓緣』[一三]。就其質言之，曰練冠；就其紕言之，曰縓冠。母重，故言其質；妻輕，故言其紕。非有二也。」士虞禮：「明齊醙酒[一四]。」敖以「醙酒」爲衍文。駁之曰：「注明言『有酒無醴[一五]』，據下文『普薦醙酒[一六]』，亦專言酒，不及醴，豈得妄解明齊爲醴，輒删經文乎！」特牲饋食禮[一七]：「三拜衆賓，衆賓答再拜。」敖改「再」爲「一」。駁之曰：「鄉飲酒衆賓答一拜者，大夫爲主人也[一八]；有司徹之答一拜者，大夫爲祭主也[一九]。此士禮，安得以彼相例乎！」

[一]鄉飲酒記：「立者東面北上，若有北面者則東上。」敖繼公儀禮集説卷四此句下雙行小注：「東上之東，當讀作西。」又論曰：「此謂在門内位之時也。賓入門在位近庭南，介以下又居其南，衆賓若多則容有北面者。北面者與東面者相繼，當西上。云東者，字誤也。門西北面而東上自爲列者耳。」儀禮管見卷四：「經明言東上，故注以統於門解，敖氏改經東字爲西字以生曲説，不可從。」

[二]鄉射記：「勝者之弟子，洗觶升酌，南面坐，奠於豐上，降，袒執弓，反位。」鄭注：「勝者之弟子，其少者也。」集説卷五上：「繼公曰：弟子不待司射命之而洗觶升酌者，設豐實觶，其事相因可知也。此不命之而弟子先知其爲勝黨者，蓋於釋獲者升告之時已與聞之矣。勝者之黨實觶者主於飲不勝者也。然亦惟發端以見其意耳。故後有執爵者爲之酌者

不授爵辟飲尊者之禮也。反位，反堂西之位，此時袒執弓，於禮無所當，三字疑衍。大射儀無之。」管見卷五：「經云勝者之弟子，則即是射賓中之年少者矣，以是勝黨，故袒執弓降，時始執者，前洗酌有事也，先反射位者，事畢也。注皆依經立訓，敖氏以此弟子爲設楅設豐之輩，位在堂西而不與射，故以『袒執弓』三字爲衍文，而以『反位』爲反堂西之位，删經破注，非上『司馬袒決執弓』之比，斷不可從。」

［三］觶（zhì），酒器。圓體侈口，斂頸鼓腹，下有圈足。有木制，亦有青銅制者。爲尊者所用，容三升，或曰四升。禮記禮器：「尊者舉觶，卑者舉角。」鄭注：「凡觴，一升曰爵，二升曰觚，三升曰觶，四升曰角，五升曰散。」又説文：「觶，鄉飲酒角也。禮曰：一人洗舉觶，觶受四升。」

［四］豐，承尊、爵之器。形似豆，大而低。射禮罰爵之豐呈人形。儀禮燕禮：「公尊瓦大兩，有豐。」鄭注：「豐，形似豆，卑而大。」又鄉射記：「命弟子設豐。」鄭注：「將飲不勝者，設豐，所以承其爵也。」

［五］近藤注：「師承記原刊本以下皆作『勝』，明爲涉前引『勝者』、『勝黨』而致誤。儀禮本經、管見、錢序皆作『媵』。鄭注：『媵，送也。讀或謂揚。揚，舉也。』」祥案：近藤説是，今據改。燕禮：「主人盥洗升，媵觚於賓。」集説卷六「媵」誤作「騰」。敖氏曰：「騰，猶揚也。『觚』當作『觶』，此酬賓也，乃云『騰觶』者，以主人於賓爲降等，故爾云『騰觶於賓』者，題其事耳。騰者，亦取其自下而上之意，酌散者，以其將自飲，凡卑者之酌酬酒其於臣禮則曰『舉觶』，於君禮則曰『騰觶』。」管見卷七：「凡獻以爵者，則酬以觶，今獻即辟正主而不用爵，則酬亦不用觶矣，安可改觚爲觶？」

［六］觚（gū），酒器。上口似喇叭，長頸細腰，高圈足。容二升，或曰三升。儀禮特牲饋食禮：「實二爵、四觚、一角、一散。」鄭注：「觚二升。」説文：「觚，鄉飲酒之爵也。一曰觴受三升者謂之觚。」

［七］爵，酒器。形如雀。木制，亦有青銅制者。爵又爲飲器之通稱。禮記禮器：「宗廟之祭，貴者獻以爵。」鄭注：「凡觴，一升曰爵。」凌廷堪禮經釋例器服之例上：「凡酌酒而飲之器曰爵。爵者實酒之器之統名。其别曰爵、曰觚、曰觶、曰散。」又士冠禮疏：「韓詩外傳曰：『一升曰爵，二升曰觚，三升曰觶，四升曰角，五升曰散。』相對爵、觶有異，散

文則通，皆曰爵也。」

［八］大射儀：「揖以耦左還上射於左。」集説卷七：「以如以賓升之以，謂上射其耦左還也。此左還者，上射先而下射後，故言以於左當作於右，必言上射於右者，其意與鄉射同，亦少南行至於楅，當楅之位而揖不言者，無可爲節亦以其可知故也。」管見卷七：「上射位在北，下射位在南，兩禮同也。但鄉射位在楅西，從楅向西，則北爲右。故云上射於左。敖氏乃改『於左』左字爲右字，謂與鄉射同，亦昧於東西之別矣。」

［九］楅（fú），行鄉射禮時承箭之器，亦稱箙。兩端龍首，中央蛇身，其背覆以韋，射則置矢其上。儀禮鄉射禮：「命弟子設楅。」鄭注：「楅，猶幅也。所以承笴齊矢者。」又參鄉射記及鄭注。

［一〇］喪服記：「公子爲其母，練冠、麻、麻衣縓緣；爲其妻，縓冠，葛絰帶，麻衣縓緣。皆既葬除之。」集説卷一一於該句下雙行小注曰：「『縓』並七見反。縓冠之縓當作練。」又論曰：「縓冠之縓亦當作練字之誤也。」管見卷一一：「大功，正服衣八升練冠練衣以九升之布練熟爲之。故練衣亦名功衰。練冠冠紕，亦飾以縓，閒傳所云『練冠縓緣』是也。就其質而言之，直曰練冠；就其紕言之，亦名縓冠。母重，故言其質；妻輕，故言其紕。其實一也。練冠之縓，不必改爲練，但疏謂縓布爲冠，恐非此服。」

［一一］縓（quán），淺紅色。儀禮既夕禮：「縓綼緆。」鄭注：「一染謂之縓，今紅也。」説文：「縓，帛赤黄色也。」又禮記檀弓上：「練，練衣黄裡，縓緣。」孔疏：「縓，淺絳色也。」

［一二］紕（pí），衣冠上所飾之邊緣。禮記玉藻：「縞冠素紕，既祥之冠也。」

［一三］禮記閒傳：「期而小祥，練冠縓緣。」近藤氏以爲，褚氏此條駁敖繼公説，並爲妥當，詳參近藤注。

［一四］士虞禮：「明齊醙酒。」祥案：今本士虞禮「醙」作「溲」。鄭注：「明齊，新水也。言以新水溲釀此酒也。今文溲作醙。醙酒，白酒也。」集説卷一四：「『明齊』蓋言醴也。郊特牲曰『縮酌用茅』，明酌也。又曰『明水涗齊貴新也』，蓋用明水涗醴齊，故曰『明齊』也。祝祝之時，奠用醴而已，不用酒也。云溲似酒，似衍文。」管見卷一四：「注以『明齊溲酒』爲

酒，而無醴，敖氏謂有醴無酒，蓋據郊特牲『明水涚齊貴新也』。以『明齊』爲醴，以『溲酒』爲衍，删經破注，決不可從。下云『普薦溲酒』，專言酒，不及醴，斯可知無醴矣。」

〔一五〕儀禮士冠禮：「賓出，主人送於廟門外。請醴賓。」鄭注：「此『醴』當作『禮』。禮賓者，謝其自勤勞也。」指行禮畢，主人用醴待賓之禮。

〔一六〕儀禮士虞禮：「用尹祭、嘉薦、普淖、普薦、溲酒。」鄭注：「嘉薦，菹醢也。普淖，黍稷也。普，大也；淖，和也。……普薦，鉶羹。」

〔一七〕特牲饋食禮：「三拜衆賓，衆賓答再拜。」集説卷一五：「衆賓答一拜，言再者字誤也。」管見卷一五：「敖氏欲改『再』爲『一』，謬也。鄉飲酒『衆賓答一拜』者，大夫爲主人也；有司徹之『答一拜』者，大夫爲祭主也。此則士禮，安得以彼相例而妄改經文乎！」

〔一八〕鄉飲酒禮：「主人西南面，三拜衆賓，衆賓皆答一拜。」

〔一九〕有司徹：「主人降，南面拜衆賓於門東，三拜衆賓門東北面，皆答一拜。」

寅亮精天文、曆算之術，尤長於句股和較相求諸法〔一〕，作句股廣問三卷〔二〕。錢少詹著三統術衍〔三〕，寅亮校正刊本誤字〔四〕，如「〔中〕月相求六扐之數」句〔五〕，「六扐」當作「七扐」〔六〕；「推閏餘所在，加十得一」句，「加十」當作「加七」〔七〕。少詹服其精審。早年爲公羊何休之學，撰公羊釋例三十卷〔八〕，謂三傳惟公羊爲漢學，孔子作春秋，本爲後王製作，訾議公羊者實違經旨。又因何邵公言禮，有殷制，有時王之制，與周禮不同，作周禮公羊異義二卷。又著十三經筆記十卷、諸史筆記八卷、諸子筆記二卷、名家文集筆記七卷，藏於家。

乾隆四十年，以病告歸。五十五年卒[九]。

[一]句股和較相求諸法，和指相加之和，較爲相減之差。數理精藴下編卷一二有「句股和較相求諸法」篇，主要討論直角三角形的句股弦及其和與差的相求問題。如設句爲 a，股爲 b，弦爲 c，則句股較爲 b－c，句股和爲 a＋b，句弦較爲 c－a，還可以有其他和較關係：c－b，c＋a，c＋b，a＋b＋c，a＋b－c，c＋b－a，c－b＋a。這樣，句、股、弦及其和較共有十三種情形。如果已知其中兩個條件(兩種情形)，即可解此句股形，即求出其它未知的情形。

[二]句股廣問，未見。疇人傳卷四二褚寅亮傳引錢大昕言，稱寅亮「於句股和較相求諸法，尤極精審。惜遺書未經刊行，今不審其存乎否矣」。

[三]三統術衍三卷鈐一卷，錢大昕撰。漢時劉歆就太初曆造三統曆，其書不傳，然漢書律曆志全本其書，歷代釋漢志者，錯謬甚熾，錢氏遂爲廣採諸家，兼申己意，撰爲是書，其糾謬正誤，演示草算。有潛研堂全書本、嘉定錢大昕全集本等。

[四]錢大昕三統術衍序：「志文間有訛舛，相與商酌校正，則長洲褚君寅亮之助實多云。」

[五]祥案：「月相求」，近藤注據錢書、阮元序補「中」字，作「中月相求」，是，今據補。此爲求「中氣」與「朔望月」之關係，故「中」字不可省也。

[六]漢書律曆志上：「參閏法爲周至，以乘月法，以減中法而約之，則六扐之數，爲一月之閏法，其餘七分。」錢氏三統術衍卷一：「按『六扐』當作『七扐』，置四千一百八十六數，以通法除之，得七分。而通法又即一扐之數矣。」又見錢氏廿二史考異卷七。至曆法推算之式，詳參近藤注[四二]。

[七]漢書律曆志下：「推閏餘所在，以十二乘閏餘，加十得一。」三統術衍卷二注：「諸本『加七』作『加十』，以意改。」

又見錢氏廿二史考異卷七。至曆法推算之式，詳參近藤注[四三]。

[八]公羊釋例三十篇，未見，以下諸氏所著諸書如周禮公羊異義二卷、十三經筆記十卷、諸史筆記八卷、諸子筆記二卷、名家文集筆記七卷等，皆未見其書。又清史稿藝文志著録其重訂朱子年譜一卷，亦未見傳本。

[九]祥案：此段自「早年爲公羊何休之學」起至「五十五年卒」止，中國國家圖書館藏嘉慶二十三年初刻初印本國朝漢學師承記作「撰公羊義疏二十九卷，又以玉篇、廣韻諸書中字體之不悖於六書者，補許氏説文之闕，名曰説文補遺，其書藏於家。乾隆五十三年，以老疾告歸，未幾卒。」與後來刻本皆不同。又案：任兆麟墓表：「公以乾隆五十五年卒，享年七十有六。卒之明年，葬吴縣十九都珍珠隖之兆。」

國朝漢學師承記　卷三

甘泉江　藩　纂

王鳴盛　金曰追

王鳴盛，字鳳喈，一字禮堂，别字西莊[一]，嘉定人。生而敏慧。四歲，隨王父讀書丹徒學署[二]，日識數百字，縣令馮詠以神童目之[三]。年十二，爲四書文，才氣浩瀚，已有名家風度。年十七[四]，補諸生，屢試第一。鄉試[五]，中副榜，才名藉甚。江蘇巡撫陳文肅公大受招入蘇州紫陽書院[六]，院長歸安吴大綬[七]、常熟王峻皆賞其才[八]。乾隆十二年[九]，鄉試，以五經中式。會試不第，客游蘇州。時沈文慤公德潛以禮部侍郎致仕[一〇]，海内英雋之士皆出其門下。與王侍郎蘭泉先生、錢少詹大昕、吴内翰企晉[一一]及曹仁虎[一二]、趙文哲[一三]、黄文蓮相唱和[一四]，文慤以爲不下「嘉靖七子」[一五]。

[一]祥案：錢大昕潛研堂文集卷四八西沚先生墓誌銘：「嘗取杜少陵詩句，以西莊自號，學者稱西莊先生，西莊之名滿海内。」然則「西莊」乃王氏之别號，非别字也。

［二］王鳴盛祖父焜（一六四八—一七二九），字卓人。自崑山卜居嘉定。康熙三十五年（一六九六）舉人。官丹徒縣教諭。事見王鳴盛西莊始存稿卷三〇朱太淑人行述、錢大昕潛研堂文集卷四三虚亭先生墓誌銘。祥案：黄文相西莊居士年譜康熙六十一年條：「五月二十一日，先生生於丹徒學署。」丹徒，清縣名，今江蘇鎮江市。

［三］馮詠（？—約一七三六），字夔颺，號桐邨，清金谿人。康熙六十年（一七二一）進士。官至開州知府。有賢聲。有桐邨詩四卷、馮夔颺稿等。事見四庫總目卷一八四集部別集類存目桐邨詩、詞林輯略卷二。

［四］祥案：黄譜乾隆二年十六歲條曰：「應童子試，縣令黄建中見先生方垂髫，大加賞愛，見始存稿二九黄君墓誌銘。嘉定縣志卷一九云：『嘉慶元年，大學士阿桂奏對便殿，偶及鳴盛名，上謂此人學問甚好。明年，遂重游泮宫。』又昔夢録一云：『嘉慶丁巳，光禄公重游泮宫。』則先生入學，當在是年無疑。墓誌銘云：『年十七，補縣學生，學使歲科試，屢占第一。』與此不合。」

［五］黄譜乾隆九年條：「秋，應鄉試，中副榜。」

［六］陳大受（一七〇二—一七五一），字占咸，號可齋，清湖南祁陽人。雍正十一年進士。累官至兵部、吏部尚書，協辦大學士。爲官清直，政績斐然。卒謚文肅。事見國朝耆獻類徵初編卷二五彭維新墓誌銘，清史列傳卷一八、清史稿卷三〇七有傳。又清史稿卷一〇高宗本紀一：乾隆九年九月「辛巳，原任江蘇巡撫徐士林卒。授陳大受江蘇巡撫。」紫陽書院，清時，安徽歙縣、江西婺源、江蘇蘇州、浙江杭州、山西天鎮、湖北漢川、貴州鎮遠等地皆有書院名紫陽者。此指蘇州之紫陽書院，清康熙五十二年（一七一三），由巡撫都御史張伯行創立於府學内尊經閣後，崇祀朱子其中，顔曰「紫陽書院」。

［七］吴大綬，字子登，一字子惇，號牧園，又號益公，歸安人。雍正元年（一七二三）進士。授檢討。後爲紫陽書院山長。事見朱汝珍詞林輯略卷三。

［八］王峻（一六九四—一七五一），字次山，號艮齋，清江蘇常熟人。雍正二年進士。授編修。乾隆初，官御史，以直聲稱。後丁憂歸，遂不復出。主講安定、雲龍、紫陽諸書院，以古學倡。著有漢書正誤四卷、王艮齋集一四卷等。清史列

傳卷七一、清史稿卷四八五有傳。

［九］王昶春融堂文集卷六五王鳴盛傳：「乾隆十二年，鄉試，以五經中式。會試不第，歸蘇州。」

［一〇］王譜：「時沈德潛以禮部侍郎致仕，海內英俊皆師之門下，以鳴盛爲最。」祥案：乾隆十二年，沈德潛爲禮部侍郎；十四年，乾隆帝許其歸里；十五年，紫陽書院院長王峻以疾辭去，代之者即沈德潛；德潛「成規條十則，每月一課，四書題二，當日繳；古文詩題各一，五日繳。諸生中多英邁者。」執教達十餘年，前後選刻紫陽書院課藝一、二集，一時名士皆出其門下。詳參沈氏沈歸愚自訂年譜。

［一一］吴泰來（一七三二—一七八八），字企晉，號竹嶼，清長洲人。乾隆二十五年（一七六〇）進士。授內閣中書，不赴。藏書多宋、元善本。爲「吴中七子」之一。有硯山堂詩集一〇卷、古香堂詩集七卷詞集二卷等。清史列傳卷七二、清史稿卷四八五有傳。

［一二］曹仁虎（一七三一—一七八七），字來殷，清嘉定人。「吴中七子」之一。乾隆二十六年進士。官至廣東學政。詩宗三唐，格律醇雅，醞釀深厚，爲一時所推。有曹學士遺集三〇卷。事見錢大昕潛研堂文集卷四三墓誌銘，清史列傳卷七二、清史稿卷四八五有傳。

［一三］趙文哲（一七二五—一七七三），字損之，又字升之，號璞菴，清上海人。「吴中七子」之一。乾隆二十七年，以獻詩召賜舉人。授中書，直軍機處，因事奪官。後從將軍温福討金川，以師潰，死木果木之難。事見王昶春融堂集卷五三墓誌銘，清史列傳卷六五、清史稿卷四八九有傳。

［一四］黄文蓮，字芳亭，號星槎，清上海人。乾隆十五年（一七五〇）舉人。官至泌陽知縣。有聽雨樓集二卷行世。清史稿卷四八五有傳。

［一五］嘉靖七子，指明世宗嘉靖間李攀龍、王世貞、謝榛、宗臣、梁有譽、徐中行、吴國倫七人。諸家繼李夢陽、何景明等之説，皆文主秦漢，詩主盛唐，與「前七子」相對，世稱「後七子」。祥案：沈德潛掌紫陽書院時，以王鳴盛等七人

爲「吴中七子」，並選刻七子詩選一四卷，分别爲王鳴盛耕養齋集、吴泰來硯山堂集、王昶履二齋集、黄文蓮聽雨樓集、趙文哲媕雅堂集、錢大昕辛楣吟槁與曹仁虎宛委山房集，人各二卷，計八百餘首詩。沈德潛序論：「今吴地詩人，復得七子。……之子七者，其數相符，而才又足與古人敵，殆踵前、後七子之風而興起者也。爰合鈔而刻之，爲七子詩選。」

又與惠松崖徵君講經義，知詁訓必以漢儒爲宗。精研尚書[一]，久之，乃信東晉之古文固僞，而馬、鄭所注，實孔壁之古文也。東晉所獻之大誓固僞，而唐人所斥爲僞大誓者實非僞也。古文之真僞辨，而尚書二十九篇粲然具在，知所從事矣。

[一]王氏精研尚書，始自乾隆十年二十四歲時，成於乾隆四十四年，時年已五十有八。其論今古文及東晉太誓之僞等，詳參尚書後案序及蛾術編卷四「尚書今古文」條。

十九年[二]，莊培因榜以第二人及第[二]，授編修。公卿争以禮致之。刑部侍郎秦蕙田修五禮通考[三]，屬以分修，尤見重於掌院學士蔣文恪公溥[四]。二十三年[五]，天子親試翰詹諸臣，特置一等一名，擢侍講學士，充日講起居注官。明年[六]，充福建正考官。未蕆事[七]，即有内閣學士兼禮部侍郎之命。還京，有御史論其馳驛濫用驛馬[八]，罣吏議，左遷光禄寺卿。尋丁内艱歸[九]，遂不復出，卜居蘇州閶門外[一〇]，不與當事通，亦不與朝貴接。家本寒素，賣文諛墓以自給，餘則一介不取也。

[一]沈歸愚自訂年譜乾隆十九年條：「會榜發，門生中式者：王鳴盛、錢大昕、王昶、錢策、汪存寬、危映奎共六人。……殿試王鳴盛賜第二人，授編修。」西莊始存稿卷八及第紀恩詩注：「予與曉徵同寓，而琴德寓亦相近，揭榜之日，三人同捷。是夕，遂約會宿，歡談至夜分始罷。」

[二]莊培因(一七二三—一七五九)，字本淳，一字仲淳，清武進人。乾隆十九年一甲一名進士。官至福建學政。工詩古文辭。著有虛一齋集五卷。事見虛一齋集附莊勇成家傳與彭啓豐墓誌銘、清史稿卷三〇五莊存與傳附。

[三]秦蕙田與五禮通考，參本書第八六頁注[七、八]。

[四]蔣溥(？—一七六一)，字質甫，號恒軒，清常熟人。廷錫子。雍正八年(一七三〇)進士。歷官至户部、禮部尚書，東閣大學士等。卒謚文恪。性寬厚，而警敏。善寫生，得廷錫遺法。曾奉敕編盤山志二一卷等。清史列傳卷二〇、清史稿卷二八九有傳。又清史稿本傳：乾隆「十八年，命協辦大學士，兼禮部尚書，掌翰林院事。」

[五]高宗實録卷五六一乾隆二十三年三月戊申諭：「昨於正大光明殿，考試翰詹等官，親加詳閲，按其文字優劣，分爲四等。一等王鳴盛、秦大士、錢汝誠三員。」又西莊始存稿卷一六福建鄉試録序：二十三年「三月，特旨考試翰林於正大光明殿，復蒙宸鑒，欽擢一等一名，超授學士，備員講幄，扈蹕盤山。」

[六]高宗實録卷五八八乾隆二十四年六月甲子：「翰林院侍講學士王鳴盛爲福建鄉試正考官，御史胡澤潢爲副考官。」

[七]高宗實録卷五九三乾隆二十四年七月己卯：「以翰林院侍讀學士王鳴盛爲内閣學士兼禮部侍郎。」時鄉試尚未畢，故此曰「未蒇事」也。

[八]祥案：錢銘：「未幾，御史論其馳驛不謹，部議降二級。明年，授光禄寺卿。」王傳：「事竣還京，以濫用驛馬被吏議，左遷光禄寺卿。」黄譜乾隆二十四年條：六月甲子，充福建鄉試正考官。十二月，罣吏議，去官。實録云：「吏部議：御史羅典參奏内閣學士王鳴盛，奉命典試，於路置妾，奉旨交部議處，應將王鳴盛照不應重律私罪，降三級調用。

有加一級準抵，仍降二級調用。從之。」案：黄氏所引，詳見高宗實録卷五八八、六〇三。然則所謂「濫用驛馬」者，爲王氏諱之也。若無實録所載，今人又安能知王氏因「於路置妾」而降調耶？

[九]乾隆二十八年，王氏母朱太淑人卒，年七十二。鳴盛遂丁憂旋里。詳西莊始存稿卷三〇朱太淑人行述。又錢銘：「二十八年，丁朱太淑人憂，去職歸里。既除喪，以虚亭先生年高，遂不赴補。……自以多病，無宦情矣。」

[一〇]閶門，蘇州城西門。黄譜乾隆二十九年條：「八月，徙家蘇州……初居幽蘭巷，後又遷洞涇橋。」錢銘：「性儉素，無玩好之賜，無聲色之奉，宴坐一室，左右圖書，咿唔如寒士。卜居蘇州閶門外，不與當事通謁，亦不與朝貴通音問，唯好汲引後進，一篇一句之工，奬賞不去口，或評選其佳者，刊而行之。」王傳：「久之，遷居蘇州，學者望風麕至。鳴盛又有江左十二子、苔岑諸集之刻，聲氣益廣，名望益深，而鍵户讀書，絶不與當事酬接。家本寒素，往往賣文諛墓以給用，餘則一介不取也。」

閉户讀書，日夕探討。嘗謂漢儒説經，必守家法，亦云師法。自唐貞觀撰諸經義疏，而家法亡[一]。宋元豐以新義取士[二]，而漢學殆絶。今好古之士，皆知崇注疏矣，然經注惟詩、三禮及公羊傳猶是漢人家法，餘經則出於魏晉，未爲醇備。故所撰尚書後案[三]，以鄭、馬爲主，不得已間採僞孔、王肅，而唐、宋諸儒之説，槩不取焉[四]。又撰十七史商榷一百卷[五]，主於校勘本文，補正譌脱，審事蹟之虚實，辨紀傳之異同，最詳於輿地、職官、典章、制度，獨不喜褒貶人物，以爲空言無益也[六]。

[一]唐太宗時編纂諸經正義事，參本書第一〇頁注[四]。祥案：惠棟易漢學原序論曰：「六經定於孔子，燬於秦，傳於漢，漢學之亡久矣。獨詩、禮二經，猶存毛、鄭兩家，春秋爲杜預所亂，尚書爲僞孔氏所亂，易經爲王氏所亂。杜氏雖有更定，大較同於賈、服，僞孔則雜採馬、王之説，漢學雖亡而未盡亡矣。惟王輔嗣以假象説易，根本黄老，而漢經師之義蕩然無復有存者矣。」

[二]元豐，宋神宗之年號（一〇七八—一〇八五）。新義，指三經新義，參本書第一三頁注[四]。

[三]尚書後案三〇卷尚書後辨附一卷，王氏自稱所以爲發揮鄭氏一家之學也。其書廣搜鄭注，以爲準的，其殘闕者，則取馬融、王肅傳疏益之。名曰後案者，以言最後所存之案也。至僞古文尚書二十五篇，則别爲後辨以附其後。全書經與江聲商訂之後，始克刊行。今有乾隆四十五年禮堂刻本、皇清經解本、續修四庫全書本等。

[四]周注：「按唐宋諸儒治尚書者，如唐孔穎達尚書正義，宋蘇軾東坡書傳、林之奇尚書全解、吕祖謙書説、蔡沈書集傳等，皆其著者。」

[五]十七史商榷一〇〇卷。十七史，謂史、漢、後漢書、三國志、晉書、南史、宋、齊、梁、陳書、北史、魏、齊、周、隋書、新、舊唐書、新、舊五代史，實則十九史也。綴言二卷則爲討論編年體與通鑑等史家之義例。凡譌脱衍倒，皆爲勘正，又舉其中典制事蹟，詮解蒙滯，審覈踳駁，以成是書，故名曰商榷。有乾隆五十二年洞涇草堂刻本、商務印書館一九五九年影印本、續修四庫全書本等。

[六]十七史商榷序曰：「大抵史家所記典制，有得有失，讀史者不必横生意見，馳騁議論，以明法戒也。但當考其典制之實，俾數千百年建置沿革，瞭如指掌，而或宜法或宜戒，待人之自擇焉可矣。其事蹟則有美有惡，當考其事之實，俾年經事緯，部居州次，紀載之異同，見聞之離合，一一條析無疑，而若者可褒，若者可貶，聽諸天下之公論焉可矣。書生匈臆，每患迂愚，即使考之已詳，而議論褒貶，恐猶未當，況其考之未確者哉。蓋學問之道，求於虚不如求於實，議論褒貶，皆虚文耳。作史者之所記録，讀史者之所考核，總期於能得其實而已矣，外此又何多求邪！」

又有蛾術編一百卷[一]，其目有十：説録、説字、説地、説制、説人、説物、説集、説刻、説通、説系。其書辨博詳明，與洪容齋[二]、王深寧不相上下[三]。詩宗盛唐[四]，中年出入於香山[五]、東坡[六]，晚年獨愛玉谿生[七]，謂少陵以後一人[八]。手定詩集二十四卷[九]，古文若干卷。老年因讀書窮日夜不輟，目遂瞽[一〇]。有吴興醫鍼之而愈，著書如常。乃自號西沚[一一]。卒年七十有〔六〕〔八〕[一二]。

[一]周注：「蛾術編一百卷，王鳴盛撰。書今存，有原刻本。」祥案：周注所述卷數有誤。蛾術編原稿約百卷，王氏生前尚未定稿。道光中謀刻，有鈔本九十五卷，而沈翠嶺刻本僅爲八十二卷，其凡例曰説刻十卷，詳載歷代金石，已見王昶金石萃編，無庸贅述（實則萃編並未全收）；説系三卷，備列先世舊聞，宜入王氏家譜。故所刻之本爲八十二卷。分别爲説録一四卷、説字二二卷、説地一四卷、説人一〇卷、説物二卷、説制一二卷、説集六卷、説通二卷。爲王氏平時論學之作之彙編。由迮鶴壽參校，校刻時核對原文，爲注出處，出言過分者則稍圓其説，迮氏所注亦存書中。有道光二十一年世楷堂刻本、續修四庫全書影印道光本等。

[二]洪邁（一一二三—一二〇二），字景廬，號容齋，宋鄱陽（今江西波陽）人。高宗紹興十五年（一一四五）進士。以端明殿學士致仕。卒謚文敏。著述豐碩，今存有容齋隨筆一六卷續筆一六卷三筆一六卷四筆一六卷五筆一〇卷、夷堅志五〇卷等。宋史卷三百七三有傳。祥案：四庫總目卷一一八子部雜家類二容齋隨筆稱，是書「辨證考據，頗爲精確……其大致自爲精博，南宋説部，終當以此爲首焉」。

〔三〕王深寧，王應麟之別號，見本書第六四頁注〔六〕。祥案：錢銘：「蓋仿王深寧、顧亭林之意，而援引尤博贍焉。」又四庫總目卷一一八子部雜家類二困學紀聞曰：「應麟博洽多聞，在宋代罕其倫比」。

〔四〕王傳：「詩少宗漢、魏、盛唐，排律則仿元、白、皮、陸，在都下見錢載、蔣士銓輩喜宋詩，往往效之，後悔，復操前說。於明何景明、李攀龍、李夢陽、王世貞、陳子龍及國朝王士正、朱彝尊之詩，服膺無間，大抵以才輔學，以韻達情，粹然正始之音也。古文不專一家，於明先嗜王慎中，繼傚歸有光，擷經義之精奥，而以委折疏達出之。」

〔五〕白居易（七七二—八四六），字樂天，號香山，又號醉吟先生，唐華州下邽（今陝西渭南）人。德宗貞元十六年（八〇〇）進士。武宗時，以刑部尚書致仕。卒謚文。詩與元稹齊名，世號「元白」。晚與劉禹錫相唱和，又稱「劉白」。有白氏長慶集七一卷。舊唐書卷一六六、新唐書卷一一九有傳。

〔六〕蘇軾（一〇三七—一一〇一），字子瞻，號東坡居士，宋眉山人。仁宗嘉祐二年（一〇五七）進士。屢有起躓，官至翰林學士承旨等。卒謚文忠。工書善畫，詩文清新暢達，作詞豪放。著述今傳有易傳九卷、書傳二〇卷、志林一二卷、仇池筆記二卷等，詩文集合編爲東坡全集一一五卷。宋史卷三三八有傳。

〔七〕李商隱（八一二或八一三—八五八），字義山，號玉谿生，唐懷州河内（今河南泌陽）人。文宗開成二年（八三七）進士。累官工部員外郎。工詩擅駢文，沉博絶麗，情調傷感，與杜牧並稱「小李杜」，又與温庭筠齊名，稱「温李」。有李義山詩集七卷文集五卷等。舊唐書卷一九〇下、新唐書卷二〇三有傳。

〔八〕杜甫（七一二—七七〇），字子美，自稱杜陵布衣，又稱少陵野老，世或稱杜拾遺、杜工部，唐河南鞏縣人。舉進士不第，以獻賦，玄宗命授待制集賢院，終官檢校工部員外郎。善詩歌，沉鬱頓挫，律切精深，感時憂世，世號「詩史」。有杜工部集五〇卷外集一卷文集二卷。舊唐書卷一九〇下、新唐書卷二〇一有傳。

〔九〕祥案：此所謂有「手定詩集二十四卷」者，爲王氏晚年所定西沚居士集二十四卷，凡收詩一千一百九十二首，嘉定李士棻於道光三年刻於自怡山房。而王氏詩集最早所刻者，當爲乾隆十四年所刻曲臺叢稿，内竹素園詩草三卷、日下集一卷。後有沈德潛所刻七子詩選中耕養齋集二卷。其詩文合刻之集，則有西莊始存稿三十九卷，乾隆三十年刻本，内有詩十四卷。另有西莊始存稿三十卷附長短句一卷，乾隆三十一年重修本，與前本卷數不同，每卷所收詩文次序亦不同也。又案：王氏所著書，尚有洪範後案一卷（有西莊居士始存稿本）、周禮軍賦説四卷（有皇清經解本等），主編有江左十子詩鈔一〇卷、寶山十家詩一〇卷、江浙十二家詩選二四卷等。又王氏於己所著書，頗爲自豪。王豫群雅集卷五王鳴盛小傳注：「嘗問豫曰：『余於古人誰比？』豫曰：『遠希伯厚，近匹鳳州。』光禄曰：『余經有尚書後案，史有十七史商榷，子有蛾述篇，集有詩文，以匹鳳州四部，其庶幾焉！』」

[一〇]錢銘：「年六十八，兩目忽瞽，閱兩歲，得吴興醫鍼之而愈。」蛾術編卷七九「自壽詩自賀詩」條：「己酉六十八，兩目皆失明，惟右目僅辨三光。」至辛亥三月，延醫針治，目疾始痊。

[一一]錢銘：「頃歲，忽更號西沚，予愕焉，諷使易之，不肯。私謂兒輩曰：『沚者，止也。汝舅其不久乎！』」

[一二]祥案：錢銘：「兹以嘉慶二年十二月捐館。」王傳：「嘉慶二年十二月，没於蘇州。」考王氏生於康熙六十一年，至嘉慶二年，當爲七十六歲明矣。故黄譜於嘉慶二年條曰：「漢學師承記、李元度國朝先正事略，及道光蘇州府志，並云卒於嘉慶二年，春秋七十有八，皆誤。」黄氏説是，今據改。

藩十六歲時，著爾雅正字[一]，光禄在艮庭先生家見此書，囑艮庭先生招藩往謁，獎賞不去口。嘗謂藩曰：「予門下士，以金子璞園爲第一[二]。予近日得見好學深思之士，惟子及李子賡蕓[三]、費子士璣三人而已[四]。」璞園名曰追，嘉定諸生，閉門校書，不求聞達，十三經皆有校本，而儀禮尤精，著有儀禮正譌十七卷行於世[五]。士璣，吴江人。嘉慶戊午科舉人，治漢易。李賡芸，號許齋[六]，嘉定人，深於小學，乾隆庚戌成進士，今官浙江嘉興府知府[七]。

[一]祥案：江藩炳燭室雜文爾雅小箋序目：「乾隆四十三年，年十八矣，不揣譾陋，爲爾雅正字一書，承艮庭先師之學，以説文爲指歸，説文所無之字，或考定正文，或旁通叚借，不敢妄改字畫。張美和『手可斷筆不可亂』之言，豈欺我哉！王西沚光禄見之，深爲歎賞。謂予曰：『聞邵晉涵大史作疏有年矣，子俟其書出，再加訂正，未晚也。』」江氏從江聲學，在其師余蕭客逝後，余氏逝於乾隆四十二年或四十三年，江藩爲十七、十八歲之間，故當以「十八歲」爲確。閔爾昌江子屏先生年譜乾隆四十三年條亦曰：「漢學師承記誤作『十六歲』，蓋『十八』之誤。」又案：晚年，江氏重訂其稿，易名爲爾雅小箋，釐爲三卷，或正邵疏之誤，未及者補之，師友之説，則擇善而從。今有鄦齋叢書本。

[二]金曰追（一七三七—一七八〇），字對揚，號璞園。清嘉定人。諸生。師從王鳴盛，推及門第一。著有禮記注疏正譌六三卷、儀禮經注疏正譌一七卷等。清史列傳卷六八、清史稿卷四八一王鳴盛傳皆有附傳、光緒嘉定縣志卷一九有傳。

[三]李賡芸（一七五三—一八一七），字生甫，又字許齋，亦作鄦齋，號書田、生軒等，清嘉定人。少受學於錢大昕。乾隆五十五年（一七九〇）進士。官至福建布政使。清正廉潔，所在皆有惠政。後遭誣陷，自經死。著有炳燭編四卷、漢書藝文志考誤二卷、稻香吟館詩稿六卷文稿一卷等。事見秦瀛小峴山人文集補遺墓誌銘，阮元揅經室二集卷四、清史列傳卷七五、清史稿卷四七八有傳。

[四]費士璣，字玉衡，號在軒，震澤人。嘉慶五年舉人。大挑貴州知縣，權都匀通判，歸卒於家。少穎悟，受業於王鳴盛、錢大昕。王氏尤賞之，曰「吾門下以璞園爲第一，在軒次之」。惜著述多未就。清儒學案小傳卷八有傳。

[五]儀禮經注疏正譌一七卷，正儀禮注疏之誤，王鳴盛爲改訂十餘事，由其門人張式慎刻版行世。阮元奉命校勘儀禮石經，多採其説。有乾隆五十三年刊本、皇清經解續編本等。

［六］阮元揅經室二集卷四福建布政使良吏李君傳：「慕許叔重之學，故又字許齋。」

［七］阮傳：嘉慶八年「閏六月，陞授嘉興府知府。十四年，丁繼母憂歸。」

錢大昕

錢塘　錢坫

錢大昕，字曉徵，一字辛楣［一］，又號竹汀。先世自常熟徙居嘉定，遂爲嘉定人［二］。生而穎悟，讀書十行俱下［三］。年十五，爲諸生［四］，有神童之目。時紫陽書院院長王侍御峻［五］，詢嘉定人材於王光禄西沚，以先生對。先生，西沚之妹婿也［六］。侍御告之巡撫雅蔚文［七］，檄召至院中，試以周禮、文獻通考兩論［八］，下筆千言，悉中典要，侍御歎爲奇才。乾隆十六年，高宗純皇帝南巡，獻賦行在，召試舉人，以内閣中書補用。在京師，與同年長洲褚寅亮、全椒吴（烺）〔朗〕講明九章算學［九］，及歐羅巴測量弧三角諸法［一〇］。時禮部尚書大興何翰如久領欽天監事［一一］，精於推步，時來内閣與先生論李氏［一二］、薛氏［一三］、梅氏及西人利瑪竇［一四］、湯若望［一五］、南懷仁諸家之術［一六］，翰如遜謝，以爲不及也。

［一］古人名字解詁：「禮記文王世子：『天子視學，大昕鼓徵，所以警衆也。』鄭玄注：『早昧爽擊鼓以召衆也。』故以『曉徵』應『大昕』，以概括經義。」又錢大昕竹汀居士年譜錢慶曾注：「字曉徵，一字及之，號辛楣，又號竹汀居士。」

［二］潛研堂文集卷五〇先考小山府君行述：「先世諱鎡公，自常熟雙鳳里徙居嘉定之盛涇，生北郊公諱浦，北郊公生

順郊公諱炳，移居望仙橋。」

［三］南史卷八簡文帝紀稱，帝幼而聰睿，六歲便能屬文。「讀書十行俱下，辭藻艷發，博綜羣言，善談玄理。」

［四］竹汀居士年譜乾隆七年：年十五歲。「其夏復應童子試，受知於學使内閣學士劉公諱藻。」王昶春融堂文集卷五五墓誌銘：「歲十五，補博士弟子，有神童之目。」

［五］王峻初任紫陽書院院長時間不詳，任至乾隆十五年止。

［六］潛研堂文集卷四八西沚先生墓誌銘：「予與西沚總角交，予妻又其女弟，幼同學，長同官，及歸田，衡宇相望，奇文疑義，質難無虚日。」

［七］周注：「雅蔚，清史列傳無傳，待考。」祥案：周注斷句有誤。此句當作「侍御告之巡撫雅蔚文，檄召至院中」。覺羅雅爾哈善，字蔚文，號㮨軒，滿洲正紅旗人。雍正三年（一七二五）翻譯舉人。歷官至兵部尚書，終參贊善大臣，靖逆將軍。後以坐疏縱論斬。清史稿卷三一四有傳。錢氏在紫陽書院時，正雅爾哈善任江蘇巡撫時也。又竹汀居士年譜乾隆十四年條：「巡撫覺羅㮨軒公雅爾哈善聞予名，檄本縣具文送紫陽書院肄業。時侍御王艮齋先生爲院長，閱居士課義、詩賦、論策，歎賞不置。曰：『此天下才也。』自是課試常居第一。」

［八］文獻通考三四八卷，元馬端臨撰。是書載歷代典章制度，起自上古，終南宋寧宗嘉定末。計田賦考、錢幣考、户口考等二十四考。凡引古經史謂之文；參以唐以來諸臣之奏疏，諸儒之議論謂之獻：故名文獻通考。又詳宋代典章制度，多爲宋史各志所未備。今有一九八六年北京中華書局影印原萬有文庫之十通本等。

［九］吴朗，全椒人。近藤注：「『朗』爲『烺』之誤，當據改。王昶墓誌銘稱『吴荀叔』，錢氏自訂年譜乾隆十八年條作『吴杉亭』。據揚州畫舫録卷一〇，吴烺，字杉亭，又字荀叔。父敏山徵君，工詩，久居揚州。又疇人傳卷四二，吴烺精通算學，著周髀算經圖注。」案近藤説是，今據改。又竹汀居士年譜乾隆十八年：「在中書任暇，與吴杉亭、褚鶴侶兩同年講習算術。得宣城梅氏書讀之，寢食幾廢。因讀歷代史志，從容布算，得古今推步之理。」

［一〇］歐羅巴，即歐羅巴洲，爲Europe之譯音，今省稱歐洲。測量（measurement），指西學中利用儀器測定地形、天文、物體之形狀與位置等之通稱。弧三角，即球面幾何學中之球面三角（spherical trigonometry），研究球面三角形之學問（球面上三個相交於三點之三段大圓之弧所圍成球面之一部分）。

［一一］何國宗（？—一七六六），字翰如，清大興人。康熙時欽賜進士。命直内廷學演算法，編輯律曆淵源。乾隆間，充算學館、律呂館總裁。官至禮部尚書。疇人傳卷四一有傳。欽天監，掌天文、曆算之官。清自順治元年起設欽天監，隸禮部，有監正滿、漢各一人，「掌治術數，典曆象日月星辰，宿離不貸。歲終奏新曆，送禮部頒行」。下設天文、時憲、漏刻、回回四科，後廢回回科。參清史稿卷一一五職官二欽天監。

［一二］李之藻（一五六四—一六三〇），字振之，號凉菴，又號我存，明仁和人。萬曆二十六年（一五九八）進士。累官太僕寺少卿。與徐光啓篤信西人利瑪竇之學，精於曆算。有頖宫禮樂疏一〇卷、渾蓋通憲圖説二卷、同文算指前編二卷通編八卷等。事見明史卷三一曆志一，疇人傳卷三二有傳。

［一三］薛鳳祚（一六二八—一六八〇），字儀甫，清山東淄川人。師事鹿善繼、孫奇逢，治宋學，著聖學心傳。尋從魏文魁習天文。作天學會通一卷，又譯西人穆尼閣天步真原等書。清史列傳卷六八、清史稿卷五〇六、疇人傳卷三六有傳。

［一四］梅氏，指梅文鼎，見本書第一一二頁注［一〇］。利瑪竇（Matteo Ricci　一五五二—一六一〇），意大利人。天主教耶穌會傳教士。明萬曆中來華。初在廣東傳教，萬曆二十八年（一六〇〇）至北京。著有幾何原本六卷（與徐光啓同譯）等。疇人傳卷四四有傳。

［一五］湯若望（Johann AdamSchallvonBell，一五九一—一六六六），字道末，德國人。天主教耶穌會傳教士。明萬曆時來華。崇禎時，在北京修訂曆法，編崇禎曆書，並傳授西法。入清，編西洋新法曆書三六卷，亦稱時憲曆。順治二年，任欽天監監正。康熙時，以楊光先斥若望新法十謬，下獄，後獲釋。另著有新法表異一卷、湯若望回憶録等。疇人傳卷四五、清史稿卷二七二有傳。

［一六］南懷仁（Ferdinand Verbiest，一六二三—一六八八），字勳卿，一字伯敦，比利時人。天主教耶穌會傳教士。順治十六年（一六五九）來華，赴西安傳教。康熙時，爲欽天監正，受命改制觀象臺儀器，造火炮。卒謚勤愨。著有坤輿全圖、不得已辨等。疇人傳卷四五、清史稿卷二七二有傳。

先是，在吴門時，與元和惠定宇、吴江沈冠雲兩徵君游［一］，乃精研古經義聲音訓詁之學，旁及壬遁太乙星命［二］，靡不博綜而深究焉。乾隆十九年莊培因榜成進士［三］。散館，授編修［四］。二十三年［五］，大考翰詹，以二等一名擢右贊善，尋遷侍讀［六］。二十八年［七］，又以大考一等三名，擢侍講學士，充日講起居注官。三十七年［八］，改補侍讀學士。其年冬［九］，擢詹事府少詹事。純皇帝深知爲績學之士，官侍讀學士時，即命入直上書房［一〇］，授皇十二子書。又奉敕修熱河志［一一］、續文獻通考［一二］、續通志［一三］、一統志［一四］、天毬圖［一五］，皆預纂修之列。己卯［一六］、壬午［一七］、乙酉［一八］、甲午［一九］，充山東、湖南、浙江、河南主考官。庚辰［二〇］、丙戌［二一］，充會試同考官。主考河南之年，授廣東學政。明年夏，以丁外艱歸［二二］。

［一］年譜乾隆十四年：入紫陽書院。「吴中老宿李客山、趙飲谷、惠松厓、沈冠雲、許子遜、顧禄百亦引爲忘年交。」王昶墓誌銘：「君在書院時，吴江沈冠雲、元和惠定宇兩君，方以經術稱吴中。惠君三世傳經，其學必求之十三經注疏暨方言、釋名、釋文諸書，而一衷於許氏説文，以洗宋、元來庸熟鄙陋。君推而廣之，錯綜貫串，更多前賢未到之處。」

[二]壬遁，六壬與遁甲，皆古代以陰陽五行占卜吉凶之方式。六壬、遁甲與太乙合稱「三式」。六十甲子中壬有六個（壬申、壬午、壬辰、壬寅、壬子、壬戌），謂之六壬。其占法分六十四課，用刻有干支之天盤、地盤相疊，轉動天盤後得出所之干支及時辰之部位，以判斷吉凶。遁甲起於乾鑿度太乙行九宫法，附會者以爲出自黄帝、風后及九天玄女。其法以十干之乙、丙、丁爲三奇，以戊、己、庚、辛、壬、癸爲六儀。三奇、六儀分置九宫，而以甲統之，視其加臨吉凶，以爲趨避，故稱遁甲。

[三]年譜乾隆十九年：「三月會試，中式第十九名。……揭曉之次日，午門謝恩。文敏公（指錢陳群）謂諸公曰：『此科元魁十八人，俱以八股取中，錢生乃古學第一人也。』殿試第二甲四十名。保和殿御試，欽取一名，圓明園引見，特改翰林院庶吉士。」

[四]年譜乾隆二十二年：「五月，散館。御試正大光明殿。試題石韞玉賦、夏雲多奇峰詩。欽取一等一名，授翰林院編修。」

[五]年譜：「三月，御試翰詹諸臣於正大光明殿。試題瑾瑜匿瑕賦、野含時雨潤詩。欽取二等一名，擢右春坊右贊善。」

[六]年譜乾隆二十五年：「其秋，遷翰林院侍讀；冬，奉旨署日講起居注官。」又錢大昕講筵日記：乾隆二十五年十二月十九日，翰林院奏請署理日講起居注官二缺。得旨：「錢大昕、宋弼著以原銜署日講起居注官。」

[七]年譜：「五月，御試翰詹諸臣於正大光明殿，題江漢朝宗賦、結網求魚詩。欽取一等三名，擢侍講學士，尋充日講起居注官。」講筵日記：六月十二日，翰林院奏請補充日講起居注官二缺。得旨：「以侍讀學士汪廷璵、侍講學士錢大昕充。」

[八]年譜乾隆三十七年：「是春，補翰林院侍讀學士。」

[九]年譜乾隆三十八年：「十一月，擢詹事府少詹事。」江氏隸三十七年冬，乃襲王昶墓誌銘之説，誤。

[一〇]年譜乾隆三十八年：「正月，奉旨入直上書房，授皇十二子書。」錢大昕講筵後記：「初八日戊戌，引見養心殿。得旨在上書房行走，派皇十二子師傅。」又潛研堂文集卷三三復倪敬堂書：「竊念皇十二子天資淳粹，至性過人，不孝陪講兩年，曾未效勺涓之益。」案愛新覺羅永璂（？—一七七六），高宗第十二子。嘉慶四年（一七九九），追封貝勒。事見清史列傳卷八、清史稿卷二二一諸王七高宗諸子。

[一一]熱河志八〇卷，和珅、梁國治等奉敕撰。全書分天章、巡典、徠遠、行宮、圍場、疆域、建置沿革、晷度、山、水、學校、藩衛、寺廟、文秩、兵防、職官題名、宦蹟、人物、食貨、物産、古迹、故事、外紀、藝文等二十四門。有乾隆四十六年刻本、四庫全書本、遼海叢書本等。

[一二]續文獻通考二五〇卷目録二卷，乾隆十二年奉敕撰。馬端臨文獻通考，斷自宋寧宗嘉定以前，明代王圻爲續文獻通考二百五十四卷，以續馬氏之書，下限至明萬曆初年。然體例糅雜，訛誤叢生。至是，凡採宋、遼、金、元、明五朝事蹟議論，大抵事蹟先徵諸正史，而參以説部雜編，或博取文集，而佐以史評語録，總爲是書。馬端臨分二十四門，此書共分二十六門，於「郊祀考」分出「群祀考」，又於「宗廟考」中分出「群廟考」也。有武英殿刊本、浙江書局本、萬有文庫之十通本等。

[一三]續通志六四〇卷，乾隆三十二年奉敕撰。紀傳譜略，一仍鄭樵通志之舊。惟列傳不襲鄭氏割裂附會之習，折衷沿革，定爲二例：一爲異名者歸諸一，一爲未備者增修。二十略中，藝文略、圖譜略、草木昆蟲略三類稍變鄭氏之略，較其加詳。有四庫全書本、萬有文庫之十通本等。

[一四]一統志，參本書第六六頁注[五]。

[一五]天毬圖，周注：「未見。據阮元疇人傳卷四十六蔣友仁傳云：『蔣友仁，乾隆二三十年間入中國，進增補坤輿全圖及新制渾天儀。奉旨翻譯圖説，命内閣學士兼禮部侍郎何國宗，右春坊右贊善兼翰林院檢討錢大昕爲之詳加潤色。』按所謂敕修天毬圖，蓋即指此。」

［一六］年譜：「七月，奉命充山東鄉試正考官，户部郎中葉公宏爲副。」

［一七］年譜：「五月，奉命充湖南鄉試正考官，修撰王杰爲副。」

［一八］年譜：「六月，奉命充浙江鄉試副考官，正考官則祭酒曹公秀先也。」祥案：錢氏充浙江鄉試副考官事，又見高宗實録卷七三八六月己未（十五日）條。然則曰乙酉爲浙江鄉試主考官者誤也。江氏襲王昶墓誌銘，沿王氏之誤而未能正之。

［一九］甲午爲乾隆三十九年，西元一七七四年。年譜：「七月，奉命充河南鄉試正考官，侍讀白公麟爲副。……撤棘後，束裝將北行，復奉提督廣東學政之命。諭以即赴新任，不必來京請訓。隨取道江北、江右入粵，於十一月到任。」

［二〇］年譜：「三月，充會試同考官。分閲書經卷。」

［二一］年譜：「三月，充會試同考官。得進士十人，館選三人，分部一人。」

［二二］祥案：江氏此亦襲王昶墓誌銘之誤。年譜：乾隆四十年，在廣東學政任。「五月，試韶州畢，將抵南雄，途中忽得先大夫之訃，以四月二十四日下世，悲慟欲絶。即委屬齎印信交巡撫德公保代奏，而星夜北歸。六月杪抵家。」又潛研堂文集卷五〇先考小山府君行狀：「府君生於康熙三十六年丁丑三月二日，卒於乾隆四十年乙未四月二十三日，享年七十有九。」

先生淡於名利，慕邴曼容之爲人［一］，嘗謂官至四品［二］，可以歸田，故奉諱家居之後，即引疾不出矣［三］。嘉慶四年，今上親政，垂詢大昕家居狀，朝貴寓書敦勸還朝，婉言謝之。嘉慶九年十月二十日［四］，卒於紫陽書院，年七十有七。

[一]邴丹，字曼容，漢琅邪（今山東膠南）人。從琅邪魯伯學易。養志自修，著清名。爲官不肯過六百石，輒自免去。事見漢書卷七二龔勝傳附、卷八八施讎傳附。年譜乾隆三十四年：「居士素慕邴曼容之爲人，謂官至四品可休，且二親逾七旬，當在里門侍養。」

[二]清史稿卷一一五職官二詹事府：「詹事府詹事（正三品）；少詹事（正四品）。」錢大昕官至少詹事，故云。

[三]年譜乾隆四十二年：「八月服闋，以沈太恭人年屆八旬，不復入都供職。」

[四]王昶墓誌銘：「以嘉慶九年十月二十日卒於書院，年七十有七。君卒之日，尚與諸生相見，口講指畫，談笑不輟。及少疲，倚枕而卧，不逾時，家人趨視，則已與造化者游矣。非其天懷淡定，涵養有素，能如此哉！」又參年譜續編嘉慶九年條。

先生深於經史之學，其論易先天、後天之説曰[一]：「説卦傳[二]，孔子所作，其言曰：『震東方，巽東南，離南方，乾西北，坎正北，艮東北[三]。』惟不見坤、兑二方。兑爲正秋，則必正西方矣；坤介於離、兑之間，亦必位西南矣。伏羲畫卦以來，蓋已有之。伏羲以木德王[四]，而傳稱『帝出乎震』，是震東、巽東南之位，必出於伏羲，不當別有方位也。漢、唐以前，儒家與方士均未有言先天圖者，宋初方士始言之，而儒家尊信其説[五]，欲取以駕乎文王、孔子之上，毋乃好奇而誣聖人乎！天地、水火、雷風、山澤[六]，各自相對，本無方位之可言，後儒援『天地定位』四語，傅會先天之説，尤爲非是[七]。夫天高而尊，地下而卑，古今不易之位也。地勢北高而南下，君位北而南面，臣位南而北面，信如「乾南坤北」之說，上下傎倒甚矣，安得云定位乎[八]！」

[一]此段引文見潛研堂文集卷四答問一「問八卦方位何以有先天後天之殊」條。易文言：「夫大人者，與天地合其德，與日月合其明，與鬼神合其吉凶。先天而天弗違，後天而奉天時。」先天、後天之說，參本書第一〇〇頁注[六]。

[二]說卦傳，周易「十翼」之一。孔穎達正義謂「說卦者，陳說八卦之德業變化及法象所爲也」。「孔子於此更備說重卦之由及八卦所爲之象，故謂之說卦焉。」史記孔子世家：「孔子晚而喜易，序彖、繫、象、說卦、文言。」故後世多以說卦爲孔子撰。

[三]說卦文，參本書第九九頁注[四]。

[四]漢書卷七四魏相傳：「東方之神太昊，乘震執規司春。」顏注引張晏曰：「木爲仁，仁者生，生者圜，故爲規。」

[五]儒家，指朱熹。朱氏周易本義首列圖說，採陳摶、邵雍之說，以伏羲所畫爲先天圖，文王、孔子所演爲後天圖。

[六]說卦：「天地定位，山澤通氣，雷風相薄，水火不相射。」又說卦以爲八卦之象，乾天、坤地、坎水、離火、震雷、巽風、艮山、兑澤。

[七]周易本義於「天地定位」句下引邵雍說曰：「邵子曰：此伏羲八卦之位：乾南、坤北、離東、坎西、兑居東南、震居東北、巽居西南、艮居西北。於是八卦相交而成六十四卦。所謂先天之學也。」

[八]祥案：邵雍先天之說，以「乾南坤北」，與漢儒之言相反，錢氏主漢學，故以爲邵氏之說上下顛倒。

論虞氏之卦之說曰[一]：之卦，即變卦也[二]。「虞仲翔說易，專取旁通與之卦[三]：旁通者，乾與坤，坎與離，艮與兑，震與巽，交相變也[四]；之卦則以兩爻交易而得一卦。

乾、坤者，諸卦之宗[五]。復、臨、泰、大壯、夬，陽息卦，姤、遯、否、觀、剥，陰息卦[六]。皆自乾、坤來，而諸卦又生於消息卦。三陰三陽之卦，自泰來者九[七]：恒，初四易也；井，初五易也；蠱，初上易也；豐，二四易也；既濟，二五易也；賁，二上易也；歸妹，三四易也；節，三五易也；損，三上易也。自否來者九[八]：益，初四易也；噬嗑，初五易也；隨，初上易也；〔涣〕（漢）[九]，二四易也；未濟，二五易也；困，二上易也；漸，三四易也；旅，三五易也；咸，三上易也。二陰二陽之卦，自臨來者四[一〇]：升，初三易也；解，初四易也；明夷，二三易也；震，二四易也。自遯來者四[一一]：无妄，初三易也；家人，初四易也；訟，二三易也；巽，二四易也。自大壯來者四[一二]：大畜，上四易也；睽，上三易也；需，五四易也；兑，五三易也。自觀來者四[一三]：萃，上四易也；蹇，上三易也；晉，五四易也；艮，五三易也。臨二之五爲屯，觀上之初亦爲屯[一四]；臨初之上爲蒙，觀五之二亦爲蒙[一五]。故不從自臨、觀來之例，於屯曰坎二之初，於蒙曰艮三之二也[一六]。遯二之五爲鼎，大壯上之初亦爲鼎[一七]；遯初之上爲革，大壯五之二亦爲革[一八]。於例不當從遯、大壯來，而仲翔於鼎曰大壯上之初，於革曰遯初之上，失其義矣[一九]。愚謂鼎蓋離二之初，革蓋兑三之二也[二〇]。臨初之五爲坎，觀上之二亦爲坎[二一]；遯初之五爲離，大壯上之二亦爲離[二二]。臨二之上爲頤，觀五之初亦爲頤[二三]。遯二之上爲大過，大壯五之初亦爲大過[二四]。此四卦亦不得從臨、觀、遯、大壯來之例。中孚、小過二卦，則非臨、觀、遯、大壯所能變[二五]。且頤、大過、中孚、小過與坎、離、乾、坤，皆反覆不衰之卦[二六]，故別自爲例，於頤曰晉四之初，於大過曰訟三之上，於中孚曰訟四之初，於小過曰晉三之上[二七]。而仲翔於大過仍取大壯五之初，於頤兼取臨二之上，又於坎云觀上之二，於離云遯初之五，皆自紊其例也[二八]。一陰一陽之卦[二九]，仲翔說易未及之。今依其例，理而董之：則復初之二爲師，初之三爲謙；剥上之五爲比，上之四爲豫；姤初之二爲同人，初之三爲履；夬上之五爲大有，上之四爲小畜。每卦當各生二卦也[三〇]。而仲翔於謙云剥上之三，蔡〔景君〕（君謨）説[三一]。於豫云復初之四，於比云師二之五，此別取兩象易爲義[三二]。其注大畜云萃五之二成臨，於豐云噬嗑上之三，於旅云賁初之四，亦兩象易也。[三三]睽本大壯上之三，而仲翔注繫辭『蓋取諸睽』，又云无妄五之二，亦自紊其例也。[三四]」

[一]此段引文見潛研堂文集卷四答問一「問卦變之説漢儒謂之之卦諸家所説各殊願聞其審」條。

[二]祥案：此句爲江藩加入，錢氏書中本無。之卦，即變卦。易學家以爲，一卦變爲另一卦，稱之。以原卦爲本卦，亦稱正卦，所變之卦稱爲之卦，亦稱變卦，亦即錢氏下文「兩爻交易而得一卦」。左傳莊公二十二年：「陳侯使筮之，遇觀（䷓）之否（䷋）。」即觀卦之六四陰爻變陽爻，即成否卦。

[三]祥案：旁通，漢儒易學術語。乾文言：「六爻發揮，旁通情也。」虞翻等人以一卦與另一卦處同位之爻陰陽相反，則兩卦爲旁通卦，如小畜初九：「復自道，何其咎，吉。」虞翻以爲小畜（䷈）與豫（䷏）爲旁通卦。

［四］乾(☰)與坤(☷)，坎(☵)與離(☲)，艮(☶)與兌(☱)，震(☳)與巽(☴)，爻象陰陽交變，故爲旁通卦。

［五］乾(䷀)六爻皆陽，坤(䷁)六爻皆陰，諸卦皆自陰陽爻變化而成，故二卦得爲諸卦之宗。

［六］息，生長之義。凡陰去陽來謂之息，陽去陰來謂之消。自復(䷗)、臨(䷒)、泰(䷊)、大壯(䷡)至夬(䷪)，陽爻漸長，故稱陽息卦；自姤(䷫)、遯(䷠)、否(䷋)、觀(䷓)至剥(䷖)，陰爻漸長，故稱陰消卦。前五卦與後五卦兩兩相對，爻相陰陽相反，故爲旁通卦。

［七］三陰三陽之卦，自泰(䷊乾下坤上)來者九：泰(䷊)初爻與四爻陰陽互易，即成恒(䷟巽下震上)；同樣，泰初爻與五爻陰陽互易，即成井(䷯巽下坎上)；初爻與上爻陰陽互易，即成蠱(䷑巽下艮上)；二爻與四爻陰陽互易，即成豐(䷶離下震上)；二爻與五爻陰陽互易，即成既濟(䷾離下坎上)；二爻與上爻陰陽互易，即成賁(䷕離下艮上)；三爻與四爻陰陽互易，即成歸妹(䷵兌下震上)；三爻與五爻陰陽互易，即成節(䷻兌下坎上)；三爻與上爻陰陽互易，即成損(䷨兌下艮上)。

［八］自否(䷋坤下乾上)來者九：與上注泰卦變化同理，否卦其中二爻陰陽變化，則演生出益(䷩震下巽上)、噬嗑(䷔震下離上)、隨(䷐震下兌上)、渙(䷺坎下巽上)、未濟(䷿坎下離上)、困(䷮坎下兌上)、漸(䷴艮下巽上)、旅(䷷艮下離上)、咸(䷞艮下兌上)九卦。

［九］近藤注：「『渙』，師承記廣州原刊本、揚州覆刻本誤爲『漠』，他本已改爲『渙』。」祥案：近藤説是，今據改。

［一〇］此指二陽之卦，由臨卦(䷒兌下坤上)中某二爻陰陽互易變化而來者有四卦：升(䷭巽下坤上)、解(䷧坎下震上)、明夷(䷣離下坤上)、震(䷲震下震上)。

［一一］此謂二陰之卦，由遯卦(䷠艮下乾上)中某二爻陰陽互易變化而來者有四卦：无妄(䷘震下乾上)、家人(䷤離下巽上)、訟(䷅坎下乾上)、巽(䷸巽下巽上)。

［一二］此謂二陰之卦，自大壯(䷡乾下震上)中某二爻陰陽互易變化而來者有四卦：大畜(䷙乾下艮上)、睽(䷥兌下離

上）、需（䷄乾下坎上）、兑（䷹兑下兑上）。

[一三]此謂二陽之卦，由觀卦（䷓坤下巽上）中某二爻陰陽互易變化而來者有四卦：萃（䷬坤下兑上）、蹇（䷦艮下坎上）、晉（䷢坤下離上）、艮（䷳艮下艮上）。

[一四]此謂臨（䷒兑下坤上）二爻與五爻陰陽互易，則爲屯（䷂震下坎上）；觀（䷓坤下巽上）上爻與初爻陰陽互易，亦變爲屯卦。

[一五]此謂臨（䷒兑下坤上）初爻與上爻陰陽互易，則爲蒙（䷃坎下艮上）；觀（䷓坤下巽上）五爻與二爻陰陽互易，亦變蒙卦。

[一六]此謂卦變規律不能從臨、觀變化而來之例。坎（䷜坎下坎上）二爻與初爻陰陽互易，則爲屯（䷂震下坎上）；艮（䷳艮下艮上）三爻與二爻陰陽互易則爲蒙卦。

[一七]遯（䷠艮下乾上）二爻與五爻陰陽互易則爲鼎（䷱巽下離上），大壯（䷡乾下震上）上爻與初爻陰陽互易亦爲鼎卦。

[一八]遯（䷠艮下乾上）初爻與上爻陰陽互易則爲革（䷰離下兑上），大壯（䷡乾下震上）五爻與二爻陰陽互易亦爲革卦。

[一九]李鼎祚周易集解卷九革：「元亨，利貞悔亡。」虞翻曰：「遯上之初，與蒙旁通。」又同卷鼎：「元吉亨。」虞翻曰：「大壯上之初，與屯旁通。」

[二〇]此謂鼎（䷱巽下離上）爲離（䷝離下離上）二爻與初爻陰陽互易而成，革（䷰離下兑上）爲兑（䷹兑下兑上）三爻與二爻陰陽互易而成。

[二一]此謂臨（䷒兑下坤上）初爻與五爻陰陽互易則爲坎（䷜坎下坎上），觀（䷓坤下巽上）上爻與二爻陰陽互易亦爲坎卦。

[二二]此謂遯（䷠艮下乾上）初爻與五爻陰陽互易則爲離（䷝離下離上），大壯（䷡乾下震上）上爻與二爻陰陽互易亦變爲離卦。

頤卦。

[二二三]此謂臨(䷒兑下坤上)二爻與上爻陰陽互易則爲頤(䷚震下艮上)，觀(䷓坤下巽上)五爻與初爻陰陽互易亦變爲大過。

[二二四]此謂遯(䷠艮下乾上)二爻與上爻陰陽互易則爲大過(䷛巽下兑上)，大壯(䷡乾下震上)五爻與初爻陰陽互易亦變爲大過。

[二二五]此謂中孚(䷼兑下巽上)爲二陰之卦，遯(䷠艮下乾上)與大壯(䷡乾下震上)雖亦爲二陰之卦，然二卦不具備變化其中二爻則成爲中孚之條件；小過(䷽艮下震上)爲二陽之卦，臨(䷒兑下坤上)與觀(䷓坤下巽上)雖亦爲二陽之卦，然二卦不具備變化其中二爻則成爲小過之條件。

[二二六]反覆，即反卦，指卦象顛倒之卦，如(䷂)與(䷃)。所謂反復不衰之卦，即卦象顛倒之後，仍爲本卦卦象，在八本卦中則有乾(䷀)、坤(䷁)、坎(䷜)、離(䷝)四卦；在六十四卦中，則有頤(䷚)、大過(䷛)、中孚(䷼)、小過(䷽)四卦，顛倒卦象後，仍爲本卦卦象，故曰「反復不衰之卦」。錢氏十駕齋養新録卷一「六十四卦」條：「八卦皆兩兩相對。相對之例，或取交變，乾坤、坎離、震巽、艮兑是也；或取反復，震艮、巽兑是也(今人謂之反對)。乾、坤、坎、離，反復不衰，故反復只有此四卦。八卦重爲六十四卦，……要亦以相對爲義，……頤、大過、中孚、小過，與乾、坤、坎、離，同爲反復不衰之卦。」

[二二七]此謂晉(䷢坤下離上)四爻與初爻陰陽互易則爲頤(䷚震下艮上)，訟(䷅坎下乾上)三爻與上爻陰陽互易則爲大過(䷛巽下兑上)，訟四爻與初爻陰陽互易則爲中孚(䷼兑下震上)，晉三爻與上爻陰陽互易則爲小過(䷽艮下震上)。

[二二八]祥案：虞翻之説，皆見李鼎祚周易集解中所引。

[二二九]一陰一陽之卦，謂六十四卦中只有一爻爲陽爻或一爻爲陰爻之卦，如(䷗)、(䷖)、(䷌)等。

[二三〇]此謂復(䷗震下坤上)初爻與二爻陰陽互易則爲師(䷆坎下坤上)，初爻與三爻陰陽互易則爲謙(䷎艮下坤上)；剥(䷖坤下艮上)上爻與五爻陰陽互易則爲比(䷇坤下坎上)，上爻與四爻陰陽互易則爲豫(䷏坤下震上)；姤(䷫巽下乾上)

初爻與二爻陰陽互易則爲同人(䷌離下乾上)，初爻與三爻陰陽互易則爲履(䷉兑下乾上)；夬(䷪乾下兑上)上爻與五爻陰陽互易則爲大有(䷍乾下離上)，上爻與四爻陰陽互易則爲小畜(䷈乾下巽上)。如此，則每卦當各能變化産生二卦也。

[三一]周注：「錢氏原書作蔡景君，江引蓋誤。蔡君謨，係宋蔡襄之子，在虞翻之後，何能有易説爲虞氏所稱引？蔡景君，漢人，在虞翻前，正史無傳。馬國翰玉函山房輯佚書以爲即漢志之蔡公易傳，亦無確證。」案周説是，今據改。

[三二]兩象易，漢儒釋易卦象方法之一，始自虞翻，以六畫卦上下二體易位爲兩象易。如繫辭傳：「上古穴居而野處，後世聖人易之以宫室，上棟下宇，以待風雨，蓋取諸大壯。」虞注：「无妄，兩象易也。」謂大壯(䷡乾下震上)與无妄(䷘震下乾上)爲兩象易。他如錢氏文中所舉剥(䷖坤下艮上)上爻與三爻陰陽互易則爲謙(䷎艮下坤上)，復(䷗震下坤上)初爻與四爻陰陽互易則爲豫(䷏坤下震上)，師(䷆坎下坤上)二爻與五爻陰陽互易則爲比(䷇坤下坎上)，皆爲兩象易。參十駕齋養新録卷一「六十四卦兩象易圖」條。

[三三]噬嗑(䷔震下離上)上爻與三爻陰陽互易則爲豐(䷶離下震上)，賁(䷕離下艮上)初爻與四爻陰陽互易則爲旅(䷷艮下離上)，亦皆兩象易。

[三四]易繫辭下：「蓋取諸睽。」虞注：「无妄五之二也。」然睽卦虞注又曰：「大壯上之三，在繫蓋取无妄二之五也。」故錢氏責其「自紊其例」。案大壯(䷡乾下震上)上爻與三爻陰陽互易則爲睽(䷥兑下離上)，成兩象易；而无妄(䷘震下乾上)五爻與二爻陰陽互易亦得爲睽卦。

論鄭爻辰之例曰[一]：「鄭氏爻辰之例：初九辰在子[二]，頤初云『舍爾靈龜』，子爲天黿，龜者，黿屬也[三]。同人初云『同人於門』[四]，隨初云『出門交有功』[五]，節初云『不出户庭』[六]。子上直危，危爲蓋屋，故有門户之象[七]。節九二『不出門庭』，二亦據初，故云門也[八]。明夷初云『三日不食』，子爲玄枵，虚中也，故有不食之象[九]。九二辰在寅，泰二云『用馮河』，寅上直天漢。雲漢，天河也[一〇]。九三辰在辰，大壯三云『羸其角』，辰上直角也[一一]。九五辰在申，〔革〕（萃）五云『大人虎變』，申上直參，參爲白虎也[一二]。上九辰在戌，睽上云『見豕負塗』，戌上直奎，奎爲封豕也[一三]。初六辰在未，小過初云『飛鳥以凶』，未爲鶉首也[一四]。六三辰在亥，上直營室，營室爲清廟，萃、涣之彖辭皆云『王假有廟』，謂六三也[一五]。六四辰在丑，大畜四云『童牛之牿』，丑上直牽牛也[一六]。上六辰在巳，小過上云『飛鳥離之』，巳爲鶉尾也。小過六爻，惟初上有飛鳥之象，此其義也。解上云『公用射隼』，巳上直翼，翼爲羽翮，有隼象也[一七]。此皆可以爻辰求之者也。康成初習京氏易[一八]，後從馬季長授費氏易[一九]，費氏有周易分野一書[二〇]，其爻辰之法所從出乎？」

[一]此段引文見潛研堂文集卷四答問一「問鄭康成以爻辰説易」條。爻辰，見本書第一四六頁注[一〇]。

[二]祥案：據惠棟易漢學卷六鄭氏周易爻辰圖，鄭玄爻辰相配之法爲：初九爲子，九二爲寅，九三爲辰，九四爲午，九五爲申，上九爲戌；初六爲未，六二爲酉，六三爲亥，六四爲丑，六五爲卯，上六爲巳。此處「初九辰在子」，及下文「九二辰在寅」、「九三辰在辰」、「九五辰在申」、「上九辰在戌」、「初六辰在未」、「六三辰在亥」、「六四辰在丑」、「上六辰在巳」，皆謂諸爻與十二辰相配之干支也。

[三]頤初九：「舍爾靈龜，觀我朵頤。」周注：「國語三周語下韋昭注：『天黿，星次之名，一曰玄枵。從須女八度至危十五度爲天黿。』史記天官書正義：『……玄枵，於辰爲子。』故此云『子爲天黿』。」

［四］易同人初九：「同人於門，無咎。」

［五］易隨初九：「官有渝，貞吉。出門交有功。」

［六］易節初九：「不出户庭，無咎。」

［七］周注：「危，星宿名，爲二十八宿之一。『危爲蓋屋』，語見史記天官書。史記索隱注云：『危上一星高，旁兩星隋下，似乎蓋屋也。』」

［八］節九二：「不出門庭，凶。」周注：「按爻辰例，九二在寅，本不當以危、蓋屋、門户爲象；錢以爲此卦九二之文係根據初九之文，故仍取象門庭。」

［九］明夷初九：「君子於行，三日不食。」周注：「玄枵，星次之名。史記天官書：『北宫，玄武、虚、危。』正義注云：『虚二星，危三星，爲玄枵，於辰爲子。』晉書天文志亦云：『自須女八度，至危十五度，爲玄枵。於辰爲子。』又爾雅釋天：『玄枵，虚也。』按子爲玄枵，玄枵即虚，虚有虚中不食之象，故錢氏云云。又按自『初九辰在子』至此，釋陽爻初九與十二辰之子及取象天文之關係。」

［一〇］泰九二：「包荒，用馮河。」周注：「天漢、雲漢、天河，同實而異名，即俗所謂銀河，亦曰天杭，亦曰銀潢。按此段釋陽爻九二與十二辰之寅及天象銀河之關係。」

［一一］大壯九三：「羝羊觸藩，羸其角。」周注：「辰上直角之角，星宿名，爲二十八宿之一。按此段釋陽爻九三與十二辰之辰及角宿之關係。」

［一二］革九五：「大人虎變，未占有孚。」周注：「按此云『大人虎變』，當指革卦。參，星宿名，爲二十八宿之一。『參爲白虎』，語見史記天官書。正義注云：『觜三星，參三星，外四星爲實沉。於辰在申，魏之分野，爲白虎形也。』按此段釋陽爻九五與十二辰之申及參宿之關係。」祥案：周説是。革九五：「大人虎變，未占有孚。」錢氏誤，江氏沿而未改，今據改。

[一三]睽上九：「睽孤，見豕負塗。」周注：「奎，星宿名，爲二十八宿之一。『奎曰封豕』，語見史記天官書。正義注云：『奎……十六星。……於辰在戌，魯之分野。奎，天之府庫，一曰天豕，亦曰封豕。』按此段釋陽爻上九與十二辰之戌及奎宿之關係。」

[一四]小過初六：「飛鳥以凶。」周注：「鶉首，星次之名。晉書天文志『自東井十六度，至柳八度，爲鶉首。於辰在未。』按此段釋陰爻初六與十二辰之未及鶉首星次之關係。」

[一五]祥案：「『王假有廟』爲萃、涣兩卦之卦辭、彖辭文。周注：『營室，星宿名，爲二十八宿之一。『營室爲清廟』，語見史記天官書。索隱注云：『元命包云：營室十星。……又爾雅云：營室謂之定。郭璞云：定，正也。天下作宫室，皆以營室中爲正也。』……錢氏以爲，萃、涣兩卦之『王假有廟』，語係專指六三陰爻，故云。按此段釋陰爻六三與十二辰之亥及營室宿之關係。」

[一六]大畜六四：「童牛之牿，元吉。」周注：「牽牛，星名，在天河側。按史記天官書『牽牛爲犧牲』。按此段釋陰爻六四與十二辰之丑及牽牛星之關係。」

[一七]小過上六：「飛鳥離之，凶。」又解上六：「公用射隼，於高墉之上，獲之，無不利。」周注：「鶉尾，星次之名。晉書天文志『自張十七度，至軫十一度，爲鶉尾。於辰在巳。』按小過初六云『飛鳥以凶』，上六云『飛鳥離之』，象辭云『有飛鳥之象焉』，故錢氏云云。……翼，星宿名，爲二十八宿之一。『翼爲羽翮』，語見史記天官書。正義注云：『翼二十二星，軫四星，長洲一星，轄二星，合軫七星，皆爲鶉尾。於辰在巳。』按此段釋陰爻上六與十二辰之巳及與翼星或鶉尾星次之關係。」

[一八]京氏易，見本書第一四六頁注[八]。

[一九]費氏易，見本書第一四七頁注[一二]。後漢書卷三五鄭玄傳：「始通京氏易、公羊春秋、三統曆、九章筭術。又從東郡張恭祖受周官、禮記、左氏春秋、韓詩、古文尚書。以山東無足問者，乃西入關，因涿郡盧植，事扶風馬融。」

［二〇］周易分野，費直著，今佚。其書以易卦配地域。晉書天文志引其十二次起迄度數，稱費直周易分野。清馬國翰輯爲一卷，見其玉函山房輯佚書中。

論孔壁書增多二十四篇，康成既親見之，何以不爲之注？曰［一］：「漢儒無無師之學。古文尚書初得之屋壁，未有能通之者，孔安國始以今文讀之［二］，而成孔氏之學。然安國非能自造也，亦由先通伏生書，古今文本不相遠，以此證彼，易於闓闡，惟文義不能相通者，乃別爲之説，以名其學。若增多之書，既無今文可相參考，雖亦寫定，而不爲訓詁，故馬季長云『逸十六篇，絶無師説』也［三］。自安國以及衛、賈、馬諸君，皆未有説此逸篇者［四］，康成又何能以無徵不信之説，著於竹帛乎？即如禮古經五十六篇［五］，鄭亦親見之，其注儀禮，多以古文參定［六］，而不注增多之三十九篇，亦以無師説故也。左氏得劉子駿挧通大義［七］，故流傳至今。而逸書、逸禮無師説，故皆亡於永嘉［八］。自東晉古文出，乃有安國承詔爲五十八篇作傳之語［九］。夫使安國果爲逸篇作傳，則都尉朝、庸生輩必兼受之［一〇］，何以馬、鄭以前傳古文者，皆止二十九篇已哉？朱文公疑康成不解逸禮三十九篇［一一］，予向亦未喻其故，今因論古文逸篇而並悟及之［一二］。」

［一］此段引文見潛研堂文集卷五答問二「問孔壁書增多二十四篇康成既親見之何以不爲之注」條。

［二］漢書卷八八儒林傳：「孔氏有古文尚書，孔安國以今文字讀之，因以起其家逸書，得十餘篇，蓋尚書兹多於是矣。」

［三］此尚書堯典正義引馬融尚書傳序文。馬氏尚書傳已佚，馬國翰玉函山房輯佚書有輯本可參。

［四］隋志：「初漢武帝時，魯恭王壞孔子舊宅，得其末孫惠所藏之書，字皆古文。孔安國以今文校之，得二十五篇。其泰誓與河内女子所獻不同。又濟南伏生所誦，有五篇相合。安國並依古文，開其篇第，以隸古字寫之，合成五十八篇。其餘篇簡錯亂，不可復讀，並送之官府。安國又爲五十八篇作傳，會巫蠱事起，不得奏上，私傳其業於都尉朝，朝授膠東庸生，謂之尚書古文之學，而未得立。後漢扶風杜林，傳古文尚書，同郡賈逵爲之作訓，馬融作傳，鄭玄亦爲之注。然其所傳，唯二十九篇，又雜以今文，非孔舊本。自餘絶無師説。」

［五］漢書卷三六劉歆傳：「及魯恭王壞孔子宅，欲以爲宫，而得古文於壞壁之中，逸禮有三十九、書十六篇。天漢之後，孔安國獻之，遭巫蠱倉卒之難，未及施行。」又漢志：「禮古經者，出於魯淹中及孔氏，與十七篇文相似，多三十九篇。」又隋志論儀禮漢代傳授源流曰：「漢初，有高堂生傳十七篇，又有古經，出於淹中，而河間獻王好古愛學，收集餘燼，得而獻之，合五十六篇，並威儀之事。……自高堂生至宣帝時，后蒼最明其業，乃爲曲臺記。蒼授梁人戴德，及德從兄子聖、沛人慶普，於是有大戴、小戴、慶氏三家並立。後漢唯曹元傳慶氏，以授其子褒。然三家雖存並微，相傳不絶。漢末，鄭玄傳小戴之學，後以古經校之，取其於義長者作注，爲鄭氏學。其喪服一篇，子夏先傳之，諸儒多爲注解，今又别行。……唯鄭注立於國學，其餘並多散亡，又無師説。」

［六］周注：「賈公彦儀禮疏士冠禮『布席於門中』下云：『鄭注禮之時……或從今，或從古，皆逐義彊者從之，若二字俱合義者，則互换見之。』如士冠禮『布席於門中，闑西閾外，西面』，鄭玄注云：『古文闑作槷，閾作蹙。』按此即從今文而注文疊出古文之例。又如士冠禮『禮於阼』，鄭玄注云：『今文禮作醴。』按此即從古文而注文疊出今文之例。錢氏謂鄭注禮經，多以古文參定，即此意也。」

［七］漢書卷三六劉歆傳：「及歆校秘書，見古文春秋左氏傳，歆大好之。時丞相史尹咸以能治左氏，與歆共校經傳。歆略從咸及丞相翟方進受，質問大義。初，左氏傳多古字古言，學者傳訓故而已。及歆治左氏，引傳文以解經，轉相發明，由是章句義理備焉。」又杜預春秋經傳集解序：「然劉子駿創通大義。」

［八］永嘉（三〇七—三一三），爲晉懷帝司馬熾之年號。亡於永嘉者，謂西晉「永嘉之亂」，兵災頻仍，書籍遭燬之事。隋志：「惠、懷之亂，京華蕩覆，渠閣文籍，靡有孑遺。」

［九］僞書序：孔安國「承詔爲五十九篇作傳。」周注：「今文尚書二十八篇；出盤庚二篇，分舜典、益稷、康王之誥三篇，凡三十三篇；加僞增之古文尚書二十五篇，凡五十八；加書序一篇，故云五十九篇。錢去書序不計，故云五十八篇。」

［一〇］祥案：漢書儒林傳述尚書孔安國授都尉朝，都尉朝授庸生。都尉朝，顔師古注引服虔説，以爲「朝，名；都尉，姓。」然王先謙漢書補注引周壽昌説，疑都尉爲官名，亡其姓。膠東庸生，後漢書儒林傳作「庸譚」，王先謙以爲「是譚爲庸生名也」。

［一一］朱熹朱子語類卷八五儀禮總論：「魯共王壞孔子宅，得古文儀禮五十六篇，其中十七篇與高堂生所傳十七篇同。鄭康成注此十七篇，多舉古文作某，則是他當時亦見此壁中之書，不知如何只解此十七篇，而三十九篇不解，竟無傳焉。」

［一二］周注：「按錢氏爲漢學家，故尚信逸書、逸禮，而爲之出脱；若清末之今文學家，則直以古文書、禮與東晉孔傳同爲僞品。」

論詩毛傳多轉音曰［一］：「古人音隨義轉，故字或數音［二］。小旻『謀夫孔多，是用不集』，與『猶』、『咎』爲韻[三]，韓詩『集』作『就』[四]，於音爲協。毛公雖不破字，而訓『集』爲『就』[五]，即是讀如『就』音。書顧命『克達殷，集大命』，漢石經『集』作『就』[六]。吴越春秋『子不聞河上之歌乎？同病相憐，同憂相救。驚翔之鳥，相隨而集。瀨下之水，回復俱留』[七]。是『集』有『就』音也。瞻卬『藐藐昊天，無不克鞏』，傳訓『鞏』爲『固』，即轉從『固』音，與下句『後』爲韻也[八]。載芟『匪且有且』，傳訓『且』爲『此』，即轉從『此』音，與下句『兹』爲韻也[九]。顧亭林泥於一字祇有一音[一〇]，遂謂詩有無韻之句，是不然矣。溱洧之『溱』[一一]，本當作『潧』，説文『潧水出鄭國』[一二]，引詩『潧與洧，方涣涣兮』是也。今毛詩作『溱』者，讀『潧』如『溱』以諧韻耳。『溱』即『潧』之轉音，不可謂詩失韻，亦不可據詩以疑説文也。魯頌『烝徒增增』[一三]，傳云『增增，衆也』，本爾雅釋訓文。而小雅『室家溱溱』，傳亦云『溱溱，衆也』。『增』、『溱』聲相近，轉『增』爲『溱』，亦以諧韻，與『潧洧』作『溱洧』同。」

[一]此段引文見十駕齋養新録卷一「毛傳多轉音」條，又見潛研堂文集卷一五答問十二「問吴才老於三百篇有叶韻之説……」條。

[二]錢氏答問曰：「古人亦有一字而異讀者：文字偏旁相諧，謂之正音；語言清濁相近，謂之轉音。音之正有定，而音之轉無方。正音可以分別部居，轉音則祇就一字相近，假借互用，而不通於它字。」祥案：錢氏此説，今人多不認同，蓋其所謂「轉音」，多爲古韻之陰陽對轉，然錢氏當時，陰陽對轉之理尚未能明，故其持「轉音」之説以彌其縫耳。

[三]詩經小雅小旻：「我龜既厭，不我告猶。謀夫孔多，是用不集。發言盈庭，誰敢執其咎？如匪行邁謀，是用不

得於道。」祥案：猶、就、咎、道，古音幽、覺二部通用，參王力詩經韻讀，下同。

［四］韓詩外傳卷六引此句作「是用不就」。祥案：許維遹韓詩外傳集釋云「就」舊作「集」，明沈辨之野竹齋本、清張晉康校明虞海本、明鍾惺本、毛晉汲古閣本、程榮校本等，皆作「集」，秦更年翻元本作「就」。又引許瀚説云：「治要引『集』作『就』，與王浚儀詩考合。是唐宋皆不誤。今本皆作『集』，後人以毛詩改之也。」

［五］小旻：「是用不集。」毛傳：「集，就也。」

［六］尚書顧命：「昔君文王、武王，宣重光，奠麗陳教，則肄肄不違，用克達殷，集大命。」僞孔傳：「文、武定命陳教，雖勞而不違道，故能通殷爲周，成其大命。」漢石經「集」作「就」。

［七］見吴越春秋卷四。吴越春秋一〇卷，漢趙煜撰，元徐天祜音注。其書詞頗豐蔚，有補於史。今有上海古籍出版社一九九七年周生春吴越春秋彙考本等。祥案：救、就、留，俱幽部字。王力清代古音學第六章錢大昕的古音學：「錢氏企圖用『聲隨義轉』之説解決古韻中的疑難問題。他説詩小雅小旻『謀夫孔多，是用不集』，『集』字和『猶、咎、道』爲韻，是由於『集』訓爲『就』，就讀『就』音；他不知道韓詩正作『就』，用不著聲隨意（祥案：此意當作義）轉。他又説：詩大雅瞻卬『不自我先，不自我後，藐藐昊天，無不克鞏』，他以爲『後』古音『户』，由於『鞏』訓爲『固』，就讀『固』音，他不知道『後』字古不讀『户』音，聲隨義轉之説就落空了。『鞏、後』東侯對轉，孔廣森之説才是正確的。」

［八］詩大雅瞻卬：「藐藐昊天，無不克鞏。無忝皇祖，式救爾後。」毛傳：「鞏，固也。」祥案：鞏、後，東、侯二部通韻。

［九］詩周頌載芟：「匪且有且，匪今斯今，振古如兹。」毛傳：「且，此也。」祥案：錢氏之意，「且」轉讀「此」音，與下句「兹」爲韻。實則此三句無韻，參江有誥、王力二氏同名書詩經韻讀。

［一〇］顧炎武日知録卷二一「五經中多有用韻」條：「三百篇之詩，有韻之文也。乃一章之中，有二三句不用韻者，如『瞻彼洛矣，維水泱泱』之類是矣；一篇之中，有全章不用韻者，如思齊之四章、五章，召旻之四章是矣；又有全篇無韻

者，周頌清廟、維天之命、昊天有成命、時邁、武諸篇是矣。」

[一一]詩鄭風溱洧：「溱與洧，方渙渙兮。」毛傳：「溱、洧，鄭兩水名。渙渙，春水盛也。」

[一二]説文水部：「潧，潧水，出鄭國。从水曾聲。詩曰：『潧與洧，方渙渙兮。』」段注：「説文、水經皆云潧水在鄭，溱水出桂陽。蓋二字古分別如是，後來因鄭風異部合韻，遂形聲俱變之耳。」溱、潧，古音真、文二部通轉。集韻臻韻：「潧，通作溱。」

[一三]語見詩魯頌閟宮「公徒三萬，貝冑朱綅，烝徒增增。」毛傳：「增增，衆也。」又爾雅釋訓：「薨薨、增增，衆也。」又詩小雅無羊「旐維旟矣，室家溱溱。」毛傳：「溱溱，衆也。」

論春秋曰[一]：「孟子言『孔子成春秋而亂臣賊子懼』[二]，愚嘗疑之。將謂當時之亂賊懼乎？則趙盾[三]、崔杼之倫[四]，史臣固已直筆書之[五]，不待春秋也；將謂後代之亂賊懼乎？則春秋以後，亂賊仍不絕於史册，吾未見其能懼也。孟氏之言，毋乃大而誇乎！然孟子固言『春秋者，天子之事也』[六]，述王道以爲後王法，防其未然，非刺其已然也。太史公曰[七]：『撥亂世，反之正，莫近乎春秋。』又曰：『有國家者，不可以不知春秋，前有讒而弗見，後有賊而不知；爲人臣子者，不可以不知春秋，守經事而不知其宜，遭變事而不知其權。』春秋之法行，而亂臣賊子無所容其身，故曰懼也。凡篡弑之事必有其漸，聖人隨事爲之杜其漸。隱之弑也[八]，於翬帥師戒之；子般之弑也[九]，於公子慶父帥師伐於餘邱戒之。此大夫不得專兵柄之義也。尹氏立王子朝[一〇]，在昭公之世[一一]，而書尹氏卒於隱之策；

崔杼弑君，在襄公之世[一二]，而書崔氏奔衛於宣之策，此卿不得世之義也。齊侯使其弟年來聘[一三]，再見於春秋，爲無知之弑君張本也。母弟雖親，不可使踰其分也。趙穿弑君，而以趙盾主惡名，穿之弑由於盾也。胥甲父與穿同罪[一四]，盾於甲父則放之，於穿不惟不放，且使之帥師侵崇，盾尚得辭其罪乎！侵崇小事，不必書而書之，所以正盾之罪，且不使穿得漏網也。鄭公子宋弑君[一五]，而以歸生主惡名，歸生正卿，且嘗帥師敗華元矣，力足以制宋而從宋之逆，較之趙盾，又有甚焉，不得託於本無逆謀也。楚公子比之弑君[一六]，棄疾成之，而比獨主惡名者，奸君位也。而棄疾之惡終不可掩，故以相殺爲文，著其罪同。然比與棄疾皆楚靈之弟，靈逐比而任棄疾，卒死於二人之手。先書比奔晉，又書棄疾帥師圍蔡，明君之昆弟不可以愛憎爲予奪也。衛孫寧出其君[一七]，而以出奔爲文，衎有失國之道也。貶衎，則嫌於獎剽，故先書公孫剽來聘以見義，公孫而干正統，其罪不可掩也。楚商臣、蔡般之弑[一八]，子不子，父亦不父也。許止不嘗藥，非大惡，而特書弑以明孝子之義，非由君有失德。故楚、蔡之君不書葬，而許獨書葬，所以責楚、蔡二君之不能正家也。楚成之事與晉獻略同[一九]，子孝則爲申生，子不孝則爲商臣，而晉亦尋有奚齊與卓之弑，未有家不齊而國治者也。故晉獻之卒，亦不書葬也。書閽弑吳子餘祭[二〇]，戒人君之近刑人也。書盜弑蔡侯申[二一]，戒人君之疏大臣而近小人也。欒盈之入曲沃，趙鞅之入晉陽[二二]，書之以戒大都耦國之漸，人臣不可專其私邑也。楚子虔弑於乾谿[二三]，書其地，著役之久也。君親出師，久而不歸，禍之不旋踵宜矣。楚之强，莫强於虔，伐吴，執慶封，滅賴，滅陳，滅蔡，史不絶書[二四]，而無救於弑者，無德而有功，天所惡也。宋襄公用鄫〔子〕[二五]，楚靈王用蔡世子，皆特書之，惡其不仁也，且以徵二君之强死[二六]，非不幸也。宋公與夷、齊侯光、楚子虔以好戰而弑[二七]，晉侯州蒲以誅戮大臣而弑，經皆先文以見義，所以爲有國家者戒，至深切矣。左氏傳曰[二八]：『凡弑君：稱君，君無道也；稱臣，臣之罪也。』後儒多以斯語爲詬病。愚謂君誠有道，何至於弑；遇弑者，皆無道之君也。其賊之有主名者，書名以著臣之罪；其微者不書，不足書也。無主名者亦闕而不書，史之慎也，非恕臣之罪也。聖人修春秋，述王道以戒後世，俾其君爲有道之君，正心修身，齊家治國[二九]，各得其所，又何亂臣賊子之有！若夫篡弑已成，據事而書之，良史之職耳，非所謂其義則竊取之者也[三〇]。秦、漢以後，亂賊不絶於史，由上之人無以春秋之義見諸行事故爾。故曰[三一]：『惟孟子能知春秋。』」

[一]此段引文見潛研堂文集卷七答問四「孟子言孔子成春秋而亂臣賊子懼……」條。自「孟子言」至「毋乃大而誇乎」爲設問之辭，以下爲答辭。

[二]見孟子滕文公下。

[三]趙盾，春秋時晉國人。因其卒後謚爲宣，故後人亦稱趙宣子、宣孟。晉襄公時，任中軍元帥，執國政。襄公卒，盾令使迎公子雍於秦，立爲靈公。靈公即位，荒淫暴虐，盾屢諫不聽，反欲殺盾，盾懼禍出逃，未出國境而其族弟趙穿弑

靈公。盾遂歸，繼立襄公弟黑臀爲君，即晉成公，盾繼柄國政。事見左傳文公六年、宣公二年，史記卷三九晉世家。

［四］崔杼（？—前五四六），春秋時齊國人。大夫。齊靈公時，廢太子光，立牙爲太子。靈公病將不起，杼遂立太子光，是爲莊公。後莊公私通其妻，杼弒之，立莊公弟杵臼，即景公。杼爲右相，慶封爲左相。後崔氏諸子内亂，慶封盡滅其族，崔杼自殺。謚曰武子。事見左傳襄公二十五年、史記卷三二齊世家。

［五］左傳宣公二年：「趙穿攻靈公於桃園，宣子未出山而復。大史書曰：『趙盾弒其君。』以示於朝。宣子曰：『不然。』對曰：『子爲正卿，亡不越竟，反不討賊，非子而誰？』宣子曰：『嗚呼！我之懷矣，自詒伊慼。其我之謂矣。』孔子曰：『董狐，古之良史也，書法不隱；趙宣子，古之良大夫也，爲法受惡。惜也，越竟乃免。』」又左傳襄公二十五年：「齊莊公死，『大史書曰：『崔杼弒其君。』崔子殺之，其弟嗣書，而死者二人；其弟又書，乃舍之；南史聞大史盡死，執簡以往，聞既書矣，乃還。」

［六］見孟子滕文公下。

［七］兩段引文皆見史記卷一二〇太史公自序。周注：「按史記原文，『國』下無『家』字，『人臣』下無『子』字，漢書司馬遷傳引文同，疑錢誤衍。」

［八］魯隱公（？—前七一二），名息姑，一作息。魯惠公長庶子。魯人以惠公嫡子允年少，共立息姑攝行君事，立允爲太子。隱公十一年，公子翬（字羽父）謂百姓便君，請殺允而正式即位，並自求爲卿。公不允，謂及允年長，當還之政。翬乃反譖於允，殺公。凡在位十一年（前七二二—前七一二）。事見左傳隱公元年至十一年、史記卷三三魯世家。又春秋隱公四年：「秋，翬帥師會宋公、陳侯、蔡人、衛人伐鄭。」左傳曰：「秋，諸侯復伐鄭。宋公使來乞師，公辭之。羽父請以師會之，公弗許，固請而行。故書曰：『翬帥師』。疾之也。」

［九］子般（？—前六六二），般亦作斑，魯莊公庶子。莊公死，無嫡子，遂立子般爲君，即位不足兩月，即爲慶父所殺。事見左傳莊公三十二年、史記卷三三魯世家。慶父（？—前六六〇），亦稱仲慶父、共仲、孟氏。桓公子，莊公庶

兄，或曰莊公母弟。莊公立，慶父專權。公卒，子般即位，使人弑子般，立閔公；立二年，慶父欲自爲君，又弑閔公。魯人怒，欲攻殺之，奔莒。後莒人歸之魯，自縊死。事見春秋莊公二年、左傳莊公三十二年、史記卷三三魯世家。又春秋莊公二年：「夏，公子慶父帥師伐於餘丘。」

[一〇]周注：「尹氏，周之世卿，食采於尹。王子朝，周景王之長庶子。魯昭公二十三年，春秋書曰：『天王居於狄泉，尹氏立王子朝。』按史記卷四周本紀云：『景王愛子朝，欲立之，會崩，子丐之黨與争立。國人立長子猛爲王，子朝攻殺猛，猛爲悼王。晉人攻子朝而立丐，是爲敬王。敬王元年，晉人入敬王，子朝自立，敬王不得入，居澤。四年，晉率諸侯入敬王於周，子朝爲臣，諸侯城周。十六年，子朝之徒復作亂，敬王奔於晉。十七年，晉定公遂入敬王於周。』又魯隱公三年，春秋書曰：『夏四月辛卯，尹氏卒。』公羊傳曰：『尹氏者何？天子之大夫也。其稱尹氏何？貶。曷爲貶？譏世卿。世卿，非禮也。』」

[一一]魯昭公（前五六〇—前五一〇），名裯。襄公庶子。襄公薨，裯繼君位。五年，罷中軍，魯公族三桓之仲孫氏、叔孫氏、孟孫氏四分公室，魯國中衰。二十五年，三桓共攻公，乃奔齊，後如晉。晉使居於乾侯，居八年卒。在位三十二年（前五四一—前五一〇）。事見左傳昭公元年至三十二年、史記卷三三魯世家。

[一二]魯襄公（前五七五—前五四二），名午。成公子。襄公九年，與晉共伐鄭。季武子欲專公室之權，乃分三軍於三桓，公室爲其瓜分。在位三十一年（前五七二—前五四二）。事見左傳襄公元年至三十一年、史記卷三三魯世家。春秋襄公二十五年：「夏五月乙亥，齊崔杼弑其君光。」又宣公十年：「齊崔氏出奔衛。」公羊傳曰：「崔氏者何？齊大夫也；其稱崔氏何？貶。曷爲貶？譏世卿。世卿，非禮也。」

[一三]周注：「『齊侯使其弟年來聘』，一見於春秋魯隱公七年，再見於魯桓公三年。『齊無知弑其君諸兒』，見於春秋魯莊公八年。按：年，齊釐公同母弟。無知，年之子，釐公之姪。諸兒，齊襄公之名，釐公之子。釐公三十二年，同母弟年死。其子曰公孫無知，釐公愛之，令其秩服奉養比太子。三十三年，釐公卒，太子諸兒立，是爲襄公。襄公爲太子

時，嘗與無知鬬，及即位，絀無知秩服，無知怨。十二年，齊大夫連稱、管至父等亦以怨因無知爲亂，遂弑襄公。無知自立爲齊君，尋爲雍廩所殺。詳可參考史記卷三十二齊世家及左傳莊公八年傳。釐公因愛母弟而驕待無知，遂啓其簒弑之心，故錢氏譏斥釐公，以爲母弟雖親，不可使踰其分。」

［一四］周注：「胥甲父，胥臣之子，晉大夫。晉靈公六年，當魯文公十二年，秦伐晉，戰於河曲，胥甲父佐下軍。臾駢，上軍之佐，謂秦師將遁，薄諸河，必敗之。胥甲父及趙穿不從命，當軍門呼曰：『死傷未收而棄之，不惠也；不待期而薄人於險，無勇也。』乃止。秦師固夜遁。靈公十三年，當魯宣公元年，晉人討不用命者，因放胥甲父於衛，而不及趙穿。同年冬，又使趙穿帥師侵崇。春秋書曰：『晉放其大夫胥甲父於衛。』又書曰：『冬，趙穿帥師侵崇。』詳可參考左傳魯文公十二年傳及魯宣元年傳。」

［一五］周注：「鄭繆公二十一年，當魯宣公二年，鄭公子歸生與宋華元、樂呂戰於大棘。宋師敗績，因華元，獲樂呂及甲車四百六十乘，俘二百五十人，馘百人。鄭繆公卒，子夷立，是爲靈公。靈公元年，當魯宣公三年，楚獻黿。鄭公子宋及子家將朝，宋之食指動，謂子家曰：『他日指動，必食異物。』及入，見靈公進黿羹，宋笑曰：『果然。』靈公問故，故召之，而弗予羹。宋怒，染指於鼎，嘗之而出。靈公怒，欲殺宋。宋因與子家謀，遂弑靈公。春秋書曰：『夏六月乙酉，鄭公子歸生弑其君夷。』蓋以歸生身爲正卿而不討賊也。詳可參考左傳魯宣二年傳三年傳及史記卷四十二鄭世家。」

［一六］周注：「楚康王子曰郟敖，弟曰公子圍、子比、子晳、棄疾。楚康王卒，郟敖立。郟敖四年，當魯昭公元年，公子圍殺郟敖而自立，是爲靈公。靈公立，其弟子比出奔晉，春秋書曰：『公子比出奔晉。』靈公十年，當魯昭公十一年，召蔡侯，醉而殺之，使弟棄疾帥師定蔡，春秋曰：『楚公子棄疾帥師圍蔡。』靈公十二年，當魯昭公十三年，靈公師次乾谿，公子比自晉歸，與棄疾盟，殺太子禄，自立爲王，以子晳爲令尹，棄疾爲司馬。靈公不得歸，遂饑死。而棄疾詭言靈公未死，將帥師返國。子比、子晳懼，因自殺。棄疾既詐死兩王而自立，是爲平王。春秋書曰：『楚公子比自晉歸於楚，殺其君虔於乾谿。楚公子棄疾殺公子比。』詳可參考左傳昭元年、十一年、十三年傳及史記卷四十楚世家。又帰即昆之

本字。」

［一七］周注：「衛定公卒，子衎立，是爲獻公。獻公五年，當魯襄公元年，使叔公孫剽赴魯致聘，春秋書曰：『衛侯使公孫剽來聘。』獻公十三年，當魯襄公九年，公令師曹教宮妾鼓琴，妾不善，曹笞之。妾恃寵，惡曹於公，公亦笞曹三百。獻公十八年，當魯襄公十四年，公戒孫文子、寧惠子食，皆往，日旰不召，而射鴻於囿，孫、寧從之，公不釋射服而與之言。孫、寧怒，如戚。孫文子子孫蒯侍公飲，公故使師曹歌巧言之卒章，譏其爲亂。師曹怒公之笞，遂歌之。蒯懼，以告孫文子。孫文子、寧惠子遂攻出獻公，獻公出奔齊。春秋書曰：『衛侯出奔齊。』孫、寧因立定公弟公孫剽爲衛君，旋爲齊、晉所殺，是爲殤公。詳可參考左傳襄元年、十四年傳及史記卷三十七衛世家。」

［一八］周注：「商臣，楚穆王名，楚成王頵之子，弑父而自立。初，楚成王以商臣爲太子，令尹子上諫之而不聽。後成王又欲立商臣庶弟職而廢商臣。成王四十六年，當魯文公元年，商臣以宮衛兵圍成王。成王請食熊蹯而死，不聽，遂自殺。商臣代立，是爲穆王。春秋書曰：『冬十月丁未，楚世子商臣弑其君頵。』詳可參考左傳文元年傳及史記卷四十楚世家。又蔡般，蔡靈侯名，蔡景侯固之子，亦弑父而自立。蔡景侯四十九年，當魯襄公三十年，景侯爲太子般娶婦於楚，景侯通焉。般遂弑景侯而自立，是爲靈侯。春秋書曰：『夏四月，蔡世子般弑其君固。』詳可參考左傳襄三十年傳及史記卷三十五管蔡世家。又許止，許悼公買之子。魯昭公十九年夏，許悼公病瘧，五月戊辰，飲太子止之藥而卒。春秋書曰：『夏五月戊辰，許世子止弑其君買。』又同年書曰：『冬，葬許悼公。』公羊傳曰：『冬，葬許悼公。賊未討，何以書葬？不成於弑也。曷爲不成於弑？止進藥而藥殺也。止進藥而藥殺，則曷爲加弑焉爾？譏子道之不盡也。……曰許世子止弑其君買，是君子之聽止也；葬許悼公，是君子之赦止也。赦止者，免止之罪辭也。』按公羊義與錢説微異。詳可參考左傳、公羊傳昭十九年傳。」

［一九］周注：「晉獻公佹諸，初娶齊桓公女，曰齊姜，生太子申生及秦穆公夫人。五年，伐驪戎，得驪姬及驪姬弟，俱愛幸之，生奚齊及卓子，獻公欲廢申生而立奚齊，驪姬佯爲不可而陰譖太子。二十一年，驪姬誣陷申生弑父，申生孝，

不願自白，亦不願出奔，遂自殺。二十六年，獻公病，以奚齊屬其臣荀息。九月，獻公卒，荀息立奚齊。十月，晉卿里克殺奚齊於喪次，時獻公未葬也。荀息又立奚齊弟卓子，而葬獻公。十一月，里克又殺之於朝，荀息死之。春秋經於魯僖公九年書曰：『九月甲子，晉侯佹諸卒。』『冬，晉里克殺其君之子奚齊。』於僖十年書曰：『晉里克弑其君卓及其大夫荀息。』『夏，晉殺其大夫里克。』獨不書晉獻公之葬。詳可參考左傳僖四年、九年、十年傳及史記卷三十九晉世家。」

〔二〇〕周注：「魯襄公二十九年，春秋經書曰：『閽弑吴子餘祭。』左傳曰：『吴人伐楚，獲俘焉，以爲閽，使守舟。吴子餘祭觀舟，閽以刀弑之。』公羊傳曰：『閽者何？門人也，刑人也。刑人則曷爲謂之閽？刑人非其人也。君子不近刑人，近刑人，則輕死之道也。』按餘祭爲壽夢之第二子，季札之兄。」

〔二一〕周注：「魯哀公四年，春秋經曰：『二月庚戌，盗殺蔡侯申。』蔡侯申即蔡昭侯。蔡昭侯二十六年，當魯哀公二年，楚昭王伐蔡。蔡恐，告急於吴。吴爲蔡遠，約遷以自近，易以相救。昭侯私許，不與大夫計。吴人求救蔡，因遷蔡於州來。二十八年，當魯哀公四年，昭侯將朝於吴，大夫恐其復遷，乃令賊利殺昭侯，已而誅賊利以解過。詳可參考左傳哀四年傳及史記卷三十五管蔡世家。」

〔二二〕周注：「欒盈，春秋時晉大夫，欒書之孫。盈母欒祁，爲范宣子女，有淫行。盈患之，祁懼而愬於宣子，誣盈怨范氏，欲以死作難。范宣子畏其好施多士，乃使城於著而遂逐之。盈奔楚，復適齊。尋以齊之助，潛入晉地曲沃以叛。戰敗，復奔曲沃。晉人圍而克之，盡滅其族。春秋於魯襄二十一年書曰：『秋，欒盈出奔楚。』二十三年書曰：『晉欒盈復入於晉，入於曲沃。』又書曰：『晉人殺欒盈。』詳可參考左傳魯襄二十一年至二十三年傳及史記卷三十九晉世家。又趙鞅即趙簡子，春秋時晉大夫。晉定公時，晉已衰亂，中行寅、范吉射攻趙鞅，鞅走保晉陽。韓不佞、魏侈與范氏、中行氏爲仇，乃移兵伐范、中行，而爲趙鞅謝。晉君遂赦趙鞅，復其位。春秋於魯定十三年書曰：『晉趙鞅入於晉陽以叛。』又書曰：『晉荀寅、士吉射入於朝歌以叛。晉趙鞅歸於晉。』詳可參考左傳魯定十三年傳及史記卷三十九晉世家、卷四十三趙世家。

[一一三]周注：「楚子虔即楚靈王圍，在位十二年，被弒。魯昭十三年，春秋書曰：『楚公子比自晉歸於楚，殺其君虔於乾谿。』……伐吴、執慶封、滅賴，均在靈王三年，當魯昭公四年。春秋書曰：『秋七月，楚子、蔡侯、陳侯、許男、頓子、沈子、淮夷伐吴，執齊慶封殺之，遂滅賴。』靈王四年，當魯昭公五年，又會諸侯伐吴。春秋書曰：『冬，楚子、蔡侯、陳侯、許男、頓子、胡子、沈子、徐人、越人伐吴。』靈王五年，當魯昭公六年，又使薳罷帥師伐吴。春秋書曰：『楚薳罷帥師伐吴。』滅陳，在靈公七年，當魯昭公八年。春秋書曰：『冬，十月壬午，楚師滅陳，執陳公子招放之於越，殺陳孔奂。』滅蔡，在靈王十年，當魯昭公十一年。春秋書曰：『夏四月丁巳，楚子虔誘蔡侯般，殺之於申，楚公子棄疾帥師圍蔡。』『冬，十有一月丁酉，楚師滅蔡，執蔡世子有以歸，用之。』詳可參考左傳及史記卷四十楚世家。又慶封，齊大夫，崔杼弒君，慶封其與黨，故楚責其罪而殺之。」

[一一四]左傳襄公二十九年：「魯之於晉也，職貢不乏，玩好時至，公卿大夫，相繼於朝，史不絶書，府無虛月，如是可矣。」

[一一五]周注：「宋襄公名兹父，宋桓公之子。繼齊桓公爲諸侯盟主，與楚争霸，戰於泓，被傷而卒。在位十四年。其用鄫子事在宋襄公十年，當魯僖公十九年。春秋書曰：『夏六月，宋公、曹人、邾人盟於曹南，鄫子會盟於邾。己酉，邾人執鄫子，用之。』左傳曰：『夏，宋公使邾文公用鄫子於次睢之社，欲以屬東夷。司馬子魚曰：古者六畜不相爲用，小事不用大牲，而況敢用人乎？祭祀以爲人也。民，神之主也。用人，其誰饗之？齊桓公存三亡國以屬諸侯，義士猶曰薄德，今一會而虐二國之君，又用諸淫昏之鬼，將以求霸，不亦難乎！得死爲幸。』公羊傳曰：『……其言會盟何？後會也。……惡乎用之？用社也。其用之社奈何？蓋叩其鼻以血社也。』……左傳曰：『冬十一月，楚子滅蔡，用隱大子於岡山，申無宇曰：不祥。五牲不相爲用，況用諸侯乎？王必悔之。』公羊傳曰：『……惡乎用之？用之防也。其用之防奈何？蓋以築防也。』按宋襄公用鄫子以祭社，楚靈王用蔡世子以築防，故云。又按錢氏原書『鄫』下有『子』字，江書偶奪，今據補。」案周説是，今從補之。

［二一六］左傳文公十年：「初，楚范巫矞似謂成王與子玉、子西曰：『三君皆將强死。』」疏：「强，健也。無病而死，謂被殺也。」又昭公七年：「匹夫匹婦强死。」注：「强死，不病也。」

［二一七］周注：「宋公與夷即宋殤公，宋宣公子，在位十年而十一戰。太宰華督豔大司馬孔父嘉之妻，乃使人宣言國中，謂公好戰，民不堪命，皆孔父爲之。遂攻殺孔父而取其妻。公怒，督遂弑公。春秋於隱公四年書曰：『宋公、陳侯、蔡人、衛人伐鄭。』『秋，翬帥師，會宋公、陳侯、蔡人、衛人伐鄭。』五年曰：『宋人伐鄭，圍長葛。』六年曰：『宋人取長葛。』十年曰：『秋，宋人、衛人入鄭。宋人、蔡人、衛人伐戴。』桓公二年曰：『春王正月戊申，宋督弑其君與夷及其大夫孔父。』詳可參左傳及史記卷三十八宋世家。又齊侯光即齊莊公，齊靈公之子，在位六年。棠公妻而寡，崔杼娶之，莊公通焉。數如崔氏，以杼冠賜人。後爲杼所弑。春秋於魯襄公二十三年書曰：『秋，齊侯伐衛，遂伐晉。』『齊侯襲莒。』二十四年曰：『齊崔杼帥師伐莒。』二十五年曰：『春，齊崔杼帥師伐我北鄙。』又書曰：『夏五月乙亥，齊崔杼弑其君光。』詳可參考左傳及史記卷三十二齊世家。又楚子虔即楚靈王。……又晉侯州蒲即晉厲公，晉景公之子，在位八年。厲公多外嬖，自敗楚之後，益驕侈，欲盡去群大夫而立諸姬兄弟。使胥童爲卿，殺三郤。尋欒書、中行偃以其黨襲公，因而弑之。春秋於魯成公十七年書曰：『晉殺其大夫郤錡、郤犨、郤至。』十八年，曰：『正月庚申，晉弑其君州蒲。』詳可參考左傳及史記卷三十九晉世家。」

［二一八］引文見左傳宣公四年。杜預集解曰：「稱君，謂唯書君名，而稱國以弑，言衆所共絶也；稱臣者，謂書弑者之名，以示來世，終爲不義。」

［二一九］禮記大學：「古之欲明明德於天下者，先治其國；欲治其國者，先齊其家；欲齊其家者，先脩其身；欲脩其身者，先正其心；欲正其心者，先誠其意；欲誠其意者，先致其知。致知在格物，物格而後知至，知至而後意誠，意誠而後心正，心正而後身脩，身脩而後家齊，家齊而後國治，國治而後天下平。」

［二二〇］孟子離婁下：「孟子曰：『王者之迹熄而詩亡，詩亡然後春秋作。晉之乘，楚之檮杌，魯之春秋，一也。其事

則齊桓、晉文，其文則史。孔子曰：『其義則丘竊取之矣。』」

［三二］周注：「錢氏原書無『曰』字。」

論婦人「七出」之説曰[一]：「七出」之文[二]，「先王所以扶陽抑陰，而家道所以不至於窮而乖也。夫父子兄弟，以天合者也；夫婦，以人合者也。以天合者，無所逃於天地之間；而以人合者，可制以去就之義。堯舜之道，不外乎孝弟，而孝弟之衰，自各私其妻始。妻之於夫，其初固路人也，以室家之恩聯之，其情易親，至於夫之父母，夫之兄弟姊妹，夫之兄弟之妻，皆路人也。非有一日之恩，第推夫之親以親之，其情固已不相屬矣。矧婦人之性，貪而吝，柔而狠，而築里姑姊之倫[三]，亦婦人也，同居而志不相得，往往有之，其真能安於義命者，十不得一也。先王設爲可去之義，義合則留，不合則去，俾能執婦道者，可守從一之貞[四]；否則，寧割伉儷之愛[五]，勿傷骨肉之恩。故嫁曰歸[六]，出亦曰歸。以此坊民[七]，恐其孝衰於妻子也。然則聖人於女子，抑之不已甚乎？曰：去婦之義，非徒以全丈夫，亦所以保匹婦。後世閭里之婦，失愛於舅姑，讒間於叔妹，抑鬱而死者有之；或其夫淫酗凶悍，寵溺嬖媵[八]，凌迫而死者有之。準之古禮，固有可去之義，亦何必束縛之、禁錮之，置之必死之地以爲快乎！先儒戒寡婦之再嫁，以爲『餓死事小，失節事大』[九]。予謂全一女子之名，其事小；得罪於父母兄弟，其事大。故父母兄弟不可乖，而妻則可去，去而更嫁，不謂之失節。使其過在婦歟，不合而嫁，嫁而仍窮，自作之孽，不可逭也[一〇]；使其過不在婦歟，出而嫁於鄉里，猶不失爲善婦，不必强而留之，使夫婦之道苦也。自『七出』之法不行，而牝雞之司晨日熾[一一]，夫之制於婦者，隱忍而不能去，甚至於破家絶嗣。而有司之斷斯獄者，猶欲合之。知女之不可事二夫，而不知失婦道者，雖事一夫，未可以言烈也；知臣之不可事二君，而不知失臣節者，雖事一君，未可以言忠也。此未諭先王制禮之意也。」

[一]此段引文見潛研堂文集卷八答問五「問婦人之義從一而終而禮有七出之文毋乃啓人以失節乎」條。

[二]祥案：此句爲江藩所加，以順文義，非錢氏原文。大戴禮記本命篇：「婦有七去：不順父母去，無子去，淫去，妒去，有惡疾去，多言去，竊盜去。不順父母去，爲其逆德也；無子，爲其絶世也；淫，爲其亂族也；妒，爲其亂家也；有惡疾，爲其不可與共粢盛也；口多言，爲其離親；盜竊，爲其反義也。」

[三]築里，即妯娌。方言卷一二：「築里，匹也。」郭注：「今關西兄弟婦相呼爲築里。」

[四]易恒六五：「六五，恒其德。貞，婦人吉，夫子凶。」象曰：「婦人貞吉，從一而終也。」

[五]左傳魯昭公二年：「晉少姜卒。公如晉，及河，晉侯使士文伯來辭曰：『非伉儷也，請君無辱。』」疏：「言少姜是妾，非敵身對耦之人也。」祥案：古時伉儷多指嫡妻，後世用作夫婦之通稱。

[六]周注：「穀梁隱二年傳：『婦人謂嫁曰歸，反曰來歸。』公羊莊廿七年傳：『歸寧曰來，出曰來歸。』公羊隱二年傳何休注云：『婦人生，以父母爲家，嫁以夫爲家，故謂嫁曰歸。』又公羊莊廿七年傳注云：『大歸者，廢棄來歸也。』皆釋

『嫁曰歸，出亦曰歸』之義。」

［七］坊民，即防民。禮記坊記：「子言之：君子之道，辟則坊與。坊民之所不足者也。」經典釋文：「坊，音防。」

［八］嬖媵（bìyìng），寵愛之小妾。左傳隱公三年：「公子州吁，嬖人之子也。」釋文：「嬖，必計反。親幸也。賤而得幸曰嬖。」公羊傳莊公十九年：「媵者何？諸侯娶一國，則二國往媵之，以姪娣從。」

［九］二程全書卷二二下伊川先生語八下：「又問：『或有孤孀貧窮無託者，可再嫁否？』曰：『只是後世怕寒餓死，故有是説。然餓死事極小，失節事極大。』」又見朱熹近思録卷六「道家類」引程頤語。

［一〇］尚書太甲中：「天作孽，猶可違；自作孽，不可逭。」僞孔傳：「逭，逃也。」孟子公孫丑上引作「不可活」。

［一一］尚書牧誓：「牝雞無晨，牝雞之晨，惟家之索。」僞孔傳：「索，盡也。喻婦人知外事，雌代雄鳴則家盡，婦奪夫政則國亡。」

論性與天道之説曰［一］：「經典言天道者，皆以吉凶禍福言。易『天道虧盈而益謙』［二］，春秋傳『天道多在西北』［三］，『天道遠，人道邇』［四］，『吾非瞽史，焉知天道』［五］，古文尚書『滿招損，謙受益，時乃天道』［六］，『天道福善禍淫』［七］，史記『天道無親，常與善人』［八］，皆此道也。鄭康成注論語曰『天道七政，變通之占』［九］，與易、春秋義正同。孟子云『聖人之於天道也』［一〇］，亦謂吉凶陰陽之道，聖人有所不知，故曰『命也』。否則，性與天道，又何别焉［一一］！一説性與天道，猶言性與天合也。後漢書馮異傳［一二］：『臣伏自思惟，以詔勑戰攻，每輒如意；時以私心斷决，未嘗不有悔。國家獨見之明，久而益遠，乃知性與天道，不可得而聞也。』管輅〔别〕（列）傳[一三]：『苟非性與天道，何由背爻象而任心胸？』晉書紀瞻傳[一四]：『陛下性與天道，猶復役機神於史籍。』此亦漢儒相承之説，而何平叔俱不取[一五]。」

[一]此段引文見潛研堂文集卷九答問六「問性與天道之説」條，又見十駕齋養新録卷三「天道」條。論語公冶長：「子貢曰：『夫子之文章，可得而聞也；夫子之言性與天道，不可得而聞也。』」

[二]見易謙彖辭。正義：「虧謂減損。減損盈滿，而增益謙退。若日中則昃，月盈則食，是虧減其盈。盈者虧減，則謙者受益也。」

[三]左傳魯襄公十八年：「晉人聞有楚師。師曠曰：『不害。吾驟歌北風，又歌南風，南風不競，多死聲，楚必無功。』董叔曰：『天道多在西北。南師不時，必無功。』叔向曰：『在其君之德也』」

[四]左傳魯昭公十八年：「裨竈曰：『不用吾言，鄭又將火。』鄭人請用之，子産不可。子大叔曰：『寶以保民也，若有火，國幾亡，可以救亡，子何愛焉？』子産曰：『天道遠，人道邇。非所及也，何以知之。竈焉知天道，是亦多言矣，豈不或信。』遂不與，亦不復火。」

[五]國語周語下：「魯侯曰：『寡人懼不免於晉，今君曰將有亂，敢問天道乎？抑人故也？』（單子）對曰：『吾非瞽史，焉知天道。』」周注：「按後漢時，稱左傳爲春秋内傳，國語爲春秋外傳，故國語亦可稱春秋傳。」

[六]見僞書大禹謨。僞孔傳：「自滿者人損之，自謙者人益之：是天之常道。」

[七]見僞書湯誥。

[八]見史記卷六一伯夷列傳。

[九]鄭氏注文今見論語公冶長「夫子之言性與天道不可得而聞也」句下經典釋文引，又見後漢書卷二八上桓譚傳引論語

鄭注：「性謂人受血氣以生，有賢愚吉凶。天道，七政變通之占也。」七政，即日、月與五星。

［一〇］孟子盡心下：「孟子曰：『口之於味也，目之於色也，耳之於聲也，鼻之於臭也，四肢之於安佚也，性也。有命焉，君子不謂性也。仁之於父子也，義之於君臣也，禮之於賓主也，知之於賢者也，聖人之於天道也，命也。有性焉，君子不謂命也。』」

［一一］朱熹論語集注卷三：「文章，德之見乎外者，威儀、文辭皆是也；性者，人所受之天理；天道者，天理自然之本體，其實一理也。言夫子之文章，日見乎外，固學者所共聞；至於性與天道，則夫子罕言之，而學者有不得而聞者。蓋聖門教不躐等，子貢至是始得聞之，而歎其美也。」

［一二］引文見後漢書卷一七馮異傳。異（？—三四），字公孫，東漢潁川父城（今河南許昌）人。好讀書，通左傳、孫子兵法。劉秀即位，任征西大將軍。後攻公孫述、隗囂，卒於軍中。謚曰節。

［一三］周注：「管輅列傳見三國志卷二九魏書，依上文後漢書馮異傳及下文晉書紀瞻傳之例，管輅列傳上當有三國志三字。」又近藤注：「錢氏答問作管輅別傳，當據改。」祥案：近藤説是，周説非也。此文爲三國志卷二九魏志管輅傳裴松之注引管輅別傳，故錢氏原文不誤，乃江藩轉引致誤耳，今據改。注引管輅別傳原文曰：「苟非性與天道，何由背爻象而任胸心者乎？夫萬物之化，無有常形，人之變異，無有常體，或大爲小，或小爲大，固無優劣。夫萬物之化，一例之道也。」管輅（二〇九—二五六），字公明，三國魏平原人。精風角、占術，占事多驗。官至少府丞。三國志卷二九有傳。

［一四］引文見晉書卷六八紀瞻傳，錢氏於此句下注曰：「唐書孫伏伽、長孫無忌傳俱有性與天道之語。」案紀瞻，字思遠，東晉丹陽秣陵（今江蘇江寧）人。晉元帝時，爲尚書。明帝時，爲領軍將軍。性靜默，好讀書，解樂律。卒謚穆。

［一五］何晏論語集解於「性與天道不可得而聞也」句下曰：「性者，人之所受以生也；天道者，元亨日新之道。深微，故不可得而聞也。」祥案：黄式三論語後案曰：「晉書紀瞻傳曰：『陛下性與天道，猶復役機神於史籍。』文選任昉啓曰：『性與天道，事絶稱言。』唐太宗旌賞孫伏伽詔曰：『朕惟寡德，不能性與天道。』長孫無忌對太宗之問曰：『陛下性與

天道，非臣愚所及。』引經語意正同，是師説相傳如此。何解作儱侗語。史稱何晏好與夏侯玄、荀粲、王弼之徒，競爲清談，祖尚虚無，謂六經爲聖人之糟粕。史又稱荀粲好言道，常以爲子貢稱夫子之言性與天道不可得聞，六籍雖存，固聖人之糠秕。而粲之兄俣駁其説之不當。然則何氏論性論天道，皆老莊虚無不可窮詰之説，與荀粲等作謎語，而見斥於荀俣者耳。自宋以後，言性與天道者分理、氣。申此論者，大抵超陰陽以上而求天之理，離心知之實而求性之理，亦不能不推之空眇以伸其説。而矯之者，如家東發先生云：『子貢實不得聞，以學者不必言性與天道，所當退而自省。』近顧亭林言：『性也、命也、天也，夫子之所罕言，而今君子之所恒言。』又謂明季學者，『以明心見性之空言，代修己治人之實學，股肱墮而萬事荒，爪牙亡而四國亂。』東發先生斥宋季，顧氏斥明季，此救時之論，豈經恉之果如此乎！」又劉寶楠論語正義卷六引汪喜荀且住菴文稿之説，以詩、書、禮、樂釋「文章」，以易、春秋爲言「性與天道」。程樹德以爲其論「精確不磨」，詳參程氏論語集釋卷九。

論孟子「決汝漢排淮泗而注之江」[一]，先儒以爲記者之誤。曰[二]：「漢儒趙邠卿注孟子[三]，於此文未嘗致疑，宋以後儒乃疑之。予謂孟子長於詩、書[四]，豈不能讀禹貢[五]！且生於鄒嶧[六]，淮泗之下流，近在數百里之間，何至有誤！蓋天下之水，莫大於海，而江即次之，故老子以江海爲百谷王[七]。南條之水，皆先入江[八]，後入海。世徒知毗陵爲江入海之口[九]，不知朐山以南餘姚以北之海[一〇]，皆江之委也[一一]。漢水入江二千餘里[一二]，而尚有北江之名，淮口距江口僅五百里，其爲江之下流何疑？禹貢云：『沿於江海，達於淮泗。』此即淮泗注江之證。注江者，會江以注海，與導水之文，初不相悖也[一三]。説文云[一四]：『江水至會稽、山陰爲浙江。』浙江者，漸江也[一五]。漸江與江水不同源，而得名江者，源異而委同也。國語[一六]：『吴之與越，三江環之。』韋昭以爲吴松江、錢塘江、浦陽江也。錢塘江即浙江，吴松、浦陽亦注江而後注海，故皆有江之名。漢儒去古未遠，其言江之下流，不專指毗陵一處，如知會稽、山陰亦爲江水所至，則無疑乎『淮泗注江』之文矣。」此先生説經之大略也。

[一]孟子滕文公上：「禹疏九河，瀹濟、漯，而注諸海；決汝、漢，排淮、泗，而注之江。然後中國可得而食也。」朱熹孟子集注釋之曰：「據禹貢及今水路，惟漢水入江耳；汝、泗則入淮，而淮自入海。此謂四水皆入於江，記者之誤也。」

[二]此段引文見潛研堂文集卷九答問六「問淮水爲四瀆之一……」條。

[三]趙岐注：「疏，通也；瀹，治也，排，壅也。於是水害除，故中國之地可得耕而食也。」

[四]趙岐孟子題辭：「孟子生有淑質，夙喪其父，幼被慈母三遷之教，長師孔子之孫子思，治儒術之道，通五經，尤長於詩、書。」又史記卷七四孟子荀卿列傳：「退而與萬章之徒序詩、書，述仲尼之意，作孟子七篇。」

[五]「能」，山西書局本作「知」。鍾校：「『知』，各本俱作『能』。」

[六]周注：「鄒嶧，山名，亦曰嶧山，亦曰鄒山，在今山東鄒縣東南。孟子，鄒人，見史記孟子列傳，故云『生於鄒嶧』。按泗水在禹貢時，出泗水縣，歷曲阜、滋陽、濟寧、鄒縣、魚臺、滕縣、沛縣、徐州、邳州、宿遷、桃源，至清河縣，入淮，詳見胡渭禹貢錐指。故云『淮、泗之下流近在數百里之間。』」

[七]老子第六十六章：「江海所以能爲百谷王者，以其善下之，故能爲百谷王。」

［八］周注：「南條，山脈名。尚書禹貢『導嶓冢至於荊山，内方至於大別；岷山之陽，至於衡山；過九江，至於敷淺原。』後儒訓釋，以爲即南條山脈。以今地考之，南條之首曰岷山，分二支：一支夾岷江南下者曰岷山山脈，一支東行者曰巴山山脈。巴山山脈踰嘉陵江而東，起頂爲嶓冢山；在漢水南岸，有大巴山；其支脈東南出者爲荊山。又踰長江而南，至於衡山；東踰洞庭湖，以達廬山，即禹貢所謂敷淺原也。」近藤注：「錢氏所論指漢水流逕之山脈。尚書禹貢『導岍及岐，至於荊山』句正義考證從此至敷淺原之舊説有三條。現表示之如下：北條：岍山—岐山—荊山—（黄河）—壺口山—雷首山—太嶽—底柱山—析城山—王屋山—太行山—恒山—碣石—海。中條：西傾山—朱圉山—鳥鼠山—太華山—熊耳山—外方山—桐柏山—陪尾山。南條：嶓冢山—荊山—内方山—大别山。不入右示三條者爲：岷山之南—衡山—（九江）—敷淺原。南條之嶓冢在今甘肅省成縣西北、荊山在湖北省南漳縣西南爲分界，内方山與大别山明顯有别，皆爲連接漢水經過之山（正義『内方至於大别。』）」

［九］毘陵，今江蘇鎮江一帶地區。

［一〇］朐山，今江蘇連雲港西南海州鎮。

［一一］禮記學記：「或源也，或委也。」注：「委，流所聚也。」

［一二］周注：「漢水，源出陝西寧羌縣（祥案：今寧强縣）北嶓塚山，流貫舊漢中、興安、鄖陽、襄陽、安陸、漢陽六府境，入江之大川。尚書禹貢記漢水之源委云：『嶓冢導漾，東流爲漢。又東，爲滄浪之水。過三澨，至於大別，南入於江。東匯澤爲彭蠡。東爲北江，入於海。』則漢水於入江後尚有北江之名。胡渭禹貢錐指卷十四引吴氏之言曰：『漢既入江，與江混爲一水，而又曰東爲北江入於海，有似别爲一水然，何也？蓋漢水源遠流大，可亞於江，兩相匹配，與他小水入大水之例不同，故於荊州言朝宗於海，必以江、漢並稱。蓋曰江之入海，非獨江水，實兼漢水；江固爲江，漢亦爲江也。故漢得分江之名，而爲北江。』其釋漢水入江後尚有北江之名之故頗明晰。」

［一三］周注：「尚書禹貢篇有所謂『導弱水』、『導黑水』、『導河』、『導漾』、『導江』、『導沇水』、『導淮』、『導渭』、

『導洛』等語，故後世稱爲『導水』之文。按淮水本爲四瀆之一，直接入海，而不注江。禹貢云：『導淮自桐柏，東會於泗、沂，東入於海。』孟子言『排淮、泗而注之江』，與禹貢不合，故後儒疑之。錢氏爲孟子辨説，故云『與導水之文初不相悖』。」

［一四］見説文水部「浙」字注。會稽，郡名；山陰，縣名。二者皆爲今浙江紹興之舊稱。

［一五］周注：「浙江、漸江之異同，學者間説殊不一。或以爲浙江即漸江，亦即錢唐江，錢氏主之。或以爲漸江即錢唐江，而非浙江，段玉裁説文注主之。段氏之言曰：『今俗皆謂錢唐江爲浙江，不知錢唐江，地理志、水經皆謂之漸江，江至會稽、山陰，古曰浙江。説文浙、漸二篆分舉劃然，後人乃以浙名冒漸，蓋由二水相合。如吴越春秋越王至浙江之上，史記楚威王盡取故吴地，至浙江，始皇至錢塘，臨浙江。皆謂是也。今則江故道不可考矣。』」祥案：陳橋驛水經注校釋卷四〇漸江水釋曰：「漸江水即今錢塘江，莊子外物篇稱淛河，『漸』、『浙』、『淛』，大概均是古代越語的不同漢譯。山海經原作浙江，大部分古籍均作浙江，唯漢書地理志、説文、水經有漸江之名。酈道元在注文中絶不言漸江而只言浙江，大概是他不贊同漸江這個名稱。」

［一六］國語越語：「夫吴之與越也，仇讎敵戰之國也；三江環之，民無所移。」韋昭注：「三江：吴江、錢塘、浦陽江也。」周注：「吴松江即吴淞江，爲太湖支流之最大者。一名笠澤，一名松陵江，亦曰松江，亦曰吴江，俗名蘇州河。自太湖東北流，經吴江、吴縣、崑山、青浦、松江、上海、嘉定諸縣，合黄浦江入海。又錢唐江即錢塘江，爲漸江之下游。漸江自富陽之富春江至舊錢塘縣境，曰錢塘江。又浦陽江源出浙江浦江縣西深嫋山，北流經諸暨縣，曰浣江；東北經紹興縣西之錢清鎮，曰錢清江；又北經蕭山縣入錢塘江。」

至於辨文字之詁訓，考古今之音韻，以及天文輿地，草木蟲魚，散見於文集［一］、十駕齋養新録者［二］，不下數萬言，文多不載。嘗謂自惠、戴之學盛行於世，天下學者但治古經，略涉三史；三史以下，茫然不知，得謂之通儒乎！所著二十二史考異[三]，蓋有爲而作也。

[一]潛研堂文集五〇卷，爲錢氏生前手定。是集共爲十四類，凡賦、頌、奏摺一卷，論、説各一卷，答問十二卷，辨、考一卷，箴、銘、贊、雜著三卷，記二卷，紀事一卷，序四卷，題跋六卷，書四卷，傳四卷，墓誌、家狀等一〇卷。可稱爲清中葉別集之代表作。今有上海古籍出版社一九八九年吕友仁標校之潛研堂集本、嘉定錢大昕全集本等。

[二]十駕齋養新録二〇卷，錢氏自序謂其先大父嘗取張載詠芭蕉「願學新心養新德」句中「養新」二字，榜於讀書之堂，錢氏以祖訓難忘，故以名其書。是書擬顧炎武日知録之例，以平生所記劄記分類條記，凡經、史、子、集四部之書，皆有所及，考訂論説，世稱精當。又有養新餘録三卷，其子東塾識語稱養新録刊行後，續有所得，別記一編爲餘録。然據陳鴻森先生考證，餘録爲錢氏編定養新録時之棄餘耳。參陳氏錢大昕養新餘録考辨一文，載一九八八年臺灣中央研究院歷史語言研究所集刊第五十九本。有潛研堂全書本、嘉定錢大昕全集本等。

[三]二十二史考異一〇〇卷，仿司馬光通鑑考異之體例撰成。二十二史者，今存正史二十四史中，除舊五代史與明史外之二十二部。諸史考訂，先列原史文字，後列考辨，指陳訛謬，定其異同，於遼、金、元三史更詳，於天文、輿地、官制、氏族數大端，説之尤極精核。有潛研堂全書本、嘉定錢大昕全集本等。

又謂：「史之蕪陋[一]，未有甚於元史者。顧寧人謂食貨、選舉二志『皆案牘之文』[二]。朱錫鬯謂[三]：『列傳既有速不台矣[四]，而又有雪不台；既有完者都矣[五]，而又有完者〔都〕拔都；既有石抹也先矣[六]，而又有石抹阿辛；阿塔赤、忽刺出兩人，既附書於杭忽思、直脱兒之傳矣[七]，而又別爲立傳。皆乖謬之甚者』。金華[八]、烏傷二公[九]，本非史才，所選史官，又皆草澤迂生，不諳掌故[一〇]，於蒙古語言文字，素所未習，所以動筆即譌。即假以時日，猶不免穢史之譏[一一]，況成書之期，又不及一歲乎[一二]！如太祖功臣[一三]，首推「四傑」[一四]，而赤老温之傳獨缺[一五]。世尚公主者，魯、昌、趙、鄆最著[一六]，而鄆國之傳亦缺。塔察兒[一七]、和禮霍孫[一八]，至元之良臣[一九]；旭邁傑、倒剌沙[二〇]，泰定之元輔[二一]，而史皆失其傳。禮、樂、兵、刑諸志，皆缺順帝一朝之事，地理志載順帝事僅二條，餘亦缺漏[二二]。列傳之重複者，如昂吉兒已附於也蒲甘卜傳[二三]，而又別有昂吉兒傳；重喜已附於塔不已兒傳[二四]，而又別有重喜傳；阿术魯已附於懷都傳[二五]，而又別有阿术魯傳；譚澄已附其父資榮傳[二六]，而又別有譚澄傳。此又朱氏所未及糾者也。其他事跡舛誤，如仁宗莊懿皇后，卒於仁宗朝[二七]，未嘗尊爲皇太后；吾也而圖益都[二八]，從木華黎之弟帶孫，非從木華黎；張子良來歸，〔因〕元帥察罕[二九]，非因阿术；段直爲〔澤〕(深)州長官[三〇]，在太祖朝，非世祖朝。此皆謬戾之顯然。」因搜羅元人詩文集、小説、筆記、金石碑版，重修元史，後恐有違功令，改爲元詩紀事[三一]。

[一]此段引文見潛研堂文集卷一三答問十「問史之蕪陋未有甚於元史者……」條，自「史之蕪陋」至「皆乖謬之甚者」爲設問之辭；自「金華、烏傷二公」至「此皆謬戾之顯然」爲答辭。又見十駕齋養新録卷九「元史」條與廿二史考異卷九三元史八

后妃傳一、卷九四元史九雪不台傳等。江氏所引，個别字句有節略。

［二］顧炎武日知録卷二六「元史」條：「諸志皆案牘之文，並無鎔範。如河渠志言『耿參政』、『阿里尚書』，祭祀志言『田司徒』、『郝參政』，皆案牘中之稱謂也。」周注：「此云食貨、選舉，當係誤引。」祥案：此錢氏記憶偶誤耳。

［三］朱彝尊所論詳見曝書亭集卷三二史館上總裁第三書。實則朱氏之前，顧炎武亦有是説，如日知録卷二六「元史」條：「元史列傳，八卷速不台，九卷雪不台，一人作兩傳；十八卷完者都，十九卷完者拔都，亦一人作兩傳。蓋其成書不出於一人之手。」

［四］元史卷一二一有速不台傳，約一千八百餘字；卷一二二又有雪不台傳，約八百餘字。錢氏廿二史考異卷九四元史九雪不台傳：「雪不台，即速不台，譯音無定字也。」

［五］元史卷一三一有完者都傳，約一千餘字；而卷一三三又有完者都拔都傳，約四百餘字。亦爲一人而重複立傳者。祥案：中華書局校點本元史卷一三三校勘記：「雪樓集卷六林國武宣公神道碑云『諱完者都』，傳文云『賜號拔都兒』，『完者都』爲名，『拔都』其號。今補『都』字。」案所補是，今亦據補之。

［六］元史卷一五〇有石抹也先傳，述石抹也先及其子查剌事，約一千二百餘字；而卷一五二又有石抹阿辛傳，亦述其父子事，僅三百餘字。考異卷九七元史十二石抹阿辛傳：「阿辛，即也先，譯音偶異，史家遂分爲二人，各位一傳矣。」

［七］元史卷一三二杭忽思傳附其子阿塔赤，約二百餘字；而卷一三五又有阿荅赤傳，約三百餘字。又卷一二三直脱兒傳附其孫忽剌出，約四百餘字；而卷一三三又有忽剌出傳，亦四百餘字。考異卷九六元史十一阿荅赤傳：「杭忽思傳作『阿塔赤』。」

［八］宋濂（一三一〇——一三八一），字景濂，號潛谿。其先金華之潛谿人，至濂乃遷浦江。元末明初人。就學於聞人夢吉，通五經，復往從吴萊學。又游柳貫、黄溍之門。元順帝時，隱居龍門山，號玄真子。入明，官至翰林院學士承旨知制誥。曾總纂元史。卒謚文憲。著有宋學士文集七五卷。明史卷一二八有傳。

［九］王褘，字子充，明義烏（舊稱烏傷，爲秦置縣，唐改名義烏）人。元末爲危素等薦，不報。隱青巖山著書。入明，累遷至翰林待制，同知制誥兼國史院編修官。與宋濂並爲元史總裁。明史卷二八九有傳。

［一〇］明史卷二八五趙壎傳：「洪武二年，太祖詔修元史，命左丞相李善長爲監修官，前起居注宋濂、漳州府通判王褘爲總裁官，徵山林遺逸之士汪克寬、胡翰、宋僖、陶凱、陳基、曾魯、高啓、趙汸、張文海、徐尊生、黄篪、傅恕、王錡、傅著、謝徽爲纂修官，而壎與焉。以是年二月，開局天界寺，取元經世大典諸書，用資參考。至八月成，諸儒並賜賚遣歸。而順帝一朝史猶未備，乃命儒士歐陽佑等往北平採遺事。明年二月還朝，重開史局，仍以宋濂、王褘爲總裁，徵四方文學士朱右、貝瓊、朱廉、王彝、張孟兼、高遜志、李懋、李汶、張宣、張簡、杜寅、殷弼、俞寅及壎爲纂修官。先後纂修三十人，兩局並與者，壎一人而已。閲六月，書成。」祥案：錢氏所指斥之史官，即以上諸人也。諸人姓氏又見元史末附李善長進元史表，其事蹟並見明史卷二八五。

［一一］北史卷五六魏收傳：「魏收既撰魏書成，「時論既言收著史不平，文宣詔收於尚書省與諸家子孫共加論討。前後投訴，百有餘人。……收性急，不勝其憤，啓誣其欲加屠害。帝大怒，親自詰責。……然猶以群口沸騰，敕魏史且勿施行，令群官博議。聽有家事者入署，不實者陳牒。於是衆口喧然，號爲『穢史』，投牒者相次，收無以抗之。」

［一二］祥案：元史著成之期，見元史卷末附宋濂目録後記，而錢大昕論元史倉促成書及宋濂等人失職諸事，更爲詳備。考異卷九〇元史五祭祀志六：「按元史纂修，始於洪武二年二月丙寅開局，至八月癸酉告成，計一百八十八日。本紀三十七、志五十三、表六、傳六十三、目録二，爲卷百六十一，而順帝一朝之事缺焉。次年二月乙丑再開局，七月丁亥成書，計百四十三日。續成本紀十、志五、表二、傳三十六，而前書所未備者，頗補完之。既又合前後二書，釐分而附麗之，共成二百一十卷，即國子監刊行本也。志之續者，惟五行、河渠、祭祀、百官、食貨，表之續者，惟三公、宰相，餘俱闕之。前後史官既非一手，體例又不畫一，附樂章於祭祀，附選舉於百官，皆因經進之舊，不知釐正。地理志惟增入二條，禮、樂、兵、刑諸篇，全無增益，列傳如魯、昌、趙、高昌諸王及釋老、外國諸篇，皆闕順帝一朝之事。因陋就簡，

不詳不備，宋景濂、王子允二公，可謂素餐而失職矣。」又卷九六元史十一馬札兒台傳論「宋、王兩公，不獨無史才，並無史識矣」。又參卷九九元史十四汪澤民傳條。清儒斥元史之失者，又見顧炎武日知録卷二六「元史」條、趙翼廿二史札記卷二九「元史附傳有得失」條等。

［一三］元太祖，即成吉思汗（一一六二—一二二七），名鐵木真，蒙古乞顔部孛兒只斤氏。幼時部落衰微，歷盡艱辛，於金世宗大定二十九年（一一八九），始稱汗。於金章宗泰和六年（一二〇六），始稱成吉思汗，建立蒙古國。二十二年，卒於行營中。事見元史卷一太祖本紀。

［一四］元史卷九九兵二：「四怯薛：太祖功臣博爾忽、博爾朮、木華黎、赤老温，時號掇里班曲律，猶言四傑也，太祖命其世領怯薛之長。怯薛者，猶言番直宿衛也。」又參十駕齋養新録卷九「四怯薛」條。元史卷一一九於木華黎、博爾朮、博爾忽皆有傳，唯無赤老温，故錢氏語云。

［一五］赤老温，泰赤烏部人。成吉思汗微時，困於泰赤烏部，幸賴赤老温父子藏匿得逸。後泰赤烏部，以赤老温爲宿衛，從征諸部。太宗時，與叩温不華合攻鈞州，獲金大將完顔合達。旋卒。柯劭忞新元史卷一二一有傳。

［一六］周注：「魯謂弘吉剌氏瑪阿不剌，封魯王。昌謂乞列思氏孛禿，卒後封昌王。趙謂阿剌兀氏孛要合，卒後封趙王。三國皆世尚公主，傳見元史卷一百十八。鄆國公主嫁駙馬寧濮郡王昌吉岐王脱帖木爾。元史無傳。」祥案：近藤注［二二三］考辨列表，所論極詳，可參。

［一七］塔察兒，爲帖木哥斡赤斤之嫡孫。元憲宗時，曾率兵攻宋。世祖時，率兵平阿里不哥之亂。尋代忽魯不花爲左丞相，爲世祖所重。事見新元史卷一〇五。元史宰相年表一：「四月，右丞相綫真。」考異卷九二元史七宰相年表：「按元代政事之柄，在出中書左右丞相，非蒙古人不得授焉。世祖朝間用漢人，成宗以後專用蒙古。蓋甚重也。乃丞相之名，見於表者五十九人，史爲立傳者，不及其半。如世祖朝之綫真、塔察兒、忽都察兒、和禮霍孫，成宗朝之阿忽台，武宗朝之荅剌海、塔思不花、脱脱紀作脱虎脱、乞台普濟、三寶奴，泰定朝之旭邁傑、倒剌沙，順帝朝之汪家奴、伯撒里。雖賢否

不同，不當逸其事蹟。元、明時代相接，訪之故老，徵之吏牘，何難補綴成篇。而任其湮没，史臣之失職甚矣！且如脱脱、三寶奴等不立傳，則尚書省廢置之始末不明，旭邁傑、倒剌沙不立傳，則泰定一朝之事蹟不備，此豈可委爲無足重輕而略之乎？」

〔一八〕和禮霍孫，元史表至元二十年、二十一年之右丞相。

〔一九〕元代有兩至元年號，前至元爲元世祖年號（一二六四—一二九四），後至元爲元惠宗年號（一三三五—一三四〇），此指前至元。

〔二〇〕旭邁傑，與倒剌沙皆事泰定帝於晉邸。泰定即位，以倒剌沙爲左丞相，旭邁傑爲右丞相。帝崩，倒剌沙受顧命立太子阿速吉八。文宗起兵陷上都，被執，死之。事見新元史卷二〇四。

〔二一〕泰定，元泰定帝也孫鐵木兒之年號（一三二四—一三二八）。

〔二二〕參上注〔二二〕。又元史地理志一順寧府，「仍至元三年，以地震改順寧府」。又「保安州。……至元三年，……仍改爲奉聖州，隸宣德府。」考異卷八八元史三地理志一：「按地理志闕順帝一朝之事，惟有宣德府改順寧、奉聖州改保安二條。」

〔二三〕元史卷一二三也蒲甘卜傳附其子昂吉兒事，約二百餘字；而卷一三二又有昂吉兒傳，約一千餘字。考異卷九五元史十昂吉兒傳：「也蒲甘卜傳附書昂吉兒事，昂吉兒傳又追敘甘卜事，兩傳重出，而有繁簡之殊，當去彼存此。」

〔二四〕元史卷一二三塔不已兒傳附其孫重喜事，約三百餘字；而卷一三三又有重喜傳，約近三百字。考異卷九五元史十重喜傳：「祖塔不已兒，此與第十卷塔不已兒傳重復，當删。」

〔二五〕元史卷一二三有阿朮魯傳，約百餘字；而卷一三一懷都傳又附其祖阿朮魯事，亦百餘字。

〔二六〕元史卷一六七譚資榮傳附其子譚澄事，約二百餘字；而卷一九一又有譚澄傳，近八百字。考異卷九八元史十三譚資榮傳：「此傳附書澄事，凡二百二十餘言，而良吏篇又别爲澄立傳。」祥案：錢氏下文又考證譚氏父子之姓當爲

「覃」，史家作「譚」者誤。

［二一七］元史后妃傳一：「仁宗莊懿慈聖皇后，名阿納失失里，弘吉剌氏，生英宗。皇慶二年三月，册爲皇后。……英宗即位，上尊號皇太后。……明日，受百官朝賀於興聖宫。至治二年崩，上謚莊懿慈聖皇后。」考異卷九三元史八：「按英宗紀：延祐七年八月，祔仁宗聖文欽孝皇帝莊懿慈聖皇后於太廟。英宗即位之始，紀只有尊太皇太后及太皇太后受朝賀於興聖宫事，別無尊皇太后之文。又其册文云『爲天下母而養弗逮』。知后之崩當在仁宗朝，紀不書者，史失之也。此傳所云上尊號、受百官朝賀及至治二年崩者，皆是太皇太后（順宗后宏吉剌氏），史誤以爲皇太后耳。所載册文，疑是武宗朝追上尊號之册也。又按英宗紀，至治二年九月，太皇太后崩。次年，祔順宗廟。后妃傳及表俱云至治三年崩，蓋誤以升祔之年爲后崩之年也。」

［二一八］元史卷一二〇吾也而傳：「太祖鐵木真二十年，從木華黎圍益都。」考異卷九四元史九吾也而傳：「按木華黎卒於太祖十八年，此圍益都者，木華黎之弟帶孫與其子孛魯也。傳誤。」

［二一九］祥案：是句錢氏原文作「張子良來歸，因元帥察罕，非因阿朮」。句意明晰，江氏脱上「因」字，則成「張子良來歸元帥察罕，非因阿朮」，與原意大乖，今據補。元史張子良傳：「歲戊戌，率泗州西城二十五縣、軍民十萬八千餘口，因元帥阿朮來歸。」考異卷九七元史十二張子良傳：「按阿朮卒於至元二十四年，年五十四。太宗戊戌之歲，阿朮年止五歲耳，史家何不考至此！後讀虞集所撰張宣敏公神道碑云『歲戊戌，因大帥河南忠武王阿朮以歸國朝』，始知傳所據者，伯生之碑文，然伯生亦只就其家所述行狀書之，未能考稽於國史也。考察罕傳云『歲戊戌，授馬步軍都元帥，率諸翼軍攻拔天長縣及滁、壽、泗等州』。乃悟子良本因察罕以降。察罕亦封河南王，謚忠宣，後人誤以爲阿朮耳。」

［二二〇］祥案：「深」，元史卷一九二段直傳、錢氏答問、考異卷一〇〇皆作「澤」，江氏誤，今據改。段直傳：「其後論功行賞，分土世守，命直佩金符，爲澤州長官。」考異卷一〇〇元史十五良吏傳二：「今澤州鳳臺縣有劉因所撰直墓碑，文字完好，所書事蹟，與傳略同，而傳所書年代，與碑大相剌謬。碑云：『甲戌之秋，南北分裂，河北、河東、山東郡縣

盡廢。』甲戌者，元太祖之九年，金貞祐二年也。是歲，元兵圍中都，金宣宗遷汴，故有『南北分裂』之語。而傳乃云『至元十一年，河北、河東、山東盜賊充斥』，以其歲亦在甲戌也。曾不思至元之初，境内寧謐，河北諸路安有寇盜充斥之患乎？碑又云：『天子命太師以王爵領諸將來略地，公遂以衆歸之。』謂太師國王木華黎承制時也。而傳乃云『世祖命大將略地晉城』，曾不思世祖時，晉城久入版圖，安得有命將略地之事乎？碑作於世祖朝，其文云：『今上在潛邸，命提舉本州學校，未拜而卒。』然則直卒於憲宗朝，未嘗事世祖矣。蓋由史臣不學，誤仞甲戌爲至元之甲戌，相差一甲子而不悟也。」

[三一]祥案：竹汀居士年譜乾隆五十六年：「撰元氏族表四卷、補元史藝文志四卷。」錢慶曾注：「公少讀諸史，見元史陋略謬盭，欲重纂一書。又以元人氏族最難考索，創爲一表，而後人所撰三史藝文，亦多未盡，更搜輯補綴之。其餘紀傳志表，多已脱稿，惜未編定。是年精力少差，先以氏族、藝文二稿，繕成清本。又有元詩紀事若干卷，以稿屬從祖同人及陶凫香兩先生編次成書。」然則元史稿與元詩紀事乃兩書，非一書也。又案：關於錢氏元史稿之下落，學術界所論各異，詳參顧吉辰錢大昕與元史稿下落一文，載古籍整理研究學刊一九九三年第五期。

生平著述傳於世者，潛研堂文集五十卷、詩集廿卷[一]、二十二史考異一百卷、潛研堂金石文跋尾元集六卷亨集七卷利集六卷貞集六卷[二]、十駕齋養新録二十卷養新餘録三卷、日記抄三卷[三]、補元史氏族表三卷[四]、元詩紀事、補元史藝文志六卷[五]。先生不專治一經，而無經不通；不專攻一藝，而無藝不精[六]。經史之外，如唐、宋、元、明詩文集、小説、筆記，自秦、漢及宋、元金石文字，皇朝典章制度，滿洲、蒙古氏族，皆研精究理，不習盡功[七]。古人云：「經目而諷於口，過耳而闇於心。」先生有焉。戴編修震嘗謂人曰[八]：

「當代學者，吾以曉徵爲第二人。」蓋東原毅然以第一人自居。然東原之學，以肄經爲宗，不讀漢以後書；若先生學究天人，博綜群籍，自開國以來，蔚然一代儒宗也。以漢儒擬之，在高密之下，即賈逵、服虔亦瞠乎後矣[九]，況不及賈、服者哉！

［一］祥案：「廿」原爲空格，據鍾校本補。潛研堂詩集二〇卷，其中詩集一〇卷，爲錢氏生前手定，詩續集一〇卷，爲其弟大昭等所定。大昕專意經史，不欲爲詩人。然其詩根本經史，淵雅精粹，清而能醇，質而有法，同時學人，罕有能匹。今有呂友仁標校之潛研堂集本、嘉定錢大昕全集本等。

［二］潛研堂金石文跋尾，是書初本二五卷，以元、亨、利、貞之次編綴。今本爲胡元常編定者，爲二〇卷八百餘篇，皆錢氏家藏金石碑版文字。是書將著録下限突破至元朝，於前人所著録，進行辨僞、改題、考誤、增補等，尤爲卓犖。有潛研堂全書本、嘉定錢大昕全集本等。

［三］日記抄三卷，「三」原爲空格，鍾校本補爲「四」，案是書有一卷本、二卷本、三卷本，然無四卷本者，通行以三卷本爲多，故改爲「三」。趙之謙批校曰：「日記抄，乃小廬氏繹所抄，今世所行刻本，爲何夢華手録，多誤字。」錢氏主講紫陽書院時，所見古本書籍、金石文字，皆隨手記録，窮究源委，反復考證，於行款格式，纖悉備載。凡起於乾隆五十三年（一七八八），迄於嘉慶九年（一八〇四），前後十六年。卷一爲所見古書，卷二爲「所見金石」，卷三爲「策問」。今三卷本有式訓堂叢書本、嘉定錢大昕全集本等。

［四］補元史氏族表三卷，「三」原爲空格，據鍾校本補。錢氏以爲，元代蒙古、色目命名多溷，名與氏不相屬，公私稱謂有名無氏，故考稽尤難，有似異而實同者，有似同而實異者，非以氏族晰之，讀者茫然莫辨，故仿新唐書宰相世系之例，取其譜系可考者列爲表，疑者闕之，以著是書以爲讀元史之助。有潛研堂全書本、二十五史補編本、嘉定錢大昕全集

本等。

［五］補元史藝文志六卷，今傳本爲四卷。明初修元史，無藝文志以紀一代之書。錢氏廣爲搜集所見元明諸家文集、志乘、小説及目録諸書，以元朝爲主，附以遼、金作者之著述，依四部分類法歸類，增多「譯語」、「經濟」、「制誥」、「科舉」、「文史」、「評注」等類，皆爲前人所無。有潛研堂全書本、二十五史補編本、嘉定錢大昕全集本等。王耐剛作業稱：「陳衍石遺室文集卷九元詩紀事敘云：『唐宋金詩皆有紀事，而元獨無。錢竹汀先生病元史疏蕪，欲採各家詩文集、筆記小説改修元史，恐違功令改爲元詩紀事，事詳漢學師承記。乃記合元詩紀事於元史藝文志，統稱六卷。潛揅堂全書書目已刻、未刻均未著紀事之名，惟近人陳揆稽瑞樓書目於唐、宋詩二紀事後載有元詩紀事二册，下注一鈔字，據全目例，鈔本也。……師承記所稱「六卷」除藝文志四卷已刻外，紀事纔二卷耳。稽瑞樓書目亦止云二册，何其少耶？新修嘉定縣志云五卷則合錢侗、陶梁所補言之。意其爲書，必專取關繫元史得失者，與計、厲二書體例迥然不同者也。』是陳衍認爲江藩所云『六卷』，合元詩紀事、補元史藝文志二書言之。又文獻徵存録卷八舉錢大昕著作云：『元詩紀事二卷』，未詳所本。又張之洞書目答問補正卷四詩文評類著録『錢大昕元詩紀事三卷，未見傳本。』」

［六］祥案：錢大昕之學，在當時可堪與惠棟、戴震鼎足而三。阮元十駕齋養新録序謂錢氏之學有「九難」。其曰：「國初以來，諸儒或言道德，或言經術，或言史學，或言天學，或言地理，或言文字音韻，或言金石詩文，專精者固多，兼擅者尚少，惟嘉定錢辛楣先生能兼其成。由今言之，蓋有九難：先生講學上書房，歸里甚早，人倫師表，履蹈粹然，此人所難能一也；先生深於道德性情之理，持論必執其中，實事必求其是，此人所難能二也；先生潛揅經學，傳注疏義，無不洞徹原委，此人所難能三也；先生於正史雜史，無不討尋，訂千年未正之訛，此人所難能四也；先生精通天算，三統上下，無不推而明之，此人所難能五也；先生校正地志，於天下古今沿革分合，無不考而明之，此人所難能六也；先生於六書音韻，觀其會通，得古人聲音文字之本，此人所難能七也；先生於金石，無不編録，於官制史事，考核尤精，此人所難能八也；先生詩古文詞，及其早歲，久已主盟壇坫，冠冕館閣，此人所難能九也。合此九難，求之百

載，歸於嘉定，孰云不然！」

［七］文選卷四七夏侯湛東方朔畫贊序：「乃研精而究其理，不習而盡其功；經目而諷於口，過耳而闇於心。」注：「孔安國尚書序曰：『研精覃思。』易曰：『不習，無不利。』孔融薦禰衡表曰：『目所一見，輒誦於口；耳暫聞，不忘於心。』」

［八］祥案：戴氏毅然以第一人自居，後來尚有人替錢氏抱不平。如李詳媿生叢録卷二曰：「戴東原先生窮走京師，因錢少詹游揚之言，其名始著，而戴乃云『當代學者，吾以曉徵爲第二人』。錢學之博，非戴君所可望，少詹且甘之，爲作戴先生傳附於潛邱、定宇、慎修諸先生後，其度真不可及！」時人亦有將錢氏比作顧炎武、朱彝尊者。如王豫群雅集卷五錢大昕小傳注：「竹汀研精經史，制行純粹，近之顧寧人、朱竹垞也。」

［九］莊子外篇田子方：「顏淵問於仲尼曰：『夫子步亦步，夫子趨亦趨，夫子馳亦馳；夫子奔逸絶塵，而回瞠若乎後矣！』」

先生之弟大昭［一］，從子塘、坫、東垣［二］、繹［三］、侗［四］，子東壁［五］、東塾，一門羣從，皆治古學，能文章，可謂東南之望矣［六］。大昭字晦之，一字竹廬。淹貫經史，著書滿家，刊行者惟後漢書補表八卷而已［七］。嘉慶元年，應孝廉方正科，賜六品頂戴。東垣，舉人。繹、侗、東壁、東塾皆諸生。

［一］錢大昭（一七四四—一八一三），字宏嗣，一字可廬，亦作竹廬，後改字晦之。大昕弟。監生。嘉慶元年，舉孝廉方正。淹貫群經。著述流布有詩古訓一〇卷、廣雅疏義二〇卷等，總爲可廬著述十種一五七卷。清史稿卷四八一有傳。詳

參本書附録二趙之謙國朝漢學師承續記錢大昭。

[二]錢東垣(？—一七九七)，字既勤，一字亦軒。大昭子。嘉慶元年(一七九六)舉人。官上虞知縣，有政聲。無書不覽，遺文疑義，勤加搜輯。纂有嘉定縣志(與弟繹、侗同纂)，又輯有鄭志一卷(與繹、侗同輯)。清史稿卷四八一有傳。

[三]錢繹，初名東墉，字以成，一字子樂，又字小廬，號亦廬。大昭子。諸生。少承家學，通小學，精書法。年八十卒。著述今傳有方言箋疏一三卷、十三經斷句考一三卷等。清史稿卷四八一有傳。

[四]錢侗(一七七八—一八一五)，字同人，號趙堂。大昭季子。嘉慶十五年(一八一〇)，舉京兆試，充文穎館校録，授職知縣，以憂歸。精研聲音訓詁，旁及金石泉幣。錢大昕四史閏朔考未竟，侗考群書，爲增輯一千三百餘條。王昶撰金石萃編，多採其説。又王氏纂太倉州志，文苑、兵防亦侗屬稿。今著述存有九經補韻一卷附録一卷(宋楊伯嵒撰，侗考證)、宋遼金元四史朔閏考二卷(大昕撰、侗增補)；歷代錢幣圖考二〇卷(稿本)等。清史稿卷四八一、趙之謙國朝漢學師承續記有傳。

[五]錢東壁，字星伯，一字飲石。大昕子。諸生。書法秀勁，間畫竹石。著述有與其弟東塾合撰竹汀府君行述一卷。東塾，字學仲，一字石橋。諸生。署吴縣訓導。詩宗香山、放翁，精山水畫，兼精隸草。光緒嘉定縣志卷一九有傳。

[六]爾雅釋地：「東南之美者，有會稽之竹箭焉。」祥案：嘉定錢氏，自大昕及其弟大昭，從子塘、坫，大昕子東壁、東塾，大昭子東垣、繹、侗，一門皆治漢學，時稱「嘉定九錢」。其家族世系見近藤氏注[二四六]。諸人學術行迹詳參本書後附趙之謙漢學師承續記之錢大昭、錢侗，其著述參錢師璟嘉定錢氏藝文志略等。

[七]後漢書補表八卷，宋熊方有補後漢書年表一〇卷，其書倣漢書古今人表之法，以補范史之不足。錢氏是書，所採之書較熊氏爲廣，區分亦細，熊氏脱漏者，悉考而補之。今有北京中華書局一九八四年劉祜仁點校後漢書三國志補表三十種本，最爲方便可參。

塘字學淵，一字禹美[一]，爲諸生時，與諸瀫淪[二]、汪紉青[三]、王鶴谿[四]、王耿仲相唱和[五]，爲古今體詩，爲王光禄西莊、王侍郎蘭泉先生所激賞。塘慊然不足，不欲以詩名[六]。及選拔入成均，試歸，肆力於經史之學。乾隆四十四年[七]，舉江南鄉試。明年，汪如洋榜成進士[八]，需次當得知縣，自以不習吏事，就教職，選授江寧府學教授[九]。公務多暇，專志撰述，於聲音、文字、律吕、推步之學，尤有神解，著律吕考文六卷[一〇]。又著史記三書釋疑[一一]，於律曆天官家言，皆究其原本，而以他書疏通證明之。律書「上九，商八，羽七，角六，宫五，徵九」數語[一二]，注家皆不能曉，小司馬疑其數錯，塘據淮南子、太玄經證之，始信其確不可易。又以淮南天文訓一篇[一三]，多周官馮相、保章遺法[一四]，高氏注闕略，罕所證明，作補注三卷，以闡其旨。晚年讀春秋左氏經傳，精心有得，作古義若干卷，以補杜氏之闕[一五]，且糾其謬。其所作古文曰述古編四卷[一六]，皆行於世。卒年五十有六[一七]。

[一]錢塘又字溉亭，見潛研堂文集卷三九溉亭别傳。

[二]諸廷槐，字瀫淪，亦作瀫掄，一字雪堂，清嘉定人。諸生。嗜藏書，博學强識，精於史學。擅小詞，爲「江左十子」之一。著述今傳有嘯雪齋吟稿一卷。湖海詩人小傳卷三〇、光緒嘉定縣志卷一九有傳。

[三]汪炤，初名景龍，字紉青，一字少山，清嘉定人。諸生。有詩名，精考證，工八分書。嘗佐王昶纂金石萃編。歷主陝西華原、横渠書院，與修韓城縣志。光緒嘉定縣志卷一九有傳。

〔四〕王鳴韶（一七三二—一七八八），初名廷鶚，字夔律，又字鶚起，號鶴谿子，清嘉定人。王鳴盛弟。諸生。涉獵群書，喜鈔書，所收多善本。好詩古文，兼工書畫。錢大昕爲廣東學政，招至署中，酬唱往復，無間昏旦。著述今存有鶴谿文稿四卷等。事見錢大昕潛研堂文集卷四八墓誌銘，清史列傳卷七二有傳。

〔五〕王初桐（一七三〇—一八二一），字於揚，亦作於陽，一字竹所，號耿仲，亦作庚仲，清嘉定人。諸生。爲四庫館謄録。後官至寧海州同。天才藻麗，尤工倚聲。有齊魯韓詩譜四卷、濟南竹枝詞一卷、北游日記四卷等，多收入古香堂叢書中。湖海詩人小傳卷三八、光緒嘉定縣志卷一九有傳。

〔六〕此句錢氏原文作「不欲以詞人自命」。

〔七〕近藤注：「錢氏溉亭別傳作四十五年，此年無進士，錢氏偶誤，江藩訂正之。乾隆四十五年己亥恩科江南鄉試，以禮部侍郎謝墉、翁方綱爲考官。（見清秘述聞卷七）」別傳：「對策爲通場第一。」

〔八〕汪如洋（一七五五—一七九四），字潤民，號雲壑，清浙江秀水人。乾隆四十五年一甲一名進士及第。五十一年，爲雲南學政。著有葆仲書屋詩集四卷外集二卷詩餘一卷等。事見程恩澤程侍郎遺集卷八墓誌銘，清史稿卷四八五有傳。

〔九〕祥案：錢氏任江寧府學教授之事，姚鼐纂嘉慶重刊江寧府志卷二一秩官表二教諭載，乾隆後期任職者有錢塘，然失載其具體時間。

〔一〇〕律吕考文，即律吕古義六卷，亦作律吕古誼。別傳引是書自序及明算篇、較度篇，皆爲江氏所删。律吕古義，以古尺推明古律。然其説受阮元、凌廷堪等人批駁。有南菁書院叢書本。

〔一一〕史記三書釋疑三卷，錢氏之前，有嘉興王元啓史記三書正譌，正其謬謬，補其闕漏。錢氏是書，乃平日考據所得，於史記之律書、曆書與天官書皆究其本原，而以它書疏通證明之，多與錢大昕之説同。有邃雅齋叢書本、二十五史補編本等。

〔一二〕史記卷二五律書：「上九，商八，羽七，角六，宫五，徵九。」索隱：「此五聲之數，亦上生三分益一，下生三分去一。宫下生徵，徵益一上生商；商下生羽，羽益一上生角。然此文似數錯，未暇研覈也。」史記三書釋疑卷一：「小司馬謂三分損益是已，云數錯非也。此即六十律直日之法耳，六十律直六十日，黄鍾爲宫，而辰在子，故始於戊子，凡日陰從陽，故戊癸合，甲巳合，乙庚合，丙辛合，丁壬合，辰則所居。五律備五音，古無二變，故六十而周也。淮南子曰：『戊子，黄鍾之宫也；庚子，亡射之商也；壬子，夷則之角也；甲子，中吕之徵也；丙子，夾鍾之羽也。』是其法也。然戊雖爲宫，而甲實日首，由甲數之，隔七得一，則甲、庚、丙、壬、戊也。戊爲宫，宫數五而居下，則甲以九居上矣。由戊復可得甲，爲環相生，故配五子。太玄經曰：『甲己之數九，乙庚八，丙辛七，丁壬六，戊癸五。』亦謂此已。然戊癸爲宫，乙庚爲商，則甲己當爲角，丙辛當爲徵，丁壬當爲羽。今何以角爲徵，徵爲羽，羽爲角？曰鶡冠子言之矣，『東方者，萬物立止焉，故調以徵』，是甲己爲徵之義也；『南方者，萬物華羽焉，故調以羽』，是丙辛爲羽之義也；『西方者，萬物成章焉，故調以商』，是乙庚爲商之義也；『北方者，萬物録藏焉，故調以角』，是丁壬爲角之義也。而四方必首東，尤足明上九之義矣。人有恒言『東、西、南、北、中』，非徵、商、羽、角、宫乎？我所疑者，『上九』當爲『徵九』，『徵九』當爲『上九』，如是而文得其序。蓋傳寫之誤也。」參近藤注[二六七]圖示。

[一三]淮南天文訓，爲淮南子第三篇。高誘注「文者，象也。天先重文象，日月五星及彗孛皆謂以譴告一人，故曰『天文』，因以題篇」。淮南天文訓補注二卷，爲清代學者注此篇中特出之作。全書以算學推證而出，並列圖以明之。首列原文、次高誘注、次補注。錢氏以爲高注不通天文，故糾謬補遺，是正良多。有指海本、崇文書局匯刻本等。

[一四]馮相(píng xiàng)氏，周禮職官名，掌天星以志星辰日月之移動，即觀察恒星、流星、彗星之隱顯出没現象。中士。屬春官宗伯。保章氏，亦周禮職官名，掌觀察日月星辰等天象變異，重在推算以辨其吉凶。中士。屬春官宗伯。

[一五]春秋左氏古義六卷，見嘉定錢氏藝文志略著録，未見傳本。

[一六]述古編四卷，即溉亭述古録，今傳本爲二卷，非四卷。爲考證經史之作，於易、書、禮、春秋、天算、律吕、小學等，皆有發明，阮元稱其精心朗識，超軼群倫。有文選樓叢書本、皇清經解本等。祥案：錢塘著述，今傳者尚有默

耕齋集一卷（練川十二家詩本）、鄉山閣詞不分卷、玉葉詞不分卷（練川五家詞本）等。

[一七] 祥案：別傳：「春秋五十有六，終於江寧官廨。」錢塘少錢大昕七歲，生於雍正十三年（一七三五），卒於乾隆五十五年（一七九〇）。

坫字獻之[一]，少而穎敏，有過人之資。精於小學，游京師，朱笥河先生延爲上客。乾隆甲午[二]，中副榜，遂至關中，在畢巡撫沅幕中，與歙方子雲[三]、陽湖洪亮吉、孫星衍討論訓故、輿地之學[四]。後就職州判[五]，監修陝西城，授乾州州判，得末疾歸[六]，卒於蘇州。著有詩音表一卷[七]、車制考一卷[八]、論語後録五卷[九]、十經文字通正書十四卷[一〇]、新斠注地理志十六卷[一一]。獻之工於小篆，不在李陽冰[一二]、徐鉉之下[一三]。晚年，右體偏枯，左手作篆，尤精，世人藏弆其書如拱璧云。嘗注史記[一四]，詳於音訓及郡縣沿革，山川所在。兵部侍郎松筠爲陝甘總督時[一五]，重其學品，親至卧榻問疾，索未刊著述。獻之以史記注付公，泣曰：「坫疾不起矣。三十年精力，盡於此書，惟明公憐之，勿使蠟以覆車焉[一六]！」是時，侍郎有伊犂將軍之命[一七]，曰：「塞外不能事剞劂，當録一副本，原稿必寄子也。」後江都韋佩金書城爲廣西凌雲縣知縣[一八]，獲譴謫塞外，戍滿南還，公知書城與獻之同舉於鄉，以原稿囑書城付獻之。獻之捧書泣曰：「我不能復見公矣！」至公爲兩江總督時[一九]，獻之先四年死，而書城亦化爲異物，公皆賙恤其家。嗟乎！當今士大夫能謙抑下士，故舊不遺如公者[二〇]，有幾人哉！

[一]光緒嘉定縣志卷一六錢坫傳：「一字篆秋。」師承記初刻本趙之謙批曰：「號十蘭，又號篆秋。」

[二]光緒嘉定縣志卷一六：「乾隆甲午，順天副榜。」

[三]方正澍（一七四三—一八〇九），一名正添，字子雲，號玉谿，清歙縣人。乾隆廩生。寄居江寧，後旅居揚州。受詩於袁枚，而能不襲其體，專工名句，特近晚唐。其詩天骨秀張，妙思奇發。著有子雲詩集一〇卷等。事見吴翌鳳懷舊集卷八，清史列傳卷七二有傳。

[四]洪亮吉，參本書卷四洪亮吉；孫星衍，參本書卷四朱筠河先生及第四一五頁注[四]。

[五]光緒嘉定縣志卷一六：「補乾州州判，歷署興平、韓城、大荔知縣，華州知州，又以乾州知州兼署武功縣。」

[六]末疾，四肢之疾病。左傳昭西元年：「陰淫寒疾，陽淫熱疾，風淫末疾，雨淫腹疾。」賈逵、服虔以爲首疾，即風眩；杜預以爲四支緩急之疾。宋張杲醫説卷三「小中不須治」條：「風淫末疾。謂四肢，凡人中風悉歸手足故也。而疾勢有輕中，故病輕者俗名小中。」清楊震福等纂光緒嘉定縣志卷一六錢坫傳：「晚病風痹，以左手作書。」

[七]詩音表一卷，錢大昕治古音，特重雙聲，錢坫繼其家學，故是書分雙聲、出聲、送聲、收聲、影喻通出聲、曉喻通送聲、曉影通收聲、影喻同聲、本類通聲、來首聲、來歸聲等凡十一類，列表專明詩經中雙聲之詞。有錢氏四種本、音韻學叢書本等。

[八]車制考一卷，是書專考考工記之車制，分輪、蓋、輿、輈、馬、器六類。不駁鄭注，考辨發明，引證群經諸子，特重説文，以爲會通。有錢氏四種本、皇清經解續編本等。

[九]論語後録五卷，是書原擬附集解後，故曰後録。凡分七例：一考異本，二校謬刊，三鉤佚説，四補贉義，五正

舊注，六採通論，七存衆説。共五百七十餘條。有錢氏四種本等。

〔一〇〕十經文字通正書十四卷，十經者，易、書、詩、三禮、三傳、論語。其考一經中文字之通假，故曰通正書。篇中部分，一依説文。其通假之説，固聲因字兩例總之。聲則語言是，字則偏旁是，仍多以雙聲見義。有嘉慶丁巳文章大吉樓刻本等。

〔一一〕新斠注地理志十六卷，是書專注漢書地理志，卷一爲敘録，自卷二以下分地考注。凡大綱有八：考故城、水道、山經、尊時制、正字音、改誤刊、破謬幽、闕疑義。後有徐松集釋。有會稽章氏刊本、歷代地理志彙編本等。錢坫著述傳佈者，尚有爾雅古義二卷、爾雅釋地四篇注一卷（錢氏四種本）、異語一九卷（玉簡齋叢書本）、十六長樂堂古器款識考四卷（嘉慶元年自刻本）、浣花拜石軒鏡銘集録二卷（嘉慶元年自刻本、百一廬金石叢書本）、一切經音義二五卷（莊炘、錢坫、孫星衍同校）、朝邑縣志一一卷（與金嘉琰同纂）等。

〔一二〕李陽冰，字少温，唐趙郡（今河北趙縣）人。官至將作監。精於篆書。嘗録李白草堂集二〇卷。李華嘗爲魯山令元德秀墓碑，顔真卿書，李陽冰篆額，後人争模寫之，號爲「四絶碑」。事見舊唐書卷一九〇下李華傳、新唐書卷二〇二李白傳。

〔一三〕徐鉉（九一七—九九二），字鼎臣，宋廣陵（今江蘇揚州）人。與其弟徐鍇時稱「二徐」。五代時，仕吴爲校書郎；仕南唐官至吏部尚書。入宋，官至給事中、散騎常侍。通小學，擅書法，篆隸尤精。曾受詔與句中正等校訂説文解字三〇卷，世稱「大徐本」。自著書今傳有騎省集三〇卷等。宋史卷四四一有傳。

〔一四〕史記補注一三六卷，重修清史藝文志著録。今不見傳本。光緒嘉定縣志卷一六：「史記補注一書，於郡縣沿革，山川疆域，援據詳核，歷三十年始成，尤生平精力所萃。」潘妍豔作業：潘奕雋錢獻之傳、光緒嘉定縣志卷二十五作一百三十卷；包世臣錢獻之傳、桂文燦經學博採録卷七『錢坫』條作百二十卷，所載不一。然錢坫與楊芳燦書，自言：『乃以餘閒纂成史記注百三十卷、漢書地里志注三十二卷。』則當以一百三十卷爲是，蓋以史記各篇爲一卷也。」

［一五］松筠（一七五四—一八三五），字湘浦，號百二老人，瑪拉特氏，清蒙古正藍旗人。累官至陝甘、兩江、兩廣總督，轉吏部、兵部尚書，軍機大臣等。卒謚文清。服膺宋儒，亦喜談禪。編有西陲總統事略一二卷等，自著有西軺紀行一卷、西軺紀行詩一卷等。事見沈垚落帆樓文集卷五事略，清史列傳卷三二、清史稿卷三四二有傳。

［一六］近藤注：「此語當有出處，未詳。」祥案：後漢書卷一〇下皇后紀末曰：「其職僚品秩，事在百官志。」章懷注曰：「沈約謝儼傳曰：『范曄所撰十志，一皆託儼，搜撰垂畢，遇曄敗，悉蠟以覆車。宋文帝令丹陽尹徐湛之就儼尋求，已不復得，一代以爲恨，其志今闕。』」又洪邁容齋四筆卷一「范曄漢志」條、四庫總目卷四五史部正史類一後漢書皆言及此事。

［一七］清史稿卷一六仁宗紀：五年正月「辛酉，以松筠爲伊犁將軍，仍留陝西剿賊。」七年正月「壬午，以松筠爲伊犁將軍。」

［一八］韋佩金（一七五七—一八一三），字書城，號西山，亦作友山，清江都（今江蘇揚州）人。乾隆四十三年（一七七八）進士。歷官廣西蒼梧、懷慶、凌雲諸縣知縣。嘉慶四年，坐事謫戍，八年釋歸。教授生徒以終。精於地理之學。著述今存有唐藩鎮考三卷、經遺堂全集二六卷等。碑傳集補卷二三有傳。

［一九］清史稿卷一六仁宗本紀：嘉慶十四年「十一月壬辰，以松筠爲兩江總督。」十六年正月癸酉，「松筠調兩廣總督。」祥案：錢坫卒於嘉慶十一年，年六十三。松筠十四年任兩江總督，故下文曰「獻之先四年死」。

［二〇］論語泰伯：「故舊不遺，則民不偷。」

國朝漢學師承記　卷四

甘泉江　藩　纂

王蘭泉先生

袁廷檮

先生諱昶，字德甫，號述菴，一字蘭泉，又字琴德[一]，其先世居浙江之蘭谿，高祖懋忠[二]，始遷江南松江府青浦縣西珠街角鎮[三]，遂爲青浦人。考士毅[四]，字鴻遠，年四十五，無子，禱於杭州靈隱寺，夢人贈以蘭。明日，市蘭歸。逾兩旬，蘭茁二枝：一出土即隕；其一長尺有六寸，森森若巨竹狀。及夏，紫燕棲於楹[五]，同巢異穴。至冬，陸太夫人孕男不育，而錢太夫人生先生[六]，咸以爲蘭徵燕兆也。

[一]祥案：蘭泉、琴德，皆王昶之號，參本書第二〇五頁注[七]。

[二]王懋忠，字思岡，王昶高祖，自浙江蘭谿遷青浦。爲明末幾社成員。事見阮元揅經室二集卷三王公昶神道碑、清嚴榮述庵先生年譜卷首。

[三]錢大昕潛研堂文集卷四一封資政大夫大理寺卿加十四級王公神道碑：「曾祖懋忠，自浙江之蘭谿遷於青浦城西十八里珠家角，蓋在泖水之陽。」嚴譜卷首言遷「青浦縣西珠街角鎮。」祥案：青浦，今屬上海市。

［四］王士毅（一六八一——一七四四），字鴻遠。王昶父。少孤貧，事母以孝聞。檢身治家，嚴而有法。嘗擇六經語十二條，取史事附著之，以朝夕自鏡。又取古來名臣碩儒，自屈原而下，止於明季，凡百二十人，手録其本傳，俾誦習之，題曰百世師録。事見錢大昕潛研堂文集卷四一神道碑、盧文弨抱經堂文集卷三三墓誌銘。

［五］近藤注：「『紫燕』，年譜作『沙燕』，未詳。」祥案：宋羅願爾雅翼卷一五釋鳥燕：「燕有兩種，越燕小而多聲，頷下紫，巢於門楣上，謂之紫燕，亦謂之漢燕。」又曾慥類説卷三五爾雅：「燕有兩種：胡燕胸班黑，作窠喜長，有容一疋絹者；越燕紫胸，俗謂之紫燕，作窠極淺。」

［六］祥案：陸太夫人爲士毅正室，錢太夫人爲側室，見錢大昕王公神道碑。阮氏神道碑：「母錢太夫人，以雍正二年十一月二十二日生公。」

先生生而開敏［一］，四五歲時，能背誦周伯弜三體唐詩［二］，爲人演説楊用修廿一史彈詞［三］，娓娓不倦。年十八，應學使試，以第一人入學［四］。是年，得韓、柳文集、歸震川集［五］、張炎山中白雲詞［六］，讀而愛之，乃肆力於古文詞。年二十一，丁外艱［七］，先生侍疾日久，哀勞毀瘠［八］，居喪讀禮，不作詩文［九］。服闋，游吴下，蔣恭棐［一〇］、楊繩武見先生詩文［一一］，謂宋文憲以後一人也［一二］。

［一］阮元神道碑：「公少穎異，博學善屬文。」

［二］嚴譜卷上雍正五年：「四歲，光禄公授以宋周伯弜所選三體詩，兩月而畢。」周弼，字伯弼，亦作伯弜，宋汶陽人

(今山東汶上)人。寧宗嘉定時進士。官江夏令。工詩，善畫墨竹。有汶陽端平詩雋四卷、三體唐詩六卷行世。事見李龏汶陽端平詩雋序，全宋詩卷三一四六有小傳。三體唐詩六卷，三體謂七言絶句、七言律詩、五言律詩。又各分爲格，如實接、虚接、用事、前對、後對、拗體、側體之類，多爲當時詩家授受之規程，以便初學。有四庫全書本等。

[三]楊用修，即楊慎，見本書第二九頁注[二七]。廿一史彈詞，收自漢至明歷代天子百三十人，每人賦七律一首。有清張仲璜注十卷本，雍正五年漢陽張氏重刊本。嚴譜卷上雍正六年：「五歲，讀楊用修廿一史彈詞，粗知歷朝事及古今名賢崖略。」

[四]嚴譜卷上乾隆六年：「十八歲。二月，應院試，學政工部侍郎桐城張公廷瑑以第一名入學。先生先於館中得東野堂韓集、歸震川集、張炎山中白雲詞，讀而愛之，至是乃始學爲詩詞。」祥案：如前所述，嚴譜僅云韓集，江藩下文作「韓、柳文集」，蓋因世人多以韓、柳並稱而牽連及「柳」字耳。

[五]歸震川集三〇卷別集一〇卷，明歸有光撰。爲其曾孫歸莊所訂，分經解、論、議、説、雜文、題跋、墓碑等二十一類，最爲完足。有光尊崇唐宋諸大家文，與當時主張文必秦漢之「復古派」相對，稱爲「唐宋派」。今有上海古籍出版社一九八一年周本淳點校本。

[六]張炎(一二四八—一三二〇)，字叔夏，號玉田，又號樂笑翁，寓居臨安(今浙江杭州)，宋末元初人。宋亡，流落不偶，潛跡漫游。工詞，以春水詞得名，人稱「張春水」。有山中白雲詞八卷、詞源二卷等。事見山中白雲詞卷首、馮沅君張玉田先生年譜。山中白雲詞或稱山中白雲、玉田詞、張叔夏詞集等，清朱彝尊釐爲八卷，收詞二百四十八首。有四庫全書本、彊邨叢書本等。

[七]嚴譜卷上乾隆九年：「四月，光禄公病。八月二十二日逝。時先生侍疾日久，哀勞彌甚，瘧痢交作。」

[八]禮記曲禮上：「居喪之禮，毁瘠不形，視聽不衰。」

[九]禮記曲禮下：「居喪未葬，讀喪禮；既葬，讀祭禮；喪復常，讀樂章。居喪不言樂。」

［一〇］蔣恭棐（一六九〇—一七五四），字維御，一字迪甫，清長洲（今蘇州）人。康熙六十年進士。爲編修，曾充清會典、五朝國史等館纂修官。後主揚州安定書院講席。有西原草堂文集四卷行世。事見錢陳群香樹齋文集卷二五墓誌銘，清史列傳卷七一有傳。

［一一］楊繩武，字文叔，清吴縣人。康熙五十二年進士。官編修。以丁父憂歸，遂不出。主講江寧、杭州諸書院。卒年七十六。有古柏軒文集四卷行世。清儒學案小傳卷六、詞林輯略卷二有傳。

［一二］祥案：嚴譜卷上乾隆十二年：「三月，在長洲謁蔣迪夫（恭棐）、楊文叔（繩武）兩編修，勸學古人，以宋文憲爲法。」而江藩改爲「謂宋文憲以後一人」，與原意大乖。

肄業紫陽書院，時從惠徵君定宇遊，於是潛心經術，講求聲音訓故之學[一]。是時沈尚書歸愚爲院長[二]，選先生及王光禄鳳喈、吴舍人企晉、錢少詹曉徵、贈光禄寺少卿趙升之、曹學士來殷、上海黄芳亭泌陽令文蓮七人詩，稱爲「吴中七子」。流傳日本，大學頭默真迦見而心折，附番舶上書於沈尚書，又每人各寄相憶詩一首，一時傳爲藝林盛事[三]。

［一］嚴譜卷上乾隆十三年：「五月，見惠定宇秀才棟，因識沈冠雲貢生彤、李客山布衣果。定宇博通經術，於漢學最深；冠雲通三禮，又與客山竝以古文稱，自是潛心經術。」又十四年：「巡撫宗室雅爾哈善課所屬州縣諸生能文章者，取入紫陽書院，先生試第一。監察御史王公次山（峻）爲院長。同院中如褚搢升秀才（寅亮）、錢曉徵秀才（大昕）、曹來殷秀才（仁虎），皆以經術詩古文互相砥礪。」然則王氏識定宇在前，入紫陽書院在後，江氏隷事互倒。

［二］沈尚書歸愚，即沈德潛；沈氏事蹟與吴中七子事，見本書第二一五頁注［一六］。

[三]嚴譜卷上乾隆二十年引日本大學頭之詩曰：「新吟兩卷重麻沙，海雨江風少齒牙。洵有詩書歸典則，偶將煙月關芳華。人如句曲陶宏景，詞比新宫蔡少霞。我欲據梧同詠嘯，滄溟何處見靈槎。」祥案：日本江户時代昌平阪學問所之長官，稱爲大學頭，自一六九一年林信篤被任命爲大學頭後，遂由林氏世襲。近藤注以爲本文「大學頭」即指此而言。錢東壁等竹汀府君行述稱七子詩選書成，風行於世。「賈舶有攜日本者，其國大學頭某讀而善之，人贈一詩，當時傳爲佳話，以爲雞林之比」。又竹汀居士年譜乾隆十年條錢慶曾注又曰：「賈舶有攜至日本者，其國相高棅讀而善之，爲七律，人贈一首，寄估以達。」又錢大昕潛研堂文集卷四三曹學士來殷墓誌銘稱：「流傳海舶，日本國相以餅金購之。」同一事而説法各異。近藤氏以爲此高棅可能與日本寶曆四年（乾隆十九年）去世之「藤堂大學頭高般」有關。北京大學中文系陳曦鐘教授據沈德潛自訂年譜等書考證，以爲當爲日本長崎儒者高彝，高彝字君秉，故誤傳爲高棅。詳參陳教授關於大學頭及其他——七子詩選流傳日本考辨一文，載北京大學學報（哲社）二〇〇四年第六期。

乾隆十八年癸酉[一]，鄉試中式。十九年甲戌[二]，成進士。歸班候選，秦尚書蕙田延先生修五禮通考[三]。明年，游山左歸，陸太夫人病逝，哭泣盡禮[四]。兩淮鹽運使盧見曾聘先生課其子及孫[五]，與程編修午橋[六]、馬同知曰琯、弟徵君曰璐[七]、汪部曹棣[八]，張貢生四科爲文酒之會[九]。二十二年[一〇]，高宗純皇帝南巡，獻賦行在，欽定一等第一，授内閣中書。是歲，仍留揚州，盧運使屬撰紅橋小志以記篠園、平山堂亭榭花木之勝[一一]。明年，入都供職[一二]，溧陽[一三]、南沙[一四]、薌林三公皆以國士待之[一五]。二十〔九〕（二）年[一六]，授刑部山東司主事，充方略館收掌官。三十一年，授刑部浙江司員外[一七]。三十二年，陞刑部江西司郎中[一八]。三十三年，兩淮運使提行事發[一九]，先生與趙文哲坐言語不密罷職[二〇]。

[一]嚴譜卷上乾隆十八年：「鄉試中式第十一名。正考官内閣學士禮部侍郎蒙古夢公麟，副考官翰林院檢討定興王公太岳，同考官如皋縣知縣海寧陳公琨。」

[二]嚴譜卷上乾隆十九年：「三月會試，内閣學士鄒公（一桂）知貢舉，正考官大學士海寧陳公（維城）。榜發，先生中二十四名。……四月，試於太和殿。……先生以莊君培因榜二甲第七名成進士。」

[三]據嚴譜卷上乾隆十九年，王氏於二月抵京師，受秦蕙田之邀纂五禮通考，屬修吉禮。四月成進士。又朝考於保和殿，欽定第三名。因驗看揀選入三等，不得用，歸本班候選。仍寓秦氏味經軒月餘。

[四]祥案：嚴譜卷上乾隆十九年：「山東吴凌雲運使（上功）以書幣來請，乃赴濟南。運使使其子廷韓（玉綸）及楊星標（懷棟）受業，署中經史頗具。……十月，以辭家久，歸省，抵蘇州而陸太夫人已於是月二十四日逝矣。先生既痛不能侍疾，又不及躬視含殮，終天之恨，慟不欲生云。」如譜所載，則王昶游山左及陸太夫人逝，事仍皆在乾隆十九年，江氏云「明年」者，則乾隆二十年，爲推後一年矣。

[五]據嚴譜卷上，乾隆二十年，兩淮鹽運使盧見曾即邀王氏往揚州，不赴；明年冬，將釋服，乃赴盧氏之招；再明年，「運使使其子及孫受業。時程午橋編修（夢星），馬秋玉同知（曰琯）、佩兮（曰璐）兩兄弟，江賓谷貢生（昱）、于九（恂）兩兄弟及其家橙里（昉）、聖言（炎），汪對琴秀才（棣），臨潼張榆山貢生（四科）爲地主，酒坐詩場，於斯爲盛。」

[六]程夢星（一六七九—一七五五），字伍喬，易午橋，號茗柯、香谿等，清歙縣人。康熙五十一年進士。選庶吉士。以詩聞，雅好李商隱。主纂有兩淮鹽法志一七卷、雍正揚州府志四〇卷、重訂李義山詩集箋注三卷外集箋注一卷等。著有今有堂詩集四卷詩後集六卷等。事見程德賚程子香文鈔卷二壙誌，湖海詩人小傳卷一。

[七]馬曰琯(一六八八—一七五五),字秋玉,號嶰谷,清安徽祁門人,占江都籍(今江蘇揚州)。諸生。與弟曰璐時稱「揚州二馬」。構小玲瓏山館等,喜藏書,校經史。著有沙河逸老小稿六卷、嶰谷詞一卷等。事見杭世駿道古堂文集卷四三墓誌銘,清史列傳卷七一有傳。曰璐(一六九七—一七六七),字佩兮,號南齋,亦號半槎。國子生。乾隆元年,舉博學鴻詞,不赴試。著有南齋集六卷詞二卷,輯有宋本韓柳二先生年譜二種八卷等。清史列傳卷七一有傳。

[八]汪棣(一七二〇—一八〇一),字韡懷,號對琴,清江蘇儀徵人。貢生。官至刑部員外郎。喜好文史,多藏書。性好賓客,與盧見曾爲詩友,又與惠棟、戴震、錢大昕等爲文酒之會。著有持雅堂集一〇卷,選輯有唐宋分體詩選一〇卷等。國朝耆獻類徵初編卷一四五有傳。

[九]張四科,字喆士,號漁川,清陝西臨潼人。貢生。僑居揚州,與馬曰琯兄弟相鄰,結集詩社,觴詠其間。著有寶閒堂集六卷、響山詞四卷。事見湖海詩人小傳卷四九、全清詞鈔卷九。

[一〇]嚴譜卷上乾隆二十二年:「二月,鑾駕南巡,召試獻賦諸生,兵部侍郎李公(因培)任學政,以先生所獻迎鑾詩賦進呈。三月,召至江寧,試精理亦道心賦、鴻漸於逵詩、經義制事異同論。……欽定一等第一,賜内閣中書舍人即用。」

[一一]嚴譜卷上乾隆二十二年:「抵揚州,仍寓運使署中,而紅橋、篠園、平山堂亭榭花木,風景益勝,運使屬撰紅橋小志以紀其盛焉。」祥案:紅橋小志,未見。紅橋,橋名,在揚州西北。篠園,園林名,在廿四橋旁。乾隆二十年(一七五五),盧見曾葺而治之,建舊雨亭等。平山堂,在揚州城西北蜀岡上。參揚州畫舫録卷一五、一六。

[一二]嚴譜卷上乾隆二十三年:「十一月,補授中書。」又二十四年,「先是,梁公以工部尚書召入都,旋改兵部。二月,招先生館於邸第,校勘續文獻通考。大學士溧陽史公、常熟蔣公皆以國士相待。」

[一三]史貽直(一六八二—一七六三),字儆弦,號鐵崖,清江蘇溧陽人。康熙三十九年(一七〇〇)進士。官至兩江總督、工、刑、兵、吏部尚書,文淵閣大學士。爲政持大體,不苟爲異同。卒謚文靖。曾奉敕纂工部則例五〇卷,自著有浮翠亭文鈔二卷。事見彭啓豐芝庭先生集卷一二神道碑,清史列傳卷一五、清史稿卷三〇三有傳。

［一四］南沙，指蔣廷錫（一六六九—一七三二）之别號，廷錫爲常熟南沙鄉人，其事見本書第一四〇頁注［三］。近藤注：「年譜有『常熟蔣公』之語，江藩遂以爲蔣廷錫之事，故書『南沙』。實當指其子蔣溥。」祥案：近藤氏説是。廷錫於乾隆十年已逝矣。乾隆十九年，王昶殿試時，蔣溥亦爲讀卷官，故二人亦爲師生關係。蔣溥，見本書第二五一頁注［四］。

［一五］梁詩正（一六九七—一七六三），字養仲，一字養正，號薌林，清浙江錢塘（今杭州）人。雍正八年一甲三名進士。累官至户部、兵部、刑部、吏部尚書，東閣大學士。卒謚文莊。主纂有欽定葉韻匯輯五八卷、西清古鑑四〇卷，自著有矢音集一〇卷等。事見王昶春融堂集卷六一行狀，清史列傳卷二〇、清史稿卷三〇三有傳。

［一六］祥案：嚴譜卷上乾隆二十九年：「二月，授刑部山東司主事，兼辦秋審處。……十月，充方略館收掌官。」江藩此「二十二」當爲「二十九」之誤，今據改。

［一七］嚴譜卷上乾隆三十二年四月：「陞授刑部浙江司員外郎。」祥案：江氏作「員外」，似脱「郎」字，此「郎」字不可省也。

［一八］祥案：中國國家圖書館藏李慈銘批校初刻初印本此句下尚有「是年，詔開經咒館，令章嘉胡圖克圖偕其徒重譯首楞嚴經及諸經秘密咒，充兼校經咒館。先是，純皇帝以三藏中有俚俗猥瑣者，命劉文正公議加删定，公以屬之先生與汪舍人孟鋗，按日稽覽，六閲月而畢。上知先生深入内典，故有是命。」又王昶春融堂集卷九兼值經咒館詩序亦曰：「時命將首楞嚴經重繙國語、蒙古、梵字、漢文四種，用烏金紙分行横書之，送往前後印度謹藏，而經中漢、魏、六朝文義，僧人未能通悉，何從繙譯，故先以朱竹君任其事，近竹君督學安徽，屬昶代之。」江藩襲自嚴譜，後來刻本皆删去此段，蓋因事涉佛門，故避忌之也。

［一九］祥案：此指兩淮鹽引案中涉前任兩淮鹽運使盧見曾事，清代鹽政之爲巨貪，層出不群。清史稿卷一二三食貨四鹽法論曰：「鹽商時邀眷顧，或召對，或賜宴，賞賚渥厚，擬於大僚；而奢侈之習，亦由此而深。或有緩急，内府亦嘗貸出數百萬以資周轉。帑本外更取息銀，謂之帑利，年或百數十萬、數十萬、十數萬不等。商力因之疲乏，兩淮、河東

尤甚。……自三十三年因商人未繳提引餘息銀數逾十萬，命江蘇巡撫彰寶查辦，鹽政高恒、普福，運使盧見曾皆置重典，其款勒商追賠。至四十七、四十九兩年，乃先後豁免三百六十三萬二千七百兩有奇。」此案緣起於乾隆三十三年，尤世拔任兩淮鹽政，風聞鹽商積弊，居奇索賄未遂，乃奏請交內府查收。清高宗密派江蘇巡撫彰寶會同尤世拔詳悉查辦。六月二十五日，高宗令革去兩淮鹽運使盧見曾職銜，查封其家產。然盧氏已先得消息，藏匿資財，故官府抄家所得僅錢數千而已。其後查實前任鹽政高恒任內，查出收受商人所繳銀至十三萬多兩；普福任內，收受丁亥綱銀私自開銷者，八萬餘兩。其歷次代購物件，藉端開用者，尚未逐一查出。奉旨解運使趙之璧任，褫前任兩淮鹽運使盧見曾、鹽政高恒、普福職，押盧見曾下揚州獄審訊。是案高恒、普福定監斬候，秋後處決；盧見曾定絞候，死於獄中。七月乙未，劉統勳等奏：查辦兩淮鹽引一案，盧見曾先得信息，藏匿資財。訊問伊孫盧蔭文，據供係伊戚紀昀先告知兩淮鹽務有小菜銀一事，伊即於六月十四日差家人送信回家。後見郎中王昶談及，王昶告伊，並非小菜銀兩，乃係歷年提引事發，隨又雇人送信回家。嗣復見刑部司員黃駿昌，傳説高恒見已查抄家産，伊叔盧謨心懼，隨於六月二十七日起身回家。上諭：所有漏泄此案之紀昀、王昶、黃駿昌，均著革職交劉統勳等分別嚴審具奏。乙酉，劉統勳等奏：審訊盧見曾寄頓資財一案，先後究出向盧見曾認爲師生之候補中書徐步雲、伊戚翰林院侍讀學士紀昀，並軍機處行走中書趙文哲、軍機處行走郎中王昶，漏泄通信，照似擬徒。其刑部郎中黃駿昌信中傳説，業經革職，應毋庸議。得旨：徐步雲與盧見曾認爲師生，遇此緊要案件，敢於私通資訊，以致盧見曾預行寄頓，甚屬可惡，著發往伊犁效力贖罪。紀昀瞻顧親情，擅行通信，情罪亦重，著發往烏魯木齊效力贖罪。餘依議。詳參高宗實録卷八一三、八一五。

[一一〇]王昶春融堂集卷五三趙文哲墓誌銘：「戊子秋，侍講學士紀昀、中書舍人徐步雲泄兩淮鹽運使盧見曾事，君與余牽連得罪。」

時緬甸未靖[一]，詔以伊犁將軍文成公阿桂爲兵部尚書、定邊右副將軍，總督雲南、貴州[二]。文成，文勤公阿克敦子也[三]。文勤爲先生殿試讀卷師[四]，是以知先生學問經濟，請以從，詔許之[五]。三十四年，文成出萬仞關[六]，住騰越[七]。頃之，得旨命大學士忠勇公傅恒爲經略[八]，緬酋懵駁乞降[九]，經略屬先生草檄諭懵駁，允其降[一〇]。三十六年，文成罷[一一]，用理藩院尚書溫福代之[一二]，奏留先生佐籌善後事[一三]。會四川小金川土司澤旺之子僧格桑指沃日咒詛[一四]，發兵佔其地，又侵據明正土司濃等（寨）（塞）[一五]；而金川應襲土司索諾木亦併革什咱[一六]，殺其土司。上命溫福移師赴四川[一七]，奏請以先生行，奉旨賞給主事，隨往四川軍營辦事[一八]，旋授吏部考功司主事[一九]。僧格桑遣人訴沃日詛害狀，先生作檄斥其罪[二〇]。大兵進討，克斑斕山[二一]，破斯當安[二二]，進攻日耳寨[二三]。三十七年，參贊大臣五岱與溫福訐訟[二四]，詔罷五岱，命文成往北山木雅斯底，代統其衆[二五]。先生從文成督兵，緣山而下，築卡斷賊路[二六]。時南路總督桂林統兵次達烏[二七]，久不能克。乃以兵三千遣參將薛（琮）（綜）從墨壟溝經郭舟山出賊後[二八]，爲夾攻之策。既行，大雨雪，兵無繼者。金川賊由格六古來援[二九]，（琮）（綜）援絶糧盡，全軍皆没。上削桂林職[三〇]，趣文成督南路兵，文成奏請以先生從。先生因兵至達烏，久不攻戰，賊必無備，乃建策潛師襲之，於十一月四日子刻潛師渡谿[三一]，遂據達烏，翁古爾壟之賊，亦震駭無守志[三二]，破其柵，克美諾[三三]，僧格桑遁入金川。

[一]緬甸(Burma)世有内亂，其境木疏(Moksobomyo)部長雍籍牙(亦作雍籍牙、翁籍牙，即 Alanugpaya，一七一四—一七六〇)起兵，於乾隆十九年建新緬甸。然仍内亂不已，雍籍牙薨，長子莽覺紀(Naungdawgyi，一七三五—一七六三)嗣，莽覺紀薨，其弟孟駁(亦作猛駁、懵駁，即 Hsinbyushin，一七六三—一七七六)嗣，在位四年(一七六三—一七七六)。其時雲南土司，雖受清朝統治，亦復納貢緬王，莽覺紀時納貢絶，遂擾邊境，清廷征討，屢爲其敗。三十二年，清廷以明瑞爲雲貴總督兼征緬將軍，率兵入緬，孤軍深入，初勝而終敗，明瑞戰死；三十四年，清廷又以傅恒爲經略，阿里衮、阿桂爲副將軍，再次征緬。前後四年，喪師二萬，耗餉鉅大，遂與孟駁議和，焚舟鎔礮而歸。參清史稿卷五二八屬國三緬甸及阿桂、傅恒、王昶諸人本傳，又可參英戈埃哈威(G E Harvey)著、姚梓良譯緬甸史第七章雍籍牙王朝。

[二]阿桂(一七一七—一七九七)，字廣庭，號雲巖，章佳氏，初爲滿洲正藍旗人，因功改隸正白旗。阿克敦子。乾隆三年舉人。官至四川總督。三十三年，爲副將軍，征緬甸。再征大、小金川，平甘肅回民蘇四十三及田五起義，均爲統帥。卒謚文成。屢將大軍，知人善任。曾奉敕主纂平定兩金川方略等書。清史列傳卷二六、清史稿卷三一八有傳。

[三]阿克敦(一六八五—一七五六)，字仲和，亦作沖和，號立軒，滿洲正藍旗人。康熙四十八年進士。官至兩廣總督、刑部尚書、協辦大學士。卒謚文勤。有德蔭堂集一六卷。事見王昶春融堂集卷六一行狀，清史列傳卷一六、清史稿卷三〇三有傳。

[四]據嚴譜卷上，乾隆十九年王昶殿試時，讀卷官爲來保、史貽直、阿克敦、蔣溥、劉統勳等人。

[五]祥案：王昶滇行日録：「(阿桂)公本軍機大臣，夙知予。時予與趙君升之(文哲)方以口語落職，公奏請掌書記，得旨允行。」然則推薦王氏者乃阿桂本人，非其父阿克敦也。

[六]萬仞關，關名，明萬曆二十二年(一五九四)雲南巡撫陳用賓築，在今雲南盈江縣西北猛弄山上。爲騰越州八關之一。

［七］騰越，清州名，屬雲南永昌府，治騰越（今雲南騰沖）。王昶征緬紀聞：「三十三年二月，阿公（里衮）先往。十一月，阿公（桂）亦赴永昌。」

［八］經略，官名。清代遇有重大軍事行動時，往往以經略爲全軍之統帥。特簡親信王大臣充任，地位高於總督，事畢即撤。清史稿卷三〇一傅恒傳：「三十三年，將軍明瑞征緬甸敗績。二月，授傅恒經略，出督師。時阿里衮以副將軍主軍事，上並授阿桂副將軍、舒赫德參贊大臣，命舒赫德先赴雲南，與阿里衮籌畫進軍。」又參清史稿卷一三高宗本紀四、王昶征緬紀聞。

［九］清史稿傅恒傳：「師久攻堅，士卒染瘴，多物故，水陸軍三萬一千，至是僅存一萬三千。傅恒以入告，上命罷兵，召傅恒還京。傅恒俄亦病，阿桂以聞。上令即馳驛還，而以軍事付阿桂。會緬甸酋懵駁遣頭人諾爾塔賚蒲葉書乞罷兵，傅恒奏入，上許其行成。」

［一〇］嚴譜卷上乾隆三十四年：「十一月十九日，緬酋懵駁以書乞降，經略副將軍乃屬先生偕孫補山侍讀（士毅）草檄諭懵駁，允其降。」又王昶征緬紀聞：「初九日，賊復以書來求息兵。……初十日，傅公檄其頭目。十一日，猛駁來乞降。十三日，檄告。十四日，緬人出見。十九日，撤兵。」

［一一］清史稿阿桂傳：「三十五年，兼鑲紅旗漢軍都統。命赴騰越待緬人入貢。遣都司蘇爾相賚檄至老官屯，緬人拘之，索還木邦等三土司。疏入，上命罷尚書、都統，以内大臣留辦副將軍事。三十六年，疏請大舉征緬，入覲陳機密。上手詔詰責，命奪官留軍效力。是時金川酋郎卡已死，其子索諾木及小金川酋澤旺子僧格桑擾邊，四川總督阿勒泰征之無功，上命阿桂隨副將軍、尚書温福進討。」

［一二］理藩院，清代負責少數民族事務之官署。掌内外蒙古、青海、西藏、新疆以及四川等地區的蒙、回、藏族事務。尚書爲該機構最高長官，滿人，綜理院務，入議政之列，位列工部之後。温福（？—一七七三），字履綏，費莫氏，清滿洲鑲紅旗人。因從征大、小和卓木有功，累遷至軍機大臣、理藩院尚書。金川事起，以定邊右副將軍征小金川，旋擢

武英殿大學士、進定邊將軍。然剛愎自用，將帥不和，不恤士卒，師久無功。三十八年，在木果木遭襲被殺。清史列傳卷二四、清史稿卷三二六有傳。

［一三］嚴譜卷上乾隆三十六年：「八月，温公至永昌，復奏留佐軍事。」

［一四］金川，土司名。土司，爲明清對少數民族地區由土官所管轄的地方行政機構之統稱。金川分大、小金川，位於今四川省大、小金川江流域，大金川藏語名「促浸」，意爲「大河之濱」，自金川縣可至丹巴縣章谷鎮；小金川藏語「儹拉」，意爲「小河之濱」，跨小金、丹巴兩縣境内。二川皆於章谷入大渡河，爲大渡河上游，沿河流域盛産沙金。其地明代屬雜谷安撫司，清順治七年（一六五〇），授小金川頭人卜爾吉細爲土司；康熙五年（一六六六），授大金川嘉勒塔爾巴「演化禪師」印；雍正元年（一七二三），以嘉勒塔爾巴之孫莎羅奔（？—一七六〇）爲金川安撫司，而以舊土司澤旺（？—一七七二）爲仍居小金川。乾隆十一年（一七四六），莎羅奔劫持澤旺並奪其印信，又相繼與諸土司發生糾紛，清廷前後派兵進討，直至十四年，莎羅奔出降，乾隆赦其罪，仍給土司職，是爲第一次金川之役。後莎羅奔卒，兄子郎卡襲職，仍侵諸土司不已。三十五年，郎卡病卒，其子索諾木（？—一七七六）襲職，殺革布希咱土司色楞敦多；小金川土司澤旺之子僧格桑亦與沃日、明正兩土司發生糾紛，乾隆決計再度出兵討伐。直至四十一年（一七七六），索諾木降後被凌遲處死，兩金川方告平定，清廷耗資白銀七千餘萬兩，陣亡文武官員七百三十二人，士兵二萬五千餘人，先後出兵近二十萬，殺戮兩金川土著亦復無數，戰後僅倖存萬餘人，是爲第二次金川之役。此後於小金川置美諾廳，於大金川置阿爾古廳。四十四年，併阿爾古入美諾，後改爲懋功廳，駐同知，理五屯事務。又沃日，安撫司名，乾隆二十年，頒土司沙拉達安撫司印信（後更名鄂克什，亦稱鄂什），官寨在沃日，因沃日河得名，位於今四川小金縣沃日鄉。王昶蜀徼紀聞：「會四川金川土司索諾木與革什咱土司拉旺斯布登夙有隙，爲兼併計。（三十六年）四月，乘其浴於温泉，掩擊殺之，取其地，遂以衆侵明正土司。而小金川土司僧格桑者，本與金川同祖，且娶索諾木妹，自上年已指沃日土司色達拉爲咒詛，致其父子患病，且年歲不登，舉兵攻之。」又參清史稿卷五一三土司二四川。

［一五］祥案：「寨」，諸本皆作「塞」，形近而誤，今據文意改之。明正，宣慰使司名，康熙五年内附。住牧打箭爐（今四川康定）。乾隆三十六年，其土司甲木參德侵隨征金川有功，賞「佳穆伯屯巴」名號。參清史稿卷五一三土司二四川。

［一六］革什咱，安撫司名，其先魏珠布策凌，康熙三十九年歸附。在今四川康定境内。

［一七］清史稿温福傳：「三十六年，師征金川，授定邊右副將軍，以侍郎桂林佐之，共討賊。」

［一八］高宗實録卷一二六〇乾隆三十六年十月丙子：「諭據温福奏，革職郎中王昶、中書趙文哲，在滇省軍營，自備資斧效力，已滿三年，今派令隨赴四川辦事，懇量予加恩等語。王昶著賞給主事，趙文哲著賞給内閣中書，隨往四川辦事。所有應得分例，準其支食。」

［一九］嚴譜卷上乾隆三十六年十月二十四日，選授吏部考功司主事。」蜀徼紀聞：十二月「初六日，閲邸抄，余補授吏部考功司。」

［二〇］嚴譜卷上乾隆三十六年「十二月初二日，僧格桑遣人訴沃日詛害狀，温公屬先生作檄斥其罪。」

［二一］斑斕山，亦作巴朗拉，今作巴朗山，藏語「樫柳」之意，位於今四川小金縣東部日隆鄉以南，屬邛崍山之中段，地勢險要，爲小金縣至灌縣必經之道。祥案：乾隆時，曾對四川諸土司地重新翻譯，以合清國語。蜀徼紀聞：「四川邊外諸番，多用西藏語而地名率與唐古忒字音不合，命國師章嘉瑚土克圖重譯之，如沃日改爲鄂克什，斑斕山改爲巴朗拉，日耳改爲資哩……」

［二二］斯當安，亦作四道灣，今稱四大安，有四大安溝，藏語「上下溝」之意，位於今小金縣日爾鄉東。蜀徼紀聞：乾隆三十六年十二月二十五日，「攻四道灣（自注：一作斯當安，距日耳五里。）碉不克。」

［二三］日耳寨，今日爾街，藏語「山楞」之意，位於小金縣日爾鄉。

［二四］五岱（？—一七九四），瓜爾佳氏，清黑龍江人。從攻金川，授參贊大臣。金川平，爲塔爾巴哈臺領隊大臣。後參與平定蘭州石峰堡回民起事。官至領侍衛内大臣。清史稿卷三三三有傳。清史稿本傳：「京旗目吉林、黑龍江諸部人

爲烏拉齊，鄙之不與爲伍，温福以是輕五岱。五岱密疏言：『温福在軍好安逸，不親督戰，自以爲是，寒將士之心。』温福亦劾：『五岱剛愎自用，自成都至軍，途中奪驛馬騷擾；方攻巴朗拉，緑營兵驚退，五岱不能禁，詐言被創昏暈。』上命豐昇額、色布騰巴勒珠爾詣軍中按治。色布騰巴勒珠爾等疏言鞫五岱俱不承，請奪其職，留軍前自效，上責色布騰巴勒珠爾等所論列不得要領；復疏言温福輕五岱，致起釁。温福疏辨，謂五岱與色布騰巴勒珠爾朋比謀傾陷，上命色布騰巴勒珠爾等逮五岱詣熱河行在。是時尚書福隆安奉使如四川，疏言五岱無奪驛馬及攻巴朗拉詐言被創事，色布騰巴勒珠爾亦未嘗袒五岱。五岱至熱河，軍機大臣廷鞫，戍伊犂。居數月，授藍翎侍衛，命從阿桂出南路聽差遣。阿桂令率士兵赴美諾、明郭宗諸地，相機夾擊。尋授頭等侍衛。」

［二一五］木雅斯底，亦作木拉斯底，今稱木納斯，藏語「禾苗狀之青草」之意，位於今小金縣日爾鄉木納斯村。蜀繳紀聞：「三月『初四日，隨阿公赴木雅斯底，過日耳北山，稍下至水磨，有木城，設百人戍之。』」

［二一六］蜀徼紀聞：「三十七年『二月十二日，五公令參贊巴延泰自木拉斯底巔以次築卡傅山下，凡十卡，思絶賊來路。』」

［二一七］桂林（？—一七八〇），伊爾根覺羅氏，滿洲鑲藍旗人。乾隆三十六年，命佐定邊右副將軍温福討金川，旋授四川總督。後以桂林在軍日親曲蘖，止圖安逸，不能與士卒同甘苦，致戰事不利，傷損多兵，命戍伊犂。後授四川提督，遷兩廣總督。卒謚壯敏。清史列傳卷二五、清史稿卷三二六有傳。又達烏，今稱達維，藏語「石碉」之意，位於小金縣達維鄉。

［二一八］祥案：薛綜，當爲薛琮之誤，清史列傳與清史稿本傳、桂林傳、阿桂傳、嚴譜皆作「琮」，此「綜」字與下文「綜援絶糧盡」之「綜」，今皆據改。薛琮（？—一七七二），陝西咸寧人。從阿勒泰討金川。温福代阿勒泰視師，攻巴朗山，琮戰最力。乾隆三十七年五月，總督桂林與都統鐵保、提督汪騰龍將兵取墨壟溝，令琮將三千人攻墨壟溝，以應大軍夾擊。琮深入，大雨雪，糧盡，求援於桂林，桂林按兵不動。琮督兵直進，毀栅十餘，奪碉七十餘。督兵仰攻，中槍，没於陣，軍盡覆，僅二百餘人泅水生還。清史列傳卷六五、清史稿卷三二九有傳。又墨壟溝，亦作墨隴溝，豁名，位於今小金縣撫

邊鄉，有墨壟村。

〔二九〕格六古，亦作博六古，疑爲今格爾古，嘉戎語「山包」之意，位於今金川縣河西鄉。

〔三〇〕清史稿桂林傳：「桂林復督兵攻達烏東岸山梁，參將薛琮戰没，琮驍將，深入糧盡。桂林既失期不會師，又不以時遣援，軍盡覆，疏請治罪，述戰狀不敢盡。（宋）元俊與散秩大臣阿勒泰劾其虚誑，並言桂林在卡丫建屋宇以居，迫屬僚供應，與副都統鐵保、提督汪騰龍等終日酣飲，諸將罕得見；密令騰龍畀總兵王萬邦白金五百，贖被掠官兵，希圖掩飾。上奪桂林職，命額駙、尚書公福隆安馳往按治，尋奏所劾皆虚，惟官兵傷損不即察奏屬實；至贖被掠官兵，乃在軍户部郎中汪承霈聞巴旺、布拉克底土兵歸失道，官兵告桂林，發白金五百交騰龍備賞，事爲元俊構陷，請分別治罪。上以桂林在軍日親曲糵，止圖安逸，不能與士卒同甘苦，致北山梁傷損多兵，不得爲無罪，命戍伊犁。三十八年七月，予三等侍衛銜，仍詣軍前督糧運。」

〔三一〕嚴譜卷上乾隆三十七年，「時計達烏久不攻，賊必無備，乃於十一月初四日子刻潛師渡谿，據其碉卡，翁古爾壟之賊亦恇駭，遂破其栅。二十四日，復以皮船渡水，破僧格宗，備人來降，皆釋勿殺，共得户口六千餘。十二月初五日，克美諾，僧格桑走占固。温公亦克蒙固寨，屆美諾會師。僧格桑遁入金川，澤旺降，械送京師。」

〔三二〕翁古爾壟，爲美諾廳舊治，位於屯務廳西北，前懋功屯治所。

〔三三〕美諾，藏語嘉戎語「底下」之意，今稱美興，位於今小金縣美興鎮。

先是，文成奏先生係獨子，母年七十餘〔一〕，深明大義，勗以殫心軍事。今從軍已五年矣〔二〕，請量加拔擢。至是，得旨以吏部員外郎陞用。大兵進討金川，議分三路：温福與參贊哈國興由空喀〔三〕，文成與參贊明亮由當噶〔四〕，兵部尚書果毅公豐昇額與參贊舒常往綽斯甲由日傍、俄坡[五]。未幾，哈國興病没[六]，奉旨以海蘭察代之[七]。三十八年，從師由美諾進發，次當噶山，攻克西山峰，又克兩大碉[八]；而將軍温福自空喀移兵木果木[九]，攻戰失利。賊煽小金川人，盡反其地，先侵登達、占固[一〇]，提督董天弼赴水死[一一]。遂分寇登春、八卦碉[一二]。海蘭察奪隘出，兵潰，温福死焉。六月十日也。金川既得美諾，率衆犯當噶，參將劉輝祖率一百四十餘人拒戰[一三]，自亥至寅，殺賊二百人，而領隊大臣奎林於色木則隘口拒賊[一四]，日十餘接。賊死者甚衆，畏當噶兵，乞降。文成知當噶不可守，姑從其請，徹師至翁古壟[一五]，奏沃日乃進討大路，請往視師，乃西行。是時，晨夕得警報，而詔旨詢問無虚日。先生馳馬日行四五百里，夜草奏治文書，恒徹夜不寐[一六]。十一月八日，大兵至大板昭[一七]，僧格桑復竄入金川，八日而小金川悉平。

[一]祥案：王昶生母錢太夫人逝於乾隆四十五年，壽八十。乾隆三十七年時，錢太夫人年七十二，故此曰「母年七十餘」者，約數耳。

[二]王昶自乾隆三十三年隨阿桂從征緬甸，至三十七年已五年，故云「從軍已五年」。

[三]哈國興（？—一七七三），回族。清直隸河間人。哈攀龍子。乾隆十七年武進士。因征緬有功，屢遷貴州提督。清師征金川，命國興從將軍温福進討。後因戰功顯赫，授參贊大臣，佐副將軍豐昇額。病卒於軍中，謚壯武。清史列傳卷二四、清史稿卷三一一有傳。又空喀，今作空卡、空卡梁子，山名。位於今四川金川縣東南、小金縣西部，藏語「白色山洞」之意，爲兩縣之界山。山勢險峻，陡峭難攀，終年積雪，爲通往金川縣之主要關隘。

緬甸，有功。兩金川事起，命以護軍統領佐四川總督桂林出師。小金川平，進討大金川，温福出西路，豐昇額出北路，而阿桂出南路，明亮爲參贊。嘉慶時，官至兵部尚書、武英殿大學士。卒謚文襄。清史列傳卷二九、清史稿卷三三〇有傳。

［四］明亮（一七三六—一八二二），富察氏，滿洲鑲黄旗人。乾隆三十年，授伊犁領隊大臣，再移寧古塔副都統。從征

當噶，當噶山，亦作丹噶山，位於今金川縣東南。

［五］豐昇額（？—一七七七），鈕祜禄氏，清滿洲正白旗人。金川再用兵，授參贊大臣、進副將軍。乾隆三十八年，與將軍温福、副將軍阿桂議分道並進，豐昇額自章谷、吉地經綽斯甲布，合攻勒烏圍。金川平，官至户部尚書。卒謚誠武。清史稿卷三一三有傳。舒常（？—一七九八），舒穆魯氏，滿洲正白旗人。乾隆三十七年，温福征金川，授參贊大臣。金川平，後授工部侍郎。嘉慶初，署刑、兵二部尚書。卒謚恪靖。清史稿卷三一三有傳。綽斯甲，亦作卓斯甲，因有綽斯甲河（今作杜柯河）得名，原綽斯甲土司周山官寨在此，位於今金川縣金川鎮西北。日傍，今作日旁，亦稱日旁梁子、日旁嶺，山名。位於今四川金川縣金川鎮北。俄坡，位於今金川縣沙耳鄉。

［六］嚴譜卷上乾隆三十七年十二月「二十一日，哈君病殁於占固。哈君本回人，勇敢識兵機，善馭邊夷，軍中皆惜之。奉旨以海蘭察代焉。」

［七］海蘭察（？—一七九三），朵拉爾氏，滿洲鑲黄旗人，世居黑龍江。乾隆三十六年，師征金川，命自雲南赴四川與師會，小金川既定，進討大金川，授參贊大臣，從將軍温福出西路。金川平，授領侍衛内大臣。四十六年，甘肅撒拉爾回蘇四十三率回民起事；五十二年，臺灣林爽文起事；五十六年，西藏征廓爾喀叛亂：皆以海蘭察爲參贊大臣討平之。卒謚武壯。清史列傳卷二五、清史稿卷三三一有傳。

［八］嚴譜卷上乾隆三十八年，「正月初一日，從師由美諾進發，次當噶山，山脊長幾二十里，賊排十四碉於上絶險處，鎗礮可互相援也。二十日，攻最西山峯，克之。二月二十六日、三月二十一日，攻中兩大碉，又克之。」

［九］木果木，藏語嘉戎語「右下之地」之意，位於今金川縣卡撒拉鄉，有木果木山。祥案：時温福自空喀移兵木果

木，屢攻不得。金川土司索諾木聯絡小金川頭人率土兵突襲，攻陷提督董天弼之底木達營（位於今小金縣撫邊鄉），切斷清兵糧運。數日後，夜襲木果木，清軍不備，望風而逃，温福中槍而死。是役清軍自温福而下文武官員戰死八十八人、士兵三千餘人、軍糧一萬七千餘擔、銀五萬兩、大炮五尊，損失慘重，小金川得而復失，史稱「木果木之難」。

［一〇］登達，位於今小金縣撫邊鄉；占固，位於今小金縣達維鄉北。

［一一］董天弼（一七一二—一七七三），字霖蒼，清大興人。雍正十年武進士。授四川提標前營守備。乾隆二十四年，爲維州副將。三十六年，從征小金川，師久無功，奪官。三十八年，復爲四川提督。時小金川已定，温福督師進討大金川，令天弼以五百人守底木達，遭圍，戰死。事見碑傳集卷一一二惲敬墓誌銘，清史列傳二四、清史稿卷三二九有傳。

［一二］登春，藏語「窄小」之意，位於今小金縣木坡鄉，有登春溝。八卦碉，因建有八棱形石碉得名，今小金縣八角鄉，有八角街。

［一三］劉輝祖（？—一七七五），漢軍鑲白旗人。乾隆二十六年（一七六一）武進士。授藍翎侍衛。三十八年，從征金川有功，受傷，擢湖南長沙副將，後爲甘肅鎮原總兵。國朝耆獻類徵初編卷二八九有傳。

［一四］領隊大臣，官名。清代派往新疆的駐紮大臣。伊犁將軍與塔爾巴哈臺參贊大臣下設，管理錫伯、索倫、察哈爾、厄魯特等部游牧之事。另在巴里坤、古城、阿克蘇等地亦設，管各城軍事要務。奎林（？—一七九二），字直方，富察氏，滿洲鑲黃旗人。乾隆三十七年，授領隊大臣，從征金川，勇猛善戰，爲飛石傷脊，後又中槍傷頂，旋授鑲紅旗漢軍都統。傷癒復戰，師還，授右翼前鋒統領，擢理藩院尚書。後官伊犁將軍、福建水師提督、成都將軍、參贊大臣等。帥師入藏，疽發，卒於途。謚武毅。清史稿卷三三一有傳。色木則，未詳。

［一五］鍾校：「『翁古爾壟』原作『翁古壟』，據大清一統志、清史稿改。」祥案：「翁古爾壟」即「翁古壟」，緩言之則「翁古爾壟」，急言之則「翁古壟」，上段即作「翁古爾壟」。此譯音有緩急，非必作「翁古爾壟」，故不必改也。

［一六］嚴譜卷上乾隆三十八年，「時晨夕得警報，而詔旨詢問無虚日。先生日行三四站，夜則具章奏治文書，以是得

疾。八月初七日，抵日隆關，稍瘳。」

［一七］大板昭，藏語「設置官員」之意，位於今小金縣兩河鄉大板村，時平金川，在此設大板昭屯，料理糧務。

三十九年，分兵三路合攻，先生從師自美諾啓行，抵谷噶［一］。四月，刑部侍郎袁守侗按事入川［二］，詔令赴軍營視狀，知軍牘皆先生一人經畫，回京具奏。上嘉之，有旨垂問，文成覆奏，得旨擢吏部郎中。四十年五月，克遜克爾宗［三］，奉旨補吏部文選司郎中［四］。八月，克勒烏圍賊巢［五］。十二月，克則朗噶克［六］，下壓雍中喇嘛寺，取之［七］。即刮耳厓［八］。金川賊索諾木之母阿倉及姑阿青，時在河西，路斷不能歸，來降，於是移大營於噶喇依。四十一年，三路兵合攻，索諾木兄莎羅奔岡達克、索諾木明楚克等相繼投出。二月［九］，合攻益急，索諾木率其兄爽爾瓦沃雜爾、弟斯丹巴、妻巴底土、妹得什安木楚及大頭人丹巴詵雜爾等二千餘人，齎印出降。僧格桑已病死，并以首獻，兩金川蕩平。

［一］谷噶，山名，在今金川縣勒烏東北，大金川河東岸。

［二］袁守侗（一七二三—一七八三），字執沖，號愚谷，清長山（今山東鄒平）人。乾隆九年舉人。官至廣西按察使，户部、刑部尚書，終官直隸總督。端重篤實，才德兼優，以清節著。卒謚清慤。事見碑傳集卷七三沈叔埏墓誌銘，清史列傳卷二四、清史稿卷三二四有傳。

［三］嚴譜卷上乾隆四十年：「五月十二日，克遜克爾宗。」遜克爾宗，亦作僧克宗，今作僧格宗，藏語意爲「似獅子之

地」，位於今小金縣新格鄉，爲小金川門户。

［四］嚴譜卷上乾隆四十年：「六月，先生補吏部文選司郎中。」

［五］嚴譜卷上乾隆四十年：「八月十四日，克勒烏圍賊巢。」勒烏，亦作勒外，乾隆前稱勒烏圍，藏語意爲「地勢如裙」，爲大金川土司官寨所在地，位於今金川縣勒烏鄉。

［六］嚴譜卷上乾隆四十年：十二月「十七日，克則朗噶克，下壓雍中喇嘛寺，取之。」祥案：則朗噶克，近藤注以爲可能爲策拉角克，在小金川河西與撫邊屯西。若然，則當位於今小金縣撫邊區。然據上下文意，則似當在勒烏圍與噶朗依之間某要地爲是。

［七］雍中喇嘛寺，古名金川寺，藏語嘉戎語「雍忠朗」，義爲「吉祥神」，爲今廣法寺，位於今金川縣安寧鄉。原爲藏區波教（黑教）聖地。乾隆四十一年，改爲黄教寺廟，賜名廣法寺，清代四大皇廟之一，爲統治四川西北藏族地區之宗教中心。

［八］祥案：嚴譜卷上乾隆四十年十二月二十日，索諾木之母阿倉及姑阿青「來降。於是移大營於噶喇依之上。」嚴氏注：「即乾隆十三年金川方略内所稱刮耳厓。」噶喇依，亦稱嘎爾額，藏語嘉戎語「氣候温和小麥成熟之意」，位於今金川縣安寧鄉安寧村，時爲索諾木官寨。

［九］嚴譜卷上乾隆四十一年：「二月，合攻益急。」初四日，索諾木等降。「三月初二日，自噶喇依班師。」

先生從征九年［一］，雖羽書旁午［二］，然磨盾之暇，馬上吟詠，穹廬頌讀，無一日廢也［三］。凱旋至良鄉［四］，駕幸黄新莊郊勞，用戎服行禮［五］。四月二十九日，上遣皇子獻俘太廟［六］。五月朔，御午門受俘［七］，訊於瀛臺［八］，以逆酋兄弟罪在不赦，磔死，縣首藁街。是日，幸紫光閣賜宴，作四裔之樂[九]。宴畢，賜白金緞匹，朝珠荷包[一〇]。奉旨：吏部郎中王昶，久在軍營，著有勞績，著陞授鴻臚寺卿[一一]，賞戴花翎，在軍機處行走[一二]。命纂金川方略[一三]，充總修官。尋擢通政使司副使[一四]。四十二年三月，擢大理寺卿[一五]。四十三年，上因大清一統志成於雍正四年[一六]，至乾隆二十三年平定準噶爾回部[一七]，拓地二萬餘里，及府州縣增置改析者多，命重修，充總修官[一八]。四十四年，補授都察院左副都御史[一九]，又有旨授河南布政使。户部尚書梁公國治言先生在軍機久[二〇]，多聞舊事，請留内用，上允其奏。四十五年，隨駕南巡[二一]，鑾輿次嘉興，有旨授江西按察使。旋丁内艱[二二]，回籍治喪，能盡古喪禮。奉諱家居時，建宗祠，置家塾，以教族人子弟[二三]。

[一]祥案：王昶自乾隆三十三年從征緬甸，至四十一年平定金川，前後八年，嚴譜卷上乾隆四十一年五月，清高宗召見王昶，「詢軍營前後八年事甚詳」。此曰「九年」者，蓋自始至終九個年頭，故云。

[二]羽書，軍事文書，古時以插鳥羽以示緊急。後漢書卷八七西羌傳論：「燒陵圖，剽城市，傷敗踵係，羽書日聞。」注：「羽書即檄書也。魏武奏事曰：『邊有警急，即插羽以示急。』」平定兩金川方略卷一三一阿桂等奏疏：「兩金川之役，前後五年，軍書旁午。」

[三]祥案：王昶從征期間，與友朋來往書札與詩文不斷，詳見嚴譜。其乘間讀書，亦有記載，如嚴譜卷上乾隆三十六年：「大兵久撤，幕府清閒，乃借性理大全、語類、或問、王文成公集讀之，求天人性命修身立行之要。」

[四]嚴譜卷上乾隆四十一年四月「二十三日，至良鄉之竇店。」良鄉，地名，在今北京房山區東北十三公里，爲京城南

大門。

［五］嚴譜卷上乾隆四十一年四月二十七日，駕幸黄新莊郊勞，先生用戎服行禮。」又高宗實録卷一〇〇七乾隆四十一年四月二十六日：「上駐蹕黄新莊，定西將軍阿桂、副將軍豐昇額等振旅凱旋，詣行宮請安，賜將軍以下至官兵等食。」二十七日，「上幸良鄉城南，行郊勞禮。……上龍袍衮服。……將軍、副將軍曁參贊、領隊侍衛官兵，戎服跪迎。」黄新莊，在今北京房山區東北十五公里處。乾隆時建行宮於此，爲清帝謁西陵駐蹕之所。郊勞，指軍隊出征凱旋，朝廷派員郊迎慰勞曰郊勞。

［六］祥案：高宗實録卷一〇〇七乾隆四十一年四月二十五日，「獻俘馘於廟社」。實録記載較王氏所記提前四日。

［七］祥案：高宗實録卷一〇〇七：「己巳，行受俘禮。……上龍袍衮服，御午門樓。……禮成，上御瀛臺，親鞫俘囚索諾木等罪狀。遂命刑部將索諾木……皆寸磔。梟索諾木等，併懸僧格桑首於市。上御紫光閣，行欽至禮。賜將軍阿桂、副將軍豐昇額等卮酒，成功將士並王公大臣咸入宴，奏凱宴樂。各番人以次歌舞。退，賜將軍至隨軍將士銀幣有差。」平定兩金川方略卷一三五、清史稿卷一四高宗本紀五所記皆同。己巳爲四月二十八日，非「五月朔」，五月朔日爲辛未也。嚴譜誤，江藩襲誤也。

［八］瀛臺，亦稱南臺、趯臺，位於北京故宮西苑太液池（今中南海），三面臨水，中有勤政、涵光、香扆三殿，康熙、乾隆兩朝時，常爲夏日聽政之所。

［九］清史稿卷一〇一樂八：「有四裔樂舞：東曰瓦爾喀，曰朝鮮，北曰蒙古，西曰回，曰番，曰廓爾喀，南曰緬甸，曰安南，皆同列於宴樂之末。」

［一〇］清史稿卷一〇三輿服二：「朝珠，用東珠一百有八，佛頭、紀念、背雲、大小墜雜飾，各惟其宜，大典禮御之。惟祀天以青金石爲飾，祀地珠用蜜珀，朝日用珊瑚，夕月用緑松石，雜飾惟宜。絛皆明黄色。」

［一一］鴻臚寺，官署名。掌朝會、國賓、祭祀宴餉時贊導禮儀諸事宜。主官爲鴻臚寺卿，正四品。

［一二］軍機處，即軍機事務處，亦稱辦理軍機處。清官署名。雍正八年設。由皇帝特旨三品以上滿漢大員若干人，入值爲軍機大臣，掌機要，負責奏摺文書的處理及諭旨擬撰等。軍機大臣侍帝左右，備帝顧問，並參與國家大政之商討及官員之任命陞降等。此諭旨亦見平定兩金川方略卷一三五。

［一三］金川方略，即平定金川方略一五三卷，大學士阿桂等奉敕撰。前爲御製序文紀略一卷、天章八卷、藝文八卷，後一百三十六卷凡記自乾隆二十年六月至四十四年十一月間，平定兩金川事。有四庫全書本等。

［一四］嚴譜乾隆四十一年：「七月，擢通政使司副使。」通政使司，官署名。掌收各省題本，校閱後呈送内閣，並稽覆程限，違式者劾之。副使佐理通政使之務，滿、漢各一人。正四品。

［一五］嚴譜乾隆四十二年：「三月，擢大理寺卿。」大理寺，官署名。掌平反刑獄之專門機構。與刑部、都察院合稱三法司。大理寺卿爲該部主官。正四品。

［一六］大清一統志，見本書第六六頁注［五］。

［一七］準噶爾，清厄魯特蒙古四部之一，初牧於額爾齊斯河上游和塔爾巴哈臺以東霍博克河、薩里山一帶，後以伊黎河流域爲中心。清康熙時，噶爾丹統一準噶爾諸部，在沙俄支持下反叛清朝，康熙三次出兵平定叛亂。乾隆二十年（一七五五），準噶爾部阿睦爾撒拉又發動叛亂，清廷出兵，至二十二年方平定叛亂。阿睦爾撒拉逃往俄國，患天花而死。詳參平定準噶爾方略一七二卷。

［一八］四庫總目卷六八史部地理類一大清一統志：「乾隆二十年，天威震疊，平定伊犂，拓地十萬餘里，爲自古輿圖所未紀，而府州縣之分併改隸與職官之增減移駐，亦多與舊制異同，乃特詔重修，定爲此本。嗣乾隆二十八年，西域愛烏罕霍罕、啓齊玉蘇烏爾根齊諸回部，滇南整欠、景海諸土目，咸相繼内附。乾隆四十年，又討定兩金川、開屯列戍，益廣幅員。因並載入簡編，以昭大同之盛軌。」

［一九］嚴譜卷上乾隆四十四年：「十二月十九日，補授都察院左副都御史；二十一日，又有旨授河南布政使。户部

尚書梁公（國治）言在軍機房久，多聞舊事，請留，遂乙太僕寺卿江君（蘭）代之。」

［二〇］梁國治（一七二三—一七八七），字階平，號梅塘，又號瑶峰，清會稽（今浙江紹興）人。乾隆十三年一甲一名進士。歷官至東閣大學士兼户部尚書。爲官勤謹，治事敬慎縝密。卒謚文定。曾爲四庫全書館副總裁，奉敕纂日下舊聞考、欽定國子監志六二卷等。自著有敬思堂文集六卷、奏御詩集四卷、詩集六卷等。事見朱珪知足齋文集卷四墓誌銘，清史列傳卷二一、清史稿卷三二〇有傳。

［二一］嚴譜卷上乾隆四十五年：正月「十二日，隨侍南巡啓蹕。……（三月）十五日，回鑾次嘉興，奉命授江西按察使。」

［二二］嚴譜卷上乾隆四十五年：「八月二十四日酉時，（錢太夫人）卒，先生哀毁盡禮。」

［二三］嚴譜卷上乾隆四十六年：王昶「欲置家塾以教族人子弟。己亥秋，卜地於所在橋南，起祠屋三進共二十間，置田五百畝以供其用。又藏經史子集四萬餘卷，金石文字法帖二千餘通。」

服闋，補授直隸按察使［一］，未抵任，改授西安按察使。四十九年，甘肅固原屬鹽茶廳回人田五阿渾倡復新教［二］，糾衆攻破西安州［三］。阿渾者，回語通經教主之稱也。總督李侍堯［四］、提督剛塔具奏［五］，奉旨以西安州距陝西長武六〔站〕（跕）［六］，恐回匪竄入，命往禦，乃至長武。長武有都司一員，兵一百三十名，提督調去，存三十名。又益以宜君兵五十名，合參將孫受兵四十二名［七］，共一百二十名。而長武之通甘肅者有七路，各以兵役數人守之。未幾，田五自戕死，餘黨張文慶等走會寧，提督又調孫受兵去，長武勢益弱。賊又走安定之官川，其地乃前回匪馬明心所居[八]，回匪盤聚於此，賊勢甚張。乃借兵於總兵三德[九]，得兵三百，令通判黄秉哲率領以來[一〇]，椎牛享之，分撥城内外，聲勢稍壯，民心乃安。

[一]嚴譜卷上乾隆四十七年：「二月十六日，福巡撫（指福崧）傳旨補授直隸按察使。……（三月）初一日，自蘇州行抵泰安，孫補山方伯遣人來候，始知改調西安按察使。」

[二]固原鹽茶廳，治今寧夏回族自治區固原縣。田五（？—一七八四），又名富，回族，清甘肅鹽茶（今寧夏海原）人。乾隆二十六年（一七六一），甘肅安定（今定西）人馬明心自中亞回國，創立新教，與傳統老教争鬭。清廷逐馬氏，馬氏之徒蘇四十三遂於乾隆四十六年起兵反清，爲阿桂等鎮壓。田五爲新教阿訇，亦於四十九年與張文慶、馬四娃等聚集回民，於通渭石峰堡築寨，約期起兵抗清，因事泄遂提前於鹽茶小山起事，率衆攻靖遠、會寧，皆不克，旋與清軍激戰，中槍自刎。餘衆攻克通渭，擊斃清西安副都統明善，退回石峰堡與清軍相峙，後爲清廷鎮壓。參石峰堡紀略二〇卷。

[三]西安州，位於今寧夏海原縣西，清廷在此設游擊駐防。

[四]李侍堯（？—一七八八），字欽齋，一字昭信，號翊唐，漢軍鑲黄旗人。累遷至户部尚書、閩浙總督等職。侍堯短小精敏，過目成誦，知人善任，辦事幹練。然以貪黷坐法，屢有起躓，終爲清高宗所曲赦。卒謚恭毅。清史列傳卷二三、清史稿卷三二三有傳。

[五]剛塔，烏濟克忒氏，滿洲正藍旗人。屢遷至陝西固原提督。田五起事，攻破西安州。剛塔督兵鎮壓，迫其自殺。後因戰事不力，逮送京師，戍伊犁卒。清史列傳卷二五、清史稿卷三三五有傳。

[六]嚴譜卷下乾隆四十九年條：「先生以爲，甘、陝相通路徑，長武最要，鳳翔、隴州次之。……而長武至隴州當由邠、乾東折而南，計七站。」與江述微異。然則「跕」當爲「站」之誤，此蓋爲刻手致誤，今據改。

[七]孫受（？—一七八四），清甘肅武威人。由行武擢江西饒州營守備。乾隆四十一年，爲陝西神木營游擊。四十八年，擢撫標中軍參將。翌年，田五陷安西州，受戰歿於石峰堡之役。事見國朝耆獻類徵初編卷三五五有傳。

[八]馬明心（一七一九—一七八一），一作馬明新，又稱穆罕默德召裴，經名伊布拉欣，字復姓，道號維尕葉屯拉，清甘肅安定（今定西）人。回族。早年曾赴麥加朝聖，受業伊斯蘭教蘇非派教義。乾隆九年（一七四四）回國，於河州（今甘肅臨夏）宣傳蘇非派哲赫林耶教義（亦即回教新教），旨在革除門宦制度。後爲舊教派逐回安定，創哲赫林耶派。二十六年，又抵青海撒拉族中傳教，復爲逐回安定。後因其徒蘇四十三起事抗清，爲清吏捕獲，囚於蘭州，後被殺。事見石峰堡紀略。

[九]三德（？—一七八八），瓜勒佳氏，滿洲鑲紅旗人。乾隆時，累功至陝西興漢鎮總兵。蘇四十三回民起事，參與鎮壓。後官至廣西提督。事見碑傳集卷一一六楊於果陝西鎮總兵三德公追剿逆回秦民紀功碑。

[一〇]黄秉哲，未詳。

時副都統明善[一]、參將孫受以滿漢兵一千七百人駐高廟山[二]，擊賊失利，二人没於陣，賊勢大熾，距長武不及三百里。先生乃試炮巡城爲防禦計，數堞分人，籍城外民强壯者識其名，如有急，入城協守，凡刀矛炮石燈燭油米，悉具無缺，民恃以不恐。邠、乾、永壽皆鑿塹填門，而長武樵採往來自若也。賊知有備，不敢犯，與石峯回匪合兵據隘以守。上命大學士阿桂、户部尚書福康安、領侍衛内大臣都統海蘭察領京兵從山西來，工部尚書復興領兵從河南來[三]，將軍莽古賚統寧夏兵一千[四]，阿拉善王旺親班巴爾統蒙古兵一千五百[五]，皆會隆德，賊首馬文熹率衆降[六]。而總兵三德調赴甘肅，敷倫泰代之[七]。會敷倫泰亦調往甘肅，以太原總兵富敏泰統兵[八]。先生恐其未習地利，遂出長武，從隴州至長寧見富敏泰，告以要險形勢及攻賊之策，復歸長武。諸軍攻勦，斷賊水道，賊勢蹙，欲突圍出，海蘭察率兵邀截，殪無算。於是阿渾張文慶、李可魁、馬四娃等皆就擒[九]，餘黨悉平。是役也，用兵陝西緑營駐防五千名之外[一〇]，調山西兵二千，京兵二千，絡繹過長武，需車輛馬騾約以萬計，而銀錢、火藥、鎗炮車裝駝載者又以萬計[一一]。先生不攜胥吏，不藉賓僚，草檄飛書，無一舛誤。奏上，有旨嘉許。

[一]欽定石峰堡紀略卷五：乾隆四十九年五月十二日，「明善中矛傷陣亡」。明善（？—一七八四），清宗室。滿洲鑲紅旗人。乾隆三十四年，以户部員外郎從征緬甸有功，擢鑲紅旗副都統。四十八年，爲陝西西安副都統。四十九年，平回亂戰死。事見國朝耆獻類徵初編卷三五五。

[二]高廟山，在今洛川縣北七十里。嚴譜卷下乾隆四十九年：「（五月）十一日，明副都統（善）、孫參將以滿漢兵一千七百人往高廟山擊賊，賊佯退，伺官兵稍懈，四面緣山而上，明、孫戰殁，亡者數百人。賊烽距長武不及三百里。」

[三]欽定石峰堡紀略卷五：五月二十七日，「續派京兵一千名，令復興帶領前往，授爲參贊大臣」。乾隆四十九年閏三月丙辰朔，「復興署工部尚書」。五月辛巳，「復興爲工部尚書」。五十年，爲烏里雅蘇臺將軍。事見清史稿卷一四高宗本紀五。

[四]莽古賚（？—一七八五），滿洲正藍旗人。宗室。乾隆四十年，任陝西寧夏將軍，參與鎮壓石峰堡回民起事，戰

後移杭州將軍。清史列傳卷二四有傳。

[五]阿拉善王，即阿拉善厄魯特部（亦作額魯特），亦稱西套額魯特，爲清代阿拉善額魯特旗扎薩克和碩親王游牧地，在賀蘭山西。乾隆三十年，晉羅卜藏多爾濟親王。旺親班巴爾，亦作旺沁班巴爾，羅卜藏多爾濟之子，襲親王。四十九年，清兵平石峰堡回亂。率該部以兵從，均有功。後爲寧夏將軍，以袒庇屬人争勘地界，罷之。事見清史稿卷五二〇藩部三阿拉善。

[六]馬文熹，甘肅静寧人。武舉。住底店。乾隆四十九年，與楊填四等率衆起事，後出降，仍被凌遲處死。事欽定石峰堡紀略卷一一至一九。

[七]敷倫泰（？—一七九八），完顔氏，滿洲鑲藍旗人。官户部郎中。乾隆四十九年，補授西安副都統，赴隴州平叛。嘉慶三年，擢寧夏將軍，病卒。國史列傳卷一七有傳。

[八]富敏泰，生平事蹟未詳。

[九]馬四娃（？—一七八四），一作馬四圭，清甘肅大通（今屬青海）人。回族。爲阿訇。乾隆四十一年（一七七六）出外游學，奉伊斯蘭教哲赫林耶教義。隨田五、張文慶等攻通渭、秦安諸州縣。後兵敗石峰堡，被俘見殺。事見石峰堡紀略。

[一〇]緑營，清代軍制。又稱緑旗兵，因使用緑旗，故名。清入關後，在八旗以外另立明朝降附官兵爲緑營，清中葉時與八旗兵同爲常備兵，主要爲步兵，亦有馬兵與水師等。京城由步兵統領統帥，各省則由督撫、提督、總兵、河道總督等統轄。

[一一]「萬計」，嚴譜卷下乾隆四十九年作「千計」。

五十一年[一]，河南伊陽縣民秦某等三十餘人[二]，戕知縣孫岳灝[三]，逸去。巡撫畢沅搜捕不獲[四]，因奏言伊陽接壤湖、陝，恐由熊耳諸山遁入商洛[五]，得旨派往督緝。乃赴商州，檄州同李景蓮邏緝[六]。奉旨授雲南布政使[七]，仍令督捕，事竣入都陛見。未幾，景蓮等獲秦某解京師[八]，即命入京。陛見時，奏肝氣不調，精神疲憊，請改京職。温旨不許，乃之任[九]。五十三年，調江西布政使[一〇]。五十四年，奉旨授刑部侍郎[一一]。五十五年，隨駕東巡[一二]。回鑾，至青縣[一三]，上命與兵部尚書慶桂往江南[一四]，同鞫高郵州典史陳倚道揭州書吏假印重徵事。定讞回京，又命同兵部侍郎吉慶[一五]，馳驛鞫湖南湘鄉縣民童高門控書吏收漕折色案[一六]。事竣，又命審湖北應城縣科派斂錢事[一七]。發摺起行，又得旨鞫江陵縣趙學三控書吏何良弼修方家淵堤工偷減土方案[一八]。訊畢，又命訊湖南永明縣賄買武童及長沙勒買常平倉穀二案[一九]。分别定擬奏聞，奉旨允行。

[一]王昶商洛行程記：「閏七月，河南伊陽縣民秦國棟等戕知縣孫岳灝而逸，巡撫畢公奏言伊陽壤接陝境，恐由熊耳諸山逃入商洛等處。得旨派往督緝，遂有商洛之行。」嚴譜卷下乾隆五十一年作「逃入商洛鄖西諸處」。

[二]伊陽，今河南汝陽縣。

[三]孫岳灝，清烏程人。乾隆三十三年（一七六八）舉人。四十七年，任伊陽知縣。五十一年，爲縣民秦國棟等戕殺。事見道光伊陽縣志卷三職官。

[四]畢沅，見本書第二三五頁注[一]。

[五]熊耳山，在今河南盧氏縣南；商洛，清設商州直隸州，治今陝西商縣，隸商南、洛南、山陽、鎮安四縣。因境内有商洛山，多山險峻，地形複雜，俗稱商洛。

[六]州同，官名。清制，於各州設同知，因區别於府同知，故稱州同。爲知州之佐官。從六品。李景蓮，未詳。

[七]高宗實録卷一二六〇乾隆五十一年閏七月戊寅，「以陝西按察使王昶爲雲南布政使」。又商洛行程記：「二十五日辰刻，得授雲南布政使之信。」

[八]嚴譜卷下乾隆五十一年：「九月，景蓮及商州游擊張濯、山陽縣知縣孫烈，先後獲秦國棟及其子弟餘黨，解京師。」

[九]王昶雪鴻再録：乾隆五十三年三月，調江西布政使。九月十二日，入京召見。「遂自陳衰老疲憊，所謂外强中乾者，上以筋力未衰，慰諭久之。」「十六日，至遥亭子，復召見。復以江西錢糧二百餘萬，亦係財賦重地，今遇事輒忘，恐精神偶有疎失，不惟獲咎，抑且負恩。上慰諭如前，且言人才難得，姑往新任，又問以他事十數條而出。」如此，則王昶面辭，乃由雲南轉任江西時之事，江藩隸於由西安轉任雲南之間，誤矣。

[一〇]嚴譜卷下乾隆五十三年三月：「初八日，得旨授江西布政使，與李君承鄴對調。以年老多病，且距江蘇本籍較遠，恐水土不宜，故有是命，聖恩體恤之至意也。」

[一一]嚴譜卷下乾隆五十四年：「二月二十四日，得旨授刑部右侍郎。」

[一二]嚴譜卷下乾隆五十五年：清高宗八旬聖壽，將謁闕里，告成於岱宗。「二月初八日，啓蹕，先生從。」

[一三]嚴譜卷下乾隆五十五年：「還至青縣司馬莊，會高郵州典史陳倚道密揭是州書吏假印重徵，詳報布政及巡撫不辦狀，上遣兵部尚書慶公(桂)同先生往鞫，乃偕刑部員外郎許君兆椿行。」

[一四]慶桂，字樹齋，章佳氏，滿洲鑲黄旗人。尹繼善子。官至文淵閣大學士，刑部尚書。卒謚文恪。曾奉敕監修剿平三省邪匪方略前編三六一卷等。清史稿卷三四一有傳。

［一五］吉慶，即覺羅吉慶，隸正白旗。官至兩廣總督，協辦大學士。吉慶居官廉而察吏疏，又通省贓罰銀按縣派徵，爲臬司漏規。因自戕。清史稿卷三四三有傳。王昶使楚叢譚：「乾隆庚戌七月三十日，湖南湘鄉民童高門控書吏等折色重徵諸弊，上命偕少司馬覺羅吉君（慶）往讞之，以刑部員外郎許兆椿從。」

［一六］折色，清制，徵收賦税或發放糧餉、工食等，凡以實物照價易銀收放者稱折色，如徵收漕糧等。

［一七］王昶使楚叢譚：十月「初六日，得旨以應城縣有李杜赴京控告，命俟湘鄉按畢後，順道赴湖北審讞。」

［一八］使楚叢譚：十月「十六日，得旨以江陵縣民趙學三控書吏何良弼等侵冒堤工，命赴荆州鞫之，因即啓行。」

［一九］永明，今湖南江永縣。使楚叢譚：又命訊湖南永明縣蒲太圻控告賄買武童等事。十一月十六日「得旨長沙民王澤遠告知縣勒買常平倉穀，步軍統領衙門以聞，上命荆州案畢，往鞫之。」

是年，純皇帝八旬萬壽［一］，恩詔晉封三代皆光禄大夫，妣皆一品夫人，先生暨鄒夫人亦封一品。勘方家淵堤工時，按册丈量，無偷減情跡，其殘損處應賠補者，屬知府張方理任之［二］。回至荆州，方家淵堤工尚未修補，乃具奏方理草率揑飾，落其職。五十七年，隨駕幸五臺［三］。八月，充順天鄉試主考官［四］，有貴介子擯斥，忤當軸旨，遂乞假南歸［五］，有終焉之志矣。一日，上召見大臣［六］，詢王昶何以不來，輦下諸公飛札告知，乃克日就道。時届隆冬，跋涉二千里，精神疲茶［七］，動履盤跚，召見時，上鑒其老病，以原品休致，傳諭歲暮苦寒，宜竢春融回籍［八］。

［一］清高宗於康熙五十年八月十三日（一七一一年九月二十五日）生於雍親王府邸，至乾隆五十五年（一七九〇），爲八十歲萬壽。

［二］張方理（？—一八〇二），字雪筠，山陰人，置籍清苑（今河北保定）。乾隆三十六年舉人。授山東利津知縣，以捕盜清訟擢湖北荆州知府，後爲甘肅慶陽知府，移寧夏。嘉慶元年，白蓮教起，調回荆州，練兵丁以禦之。七年，署岳常澧道。尋卒。民國清苑縣志卷四有傳。

［三］王昶臺懷隨筆：「乾隆五十七年，駕幸五臺。擇以三月初八日啓鑾，蓋西巡第五次也。」

［四］嚴譜卷下乾隆五十七年：「八月，順天鄉試。上命吏部尚書諸城劉公（墉）充主考，先生偕瑚和菴詹事（圖禮）副之，得聶亮采等二百三十三人。」

［五］嚴譜卷下乾隆五十八年三月十六日，清高宗召見王昶，昶「因奏松江近海地卑，離家十年餘，墳墓間有坍塌，乞照例歸省修葺，上允之。四月初一日，由陸路行。」

［六］嚴譜卷下乾隆五十八年：「先生以體尚委頓，欲遲明春北上，而上從熱河還，召見大臣，垂詢王昶何以未來，輦下諸公飛札具告，謂當克日就道，而司寇胡公（季堂）促之尤力，遂以冬至日行。」

［七］疲苶（nié），同疲薾，疲極之貌。

［八］嚴譜卷下乾隆五十八年：「十二月初二日，抵王家營，日五更沖寒早起，比至京，疲憊益甚，赴宫門召見，遂以精神日減、不能供職具奏，上鑒其老病，允之，謂在侍郎中頗爲出力，遂以原品休致，且謂歲暮苦寒，宜竢明歲春融回籍。」

先生以文學受純皇帝特達之知，所以開續三通館［一］、方略館［二］、通鑑輯覽［三］，皆預纂修之役。己卯[四]、庚辰[五]、壬午充順天鄉試同考官[六]。辛巳[七]、癸未充會試同考官[八]，及壬子主試順天[九]，所得皆知名士。在京師時，與朱笥河先生互主騷壇，門人著録者數百人，有「南王北朱」之稱。歸田後，往來吴門[一〇]，賓從益盛，與王西沚、錢竹汀兩先生艤舟白公堤下[一一]，朋簪雜〔遝〕（還）[一二]，詩酒飛騰，望之者若神仙然。

[一]乾隆十二年，清高宗下諭編續文獻通考，由大學士張廷玉、尚書梁詩正、汪由敦經理其事。同時命以内府所藏通典、通志、文獻通考善本，並經史館翰林等詳校而付之剞劂氏，一倣新刻經史成式，以廣册府之儲。三十二年，續文獻通考已竣，然年限至乾隆二十五年，令續修至三十一年，同時開續通典、續通志館，亦以三十一年爲準。尋大學士等議定條例奏上，請將原館自宣武門内遷至午門内迤西舊給國史館房屋。命大學士傅恒、尹繼善、劉統勳充三通館正總裁。事見高宗實録卷二九二、七七八。

[二]康熙二十一年十月，命纂修平定三逆神武方略，以大學士勒德洪、明珠、李霨、王熙、黄機、吴正治爲總裁官。此爲編纂方略之始。事見聖祖實録卷一〇七康熙二十二年二月丙子條。

[三]通鑑輯覽即御批歷代通鑑輯覽一一六卷，乾隆三十二年奉敕撰。是書在明李東陽等所纂通鑑纂要基礎上，重加編訂，起自黄帝，迄於明代。編年記載，綱目相從。有四庫全書本等。嚴譜卷上乾隆二十四年十一月，「詔修通鑑輯覽，以先生爲纂修官。」

[四]嚴譜卷上乾隆二十四年己卯：「八月，充順天鄉試同考官，正考官錢塘梁公、副考官左都御史滿洲觀公保，先生分校詩經五房，得彭光斗、吴璜、夢吉等十一人。」

[五]嚴譜卷上乾隆二十五年庚辰：「八月，復充順天鄉試同考官，正考官户部尚書武進劉公綸、副考官禮部侍郎介公

福，先生分校詩經四房，得申兆定、白麟等十人。」

［六］嚴譜卷上乾隆二十七年壬午：「八月，又充順天鄉試同考官，正考官梁公詩正、副考官觀公保，先生分校尚書三房，得景人龍、施朝幹、達勇等十一人。」

［七］嚴譜卷上乾隆二十六年辛巳：「春三月，充會試同考官，正考官諸城劉公統勳、副考官户部侍郎金壇于公敏中及觀公保。先生分校詩經三房，得孫嘉樂、馬曾魯、吴興宗、黄楷等十一人。」

［八］嚴譜卷上乾隆二十八年癸未：「二月，充會試同考官。蓋自己卯、庚辰、辛巳、壬午，連年五次點充同考，論者謂自來名翰林所未有，可入李公卓異記也。正考官刑部尚書秦公蕙田、副考官户部侍郎仁和王公際華、吏部侍郎滿洲德公保。先生分校春秋二房，得吴霽、楊慰、蔣鳴鹿、寧有誠等十一人。」

［九］嚴譜卷下乾隆五十七年壬子：「八月，順天鄉試。上命吏部尚書諸城劉公墉充主考，先生偕瑚和菴詹事圖禮副之，得聶亮采等二百三十三人。」然則王氏爲是科副考官，故此曰「主試順天」也。

［一〇］嚴譜卷下乾隆六十年，「三月，赴蘇州謁曾祖光禄公墓，墓右丙舍荒圮，因其舊而修之。……修築竣，艤舟閶門，諸名流來謁者如李尚之秀才鋭、顧千里秀才廣圻、徐澹如秀才葵、袁又愷上舍廷檮輩，朋簪雜遝，樽酒飛騰，而與王光禄、錢少詹同學同年同歸老，得數晨夕，尤快事也。」

［一一］艤舟，泊船於岸。白公堤，在蘇州虎丘山下，爲唐白居易任蘇州刺史時所築，故名。

［一二］祥案：「遝」，原文作「還」，乃手民氏之誤，粵雅堂本等皆已改正，今據改之。朋簪雜遝，謂志同道合之友相聚合往還也。易豫九四：「九四，由豫，大有得。勿疑，朋盍簪。」

六十年乙卯，先生年七十二。純皇帝以明年歸政［一］，舉行千叟宴［二］，詔中外臣工逾七十者皆入宴，遂詣闕。召見時，詢問舊事及江浙年歲豐稔狀，奏對稱旨。嘉慶元年正月初四日，行千叟宴禮於寧壽宮[三]。宴畢，賜玉如意、楠木鳩杖、綢緞、裝錦大毾、筆墨等十六件。獻詩六章，奉旨刻入燕集中[四]。二十一日[五]，陛辭出都，主婁東書院講席[六]。

[一]嚴譜卷下乾隆六十年：「十一月，上以明年歸政。八月，先正東宮，又舉行千叟宴，詔中外臣工逾七十者，皆入宴，遂於十八日起程。」

[二]千叟宴，清康熙五十二年（一七一三）三月，清聖祖六十聖誕，在暢春園設宴，年六十五歲以上之現任及致仕官員並士庶等參與宴會，數逾千人，稱「千叟宴」。六十一年，又舉行一次，且賦千叟宴詩。乾隆五十年（一七八五）、嘉慶元年（一七九六），在乾清宮與寧壽殿之皇極殿又各舉行一次，與宴之文武大臣、士庶及外國使臣等皆達千人以上。

[三]寧壽宮，宮殿名，在今北京故宮紫禁城内奉先殿東。乾隆三十六年所建，清高宗意位滿六十年後歸政，遂預建此宮爲禪位後頤養之所。同時將原寧壽宮正殿加以修葺，爲歸政後臨御朝受賀之處。建成後，移寧壽宮匾於後殿，而另題額曰皇極殿。嚴譜卷下嘉慶元年正月：「初四日，行千叟宴於寧壽宮皇極殿……入宴者三千餘人。」祥案：「楠木鳩杖」，嚴譜作「楠木壽杖」。

[四]燕集，今見於四庫全書者有御定千叟宴詩四卷，康熙六十一年所編；又有欽定千叟宴詩三十六卷，乾隆五十五年所編。清史稿卷一四八藝文四著録又有千叟宴詩三十四卷，乾隆四十九年敕編。此處所謂燕集，當爲嘉慶元年所編者，不見於諸書著録。王昶所獻七律六首，今見於其春融堂集卷二二存養齋集寧壽宮侍千叟宴恭題。

[五]嚴譜卷下嘉慶元年正月：「二十一日，陛辭。……二月初一日，僦車啓行。……行至瓜洲，費筠圃巡撫淳以讞事赴興化相見，言總督蘇公凌阿已聘主婁東書院。三月初五日，歸家。四月初一日，赴書院。」祥案：據嚴譜，王昶至嘉慶

二年底，因「老病益甚，遂辭講席。」

[六]婁東書院，在今江蘇太倉，在州學之西。乾隆十八年建。

嘉慶四年正月[一]，太上皇帝升遐，入都哭臨。三月初一日，召見，詢問歷官始末，及外省吏治民情，與川、楚寇盜未平之故[二]。奏對畢，又諭凡有欲言，可繕寫密封以進。明日，詣觀德殿前敬謁梓宮[三]，遂陳數事，上命留覽。四月十三日，百日期滿，具奏回籍[四]。

[一]清高宗於嘉慶三年冬，不豫。四年正月初三日(一七九九年二月七日)駕崩，壽八十有九。九月，葬裕陵。參清史稿卷一五高宗本紀六。

[二]川、楚寇盜，指自嘉慶元年始發之白蓮教起事。自嘉慶元年至九年間，湖北、四川、陝西、甘肅、河南五省發生大規模白蓮教起義，清軍派兵鎮壓，先後徵調十六省兵力、耗費餉銀二萬萬兩、損失文武大員二十餘人、提督副將及參將以下四百餘人，方平定之。此後，清廷一蹶不振，日漸衰微。參御製剿平三省匪方略等書。

[三]觀德殿，在景山永思殿東，清代帝后崩，多移梓於此。見國朝宫史卷一四宫殿四景山。

[四]嚴譜卷下嘉慶四年：「四月十三日，百日期滿，俱詣行禮。十六日，具奏回籍。二十日，遂從水路南下。七月，抵家。」

先生以辛酉年補博士弟子[一]，至嘉慶六年辛酉，六十年矣。江蘇學政錢樾[二]、松江府知府趙宜喜請重游泮宮[三]，率新弟子祇謁文廟，行釋奠禮，宴於曲水園。時阮侍郎元爲浙江巡撫[四]，請主敷文書院[五]，主講席者三年。卒於家，年八十有三[六]。

[一]嚴譜卷上乾隆六年：「二月，應院試。學政工部侍郎桐城張公廷瑑以第一名入學。」

[二]錢樾（？—一八一五）字黼棠，浙江嘉善人。乾隆三十七年進士。官至大理寺少卿、內閣學士。清史列傳卷二八、清史稿卷三五四有傳。

[三]趙宜喜，清江西南豐人。監生。嘉慶元年，任松江府知府。四年，署蘇松太兵備道。事見嘉慶松江府志卷三七職官表。泮宮，此指松江府學。

[四]阮元於嘉慶四年，署浙江巡撫，尋實授。嚴譜卷下嘉慶四年：「十一月，阮公伯元由户部侍郎補浙江巡撫，過吳，具書請先生主杭州敷文書院。」

[五]敷文書院，原名萬松書院、太和書院，在浙江杭州萬松嶺。明弘治十一年（一四九八）創建，康熙五十五年，巡撫徐元夢重修，康熙帝賜「浙水敷文」匾額，遂名敷文書院。雍正時敕爲省城書院，盛於乾隆朝，咸豐時毀於火。

[六]阮元神道碑：「嘉慶十一年「年八十有三。五月，病瘧。六月初六日，病甚，口授謝恩表，自定喪禮，屬元撰神道碑文。初七日，雞初鳴，公曰：『時至矣！』遂卒。」

先生天資過人，於學無所不窺，尤邃於易。詩宗杜少陵、玉谿生而參以韓、柳，古文則以韓、柳之筆發服、鄭之蘊。功業文章，炳著當代，求之古人中，亦豈易得者哉！生平著述甚富：春融堂詩文集六十八卷[一]、金石粹編一百六十卷[二]、明詞綜十二卷[三]、國朝詞綜四十八卷[四]、湖海詩傳四十六卷[五]、續修西湖志[六]、青浦縣志[七]、太倉州志[八]、陝西舊案成編[九]、雲南銅政全書[一〇]，皆刊行於世。其未刊行者，則滇行日録三卷[一一]、征緬紀聞三卷[一二]、蜀徼紀聞四卷[一三]、屬車雜志二卷[一四]、豫章行程記一卷[一五]、商洛行程記一卷[一六]、重游滇詔紀程一卷[一七]、雪鴻再録二卷[一八]、使楚叢談一卷[一九]、臺懷隨筆一卷[二〇]、青浦詩傳三十六卷[二一]、天下書院志十卷[二二]。其未成書者，則群經揭櫫[二三]、五代史注[二四]。揭櫫，取周禮職金注「今時之書有所表識，謂之揭櫫」之意[二五]，蓋以漢學爲表識，而專攻毀漢學者。皆藏於家。

[一]春融堂詩文集六八卷，是集爲王氏生前手定。昶學博而通，又從征西南，聞見廣博，且能多壽，與當時學界名家皆有往還，故其集乃乾嘉間不可多得之文獻。有嘉慶十二年王氏塾南書舍刻本、春融堂集本等。

[二]金石粹編一六〇卷，「粹」刻本皆作「萃」。是編共收録自先秦至宋、遼、金歷代碑刻、銅器銘文與其他銘刻一千五百餘種，爲當時所收録最爲全備者。今有北京中國書店一九九一年縮印本最爲通行，附有陸耀遹金石續編二一卷、方履籛金石萃編補正四卷。又王氏未竟之稿，後人編爲金石萃編未刻稿三卷，收元碑八十餘，有嘉草軒叢書本。

[三]明詞綜一二卷，朱彝尊選，王昶續選。是書先有朱氏選本未刻，王氏得之，續選得三百八十餘家，匯而刻之。其選擇大旨，悉以南宋名家爲宗，諸人名下，亦約略注其生平。有嘉慶七年王氏三泖漁莊刻本、四部備要本。

[四]國朝詞綜四十八卷二集八卷，王昶以四十餘年所積清人詞集甚多，恐其散佚，歸田後遂取已逝詞人之作，擇而鈔爲是書，共計六十二家之詞，大抵以南宋名家爲宗。有嘉慶七年王氏三泖漁莊刻本、四部備要本。然缺略尚多，故後來黄

甕清有國朝詞綜續編二四卷，有同治十二年刻本。

［五］湖海詩傳四十六卷，王氏以六十年來師友所贈，手自甄録，起康熙五十一年，迄於當時。以科第爲次，布衣韋帶之士，亦以年齒約略附之，門下士並附見之。間以遺文軼事，綴以詩話，以供好事者閲覽。末卷爲方外之詩。全書共得六百餘家。有嘉慶八年王氏三泖漁莊刻本。

［六］續修西湖志，未見。

［七］乾隆青浦縣志四〇卷，清孫鳳鳴修、王昶纂，王氏先是於乾隆四十七年成青浦縣志稿，五十一年定稿於西安。有乾隆五十三年刻本。

［八］嘉慶直隸太倉州志六五卷，是書凡分恩旨、圖、封域、營建、職官、職官表、名宦、學校、選舉、風土、水利、賦役、兵防、漕政、人物、古蹟、藝文、雜綴、舊序、補遺諸類。遠較舊志爲詳。有嘉慶七年刻本。

［九］陝西舊案成編五〇卷，清時各省刑名，皆有省例，蓋舉部駁之案及條例之異常者，纂輯成帙，以備稽考。王昶時任西安按察使時，遂飭吏胥盡發數十年舊案，編成是書，刻藏於署中。今未見其傳本。

［一〇］雲南銅政全書五〇卷，滇省銅政最繁，爲廠大小四十八家，每歲須京銅六百三十三萬斤有奇，九省採買銅一百四十二萬斤有奇，而鑄錢及其他需銅又百餘萬斤。是案牘最繁，皆當鉤摘稽考。王氏任雲南布政使，遂盡發故籍，纂成是書。今未見傳本。

［一一］滇行日録三卷，是書今存一卷，以日記形式記載自乾隆三十三年，詔命王昶隨阿里衮征緬，自十月初十日自京師起程，十二月底至雲南，翌年抵騰越邊關，至三月初五日止。述一路見聞及軍備等情狀甚詳。有嘉慶戊辰塾南書舍刻春融堂雜記本、昭代叢書辛集別編本、古今説部叢書四集本等。

［一二］征緬紀聞三卷，今存一卷，是書亦逐日記事，自乾隆三十四年七月二十日始，至三十五年正月十九日止。記征緬過程，緬甸投降，班師返雲南，奉旨令同督核算事等。王氏又有征緬紀略一卷，王昶以爲，元、明二史，於緬甸史事

略而不詳，道里形勢，戰守得失之故不備。故述緬甸自唐以來歷史，及自元時屢爲邊患，清乾隆時楊應琚進討失利，後傅恒等征討勝利過程。二書皆有嘉慶戊辰塾南書舍刻春融堂雜記本、昭代叢書辛集別編本、古今説部叢書四集本等。

［一三］蜀徼紀聞四卷，今存一卷，是書記載自乾隆三十六年四月，四川金川土司索諾木與革什咱土司拉旺斯布登有隙，索諾木殺拉旺斯布登爲叛始。十月王昶隨清軍征討。至翌年三月三十日，因清兵將領互訐，軍事益棼，連日夜治文書，故不復記而止。述其間軍事諸事。有嘉慶戊辰塾南書舍刻春融堂雜記本、昭代叢書辛集別編本、古今説部叢書四集本等。

［一四］嚴譜乾隆四十五年條：「是年，紀隨蹕至赴任爲屬車雜志二卷、豫章行程記一卷。」

［一五］豫章行程記一卷，今未見傳本。

［一六］商洛行程記一卷，乾隆五十一年閏七月，河南伊陽縣民秦國棟等戕知縣孫岳灝，王昶時任陝西按察使，得旨派往督輯。書中逐日記自十八日出西安，至八月二十五日返回之全過程。有嘉慶戊辰塾南書舍刻春融堂雜記本、昭代叢書辛集別編本、古今説部叢書四集本等。

［一七］重游滇詔紀程一卷，今未見傳本。

［一八］雪鴻再録二卷，今存一卷，是書記乾隆五十三年三月初二日，王昶時任雲南布政使，至騰越驗收城工，旋調江西布政使。五月初一日交印，十二日起行，九月十二日抵京，召見，面辭不允。隨出京，十月二十八日入南昌城蒞諸事。有嘉慶戊辰塾南書舍刻春融堂雜記本、昭代叢書辛集別編本、古今説部叢書四集本等。

［一九］使楚叢談一卷，乾隆五十五年七月三十日，湖南湘鄉縣民童高門控書吏等折色重徵諸弊，上命刑部侍郎王昶等往讞，十月案結。十六日，得旨以江陵縣民趙學三控書吏何良弼等漫冒堤工，命赴荆州鞫之。事畢，湖南永明縣民蒲太圻控告賄買武童等案發，又命在長沙就近提審。至翌年二月二十日，入京召見。是書記此期間審案諸事。有嘉慶戊辰塾南書舍刻春融堂雜記本、昭代叢書辛集別編本、古今説部叢書四集本等。

[二〇]臺懷隨筆一卷，乾隆五十七年，清高宗駕幸五臺山，擇以三月初八日啓鑾，王昶隨駕出發，至四月十六日駕回圓明園，王氏回寓所。是書記此期間内發生諸事。有嘉慶戊辰塾南書舍刻春融堂雜記本、昭代叢書辛集别編本、古今説部叢書四集本等。

[二一]青浦詩傳三十六卷，嚴譜同，然清史稿藝文志總集類作三十二卷。是書自機雲以下至於當時女士、方外，悉爲甄録。今未見傳本。

[二二]天下書院志十卷。嚴譜嘉慶七年：「目疾愈甚，以生平所撰金石萃編、……天下書院志諸書，卷帙浩繁，尚待編排校勘，不能審視，因延請朱映湄秀才……各分任之，校其舛誤及去取之未當者，刻日排纂。」蓋天下書院志終未能成書，故世不見傳本也。

[二三]群經楬櫫。王氏自中歲窮經，凡讀諸家注釋疏義有所得，輒書而藏之，題爲群經楬櫫，共十數册。見嚴譜嘉慶八年條，今未見傳本。

[二四]五代史注，未見傳本。祥案：王昶所著、所編纂及别本刊行之書，尚有：後蜀毛詩石經殘本一卷（石經彙函本）、鄭氏書目考一卷（花近樓叢書本）、蒲褐山房集一卷（王昶撰，江昱輯，三家絶句選本）、履二齋集二卷（七子詩選本）、貸興詩選二卷（四家詩鈔本）、王昶信札（稿本，廣西柳州地方志辦公室劉漢忠藏）等。

[二五]楬櫫，即楬著，標記，原意指植木以爲表記。周禮秋官職金：「辨其物之娍惡，與其數量，楬而璽之。」鄭注引鄭衆曰：「今時之書，有所表識，謂之楬櫫。」

藩從先生游垂三十年，論學談藝，多蒙鑒許。後先生因袁大令枚以詩鳴江浙間[一]，從游者若〔騖〕（鶩）若蟻[二]，乃痛詆簡齋，隱然樹敵，比之「輕清魔」[三]。提唱風雅，以三唐爲宗，而江浙李赤者流[四]，以至吏胥之子，負販之人，能用韻不失粘者，皆在門下。嘉慶四年[五]，藩從京師南還，至武林[六]，謁先生於萬松書院，從容言曰：「明時湛甘泉[七]，富商大賈，多從之講學，識者非之。今先生以五七言詩，争立門户，而門下士皆不通經史、粣知文義者，一經盼飾[八]，自命通儒，何補於人心學術哉！且昔年謂笥河師太邱道廣[九]，藩謂今日殆有甚焉。」默然不答。是時，依草附木之輩聞予言，大怒，造謗語搆怨，幾削著録之籍，然而藩終不忍背師立異也。

[一]袁枚（一七一六—一七九八）字子才，號簡齋，晚號隨園老人，又號小倉山房居士，清浙江錢塘（今杭州）人。乾隆四年（一七三九）進士。歷知溧水、江浦、沭陽等縣。年四十即告歸，建隨園，廣交詩友，以詩酒自娱，弟子甚衆。作詩標榜性靈，自爲一家，與趙翼、蔣士銓齊名。著有小倉山房詩集三七卷補遺二卷、文集三五卷外集八卷、隨園詩話一六卷補遺一〇卷、子不語二四卷續一〇卷等三十餘種，今人整理有袁枚全集行世。事見姚鼐惜抱軒文集卷一三墓誌銘，清史列傳卷七二、清史稿卷四八五有傳。

[二]祥案：「鶩」諸本皆作「鶩」，蓋手民氏之誤，今據文義改之。

[三]近藤注：「佩文韻府引楞嚴經：『有一分好輕清魔，入其心肺，自謂滿足，更不求進。』」

[四]李赤，唐時江湖浪人，自以爲善爲歌詩，詩類李白，因自號爲「李赤」。後與友人游宣州，傳爲厠鬼迷惑而死。柳宗元唐柳先生集卷一七、全唐詩卷四七二有傳。

[五]嘉慶四年，爲西元一七九九年。近藤注：「此當爲嘉慶五年以後之事。四年王昶尚未至敷文書院，據述庵年譜，

嘉慶四年十一月，補浙江巡撫阮元過吴，具書請主敷文書院。王昶到任已爲翼年正月下旬。」

[六]武林，杭州之舊稱，因有武林山而得名。

[七]湛若水(一四六六—一五六〇)，字元明，學者稱甘泉先生，明廣東增城人。從陳獻章游。孝宗弘治十八年(一五〇五)進士。歷官南京吏、禮、兵三部尚書。若水初與守仁同講學，後各立宗旨，守仁以致良知爲宗，若水以隨處體驗天理爲宗。一時學者遂分王、湛之學。卒謚文簡。著述今傳有春秋正傳三七卷、格物通一〇〇卷、湛甘泉先生文集三二卷等。明史卷二八三有傳。又明史卷二〇九馮恩傳：恩上疏言：「禮部左侍郎湛若水聚徒講學，素行未合人心。」

[八]牰，同粗。集韻模韻：「粗，大也，疏也，物不精也。或作牰。」

[九]祥案：此指王昶論朱筠事。春融堂集卷六〇朱筠墓表：「君豐頤睟面，望之温然，間以諧笑，飲酒至數十斗不亂。或以爲道廣，然於名節風義之關，揚清激濁，分别邪正，齗齗不稍假易，且欲自厠於李元禮、范孟博之倫。」案後漢書卷六八許劭傳：「劭嘗到潁川，多長者之游，唯不候陳寔。又陳蕃喪妻還葬，鄉人畢至，而劭獨不往，或問其故，劭曰：『太丘道廣，廣則難周；仲舉性峻，峻則少通。故不造也。』」祥案：太邱，即太丘，漢縣名，今河南永城縣西北。東漢陳寔，曾爲太丘長，「修德清静，百姓以安」，見後漢書卷六二陳寔傳。又陳蕃字仲舉，事見後漢書卷六六本傳。

先生弟子中，以經術稱者三人：開化戴君敦元[一]，字金谿，乾隆癸卯舉人，庚戌中式進士，癸丑殿試，授庶吉士，今官刑部郎中[二]。會稽王君紹蘭[三]，字畹馨，癸丑進士，官至福建按察使[四]。二君博通經傳，爲當代聞人[五]。袁上舍廷檮[六]，字又愷，一字壽階，吴縣人也。明六俊之後[七]，爲吴下望族。饒於資，築小園於楓江[八]，有水石之勝。又得先世所藏五硯，爲樓弆之[九]。蓄書萬卷，皆宋槧元刻，秘笈精抄，以及法書、名畫、金石碑版，貯於五硯樓中。又得洞庭山徐尚書健庵留植於金氏聽濤閣下之紅蕙[一〇]，種之階前，名其室曰紅蕙山房。遇春秋佳日，招雲間汪布衣墨莊[一一]、胡上舍元謹[一二]、同邑鈕布衣非石[一三]、顧秀才千里[一四]、戈上舍小蓮，爲文酒之會[一五]。時錢竹汀先生主紫陽講席[一六]，王西沚先生、段大令懋堂三寓公，亦時相過從，袁大令枚、王蘭泉先生往來吴下，皆主其家。於是四方名流，莫不拏舟過訪，詩酒流連，應接不暇。壽階性好讀書，不治生産，且喜揮霍，急人之難，坐是中落，乃奔走江、浙間，歲無虚日矣。後江觀察頡雲延之康山賓館[一七]，頡雲爲俗僧小石搆精舍於浙之西谿，屬壽階董其事，冒暑熱徒步山中，得痢下疾。死於家，年四十有七[一八]。

[一]戴敦元（一七六八——一八三四），字金谿，又字士旋，浙江開化人。乾隆四十八年（一七八三）舉人，五十八年，成進士。官至刑部尚書。卒謚簡恪。喜天文、律算諸學。有戴簡恪公遺集八卷行世。事見清潘咨少白先生集卷七別傳、陳奂戴簡恪公紀略，清史稿卷三七四有傳。

[二]嘉慶「十四年，陞郎中。十六年，丁父憂。」參國朝耆獻類徵初編卷一〇八戴氏本傳。

[三]王紹蘭（一七六〇——一八三五），字畹馨，號南陔，晚號思惟居士，浙江蕭山人。乾隆五十八年（一七九三）進士。官至福建按察使，後遷布政使。嘉慶十九年（一八一四），擢福建巡撫。尋因總督汪志伊，與布政使李賡芸不合，因訐告受賂，劾治，屬吏希指羅織，賡芸憤而自縊。志伊獲譴，紹蘭坐不能匡正，牽連罷職。去官後，一意著述，以許慎、鄭玄爲宗，於儀禮、説文致力尤深。著有王氏經説六卷、許鄭學廬存稿八卷等，另輯漢人經説甚多，彙刻爲蕭山王氏十萬卷樓輯

佚書七種。事見碑傳集補卷一四王端履墓誌銘，清史稿卷三五九有傳。

〔四〕王氏官至福建巡撫，依江藩著書例，此當曰「今官福建按察使」，不當云「官至福建按察使」也。據清國史本傳，王氏於嘉慶十三年，擢福建按察使。十四年，丁母憂。

〔五〕陳其元庸閒齋筆記卷二「難博學」條：「博雅宏通之彦，余六十年來僅見三人：……一金谿戴簡恪公敦元。余道光壬辰應京兆試，公時爲刑部尚書，以年家子上謁，公謙抑殊甚，有『有若無，寔若虛』之氣象。余特搜僻典數則叩之，公則曰年老記憶不真，似在某書某卷第幾頁第幾行内，其前則某語，其後則某語。試繙之，則百不爽一。蓋公固十行俱下，過目不忘者也。余嘗問公天下書應俱讀盡矣，公曰：『古今書籍浩如淵海，人生歲月幾何，安能讀得遍？惟天下總此義理，古人今人，説來説去，不過是此等話頭。當世以爲獨得之奇者，大率俱前世人之唾餘耳。』」

〔六〕袁廷檮，參本書第三六五頁注〔十八〕。

〔七〕錢大昕潛研堂文集卷二一五硯樓記：「袁氏四姓五公，著於東漢。晉南渡後，門望亞於王、謝。吴中之袁，則自明嘉靖『六俊』以文行相砥厲，與『三張』、『四皇甫』齊名，迄今三百年來，詩、禮之傳，久而未替。」

〔八〕錢大昕五硯樓記：嘉慶二年夏，「又愷移歸楓橋舊居」。

〔九〕五硯樓記：「袁子又愷向居金昌亭畔，題其讀書之室曰『三硯齋』，予嘗爲之題扁。三硯皆其先世所詒：一爲介隱先生物；一爲謝湖草堂硯，則尚之（袁褧，號謝湖）物；一列岫硯樓，則永之先生（袁袠）物也。丁巳歲，青浦王侍郎以所藏清谷居士硯贈又愷，錢唐奚鐵生爲作歸硯圖，一時傳爲嘉話。未幾，又得谷虛先生廉吏石硯，並前所藏而五。」

〔一〇〕洞庭山徐尚書健庵，參本書第六四頁注〔一二〕。金氏聽濤閣，未詳。

〔一一〕雲間，松江府之别稱，今屬上海市。汪鯤，字羲仲，一字墨莊，清江蘇華亭（今上海松江）人。老而工詩，喜壯游，詩學放翁，頗得其妙。以詠老馬詩得名，時目爲「汪老馬」。晚年落魄揚州，無所遇合，江藩遂館之於家。事見郭麐靈芬館詩話卷四、張丙炎扁舟載酒詞跋、錢仲聯主編清詩紀事乾隆朝卷等。

[一二]胡量(一七五一—?),字元謹,號眉峰,清長洲人。工詩,精山水畫。王昶深契之。弱冠游京師,客果郡王府,並善騎射,通醫理,後乃歷游齊、魯、閩、粤間。有海紅堂詩鈔一卷傳世。事見清汪鋆揚州畫苑録卷三、湖海詩傳卷四五。

[一三]鈕非石,即鈕樹玉,詳下文及注。

[一四]顧千里,即顧廣圻,見本書第七頁注[七]。

[一五]戈宙襄(一七六五—一八二七),亦作戈襄,字小蓮,江蘇元和(今蘇州)人。喜讀書,深得古文法,爲袁枚、錢大昕等稱許。又精小學、曆算等。有半樹齋文一二卷傳世。事見顧廣圻思適齋集卷一八墓誌銘,半樹齋文卷首附董國華戈孝子傳。祥案:時與袁氏交往者,如黄丕烈、顧廣圻、戈宙襄、鈕樹玉、臧庸等,皆一時之選,諸人或校勘古籍,或切磋學問,或詩酒文會,極一時之樂。詳參嚴譜、袁氏紅蕙山房吟稿、戈氏半樹齋文、顧氏思適齋集、鈕氏匪石日記諸書。

[一六]據竹汀先生年譜及續編,錢大昕自乾隆五十三年(一七八八)應江蘇巡撫閔鶚元之請,於五十四年正月到紫陽書院,直至嘉慶九年(一八〇四)逝於任上,前後主紫陽十六年之久。其與袁氏之交往,如續編乾隆五十九年:「六月,與段茂堂、袁又愷、戈小蓮、瞿鏡濤諸公閲道藏於玄妙觀。」又嘉慶三年:「三月,袁上舍廷檮招同王述庵、潘榕皋、段懋堂、蔣立厓諸先生,集漁隱小圃看花。戈上舍襄又招集范邨别墅,各有唱和詩。」

[一七]江振鴻,字頡雲,又字成叔,安徽新安人。善草書、山水花卉。事見國朝畫人輯略卷七。清吴綺揚州鼓吹詞:「康山在郡城徐寧門内,相傳爲開河時積土所成。明康狀元海以救李夢陽罷官隱居於此,徉狂玩世,終日對客彈琵琶痛飲而已,因以此得名。」

[一八]陳鴻森駢枝,據趙懷玉亦有生齋詩集與收菴居士自敘年譜略、瞿中溶自訂年譜、黄丕烈跋舊鈔本鶡冠子、美國哈佛大學燕京圖書館藏李鋭嘉慶十四年觀妙居日記等諸家説,以爲袁廷檮應卒於嘉慶十四年(一八〇九)。另考臧庸漁隱小圃文飲記,載嘉慶二年(一七九七)冬,袁廷檮招同鈕樹玉、顧千里、瞿中溶、李鋭、費士璣等七人集袁氏漁隱小圃文

歙，文中歷記各人年歲，稱是年袁氏三十六歲。「然則袁廷檮當生於乾隆二十七年（一七六二），距嘉慶十四年（一八〇九）卒，得年四十有八。近藤譯注以爲乾隆二十九年生，嘉慶十五年卒者，誤。」

藩與壽階少同里閈，後攜家邗上，壽階館於康山，蹤跡最密，談論經史，有水乳之合。壽階無書不窺，精於讎校，邃深小學。其論大誥敘「將黜殷命」云[一]：「今尚書諸本皆無『命』字，詩豳譜正義引此則有『命』字[二]。案：微子之命敘及周官敘皆云『既黜殷命』[三]，則此必曰『將黜殷命』，一敘相應。且此敘正義云『黜退殷君武庚之命』[四]，又云『獨言黜殷命者』[五]，又云『且顧微子之命』，敘故特言黜殷命也[六]。』據此，則正義本實有『命』字。近見錢少詹唐石經考異云『將黜殷下本有命字，後摩改。』[七]因取舊藏石經檢視，『作』字之旁猶留『命』字右偏之波磔，『誥』字既移第二行之末矣，而第三行之首猶有摩未盡之『誥』字具存，此摩改之明證也。」

[一]見尚書大誥序，今本作「武王崩，三監及淮夷叛。周公相成王，將黜殷，作大誥。」
[二]見詩經豳風之「豳譜」二字下「後成王迎之」至「以爲豳國變風焉」注下正義疏文引。
[三]僞書微子之命序及周官序皆有「成王既黜殷命」之句。
[四]大誥序正義：「周公相成王，攝王政，將欲東征，黜退殷君武庚之命，以誅叛之義。」
[五]見大誥序大傳疏文。

［六］近藤注：「然各本皆作『且顧微子之序，故特言黜殷命也』，不言『微子之命序』。然此處無『命』字，或本商書微子篇文，補引至此邪？」祥案：近藤氏曰各本無「命」字是矣，然其斷句誤，是句當爲「且顧微子之命，敘故特言黜殷命也」。蓋袁氏所見之本有「命」字，故如是説耳。

［七］唐石經考異，錢大昕撰，諸家著録，或曰一卷，或曰不分卷。錢氏考唐石經之諸經文字及御定禮記月令與諸本之異，一一表而出之。有涵芬樓秘笈本、嘉定錢大昕全集本等。今中國國家圖書館藏有袁廷檮鈔本一册，有臧庸、瞿中溶、顧廣圻校並跋。又唐石經考異尚書七大誥序：「將黜殷，作大誥」下注：「『殷』下本有『命』字，後磨改，詳正義。當有『命』字，岳本、今本皆無之。」

其論説文解字『蘜，以秋華』曰［一］：「以秋華者，謂此爲月令有『有黄華』之『蘜』字，以別於『蘜之爲治牆，菊之爲大菊、蘧麥也。』」［二］「『嗙』［三］，司馬相如説『淮南宋蔡舞嗙喻』也。曰『淮南宋蔡舞嗙喻』七言句也，蓋凡將篇之一句［四］。李善引凡將曰『黄潤纖美宜製〈禪〉（襌）』［五］，歐陽詢引凡將曰『鐘磬竽笙築坎侯』［六］，皆七言也。」「𪊨，麋牝者」曰［七］：「宋本作『牡』，與爾雅合［八］。上文曰『麎，牝麋』，則𪊨不當云牝矣。」「液，盡也」曰［九］：「『盡』當作『〈盡〉（𧖧）』（𧖧）［一〇］，血部曰『〈盡〉（𧖧）（𧖧），氣液也』，小徐本、玉篇、廣韻竝作『津』者［一一］，假借通用字。今毛本作『盡』，誤也。」「𢁒，古文亥爲豕，與豕同」曰［一二］：「汲古閣初印本篆文如此，各本皆同，説解當云『古文亥，亥爲豕，小徐本如此。故字與豕同』，轉寫譌脱耳。『字與豕同』者，古文『豕』亦作『𢁒』，見九篇豕部［一三］，此『己亥』與『三豕』之所由誤也［一四］。所謂誤者，『己』與『三』字之誤耳。『亥』、『豕』古文本同字，讀書者當依文義讀之，今本剜改篆體作『豣』，則叔重云『與豕同』者，何解乎？」著書甚多，皆未編輯，其子椎魯[一五]，不能讀父書，所有稿本，散失無存矣。今記藩之所聞者，略書數語，以見梗槩云。

[一]近藤注：「江藩將散見於段玉裁汲古閣説文訂中之『袁廷檮曰』檢出，以成此文。」祥案：近藤説是。據段氏自序，其當時所據之本有宋小字本三、大字本二，段氏合「始一終亥」四宋本及宋刊、明刊兩五音韻譜及集韻、類篇稱引徐鉉本者，以校毛氏節次剜改之鉉本，詳記其駁異之處，以存鉉本真面目，成汲古閣説文訂一卷。助其翻閱者，則袁廷檮也。有嘉慶二年袁氏五硯樓刻本。又嚴可均有説文訂訂一卷，則專訂段書之誤，其自序曰：「嘉慶四年春，余道經姑蘇，又愷謂余曰説文訂近頗改正數事，出新印本詒余。」則知袁氏又有修訂本矣。嚴氏書有鄦學叢刻本。

[二]説文艸部：「蘜，日精也，以秋華。从艸，𥷚省聲。」又「蘜，治牆也。从艸，鞠聲。」又「菊，大菊，蘧麥。从艸，匊聲。」段注於「蘜」下詳注曰：「『以』，各本作『似』，今依宋本及韻會正。本艸經：『菊花，一名節花。』又曰：『一名日精。』按一名節花，即許所謂『以秋華』也。一名日精，與許合。夏小正：『九月榮鞠。』鞠，艸也。鞠榮而樹麥，時之急也。』月令：『鞠有黃華。』離騷：『夕餐秋菊之落英。』字或作菊，或作鞠，以説文繩之，皆叚借也。釋艸：『蘜，治牆。』郭云：『今之秋華菊。』郭意蘜、菊爲古今字。玉裁謂許君剖析菊爲大菊、蘧麥；蘜爲治牆；蘜爲日精。分厠三所，又恐學者以其同音易溷也，著之曰『以秋華』，言此蘜字乃小正、月令之布華玄月者也。然則許意『治牆』，別是一物，種類甚殊，如大菊之非蘜，郭注爾雅與許全乖。」又段氏於「蘜」字下曰：「未詳何物。」張舜徽説文解字約注卷二「蘜」字下引王紹蘭説曰：「此牡蘜也。周官蟈氏：『掌去蛙黽，焚牡蘜，以灰灑之則死。』鄭注：『牡蘜，蘜不華者。』然則説文从艸匊聲之菊，謂大菊、蘧麥，爾雅同，即本草之瞿麥，一名巨句麥也；從艸𥷚省聲之蘜，謂日精，以秋華，即夏小正『九月榮鞠』，月令『季

秋，鞠有黄華』也；从艸鞠聲之蘜，謂治牆，爾雅同，即周官牡蘜也。三艸各爲一物，許氏分別犂然，經傳確有明證。郭璞乃以秋華者爲治牆，是以不華之牡蘜，爲有華之日精，誤亦甚矣。」祥案：依段、王二氏之説，則菊花字本當作蘜，古人借蹋鞠字爲之，今則借大菊字爲之，菊行而蘜廢。若蘜，則爲不華之牡蘜，爲另一物也。

［三］説文口部：「嗙，訶聲，嗙喻也。司馬相如説『淮南宋蔡舞嗙喻』也。」祥案：下釋「嗙」字之語，皆見段注。

［四］凡將一篇，漢司馬相如撰。兩唐志尚著録，亡於宋代。説文口部、文選蜀都賦、藝文類聚樂部、陸羽茶經並引是書，或六字、或七字爲句。清馬國翰、任大椿、王紹蘭、黄奭、顧震福及近人龍璋皆有輯本，見各家所刻輯佚叢書中。

［五］祥案：「褌」，諸本皆作「禪」，誤，今據文選李善注改。文選卷四左思蜀都賦：「黄潤比筒，籯金所過。」李善注：「黄潤，謂筒中細布也。司馬相如凡將篇曰：『黄潤纖美宜製褌』。揚雄蜀都賦曰：『筒中黄潤，一端數金。』」

［六］見藝文類聚卷四四樂部空篌引。

［七］説文鹿部：「麢，麇牡者。从鹿咎聲。」今諸本皆作「牡」，與袁説同。説文解字約注卷一九：「王筠曰：『此篆當在麇、麖二篆之間。』舜徽按：説解當云『牡麇』，與麖下云『牡鹿』語法正同。今本乃以『麇牡者』三字爲訓，似非許書原文。」

［八］爾雅釋獸：「麇，牡麔，牝麎。」

［九］説文水部：「液，盡也。从水夜聲。」

［一〇］祥案：漢學師承記嘉慶二十三年初刻初印本李慈銘批校曰：「盡從聿（音津），非從律。」案李説是。説文血部亦作盡，下文𧖴亦同。今皆據改之。

［一一］説文繫傳水部：「液，津也。」玉篇同。又廣韻：「液，津液。」

［一二］説文亥部：「亥，荄也。……𠀅，古文亥爲豕，與豕同。」袁氏之説詳參汲古閣説文訂。

［一三］説文豕部：「豕，彘也。……𠀅，古文。」

[一四]呂氏春秋察傳：「子夏之晉，過衛，有讀史記者曰：『晉師三豕涉河。』子夏曰：『非也，是己亥也。夫己與三相近，豕與亥相似。』至於晉而問之，則曰『晉師己亥涉河』也。」

[一五]椎魯，義同椎鈍，謂魯鈍也。蘇軾六國論：「其力耕以上，皆椎魯無能爲者。」

非石名樹玉[一]，吴縣人。家洞庭山，隱於賈，無書不讀，亦深小學[二]。著有説文解字校録三十卷[三]、説文新附考七卷[四]。詩文清峭拔俗[五]，亦當代之畸士焉。

[一]鈕樹玉（一七六〇—一八二七），字藍田，號非石，亦作匪石，吴縣人。少孤家貧，習爲賈以給菽水。年三十，始謁錢大昕於紫陽書院，入其門下治小學與金石之學。善篆隸，工五言。所著之書，今傳有説文解字校録一五卷、説文新附考六卷續考一卷、説文段注訂八卷、匪石日記一卷、鈕非石遺文一卷、匪石山人詩一卷等。清史列傳卷六八、清史稿卷四八一有傳。

[二]潛研堂文集卷二四説文新附考序：「鈕子非石，家莫釐峰下，篤志好古，不爲科舉之業，精研文字、聲音、訓詁，本本元元，獨有心得。」

[三]説文解字校録三〇卷，是書初名説文解字考異，鈕氏以爲，説文自經李少温刊定，輒有改易。自宋以來，大徐本最爲通行，然爲後人所改亦夥。遂仿經典釋文例，卷帙一仍大徐所編，校訂考辨，成書十八卷。然今本爲十五卷，一爲説文解字考異一五卷，稿本，李鋭跋，藏中國國家圖書館；一爲説文解字校録一五卷，爲鈕氏孫惟善鈔本，清汪之昌校，藏南京師範大學圖書館。又有光緒十一年江蘇書局刻本。

[四]説文新附考六卷續考一卷，説文大徐本，後世尊之，然其新附字，多非許書原意。鈕氏博稽載籍，咨訪時彦，一

一疏通證明之，而其字之不必附、不當附者，一目瞭然。全書考新附字四百〇二字，又增入正文十九字，徐氏辨證俗書中未然者七字，凡四百二十八字。有嘉慶六年鈕氏非石居刊本、叢書集成初編本等。鈕氏尚有説文段注訂八卷，有許學叢書本、叢書集成初編本等。

［五］祥案：鈕氏初有匪石日記四册，其同郡王頌蔚從鈕氏之孫惟善假讀後排比整理所輯得之者，爲匪石日記一卷、遺文一卷（有滂喜齋叢書本、叢書集成初編本等）。其言尚有説文考異及非石詩如干卷。後人刻有匪石山人詩一卷（有靈鶼閣叢書本、叢初集成初編本等）。又有羅振玉整理之匪石先生文集二卷，共收文四十二篇，有雪堂叢書本。

朱笥河先生

先生諱筠，字竹君[一]，一字美叔，號笥河。其先家浙之蕭山，曾祖必名，始居京師[二]，遂爲大興人。祖登俊[三]，湖南長陽、四川珙縣知縣，後官中書科中書。父文炳[四]，大興諸生，官陝西盩厔縣知縣[五]。先生年十三，通七經[六]。十五作詩文，才氣浩瀚，老宿見之咋舌[七]。與弟文正公珪讀書[八]，同卧起，手鈔默誦，雞鳴不已[九]。弟兄同入泮宫[一〇]，學使吕熾試以鵬翼摶風歌[一一]，奇其才，爲之延譽。京兆尹武進蔣炳邀劉文定公綸[一二]、程文恭公景伊[一三]、錢文敏公維城[一四]、莊侍郎存與及其弟學士培因[一五]，設筵招先生及文正公飲，試以崑田雙玉歌，詩成，諸公歎賞不絶，於是京師有「競爽」之目[一六]。

[一]古人名字解詁：「筠，竹之别名。異名同實，故相應。『君』爲美稱。」竹君，朱珪知足齋文集卷三神道碑、章學誠章氏遺書卷一六墓誌銘、姚鼐惜抱軒文集卷一〇别傳、孫星衍孫淵如外集卷五行狀皆同，錢大昕潛研堂詩集卷八人日同王琴德朱竹均……各以字爲韻予得曉字、錢大昕竹汀居士年譜乾隆三十五年等，均引作竹均。朱珪神道碑：「上知公深，歲持文炳，所得士多著名，公益卓然以韓、歐陽、蘇自任，振起古學，奬藉寒畯，有一善者譽之如不及，天下之士翕然稱之曰竹君先生。」

[二]朱筠笥河文集卷九先府君行述：「先世遠祖，傳聞宋南渡時自中州遷於浙東之蕭山，凡十有一傳而至我曾王父敕贈儒林郎中書科中書舍人加二級諱必名，當國初北游京師，所交游盡一時豪賢長者。數致千金，輒力散之。其卒也，貧無以爲斂。」

[三]朱登俊，必名子。康熙三十六年（一六九七），爲長陽知縣，時朱軾亦知潛江，約爲同姓兄弟。有政聲。在縣十二年，以母憂去職。服闋，遷中書科中書舍人。終於官。事見笥河文集卷九先府君行述。

[四]朱文炳（一六九六—一七六四），登俊子。執經於朱軾、儲大文門下。以廩膳生貢國子監試八旗教習，期滿揀選，以知縣用，初署陝西咸寧，改盩厔縣。凡七年，勤於官事，有治績。因忤上官落職。歸家後，閉門約己，不交一人，惟課子讀書而已。事見笥河文集卷九先府君行述。

[五]盩厔，今陝西周至縣。

[六]朱珪神道碑：「十三，通五經，學爲文。」孫星衍行狀、羅繼祖、王蘭蔭同名書朱笥河先生年譜，乾隆六年條亦皆作「五經」。然則江藩作「七經」者，誤耳。

[七]朱珪神道碑：「十五，文成斐然，先大夫喜，賜之硯。」

[八]朱珪（一七三一—一八〇六），字石君，號南厓，晚號盤陀老人。朱筠弟。乾隆十三年（一七四八）進士。官至兵部、户部、吏部尚書，體仁閣大學士管理工部事等職。持躬正直，砥節清廉。經術淹通，學宗宋儒；又好道家之説。卒

諡文正。著有知足齋詩集二〇卷續集四卷、知足齋文集六卷、知足齋進呈文稿二卷，校勘有陰騭文注、元皇大道真君救劫寶經等。事見阮元揅經室二集卷三神道碑，清史列傳卷二八、清史稿卷三四〇有傳。

［九］朱珪神道碑：「癸亥七月，先妣見背，公與珪同卧起，夜讀古書，手鈔默誦，雞鳴不休。」朱錫經南厓府君年譜乾隆八年，「府君十三歲，從朱秬堂先生學。秋，先祖母徐太夫人卒。……先祖母臨卒，謂先祖曰：『兩幼子俱恂謹，肯讀書，我死後，幸勿督責太過。』府君至老爲不孝輩道之，輒潸然出涕。」

［一〇］科舉時代以生員入學爲入泮。國朝先正事略卷三五本傳：「與弟珪同補諸生。」朱珪神道碑：「乙丑孟冬，服除，應郡試，府丞石首鄭公其儲，擢珪第一，公稍次，偕謁鄭公，笑曰：『是皆美才，弟可先兄邪！』告之學使少司農臨桂吕公熾。十二月，院試，吕公擢公第一，試鵬翼摶風歌，大奇之，遍告諸公。明年正月，大尹常州蔣公炳、邀其同鄉劉文定公綸、程文恭公景伊、錢文敏公維城、今侍郎莊公存與及其弟培因，設筵召予兄弟面試，劉公授題崑玉歌，詩成，諸公驚喜，明日，皆先來就訪。」

［一一］吕熾（？—一七七八），字克昌，號東亭，又號闇齋，廣西臨桂人。雍正五年（一七二七）進士。官至户部侍郎。事見國朝耆獻類徵初編卷七九引國史本傳。

［一二］京兆尹，即順天府尹。蔣炳（一六九八—一七六五），字曉滄，一字晴厓，清武進人。雍正四年（一七二六）舉人。歷官至順天府尹、河南巡撫、甘肅布政使等，終官倉場侍郎。事見國朝耆獻類徵初編卷七八。劉綸（一七一一—一七七三），字如叔，號繩菴、慎涵等，清武進人。乾隆元年，以廩生舉博學鴻詞，試第一，授編修。後歷官至兵、户、吏部尚書，文淵閣大學士兼工部尚書。卒謚文定。直軍機處十年，與大學士劉統勳同輔政，有「南劉東劉」之稱。文法六朝，根柢漢、魏；於詩喜明高啓，謂能入唐人門閫。曾任續文獻通考、三通諸館副總裁。自著有繩庵内集一六卷外集八卷等。事見陸錫熊寶奎堂集卷一二墓誌銘，清史列傳卷二〇、清史稿卷三〇二有傳。

［一三］程景伊（一七一二—一七八〇），字聘三，號莘田，清武進人。乾隆四年（一七三九）進士。歷官工、刑、吏部尚

書，文淵閣大學士。卒謚文恭。贍於詞章，兼精吏牘。歷充續文獻通考、三通、國史、四庫全書、明史等館總裁、副總裁。著有雲塘詩文集二十七卷等。清史列傳卷二一、清史稿卷三二〇有傳。

［一四］錢維城（一七二〇—一七七二），字宗盤，號幼安，又號茶山等，清武進人。乾隆十年（一七四五）一甲一名進士。官至刑部侍郎，多所建樹。卒謚文敏。書法宗東坡，畫得益於董邦達。著有鳴春小草七卷、茶山詩鈔一一卷文鈔一二卷等。事見錢維喬竹初文鈔卷五家傳、卷六墓誌銘，清史列傳卷二三、清史稿卷三〇五有傳。

［一五］莊存與（一七一九—一七八八），字方耕，號養恬，武進人。乾隆十年（一七四五）一甲二名進士。曾官湖北、直隸、山東、河南等地學政。擢禮部侍郎。爲人廉鯁，學宗西漢。清史列傳卷二四、清史稿卷三〇五有傳。莊培因，見本書第二五一頁注［一二］。

［一六］競爽，争榮、争勝。左傳昭公三年：「齊公孫竈卒，司馬竈見晏子曰：『又喪子雅矣。』晏子曰：『惜也子旗不免，殆哉姜族弱矣，而嬀將始昌，二惠競爽猶可，又弱一个焉。姜其危哉！』鄭注：「子雅、子尾皆齊惠公之孫也。競，彊也；爽，明也。」

年二十五，乾隆癸酉［二］，中式舉人。明年，成進士［三］，選庶吉士。丁丑，散館，授編修，充方略館纂修官。辛巳，充會試同考官，旋丁外艱［三］，哀毁骨立。先生本無宦情，服闋後，欲遍游天下名山，已乞假矣，上召見文正，詢家事曰：「編修無定額，汝兄當補官，不似汝需缺也。」文正告之翰林院，取假呈歸，曰：「兄實無疾，恐上再詰問，不敢欺罔，强爲弟起。」先生不答，既而〔䩉〕（輾）然曰［四］：「汝敗我清興矣。」是年，授贊善［五］。明年，大考翰詹，御試二等，擢翰林院侍讀學士，充日講起居注官，戊子科順天鄉試同考官［六］。三十四年，欽派協辦内閣學士批本事[七]，充己丑會試同考官。庚寅，奉命爲福建鄉試正考官，充辛卯會試同考官。是秋，奉命視學安徽，以古學教士子，重刻許氏說文解字而爲之敘[八]。敘曰：

[一]朱珪神道碑：「乾隆十八年癸酉，舉於鄉，同考官編修建昌饒公學曙，座師協辦大學士吏部尚書興縣孫文定公嘉淦、禮部侍郎滿洲嵩公壽。」

[二]朱珪神道碑：「明年甲戌，中會試式，同考官贊善溧陽史公奕簪，座師大學士海寧陳文勤公世倌、禮部侍郎滿洲介公福、内閣學士錢公維城，殿試賜莊培因榜進士出身。改庶吉士。」

[三]朱珪神道碑：「甲申，丁先大夫憂，珪自閩奔喪歸，與公聚首者二年。」

[四]祥案：「囅」原作「辴」，粤雅堂本等改作「囅」，是。今據改。莊子達生：「桓公囅然而笑。」玉篇單部：「囅然，笑兒。」朱珪神道碑：「公欲不出而爲名山大川游，已告假矣。明年正月，珪服除，詣宫門召見。上詢家事，始知兄名。曰：『編修無定額，汝兄已補官，不比汝需缺也。』珪未即對，上曰：『非邪？』珪謹唯曰：『是。』出則告之翰林院，取公假呈以歸。曰：『兄實無疾，倘上再詰，不敢欺也，强爲弟起。』公不答，既而昕然曰：『汝敗我雅興矣！』是冬，授贊善。」

[五]乾隆朝起居注乾隆三十二年：「十二月二十一日，授右春坊右贊善。」

[六]羅繼祖朱笥河先生年譜乾隆三十四年：「充會試同考官，欽派協辦内閣學士批本事。」

[七]批本事，清設批本處，乾隆以前稱「紅本房」。額設滿洲翰林官一人、中書七人，專司進呈題本及批本事宜。每日應進之本章，均由内閣滿票簽處送批本處轉内奏事處呈上，經皇帝閲後發下，由批本處按皇帝閲定之滿文票簽批滿文於本

面，再交由内閣學士批漢字，交六科以行。

［八］祥案：朱氏刻本爲乾隆三十八年椒花吟舫刻本，敘文又見笥河文集卷五説文解字敘，亦見劉盼遂輯王石臞遺文集補編中。劉氏文前識語據朱筠詩及洪亮吉等人語，證敘文爲王氏代朱所作，詳參劉氏識語。敘文前一段爲劉氏略去，其曰：「大清乾隆三十有六年冬十一月，筠奉使者關防來安徽視學。明年，按試諸府州屬，輒舉五經本文與諸生月日提示講習，病今學者無師法，不明文字本所由生，其狎見尤甚者，至於『諂』、『諂』不分，『鍜』、『鍛』不辨，『據』旁著『處』，『適』内加『商』，點畫淆亂，音訓泯棼，是則何以通先聖之經而能言其義邪？既試，歲且一周。又明年春，用先舉許君説文解字舊本重刻周布，俾諸生人人諷之，庶知爲文自識字始，惜未及以徐鍇繫傳及他善本詳校，第令及門宛平徐瀚檢正刻工之譌錯，又令取十三經正文，分別本書載與不載者附著卷末，標曰文字十三經同異略，可見古人文字承用之意，知者當自得之。」朱珪神道碑：「是秋，奉命視學安徽，安徽故有樸學，公躬拜奠婺源故處士江永、汪紱之主，祠之鄉賢以勸。乃教士曰：『讀書不可不識字。』爲刻舊本許氏説文解字，揭以四端。」

漢汝南召陵許君慎［一］，范蔚宗儒林傳不詳［二］，惟曰：「『五經無雙許叔重』，爲郡功曹［三］，舉孝廉，再遷除洨長［四］，卒於家。」作説文解字十四篇。本書召陵萬歲里公乘許沖上書言［五］：「先帝詔侍中騎都尉賈逵，修理舊文。臣父故太尉南閣祭酒慎［六］，本從逵受古學［七］，博問通人，考之於逵［八］，作説文解字凡十五卷。慎前以詔書校書東觀［九］，教小黄門孟生、李熹等［一〇］，以文字未定，未奏上。今病，遣臣齎詣闕［一一］。建光元年九月己亥朔二十日戊午上。」

［一］汝南，漢郡名，東漢治平輿（今屬河南）。召陵，漢縣名，治今河南郾城縣東。

［二］范蔚宗，即范曄。後漢書卷七九下儒林列傳下：「許慎，字叔重，汝南召陵人也。性淳篤，少博學經籍，馬融常推敬之，時人爲之語曰：『五經無雙許叔重。』爲郡功曹，舉孝廉，再遷除洨長。卒於家。初，慎以五經傳説臧否不同，於是撰爲五經異義，又作説文解字十四篇，皆傳於世。」

［三］郡功曹，官名，漢州郡佐吏，掌管考查記録功勞。

［四］洨，東漢縣名，治今安徽固鎮縣東。

［五］公乘，爵位名。段玉裁説文解字注卷十五下：「漢仍秦制爵，一爵曰公士，八爵曰公乘。公乘者，言其得乘公家之車也。荀綽曰：『吏民爵不得過公乘。公乘者，軍吏之爵禄最高者也。』」許沖，許慎子。生平事蹟不詳。祥案：此處引許沖文多有省略，詳參原文。

［六］南閤，當爲南閣。段注：「閣，各本譌作閤，今正。古書閤之誤閣者多矣，閤爲閨閤小門，閣爲庋閣之處，太尉南閣祭酒，謂太尉府掾曹出入南閣者之首領也。百官志：『太尉掾史屬二十四人，黄閣主簿，録省衆事。』黄閣即南閣也。」

［七］古學，段注：「古學者，古文尚書、詩毛氏、春秋左氏傳及倉頡古文、史籀大篆之學也。」祥案：此下亦省略數句，詳參原文。

［八］段注：「折衷於逵也。」

［九］東觀，在漢洛陽南宫。東漢明帝時，命班固等人在此纂成東觀漢記。章帝時，以之爲藏書之處。

［一〇］段注：「元帝之世，史游爲黄門令。董巴輿服志曰：『禁門曰黄闥，中人主之，故曰黄門。』宦者傳曰：『永平中，中常侍四人，小黄門十人，迄乎延平，中常侍至有十一人，小黄門二十人。』教小黄門事亦受詔爲之。孟生、李喜，小黄門二人名也。」祥案：「熹」，許沖原文作「喜」。

［一一］段注：「齎者，持遺也；詣，送致也。闕者，東都之兩觀也。東京賦曰：『建象魏之兩觀，旌六典之舊章。』」

徐鍇曰[一]：「建光元年，安帝之十五年，歲在辛酉也。」按賈逵傳[二]：肅宗「建初元年[三]，詔逵入講北宮白虎觀[四]、南宮雲臺[五]。八年[六]，詔諸儒各選高才生，受左傳、穀梁春秋、古文尚書、毛詩，皆拜逵所選弟子及門生爲千乘王國郎[七]，朝夕受業黄門署[八]。」據此，知許君校書東觀教小黄門等，當在章帝之建初八年，歲在癸未也[九]。本書許君自敘言：「粤在永元困敦之年[一〇]，孟陬之月，朔日甲申，次列微辭。」徐鍇曰：「和帝永元十二年，歲在庚子也。」按逵傳[一一]：逵以永元八年自左中郎將復爲侍中騎都尉[一二]，内備帷幄，兼領秘書近署。據此，知許君本從逵受學，其考之於逵作此書，正當逵爲侍中之後四年。其後二十一年，當安帝之建光元年，歲在辛酉，君病在家，書成，乃令子沖上之也。其始末略可考見如此。

[一]徐鍇（九二〇—九七四），字楚金，南唐會稽（今浙江紹興）人。鉉弟。幼孤，兄弟苦學，皆有能名，稱鍇「小徐」。善爲文，精小學。南唐時，累遷内史舍人。卒謚文。著有説文繫傳四十卷、説文解字篆韻譜五卷等。宋史卷四四一有傳。

[二]賈逵，見本書第五頁注[一九]。下段引文見後漢書卷三六賈逵傳。

[三]肅宗，即漢章帝劉炟（五六—八八），明帝第五子。在位十三年（七六—八八）。事從寬厚，除慘獄之科。平徭簡賦，而人賴其慶。建初四年（七九），集諸儒於白虎觀，議五經異同，親制臨決，編爲白虎通義。事見後漢書卷三章帝本紀。

[四]東漢明帝時在洛陽城中起北宮與諸官府，內有德陽諸殿。後漢書卷三七丁鴻傳：「肅宗詔鴻與廣平王羨及諸儒樓望、成封、桓鬱、賈逵等，論定五經同異於北宮白虎觀。」注：「白虎，門名。」

[五]史記卷八高祖本紀：「高祖置酒雒陽南宮。」正義引括地志：「南宮在雒州雒陽縣東北二十六里洛陽故城中。」雲臺，漢宮中臺名。後漢書卷三二陰興傳：「後以興領侍中，受顧命於雲臺廣室。」注：「洛陽南宮中有雲臺廣德殿。」

[六]後漢書卷三章帝本紀：建初八年十二月，「詔曰：『五經剖判，去聖彌遠，章句遺辭，乖疑難正，恐先師微言將遂廢絶，非所以重稽古，求道真也。其令群儒選高才生，受學左氏、穀梁春秋、古文尚書、毛詩，以扶微學，廣異義焉。』」

[七]後漢書卷三六此句下注：「千乘王伉，章帝子也。」近藤注：「宣帝蓋爲章帝之誤。後漢書卷五五章帝八王傳：『千乘貞王伉，建初四年封。』」

[八]黄門署，少府下屬機構。後漢書卷二六百官志三：「黄門署長、畫室署長、玉堂署長各一人。丙署長七人。皆四百石，黄綬。本注曰：宦者。各主中宮別處。」

[九]祥案：關於許慎校書東觀事，段玉裁注曰：「許以詔書校書東觀，不見本傳。蓋安帝永初四年，『詔謁者劉珍及五經博士校定東觀五經、諸子、傳記、百家藝術，整齊脱誤，是正文字』。儒林傳則云：『太后詔劉珍與騊駼、馬融校定東觀五經、諸子』云云，與和帝紀同。馬融傳亦云：『永初四年，拜爲校書郎中，詣東觀典校秘書。』蓋此時分司其事者，史不盡載，許亦其一也。」

[一〇]永元困敦之年，爲永元十二年，歲在庚子，即西元一〇〇年；孟陬，農曆正月；朔日甲申，即初一日，此日爲甲申。

[一一]後漢書卷三六賈逵傳：「和帝即位，永元三年，以逵爲左中郎將。八年，復爲侍中，領騎都尉。內備帷幄，兼領秘書近署，甚見信用。」

[一二]左中郎將，秦漢官名。任宫中護衛、侍從。屬郎中令。分五官、左、右三中郎署。各署長官稱中郎將，省稱中郎。侍中，官名。爲加官，出入宫廷，備帝顧問，拾遺補闕，爲清要之官。騎都尉，漢武帝時置，爲勳官。秘書近署，即祕書監，屬太常寺，官典籍圖書。

夫許君之爲書也[一]，一曰世人詭更正文[二]，鄉壁虚造不可知之書[三]；一曰諸生競説字解經[四]，誼稱秦之隸書爲倉頡時書[五]；一曰廷尉説律[六]，至以字斷法[七]。皆不合孔氏古文，謬於史籀[八]。恐巧説衺辭，使學者疑[九]。於是依據宣王大史籀大篆十五篇[一〇]、丞相李斯倉頡篇[一一]、中車府令趙高爰歷篇[一二]、大史令胡母敬博學篇[一三]、黄門侍郎揚雄訓纂篇諸書[一四]，又雜采孔子、楚莊王[一五]、左氏、韓非、淮南子、司馬相如、董仲舒、京房、衛宏數十家之説，然後成之。

[一]以下節引許慎説文解字敘，引文先後次序不皆依原文之次。

[二]段注：「詭，當作恑，變也。」祥案：作詭亦通，奇異也。詭更正文，謂寫奇異怪字耳。淮南子本經：「嬴鏤雕琢，詭文回波。」

[三]段注：「鄉，俗用向爲之。」

[四]祥案：段注以下文『誼』字連此句讀，云爲『諠』之誤。其曰：「誼，各本譌作諠，今正。誼，義，古今字。藝文志曰：『後世經傳既已乖離，博學者又不想（祥案：漢志「想」作「思」）多聞闕疑之義，而務碎義逃難，便辭巧説，破壞形

體，説五字之文，至於二三萬言。後進彌以馳逐，故幼童而守一藝，白首而後能言。』」

［五］段注：「謂諸生之争逐説字解經義也。稱秦隸書即倉頡書，云此積古以來父傳之子者，安能有所改易而乃謂其非古文，乃輒别造不可知之書爲古文也。説字以解經，本無不合，患在妄説隸書之字。」

［六］廷尉，秦漢官名。九卿之一，掌刑辟。

［七］段注：「猶之説字解經義也。」

［八］段注：「文字以倉頡、史籀爲正，故必兼舉之，不曰倉頡古文而曰孔氏古文者，漢時惟孔子壁中書爲倉頡古文也。鼎彝之銘，則合於孔氏古文者也。」

［九］漢志：「古制，書必同文，不知則闕，問諸故老，至於衰世，是非無正，人用其私。故孔子曰：『吾猶及史之闕文也，今亡矣夫！』蓋傷其寖不正。」

［一〇］周宣王，西周天子，姓姬名静，或作靖。厲王子。在位四十六年（前八二七—前七八二）。周公、召公輔之。戰玁狁，用兵荆楚、淮夷，又征西戎，屢遭失利。事見史記卷四周本紀。大史籀，大史，官名；籀，人名。史籀十五篇，即大篆，周宣王太史撰，周時史官教學童書，後亡佚。現存於説文中有二二五字。其字形體繁迭重復，爲西周文字。或以爲是戰國文字。裘錫圭文字學概要曰：「所謂大篆，本來是指籀文這一類時代早於小篆而作風跟小篆相近的古文字而言的。」

［一一］李斯（？—前二〇八），秦上蔡人。荀況弟子。官至丞相。後被腰斬於咸陽。爲秦始皇謀，統一六國。立郡縣，廢詩、書，禁私學，以小篆爲統一文字，作倉頡篇爲範。史記卷八七有傳。倉頡篇上七章，李斯作，與趙高爰曆篇六章、胡母敬博學篇七章，皆取史籀大篆，或頗省改，爲四字韻語，遂使字體定型爲小篆。漢初，閭里師合三篇爲一，統稱倉頡篇。晉時又將揚雄訓纂篇、賈魴滂喜篇與此合編爲三倉。今皆佚，有出土殘本，清孫星衍、任大椿及近人王國維等均有輯本。

［一二］趙高（？—前二〇七），秦人。通獄法，爲秦中車府令。秦始皇卒，密謀矯詔迫太子扶蘇自殺，立胡亥爲秦二世。爲中丞相，封武安侯，謀爲亂。劉邦軍入關，高遂殺二世，立子嬰，卒爲子嬰所殺。曾作爰曆篇。事見史記卷七秦始皇本紀、卷八七李斯傳等。

［一三］胡母敬，亦作胡毋敬，秦人。曾任櫟陽獄吏、太史令。博識古今文字。秦統一六國，奉命與李斯等省改大篆，作博學篇。事見漢書卷三六藝文志、唐張懷瓘書斷。

［一四］漢志：「平帝『元始中，徵天下通小學者以百數，各令記字於庭中。揚雄取其有用者以作訓纂篇，順續蒼頡，又易蒼頡中重複之字，凡八十九章。」

［一五］楚莊王（？—前五九一），熊氏，名旅，或作侶、吕，春秋時楚國國君。穆王子。在位二十三年（前六一三—前五九一）。重用孫叔敖，修内政，興水利，國以强。爲春秋五霸之一。事見左傳宣公十一年、史記卷一〇楚世家。

又曰「必遵舊文而不穿鑿」［一］，又曰「非其不知而不問」［二］。蓋其發揮六書之指，使百世之下，猶可以窺見三古制作之意者［三］，固若日月之麗天［四］，江河之由地。其或文奧言微，不盡可解，亦必明者之有所述［五］，師者之有所授，後學小生，區聞陬見［六］，不得而妄議已。

［一］許氏原敘曰：「書曰：『予欲觀古人之象。』言必遵修舊文而不穿鑿。」段注：「虙羲、倉頡觀於天地人物之形，而畫卦造書契，帝舜法伏羲、倉頡之像形，以爲旗章、衣服之飾，大舜之智，猶修舊不敢穿鑿，況智不如舜者乎！」

［二］許氏原敘曰：「孔子曰：『吾猶及史之闕文，今亡矣夫。』蓋非其不知而不問，人用己私，是非無正，巧説衺辭，使天下學者疑。」

[三]三古，即許氏敘中所言伏羲、倉頡、帝舜也。

[四]祥案：「麗」朱氏原文作「離」。易離：「日月麗乎天，百穀草木麗乎土。」

[五]史記卷一一七司馬相如傳：「蓋明者遠見於未萌而智者避危於無形，禍固多藏於隱微而發於人之所忽者也。故鄙諺曰：『家累千金，坐不垂堂。』此言雖小，可以喻大。」又卷一一八淮南王傳：「明者見於未形，故聖人萬舉萬全。」

[六]區聞陬見，謂極小之見聞。文選卷三張衡東京賦：「目察區陬，司執遺鬼。」薛綜注：「區陬，隅隙之間也。」

易曰[一]：「書不盡言，言不盡意。」陳其大要，約有四端：一曰部分之屬而不可亂。敘曰[二]：「其建首也，立一爲端[三]。據形聯系[四]，引而申之[五]，以究萬原[六]，畢終於亥[七]。」是以徐鍇作繫傳[八]，有部敘二卷，本易敘卦傳，爲之推原偏旁所以相次之故，使五百四十部，一字不紊。今起東既疑韻書[九]，而比類又從字體，便於檢討，實昧形聲。自李燾之五音韻譜作[一〇]，而部分紛然，自亂其例矣。

[一]語見易繫辭上。

[二]敘文見大徐本説文解字卷一五下。

[三]祥案：端，原書作耑。段注：「耑，物初生之題也。引申爲凡始之稱，謂始於一部。」祥案：此下朱氏引文省「方以類聚，物以群分，同條牽屬，共理相貫」數句。

[四]祥案：原書「聯系」二字互乙。段注：「系者，縣也；聯者，連也。謂五百四十部次弟，大略以形相連次，使人

記憶易檢尋。如八篇起『人部』，則全篇三十部，皆由人而及之是也；雖或有以義相次者，但十之一二而已。」

［五］段注：「古『屈伸』字多作『詘信』，亦作『申』。説文人部有『伸』篆，解云『屈伸』，近字也。謂由『一』形引之至五百四十形也。」

［六］段注：「究者，窮也。謂天地鬼神、山川草木、鳥獸蚰蟲、雜物奇怪、王制禮儀、世間人世，莫不畢舉。」

［七］謂全書畢終於亥部也。段注：「畢猶竟也。終古作冬，冬者，四時盡也。引申爲凡盡之稱，後人假終字爲之。」

［八］説文繫傳四〇卷，徐鍇撰。首通釋三十卷，以説文十五篇篇析爲二，反切採同時人朱翔所定，詮釋字義，注重形聲相生，音義相傳；繼以部敘二卷，通論三卷。祛妄、類聚、錯綜、疑義、系述各一卷。原書南宋時已殘，今本爲後人據大徐本説文解字輯成。清乾隆時有汪憲撰説文繫傳考異四卷，亦可參。

［九］宋李燾編説文解字五音韻譜一二卷，用徐鍇韻譜，參取集韻卷第，起東終甲，而偏旁各以形相從，類依類篇。故此曰「起東」云云。

［一〇］李燾（一一一五—一一八四），字仁甫，一字子貞，號巽巖，南宋眉州丹稜（今屬四川）人。紹興八年（一一三八）進士。官至禮部侍郎、敷文閣學士，同修國史。卒謚文簡。著述今傳有續資治通鑑長編五二〇卷、説文解字五音韻譜一二卷、李文簡詩集一卷等。宋史卷三八八有傳。五音韻譜即説文解字五音韻譜一二卷，是書重編説文，取原書九千餘字，仿集韻例，變亂説文部居，起東終甲，按韻編纂而成。其意在便捷，然因不精字學，音義錯亂甚多。故本文朱筠責其「部分紛然，自亂其例」耳。有明萬曆二十六年刊本、明刻清印本等。

一曰字體之精而不可易。夫篆本異文，而今同一首者，「奉」、「奏」、「春」、「秦」、「泰」是也［一］；篆本同文，而今異所從者，「辿」、「從」、「辵」、「徒」是也［二］。「賊」之「从戈則聲」，而改从「戎」[三]，「賴」之从貝剌聲」，而改从「負」，半譌也[四]；「羼」之爲「舜」[五]，「壺」之爲「壺」[六]，「囚」之爲「曲」[七]，「爵」之爲「爵」[八]，全譌也。以「气化」之气當「乞」[九]，而「氣牽」之「氣」遂當「气」，於是有俗「餼」字[一〇]；以「萎飼」之「萎」當「餧」[一一]，而「饑餧」之「餧」當「萎」，於是有俗「餒」字：此因一字以譌數字者也。「匈」已从「勹」而又从「肉」[一二]，「州」已从「川」而又从「水」[一三]，既重其類；「垔」从「土」而又「土」[一四]，「蜀」从「蟲」而加「蟲」[一五]，又重其从：此並二字以譌一字者也。从者失从，滋者不滋，自隸一變之，楷再變之，而字體莫之辨識矣。

[一]説文収部：「奉，承也。從手從廾，豐聲。」夲部「奏，奏進也。从夲，从廾从屮。」艸部「春，推也。从日艸屯，屯亦聲。」禾部「秦，伯益之後所封國，地宜禾。从禾，舂省。」水部「泰，滑也。从廾从水，大聲。」祥案：朱氏之意，謂五字篆體所從之部首皆異，而隸變皆同从夫，夫非部首也。

[二]説文从部：「𨑓，隨行也。从辵从，从亦聲。」辵部：「𨑒，步行也。从辵，土聲。」祥案：説文無「從」、「徒」二篆。𨑓即從，𨑒即徒。朱氏謂𨑓、從、𨑒、徒篆體皆從辵，隸變後或從辵、或從彳，浸失原形。

[三]説文戈部：「賊，敗也。从戈則聲。」祥案：段玉裁、朱駿聲等皆以賊字爲从則从戈，會意字。實則賊謂傷害之義。戈能傷人，故賊字从戈。本从戈則聲，今書誤作从貝从戎，大失原意。出土金石文字中如散盤作[glyph]、睡虎地秦簡作[glyph]、隸變後如漢石經作賊，楷變成賊，遂爲从貝从戎矣。

[四]説文貝部：「賴，贏也。从貝剌聲。」祥案：説文貝部：「負，恃也。从人守貝有所恃也。」賴本从貝剌聲，後人

因其右半與「負」相似，且説文二字篆文相連，遂誤爲从束从負之形矣。

[五]説文舛部：「舜，艸也。……象形。从舛，舛亦聲。」段注：舛「亦狀，蔓連相向背之皃。隸作舜。□，古文舜」祥案：舜，華嶽碑作□、漢印作□、費鳳碑作□，隸變後作舜。

[六]説文壺部：「壺，昆吾圜器也。象形。从大，象其蓋也。」祥案：壺，説文□、史僕壺作□，象形。

[七]説文曲部：「曲，象器曲受物之形也。□，古文曲。」祥案：曲父丁爵作□、睡虎地秦簡作□、居延漢簡作□，隸變後成曲，字从曰部。

[八]説文鬯部：「爵，禮器也。象爵之形，中有鬯酒，又持之也。□，古文爵如此，象形。」祥案：甲骨文作□、爵且丙尊作□、睡虎地秦簡作□、漢禮器碑作□，隸變後成爵。

[九]氣化，此謂人體氣機之運行變化。气、氣、餼三字之釋，參本書卷一張弨正文及注。

[一〇]氣牽，即餼牽，活牲口。

[一一]説文艸部：「萎，食牛也。从艸，委聲。」又歺部：「殘，病也。从歺委聲。」段注：「廣韻曰：『殘，枯死也。』『萎，蔫也。』按殘、萎古今字。」又説文食部：「餧，饑也。从食，委聲。」祥案：段氏以餧爲餒之誤字，以殘、萎爲古今字。朱駿聲以爲萎假借爲殘，餧假借爲餒。然則餧爲饑之義，經典相承別餒者，後起字也。

[一二]説文勹部：「匈，膺也。从勹凶聲。□，匈或从肉。」段注：「今字胷行而匈廢矣。」説文通訓定聲豐部弟一匈：「字亦作胷。」祥案：匈本胸膛之胸，管子任法：「皆虛其匈，以聽其上。」史記高祖本紀：「伏弩射中漢王，漢王傷匈。」漢書作「胸」。後以胸字代之，而匈本義廢而借義行矣。

[一三]説文川部：「州，水中可居曰州。周遶其旁。从重川。」段注：「俗作洲。」説文通訓定聲孚部弟六州：「字亦作洲。」祥案：水中可居曰州，本已有川，後起之洲字，从重川，反類蛇足。然後人以州、洲區別，若洲爲大陸之義，則爲明代以來才有矣。

[一四]説文土部：「垔，塞也。商書曰：『鯀垔洪水。』从土西聲。，古文垔。」段注：「按：此字古書多作堙、作陻，真字乃廢矣。」説文通訓定聲屯部弟十五垔：「字俗作堙、作陻。書洪範『鯀垔洪水』，今作陻。左襄廿五傳『井堙木刊』。」

[一五]説文蟲部：「蜀，葵中蠶也。从虫，上目象蜀頭形，中象其身蜎蜎。詩曰：『蜎蜎者蜀。』」段注：「豳風文。今左旁又加蟲，非也。」説文通訓定聲需部弟八蜀：「詩東山：『蜎蜎者蜀。』俗字作蠋，傳：『桑蟲也。』管子水地：『欲小則化如蠶蠋。』注：『藿中蟲也。』」

一曰音聲之原可以知。「農」之「从晨囟聲」，玉篇「囟」、「窗」同[一]。考工記匠人「四旁兩夾窗」，「窗」一音「悤」，徐鍇以爲「當从凶乃得聲」，非也[二]。「移」之「从禾多聲」，古音弋多反[三]，楚辭：「夫聖人者不凝滯於物，而能與世推移，舉世皆濁，何不淈其泥而揚其波？[四]」徐鍇以爲「多」與「移」聲不相近，非也。「能」之足似「鹿」，「从肉㠯聲」，古音奴來、奴代反[五]。詩[六]：「其湛曰樂[七]，各奏爾能[八]。賓載手仇[九]，室人入又[一〇]。酌彼康爵[一一]，以奏爾時[一二]。」徐鉉等以爲「㠯」非聲，疑象形，非也[一三]。「摘」之「从手啻聲」，陟革反，去聲則陟寘反[一四]。「啻」與「商」同文[一五]，「摘」與「適」同聲[一六]。詩[一七]：「勿予禍適，稼穡匪懈[一八]。」徐鉉等以爲當从「適」省乃得聲，非也[一九]。此音聲之可據者也。

[一]説文：「農(nóng)，耕也。从晨囟聲。，籀文農从林；，古文農；農，亦古文農。」玉篇：「囟，説文

曰：『在牆曰牖，在屋曰囱。』」又「窗，同上。」段注：「徐鍇曰：『當從囱乃得聲。』玉裁按：此囱聲之誤。」祥案：甲骨文作[illegible]，金文作[illegible]，散盤作[illegible]，睡虎地秦簡作窻。

[二]考工記匠人：「四旁兩夾窻」。」釋文：「窻，初江反，一音怱。」

[三]說文禾部：「移，禾相倚移也。从禾多聲。一曰禾名。」臣鍇等曰：多與移聲不相近，蓋古有此音。」說文釋例卷一四糾徐：「『移』下云『多聲』。大徐疑其不相近。案从多聲者，惟哆、痑二字，唐韻與古音同；其趍、誃、眵、移、侈、袳、卶、姼、垑、鉹、䡥、黟，及从多省聲之宜，唐韻與古音異，與移之多聲者同。徐氏皆不疑，何也？」

[四]見楚辭漁父。說文通訓定聲隨部弟十移：「按倚移疊韻連語，猶旖旎、旖施、檹施、猗儺、阿那也。禾名當爲此字本訓。」朱氏又以爲古韻楚辭漁父移、波等字葉。祥案：上古多、移、波三字古音皆屬歌部，可通。

[五]說文能部：「能，熊屬，足佀鹿。从肉㠯聲。」臣鉉等曰：『以非聲，疑皆象形。』」段注：「奴登切，古者在一部，由之而入於咍，則爲奴來切；由一部而入於六部，則爲奴登切，其義則一也。」

[六]見詩小雅賓之初筵。

[七]毛傳：「湛，樂也。」

[八]鄭箋：「云子孫各奏爾能者，謂既湛之後，各酌獻尸，尸酢而卒爵也。」釋文：「能，如字。徐奴代反，又奴來反。」

[九]毛傳：「手，取也。」祥案：仇，同酬。

[一〇]毛傳：「室人，主人也。主人請射於賓，賓許諾，自取其匹而射，主人亦入於次，又射以耦賓也。」

[一一]鄭箋：「康，虛也。」

[一二]鄭箋：「時謂心所尊者也。」

[一三]說文釋例卷二象形：「動物之象形而兼意與聲者，能與龍是也。……能之比象足，而从肉㠯聲。蓋獸類象形者

多，不能一一畢肖，故有所兼以成之也。顧能字即就意聲以爲形，非如它字截然爲二爲三也。从能之字皆截然爲三，其作[seal]者近是。部首作[seal]，善矣，惜少一畫。惟繹山碑作[seal]，無可訾議。説云『足似鹿』，亦有此一畫，不過微長耳。」祥案：能字象形，徐鍇、王筠説皆是也。能匋尊作[seal]、番生𣪕作[seal]、睡虎地秦簡作[seal]，其字象形，爲熊之本字。國語晉語八：「今夢黄能入於寢門。」注：「能，熊屬。」

[一四]説文手部：「摘，拓果樹實也。从手啻聲。一曰指近之也。臣鉉等曰：當从適省乃得聲。他歷切，又竹戹切。」段注：「他歷切，又竹歷切。按竹歷切是也。他歷則爲擿之音矣。十六部。宋本竹歷，今本改竹戹，以同廣韻。」廣韻麥韻：「手取也。陟革切，又他歷切。」

[一五]説文釋例卷一四鈔存：「敵、適、蹢、謫、鷸、滴、𪋻、樀、禘、嫡、摘、鏑等字，皆从啻聲，楷書作商，惟禘字尚是本形，用者少故也。竊意啻蓋蒂之本字，上聲下形，乃以諧聲定象形，爲象形之變例。」

[一六]説文辵部：「適，之也。从辵啻聲。」祥案：商、啻、摘、適上古均屬錫部可通。

[一七]見詩商頌殷武。

[一八]毛傳：「適，過也。」鄭箋：「天命乃令天下衆君諸侯立都於禹所治之功，以歲時來朝於殷王者，勿罪過與之禍適徒敕以勸民稼穡非可解倦。」釋文：「適，直革反，徐張革反，注同，韓詩云數也。」

一曰訓詁之遺可以補。易：「其牛觢。[一]」觢，一角仰也。爾雅：「皆踴觢。」郭注：「今豎角牛也。」書：「西伯既𢦟黎。[二]」「𢦟」「从戈今聲」，殺也[三]；不當作「戡」，戡，刺也[四]。詩：「深則砅[五]。」「砅」「从水从石」，履石渡水也[六]。「在彼淇厲」[七]，蒙梁而言，亦此訓也。「得此䵶鼀」[八]，䵶亦爲鼀，鼀鼀，詹諸[九]。「縞衣綼巾」[一〇]，綼，「从糸卑聲」，未嫁女所服，處子也[一一]。周禮：「垗五帝於四郊。[一二]」垗，畔也，爲四時界祭其中也[一三]。春秋傳：「修塗梁溠。[一四]」溠，荆州浸也。職方氏：「豫州，其浸波溠[一五]。」鄭注：「春秋傳曰：『楚子除道梁溠。則溠宜屬荆州，在此非也。』」「闕砦之甲」[一六]，砦，水邊石也[一七]。論語：「小人窮斯𡟭矣[一八]。」𡟭「从女監聲」，過差也[一九]。孟子：「呭呭猶沓沓[二〇]。」呭呭，多言也[二一]；沓沓，語多沓沓也，所謂「言則非先王之道」也。爾雅：「西至汃國，謂四極。[二二]」汃「从水八聲」，西極之水也[二三]。廣韻：「汃，府巾切，西方極遠之國。又普八切，西極水名也[二四]。」不當作「邠」。邠，周大王國也[二五]。此訓詁之可據者也。

[一]說文角部：「觢，一角仰也。從角㓞聲。易曰：『其角觢。』」祥案：段注：「一當作二。釋獸（祥案：當曰釋畜，段氏記憶偶誤。）曰：『角一俯一仰，觭，皆踊，觢。』皆踊謂二角皆豎也。蒙上文一俯一仰，故曰皆。許一俯一仰之云在下文，故云二角。俗譌爲一，則與觭無異。」易睽六三：「其牛挈。」阮氏校勘記：「劉本從說文作觢。」釋文：鄭作挈，曰「牛角皆仰曰挈」，恰與釋畜同。

[二]見尚書西伯戡黎。

[三]說文戈部：「𢦏，殺也。从戈今聲。商書曰：『西伯既𢦏黎。』」

[四]說文戈部：「戡，刺也。從戈甚聲。」祥案：段注『𢦏』字曰：「殺者，戮也。按：漢、魏、六朝人𢦏、堪、戡、龕四字，不甚區別。……蓋訓勝，則堪爲正字，或叚𢦏、或叚戡、又或叚龕，皆以同音爲之也。」說文釋例卷一三誤字：「𢦏、戡要當是古今字。」

［五］詩邶風匏有苦葉：「深則厲，淺則揭。」

［六］説文水部：「砅，履石渡水也。从水石。詩曰：『深則砅。』濿，砅或从厲。」祥案：段注：「此稱邶風言假借也。毛詩曰『深則厲』，釋水曰『以衣涉水爲厲』，又曰『繇帶以上爲厲』。此竝存二説也，毛傳依之，定本改云『以衣涉水爲厲，謂由帶以上也』，合爲一説，繆矣。履石渡水，乃水之至淺，尚無待揭衣者，其與深則厲絶然二事明矣。厲、砅二字同音，故詩容有作砅者，許稱以明假借，如尚書以作玫爲作好，以莫席爲蔑席之比。韓詩『至心曰厲』，玉篇作『水深至心曰砅』，至心即由帶以上之説也。蓋韓詩作『深則砅』，許稱之與？戴先生乃以橋梁説砅，如其説，許當徑云石梁，不當云履石渡水矣。詩言『深則厲，淺則揭』，喻因時之宜，倘深待石梁，則有不能渡者。禹貢『厲砥』，玄應引作『砅砥』，僞説命『用汝作厲』，宋庠國語補音引詩作『砅』，汗簡云『砅古文砥』。此可見古假砅爲厲，非一處矣。厲者，石也。从水厲猶从水石也。引申之凡渡水之稱。」

［七］詩衛風有狐：「有狐綏綏，在彼淇厲。」毛傳：「厲，深可厲之旁。」祥案：「深則厲」，厲三家詩或作砅，或作濿，音同可通。戴震以爲橋有厲之名，詩之意以淺水可褰衣而過，若水深則必依橋梁乃可過。必有厲乃可過。有狐篇以『淇梁』、『淇厲』並稱，「厲」固屬「梁」之屬。戴説見其毛鄭詩考正卷一、又見其毛詩補傳卷三。戴氏之説，後人多不認同，段氏駁其師之説已見上，又如王引之以爲，厲爲涉水之名，非謂橋梁也。且「深則厲，淺則揭」相對爲文，若以厲爲橋，而曰深則橋，斯與淺則揭之揭，文不相當矣。説文以砅爲「履石渡水」，仍取渡涉之義，非以砅爲橋梁也。有狐「在彼淇厲」之厲，則謂水厓也。全詩二章言「淇厲」、三章言「淇側」，其義一也。水旁之謂側，亦謂之厲；水厓謂之厲，亦謂之側。「淇厲」與「淇側」同義，猶魏風伐檀「河干」與「河側」同義。故「淇厲」爲淇水之厓，非承上淇梁言之，毛以厲爲「深則厲」之「厲」，非是。詳參經義述聞卷五毛詩上在彼其厲條。朱筠與戴氏有交，王念孫又爲戴氏弟子，蓋受戴説影響，故有如是言，其説之誤也宜矣。

［八］詩邶風新臺：「燕婉之求，得此戚施。」

［九］説文黽部：「鼀，圥鼀，詹諸也。其鳴詹諸，其皮鼀鼀，其行圥圥。从黽从圥，圥亦聲。䵶，鼀或从酋。」祥案：段注：「虫部曰：『蝌鼀，詹諸也。』一物四名，曰鼀鼀、曰圥鼀、曰詹諸、曰䵶䵹，許主名詹諸而詳釋之。」又「䵹，䵶䵹，詹諸也。詩曰：『得此䵶䵹。』言其行䵹䵹」段注：「邶風新臺文，今詩作『戚施』，毛傳曰『戚施，不能仰者』，釋言曰『戚施，面柔也』。䵹䵹，猶施施也。」薛君韓詩章句：「戚施，蟾蜍，喻醜惡。」

［一〇］祥案：綼，朱氏原文作綥，説文亦作綥，下文同。詩鄭風出其東門：「縞衣綦巾，聊樂我員。」毛傳：「縞衣，白色，男服；綦巾，蒼艾色，女服也。」鄭箋：「縞衣綦巾，所爲作者之妻服也。」

［一一］説文糸部：「綥，帛蒼艾色。从糸畀聲。詩曰：『縞衣綥巾。』未嫁女所服。」大徐補：「綦，綥或从其。」段注：「許用毛説，而以未嫁二字申毛意。」

［一二］周禮春官宗伯：「兆五帝於四郊。」注：「兆爲壇之營域。」

［一三］説文土部：「垗，畔也。爲四時畍祭其中。从土兆聲。周禮曰：『垗五帝於四郊。』」祥案：段注：「今周禮作兆，許書作垗者，蓋故書、今書之不同也。」阮氏校勘記：「按許所據周禮實作垗，非改字，今未辨兆爲故書與今書，凡若此類，不可肊决。」又説文通訓定聲小部弟七垗：「廣雅釋邱：『垗，葬地也。』經傳皆以兆爲之。」

［一四］説文水部：「溠水，在漢南。从水差聲。荆州浸也。春秋傳曰：『脩塗梁溠。』」祥案：左傳莊公四年：「除道梁溠。」杜注：「溠水，在義陽厥縣西，東南入鄖水。梁，橋也。」溠（zhà）水，在今湖北隨縣西北。

［一五］周禮夏官司馬職方氏：「河南曰豫州。……其川熒雒，其浸波溠。」

［一六］左傳昭公十五年：「闕鞏之甲，武所以克商也。」杜注：「闕鞏，國所出鎧。」又定公四年傳：「闕鞏沽洗。」杜注：「闕鞏，甲名。」

［一七］説文石部：「砮，水邊石也。从石鞏聲。春秋傳曰：『闕砮之甲。』」

［一八］論語衛靈公：「子曰：『君子固窮，小人窮斯濫矣。』」注：「濫，溢也。君子固亦有窮時，但不如小人窮則濫

濫爲非。」阮氏校勘記：「説文引『濫』作『爁』。案：九經字樣云：『爁，今經典相承作濫。』」

［一九］説文女部：「爁，過差也。从女監聲。論語曰：『小人窮斯爁矣。』」段注：「差忒者，不相值也。凡不得其當曰過差，亦曰爁，今字多以濫爲之。商頌『不僭不濫』，傳曰『賞不僭、刑不濫也。』左氏曰『賞僭則懼及淫人，刑濫則懼及善人』。其字皆可作爁，濫行而爁廢矣。」

［二〇］孟子離婁上：「詩云：『天之方蹶，無然泄泄。』泄泄，猶沓沓也。事君無義，進退無禮，言則非先王之道者，猶沓沓也。」

［二一］説文口部：「呭，多言也。从口世聲。詩曰：『無然呭呭。』」又曰部：「沓，語多沓沓也。从水从曰。」又水部：「泄水，受九江博安洵波，北入氐。从水世聲。」又言部：「詍，多言也。從言世聲。詩曰：『無然詍詍。』」説文通訓定聲泰部弟十三詍：「按即呭字之或體，今附於此。荀子解蔽：『辨利非以言是，則謂之詍。』按詍詍亦重言形況字，孟子、毛詩作泄泄，三家詩作呭呭、詍詍，爾雅釋訓作洩洩，皆同。」

［二二］爾雅釋地：「東至於泰遠，西至於邠國，南至於濮鈆，北至於祝栗，謂之四極。」注：「皆四方極遠之國。邠，彬。」

［二三］説文水部：「汃，西極之水也。从水八聲。爾雅曰：『西至於汃國，謂之四極。』」段注：「釋文：『邠本或作豳，説文作汃，同。』案：汃之作豳，聲之誤也，作邠則更俗矣。南都賦：『砏汃輣軋。』李善：汃音八，引埤蒼『汃，大聲也』，此假借别爲一義。其音亦可讀如邠，砏、汃疊韻也。」

［二四］廣韻真韻：「彬，文質雜半。説文云：古文份也。府巾切。」又「汃，西方極遠之國。」

［二五］説文邑部：「邠，周太王國。在右扶風美陽。從邑分聲。」

部〔以〕(之)屬之[一]，體以別之，音以審之，訓以絜之，文字之事，加諸蔑矣[二]。後之非毀許君者，或摘其一文，或泥其一説，歷代以來，不量與撼[三]，要無足論。惟近日顧氏炎武修紹絶業，學者所宗，而於是書亦有不盡然之言，竊恐瞽説附聲[四]，信近疑遠，是不可以不辨。今如所舉「秦」从「禾」以「地宜禾」[五]，「宋」从「木」爲「居」[六]，「辥」从「辛」爲「辠」[七]，「威」爲「姑」[八]，「也」爲「女陰」[九]，「殹」爲「擊聲」[一〇]，「困」爲「故廬」[一一]，「普」爲「日無色」[一二]，「貉」之言「惡」[一三]，「犬」之字「如畫狗」[一四]，「有」曰「不宜有」[一五]，「襃」爲「解衣耕」[一六]，「弔」爲「人持弓會毆禽」[一七]，「辱」爲「失耕時」[一八]，「臾」爲「束縛捽抴」[一九]，「罰」爲「持刀罵詈」[二〇]，「勞」爲「火燒門」[二一]，「宰」爲「辠人在屋下執事」[二二]，「冥」爲「十六日月始虧」[二三]，「刑」爲「刀守井」[二四]。凡此諸説，皆始造文字，取用有故，必非許君之所創作。書契代遠，難以强説，復不當删。是以觀象、闕文之訓，明著於敘[二五]，豈得以剿説穿鑿[二六]，橫暴先儒乎！

[一]「以」原作「之」，粤雅堂本改作「以」，較之上下文義，更勝，今從而改之。

[二]蔑，無，無有。詩大雅板：「喪亂蔑資，曾莫惠我師。」

[三]不量與撼，謂不自量力，蚍蜉撼樹。韓愈昌黎集卷五調張籍：「蚍蜉撼大樹，可笑不自量。」

[四]瞽説，不合事理之説，猶今言瞎説。漢書卷八五谷永傳：「此欲以政事過差丞相父子、中尚書宦官，檻塞大異，皆瞽説欺天者也。」師古曰：「瞽説，言不中道，若無目之人也。」

［五］祥案：顧炎武日知録卷二一「説文」條，論説文之失有三，朱氏此處所駁，爲顧氏所舉之二、三兩條，現録顧氏原文如下，下文不一一再列：「五經未遇蔡邕等正定之先，傳寫人人各異，今其書所收率多異字，而以今經校之，則説文爲短。又一書之中，有兩引而其文各異者（自注：如『汜』下引詩『江有汜』，『洍』下引詩『江有洍』；『逑』下引書『旁逑孱功』，『僝』下引書『旁救僝功』；『𢀷』下引詩『赤舄己己』，『掔』下引詩『赤舄掔掔』。）後之讀者，將何所從，二也。流傳既久，豈無脱漏，即徐鉉亦謂篆書堙替日久，錯亂遺脱，不可悉究。今謂此書所闕者，必古人所無，别指一字以當之（自注：如説文無『劉』字，後人以『鎦』字當之；無『由』字，以『㽕』字當之；無『免』字，以『絻』字當之）。改經典而就説文，支離回互，三也。今舉其一二評之：如『秦』、『宋』、『薛』皆國名也。『秦』『從禾以地宜禾』，亦已迂矣；『宋』『從木爲居』，『薛』『從辛爲辠』，此何理也？費誓之『費』改爲『粊』，訓爲『惡米』；『武王載旆』之『旆』改爲『坺』，訓爲『臿土』；『威』爲『姑』；『也』爲『女陰』；『殹』爲『擊聲』；『困』爲『故廬』；『普』爲『日無色』。此何理也？『貉』之『爲言惡也』；視『犬』之字『如畫狗』，狗，叩也。豈孔子之言乎？訓『有』則曰『不宜有也』，春秋書『日有食之』；訓『郭』則曰『齊之郭氏，善善不能進，惡惡不能退，是以亡國』。不幾於剿説而失其本指乎？『居』爲『法古』，『用』爲『卜中』，『童』爲『男有辠』，『襄』爲『解衣耕』，『弔』爲『人持弓會敺禽』，『辱』爲『失耕時』，『臾』爲『束縛捽抴』，『罰』爲『持刀罵詈』，『勞』爲『火燒門』，『辛』爲『辠人在屋下執事』，『冥』爲『十六日月始虧』，『刑』爲『刀守井』，不幾於穿鑿而遠於情理乎？武曌師之而制字，荆公廣之而作書，不可謂非濫觴於許氏者。若夫訓『參』爲『商星』，此天文之不合者也；訓『亳』爲『京兆杜陵亭』，此地理之不合者也；書中所引樂浪事數十條，而他經籍反多闕略，此採摭之失其當者也。今之學者，能取其大而棄其小，擇其是而違其非，乃可謂善學説文者與！」

［六］説文木部：「宋，居也。從宀從木，讀若送。」説文通訓定聲豐部弟一宋：「松省聲。」説文解字約注卷一四：「徐鉉曰：『木者所以成室以居人也。』舜徽案：宀部所録七十一文，惟『家』、『宋』二篆同訓居，則其本義固謂人所居之室也。大徐之言，必有所受矣。此篆次『宕』後者，以『宕』爲天然石洞，宋乃人造木屋，事類相近，故比敘焉。宋字本義，既不見

經傳，後遂用爲國名之專字。釋名釋州國云：『宋，送也。』與許讀同。自來説此字者，人各一義，又多以形聲解之，皆嫌無據，今從大徐。」

［七］説文辛部：「辥，辠也。从辛㠯聲。」説文解字約注卷二八：「辥从㠯聲，㠯讀若臬，則辥之古讀當爲魚列切。凡言罪孽，當以孽爲本字。今讀孽爲私列切，則義通於𣦼，𣦼者，斷也，謂斬殺之也。玉篇云：『辥，死刑也。』是已。」

［八］説文女部：「威，姑也。从女戌聲。漢律曰：『婦告威姑。』」段注：「引伸爲有威可畏。」祥案：威之本義爲嚴姑，因引申爲威儀，爲凡有威可畏之稱。

［九］説文乁部：「也，女陰也。象形。」段氏以爲許氏必有所本，後人妄疑。祥案：也爲匜之本字，盥洗器，象形，秦刻石作□，子仲匜作□，包山楚簡作□，睡虎地秦簡作□。自戴侗、周伯琦以還，執此説者多矣，自有匜字，也之本義浸失。經典無以「也」爲「女陰」者。

［一〇］説文殳部：「殹，擊中聲也。从殳医聲。」説文解字約注卷六：「舜徽按：本書疒部『㿃，劇聲也。』酉部『醫，一曰殹，病聲。』劇聲、病聲，義實相成，呻吟之聲，多劇烈也。此云擊中聲者，讀去聲，謂爲物擊中所傷而呼痛之聲也。與病聲實相似矣。此篆説解，雖與醫下所云不同，而義實相通。此字本義，罕見行用，周秦金石刻辭，多用爲語詞，與也字、兮字通用，則以聲近相假耳。」

［一一］説文口部：「困，故廬也。从木在口中。□，古文困。」段注：「廬者，二畝半一家之居，居必有木，樹牆下以桑是也。故字從口木。謂之困者，疏廣所謂自有舊田廬，令子孫勤力其中也。」説文釋例卷四會意：「木乃高聳之物，今爲物所口，是困也。」祥案：段、王之説，皆附會許説。俞樾曰：「困爲故廬，經傳無徵。且木在口中，於故廬意亦無取。今按：困者，梱之古文也。木部：『梱，門橛也。从木困聲。』困既从木，梱又从木，重複無理，此蓋後出字。古字止作困，從口者，象門之四旁，上爲楣，下爲閾，左右爲棖也。其中之木，即所謂橛也。曲禮云：『外言不入於梱，内言不出於梱。』鄭注：『梱，門限也。』梱有限止義，故古文從木從止，會意。廣雅釋宮云：『橜機闑朱也。』是即以朱爲門梱字。然

則困、梱之爲一字可知矣。凡困極、困窮之義，皆從限止一義而引申之。其後引申義盛行，而本義反爲所敓。乃更造从木之梱，又或从門之閫，而困之即爲門橜，無人知矣。」

[一二]說文立部：「普，日無色也。从日从竝。」說文解字約注卷一三：「段玉裁曰：『此義古籍少用。衣部袢下云：無色也。讀若普。兩無色同讀，是則普之本義實訓日無色。今字借爲溥大字耳。今詩溥天之下，孟子及漢人引詩，皆作普天。』舜徽按：普字久爲借義所專，自來未見有用其本訓者，然方言俗語中今猶存之。湖湘間稱物色暗淺及目光無精者皆曰普，蓋古遺語也。普之本義爲日無色，因引申爲凡無色之名耳。」

[一三]說文豸部：「貉，北方豸種。从豸各聲。孔子曰：『貉之爲言惡也。』」段注補末句爲「貉之言貉貉惡也」，且曰：「七字一句，各本作『之爲言惡也』，今依尚書音義、五經文字正。尚書音義作貊貊，淺人所改耳。貉與惡，疊韻。貉貉，惡皃。」說文解字約注：「東西南北邊遠，土異宜，民殊俗，故先民制字，莫不因其風化而各爲立號。西方安於畜牧，故羌字從人從羊，謂其人常與羊群相聚也；北方多事游獵，故狄字從犬，貉字從豸，謂其人常與大豸相處也；南方多蛇，故蠻、閩皆從蟲；東方善射，故夷字從大持弓。皆各有所取義，而同歸於紀實，本無輕蔑之意也。後人以羊種、犬種、蛇種、豸種解之，謬矣。許君說字，亦有採用俗論沿襲其誤者，此類是也。所引孔語，不見經傳，亦後人假託傅之辭，可置勿論。」

[一四]說文犬部：「犬，狗之有縣蹏者也。象形。孔子曰：『視犬之字如畫狗也。』」祥案：徐灝以爲犬爲凡犬之通名，小者謂之狗，渾言之則狗亦爲通名矣。張舜徽以爲古有田犬、有守犬、有食犬，田犬即獵犬，後世食犬廢，而田犬亦罕，家所畜者，惟守犬耳。狗、犬渾言不別，然施之於文，則多稱犬；宣之於口，則恒言狗。約定俗成，由來舊矣。參說文解字約注卷一九。又案犬，甲骨文作[illegible]，犬鼎作[illegible]，員鼎作[illegible]，侯馬盟書作[illegible]，睡虎地秦簡作[illegible]，或橫、或豎、或側、或立，皆象形也。

[一五]說文有部：「有，不宜有也。从月又聲。」段注：「謂本是不當有而有之稱，引伸遂爲凡有之稱。」說文通訓定聲

頤部弟五有：「一説以手取月，會意，故云不宜有。」

［一六］説文衣部：「襄，漢令：『解衣耕謂之襄。』从衣𤕦聲。[illegible]，古文襄。」段注：「此襄字所以從衣之本義，惟見於漢令也。引伸之爲除去。」説文解字約注卷一五：「孔廣居曰：『襄字始見於虞書，自當以褱襄爲正義，不應以漢令强解。襄从衣，與褱同意。』舜徽按：漢以前早有襄字，則漢令所云，固非其本義也。自來解此字者，言人人殊，要以孔説近是。襄字从衣，即盗竊褱物之義。凡攘奪、攘取，皆當以襄爲本字，凡言贊襄、襄助則借襄爲𤕦耳。後世借義行而本義廢矣。襄字本義當訓褱也，謂褱藏物也。本書竹部『簑，褱也』。當即襄之增偏旁體。」

［一七］説文人部：「弔，問終也。古之葬者，厚衣之以薪。从人持弓，會毆禽。」段注：「吴越春秋：『陳音謂越王曰：弩生於弓，弓生於彈，彈起古之孝子。古者人民樸質，饑食鳥獸，渴飲霧露，死則裹以白茅，投於中野。孝子不忍見父母爲禽獸所食，故作彈以守之。』按孝子毆禽，故人持弓助之，此釋弔從人弓之意也。」祥案：王引之釋經傳之「不弔」即「不善」之義，「弔」之「善」義，失其傳矣。吴大澂以爲，古文「淑」皆作「[illegible]」，不从水，从人持弓繫矢，爲男子之美稱，引申其義又訓爲善。不[illegible]即不善，此[illegible]字本義。經文「不[illegible]」二字，多誤爲「不弔」，因[illegible]、[illegible]二字形相近耳。

［一八］説文辰部：「辱，恥也。从寸在辰下。失耕時，於封畺上戮之也。辰者，農之時也，故房星爲辰，田候也。」説文解字約注卷二八：「徐灝曰：『此字義不可曉。从辰从寸，蓋無失時之意也。』舜徽按：辱字从寸，猶从又也。从又持辰，實即槈之本字。謂除田中苗穢，即今語所偁鋤地也。許書作槈，經傳作耨，皆辱之後出增偏旁體。凡耕必深而耨欲淺，孟子所云『深耕易耨』是也。太古以蜃殼爲耨器，故辱字从寸从辰耳。以手持蜃，人事耨除，兩手必沾泥污，故引申有污義。鄭注儀禮士昏禮云『以白造緇曰辱』，廣雅釋詁三『辱，污也』，是已。又引申爲恥辱，許即取以立訓，又多爲之辭以發明之，殊嫌傅會。」

［一九］説文申部：「臾，束縛捽抴爲臾。从申从乙。」段注：「束，縛也；縛，束也；捽，持頭髮也；抴，捈也；捈，卧引也。……束縛而牽引之謂之臾曳。」説文釋例曰：「束縛捽抴者，束縛其人，捽持其髮而拖之也。」祥案：臾，師

臾鐘作[illegible]，聿臾鼎作[illegible]，皆作以手束縛人之狀，即段注所謂「束縛而牽引之」也。

[二一〇]説文刀部：「罰，辠之小者。从刀詈。未以刀有所賊，但持刀罵詈則應罰。」段注：「辠，犯法也。罰爲犯法之小者，刑爲罰辠之重者。五罰輕於五刑。」説文解字約注：「張文虎曰：『此字疑从網、从言、从刀。刀者，刀布，非刀刃之刀。……宜入網部，而今入刀部，乃爲持刀罵詈之説，果許書本文耶？』舜徽按：許書持刀罵詈之説，迂曲難通。張氏解刀爲刀布之刀，其説近是。此字又從詈者，蓋謂以言辭責讓之，亦所以罰之也。凡辠之小者，或譴之以言，或責之以納金，故從刀從詈。」祥案：古文字確爲網形，如盂鼎作[illegible]，盜壺作[illegible]等。

[二一一]説文力部：「勞，劇也。从力，熒省。熒火燒冂，用力者勞。[illegible]，古文勞从悉。」説文解字約注卷二六：「段玉裁曰：『燒冂，謂燒屋也。斯時用力者最勞矣。』舜徽按：此篆不必從熒省。熒者屋下鐙燭之光，豈能燒屋乎？冂以象屋，其上已有火出於外，此燒屋之狀也。屋下从力，明有人用力救火也。事之繁劇，無如救火，故勞字取象焉。引申爲凡繁劇之偁。」

[二一二]説文辛部：「宰，辠人在屋下執事者。从宀从辛。辛，辠也。」段注：「此宰之本義也，引伸爲宰製。」

[二一三]説文冥部：「冥，幽也。从日从六，冖聲。日數十，十六日而月始虧幽也。」

[二一四]説文井部：「刑，罰辠也。从刀井。易曰：『井，法也。』井亦聲。」

[二一五]許慎説文敘：「書曰：『予欲觀古人之象。』言必遵修舊文而不穿鑿。孔子曰：『吾猶及史之闕文，今亡矣夫。』蓋非其不知而不問。」

[二一六]禮記曲禮上：「毋勦説，毋雷同。」鄭注：「勦，猶擥也。謂取人之説以爲己説。」

至若江别汜沲[一]，舄殊孯己[二]，述救各引[三]，載旆爲坺[四]，當時孔壁古文未亡，齊、魯、韓三家之詩具在，衆音雜陳，殊形備視，豈容廢百舉一，去都即鄙耶[五]！

[一]祥案：詩召南江有汜：「江有汜，之子歸，不我以。」毛傳：「決復入爲汜。」説文水部：「汜，水別復入水也。从水巳聲。詩曰：『江有汜。』」又「洍，洍水也。从水𦣞聲。詩曰：『江有洍。』」段注：「此蓋三家詩。下文引『江有汜』，則毛詩也。云『汜，水別復入水也』，而證以『江有汜』，此言轉注也；云『洍，水名』，而證以『江有洍』，此言假借也。」

[二]説文烏部：「舄，鵲也。象形。𨿅，篆文舄，从隹昔。」段注：「謂舄即鵲字，此以今字釋古字之例。古文作舄，小篆作鵲。自經典借爲履舄，而本義廢矣。」又説文手部：「掔，固也。从手臤聲。讀若詩『赤舄掔掔』。」又己部：「巹，謹身有所承也。從己丞。讀若詩云『赤舄己己（段改爲几几）。』」詩豳風狼跋：「公孫碩膚，赤舄几几。」毛傳：「赤舄，人君之盛履也；几几，絇貌。」

[三]説文辵部：「逑，斂聚也。从辵求聲。虞書曰：『旁逑孱功。』又曰：『怨匹曰逑。』」又人部：「僝，具也。从人孨聲。虞書曰：『旁救僝功。』」祥案：尚書堯典：「共工方鳩僝功。」段玉裁「僝」注曰：「作方鳩者，古文尚書也；作旁逑者，夏侯尚書也。辵部逑下稱『旁逑孱功』，此作『救』，彼作『孱』，皆駁文。」

[四]詩商頌長發：「武王載旆，有虔秉鉞。」毛傳：「旆，旗也。」説文土部：「坺，土也。一曰臿土謂之坺。从土犮聲。詩曰：『武王載坺。』」段注：「今詩作旆。坺即旆之同音叚借也。」

[五]左傳襄公十三年：「子産使都鄙有章，上下有服。」杜注：「國都及邊鄙。」祥案：朱氏以都爲國都、鄙爲邊鄙之義，猶謂舍本而求末，此譏評顧亭林氏者也。

又言，別指一字，以「鎦」當「劉」[一]，以「甹」當「由」[二]，以「絻」當「免」[三]，此説亦非。

按本書之例，「从某」者有其部也，「某聲」者有其字也。「瀏」之「从水劉聲」[四]，「紬」之「从〔糸〕（絲）由聲」[五]，「勉」之「从力勉聲」[六]，具著於篇。乃知書闕有間，傳寫者之過，謂「別指一字以當之」者，謬矣。

[一]說文金部：「鎦，殺也。」

[二]說文𢎘部：「㽕，木生條也。从𢎘由聲。商書曰：『若顛木之有㽕枿。』古文言由枿。」祥案：錢坫曰：「今書作由蘖，繫傳無古文下五字，是鍇所删也。此五字必不可删。蓋云古文以由爲㽕耳。本書從由之字，多因此而出。」

[三]說文冃部：「冕，大夫以上冠也。邃延、垂瑬、紞纊。从冃免聲。古者黃帝初作冕。絻，冕或从糸。」祥案：說文無「免」字，段氏於兔部末補曰：「免，兔逸也。从兔，不見足，會意。」又注曰：「許書失此字，而形聲多用爲偏旁，不可闕也。今補。兔、免之異，異於其足。……錢大昕云：『兔、免當是一字，漢人作隸誤分之。』似未然。」

[四]說文水部：「瀏，流清皃。从水劉聲。詩曰：『瀏其清矣。』」

[五]祥案：「絲」朱氏原文作「糸」，說文亦如之，是。今據改。說文糸部：「紬，大絲繒也。从糸由聲。」

[六]說文力部：「勉，彊也。从力免聲。」

記曰：「今人與居，古人與稽[一]。」「居」不當爲「法古」乎！易曰：「是興神物，以前民用[二]。」「用」不當爲「卜中」乎！費誓之「費」改爲「粊」，訓爲「惡米」[三]，按陸德明經典釋文曾子問注作「粊誓」[四]，粊音祕，鄭君說也。「童」爲「男有辠」[五]，按易「喪其童僕」作

「童」[六]。至「僮」之字，國語「使童子備官而未之聞」[七]，韋昭注：「僮，僮蒙不達也。」史記樂書：「使僮男、僮女七十人俱歌[八]。」本書敘「尉律，學僮十七已上」亦同[九]。當知「僮子」之「僮」「从人」，辠人爲奴者正作「童」也。訓「參」爲「商星」，乃連大書讀「參商，星也」[一〇]，即如水部「河水，出焞煌塞外」[一一]，「泑澤，在昆侖下」之例[一二]，明「參」與「商」同爲星，非「參」、「商」亦不知也。其引齊之郭氏及樂浪事[一三]，古人往往隨事博徵，不拘拘一說也。

[一]說文尸部：「居，蹲也。从尸古者，居从古。臣鉉等曰：居从古者，言法古也。」祥案：嚴可均曰：「說解有脫誤，當作『从尸古聲。』」禮記儒行：「儒有今人與居，古人與稽。」注：「稽，猶合也。古人與合，則不合於今人也。」正義：「言儒與今世小人共居住，與古人之君子意合同也。」此義居之義，並無法古之義也。

[二]說文用部：「用，可施行也。从卜从中。衛宏說。臣鉉等曰：卜中乃可用也。」祥案：用字之義，亦言人人殊。許氏載衛宏說，即所謂載疑，非以傳信也。戴侗六書故以爲象鐘形，爲鏞之古文；楊樹達以爲用象受物之形，爲桶之初文；謝彥華、馬敘倫以爲象城垣之形，爲墉之初文。張舜徽以爲謝、馬之說，宜若可從。參說文解字約注卷六。又易繫辭上：「是興神物，以前民用。」正義：「謂易道興起神理事物，豫爲法象以示於人，以前民之所用定吉凶，於前民乃法之所用，故云以前民用也。」

[三]祥案：尚書費誓：「作費誓。」阮氏校勘記：「史記魯世家云『作肹誓』，集解駰案：『尚書作粊』，索隱亦云『尚書作粊』，蓋並據古文尚書也。」又禮記曾子問：「昔者魯公伯禽，有爲爲之也。」鄭注：「有徐戎作難，喪卒哭而征之，急王事也，征之作費誓。」釋文：「費，音祕。」阮氏校勘記：「釋文費作粊。」說文米部：「粊，（段改爲粊），惡米也。從米北聲。周書有粊誓。」段注以爲周禮、禮記鄭注皆云粊誓，今爲費字，乃衛包妄改本，後人從之，學者遂莫知古本矣。

[四]經典釋文三〇卷，唐陸德明撰。首敘録，次易、書、詩、三禮、春秋三傳、孝經、論語、老子、莊子與爾雅。其例，諸經皆摘字爲音(孝經、老子各摘全句)。是書凡採漢、魏、六朝音切凡二百三十餘家，又兼載諸儒之訓詁，各本異同後來得以考見古義者，注疏之外，惟賴此書之存。今有北京中華書局一九八〇年黄焯經典釋文匯校本，又中華書局一九八四年吴承仕經典釋文序録疏證本等。

[五]説文辛部：「童，男有辠曰奴，奴曰童，女曰妾。从辛，重省聲。」

[六]易旅九三：「喪其童僕，貞厲。」

[七]祥案：童，朱氏原文作僮，國語亦作僮，當據改。國語魯語下：「魯其亡乎！使僮子備官而未之聞耶？」

[八]史記卷二四樂書：「漢家常以正月上辛祠太一甘泉，以昏時夜祠，到明而終。常有流星經於祠壇上。使僮男僮女七十人俱歌。」僮男、僮女，即童男、童女，未成年之少男少女。釋名釋長幼：「十五曰童。」童、僮二字，古人互用。左傳哀公十一年：「公爲與其嬖僮汪錡乘，皆死皆殯。」注：「僮，本亦作童。」

[九]段注：「尉律，謂漢廷尉所守律令也。僮，今之童字。」

[一〇]説文晶部：「曑商，星也。从晶㐱聲。」祥案：此斷句從錢大昕之説。錢氏潛研堂文集卷一一答問八：「此文本云：『曑商，星也。』『曑商』二字連文，以證『曑』之從『晶』，本爲星名，非以『商』訓『曑』。承上篆文曑，故注不重出。説文十四篇中似此者極多，如『肸響，布也』；『湫隘，下也』；『詁訓，故言也』；『昧爽，旦明也』。皆承上篆文以足句，諸山水名，云山在某郡、水在某郡者，皆連上字讀之。古書簡而有法，粗心人未易通曉，句讀之未分，而哆口譏之，是惑之甚也。」段玉裁注此類字，均補出前一字，或有據，或依例補入。但於「曑」字認爲「曑，商星也」之「商當作晉，許氏記憶之誤」，與顧炎武同一誤也。朱氏之説，則同錢説耳。

[一一]説文水部：「河水。出焞煌塞外昆侖山，發源注海。」

[一二]説文水部：「泑澤。在昆侖下。」

［一三］説文邑部：「郭，齊之郭氏虚。善善不能進，惡惡不能退，是以亡國也。」段注：「謂此篆乃齊郭氏虚之字也。郭本國名，虚、墟古今字。郭國既亡，謂之郭氏虚。如左傳言少昊之虚、昆吾之虚、大皞之虚、祝融之虚也。」又説文言部：「詽，樂浪有詽邯縣。」日部：「晻，樂浪有東晻縣。」水部：「浿，水出樂浪鏤方東入海。」又魚部鯱、鮇、鰅、魦、鱳等字，皆曰「魚名。出樂浪番國。」又鯛，「出樂浪東晻」。

至援莽傳及讖記以「劉」之字爲「卯金刀」［一］，謂許君脱其文，按「劉」之字「从刀从金卯」聲」，卯，古酉，卯非卯也。讖記不可以正六書［二］。後漢書光武紀論：「王莽以錢文有金刀，改爲貨泉，或以貨泉字爲『白水真人』。」［三］於篆「貨」或近「真人」，「泉」豈得爲「白水」耶［四］？五行志：「獻帝初，僮謡曰：『千里草，何青青？十日卜，不得生。』」以「千里草」爲「董」，「十日卜」爲「卓」［五］。按「重」字「从壬東聲」，非「千里草」［六］；「早」字爲「日在甲上」，非「十日卜」［七］，又可據以爲證乎？又援魏太和初公卿大夫奏於文「文武爲斌」，古未嘗無「斌」字［八］。按「彬」「从彡从林」，爲「文質備」［九］。文武之字，經典闕如［一〇］，不知所從，無以下筆，徐鉉列之俗書是也，又可據魏以疑漢乎？凡顧氏所説，皆不足以爲許君病。輒附疏之，用詔學者。

［一］日知録卷二一「説文」條：「王莽傳曰：『劉之爲字卯金刀也，正月剛卯，金刀之利，皆不得行。』又曰：『受命之日，丁卯。丁，火，漢氏之德也。卯，劉姓所以爲字也。』光武告天祝文引讖記曰：『卯金修德爲天子。』公孫述引援神契

曰：『西太守，乙卯金。』謂西方太守，而乙絶卯金也。是古未嘗無劉字也。」

［二］祥案：徐鍇於「鎦」字下曰：「説文無劉字，偏旁有之，此字又史傳不見，疑此即劉字也。从金从卯，刀字屈曲，傳寫誤作田爾。」案徐氏所謂偏旁有之者，謂説文竹部有藰字、水部有瀏字，皆从劉得聲是也。自宋以來，或以爲既有劉爲聲旁，則必有劉之篆體；或以爲「鎦，殺也」，不言形聲，自非許書體例，當有脱文，或有重文劉脱之；或以爲劉爲漢時國姓，許書蓋以觸犯國姓而删去。諸説無定，皆無確據耳。朱筠此處之説蓋從段玉裁之説。疑本有「劉」字而脱漏者，顧炎武、錢大昕、朱筠等皆持此説。段注以爲「鎦」之「田」當爲「刀」之誤，本作「刀」，即「劉」字。

［三］後漢書卷一下光武紀下：「及王莽篡位，忌惡劉氏，以錢文有金刀，故改爲貨泉。或以貨泉字文爲『白水真人』。」

［四］祥案：此謂「貨」之篆文「貨」似隸書「真人」二字，然「泉」之隸書似「白水」字，而篆文「泉」却絶不似「白水」二字。

［五］後漢書志五行一：「獻帝踐祚之初，京都童謡曰：『千里草，何青青。十日卜，不得生。』案：『千里草』爲『董』，『十日卜』爲『卓』。凡別字之體，皆從上起，左右離合，無有從下發端者也。今二字如此者，天意若曰：卓自下摩上，以臣陵君也。青青者，暴盛之貌也。不得生者，亦旋破亡。」

［六］説文重部：「重，厚也。从壬東聲。」

［七］説文日部：「早，晨也。从日在甲上。」段注：「甲象人頭，在其上則早之意也。」説文通訓定聲孚部弟六早：「會意。按甲者，首鎧。從甲猶從首也，舉首見日爲早。」

［八］太和，三國魏明帝曹叡年號（二二七—二三三）。日知録卷二一「説文」條：「魏明帝太和初，公卿等奏言：『夫歌以詠德，舞以象事，於文文武爲斌。臣等謹制樂舞，名曰章斌之舞。』魏去叔重未遠，是古未嘗無斌字也。（自注：徐鉉較定説文，前列『斌』字，云是俗書。）」

［九］説文人部：「份，文質備也。从人分聲。論語：『文質份份。』彬，古文份，从彡林。林者，从棼省聲。」段注：「俗份作斌，取文武相半義。潘岳藉田賦之『頒斌』，即上林賦之『玢豳』。」

［一〇］此謂「斌」字不見於經典。祥案：漢孫根碑陰：「孫斌初。」蔡邕蔡中郎集卷二答卜元嗣詩：「斌斌碩人，貽我以文。」斌斌，即彬彬。是則「斌」爲漢以來俗字耳。

時上詔求遺書［一］，先生上言［二］：伏見皇上稽古右文，勤求墳典。請訪天下遺書，以廣藝文之闕，而前明永樂大典中古書有僅存［三］，宜選擇寫入於著録。又請立校書之官，參考得失，併令各州縣所有鐘鼎碑碣悉拓進呈，俾資甄録。奏入，上嘉之，下軍機大臣議行［四］。乃命纂輯四庫全書［五］，於永樂大典中採輯逸書五百餘部［六］，次第刊佈，流傳海内，實先生啓之也。

［一］高宗實録卷九〇〇乾隆三十七年正月庚子，清高宗以雖在其御極之初，即詔中外搜訪遺書，並命儒臣校勘十三經、二十一史，遍布黌宫，嘉惠後學，復開館纂修綱目三編、通鑑輯覽及三通諸書，凡藝林承學之士，所當户誦家絃者，既已薈萃略備。又前朝所纂古今圖書集成全部，兼收並蓄，極方策之大觀，引用諸編，率屬因類取裁，勢不能悉載全文，使閲者沿流溯源，一一徵其來處。故設立採書標準，命中外蒐輯古今群書。

［二］乾隆三十八年正月，朱筠上謹陳管見開館校書摺子，奏請搜輯遺書，條陳四事。此文涉及輯永樂大典及開四庫全書館諸事，爲清乾隆間學術界之重要事件，故不憚繁冗，迻録於此：「一、舊本、抄本尤當急搜也。漢、唐遺書，存者希矣；而遼、宋、金、元之經注文集，藏書之家，尚多有之，顧無刻本，流布日少。其他九流百家，子餘史别，往往卷帙不過一、二卷，而其書最精，是宜首先購取，官抄其副，給還原書，用廣前史藝文之闕，以備我朝儲書之全，則著述有所

原本矣。一、中祕書籍，當標舉現有者以補其餘也。臣伏思西清、東閣，所藏無所不備，第漢臣劉向校書之例，外書既可以廣中書，而中書亦用以校外書。請先定中書目録，宣示外廷，然後令各舉所未備者以獻，則藏弆日益廣矣。臣在翰林，常繙閱前明永樂大典，其書編次少倫，或分割諸書以從其類，然古書之全而世不恒觀者，輒具在焉。臣請敕擇取其中古書完者若干部，分别繕寫，各自爲書，以備著録，書亡復存，藝林幸甚。一、著録、校讎當並重也。前代校書之官，如漢之白虎觀、天禄閣，集諸儒校論異同及殺青；唐宋集賢校理，官選其人，以是劉向、劉知幾、曾鞏等並著專門之業，歷代若七略、集賢書目、崇文總目，其書具有師法，臣請皇上詔下儒臣，分任校書之選，或依七略，或準四部，每一書上，必校其得失，撮舉大旨，敘於本書首卷，並以進呈，恭俟乙夜之披覽。臣伏查武英殿原設總裁、纂修、校對諸員，即擇其尤專長者，俾充斯選，則日有課、月有程，而著録集事矣。一、金石之刻，圖譜之學，在所必録也。宋臣鄭樵以前代著録陋闕，特作二略以補其失，歐陽修、趙明誠則録金石，聶崇義、吕大臨則録圖譜，並爲考古者所依據。請特命於收書之外，兼收圖譜一門，而凡直省所存鐘銘碑刻，悉宜拓取，一併彙送校録良便。」參笥河文集卷一、羅譜乾隆三十八年條。

[三]永樂大典二二八七七卷，目録六〇卷，明永樂元年，明成祖命解縉、姚廣孝爲監修，凡收自先秦至明初各種典籍資料八千餘種，爲中國歷史上規模宏大之類書。嘉靖四十一年，嘉靖帝命重新繕寫副本一部，正本貯文淵閣，副本藏於皇史宬。正本於明末下落不明，副本於清雍正時移貯翰林院。乾隆間開四庫館，輯永樂大典，時已缺千餘册。館臣輯得之書，入四庫全書或存目者凡五百餘種。

[四]乾隆三十八年二月乙丑，軍機大臣等議覆安徽學政朱筠條奏搜輯遺書事宜。帝命軍機大臣爲總裁，查清永樂大典並與圖書集成互校，如何做法，擬定奏上。至朱筠所奏，每書必校其得失，撮舉大旨，敘於本書卷首之處。若欲悉倣劉向校書序録成規，未免過於繁冗，但向閲内府所貯康熙年間舊藏書籍，多有摘敘簡明略節，附夾本書之内者，於檢查洵爲有益，應俟移取各省購書全到時，即令承辦各員，將書中要指隱括總敘厓略，黏貼開卷副頁右方，用便觀覽。參高宗實録卷九二六。

［五］乾隆三十八年二月十一日，乾隆帝命以王際華、裘曰修爲總裁官，纂輯永樂大典。將來全書成後，著名四庫全書。詳參高宗實録卷九二六。

［六］祥案：關於四庫館臣從永樂大典中輯出書目之數量與卷帙，各家説法不一。四庫總目稱「裒輯成編者，凡經部六十六種，史部四十一種，子部一百〇三種，集部一百七十五種，四千九百四十六卷。」合則爲三百八十五種，此不計存目中書。郭伯恭永樂大典考稱「共三百八十五種，凡四千九百四十六卷；存目者凡一百二十九種，共六百十六卷」。今人曹書傑據中華書局影印本四庫總目統計，凡著録經部七〇種、史部四十一種、子部一百〇二種、集部一百七十五種，共三百八十八種，凡存目經部九種、史部三十八種、子部七十一種、集部十種，總計爲五百一十六種。參其四庫全書中「大典」本輯目一文，載古籍整理研究學刊一九八六年第三期。

又奏請倣漢熹平、唐開成故事［一］，擇儒臣校正十三經文字，勒石太學。奉旨：「候朕緩緩酌辦。」［二］其秋，以某生欠考事，部議甚嚴，得旨：「朱筠學問尚優，加恩授編修，在四庫全書處行走［三］。」又命總辦日下舊聞纂修事［四］。是時，金壇掌院爲總裁［五］，又直軍機，凡館書稿本，披覈辨析，苦往復之煩，欲先生就見。而先生執翰林故事，總裁、纂修相見於館，無往見禮。先生友某公强先生見之，先生持論侃直，不稍下。金壇憾之，間爲上言朱筠纂修不勤，上曰：「命蔣賜棨趣之。［六］」而不之罪焉。

［一］此指熹平石經與開成石經，參本書第四四頁注［一二］。

[二]祥案：乾隆三十七年九月，「安徽學政朱筠奏：蒙因簡任以來，時以實學訓迪，諸生亦蒸蒸向風，第試卷中別字俗體，觸目皆是，江南且然，何況小省！請勅下儒臣，取十三經正文，依許慎説文、顧野王玉篇、陸德明釋文，校定點畫，擇翰林中書中工書者，以清漢二體書之，摹勒上石，揭於國子監之壁，昭示萬世。得旨：此奏雖是，待朕緩緩細酌。」詳參笥河文集卷一請正經文勒石太學以同文治摺子、高宗實録卷九一七。又羅譜乾隆三十八年條，「五十六年，詔彭元瑞校定蔣衡所書十三經刻石置國子監，成一代之盛典，實啓之自先生也。」

[三]高宗實録卷九四三乾隆三十八年九月丁丑諭：「朱筠因生員欠考捐貢一案，部議降三級調用，自屬應得處分。念其學問尚優，著加恩授爲編修，在辦理四庫全書處行走。」又汪中朱先生學政記：「考及安慶，甫卒事，用造册誤，左遷去。」羅譜附録：「其降調入都也，亦爲門下士大興徐瀚所誤。瀚即司刊説文者，蓄厚資，後以飲博蕩盡，先生仍録入門下衣食之，卒不念前事云。」

[四]朱珪神道碑：「比歸，總辦日下舊聞纂修事。」乾隆三十八年六月甲辰諭：朱彝尊日下舊聞一書，博採史乘，旁及稗官雜説，薈萃而成，視帝京景物略、燕都游覽志諸編，較爲該備，數典者多資之。然其弊亦復不少，命編日下舊聞考，以于敏中總其成，書成後入四庫全書中。參高宗實録卷九三七。日下舊聞四二卷，記述北京掌故史蹟，凡分星土、世紀、形勝、宫室、城市、郊坰、京畿、僑治、邊障、户版、風俗、物産、雜綴等十三門，後附石鼓考。日下舊聞考一六〇卷，除訂補原書外，新增苑囿、官署二門，爲十五門。有北京古籍出版社一九八一年點校本。

[五]于敏中，見本書第二二〇頁注[三]。

[六]朱珪神道碑：「是時，金壇于文襄公敏中掌院，爲總裁。于公直軍機，凡館書稿本，披覈辨析，苦往復之煩，意欲公就見面質。而公執翰林故事：總裁、纂修相見於館所，無往見禮。訖不肯往，愛公者强拉公至直廬相見，公持論侃侃，不稍下。金壇間爲上言朱筠辦書頗遲。上曰：『命蔣賜棨趣之。』時蔣公以舊侍郎直武英殿，真特恩也。」

己亥八月[一]，特旨命先生督學福建。至閩，以經學六書訓士，口講指畫，無倦容。有某生爲攝令某坐以殺人，鍛鍊成獄，發其奸，雪某生冤，閩中士人至今稱道之。任滿回京，卒於家[二]。年五十有二[三]。

[一]己亥爲乾隆四十四年，西元一七七九年。朱珪神道碑：「四十四年八月，特旨以公督學福建。」李威從游記：「陛辭日，上問曰：『爾猶編修邪？記得擢用爾已爲四品官。』先生具以前事奏對。上温諭此事不能無過，兹出視學，好勉爲之。」

[二]朱珪神道碑：乾隆四十五年「秋，上以珪代公，異數也。……明年二月，覆命，上温霽詢諭。……六月二十一日夜，忽遘痰疾，翼日漸瘳；二十六日，疾復作，夜四鼓，遂卒。」

[三]祥案：當爲「年五十有三」。朱珪神道碑：「公生於雍正七年六月六日丑時，卒於乾隆四十六年六月二十七日丑時，年五十有三。」章學誠墓誌銘與別傳、王昶墓表、孫星衍行狀等皆同。

先生博聞宏覽，於學無所不通。説經宗漢儒，不取宋、元諸家之説[一]；十七史、涑水通鑑諸書，皆考其是非，證其同異；汎濫諸子百家，而不爲異説所惑[二]。古文以班、馬爲法，而參以韓、蘇；詩歌出入唐、宋，不名一家。先生之學，可謂地負海涵、淵渟嶽峙矣[三]。

[一]祥案：江氏此數句，採自王昶墓表，然曲改其意，墓表：「君少英敏，博聞宏覽，於學無所不通，解經宗鄭、孔，而兼取宋元諸儒之說。論史宗涑水，而歷代諸史亦皆考究貫串，證其異同。古文效法班史，詩歌出入韓、蘇，取精用宏，海涵山負。」王氏語爲「兼取宋元諸儒之說」，江改爲「不取宋元諸家之說」，可謂顛矣。又章學誠墓誌銘：「先生於學無所不窺，取給爲文，咸得大旨，不名流別，聽治專家。至於文字訓詁，象數名物，經傳義旨，並主漢人之學，以謂與作聰明，寧爲墨守。」

[二]章學誠墓誌銘：「昆仲間以道義、文學相師友，愉愉如也。長清公晚歲齊居玩浮屠說，學士公退之暇，輒喜道引吐納以爲課效。學誠嘗謂先生：『仲氏近佛，季氏近神仙家言，先生其折中於儒學者乎！』先生莞爾笑曰：『學自不可已耳。强立儒名，我其杓耶！』」

[三]朱珪神道碑：「古文以鄭、孔經義，遷、固史書爲質，覼縷鉅細，事辨時地，真氣勃出，成一家言。……詩初學昌谷、昌黎，五言力逼漢、魏，既而導匯百家，變化創闢，神明獨得。……蓋公學與年進，海涵嶽矗，不足喻其所蘊也。」祥案：地負海涵，淵渟嶽峙，喻其學問廣博而精深也。抱樸子審舉：「逸倫之士，非禮不動，山峙淵渟，知之者稀，馳逐之徒，蔽而毀之。」

先生性愛山水，探黃山、武夷之勝，峭壁巉巖，不通樵徑，攀藤附葛，必登其巔，題名鐫石而下[一]。性又喜飲，至連舉數十觥不亂，拇戰分曹[二]，雜以諧笑。每酒酣耳熱時，議論天下事，自比李元禮[三]、范孟博[四]，激揚清濁，分別邪正，慷慨激昂，聞者悚然[五]。屢主文柄，搜羅英俊，如大理寺卿陸錫熊[六]、吏部主事程晉芳[七]、禮部郎中任大椿[八]，皆所取士也。戴編修震、汪明經中皆兀傲不羣[九]，好雎黃人物，在先生幕中，獨於先生無間言。

陽湖孫觀察星衍爲諸生時[一〇]，以不見先生爲恨，屬同邑洪君稚存爲紹[一一]，願遥執弟子禮。天下士仰慕丰采，望風景附有如此。

[一]朱珪神道碑：「性喜山水，於黄山再登其顛，觀雲海於閩之五夷，芳峝、玉華諸名勝，皆躋探峻幽，從者埶焉。」李威從游記：「先生喜黄海之勝，兩游焉。嘗冒雨走絶頂，見者駭歎，以爲康樂之後，復見斯人也。生平所過郡縣名山水，凡足跡可及之地無不至，至則訪摩厓舊刻，古刹殘碑，不憚捫蘿剔蘚，每得唐以上物，輒狂謼賓從，共往觀之，欣賞笑樂之聲，穿雲度壑。已乃自題名刻石，其文辭簡古，筆劃蒼勁，實足追蹤古人，與世之取青媲白者大異。」

[二]拇戰，亦作拇陣，即飲酒猜拳。明王徵福有拇戰譜，專記搳拳令辭。

[三]李膺（一一〇—一六九），字元禮，東漢潁川襄城（今屬河南）人。初舉孝廉。歷官至河南尹、司隸校尉等職。所至稱治。是時朝廷日亂，綱紀穨阤，膺獨持風裁，以聲名自高。士有被其容接者，名爲「登龍門」。後爲宦官誣爲結黨，下獄，釋後復遭黨錮，免歸。靈帝初，爲長樂少府，與陳蕃密謀誅宦官，事敗免官。黨錮再起，自詣詔獄，考死。後漢書卷六七有傳。

[四]范滂（一三七—一六九），字孟博，東漢汝南征羌（今河南郾城）人。舉孝廉、光禄四行。任清詔使，慨然有澄清天下之志。遷光禄勳主事，後棄官去。太守宗資署爲功曹，委任政事，滂嚴整疾惡，顯薦異節，抽拔幽陋。靈帝建寧中，大誅黨人，滂即自詣獄，死獄中。後漢書卷六七有傳。

[五]王昶墓表：「君豐頤睟面，望之温然，間以諧笑，飲酒至數十斗不亂。或以爲道廣，然於名節風義之關，揚清激濁，分別邪正，齗齗不稍假易，且欲自厠於李元禮、范孟博之倫。」

[六]陸錫熊（一七三四—一七九二），字健男，一字耳山，號耳仙，清上海人。乾隆二十六年（一七五五）進士。官至福

建學政、都察院左副都御史。前後充方略館纂修官、四庫全書館總纂官等，尤以編纂四庫全書，與紀昀最爲有功。又與紀氏合編有勵志齋叢書八種三〇卷。自著有賓奎堂文集一二卷、篁村詩集一二卷詩餘一卷。事見王昶春融堂集卷五五墓誌銘，清史列傳卷二五、清史稿卷三二〇有傳。

［七］詳見本書卷七程晉芳。

［八］詳見本書卷六任大椿。祥案：陸錫熊、程晉芳、任大椿分别爲乾隆二十六年、三十六年、三十四年進士，此三科朱筠皆充會試同考官。又王昶墓表：「大理卿陸君錫熊、吏部主事程君晉芳、禮部郎中任君大椿，皆君所收録。而黄君景仁、洪君亮吉輩，皆折北面稱弟子。」

［九］汪中，詳見本書卷七汪中。孫星衍行狀：「四海好學能文者，俱慕從先生游，而戴徵君震、邵學士晉涵、王觀察念孫諸人，深於經術訓詁之學。未遇時，皆在先生幕府，卒以撰述名於時，蓋自先生發之。」又李威從游記：「先生在江南，廣延知名士居幕下，四方學者争往歸焉。……江都汪容甫，才學通敏，冠絶江南北，素傲睨，好詆議人，輒招時忌，無能合其意者，乃負笈從先生游，先生亦記遇之有加，歉然常若弗及之也。」

［一〇］孫星衍行狀：「星衍不識先生，而受知文正，與先生子錫庚交最久，故深悉先生學行。」然則孫氏終身未見朱氏矣。

［一一］洪稚存，即洪亮吉，詳見本書卷四洪亮吉。

先生提倡風雅，振拔單寒，雖後生小子一善行，及詩文之可喜者，爲人稱道不絶口［一］。飢者食之，寒者衣之，有廣厦千間之槩。是以天下才人學士，從之者如歸市。所居之室，名曰椒花吟舫［二］，亂草不除，雜花滿徑，聚書數萬卷，碑版文字千卷，終年吟嘯其中［三］。足不詣權貴門，惟與好友及門弟子考古講學，釃酒盡醉而已[四]。藩年十六，即受知於先生[五]，每酒闌燈灺時[六]，嘗謂藩曰：「吾儕當以樂死，功名利鈍，何足介意哉[七]！」先生之襟期磊落，蕭然遠矣。

[一]王昶墓表：「天下承學之士，趨風附景，若斗有杓，芒寒色正，望爲歸依。好宏獎後進，有一技之長，譽之唯恐不及，掖之唯恐不至。」章學誠墓誌銘：「宏獎士類，後生小子，一藝之長，或未及然者，假借稱譽，過於所試。雖得汰許之誚，不自屑也。……尤急人危難，緩急之告，輒若身受，宛轉崎嶇，務爲盡心。」又李威從游記：「士之貧而稍有才學者，以文爲贄，來見先生。先生輒以奇才異能許之，爲介紹於先達，稱譽不絶口。」

[二]椒花吟舫，朱筠京第之室，其常在此地爲飲酒之會。洪亮吉卷施閣文乙集卷八椒花吟舫圖序：「椒花吟舫者，翰林院侍讀學士大興朱先生邸第南偏棲息之所。」

[三]朱珪神道碑：「聚書數萬卷，種花滿徑，來請益者不拒。考古著録，窮日夜不倦。」笥河文集卷首朱錫庚序：「所輯金石遺文，漢唐以及元明，不下千通，謂金石文字，上可補經，下可繹史，嘗倣裴松之注三國志之例，譔五代史補注若干卷，既成，爲人誤毀。」

[四]朱珪神道碑：「門生好友，釃酒必應，輒盡醉乃罷。」釃酒，即飲酒。釃，濾酒。詩小雅伐木：「伐木許許，釃酒有藇。」毛傳：「以筐曰釃。」

[五]祥案：江藩十六歲，爲乾隆四十一年，時朱氏在京師，而江氏尚未北游，似二人無緣得見，蓋江氏記憶有誤。參閲爾昌江子屏先生年譜乾隆四十一年條注。

[六]酒闌燈灺（xiè），謂酒盡燈滅。灺，燈燭灰燼。廣韻：「灺，燭燼。」

[七]章學誠墓誌銘：「自云聲華富貴，視之泊如，所不自解免者情耳。」意與此同。

子二：長錫卣[一]，府學生；次錫庚[二]，字少白，乾隆戊申科舉人，候選直隸州，緣事罷官，讀書好古，精於左氏春秋，能世其學。弟子以通經著者：興化任大椿，龍谿李威，陽湖洪亮吉、孫星衍、偃師武億、全椒吴鼒。李威字畏吾[三]，深於六書之學，著有説文解字定本十五卷。戊戌進士。今官廣東廉州府知府。孫星衍字伯淵[四]，讀書破萬卷，訓詁、輿地及陰陽五行之學，靡不貫串[五]。乾隆丙午舉人[六]，丁未以第二人及第。今官山東糧道[七]。吴鼒字山尊[八]，淹通經史，凡學術之異同，論説之是非，一見即能分黑白、辨昭聾也。乾隆壬子舉人，嘉慶己未進士。今官翰林院侍讀學士[九]。任君大椿別見[一〇]。

[一]朱錫卣（一七五五—？），筠長子。府學生。官至福建鹽場大使。

[二]朱錫庚（一七六二—？），字少白，乾隆五十三年（一七八八）舉人。候補山西直隸州知州。著有未之思軒詩草拾遺一卷、璞存山房初稿一卷等。

[三]李威（？—一八三六），字畏吾，一作畏五，號鳳崗，又號述堂。乾隆四十三年進士。爲刑部主事，在刑部二十餘年。出爲廣東廉州府知府。引疾歸，杜門不預外事，顏其居曰「海藏書屋」，惟讀書賦詩自娱。卒年八十餘歲。著有無名子詩存、嶺雲軒瑣記等。事見清張維屏國朝詩人徵略卷三九、李放皇清書史卷二三、姚永樸舊聞隨筆卷二。

[四]孫星衍（一七五三—一八一八），字淵如，又字伯淵，號季逑，又號芳茂山人，別號五松居士，清江蘇陽湖（今常

州)人。乾隆五十二年(一七八七)一甲二名進士。歷官山東督糧道、布政使，清廉有績。後引疾歸，主鍾山書院。精於經史小學，旁及諸子百家，尤精金石碑版、校勘目録之學。著有尚書今古文注疏三九卷、孫氏周易集解一〇卷、寰宇訪碑録一二卷(與邢澍合編)等，詩文集後人編爲孫淵如全集二二卷(王先豫編)、問字堂外集五卷(嚴可均輯)、孫伯淵文集六卷(繆荃孫輯)、孫淵如外集六卷(王重民輯)等。又刻岱南閣叢書二〇種、平津館叢書三八種中。阮元揅經室二集卷三、清史列傳卷六九、清史稿卷四八一有傳。

[五]阮元揅經室二集卷三山東督糧道淵如孫君傳:「君雅不欲以詩名，深究經史文字音訓之學，旁及諸子百家，皆心通其義。」

[六]阮傳:「乾隆丙午科，大興朱文正公典試江南，文正在都與彭文勤公約曰:『吾此行必得汪中、孫星衍。』公搜落卷，得其經文策，曰:『此必汪中也。』及拆卷，得君名，而汪實未就試。」

[七]阮傳:嘉慶十年，「委署登萊青道，補山東督糧道。……十二年六月，署布政司印。」

[八]吴鼒(一七五五—一八二一)，字山尊，又字及之，號抑菴，别號達園鋤菜叟，清安徽全椒人。嘉慶四年(一七九九)進士。官至侍講學士。以母老告歸，主講壇於揚州。所作駢體文沈博絶麗，詩作句奇語得。著有抑菴遺詩八卷、吴學士文集四卷、百萼紅詞二卷等。事見夏寶晉冬生草堂文録卷四墓誌銘，清史列傳卷七二、清史稿卷四八五有傳。

[九]清史列傳卷七二本傳:嘉慶「八年三月，大考，以一等二名陞侍讀。九年，充廣西鄉試副考官，洊陞侍講學士。」

[一〇]任大椿，見本書卷六任大椿。

武　億

武億，字虚谷[一]，先世由懷慶軍籍遷偃師[二]。父紹周[三]，雍正癸卯進士。官至吏部郎中。少喜讀書[四]。年十七，喪父[五]。十九，母孟、生母郭皆逝[六]。時伊洛溢[七]，廬舍毁圮，架蓆處洿泥中[八]，誦讀不輟。斯朽木，焚火以禦寒[九]，斧傷指及足，流血殷地，終不廢讀也[一〇]。

[一]古人名字解詁：「論語先進：『子曰：回也其庶乎，屢空；賜不受命，而貨殖焉，億則屢中。』何晏集解：『其於庶幾每能虚中者，唯回懷道深遠。不虚心不能知道，子貢雖無數子之病，然亦不知道者，雖不窮理而幸中，雖非天命而偶富，亦所以不虚心也。』以『虚』應『億』，言雖僅能如子貢之億度而中，但亦願學顔子之虚中近聖道。『谷』爲時尚字飾。綴於『虚』，亦取虚懷若谷之意。」又武億授堂遺書卷首上武穆淳行述：「字虚谷，號小石，又號半石山人。」

[二]懷慶，清府名，治今河南沁陽。武穆淳行述：「世居山東聊城縣，始祖諱恂，前明以軍功官指揮使，駐河南懷慶府，因占軍籍，遂爲懷慶人。先高祖諱率翰，順治九年始還居偃師。先曾祖諱朝龍，善行，爲鄉里矜式。」

[三]武紹周(一六八八—一七六一)，字夢卜。朝龍子。雍正元年(一七二三)進士。官至吏部掌印郎中。後歸里，主兩程書院。終於家。事見朱筠笥河文集卷一一偃師武君神道碑銘。

[四]行述：「年十二，九經、諸子已歷歷成誦，爲文輒洋灑數千言，一決時人畦町。」孫星衍五松園文稿武億傳：「少有異表，不苟嬉戲。八九歲以朱墨定明代名人制藝，第其高下，父驚愛之。年十二，遍覽九經、諸子，爲文下筆千言。」

[五]祥案：武億出生於乾隆十年(一七四五)，其父卒於乾隆二十六年(一七六一)，時億正十七歲。行述：「年十七，先王父病革，屬纊，目不瞑，府君號曰：『億勉力讀書嗣家聲，不敢墜大人志也。』目遂瞑。府君哀痛毁瘠，鄉里感歎。」

[六]孫傳：「年十七至十九，連遭父及母孟氏、郭氏喪，哀毁骨立，鄉里感歎。」

[七]祥案：伊水源於河南盧氏縣東南，東北流經嵩縣、伊川、洛陽，至偃師入洛水，稱伊洛河，至鞏縣洛口入黄河。孫星衍、武億纂乾隆偃師縣志卷二九祥異志：「乾隆六年辛酉五月，雨雹，伊洛水漲至堤。」不見其他時期水漲氾濫之記載。

[八]薦，同席。韓非子存韓：「韓事秦三十年，出則爲扞蔽，入則爲蓆薦。」洿泥，即污泥。朱珪知足齋文集卷五墓誌銘原文作「時伊洛溢，屋圮，架洿濕以居」。

[九]鍾校：「『斯』，寶慶勸學書社本作『析』。」祥案：二字之義並可通。盧文弨抱經堂文集卷二一與弟書：「薪有數等，唯莊柴易斯，若松柴刀柴難斯，吾爲之，故知也。」斯，蓋江淮間方言耳。

[一〇]行述：「時值伊洛暴溢，所居盡圮，府君因就鹵地，架椽爲斗室，日誦其中。嚴冬風雪，惟衣一敗絮衣。偶持斧取朽木然火，手不勝寒，斧墜地傷足，血流没踝，忍痛置不顧，誦讀益力。」又參孫傳、法式善存素堂文集卷四武虚谷傳。

年二十二，入學[一]。乾隆庚寅[二]，舉鄉試。庚子[三]，會試中式，賜同進士出身，以知縣用。辛亥，選山東博山縣[四]，訟無留牘，禱雨即降[五]。有人賄以二千金者，曰：「汝不聞雷聲乎！我懼雷擊我也。」[六]暇日，召耆老問土俗利病，革除民供煤炭及饋里馬草豆諸秕政[七]。博山民煮糯米汁爲土玻璃，作釵珥瓶盎燈毬鬻於市，及婦孺嬉戲之物，不足以供玩好之式。乾隆中葉，有好事者爲山東巡撫，取以入土貢，遂爲例，每歲按額徵之，民苦其擾。乃爲民請於大吏，力白其害，遂不入貢[八]。剏范泉書院，立程課教諸生，親往講學，勵以讀書、立品、爲善士[九]。

[一]朱銘：「年二十一，縣試第一人。明年，入學。」

[二]孫傳：「乾隆庚寅科，中式本省鄉試第六名舉人。三應禮部試，皆報罷。」

[三]行述：「庚子恩科會試，中式第一百十名，殿試三甲十名。」

[四]博山，縣名，今山東淄博市西南。民國張新曾等纂續修博山縣志卷一三藝文志張榜范泉書院碑記：「辛亥臘月到任，於明年七月，以小故罷官。」

[五]行述：「府君於訟獄，無大小，至則立判决之。」

[六]行述：「淄川縣民姚奈子者，赴府控其子爲開設煤窯窯户驅誘，煤窯向稱利藪，凡經詞訟，每不憚累千金行賂，上官委府君審訊，實風示意旨。府君移文關提人證，甫至縣，窯户果介典史某將齎二千金爲府君壽，求少爲之地。某逡巡簷下，欲吐輒止者再，竟憚府君威望，不敢言。是時府君禱雨，值獲沛霖，既洞某意，因設喜雨之筵，挽入座謂曰：『令雖家苦貧，然既服官，敢以墨自污耶！禱雨時已默誓於神，神其鑒吾心矣，若欺明神，雷霆豈恕我哉！』方震雷，衆皆悚聽，因舉卮引滿，盡歡而罷。次日牘具，徑申上官，上官亦不能易也。」

[七]行述：「事有不便於民者，輒早作夜思，務盡革其弊。前任有以煤炭饋上官者，遂沿爲例，每運載人夫推挽車輿行徑中，磥砢阻滯，於民大不便，府君手疏其轉運患苦之狀，申請立爲革除。又縣以僻簡，無驛馬，有差務則假騎於附城紳士，紳士公議立條規按里派納錢若干，每里又按户派納錢若干，代買馬支差，名爲檔子，任其事者，日久轉相欺謾，攤派悉索，遂成利藪。又官所養馬，有餵養草豆之需，盡取給於民，官雖發價，及經胥吏扣除外，民實百不得一也。府君並爲裁去。」

『汝具以來，吾悉償汝值。』武君曰：『予非較值也，此器故不入貢，今上官以值來，後之上官必有不以值索之者，非累民即虧庫，況京朝官見此，悉索之，將何以應？余不敢倡此弊政。』卒亦以此忤上官。」祥案：江藩言每歲按額徵之，依阮氏之言，則實未嘗成例矣。

［九］行述：「縣舊無書院，府君擇地於城東關范文正公祠側，創立范泉書院，首爲捐俸倡建，縣人皆踴躍輸將，計得白金二千餘兩。……再閲月而書院告成，凡爲講堂三楹，齋室六楹，依山爲室，顔曰『知困知不足之齋』，又爲諸生肄業之所。府君親臨講課，爲之口講指畫，示以訓詁文字之學，終及樹人端品之要。」祥案：又續修博山縣志卷一三藝文志何家騶勸捐范泉書院經費記：「邑之有書院，自武公虚谷始，公以名進士宰斯邑，令德循聲，至今傳播，尤以培養人材爲先務，可謂識爲政之體矣。」然張榜范泉書院碑記：「自雍正十二年，邑宰侯公曾建有范泉書院，延邑紳掌之，但地係借用，不久即廢。」如此，則范泉書院之初設，非始於武億也。

君承笥河先生之學［一］，痛詆二氏。乃檄合邑僧尼至署，諭以佛爲異端，害人心，壞風俗，演傅奕［二］、韓愈之言［三］，反覆譬喻。僧尼雖不解其説，然感其誠，皆蓄髪還俗［四］。於是入其境者，第聞絃歌之聲［五］，不聞梵唄之音矣［六］。

［一］授堂遺書卷首下事實：「乙未會試報罷後，留寓朱竹君學士之椒花吟舫，先生假學士暨程編修晉芳兩家所藏書披閲殆遍，有疑義即札記之，旁引互證，藉以羽翼經史，多發明前儒未發之藴。」

［二］傅奕（五五五—六三九），唐相州鄴（今河南安陽）人。官太史令。武德時，曾上疏請除去釋教。今存其校定道德經

古本篇二卷。舊唐書卷七九、新唐書卷一〇七有傳。祥案：傅氏上疏曰：「佛在西域，言妖路遠，漢譯胡書，恣其假託。故使不忠不孝，削髮而揖君親；游手游食，易服以逃租賦。演其妖書，述其邪法，僞啓三途，謬張六道，恐嚇愚夫，詐欺庸品。凡百黎庶，通識者稀，不察根源，信其矯詐。乃追既往之罪，虚規將來之福。」傅氏又與中書令蕭瑀、唐太宗等人有關於佛教的争論，詳參兩唐書本傳。

[三]韓愈（七六八—八二四），字退之，唐河南河陽（今河南孟縣）人，因郡望昌黎（今屬河北），世稱韓昌黎。德宗貞元八年（七九二）進士。官至國子祭酒、兵部侍郎，後以吏部侍郎爲京兆尹。卒謚文。愈性弘通，誘厲後進，弘奬仁義。振文風於八代之衰，抒意立言，自成一家新語，世稱「韓文」。著有論語筆解二卷、昌黎先生文集四〇卷外集一〇卷遺文一卷、昌黎先生詩集一〇卷外集一卷遺詩一卷等。舊唐書卷一六〇、新唐書卷一七六有傳。祥案：韓愈論佛骨表，參昌黎先生文集卷三九。

[四]行狀：「縣多山，地瘠民貧，而土産多煤炭琉璃，燒礬取給，商賈輻湊，民不務本業，尚奢泰，奸宄所在匿迹。府君下車，欲一切變易之，以爲使風俗之變，莫要於去其尤敗風俗者，先是縣城附城寺觀多女尼，奇服持法器游闤闠間，假打醮爲名，少年聚觀綴其後，府君因觀風校士，即發策問所以善爲杜絶之法，旋飭各地方隣里察庵中所住尼衆，留廢疾年老者，其餘一切遺歸，令其家擇婿嫁之，其無家可歸者則使在官之媒主之。於是縣中翕然，無不舞蹈稱快。」

[五]絃歌，歌詠誦讀，此謂讀書之聲。吕氏春秋慎人：「殺夫子者無罪，藉夫子者不禁，夫子絃歌鼓舞，未嘗絶音。」

[六]梵唄，佛教作法事時之讚歎歌詠聲。楞嚴經卷六：「梵唄詠歌，自然敷奏。」

乾隆壬子，大學士和珅兼步軍統領[一]，聞妄人言山東反賊王倫未死[二]，密遣番役四出蹤跡之。於是副頭目杜成德、曹君錫等十一人，横行州縣[三]。至博山，宿逆旅飲博，手持鐵尺，指揮如意，莫敢誰何。君率役往收之，成德等持器械拒捕，役不敢前，君手撲之僕，縛以歸。成德尚倔强不服，出牌擲於堂上，瞋目大呼曰：「吾等奉提督府牌緝要犯，汝何官，敢問我邪？」立而不跪。命役撾其脛[四]，始伏地。乃杖之曰：「牌役二名，此十一人爲誰？且牌文明言，所至報有司協緝，汝來三日不謁見，是不奉法。吾通揭汝等騷擾狀，奈我何！」成德等始懼，咸叩首求去。其事喧傳省中，小人皆謂武鹵莽，禍叵測，將累上官。時山東巡撫吉慶，畏勢闒茸[五]，聞此言，即委員絡繹於道，訪問虚實[六]。有府佐劉大經者[七]，與君不相能，駕説於大府前，吉慶以「濫責無罪」，直書其事劾之。和珅笑曰：「是暴吾役之不謹，而陰爲武令地也。」封還其疏。吉慶望風承旨，易以「任性行杖」，空言入奏，報罷。縣民聞令去，扶老攜幼，數千人走省中見大府，叩首乞「留我好官」。吉慶曰：「歸無譁，還汝好知縣。」吉慶知不容於輿論，而忸於權勢，會將入覲，乃挈君至都下，爲謀捐復。和珅總吏部事，駁之，其事遂寢[八]。乃請主東昌啓文書院講席[九]，以塞衆口也。後故人秀水王復爲偃師令[一〇]，遂歸，與復商榷政事，暇時考校古書，相得甚歡，不復作出山之計。

[一]步軍統領，清代提督九門步軍巡捕五營統領之簡稱，由親信大臣兼任。統領掌九門管鑰，統帥八旗步軍五營將弁，以周衛徼循，肅靖京邑。和珅（一七五〇—一七九九），字致齋，鈕祜禄氏，滿洲正紅旗人。官至户部、吏部、刑部尚書，協辦大學士等。久柄國政，作威作福，排除異己，貪婪無厭。嘉慶四年，詔宣佈其二十大罪，賜自盡。曾奉敕主編《熱

河志八〇卷等。清史列傳卷三五、清史稿卷三一九有傳。續修博山縣志卷一三藝文志錢鑅武億事略碑記：「五十七年，大學士和珅領步軍統領事。」

[二]王倫(？—一七三四)，清陽谷人。從清水教，從事反清活動，前後歷二十餘年。乾隆三十九年，起事攻入壽張縣城，殺知縣。旋攻破臨清，清兵鎮壓，激戰死。然傳言王倫未死，故乾隆帝仍常派人四出偵跡。事見清史稿卷一三高宗本紀四。

[三]行狀：「會有步軍統領衙門番役副頭目曹君錫、杜成德者，招從游手十一人，倚權要，假緝捕要犯爲名，橫行州縣，由泰安沿途入博山境，信宿已三日不去，故揮白鏹，付鄉人易酒肉，飲博豪縱，佯爲詭譎，莫可誰何，以煊赫居民耳目。適泰安令亦遣役尾其後，白府君，府君悉禽之，則稱奉有牌文拘要犯者，出牌擲堂上，盛氣不步屈膝，府君使役撾其脛伏而數之曰：『此法堂也。若輩何敢無狀，牌稱所到之處，宜報明縣庭協同緝捕，若來三日，不吾一面，何爲也？牌稱曹、杜二役，而此外十一人名不入牌，是奉誰使令耶？吾行發若等越境騷擾狀矣。』呼杖責尤桀驁者，咸窘服叩頭，乃叱使去。」

[四]集韻麻韻：「撾(zhuā)，擊也。」三國志卷三六蜀志張飛傳：「卿刑殺既過差，又日鞭撾健兒，而今在左右，此取禍之道也。」

[五]吉慶，參本書第三五〇頁注[一五]。闒(tà)茸，本指懦弱無能，此爲專門術語。清代六部成語詞典吏部闒茸：「清代官員評語，對品質卑賤，性情懦弱，才能低劣，頭腦昏庸的下才不肖之官員，考以此語。」

[六]行狀：「已而大吏聞其事，慮或造言搆釁，深咎府君。」

[七]劉大經，生平事蹟不詳。行狀：「有丞倅劉某者，因小恚，力爲媒孽，大吏誤聽其讒，遂隱其實，以濫刑無辜揭請劾奏罷職，計蒞任僅七閱月也。」

[八]行狀：「時縣民聞府君解任，群赴省垣乞留者約千餘人，其扶杖之老亦數百人，大吏深爲感動，適因入覲，信府

君與偕，爲謀捐復。事既上，故大學士阿文成公在朝堂，厲聲曰：「吾頗聞此案，直以影射語陷健吏耳。」時坐中有嫉府君者，不能平，遂見駁斥。」授堂文集卷首下事實：「先生罷官之日，博山耆民相聚罷其市，哭於途曰：『安得奪我慈父母！』遠鄉民日益聚集城中，父老千餘人偕與謀赴省城乞留，自撫轅至藩臬巡道公署，皆填塞首，郡縣迭次驅遣，不能去。是時，巡撫詷察實情，亦深悔之，傳諭曰：『必還汝知縣，姑散去無譁。』適入覲，許博民以檢舉陳奏，始漸次解散。於是偕先生至京爲謀捐復策，適首輔阿文成公在和相前面斥巡撫番役例不許出境，有譏刺語。和相總吏部，遂力駁之。」

[九]東昌，清府名，治今山東聊城。啓文書院，在聊城，乾隆十九年知府胡德林建。五十七年重修，光緒十年再修。二十九年，改爲東昌府官立中學堂。行狀：「次年癸丑，府君不忍數數受縣人食，而又不能遽作歸計，乃趣命不孝穆淳奉母及眷屬歸家，府君授徒東昌啓文書院。」

[一〇]王復（一七二七—一七九七），字敦初，一字秋塍，清秀水人。監生。官至偃師知縣。有晚晴軒詩集八卷詞一卷、偃師金石遺文補録十六卷，與武億同輯有鄭玄駁五經異義、箴膏肓、起廢疾、發墨守、鄭志等。事見武億授堂文集卷八偃師縣知縣王君行實輯略。又授堂文集卷八王明府輓詞：「予舊與明府相遇大梁節署，迄今且十年。」

嘉慶四年，天子親政，和珅伏辜，詔各舉所知廢員可起用者[一]。有以博山事聞，敕吏部將原任博山縣知縣武億，行文豫省巡撫，咨部引見，並將革職原案查奏，十一月二十九日事也，而君先一月死矣[二]。得年五十有五[三]。

[一]清史稿卷一六仁宗本紀：「四年己未春正月壬戌，太上皇帝崩，上始親政。丁卯，大學士和珅有罪，及尚書福長安俱下獄鞫訊。……詔：『中外陳奏直達朕前，不許副封關會軍機處。』……丁丑，和珅賜死於獄，福長安論斬。」

[二]行狀：嘉慶四年，億之鄧州，主春風書院講席，得重病。至十月十九日，遂溘然長逝。「昨歲己未，聖上已下求言之詔，中外宣佈，凡有隱抑皆以次上聞，或勸府君宜入都援例陳請開復，府君以安命固窮，笑而謝之。是特下諭旨：命大學士、九卿於京外知員内有操守端潔，才猷兼濟，及平日居官事蹟可據者，各舉所知密行保奏。於是大臣有素知府君者，專疏保薦，並爲申明罷職緣由，奉旨即令赴部聽候召見，今年春正月，部文到偃師縣，縣令齎送到家，不孝等伏天恩，復匍匐柩前宣讀一通，舉家感慟，不能起立。追計聖恩下逮之日，府君没纔四五日耳。」

[三]行狀：「府君生於乾隆十年十一月二十二日午時，卒於嘉慶四年十月二十九日午時，得年五十有五。」

君生而狀貌魁梧[一]，有兼人之力，兼人之量。生平深於經史[二]，七經注疏、三史、涑水通鑑皆能闇誦。所著書有經讀考異[三]、義證[四]、偃師金石記[五]、校定五經異義補遺[六]、箴膏肓、起廢疾、發墨守[七]、鄭志等書[八]。

[一]洪亮吉更生齋文甲集卷四又書三友人遺事：「生而長九尺，要腹偉甚。」

[二]行狀：「府君博通古今，講學不尚空虚，家藏書至萬餘卷，所在化之。」孫傳：「億通貫經籍，講學依據漢儒師授，不蹈宋明人空虚臆説之習。」

[三]經讀考異八卷補二卷句讀敘述二卷補一卷，武億著，其子穆淳編。凡經籍中兩讀之音、難斷之句，皆析疑舉例，下以己意。補二卷者，補前七卷所未逮，又附翟晴江四書考異内句讀一卷。句讀敘述二卷，論句讀之學與授讀之法等。今有授堂遺書本、皇清經解本等。

[四]武億有三禮義證一二卷，爲儀禮一卷、禮記五卷、周禮六卷。又群經義證八卷，爲論語、孟子、詩、書、公與穀

各一卷，左氏三卷。今有授堂遺書本等。

［五］偃師金石記四卷，孫星衍主纂偃師縣志，邀武億同纂，億成金石録二卷入志書中，今存卷二七—二八金石録兩卷即是。又擇其案跋之語釐爲四卷，多可考縣之沿革、人物諸事，以糾前志之鑿空。今有乾隆五十四年序刊本等。

［六］五經異義駁即駁五經異義，漢許慎有五經異義，鄭玄撰駁五經異義以駁之，已佚。王復輯、武億校本駁五經異義一卷補遺一卷，今存問經堂叢書、後知不足齋叢書等書中。

［七］後漢書卷三五鄭玄傳：「何休好公羊學，遂著公羊墨守、左氏膏肓、穀梁廢疾；玄乃發墨守、箴膏肓、起廢疾。休見而歎曰：『康成入吾室，操吾矛，以伐我乎！』」鄭玄所著書皆佚，王復輯、武億校本發墨守、箴膏肓、起廢疾各一卷，有藝海珠塵金集本、問經堂叢書本等。

［八］鄭志八篇，東漢時鄭玄門人記録鄭氏答弟子問五經語，依論語體例編排，鄭玄孫小同所編，已佚。王復輯、武億校本鄭志三卷補遺一卷，見問經堂叢書等中書。

與童君二樹名鈺者，同修偃師縣志［一］，童君好收藏碑版，君考訂秦、漢以來金石文字，童君服其精審。於是酷嗜翠墨，遊歷所至，如嵩山、泰岱，遇有石刻，捫苔剔蘚，盡心摸拓，或不能施氈椎者，必手録一本。偃師杏園莊，去所居四十餘里，民家掘井得晉劉韜墓誌［二］，長二尺有餘，重幾百斤，君肩之以歸。

［一］童鈺，見本書第二二〇頁注［三］。祥案：童氏與纂河南府志，有乾隆四十四年刊本，未曾與武氏同纂偃師縣志。而乾隆偃師縣志三〇卷卷首一卷，則爲孫星衍、武億同纂，有乾隆五十四年刊本。

[一二]祥案：是誌收入武億偃師金石記、錢大昕金石文字跋尾及王昶金石萃編，萃編彙集諸説，頗便參考。其向爲土人掘井出之，二十餘年仍棄置一民家。乾隆四十八年，武億自杏園莊假之而歸。以當時尺量度，不過二尺餘，上鋭下齊，作圭形，無年月可考，八分書「晉故使持節都督青徐諸軍事征東將軍軍司關中侯劉府君之墓君諱韜字泰伯叔孝處士君之元子也夫人沛國蔡氏」等四十七字。詳可參金石萃編卷二五關中侯劉韜墓誌。

性善哭[一]，館笥河師家，除夕，師謂君曰：「客中度歲，何以破岑寂？[二]」君曰：「但求醉飽而已。」乃遺以二彘肩[三]、一雞一鶩[四]，蒙古酒一斗，及湯餅餺飥諸物[五]。君閉户恣啖[六]，食盡酒傾。至晚，師曰：「醉飽矣，更有他求乎？」對曰：「哭！」師亦曰：「哭！」乃放聲大慟，比隣驚問，笥河師大笑而去。庚子年，陽湖洪亮吉稚存[七]、黄景仁仲則流寓日下[八]，貧不能歸，偕飲於天橋酒樓，遇君，招之入席，盡數盞後，忽左右顧盼，哭聲大作，樓中飲酒者，駭而散去。藩嘗叩之曰：「何爲如此？」曰：「予幸叨一第，而稚存、仲則寥落不偶，一動念，不覺涕泣隨之矣。」藩戲之曰：「君乃今日之唐衢也！[九]」藩與君交垂二十年，核君行事，不愧循吏。古人云：「以經術飾吏事。[一〇]」不通經術而能爲循吏者，蓋有之矣，我未之見也。

[一]祥案：朱筠笥河文集卷首李威從游記：「威侍先生飲，酒酣，第進言於先生，力争不已，繼之以哭，舉座踧踖不安，先生談笑自若，絶無忤怒之色。」此見善哭者非武億一人而已。

[二]岑寂，冷清，寂寞。文選卷一四鮑照舞鶴賦：「去帝鄉之岑寂，歸人寰之喧卑。」

[三]彘(zhì)肩，即豬腿。方言：「豬，關東西或謂之彘。」

[四]鶩(wù)，鴨。左傳襄公二十八年：「公膳日雙雞，饔人竊更之以鶩。」

[五]飥飥(bótuō)，亦作餺飥、不托，即湯餅麪食。方言：「餅謂之飥。」又玉篇：「餺飥，餅屬。」又歐陽修歸田録卷二：「湯餅，唐人謂之不托，今俗謂之餺飥矣。」關於「飥飥」之詳細解釋，可參徐時儀古代典籍記載的麪食詞語考索二餺飥，載中國典籍與文化論叢第八輯，北京大學出版社二〇〇五年一月版。

[六]恣啖，猶今言猛吃。啖，吃。論衡調時：「倉卒之世，穀食乏匱，人民饑餓，自相啖食。」祥案：今西北方言亦以吃爲啖，有多吃、猛吃、狂食義。又案：武億善飲，當時人多有記載。如焦循理堂道聽録卷六武虚谷：「乾隆乙卯春二月，予在山左，得晤虚谷，貌魁梧，白鬚蕭蕭然。故聞其善飲，是夕共食，見其飲高粱酒五六斤不醉，時已罷令，爲臨清書院院長。」

[七]祥案：乾隆四十四年，洪亮吉攜仲弟北上，别謀進取。江寧孫溶延其至寓校書。翌年八月，應順天鄉試不第。「仲弟以思家得咯血疾，新歲益甚。先生質衣具資，遣人送歸。時甫近上元，以無衣不克出門，託疾斷慶弔、絶過從者凡兩月有餘。」詳參吕培等編洪北江先生年譜乾隆四十四、四十五年條。

[八]黄景仁(一七四九—一七八三)，字仲則，自號鹿非子，清江蘇武進人。少孤家貧，屢試不中。與孫星衍、洪亮吉等爲學友，爲「毗陵七子」之一。後獻賦得武英殿書簽官，舉家移京，度日爲艱。後抱病往陝西投畢沅幕中，卒於途中。其詩近李白，詞入辛、柳之間，駢文典麗古雅。有兩當軒集二〇卷等。清史列傳卷七二、清史稿卷四八五有傳。乾隆四十五年，黄景仁在都下，秋應順天鄉試下第。詳參清毛慶善等編黄仲則先生年譜乾隆四十五年條。

[九]唐衢，唐白居易同時人。應進士，久而不第。能爲歌詩，意多感發。見人文章有所傷歎者，讀訖必哭，涕泗不能已。每與人言論，既相别，發聲一號，音辭哀切，聞之者莫不淒然泣下。故世稱唐衢善哭，竟不登一命而卒。舊唐書卷一

六〇有傳。

[一〇]史記卷一一二公孫弘傳：「於是天子察其行敦厚，辯論有餘，習文法吏事，而又緣飾以儒術，上大説之。」索隱：「謂以儒術飾文法，如衣服之有領緣以爲飾也。」又漢書卷八九循吏列傳序：「孝武之世，外攘四夷，内改法度，民用彫敝，姦軌不禁。時少能以化治稱者，惟江都相董仲舒、内史公孫弘、兒寬，居官可紀。三人皆儒者，通於世務，明習文法，以經術潤飾吏事，天子器之。」又參惠棟九曜齋筆記卷一漢儒以經術飾吏事條。

洪亮吉

張惠言　臧　琳

洪亮吉，字君直，一字稚存[一]。先世居歙縣[二]。祖公寀，贅於武進趙氏。至君，籍陽湖[三]。生六歲而孤[四]，依外家讀書[五]，穎悟異常兒。晚自塾歸，母氏篝燈課讀，機聲軋軋[六]，與書聲相間不斷[七]。年十八，祖妣趙及祖相繼下世[八]，君承重[九]，水漿不入口，杖而後起。二十四歲[一〇]，入學爲附生，與同邑黄秀才景仁爲詩歌相唱和[一一]，有時譽，人目爲「洪黄」[一二]。後謁安徽學使朱笥河先生[一三]，受業爲弟子，先生延之校文。時幕下士多通儒，戴編修震、邵學士晉涵[一四]、王觀察念孫[一五]、汪明經中皆通古義，乃立志窮經[一六]。家居與孫君星衍相觀摩，學益進，時人又目爲「孫洪」[一七]。

[一]古人名字解詁：「禮記祭義：『吉然後養之。』又月令：『養幼小，存諸孤。』」清呂培等洪北江先生年譜附法式善

行狀：「先生姓洪氏，初名蓮，改名禮吉，後又改名亮吉，字君直，一字稚存，號北江，晚自伊江歸，乃自號更生，然人皆稱爲稚存先生云。」又呂譜乾隆三十四年條注：「按先生少孤，午峰府君未及命名，初名蓮，字華峰。……後以壬辰年，改名禮吉；辛丑年，就禮部試，以嫌名當有所避，復改今名。」劉德權整理之洪亮吉詩集前言：「別號藕莊、夢殊、對巖、華封。」

［二］洪氏先世本居歙縣洪坑，出於唐監察御史宏察，避唐敬宗諱改宏氏爲洪氏。察子興，興子經綸（此據呂譜附孫星衍墓碑銘，諸家皆言經綸始改洪氏，殆誤），傳三十六世至德健，德健生璟，璟累官至山西大同府知府，有政績。璟生公寀。公寀字封旅，爲亮吉祖，國子監生。贅於常州武進趙氏，遂於康熙四十七八年間遷居焉。公寀次子翹，字午峰，國子監生，即亮吉父。參洪亮吉卷施閣文乙集卷二過舊居賦、呂譜卷首及附孫星衍傳。

［三］陽湖，清縣名，今江蘇常州市東。惲敬大雲山房文稿二集卷三遺事述：「武進後分陽湖，君爲陽湖左廂花橋里人。」祥案：雍正二年，析武進縣地置陽湖縣，爲府之附郭。

［四］呂譜乾隆十六年條：「先生六歲，在家塾受論語，七月二十日，午峰府君客鎮洋縣署，得疾歸，未至家五十里，以廿四日申時卒於洛社舟次。」又參卷施閣文乙集卷二傷知己賦自注。

［五］洪亮吉更生齋文乙集卷二平生游歷圖序南樓課圖第一：「主人六歲孤，從母育於外家，雖間出從塾師讀，然毛詩、魯論、爾雅、孟子，實皆母太宜人所親授也。」

［六］軋軋，織機聲。五燈會元：「婦搖機軋軋，兒弄口喎喎。」

［七］洪亮吉附鮚軒詩卷一機聲鐙影集附塾篇：「送爾去書堂，窗疎尚見星。母勤三歲積，兒受一年經。影小扶簾入，聲長隔院聽。敝衣經數補，莫訝未純青。」又更生齋文乙集卷七南樓憶舊詩序：「南樓者，外王母龔太孺人所居也。余以孤童，幼蒙鍾愛。年未毁齒，從母移居。姊越十齡，弟才匝歲。魯國男子，方驚毁巢；漢陽孤生，未歌窮鳥。由春徂冬，衣無單複之製；夜以繼日，瓶無逮晨之糧。煢煢焉，踽踽焉，蓋十五年於此。」

［八］呂譜乾隆二十八年：「五月，解館歸，即染時疾，復延及全家。蔣太宜人病瀕危者數次，大母趙安人、大父封旅府君即於是月相繼卒。先生承重，居廬至匝月，後病稍瘳。」

［九］祥案：洪氏當時，其父已前卒，故得爲承重孫。古代宗法制，以承受喪祭與宗廟之重任爲承重。本身及父俱係嫡長而父先死，於祖父母喪亡時，稱承重孫。

［一〇］呂譜乾隆三十四年：「五月，應童子試，補陽湖縣學附生。」注：「縣試第一，府試第三，院試第八，補縣學生。」

［一一］洪、黃二氏於乾隆三十一年訂交，二人此期間相唱和之詩，見附鮚軒詩卷二採石敬亭集。

［一二］傷知己賦：「垂二俊之譽，共江夏之黃。」自注：「歲丁亥、戊子，邵先生主龍城書院講席，余偕黃君景仁受業焉，先生嘗呼之爲『二俊』。」又：「復飛雋於虎觀，喻得士於龍泉。」自注：「先生（朱筠）致錢詹事大昕、程編修晉芳書云：『甫蒞江南，晤洪、黃二君，其才如龍泉太阿，皆萬人敵云云。』」又孫銘：「邵編修齊燾主講毗陵，君偕黃秀才景仁從之游，有時譽，稱『洪黃』。」又孫傳：「大興朱學士督學皖江，延攬名士，君與同里黃秀才景仁、揚州汪上舍端光，皆爲幕下士，從學使登涉名勝，各爲詩歌相矜尚，黃似李白，君學杜甫，一時稱『洪黃』。」

［一三］乾隆三十六年十一月，孫星衍以館穀不足以養親，遂買舟至安徽，謁新任安徽學政朱筠，筠延之入幕。三十八年，朝廷開四庫全書館，江浙搜採遺書，安徽設局於太平，聘洪氏總司其事。參呂譜乾隆三十六、三十八年條。

［一四］邵學士晉涵，詳見本書卷六邵晉涵。

［一五］王觀察念孫，見本書卷五戴震正文及注。

［一六］傷知己賦：「昔者不樂，薄游江干。嚴徐枚馬，適館授餐。談經則大戴，著史則仲援。雋勃海之博帶，杜扶風之小冠。惟戴斗之碩望，彙人倫之偉觀。」自注：「歲辛卯，朱先生視學安徽，一時人士，會集最盛。如張布衣鳳翔、王水部念孫、邵編修晉涵、章進士學誠、吳孝廉蘭庭、高孝廉文照、莊大令炘、瞿上舍華與余及黃君景仁，皆在幕府，而戴吉

士震兄弟，汪明經中亦時至。」

［一七］乾隆三十九年，洪氏始與孫星衍訂交。與孫星衍、黄景仁、趙懷玉、楊倫、吕星垣、徐書受，互相唱酬，謂之「毗陵七子」。參法式善行狀、吴錫麟有正味齋駢文續集卷六墓表。又乾隆四十二三年間，安徽學政劉權之遣人延洪氏，遂偕孫星衍至太平，並欵留以助衡校，自是洪氏與孫君助學使校文外，共爲三禮訓詁之學。又清王豫群雅集卷二三洪亮吉小傳注：「在詞館，與孫淵如、張船山齊名，世稱『洪孫』，亦稱『洪張』。」

乾隆三十九年甲午科，中本省鄉試副榜［一］。四十一年，母猝病卒［二］，時在浙江學使王文端公杰幕中［三］，得病耗，馳歸里門。有以死告者，大慟，失足落水，遇汲者救甦。既以不得視含斂爲終天之恨，遂絶粒。或喻以毁不滅性［四］，始啜粥，居苫枕凷［五］，不入内，不飲酒食肉［六］，里中稱爲孝子。［七］

［一］吕譜乾隆三十九年：「七月，偕黄君景仁赴江寧鄉試。是科闈中得文及五策，已定作元，房師賈先生景誼以首藝有别解，與兩主司力争，因定作副榜第一焉。」

［二］林逸清洪北江先生亮吉年譜乾隆四十一年：十月二十六日，「蔣太宜人在里中風病故。」蔣氏（一七一四——一七七六），武進人。洪翹妻，亮吉母。翹既不第，客游養父母，旋病卒於歸途。蔣自投於水，女傭持之免。自是率諸女針紉組織，力以自食。授子讀書，亮吉稍長，出就里中師，師不辨音訓，母爲正其誤，日數十字。母織子誦，往往至夜分。喪舅姑，毁甚，既復喪母，疾作，遂卒。清史稿卷五〇八有傳。

［三］王杰（一七二五——一八〇五），字偉人，號惺園，又號葆淳，清陝西韓城人。乾隆二十六年（一七六一）一甲一名進

士。歷官至兵部尚書，東閣大學士，入直軍機。卒謚文端。著有葆淳閣集二四卷、惺園易説二卷等。事見朱珪知足齋文集卷五墓誌銘，清史列傳卷二六、清史稿卷三四〇有傳。祥案：王杰於乾隆三十六年至三十九年奉命督學浙江；四十一年至四十二年，再任浙江學政；四十五年至四十七三任浙江學政。參阮元編王文端公年譜。

[四]禮記喪服四制：「三日而食，三月而沐，期而練，毀不滅性，不以死傷生也。」

[五]苫（shān），草墊；凷（kuài），同塊，泥土。漢書律曆志下引左傳：「埜人舉凷而與之。」今左傳僖公二十三年作「野人與之塊」。古人居父母之喪，以草墊爲席，土塊爲枕。墨子節葬下：「寢苫枕塊。」

[六]禮記喪大記：「終喪不食肉，不飲酒。……有疾，食肉飲酒可也。」

[七]林譜乾隆四十一年條：「十一月十四日晡時，舟至戚墅堰，距常州三十里。疾步至城，有僕之父仇三遇之，相告家情，驟聞哀耗，五内昏迷。方度八字橋，失足墮水，兩岸陡峭，人不及救，隨流至滕公橋，方爲人救起。救者疑爲避債者投水，及審狀，則皆曰：『孝子！孝子！』天寒地冰，衣履冰濕，被舁至家，舉家號哭，呼救久之始蘇。搶呼痛哭，幾不欲生。水漿不入口者五日。諸姊以大義責先生，稍進米飲。七七内僅啜糲粥，薦槁枕。自以未及侍母含斂，哀感終身。嗣後每遇忌日，輒終日不食，客中途次不變，三十年如一日。」

四十五年庚子科[一]，中式順天舉人。五十五年庚戌石韞玉榜[二]，以第二人及第，授編修，充國史館纂修官[三]。明年，又充石經收掌詳覆官[四]。藩是時館總裁王文端公第，君手定條例，屬藩呈之，公是其説[五]。彭文勤主其事[六]，以爲不然；文端不能與之争也。後文勤自作凡例，文端命藩勘定，駁其秕謬者數十條[七]。文勤大怒，謂藩與君互相標榜。嗟乎！直道之不行也久矣。

[一]吕譜乾隆四十五年：「八月，應順天鄉試。九月初七日揭曉，中式第五十七名舉人。」

[二]石韞玉（一七五六—一八三七），字執如，一字琢如，號琢堂，晚號獨學老人，清江蘇吴縣人。乾隆五十五年（一七九〇）一甲一名進士。官至山東按察使。以足疾乞歸，主杭州紫陽等書院。有獨學廬詩一一卷文二〇卷詞二卷，又伏生授經、羅敷採桑等雜劇九種，合稱花間九奏。清史列傳卷七二有傳。

[三]吕譜乾隆五十五年：「三月，應禮部會試。四月初九日，榜發獲雋，名在第二十六。殿試，先生卷條對詳明，讀卷大臣進呈第一，欽定第一甲第二名。五月初一日引見，授職翰林院編修。七月，派充國史館纂修官。」

[四]吕譜乾隆五十六年：「二月，石經館開派充收掌及詳覆官。時至國子監視刻石，以蔣衡所書十三經字多譌俗，有上石經館總裁書，欲一一更正，不能從也。」祥案：高宗實録卷一三九一乾隆五十六年十一月壬辰，命刻石經列辟雍。因從前蔣衡所進手書十三經，曾命内廷翰林詳覈舛譌，藏懋勤殿有年，允宜刊之石版，列於太學，以垂永久。命派王杰爲總裁，董誥、劉墉、金簡、彭元瑞爲副總裁，並派金士松、沈初、阮元、瑚圖禮、那彦成隨同校勘。又因卷帙浩繁，命派侍讀學士劉鳳誥、祭酒汪廷珍、侍講邵晉涵三人，留心經學，以並充校勘。又卷一四六一乾隆五十九年九月辛丑，諭石經館總裁等校勘石經，現在將次完竣。總裁彭元瑞因出力爲多，命加太子少保銜，以示獎勵。

[五]洪氏上石經館總裁書，今見卷施閣文甲集卷七，其論石經譌舛當改者凡二十四條：「一、經注參錯，宜正也；一、前後倒置，宜正也；一、脱文，宜補也；一、又有因數字之脱而上下不貫者，宜補也；一、衍文，宜去也；一、又有因一句之衍而文義不續者，宜削也；一、因一字之别而本義全乖者，宜改也；一、前後宜畫一也；一、偏旁宜急削也；一、字有誤自魏、晉以前者；一、字有誤自唐、宋以前者；一、字雖非俗而亦當定從本字者；一、同一俗字當酌去其已甚者；一、經不可改從注也；一、此經有可以彼經改者；一、此經有必不可以彼經改者；一、有因上下文而誤者，亦當改正也；一、前代之制，宜改也；一、漢石經有急宜從者；一、唐石經有宜酌從者；一、兩宋石經有可從

可不從者；一、唐、宋石經外刊本，宜搜羅也；一、字當以説文爲本，而從否亦當斟酌者；一、本當以釋文爲據而録取亦當鑒别者。」

〔六〕彭元瑞（一七三一—一八〇三），字掌仍，一字輯五，號雲楣，清江西南昌人。乾隆二十二年進士。歷官禮、兵、吏部尚書，協辦大學士。卒謚文勤。有恩餘堂稿四五卷、知聖道齋讀書跋尾二卷等。清史列傳卷二六、清史稿卷三二〇有傳。

〔八〕秕謬，即紕謬、紕繆，謬誤也。禮記大傳：「五者一物紕繆，民莫得其死。」注：「紕繆，猶錯也。」祥案：查彭氏書中，惟恩餘堂經進續稿卷一六有恭謝命充石經總裁摺子，無有關石經校勘凡例之文。然清馮登府石經補考卷一一國朝石經考異序曰：「乾隆五十八年，詔刊十三經於太學，即長洲蔣衡所書，勘定立石，依開成石經，參以各善本，多所訂正。彭尚書元瑞曾撰考文提要十三卷，以證校正所自。當時因急於告竣，未及盡改。」

五十七年壬子科〔一〕，充順天鄉試同考官，即拜貴州學政之命。黔省僻遠，無書籍，爲購經、史、通典、文選諸書置各府書院，黔人争知好古，君之教也。奏陳〔澔〕（灝）禮記注，乃臆説空言〔二〕，絶無師法，宜易鄭玄注以試士〔三〕，格於部議，不行〔四〕。嘉慶元年，充咸安宫總裁〔五〕，在上書房行走〔六〕。三年正月〔七〕，大考翰詹，時教匪充斥〔八〕，題爲徵邪教疏，君指陳時事，直書無隱。又在師友前論時事，扼腕歎息，皆以爲狂〔九〕。君知不容於時，適弟〔靄〕（藹）吉卒於家〔一〇〕，以古人有期功去官者〔一一〕，乃引疾歸。

［一］法式善行狀：「壬子，充順天鄉試同考官，闈中奉命視學貴州，翰林未散館而爲學使者，前則韓城王文端，近則吴縣石君韞玉及先生三人而已。」吕譜乾隆五十七年：「八月，充順天鄉試同考官。十四日，又在闈中奉視學貴州之命，向例未散館翰林無爲學政者，有之自先生及同年石修撰韞玉始，蓋異數也。」以爲自石、洪始，謝傳同。而吴錫麒墓碑則更稱「有之自君始」，愈後而愈失本來矣。

［二］陳灝，祥案：「灝」爲「澔」之誤，孫銘誤，江藩及吕譜、林譜亦皆誤襲，然卷施閣文甲集卷九請禮記改用鄭康成注摺子及孫傳皆作「澔」，是，今據改。陳澔（一二六一—一三四一），字可大，號雲莊，宋末元初南康都昌人（今屬江西）。博學好古。宋亡隱居，教授鄉里以終。有禮記集説一〇卷。事見元危素危太僕文集卷五、宋元學案卷八三。禮記注即禮記集説一〇卷。所注淺顯簡便，便於蒙誦。明初定禮記用澔注，胡廣等修五經大全亦以此注爲主，用以取士，遂誦習相沿。四庫總目以爲「澔所短者，在不知禮制當有證據，禮意當有發明，而箋釋文句，一如注孝經、論語之法。故用爲蒙訓則有餘，求以經術則不足」。今有北京中國書店一九九四年影印本。

［三］請禮記改用鄭康成注摺子：「元儒陳澔所撰禮記集説，自前明永樂以來，用以取士，澔書本爲科舉起見，是以凡遇可備出題者，注解略爲詳明，其餘即譾陋殊甚，是以士子無所遵循。伏查十三經正義現列學宫，内禮記及儀禮、周禮皆用漢儒鄭康成注，最爲詳備。誠如我皇上欽定禮記義疏所云『精奥無如鄭注』者也。且陳澔集説，其詳明者皆採取注，其簡略者即自以意爲删改，是用鄭注則集説之精華已備，用集説則昔賢之訓詁半淪。近奉到部咨春秋一經，奏定改用三傳，凡士子有志讀書者，無不歡欣踴躍，争自濯磨。臣愚昧之見，可否禮記改用鄭注，俾諸生通曉全經，兼明五禮，似於讀書行己，皆有裨益。」

［四］格，止也。吕譜乾隆五十八年條：「是歲，具摺奏請以鄭康成注易陳澔（原作灝），奉旨交部議奏，爲部臣所格不行。」

［五］吕譜嘉慶元年條：「七月，派充咸安宫官學總裁。」咸安宫，清宫殿名。在紫禁城内武英殿西，教習八旗大臣子弟

肄業處。參國朝宮史卷一一宮殿一。祥案：近藤注引辭源以爲咸安宮官學初設在雍正七年，誤。清史稿卷九世宗本紀：雍正六年「十一月丙辰，設咸安宮官學，包衣子弟肄業。」又卷一〇六學校一咸安宮官學：「咸安宮官學，雍正六年，詔選内府三旗佐領、管領下幼童及八旗俊秀者九十名，以翰林官居住咸安宮教之。」又卷一一八職官五内務府：「咸安宮官學管理事務大臣，本府大臣内特簡。協理大臣，各部院滿尚書内特簡。各一人。總裁，滿洲二人，漢四人。翰林院讀講學士、詹事府少詹以下兼充。」後又增設蒙古、唐古忒，托忒諸學。

[六]吕譜嘉慶二年：「三月初三日，奉旨在上書房行走，侍皇曾孫奕純讀書。」

[七]吕譜嘉慶三年：「二月廿七日，大考翰詹諸員於正大光明殿，欽命題爲井鮒賦、春雨如膏詩、徵邪教疏。先生於疏内力陳内外弊政至數千言，情詞剴切，閱卷者皆動色。初擬二等前列，旋置三等二名。」祥案：洪氏徵邪教疏極陳當時内外積弊，抨擊吏治之腐敗，民生之無日，言乃官逼民反之結果。其曰：「今者楚、蜀之民，聚徒劫衆，陸梁一隅，逃死晷刻。始則惑於白蓮、天主、八卦等教，欲以祈福；繼因受地方官挾制萬端，又以黔省苗氛不靖，派及數省，賦外加賦，横求無藝，忿不思患，欲借起事以避禍。邪教起事之由如此。……今日州縣之惡，百倍於十年、二十年以前，上敢隳天子之法，下敢竭百姓之資。」且提出三策：脅從宜貸，吏治宜肅，責成宜專。詳參卷施閣文甲集卷一〇。

[八]祥案：乾隆朝中後期，各地秘密宗教團體已經不斷起事，至嘉慶初終演成武裝暴動。嘉慶元年，湖北枝江、宜都白蓮教起事於荆州，王聰兒等起事於襄陽，隨後四川、陝西、河南、甘肅等地紛紛響應。三年，王聰兒等至陝西，進逼西安，後戰死。五年，四川白蓮教首領徐天德等率軍攻襲川西，使成都戒嚴，又轉戰甘肅，後被鎮壓。此次白蓮教起事，前後凡歷時九年，波及五省，清廷耗銀二萬萬兩，折高級將領二十餘名，清王朝從此由盛轉衰矣。參清魏源聖武記卷九嘉慶川湖陝靖寇記二。

[九]孫傳：「今上親政，修高宗純皇帝實録，朱文正珪保薦君，起復赴都。君修史依古法，務簡質，與諸鉅公議多不合。又以上大開言路，翰林無專達之責，每在師友座扼腕論事，勸諸大僚，激揚人物清濁，人多以爲狂。」又惲敬遺事述：

「高宗純皇帝升遐，座主朱文正公珪有書起之，復入都供職。君長身火色，性超邁，歌呼飲酒，怡怡然。每興至，凡朋儕所爲，皆掣亂之爲笑樂。而論當時大事，則目直視，頸皆發赤，以氣加人，人不能堪。」祥案：依孫、惲二氏所言，則此爲乾隆帝駕崩，洪氏復入都後事耳，不當在此，當移之下段「與同館議論不合」後適可耳。

［一〇］呂譜嘉慶三年：正月十二日，靄吉卒於里門。三月，「甫得仲弟凶訃，痛哭不食者累日。即於初七日陳情引疾，二十五日挈家屬從陸路南回。四月二十五日抵里，哭仲弟於厝舍。」祥案：江氏文「藹吉」，「藹」爲「靄」之誤，今改之。洪靄吉（一七五〇——一七九八），字赤存，亮吉弟。貧而學賈，虧折資本至無以償。乾隆四十四年，亮吉攜至都下，送入方略館效力。五十四年，選授崇文門副使。以思家得疾而歸。後復入都，因嗣母年邁歸養，病卒。事見呂培等洪北江先生年譜。

［一一］期（jī）功，古喪服名稱。期，服喪一年，大功服喪九月，小功服喪五月。凡長輩如祖父母、伯叔父母、在室姑等之喪，平輩如兄弟、姊妹、妻之喪，小輩如姪、嫡孫等之喪，皆服期服。

今上親政，修高宗純皇帝實録［一］，朱文正公珪薦君，復赴都，與修實録［二］。教習庶吉士［三］。與同館議論不合，將乞假歸矣［四］，念今上大開言路，而陳奏者皆無經國之計，身居翰林，又無奏事之責，因陳時政數千言［五］。謂故福郡王所過繁費［六］，州縣供億，致虛藏帑；故相和珅擅權時，達官清選或執贄門下，或屈膝求擢［七］。羅列中外官罔上負國者四十餘人［八］，作書上成親王［九］，及朱文正、劉相國權之［一〇］，進呈御覽［一一］。有旨：革職審擬［一二］。對簿時，詞色不撓［一三］。王大臣等擬以大不敬律，置重辟，有旨減死，發伊挐[一四]。武進趙君懷玉，入詔獄慰之[一五]，君曰：「昨日念念在西市，今日念念在玉門關矣。」次日，趙君送至廣寧門外，握手黯然，而君神氣自若。將抵戍所，某將軍妄測聖意[一六]，奏請俟君至，斃以法，先發後聞，有旨申飭不行。

[一]高宗純皇帝實録一五〇〇卷，清慶桂等纂。起自雍正十三年八月丁卯，迄於嘉慶四年正月清高宗駕崩。嘉慶十二年修成。今有北京中華書局一九八六年影印本。

[二]吕譜嘉慶四年：「四月，派充實録館纂修官，偕總裁諸公首先訂定條例，承纂第一分書，即高宗純皇帝初登極時事也。八月，第一分實録告成，先呈御覽。」

[三]吕譜嘉慶四年：「五月，教習己未科庶吉士，分課張君金釗、張君惠言、貴君慶等十四人。」

[四]吕譜嘉慶四年：「先生以春初束裝匆遽，在都車馬衣履，一切未具，遂於(八月)二十日在本衙門乞假，已準，擬於九月初二日叩送高宗純皇帝梓宫後南行。」

[五]吕譜嘉慶四年：「時川、陝餘匪未靖，湖北、安徽尚率兵防堵，時發諭旨，籌餉調兵。先生目擊時政，晨夕過慮，每聞川、陝官吏偶言軍營情狀，感歎焦勞，或至中宵不寐。自以曾蒙恩遇，不當知而不言；又以翰林無言事之責，不應違例自動章奏。因反覆極陳時政數千言，於二十四日上書成親王及座師吏部尚書朱公珪、都御史劉公權之，冀其轉達聖聽，後始以原稿示長子飴孫，告以當棄官待罪。」祥案：洪氏乞假將歸留別成親王極言時政啓一文，今見於卷施閣文甲集續集、清史稿卷三五六洪亮吉傳。

[六]故福郡王，即福康安(？—一七九六)，字瑤林，富察氏，清滿洲鑲黄旗人。傅恒子。官至兵部、户部、吏部尚書，協辦大學士等。屢率軍討平叛亂，後卒於軍中。仁宗制詩以誄，命加郡王銜。謚文襄。清史列傳卷二六、清史稿卷三

三〇有傳。又清史稿本傳：「福康安受高宗殊寵，師有功。在軍中習奢侈，犒軍金幣輒巨萬，治餉吏承意指，糜濫滋甚。仁宗既親政，屢下詔戒諸將帥毋濫賞，必斥福康安。德麟迎喪歸，將吏賻四萬有奇，責令輸八萬。」祥案：乞假將歸留別成親王極言時政啓中所言，非專指福康安一人事，乃泛言舉國之通弊，其曰：「十餘年來，督撫、藩臬之貪欺害政，比比皆是。幸而皇上親政以來，李奉翰已自斃，鄭元璹已被糾，富綱已遭憂，江蘭已内改。此外，官大省、據方面者如故也，出巡則有站規、有門包，常時則有節禮、生日禮，按年則又有幫費。升遷調補之私相餽謝者，尚未在此數也。以上諸項，無不取之於州縣，州縣則無不取之於民。錢糧漕米，前數年尚不過加倍，近則加倍不止。督撫、藩臬以及所屬之道府，無不明知故縱，否則門包、站規、節禮、生日禮、幫費無所出也。州縣明言於人曰：『我之所以加倍加數倍者，實層層衙門用度，日甚一日，年甚一年。』究之州縣，亦恃督撫、藩臬、道府之威勢以取於民，上司得其半，州縣之入己者亦半。初行尚有畏忌，至一年二年，則成爲舊例，牢不可破矣。訴之督撫、藩臬、道府，皆不問也。」

〔七〕乞假將歸留別成親王極言時政啓：「以亮吉所見，十餘年來，有尚書、侍郎甘爲宰相屈膝者矣；有大學士、七卿之長，且年長以倍，而求拜門生，求爲私人者矣；有交宰相之僮隸，並樂與抗禮者矣。」

〔八〕祥案：洪氏此疏在當時反響極大，然疏文不載其集中，蓋因其子飴孫有所避諱之故。從江藩所言，可知江氏亦未親見其原疏，或傳説所聞，或所見鈔稿與原件不符，此所謂「羅列中外官罔上負國者四十餘人」（諸家傳狀亦同），及上文「故福郡王所過繁費，州縣供億，致虛藏帑」，皆與疏文不符。今存疏文中所羅列諸官，如蘇凌阿、戴如煌、吴省欽、吴省蘭、福康安、和琳、孫士毅、宜綿、惠齡、福寧、景安、秦承恩、李奉翰、鄭元璹、富綱、江蘭等，不及二十人而已。

〔九〕成親王，即愛新覺羅永瑆（一七五二——一八二三），高宗第十一子。乾隆五十四年，封成親王。工書。嘉慶時，在軍機處行走，總理户部三庫。薨謚曰哲。清史稿卷二二一諸王七有傳。

〔一〇〕劉權之（一七三九——一八三八），字雲房，清湖南長沙人。乾隆二十五（一七六〇）年進士。歷官至吏部尚書、軍機大臣。在吏部久，疏通淹滯，銓政號平。又調兵部、禮部尚書，拜體仁閣大學士，管理工部。卒謚文恪。清史稿卷三四一有傳。

［一一］祥案：乞假將歸留別成親王極言時政啓中有「日侍三天，追隨匝歲」語，可知其與成親王過往甚密，而朱珪乃其師朱筠之弟，且爲洪氏乾隆五十五年中進士時之座師，劉權之爲其乾隆三十九年中副榜時之座師，故洪氏此疏鈔爲三份上呈三人，冀達御覽。而朱、劉二人皆未敢上達。清史稿卷三四一劉權之傳曰：「編修洪亮吉上書王大臣言事戇直，成親王徑以上達，權之與朱珪未即呈奏，有旨詰問，自請嚴議。上以權之人品端正，平時陳奏不欺，寬其處分。」故謝階樹傳、呂譜等謂「經成親王等將原書先後進呈」者，乃採自嘉慶帝之詔書，據此可知先是成親王上達，待嘉慶帝斥責後，朱、劉二氏方將疏文上達也。

［一二］呂譜：「二十五日，有旨傳至軍機處指問，旋有旨落職，交軍機大臣會同刑部嚴審定擬具奏。」祥案：洪氏疏啓中語，皆深中時弊，嘉慶帝亦深然之，其所震怒而忌諱者，疏中有「自三四月以來，視朝稍晏，竊恐退朝之後，俳優近習之人，熒惑聖聽者不少」一語，語涉過激，有辱帝王顏面耳。故嘉慶帝詔書中曰：「朕詳加披覽，寔無違礙之句，仍有愛君之誠。惟『視朝稍晏』、『小人熒惑』等句，未免過激。」

［一三］孫銘：「有旨：革職審擬。君詞色不撓，直陳無隱。或詰以官無言責，君曰：『庶人傳語，況翰林乎！』」

［一四］呂譜：「二十六日，大臣等在都虞司問並面傳諭旨：『洪亮吉係讀書人，不必動刑。』先生感激聖恩，伏地痛哭。一一如問，指陳無隱。當經王大臣等擬，以大不敬律斬立決。奉旨免死發往伊犁，交將軍保寧嚴行管束。」

［一五］趙懷玉亦有生齋文集卷一八墓誌銘：「予既與君中表，又數十年麗澤之雅。」又「當會鞫時，予省之都虞司；次日，省之刑部獄；第三日，追送廣寧門外。雖勉以正誼，而生死未卜，泣不能忍，君則辭意慷慨，無可憐之色。」謝傳：「當時中外惶惑，以爲先生禍且不測。內閣中書趙懷玉，先生同里友也，訣之以酒，懷玉一滴不能下嚥，而先生大嚼，以爲先生之未知也，目之，欲語而止者再，先生察其色異，卒問曰：『君似有所言者，何嚅嚅也？』懷玉未有以應，已而哽咽出聲曰：『有旨。』先生噱曰：『有旨斬立決耳，吾乃今日知死耶！君少安！』顏色不亂，飲啗如平常。」又惲敬遺事述：

「君之友中書趙君懷玉見君縲絏藉槁，坐大哭，投於地，不能言。君笑謂趙君曰：『味辛！今日見稚存死耶？何悲也！』」三家所記洪氏、趙對答語，皆與江藩所言不合。

［一六］某將軍，指保寧。保寧（？—一八〇八），圖伯特氏，清蒙古正白旗人。官至四川總督、伊犁將軍，武英殿大學士、領侍衛内大臣，管理兵部。卒謚文端。清史稿卷三四二有傳。吕譜嘉慶五年：二月「初十日，抵伊犁惠遠城。自八月二十七日由都起程，至是凡行百六十一日始抵戍所。先是，伊犁將軍保寧妄測聖意，於未到之先，先遞奏摺，中有『該員如蹈故轍，即一面正法，一面入奏』等語。奉硃批：『此等迂腐之人，不必與之計較。』保公之意始息。」

五年四月，京師亢旱，上因久不雨，減釋軍流［一］，不雨［二］；朱文正奏稱安南黎氏二臣，忠於其主，而久繫獄中［三］，請釋之，又不雨；上乃念君以直言獲罪，立予釋回。是日，甘霖大沛，御製得雨詩紀其事［四］。又製導言納諫論［五］，言「亮吉原書無違礙之句，有愛君之誠，實足啓沃朕心［六］」。並將其書裝潢成卷，常置座右，以作良規，以勸言事者，毋因亮吉獲咎，鉗口不敢復言。

［一］軍流，刑律術語，充軍罪、流放罪。充軍是比於流之一種刑罰，清代充軍分五等治罪：即附近（發二千里）、近邊（發二千五百里）、邊遠（發三千里）、極邊（發四千里）與煙障（發四千里外）。流罪爲五刑之一，分三等：流二千里、流二千五百里、流三千里。二千里以路之遠近區別犯罪之輕重。參清代六部成語詞典刑部軍罪流罪。

［二］吕譜嘉慶五年：「是年四月，京師亢旱。皇上虔禱三壇，祈求雨澤，因命清理庶獄，分別減等；又敕刑部及各

省詳查永遠監禁人犯，分別省釋，其在新疆年久未經釋回者，俱分別開單候旨加恩。先生以到戍未及三年，例不開列。」

[三]越南先稱安南。嘉慶七年，安南國王阮光纘爲阮福映攻滅。福映「遣使入貢，備陳構兵始末，並言其國本古越裳之地，今兼併安南，不忘世守。乞以『南越』名國。帝諭以『南越』所包甚廣，今兩廣地皆在其内，阮福映全有安南，亦不過交趾故地，不得以『南越』名國。八年，改安南爲越南國。六月，命廣西按察使齊布森往封阮福映爲越南國王。」參清史稿卷五二七屬國二越南。又清史稿卷一六仁宗本紀：嘉慶五年「閏四月甲寅，命刑部查久禁官犯及禁錮子孫與久戍者寬減之。丙午，上步禱祈雨。乙卯，釋洪亮吉回籍。丙辰，釋安南人黎侗等於獄，安置火器營，給月餼。是日，雨。」

[四]自四月二十四日嘉慶帝親禱社稷壇之後，經旬尚未得雨。閏四月初三日，上命傳諭伊犁將軍，將洪亮吉放還原籍，硃筆親書諭旨交軍機處頒發中外。下午以後，彤雲密佈，即得甘霖。御製得雨敬述詩紀其事。參呂譜嘉慶五年條。又清史稿卷三五六洪亮吉傳：「詔下而雨，御製詩紀事，注謂：『本日親書諭旨，夜子時甘霖大沛。天鑒捷於呼吸，益可感畏。』」

[五]導言納諫論，嘉慶五年四月三日實録不載此事。

[六]尚書説命上：「若歲大旱，用汝作霖雨。啓乃心，沃朕心。」

君以六年歸里[一]，雖蒙編管[二]，而江左名流過君講學問字者無虚日[三]。十二年，常州旱[四]，有司勘不成災[五]，飢民剥樹皮以食，君請當事率紳士捐資賑濟，所活飢民數十萬，邑人至今稱頌不衰。十四年五月十二日[六]，以疾終，得年六十有四[七]。

[一]祥案：呂譜嘉慶五年條：「九月初七日，抵里。親故話舊，幾如隔世。因自號更生居士。」如此，則歸期當爲五

年，江氏曰六年者，襲自孫銘等，皆非。

［二］編管，宋代官吏得罪，輕者送某州居住，稍重曰安置，又重曰編管。編管者，受地方官約束，不得自由行動。洪氏雖蒙恩赦還，然仍爲待罪之人，故得編管。卷施閣文乙集卷二平生游歷圖序：「自奉明旨，不令遠出，於是登涉之志、巖壑之願亦遂輟焉。」然實際洪氏仍游諸名勝城市如江寧、蘇州、揚州、徽州、寧國、上海等，名山如天台、九華、黄山、廬山等，且主洋川、梅花二書院，爲諸生授經，乃一自由身耳。所謂編管者，有其名而無其實矣。

［三］吕譜嘉慶六年：「自二月後，偕里中諸耆宿爲壺碟之會，每逢花辰令節，與趙觀察翼、莊宫允通敏、徵君宇逵、蔣通守騏昌、吴封君端彝、陳大令賓、蔣表兄廷耀等，往還唱酬無間，每歲皆然。其於莊大令述祖、臧明經鏞堂，則時時相與商榷經義，屢有辨證焉。」

［四］吕譜嘉慶十二年：「是歲，常州大旱。秋，霧復傷稼，禾苗不成，饑民皇皇，城邑尤甚。先生首請於蔣太守榮昌，及武進、陽湖兩明府，設局營田廟，捐資施賑。先生總理局事，自捐三百金爲倡，餘按城鄉各商賈殷户酌資勸捐。……計在局四閲月，凡捐銀一萬七千九百餘兩，穀十萬六千四百餘斤，所賑飢口二十萬四千九百六十餘，其鄉歸鄉辦者不在此數。閭閻稍蘇，而災厲不作，鄉人感之。」

［五］清制，地方受水、旱、風、雹、蝗諸災，地方州縣官限期呈報，督撫派委官員及該管官員共同確勘受災之分數，自六分至十分者爲成災，五分以下爲勘不成災。勘查各員各具印結呈報。凡成災地區，按災情輕重蠲賦。而五分以下不成災地畝之錢糧，如奉旨緩徵，即緩至次年麥熟之後，麥收錢糧遞緩至秋成。參清代六部成語詞典户部成災不成災條。

［六］嘉慶十四年四月，洪氏偶患脅疾，服醫家消導之劑，漸愈；後復作。五月十二日，氣息漸微，未刻，遂卒。距其生年乾隆十一年，得年六十有四。詳參吕譜嘉慶十四年條。

［七］祥案：中國國家圖書館藏李慈銘批校初刻初印本，此句下至下段「君性伉直」前，尚有「君罔識忌諱，自罹於咎，而得以終老家園者，皆出自皇上生成之德也」數句，後來刻本皆删去。

君性伉直[一]，疾惡如仇，自謂不能容物。生平好學，嘗舉荀子語「爲人戒有暇日」[二]，所以窮日著書，老而不倦。深嫉浮屠氏之説，詩文中未嘗用彼教語。撰著行於世者：左傳詁二十卷[三]、公羊穀梁古義二卷[四]、漢魏音四卷[五]、比雅十二卷[六]、六書轉注録八卷[七]、弟子職箋釋一卷[八]、補三國[九]晉書地理志[一〇]、十六國疆域記[一一]、乾隆府廳州縣志[一二]、詩文集若干卷[一三]。

[一]孫銘：「君性伉直，好善疾惡，自稱不能容物，慕古人節義事。」孫傳、趙銘略同。

[二]荀子修身：「其爲人也多暇日者，其出入不遠矣。」孫銘：「生平好學，嘗引荀子言『爲人戒有暇日』，經史丹黄，手不停批，凡注釋經史、小學、詩文、雜著之類二百六十餘卷。」又洪氏卷施閣文乙集卷首袁枚序：「予幼時讀荀卿子修身篇曰：『其爲人也多暇日者，其出入不遠矣。』予嘗執此以觀當世聰明才力之士，其有所成者，皆勤而不暇者也。」祥案：袁氏後述洪氏勤於著述，稱「洪君吾不能諒其所至，庶幾可爲無暇日者矣」。孫銘所引，或取諸此耶？

[三]左傳詁二〇卷，亦稱春秋左傳詁，凡搜採漢儒如賈逵、服虔舊注及魏、晉、唐、宋説經諸書引漢儒之説，間及近今治漢學者之論，旁證曲引，意在以前人之説正前人之失。其分經爲四卷、傳爲十六卷。訓詁以賈、許、鄭、服爲主，以明春秋之古學。有洪北江全集本等。

[五]公羊穀梁古義二卷，是書今未見，目存吕譜所附授經堂未刊書目中，目中又有後漢書補注書名，則爲洪氏補惠棟後漢書補注凡數十事。陳鴻森駢枝據吕譜乾隆四十九年條下記：「是歲，著公羊穀梁古義二卷。」稱「洪氏時年三十九，知

爲早年之作。袁枚序洪亮吉卷施閣文乙集云：「洪君『於經深春秋，所著有春秋三傳古義、左傳詁二書。』則似公羊穀梁古義外，另有左傳古義一種，蓋其後擴充爲左傳詁一書矣。」

［六］漢魏音四卷，洪氏以爲，求漢、魏人訓詁而不先求諸聲音，是舍本事末，故作是書，欲爲守漢、魏諸儒訓詁之學者而設。止於魏者，以反語之作，始於孫炎，而古音之亡，亦由於是。是書編次仍從説文部居，而以説文所無者附見於後。有乾隆五十年刻本、洪北江全集本等。

［七］比雅一二卷，是書伍崇曜所得之本無卷數，遂依爾雅篇第分爲十九卷，原書經祖龍之災，首尾焦爛，故闕行闕字一仍其舊。全書依爾雅之目，凡集經傳、諸子、馬班諸史釋訓之條，屬辭比事，歸當合一。有藝林山房刻本、玲瓏山館叢書本等，洪北江全集本爲十卷本。

［八］六書轉注録八卷，是書據洪氏自序爲八卷，陳慶鏞序稱十册，後伍崇曜從亮吉子飴孫處得是書，分爲十卷，蓋後來更定之本。全書取經傳中轉注之字，以爾雅、説文、小爾雅、方言、釋名、廣雅爲綱，以此數書中同義互訓之條目抄撮羅列於一起，洪氏以互訓爲轉注，且以爲轉注可包假借，則其論轉注也失之泛矣。有粤雅堂叢書本、洪北江全集本等。

［九］弟子職箋釋一卷，弟子職，見本書第一二二頁注［八］。是書舊有唐尹章注，後有劉績補注。洪亮吉以爲此二注皆簡陋，未稱該洽，故以漢儒注經之法，一一爲之箋釋。有光緒時刻本。

［一〇］補三國疆域志二卷，是書仍依魏、蜀、吴三國之分，大抵魏都洛陽，有州十三，郡一百一，縣六百七十五；蜀都成都，有州一，郡二十二，縣一百三十八；吴都建業，有州四，郡四十七，縣三百三十七。又仿宋書州郡志之例，而於扼要之地、争鬬之區可考者附見諸郡縣下。有洪北江全集本等。

［一一］晉書地理志，即東晉疆域志四卷，是書以晉書紀傳爲主，詳求沈約宋書、魏收魏書、水經注、元和郡縣圖志、太平寰宇記、方輿勝覽諸書所載。凡紀晉都洛陽、十九州、實郡一百七十有三之疆理沿革等。有洪北江全集本等。

［一二］十六國疆域志一六卷，是書體例及所採之書仍依東晉疆域志之例，又參田融趙書、段龜龍凉記等有關十六國之

史書殘存者。凡紀十六國之都城、州、郡國、縣之沿革。有洪北江全集本等。

［一三］乾隆府廳州縣志五〇卷，是書以清布政使司所轄行政區域爲單位，各冠以圖，統以三京，爲圖二十。京師與順天府、盛京外，凡志直隸、江蘇等十八省，另新疆、西藏等屬後，又附外藩及朝貢諸國。依次計其人丁、境内水系、所領府縣等，凡全國總計有府一百八十五、直隸州六十六、廳二十六、縣一千二百九十六、州一百三十四、廳二、土司州縣一百二十四。另如府境、八到、土貢、馬驛、鎮堡、巡檢、山嶺、勝地等，亦條列無餘。有洪北江全集本等。

［一四］洪氏詩文集，今見凡卷施閣文甲集一〇卷續一卷補遺一卷乙集八卷續編一卷、詩集二〇卷、更生齋文甲集四卷乙集四卷續集二卷、詩集八卷詩續集一〇卷、附鮚軒詩集八卷、冰天雪窖詞一卷機聲鐙影詞一卷、更生齋詩餘二卷、兩晉南北史樂府二卷、唐宋小樂府一卷，總凡八十四卷。大抵詩多按年編排，而文則排編無次。洪氏工駢體，文有六朝體格，雄深雅健。釋歲、釋舟及諸書序跋，皆融會鉤稽，推見古物命名之原。今有北京中華書局二〇〇一年劉德權點校本洪亮吉集本。

君在畢尚書沅幕中最久［一］，預修宋元資治通鑑［二］，修陝西、河南各州縣志［三］，是以深於史學，而尤精地理沿革所在。嘉慶四年，藩遇君於宣城［四］，論説文解字五龍六甲之説及「冕旒」字不合［四］；君出示所作古文，藩又指摘其用事譌舛。君齗齗强辯［五］，藩曰：「君如梁武之護前矣。［六］」君愠見於色。因藩談次偶及輿縣，君云在江都，藩又據文選注赤岸山之證，當在六合［七］。藩又謂太平寰宇記鄧艾石鼈城白水陂事，不見於史而已［八］，並未言無此事也。君忽寓書於藩，謂輿縣實在江都，而鄧艾事樂史本之元和郡縣志［九］，豈可疑爲無此事者，灑灑千言，反覆辨論。藩不答一字，恐激君之怒耳，豈知益增其怒，遂不復相見矣。今作君傳，潸然淚下，自悔鹵莽，致傷友道，能不悲哉！〔一〇〕

〔一〕祥案：洪氏於乾隆四十六年五月至西安畢沅節署，至四十八年三月接黄景仁凶信離開西安，前後近兩年。

〔二〕宋元資治通鑑，即續資治通鑑二二〇卷，清畢沅主纂。是書採宋、遼、金、元諸史及宋以來有關諸書，倣通鑑體，上起宋太祖建隆元年（九六〇），下迄元順帝至正二十八年（一三六八），記載宋、遼、金、元四朝四百餘年之歷史。有一九六四年北京中華書局校點本等。又據吕譜前授經堂未刊書目，洪氏尚有宋元通鑑地理通釋，成於助畢沅成續資治通鑑時，今未見其書。

〔三〕祥案：洪氏所修方志，陝西有乾隆長武縣志一二卷（與李泰交合纂，乾隆四十八年刊）、乾隆澄城縣志二〇卷（與孫星衍合纂，四十九年刊）、乾隆淳化縣志三〇卷（與萬廷樹合纂，四十九年刊），河南有乾隆重修固始縣志二六卷（五十一年刊）、乾隆登封縣志三二卷（五十二年刊）、乾隆新修懷慶府志三二卷圖經一卷（五十四年刊），安徽有嘉慶涇縣志三二卷（與習全史合纂，嘉慶十一年刊）、嘉慶寧國府志三六卷（與施晉合纂，二十年刊）等。

〔四〕祥案：吕譜嘉慶四年條：「正月，爲洞庭包山之游。回舟，復至香雪海探梅，月杪返里。二月，驚聞高宗純皇帝升遐，以内廷翰林例應奔赴，隨即束裝北上。三月初二日，抵都。」洪氏入都後，同年即發往伊犁。據此，則此年與江藩在宣城論學，似無可能。閔爾昌江子屏先生年譜嘉慶四年條録此事，然又注曰：「案北江年譜己未稚存似未曾至宣城，稚存至宣城，當在丙寅、丁卯修寧國府志時。凌次仲年譜丙寅二月，與寧郡魯子山太守札有『今日之招雖鄭堂、稚存，舊雨咸集，竟不敢奉陪』之語，是先生與稚存宣城遇後，遂不復見。疑非嘉慶四年事。」案：考洪亮吉更生齋詩續集卷四有徑山大滌集三月十五日凌教授廷堪約同人南樓小集酒半率賦即贈江上舍藩、十六日集賓月閣餞江上舍藩二詩，皆作於嘉慶十一年，時洪氏受聘修寧國府志，凌廷堪主敬亭書院，故常得相見聚飲，疑二人論學當在此時也。然洪氏餞別詩稱讚江氏，又以爲「貧交」之友，二人關係未見不合。蓋後來書札往復論難，始爲交惡。今洪、江氏集中，皆不見所辯論文字。然洪亮吉北江詩話卷四論江藩「爲惠定宇徵君再傳弟子，學有師法。作小詩亦工，其過畢弇山宫保墓道詩曰：『公本愛才勤説項，我因自好未依劉。』亦隱然自具身分。余識上舍已二十年，惜其爲饑寒所迫，學不能進也。」北江詩話爲洪氏晚年自訂，其論江氏「學不能進」，則洪氏晚年仍猶恨恨而不能釋懷也。

[五]説文戊部：「戊，中宫也。象六甲五龍相拘絞也。戊承丁，象人脅。」段注：「六甲者，漢書『日有六甲』是也；五龍者，五行也。水經注引遁甲開山圖曰：『五龍見教，天皇被跡。』榮氏注云：『五龍治在五方，爲五行神。』鬼谷子：『盛神法五龍。』陶注曰：『五龍，五行之龍也。』許謂戊字之形，像六甲五行相拘絞也。」説文通訓定聲孚部弟六戊：「按此字即古文𢦏省，故舊説象五龍相絞，取字[illegible]爲傅會之詞，不然豈以五筆爲五龍，並戈形置之邪，亦無是理矣。」又説文玉部：「瑬，垂玉也。冕飾。」繫傳：「臣鍇曰：天子有十二旒，旒之言流也。瑬字今作旒，假借也。」（徐等進表中亦有冕旒字）。祥案：洪、江二氏所辯，今皆不見其集中，不得而知。

[六]斷斷，争辯貌。史記卷三三魯世家：「太史公曰：余聞孔子稱曰：『甚矣魯道之衰也！洙泗之間斷斷如也。』」集解引徐廣曰：「故斷斷争辭，所以爲道衰也。」

[七]梁書卷一三沈約傳：「約嘗侍宴，值豫州獻栗，徑寸半，帝奇之，問曰：『栗事多少？』與約各疏所憶，少帝三事。出謂人曰：『此公護前，不讓即羞死。』帝以其言不遜，欲抵其罪，徐勉固諫乃止。」

[八]文選卷一二郭璞江賦：「鼓洪濤於赤岸，淪餘波乎柴桑。」注：「赤岸在廣陵與縣。」又卷三四枚乘七發：「凌赤岸，篲扶桑，横奔似雷行。」注：「赤岸，蓋地名也。曹子建表曰：南至赤岸。山謙之南徐州記曰：京江，禹貢北江。春秋分朔，輒有大濤，至江乘，北激赤岸，尤更迅猛。然並以赤岸在廣陵。而此文勢似在遠方，非廣陵也。」

[九]太平寰宇記二〇〇卷，宋樂史撰。樂史（九三〇—一〇〇七），字子正，宋撫州宜黄人。南唐時，爲秘書郎。入

宋，舉進士。官至知舒、黄、商州等。精於地理之學。著述九百卷，今存廣卓異記二〇卷、太平寰宇記二〇〇卷等。宋史卷三〇六有傳。寰宇記承襲元和郡縣圖志之體例，分道、州、縣三級，以州軍爲單元，小類分配亦依之，唯多風俗、人物兩類，爲其特創。書有殘闕，今有黎庶昌刻一九七卷本較爲完備。鄧艾（一九七—二六四），字士載，三國魏義陽棘陽人。司馬懿辟爲掾，遷尚書郎。獻計屯田兩淮。後爲征西將軍，進鄧侯。率兵滅蜀。旋爲鍾會所誣被殺。三國志卷二八傳。祥案：太平寰宇記卷一六河南道十六泗州盱眙縣：「鄧艾廟在白水陂上，去縣南一百二十里，艾於此置屯田四十九所，其陂東西長三十五里，去縣一百里。」又卷一二四淮南道和州寶應縣：「白水陂在縣西八十五里，鄧艾所立，與盱眙縣破釜塘相連，開八水門，立屯溉田一萬二千頃。」案此所論二處當爲同一地也。又卷一二四淮南道二山陽縣：「石鼈山，郡國志云：山有石鼈游，因名之，今山下有鄧艾築城存。」

［一〇］元和郡縣志，即元和郡縣圖志四〇卷，唐李吉甫撰。全書以唐時關内、河南、河東、河北、山南、淮南、江南、劍南、嶺南、隴右十道爲地理之大單元，十道之下，分府或州，縣分别依沿革、州縣、四至八道、户口、物産、建置原委及名勝等敘述。體例精善，然亦有闕。今有北京中華書局一九八三年點校本等。元和郡縣志卷八河南三潁州下蔡縣：「鄧艾廟在縣西一百二十步，艾爲魏將，作陂營屯田，後人賴其利，因爲立祠。」

與君同時爲漢學者，孫君淵如之外，有三人焉：一爲莊君炘［一］，字虚菴［二］，乾隆戊子副榜，較刊淮南子［三］、一切經音義［四］，深於聲音訓詁之學，今官陜西〔乾〕州知州［五］。一爲武進趙君懷玉［六］，字億孫，一字味辛，庚子召試舉人，授内閣中書，出爲山東青州府同知。好學深思，無書不讀，肄經，深於詩故，兼工文章。一爲武進張惠言［七］，字皋文，乾隆丙午中式舉人，嘉慶己未成進士，改庶吉士，充實録館纂修官、武英殿協修官。辛酉，散館，授編修，卒於官。著有周易虞氏義九卷、虞氏消息二卷[八]、儀禮圖六卷[九]。其甥董士錫[一〇]，字晉卿，傳其學[一一]。

[一]莊炘（一七三六—一八一八），字景炎，一字似撰，號虛菴，清江蘇武進人。乾隆三十三年中順天鄉試副榜貢生。出朱筠之門。乾隆五十八年，擢乾州直隸州知州。五十九年，署興安府知府。後遷邠州直隸州知州。精於小學訓詁，著述甚豐，遭水浸佚失，今僅存詩尚齋詩集八卷。事見趙懷玉亦有生齋文集卷一九墓誌銘，清史列傳卷七二有傳。

[二]趙懷玉墓誌銘：「字景炎，一字似撰，似撰之字尤著。」然則「虛菴」必號無疑，江氏誤。

[三]祥案：校刊淮南子者，非莊炘，乃其子逵吉（一七六〇—一八一三），江藩誤。碑傳集卷一〇九陸繼輅潼關同知莊君逵吉墓誌銘：乾隆五十九年，「君來訪余，余往報君於家，就君案頭見所校淮南子、三輔黄圖諸書。」逵吉所校淮南子校本二一卷，有乾隆五十三年刻本、諸子集成本等，爲清代諸家淮南子校本中特出之一種。

[四]莊炘與錢坫、孫星衍所校一切經音義二五卷，今有海山仙館叢書本、叢書集成初編本。

[五]「乾」原文空闕，今據粤雅堂本等補之。

[六]趙懷玉（一七四七—一八二三），字億孫，號味辛，清江蘇武進人。工古文辭，爲「毗陵七子」之一。乾隆四十五年召試舉人。嘉慶六年，官山東青州府海防同知。七年，署登州知府，再署兗州知府。後爲通州、石港書院講席。著有亦有生齋集樂府二卷詩鈔三十二卷詞五卷文集二十卷，另校輯有韓詩外傳一〇卷補逸一卷等。事見碑傳集卷一一〇陸繼輅墓誌銘，清史列傳卷七二、清史稿卷四八五有傳。

[七]張惠言（一七六一—一八〇二），字皋文，清江蘇武進人。乾隆五十一年舉人，嘉慶四年進士。嘉慶六年，授編修。七年，以疾卒於官。精於虞氏易。所著及輯補、校訂、選輯者有周易荀氏九家三卷、周易虞氏易九卷、周易虞氏消息

二卷、周易鄭氏義二卷、儀禮圖六卷、茗柯文九卷、茗柯詞一卷等。事見惲敬大雲山房文稿初集卷四墓誌銘，清史列傳卷六九、清史稿卷四八二有傳。

［八］周易虞氏義九卷虞氏消息二卷，虞翻周易注，經典釋文曰十卷，隋志曰九卷，已佚，然其説多存於李鼎祚周易集解中。惠言此書，則專主虞氏一家之説，求其條貫，釋其疑滯，信其亡闕。又表其大旨爲消息二卷。有茗柯全書本等。

［九］儀禮圖六卷，張氏以爲，治儀禮者，必先明古人宫室制度，故兼採歷代諸儒之説，斷以經注，首述宫室圖，以總挈大綱，而後隨事立圖，或縱或横，或左或右。圖爲不善者，復爲之表以明之。有嘉慶十年揚州阮氏刻本。

［一〇］董士錫（一七八二—一八三一），字晉卿，一字損甫，清江蘇武進人。張惠言甥婿。嘉慶十八年副貢生。候選直隸州州判。從惠言學，精虞氏易。歷主通州紫琅、揚州廣陵、泰州諸書院。著有齊物論齋文集五卷賦一卷詞一卷。吴德旋初月樓文續鈔卷六、清史列傳卷七二有傳。

［一一］吴德旋傳：「年十六，從其兩舅氏張皋文、宛鄰游，皋文以文學優一世，君承其指授，爲古文賦詩詞，皆精妙，而所受虞仲翔易義尤精。」

康熙時，又有臧琳者［一］，武進諸生，博綜經史百氏之書，教人先以爾雅、許氏説文解字［二］。曰：「不識字，何以讀書；不通訓詁，何以明經！」鍵户著述，世無知者。著有經義雜記三十卷［三］，太原閻百詩爲之敍，玄孫鏞刊行之。鏞字在東［五］，盧紹弓學士之弟子［六］，自云：「段大令懋堂致書學士曰：『高足臧君，學識遠超孫、洪。［七］』」由是學士益敬異之。然乎？否乎？又有劉君逢禄［八］，字申甫，嘉慶辛酉選拔貢生，丁卯舉人，淹通經傳，著春秋公羊釋例［九］。

[一]臧琳，字玉琳，清江蘇武進人。爲諸生三十餘年。精於經學，爲閻若璩所歎賞。所著爲其玄孫臧庸整理成經義雜記三〇卷。清史稿卷四八一有傳。

[二]錢大昕潛研堂文集卷二四臧玉琳經義雜識序：「先生博極群書，尤精爾雅、説文之學，謂『不識字何以讀書，不通詁訓何以明經』。孳孳講論，必求其是而後已。」

[三]經義雜記三〇卷，是書爲雜記之彙編。原書僅有標目，未分門類，後爲謝章鋌合爲十七類，十三經外，有大戴禮、音訓、雜論三類，春秋獨立爲一類。有嘉慶四年拜經堂刊本，皇清經解爲十卷本。

[四]臧庸（一七六七—一八一一），初名鏞堂，字在東，又字用中等。臧琳玄孫。諸生，屢試不第。從盧文弨學，又與錢大昕、王昶、段玉裁諸人游。精於小學訓詁。助阮元纂經籍籑詁、十三經注疏等。著有拜經日記一二卷、拜經堂文集五卷等。所述、所輯有子夏易傳一卷、馬王易義一卷、毛詩馬王徵四卷、韓詩遺説二卷訂譌一卷等近二〇種。事見阮元揅經室二集卷六臧拜經別傳，清史列傳卷六八、清史稿卷四八一有傳。

[六]盧紹弓，即盧文弨，參本書卷六盧文弨。

[七]孫、洪，即孫星衍、洪亮吉，參本書第五四二頁。

[八]劉逢禄（一七七六—一八二九），字申受，號申甫，又號思誤居士，清江蘇武進人。劉綸孫。外王父莊存與、舅莊述祖，並以經術名世，逢禄盡傳其學。嘉慶十九年進士。官至禮部儀制司主事。精於公羊，尊董仲舒之學。又精虞氏易，尚三家詩。有虞氏易言補一卷、尚書今古文集解三〇卷、公羊春秋何氏解詁箋一卷、春秋公羊經何氏釋例一〇卷、劉禮部集一一卷等。事見劉禮部集附劉承寬行述，清史列傳卷六九、清史稿卷四八二有傳。

[九]春秋公羊經何氏釋例一〇卷，全書三十篇，分卷十卷，爲張三世例、通三統例、内外例、時月日例、名例、褒例、譏例、貶例、誅絶例等，歸納通例，以釋何氏公羊之所謂微言大義。有皇清經解本等。

國朝漢學師承記　卷五

甘泉江　藩　纂

江　永

江永，字慎修[一]，婺源人。少就外傅，爲世俗學。一日，見明邱濬大學衍義補引周禮[二]，求之有書家，得寫本周禮白文，朝夕諷誦。閉户授徒[三]，束脩所入，盡以購書，遂通經藝[四]。年二十一[五]，爲縣學生。〔三〕〔二〕十四[六]，補廩膳生。六十二，爲歲貢生。

［一］古人名字解詁：「此連姓成文。詩周南漢廣：『江之永矣，不可方思。』書皋陶謨：『慎厥身修，思永。』因名『永』而及書『思永』之語，藉以申漢廣不爲非禮之意，故以『慎修』應『永』。言慎修其身，不越禮妄求。」江錦波、汪世重編江慎修先生年譜卷首：「號慎齋。望出蘭陵蕭相國何之後，唐宰相蕭遘之子，江南節度使禎，渡江，家於歙之黄墩，因易姓爲江。二世祖董，始遷婺源皋徑，八世祖進賢縣尉敵，始遷江灣。時宋神宗元豐二年己未，至今世居江灣。自始祖禎至先生三十世。……祖人英，父期，寄籍江寧，縣學庠生，淹通經史，爲當世知名士。」

［二］邱濬（一四二〇—一四九五），字仲深，明瓊山（今屬海南）人。代宗景泰五年（一四五四）進士。官至禮部尚書、文淵閣大學士，參預機務。卒謚文莊。著有大學衍義補一六〇卷等。明史卷一八一有傳。濬以宋真德秀大學衍義，止於格致

誠正修齊，而闕治國平天下之事，乃博採群書補之，輯成大學衍義補，附以己見，分爲十有二目。有明弘治初刊本、四庫全書本等。

［三］祥案：江藩記江永事，皆隸其授徒事在二十一歲前。案年譜康熙四十六年：「二十七歲，館於碧雲庵。」自此始常得館職。江藩此數句採自錢大昕潛研堂文集卷三九江永傳，錢氏略言之，而江藩隸其事於二十一歲前，則誤耳。

［四］江慎修先生年譜康熙二十五年：「六歲，庭受父訓，日記數千言。父奇其敏，以遠大之器期之。因以十三經注疏，口授先生，自是精心數十年，融會貫通，以著述爲己任。」

［五］年譜康熙四十年：「二十一歲，出就張學院歲試，補婺源學弟子員。」

［六］祥案：王昶春融堂文集卷五五墓誌銘作「三十四歲」，錢傳同。年譜康熙五十三年：「三十四歲，是年補廪膳生。」然則江藩書亦必爲「三」，或手民誤爲「二」耳，今改之。

永好學深思，長於步算、鍾律、聲韻，尤深於禮。以朱子晚年治禮，爲儀禮經傳通解[一]，未成而卒，黄〔榦〕（幹）纂續[二]，缺漏浸多，乃爲之廣摭博討，從吉、凶、軍、賓、嘉五禮之次[三]，名曰禮經綱目[四]，數易稿而後定。

［一］儀禮經傳通解三七卷續二九卷，宋朱熹撰，黄榦、楊復等續。凡家禮五卷、鄉禮三卷、學禮十一卷、邦國禮四卷，中闕書數一篇，大射至諸侯相朝八篇尚未脱稿。其卷二四至卷三七，凡十八篇，則仍爲草創之本。後喪禮爲出自黄榦之手，祭禮則成於楊復之手。有四庫全書本、西京清麓叢書本等。

［二］祥案：「黄榦」爲「黄幹」之誤，今改之。見本書第二〇九頁注［四］。

［三］周禮春官大宗伯：「大宗伯之職，掌建邦之天神人鬼地示之禮，以佐王建保邦國。以吉禮事邦國之鬼神示，……以凶禮哀邦國之憂，……以賓禮親邦國，……以軍禮同邦國，……以嘉禮親萬民。」

［四］禮經綱目，即禮書綱目八五卷，下文言「八十八卷」者，非是。全書仿朱子儀禮經傳通解之例，而參考群經，援據諸書，釐正發明，補所未及，非徒立異同而已。有四庫全書本、廣雅書局叢書本等。

其論宣城梅氏所言歲實消長之誤曰［一］：「日平行於黄道，是爲恒氣恒歲實［二］，因有本輪、均輪、高沖之差而生盈縮［三］，謂之視行［四］。視行者，日之實體所至；而平行者，本輪之心也。以視行加減平行，故定氣時刻，多寡不同［五］；高沖爲縮末盈初之端，歲有推移，故定氣時刻之多寡，且歲歲不同，而恒氣恒歲實，終古無增損也［六］。當以恒者爲率，隨其時之高沖，以算定氣，而歲實消長可勿論。猶之月有平朔平望之策，以求定朔定望［七］，而此月與彼月，多於朔策幾何，少於朔策幾何，俱不計也。」

［一］宣城梅氏，即梅文鼎，見本書第一一二頁注［一〇］。江永對梅氏的學問十分推崇，對其曆算著作有深入的研究，但對梅氏一些觀點存有疑問和不同認識，特别是對梅氏以中法牽强附會西法的説法多不認同。江氏於乾隆五年（一七四〇）著翼梅（又名數學）八卷，專門討論梅氏的著作，其卷二「歲實消長辨」系對梅氏「歲實消長」論之質疑。歲實即回歸年長度，歲實消長是指它將隨著年代推移發生緩慢變化。宋代統天曆與元代授時曆都採用了所謂的「消長法」計算回歸年長度：

T ＝365．2425 －0．000002 t（t爲從初始起用年開始經過的時間）

按此法計算，將逐漸縮短，亦即歲實消長。對於此公式之物理意義，當時曆算家從未給出過解釋。由於式中第二項的值非常小，自明朝大統曆後，即忽略不予考慮。梅氏是消長法的支持者，但對歲實單方向減小持懷疑態度。他接觸到西方天文知識後，開始從物理意義方面對消長法進行了探討，提出了自己的看法。江永不同意梅氏的觀點，因此專題加以討論。日本學者中山茂認爲，直到江永「才首次給予消長法以近代化的評價」。關於消長法的內容和意義，詳參中山茂消長法研究——東西方觀測技術的比較一一，載李國豪等主編中國科技史探索，上海古籍出版社一九八六年版。

[二]黄道、恒氣，黄道即太陽周年視運動之軌道。恒氣是指將一個回歸年均勻分成二十四等分的確定節氣方法。這種方法是把太陽的周年視運動看作是等速的。

如取回歸年長度爲 $366\frac{1}{4}$日，則推得每個節氣的時間長度爲

$366\frac{1}{4} \div 24 = 15\frac{7}{32}$。這樣確定的節氣被稱作平氣。

[三]本輪、均輪、高沖、盈縮，均爲與明末清初傳入的西方天文體系相關的概念。當時輸入中國的是丹麥天文學家第谷的體系。它採用本輪、均輪等一套小輪系統來解釋天體運動的變化。下圖爲近藤氏據江永數學卷五所載的「日輪圖」重繪的採用本輪、均輪系統的太陽運動模型圖(加入了英文字母)。如圖所示，太陽在均輪上勻速轉動，均輪的圓心B又在本輪圓周上勻速運動，本輪的圓心又在一個以地心O爲圓心的一個大圓上均勻轉動。該圓被稱作本天。利用這一模型可以在一定精度上計算太陽的視運動，並説明視運動的遲疾變化。圖中均輪中心位於本輪的最高點(遠地點)，與它相距180度的C點爲最低點(近地點)，也稱高沖。均輪上的太陽在近地點時運動速度快，高於其平均速率的現象，被稱爲盈；反之，在遠地點時運動速度

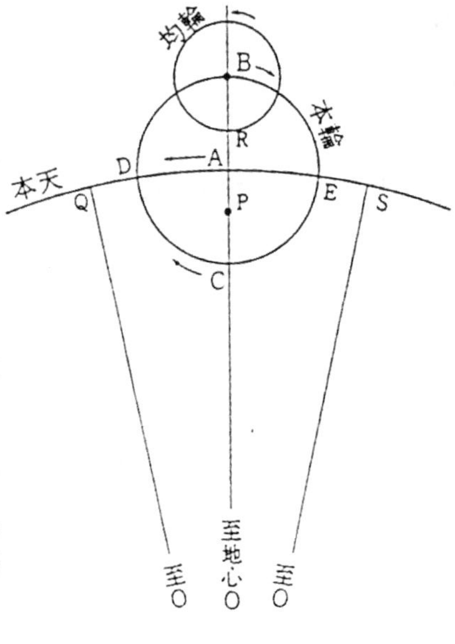

慢，低於其平均速率的現象，則稱作縮。

［四］視行，此指本輪、均輪模型所描述的太陽視運動。

［五］定氣，是與恒氣不同的推定節氣的方法。由於太陽視運動的不均匀性，各平氣之間太陽所行之度數並不相等。將黄道一周天等分爲二十四分，太陽從一個分點到另一個分點就是一個節氣，雖然每個節氣太陽的位置是固定的，但每個定氣的時間長度是不同的。翼梅卷三「恒氣注曆辨」自注稱：梅文鼎「亦甚重定氣矣，而疑問補等書謂當如舊法之恒氣注曆，持論甚堅」。而江永本人則堅決主張用定氣注曆。

［六］此段利用上述太陽運動模型説明定氣時刻每年都不相同，指出這是因爲黄道上高沖的位置每年都有推移。

［七］平朔、平望、定朔、定望，由平均朔望月求得的朔、望時刻，古代稱之爲平朔、平望；根據月亮和太陽運動速度的變化再對由平均朔望月求得的朔、望時刻進行校正，求得的真實朔、望時刻則被稱爲定朔、定望。朔策爲朔望月長度。

論鍾律曰：「黄鍾之宫，黄鍾半律也，即後世所謂黄鍾清聲是也［一］。唐時風雅十二詩譜［二］，以清黄起調畢曲，琴家正宫調，黄鍾不在大絃，而在第三絃，正黄鍾之宫，爲律本遺意，亦聲律自然，古今不異理也［三］。國語伶州鳩因論七律而及武王之四樂［四］，夷則無射曰上宫，黄鍾太蔟曰下宫，蓋律長者用其清聲，律短者用其濁聲，古樂用鈞之法既亡，而因端可推。韓子外儲篇曰［五］：『夫瑟以小絃爲大聲，大絃爲小聲。』雖詭其辭以諷，然因是知古者調瑟之法，黄鍾、大吕、太蔟、夾鍾、姑洗、仲吕、蕤賓，用半而居小絃；林鍾、夷則、南呂、無射、應鍾，用全而居大絃[六]。」此皆合之以管呂，論聲律相生者始明也。

[一]黄鍾清聲，古人稱高音爲清聲，稱低音作濁聲。十二律有正聲、清宫和濁宫。清宫比正聲高八度，管長只有正聲的一半；濁宫比正聲低八度，管長是正聲的一倍。黄鐘正聲爲九寸，那麽清聲黄鐘爲黄鐘半律，即四寸半。

[二]朱熹儀禮經傳通解卷七鄉禮三之上鄉飲酒禮：行鄉飲酒禮時，「工歌鹿鳴、四牡、皇皇者華，卒歌。……乃間歌魚麗，笙由庚歌；南有嘉魚，笙崇丘歌；南山有臺，笙由儀。乃合周南關雎、葛覃、卷耳，召南鵲巢、采蘩、采蘋。」又卷一四學禮七詩樂，録十二詩之樂譜，且曰「右風雅拾貳詩譜」。又注曰：「大戴禮云：凡雅二十六篇。……今案：大戴禮頗有闕誤，其篇目都數皆不可考。……至唐開元鄉飲酒禮，其所奏樂乃有此十二篇之目，而其聲今亦莫得聞矣。此譜乃趙彦肅所傳，曰即開元遺聲也。」祥案：朱子所録凡十二詩之起首字如「呦呦鹿鳴」之「呦」、「四牡騑騑」之「四」等字，以及每詩末一字，皆或注曰「清黄」、或注曰「黄」，故江永此文曰「以清黄起調畢曲」。詳參江永禮經綱目卷八四。

[三]琴家取半律以清黄鍾定宫音弦長，黄鍾宫音弦長不是第一位的大弦，而是第三弦。江永認爲聲律的原理古今是一致的。根據管子地員篇中有關五聲音階演算法的記載，黄鍾宫音弦長爲「一而三之，四開以合九九」，即 $1\times3\times3\times3\times3=81$；徵音弦長爲「三分而益之以一，爲百有八」，即 $81\times\frac{4}{3}=108$；同樣按三分損益法求得商、羽、角音的弦長分别爲72、96和64。如將它們按弦長大小排列，則爲：

徵 108　羽 96　宫 81　商 72　角 64

黄鍾宫音的弦長排在第三，不是第一。這實爲五聲徵調的音階。

[四]國語周語下韋昭注：「伶，司樂官；州鳩，名也。」

[五]語見韓非子外儲説左下。

［六］此段推斷古人的調瑟之法：即黄鍾、大吕、太蔟、姑洗、仲吕、蕤賓均取半律之數，如黄鍾爲 9 寸，取其一半得 4.5 寸，太蔟爲 8 寸，取其一半則得 4 寸；林鍾、夷則、無射、應鍾則用其律之全數。江永律吕闡微按語曰：吕氏以長律用半而上生，短律用全而下生，則長者變短，短者變長。有與吕氏同時可證明其説者。韓非子外儲篇云：『齊宣王問匡倩曰：「儒者鼓瑟乎？」曰：「不也。夫瑟以小弦爲大聲，以大弦爲小聲，是大小易序，貴賤易位。儒者以爲害義，故不鼓也。」』按此詭辭以諷君弱臣强耳，儒者非真不鼓瑟也。然因此可知調瑟之法：黄、大、太、夾、姑、仲、蕤用半而居小弦，林、夷、南、無、應用全而居大弦。正吕氏相生之法也。倘如後人之説則大聲居大弦，小聲居小弦，何有易序者哉？此可見秦以前用聲律之法矣。按江氏引韓非子外儲説，欲於吕氏春秋音律相印證而已。

論聲韻曰［一］：「古韻起於吴才老［二］，而崑山顧氏尤精，然顧氏考古之功多，審音之功淺［四］。」爲書以正顧氏分十部之疎［五］，而分平、上、去三聲皆十三部［六］，入聲八部。虞屬魚、模，又分之以屬侯、幽，顧氏未之知也［七］。先屬元、寒，又分之以屬真、諄［八］。而真以後十有四韻之當分爲二，考之三百篇，用韻畫然，顧氏未之審也［九］。蕭至豪四韻之讀如今音者，一部也；又分以屬侯、幽，在三百篇亦畫然，而顧氏未審也［一〇］。覃至鹽，屬添、嚴，又分以屬侵，自侵以後九韻以侈斂當分爲二，猶之真以後當分十有四韻爲二也，顧氏亦一之［一一］。侯之正音近幽，顧氏不之審，而轉其讀以從虞［一二］。」永之説，蓋欲彌縫其缺也。

［一］江永古韻標準例言：顧炎武「古音表分十部，離合處尚有未精，其分配入聲多未當。此亦考古之功多，審音之功淺，每與東原歎惜之。今分平上去聲皆十三部，入聲八部，實欲彌縫顧氏之書。」

［二］吴才老，即吴棫，見本書第二二六頁注［八］。吴氏韻補分古韻爲九部：一、東冬鍾，二、支脂之微齊灰，三、魚虞模，四、真諄臻殷痕庚耕清青蒸登侵，五、先僊鹽添嚴凡，六、蕭宵肴豪，七、歌戈，八、江陽唐，九、尤侯幽。參韻補。

［三］崑山顧氏，即顧炎武，見本書卷八顧炎武。

［四］此考古、審音爲清人論韻常用術語。考古謂從先秦、漢、魏古籍之注釋、反切、直音及詩經、楚辭等韻文的比勘研究中尋求古音規律，審音謂從古韻音理之剖判分析求得古音規律。顧炎武精於考求古籍，而疏於等韻之學，故江氏有如此之譏。

［五］顧氏古音表二卷，離析古韻爲十部，分别爲：一東、二支、三魚、四真、五幽、六歌、七陽、八耕、九蒸、十侵（顧氏稱一部、二部等）。顧氏分部皆舉平以該上去入，雖僅較吴棫多一部，然其在方法上非簡單地歸並唐韻，而是開始離析唐韻。其平聲開十三部之端，入聲分爲四部，亦開八部之先聲，故其古韻之分，實已有二十一部之影子在焉。故曾運乾先生謂顧氏「所分部居，雖未若後起古韻諸家之精密，而於音理之剖判，實能籠罩諸家，而爲之先導。」參曾氏音韻學講義第四章諸家考求古韻之成績。

［六］江永古韻標準書中，凡分古韻平上去聲皆爲十三部，入聲八部。一東、二支、三魚、四真、五元、六蕭、七歌、八陽、九耕、十蒸、十一幽、十二侵、十三談。入聲八部爲：一、屋沃燭覺，二、質術櫛物迄没屑薛，三、月曷末黠轄屑薛，四、藥鐸沃覺陌麥昔錫，五、麥昔錫，六、職德，七、緝合葉洽，八、合盍怗業洽狎乏。詳參古韻標準及王力清代古音學第三章江永的古音學。

［七］祥案：顧氏以虞韻字全隸之第三部（魚），而江氏則離析之爲兩部。以「虞娱吁訏芋夫膚」諸字仍歸第三部（魚），

以「愚隅芻濡株殳渝榆瑜驅趨蔞乎樞姝躕駒」等字入第十一部（幽）。惜虞半與侯未能獨立成部，還有待於段玉裁的修正。詳參古韻標準卷一平聲第三部總論。

［八］祥案：顧氏先韻字皆隸之第四部（真），而江氏離析之爲兩部。以「先千天堅賢田闐顛巔淵玄」等字仍歸第四部（真），以「肩」等字（去聲「霰駽見燕宴」等字）入第五部（元），又别收山韻「鰥艱」二字入第四部。後來段玉裁真、文、元分爲三部，以「先鰥艱」入文部，即受江氏之影響。詳參考古韻標準卷一平聲第四部總論。

［九］祥案：此謂顧氏第四部（真），江氏分爲第四（真）、五（元）兩部。「真以後十有四韻」謂廣韻之上平聲真第十七、諄第十八、臻第十九、文第二十、殷第二十一、元第二十二、魂第二十三、痕第二十四、寒第二十五、桓第二十六、删第二十七、山第二十八，以及下平聲之先第一、仙第二。古韻標準卷一平聲第四部總論曰：「自十七真至下平二仙凡十四韻，説者皆云相通，愚獨以爲不然。真諄臻文殷與魂痕爲一類，口斂而聲細；元寒桓删山與仙爲一類，口侈而聲大。而先韻者介乎兩韻之間，一半從真諄，一半從元寒者也。詩中用韻，本截然不紊，讀者自紊之。以顧氏記覽之富，搜討之勤，蔽於十四部通爲一韻之説，令人歎其書之未完也。」案江氏所謂口斂而聲細，指口腔較小，陪音較高；所謂口侈而聲大，指口腔較大，陪音較低。所謂斂，是［e］系統，所謂侈即［a］系統，亦即真［en］、元［an］二部分立之故也。詳參王力江永的古音學。

［一〇］祥案：顧氏第五部（幽）蕭宵肴豪四韻，江氏分屬第六（蕭）、第十一（幽）兩部。古韻標準卷一平聲第六部總論曰：「蕭宵肴豪爲正音，古今皆同。又有别出一支入尤幽韻者，乃古音之異於今音，宜入第十一部，本不與此部相通，後世音變，始合爲一。顧氏總爲一部，愚謂不然。此部之間口開而聲大，十一部之音口弇而聲細，詩所用韻畫分明。」又案：此與上注所論同，蕭部母音爲［eu］，幽部母音爲［au］之故也。

［一一］祥案：顧氏第十部（侵），江氏分爲第十二（侵）、十三（談）兩部。古韻標準卷一平聲第十二部總論曰：「二十一侵至二十九凡九韻，詞家謂之閉口音，顧氏合爲一部。愚謂此九韻與真至仙十四韻相似，當以音之侈弇分爲兩部，神珙

等韻分深攝爲内轉咸攝爲外轉是也，南男參三等字古音口弇呼之。若巖詹餤談甘監等字，詩中固不與心林欽音等字爲韻也。雖諸韻字有參互，入聲用韻寬，若不可以韻爲界。然謂合於一部，則太無分別矣，今不從。」又案：此與上兩注所論同，侵部母音爲[əm]，談部母音爲[am]之故也。

[一二]祥案：顧炎武唐韻正卷六侯韻注：「侯，古音胡。」而古音表即以侯韻屬於虞。江氏謂侯當别出一韻，次於尤、幽之間；侯韻之通虞韻者，通其分出之字耳。顧氏舉侯韻全部盡屬之虞，不得與尤、幽通，以讀侯爲胡音故也。詳見古韻標準卷一平聲第十一部總論。

易象言往來上下者[一]，後儒謂之卦變[二]，言人人殊。辨之曰：「周易以反對爲序次[三]，卦變當於反卦取之。否反爲泰，泰反爲否，故曰『小往大來』，曰『大往小來』，是其例也[四]。凡曰來、曰下、曰反者[五]，自反卦之外卦來居内卦也；曰往、曰上、曰進、曰升者[六]，自反卦之内卦往居外卦也。」

[一]祥案：彖辭中言往來上下者，如需彖「利涉大川，往有功也」；訟「上剛下險」；比「不寧方來，上下應也」；小畜「柔得位而上下應之」，又「密雲不雨，尚往也」；泰「小往大來」，又「上下交而其志同也」；否「大往小來」，又「上下不交而天下無邦也」；蠱「剛下而柔上」；咸「柔上而剛下」；恒「剛上而柔下」；蹇「利見大人，往有功也」；艮「上下敵應，不相與也」等。

[二]卦變，參本書第二六八頁注[二]。下段引文見江永群經補義卦變考。

[三]反對，亦稱反覆、反易、反象，即將一卦之卦象顛倒之後産生另一卦象。如需(䷄)與訟(䷅)、否(䷋)與泰(䷊)、

隨(䷐)與蠱(䷑)、噬嗑(䷔)與賁(䷕)等。

〔四〕周注：「泰卦(䷊)上爲坤，下爲乾；否卦(䷋)上爲乾，下爲坤；兩卦相反爲次。泰之彖曰：『小往大來』，即坤爲三陰往居外，乾爲三陽來居内之義。小大指陰陽言，往來指外内即上下言。」

〔五〕周注：「彖辭之言反者，如復卦(䷗)曰『亨，剛反』。據江氏説，剥(䷖)反爲復(䷗)，上九反而爲初九也。」

〔六〕周注：「彖辭之言進者，如晉卦(䷢)睽卦(䷥)鼎卦(䷱)皆曰：『柔進而上行。』據江氏説，明夷(䷣)反爲晉(䷢)，家人(䷤)反爲睽(䷥)，革(䷰)反爲鼎(䷱)，皆爲反卦之離(䷝)由下而上，六二進而上行爲六五也。彖辭之言升者，如升卦(䷭)曰：『柔以時升。』據江氏説：萃(䷬)反爲升(䷭)，萃之下三陰爻升而爲上卦也。」

後儒言古者寓兵於農，井田廢而兵農始分[一]。辨之曰：「考之春秋時，兵農固已分矣。管仲參國、伍鄙之法[二]，齊三軍出之士鄉十有五，公與國子、高子分率之，而鄙處之農不與也[三]。爲農者治田供税，不以隸於師旅也。鄉田但有兵賦，無田税，似後世之軍田、屯田，此外更無養兵之費。晉之始，惟一軍，既而作二軍，作三軍；又作三行，作五軍[四]；既舍二軍，旋作六軍。以新軍無帥而復三軍[五]。其既增又損也。蓋除其軍籍，使之歸農；若軍盡出於農，則農民固在，安用屢易軍制乎？隨武子曰[六]：『楚國荊尸而舉，商農工賈，不敗其業。[七]』此農不從軍之證也。魯之作三軍也，季氏取其乘之父兄子弟盡徵之；孟氏取半焉，以其半歸公；叔孫氏臣其子弟，而以其父兄歸公[八]。所謂子弟者，兵之壯者也；父兄，兵之老者也。皆其素在軍籍，隸之卒乘者，非通國之父兄子弟也。其後舍三軍，季氏擇二，二子各一，皆盡徵之而貢於公[九]。若民之爲農者，出田税，自仍然歸之君。故哀公曰：『二，吾猶不足。[一〇]』三家雖專，亦惟食其采邑，豈嘗使通國之農盡屬己哉！陽虎壬辰戒都軍[一一]，令癸巳至，此又兵常近國都之證，其野處之農固不爲兵也。」

[一]此下引文見江氏群經補義卷二春秋補義，江藩引文多有删省。漢書食貨志上：「及秦孝公用商君，壞井田，開仟伯，急耕戰之賞，雖非古道，猶以務本之故，傾鄰國而雄諸侯。」

[二]國語齊語：「管子曰：『昔者先王之治天下也，參其國而伍其鄙。』」韋昭注：「參，三也。國郊以内也。伍，五也。鄙，郊以外也。謂三分國都以爲三軍，五分其鄙以爲五屬。」又：「管子制國以爲二十一鄉：工商之鄉六，士鄉十五。公率五鄉焉，國子率五鄉焉，高子率五鄉焉。」周注：「案士鄉之士謂軍士也。管子作内政以寄軍令：五家爲軌，故五人爲伍，軌長帥之；十軌爲里，故五十人爲小戎，里有司帥之；四里爲連，故二百人爲卒，連長帥之；十連爲鄉，故二千人爲旅，鄉良人帥之；五鄉爲帥，故萬人爲一軍，五鄉之帥帥之。士鄉十五，故有三軍。並詳齊語。又國子、高子皆齊之上卿。」

[三]此句江永原文：「管仲參國、伍鄙之法，制國以爲二十一鄉，工商之鄉六，士鄉十五，公帥五鄉，國子、高子各帥五鄉，是齊之三軍悉出近國都之十五鄉，而野鄙之農不與也。」

[四]周注：「周僖王四年，曲沃武公伐晉侯緍，滅之，盡以寶器獻於僖王，王使虢公命曲沃伯以一軍爲晉君。見左氏莊公十七年傳。晉獻公十六年，始作二軍，見左氏閔公元年傳。文公三年，蒐於被廬，作三軍，見左氏僖公二十七年傳。文公四年，作三行以禦敵，見左氏僖公二十八年傳。杜預注：『晉置上中下三軍，今復置三行，以辟天子六軍之名。』文公七年，蒐於清原，作五軍，見左氏僖公三十一年傳。」

［五］周注：「晉襄公七年，蒐於夷，舍二軍，見左氏文公六年傳。晉景公十二年，賞鞌之功，增置新上中下三軍，作六軍，見左氏成公三年傳。晉厲公六年，鄢陵之戰，罷新上下軍，見左氏成公十六年傳。晉悼公十三年，蒐於緜上以治兵，新軍無帥；明年，遂舍之。見左氏襄公十三年、十四年傳。」

［六］周注：「隨武子即士會，春秋時晉大夫。食采於隨，亦稱隨會、隨季；後更受范，稱范武子。嘗以事奔秦，秦用其謀，晉人患之，使魏壽餘誘而歸。在晉執政，輔五君以爲盟主。」

［七］周注：「語見左氏宣公十二年傳。杜預注：『荆，楚也；尸，陳也。楚武王始更爲此陳法，遂以爲名。』」

［八］周注：「左氏襄公十一年傳：季武子將作三軍，告叔孫穆子曰：『請爲三軍，各徵其軍。』穆子曰：『政將及子，子必不能。』武子固請之，穆子曰：『然則盟諸？』乃盟諸僖閎，詛諸五父之衢。正月作三軍，三分公室而各有其一，三子各毁其乘。季氏使其乘之人以其役邑入者無徵，不入者倍徵；孟氏使半分爲臣，若子若弟；叔孫氏使盡爲臣，不然，不舍。據杜預注：季氏使軍乘之人率其邑役入季氏者無公徵，不入季氏者則使公家倍徵之；孟氏取其子弟之半；叔孫氏盡取子弟，以其父兄歸公。不然，不舍，謂不如是則三家不舍其故而改作也，此爲三家盟詛之本言。」

［九］周注：「左氏昭公五年傳：舍三軍，卑公室也。毁中軍於施氏，成諸臧氏。初作中軍，三分公室，而各有其一。季氏盡徵之，叔孫氏臣其子弟，孟氏取其半焉。及其舍之也，四分公室，季氏擇二，二子各一，皆盡徵之，而貢於公。」

［一〇］論語顔淵：「哀公問於有若曰：『年饑，用不足，如之何？』有若對曰：『盍徹乎？』曰：『二，吾猶不足，如之何其徹也？』對曰：『百姓足，君孰與不足？百姓不足，君孰與足？』」魯哀公（？—前四六七），名蔣，亦作將。定公子。春秋末魯國國君。在位二十七年（前四九四—前四六七）。事見左傳、史記卷三三魯世家。

［一一］周注：「陽虎字貨，春秋時魯人。爲季氏家臣，事季平子。平子卒，虎遂專政。欲去三桓，刼定公與叔孫州仇以伐孟氏。虎敗，入讙陽關以叛。魯師伐之，出奔齊，復奔晉。左氏定公八年傳：陽虎欲去三桓，以季寤更季氏，以叔孫輒更叔孫氏，己更孟氏。冬十月，順祀先公而祈焉。辛卯，禘於僖公。壬辰，將享季氏於蒲圃而殺之，戒都車曰：癸

巳至。杜預注：都車，都邑之兵車也。陽虎欲以壬辰夜殺季孫，明日癸巳以都車攻二家。」

卒年八十有二[一]。所著書周禮疑義舉要六卷[二]、儀禮釋宫增注一卷[三]、禮記訓義擇言八卷[四]、深衣考誤一卷[五]、禮經綱目八十八卷、律吕闡微十卷[六]、春秋地理考實四卷[七]、鄉黨圖考十卷[八]、古韻標準六卷[九]、四聲切韻表四卷[一〇]、音學辨微一卷[一一]、推步法解五卷[一二]，七政衍[一三]、金水二星發微、冬至權度、恒氣注曆辨、歲實消長辨、曆學補論、中西合法擬草各一卷，近思録集注十四卷[一四]、讀書隨筆十二卷[一五]、四書典林四十卷[一六]。

[一]江永生於康熙二十年七月十七日（一六八一年八月三十日），卒於乾隆二十七年三月十三日（一七六二年四月六日），年八十二歲。參戴狀、年譜等。

[二]周禮疑義舉要六卷，是書融會鄭注，參以新説，於經義多所闡發，其解考工記二卷，尤爲精核。有四庫全書本、叢書集成初編本等。

[三]儀禮釋宫增注一卷，儀禮釋宫舊皆題朱子作，清乾隆間修四庫全書，輯永樂大典，辨明實爲宋李如圭之作。江永當時，仍以朱子之書，故取是書爲之詳注，多所發明。有四庫全書本、皇清經解續編本等。

[四]禮記訓義擇言八卷，是書自檀弓至雜記，於注家異同之説，擇其一是，爲之折衷，與陳澔注頗有出入，然持論多爲精核。有四庫全書本、皇清經解續編本等。

［五］深衣考誤一卷，江氏因深衣之制，歷代無定説，遂據玉藻之文，以考證諸家之説，駁舉其誤。如論「深衣三袪，縫齊倍要，衽當旁」，云如裳前後當中者，爲襟、爲據，皆不名衽；惟當旁而斜殺者乃名衽等。有四庫全書本、皇清經解本等。

［六］律吕闡微一〇卷，是書引清聖祖論樂五條，爲皇言定聲一卷，冠全書之首。其作書大旨，以明朱載堉爲宗，惟方圓周徑，用密率起算，與朱氏微異，亦有誤解朱氏之意者。永又有律吕新論二卷，首論宋蔡元定律吕新書，次論五聲、黄鍾之宫、十二律、琴、四清聲、造律等。有四庫全書本、光緒七年合肥李瀚章刊本等。

［七］春秋地理考實四卷，是書所列春秋時期山川國邑地名，悉從經傳之次。凡杜預以下舊説，已得者仍之；其未得者始加辨證，皆確指今爲何地，俾學者按現在之輿圖，即可以驗當時列國之疆域，及會盟侵伐之迹，悉得其方向道里。意主簡明，不事旁摭遠引，故名曰考實。有四庫全書本、皇清經解本等。

［八］鄉黨圖考一〇卷，是書取經傳中制度名物，有涉於鄉黨者，分爲圖譜、聖蹟、朝聘、宫室、衣服、飲食、器用、容貌、雜典九類，考核精密，其中如深衣、車制，及宫室制度，尤爲專門。有四庫全書本、皇清經解本等。

［九］古韻標準四卷附詩韻舉例一卷。是書惟以詩經爲主，謂之詩韻，而以周秦以下音之近古者附之，謂之補韻。其韻分平、上、去聲各十三部，入聲八部，每部之首，先列韻目，其一韻歧分兩部者，曰分某韻；韻本不通，而有字當入此部者，曰别收某韻；四聲異者，曰别收某聲某韻。較前顧炎武等，分部更爲細密。今有一九八二年北京中華書局影印咸豐辛亥沔陽陸氏覆刊本。

［一〇］四聲切韻表四卷，是書實一卷，前列凡例六十二條，備論分析考定之意，而列表於後，其論古法七音三十六字母，不可增減移易，凡更定者皆妄作。其論入聲尤詳。有貸園叢書本、叢書集成初編本等。又音韻學叢書本、安徽叢書本附有清夏燮校正一卷。又荔牆叢書本爲三卷又首一卷末一卷，爲清汪曰楨補正本。

［一一］音學辨微一卷，是書釋等韻之學，凡十一辨。辨平仄、辨四聲、辨字母、辨七音、辨清濁、辨疑似、辨開口合

有口、辨等列、辨反切、辨無字之音、辨嬰童之聲。又附論以爲河圖、洛書爲聲音之原，江氏信圖、書者，故其言如是。借月山房叢書本、音韻學叢書本等。

[一二]推步法解五卷，是書分爲推日躔法、推月離法、推月食法、推日食法、推木火土三星法等，皆隨文詮釋，即法以明象，即數以明理。是書全篇收入秦蕙田五禮通考卷一九五至卷一九七嘉禮觀象授時推步法。又單行本有守山閣叢書本、中西算學叢書本等。

[一三]七政衍一卷，即算學之第五種。江氏算學八卷續一卷，或作翼梅，是編因梅文鼎曆算全書，爲之發明訂正。一卷曰曆學補論，皆因文鼎之説，而推闡所未言。二卷曰歲實消長，文鼎論歲實消長，以爲高沖近冬至而歲餘漸消，過冬至而復漸長；永則以爲歲實本無消長，消長之故，在高沖之行，與小輪之改，兩歲節氣相距，近高沖者歲實贏，近最高者稍朒，又小輪半徑，古大今小，則加減差亦異。三卷曰恒氣注曆，文鼎論冬至加減，謂當如西法用定氣，不用恒氣，而所作疑問補等書，又謂當如舊法用恒氣注曆；永則以爲冬至既不用恒氣，則諸節亦皆當用定氣，不用恒氣。故此二卷皆條列文鼎之説，而以所見辨於下。四卷曰冬至權度，元史六曆冬至，載晉獻公以來四十九事，文鼎因作春秋冬至考，删去晉獻公一事，各以其本法推求其故；永則以爲算術雖明，而未有折衷，更因文鼎之法，考證曆法史志之誤。五卷曰七政衍，文鼎論七政小輪之動由本天之動，七政之動由小輪之動；永則以恭按欽定曆象考成，五星有三小輪，而月更有次均輪，且更有負圈。文鼎説雖精當，而各輪之左旋右旋，與帶動、自動、不動之異，尚未能詳剖。因各爲圖説以明之。六曰金水發微，文鼎初仍舊法，以金水二星伏見輪，同於歲輪，後因門人劉允恭悟得金、水二星，自有歲輪，而伏見輪乃其繞日圓象，因詳爲之説，後楊學山乃頗以爲疑；永謂文鼎説是，學山疑非，因爲圖説以明之。七曰中西合法擬草，明徐光啓酌定新法，凡正朔閏月之類從中不從西，定氣整度之類從西不從中，然因用定氣，遂以每月中氣時刻，爲太陽過宫時刻，繫以中法十二宫之名，而西法十二宫之名，又用之於表。永病其錯互，又整度一事，永亦病其言之未盡，故著此論以辨之，亦多推文鼎之説。八曰算賸，則推衍三角諸法，求其捷要。續曆學一卷，曰正弧三角疏義，以補算賸所未盡。故八

卷各有小序，此卷獨無也。有四庫全書本、中西算學叢書本等。

［一四］近思録集注十四卷，朱子近思録書成後，後世屢加删補，傳本互異。是書仍原本次第，爲之集注，凡朱子文集或語類中，其言有相互明者，悉行採入分注，或朱子説有未備，則取他家之説以補之，間亦附以己意。有四庫全書本、國學基本叢書本等。

［一五］讀書隨筆十二卷，是書王昶墓誌銘：「八十歲，成……讀書隨筆若干卷。」周注：「未見，待考。」近藤注：「戴氏撰狀、錢氏撰傳，皆置於鄉黨圖考後，韻書三種前，蓋以其書爲諸經總義類著述也。」祥案：王、戴、錢雖皆江永同時人，然亦皆未見讀書隨筆；近藤氏據其所列次序爲之説，亦推測之詞耳。實則讀書隨筆乃江永周禮疑義舉要七卷、群經補義五卷之合刊，有乾隆五十七年江起泰等刊本，兩書卷數相加，亦適爲十二卷，非諸經總義類書也。

［一六］四書典林四十卷。是書三十卷，分天文、時令、地理、人倫等二十六部，諸史子集雜書概爲收録，大體倣北堂書鈔之例，先儒説有未精者，輒加按語。據其凡例，永尚欲著四書典制圖考，詳説一切，其書未見，殆未成書。江氏又疑典林尚有罣漏，遂又補作四書古人典林十二卷，分帝王、古賢、聖賢、諸侯、大夫、雜人、列女各部，凡二百餘人。大旨爲便習舉業者而作。四書典林有雍正十五年刊本，四書古人典林有乾隆三十九年刊本。另，江氏所著所編書，今有版本可考者尚有河洛精藴九卷（北京學苑出版社一九八九年孫國中點校本）、儀禮釋例一卷、春秋類例一卷（清鈔本）、群經補義五卷、韻學考原二卷（孫文昱重編，民國二十一年湘潭孫氏家塾刻本）、考定朱子世家一卷、孔子年譜輯注一卷（江永撰，黄定宜輯注，有孔孟編年本）、蘭陵蕭氏保世滋大録三卷蘭陵蕭氏本宗世系考一卷附蘭陵蕭氏本宗世系圖一卷（乾隆十一年永思堂刻本）、紀元部表無卷數（乾隆刻本）、放生殺生現報録不分卷（上海排印本、蘇州排印本）、善餘堂文集一卷（民國三十一年吴縣潘氏鈔本）等，又曾與修乾隆婺源縣志（參年譜乾隆二十年、二十一年）等。

永爲人和易近人，處里黨以孝悌仁讓爲先，人多化之。嘗援春秋傳豐年補敗之義[一]，勸鄉人輸穀立義倉，行之三十年，一鄉之人不知有饑饉云。嘗一至江西，應學使金德瑛之招也[二]；一遊京師，以同郡程編修恂延之也[三]。是時，三禮館總裁方侍郎苞自負其學[四]，見永，即以所疑士冠禮、士昏禮數事爲問，從容答之。苞負氣不服，永哂之而已[五]。荆谿吴編修紱深於三禮[六]，質以周官疑義，永是以有周禮疑〔義〕舉要之作也。後數年，程、吴二君皆没，永家居寂然，值純皇帝崇獎實學，命大臣舉經術之儒，有人薦永者，永力辭之[七]。當朝廷開三禮義疏館，纂修諸臣聞有禮經綱目一書，檄下郡縣，録送以備參訂[八]。没後一年，詔修音韻述微，刑部尚書秦文恭公蕙田請於朝，令督臣取所著韻書三種進呈，貯館以備採擇。蓋戴編修震在京師，文恭公延之修五禮通考，戴君攜有永書，以推步法解全篇載入觀象授時一類，所以文恭知永爲學者而有是請也[九]。考永學行，乃一代通儒，戴君爲作行狀，稱其學自漢經師鄭康成後，罕其儔匹，非溢美之辭[一〇]。然所著鄉黨圖考、四書典林，帖括之士竊其唾餘，取高第掇巍科者數百人，而永以明經終老於家，豈傳所謂「志與天地擬者其人不祥」歟[一一]！

[一]穀梁傳莊公二十八年：「古者税什一，豐年補敗，不外求而上下皆足也。」集解：「敗謂凶年。」

[二]金德瑛（一七〇一—一七六二），字汝白，一字慕齋，號檜門，清仁和人。乾隆元年一甲一名進士。官至任江西、

順天學政，都察院左都御史等職。善鑒別金石書畫，工書。著有檜門詩存四卷等。清史列傳卷二〇、清史稿卷三〇五有傳。祥案：年譜乾隆七年：「十月，江西學政金公德瑛，敦請閲卷。」八年「五月，自江西歸里。」

[三]年譜乾隆五年：「休寧山斗程太史恂，敦請館於其家。……八月，程太史入都，三館總裁方公苞，編修吴公紱，殷勤問難。」六年「八月，自都歸里」。

[四]方苞（一六六八—一七四九），字靈皋，號望谿，桐城人。康熙四十五年（一七〇六）進士。累官至禮部侍郎。論學以程朱儒爲宗，尤致力於三禮、春秋。古文宗韓、歐，嚴於義法，爲世奉爲「桐城派」之祖。主纂有欽定四書文四一卷、三禮疏義一七八卷。著有周官析疑三六卷、儀禮析疑一七卷、禮記析疑四八卷、望谿先生文集一八卷集外文一〇卷等。清史列傳卷一九、清史稿卷二九〇有傳。

[五]祥案：江永與方苞論學之事，諸家皆有記述。戴震事略狀：「先生嘗一游京師，以同郡程編修恂延之至也。三禮館總裁方侍郎苞素負其學，及聞先生，願得見，見則以所疑士冠禮、士昏禮中數事爲問，先生從容置答，乃大折服。」王昶墓誌銘：「先生年六十，嘗偕友人入都，時開三禮館，總裁方閣學苞以經術自命，舉冠禮、昏禮數條爲難，先生從容詳對，方公折服。」錢大昕傳從戴、王之説。又劉大櫆海峰文集卷六傳：「嘗一至京師，朝廷方開三禮館，卿士預修三禮者，尤質所疑，先生爲置辨，皆暢然意滿稱善。」清史列傳卷六八江永傳：「嘗一至京師，桐城方苞、荆谿吴紱質以禮經疑義，皆大折服。」諸家記述皆同戴震之説，唯江藩改爲「苞負氣不服，永哂之而已」，然則是誣苞矣。無怪乎方東樹著漢學商兑專與江藩立異，正所謂風起則浪興，良有以也。

[六]吴紱，字方來，號伯雲，清江南宜興人。乾隆二年進士。散館，授編修。著有雞肋集。事見朱汝珍詞林輯略卷四。祥案：戴震事略狀謂與方、吴論學，「此乾隆庚申、辛酉間也」。

[七]戴震事略狀：「時婺源縣知縣陳公有子在朝爲貴官，欲爲先生進其書，來起先生。先生自顧頽然就老，謂無可復用。又昔至京師，所與游皆無在者，愈益感愴，乃辭謝。而與戴震書曰：『馳逐名場非素心』，卒不能强起。」

［八］年譜乾隆元年：「撫阮趙，檄取禮書綱目。」二年，「三禮館檄取禮書綱目。」

［九］祥案：乾隆二十八年九月己未，協辦大學士户部尚書劉綸、刑部尚書秦蕙田奏：臣等恭承指示，校正韻書。欽定葉韻彙輯一書，義例精當，久已成編。惟律韻尚仍舊本，現將改定凡例及韻書格式，先呈御覽，其新編韻書，請賜嘉名。得旨：書名著定爲音韻述微。又十月癸巳，諭軍機大臣等：現在修輯韻書，聞安徽婺源縣有已故生員江永曾著四聲切韻表及音學辨微二書，稿本已成，未經刊刻。著傳諭該撫，即飭該縣就其家購覓，如因一時鈔録不及，竟將原本隨奏摺之便附封送京，以備採擇，書竣，即行發還。詳參高宗實録卷六九四、六九六。

［一〇］戴震事略狀：「蓋先生之學。自漢經師鄭康成後，罕其儔匹。」

［一一］近藤注：「易繫辭上：『易與天地準，能彌綸天地之道。』或此意耶？」

金榜

金榜［一］，字輔之，一字蘂中，又字檠齋［二］，歙縣人［三］。江慎修之高弟子［三］。少有過人之資［四］，與休寧戴編修震相親善。承師友之訓，所以學有根柢，言無枝葉也。乾隆乙酉召試舉人［五］，授内閣中書，在軍機處行走。乾隆壬辰，以第一人及第，授修撰。散館後，即乞假歸，徜徉林下，著書自娱［六］。專治三禮，以高密爲宗［七］，不敢雜以後人之説，可謂謹守繩墨之儒矣。

［一］祥案：吳定紫石泉山房文集卷一〇墓誌銘：「晚更號檠齋。」李慈銘越縵堂讀書記經部禮類禮箋：「輔之本字蘂中，蓋如洪初堂之字蘂登，皆不免世俗之見。其後乃改輔之而號檠齋，始以詁訓爲義。」又錢仲聯廣清碑傳集卷九金天翮金榜傳：「夜讀書率盡膏一檠，故自號檠齋。」然則檠齋乃號，非字也。

［二］吳銘：「先世自杭州徙歙北呈坎，……曾祖五聚徙歙北趙邨，祖公著乃自趙邨復徙巖鎮，今爲巖鎮人。乾隆戊辰進士、官吏部稽勳司主事諱長溥者，先生之父也。」

［三］金榜禮箋序：「長而受學於先師江慎修先生，遂窺禮堂論贊之序。」

［四］吳銘：「先生少負偉志，思博學深造爲通儒，而不屑溺没聰明於科舉之學。」

［五］吳銘：「年三十一，高宗南巡，以詩賦蒙恩擢授中書舍人。」

［六］吳銘：「嘗一出爲山西副考官，以父喪歸，遂不出。邃於經，尤深於三禮。……先生登第時，齒盛名高，扶掖者衆，乃獨浩然勇退，杜門深山，沈浸於著述，有諷先生復登朝者，先生笑曰：『富貴者，一日之榮也。所謂夏日之裘，冬日之箑，時過則無所用之者也。君子縱不獲争光日月，或者猶得比壽邱陵乎！』嗚呼！此其見卓矣。」

［七］金榜禮箋序：「榜幼承義方，治禮宗鄭氏學。……其間採或舊聞，或摭祕逸要，於鄭氏治經家法，不誣也。昔鄭氏箋詩云：『注詩宗毛爲主，毛義若隱略，則更表明；如有不同，即下己意，使可辨識也。』禮箋之名，蓋首其義。」

戴君東原以司馬法賦出車徒二法難通［一］，乃舉小司徒正卒、羨卒以釋之［二］。曰［三］：

［一］司馬法，見本書第五二頁注［三］。禮箋卷一周官軍賦前識語曰：「歲丁亥，與戴東原同居京師，東原以司馬法賦出車徒二法難通，余舉小司徒正卒、羨卒釋之。東原曰：『此有益於爲周官之學者。』遂著録焉。」

［二］周時軍役制度，凡丁壯，以家一人爲正卒，服現役；餘爲羨卒，以備急。周禮地官小司徒：「凡起徒役，無過家一人，以其餘爲羨，惟田與追胥竭作。」賈疏：「以其餘爲羨者，一家兄弟雖多，除一人爲正卒，正卒之外，其餘皆爲羨卒。」

［三］以下引文出禮箋卷一周官軍賦。

夏官諸司馬職亡［一］，周人軍賦莫可考見，其制有正卒以起軍旅，有羨卒以作田役，比追胥［二］。小司徒職：「均土地以稽其人民，而周知其數［三］。上地，家七人，可任也者家三人［四］；中地，家六人，可任也者二家五人［五］；下地，家五人，可任也者家二人［六］。凡起徒役，無過家一人，以其餘爲羨，惟田與追胥竭作［七］。」又云：「凡國之大事，致民；大故，致餘子［八］。」此正、羨二卒，以司馬法計之，率十人而賦其一，其大法也。

［一］周禮夏官有大司馬、小司馬、軍司馬、輿司馬、行司馬等職，小司馬以下數職周禮皆闕文。小司馬首曰「小司馬之職，掌」下鄭注曰：「此下字脱滅，札爛文闕，漢興，求之不得，遂無識其數者。」又行司馬題下賈疏云：「此等皆與上同闕落之。」

［二］周禮地官小司徒：「以起軍旅，以作田役，以比追胥，以令貢賦。」鄭注：「追，逐寇也。胥，伺捕盜賊也。」孫詒讓周禮正義：「宮正注云：『比，校次其人之在否。』胥亦羨卒，盡作故須校次之。」

［三］小司徒鄭注：「均，平也；周，猶遍也。」

[四]賈疏：「七人之中，一人爲家長，餘六人在，强弱半，强而可任者，家三人。」
[五]賈疏：「六人之內，一人爲家長，餘五人在，强弱半，不可得言可任者二人半，故取兩家併言可任者，二家五人。」
[六]賈疏：「五人之內，一人爲家長，餘四人在，强弱半，故云可任者家二人。」
[七]鄭注引鄭司農云：「羨，饒也；田，謂獵也；追，追寇賊也；竭作，盡行。」
[八]鄭注：「大事，謂戎事也；大故，謂災寇也。鄭司農云：『國有大事，當徵召會聚百姓，則小司徒召聚之。餘子，謂羨也。』玄謂餘子，卿大夫之子，當守於王宮者也。」金榜曰：「先鄭云『餘子謂羨』者是也。後鄭謂餘子爲『卿大夫之子』，則當諸子帥之致於太子，宮正、宮伯令之。小司徒掌萬民，不當致卿大夫之子。」

司馬法一云[一]：「六尺爲步[二]，步百爲畝，畝百爲夫，夫三爲屋，屋三爲井，井十爲通。通爲匹馬[三]，三十家，士一人，徒二人[四]。通十爲成，成百井，三百家，革車一乘[五]，士十人，徒二十人。十成爲終，終千井，三千家，革車十乘，士百人，徒二百人。十終爲同，同方百里，萬井，三萬家，革車百乘，士千人，徒二千人。」蓋家計可任者一人；一成三百家，可任者三百人；而革車一乘，士徒凡三十人。是爲十而賦一，所謂「凡起徒役，無過家一人」者也。一云[六]：「九夫爲井，四井爲邑，四邑爲邱；邱十六井，有戎馬一匹，牛三頭，是曰匹馬丘牛。四邱爲甸，甸六十四井，出長轂一乘[七]，馬四匹，牛十二頭，甲士三人，步卒七十二人，戈楯具備[八]，謂之乘馬。」甸六十四井，通上、中、下地率之，定受田二百八十八家[九]，計可任者二家五人，凡七百二十人，出長轂一乘，步卒七十二人，亦十而賦一，「甲士三人」者其軍吏，所謂「惟田與追胥竭作」者也。前法家可任者一人，十賦一爲正卒；後法可任者二家五人，十賦一爲通正、羨之卒。小司徒職「凡起徒役，毋過家一人」。不言「可任」者，蒙上「可任也者家三人，二家五人，家二人」省文[一〇]，非謂家作一人爲徒役。其云「田與追胥竭作」，亦非竭作此家三人二人爲羨卒也[一一]。自「均土地」至「田與追胥竭作」，爲小司徒稽民數而辨其可任者之事；下云「大事致民，大故致餘子」，爲小司徒臨事徵調之事。

[一]祥案：此引司馬法文，不見今傳本書中，見於周禮地官小司徒「以任地事，而令貢賦」下鄭注。

[二]祥案：此段解釋詳參賈疏，近藤注制爲換算表格，詳明可參，特引如下：

6 尺＝1 步
100 步＝1 畝
100 畝＝1 夫……… 9 夫…90 夫
3 夫＝1 屋
3 屋 ＝ 1 井……… 100 井…1000 井
10 井＝1 通
10 通 ＝ 1 成
10 成 ＝ 1 終
10 終＝1 同

4 井＝1 邑
16 井＝4 邑＝1 丘
64 井 ＝4 丘＝1 甸

［三］賈疏：「唯三十家，使出馬一匹，故云『通爲匹馬』。」

［四］賈疏：「士謂甲士，徒謂步卒。」

［五］禮記明堂位：「革車千乘。」鄭注：「革車，兵車也。」孫子作戰：「凡用兵之法，馳車千駟，革車千乘，帶甲十萬。」梅堯臣注：「馳車，輕車也；革車，重車也。」

［六］祥案：此段不見於今本司馬法，左傳成西元年經「三月，作丘甲」注、詩小雅信南山「我疆我理，南東其畝」正義、禮記坊民「制國不過千乘」正義皆引之。

［七］左傳昭公五年：「長轂九百。」杜注：「長轂，戎車也，縣百乘。」

［八］楯，同盾。左傳定公六年：「獻楊楯六十於簡子。」

［九］周注：「按周制，沃衍爲井，隰皋爲牧。隰皋之地，九夫爲牧，二牧而當沃地一井。授民田之時，上地不易，家百畝；中地一易，家二百畝；下地再易，家三百畝；通率三家受六夫之地，一家受二夫，故此云六十四井通率受田者爲二百八十八家。」近藤注换算爲公式：

上地	1家	100畝
中地	1家	200畝
下地	1家	300畝
+）	3家	600畝

［一〇］「蒙上……省文」，即蒙上省，古人行文省略方式之一，與「探下省」相對而言，參俞樾古書疑義舉例卷二「蒙上文而省例」條。此指上文「均土地……可任也者家二人」之省文。

［一一］周注：「此言必就可任之中，十人而賦其一，非即徒役家賦一人，田與追胥即三人竭作也。」

族師職曰[一]：「五家爲比，十家爲聯；五人爲伍，十人爲聯；四閭爲族，八閭爲聯。使之相保，相受相共，以役國事。」士師職曰[二]：「掌鄉合州黨族閭比之聯，與其民人之什伍，使之相安相受，以比追胥之事。」明聯其什伍，十賦一爲卒，爰使其居者，相與共其馬牛、車輦、兵器諸用物，是爲周人以地與民制賦之成法。孫武言[三]：「興師十萬，不得操事者七十萬家。」彼以八家賦出一卒，七家相與共其用，故云「不得操事」，是猶略具周人任民遺意。管子治齊[四]，作内政，寄軍令，卒伍定乎里，軍政成乎郊。其制士鄉十五，始家出一人爲卒，班孟堅所謂「隨時苟合，以求欲速之功，故不能充王制」者也[五]。詩頌魯僖曰[六]：「公車千乘，公徒三萬。」與司馬法「革車一乘，士十人，徒二十人」數合。春秋成元年「作邱甲」，説者謂「此甸所賦，使邱出之」[七]。邱十六井，通上、中、下地二而當一，爲七十二家[八]，亦家出一人爲卒。至戰國時，蘇秦謂[九]：「臨淄之中七萬户[一〇]，下户三男子，臨淄之卒固已二十一萬。」始盡役其家之正、羨爲卒，而禍變亟矣。儒者於周官軍（賦）〔數〕[一一]，往往雜引管子釋之[一二]，而於司馬法與周官更相表裏，轉茫然莫辨，甚矣其惑也！

[一]族師，職官名，上士，屬地官司徒。一族（百家爲族）之行政長官。此引文見周禮地官司徒，原文「相保相受」下爲「刑罰慶賞，相及相共，以受邦職，以役國事，以相葬埋。」鄭注：「相共猶相救相賙。」孔疏：「相保者，謂相保不爲愆負；相受者，謂宅舍有故，相受寄託。」

[一一]士師，職官名，掌禁令、獄訟之職。中大夫。屬秋官司寇。引文見周禮秋官司寇。鄭注：「鄉合，鄉所合也。」孔疏：「云州黨族閭比之聯，即是鄉合之事。云與其民人之什伍者，此即因内政寄軍令之類。五家爲比，即一伍也。二伍爲什。」

[一二]孫武，春秋齊樂安（今山東博興，一説惠民）人。因齊内亂，出奔吴，以兵法見吴王闔廬。吴王用爲將，西破强楚，北威齊、晉，南服越人，顯名諸侯。著有兵法十三篇，即孫子兵法，列爲武經七書之首。史記卷六五有傳。孫子用間：「凡興師十萬，出征千里，百姓之費，公家之奉，日費千金，内外騷動，怠於道路，不得操事者七十萬家。」曹操注：「古者八家爲鄰，一家從軍，七家奉之。言十萬之師舉，不事耕稼者七十萬家。」

[一四]漢書卷二三刑法志：「至齊桓公任用管仲，而國富民安。公問行伯用師之道，管仲曰：『公欲定卒伍，修甲兵，大國亦將修之，而小國設備，則難以速得志矣。』於是乃作内政而寓軍令焉，故卒伍定虖里，而軍政成虖郊。連其什伍，居處同樂，死生同憂，禍福共之，故夜戰則其聲相聞，晝戰則其目相見，緩急足以相死。其教已成，外攘夷狄，内尊天子，以安諸夏。」

[一五]漢書刑法志曰：「齊桓公之後，晉文公接續，迭爲盟主。「然其禮已頗僭差，又隨時苟合以求欲速之功，故不能充王制。」

[一六]詩魯頌閟宫：「公車千乘，朱英緑縢，二矛重弓。公徒三萬，貝胄朱綅，烝徒增增。」閟宫小序：「閟宫，頌僖公能復周公之宇也。」

[一七]見上注[六]，「説者」指杜預注。

[一八]周注：「九夫爲井，通上、中、下地，一家受二夫，故十六井爲七十二家。」

[一九]蘇秦（？—前二八四），字季子，戰國東周洛陽人。從鬼谷子習縱横家言。早年游説諸侯，不果。後爲燕、齊等國謀，又與趙相李兑約燕、齊、韓、趙、魏合縱攻秦，趙封其爲武安君。後以反間計敗露，爲齊車裂而死。事見戰國縱横

家書五、史記卷六九有傳。

[一〇]臨淄，戰國時齊國都城，今屬山東。引文見戰國策齊策一，又見史記蘇秦傳。周注：「『萬户』下當脱『不』字，原文爲『臨淄之中七萬户，臣竊度之，不下户三男子，三七二十一萬，不待發於遠縣，而臨淄之卒固已二十一萬矣。』」祥案：周説是，此當補「不」字，句意方明。金榜蓋據戰國策，固無「不」字耳。

[一一]祥案：「軍數」，禮箋作「軍賦」，是，今據改。

[一二]近藤注：「例如宋代李覯釋周禮小司徒即引管子，以爲此乃兵農一致之良法，並有所實施之論説。」

小司徒職[一]曰：「乃經土地，而井牧其田野[二]。九夫爲井，四井爲邑，四邑爲邱，四邱爲甸，四甸爲縣，四縣爲都，以任地事，而令貢賦，凡税斂之事。」此經主於任地〔令〕〔合〕賦[三]，邱、甸、縣、都者，出賦之定數也。古者一成百井，定出賦六十四井，謂之甸；甸之言乘也[四]，謂出兵車一乘，賦法蓋權輿於此[五]。刑法志曰[六]：「一同百里，提封萬井[七]，除山川、沈斥、城池、邑居、園囿、術路三千六百井[八]，定出賦六千四百井，戎馬四百匹，兵車百乘[九]。一封三百一十六里，提封十萬井，定出賦六萬四千井，戎馬四千匹，兵車千乘[一〇]。天子畿方千里，提封百萬井，定出賦六十四萬井，戎馬四萬匹，兵車萬乘[一一]。」今即一同之内，出賦六千四百井計之，凡爲甸者百，爲縣者二十有五，爲都者六有奇[一二]。賦法備於一甸，小司徒經土地，必計及一都之田，而後上、中、下地，通率二而當一，井牧之法如此。鄭君釋其制爲造都鄙[一三]，更爲治洫、治澮之説[一四]。榜謂大司徒之職：「凡造都鄙，制其地域，而溝封之[一五]。以其室數制之，不易之地家百晦，一易之地家二百晦，再易之地家三百晦[一六]。」周官造都鄙之法具於是。至於匠人「爲溝洫」[一七]，司險「設國之五溝五塗」[一八]，皆掌其事於官。其用民力也，則均人均其力徵[一九]，豐年公旬用三日，中年公旬用二日，無年公旬用一日。謂緣邊一里治洫，十里治澮，非古制也。如鄭君說[二〇]，一同百里，僅四千九十六井出田稅，又與司馬法邱乘之制不合。小司徒有「九夫爲井」之法，遂人有「十夫有溝」之法[二一]，地之險夷異形，廣狹異數，因地勢而制其宜，凡不可井者，濟以遂人法，而地無曠土。孟子「請野九一而助，國中什一使自賦」[二二]。國中城郭宮室差多，塗巷又廣，於遂人法爲宜。是小司徒實與遂人聯事通職，不以鄉遂都鄙異制，審矣。

[一]引文見周禮地官司徒。

[二]鄭注：「鄭司農曰：『井牧者，春秋傳所謂井衍沃牧隰皋者也。』玄謂隰皋之地，九夫爲牧，二牧而當一井，今造都鄙，授民田，有不易、有一易、有再易，通率二而當一，是之謂井牧。」

[三]「合賦」，禮箋原文作「令賦」，是，今據改。

[四]小司徒：「四丘爲甸。」鄭注：「甸之言乘也，讀如衷甸之甸。甸方八里，旁加一里，則方十里，爲一成。積百井，九百夫其中，六十四井五百七十六夫出田税，三十六井三百二十四夫治洫。」

[五]爾雅釋詁：「權輿，始也。」

[六]引文見漢書卷二三刑法志。

［七］提封，總共、通共。王念孫廣雅疏證：「『提封，都凡也。』都凡者，猶今人言大凡、諸凡也。都凡與提封一聲之轉，皆是大數之名。提封萬井，猶言通共萬井耳。」

［八］沈斥，鹽鹼地。顔注引臣瓚曰：「沈斥，水田舄鹵也。」術路，大路。顔注引如淳曰：「術，大道也。」

［九］刑法志此下曰：「此卿大夫採地之大者也，是謂百乘之家。」顔注：「採，官也。因官食地，故曰採地。」

［一〇］刑法志此下曰：「此諸侯之大者也，是謂千乘之國。」

［一一］刑法志此下曰：「故稱萬乘之主。」

［一二］周注：「一甸六十四井，故六千四百井爲甸百，一縣二百五十六井，故六千四百井爲縣二十五。一都一千〇二十四井，故六千四百井爲都六有奇。」近藤注換算爲公式：

1 甸＝64 井　∴6400 井＝100 甸

1 縣＝256 井　∴6400 井＝25 縣

1 都＝1024 井　∴6400 井＝6.25 都　即 6 都强

［一三］周禮地官大司徒：「凡造都鄙。」鄭注：「都鄙，王子弟、公卿大夫採地，其界曰都。鄙，所居也。」小司徒鄭注：「此謂造都鄙也。……此制小司徒經之，匠人爲之溝洫，相包乃成耳。邑丘之屬相連比，以出田税，溝洫爲除水害。……積萬井九萬夫，其四千九十六井三萬六千八百六十四夫出田税，二千三百四井二萬七百三十六夫治洫，三千六百井三萬二千四百夫治澮。」

［一四］考工記匠人：「九夫爲井，井間廣四尺，深四尺，謂之溝；方十里爲成，成間廣八尺，深八尺，謂之洫；方百里爲同，同間廣二尋，深二仞，謂之澮。」

［一五］「溝封」，大司徒原文作「封溝」。

［一六］晦，同畝。大司徒鄭注引鄭司農云：「不易之地，歲種之，地美，故家百畝；一易之地，休一歲乃復種，地

薄，故家二百畝；再易之地，休二歲乃復種，故家三百畝。」

［一七］引文見考工記匠人。匠人，職官名，掌木工兼版築營造及爲溝洫諸事，屬攻木之工。

［一八］司險，職官名，掌九州之地圖，守護山林、川澤、險阻之地，及重要通道。中士。屬夏官司馬。周禮夏官司險：「司險掌九州之圖，以周知其山林川澤之阻，而達其道路。設國之五溝五塗，而樹之林，以爲阻固，皆有守禁，而達其道路。」鄭注：「五溝，遂、溝、洫、澮、川也。五塗，徑、畛、塗、道、路也。」又地官遂人：「凡治野：夫間有遂，遂上有徑；十夫有溝，溝上有畛；百夫有洫，洫上有塗；千夫有澮，澮上有道；萬夫有川，川上有路。以達於畿。」

［一九］均人，職官名，掌核定鄉遂土地之賦税及力役。中士。屬地官司徒。周禮地官均人：「均人掌均地政，……凡均力政，以歲上下。豐年則公旬用三日焉，中年則公旬用二日焉，無年則公旬用一日焉。」鄭注：「政，讀爲徵。……力徵，人民則治城郭、塗巷、溝渠。……豐年，人食四鬴之歲也；人食三鬴爲中歲；人食二鬴爲無歲，歲無贏儲也。公，事也。旬，均也。」孫詒讓周禮正義引江永曰：「公旬者，公家力役之程日也。力役以旬計，……舊讀均，非是。」祥案：考工記㮚氏：「量之以爲鬴。」鄭注「鬴，六斗四升也。」

［二〇］近藤注：「此謂四甸一縣，一縣方十六里；四縣一都，一都方三十二里，四都方六十四里。將此開方即爲四〇九六井，此已出一同方百里之田税範圍。」

［二一］遂人，職官名。總掌六遂及公邑、採地之政治，如土地、人民之數，任力、賦税、徵役之法，水利設施等。中大夫。屬地官司徒。遂人引文見前注［一八］。

［二二］引文見孟子滕文公上。趙岐注：「九一者，井田以九頃爲數而供什一，郊野之賦也。助者，殷家税名也。周亦用之。……國中什一者，周禮園廛二十而税一，時行重法，賦責之十一也。而，如也。自，從也。孟子欲請使野人如助法，什一而税之；國中從其本賦，二十而税一以寬之也。」祥案：金榜之論鄉遂都鄙之制，楊向奎以爲其説多誤，反不若後來金鄂求古録禮説之爲有據，詳參楊氏清儒學案新編五檠齋誠齋學案。

周禮泉府「以國服爲之息」[一]，元、明諸人以爲乃新莽之制[二]，劉歆取以羼入周官，宋王安石竊其說爲青苗法[三]，乃周禮之遺害也。辨之曰[四]：

[一]泉府，周禮職官名，掌徵收市税、調節貨物之供求，及賒貸於民等事。上士。屬地官司徒。又泉，錢也。周禮地官泉府：「泉府掌以市之徵布，斂市之不售貨之滯於民用者，以其賈買之，物楬而書之，以待不時而買者。買者各從其抵，都鄙從其主，國人、郊人從其有司，然後予之。凡賒者，祭祀無過旬日，喪紀無過三月。凡民之貸者，與其有司辨而授之，以國服爲之息。凡國事之財用取具焉，歲終，則會其出入而納其餘。」

[二]元明諸人，參近藤注引王安石説。

[三]青苗法者，以常平糴本作青苗錢，散與人户，令出息二分，春散秋斂，見宋史王安石傳。

[四]此段引文見禮箋卷一以國服爲之息。

泉府「凡民之貸者，與其有司辨而授之，以國服爲之息」。注云：「有司[一]，其所屬吏也。與之別其貸民之物，定其賈以與之。鄭司農云[二]：『貸者，謂從官借本賈也，故有息，使民弗利，以其所賈之國所出爲息也。假令其國出絲絮，則以絲絮償；其國出絺葛[三]，則以絺葛償。』玄謂『以國服爲之息』，以其於國服事之税爲息也。於國事受園廛之田而貸萬泉者，則期出息五百[四]。王莽時，民貸以治産業者，但計贏所得受息，無過歲什一[五]。」榜謂「凡民之貸」者，謂從官借本賈，先鄭説是也；以「國服爲之息」，以其於國服事之税爲息，後鄭説是也。泉府，市官之屬，以「受市之徵布」爲職[六]。其以市之徵布貸於賈人以賈，與上經以徵布斂〔市〕(布)之滯貨同義[七]。二者皆恤商阜貨，泉府之職也。其言「凡民之貸者」，對下「有司」言之謂之民[八]，泉府不得與國人爲貸[九]。周官旅師職云[一〇]：「掌聚野之耡粟、屋粟、閒粟，凡用粟，春頒而秋斂之。」此貸於國人者，不令出息，爲其無所取贏也；賈人貸官財以權子母之利[一一]，則有息。農民受田，計所收者納税；賈人貸泉，計所得者出息。其息或以泉布，或以貨物，輕重皆視田税爲差，是謂「以國服爲之息」。朝士「凡民同貨財者，令以國法行之」[一二]，後鄭釋「國法」爲國服之法，然則「同貨財」者，爲貸本以賈者與？經言「凡國事之財用取具焉」，指所受市之徵布，大府所云「關市之賦以待王之膳服」是也[一三]，外府職之[一四]。其「以國服爲之息」者，謂之餘財，下經歲終「納其餘」是也，職幣職之[一五]。後儒以經文「以國服爲之息」與下「凡國事之財用取具焉」文相聯屬，誤合爲一事，至依託泉府以行其奸[一六]。爰據二鄭之言，贊而辨之如此。

[一]孫詒讓周禮正義卷二八引惠士奇云：「有司，鄉遂之吏也。周書大匡云：『賦酒其幣，鄉正保貸。』酒謂散之貸者，鄉正保焉。」

[二]鄭衆(？—八三)，字仲師，東漢開封人。鄭興子。章帝時，官至大司農，以清正稱。學者稱鄭司農，亦稱先

鄭，稱鄭玄爲後鄭，以爲區別。其著述清人輯有周易鄭司農注一卷、周禮鄭司農解詁六卷等。後漢書卷三六有傳。

[三]絺（chī），細葛布。詩周南葛覃：「爲絺爲綌，服之無斁。」毛傳：「精曰絺，麤曰綌。」

[四]周禮地官載師：「凡任地，國宅無徵，園廛二十而一，近郊十一，遠郊二十而三，甸稍縣都皆無過十二，唯其漆林之徵二十而五。」周注：「萬泉出息五百，即二十而取一；鄭單舉園廛爲例，餘可類推。」

[五]周禮正義卷二八：「漢書食貨志云：王莽時，『民或乏絶，欲貸以治産業者，均授之，除其費，計所得受息，毋過歲什一。』即其事也。又王莽傳云：『令市官收賤賣貴，賒貸予民，收息百月三。』似亦參用此經賒貸之法，而責息則增二倍，非古法也。」

[六]泉府經文見前注[二]。祥案：布，泉也。徵布，即税金。周禮地官廛人：「廛人掌斂市絘布、總布、質布、罰布、廛布，而入於泉府。」周禮正義卷二八：「『掌以市之徵布』者，即大宰九賦市賦之泉也。賈疏云：『即上廛人絘布已下之布，並入泉府而藏之，故總云徵布也。』惠士奇云：『在國曰邦布，外府掌之；在市曰徵布，泉府掌之。』」

[七]祥案：「市」，原文作「布」，誤。此所謂「上經」者，謂泉府「泉府掌以市之徵布斂市之不售貨之滯於民用者」，粤雅堂本已改之，今據改。

[八]周禮正義卷二八：「案：金説是也。此民即賈人，猶司市以賈師、胥師之屬爲賈民也。蓋二鄭説不同，而謂從官貸則一。漢志王莽法亦同。此『民』對『有司』爲文，金釋甚塙。知非民閒自相稱責者，民自貸一泉物，其事猥細，不必泉府與有司辨而授之也。」

[九]周禮地官泉府：「國人、郊人從其有司。」賈疏：「國人者，謂住在國城之内，即六鄉之民也；郊人者，即遠郊之外，六遂之民也。」周禮正義卷二八：「國即國中，謂城郭中；郊，六鄉外之餘地。經言國人，以晐國外之六鄉；言郊人，以晐郊外之六遂公邑。秋官鄉士掌國中，遂士掌四郊，亦其比例也。賈説未析。」

[一〇]旅師，周禮職官名。掌收納六遂公邑及遠郊之外三粟，及發放積粟之事。中士。屬地官司徒。周禮地官旅師：

「旅師掌聚野之耡粟、屋粟、閒粟而用之。以質劑致民，平頒其興積，施其惠，散其利，而均其政令。凡用粟，春頒而秋斂之。」三禮辭典：「耡粟，爲農民所捐助之粟；屋粟，爲民有田不耕者所罰之粟；閒粟，閒民無業者所罰之粟。三粟均非正賦，積聚之以備發放凶年困難者。收納、發放均有契券，所謂質劑。」

〔一一〕近藤注：「國語周語下：『於是乎有母權子而行，民皆得焉。』韋昭注曰重錢爲母，輕錢爲子。此文之義恐與其有別，當指本金與利息而言。」

〔一二〕朝士，周禮職官名。掌外朝位次及刑禁之職。中士。屬秋官司寇。引文見周禮秋官朝士。鄭注引鄭司農云：「同貨財者，謂合錢共賈者也。」

〔一三〕大府，周禮職官名，掌財用府藏之職，爲治藏之長。下大夫。屬天官冢宰。引文見周禮天官大府。

〔一四〕外府，周禮職官名，掌錢幣之收入、支出。中士。屬天官冢宰。

〔一五〕職幣，周禮職官名，掌官府所餘之財物。上士。屬天官冢宰。

〔一六〕近藤注：「此指王安石新法。蘇洵的辨姦論爲預見王安石爲奸邪之名篇。」祥案：辨姦論今見曾棗莊等蘇洵嘉祐集箋注卷九。

又論禘祭云〔一〕：天祭莫大於圜邱〔二〕，地祭莫大於方澤，與宗廟禘其祖之所自出〔三〕，三者皆禘，見於鄭君釋周官經大司樂〔四〕。後儒習知宗廟有禘，疑禘非祭天地之名，惟鄭君識古，能述其義。周語：「禘郊之事，則有全烝〔六〕。」魯語：「天子日入監九御，使潔奉禘郊之粢盛〔七〕。」楚語：「禘郊不過繭栗，烝嘗不過把握〔八〕。」又曰：「天子禘郊之事，必自射其牲，王后必自舂其粢〔九〕；諸侯宗廟之事，必自射其牛、刲羊擊豕〔一〇〕，夫人必自舂其明禘郊之盛。」又曰：「天子親春禘郊之盛，王后親繅其服。」其言「禘郊」與「宗廟」、「烝嘗」對文，明禘非宗廟之祭。王制[一二]「祭天地之牛角繭栗，宗廟之牛角握」，與國語禘郊、繭栗、烝嘗、把握之文合；表記[一三]「天子親耕粢盛秬鬯，以事上帝」，與國語「天子親春禘郊之盛」文合。天地之祭名禘，著於此矣。

[一]此段引文見禮箋卷三禘。

[二]周禮春官大司樂：「冬日至，於地上之圜丘奏之。」賈疏：「案爾雅：『土之高者曰丘。』取自然之丘圜者，象天圜。」又「夏日至，於澤中之方丘奏之。」賈疏：「因高以事天，故於地上；因下以事地，故於澤中。取方丘者：水中曰澤，不可以水中設祭，故亦取自然之方丘，象地方故也。」

[三]禮記大傳：「王者禘其祖之所自出，以其祖配之。」

[四]大司樂，亦稱大樂正，簡稱樂正，職官名。樂官之長。掌教大學之國子六樂、六舞。中大夫。屬春官宗伯。大司樂：「凡樂：圜鍾爲宮，黄鍾爲角，大蔟爲徵，姑洗爲羽，靁鼓靁鞀。孤竹之管，雲和之琴瑟，雲門之舞。冬日至，於地上之圜丘奏之。若樂六變，則天神皆降，可得而禮矣。凡樂：函鍾爲宮，大蔟爲角，姑洗爲徵，南吕爲羽。靈鼓靈鞀。孫竹之管，空桑之琴瑟，咸池之舞。夏日至，於澤中之方丘奏之。或樂八變，則地示皆出，可得而禮矣。凡樂：黄鍾爲宮，大吕爲角，大蔟爲徵，應鍾爲羽。路鼓路鞀。陰竹之管，龍門之琴瑟，九德之歌，九韶之舞，於宗廟之中奏之。若樂九變，則人鬼可得而禮矣。」鄭注：「此三者，皆禘大祭也。天神則主北辰，地祇則主崐崘，人鬼則主后稷。」

[五]周語，即國語周語，下魯語、楚語同。

[六]國語周語中韋昭注：「全烝，全其牲體而升之，凡禘郊皆血腥也。」

［七］國語韋昭注：「監，視也。九御，九嬪之官。」

［八］祥案：楚語「禘郊」作「郊禘」。漢書卷二二禮樂志：「牲繭。」顏注：「繭栗，言角之小如繭及栗之形也。」又國語韋昭注：「把握，長不出把。」

［九］粢盛，指盛於祭器内之黍稷等祭祀品。左傳桓公六年：「粢盛豐備。」杜注：「黍稷曰粢，在器曰盛。」祥案：此句用「粢」，下句用「盛」，其義則一，變文以避復也。

［一〇］封羊，宰羊也。易歸妹：「士刲羊。」

［一一］王制，爲禮記第五篇篇名。孔疏引鄭玄三禮目録：「名曰王制者，以其記先王、班爵、授禄、祭祀、養老之法度。」

［一二］表記，爲禮記第三十二篇篇名。孔疏引鄭玄三禮目録：「名曰表記者，以其記君子之德見於儀表。」三禮辭典：「按此篇文曰：『仁者，天下之表也；義者，天下之制也；報者，天下之利也。』一篇之精義在此，因取以名篇。」

周人歲有事於天者，冬至禘昊天，啓蟄郊上帝［一］，及四時迎氣於四郊［二］，兆祀五帝［三］，凡七祀。大宗伯「以禋祀祀昊天上帝」［四］，司服「祀昊天上帝，則服大裘而冕，祀五帝亦如之」［五］，典瑞「四圭有邸，以祀天，旅上帝」［六］，明「昊天」與「上帝」殊［七］。掌次「大旅上帝，則張氈案，設皇邸；祀五帝，則張大次、小次，設重帟、重案」［八］，明「上帝」與「五帝」殊［九］。其冬至禘昊天以嚳配，啓蟄郊上帝以稷配，魯語是以言「周人禘嚳而郊稷」［一〇］。四時迎氣祀五帝，則乙太皞、炎帝、黃帝、少皞、顓頊配［一一］。冬至禘昊天，國語謂之禘，戴記通謂之郊。郊特牲曰[一二]：「郊之祭也，迎長日之至也[一三]，大報天而主日也。」又曰：「郊之用辛也，周之始郊日以至。[一四]」祭義曰[一五]：「郊之祭，大報天而主日，配以月。」禮家舊説[一六]：「言日以周郊天之月而至，陽氣新用事，順之而用辛日」。此冬至圜丘之禘，通得郊名也。對「啓蟄而郊」言之，故謂之始郊。大司樂職[一七]：「凡樂，圜鍾爲宫，黄鍾爲角，大蔟爲徵，姑洗爲羽，靁鼓靁鞀，孤竹之管，雲和之瑟琴，雲門之舞。冬日至，於地上之圜邱奏之。若樂六變[一八]，則天神皆降，可得而禮矣。」經言冬日至於圜邱奏之，是著啓蟄而郊，無此降神之樂。鄭君釋天神、地示、人鬼三大祭爲禘，引祭法「周人禘嚳而郊稷」，謂此祭天圜邱以嚳配之，又言人鬼則主后稷[一九]。既於圜邱之禘、宗廟之禘區别不疑。

[一]左傳桓公五年：「凡祀：啓蟄而郊，龍見而雩，始殺而嘗，閉蟄而烝。」

[二]近藤注：「詩周頌我將正義引雜問志(鄭志)：『四時迎氣於四郊祭帝，還於明堂亦如之。』我將篇，祀文王於明堂之樂歌也(序正義)。」

[三]周禮春官小宗伯：「兆五帝於四郊，四望四類亦如之。」鄭注：「兆爲壇之營域。五帝：蒼曰靈威仰，太昊食焉；赤曰赤熛怒，炎帝食焉；黄曰含樞紐，黄帝食焉；白曰白招拒，少昊食焉；黑曰汁光紀，顓頊食焉。……四類：日、月、星、辰，運行無常，以氣類爲之位。兆日於東郊，兆月與風師於西郊，兆司中、司命於南郊，兆雨師於北郊。」

[四]大宗伯，亦稱宗、大宗、上宗、宗人，職官名。掌邦國祭祀典禮。六卿之一。屬春官。孫詒讓周禮正義卷三二：「宗，即祀官之通稱。」

[五]司服，職官名。掌王之吉凶禮服。中士。屬春官宗伯。諸侯亦有司服。

[六]典瑞，職官名。掌守藏玉瑞玉器等。中士。屬春官宗伯。祥案：典瑞鄭注引鄭司農云：「於中央爲璧，圭著其四面，一玉俱成。爾雅曰：『邸，本也。』圭本著於璧，故四圭有邸，圭末四出故也。或説四圭有邸，有四角也。……國有大故則旅。」詳參司服正義。

[七]祥案：此句下金榜自注曰：「先鄭云：『昊天，天也。上帝，玄天也。』榜謂昊天，垂象之天也。上帝，祈穀之帝也。」

[八]掌次，職官名。掌王之館舍之事。下士。屬天官冢宰。氈案，鋪氈之桌案。南齊書卷九禮上：「太學博士賀瑒議：『周禮：王旅上帝，張氈案，設皇邸。國有故而祭，亦曰旅。氈案，以氈爲床於幄中，不聞郊所置宫宇。』」皇邸，鄭注：「鄭司農云：『皇羽覆上。邸，後版也』玄謂後版，屏風與？」又「次謂屋也。大幄，初往所止居也；小幄，既接祭退俟之處。……重帟，復帟；重案，牀重席也。」帟(yì)，設於坐上之平頂帳，以繒爲之。見周禮天官幕人「掌帷、幕、幄、帟、綬之事。」鄭注。

[九]祥案：此句下金榜自注曰：「鄭注典瑞云：『上帝，五帝。』誤。」

[一〇]祥案：此句下金榜自注曰：「周語伶州鳩之言曰：『昔武王伐殷，星與日辰之位，皆在北維。顓頊之所建也，帝嚳受之。』周人禘嚳義其取於是歟？」又周注：「此爲展禽之言，見國語魯語上。據古文家説，嚳，稷之父。稷，周之始祖也。」

[一一]祥案：五帝之説，諸家不一。金氏此以周禮春官小宗伯「兆五帝於四郊」鄭注之説爲據。太皞即伏羲氏，炎帝即神農氏，黄帝即軒轅氏，少皞即金天氏，顓頊即高陽氏。

[一二]郊特牲，禮記第十一篇篇名。孔疏引鄭玄三禮目録：「名『郊特牲』者，以其記郊天用騂犢之義。」三禮辭典「郊特牲」條引任銘善禮記目録後案云：「此篇所記祭祀饗食冠昏諸事，蓋本非一篇。首篇説饗禮，而篇端云『郊特牲』，因取

以爲名耳。」

［一三］孔疏：「迎長日之至也者，明郊祭用夏正建寅之月。意以二月建卯，春分後日長，今正月建寅，郊祭通而迎長日之將至。」

［一四］鄭注：「郊天之月而日至，魯禮也。……以建子之月郊天，示先有事也。用辛日者，凡爲人君當齋戒自新耳。周衰禮廢，儒者見周禮盡在魯，因推魯禮以言周事。」

［一五］祭義，禮記第二十四篇篇名。孔疏引鄭玄三禮目録：「名曰『祭義』者，以其記祭祀、齋戒、薦羞之義也。」

［一六］周注：「此爲董仲舒、劉向之説，見禮記郊特牲鄭玄注引。孔穎達疏「謂日體以周郊天建子之月而南至，……以冬至一陽生，故云新用事而用辛日。」

［一七］三禮辭典「圜鍾爲宫」條：「樂調名。五聲：宫、商、角、徵、羽，表音級，不表絶對音高，如西洋樂之1、2、3、5、6。須與十二律黄鍾、大吕、太簇等相配，乃譜成樂調，表整個樂音每音之確切音高。十二律，相當於西洋之G、D、F調等。『圜鍾爲宫』即指用圜鍾調定宫音；又如『黄鍾爲角』，指用黄鍾調定角音。從理論上説，十二律定五聲之調，可得六十調。」祥案：十二律：陽聲黄鍾、大簇、姑洗、蕤賓、夷則、無射，謂之六律；大吕、應鍾、南吕、函鍾、小吕、夾鍾，謂之六同。總稱十二律。爲樂音中規定之十二個高度不同之標準音，其與西洋音樂調之對照如下表所示：

1	2	3	4	5	6	7	8	9	10	11	12
黄鍾	大吕	大簇	夾鍾	姑洗	中吕	蕤賓	林鍾	夷則	南吕	無射	應鍾
C	♯C	D	♯D	D	F	F	G	♯G	A	♯A	B

又案：雷鼓、雷鞀，八面鼓，或曰六面鼓。孤竹，特生之竹，中爲管者也。雲和，山名，其地未詳；「雲和之琴瑟」，謂以雲和山之木所製之琴瑟。雲門，黄帝之樂名，言黄帝之德盛如雲之所出，故名。詳參大司樂鄭注及孫詒讓正義。

［一八］大司樂：「凡六樂者：一變而致羽物及川澤之示，再變而致臝物及山林之示，三變而致鱗物及丘陵之示，四變而致毛物及墳衍之示，五變而致介物及土示，六變而致象物及天神。」鄭注：「變猶更也。樂成則更奏也。」

［一九］引文見大司樂鄭注。祭法，禮記第二十三篇篇名，以篇首二字命名。孔疏引鄭玄三禮目録：「名曰『祭法』者，以其記有虞氏至周天子以下所制祀群神之數。」祥案：此句下金榜自注曰：「喪服小記注云：『始祖感天神靈而生，祭天則以祖配之。』大傳注云：『孝經曰郊祀后稷以配天，配靈威仰也。』以其禘其祖之所自出爲禘感生帝，非。」

其釋喪服小記及大傳「王者禘其祖之所自出，以其祖配之」［一］，又以禘爲郊禝，與大司樂宗廟之中禮人鬼之文違異。喪服小記曰：「王者禘其祖之所自出，以其祖配之，而立四廟。」［二］漢韋玄成等四十四人奏議云［三］：「禮，王者始受命，諸侯始封之君，皆爲大祖，以下五廟而遞毁［四］。周之所以七廟者，以后稷始封，文王、武王受命而王，是以三廟不毁，與親廟四而七。」然則周人祖文、武［五］，祖之所自出主稷也，稷爲太祖廟，立文世室、武世室配之［六］，皆世世不毁，又下禘其親廟四，所謂「以其祖配之而立四廟」也［七］。逸禮禘於太廟禮［八］：「毁廟之主，升，合食而立二尸［九］。」又曰：「獻昭尸如穆尸之禮。」又曰：「毁廟之主，昭共一牢，穆共一牢。祝詞稱孝子孝孫。」此禘祭之見於逸經者。毁廟之主立二尸，是昭共一尸，穆共一尸。祝詞稱孝子，明各祭於其廟，故於禰廟稱孝子也［一〇］。春秋公羊傳：

「大事者何？大祫也。毀廟之主，陳於太祖；未毀廟之主，皆升，合食於太祖[一一]。」曾子問[一二]：「七廟無虛主，虛主者惟祫祭於祖」[一三]。而逸禮有七尸之文[一四]。禮器「周旅酬六尸」[一五]，鄭注云「后稷尸發爵不受旅」。此經傳之言祫禘者。周公制禮之時，文、武之主，尚在親廟，故禘遷主於太廟[一六]，而立昭穆二尸。逸禮祫祭惟七尸，則祫之遷主無尸。天子立廟，得及其始祖之所自出，凡祭皆然，不惟禘也。禘祭禮盛事殷，故名大祭。春秋傳曰「魯有禘樂」[一七]，明堂位「季夏六月，以禘禮祀周公」[一八]，明其禮樂與時祭殊[一九]。禘祫俱及遷廟之主，諸侯則有祫無禘，故記曰「禮不王不禘」[二〇]。天祭有禘名，以別於郊；宗廟之祭有禘名，以別於祫。禘郊禘祫，因其散見之文，可考如此。

[一]喪服小記，禮記第十五篇篇名。孔疏引鄭玄三禮目録：「喪服小記者，以其記喪服之小義也。」三禮辭典「喪服小記」條：「按儀禮喪服正經之後有記，蓋補經文之所不備。此篇又以補喪服正經後記之所未備。其事瑣碎，故名小記。」又大傳，禮記第十六篇篇名。孔疏引鄭玄三禮目録：「名曰『大傳』者，以其記祖宗人親之大義。」三禮辭典「大傳」條引吴澄禮記纂言云：「此篇通引喪服傳之文而推廣之，不釋經而汎説，如易之繫辭傳，故名爲『大傳』。」

[二]鄭注：「高祖而下，與始祖而五，謂既立始祖之廟，又立高祖以下四廟也。」

[三]韋玄成（？—前三六），字少翁，漢鄒（今屬山東）人。元帝時，爲少府，至御史大夫，爲丞相。卒謚共侯。精於禮，好四言詩。今存自劾、戒示子孫二首。漢書卷七三有傳。祥案：引文見韋玄成傳，金氏有删節。

[四]遞，禮箋原文作迭，漢書韋玄成傳同，當據改。顔注：「迭，互也。親盡則毀，故云迭也。」

［五］此句下金榜自注曰：「詩序：『雝，禘太祖也。』箋云：『太祖，謂文王也。』」

［六］禮記明堂位：「魯公之廟，文世室也；武公之廟，武世室也。」鄭注：「此二廟象周有文王、武王之廟也。世室者，不毁之名也。」

［七］此句下金榜自注曰：「配讀如博厚配地之配，謂配太祖爲不毁之廟，非配祭也。」

［八］逸禮，漢武帝時，孔壁所出禮古經五十六卷，除其中十七篇與今本儀禮相同者，多三十九篇，稱逸禮；或以禮古經五十六篇統稱爲逸禮。王莽時，立爲學官。東漢時，未立學官，然其書尚有轉寫之本。鄭玄注三禮，得以考校引用。魏晉間，逸禮三十九篇散佚。今可知者，有禮記從逸禮中輯入奔喪、投壺；大戴禮記輯入投壺、諸侯釁廟、諸侯遷廟、公冠等。又鄭玄三禮注所引逸禮篇目有天子巡狩禮、王居明堂禮、朝貢禮、軍禮、禘於太廟禮、烝嘗禮、中霤禮等。清人丁晏輯有佚禮扶微五卷，又劉師培有逸禮考一卷可參。

［九］周注：「文見通典禮九祫禘上及禮記王制正義引。尸，神象也。古者祭必有尸，以節神也。禮，天子以卿爲尸，諸侯以大夫爲尸，卿大夫以下以孫爲尸。古合祭於太祖之廟，以昭穆爲次序。父爲昭，子爲穆；昭南向，穆北向；孫從王父坐也。」

［一〇］禰廟，父廟。左傳襄公十二年：「凡諸侯之喪，異姓臨於外，同姓於宗廟，同宗於祖廟，同族於禰廟。」杜注：「禰廟，父廟也。同族謂高祖以下。」

［一一］引文見公羊傳文公二年，金氏有删省。

［一二］曾子問，禮記第七篇篇名。以篇首「曾子問」三字名篇，篇中多言喪禮。孔疏引鄭玄三禮目録：「名爲『曾子問』者，以其記所問多明於禮，故著姓名以顯之。曾子，孔子弟子曾參。」

［一三］曾子問：「當七廟五廟無虚主。虚主者，惟天子崩，諸侯薨，與去其國，與祫祭於祖，爲無主耳。」

［一四］通典卷四九禮九祫禘上：「大宗伯出高祖以下木主，守祧出先王先公祧主，皆入太祖后稷廟中。於室之奥西壁

下東面，布太祖后稷位，尸在東北面；太祖之子於席前之北南面爲昭，及昭之子在南方北面相對爲穆；以次而東，孫與王父並列，直至禰。其尸各居木主之左，凡七尸。」注：「七尸者，逸禮文。」

[一五]禮器，禮記第十篇篇名，因篇首「禮器」二字名篇。孔疏引鄭玄三禮目録：「名爲『禮器』者，以其記禮使人成器之義也。」禮器：「周旅酬六尸」。鄭注：「使之相酌也。后稷之尸，發爵不受旅。」孔疏：「旅酬六尸，謂祫祭時，聚群廟之主於太祖后稷廟中。后稷在室西嚮，東嚮爲發爵之主，尊不與子孫爲酬酢。餘自文、武二尸就親廟中凡六，在后稷之東，南北對爲昭穆，更相次序以酬也。」祭統：「故曰：莫重於禘嘗。古者於禘也，發爵賜服，順陽義也；於嘗也，出田邑，發秋政，順陰義也。」

[一六]遷主，遷廟之主。天子之高祖之父及祖，其主均以次遷於二祧，故二祧亦稱遷廟，高祖之父及祖之主稱遷廟主。

[一七]引文見左傳襄公十年。

[一八]明堂位，禮記第十四篇篇名。孔疏引鄭玄三禮目録：「名曰『明堂位』者，以其記諸侯朝周公於明堂時所陳列之位也。」

[一九]時祭，即時祀。四時固定之山川、林澤、百物等小祀。詳周禮地官牧人「凡時祀之牲必用牷物」鄭注。

[二〇]周注：「喪服小記及大傳皆有此語。」

論感生帝曰[一]：生民之詩具矣[二]。詩曰「履帝武敏歆，攸介攸止，載震載夙，載生載育，時維后稷」[三]，后稷感神靈之氣而生也。曰「誕后稷之穡，有相之道」[四]，曰「誕降嘉種，維秬維秠，維穈維芑」[五]，言后稷爲天所助，以成稼穡之功也。曰「載燔載烈，以興嗣歲」[六]，曰「其香始升，上帝居歆」[七]，言后稷肇祀以祈豐年，而上帝歆享之也。或曰帝，或曰上帝，皆指天帝而言。若如傳釋帝爲高辛氏之帝[八]，則從於帝而見於天，因以生子，此亦何足稱異。下經「寘之隘巷」、「寘之平林」、「寒冰」[九]，不且大遠於事情乎[一〇]？周人祈穀之郊，實本於后稷之肇祀。今由生民之詩繹之，鄭君謂郊祀爲祀感生帝，説非無據[一一]。但月令「孟春乃擇元日，祈穀於上帝」[一二]，春秋傳「孟獻子曰[一三]：『夫郊祀后稷，以祈農事也。是故啓蟄而郊，郊而後耕。』」夫曰「祈穀」，曰「祈農事」，而絶不及於祭感生者，蓋詩表先代之神靈，禮嚴百王之祀事，故不同也。大傳「王者禘其祖之所自出，以其祖配之；諸侯及其太祖；大夫士有大事，省於其君，干祫及其高祖」[一四]。是爲尊者尊統上，卑者尊統下之義[一五]。喪服小記「王者禘其祖之所自出，以其祖配之，而立四廟」，則以后稷始封，文、武受命稱王，與四親廟對言爲七廟。二條皆謂宗廟之禘，與祭天無涉。且禘譽郊稷，禮家或混禘於郊，未嘗混郊於禘。如鄭君説，則祈穀又蒙禘名矣。故鄭志答趙商云：「悉信亦非，不信亦非。」[一六]斯言也，敢援以爲治經之大法。此其説之尤著者。

[一]此段引文見禮箋卷三禘末附第三條：「或問：感生帝之説，信乎？曰……」周注：「感生謂古代王者之先祖皆感於天帝之精而生，如姜嫄履大人之跡而生稷是。王者祭上帝於南郊，其所祭者，即爲其先祖所從感生之天帝，而以其祖配祀。其説出於經今文家，發揮於緯書，鄭玄每引之以釋群經。」

[二]，詩經大雅生民小序：「生民，尊祖也。后稷生於姜嫄，文、武之功起於后稷，故推以配天焉。」

[三]毛傳：「履，踐也。」鄭箋：「帝，上帝也；敏，拇也；介，左右也；夙之言肅也；祀郊禖之時，時則有大神之跡，姜嫄履之，足不能滿，履其拇指之處，心體歆歆然，其左右所止住，如有人道感己者也。於是遂有身，而肅戒不復禦。後則生子而養，長名之曰棄。舜臣堯而舉之，是爲后稷。」

[四]毛傳：「相，助也。」鄭箋：「大矣后稷之掌稼穡，有見助之道，謂若神助之力也。」

[五]毛傳：「天降嘉種。秬，黑黍也；秠，一稃二米也；穈，赤苗也；芑，白苗也。」

[六]鄭箋：「又燔烈其肉，爲尸羞焉，自此而往郊。」「嗣歲，今新歲也。以先歲之物齊敬犯軷而祀天者，將求新歲之豐年也。」

[七]鄭箋：「其馨香始上行，上帝則安而歆享之。」

[八]周注：「詩『履武帝敏』句，毛公傳：『帝，高辛氏之帝也。武，跡；敏，疾也。從於帝而見於天，將事齊敏也。』按毛爲古文說，以帝爲人帝，指高辛氏，姜嫄爲高辛氏之妃耦而生后稷。鄭改從今文說，以帝爲天帝，姜嫄無夫，感於天帝而生后稷。二說不同。」

[九]生民有「誕寘之隘巷，牛羊腓字之。誕寘之平林，會伐平林。誕寘之寒冰，鳥覆翼之」諸句。

[一〇]史記卷七四孟子荀卿列傳：孟軻「游事齊宣王，宣王不能用。適梁，梁惠王不果所言，則見以爲迂遠而闊於事情。當是之時，秦用商君，富國彊兵；楚、魏用吴起，戰勝弱敵；齊威王、宣王用孫子、田忌之徒，而諸侯東面朝齊。天下方務於合從連衡，以攻伐爲賢，而孟軻乃述唐、虞、三代之德，是以所如者不合。」

[一一]禮記大傳鄭注：「大祭其先祖所由生，謂郊祀天也。王者之先祖，皆感大微五帝之精以生，蒼則靈威仰，赤則赤熛怒，黄則含樞紐，白則白招拒，黑則汁光紀，皆用正歲之月郊祭之，蓋特尊焉。孝經曰『郊祀后稷以配天』，配靈威仰也。」

［一二］月令，禮記第六篇篇名。孔疏引鄭玄三禮目録：「名曰『月令』者，以其記十二月政之所行也。本呂氏春秋十二月紀之首章也。以禮家好事抄合之，後人因題之，名曰禮記，言周公所作，其中官名時事多不合周法。」

［一三］引文見左傳襄公七年。孟獻子即仲孫蔑，春秋時魯大夫。

［一四］鄭注：「大事，寇戎之事也。省，善也。善於其君，謂免於大難也，干猶空也；空祫，謂無廟，祫祭之於壇墠。」

［一五］儀禮喪服：「爲人後者，爲其父母報。」子夏傳：「諸侯及其大祖，天子及其始祖之所自出。尊者尊統上，卑者尊統下。大宗者，尊之統也。」鄭注：「上猶遠也，下猶近也。」

［一六］語見鄭志卷上「趙商問生民箋云……」條，又見詩經大雅生民正義引。鄭志三卷，是書後漢書鄭玄傳稱門生相與撰玄答弟子，依論語作鄭志八篇。隋志稱十一卷，魏侍中鄭小同撰。四庫總目以爲其書蓋追録之者爲諸弟子，編次成帙者則小同。北宋全佚。傳本三卷，不知何人所輯。然猶存鄭之梗概。今有四庫全書本及清人王復、袁鈞、孔廣林等諸家輯本，又有皮錫瑞鄭志疏證八卷可參。趙商，東漢河内（今河南武陟）人。鄭玄弟子。玄年六十，商等自遠方來學者數千人。事見後漢書卷三五鄭玄傳，又鄭志中多載鄭玄與趙商問答之語。

其論三江，世儒多是之，獨王光禄西沚與藩不以爲然［一］。年老，得髀痛疾，卧牀蓐間［二］，手定禮箋十卷［三］，未幾卒［四］。

［一］三江，詳參本書第五五頁注［一二］。禮箋卷一三江：「北江出於漢水，中江出於江水，……南江不見於經，彭蠡以下首受江者是也。」即北江漢水、中江江水、南江浙水。祥案：江藩論「三江」之文，今不見於其存世著述中，紬其言，似

其持論與王氏説同，王氏贊同鄭玄之説，詳王鳴盛尚書後案卷三禹貢「三江既入」條，蛾術編卷五〇説地一四「三江」條。

［一二］近藤注：「『間』讀論語子罕篇『疾間曰』之『間』，朱熹集注：『間，少差也。』」祥案：近藤氏誤，此「卧牀蓐間」者，謂卧牀不起，即牀而定手稿之意，非疾病稍瘉之意也。

［一三］禮箋十卷，今存三卷，分論周禮、儀禮、禮記，總四十八篇。金榜以爲鄭玄三禮注，爲言禮者之舌人，而病唐人義疏之漏，遂祖鄭氏詩箋注毛傳之義，以鄭説爲主，兼下己意，以爲譯鄭。其所論説，多有精義，後孫詒讓周禮正義多稱引之。今有乾隆時刻本、皇清經解本等。

［一四］吴銘：「先生以嘉慶六年六月十一日卒，年六十有七。」

戴震

戴震，字慎修，一字東原［一］，休寧人［二］。祖寧仁，父弁，皆不仕［三］。君生十歲乃能言［四］，就傅讀書，過目成誦。塾師授以大學章句右經一章［五］，問其師曰［六］：「此何以知爲孔子之言而曾子述之？又何以知爲曾子之意而門人記之？」師曰：「此子朱子云爾。」又問：「朱子何時人？」曰：「南宋。」又問：「曾子何時人？」曰：「東周。」又問：「周去宋幾何時？」曰：「幾二千年。」曰：「然則子朱子何以知其然？」師不能答。讀書一字必求其義，塾師略舉傳注訓解之，意不釋［七］。師惡其煩，乃取許氏説文解字令檢閲之，學之三年，通其義，於是十三經盡通矣［八］。

[一]古人名字解詁：「易説卦：『萬物出乎震。震，東方也。』故以『東』應『震』。爾雅釋地：『廣平曰原。可食者曰原。』郭璞注：『可種穀給食。』東方主春，春乃耕作種穀於原上。故因『東』而綴以『原』。又或取書禹貢『東原底平』。」

[二]洪榜初堂遺稿戴先生行狀：「戴氏自唐銀青光禄大夫檢校國子祭酒兼監察御史曰安，有子曰顏，由饒州樂平遷歙州，葬母於歙之黄墩小練源，廬於墓側，稱孝隱先生，卒葬休寧隆阜，因家焉，世爲休寧人。」又參戴震戴東原集卷一一族支譜序。

[三]戴寧仁，戴震祖父，生平事蹟皆不詳。戴弁（一六九九—一七七九），震父。爲族人經營布業於江西南豐，輕財尚義。嘗修三門支譜，獨力建衆廳，以爲族黨讌敘之所。事見戴震全集第六册附戴琴泉戴東原先生軼事。

[四]乃，才也。行狀：「生十歲，乃能言。就傅讀書，過目成誦，日數千言不肯休。」段玉裁戴東原先生年譜雍正十年：「先生是年乃能言，蓋聰明蕴蓄者深矣。」

[五]大學章句一卷，宋朱熹撰。大學本禮記中一篇，所謂「大學者，以其記博學可以爲政也。」朱熹將此篇與論語、孟子、中庸合編，定爲四子書之名，且分别經傳，顛倒舊次，爲作章句。明代定以四書取士，遂爲士子耳熟能詳之書。又大學章句以「大學之道，在明明德」至「而其所薄者厚，未之有也」一段爲經文。朱注：「右經一章，蓋孔子之言而曾子述之；其傳十章，則曾子之意而門人記之也。」

[六]祥案：此段語見行狀及諸家傳記。又戴琴泉軼事所記，較諸家更詳，其曰：「出就蒙師讀，授三字經『人之初，性本善』，問師性善之所以然，師不能答。乃易師而授四子書，講解仍若俗説，每不慊於懷。師授大學『右經一章』……師無以應，曰：『此非常兒也！』」

[七]戴東原集卷九與是仲明論學書：「僕少時家貧，不獲親師，聞聖人之中有孔子者，定六經示後之人，求其一經，啓而讀之，茫茫然無覺。」

[八]行狀：「先生讀書，每一字必求其義，塾師略舉傳注訓解之，先生意每不釋然。師不勝其煩，因取漢許叔重說文解字十五卷授之。先生大好其書，學之三年，盡得其節目。又取爾雅、方言及漢儒箋注之存於今者，搜求考究。一字之義，必貫群經、本六書以爲定詁。由是盡通前人所合集十三經注疏，舉其辭無遺，時先生年十六七矣。」又段譜乾隆四年：「先生嘗謂玉裁曰：『余於疏不能盡記，經、注則無不能倍誦也。』」

隨父客南豐[一]，課學童於邵武。自邵武歸[二]，年甫二十，同縣程中允〔恂〕（洵）一見奇之[三]。時江君愼修來歙[四]，見君，目爲儒者。一日，舉曆算中數事曰：「吾積疑十有餘年，而未剖析者。」君爲之比較，言其所以然。江君驚喜曰：「今之定九也！[五]」年二十八[六]，補縣學生。家屢空，而學日進[七]。著考工記圖[八]、屈原賦注[九]、勾股割圜記[一〇]，流傳浙東西[一一]。天臺齊侍郎召南讀其書[一二]，恨不識其人[一三]，江南惠定宇、沈冠雲二徵君，皆引爲忘年交[一四]。

[一]行狀：「隨父文林公客江西南豐，就近課學童於邵武。又一年，於經學益進。」段譜隸於乾隆五年，東原十八歲時。

[二]行狀「先生自邵武歸也，年甫二十。同縣程中允恂一見，大愛重之。曰：『載道之器也。吾見人多矣，如子者，巍科碩輔，誠不足言。』」

[三]程洵，爲程恂之誤，今改之。恂字慄也，號燕侯，休寧人。雍正二年進士。乾隆元年，與博學鴻詞，中二等。因

直隸總督李衛薦，授檢討，陞中允。精於三禮，在都時嘗延江永於邸舍，互相討論，學益深博。後入三禮館從事修纂。事見李遇孫鶴徵録、詞林輯略卷三。

［四］行狀：「婺源江先生永治經數十年，精於三禮及步算、鍾律、聲韻、地名沿革，博綜淹貫，巋然大師。先生一見傾心，因取平日所學就質正焉。江先生見其盛年博學，相得甚歡。一日，舉曆算中數事問先生曰：『吾有所疑，十餘年未能决。』先生請其書，諦視之，因爲剖析比較，言其所以然。江先生驚喜，歎曰：『累歲之疑，一日而釋，其敏不可及也！』先生亦歎江先生之學，周詳精整。」祥案：段譜隸江、戴之事於乾隆七年之下，且節引行狀文，省去中間數年戴氏往江寧等事。魏建功先生所編戴氏年譜，以爲戴氏始見江氏在乾隆十五年戴氏二十八歲時。然據楊應芹東原年譜訂補考證，江、戴相見當在乾隆十八年，此時戴氏年至三十，且已著有策算、算學初稿四種及勾股割圜記諸書，故行狀得稱爲「盛年博學」，亦方能爲江氏釋「累歲之疑」。詳參年譜乾隆七年條訂補。然據戴氏江慎修先生七十壽序稱：「震少知嚮慕，既數年，始獲一見；又數年，始拜先生於吾邑之斗山。所讀諸經，往來問難，承口講指畫，然後確然見經學之本末。既而先生就館本邑，未能從學，深悵恨焉。」然則戴氏見江氏尚在二十八歲以前，入其門下在見面後又數年之事也。

［五］定九，梅文鼎字。

［六］王昶春融堂文集卷五五墓誌銘：「乾隆十六年，補縣學生。」段譜同。祥案：是年戴氏二十九歲，非二十八歲，江氏誤。

［七］行狀：「先生學日進而遇日益窮，年近三十，乃補縣學生。用是絶志舉子業，覃思著述，家屢空而勵志愈專。」

［八］考工記圖二卷，考工記爲春秋末期一部手工技術規範彙集，漢時有鄭玄注。戴氏此書先作圖，後以鄭注爲主，再自定其説以爲補注。戴氏所爲圖，多於今出土文物相合，足其見其考訂之精。今有戴震全集本、戴震全書本等。

［九］屈原賦注一二卷（初稿三卷，今亦存）。漢志有屈原賦二十五篇，故戴氏從其名爲屈原賦注。前七卷爲賦注，第八卷爲通釋上山川地名、九卷爲通釋下草木鳥獸蟲魚，後三卷仿經典釋文體爲音義。音義假歙縣汪鳳梧之名，因汪氏出資刻

之之故也。今有中華書局一九九九年褚斌傑等點校本、戴震全集本、戴震全書本等。

［一〇］句股割圜記三卷，凡圖五十五幅，術四十九題。是書以中國傳統的句股弧矢、割圓術爲立法根據，推演三角學之基本公式，以求中西算學之會通。上卷論平面三角的基本概念、公式及平面三角形之解法，其中包括正弦定理和正切定理；中卷論球面直角三角形解法，紹介「方直儀」等立體模型之用法；下卷論球面三角形之解法，其中包括球面三角正弦定理和正矢定理。原書文字簡古，又因歙人吴思孝助刻其書，故戴氏假吴氏之名加圖作注而刊之，即書中「吴曰」云云。今人整理本有戴震全集本、戴震全書本等。

［一一］祥案：乾隆十一年，戴氏二十四歲，成考工記圖；二十年，紀昀刻其書。十七年，成屈原賦注；二十五年，汪鳳梧刻於歙縣不疏園。二十三年前，成句股割圜記，於是年由吴思孝刻成之。此即本文所謂「流傳浙東西」者。故王銘曰：「年近三十，考工記圖、屈原賦注、勾股割圜記諸書已成，傳至浙中，齊少宗伯召南嘉歎不已。」

［一二］齊召南（一七〇三—一七六八），字次風，號瓊臺，晚號息園。清天臺人。乾隆元年，舉博學鴻詞科。官至禮部侍郎。後因墜馬傷腦，遂乞歸。掌教蕺山、萬松兩書院。因族人齊周華文字獄案牽連，奪職放歸，旋卒。文辭淵雅，精史地之學。著有十三經注疏考證六卷、水道提綱二八卷、寶綸堂文鈔八卷詩鈔六卷外集一二卷。事見杭世駿道古堂文集卷四一墓誌銘，清史列傳卷七一、清史稿卷三〇五有傳。

［一三］紀昀紀曉嵐文集卷八考工記圖序：「戴君語余曰：『昔丁卯、戊辰間，先師程中允出是書以示齊學士次風先生，學士一見而歎曰：誠奇書也！』」

［一四］祥案：戴東原集卷一一題惠定宇先生授經圖：「前九年，震自京師南還，始覯先生於揚州之都轉運使司署内。先生執震之手言曰：『昔亡友吴江沈冠雲嘗語余，休寧有戴某者，相與識之也久。冠雲蓋寔見子所著書。』震方心訝少時未定之見，不知何緣以入沈君目，而憾沈君之不及覯，益欣幸獲覯先生。明年，則聞先生又殁於家。」東原是文作於乾隆三十年，然則東原與惠氏相見論學在二十二年，年譜亦明記矣。而行狀謂「先生於乾隆乙亥北上京師，見惠於揚州，一見訂

交。」則隸在乾隆二十年，考二十年戴氏已在北京，故行狀之誤顯然。又依戴氏自語，則與沈彤未曾有一面之緣，沈氏生前僅見過戴所著書，言及與惠棟，故惠、戴見面時有如上之語。然則江藩所謂「惠定宇、沈冠雲二徵君皆引爲忘年交」者，益誤。

乾隆二十七年壬午，舉於鄉[一]。策蹇至京師[二]，困於逆旅，人皆以狂生目之，幾不能供饘粥，獲交於錢少詹大昕[三]，稱爲天下奇才。秦文恭公纂五禮通考，求精於推步者，少詹舉君名，文恭延之，纂觀象授時一類[四]。後高郵王文肅公安國，請君至家塾課其子念孫[五]，一時館閣通人如河間紀庶子昀[六]、嘉定王編修鳴盛、青浦王蘭泉先生、大興朱笥河先生，皆與之定交，從此海内知東原氏矣。試禮部，不第[七]。後朱方伯珪招之游晉[八]，修汾州府志[九]。三十八年，奉召充四庫全書館纂修官[一〇]。三十九年乙未[一一]，特命與會試中式者同赴廷對，授翰林院庶吉士。四十二年五月[一二]，卒於官，享年五十有五。

[一]行狀：「先生以乾隆壬午科舉於鄉，會試屢黜於有司，往來教授燕、晉間。」又錢傳：「乾隆壬午，中江南鄉試。明年，試禮部不第，薄游汾、晉間。」祥案：此乃戴氏見錢大昕等人以後事，而江藩隸之於前，大誤。當接於「試禮部不第」句前，方爲妥貼。江氏襲錢傳，而錢氏不誤也。近藤注以爲乃江氏交互採行狀與錢傳而致誤，是。

[二]祥案：段譜據紀昀考工記圖序，隸戴氏入都與諸人相識於乙酉，誤。據錢傳、錢氏竹汀居士年譜、王鎔等所載，戴氏入都爲提前一年之甲戌，詳參段譜乾隆二十年楊應芹訂補。段譜：「先生是年訟其族子豪者侵占祖坟，族豪倚财

结交县令，令欲文致先生罪，乃脱身挟策入都，行李衣服无有也。寄旅于歙县会馆，饘粥或不继，而歌声出金石。」又戴琴泉轶事：「公祖墓在距隆阜二里之茅山桥南，东对公宅，遥望山势，如书架层叠，青乌家谓为万架书箱，主子孙著作等身，血食万代。族豪某，意欲侵占，以廣己之祖塋。公訟諸官，縣令利族豪賄，將文致公罪。公乃日行二百里，徒步走京師。」又盧文弨曾替戴氏從中調解此事，詳見盧氏抱經堂文集卷一八與程致堂以道進士書。

［三］錢傳：「性介特，多與物迕，落落不自得。年三十餘，策蹇至京師，困於逆旅，饘粥幾不繼，人皆目爲狂生。一日，攜其所著書過予齋，談論竟日。既去，予目送之，歎曰：『天下奇才也！』時金匱秦文恭公蕙田兼理算學，求精於推步者，予輒舉先生名。秦公大喜，即日命駕訪之，延主其邸，與講『觀象授時』之旨，以爲聞所未聞。秦公撰五禮通考，往往採其說焉。高郵王文肅公安國亦延致先生家塾，令其子念孫師之。一時館閣通人：河間紀太史昀、嘉定王編修鳴盛、青浦王舍人昶、大興朱太史筠，先後與先生定交，於是海內皆知有戴先生矣。」又王銘：「余之獲交東原，蓋在乾隆甲戌之春，維時秦文恭公蕙田纂五禮通考，延致於味經軒，偕余同輯時享一類，凡五閱月而別。」

［四］祥案：戴氏參與五禮通考之編纂，行狀及錢傳未明言所纂何目，王銘曰與其同輯時享一類，段譜謂「全載先生句股割圜記三篇」，又「全書往往採先生說」。錢傳曰「與講『觀象授時』之旨，以爲聞所未聞」，江氏改作「纂觀象授時一類」。今五禮通考卷八五至卷九六爲吉禮宗廟時享，又卷一八一至卷二〇〇爲嘉禮觀象授時。

［五］祥案：趙之謙批校曰：「文肅延先生教子，在壬午前，此有誤。」趙說是。段譜乾隆二十一年條：「是年，蓋館於大宗伯高郵王文肅公第，公子念孫從學，今永定河道王君懷祖是也。是時懷祖方受經，而其後終能得先生傳。」又劉盼遂清王石渠先生念孫年譜乾隆二十一年條亦曰：「文肅公兼管工部尚書事，延戴君東原館於家，命先生從受經。……先生從學一年，終能盡得其傳。」王安國（一六九四—一七五七），字春圃，清高郵人。雍正二年（一七二四）一甲二名進士。官至兵部、禮部、吏部尚書。卒謚文肅。深研經籍，今有王文肅公遺文一卷補遺一卷。事見王氏六葉傳狀碑誌集卷一夏之蓉王尚書傳，清史稿卷三〇四有傳。

［六］紀昀，參本書卷六紀昀。

［七］祥案：東原自乾隆二十七年中舉，明年入都會試不第，遂南旋；三十一年，再入都會試，仍不第；三十三年，曾應直隸總督方觀承之邀，修直隸河渠書，未成；三十四年，第三次會試不第；三十六年，第四次會試不第，後修汾陽縣志；三十七年，第五次會試不第；四十年，第六次會試不第。又胡虔柿葉軒筆記：「戴東原震數應禮部試，分校者争欲致之門下，每於三場五策中物色之不可得，既乃知其對策甚空，諸公以戴淹雅精卓，殆無倫比，而策則如無學者，大是異事。錢辛楣詹事曰：『此東原之所以爲東原也。』戴中壬午江南鄉試，年四十矣。出青田韓錫祚房，其文詰屈，幾不可句讀，後以徵修四庫書，得庶吉士。」

［八］段譜乾隆三十四年：「是年夏，先生與朱文正公善。文正時爲山西布政司使，先生偕玉裁往，玉裁主講壽陽書院，先生客文正署中。已而汾州太守孫君和相聘修府志，是年成汾州府志三十四卷。」

［九］乾隆汾州府志三四卷，以地圖與沿革表爲首，其次爲星野、疆域、山川、城池、學校、關隘、營汛、驛鋪、户口、田賦、鹽税、職官、名臣、食封、流寓、人物、義行、科目、仕實、列女、古迹塚墓、祠廟、雜識、藝文等。戴震認爲疆域辨明然後才能記述山川；記述山川則關乎地理形勝、農政水利；城池等爲官事民事，可考察政務之大體與民生之利病；職官等項，則可以考前人之往鑒；古迹等項，可備稽古者之翻檢；藝文殿於志末，與列於前者相互參證。有乾隆三十六年刊本等。

［一〇］高宗實録卷九三〇乾隆三十八年閏三月庚午：「大學士劉統勳等奏：纂輯四庫全書，卷帙浩博，必須斟酌綜覈，方免罣漏參差，請將現充纂修紀昀，提調陸錫熊作爲總辦，原派纂修三十員外，應添纂修翰林十員，又查有郎中姚鼐、主事程晉芳、任大椿、學正汪如藻、降調學士翁方綱，留心典籍，應請派爲纂修，又進士余集、邵晉涵，舉人戴震、楊昌霖，於古書原委，俱能考訂，應請旨調取來京，令其在分校上行走，更資集思廣益之用。從之。」

［一一］祥案：乾隆三十九年爲甲午，乙未爲乾隆四十年，江氏誤植一年，乃洪榜行狀之誤。段譜乾隆四十年條：

「是年，會試不第。奉命與乙未貢士一體殿試，賜同進士出身，授翰林院庶吉士。」

[一二]錢傳：「先生起自單寒，獨以文學爲天子所知，出入著作之庭。館中有奇文疑義，輒就咨訪，先生爲考究顛末，各得其意以去。先生亦思勤修其職，以稱塞明詔。經進圖籍，論次精審。晨夕披覽，靡間寒暑，竟以積勞致疾。丁酉夏，卒於官。年五十有五。」段譜乾隆四十二年：「五月二十七日晡時，先生卒。……蓋先生用心過勞，至於痿躄而不自止，病已深矣，心煩如欲吐者，庸醫乃以黑山梔寒之而吐之，斯不可爲矣。嗚呼！傷哉！」祥案：錢、段二氏，皆以爲戴氏乃勤於纂修，積勞成疾，以致不起。二氏所言是矣，戴氏一生往來南北，奔波衣食，常以借貸度日，所著之書亦無力自刻，而署以他人之名刻之。入四庫館後，生活雖較前安定，然長安謀生，又談何容易，故南旋之心早萌。是年三月，又獲足疾，至於不能行動，以纂修事未畢，乃在寓辨理，擬明春告成，乞假南旋。不意書尚未成，斯人已去。真所謂鞠躬盡瘁，死而後已者也！

生平無嗜好，惟喜讀書，詞義鉤棘難通之文，一再讀之，涣然冰釋[一]。其學長於考辨，立一義，初若創獲，及參互考之，確不可易。春秋昭公二十二年[二]：「十月，王子猛卒。」而其夏、秋已兩書「王猛」，説者莫得其解[三]。解之曰[四]：「王猛與鄭忽[五]，皆以國氏者也。王者，諸侯目王畿之辭，非天子之號。春秋凡書王，猶列國之書其國；書天王，猶列國之書爵。故王人與列國書人，同爲微者。[六]王猛與鄭忽同以國氏，忽未即位而出奔，歸，不得書爵，書世子，正其復國也[七]。王子猛未即位稱王，故卒稱王子，若先正其號曰王，不得復稱王子矣。

［一］錢傳此下尚有「旁觀者皆驚爲宿悟，要由精誠所致」二句，更能體會戴學之味。

［二］魯昭公二十二年，爲前五二〇年。周注：「猛，周景王之長子。景王愛長庶子子朝，欲立之。會崩，群王子爭立。單旗與劉蚠立猛爲王。子朝遂因舊官百工之喪職秩者與靈、景之族以作亂。單旗奉猛出居於皇。晉籍談、荀躒帥師納王於王城。旋王師爲子朝所敗，猛被殺死。見左傳昭公二十二年傳。」

［三］春秋昭公二十二年：「夏，……劉子、單子以王猛居於皇。」「秋，劉子、單子以王猛入於王城。」「冬十月，王子猛卒。」周注：「兩書王猛，一書王子猛，先後書法不同，故云『說者莫得其解』。」

［四］此段引文今見戴東原集卷一春秋改元即位考中。

［五］鄭昭公（？—前六九五），名忽。莊公子。莊公卒，大夫祭仲立忽。旋宋莊公誘執祭仲，脅祭仲更立忽之弟突，是爲厲公。忽遂出奔衛。厲公立，祭仲專政。厲公與雍糾謀殺祭仲；祭仲知之，殺雍糾。厲公出居於櫟。復迎忽入鄭，後爲其臣高渠彌射殺。事見左傳桓公十一、十六、十七年傳、史記卷四二鄭世家。

［六］周注：「春秋書法，微者稱人。莊公六年，書『王人子突救衛』。僖公八年，書『公會王人、齊侯、宋公、衛侯、許男、曹伯、陳世子款、鄭世子華盟於洮』。公羊傳皆釋云：『王人者何？微者也。』隱公元年，書『及宋人盟宿』。穀梁傳釋云：『及者何？内卑者也。宋人，外卑者也。』按内外謂魯與宋也。穀梁所謂卑者，與公羊之微者義同，皆指非卿大夫而言。」

［七］鄭忽出奔衛，在魯桓公十一年，爲西元前七〇一年；歸國在魯桓公十五年，爲西元前六九七年。春秋：「鄭世子忽復歸於鄭。」公羊傳：「其稱世子何？復正也。」

周髀言「北極璿璣四游」［一］，又言「正北極樞璿璣之中」［二］，後人多疑其說。解之曰［三］：

「正北極者，魯論之北辰[四]，今人所謂赤道極也。北極璿璣者，今人所謂黄道極也[五]。正北極者，左旋之樞[六]，北極璿璣，每晝夜環之而成規。冬至夜半在正北極下，是爲北游所極；日加卯之時，在正北極之左，是爲東游所極；日加午之時，在正北極之上，是爲南游所極；日加酉之時，在正北極之右，是爲西游所極：此璿璣之一日四游所極也。冬至夜半起正北子位；晝夜左旋一周，而又過一度，漸進至四分周之一，則春分夜半，爲東游所極；又進至夏至夜半，爲南游所極；又進至秋分夜半，爲西游所極：此璿璣之一歲四游所極也。虞夏書『在璿璣玉衡，以齊七政』[七]。蓋設璿璣以擬黄道極，世失其傳也。」

[一]周髀即周髀算經二卷，爲中國最早之天文、數學著作之一，今傳本約成書於西元前一世紀之西漢時期，有漢末三國時人趙爽、北周甄鸞、唐代李淳風等爲之注。是書爲中國古代「蓋天説」之代表。書中涉及數學學習方法、用畢氏定理測量、計算高深遠近及分數計算等。今有上海圖書館藏南宋嘉定六年（一二一三）刊本，一九八〇年北京文物出版社將此書與其它五種南宋本算經影印出版，取名宋刻算經六種。另有北京中華書局一九六三年出版之錢寶琮點校之算經十書本、一九九〇年上海古籍出版社影印之明萬曆時胡震亨刻秘册匯函本等。

[二]周髀算經卷下：「欲知北極樞、璿璣四極，常以夏至夜半時北極南游所極，冬至夜半時北游所極，冬至日加酉之時西游所極，日加卯之時東游所極，此北極璿璣四游。正北極璿璣之中，正北天之中。」

[三]引文見戴震戴東原集卷五周髀北極璿機四游解一。

[四]論語爲政：「爲政以德，譬如北辰，居其所而衆星共之。」北辰，清以前的學者都認爲是指赤道北極。晚近論語的

注釋多解爲北極星，但孔子時代正北極附近没有明亮的星，因此將其釋爲北極星，顯然不妥。戴震將北辰解釋爲黄極，與實際更是不符。與西方早期的黄道座標體系不同，中國的傳統天文學座標體系是赤道座標體系，在西方天文學傳入之前，一直没有明確的黄極概念。

[五]周髀算經之北極璿機，按書中(卷下)記載當爲「北極中大星」，據其中所記資料推算，系當時距北極約 52 之一星。清代學者陳杰、鄒伯奇都認爲是帝星(小熊星座 β 星)，近代也有學者認爲是庶子星(小熊星座 α 星)，尚難以確定具體爲哪一星。但戴震謂北極璿機爲黄道極，顯然有誤。詳參錢寶琮蓋天説源流考，見科學史集刊第一期，科學出版社一九五八年版。中國傳統天文學中，没有黄極概念，只有黄道的概念。如果周髀已採用黄極概念，則不可能不在此後歷代天文文獻中有所反映。戴氏實際上是借用了傳入的西方天文學概念來解釋北極璿璣。

[六]此句意思是，正北璿極爲樞軸，璿璣以此軸爲中心由東向西(左旋)轉動。

[七]尚書舜典：「在璿璣玉衡，以齊七政」。對此漢代以來天文曆算家有兩種説法。一説爲北斗七星，以魁四星爲璣，杓三星爲衡。北斗七星繞北極環行，觀其方向可建四時，以定曆法。此説爲西漢學者所主。如史記天官書所謂「北斗七星，所謂璿璣玉衡，以齊七政」。另一説則認爲是古代測天儀器。東漢學者以及宋代學者認爲是渾儀，渾儀上之圓盤爲璣、望管爲衡。兩説至今雖尚無定論，但各有所據。戴震另立黄極新説，則是没有根據的。

今人所用三角、八線之法[一]，本出於勾股，而尊信西術者，輒云勾股不能御三角。折之曰：「周髀云[二]：『圜出於方，方出於矩，矩出於九九八十一。』三角中無直角，則不應乎矩，無例可比矣。必以法御之，使成勾股而止。八線比例之術，皆勾股法也。[三]」

[一]戴東原集卷九與是仲明論學書：「中土測天用句股，今西人易名三角、八線，其三角即句股，八線即綴術。然三角之法窮，必以句股御之，用知句股者，法之盡備，名之至當也。」三角，即今之數學中的三角學(trigonometry)，內容主要包括平面三角、球面三角和三角函數表。因平面三角函數是由八條線(即正弦、餘弦、正切、餘切、正割、餘割、正矢和餘矢)構成，所以又被稱爲「八線」。如下圖所示，中國古代没有三角函數概念，只有勾股測望術和弧矢割圓術，前者主要用畢氏定理和相似勾股形對應邊成比例關係，以及解決各種平面幾何和測量方面的問題，後者是利用某些球面幾何知識和代數方法研究弧矢關係問題。明末西方三角學首次輸入中國，德國傳教士鄧玉函、湯若望和中國學者徐光啓合編的大測爲最早的中文三角學著作。大測序：「大測者，測三角形法也。」

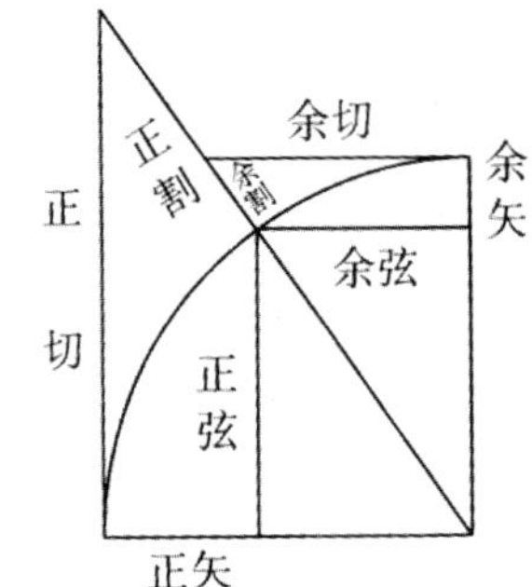

[二]周髀算經卷上：「商高曰：數之法出於圜方，圜出於方，方出於矩，矩出於九九八十一。故折矩，以爲句廣三，股修四，徑隅五。」

[三]此段以勾股之法説明三角原理，對於没有直角的一般三角形，從其一個頂點作底邊的垂線，則可以分爲兩個直角三角形(即勾股形)，這樣一般三角形同樣可用勾股演算法處理，因此戴震認爲三角八線方法實出於勾股法。他的句股割圜記三篇實爲討論平面和球面三角的著作，但却冠以句股割圜之名。書中所用名詞與當時算家通行者也頗爲不同，或選用古名或另造新名。如稱圓爲「圜」，稱角爲「觚」，線段則爲「矩」，正弦爲「內矩分」，餘弦爲「次內矩分」，正切爲「矩分」等。

嘗謂儒者治經，宜自爾雅始[一]。世所傳郭注已删節不全[二]，邢疏又多疎漏[三]。如釋言「桄，充也」[四]，六經無「桄」字，鄭注樂記[五]、孔子閒居皆訓「橫」爲「充」[六]。「橫」、「桄」古通用[七]。書「光被四表」[八]，漢書引爲「横被四表」[九]，今孔傳猶訓「光」爲「充」，文譌而義不殊也[一〇]。釋言「庥，廕也」[一一]，即詩「不可休思」之「休」[一二]。釋木「桑柳醜條」，即詩「蠶月條桑」之「條」[一三]。莊子云「已而爲〔知〕(之)者」[一四]，「已而不知其然」[一五]，當從釋詁解「已」爲「此」[一六]。其考證通悟多如此。

[一]戴東原集卷三爾雅文字考序：「古故訓之書，其傳者莫先於爾雅。六藝之賴是以明也，所以通古今之異言，然後能諷誦乎章句，以求適於至道。……余竊謂儒者治經，宜自爾雅始。取而讀之，殫心於兹十年。是書舊注之散見者六家：犍爲文學、劉歆、樊光、李巡、鄭康成(案：鄭氏無爾雅注，周禮大宗伯疏誤引之耳)、孫炎，皆闕逸，難以輯綴。而世所傳郭注，復删節不全；邢氏疏尤多疏漏。」

[二]郭注，即爾雅郭璞注。周注：「郭注之經後人删節者，如尚書正義引『恒山一名常山，避漢文帝諱。』又云：『霍山今在廬江灊縣，潛水出焉，别名天柱山。漢武帝以衡山遼曠，移其神於此，今其土俗人皆呼之爲南嶽。南嶽本自以兩山爲名，非從近來也，而學者多以霍山不得爲南嶽。』今注文不如此之詳。又後漢書馬融傳引爾雅『蜼卬鼻而長尾』，又引郭注：『以尾塞鼻』，又引『零陵、南康人呼之音餘，建平人呼之音相贈遺之遺也。又音餘救反，皆土俗輕重不同耳。』此三十餘字亦今本所無。」

[三]邢昺(九三二—一〇一〇)，字叔明，宋濟陰(今山東曹縣)人。太宗太平興國初，九經及第。官至禮部尚書。真宗時，受詔與杜鎬、孫奭等校定周禮、儀禮、春秋公羊傳、春秋穀梁傳、孝經、論語與爾雅，並爲後三書作疏。宋史卷四三一有傳。爾雅疏一〇卷，其書考案其事，以經籍爲宗；理義所詮，則以郭注爲主。能補郭注之闕，知聲義之通，達詞言之例。其疎在於拘泥疏不破注之體，郭注未及，不能旁搜；即毖衍郭注，亦未能博採群言，但勦毛詩、尚書等書正義爲

之。今有十三經注疏本等。

［四］爾雅釋言：「桄、熲，充也。」郭注：「皆充盛也。」祥案：此例引自戴東原集卷三與王内翰鳳喈書。

［五］禮記樂記：「鐘聲鏗，鏗以立號，號以立横，横以立武。君子聽鐘聲則思武臣。」鄭注：「横，充也。謂氣作充滿也。」

［六］禮記孔子閒居：「夫民之父母乎，必達於禮樂之原，以致五至而行三無，以横於天下。四方有敗，必先知之，此之謂民之父母矣。」鄭注：「横，充也。」

［七］與王内翰鳳喈書：「堯典古本必有作『横被四表』者。横被，廣被也。正如記所云『横於天下』、『横乎四海』是也。『横四表』、『格上下』對舉。溥遍所及曰横，貫通所至曰格。四表言被，以德加民物言也；上下言於，以德及天地言也。集傳曰『被四表，格上下』，殆失古文屬詞意歟？『横』轉寫爲『桄』，脱誤爲『光』。」

［八］尚書堯典：「光被四表，格於上下。」僞孔傳：「光，充也。」

［九］漢書卷八宣帝紀：「陛下聖德，充塞天地，光被四表。」又卷九九上王莽傳上：「昔唐堯横被四表。」

［一〇］祥案：戴氏以爲「『横』轉寫爲『桄』，脱誤爲『光』。」實則光、桄古見母陽韻，横匣母陽韻，三字韻皆可通，非轉寫脱誤之譌也。詳參本書第六頁注［二］。

［一一］爾雅釋言：「庇、庥，廕也。」郭注：「今俗語呼樹蔭爲休。」

［一二］詩經周南漢廣：「南有喬木，不可休思。」此例引自戴氏爾雅注疏箋補序。又戴氏毛鄭詩考正卷一釋「不可休思」曰：「『爾雅』：『休，蔭也。』（自注：郭本作『庥，廕也』，字通用。）」

［一三］詩經豳風七月：「蠶月條桑，取彼斧斨，以伐遠揚。」此例引自戴氏爾雅注疏箋補序。又戴氏毛鄭詩考正卷一釋曰：「箋云：『條桑，枝落之，採其葉也。』震按：『條』如『厥木惟條』之條。爾雅釋木云：『桑柳醜條』（自注：醜，類也。），郭注云：『阿那垂條』，是也。」又戴氏毛詩補傳卷一五：「條桑，條如『厥木惟條』之條，條暢也。當蠶月則有條暢

之桑矣。視其遠枝揚起者伐之，養桑之法宜然也。」

［一四］「知」初刻本及他本皆作「之」，戴氏引文誤，江藩沿襲未改，今據莊子內篇養生主改之。養生主：「吾生也有涯，而知也無涯，以有涯隨無涯，殆已；已而爲知者，殆而已矣。」

［一五］莊子內篇齊物論：「唯達者知通爲一，爲是不用而寓諸庸。庸也者，用也；用也者，通也；通也者，得也；適得而幾已，因是已；已而不知其然，謂之道。」

［一六］爾雅釋詁：「茲、斯、咨、呰、已，此也。」戴氏爾雅注疏箋補序：「曩閲莊周書『已而爲之者』、『已而不知其然』，語意不可識。偶檢釋詁『已，此也』，始豁然通乎其詞。」祥案：戴氏引文以「知」爲「之」，蓋記憶偶誤。

水經注譌舛多矣［一］，王伯厚引經文四事［二］，其三事皆注之溷於經者［三］。則經注之淆，南宋時已然。君獨尋其義例，區而別之云［四］：「經文每一水云『某水出某郡縣』，此下不更舉水名；注則兼及所納羣川，故須重舉。經云『過某縣』者，統一縣而言；注則詳言所逕委曲，故有一縣而再三見者。經據當時縣治；善長作注時［五］，縣邑流移，是以多稱『故城』，經無言故城者也。經例云『過』，注例云『逕』。以是推之，經注之淆者可正也。」閻百詩、顧景范、胡朏明［六］雖善讀古書，猶未悟斯失，至君始釐正之［七］。今武英殿所刊［八］，即用其校本，海内始復見此書之真面目焉。

［一］水經注四〇卷，北魏酈道元撰。水經記中國北南水系，約爲三國時人所著。酈氏之注，共計河流一千三百餘水，

詳注諸水之源頭、流向、經過、支津、匯合以及水文諸情形，且詳記沿途自然風景、風俗物産、動植礦物等。又其書模山範水，文詞瑰麗。是書歷代相傳，輾轉傳鈔，譌謬相仍，少有善本。清中葉全祖望、趙一清、戴震等皆有研究。又近人楊守敬等水經注疏，有江蘇古籍出版社一九八九年版本，陳橋驛水經注校釋，有杭州大學出版社一九九九年版本，皆可參讀。

［二］王應麟困學紀聞卷一〇地理論水經注曰：「愚按：經云『武侯壘』，又云『魏興安陽縣』，注謂『諸葛武侯所居』，『魏分漢中，立魏興郡』；又，改信都從長樂，則晉太康五年也，然則非後漢人所撰。……經云『河水又北薄骨律鎮城』，注云『赫連果城也』，乃後魏所置，其酈氏附益歟？」

［三］戴東原集卷六水經酈道元注序：「王伯厚通鑑地理通釋引水經四事，惟『魏興安陽』一事屬經文，餘三事咸酈注之譌爲經者。」祥案：王應麟所引，今見其困學紀聞卷一〇，戴氏殆記憶偶誤。又案：水經注卷三河水：「又北過北地富平縣西。」注：「河水又北薄骨律鎮城（戴氏注：案此九字原本及近刻並訛作經），在河渚上，赫連果城也。」又卷五河水：「又東北過黎陽縣南。」注：「長樂故信都也，晉太康五年改從今名。」又卷二七沔水：「沔水出武都沮縣東狼谷中。」注：「沔水又東經武侯壘南（戴氏注：案此九字原本及近刻並訛作經），諸葛武侯所居也。」又同卷：「又東過魏興安陽縣南。」注：「安陽縣故隸漢中，魏分漢中，立魏興郡，安陽隸焉。」以上四事，惟最後一條王氏所舉經文無誤，其餘皆爲注文溷入經文者，故戴氏云云。

［四］此段引文見戴東原集卷六水經酈道元注序，又見段譜乾隆三十九年條、段玉裁經韵樓集卷七與梁曜北書論戴趙二家水經注、四庫總目卷六九史部地理類二水經注，然所論有詳有略。

［五］酈道元（約四六九—五二七），字善長，北魏范陽涿縣（今屬河北）人。官至侍中兼攝行臺尚書，御史中尉等職。北魏末，雍州刺史蕭寶夤之亂，被執，不屈而死。生平好學，歷覽奇書。撰水經注四〇卷等。魏書卷八九、北史卷二七有傳。

［六］周注：「按閻著四書釋地，顧著讀史方輿紀要，胡著禹貢錐指，皆精輿地學，其所稱引，及於水經，未嘗致疑，故云。」

［七］戴氏在四庫館中，以永樂大典本參校水經注，酈氏自序一篇，亦自大典中輯出。其他凡補其闕漏者二千一百二十八字，刪其妄增者一千四百四十八字，正其臆改者三千七百一十五字。使全書經必統注，而注必統於經。參段譜乾隆三十九年條。

［八］武英殿，宫殿名。在故宫西華門内。清代於此殿設修書處，以刻印内廷書籍。祥案：戴氏校本，除四庫全書本外，乾隆三十七年先刊於浙東，後又以武英殿聚珍版印行，後四庫叢刊本又復以聚珍版印行。段譜乾隆三十九年條：「此書自先生校定後，宋以來舊刻必盡廢，更數十百年後，且莫知先生發潛之功，故聚珍板足貴，好事者當廣其傳也。」周注：「乾隆中葉四庫全書之編纂，分應刻、應鈔、存目三項。應刻者，以活字板重行排印。乾隆三十九年，命名爲武英殿聚珍本，御製題武英殿聚珍板詩序云：『校輯永樂大典内之散簡零編，並蒐天下遺籍，不下萬餘種，彙爲四庫全書。擇人所罕覯，有裨世道人心及足資借鏡者，剞劂流傳，嘉惠後學。第種類多則付雕非易，董武英殿事金簡以活字法爲請，既不濫費棗梨，又不久淹歲月，用力省而工程速，至簡且捷。……兹刻單字計二十五萬，雖數百十種之書，悉可取給。』」

嘗論學云［一］：「經之至者，道也；所以明道者，辭也；所以成辭者，字也。必由字以通其辭，由辭以通其道，乃可得之。［二］」又云：「治經之難，雖一事，必綜其全而覈之。誦堯典至『乃命羲和』［三］，不知日月星辰之所以運行［四］，則掩卷不能卒業。誦周南、召南，自關雎而往［五］，不知古音，徒强以協韻，則已齟齬失讀。誦古禮，先士冠禮［六］，不知古者宫室、衣服等制，已迷於其方，莫辨其用。不知古今地方沿革，則禹貢職方山鎮川澤［七］、春秋列國疆域會盟攻戰之地[八]，失其處所。不知古今推步之長[九]，則如夏書之『辰不集於房』[一〇]，魯太史引以爲正陽之月孟夏，東晉古文尚書繫之季秋[一一]；小雅『十月之交』[一二]，鄭康成以爲周正十月，劉原父以爲夏正十月[一三]；春秋傳兩記『日南至』[一四]，歷代史志載步算家上考，曲合其一而卒違其一。儒者何以〔識〕（職）古今之真僞[一五]，辨箋解之得失，決魯曆至朔之當否？不知少廣旁要[一六]，則考工之器，不能因文而推其制。不知鳥獸、蟲魚、草木之名號狀類[一七]，則比興之意乖[一八]。六書之學，詁訓、音聲未始相離[一九]，聲與音又經緯衡從宜辨[二〇]。魏有孫叔然創立翻語[二一]，闕後考經論韻悉用之，晉人以譯西域釋氏之言[二二]。釋氏之徒，羣習其法，因竊爲己有，謂來自西域；儒者數典，不能記憶也。管吕言五聲十二律[二三]，宫位乎中，黄鍾之宫四寸五分，爲起律之本[二四]。學者蔽於鍾律失傳之後，不追溯未失傳之先，宜乎其説之多鑿也。」

[一]此段引文見戴東原集卷九與是仲明論學書。

[二]祥案：「乃可得之」，戴氏原文作「必有漸」。洪氏行狀意引，江氏鈔自行狀。

[三]尚書堯典：「乃命羲和，欽若昊天，曆象日月星辰，敬授人時。」傳：「重黎之後，羲氏、和氏，世掌天地四時之官，故堯命之使敬順昊天。」

[四]「日月星辰」戴氏原文作「恒星七政」。

[五]周南、召南爲詩經國風之首，關雎爲周南之首，亦爲詩經之首。此謂不通古音，開卷則不能讀詩經。

［六］士冠禮爲儀禮之第一篇，内容爲記述貴胄子弟二十歲舉行之加冠儀式。此句謂不通古禮之名物典制，則不能讀儀禮，不能辨宫室方位及各種禮服之穿著與用途。

［七］禹貢爲尚書篇名，篇中劃全國爲九州，並分别記述其山川分佈、交通、物産狀況及貢賦等級等，爲最早之地理資料。職方，官名，周禮夏官有職方氏，掌天下圖籍，主四方職貢。此句謂不明地理，則不能明地理沿革與變遷，不能讀禹貢與春秋等書。

［八］祥案：此句戴氏原文無，江氏襲自行狀者。

［九］祥案：自「不知古今推步之長」至「決魯曆至朔之當否」戴氏原文亦無，江氏襲自行狀者。

［一〇］僞書胤征：「乃季秋月朔，辰弗集於房，瞽奏鼓，嗇夫馳，庶人走。」僞孔傳：「辰，日月所會；房，所舍之次；集，合也；不合即日食可知。」又左傳昭公十七年傳：「夏六月甲戌朔，日有食之。……太史曰：在此月也，日過分而未至，三辰有災。於是乎百官降物，君不舉，避移時，樂奏鼓，祝用幣，史用辭。故夏書曰：『辰不集於房，瞽奏鼓，嗇夫馳，庶人走。』此月朔之謂也。當夏四月，是爲孟夏。」

［一一］周注：「僞古文尚書出於東晉梅賾，故稱東晉古文尚書。案：『辰不集於房』，僞古文尚書謂在秋季，左傳載魯太史言謂在四月。閻若璩曰：『一至二分，日有食之，或不爲災。……爲災之尤重者，則在建巳之月。……夏家則瞽奏鼓，嗇夫馳，庶人走；周家則樂奏鼓，祝用幣，史用辭。雖名有四月、六月之别，皆謂之正月。正月者，正陽之月。……僞作古文者，略知曆法，當仲康即位初，有九月日食之事，遂於胤征篇撰之曰：乃季秋月朔，辰弗集於房，瞽奏鼓，嗇夫馳，庶人走。不知瞽奏鼓等禮，夏家正未嘗用之於九月也。』見古文尚書疏證卷一。」

［一二］詩經小雅十月之交：「十月之交，朔日辛卯。日有食之，亦孔之丑。」鄭箋：「周之十月，夏之八月也。」

［一三］劉敞（一〇一九—一〇六八），字原父，號公是，宋新喻（今江西新余）人。仁宗慶曆六年（一〇四六）進士。歷官至集賢院學士，判南京御史臺。學問博洽，尤長春秋。著有春秋傳一五卷、春秋權衡一七卷、公是集五四卷拾遺一卷續拾

遺一卷等。宋史卷三一九有傳。王應麟困學紀聞卷三引劉敞詩小傳曰：「詩有夏正，無周正。七月陳王業，六月北伐，十月之交刺純陰用事而日食，四月維夏，六月徂暑，言暑之極其至，皆夏正也；而獨謂十月之交爲周正，可乎？」周注：「詩小傳爲七經小傳之一，但今本七經小傳則無此文。案：十月之交爲刺周幽王之詩，後世曆家如虞劆、傅仁均、僧一行皆步得幽王六年十月朔日辛卯確有日食，可知鄭箋是而劉説非也。」

［一四］周注：「左傳兩記日南至，一在僖公五年，文爲『春王正月辛亥朔日南至。』一在昭公二十年，文爲『春王二月己丑日南至。』漢書律曆志：『昭公二十年春王正月，距辛亥百三十三歲，是辛亥後八章首也。正月己丑朔旦冬至失閏，故傳曰二月己丑日南至。』杜預於昭公二十年傳文下注云：『當言正月己丑朔日南至。』後世曆家以爲僖之南至必是實則，欲强增歲周，以求合辛亥之南至，不知又失己丑之南至也。江永謂春秋所載日南至，常先天二三日。僖五年春王正月日南至當在癸丑，其定朔壬子，則癸丑是二日，而傳曰正月辛亥朔日南至，則氣先天三日，朔先天一日矣。昭二十年之日南至當在正月三日辛卯，而傳曰春王二月己丑日南至，則亦先天三而誤以正月爲二月矣。己丑不言朔，則以戊子爲朔，亦先天一日矣。見群經補義。」

［一五］「識」初刻本與他本皆作「職」，譚大臨批校本改爲「職」，是，今從改之。

［一六］少廣，本爲九章算術之第四章，記載從田畝面積、球體積分别求出邊長或徑長之演算法；旁要，即句股之法。此謂不通算學知識，則不明古器物製造之法。

［一七］論語陽貨：「子曰：『小子何莫學夫詩？詩，可以興，可以觀，可以群，可以怨。邇之事父，遠之事君。多識於鳥獸、草木之名。』」

［一八］詩大序：「詩有六義焉：一曰風，二曰賦，三曰比，四曰興，五曰雅，六曰頌。」又見周禮大師職。漢鄭衆曰：「比者，比方於物；興者，託事於物。」鄭玄曰：「比，見今之失，不敢斥言，取比類以言之。興，見今之美，嫌於媚諛，取善事以喻勸之。」朱熹謂：「比者，以彼物比此物也；興者，先言他物以引起所詠之詞也。」今人以爲風、雅、頌

爲詩經内容分類，賦、比、興爲詩經表現方法。詩經常託諸草木、蟲魚、鳥獸等物以寓比興之意，故戴氏云云。

［一九］祥案：此句戴氏原文作「而字學、故訓、音聲未始相離」，論文字、訓詁、音韻三者之相互關聯，密不可分，文義更爲明晰。

［二〇］此謂雙聲與疊韻之關係，亦即雙聲假借與韻部假借。衡從，即縱横。

［二一］孫炎，見本書第二一四頁注［一〇］。經典釋文敘録：「古人音書，止爲譬況之説；孫炎始爲反語，魏朝以降漸繁。」翻語，亦稱翻切、反切、反語，用兩個漢字合起來爲一個漢字注音，上字與被切字的聲母相同，下字與被切字的韻母和聲調相同，上下兩字拼合即被切字之讀音，此是對直音法之改良，遂成爲歷代相沿之最主要注音方法。參戴氏聲韻考卷一反切之始。

［二二］周注：「『晉人以譯西域釋氏之言』，指晉代以華語翻譯佛經。『儒者數典，不能記憶』，斥後儒以切韻之學謂始於西域。如宋鄭樵通志六書略五論華梵下云：『切韻之學，自漢以前，人皆不識，實自西域流入中土。所以韻圖之類，釋氏多能言之，而儒者皆不識起例，以其源流出於彼耳。』即其一例。」祥案：反切之起源，在孫炎之前的服虔、應劭等人就已經使用，漢末佛教入中土，其切音方法對反切之改進亦有一定之影響。故如戴震所言，以翻語創於中國可也；以翻語絲毫無佛教切音之影響，則不可也。

［二三］周注：「宫、商、角、徵、羽爲五聲。黄鍾、大蔟、姑洗、蕤賓、夷則、無射、大吕、應鍾、南吕、函鍾、小吕、夾鍾，爲十二律。十二律即十二管，有陽律陰律之分。陽律以竹爲管，陰律以銅爲管。管之長短，即聲之鉅細所由分也。」

［二四］周注：「禮記月令：『中央土，……其音宫，律中黄鍾之宫。』孔穎達疏：『崔靈恩云：凡陰陽之管，合有十二律。律各爲一調，迭相爲宫，而生五聲，合而成樂。黄鍾宫最長，爲聲調之始，十二宫之主宫音者，是五音之長，故與黄鍾之調宫聲相應。……蔡氏、熊氏以爲黄鍾之宫謂黄鍾少宫也。半黄鍾九寸之數，管長四寸五分。六月用爲候氣。』」

又訓學者二[一]：曰私，曰蔽[二]。私生於欲之失，而蔽生於知之失。異氏尚無欲，君子尚無蔽。異氏之學，主静以爲至。君子强恕以去私[三]，而問學以去蔽，主以忠信而止於明善。凡生於其心[四]，必發於其事。私者逞己以縱欲無良[五]，而憯不畏明。無私矣，尚不能無蔽。蔽者不求諸事情，以其意見，信爲義理，公而不能明，廉潔而流於刻。記曰：「夫民有血氣心知之性，而無喜怒哀樂之常[六]，應感起物而動，然後心術形焉。」凡有血氣心知[七]，於是乎有欲；性之徵於欲，聲色臭味而愛畏分。既有欲矣，於是乎有情；性之徵於情，喜怒哀樂而慘舒分。既有欲有情矣，於是乎有巧與智；性之徵於巧智，美惡是非而好惡分。生養之道，存乎欲者也；感通之道，存乎情者也。二者自然之符，天下之事舉矣。盡美惡之極致，存乎巧者也，宰御之方，由斯而出[八]；盡是非之極致，存乎智者也，聖賢之德，由斯而備。二者亦自然之符，精之以底於必然，天下之能舉矣。君子之治天下也，使人各得其情，各遂其欲，勿悖於道義；君子之自治也，情與欲使一於道義。夫遏欲之害，甚於防川[九]；絶情去智，充塞仁義[一〇]。人之飲食也[一一]，養其血氣；而其問學也，養其心知；是以貴乎自得。血氣得其養，雖弱必强；心知得其養，雖愚必明。是以貴乎擴充。君子獨居思仁[一二]，公言言義，動止應禮。竭所能之謂忠[一三]，履所明之謂信，平所施之謂恕。馴而致之，仁且智，不私不蔽者也。君子之未應事也，敬而不肆，以虞其疏；事至而動，正而無邪，以虞其僞；必敬必正，而要於致中和[一四]，以虞其偏其謬。戒疏在乎戒懼，去僞在乎慎獨[一五]，致中和在乎達禮、精義、至仁、盡倫，天下之人，同然而歸之善，可謂至善矣。夫以理爲學，以道爲統，以心爲宗，探之茫茫，索之冥冥，不若反求諸六經[一六]。此原善之書所以作也。[一七]」

[一]祥案：此段乃江藩襲自行狀者，而行狀録戴氏語，本諸原善、孟子字義疏證諸書，前後順序及語句皆頗多更易删節。

[二]原善卷下：「人之不盡其才，患二：曰私，曰蔽。私也者，生於其心爲溺，發於政爲黨，成於行爲慝，見於事爲悖、爲欺，其究爲私己；蔽也者，其生於心也爲惑，發於政爲偏，成於行爲謬，見於事爲鑿、爲愚，其究也爲蔽之以己。……仁且智者，不私不蔽者也。得乎生生者仁，反是而害於仁之謂私；得乎條理者智，隔於是而病智之謂蔽。」又孟子字義疏證卷上「理」條：「天下古今之人，其大患，私與蔽二端而已。私生於欲之失，蔽生於知之失。」又卷下「權」條：「人之患，有私有蔽；私出於情欲，蔽出於心知。無私，仁也；不蔽，智也。」

[三]原善卷下：「去私莫如强恕，解蔽莫如學，得所主莫大乎忠信，得所止莫大乎明善。是故謂之天德者三：曰仁、曰禮、曰義，善之大目也，行之所節中也。其於人倫庶物，主一則兼乎三，一或闕焉，非至善也。」

[四]孟子公孫丑上：「生於其心，害於其政；發於其政，害於其事。」

[五]詩大雅民勞：「惠此中國，以綏四方。無縱詭隨，以謹無良。式遏寇虐，憯不畏明。」原善卷下：「言小人之使爲國家，大都不出『詭隨』、『寇虐』二者。無縱詭迎阿從之人，以防禦其無良；遏止寇虐者，爲其曾不畏天命而毒於民。斯二者，悖與欺是以然也。凡私之見爲欺也，在事爲詭隨，在心爲無良；私之見爲悖也，在事爲寇虐，在心爲不畏天明。

無良，鮮不詭隨矣；畏明，必肆其寇虐矣。」

［六］祥案：禮記樂記「喜怒哀樂」作「哀樂喜怒」。

［七］祥案：自「凡有血氣心知」至下文「天下之能舉矣」，見原善卷上。

［八］「方」，戴氏原文作「權」。

［九］國語周語上：「防民之口，甚於防川。」

［一〇］莊子胠篋：「故絶聖棄知，大盜乃止。」

［一一］此數句詳見孟子字義疏證卷上「理」條：「問：學者多識前言往行，可以增益己之所不足。宋儒謂『理得於天而藏於心』，殆因問學之得於古賢聖而藏於心，比類以爲説歟？曰：人之血氣心知本乎陰陽五行者，性也。如血氣資飲食以養，其化也即爲我之血氣，非復所飲食之物矣。心知之資於學問，其自得之也亦然。以血氣言，昔者弱而今者强，是血氣之得其養也；以心知言，昔者狹小而今也廣大，昔者闇昧而今也明察，是心知之得其養也。故曰『雖愚必明』。」

［一二］孔子家語弟子行：「獨居思仁，公言言義。……是宫縚之行也。孔子信其能仁，以爲異士。殊異之士也。」又原善卷下：「君子獨居思仁，公言言義，動止應禮。達禮，義無弗精也；精義，仁無弗至也；至仁盡倫，聖人也。易簡至善，聖人所欲與天下百世同之也。」

［一三］原善卷下：「謂之達德者三：曰智，曰仁，曰勇；所以力於德行者三：曰忠，曰信，曰恕。竭所能之謂忠，履所明之謂信，平所施之謂恕。忠則可進之以仁，信則可進之以義，恕則可進之以禮。仁者，德行之本，體萬物而與天下共親，是故忠屬也；義者，人道之宜，裁萬類而與天下共睹，是故信其屬也；禮者，天則之所止，行之乎人倫庶物而天下共安，於分無不盡，是故恕其屬也。忠近於易，恕近於簡，信以不欺近於易，信以不渝近於簡。斯三者，馴而至之，夫然後仁且智。仁且智者，不私不蔽者也。」

［一四］禮記中庸：「喜怒哀樂之未發，謂之中；發而皆中節，謂之和。中也者，天下之大本也；和也者，天下之達

道也。致中和，天地位焉，萬物育焉。」

［一五］禮記中庸：「天命之謂性，率性之謂道，脩道之謂教。道也者，不可須臾離也；可離，非道也。是故君子戒慎乎其所不睹，恐懼乎其所不聞。莫見乎隱，莫顯乎微，故君子慎其獨也。」鄭注：「慎獨者，慎其閒居之所爲。」孟子字義疏證卷上「理」條：「所謂『慎獨』者，以邪正言也。」

［一六］祥案：此戴氏對程朱理學與陸王心學之不滿，而其在戴東原集卷一〇古經解鉤沈序中論道曰：「六經者，道義之宗，而神明之府也。古聖哲往矣，其心志與天地之心協而爲斯民道義之心，是之謂道。」

［一七］原善三卷，通行本爲微波榭叢書本。戴氏將孟子書中如「天道」、「性」、「理」、「誠」、「權」等引經據典，比類合義，疏通證明，爲圖使經之微言大義萃於一書，爲戴氏哲學重要著述。今人冒懷辛以爲，戴氏先成原善，繼之修改而成緒言、孟子私淑録、孟子字義疏證，詳參其孟子字義疏證全譯一書。段譜末附戴氏與段氏札曰：「僕生平著述最大者，爲孟子字義疏證一書，此正人心之要。今人無論邪正，盡以意見誤名之曰理，而禍斯民，故疏證不得不作也。」又參戴氏孟子字義疏證序、又戴東原集卷八答彭進士允初書。

其所撰述，有毛鄭詩考正四卷［一］、考工記圖二卷、孟子字義疏證三卷［二］、方言疏證十三卷［三］、原善三卷、原象一卷［四］、勾股割圜記三卷、策算一卷［五］、聲韻考四卷［六］、聲類表十卷［七］、儀禮正誤一卷［八］、爾雅文字考十卷［九］、屈原賦注四卷、九章補圖一卷［一〇］、古曆考二卷、曆問二卷［一一］、水地記一卷［一二］、戴氏水經注四十卷、直隸河渠書六十四卷［一三］、文集十卷［一四］，皆曲阜孔户部繼涵爲刊行之［一五］。

[一]毛鄭詩考正五卷，諸家著録四卷者，未包括卷首一卷，乃考正鄭氏詩譜也。戴氏先有毛詩補傳二十六卷，就全詩考其字義名物於各章之下，不以作詩之意衍其説。而毛鄭詩考正四卷，則是從毛詩補傳中擇出部分精要者，又加以考訂而成。是書首卷考論諸國地名之所自、諸詩創作時代等，後四卷論詩，於毛傳、鄭箋無所專主，多以己意考證，尤以推求詩義、釋解名物爲其長。今有戴震全集本、戴震全書本等。

[二]孟子字義疏證三卷，戴氏所著義理之書，前後有原善、緒言、孟子私淑録、孟子字義疏證，各三卷，今皆存。至疏證，卷上論「理」，卷中論「天道」與「性」，卷下論「才」、「道」、「仁義禮智」、「誠」、「權」等，以問答體形式，考據之方法，以駁宋明儒者衍理之誤，以闡發戴氏之義理。今有北京中華書局一九六一年何文光整理本、戴震全集本、戴震全書本等。

[三]方言疏證十三卷，揚雄方言，自漢以來，訛誤幾不可讀。戴震在四庫館中，以永樂大典本與通行本相校，且廣搜群籍之引用方言及注者，交互參訂，一一疏通證明，改正訛字二百八十一，補脱字二十七，刪衍字十七。今有戴震全集本、戴震全書本等。

[四]原象一卷八篇，本戴氏擬撰七經小記之一種。爲述天算學知識之作，如論日月運行軌道，以明四季成歲、歲月更疊、日食月食之理；論中星以明歲差；論土圭測影之法，以明里差；論日、月、星辰、曆數之「五紀」，以明曆法之宜隨時測驗；論句股割圜之術，以明平面、球面三角形之解法等。今有戴震全集本、戴震全書本等。

[五]策算一卷，依戴氏之意，是書爲區别於梅文鼎籌算，策取可書，不曰籌而曰策，以别於古籌算，不使名稱相亂也。實則爲借助於西洋納皮爾算籌來進行乘、除與開平方法運算之一種籌算方法。所舉之例則多爲易、論語、考工記與漢書律曆志諸書，體現了戴氏算學爲經學服務及其注重實用之算學思想。今有戴震全集本、戴震全書本等。

[六]聲韻考四卷，卷一論反切、韻書及四聲之起始及切韻、廣韻等，卷二爲考定廣韻獨用同用四聲表等，卷三則收録戴氏論韻之文六篇。今有戴震全集本、戴震全書本等。

［七］聲類表十卷，是書本九卷，卷首一卷爲答段若膺論韻一篇，則其論古韻分部之文也。其分古韻爲九類二十五部。戴氏將去聲之霽、入聲之曷分離出來成霽（祭）部，導致該部獨立；同時將陰陽入三分，已啓孔廣森陰陽對轉之軸。今有戴震全集本、戴震全書本等。

［八］儀禮正誤一卷，孔廣森謂戴氏在四庫全書館中整理儀禮，故取經典釋文、儀禮識誤諸書，殫求豕亥之差，期復鴻都之篇，互相參檢，頗有整齊。削康成長衍之條，退喪服厠經之傳，而爲是書。然未見刻本流布。參孔氏戴氏遺書總序。

［九］爾雅文字考一〇卷，據段譜所言，此稿原藏曲阜孔氏，後藏戴氏同年蘇州人吴俊家，未見有刊本傳世。戴氏治學，極重爾雅，其書原擬考訂得失，折衷前古，使全書合之群經傳記，靡所扞格，尚未經整飭爲成書也。參戴東原集卷三爾雅文字考序。

［一〇］九章補圖一卷，即九章算術訂訛圖補，九章舊有魏劉徽、唐李淳風等注，然自明以來，其書隱而不顯。戴震入四庫館後，輯校永樂大典本九章算術等，並依注補圖，爲訂訛補圖一卷。今人整理本有錢寶琮點校本、白尚恕校釋本、郭書春匯校本等。

［一一］古曆考二卷、曆問二卷，是二書諸家著録卷數不盡相同，今皆未見。段譜疑古曆考即戴氏續天文略。續天文略二卷，亦未完之稿，爲糾補鄭樵通志天文略之作，分類輯録古代典籍中有關天文曆法之論述，以案語形式加以辯證與評述。今本有戴震全集本、戴震全書本等。

［一二］水地記一卷，是書爲戴氏所擬七經小記之一。是書現存有水地記初稿鈔本兩種，分別爲中國國家圖書館藏三卷本與江蘇南通市圖書館藏六卷本，南通本内容爲記山、記郡、河水一、河水二、濟水、淮水（以上標題爲整理者所加）及讀胡渭禹貢錐指之札記，而不見江水等南方水系，則此鈔本顯爲未成之書。水地記戴氏原擬全書爲三十卷，今所傳刻本一卷即全書之河水一。一卷本有微波榭本、戴震全集本等，初稿本有戴震全書本。

［一三］直隸河渠書六十四卷，祥案：王銘作「六十四册」，江氏誤爲六十四卷。孔氏戴氏遺書總序亦誤。段譜作一百

十一卷，今人楊應芹考辨以爲全書當爲一百〇二卷。是書爲戴氏應直隸總督方觀承之邀而修，未成。據段譜，此書清稿一藏曲阜孔氏、一藏周元理家。周氏所藏後爲吴江王履泰掩爲己有，益以乾隆三十四年以後事，易名畿輔安瀾志，繕寫進呈，由武英殿刊行。又胡適言曾睹此書稿本二十六册，共存九十二卷（胡適胡適手稿跋直隸河渠書稿本）。今人冒懷辛亦言徽州文化館尚存有此稿鈔件（冒懷辛戴震與孟子字義疏證）。其書所記直隸諸水次序爲自南而北，井然有次，於歷代地志史事辨別是非，原原本本。詳參戴震全書第六册附録一東原年譜訂補。

［一四］文集十卷，即戴東原集一〇卷，按文體分卷，因爲戴氏遺書之一種，故凡遺書所見其他文章，概不收入，有孔氏微波榭本。後段玉裁以論音韻、六書轉注、義理諸篇輯入，重編十二卷本之戴東原集即經韵樓叢書本，較微波榭本爲優。今人整理本以戴震全書本最爲詳備可參。

［一五］孔繼涵（一七三九—一七八四），字體生，一字誧孟，號葒谷，又號昕冰詞客，清山東曲阜人。乾隆二十五年（一七六〇）舉人，三十六年（一七七一）進士。官户部河南司主事。充日下舊聞纂修官。以母病乞養歸。精於經史，廣搜碑石。著有五經文字疑一卷、九經字樣疑一卷、紅櫚書屋詩集四卷、雜體文稿七卷等，多刻入其微波榭叢書中。事見翁方綱復初齋文集卷一四墓誌銘，清史列傳卷六八有傳。祥案：孔繼涵與戴震爲兒女姻親，戴氏女嫁孔氏次子廣根，故戴氏之書，多經孔氏刊刻。其於乾隆中刻微波榭叢書中戴氏遺書本，共計凡十五種，爲東原文集一〇卷、毛鄭詩考正四卷卷首一卷、杲谿詩經補注二卷、考工記圖二卷、孟子字義疏證三卷、聲韻考四卷、聲類表九卷卷首一卷、原善三卷、原象一卷、續天文略二卷、水地記一卷、方言疏證一三卷、水經注三五卷、策算一卷、句股割圜記三卷。另有戴氏整理本算經十書三三卷。戴氏之書廣爲流布，影響鉅大，孔氏之功爲不可没也。

君没後十餘年，高廟校刊石經［一］。一日，命小瑺持君所校水經注問南書房諸臣曰［二］：

「戴震尚在否？」對曰：「已死。」上歎惜久之。時人皆謂君若不死，必充纂修官。嗟乎！君以庶吉士得邀特達之知，可謂稽古之榮矣。

[一]高廟，即清高宗弘曆。石經指清石經，參本書第二九頁注[二八]。清史稿卷一五高宗本紀六：乾隆五十九年九月辛丑「以校正石經，加彭元瑞太子少保銜。」

[二]小璫，宋以前無此稱，宋時稱宦者爲小璫。如王偁東都事略卷一二一宦者傳：「梁師成，開封人也。以小璫進，慧黠，習文法。」又周密齊東野語卷一〇吳郡王冷泉畫贊：「令小璫持賜王，遂亟往。」

同時學者，郡人鄭牧[一]、方矩[二]、程瑤田[三]、汪龍[四]。鄭、方二人事蹟，不得其詳。瑤田，字易田，又字易疇，歙人。乾隆庚辰舉人[五]。太倉州校官。著有通藝録行於世[六]。汪龍，字蟄泉[七]，乾隆丙午舉人。著有毛詩申成[八]、毛詩異義[九]，皆未刊行。

[一]姚鼐惜抱軒文集卷一〇方晞原傳：「東原爲余言新安士三：曰鄭用牧、金蘂中及晞原也。」鄭牧，字用牧，休寧人。諸生。與吳紹澤、方根矩等以詩文相切劘，工詩古文詞。尤喜宋五子書，力宗程朱。故與諸人相得甚歡，及講論經義，常至於不合而爭。年七十餘卒。劉聲木桐城文學淵源考卷一三、清儒學案小傳卷六有傳。

[二]方矩，亦作方根矩（一七三〇—一七九〇），字晞原，號以齋，清安徽歙縣人。諸生。工爲文，學宗江永，文宗劉大櫆。其爲古文，務撥棄俗尚，用意高遠。兼喜治經。名盛一時，士皆樂與交。事見戴東原集卷九與方晞原書，姚鼐惜抱

軒文集卷一〇、劉聲木桐城文學淵源考卷一三有傳。

[三]程瑶田(一七二五—一八一四),字易疇,亦字易田,號讓堂等,歙縣人。求學於江永。乾隆三十五年舉人。選授太倉州學正。嘉慶元年,舉孝廉方正。平生著述,長於旁搜曲證,不屑依傍傳注。有通藝録四八卷、蓮飲集四卷等。清史列傳卷六八、清史稿卷四八一有傳。

[四]汪龍(一七四二—一八二三),字叔辰,歙縣人。乾隆五十一年(一七八六)舉人。揀選知縣。學宗江永。精於毛詩、説文之學。曾主歙縣紫陽書院。著有毛詩異義四卷、毛詩申成一〇卷、春秋擇言一二卷等。事見續碑傳集卷七二胡培翬汪叔辰先生別傳,清史列傳卷六八、清史稿卷四八一有傳。

[五]近藤注:「庚辰當改爲庚寅。清史稿列傳卷二六八儒林二江永附傳作『乾隆三十五年』,清史列傳卷六八同。」

[六]通藝録四八卷,包括論學小記三卷、論學外篇二卷、宗法小記一卷、儀禮喪服文足徵記一〇卷等二十二種,凡涉禮制、名物、小學、地理、聲律諸學,爲程氏著述之集成。今有嘉慶八年刊本、安徽叢書本等。

[七]胡培翬汪叔辰先生別傳曰字「叔辰」。

[八]毛詩申成一〇卷,胡培翬別傳:「汪氏著毛詩異義,「殁後弟子鮑方粲刊以行世。而其申成一書,曾於友人王拔萃鼎祚處見之,徵引亦詳備,惜乎其未並梓以傳也。」武作成清史稿藝文志補編經部詩類著録,未見刻本及鈔本存世。陳鴻森駢枝:「汪氏毛詩申成十卷,其書尚有存者,北京大學圖書館藏一清鈔本,中國古籍善本書目經部、北京大學圖書館藏古籍善本書目並著於録。續修四庫總目提要經部亦載之,張壽林云:申成『原稿舊藏其弟子鮑方粲家,輾轉歸廣東黄節,此本蓋據黄氏所藏原稿傳鈔者。……其書都凡十卷,大旨在申明康成詩箋之説,因以毛詩申成名其書。按汪氏之學出於歸安丁小雅,又獲交於金壇段玉裁,師友淵源如此。故其説詩,多篤守傳、箋,而尤邃於訓詁通假之理。然詳其所論,雖曰申成,亦但就其可以闡發者加以引申;至其執膠之見,則仍不苟同,多掇取正義、釋文與諸家之説,以釐正之。……持論大體與所撰毛詩異義互相發明,無甚差謬。』惜其書無爲之點校刊布者。」

〔九〕毛詩異義四卷，是書稽考毛傳、鄭箋之别異，意主述毛傳而立論必持其平，一字之異，必詳考而證明之。今常見者有安徽叢書本。江藩未能見異義刻本，故下文曰「皆未刊行」云。

親受業者，高郵王念孫，字懷祖〔一〕，乾隆乙未進士。授庶吉士，散館，改主事。官至直隸永定河道〔二〕。精於訓詁，著有廣雅疏證十卷〔三〕。子引之〔四〕，字伯申，嘉慶己未姚文田榜以第三人及第〔五〕。今官翰林院侍講學士〔六〕，能世其學。

〔一〕王念孫（一七四四—一八三二），字懷祖，號石臞，亦作石渠，清高郵人。安國子。乾隆四十年（一七七五）進士。嘉慶時，官至直隸永定河道。因永定河水復溢，自引罪，得旨休致。師事戴震，精小學，長於校勘。著有讀書雜誌八二卷志餘二卷、廣雅疏證一〇卷、王石臞先生遺文四卷、丁亥詩鈔一卷等。事見高郵王氏六葉傳狀碑誌集卷四阮元墓誌銘，清史列傳卷六八、清史稿卷四八一有傳。

〔二〕永定河即桑乾河，在今河北省境，因常氾濫成災，河流無定，俗稱無定河。清康熙間命于成龍疏濬之，起良鄉，至東安，賜名永定。王氏治河之策參王石臞先生遺文卷一籌復滹沱河故道説、挑濬趙王河議、上顔制軍論直隸河渠書等。

〔三〕廣雅疏證一〇卷補正一卷，廣雅三卷，魏張揖撰。隋曹憲作音釋。王氏疏證因音求義，引申觸類，不限形體。其推闡聲近義同、聲轉義近之理，尤爲精核。於探求詞源、詞族，發明亦多。今有北京中華書局一九八三年影印本、江蘇古籍出版社一九八四年高郵王氏四種本等。

〔四〕王引之（一七六六—一八三四），字伯申，號曼卿。念孫子。嘉慶四年（一七九九）一甲第三名進士。官至禮部、工部尚書等。卒謚文簡。傳其父之學，精小學。著有春秋名字解詁二卷、經義述聞三二卷、經傳釋詞一〇卷、王文簡公遺文集八卷補編二卷等。事見龔自珍定盦續集卷四行狀，清史列傳卷三四、清史稿卷四八一有傳。

［五］姚文田（一七五八—一八二七），字秋農，號社佘，又號經田、梅漪老人，清歸安（今浙江吴興）人。嘉慶四年一甲第一名進士。歷官至兵部、户部、禮部尚書等。卒謚文僖。學宗程朱，亦治漢學。著有邃雅堂學古録七卷、邃雅堂集一〇卷等，皆刻入其邃雅堂全書中。事見續碑傳集卷八劉鴻翱墓誌銘，清史列傳卷三四、清史稿卷三七四有傳。

［六］閔爾昌王伯申先生年譜嘉慶十三年條：「十二月，晉翰林院侍講學士。」

段大令玉裁［一］，字若膺［二］，一字懋堂，金壇人。乾隆庚辰舉人。官四川巫山縣知縣。講求古義，深於小學，著書滿家，刊行者惟詩經小學録四卷［三］，説文解字注三十二卷［四］。

［一］祥案：乾隆二十八年，戴震入都會試不第，居新安會館，一時好學之士，若汪元亮、胡士震輩，皆從其問學，段玉裁與焉。後段氏以札問安，遂自稱弟子，戴氏辭之。三十一年，二人相見都下，又面辭之。三十四年，三見於都下，戴氏才勉爲之。此後二人又兩次謀面，皆匆匆而别。師生論學，多以函札往來也。戴氏卒後，段氏撰戴東原集序，表彰其師之學；又刻經韵樓叢書，整理戴東原集一二卷附覆校劄記一卷、聲韻考四卷、戴東原先生年譜等刊入叢書中，其尊師可謂勤至矣！

［二］段玉裁（一七三五—一八一五），字若膺，號茂堂，又作懋堂、研北居士等，清金壇人。乾隆二十五年（一七六〇）舉人。以教習得貴州玉屏知縣，旋署四川富平、南谿縣事，尋任巫山知縣。以父老引疾歸，專意著述。其學師承戴震，精於小學校勘，尤專力於説文。著有古文尚書撰異三二卷、毛詩故訓傳定本小箋三〇卷、周禮漢讀考六卷、儀禮漢讀考一卷、説文解字注三〇卷、經韵樓集一二卷補編二卷等。清史列傳卷六八、清史稿卷四八一有傳。

［三］陳鴻森駢枝：「段氏詩經小學原書三十卷，有道光五年抱經堂刊本。臧庸刻詩經小學録序云：『詩經小學全書數十篇，亦段君所授讀。鏞堂善之，爲刪煩纂要，國風、大小雅、頌各録成一卷，以自省覽。後段君來，見之，喜曰：「精華盡在此矣，當即以此付梓。」時乾隆辛亥（五十六年）孟秋也。』嘉慶四年，臧庸於廣東南海校刻經籍纂詁，曾刻此節録本，今收入拜經堂叢書。據段氏原書與臧君節録本相較，可知臧庸於段書頗多刪棄。段氏之善者，每多遺闕，不盡録入；而所録存者，亦未必皆有深意。其去取之義，誠未可知。間有芟削太甚，致文意不明者，……皆刪所不當刪。其差爲可取者，書中附載臧庸按語二十事、其弟禮堂按語四事，時有特見，於段氏之説不輕爲苟同。」又，江藩撰師承記時，段氏著作已刻者，除詩經小學録外，另有汲古閣説文訂一卷、周禮漢讀考六卷、釋拜一卷，江氏失載耳。」

［四］説文解字注三十二卷，案「三十二」原爲空格，據鍾校本補。是書本爲三十卷，稱「三十二」卷者，含末附六書音均表二卷也。段氏全書闡明許書體例，引證經傳詳釋許説，以許氏所加字義爲字之本義，進而推衍引申、假借諸義，並依段氏之古韻十七部定其古韻部屬；注重形、音、義三者之互求，以敘文字之源流，闡六書之原理；正訛糾誤，刊正各本之謬。今有一九八一年上海古籍出版社整理影印本後附有檢字表，最便利用。

盧學士文弨［一］、紀相國昀［二］、邵學士晉涵［三］、任侍御大椿［四］、洪舍人榜［五］、汪孝廉元亮［六］，皆同志之友，而問學焉。孔檢討廣森［七］，則姻婭而執弟子之禮者也。懋堂大令之婿曰龔麗正［八］，號闇齋，仁和人。以懋堂爲師，能傳其學，著有國語韋昭注疏［九］。嘉慶丙辰進士。今官禮部祠祭司郎中［一〇］。

［一］盧文弨，詳參本書卷六盧文弨。

［二］紀昀，詳參本書卷六紀昀。

［三］邵晉涵，詳參本書卷六邵晉涵。

［四］任大椿，詳參本書卷六任大椿。

［五］洪榜，詳參本書卷六洪榜。

［六］汪元亮，詳見本書卷六汪元亮。

［七］孔廣森，詳見本書卷六孔廣森。戴震女嫁曲阜孔繼涵之次子廣根，與廣森同族兄弟，故此言「姻婭而執弟子之禮者也」。

［八］龔麗正（一七六七—一八四一），字暘谷，又字賜泉，號闇齋，清仁和人。段玉裁婿。嘉慶元年進士。官禮部主事，累遷郎中。出爲徽州知府，擢蘇松太兵備道。道光七年，引疾歸，主講杭州紫陽書院。著述今存國語韋昭注疏。事見吴昌綬定盦先生年譜，兩浙輶軒録卷一八有傳。

［九］國語韋昭注疏，一作國語注補。

［一〇］吴昌綬定盦先生年譜嘉慶十三年：「闇齋先生簡放廣西正考官，時官禮部郎中。」龔自珍龔自珍全集第三輯禮部題名記序：「補儀制司，改祠祭司，兼儀制司，又兼精膳司，吾父之累任也。」

圖書在版編目(CIP)數據

漢學師承記箋釋：附經師經義目録　漢學師承記續記. 上/(清) 江藩,(清)趙之謙纂;漆永祥箋釋、整理. —修訂本. —北京:北京聯合出版公司, 2022.5

ISBN 978-7-5596-4760-3

Ⅰ. ①漢…　Ⅱ. ①江…　②趙…　③漆…　Ⅲ. ①漢學-研究-中國-清代②《漢學師承記》-注釋　Ⅳ. ①K249.078

中國版本圖書館 CIP 數據核字(2021)第 067787 號

漢學師承記箋釋：附經師經義目録　漢學師承記續記

出 品 人:趙紅仕
責任編輯:張永奇
書籍設計:黄曉飛
出版發行:北京聯合出版有限責任公司
　　　　　北京聯合天暢文化傳播有限公司
社　　址:北京市西城區德外大街 83 號樓 9 層
郵　　編:100088
電　　話:(010)64243832
印　　刷:北京富誠彩色印刷有限公司
開　　本:880mm×1230mm　1/32
字　　數:330 千字
印　　張:20
版　　次:2022 年 5 月第 1 版
印　　次:2022 年 5 月第 1 次印刷
ISBN 978-7-5596-4760-3
定　　價:168.00 元(上下册)

文獻分社出品

北京市優秀古籍整理出版扶持項目

漢學師承記箋釋

「修訂本」

下冊

［清］江藩 纂　漆永祥 箋釋

附

經師經義目錄　［清］江藩 纂

漢學師承記續記　［清］趙之謙 纂

漆永祥 整理

北京联合出版公司
Beijing United Publishing Co.,Ltd.

國朝漢學師承記　卷六

甘泉江　藩　纂

盧文弨

盧文弨，字紹弓[一]，號磯漁，又號檠齋，晚更號弓父[二]，抱經其堂顔也[三]，人稱曰抱經先生。其先自餘姚遷杭州[四]。父存心，恩貢生，應博學宏詞科不第[五]。母馮[六]，馮景山公之女也[七]。文弨生而篤實，少不好弄，以讀書爲事[八]。既稟家學[九]，又得外王父之緒論，已知學之所向矣[一〇]。長爲桑調元弢甫壻[一一]，師事之[一二]；於是學有本原，不爲異説所惑[一三]。初名嗣宗，爲錢塘縣學生員[一四]，繼由餘姚祖籍改今名，援例入監。乾隆戊午，中式順天舉人[一五]。壬戌，考授内閣中書[一六]。壬申，恩科秦大士榜第三人及第[一七]，授翰林院編修[一八]。丁丑，命尚書房行走，由左春坊左中允洊至翰林院侍讀學士[一九]，充乙酉廣東正考官[二〇]。旋命提督湖〔南〕（廣）學政[二一]。戊子，以學政言事不合例，部議左遷[二二]。明年乞假養親歸[二三]。乾隆乙卯十一月二十八日，卒於常州龍城書院[二四]，年七十有九。

［一］古人名字解詁：「詩小雅彤弓：『彤弓弨兮，受言藏之。』彤弓序：『彤弓，天子錫有功諸侯也。』此拆名所用『弨』字，得『召』、『弓』二字，以爲字。」祥案：此以「召弓」爲字，清邵友濂、孫德祖纂光緒餘姚縣志卷二三盧氏本傳注引盧慶鍾行狀亦同。

［二］柳詒徵盧抱經先生年譜：「其署書籍跋尾曰『閒邑菴』、『萬松山人』。」祥案：盧氏居杭州之東里坊，故亦自署「東里後生」、「東里子」。見盧氏抱經堂文集卷六静志居詩話序等。又其讀書之處曰「數間草堂」，抱經堂文集卷九城東雜録跋：「吾祖居在東里坊，……即所謂數間草堂者也，今吾弟居之。」

［三］翁方綱復初齋文集卷一七書同人贈盧抱經南歸序卷後：「抱經云者，盧氏故事也。玉川三傳束閣之意，吾不敢知，然以校訂諸經言之，則莫若漢中郎將子幹於源流失得之故爲最深也。」祥案：後漢書卷二五卓茂傳：安衆劉宣「知王莽當篡，乃變名姓，抱經書隱避林藪。」

［四］抱經堂文集卷四三峰盧氏家志序：「吾族之在浙中者，以東陽爲最著。……吾家亦居杭州，則自餘姚遷者也。」又卷九城東雜録跋：「吾，杭人也。」

［五］盧存心（一六九一—一七五九），原名琨，字玉巖，一字敬甫，清錢塘（今杭州）人。之翰子，馮景婿。私淑勞史之學，立行不苟，尤豪於詩。恩貢生。乾隆元年（一七三六），舉博學宏詞，未遇。與桑調元爲總角交，里中目爲「雙先生」。有白雲文集不分卷、白雲詩集七卷、詠梅詩一卷等。事見彭紹升二林居集卷一一墓誌銘。

［六］馮祥兆（一六九七—一七二一），馮景女，文弨母。嫁盧存心，所居曰吉光樓。年二十四即卒。事見白雲詩集卷六乙丑七月感懷詩序、卷七悼亡十首，柳譜引盧存心遇知外舅紀事。

［七］馮景（一六五二—一七一五），字山公，一字少渠，清錢塘人。諸生。辨僞書，與閻若璩相得。康熙中，以國子監生游京師。宋犖聞其賢，曾聘就府幕。有解春集文鈔一二卷補遺二卷、詩鈔三卷等。事見解春集文鈔附楊賓馮公墓表，清

史列傳卷六八、清史稿卷四八四有傳。

［八］祥案：文弨幼歷貧苦，讀書不輟。文集卷二一與弟書，備述其劬勞艱辛曰：「吾生時，正值家中匱乏之際。四五歲時，祖父母親撫養之。稍長，於猥賤之事，無所不爲。嘗糴得官米，吾晚從學堂歸，恒自舂也。薪有數等，唯莊柴易斯，若松柴刀柴難斯，吾爲之，故知也。晨起，温宿粥一甌食之，進學堂，歸家午飯，或值未炊，即爲佐炊。夏間，則日昳又歸家飯，乞糕鋪湯一盂，取餘飯和之以食。物有定價者，常至市買之。此皆吾所甘爲。獨意有所甚苦者二：緩債與取租而已。蓋吾素不工於語言，故唯此二事爲難能也。父親處館於外，不能自教子。吾時讀書，不知門徑所從入，好鈔書，亦非世間希見之本，徒費日力於此，而不知務乎其所當務也。」

［九］祥案：文弨祖之翰、父存心，皆力學有成，故曰家學。之翰有春柳堂詩鈔四卷。抱經堂文集卷六先祖春柳堂詩鈔小序：「府君詩未嘗規摹一家，期於達意而止。然古風雅淡，近律安和，絶遠纖縟佻巧之習。」又卷二一與弟文韶書：「吾祖……無所師授，而能自力於學，精於歌詩，所交皆當世知名之士。」文弨其父存心，學宗勞史，勞氏學宗朱子。文弨晚年所主書院，皆榜堂曰「須友」，明其守餘姚勞史、桑調元之教也，見柳譜。又抱經堂文集卷四新安汪氏增輯列女傳序：論其祖、父「皆以文學有聞於時，不才如文弨亦得蒙其餘蔭。」

［一〇］段玉裁經韵樓集卷八翰林院侍讀學士盧公墓誌銘：「公生而穎異，擩染庭訓，又漸涵於外王父之緒論。長則桑先生調元壻而師之。馮、桑二公皆浙中懋學之士，故其學具有原本。」

［一一］桑調元（一六九五—一七七一），字伊佐，號弢甫，清錢塘人。年十五，受教於同里勞史，浸染宋儒之學。雍正四年（一七二六）舉人。十一年，召試通知性理，欽賜進士，授工部屯田司主事。引疾歸，歷主九江濂谿、嘉興鴛湖、濼源諸書院。著有論語説二卷、弢甫詩初集一四卷續集二〇卷、文集三〇卷等。清史稿卷四八〇有傳。祥案：柳譜引桑調元祭盧母楊太君文：「馮之淑媛，爲存心之先妻，調元娶於汪。……馮育子而汪育女，訂子之昏，早在乎母之懷。」注：「據此，似先生自幼即與桑氏訂婚。」

〔一二〕盧氏文集卷二中庸圖説序：「文弨弱冠執經於桑弢甫先生之門，聞先生説中庸大義，支分節解，綱舉目張，而中間脈絡無不通貫融洽，先生固以爲所得於朱子者如是。蓋先生少師事姚江勞麟書（史）先生，勞先生之學，一以朱子爲歸，躬行實踐，所言皆見道之言，雖生陽明之里，餘焰猶熾，而獨卓然不爲異説所惑。」

〔一三〕臧庸拜經堂文集卷五盧先生行狀：「見道純正，不惑於釋老。遇佞佛者，必多方戒諭，或作書振救之，曰：『吾不忍其陷於異端，並不許其以釋混儒也。』」

〔一四〕翁方綱復初齋文集卷一四盧公墓誌銘：「至壬子，猶賦重游泮宮詩。」柳譜據是隸盧氏入錢塘學爲雍正十一年十七歲時。

〔一五〕盧氏文集卷二七孫文定公家傳：「文弨以乾隆三年舉於順天，公實爲試官。分校者慮語不盡醇，或未必當公意，公曰：『此本於經，何害？』遂置所取中。」

〔一六〕盧氏文集卷一六劉文正公自書手記跋：「歲壬戌，公考試中書，文弨倖中選。」

〔一七〕臧狀：「會試中式，廷對凱切，暢所欲言，以一甲第三人成進士。」祥案：是年爲皇太后六旬萬壽恩科。是科一甲三人爲江寧秦大士、華亭范棫士、餘姚盧文弨。盧氏文集卷一有應殿試策、誠無爲幾善惡論、擬察茂材異等詔、時政疏，又十月滁場詩一首，另編詩集中，皆爲當時科考之題也。光緒餘姚縣志卷二三盧氏本傳：性伉直，壬申廷對，其時政疏「力言直隸差徭之重，純皇帝爲動容。總督方觀承申奏自劾，士論偉之。」文集卷一六又跋梅二如臨徐又次太守手卷：「新建裘文達公爲壬申殿試讀卷官，余以是年登第，以師禮視之，有燕會必招余在座。」秦大士（一七一五—一七七七），字魯一，號澗泉，又號秋田老人，清江寧（今江蘇南京）人。乾隆十七年一甲第一人及第。官至翰林院侍講學士。以請終養父而歸，遂不復出。嘗一主常州龍城書院。著述今存有秦澗泉稿不分卷、秦狀元稿一卷等。事見抱經堂文集卷三三翰林院侍講學士秦公墓誌銘。

〔一八〕段銘：「壬申，以一甲第三人成進士，授翰林院編修。」翁銘同。

［一九］臧狀：「甲戌，散館。上命取詩片進閲，曰：『你就是盧文弨麽？』欽定一等一名，授日講官、起居注，由詹事府左春坊左中允陞翰林院侍讀學士。丁丑、丙戌，充會試同考官，在尚書房行走，侍皇子講讀，出典廣東試，提督湖南學政。」翁銘：「丁丑，會試同考官、尚書房行走。戊寅，署日講起居注官，陞左春坊左中允、翰林院侍讀。甲申，陞翰林院侍讀學士。」祥案：江藩襲段銘而成，次序有誤。

［二〇］文集卷七題嚴葆林香照圖後：「乙酉之歲，余爲廣東主考官，已事而反，紆驛程五十里謁孔林。」

［二一］祥案：「湖廣」爲「湖南」之誤，今改之。盧氏文集卷一一書韓門綴學後：「丙戌，提學湖南，見先生於保陽，録所詠長沙古迹詩示余。」翁銘：「丙戌，會試同考官，視湖南學政。」又臧狀：「提督湖南學政，以端士習，正文體爲急，拔寒畯入家塾，延師課其成，如丁未進士洛陽令龔鶴鳴，其一也。」

［二二］臧狀：「戊子，以條奏學政事，奉旨撤回，吏議左遷。」段銘、翁銘同。祥案：高宗實録卷八〇一乾隆三十二年十二月丙子，諭曰：「湖南學政盧文弨條奏一折，全屬不諳事體。其意專務弋取虚名，於學校士習，大有關係，已據該部按款縷晰議駁。即如所奏州縣官責處生員應申報學臣一條，此乾隆元年議奏條例，載在學政全書者已深切著明，今該學政復多方附會，有心爲不肖青衿開寬縱之漸，殊不知士子果能安分自愛，地方有司自應優以禮貌，若其甘爲敗檢，法所難寬，則按律示懲，俾知悛改，且以警戒其餘，則其所保全者甚多。該學政乃巧爲袒庇，摭拾瀆陳，是將使恃符滋事者，恣意妄爲，自干法網，愛之非適以害之乎？至所稱民人控士令教官接受傳訊，劣等苗猺生員免其對讀，及散給貧生租銀請照兵丁紅白事例數條，既使司鐸者侵官滋弊，且令考校失勸懲之義，恤貧開冒濫之端，皆屬曲意偏徇，市恩邀譽，於整飭士風之道，毫無裨益。盧文弨所見如此紕繆，著即徹回，交該部嚴加議處。」

［二三］段銘：「明年，先生以繼母張太恭人年高，遂請歸養。」

［二四］臧狀：「至江寧訪舊友，感寒疾，歸過常州，卒於龍城書院，乾隆乙卯十一月二十八日也。先一日，猶强起，與及門丁履恒講儀禮。」龍城書院，在江蘇常州，明萬曆時知府施觀民始建。清乾隆十九年，知府宋楚望移至城内先賢祠。

五十四年，盧文弨爲掌院，從游者如李兆洛、臧庸等，皆一時之後。教學以識字爲先，專經課古，尤重説文。

紹弓官京師，與東原交善[一]，始潛心漢學，精於讎校。歸田後二十餘年[二]，勤事丹鉛，垂老不衰[三]。所校之書，大戴禮記、左傳、經典釋文、逸周書、孟子音義[四]、荀子、方言、釋名[五]、賈誼新書[六]、獨斷[七]、春秋繁露[八]、白虎通[九]、呂氏春秋[一〇]、韓詩外傳[一一]、顔氏家訓[一二]、封氏聞見記諸書[一三]。又取易禮注疏、呂氏讀詩記[一四]、魏書[一五]、宋史、金史[一六]、新唐書[一七]、列子、中鑒[一八]、新序[一九]、新論諸本脱漏者，薈萃一書，名曰群書拾補[二〇]。抱經堂文集三十四卷[二一]，及鍾山札記[二二]、龍城札記，刊行於世[二三]。

[一]祥案：盧、戴初交，事在乾隆乙亥。盧氏文集卷六戴東原注屈原賦序：「吾友戴君東原，自其少時通聲音文字之學，以是而求之遺經，遂能探古人之心於千載之上。」又同卷江慎修河洛精藴序：「向者吾友戴東原在京師嘗爲余道其師江慎修先生之學，而歎其深博無涯涘也。」又案：臧狀亦曰：「官中書日，始篤志校書。」又盧氏文集卷四書楊武屏先生雜諍後：「余年十五六，從人借書讀，即鈔之，久之，患諸書文字多謬誤，頗有志於校勘。」又卷七群書拾補小引：「文弨於世間技藝，一無所能，童時喜鈔書，少長漸喜校書。在中書日，主北平黄崑圃先生家，退直之暇，兹事不廢也。」然則盧氏之始力志校書，夙心已早，非識戴氏後方始也。蓋其有志之日早，而至京師官中書時，方付諸實施耳。

[二]祥案：盧氏自乾隆三十四年五十三歲時南歸養親（段銘、臧狀皆曰五十有四，誤），至乾隆六十年殁，歸田後尚

在世二十有六年之久。段銘：「公好校書，終身未嘗廢。在中書十年及在尚書房與歸田後，主講四方書院凡二十餘年。」

[三]段銘：「雖耄，孳孳無怠。早昧爽而起，繙閱點勘，朱墨並作，几間闤闠無置茗盌處。日且冥，甫出户散步庭中，俄而篝燈如故，至夜半而後即安。祁寒酷暑不稍閒。官俸脯脩所入，不治生産，僅以購書。聞有舊本，必借鈔之；聞有善説，必謹録之。一策之間，分别迻寫諸本之乖異，字細而必工。今抱經堂藏書數萬卷皆是也。」

[四]孟子音義二卷，宋孫奭撰。陸德明經典釋文於諸經皆有音義，獨闕孟子。孫氏於奉敕校定趙岐孟子注時，因刊正唐張鎰孟子音義及丁公注孟子手音二書，兼引陸善經孟子注，以成此書，其注多本趙注。有四庫全書本、粤雅堂叢書本等。祥案：盧氏所校諸本，詳見下文群書拾補、抱經堂叢書與下列所校諸書中，此不再一一注出。

[五]釋名八卷，漢劉熙撰。凡分天、地、山、水、丘、道、州國、形體、姿容等二十七類。因音求義，考證名物。清人畢沅有釋名疏證八卷補遺一卷（經訓堂叢書本等）、王先謙釋名疏證補（上海古籍出版社一九八四年版等）。

[六]賈誼新書一〇卷，漢賈誼撰。漢志載賈誼五十八篇；崇文總目云本七十二篇，劉向删定爲五十八篇。今傳者僅五十六篇；又問孝一篇，有録無書，實五十五篇。今人整理有北京中華書局二〇〇〇年閻振益、鍾夏新書校注本。

[七]獨斷二卷，漢蔡邕撰。王應麟玉海謂是書間有顛錯；又諸家援引此書，亦多與今本不合，蓋爲後人所竄亂也。今有乾隆五十五年錢塘盧氏刊本、一九三六年上海涵芬樓刊本等。

[八]春秋繁露一七卷，漢董仲舒撰。是書發揮春秋之旨，多主公羊，而往往及於陰陽五行。宋時樓鑰校爲定本，然闕三篇。清時凌曙有春秋繁露注（蜚雲閣凌氏叢書本等）、蘇輿春秋繁露義證（北京中華書局一九九二年鍾哲點校本）。

[九]白虎通一〇卷，漢班固編集。是書名本爲白虎通義，亦稱白虎通德論。漢宣帝時，曾大會諸儒於白虎觀，考校經書異同，連月乃罷，帝親臨稱制，顧命史臣，著爲通義。清陳立有白虎通疏證一二卷，有北京中華書局一九九四年點校本。

[一〇]吕氏春秋二六卷，秦吕不韋門客編。自漢以來，注者惟高誘一家，訓詁簡實，於引證顛舛之處，皆另據他書以

駁之。近人整理本可參許維遹呂氏春秋集釋（北京中國書店一九八五年版），陳奇猷呂氏春秋新校釋（上海古籍出版社二〇〇二年版）。

［一一］韓詩外傳一〇卷，漢韓嬰撰。漢志載韓故三十六卷、韓内傳四卷、韓外傳六卷、韓説四十一卷，今惟外傳尚存，餘均亡佚。其卷數較漢志多四卷，蓋爲後人所分。是書雜引古事古語，證以詩詞，與經義不相比附，故曰外傳。今有許維遹韓詩外傳集釋，北京中華書局一九八〇年版；屈守元韓詩外傳箋疏，成都巴蜀書社一九九六年版等。

［一二］顔氏家訓二卷，北齊顔之推撰。是書述正身治家之法，辨正時俗之謬以爲訓；又兼論字畫音訓，並考證典故，品第文藝，曼衍旁涉，不專爲一家之言。近人整理本有周法高顔氏家訓匯注，臺北中央研究院歷史語言研究所一九九三年再版；王利器顔氏家訓集解，北京中華書局一九九三年增訂本等。

［一三］封氏聞見記一〇卷，唐封演撰。全書目録所列凡一百一條，而傳本則多殘闕。前六卷多陳掌故，七八兩卷記古蹟及雜論，末二卷載當時士大夫嘉言善行，其中足資參證者多。今有趙貞信封氏聞見記校注，北京中華書局一九五八年版等。

［一四］呂氏家塾讀詩記三二卷，宋呂祖謙撰。祖謙與朱熹相契，其初論詩亦相合。此書中所稱朱氏曰，即朱子説也。後朱熹改從鄭樵之論，自變前説，而祖謙則仍堅守毛、鄭。其例先列訓詁，後陳文義。後又有戴谿續呂氏家塾讀詩記，有上海商務印書館一九三六年本。

［一五］魏書一三〇卷，北齊魏收等奉敕撰。所記起自北魏道武帝登國元年（三八六），至東魏孝静帝武定八年（五五〇）之史事。以東魏爲正統，不記西魏之史。其書至宋初已殘，劉攽等據北史等書校補，仍爲一三〇卷，即今本。今通行本爲北京中華書局一九七四年點校本。

［一六］金史一三五卷，元脱脱等奉敕撰。是書記有金一代之史。凡本紀一九卷、志三九卷、列傳七三卷。敘事詳賅，首尾完密。今通行本爲北京中華書局一九七五年點校本。

［一七］新唐書二二五卷，原名唐書，宋歐陽修、宋祁等奉敕撰。是書本爲補正劉煦舊唐書之舛漏而作，自稱事增於前，文省於舊；且講究春秋書法。然删簡太過，考證不當，亦是其弊。今通行本爲北京中華書局一九七五年點校本。

［一八］申鑒五卷，漢荀悦撰。一曰政體，二曰時事，三曰俗嫌，四五曰雜言。有明黄省曾注本。今有上海古籍出版社一九九〇年版本。

［一九］新序一〇卷，漢劉向撰。隋志載新序三十卷、録一卷。唐志同。宋初書已殘闕。所載皆春秋、戰國、秦、漢間事，雜取百家傳記，以類相從，與左傳、國語、戰國策、史記互有出入。今有趙仲邑新序詳注，北京中華書局一九九七年。

［二〇］群書拾補三九卷，是書仿經典釋文例，取諸書版本之誤者，摘字而注之，校正補逸，頗臻完善。所收經史子集，凡三十八種：五經正義表一卷、周易注疏校正一卷、周易略例校正一卷、尚書注疏校正一卷、春秋左傳注疏校正一卷、禮記注疏校補一卷、儀禮注疏校正一卷、吕氏讀詩記補闕一卷、史記惠景間侯者年表校補一卷、續漢書志注補校正一卷、晉書校正一卷、魏書校補一卷、宋史孝宗紀補脱一卷、金史補脱一卷、資治通鑑序補逸一卷、文獻通考經籍考校補一卷、史通校正一卷、新唐書糾謬校補一卷、山海經圖讚補逸一卷、水經序補逸一卷、鹽鐵論校補一卷、新序校補一卷、説苑校補一卷、申鑒校正一卷、列子張湛注校正一卷、韓非子校正一卷、晏子春秋校正一卷、風俗通義校正一卷、新論校正一卷、潛虚校正一卷、春渚紀聞補闕一卷、嘯堂集古録校補一卷、鮑照集校補一卷、韋蘇州集校正拾遺一卷、元微之集校補一卷、白氏文集校正一卷、林和靖集校正一卷、明史藝文志二卷、宋史藝文志補一卷、補遼金元藝文志一卷。乾隆五十二年刻成於鍾山書院，今存抱經堂叢書、紹興先正遺書、叢書集成初編等叢書中。

［二一］抱經堂文集三四卷，按文體排次。盧氏垂殁之年始手編自著文集付梓，刻成二十五帙，尚未定卷次先後即下世。其後鮑以文、孫志祖等相商體例，定其去取，分任校刊，爲踵成之，刊於嘉慶二年。今有北京中華書局一九九〇年王文錦點校本。又案：據嚴元照晦庵學文卷八書盧抱經先生札記後曰：「盧氏殁後，『梁山舟侍講出白金五十兩，佈告同人

諉梁君曜北定之。」梁山舟即梁玉繩之父同書，曜北即玉繩，殆所謂五十卷本者，蓋即三十四卷本與續刻十餘卷之合耳，今皆未見流傳。

[一二二]鍾山札記四卷，盧氏主講鍾山書院時作，故名。書收刻於抱經堂叢書中。皇清經解所録，僅關於經義者，非完帙，見卷三百六十八。

[一二三]龍城札記三卷，是書盧氏晚年主講龍城書院時所作札記，故名。書收刻於抱經堂叢書中。皇清經解所録非完帙，見卷三百八十九。祥案：盧氏所著所刻書，尚有廣雅箋疏二卷（鈔本）、晉書禮志校正一卷、魏書禮志校補一卷、金史禮志補脱一卷（以上見二十五史補編本）、經籍考不分卷（舊抄本）、常郡八邑藝文志一二卷（莊翊昆等校補，光緒十六年刻本）、揚雄太玄經校正一卷（倪燦撰，盧氏校録，紹興先正遺書本）、抱經堂詩鈔七卷（道光十六年李兆洛刻本）等。又抱經堂叢書一八種二七五卷：經典釋文三〇卷附考證、儀禮注疏詳校一七卷、逸周書一〇卷校正補遺一卷、白虎通四卷附校勘補遺一卷考一卷闕文一卷（考與闕文爲莊述祖輯）、方言一三卷校正補遺一卷（與謝墉同校）、新書一〇卷、春秋繁露一七卷附録一卷、顔氏家訓七卷附注補並重校一卷注補正一卷（此卷錢大昕撰）壬子年重校一卷、群書拾補三九卷、西京雜記二卷、獨斷二卷、三水小牘二卷、鍾山札記四卷、龍城札記三卷、解春集文鈔一二卷補遺二卷詩鈔三卷（馮景撰）、抱經堂文集三四卷等。

又案：盧氏所校之書極多，其所藏書，率多校定，且有跋語。現據趙鴻謙盧抱經先生校書年表所列次序，按年列之如下：乾隆四年，寫校荀子。十二年，校文選。十四年，校明刊本抱樸子、周易、史記、學蔀通辨。十五年，寫校王應麟詩考，校李夢陽空同詩鈔。十六年，校漢魏叢書本竹書紀年、夏小正補注、越絶書、崔豹古今注、王士禛感舊集，編校硯北雜録。十八年，校漢魏叢書本獨斷與逸周書。十九年，再校逸周書、校漢魏叢書本大戴禮記、中説與申鑒。二十年，再校大戴禮記，校漢魏叢書本易林。二十一年，校漢魏叢書本博雅、新語、新書、潛夫論、易傳、忠經，明趙用賢刊本韓非子，雅雨堂刊本周易乾鑿度，再校易林，校刻居官必閲録。二十二年，再校獨斷。二十三年，校明胡文煥刊本急就篇，校尚書大傳並撰考異補遺。二十五年，刻雅雨堂大戴禮記，校大學中庸講義，校鶡冠子、吕氏春秋，寫校楊武屏雜静。二十六年，寫校孟子章指。二十七年，校周禮注疏。二十八年，校五禮通考。二十九年，校孔子家語。三十三年，校惠棟左傳補注。三十五年，寫校元岑静能栲栳山人詩集。三十六年，寫校新唐書糾繆、尹河南集。三十八年，寫校對床夜雨、九經古義、千頃堂書目，校何楷詩經世本古義，校李泰伯文集、晦庵題跋。三十九年，寫校半亭詩稿、荷亭辨論、切近編、陽羨茗壺系洞山界茶系、翰苑群書、史糾、遺山樂府、遺山樂府選、兩漢刊誤補遺、嘉定會稽志、賈長江詩集、徐常侍文集、後山詩注、劉後村集。四十年，寫校揮麈録、癸辛雜識、春秋尊王發微，再校對床夜雨、雜静。四十一年，續校春秋尊王發微，校漢魏叢書本春秋繁露，校聚珍本直齋書録解題，寫校惜蔭録，序刻春柳堂詩鈔，寫校静志居詩話、碧血録、歸潛志、玉楮詩稿、剡源集，校儀禮、孟子注疏、十一經問對、荀子、陸師農注鶡冠子、子華子、輟耕録、七脩類稿、蘇詩補注。四十二年，校養素齋刊本史通訓故補、明黄正位刊本新增格古要論、聚珍本鶡冠子、王應麟輯古文春秋左傳、白虎通、塵史、徐霞客游記、毛氏袖珍本陶淵明集，寫校廣川書跋、樂圃餘稿、張卿子詩、中興館閣録、鄭氏注論語、吕氏讀詩記、釣磯立談、夢粱録、咸淳臨安志、鶴山雅言、泊宅編、山齋客談、李元賓文集、德隅齋畫品、圖書見聞志，校補王應麟輯鄭氏注尚書、孟子章指、何焯校劉隨州集，再校春秋繁露、韓非子、賈長江集，三校對床夜雨。四十三年，校聚珍本鄴中記、鑾書、雲谷雜記、澗泉日記，校汲古閣松陵集、新訂書録解題、東坡志林、真誥、北夢瑣言、石林燕語、韓門綴學、金石史、五曹算經，寫校黄長睿題跋，再校急就篇、癸辛雜識，三校逸周書。四十六年，校公羊注疏、游宦紀聞、熊方後漢書年表，寫校湛淵精語，再校新書。四十五年，校聚珍本郭氏傳家易説，儀禮注疏、説苑、張之象注鹽鐵論、劉公是集、濂洛風雅、王念孫校大戴禮記，寫校鍼膏肓起廢疾發墨守，增校詩考，續校公羊注疏，三校新書，四校逸周書。四十六年，校聚珍本金淵集、碧谿詩話，校周易注疏、七經孟子考文補遺、十三經注疏正字、融堂書解、方苞與鍾畹删訂周禮訂義、侯鯖録、高恥堂稿、鄭司農集、王右丞集箋注、文恭集、絜齋集、西北之文、文心雕龍輯注、方言，寫校逸老堂詩話，續校郭氏傳家易説，再校五曹算經。四十七年，刻方言，校微波榭本孟子趙注、新安汪氏刻本説文繫傳、聚珍本儀禮識誤，校石臺孝經、釋夢英十八體篆書與説文偏旁字原、鐵圍山叢談、浮沚集、毘陵集、孔子世家補，續校熊方後漢書年表。四十八年，校順德張氏刻本左傳補注、汲古閣本孔子家語、劉子，寫補通志堂經解，再校孟子趙注、郭氏傳家易説、鶡冠子、澗泉日記，三校易林、韓非子。四十九年，校刻白虎通、新書，校抱經堂校定本方言、刻本九經古義、鈔本栲栳山人詩集，寫校書苑菁華，再校孔子家語，三校春秋繁露。五十年，刻春秋繁露，校李軌注揚子法言、杜預春秋長曆。五十一年，刻荀子、逸周書，寫校别雅。五十二年，刻西京雜記、群書拾補，校春渚紀聞，寫校續高士傳、新訂元豐九域志、米芾畫史、玉照新志，四校易林。五十三年，寫校史記索隱，四校韓非子。五十四年，刻顔氏家訓。五十五年，校刻獨斷、鍾山札記。五十六年，刻經典釋文附考證。五十七年，刻三水小牘，校淮南子、世德堂本南華真經，再校李軌注揚子法言，重校補刻顔氏家訓。五十八年，校明刊本論衡，再校中説、山海經。五十九年，校鬼谷子，再校論衡、南華真經，三校山海經。六十年，刻儀禮注疏詳校，校孫奕示兒編。又案：趙氏所列，僅據南京圖書館所藏抱經校本及抱經堂文集諸序跋所有而言，然則盧氏所校之書，且不僅止此矣，其一生劬勞勤勉，亦可概見。

紀昀

紀昀，字曉嵐[一]，一字春帆，晚年自號石雲，獻縣人也。世爲河間著姓[二]。祖天申[三]，有善行；父容舒[四]，官姚安太守。河間爲九河故道，天雨則窪中汪洋成巨浸，夜有火光。天申夜夢火光入樓中而公生，火光遂隱，人以爲公乃靈物托生也[五]。少而奇穎，讀書過目不忘。夜坐暗室内，二目爍爍如電光，不燭而能見物，比知識漸開，光即斂矣[六]。

[一]古人名字解詁：「玉篇日部：『昀，日光也。』説文日部：『曉，明也。』段玉裁注：『此亦謂旦也，俗云天曉是也。』日生光，天則破曉，故『昀』、『曉』相應。晴朗日山巒蒸潤之氣爲『嵐』，與日光相關，故以爲綴飾。」祥案：紀昀又號觀奕道人、孤石老人，友朋間亦稱茶星。參紀昀姑妄聽之一、槐西雜志一、翁方綱復初齋文集卷一二送董曲江歸平原詩序、復初齋外集卷一三東墅復次前韻……兼懷二君翁氏自注。

[二]祥案：江藩襲朱珪知足齋文集卷五墓誌銘，此不確。紀氏槐西雜志二曰：「明永樂二年，遷江南大姓實畿輔。始祖椒坡公，自上元徙獻縣之景城。後子孫繁衍，析居崔莊，在景城東三里。今土人以仕宦科第，多在崔莊，故皆稱『崔莊紀』，舉其盛也；而餘族則自稱『景城紀』，不忘本也。」然則非「世爲河間著姓」矣。

[三]紀天申（一六五五—一七三二），字寵予。監生。考職縣丞。康熙、雍正間，歲數大饑，出穀賑災民，全活無算。事見景城紀氏家譜七支譜一之四、清萬廷蘭等纂乾隆獻縣志卷九有傳。

[四]紀容舒（一六八六—一七六四），字遲叟，號竹厓。天申長子。康熙五十二年（一七一三）舉人。官至雲南姚安府知府。性嚴峻，喜讀書。事見景城紀氏家譜七支譜一之四。

[五]祥案：是説出朱銘。又阮元揅經室三集卷五紀文達公集序：「夫山川之靈，篤生偉人，恒間世一出。河間獻縣，在漢爲獻王封國。史稱獻王『修學好古，實事求是』，所得書皆古文先秦舊書，被服儒術，六藝具舉。對三雍、獻雅樂、答詔策，文約指明，學者宗之。後二千餘年而公生其地。」又他書或以紀氏爲火精、猴精、蟒精等轉世者，皆虛妄而不足信。參張培仁妙香室叢話卷一二、梁章鉅歸田瑣記卷六等。

[六]見朱銘。又紀氏槐西雜志四：「余四五歲時，夜中能見物，與晝無異。七八歲後，漸昏暗。十歲後，遂全無睹；或夜半睡醒，偶然能見，片刻則如故。十六七後以至今，則一兩年或一見。如電光石火，彈指即過。蓋嗜欲日增，則神明日減耳。」

年二十四，乾隆丁卯科解元[一]。甲戌[二]，成進士，授庶吉士[三]，散館，授編修[四]。己卯[五]，充山西鄉試正考官。庚辰[六]，充會試同考官。辛巳京察[七]，以道府記名。壬午，充順天鄉試同考官，命提督福建學政[八]。於癸未授侍讀。明年，丁父憂[九]。服闋，充日講起居注官，擢左庶子[一〇]。戊子[一一]，授貴州都匀知府，以四品留任，晉侍讀學士[一二]。緣事罣誤，發烏魯木齊效力[一三]。至戍所時，遣戍單丁五年内積至六千人，爲都統具奏稿[一四]，得旨減釋爲民[一五]。

[一]朱銘：「年二十四，乾隆丁卯科遂發解。初，闈中擬珪首卷，得公卷同，書經二場表儷語冠場，乃定公第一，珪第六。主試阿文勤公、劉文正公榜發，皆以得人賀。二公覆命，遂以兩人姓名上聞，故公與珪皆早受特達之知，所由來也。」

[二]祥案：紀氏以二甲第四人及第，朱銘以爲二甲第二者，誤。紀曉嵐文集卷一六前刑部左侍郎松園李公墓誌銘：「公與余同以乾隆甲戌登進士。是科最號得人，其間老師宿儒，以著述成家者不一；高才博學，以詞章名世者不一；經濟宏通，才猷儁異，以政事著能者不一；品酒鬬茶，留連唱和，以風流相尚者亦不一。故交游歘洽，來往無夙期，宴會無虛日。余少年意氣，亦相隨馳騁，顧盼自豪。」

[三]紀氏如是我聞一：「乾隆甲戌，余殿試後尚未傳臚，在董文恪公家，偶遇一浙士能拆字，余書一『墨』字，浙士曰：『龍頭竟不屬君矣。里字拆之爲『二甲』，下作四點，其二甲第四乎？然必入翰林，四點庶字腳，土，吉字頭，是庶

吉士矣。』後果然。」

［四］高宗實録卷五三九乾隆二十二年五月乙卯：「内閣翰林院帶領甲戌科散館修撰、編修、庶吉士引見。得旨：……漢書庶吉士錢大昕、……紀昀等俱授爲編修。」紀曉嵐文集卷一六翰林院侍講寅橋劉公墓誌銘：「是時余初授館職，意氣方盛，與天下勝流相馳逐，座客恒滿，文酒之會無虚夕。」

［五］紀氏唐人試律説跋：「此書以己卯六月脱稿，從游諸子，偶以付梓。七月中，余往山西典鄉試。」

［六］庚辰（乾隆二十五年）科總裁爲大學士蔣溥、刑部尚書秦蕙田、禮部侍郎介福、副都御史張泰開。

［七］賀治起、吴慶棨紀曉嵐年譜乾隆二十六年下引傳略：「是年，京察一等，以道府記名。充庶吉士教習，方略館總校。」

［八］參紀曉嵐詩集卷一三南行雜詠督學閩中十月初八日出都作。

［九］賀譜乾隆二十九年：是歲容舒至閩，乃八十歲壽，「公欲慶，公父不可。乃北歸，舟中遘疾，不起。」孫致中等紀曉嵐年譜同年引先正事略：「夏，迎養其父容舒至閩署。八月二十五日父卒，旋丁憂北歸。」

［一〇］朱銘：「服闋，補侍讀，充日講起居注官，晉左庶子。」紀曉嵐文集卷一六翰林院侍講寅橋劉公墓誌銘：「丁亥，余服闋赴京。」又灤陽消夏録三：「丁亥春，余攜家至京師，因虎坊橋舊宅未贖，權住錢香樹先生空宅中。」祥案：是年，紀昀又充三通館提調兼輯修。十一月，充日講起居注官。見賀譜、高宗實録卷七九八。

［一一］高宗實録卷八〇四乾隆三十三年二月丁卯，諭曰：「紀昀在翰林内，學問素優，予以外任，轉恐不能盡其所長，著以四品銜，仍留庶子之任。所有都匀府知府員缺，著王國祚補授。」又嘉慶帝御賜碑文：「荷先帝特達之知，獨蒙學問素優之譽。一麾出守，劇任恐掩佳才；四品加銜，殊恩特邀破格。」

［一二］四月十四日，清高宗於正大光明殿考試翰林等官。十五日下諭，紀昀爲二等第十六名。後授翰林院侍讀學士。見賀譜引傳略、高宗實録卷八〇八。

［一三］祥案：此指兩淮鹽引案中涉前任兩淮鹽運使盧見曾事，盧氏之孫盧蔭文娶紀氏之女，兩家爲姻親關係。詳參本書第三二六頁注［一九］。

［一四］都統，即巴彦弼，生平事蹟不詳。乾隆三十四至三十七年間，爲烏魯木齊都統。事見清史稿卷二〇六疆臣年表十各邊將軍都統大臣。

［一五］祥案：紀氏至烏魯木齊後，佐助軍務，多所建樹。汪德鉞四一居士文鈔卷四紀曉嵐師八十序：「舊例：挈妻子謫遣於烏魯木齊者，五年後釋爲民，單丁則終身戍役。乾隆庚寅夏，積多至六千人，頗相扇動。吾師具奏稿，請將軍巴彦弼上之，六千人同日脱籍。著爲令，與挈眷者同限。」

辛卯［一］，召還，授編修［二］。三十八年，擢侍讀［三］，命爲四庫全書館總纂官［四］。丙申［五］，授侍讀學士，充文淵閣直閣事［六］、日講起居注官。己亥［七］，擢詹事，旋晉内閣學士。壬寅［八］，授兵部右侍郎，仍兼直閣事。改任不開缺，乃異數也［九］。又轉左侍郎［一〇］。甲辰［一一］，充會試副考官，知武會試貢舉。乙巳［一二］，晉左都御史。〔丁未〕（丙午）［一三］，轉禮部尚書，充經筵講官。戊申［一四］，賜紫禁城騎馬，充武會試正考官。壬子［一五］，畿輔水災，奏請截留南漕萬石，設十廠賑饑，全活無算。嘉慶元年丙辰［一六］，充會試正考官，轉兵部尚書［一七］。己未［一八］，充武會試正考官。

［一］紀曉嵐文集卷九烏魯木齊雜詩序：「余謫烏魯木齊，凡二載。鞅掌簿書，未遑吟詠。庚寅十二月，恩命賜還。辛

卯二月，治裝東歸。」又如是我聞三：「六月，初至京師。居珠巢街路東一宅，與龍承祖比鄰。」又見詩集卷一〇三十六亭詩辛卯六月自烏魯木齊歸囊留一硯題二十八字識之。然則賜還之日在庚寅，辛卯則還京之時也。

[二]十月，迎鑾密雲，御試土爾特扈特全部歸順詩，立成五言三十六韻以進，得旨優獎，復授編修。參高宗實録卷八九四、紀氏詩集卷八御覽詩乙巳正月預千叟宴恭紀八首之二自注。

[三]十一月，補侍讀。高宗實録卷九四一乾隆三十八年八月甲辰諭：「辦理四庫全書處，將永樂大典内檢出各書，陸續進呈，朕親加披閱，間予題評，見其考訂分排，具有條理，而撰述提要，粲然可觀，則成於紀昀、陸錫熊之手。二人學問本優，校書亦極勤勉，甚屬可嘉。紀昀曾任學士，陸錫熊現任郎中，著加恩均授爲翰林院侍讀，遇缺即補，以示奬勵。」

[四]開四庫全書館，選翰林院官專司纂輯。大學士劉統勳以紀昀名薦，充纂修官。朱銘：「開四庫全書館，命爲總纂官，搜羅逸書，與内廷翰林一體宴齎，同事者陸君錫熊、提調則陸君費墀，而公實總其成。」又紀曉嵐文集卷八詩序補義序：「余於癸巳受詔校秘書，殫十年之力，始勒爲總目二百卷，進呈乙覽。」

[五]賀譜乾隆四十一年：「正月，擢侍讀學士。……二月，已調侍讀學士。」

[六]清高宗命仿浙江范氏天一閣之例，建文淵閣於文華殿後，並御製文淵閣記。又置文淵閣官制。參仿宋制，置文淵閣領閣事二員，總司典掌。文淵閣直閣事六員，同司典守釐輯。置文淵閣校理十六員，分司注册點驗。七月乙亥，命大學士舒赫德、于敏中充文淵閣領閣事，署内閣學士劉墉，詹事金士松，翰林院侍讀學士陸費墀、陸錫熊，侍講學士紀昀、朱珪充文淵閣直閣事。參高宗實録卷九六八乾隆三十九年十月乙未條、又卷一〇一〇乾隆四十一年六月庚子朔條。

[七]高宗實録卷一〇八〇乾隆四十四年四月丙寅，以詹事紀昀爲内閣學士兼禮部侍郎。又紀氏詩集卷一〇三十六亭詩鐵冶亭玉閬峰兩學士聯床對雨圖詩注：「余己亥自詹事擢内閣學士，始出翰林。」

[八]紀曉嵐文集卷四恩擢兵部侍郎仍兼文淵閣直閣事恭謝摺子（自注：乾隆四十七年）：「特於四庫之中，留司玉字；遂在六卿之内，獨帶冰銜。實文士之至榮，爲詞臣所罕覯。」

[九]清趙慎畛榆巢雜識卷上：「凡充文淵閣直閣事銜者，升授侍郎及改補寺卿，例應出缺。惟河間紀文達公，隨帶至尚書任。由四庫全書館，始終其事，恩諭兼充，洵異數也。」

[一〇]朱銘：「癸卯，轉左侍郎。」

[一一]紀曉嵐文集卷八甲辰會試録序：「乾隆四十有九年，會試届期，詔以臣蔡新、臣德保典其事，而以臣紀昀與臣胡高望副之。得士百有十人，録其文尤雅者，刊呈御覽，臣例得揚言末簡。」又參復初齋外集卷一七曉嵐少司馬充武會試知貢舉兵……屬題三首。

[一二]高宗實録卷一二二三乾隆五十年正月初七日諭：左都御史周煌致仕，「左都御史員缺，著紀昀補授。」又紀氏詩集卷八嘉慶丙辰正月再預千叟宴恭紀四首之三自注：「乙巳千叟宴，臣以兵部侍郎叨預，是日恩擢左都御史。」

[一三]祥案：此「丙午」爲「丁未」之誤，今改正。朱銘轉禮部尚書、充經筵講官皆隸於丙午，誤，江藩亦沿襲其誤。高宗實録卷一二七三乾隆五十二年正月丁亥諭：「禮部尚書著紀昀補授。」紀氏紀曉嵐文集卷四命充經筵講官恭謝摺子題後亦自注「乾隆五十二年」。又案：乾隆五十六年正月，以劉墉爲左都御史。是月甲辰日，以紀昀爲左都御史，劉墉爲禮部尚書。五十七年八月，復遷禮部尚書。參東華續録乾隆一一三、一一六。

[一四]祥案：朱銘繫於此年，清國史本傳則曰五十四年。詩集卷八御覽詩嘉慶丙辰正月再預千叟宴恭紀四首之三：「曾叨繡豸登瑤席，久忝花驄振玉珂。」自注：「臣蒙恩賜紫禁城内騎馬。」然亦不曰何年。

[一五]祥案：是年，直隸、河間等府，二麥歉收，饑民扶老攜幼，就食關東、京師等處，不絶於道。朝廷命截漕五十萬石備賑。紀氏奏：「定例：每年自十月初一日起，至次年三月二十日止，五城原設粥廠。但自夏至冬，爲期尚遠，恐貧民迫不及待，且人數較多，米數亦未必能敷。伏思偏災不過四府，賑米有餘，請於原額五十萬石内，酌撥京城數千石，以六月中旬爲始，每廠煮米三石，至十月初一日後，則於原額十石以外，加煮米三石，仍均以三月二十日止。」疏聞，下廷臣議，從之。見清國史本傳。又參汪德鉞紀曉嵐師八十序。

[一六]嘉慶元年三月初六日，爲會試正考官。參仁宗實録卷三。又文集卷八丙辰會試録序：「嘉慶元年丙辰，恩科會試，命禮部尚書臣紀昀充正考官，而副以左都御史金士松、兵部右侍郎臣李潢。臣等矢公矢慎，詳加遴選，得士一百四十八人。」

[一七]六月初一日，調禮部尚書紀昀爲兵部尚書。又文集卷四調補兵部尚書謝恩摺子：「方衡春試，復領夏官。」十月丙戌，復調爲左都御史，沈初爲兵部尚書。二年八月丙辰，再遷禮部尚書。參東華續録嘉慶一、四，仁宗實録卷六、卷一〇、卷二一。

[一八]仁宗實録卷五三嘉慶四年十月初六日：「以兵部右侍郎劉秉恬知武貢舉，禮部尚書紀昀爲武會試正考官，都察院左都御史陳嗣龍爲副考官。」然文集卷八己未武會試録序曰：「嘉慶四年九月，己未科武會試及期，得旨以臣紀昀偕臣陳嗣龍爲正副考官，進外場之士，取其弓馬之入上格者，合以内場之論策，得士如額，録其文進呈御覽。」一説十月，一載九月，必有一誤。

癸亥六月，以八旬開秩，上遣官賚上方珍玩賜之[一]。是年，奏：「婦女猝遭强暴，捆縛受污，不屈見戕者，例無旌表。臣謂捍刃捐生，其志與抗節被殺者無異。如忠臣烈士，誓不從賊，而縶縛把持，雖使跪拜，可謂之屈膝賊廷哉？請敕交大學士九卿科道公議，與未被污者略示區别，量予旌表。」[二]大學士保寧等議奏[三]：「如凶手在兩人以上，顯係孱弱難支，與强姦被殺者一體予旌。飭交各督撫勘明情形，請旨定奪。」報可[四]。

［一］朱銘：「公生於雍正甲辰六月十五日午時。」文集卷四六月十五日八十生辰特命署上駟院卿常貴頒賜珍品謝恩摺子：「往歲龍鍾未甚，已再登千叟之几筵；今兹馬齒徒增，實虚度八旬之歲月。何意天光之下濟，錫賚便蕃；更蒙星使之遥臨，恩榮舄奕。」是日，朋輩門生畢集，爲紀氏祝壽，詳參汪德鉞紀曉嵐師八十序。

［二］紀氏奏文詳參文集卷四請敕下大學士九卿科道詳議旌表例案摺子。

［三］保寧，參本書第四四二頁注［一六］。

［四］祥案：清史稿卷三四二保寧傳：「保寧疏陳駐防孀婦守節，未舉旌表之典，請照内地一體辦理。於是採訪各城，請旌者凡七十人，後著爲令。」

乙丑正月［一］，奉旨調禮部尚書、協辦大學士，加太子少保，管國子監事。十五日，卒於位［二］。年八十有二。奉旨［三］：「紀昀學問淹通，辦理四庫全書，始終其事，十有餘年，甚爲出力。由翰林洊歷正卿，服官五十餘載［四］。本年正月，甫經擢襄綸閣，晉錫宫銜，遽聞溘逝，深爲軫惜！加恩賞陀羅經被［五］，派散秩大臣德通帶同侍衛十員前往賜奠［六］，並賞庫銀五百兩經理喪事。任内處分，悉予開復［七］。應得卹典，查例具奏。」賜祭葬，予謚文達。

［一］嘉慶十年正月二十六日，命以禮部尚書、協辦大學士，加太子少保，管國子監事。見仁宗實録卷一三九。又文集卷四命以禮部尚書協辦大學士加太子少保銜並管國子監事謝恩摺子：「何期鈍質，遽登政事之堂；竟荷洪慈，得預參知

之列。而且宫銜寵賜，尤晉秩之殊榮；國學兼司，亦育才之重任。」

［二］祥案：江氏以紀卒於正月十五日，誤。朱銘：「公之協揆，珪所遺缺也。二十六日，同拜恩命。二月四日，連騎入内閣，同上翰林院中堂任。十日，而公病；十三日昃，予過門視疾，見公於牀。執手曰：『昀無他病，苦痰湧耳。』明日酉刻，公薨。協揆才十八日耳。十五日早，遺折聞。」然則紀氏逝於二月十四日。又仁宗實録卷一四〇嘉慶十年二月己巳：「協辦大學士、禮部尚書紀昀卒。遣散秩大臣德通帶領侍衛十員往奠茶酒，並賞銀五百兩治喪。予祭葬。謚文達。」己巳爲十五日，蓋乃告訃於朝廷之日，非逝之日也。朱銘：「公生於雍正甲辰六月十五日午時，終於嘉慶乙丑二月十四日酉時，壽八十有二。」其説是也。

［三］此爲嘉慶帝二月十日所諭恩綸之文，尚有御祭文與御賜碑文，皆見東華續録嘉慶二〇，又見紀曉嵐文集第三册附録。

［四］紀氏以乾隆十九年成進士，入翰林，至嘉慶十年逝世，前後凡服官五十二年。

［五］陀羅經被，又稱陀羅經衾。清昭槤嘯亭續録卷一「賜它羅經被」條：「本朝王大臣有薨没者，上特賜它羅經被。被以白綾爲之，刊金字番經於其上，時得賜者以爲寵倖，蓋即古人賜東園秘器類也。」

［六］散秩大臣，官名。清侍衛處職官，從二品，輔助領侍衛内大臣、内大臣統率侍衛親軍保衛與護從皇帝。德通，滿洲鑲紅旗人。乾隆三十年，官左御史。嘉慶時，官至哈密辦事大臣。事見清史稿卷一八五部院大臣年表四下、卷二〇七疆臣年表十一各邊將軍都統大臣。

［七］祥案：四庫全書辦理期間，上自總裁下至謄録，皆多有處分。如纂修四庫全書檔案一一九一條：乾隆五十二年三月十九日内閣奉上諭：李清所撰諸史同異録書内，「稱我朝世祖章皇帝與明崇禎四事相同，妄誕不經，閲之殊堪駭異。……未經删撤。……所有辦四庫全書之皇子、大臣，及總纂紀昀、孫士毅、陸錫熊，總校陸費墀、恭泰、吴裕德，從前覆校許烺，俱著交部分别嚴加議處」。又一二一四條，乾隆五十二年六月十一日，紀昀奏：「臣中夜思維，臣雖年逾六旬，

而精力尚堪校閲，且諸書曾經承辦，門徑稍熟，於違礙易於查檢。不揣冒昧，仰懇皇上天恩，予臣以悔罪自贖之路，準將文源閣明神宗以後之書，自國朝列聖御纂、皇上欽定及官刊、官修諸編外，一概責臣重校。凡有違礙即行修改，仍知會文淵、文津二閣詳校官畫一辦理，臣俱一一賠寫抽換，務期完善無疵。」又一二一五條，乾隆五十二年六月十二日内閣奉上諭：因閻若璩尚書古文疏證内引李清、錢謙益諸條，未經抽削，實屬疎漏。……今紀昀既自認通行覆閲明末各書，並請將看出應換篇頁自行賠寫，交部議處。……著將文淵、文源、文津三閣書籍所有應行換寫篇頁，其裝訂挖改各工價，均令紀昀、陸錫熊二人一體分賠。又一三八六條，乾隆五十六年二月十八日奉旨：（紀昀因王杰派人辦書勒派之事）著從寬免其革任，仍注册。但此案非尋常疏忽可比，所有應得飯銀公費，著停支三年，以示懲儆。凡此等等，皆可見當時查核甚嚴，而紀氏之屢屢被罰，以至卒後仍欠賠付之費也。

公於書無所不通，尤深漢易，力闢圖書之謬[一]。四庫全書提要簡明目録皆出公手[二]。大而經史子集，以及醫卜詞曲之類，其評論抉奥闡幽，詞明理正，識力在王仲寶[三]、阮孝緒之上[四]，可謂通儒矣。胸懷坦率，性好滑稽[五]，有陳亞之稱[六]。然驟聞其語，近於詼諧，過而思之，乃名言也[七]。公一生精力粹於提要一書[八]，又好爲稗官小説[九]，而嬾於著書，少年間有撰述，今藏於家，是以世無傳者[一〇]。今録公所作戴氏考工記圖序一篇[一一]，以見梗概。序曰：

[一] 祥案：紀昀於漢、宋之學，似持其平，實則主漢。其槐西雜志一：「余於漢儒之學，最不信春秋陰陽、洪範五

行傳：於宋儒之學，最不信河圖、洛書、皇極經世。」又文集卷一五怡軒傳曰：「昀於文章，喜詞賦；於學問，喜漢唐訓詁而汜濫於史傳百家之言。」

［二］四庫全書簡明目録二〇卷，紀昀等奉敕編，清官方題永瑢等奉敕纂。清高宗因四庫總目提要卷帙太大，翻檢不易，故下令於提要之外，另列簡明目録一編，只載某書若干卷，注某朝某人撰，則篇目不煩而檢查較易。俾學者由書目而尋提要，由提要而得全書。簡明目録除不列存目諸書外，文字亦僅總目十分之一。今有上海古籍出版社一九八五年點校本。

［三］趙慎畛榆巢雜識卷上：「河間師博洽淹通，今世之劉原父、鄭漁仲也。」王儉（四五二—四八九），字仲寶，南齊琅琊臨沂（今屬山東）人。累官至尚書令、中書監。精目録之學，又長於禮。卒謚文憲。其在劉宋時，參與宋元徽元年四部書目録之編撰。又撰七志四十卷，開目録傳録體之先河。南齊書卷二三、南史卷二二皆有傳。

［四］阮孝緒（四七九—五三六），字士宗，南朝梁尉氏（今屬河南）人。謚文貞處士。精目録之學。撰七録一二卷，已佚，僅廣弘明集中存其序文一篇。梁書卷五一、南史卷七六有傳。

［五］紀氏文集卷一一書陸青來中丞家書後：「余少好嘲弄，往往戲侮青來。」又清牛應之雨窗消意録卷一：「紀文達公昀，喜詼諧，朝士多遭侮弄。」又清錢泳履園叢話卷二一：「獻縣紀相國善諧詼，人人共知。」獨逸窩退士笑笑録卷六：「紀文達雖一戲謔，亦令人不可思議。」陳康祺燕下鄉脞録卷一一：「紀河間性坦易，喜滑稽，名言雋語，流播最多。」案清季諸書，多載紀氏趣聞逸事，然前後相襲，演爲小説，真僞參半，可信者寥矣。

［六］陳亞，字亞之，宋揚州人。真宗咸平五年（一〇〇二）進士。性詼諧。仕至太常寺少卿。事見宋吴處厚青箱雜記卷一、宋文瑩湘山野録卷上。湘山野録卷上有陳亞亞字謎詩曰：「若教有口便啞，且要無心爲惡。中間全没肚腸，外面强生稜角。」又宋曾慥類説卷五五載陳亞嗤人面黑曰：「笑似烏梅裂，啼如豉汁流。眉間粘帖子，已上是襆頭。」又宋阮閲詩話總龜前集卷三八：「陳亞嘗與蔡君謨會於金山僧舍，酒酣，君謨題詩屏間曰：『陳亞有心終是惡』，亞即索筆對曰：『蔡襄

無口便成衰。』」又元韋居安梅礀詩話卷上：「陳亞幼孤，育於舅家。舅姓李，爲醫工，人呼爲『衙推』。亞登第，人皆賀其舅，亞有詩云：『張公吃酒李公醉，自古人言信有之。陳亞今年新及第，滿城人賀李衙推。』」

［七］清盛時彦閲微草堂筆記序：「灤陽消夏録等五書，俶詭奇譎，無所不載；洸洋恣肆，無所不言。而大旨要歸於醇正，欲使人知所勸戒。故誨淫導欲之書，以佳人才子相矜者，雖紙貴一時，終已漸歸湮没，而先生之書則梨棗屢鐫，久而不厭，是則華實不同之驗明矣。」又魯迅中國小説史略二十二論紀氏筆記曰：「測鬼神之情狀，發人間之幽微，托狐鬼以抒己見者，雋思妙語，時足解頤，間雜考辨，亦有灼見。敘述復雍容澹雅，天趣盎然。故後來無人能奪其席，固非僅藉位高望重以傳者。」

［八］紀氏文集卷八詩序補義序：「余於癸巳受詔校秘書，殫十年之力，始勒爲總目二百卷，進呈乙覽。」又清仁宗御賜碑文：「美富羅四庫之儲，編摩出一人之手。」又王昶湖海詩傳卷一六蒲褐山房詩話：「考異同，辨真僞，撮著作之大凡，審傳本之得失，撰爲提要；……其未鈔録者則爲存目以識之。……而於尋常所著，不復珍惜成編。」

［九］此指紀氏所著閲微草堂筆記五種：灤陽消夏録六卷、如是我聞四卷、槐西雜志四卷、姑妄聽之四卷、灤陽續録六卷。紀氏灤陽消夏録前識語曰：「晝長無事，追録見聞，憶及即書，都無體例。小説稗官，知無關於著述；街談巷議，或有益於勸懲。」

［一〇］劉權之紀文達公遺集序：「高文典册，多爲捉刀，然隨手散失，並不存稿。總謂盡悉古人之糟粕，將來何必災梨禍棗爲！」又清陳鶴紀文達公遺集序：「我師河間紀文達公……嘗語人，自校理秘書，縱觀古今著述，知作者固已大備，後之人竭其心思才力，要不出古人之範圍，其自謂過之者，皆不知量之甚也。故生平未嘗著書，間爲人作序記碑表之屬，亦隨即棄擲，未嘗存稿。」翁方綱復初齋文集卷四坳堂集序：「曉嵐同唱酬者數十年，而其詩不肯自録成帙，今所刻者，其孫所補輯耳。」祥案：紀昀一生所著之書，流傳至今者數已不少，今採輯較全者爲文集一六卷、詩集一六卷、閲微草堂筆記二四卷、明懿安皇后外傳一卷、唐人試律説一卷、庚辰集五卷（以上見河北教育出版社一九九五年孫致中等點校

紀曉嵐文集本)。又有景城紀氏家譜一八卷(嘉慶七年紀樹棨刊本)、湖北先正遺書提要四卷劄記一卷(紀昀等撰、盧靖輯,沔陽盧氏刻本)、蘇詩鈔二卷(紀昀輯評,清鈔本)、瀛奎律髓刊誤四九卷(懺花盦叢書本)、文心雕龍一〇卷(黄叔琳注,紀昀評點,四部備要本)、四庫全書表文一卷(有林鶴年箋釋四卷,吴興劉氏一九一五年刊本)。另編刻有鏡煙堂十種(乾隆中嵩山書院刻本),又與陸錫熊合編有勵志齋叢書八種三〇卷(光緒中據武英殿聚珍版重印本)等。

[一一]見文集卷八考工記圖序。

戴君東原,始爲考工記作圖也,圖後附以己説而無注[一]。乾隆乙亥夏[二],余初識戴君,奇其書,欲付之梓,遲之半載,戴君乃爲余删取先、後鄭注,而自定其説以爲補注。又越半載,書成,仍名曰考工記圖,從其始也。戴君語予曰:「昔丁卯、戊辰間,先師程中允出是書以示齊學士次風先生[三],學士一見而歎曰:『誠奇書也。』今再遇子奇之,是書可以不憾已。」[四]

[一]段玉裁戴東原先生年譜乾隆十一年丙寅條,引戴氏後序「柔兆攝提格日,在南北河之間,東原氏書於游藝塾。」因曰:「是年,考工記圖注成。」案:段氏誤,當時所成者乃考工記圖,尚無注也。戴氏後序曰:「考工諸器,高卑廣狹有度,今爲圖,斂於數寸紙幅中,或舒或促,必如其高卑廣狹,然後古人製作昭然可見。」又曰:「執吾圖以考之群經,暨古人遺器,其必有合焉爾。」戴氏所云亦明言爲圖而無注。據紀氏所云,則加注乃乙亥後事,成書則已至丙子夏也,且其書名始終曰考工記圖耳。

［二］關於戴震著述，詳參本書卷五戴震及注。段玉裁戴東原先生年譜引程瑶田曰：「是年，假館紀尚書家，所作勾股割圜記。丁丑南下，戊寅谿南吴行先付刻。」

［三］程中允，即程恂，參本書第五〇三頁注［三］。段氏戴東原先生年譜乾隆七年壬戌條：「是年自邵武歸。同邑程中允恂一見，大愛重之。曰：『載道器也。吾見人多矣，如子者，巍科碩輔，誠不足言。』」

［四］祥案：紀氏與戴氏之關係，甚爲融洽。戴氏殁後，紀氏尚有詩懷之。紀氏文集卷一一三十六亭詩偶懷故友戴東原成二絶句録示王懷祖給事給事東原高足也：「披肝露膽兩無疑，情話分明憶舊時。宦海浮沉頭欲白，更無人似此公癡。」「六經訓詁倩誰明，偶展遺書百感生。揮麈清談王輔嗣，似聞頗薄鄭康成。」又卷八審定史雪汀風雅遺音序：「於時，休寧戴君東原主予家，去取之間，多資參酌。」又卷一二與史存吾太史書：「東原與予交二十餘年，主昀家前後幾十年，凡所撰録，不以昀爲弇陋，頗相質證，無不犁然有當於心者。」

戴君深明古人小學，故其考證制度、字義，爲漢以降儒者所不能及［一］。以是求之聖人遺經，發明獨多。詩三百、尚書二十八篇、爾雅等皆有撰著［二］。自以爲恐成書太早，而獨於考工記則曰：「是亞於經也者，考證雖難，要得其詳則止矣。［三］」

［一］盧文弨抱經堂文集卷六戴東原注屈原賦序：「吾友戴君東原，自其少時通聲音文字之學，以是而求之遺經，遂能探古人之心於千載之上。」

［二］祥案：據段氏年譜，戴氏見紀氏前有關詩、書、爾雅之成書者：乾隆十年，成六書論三卷；十二年，成轉語二十章；約十四、五年間，成爾雅文字考一〇卷；十八年，成詩補傳。其他有昊谿詩經補注二卷、毛鄭詩考正五卷、尚

書義考二卷等。詳參本書卷五戴震。

[三]戴震考工記圖序：「立度辨方之文，圖與傳注相表裡者也。自小學之道湮，好古者靡所依據。凡六經中制度、禮儀，覈之傳注，既多違誤，而爲圖者，又往往自成詰詘，異其本經，古制所以日就荒謬不聞也。……同學治古文辭，有苦考工記難讀者，余語以諸工之事，非精究少廣旁要，固不能推其制以盡文之奧曲。鄭氏注善矣，兹爲圖，翼贊鄭學，擇其正論，補其未逮。圖傳某工之下，俾學士顯白觀之。因一卷書，當知古六書、九數等，儒者結髮從事，今或皓首未之聞，何也？」

余以戴君之説，與昔儒舊訓，參互校覈。轂末之「軹」，明其當作「軒」，不得與輿人之「軹」、「轛」二名溷淆，今字書併「軒」字無之[一]。車人「徹廣六尺」[二]，以鬲長車廣當相等[三]，兩轅之間六尺，旁加輻内六寸，輻廣三寸，綆寸，合左右凡二尺，則大車之徹亦八尺，字譌「八」爲「六」[四]。弓人「膠三鋝」[五]，一弓之膠，不得過兩，有十銖二十五分銖之十四，正其當爲「三鍰」[六]。此皆記文之誤，漢儒已莫之是正者。後鄭謂「軫，輿後横木」，戴君乃曰：「輈人言『軫間』[七]，左右名軫之證也。『加軫與轐』，『弓長庇軫』，『軫方象地』，前後左右通名軫之證也。」[八]輈人「任正」、「衡任」，鄭以當軓與衡，而謂「軓爲輿下三面材，輢式之所樹」。戴君乃曰：「此爲下當免圍軸圍發其意也。若輢式之所樹，宜記於輿人[九]，今輈人爲之，殆非也。」[一〇]鄭以「戈」「胡」「句倨外博」爲胡上下。戴君曰：「此不宜與『已倨』、『已句』字義有異。」[一一]鄭引許叔重説文解字及東萊稱，證鍰鋝數同。戴君乃曰：「鍰之假借字作『垸』，鋝之假借字史記作『率』，漢書作『選』，伏生尚書大傳作『饌』，數小大相懸，合爲一，未然也。」[一二]戟刺長短無文，鄭氏既未及，賈公彦云「蓋與胡同，六寸」。戴君則曰：「戈一援，戟二援也。中直援名刺，與枝出之援同長七寸有半寸。刺連内爲一直刃，通長尺有二寸，猶夫戈之直刃通長尺有二寸也。」[一三]桃氏「爲劍」[一四]，「中其莖，設其後」，鄭訓「設」爲「大」，謂「從中已後稍大之」。戴君曰：「不當與『設其旋，設其羽』之屬異義。後，謂劍環，在人所握之下，故名後，與劍首對稱矣。」[一五]鍾之鉦間無文，鄭以爲與鼓間六等，而合舞廣四爲鍾長十六。戴君乃曰：「鍾自銑至鉦，自鉦至舞，斂㓹以二。準諸句股之數。」[一六]玉案以承棗㮚，莫詳其制，戴君引棜禁及漢小方案，定其有四周而局足。[一七]廬人「句兵欲無彈，刺兵欲無蜎」[一八]，鄭皆訓之爲「掉」，戴君讀「彈」如「殌蟺之蟺，轉掉也；蜎，摇掉也。」[一九]其所以補正鄭氏注者，精審類如此。

[一]考工記總敘：「六尺有六寸之輪，軹崇三尺有三寸也。」鄭注：「軹，轂末也。」戴震考工記圖卷上補注：「轂末之軹，故書本作軒，讀如簪笄之笄。轂末出輪外，似笄出髮外也。（軒字見大馭注，杜子春改爲軹）軒、軹、軓、軌四字，經傳中往往譌溷。先儒以其所知改所不知，於是經書、字書不復有軒字矣（說具釋車）。」

[二]車人，錢玄三禮辭典：「車人，職官名。造牛車及耒耜之工，屬攻木之工。」徹，同轍，車軌。

[三]考工記車人：「鬲長六尺。」鄭注引鄭司農曰：「鬲謂轅端厭牛領者。」三禮辭典：「牛車之輈。牛車有二轅，其端

架一横木，形曲，扼於牛頸，此曲木謂之鬲，字亦作『槅』。」

［四］考工記車人「徹廣六尺，鬲長六尺。」戴氏考工記圖卷下補注：「輈值牝服下，鬲在兩輈之間，鬲長車廣蓋等。大車轂長尺五寸，中車轂置輻，輻内六寸，輻廣三寸，綆寸，凡一尺。六尺之箱，旁加一尺（兩旁共二尺），徹廣八尺，明矣。古者塗度以軌，軌皆宜八尺。田車之輪，卑於兵車、乘車三寸。牛車之制侔於四馬車，軌八尺則同也。故曰車同軌。軌不同爲不合轍，不可行於塗。車人徹廣六尺，字之誤與？」

［五］弓人，三禮辭典：「職官名。掌造弓之職。屬攻木之屬。」

［六］考工記冶氏：「重三鋝。」鄭注：「許叔重説文解字云：『鋝，鍰也。』今東萊稱或乙太半兩爲鈞，十鈞爲鍰。鍰重六兩太半兩。鍰、鋝似同矣，則三鋝爲一斤四兩。」考工記圖卷下補注：「鍰、鋝，篆體易譌，説者合爲一，恐未然也。鍰，讀如丸，十一銖二十五分銖之十三。垸其假借字也。鋝，讀如刷，六兩太半兩，率、選、饌，其假借字也。二十五鍰而成十二兩，三鋝而成二十兩。吕刑之『鍰』當爲『鋝』，故史記作『率』，漢書作『選』，伏生大傳作『饌』。弓人『膠三鋝』，當爲『鍰』。一弓之膠，三十四銖二十五分銖之十四。賈逵説『俗儒以鍰重六兩』，此俗儒相傳譌失，不能覈實，脱去『太半兩』言之。説文云『北方以二十兩爲鋝』，正合三鋝，蓋脱去『三』字。」

［七］輈，車轅。輈人，三禮辭典：「職官名。掌造車輈轅之職，屬攻木之工。」

［八］考工記輿人：「六分其廣，以一爲之軫圍。」鄭注：「軫，輿後横者也。兵車之軫圍尺一寸。」考工記圖卷上補注：「輿下四面材合而收輿謂之軫，亦謂之收。獨以爲輿後横者，失其傳也。輈人言『軫間』，則左右名軫之證也。『加軫與轐』，『弓長庇軫』，『軫方象地』，前後左右通名軫之證也。」

［九］輿，車箱。輿人，三禮辭典：「職官名，掌造車輿之職，屬攻木之工。」

［一〇］考工記輈人：「凡任木，任正者，十分其輈之長，以其一爲之圍。衡任者，五分其長，以其一爲之圍。小於度，謂之無任。」鄭注：「任正者，謂輿下三面材，持車正者也。輈，軓前十尺，與隧四尺四寸，凡丈四尺四寸，則任正之

圍，尺四寸五分寸之二。衡任者，謂兩軛之間也。兵車、乘車，衡圍一尺三寸五分寸之一。無任，言其不勝任。」考工記圖卷上補注：「輈衡軸皆任木，任正者輈也，衡任者軸也，衡也。此先發其意，下文乃舉其制，記中文體若是多矣。輿下之材，合而成方，通名軫，故曰軫之方也，以象地也。鄭注專以輿後横木爲軫，以輢式之所樹三面材爲軓，又以軓爲任正者。如其説，宜記於輿人，今輈人爲之，殆非也。」

［一一］考工記冶氏：「戈廣二寸，内倍之，胡三之，援四之。已倨則不入，已句則不決，長内則折前，短内則不疾。是故倨句外博。」鄭注：「戈，今句孑戟也，或謂之雞鳴，或謂之擁頸。内謂胡，以内接柲者也。長四寸。胡六寸，援八寸。戈，句兵也，主於胡也。已倨，謂胡微直而邪多也，以啄人則不入；已句，謂胡曲多也，以啄人則創不決。胡之曲直鋒，本必横，而取圜於磬折。前謂援也。内長則援短，援短則曲於磬折，曲於磬折則引之與胡竝鉤；内短則援長，援長則倨於磬折，倨於磬折則引之不疾。」「博，廣也。倨之外，胡之裡也；句之外，胡之表也。廣其本，以除四病，而便用也。俗謂之曼胡似此。」考工記圖卷上補注：「内連於援，爲一直刃。記分胡以内爲内胡，以外爲援，欲見置胡前却之度。胡廣二寸，横刃長六寸，援之廣寸有半與？長内，謂胡上仰；短内，謂胡下俛。胡以背連直刃處爲外倨，句外博者曲直度之，但於外增博之，自無太倨、太句之失，而俛仰亦得其正。（鄭注：倨外博爲胡上下，與已倨、已句異。似未然。）」

［一二］參本書第五六五頁注［六］。

［一三］考工記冶氏：「戟廣寸有半寸，内三之，胡四之，援五之，倨句中矩，與刺重三鋝。」鄭注：「戟，今三鋒戟也。内長四寸半，胡長六寸，援長七寸半。三鋝者，胡直中矩，言正方也。刺者，著柲前如鐏者也。戟胡横貫之。胡中矩，則援之外句磬折與？」考工記圖卷上補注：「引而前者曰援，在旁下垂者曰胡，戈一援，戟二援也。中直援又名刺，與枝出之援同長七寸半。内連於刺爲一直刃，通長尺二寸，猶夫戈之直刃通長尺二寸也。戈援廣寸半，猶夫戟廣寸半也。省文互見。」

［一四］桃氏，三禮辭典：「職官名。掌作刀劍之職，屬攻金之工。」

[一五]考工記桃氏：「中其莖，設其後。」鄭注：「鄭司農云：『中謂穿之也。』玄謂從中以却稍大之也。後大則於把易制。」考工記圖卷上補注：「後，謂劍環，即鐔也。在人所握之下，故名後，與人所握之上名首，相對之稱也。『中其莖，設其後』者，鐔大於莖，令莖在中而設之，不篇左右也。『設其後』，猶之曰『設其旋』、『設其羽』也。」

[一六]考工記鳧氏：「以其鉦之長爲之甬長，以其甬長爲之圍。參分其圍，去一以爲衡圍；參分其甬長，二在上，一在下，以設其旋。」考工記圖卷上補注：「鉦之長即鉦間，鐘體上半也。記不言鉦間之度者，以十分其銑，去二以爲鉦，又去二以爲舞脩，斂鄭以二，銑間八，鉦間亦八可知（此句股之法）。猶之言舞脩、舞廣，而鉦與銑之羡可不言也。省文之法，若此甚衆。」又戴氏考工記圖後序：「又如鳧氏之鐘，後鄭云：『鼓六、鉦六、舞四，其長十六。』又云：『今時鐘或無鉦間。』既爲圖觀之，乃知其説誤也。句股法，自銑至鉦，八而去二，則自鉦至舞，亦八而去二。銑爲鐘口，舞爲鐘頂。記曰銑、曰鉦者，徑也；曰銑間、曰鉦間者，崇也；曰脩、曰廣者，羡也。羡之度，舉舞則鉦與銑可知；而鉦間因銑、鉦、舞之徑，以得其崇。然則記所不言者，皆可互見，若據鄭説，有難爲圖者矣。」

[一七]考工記玉人：「案十有二寸，棗㮚十有二列，諸侯純九，大夫純五，夫人以勞諸侯。」鄭注：「鄭司農云：『案，玉案也。』玄謂案，玉飾案也。棗㮚實於器，乃加於案。」考工記圖卷下補注：「案者，棜禁之屬。儀禮注曰：『棜之制，上有四周，下無足。（蓋如今承槃。）』禮器注曰：『禁，如今方案，隋長，局足，高三寸。（棜又名斯禁、斯盡也，切地無足。）』此以案承棗㮚，上宜有四周。漢制：小方案局足，此亦宜有足。」

[一八]廬人，三禮辭典：「職官名。掌制兵器之柄。」

[一九]考工記廬人：「凡兵，句兵欲無彈，刺兵欲無蜎，是故句兵椑，刺兵摶。」鄭注：「句兵，戈戟屬；刺兵，矛屬。鄭司農云：『彈，謂掉也。』玄謂蜎，亦掉也。讀若『井中蟲蜎』之蜎。」考工記圖卷下補注：「『彈』讀如『夗蟺』之蟺，轉掉也；蜎，搖掉也。」

他若因嘉量論黄鍾〔之〕(少)宫[一]，因玉人「土圭」[二]、匠人「爲規識景」[三]，論地與天體相應、寒暑進退、晝夜永短之理，辯天子諸侯之宫，三朝三門[四]，宗廟社稷所在，詳明堂個與夾室之制[五]，申井田溝洫之法[六]，觸事廣義，俾古人制度之大，暨其禮樂之器，昭然復見於今兹。是書之爲治經所取益固鉅，然戴君不喜馳騁其辭，但存所是[七]。文略。又於輈人龍旂、鳥旟之屬[八]，梓人筍虡[九]，車人大車、羊車之等圖不具[一〇]。其言曰：「思而可得者，微見其端，要留以待後學治古文者之致思可也。」斯誠得論著之體矣。余獨慮守章句之儒不知引伸，膠執舊聞，沾沾然動其喙也。是以論其大指，以爲之序首。

[一]祥案：「少」，考工記桌氏與戴氏考工記圖卷上補注皆作「之」，今據改。考工記桌氏：「其聲中黄鍾之宫。」考工記圖卷上補注：「黄鍾之宫，管子所謂『黄鍾小素之首以成宫者』是也。(見地員篇)吕氏春秋曰：『黄鍾之宫，聲之本也，清濁之衷也。』(見適音篇)又曰：『昔黄帝令伶倫作爲律。自大夏之西，乃之阮，隃之陰，取竹於嶰谿之谷，以生空竅厚鈞者，斷兩節間，其長三寸九分(當作四寸五分)，而吹之，以爲黄鍾之宫，吹曰舍少。次制十二筒，以之阮、隃之下，聽鳳皇之鳴，以别十二律。其雄鳴爲六，雌鳴亦六，以比黄鍾之宫，適合。黄鍾之宫，皆可以生之。故曰：黄鍾之宫，律吕之本。』(見古樂篇)又曰：『黄鍾生林鍾，林鍾生太簇，太簇生南吕，南吕生姑洗，姑洗生應鍾，應鍾生蕤賓，蕤賓生大吕，大吕生夷則，夷則生夾鍾，夾鍾生無射，無射生仲吕。三分所生，益之一分以上生；三分所生，去其一分以下生。黄鍾、大吕、太簇、夾鍾、姑洗、仲吕、蕤賓爲上；林鍾、夷則、南吕、無射、應鍾爲下。(見音律篇。爲上謂七者以半律上生，爲下謂五者以全律下生。)』月令：『中央土』，『其音宫，律中黄鍾之宫。』疏云：『蔡氏及熊氏以爲黄鍾之宫，謂

黄鍾少宫也。半黄鍾九寸之數，管長四寸五分。』江先生曰：『黄鍾生林鍾，不以全律下生，而以半律上生，則黄鍾之宫，位乎清濁之間。在其前者，有林鍾、夷則、南吕、無射、應鍾五全律爲濁，而下生乎清；在其後者，有大吕、太簇、夾鍾、姑洗、仲吕、蕤賓六半律爲清，而上生乎濁也。』又曰：『後世之樂，黄鍾宫以清黄爲調首，正宫調不當最濁之律，而在清濁之間。此正伶倫以黄鍾之宫爲律本之意，亦聲律自然之理。』震謂後儒惟知黄鍾爲最長之律，於傳記所稱黄鍾之宫，不復識别久矣。其説非專書不可明，兹附見其略。」

[二]考工記玉人：「土圭尺有五寸，以致日，以土地。」考工記圖卷下補注：「土圭之法，詳見大司徒職。余嘗論其義曰：日南日北，猶堯典之度南交、度朔方也；日東日西，猶堯典之度嵎夷、度西也。分四方測驗，然後折取其中。日南景短，日北景長，取中而得尺有五寸，以是求南北之中；日東景夕，日西景朝，時刻差移，取中加時，以是求東西之中。所謂『測土深，正日景，以求地中』者如是。蓋『測土深』以南北言，聖人南面而聽天下，古者宫室皆南鄉，故南北爲深，東西爲廣，猶之車輿以前後爲深，左右爲廣也。表景短長，即南北遠近，必測之而得，故曰『測土深』。『正日景』以東西言，自東至西，環地面各有子午卯酉，東方日中景正，西方尚在午前，而爲景朝；西方日中景正，東方已過午後，而爲景夕。周髀稱『晝夜異處，加四時相及』。據其方戴天相距四分天周之一爲言（地周與天周等），以率率之，去一次（周天十二次）則差一時（一日之十二時），地與天恒相應也。東西相差若干時，半之則爲地中與東西所差之時，是則地中景正，而東方景夕，西方景朝也。凡差一時，於地面繩直計之，大致得六千里（道路迴曲之數，則過乎此矣）。必正其日中之景，以審時之相差，故曰『正日景』。合是二者，一爲南北里差，一爲東西里差。觀堯典、周禮，前古測里差極詳。所云寒暑陰風之偏，及四時天地交合，陰陽風雨和會，蓋實驗而知，先驗其偏，後求之而得其中也。測非獨夏至，夏至日中景最短，以最短爲度，及其漸長，皆用是度之。古人用土圭測黄、赤二道，猶今之測北極高下也。寒暑進退，晝夜永短，悉因之而隨地不同。土圭之法，不惟建王國用之，封國必以度地，以此知某國偏東、偏西、偏南、偏北，然後可定各地之分至啓閉。其疆域廣輪之實，亦於是分明不惑焉。」

[三]考工記匠人：『爲規，識日出之景與日入之景，晝參諸日中之景，夜考之極星，以正朝夕。』戴氏考工記圖卷下補注：「必平中水，然後爲規數重，樹槷於中，視槷端景，齊規者皆識之，乃衡界午前、午後之景，則東西正。又中詘之以指槷，則南北正（今用指南針，有偏向，所偏隨地不同，不足取準）。若考北極高下，則取近極大星，測其旋而上最高去地若干度，及旋而下最低去地若干度，兩數相減，得星環繞北極之徑，半之，以加於最低去地之度，是爲北極高度。北極者，天樞也，先儒謂之不動處。作記時，紐星正當不動處，故記以爲極星。梁祖暅測不動處距紐星一度有餘。今紐星又移，北極在勾陳大星、紐星之間。」

[四]考工記匠人：『左祖右社，面朝後市。』鄭注：「王宮所居也。祖，宗廟。王宮當中經之塗也。」考工記圖卷下補注：「宗廟作宮於路寢之東，社稷設壇壝於路寢之西。凡朝，君臣咸立於庭。朝有門而不屋，太雨霑衣失容，則輟朝。天子諸侯皆三朝，則天子諸侯皆三門與？禮説曰：『天子五門：皋、庫、雉、應、路；諸侯三門：皋、應、路。』失其傳也。天子之宮，有皋門，有應門，有路門。路門一曰虎門，一曰畢門。不聞天子庫門、雉門也。諸侯之宮，有庫門，有雉門，有路門，不聞諸侯皋門、應門也。皋門，天子之外門；庫門，諸侯之外門。應門，天子之中門；雉門，諸侯之中門。異其名，殊其制，辨等威也。天子三朝，諸侯三朝；天子三門，諸侯三門。其數同，君國之事侔體合也，朝與門無虚設也。君臣日見之朝，謂之内朝，或謂之治朝，或謂之正朝，在路門外庭。記或謂之外朝，與路寢庭之朝，連文爲外内也。斷獄蔽訟，及詢非常之朝，謂之外朝，在中門外庭。以燕以射，及圖宗人嘉事之朝，謂之燕朝，在路寢庭。聘禮曰：『公送出賓，及大門内。』周官司儀曰：『出，及中門之外。』廟在中門内明矣。記曰：『昔者仲尼與於蜡賓，事畢，出游於觀之上。』蜡之饗亦祭宗廟，廟在雉門内，故出而至觀也。春秋：『桓宮、僖宮災』，火自司鐸『踰公宮』，至桓、僖二廟，廟邇公宮也。『季桓子至，禦公立於象魏之外』，立當遠火也。春秋穀梁氏傳曰：『禮：送女，父不下堂，母不出祭門，諸母兄弟不出闕門。』廟門謂之祭門，觀謂之闕，亦謂之象魏。諸侯設於雉門，是以雉門謂之闕門。天子蓋設於應門。闕門在外，祭門在内，不出闕門者，得出祭門者也。春秋左氏傳曰：『聞於兩社，爲公室輔。』以朝廷執政所在爲言，宜繫君臣

日見之朝社，在中門内明矣。其他書傳可證宗廟社稷在中門内、路門外之左右者甚衆，略舉五事明之。」又參戴震全集第二册三朝三門考。

［五］考工記匠人：「周人明堂，度九尺之筵，東西九筵，南北七筵，堂崇一筵。五室，凡室二筵。」鄭注：「明堂者，明教政之堂。」考工記圖卷下補注：「明堂法天之宫，五室十二堂，故曰明堂。月令：中央太室，正室也，一室而四堂。其東堂曰青陽太廟，南堂曰明堂太廟，西堂曰總章太廟，北堂曰玄堂太廟。四隅之室，夾室也。四室而八堂：東北隅之室，玄堂之右夾，青陽之左夾也，其北堂曰玄堂右個，東堂曰青陽左個；東南隅之室，青陽之右夾，明堂之左夾也，其東堂曰青陽右個，南堂曰明堂左個；西南隅之室，明堂之右夾，總章之左夾也，其南堂曰明堂右個，西堂曰總章左個；西北隅之室，總章之右夾，玄堂之左夾也，其西堂曰總章右個，北堂曰玄堂左個。凡夾室前堂，或謂之箱，或謂之個，兩旁之名也。古者宫室恒制，前堂、後室，有夾、有個，有房。惟南嚮一面，明堂四面闓達，亦前堂、後室，有夾、有個而無房。房者，行禮之際别男女，婦人在房。明堂非婦人所得至，故無房，宜也。王者而後有明堂，其制蓋起於古遠，夏曰世室，殷曰重屋，周曰明堂，三代相因，異名同實與？世室、重屋義未聞。明堂在國之陽，祀五帝，聽朔會，同諸侯，大政在焉。夏曰世室，世世勿壞，或以意命之也；殷曰重屋，阿閣四注，或以其制命之也；周人取天時方位以命之。東青陽，南明堂，西總章，北玄堂，而通曰明堂，舉南以該其三也。四正之堂皆曰太廟，四正之室，共一太室，故曰太廟太室，明太室處四正之堂中央爾。世之言明堂者，有室無堂，不分個夾，失其傳久矣。」又參戴震全集第二册明堂考。

［六］考工記匠人：匠人爲溝洫，「九夫爲井，井間廣四尺，深四尺，謂之溝；方十里爲成，成間廣八尺，謂之洫。方百里爲同，同間廣二尋，深二仞，謂之澮。專達於川，各載其名。凡天下之地埶，兩山之間，必有川焉；大川之上，必有塗焉。」鄭注：「此畿内埰地之制。九夫爲井，井者，方一里，九夫所治之田也。埰地制井田，異於鄉遂及公邑。三夫爲屋，屋，具也。一井之中，三屋九夫。三三相具，以出賦税，共治溝也。方十里爲成，成中容一甸，甸方八里，出田税，緣邊一里治洫。方百里爲同，同中容四都、六十四成，方八十里，出田税，緣邊十里治澮。埰地者，在三百里、四百

里、五百里之中。」考工記圖卷下補注：「一夫百畝，田首有遂；夫三爲屋，遂端則溝；屋三爲井，溝在井間也；井十爲通，溝端則洫；通十爲成，洫在成間也；十成爲終，洫端則澮；十終爲同，同薄於川，澮在同間也。南畝而耕，畎縱遂橫，溝縱洫橫，澮縱川橫；東畝而耕，畎橫遂縱，溝橫洫縱，澮橫川縱。絶大爲之澮，非人爲之川。詩曰：『南東其畝。』因川制田與？成方十里，洫十有一，計其田畔竟十里者二十，凡三萬六千丈，從鄭君説。三十六井，治洫蓋九夫，共治千丈。同方百里，澮十有一，計其田畔竟百里者二十，凡三十六萬丈，從鄭君説。三千六百井，治澮蓋九夫，共治百丈。澮深於洫近倍，大於洫三倍有半，水强侵敗，隤高就下，治之難易，澮十倍洫。先王不使出賦税之民治洫與澮，而爲法令民治洫澮者，當其賦税。故農政水利之大，皆君任之，非責之民。及其失也，竭民之力，畢以供上，於是洫澮不治，井田所繇廢也。中原膏土，雨爲沮洳，水無所洩，暘爲枯塵，水無所留，地不生毛，賦減民窮，上下交病矣。」又參戴震全集第二册匠人溝洫之法考。

[七]錢大昕潛研堂文集卷三九戴先生震傳：「研精漢儒傳注及方言、説文諸書，由聲音、文字以求訓詁，由訓詁以尋義理，實事求是，不偏主一家，亦不過騁其辯，以排擊前賢。」

[八]考工記輈人：「軫之方也，以象地也；蓋之圜也，以象天也；輪輻三十，以象日月也；蓋弓二十有八，以象星也；龍旂九斿，以象大火也；鳥旟七斿，以象鶉火也；熊旗六斿，以象伐也；龜蛇四斿，以象營室也；弧旌枉矢，以象弧也。」孫詒讓周禮正義卷七七考工記輈人「龍旂九斿，以象大火也」疏曰：「曲禮云：『行前朱雀而後玄武，左青龍而右白虎，招摇在上，急繕其怒。』孔疏引崔靈恩云：『此謂軍行所置旌旗於四方，以法天。此旌之旒數，皆放其星。龍旗則九旒，雀則七旒，虎則六旒，龜蛇則四旒，皆放星數以法天也。皆畫招摇於此四旗之上。』崔氏所説斿數，並據此文。蓋謂此龍旂、鳥旟、熊旗、龜旐，即曲禮前後左右四旗，其説是也。鄭君釋此經四星，舉蒼龍、朱雀、白虎、玄武四官爲説，亦與彼暗合。」

[九]考工記梓人：「梓人爲筍虡（sǔn jù）。」鄭注：「樂器所縣，横曰筍，植曰虡。」三禮辭典：「縣鐘磬鼓等樂器之架。

以木制之。懸樂器之橫楔謂之筍；直立支撐橫楔者謂之筍。筍、虡均雕刻龍蛇鳥獸爲飾。『筍』亦作『簨』、『栒』；『虡』亦作『鐻』。」

［一〇］考工記車人：「車人所爲大車、羊車、柏車，觀今日之車即可知，惟兵車、乘車、田車制不復存。」車人：「徹廣六尺，鬲長六尺。」戴氏補注下小注曰：「大車，平地載任之車。」祥案：大車駕牛，故亦謂之牛車。周禮地官牛人：「凡會同軍旅行役，共其兵車之牛，與其牽徬，以載公任器。」國語晉語五：「梁山崩，以傳召伯宗，遇大車當道而覆，立而辟之。」韋昭注：「大車，牛車也。」又車人：「羊車，二柯有參分柯之一。」鄭注：「鄭司農云：『羊車謂車羊門也。』玄謂：羊，善也。善車，若今定張車。」三禮辭典羊車：「載貨物之車，其制約小於大車，大於柏車，其他形制相同。後世宫中人挽之輦，亦稱羊車。或以羊駕之車稱羊車，均非周禮考工記所言之羊車。或說：鄭玄所謂羊車爲定張車，而定張車即指南車，亦非是。」

同時翁君覃谿者，亦爲漢學[一]，收藏金石碑版文字，著有經義考補[二]、兩漢金石文字記行於世[三]。翁君名方綱，大興人。乾隆丁卯科舉人，壬申恩科成進士[四]，授庶吉士，散館，授編修。官至内閣學士兼禮部侍郎[五]。因老疾，以學士歸田[六]。

［一］翁方綱（一七三三—一八一八），字正三，又字忠敘，號覃谿，亦號蘇齋等，清大興人。乾隆十二年（一七四七）舉人。十七年成進士。歷官廣東、江西、山西學政，内閣學士兼禮部侍郎。精於經史，尤精金石書法。詩宗江西詩派，倡肌理之說。不喜考證，多貶斥之語。曾爲續文獻通考纂修官，又入四庫館爲校理官。著有經義考補正一二卷、兩漢金石記二二卷、粵東金石略一二卷、蘇齋題跋二卷、復初齋詩集七〇卷集外詩二四卷、文集三五卷等。清史列傳卷六八、清史稿卷

四八五有傳。

[二]經義考補正一二卷，清初朱彝尊編經義考，多失載與失考者。翁氏與丁杰、王聘珍等博採見聞，補其未逮，糾正誤失，考次年月，以相證合，共得一千〇八十八條，爲書一二卷。然亦多失糾者。今有蘇齋叢書本、粤雅堂叢書本等。

[三]兩漢金石文字記，即兩漢金石記二二卷，自宋以降，撰集金石文字，多通代搜輯，編爲成書，斷代編目者，以此書始。卷一爲年月表，卷二以下考歷代金石書目及所輯兩漢金石文字，辨析微芒，推求剥蝕，皆具功力。又參以説文及諸經正義等，旁徵博引。有乾隆五十四年南昌使院刊本、蘇齋叢書本等。

[四]是年，爲皇太后六旬大壽，照例加鄉試、會試恩科。翁方綱會試中式第一百十七名，殿試列第二甲第二十三名。參翁方綱翁氏家事略記。

[五]祥案：據翁氏家事略記，乾隆五十四年十月十四日，奉旨補授内閣學士兼禮部侍郎。而清史列傳本傳則曰「乾隆五十五年，擢内閣學士」，當以家事略記爲是，沈津翁方綱年譜亦隸五十四年也。

[六]祥案：此句有誤。據翁氏家事略記，方綱於嘉慶四年二月九日，奉旨補授鴻臚寺卿。九年二月十七日，奉命以原品休致。則翁氏休致時非爲學士之職明矣。

邵晉涵

邵晉涵，字與桐，號二雲[一]，餘姚人也[二]。祖向榮[三]，康熙壬辰進士[四]。父佳鈗[五]，增廣生[六]。君生而穎異[七]，少多疾，左目微眚[八]；然讀書十行並下，終身不忘。乾隆乙酉，中式本省鄉試舉人，典試者錢先生竹汀也[九]。越六年，禮部會試第一，賜進士出身[一〇]。乾隆三十八年，詔修四庫全書，金壇首以君名入告[一一]，召赴闕下，除翰林院庶吉士，充纂修官。逾年，授編修[一二]。後御試翰詹，名列二等，遷右中允[一三]。洊官至侍講學士兼文淵閣直閣事[一四]。

[一]祥案：晉涵又號南江。洪亮吉卷施閣文甲集卷九邵學士家傳：「君以禹貢三江，其南江從餘姚入海，遂自號南江。」

[二]洪傳：「先世系出洛陽。宋南渡時，有諱忠者爲從官，護蹕南下，遂著籍餘姚。」

[三]邵向榮(一六七四—一七五七)，字東葵，號餘山。清餘姚人。康熙五十一年(一七一二)，會試中式。官至鎮海縣教諭。所在建立書院，揭白鹿洞學規，隨才造就，文教大興。著有四書章句偶融三〇卷、冬餘筆記八卷、冬餘文略六卷、詩略四卷等，今皆不傳。光緒餘姚縣志卷二三有傳。

[四]祥案：江藩曰「康熙壬辰進士」，然李慈銘曰：「案進士題名碑録康熙壬辰無邵向榮，乾隆紹興府志人物有邵向榮傳，亦止言其爲舉人。選舉壬辰進士亦不載其名，惟小注云『據餘姚志，是科有邵向榮。』然王氏昶撰墓表、洪氏亮吉撰家傳，皆同此記，疑向榮僅中會試，而未殿試，故洪傳亦止云康熙壬辰會試中式，由内閣中書改知縣，又改教諭云云，則其未成進士可知。」

[五]邵佳鈗(一七一二—一七八三)，字藉安，號冶南。向榮子。增廣生員。少長從季父坡學，學日進，於群經、三史皆能暗誦。究岐黄家言，遂通其學。中年以後，獨喜詁易。事見錢大昕潛研堂文集卷二三贈邵冶南序，光緒餘姚縣志卷二三有傳。

[六]增廣生，即增廣生員。明清時給生員月廩若干，後又增廣名額，於是額内者爲廩膳生員，增額者爲增廣生員。

［七］錢大昕潛研堂文集卷四三邵君墓誌銘：「君少多病，左目微眚，清羸如不勝衣，而獨善讀書，數行俱下，寒暑舟車，未嘗頃刻輟業。」洪傳：「生有異稟，爲教諭君所鍾愛，攜至鎮海學署，親課讀焉。年四五，即知六義四聲。十二，遍通五經。」又朱文治繞竹山房詩稿卷一一邵丈二雲學士南江詩鈔題詞：「隻眼觀書喜獨明，先生智慧自天生。」

［八］眚，眼角膜上所生的翳子。説文：「眚，目病生翳也。」

［九］錢銘：「乙酉秋，予奉命典試浙右，靳取奇士不爲俗學者，君名在第四，五策博洽冠場，僉謂非老宿不辦。及來謁，纔逾弱冠，叩其學，淵乎不竭。予拊掌曰：『不負此行矣！』」

［一〇］錢大昕贈邵冶南序：「今春，天下貢士集禮部，主司思拔汲古不爲俗學者，以救墨卷浮濫剿襲之失，而與桐褒然爲舉首。榜出，海内有識者咸曰：『數十科來，無此才矣！』故事：南省第一人當在詞館之選，而與桐獨不得與。」洪傳：「辛卯，舉會試第一人，殿試二甲，歸部銓選。」

［一一］洪傳：「歲癸巳，詔特開四庫全書館，校勘永樂大典。時上方崇獎實學，思得如劉向、揚雄者任之。於是大學士劉公統勳以君名首薦，遂特旨改庶吉士，充纂修官。」章學誠章氏遺書卷一八邵與桐别傳：「會四庫館開，特詔徵君與歷城周永年、休寧戴震等五人，入館編校，授職翰林，天下榮之，君自視泊如也。」金壇，指于敏中，詳本書第二二〇頁注［三］。

［一二］黄雲眉邵二雲先生年譜乾隆三十九年：「授翰林院編修，仍纂校四庫全書，兼輯續三通。」

［一三］江藩襲自錢銘，而王表曰：「五十六年，擢左中允。」洪傳：「歲辛亥，御試翰詹，君名列二等，擢左春坊左中允。」光緒餘姚縣志卷二三亦同。

［一四］錢銘：「嘉慶紀元之春，餘姚邵君二雲自左庶子，擢翰林院侍講學士，兼文淵閣直閣事。」王昶春融堂集卷六〇翰林院侍講學士充國史館提調官邵君墓表：「五十六年，擢左中允，充日講，轉補侍讀，歷左庶子，翰林院侍講學士，充日講起居注官，文淵閣直閣事，國史館纂修官，晉爲提調官。典廣西鄉試者一，教習庶吉士者二，而在國史館最久，編纂

亦最多。」

於書無所不讀，而非法之書不陳於側[一]。嘗謂爾雅乃六藝之津梁[二]，而邢疏淺陋[四]，乃別爲正義[五]，兼採舍人、樊光、李巡、孫炎諸家之注[六]；有未詳者，摭他書補之。今之學者，皆舍邢而宗邵矣[七]。

[一]錢銘：「於四部七録，無不研究，而非法之書，弗陳於側。」

[二]邵氏爾雅正義序：「晉涵少蒙義方，獲受雅訓。長涉諸經，益知爾雅爲五經之錧鎋。」

[三]章別傳：「大興朱先生則曰：『經訓之義荒久矣，雅疏尤蕪陋不治，以君之奧博，宜與郭景純氏先後發明，庶幾嘉惠後學。』君由是殫思十年，乃得卒業。今所傳爾雅正義是也。」

[四]爾雅正義二〇卷，全書分六例：一曰校文，二曰博義，三曰補郭，四曰證經，五曰明聲，六曰辨物。以郭璞注爲宗，兼採他家遺説，分疏於下。有乾隆五十三年餘姚邵氏面水層軒刊本、皇清經解本等。

[六]樊光，後漢京兆人，官中散大夫，正史無傳。有爾雅注六卷，已佚，見經典釋文序録。

[七]錢銘：「凡三四易稿而始定。今承學之士，多舍邢而從邵矣。」祥案：邵氏書出，當時學者如王昶、錢大昕、盧文弨、王念孫、汪中、洪亮吉、孫星衍等，咸致推服。王昶春融堂文集卷六〇邵君晉涵墓表：「爾雅正義一書，薈萃古訓，以補郭璞、邢昺之未備，尤爲學者所稱。」王念孫本於爾雅、説文皆有撰述，見先生書及段氏説文注，遂不復爲，而專治廣雅。汪中亦研讀爾雅，且以經史子集四部之書中考校郭注異同，多於先生者四十六事，欲刊行之，見先生書，遂藏其稿於家。洪氏卷施閣詩集卷八有入都者偶占五篇寄友邵校理晉涵曰：「君疏爾雅篇，訂正五大儒。使我心上疑，一日頓掃

除。君師錢少詹，精識世所無。吴門及錢塘，復有王與盧。皆言此書傳，遠勝唐義疏。」

在四庫館時[一]，永樂大典載有薛居正五代史[二]，乃會粹編次，其闕者以册府元龜諸書補之[三]，由是薛史復傳[四]。竹汀先生問論宋史紀傳，南渡後不如東都之有法[五]，寧宗以後又不如前三朝之𣁋備[六]；微特事蹟不詳，即褒貶亦失其實[七]。君聞而善之，取熊克[八]、李燾[九]、李心傳[一〇]、陳均[一一]、劉時舉所撰之書[一二]，及宋人筆記，撰南都事略以續王偁之書，詞簡事增，正史不及也[一三]。

[一]祥案：邵氏自乾隆三十八年入四庫館中，乾隆四十年輯校舊五代史成。是年，其母袁太夫人卒，遂丁憂南歸。四十三年秋，復入都補官。

[二]薛居正（九一二—九八一），字子平，五代末宋初開封人。後唐清泰時進士。歷仕後晉、後漢、後周三朝。入宋，累官至司空。曾監修國史與五代史。卒謚文惠。宋史卷二六四有傳。舊五代史一五〇卷目録二卷，原名五代史，後爲别於歐陽修五代史記，稱薛史爲舊五代史，歐史爲新五代史。凡記梁、唐、晉、漢、周五代之史。金章宗泰和七年，詔止用歐史，於是薛史漸湮。明修永樂大典，多載其文。清開四庫館，邵晉涵等從大典中輯佚以復其書，編入四庫全書中。今有北京中華書局一九七六年校點本。

[三]册府元龜一〇〇〇卷，宋王欽若、楊億等奉敕撰。真宗景德二年，詔編修歷代君臣事蹟。書分三十一部，部有總序；又子目一千一百〇四門，門有小序。有四庫全書本、北京中華書局一九八九年影印殘宋本等。

[四]洪傳："奉命校秘閣書，如薛居正舊五代史等，皆君一手勘定。"王表："君於歷代史事，融洽貫穿，嘗於永樂大典中採薛居正五代史，參以册府元龜訂其同異，遂爲全書。"

[五]邵氏南江文鈔宋史提要："當時修宋史，大率以宋人所修國史爲稿本，匆遽成編，無暇參考。宋人好述東都之事，故史文較詳；建炎以後稍略，理、度兩朝，宋人罕所紀載，史傳亦不具首尾。至文苑傳止詳北宋，而南宋僅載周邦彦等寥寥數人；循吏傳則南宋無一人，豈竟無可考哉！抑亦姑仍東都書之舊而不爲續纂也？"

[六]寧宗，宋光宗次子，名擴，初封嘉王，受内禪，在位三十年(一一九五—一二二五)崩。事見宋史卷三七至四○寧宗本紀。錢大昕十駕齋養新録卷七"南渡諸臣傳不備"條："宋史述南渡七朝事，叢冗無法，不如前九朝之完善。寧宗以後四朝，又不如高、孝、光三朝之詳。蓋由史臣迫於期限，草草收局，未及討論潤色之故。如錢端禮傳末云：『孫象祖，自有傳。』王安節傳云：『節度使堅之子。』吕文信傳云：『文德之弟。』是錢象祖、王堅、吕文德三人本擬立傳，而今皆無之，可證其潦草塞責、不全不備矣。史彌遠握權卅餘年，威焰甚於京、檜，且有廢立大罪，而不預奸臣之列；鄭清之亦預廢立之謀，及端平入相，首議出師汴洛，妄啓邊釁，遂失四蜀。宋之亡實肇於此，而本傳略不一言。至如趙葵洛京覆師，傳皆諱而不書，何以彰是非褒貶之公乎？"

[七]錢大昕十駕齋養新録卷七"宋史褒貶不可信"條："宋史於南渡季年臣僚，褒貶多不可信。如包恢知平江府，奉行公田，至以肉刑從事，見於賈似道傳，而本傳言其歷仕所至，破豪猾，去奸吏，政聲赫然，度宗至比恢爲程顥、程頤，此豈可信乎？劉應龍當賈似道專政時，與何夢然、孫附鳳、桂錫孫等，承順風指，凡爲似道所惡者，無賢否皆斥，見於理宗紀，而本傳言其不附似道，何其相矛盾之甚也？"祥案：宋史在正史之中，所受詬病最多。即清儒而論，錢氏尚有十駕齋養新録卷七"一人重複立傳"、"編次前後不當"諸條。他如趙翼廿二史札記卷二三"宋遼金三史"、"宋史各傳回護處"，卷二四"宋史列傳又有遺漏者"諸條，又趙氏陔餘叢考卷一三"宋史一"至"宋史七"諸條，亦多斥宋史之荒疏。近今人著述，可參聶崇岐宋史叢考、顧吉辰宋史比事質疑諸書有關部分。

［八］熊克，字子復，宋建陽人。紹興進士。直學士院，後出知臺州卒。著有九朝通略、中興小紀、諸子精華等書。宋史卷四四五有傳。中興小紀四〇卷，排次南渡以後事蹟，首高宗建炎元年（一一二七），迄紹興三十二年（一一六二），年經月緯，勒成一書。其書久亡，今本爲清四庫館臣從永樂大典中輯出者，有四庫全書本、國學基本叢書本等。

［九］李燾，見本書第三八四頁注［一〇］。

［一〇］李心傳及其著建炎以來繫年要録、建炎以來朝野雜記事，見本書第一三二頁注［一八］。

［一一］陳均，字平甫，號雲巖，宋莆田人。著有宋九朝編年舉要三〇卷備要三〇卷，中興舉要三〇卷備要一四卷。正史無傳。今唯存宋九朝編年備要三〇卷，其書用通鑑綱目義例，取日曆、實録及李燾續資治通鑑長編，删繁撮要，勒成一編。兼採司馬光、徐度、趙汝愚等十數家之書，博考互訂。起太祖，迄欽宗，凡九朝事蹟。有四庫全書本、昭文張氏影寫宋刊本等。

［一二］劉時舉，宋太學生，累官通直郎，國史實録院編修官。正史無傳。著有續宋編年資治通鑑一五卷。記高宗建炎元年（一一二七）至寧宗嘉定十七年（一二二四）四朝國史。文辭簡約，條理明晰。有四庫全書本、叢書集成初編本等。

［一三］南都事略，未見。章別傳章貽選注云：「先師嘗謂宋史自南渡以後尤爲荒謬，以東都賴有王氏事略故也。故先輯南都事略，欲使前後條貫粗具，然後別出心裁，更爲趙宋一代全書。其標題不稱宋史而稱宋志，亦見先師有微意焉。然南都尚未卒業，而宋志亦有草創，皆參差未定稿也。諸家狀志但稱南都事略，當屬傳聞未審。」祥案：洪傳：「君又病宋史是非失實，且久居山陰、四明之間，習聞里中諸老緒言，遂創爲南都事略一編。君嘗謂人曰：『南宋諸傳，最無理法。其稿創於袁桷，桷與史氏中外，故甬東諸人多鄉曲之私。』今讀南宋諸雜史及桷清容集，君説信然。」又章別傳：「時議咸謂前史榛蕪，莫甚於元人三史，而措功則宋史尤難，君遂慨然自任。嘗撰宋事與史策流傳大違異者凡若干條，燕閒屢爲學者言之。識者知君筆削成書，必有隨刊疏鑿之功，蔚爲藝林鉅觀，詎知竟坐才高嗜博，官程私課，分功固多。晚年日月益促，又體羸善病，人事蹉跎其間，遂致美志不就，淹忽下世。以數百年聞叢見集，若將有待以大其成者，一旦失散不可復

聚，不特君之不幸，亦斯文之厄也！」邵氏撰宋史，除嫌原史謬誤外，尚另有宗旨。章別傳引邵氏語曰：「宋人門户之習，語録庸陋之風，誠可鄙也。然其立身制行，出於倫常日用，何可廢耶！士大夫博學工文，雄出當世，而於辭受取予、出處進退之間，不能無簞豆萬鍾之擇，本心既失，其他又何議焉！此著宋史之宗旨也。」黄譜：此二書，貽選皆謂未卒業。按李詳窳中記稱「南都事略，王益吾言馬端敏督兩江日，有人持此稿以獻，將付局刊行，會端敏遽卒，未果，稿亦不知爲何人所得，今聞藏洪琴西後人所。」李慈銘越縵堂日記稱「邵二雲南都事略（日記都作渡，又作宋）戊辰（同治七年）以前，已在江寧書局，曾文正公將刻之，以移督直隸而止。」又譚獻復堂日記「海寧唐端甫，錢警石先生之弟也。熟精目録，刻志校讎，爲余言邵二雲南都事略，曾見活字印本，有闕卷耳。似人間必有傳本，志之以俟。」然如上述諸説，則此書有刻本，則似或在人間矣。又錢大昕十駕齋養新餘録載其儒學、文藝、隱逸三傳目録，乃大昕所擬，可參。

君嘗預修國史[一]，館中收貯先朝史册以數千計，總裁問以某事，答曰：「在某册第幾頁中。」百不失一，咸訝以爲神人焉。撰述又有孟子述義[二]、穀梁正義、韓詩内傳考、皇朝大臣謚迹録、輶軒日記、南江文集[三]，皆實事求是，爲學者有益之書[四]。

[一]洪傳：「歷充咸安宫總裁，萬壽聖典、八旗通志、國史館、三通館纂修官，又爲國史館提調官，兼掌進擬文字。」

[二]祥案：邵氏所著書，除爾雅正義、南都事略及詩文集外，尚有周易邵注、詩經纂一卷、韓詩内傳考一卷、穀梁古義、孟子述義、舊五代史考異二卷、宋元事鑑考、皇朝大臣謚法録四卷、方輿金石編目、輶軒日記等。所參與編撰之書，則有輯舊五代史、路振九國志，纂續通志金石略，修乾隆杭州府志、餘姚縣志，勘正石經春秋三傳等。今多不傳。

[三]祥案：邵氏南江文鈔四卷，前二卷皆應制進册諸文，卷三爲任四庫全書館時所撰提要，卷四則雜文序記。有乾

隆五十九年刻本、嘉慶時邵氏面水層軒刻本。又南江雜記四卷，有嘉慶八年面水層軒刻本。後門人胡敬輯其所作，編爲南江文鈔一二卷詩鈔四卷。有道光十二年刻本。

[四]洪傳：「於學無所不窺，而尤能推求本原，實事求是。」

君在日下，教授生徒以自給，足不詣權要之門[一]，所以迴翔清署二十餘年[二]，而官止四品也[三]。君少從山陰劉文蔚豹君[四]、童君二樹游[五]，習聞蕺山[六]、南雷之説[七]，於明季黨禍緣起，奄寺亂政及唐、魯二王本末[八]，從容談論，往往出於正史之外[九]。自君謝世[一〇]，而南江之文獻亡矣[一一]！

[一]錢銘：「性狷介，不踏權要之門，以教授生徒自給，退食之暇，執經者環侍左右，君隨問曲諭，人人皆得其意，君亦以師道自任，莫敢以非義干者。」洪傳：「君體素羸，又兼諸館，晨入暮出。復以其暇授徒自給，執經者嘗林立以待，前後著録弟子至數百人。」

[二]祥案：邵氏自乾隆三十八年入四庫館，至嘉慶元年逝世，在職前後凡二十四年，所爲之官，皆非權要之職，故曰「清署」。

[三]邵氏終官爲翰林院侍講學士。清制：翰林院侍講學士，滿、漢各設三人，爲從四品官。

[四]劉文蔚，字豹君，浙江山陰（今紹興）人。優貢生。著有石帆集八卷。事見蔣士銓忠雅堂文集卷二六越州七詩人小傳，清朱文瀚等纂嘉慶山陰縣志卷二三有傳。

[五]童鈺，見本書第二二〇頁注[三]。黄譜乾隆三十六年，童氏寓蘇州龍興寺，邵氏過之，相與盤桓月餘。寺中有梅

六本，忽發花五朵，人傳以爲異。童氏二樹山人寫梅歌有寫梅寄邵二雲三十五韻疊前韻。

［七］劉宗周（一五七八—一六四五），字起東，號念臺，學者稱念臺先生，又稱蕺山先生，明山陰人。萬曆二十九年（一六〇一）進士。崇禎時，官順天府尹、工部左侍郎、都察院左都御史，屢因忠正直諫而遭革職。南明弘光朝，起原官。杭州失守，絶食而死。門人私謚曰正義。南明魯王謚忠端，唐王謚忠正，清乾隆時追謚忠介。其學以誠意爲主，慎獨爲宗。著有周易古文鈔、聖學宗要、人譜、道統録、文集等三十餘種，今有戴璉章、吴光等編劉宗周全集。明史卷二五五有傳。

［八］南雷，謂黄宗羲。宗羲事與南明唐王、魯王、明季黨禍及奄寺事，皆參本書卷八黄宗羲。

［九］章氏遺書卷一六皇清例封孺人邵室袁孺人墓誌銘：「母出餘姚吕氏，考章成，魯王時官待詔，國亡隱遁，築室藏書，榜曰『蓼園』。鼎革以來，浙東學者，本姚江王氏、蕺山劉氏之傳，砥礪名教，崇尚節義，搜羅逸獻遺文。蓋大萃於龍山、甬江之間。待詔公年少交游，若同縣熊汝霖、天台陳函煇、崑山顧炎武輩，皆一時名士。袁府君又嘗撰次待詔遺文家世，傳業邵氏，並以文學著聲。姻婭之間，相爲師友。……夫人晚年，亦能飲酒。夜盡數觥，爲兒女子稱述前代故事，遇風教所關、志士節女之所感憤，稱道不輟。初，夫人外祖待詔公，嘗改梁周興嗣千字文，紀有明一代事實訓初學，夫人幼受章句於母氏，益以家學見聞，故於明史尤熟。雖家人語，具有根柢，異於委巷傳聞。」

［一〇］王表：「君之於史學，演衍蓄藴，囊括富有，更非人所及。」洪傳：「熟精前明掌故，每語一事，輒亟稱劉先生宗周、黄處士宗羲。蓋君史學所本，而又心儀其人，欲取以爲法者也。」

［一一］錢銘：嘉慶元年，「以編書積勞成疾，疾且愈矣，醫者誤投藥，遂不起，實六月十五日，春秋五十有四。訃至吴下，予爲位哭之慟。」

［一二］周注：「南江文獻，指明思宗亡國後在浙、閩、廣一帶抗清兵，圖謀恢復之福王、桂王、唐王、魯王等史實。」案周説似誤。文獻當仍依傳統之意釋之，謂邵氏卒，浙東文獻與史學師承隨之亦亡也。故錢氏墓銘稱「南江文獻無可徵

矣」。章氏別傳：「南宋以來，浙東儒哲講性命者，多攻史學，歷有師承，宋、明兩朝，紀載皆稿蓄於浙東，史館取爲衷據，其間文獻之徵，所見所聞，所傳所聞者，容有中原耆宿不克與聞者矣。」又章氏遺書卷五與胡雒君書：「昨聞邵二雲學士逝世，哀悼累日，非盡爲友誼也。浙東史學，自宋元數百年來，歷有淵源，自斯人不禄，而浙東文獻盡矣。鄙宿勸其授高弟子學，彼云未得其人；勸其著文，又云未暇。而今長已矣，哀哉！」

任大椿

任大椿，字幼植[一]，一字子田，興化人[二]。爲諸生時，與同邑侍鷺川朝詩歌唱和[三]，藝林稱之[四]。乾隆〔庚辰〕(壬午)科舉人[五]。三十四年己丑，二甲第一名進士，授禮部主事[六]，轉郎中，陝西道監察御史[七]。充四庫全書館纂修官[八]。子田與東原同舉於鄉[九]，於是習聞其論説，究心漢儒之學[一〇]。著有弁服釋例十卷[一一]、深衣釋例三卷[一二]、字林考逸八卷[一三]、小學鉤沈二十卷[一四]、子田詩集四卷[一五]。

[一]古人名字解詁：「莊子逍遥游：『上古有大椿者，以八千歲爲春，八千歲爲秋。』後世以喻長壽。應以『幼植』，取『十圍之木，始生如蘖』之意。」

[二]姚鼐惜抱軒文集卷一三墓誌銘：「其先爲王氏。……元亂，避居興化，改曰任氏。」

[三]侍朝（一七二九—一七七七），字鷺川，一作潞川，清江蘇泰州人。乾隆二十五年（一七六〇）進士。與修四庫全

書，爲總校官，授翰林院庶吉士。以瘍卒。事見姚鼐惜抱軒文集卷一二翰林院庶吉士侍君權厝銘，道光泰州志卷二四有傳。

［四］清王豫群雅集卷一三任大椿小傳注：「侍御清謹伉直，不阿權貴，讀書嗜古，蕭然寒素，與施小鐵有『淮南兩君子』之目。古詩清刻古奥，探源樂府，洵一代雅音也。」與此不同。

［五］祥案：江藩此誤，「壬午」當爲「庚辰」。姚銘：「乾隆庚辰恩科，君爲舉人。」庚辰爲乾隆二十五年。又咸豐重修興化縣志卷八任大椿傳：「乾隆二十五年，鄉舉第六名。」又卷七選舉表一乾隆二十五年：「任大椿，亞元。」案諸説皆是，今據改。

［六］姚銘：「中己丑科二甲一名進士。故事：二甲首當改庶吉士。人皆期君必館選矣，然竟分禮部爲儀制司主事。」又阮元廣陵詩事卷一：「任子田侍御大椿，登進士第，以二甲第一人授禮部儀制司。禮部四司，惟儀制祠祭號爲繁劇，他司往往求兼攝之，子田見朱笥河學士，欲請於部尚書移司簡曹，俾得竟半日一夜之力，假書誦習，以爲十年守官，猶得七年强半讀書。」

［七］姚銘：「乾隆五十四年四月，授陝西道監察御史。甫一月而卒。」碑傳集卷五六施朝幹任幼植墓表：「五十四年五月，以郎中授陝西道監察御史，未涖任而病，六月卒。」祥案：姚、施二氏述其卒月，相差一月，不知孰是。

［八］姚銘：「值詔開四庫全書館，大臣有知君才，舉爲纂修官。是時，非翰林而爲纂修官者凡八人，鼐與君與焉。君既博於聞見，其考訂論説多精當，於纂修之事，尤爲有功。」施表：「乾隆三十八年，四庫全書總裁大臣奏充纂修官，禮經同異，裒輯爲多。是時奉敕撰書目若干卷，條分義舉，鉤剔醇駁，簡要該洽，出君筆者什七。」又參本書第四一三頁注［八］。

［九］洪榜初堂遺稿戴先生行狀：乾隆「二十七年，舉於鄉。」祥案：戴、任二氏非同舉於鄉，任氏於乾隆二十五年中舉，已如上注。江氏因置任氏中舉於二十七年，又緣錢汝誠既主乾隆二十五年庚辰科江南鄉試，又同主二十七年壬午科江

南鄉試，故一誤再誤云。

［一〇］祥案：戴東原集卷九與任孝廉幼植書作於乾隆二十五年，段譜言幼植「弱冠負奇才，與先生書論禮，先生以此箴之。」任氏書論禮經，奮筆駁斥孔穎達、賈公彦，進而難鄭玄，並疑喪服傳、儀禮爲劉歆、王莽僞造。戴氏規其輕於立説之弊。其末曰：「震向病同學者多株守古人，今於幼植反是。凡學未至貫本末，徹精粗，徒以意衡量，就令載籍極博，猶所謂『思而不學則殆』也。遠如鄭漁仲，近如毛大可，祇賊經害道而已矣。今幼植具異質而年富，成就當不可量，是以不敢不盡言。」江氏蓋以此而曰「習聞其論説，究心漢儒之學」。又凌廷堪校禮堂文集卷三五戴東原先生事略狀，戴氏卒後，其「典章制度之學，則有興化任御史大椿傳之，皆其弟子也。」又凌氏校禮堂詩集卷六懷舊詩四首其三故陝西道監察御史任幼植先生：「當世博洽儒，首推吾郡戴。先生與之友，淵源固有在。三禮浩煙海，學者任沾溉。」

［一一］弁服釋例十卷，今本八卷。是書亦稱經典弁服釋例，綜覽經疏史志，釋弁服所用之例，以五禮區之，曰爵弁服、曰韋弁服、曰皮弁服、曰朝服、曰玄端，凡百四十餘事。今有嘉慶七年刊本、皇清經解本等。

［一二］深衣釋例三卷，任氏以深衣爲善衣（即弁服）之次，方言謂襌衣，古之深衣。因著弁服釋例後，續著深衣釋例，並秦漢後襌衣亦附考焉。自長衣、中衣而下，舉别名曰麻衣、褲衣、褋衣、袪衣、裎衣、襘衣等至數十種之多。今有燕禧堂五種本、皇清經解續編本等。

［一三］字林考逸八卷，吕忱字林久佚，任氏以其上承説文，下開玉篇，故爲搜獵典墳，旁録二藏音義，輯爲成書，諸家異説，亦多所考定。全書共輯一千五百餘字。今有燕禧堂五種本、式訓堂叢書本等。又南海曾釗有面城樓叢刻增校本，内有任兆麟補正條目。又清陶方琦有字林考逸補一卷，見八千卷樓書目卷三。

［一四］小學鉤沈二〇卷，任大椿輯，前十二卷爲王念孫手校。此書乃任氏採輯已亡訓詁諸書，散見群籍有載記者，萃爲一書。凡收倉頡篇、凡將篇、勸學篇、聖皇篇、通俗文、埤倉等自先秦至隋小學之書約四〇種。有嘉慶二十二年山陽汪廷珍據高郵王氏刻本續刊本、光緒甲申重刻本等，皆作十九卷。後顧震福續輯有小學鉤沈續編，有光緒十八年山陽顧氏

刊本。

〔一五〕案任氏詩集今存有子田初集四卷，有乾隆時刻本。洪亮吉評其詩「如灞橋銅狄，冷眼看春」；王鳴盛推重其五言，以「澹風遠響」括之。另有苧村詩鈔二卷，王鳴盛選，輯入江左十子詩鈔，有清幽蘭居刻本。又任氏燕禧堂五種除字林考異、深衣釋例外，尚有列子釋文二卷、列子釋文考異一卷（唐殷敬順撰，宋陳景元補遺）、釋繒一卷，有乾隆中刻本。

同時有歸安丁小疋名杰者〔一〕，謂曾著字林考逸一書，稿本存子田處，子田竊其書而署其名，作書遍告同人，一時傳以爲笑。然子田似非竊人書者〔二〕。今其族弟兆麟又採獲一百五十餘條〔三〕，爲考逸補正云。

〔一〕丁杰（一七三八—一八〇七），字升衢，號小山，又號小雅，亦作小疋，清浙江歸安（今湖州）人。乾隆四十六年（一八七一）進士。官寧波府學教授。肆力經史，尤長校勘。著有周易鄭注後定、大戴禮記繹、道德經直解二卷、蘇詩補注、困學紀聞補箋、小西山房文集等。清史列傳卷六八、清史稿卷四八一有傳。

〔二〕祥案：江氏此説，乃厚誣子田，亦使小雅受累矣。其著此文時，蓋未見章學誠章氏遺書卷一八任幼植別傳及他文耳。章別傳：「乙未，余復至京師。……訪君，屬疾，延見卧所，則君方輯吕忱字林，逸文散見，蒐獵横博，楮墨紛拏，狼藉枕席間。君呻吟謂病不可堪，賴此消長日耳。」又翁方綱復初齋文集卷一三字林考逸序：「吕氏字林，據諸家著録，皆言七卷；今禮部主事任君爲之考逸，凡八卷。」又阮元揅經室一集卷一〇任子田侍御弁服釋例序曰，丁未、戊申間，在京師與子田相問難，子田「所輯吕忱字林、深衣釋例諸書已付刻」。又陳鱣簡莊文鈔卷二埤倉拾存自序亦謂「任子田禮部之於字林，具有成書」。故當時通人與諸家目録皆不言丁杰有字林考逸事。李詳媿生叢録卷一爲任氏鳴不平曰：「案小雅游京師，與子田交最熟，考逸後附小雅之説，姓氏粲然；子田輯考逸時，廣閲群籍，遂得從容撰集小學鉤沈，其勢自易，亦何藉於小雅而爲郭象盗莊之舉？……不知鄭堂當日厚誣兩君何意？余疑有愛憎之見也。」詳參陳鴻森先生乾嘉學術小記一字林考逸作者辨誣，載張以仁先生七秩壽慶論文集，臺灣學生書局一九九九年版。

〔三〕任兆麟，初名廷麟，字文田，號心齋，震澤籍（今江蘇吴江）。大椿族弟。嘉慶元年（一七九六）舉孝廉方正，以侍養歸。精於經史，與族兄大椿、振基有「三任」之目。著有毛詩通説三〇卷補遺一卷、有竹居集一六卷、林屋詩稿四卷等。選輯有述記三六卷（一名三代兩漢遺書四六種四六卷，含續述記），又有心齋十種二一卷。事見清史列傳卷六八任大椿傳附。

兆麟字文田，震澤籍諸生，薦舉孝廉方正。嘗注夏小正〔一〕，本鄭仲師周官注〔二〕，移「主夫出火」一條在三月〔三〕，又移「時有見稊始收」一條在五月〔四〕，又爲補入「採芑」、「雞始乳」二條〔五〕。王光禄禮堂序〔六〕，以爲「確當絶倫」也。

〔一〕夏小正補注四卷，任氏集先儒舊説，參以己意，而爲之注，江藩稱其書「考古之功，可謂精且博矣」。有乾隆五十一年震澤任氏忠敏家塾刻心齋十種本。後嘉慶二十二年又有刊本，個别條目有所增補焉。

〔二〕鄭衆（？—八三），字仲師，東漢河南開封人。鄭興子。從父受左氏春秋，作春秋難記條例，兼通易、詩，知名於世。章帝時，爲大司農。故後世稱鄭司農，亦稱先鄭，以區别於鄭玄。著述已佚，清儒有輯本多種。後漢書卷三六有傳。周禮夏官司爟：「季春出火，民咸從之；季秋内火，民亦如之。」鄭注引鄭司農云：「以三月本時昏，心星見於辰上，使民出火；九月本黄昏，心星伏在戌上，使民内火。故春秋傳曰：『以出内火。』」

[三]祥案：夏小正戴氏傳曰：「夫當作火，傳同。」任注：「鄭仲師曰：『三月心星見於辰上，使民出火。』舊本錯簡在『九月』，今正之。」

[四]夏小正注卷二：五月「時有見稊，始收。」任注：「此節傳本從戴記移在二月，今從關滄本。」

[五]夏小正注卷一：「採芑。」任注：「蘧也。此節見類函，近本闕。本艸：『芑，一名地黃。二月採根，實如蘧麥，此藥艸也。』」又卷四：十二月，「雞始乳。」注：「此節見乾鑿度鄭氏注。舊本闕。」

[六]王鳴盛夏小正注序：「若『主火出火』一節，舊本錯簡在九月，文田據漢鄭仲師周禮司爟注移在三月，確當絶倫。此條之誤，以前輩盧召弓、戴東原兩先生之博且精，亦疏漏未及駁正，今賴文田正之，其善讀書如此，實爲後生中僅見者。至『有見稊收』一節，據文田以爲傳氏本以爲此錯簡，移在二月，今文田則定在五月。予考盧、戴本已在二月，而不言從傳，予固未暇覓傳本也。據理推之，稊之收自當在五月，則亦以文田爲是矣。」

弟子中以經術著者，山陽汪廷珍[一]，字瑟庵[二]，十三經義疏皆能闇誦，不遺一字，舉經史疑義叩之，應答無滯義[三]。乾隆丙午科舉人，己酉恩科胡長齡榜以第二人及第[四]。今官内閣學士兼禮部侍郎[五]。

[一]汪廷珍(一七五七—一八二七)，字玉粲，號瑟庵，清江蘇山陽(今淮安)人。乾隆五十四年一甲二名進士。官至禮部尚書，協辦大學士。卒謚文端。任大椿講學淮上，乃從之游，學益進。自六經子史，旁逮百家術數之學，靡不綜貫。與修國子監則例四五卷、新疆識略一三卷等，自著有實事求是齋遺稿四卷續集一卷等。事見李宗昉聞妙香室文卷一八汪文端公行狀，清史列傳卷三四、清史稿卷三六四有傳。

[二]續碑傳集卷三李元度汪文端公事略：「字瑟庵。」同治重修山陽縣志卷一四、光緒淮安府志卷二九本傳，皆曰：「字玉粲，號瑟庵。」似以志説爲是。

[三]同治重修山陽縣志汪廷珍傳：「廷珍於書無所不窺，尤深於經術，十三經義疏皆能闇誦。居平講學不袒漢宋，一本義理爲折衷。其他民情政治之大，下及輿地、名物、算數、方技，無不曲究其藴。」

[四]胡長齡，見下段注[一]。李元度汪文端公事略：「乾隆己酉，一甲第二名進士，賜及第，授編修。」

[五]據清史列傳汪廷珍傳，汪氏於嘉慶十一年十月，提督江西學政。十三年四月，陞内閣學士兼禮部侍郎銜，仍留學政任。十五年，任滿回京。十六年十一月，擢禮部右侍郎。

胡長齡[一]，字西庚，一字印渚，通州人。博覽群籍，説經以康成爲宗。乾隆癸卯舉人，己酉恩科第一人及第。今官兵部侍郎[二]。

[一]胡長齡（？—一八一四），字西庚，一字印渚，清江蘇通州（今南通）人。乾隆四十八年（一七八三）舉人，五十四年一甲一名進士。累官至禮部尚書。博覽群籍，説經主鄭氏説。著有三餘堂存稿二卷、經進稿一卷、館課偶存一卷、儉德齋隨筆一卷等。事見詞林輯略卷四、國朝鼎甲徵信録卷三，滿漢名臣傳續集卷七九有傳。

[二]滿漢名臣傳續集卷七九胡長齡傳：嘉慶十五年十二月，「授兵部右侍郎」。

洪榜

洪榜，字汝登，一字初堂[一]，歙縣人也。年十五，補邑庠生。乾隆乙酉選拔，與兄樸同應召試[二]。梁文定公國治時爲安徽學使[三]，評其賦曰[四]：「詞霏玉屑，則弟勝於兄；文抱風雲，則伯優於仲。」樸授中書而榜未獲雋，然以文章見知於文定，乃從游至晉[五]，旋中乾隆戊子科舉人[六]。丙申，應天津召試第一，授中書舍人。卒年三十有五。

[一]段玉裁戴東原先生年譜屢引洪榜，皆作蕊登，是洪氏字又作蕊登。又洪梧初堂遺稿序：「先仲兄汝登先生號初堂，少時與伯兄齊名，有『二難』之目。」又清汪啓淑水曹清暇録卷一〇云：『予長女婿洪榜，字蕊登，號初堂。』

[二]洪樸，字素人，號伯初，歙縣人。洪榜、洪梧之兄。乾隆三十六年(一七七一)進士。四十二年，任湖北學政。官順德知府。有伯初文存一卷詩鈔一卷。事見湖海詩人小傳卷三二。時爲乾隆三十年，清高宗第四次南巡，詳參本書第二四頁注[一]。

[三]梁國治，參本書第三四三頁注[二〇]。祥案：乾隆二十七年(一七六二)九月，梁國治奉命提督安徽學政，十一月抵任；三十年正月，以原官調授浙江學政，前後在安徽任不及三年。參梁國治編、梁承雲等補編豐山府君自訂年譜。又年譜乾隆二十八年梁承雲補曰：「所得士如黄修撰軒，金修撰榜，洪太守樸及弟榜、梧兩舍人，汪舍人履基，馬秀才春生等，皆皖江秀傑，前後並有聞於時云。」

[四]晉書卷四九胡毋輔之傳：王澄與人書曰：輔之「吐佳言如鋸木屑，霏霏不絶，誠爲後進領袖也。」又宋歐陽澈歐陽修撰集卷五飄然集中顯道辭中以詩示教因和韻復之：「談霏玉屑驚人聽，歌和陽春滿坐謡。」又廣弘明集卷二二唐高宗述三藏聖教序：「理含金石之聲，文抱風雲之潤。」又清黄圖珌看山閣集卷二賈松濤内翰逍遥草序：「千盤情致，纍纍珠璣；百疊文瀾，霏霏玉屑。音彩發於毫端，風雲吐於紙上。」

[五]豐山府君自訂年譜乾隆四十四年：「夏六月，抵冀寧道任。是時自京師諸及門偕往者，張生曾太、洪生榜、路生

學宏、沈生清藻、鄭生琨、馮生覲光，余於公餘，輒令諸會課文字，時爲商榷評定，在任年餘，計所積課，已裒然成帙矣。」

［六］引文見洪梧初堂遺稿序。

榜少與同郡戴君東原、金君輔之交［一］，粹於經學。著有明象［二］，未成書，終於益卦。因鄭康成易贊作述贊二卷，其解周易，詁訓本兩漢，行文如先秦。又明聲均，撰四聲均和表五卷［三］、示兒切語一卷［四］。江氏永切字六百十有六［五］，是書增補百三十九字；又以字母「見」、「溪」等字注於廣韻之目，每字之上，以定喉、吻、舌、齒、脣五音［六］。蓋其書宗江、戴二家之説而加詳焉。平生著述甚多，皆未卒業，有周易古義録［七］、書經釋典、詩經古義録、詩經釋典、儀禮十七篇書後、春秋公羊傳例、論語古義録、初堂讀書記、初堂隨筆、許氏經義諸書。留心奇遁之術，以其術犯造物忌，病中舉所著畀之火，唯新安大好紀麗，久已刊行。

［一］洪梧初堂遺稿序：「與戴東原、孔茳谷先生最相善。」祥案：段玉裁戴東原先生年譜乾隆三十七年：「玉裁見先生於洪孝廉榜寓宅。」此亦見洪、戴二人關係之密矣。

［二］初堂遺稿不分卷。含周易義説、戴先生行狀、王韓辯説、四聲均和表、廣韻音和急就篇、示兒切語、考定廣韻同獨用四聲表，以及少量書札與詩文。周易義説五篇，爲明象二篇、周易述贊三篇。明象起於乾卦，終於益卦，尚未成全

帙。首引象辭，後考證論説，以明象之義，釋卦之形。周易述贊三篇共分生生、易簡、達順、隨時、法禮、利義等二十八小類，爲釋義衍理之説。有初堂遺稿本。

[三]四聲均和表五卷，是書依戴震聲類表與轉語二十章序之説，全表分喉、吻、舌、齒、脣五音，音有四等，按韻排列，字在某位，即屬某母。其韻分等，則依江永四聲切韻表。洪氏又有廣韻音和急就篇、考定廣韻同獨用四聲表亦爲論韻之作。皆見初堂遺稿本。

[四]示兒切語一卷，是書悉採廣韻所用切音，上一字定位，下一字定音，同位爲雙聲，同音爲疊韻，爲三十六字母定位分等，各歸其母，並列其等。其依聲定位完全仿戴氏轉語二十章之章次，唯戴氏以娘母附日母，而洪氏以娘附疑爲誤耳。其較江氏，切字增多百三十九字，且分等更爲精密。開篇附以古切音歌。

[五]祥案：洪氏示兒切語跋曰：「江氏慎庵所用切字共四百七十有七，今所集字共六百十有六。」此下夾注「增補百三十九字」。然則江永所用切字乃「四百七十有七」字，而「六百十有六」字者，乃洪氏增補後之數字。江藩引洪氏跋語而致誤也。

[六]示兒切語跋：「戴氏東原辨字最精，取古所謂牙音、舌頭、舌上、重脣、輕脣、齒頭、正齒、喉音、半舌、半齒，凡十類，今戴氏定爲喉、吻、舌、齒、脣五類，四聲均和表所用，是其例也。較古法更爲協和。」

[七]祥案：自周易古義録以下諸書，今皆不見傳本。近藤注疑古義録即周易義説五篇，見近藤注洪榜[一五]。

[八]新安大好紀麗八卷，隋於歙州置新安郡，治休寧，後移置歙縣，北宋時改爲徽州。因境内有新安江而得名。是書爲洪榜集録歙縣、婺源、祁門、黟縣、績谿諸地名勝及史地之書，故名大好紀麗。有清刻本行世。

爲人律身以正，待人以誠，以孝友著於鄉里。生平學問之道，服膺戴氏。戴氏所作孟子字義疏證，當時讀者不能通其義，惟榜以爲功不在禹下[一]。撰東原氏行狀[二]，載與彭進士尺木書[三]，笥河師見之[四]，曰：「可不必載，戴氏可傳者不在此。」榜乃上書辨論。今行狀不載此書，乃東原子中立删之[五]，非其意也。藩是時在吴下，見其書，歎曰：「洪君可謂衛道之儒矣！」今録其文於左，文曰：

[一]韓愈昌黎集卷九與孟簡尚書書：「向無孟氏，則皆服左衽而侏離矣。故愈嘗推尊孟氏，以爲功不在禹下者爲此也。」祥案：戴震卒後，京師同人挽曰：「衛道之功，不在禹下；明德之後，必有達人。」後人多以爲洪氏所作。

[二]文見初堂遺稿。

[三]文今見戴東原集卷八答彭進士允初書。彭尺木，即彭紹升，見本書第二一九頁注[一四]。段玉裁戴東原先生年譜末：「先生丁酉四月，有答彭進士紹升書，彭君好釋氏之學，長齋佛前，僅未削髮耳。而好談孔、孟、程、朱，以孔、孟、程、朱疏證釋氏之言。其見於著述也，謂孔、孟與佛無二道，謂程、朱與陸、王、釋氏無異致。同時有羅孝廉有高、汪明經縉倡和其説，先生以所作原善、孟子字義疏證示之。彭君有書與先生，先生答此書，以六經、孔、孟之恉，還之六經、孔、孟，以程、朱之恉還之程、朱，以陸、王、佛氏之恉還之陸、王、佛氏。俾陸、王不得冒程、朱，釋氏不得冒孔、孟，其書幾五千言。有此而原善、孟子字義疏證之説愈明矣。孔户部附刻疏證之後，洪舍人蕊登全録於行狀中。」

[四]祥案：朱筠之言見初堂遺稿上笥河朱先生書所引，下同。

[五]祥案：戴氏無子，以其族子戴中立爲嗣。段玉裁經韵樓集卷八誥封孺人戴母朱夫人八十壽序：戴氏卒後，「夫人率子中立匍匐扶柩南歸。……而中立又病歿。……中立已娶，無子。夫人謀於宗族，以先生之弟漁卿孝廉之子中孚爲後，漁卿只此一子，俟中孚子多，分紹之。爲中孚娶婦，婦卒，又爲繼娶，今中孚補弟子員，有聲。……好學不倦，方大

其家聲。夫人齯齒康健，壽未有艾，行且含飴弄孫，見中孚之一飛翀天也。」案由段氏之語，可知戴氏無嗣，而嗣子之得孫又若是其難。而中孚亦終未能光大家聲，段氏所言者，殷殷之願望而已矣。

洪榜頓首笥河先生閣下：前者具狀戴先生行實，俾其遺孤中立稽首閣下之門，求志其墓石。頃承面諭，以狀中所載答彭進士書「可不必載，性與天道不可得聞[一]，何圖更於程、朱之外復有論説乎？戴氏所可傳者不在此」。榜聞命唯唯，惕於尊重，不敢有辭。退念閣下今爲學者宗，非漫云爾者，其指大略有三：其一謂程、朱大賢，立身制行卓絶，其所立説，不得復有異同，疑於緣隙奮筆，加以醲嘲，奪彼與此[二]；其一謂經生貴有家法，漢學自漢，宋學自宋，今既詳度數，精訓故，乃不可復涉及性命之旨，反述所短以揜所長；其一或謂儒生可勉而爲，聖賢不可學而至，以彼矻矻，稽古守殘，謂是淵淵，聞道知德，曾無溢美，必有過辭。蓋閣下之旨出是三者，仰見閣下論學之嚴，制辭之慎。然恐閣下尚未盡察戴氏所以論述之心，與榜所以表章戴氏之意，使榜且得罪，不可以終無辭。

[一]論語公冶長：「子貢曰：『夫子之文章，可得而聞也；夫子之言性與天道，不可得而聞也。』」

[二]何休春秋公羊傳解詁序：「傳春秋者非一，本據亂而作，其中多非常異義可怪之論。説者疑惑，至有倍經任意，反傳違戾者，其勢雖問不得不廣。是以講誦師言，至於百萬，猶有不解，時加醲嘲辭。援引他經，失其句讀，以無爲有，甚可閔笑者，不可勝記也。是以治古學貴文章者，謂之俗儒。至使賈逵緣隙奮筆，以爲公羊可奪，左氏可興。」疏解「時加

釀嘲辭」曰：「顔安樂等解此公羊，苟取頑曹之語，不顧理之是非，若世人云雨雪其雱，臣助君虐之類是也。」解「賈逵緣隙奮筆」句曰：「莊、顔之徒，説義不足，故使賈逵得緣其隙漏，奮筆而奪之，遂作長義四十一條，云公羊理短，左氏理長，意望奪去公羊而興左氏矣。」

夫戴氏與彭進士書，非難程、朱也，正陸、王之失耳；非正陸、王也，闢老、釋之邪説耳；非闢老、釋也，闢夫後之學者實爲老、釋而陽爲儒書，援周、孔之言入老、釋之教，以老、釋之似亂周、孔之真，而皆附於程、朱之學。閣下謂程、朱大賢，立身制行卓絶；豈獨程、朱大賢，立身制行卓絶，陸、王亦大賢，立身制行卓絶；即老、釋亦大賢，立身制行卓絶也。唯其如是，使後儒小生，閉口不敢道，寧疑周、孔[二]，不敢疑程、朱；而其才智少過人者，則又附援程、朱以入老、釋。彼老、釋者，幸漢、唐之儒抵而排之矣。今論者乃謂先儒所抵排者，特老、釋之粗，而其精者雖周、孔之微旨不是過也。誠使老、釋之精者雖周、孔不是過，則何以生於其心，發於其事[三]，繆戾如彼哉！況周、孔之書具在，苟得其解，皆不可以强通。使程、朱而聞後學者之言如此，知必急急然正之也。然則戴氏之書，非故爲異同，非緣隙釀嘲，非欲奪彼與此，昭昭甚明矣。

[一]舊唐書卷一〇二元行沖傳：行沖釋疑引王劭史論曰：「魏、晉浮華，古道夷替，洎王肅、杜預，更開門户。歷載三百，士大夫恥爲章句。唯草野生以專經自許，不能究覽異義，擇從其善。徒欲父康成，兄子慎，寧道孔聖誤，諱聞

鄭、服非。然於鄭、服甚憒憒，鄭、服之外皆讎也。」又見新唐書卷二〇〇元氏本傳。祥案：元行沖此語，爲後來學者所常用，如程大昌雍録卷六、考古質疑卷二、閻若璩尚書古文疏證卷二、四書釋地又續卷下等。又古今源流至論後集卷八「傳注」條曰：「『三傳束高閣，遺經究終始』，觀此則傳注之學爲可略；『寧道孔聖誤，諱言鄭服非』，觀此則傳注之學爲可用。嗟夫！同異黨伐者，雖不足以造聖經之純全；而獵涉鹵莽者之患，尤甚於黨伐。捃摭訓詁者，雖不足以極聖經之精奥；而高談闊論之病，尤深於訓詁。」

［二］孟子公孫丑上：「生於其心，害於其政；發於其政，害於其事。」又滕文公下：「作於其心，害於其事；作於其事，害於其政。」

至謂治經之士，宜有家法，非爲宋學，即爲漢學，心性之説，賈、馬、服、鄭所不詳，今爲賈、馬、服、鄭之學者亦不得詳。夫言性言心，亦不自宋以後興也，周末諸子及秦、漢間著書立説者多及之。其辭雖殊，其意究無大異，凡以勸學立教而已。惟老聃、莊周之書，乃有沖虛之説、真宰之名，不寄於事，不由於學，謂之返其性情而復其初［一］。魏、晉之間，此學盛興，而諸佛書流入中土，亦適於此時爲盛。其書本淺妄無足道，譯者雜以老、莊之旨，緣飾其説，大暢玄風。唐傅奕曾言其事矣［二］，然而未敢以入儒書也。至乎昌黎韓氏，力闢佛、老［三］，作爲原道等書，使學者昭然知二氏之非。而其時佛氏之説，入人既深，則又有柳子厚之徒［四］，謂「韓氏所罪者其迹也，忿其外而遺其中，譬之知石而不知韞玉［五］」。彼其不可斥者，往往與易、論語合，不與孔子異道也」。此説一出，後之學者，往往執是説以求之易、論語，而所謂易、論語者，則又專用魏王氏之注與何氏之集解，其人本深於老、釋，其説亦雜於二家，此則宜其有合也。歷唐之末，逮宋之初，此論紛紜固結而不可解。於是讀易、論語書者，或往往先從事於二氏，因即以其有得於二氏之精者，以説易、論語之書。是以眉山蘇氏作六一居士集序曰「新學以佛、老之似亂周、孔之真，識者憂之」也[六]。宋熙寧以後[七]，此弊日深，至於姚江王氏之學行[八]，則直以佛書釋論、孟矣。彼賈、馬、服、鄭，當時蓋無是弊，而今學者束髮受書，言理言道，言心言性，所謂理道心性之云，則皆六經、孔、孟之辭。而其所以爲理道心性之説者，往往雜乎老、釋之旨。使其説之果是，則將從而發明之矣；如其説之果非，則治經者固不可以默而已也。如使賈、馬、服、鄭生於是時，則亦不可默而已也。前之二説，閣下苟詳察之，亦知戴氏之非私於其學，而榜之非私於戴氏矣。

［一］莊子繕性：「繕性於俗，學以求復其初；滑欲於俗，思以求致其明；謂之蔽蒙之民。……文滅質，博溺心，然後民始惑亂，無以反其性情而復其初。」

［二］傅奕（五五五—六三九），唐相州鄴（今河南安陽）人。隋開皇中，以儀曹事漢王諒。入唐，官至太史令。通曉天文曆數。武德三年（六二〇），進漏刻新法，遂行於時。七年，奕上疏，請除去釋教，詞甚切直，並與中書令蕭瑀、唐太宗等争論，極言佛之荒誕，語皆見本傳中。生平遇患，未嘗請醫服藥，雖究陰陽數術之書，而並不之信。自爲墓誌而卒。著述今僅存其校定道德經古本篇二卷於道藏中。舊唐書卷七九、新唐書卷一〇七有傳。

[三]韓愈原道今見昌黎集卷一一，又有諫迎佛骨書等，皆爲闢佛之論。

[四]柳宗元柳河東集卷二五送僧浩初序。

[五]論語子罕：「子貢曰：『有美玉於斯，韞匵而藏諸？求善賈而沽諸？』子曰：『沽之哉！沽之哉！我待賈者也。』」

[六]文見蘇軾蘇軾文集卷一〇六一居士集敘。新學，指王安石新學，參本書第一三頁注[四]。

[七]熙寧，宋神宗趙頊年號(一〇六八—一〇七七)。

[八]姚江王氏，即王陽明，見本書第七八二頁注[一]。

至於聞道之名，不可輕以許人，猶聖賢之不可學而至。如閣下以此爲慮，此其猶存乎後儒之見也。孟子謂「聖人，人倫之至」[一]，首陽之義[二]，孔子稱曰「古之賢人」。夫聖賢不可至，蓋在是矣。雖然，安可以自棄乎哉！若夫高談深遠者謂之知道，不言而躬行者謂之未聞道；及夫治經訓者謂之儒林，明性道者謂之道學。此固戴氏所不道，而榜所望於閣下表揚之者，亦不在是也。夫戴氏論性道，莫備於其論孟子之書，而所以名其書者曰孟子字義疏證焉耳。然則非言性命之旨也，訓故而已矣，度數而已矣。要之，戴氏之學，其有功於六經、孔、孟之言甚大，使後之學者，無馳心於高妙，而明察於人倫庶物之間，必自戴氏始也。惟閣下裁察焉。

［一］孟子離婁上：「規矩，方員之至也；聖人，人倫之至也。」

［二］伯夷、叔齊皆爲殷時孤竹君之子。父欲立叔齊，叔齊讓伯夷，伯夷逃去，叔齊亦不肯立而逃之，國人立其中子。周武王滅商，伯夷、叔齊叩馬而諫，不聽。及商亡，二人不食周粟，隱於首陽山，採薇而食，餓死山中。事見史記卷六一伯夷列傳。論語述而：「曰：『伯夷、叔齊，何人也？』曰：『古之賢人也。』」

榜弟梧［一］，字桐生，乾隆庚子召試中書，庚戌成進士，授庶吉士，散館授編修，官至沂州府知府。博古通今，兼工詞翰。

［一］洪梧（一七五〇—一八一七），字桐生，號東弧，一號東湖，樸、榜弟。乾隆五十五年（一七九〇）進士。官至沂州知府。有辛壬韓江酬唱集四卷、群玉堂日鈔一卷、春餘賦草一卷等。事見夏寶晉冬生草堂文鈔卷一誄，國朝先正事略卷三五、詞林輯略卷四、黄燮清國朝詞綜續編卷三等。

榜同邑有汪萊者，字孝嬰［一］，藩之密友也［二］。優貢生［三］。大學士禄康薦修國史天文志［四］，議敘，以教官用，選石埭縣訓導［五］。深於經學［六］，十三經注疏皆能背誦如流水，而又能心通其義。人有以疑義問者，觸類旁通，略無窒礙［七］。尤善曆算，通中西之術［八］，著有衡齋算學，刊行於世［九］。與元和李尚之鋭論開方題解［一〇］，及秦九韶立天元一法不合［一一］，遂如寇仇，終身不相見［一二］。噫！過矣。然今之學者，大江以南惟顧君千里與孝嬰二人而已，烏可多得哉！

［一］汪萊（一七六八—一八一三），字孝嬰，號衡齋，歙縣人。博通經史，尤精算學，與焦循、李鋭爲「談天三友」。優貢生，曾爲八旗官學教習。入史館預修天文志、時憲志。嘉慶十四年，授安徽石埭縣學教諭。卒於官。著有衡齋算學七種七卷、衡齋遺書九卷、衡齋先生燼餘詩稿一册等。事見胡培翬研六室文鈔卷九行略、焦循雕菰樓集卷二一别傳，清史列傳卷六九、清史稿卷五〇七有傳。

［二］嘉慶六年（一八〇一），汪萊館揚州秦恩復家，得與江藩、畢鍔、錢坫、張敦仁等共論算學，參衡齋算學第五册序。

［三］焦循别傳：「嘉慶丁卯，以優貢生赴朝考京師。」丁卯爲嘉慶十二年，即西元一八〇七年。

［四］禄康（一七六一—一八一五），滿洲正藍旗人。清宗室。乾隆時，官山東道御史等職。嘉慶時官至步軍統領、户部尚書、東閣大學士等。事見清史稿卷一六仁宗本紀、卷三七〇耆英傳附。

［五］别傳：「戊辰，入國史館纂修天文、時憲志。既成，天子嘉其通曉數學，授教諭，選石埭儒學教諭。」

［六］别傳：「孝嬰於六經，務在熟習本文，博通注疏，原始要終，以一知半解爲陋。」

［七］别傳：「性淵穆和易，與人接無厓岸，有以所著撰相質，必首尾研究再三，否者直乙之，是者爲之疏通證明。」

［八］别傳引胡培翬言曰：「竊思先師六經子史，罔不通貫；而天文算術，是其專門。」

［九］汪萊書，今有衡齋算學遺書合刻本，分别爲衡齋算學七種七卷：包括弧三角形一卷、勾股形一卷附帶縱立方形、平圓形一卷、弧三角形一卷、一乘方形二乘方形一卷、平圓形一卷、諸乘方數根數真數糅雜設題式並訣一卷。衡齋遺書七種九卷：包括覆載通幾一卷附四邊形演算法、參兩算經一卷、樂律逢原一卷、考訂磬氏倨氏令氏鼓旁線中縣而縣居

線右解一卷、校正九章算術及戴氏訂訛一卷、今有録一卷、衡齋文集三卷。有咸豐四年夏燮鄱陽縣署刊本等。衡齋算學又有陜西科學技術出版社一九九七年李兆華整理衡齋算學校證本。

[一〇]李鋭(一七六九—一八一七)，字尚之，號四香，元和(今蘇州)人。諸生。受經於錢大昕，自三統以迄授時，悉能洞澈本原。阮元爲浙江學政時，延校禮記正義，輯疇人傳諸書。自著有李氏遺書一一種一八卷等。事見碑傳集卷一三五，嚴敦傑作李尚之年譜，清史列傳卷六九、清史稿卷五〇七有傳。開方，即求一個正實數算術平方根之方法，亦稱開平方。

[一一]秦九韶(約一二〇二—一二六一)，字道古，寓居湖州(今浙江吴興)。宋理宗淳祐四年(一二四四)，爲建康府通判，後遭貶知梅州。性極機巧，星象、音律、算術以至營造等事無不精究。著有數學大略一八卷，明代後期改爲數書九章。事見宋周密癸辛雜識續集卷下，詳參中國數學史大系第三編南宋時代秦九韶。「立天元一」即天元術，爲一元 n 次方程列方程及求數值之一種解法。「立天元一爲某某」相當於現代數學中之「設 x 爲某某」之意。秦九韶及元代數學家李冶(一一九二—一二七九)等對此命題有深入之研究。詳參錢寶琮中國數學史第九章天元術和四元術。

[一二]祥案：焦、汪、李三人關係密切，共研算學，現略述之：焦氏於乾隆五十五年(一七九〇)以所著群經宫室圖寄錢大昕求正，亦分贈一部與李鋭，李函札相謝，是爲二人交往之始。焦與汪萊相識在乾隆五十七年(一七九二)，汪萊與李鋭之相識，則在嘉慶六年(一八〇一)。三人皆精算學，時稱「談天三友」，三人往來於杭州、揚州、京師等地，或面晤，或函札往來，商討争論，各致其力。焦氏答李尚之書二曰：「弟終日孤坐，頗傷離索，中夜不寐，每思得吾兄與孝嬰争辨一室，而弟從旁評論之，不可得也。」可見三人當時争論算學乃平常之事，汪氏衡齋算學第五册著成寄焦氏，焦出示於李鋭，李讀後稱「是書窮幽極微，真算氏之最也」，見其所作跋。第七册序亦曰：「太守之客則吾友沈君狎鷗、李君尚之，聚散離合於斯感焉。」此足見起初汪、李並未交惡。今衡齋算學第七册諸乘方數根數真數糅雜設題式並訣一卷及李氏開方説，皆二人争論後産生之成果。關於汪、李之争及兩家數學之别，焦循别傳末所論甚詳，其曰：「今世精九數之學者，惟孝嬰及李尚之鋭，尚之善言古人所已言，而闡發得其真；孝嬰善言古人所未言，而引伸得其間。尚之精實，如詩之有少陵

也；孝嬰超異，如詩之有太白也。」焦氏下詳論兩家之觀點，末平衡兩家之説曰：「尚之究乎既商之後，孝嬰審於未商之先，言若殊趨，義實互證，親此者或斥彼，邇彼者或詆此，故相傳其齮齕焉。然而絶學之顯，端由兩君。」另參李兆華衡齋算學校證汪萊及其衡齋算學，吳文俊、李兆華主編中國數學史大系第八卷清中期到清末第一編第二章焦循汪萊李鋭的研究工作。

孝嬰之友有歙人羅子信者[一]，名永符。丁卯舉於鄉，辛未成進士，選庶吉士。善讀書，通經達史，工詩古文，亦瓌奇之士也。洪瑩，字賓華。甲子舉人，己巳恩科第一人及第，授修撰。淹通經史，五經皆有撰述，亦歙人也。

[一]羅永符，一作尹孚，字子信，清安徽歙縣人。嘉慶十二年（一八〇七）舉人，十六年成進士。國朝先正事略卷三五稱「乾隆辛未進士」，大誤。著有歷代紀元彙考正編四卷。事見光緒重修安徽通志卷二一九人物志儒林徽州府，國朝先正事略卷三五有傳。

[二]洪瑩，字賓華，號鈐菴，歙縣人。嘉慶九年（一八〇四）舉人，十四年一甲一名進士。授修撰，改官知府，恬於仕進。楷法遒潤。事見清李放皇清書史卷一、清閻湘蕙國朝鼎甲徵信録卷四等。

汪元亮

汪元亮，字明之，一字竹香，元和人。爲諸生時，有文譽，與同郡余古農師、薛香聞師結詩社於城東[一]，睥睨餘子，不可一世[二]。乾隆壬午，與戴君東原同舉於鄉，相親善，乃究心經義及六書之學。平生論學，則推東原及程君易疇[三]，論詩文則推古農師。屢上公車不第，以教授生徒自給，從游者多掇科第去，而君以孝廉終，命也夫！少時得狂疾，忽已忽作，作時不省人事，日夕叫駡，纏綿幾二十年。所有著述，於疾作時皆投諸火，僅存詩古文而已。

[一]江藩國朝宋學淵源記附記薛香聞師：「先生少爲長洲縣學生，與余古農師、汪孝廉元亮同學，爲古文詩歌，見稱於時。」

[二]清吴翌鳳懷舊續集卷一汪元亮：「竺香博聞强記，談鋒滚滚。」

[四]程易疇，即程瑶田。見本書第五三一頁注[三]。

孔廣森

李文藻　桂　馥

孔廣森，字衆仲[一]，一字撝約，又字㢡軒[二]，曲阜人。年十七，中乾隆戊子科舉人[三]。辛卯[四]，成進士，官檢討。旋丁内艱[五]，服闋補官，淡於世情，陳情歸養[六]。忽遭家難[七]，爲訟所累，扶病奔走江、淮、河、洛間，卒卒無歡悰[八]。未幾，居大母與父喪[九]，竟以哀毁卒。卒年三十有五。

[一]阮元揅經室續集卷二擬儒林傳稿孔廣森傳引孔氏大宗支譜：「孔子六十八代孫，襲封衍聖公傳鐸之孫，户部主事繼汾之子。」又儀鄭堂文阮元敘録稱「孔子七十代孫」，當以七十爲是。

[二]祥案：「字㢲軒」，阮傳同，朱中翰儀鄭堂文跋作「別字㢲軒」，然儀鄭堂文阮元敘録又做「號㢲軒」，當以後者爲是。

[三]凌廷堪校禮堂文集卷三六孔檢討誄序：「乾隆戊子歲，舉於鄉，年甫十七。」

[四]凌氏誄序：「辛卯，成進士。逾年授檢討。假歸，築儀鄭堂，讀書其間，蓋心儀鄭氏學云。」

[五]乾隆四十二年，孔氏母許太夫人卒。朱文翰儀鄭堂文後序：「丁酉，有許太夫人憂。機乍斷而長悲，簪一抽而終絶。堂築儀鄭，志惟傳經，先生自此遠矣。」

[六]孫星衍儀鄭堂遺文序：「㢲軒年少入官，翩翩華胄，一時争與之友。然性恬淡，躭著述，裹足不與要人通謁。初以陳情歸養，不忍復出。」

[七]祥案：乾隆五十年，廣森父繼汾以著書爲族人所訟，廣森來往奔波救父，狼狽困頓，舉步維艱。凌氏誄序：「君父止堂公以著書爲族人所訟，將西戍塞外。君納贖鍰入都。百繭赴闕，仰冀主慈；萬里荷戈，願以身代。……未幾，止堂公獲宥，長塗迢遞，送客遄徵，短轂蕭條，御親歸去。」又朱中翰儀鄭堂文跋：「家屯既搆，外侮孔棘，蕭條繐帷，方在堂室，平反讞牘，迄更時序。維南有山，喬蔭暫徙。窮北已雪，庭花弗榮。故乃溯江、淮，走河、洛，奉版輿者百舍，質田券者十雙。雨濡衣蓋，暴日旋乾。夢接衾牀，見星又作。羸體善病，清神易傷。況復日不再中，貫窮九變。火焚莫戢，山有玉而先摧；霜肅無時，草拔心而亦死。長沙之舍，獨感鵩來；通德之門，半塵鼠跡。此勞人所同慨，尤生民之

極艱。」

［八］孫星衍儀鄭堂遺文序：「是時以遭家多故，不食肉飲酒，卒卒無歡悰。」

［九］孫星衍儀鄭堂遺文序：「及居大母與父喪，竟以哀毁卒。」朱文翰儀鄭堂文後序：「乾隆丙午冬，外大父喪歸自杭，將卜厥窆。十有一月，舅氏𡖖軒先生卒。春秋三十有五。」「龍蛇紀歲，賢人泣嗟。有王母之喪，負孝孫之慟。」

少受經於東原氏［一］，爲三禮及公羊春秋之學。能作篆隸書，入能品［二］。尤工駢體文，汪明經中［三］、孫觀察星衍亟稱之［四］。其序戴氏遺書曰［五］：

［一］凌氏誄序：「君故休寧戴君弟子，盡傳其學。至於駢偶之文，瑰麗之作，則又君不假師承，自得於己者也。」

［二］孫星衍儀鄭堂遺文序：「爲三禮及公羊春秋之學，或自道其所得，超悟絶人。又能作篆隸書。」又唐張懷瓘書斷：「書有十體，較其優劣之差，爲神、妙、能三品……古今善書盡於是矣。」

［三］孫星衍儀鄭堂遺文序：「往余在江淮間，友人汪容甫出𡖖軒檢討駢體文相示，歎爲絶手。」

［四］又孫氏論孔氏駢體文之語，詳見其儀鄭堂遺文序中。

［五］戴氏遺書序今見儀鄭堂文、戴氏遺書中。

緬惟樂游講藝，訪太傅於石渠［一］；元日談經，坐侍中於重席［二］。時則玉羊既遠，金虎初開［三］。著學官者凡十四家［四］，説「稽古」者成數萬字［五］。至若五是六沴之徵，定君陽武[六]；三科七缺之法，弊獄淮南[七]。士苟通經，皆能致用[八]。蓋原其授受，本屬參商[九]；敘其世年，未睽昌闕[一〇]。是以祖之前師，沿之後葉。北方戎馬，不能屏視月之儒[一一]；南國浮屠，不能改經天之義[一二]。夫學有優劣者，時也；經有顯晦者，數也。五君晚出，非漢博士之傳[一三]；千禩相仍，廢鄭司農之注[一四]。縱橫異説，別創先天[一五]；顛倒聖文，悉更後定[一六]。特以腐儒炫視，易謬驪黄[一七]；末士明經，原求青紫[一八]。但遵甲令，粗知帖括之詞[一九]；疇克庚言，紹彼先民之作[二〇]。敏而好學，信而好古，惟於戴君見之已。

[一]此句謂漢宣帝詔諸儒論五經同異，稱制臨決事。樂游，代指漢宣帝。宣帝神爵三年（前五九），起樂游苑，見漢書卷八宣帝紀及顔注。太傅，指蕭望之，見本書第六四頁注[八]。石渠，即石渠閣，漢宫藏書之處，在未央宫北。漢初蕭何造，宣帝甘露三年（前五〇），帝與諸儒韋玄成、梁丘賀等講論於此。事見漢書卷八八施讎傳、三輔黄圖六閣。又宣帝紀：甘露三年，「詔諸儒講五經同異，太子太傅蕭望之等平奏其議，上親稱制臨決焉。乃立梁丘易、大小夏侯尚書、穀梁春秋博士。」

[二]侍中指戴憑。憑字次仲，漢汝南平輿（今屬河南）人。習京氏易。帝令與諸儒難説，憑多所解釋。拜爲侍中，數進見問得失。後漢書卷七九上有傳。又本傳：「正旦朝賀，百僚畢會，帝令群臣能説經者更相難詰，義有不通，輒奪其席以益通者。憑遂重坐五十餘席。故京師爲之語曰：『解經不窮戴侍中。』」

[三]開元占經卷一一九羊犬豕占條：「瑞應圖曰：鍾律調和，五音當節，則玉羊見。」玉羊，瑞器也。文選卷三張衡

東京賦：「始於宫鄰，卒於金虎。」按此以玉羊喻古代王者，金虎喻後漢，謂漢代以來，講經藝者益多。

［四］祥案：據後漢書儒林傳序，光武中興，愛好經術。於是立五經博士，各以家法教授。易有施、孟、梁丘、京氏；尚書歐陽、大小夏侯；詩齊、魯、韓；禮大小戴；春秋嚴、顔。凡十四博士，太常差次總領焉。

［五］漢書藝文志：「後世經傳既已乖離，博學者又不思多聞闕疑之義，而務碎義逃難，便辭巧説，破壞形體，説五字之文，至於二三萬言。」顔注：「言其煩妄也。桓譚新論云：秦近君（祥案：「近」爲「延」之誤。延君，秦恭之字。）能説堯典，篇目兩字之説，至十餘萬言；但説『曰若稽古』三萬言。」

［六］後漢書卷六二荀爽傳：「人事如此，則嘉瑞降天，吉符出地；五韙咸備，各以其敘矣。」注：「韙，是也。史記曰：『休徵：曰肅，時雨若；曰乂，時暘若；曰哲，時燠若；曰謀，時寒若；曰聖，時風若。』五是來備，各以其敘也。」又周注：「周禮疾醫疏：『案五行傳云：五福乃降，用彰於下，六沴作見。一曰貌之不恭，是謂不肅，惟金沴木；又曰言之不從，是謂不乂，惟火沴金；又曰視之不明，是謂不哲，惟水沴火；又曰聽之不聰，是謂不謀，惟土沴水；又曰思之不睿，是謂不聖，惟木金水火沴土：此其五沴也。言六沴者，天雖無沴，案洪範六極……王者不極，亦有㕊疾病，併前五者爲六沴。』」又漢書卷七五夏侯勝傳：「勝少孤，好學，從始昌受尚書及洪範五行傳，説災異。……（光）廢昌邑王，尊立宣帝。光以爲群臣奏事東宫，太后省政，宜知經術，白令勝用尚書授太后。遷長信少府，賜爵關内侯。」周注：「陽武即宣帝；帝初入未央宫，見皇太后，封爲陽武侯，後即帝位。見漢書宣帝紀。」

［七］周注：「徐彦公羊傳疏書題下云：『三科九旨者：新周，故宋，以春秋當新王，此一科三旨也；又云：所見異辭，所聞異辭，所傳聞異辭，此二科六旨也；又内其國而外諸夏，内諸夏而外夷狄，是三科九旨也。……七缺者：惠公妃匹不正，隱、桓之禍生，是爲夫之道缺也。文姜淫而害夫，爲婦之道缺也。大夫無罪而致戮，爲君之道缺也。臣而害上，爲臣之道缺也。僖五年，晉侯殺其世子申生；襄二十六年，宋公殺其世子痤：殘虐枉殺其子，是爲父之道缺也。文元年，楚世子商臣弑其君髠；襄三十年，蔡世子般殺其君固：是爲子之道缺也。桓八年正月己卯烝；桓十四年八月乙

亥嘗；僖三十一年夏四月四卜郊，不從，乃免牲，猶三望，郊祀不修，周公之禮缺，是爲七缺也矣。』史記儒林傳：『董仲舒弟子遂者，蘭陵褚大，廣川殷忠，温吕步舒。褚大至梁相。步舒至長史，持節使决淮南獄，於諸侯擅專斷不報，以春秋之義正之，天子皆以爲是。』按上文謂漢代經學皆可致用。」

[八]皮錫瑞經學歷史四經學極盛時代：「漢崇經術，實能見之施行。武帝罷黜百家，表章六經，孔教已定於一尊矣。……元、成以後，刑名漸廢。上無異教，下無異學。皇帝詔書，群臣奏議，莫不援引經義，以爲據依。國有大疑，輒引春秋爲斷。一時循吏，多能推明經意，移易風化，號爲以經術飾吏事。漢治近古，實由於此。蓋其時公卿大夫士吏未有不通一藝者也。」又參本書第五頁注[一四]。

[九]周注：「公羊傳隱公元年及哀公十四年引孝經鉤命决説，孔子曰：『春秋屬商，孝經屬參。』按商即子夏，參即曾參，皆孔子弟子，傳詳史記卷六十七仲尼弟子列傳。」

[一〇]周注：「史記孔子世家索隱：『孔子居魯之陬邑昌平鄉之闕里也。』按上文謂漢代經學去聖未遠，故可徵信。」

[一一]周注：「謂北朝雖日事干戈，然亦不能屏去儒者。支道林曰：『北人看書，如顯處視月。』見世説新語卷三文學篇。劉孝標注：『學廣則難周，難周則識闇，故如顯處視月。』」

[一二]後漢書卷二八馮衍傳上：「其事昭昭，日月經天，河海帶地，不足以比。」注：「言明白也。」周注：「謂南朝梁武帝等雖信奉佛法，然亦不廢經藝。」

[一三]周注：「五君疑指宋儒周敦頤、張載、程顥、程頤、朱熹而言。謂宋學非漢學博士之所傳。」近藤注：「『晚出』之語，或與晚出之書二十五篇産生聯想。」

[一四]千禩，千祀，千年。文選序：「自姬漢以來，眇焉悠邈，時更七代，數逾千祀。」周注：「謂自宋經元、明以迄清初，近千年間，漢學廢棄，宋學盛行。」

[一五]周注：「謂宋儒邵雍、朱熹以『先天』『後天』談易，與漢儒易説不同。」

［一六］周注：「宋儒朱熹刪改大學、孝經經文。其後王柏作詩疑、書疑，刪改詩、書；俞廷椿作復古篇，刪改周禮；吳澄作禮記纂言，刪改禮記；皆朱熹啓之。」

［一七］史記卷九一黥布傳：「項籍死，天下定，上置酒。上折隨何之功，謂何爲腐儒，爲天下安用腐儒。」索隱：「謂之腐儒，言如腐敗之物，不任用也。」又周注：「列子説符篇：『臣（伯樂對秦穆公自稱）有所與共擔纆薪菜者，有九方皋，此其於馬，非臣之下也，請見之。穆公見之，使行求馬。三月而反報曰：已得之矣，在沙丘。穆公曰：何馬也？對曰：牝而黃。使人往取之，牡而驪。穆公不説，召伯樂而謂之曰：敗矣！子所使求馬者，色物牝牡尚弗能知，又何馬之能知也？』按馬之純黑色者曰驪。」

［一八］周注：「漢書夏侯勝傳：『勝每講授，常謂諸生曰：士病不明經術；經術苟明，其取青紫，如俛拾地芥耳。』顏師古注：『青紫，卿大夫之服也。』」

［一九］周注：「漢書敘傳：『著於甲令，民用寧康。』按甲令猶令甲，漢書有令甲、令乙、令丙，謂法令之先後次第也。唐書選舉志『明經者但記帖括。』按唐以帖經試士，其制見文獻通考選舉考二。『以所習經掩其兩端，中間開唯一行，裁紙爲帖，凡帖三字，隨時增損，可否不一，或得四，或得五，或得六爲通。……甚者或上抵其注，下餘一二字使尋之。』時試士取其難者編爲歌訣，以便記憶，謂之帖括，謂包括帖經之門徑也。」

［二〇］尚書堯典：「疇咨，若時登庸。」僞孔傳：「疇，誰也。」又克，能也。堯典：「克明俊德，以親九族。」又書益稷：「乃賡載歌曰：元首明哉，股肱良哉，庶事康哉。」僞孔傳：「賡，續也。」祥案：庚與賡同。又詩商頌那：「自古在昔，先民有作。」

君以梅、姚售僞［一］，孔、蔡謬悠［二］。妄云壁下之書，猥有航頭之字［三］。古文一卷，祇出西州[四]；小序百篇，舊名北斗[五]。正謨、攝誥，歷黄序而僅存[六]；月采、豐刑，邁赤眉而已燼[七]。乃或誤援伊訓，滋元年正月之疑[八]；强執周官，推五服一朝之解[九]。譬之争年鄭市，本自兩非[一〇]；議瓜驪山，良無一是[一一]。是用翦除假託，折衷羣淆[一二]。步驟五三[一三]，目録四七[一四]。爲尚書義考未成[一五]，成堯典一卷。

[一]戴震尚書義考義例論僞古文曰：「東晉元帝時，豫章内史梅賾奏上古文尚書孔安國傳，賾自言受之臧曹，曹受之梁柳，柳受之蘇愉，愉受之鄭沖。陸德明云：『孔傳古文尚書亡舜典一篇，購不能得。齊明帝建武中，吴興姚方興採馬、王之注，造孔傳舜典一篇，云於大航頭買得，上之。梁武時爲博士。議曰：孔序稱伏生誤合五篇，皆文相承接，所以致誤，舜典首有曰若稽古，伏生雖昏耄，何容合之？遂不行用。』又云：『永嘉喪亂，衆家之書並滅亡，而古文孔傳始興。近惟崇古文，馬、鄭、王注遂廢。時以王肅注頗類孔氏，故取王注，從慎徽五典以下爲舜典，以續孔傳。』……自宋吴棫、朱子始疑之，元吴澄、明梅鷟辨之尤力，至閻若璩尚書古文疏證剖核明晰，無庸更議矣。」

[二]祥案：隋開皇中，學士劉炫取姚氏所造舜典，又增「濬哲文明温恭允塞玄德升聞乃命以位」十六字。至唐，孔穎達奉敕作疏，一遵僞孔、姚、劉。至宋蔡沈作書集傳，亦仍襲之，故此曰「孔、蔡謬悠」也。

[三]近藤注：「『航頭』，儀鄭堂文、儀鄭堂駢麗文皆作『杭頭』。」

[四]後漢書卷二七杜林傳：「林前於西州得漆書古文尚書一卷，常寶愛之。雖遭難困，握持不離身。出示宏等曰：『林流離兵亂，常恐斯經將絶。何意東海衛子、濟南徐生復能傳之，是道竟不墜於地也。古文雖不合時務，然願諸生無悔所學。』宏、巡益重之，於是古文遂行。」

[五]周注：「漢書藝文志：『書之所起遠矣，至孔子纂焉。上斷於堯，下訖於秦，凡百篇，而爲之序，言其作意。』又

論衡正説篇：『或説尚書二十九篇者，法北斗七宿也。四七二十八篇，其一曰斗矣，故二十九。夫尚書滅絶於秦，其見在者二十九篇，安得法乎？……案百篇之序，闕遺者七十一篇，獨爲二十九篇立法如何？或説曰：孔子更選二十九篇，二十九篇獨有法也，蓋俗儒之説也。』」

［六］周注：「尚書僞孔序：『典、謨、訓、誥、誓、命之文凡百篇。』陸德明釋文：「典凡十五篇，正典二，攝十三，十一篇亡。謨凡三篇，正二，攝一。訓凡十六篇，正三，二篇亡；攝十三，四篇亡。誥凡三十八篇，正八，攝三十，十八篇亡。誓凡十篇，正八，攝二，一篇亡。命凡十八篇，正十二，三篇亡；攝六，四篇亡。』黄序指王莽，莽自言系出黄帝。見漢書王莽傳。」祥案：王莽託言系出黄帝，又詳見漢書卷九八元后傳。又近藤注引王莽傳贊：「及其竊位南面，處非所據，顛覆之勢險於桀、紂，而莽晏然自以黄、虞復出也。」又引文選卷三六王融永明十一年策秀才文五首第二首「九工開於黄序」，五臣注：「黄序，則黄帝也。」

［七］漢書卷二一律曆志下：「古文月采篇曰：『三日曰朏。』」顔注：「月采説月之光采，其書則亡。」又「王命作策豐刑。」顔注引孟康曰：「逸書篇名。」赤眉，指赤眉軍。西漢末樊崇起兵，恐其衆與王莽兵混亂，乃朱其眉以相别，曰赤眉。後漢書卷一一劉盆子傳，赤眉軍入長安，貪財物，四出大掠。後城中食盡，「遂收載珍寶，因大縱火燒宫室，引兵而西。」此謂文獻典籍燬於赤眉戰火也。

［八］周注：「漢書律曆志引逸古文尚書伊訓篇云：『惟太甲元年十有二月乙丑朔，伊尹祀於先王，誕資有牧方明。』班固本劉歆三統釋之云：『以冬至越茀祀先王於方明，以配上帝，是朔旦冬至之歲也。』又僞古文尚書伊訓篇云：『惟元祀十有二月乙丑，伊尹祠於先王，奉嗣王祗見厥祖。』僞孔安國尚書傳釋之云：『此湯崩踰月，太甲即位，奠殯而告。』按漢書以爲朔旦冬至，故祀先王；而僞孔傳則以爲始即位，故祀先王；説各不同。宋胡安國作春秋傳，釋「春王正月」句，引僞伊訓篇文，從僞孔傳説，以爲商正建丑，此十二月即正月，太甲始即位。不知是年十二月乙丑適爲至朔同日，乃在元年之末，非在元年初始即位之時也。」

［九］周注：「周官，僞古文尚書篇名。五服爲侯服、甸服、男服、采服、衛服。僞周官云：『六年，五服一朝。又六年，王乃時巡考制度於四嶽。』孔穎達疏云：『六年五服一朝，亦應是周禮之法，而周禮無此法也。周禮大行人云：侯服歲一見，其貢祀物；甸服二歲一見，其貢嬪物；男服三歲一見，其貢器物；采服四歲一見，其貢服物；衛服五歲一見，其貢材物；要服六年一朝，其貢貨物。……則周之諸侯各以服數來朝，無六年一朝之事。昭十三年左傳叔向云：明王之制，使諸侯歲聘以志業，閒聘以講禮，再朝而會以示威，再會而盟以顯昭明。自古以來，未之或失也。……計彼六年一會與此六年五服一朝，事相當也。』按孔穎達説不足信。清王鳴盛尚書後案辯之頗詳。王氏謂：叔向言一年一聘，三年一朝，六年一會，十二年一盟；杜預注言十二年四朝，是也。孔氏以六年一會即周官六年一朝，已屬牽强；而叔向云『明王之制』，又云『自古以來』，則非周制可知矣。又大行人所云見，與下十二年一巡守對舉，明見即是朝之正禮，則孔氏云云，實欲强伸僞周官而曲爲之説耳。」

［一〇］周注：「韓非子外儲説左上篇：『鄭人有相與爭年者，一人曰：吾與堯同年；其一人曰：我與黄帝之兄同年。訟此而不決，以後息爲勝耳。』」

［一一］太平御覽卷九七八引古文奇字：「秦始皇密令人種瓜於驪山硎谷中温處，瓜實成，使人上書曰：『瓜冬有實。』有詔下博士諸生議之。人人各異，則皆使往視之，而爲伏機。諸儒生皆至，方相難不決，因發機從上填之以土，皆壓死。」

［一二］近藤注：「戴震尚書義考卷首述其義例十有三條，有云『數義各異者，倣許氏五經異義之意，具列其説，加案語以折衷之』。又『是編雖備列異説，意主於發明經義，故案語内或折衷諸家。』」

［一三］後漢書卷三五曹褒傳：「三五步驟，優劣殊軌。」注：「孝經鉤命決曰：『三皇步，五帝驟，三王馳。』宋均注云：『步謂德隆道用，日月爲步。時事彌順，日月亦驟。勤思不已，日月乃馳。』是優劣也。」

［一四］周注：「四七謂書今文二十八篇。」祥案：後漢書卷一光武紀上：「四七之際火爲主。」顔注：「四七，二十八也。」

［一五］尚書義考二卷，此書是戴震在見惠棟後所著，步趨漢儒，以爲準依，尚是未完之書。是書原定虞夏書四篇、商書五篇、周書一九篇，然僅成義例十二則與堯典二卷。今有戴震全集本、戴震全書本等。

又以要聞五際［一］，尚論四家［二］。毛傳孤行，是觴源於牟、妙［三］；鄭箋破字，每毫采於轅、嬰［四］。莫不假聲注文，以意逆志［五］，誠古訓之所式，多識之所資也。雖其篇冠以敘，擇焉不精，或云托諸西河［六］，或云造諸東海［七］。然嗣音貽玖，何必欲色之音［八］；交扈羅鴛，實爲陳古之刺［九］。爲毛鄭詩考正四卷［一〇］，別爲詩補傳未成［一一］，成周南、召南二卷。

［一］周注：「五際係齊詩說。漢書翼奉傳：『易有陰陽，詩有五際。』顔師古注引應劭曰：『君臣，父子，兄弟，夫婦，朋友也。』又引孟康曰：『詩内傳曰：五際：卯、酉、午、戌、亥也。陰陽終始際會之歲，於此則有改變之政也。』」

［二］周注：「四家指詩今古文四家。後漢書儒林傳：『申公受詩於浮丘伯，爲作詁訓，是爲魯詩；齊人轅固生亦傳詩，是爲齊詩；燕人韓嬰亦傳詩，是爲韓詩；……趙人毛萇傳詩，是爲毛詩。』」

［三］周注：「宋王應麟詩考序：『漢言詩者四家，今惟毛傳、鄭箋孤行，韓僅存外傳，而齊、魯亡久矣。』唐陸德明經典釋文序録：『徐整云：子夏授高行子，高行子授薛倉子，薛倉子授帛妙子，帛妙子授河間人大毛公，大毛公爲詩故訓傳於家，以授趙人小毛公。……一云：子夏傳曾申，申傳魏人李克，克傳魯人孟仲子，孟仲子傳根牟子，根牟子傳趙人孫卿子，孫卿子傳魯人大毛公。』原文牟、妙指根牟子及帛妙子也。」

［四］周注：「謂鄭玄箋詩，每改毛氏經文，以就齊、韓之說。如陳風衡門『可以樂飢』，易『樂』爲『藥』；小雅十月之交『抑此皇父』，讀『抑』爲『噫』等，皆其顯例。轅指齊詩轅固生，嬰指韓詩韓嬰。」

［五］孟子萬章上：「説詩者不以文害辭，不以辭害志；以意逆志，是爲得之。」戴震戴東原集卷一〇毛詩補傳序：「今就全詩考其字義名物於各章之下，不以作詩之意衍其說。蓋字義名物，前人既失其傳者，可以詳覈而知。古籍具在，有明證也。作詩之意，前人或失之，非論其世、知其人，固難以臆見定也。」

［六］西河，即子夏。史記卷六七仲尼弟子列傳：「孔子既沒，子夏居西河教授，爲魏文侯師。」

［七］東海，即衛宏，參本書第四〇二頁注［二］。周注：「詩序：『關雎，后妃之德也。』唐陸德明經典釋文引沈重云：『案鄭詩譜意，大序是子夏作，小序是子夏、毛公合作。卜商意有不盡，毛更足成之。或云小序是東海衛敬仲所作。』」近藤注：「有關詩序作者諸家說法，四庫全書總目詩序二卷（內府藏本）所論綦詳。且四庫館臣持論曰：『今參考諸說，定序首二語，爲毛萇以前經師所傳，以下續申之詞，爲毛萇以下弟子所附。』今戴震經考附録中有毛詩序項，。……戴氏對後漢書謂衛宏所作持明確之否定態度。」

［八］周注：「詩鄭風子衿篇：『青青子衿，悠悠我心。縱我不往，子寧不嗣音？』王風丘中有麻篇：『彼留之子，貽我佩玖。』朱熹詩集傳於子衿首章注云：『此亦淫奔之詩。』於丘中有麻首章注云：『婦人望其所與私者而不來，故疑丘中有麻之處，復有與之私而留之者。』故云『欲色之音。』」

［九］周注：「小雅桑扈篇：『交交桑扈，有鶯其羽。』小雅鴛鴦篇：『鴛鴦於飛，畢之羅之。』小序：『桑扈，刺幽王也。』『傳舉事而不用先王禮法威儀也。又『鴛鴦，刺幽王也，思古明王交於有道。』故云『陳古之刺』。又『陳古義以刺今』亦小序語。」近藤注：「以上四句所述内容不僅爲戴震之意見，亦爲孔廣森本人之想法，今本毛鄭詩考正未見與此相關内容。可參戴東原集卷一書鄭風後。」

［一〇］毛鄭詩考正，見本書第五二七頁注［一］。

［一一］周注：「詩補傳，據段玉裁著戴氏年譜，已成而未著録，是仲明嘗索觀此書而戴辭之，蓋自恐於斯未信也。周南、召南改名杲谿詩經補注，今刻於戴氏遺書中。」祥案：周氏誤。實則戴氏詩補傳二十六卷全書已成，或稱戴氏詩考，今中國國家圖書館藏有鈔本。戴氏詩比義述序謂「震爲詩補傳未成，别録辯證成一帙」者，謂「此書尚俟改正」，非未成書也。後孔廣森作戴氏遺書總序，遂謂「别爲詩補傳未成，成周南、召南二卷」，梁啓超更以爲杲谿詩經補注即詩補傳，謁謬更甚。實則戴氏先成詩補傳，後擇其中辯證部分，詳加考訂而成毛鄭詩考正四卷，至杲谿詩經補注二卷，則較詩補傳中周南、召南二卷，考辨、説解皆更爲加詳，乃戴氏中年所謂「識見稍定」之成熟之作。而三書之體例則大同，以毛傳、鄭箋、集傳爲主，就全詩考其字義名物於各章之下，再折衷去取，或下以己意。每詩之末，以知人論世之法，論其詩意於後。詩補傳今人整理有戴震全書本、杲谿詩經補注有微波榭本、戴震全集本、戴震全書本等。

君之入書局也[一]，西京容史，夙善徐生[二]；東觀中文，遂分淹禮[三]。乃取忠甫識誤[四]，德明釋文，殫求豕亥之差，期復鴻都之舊[五]。互相參檢，頗有整齊[六]。削康成長衍之條[七]，退喪服厠經之傳[八]。爲儀禮正誤一卷[九]。

［一］入書局，指戴氏入四庫全書館事，詳參本書第五〇八頁注［一〇］。

［二］漢書卷八八儒林傳：「漢興，魯高堂生傳士禮十七篇，而魯徐生善爲頌。孝文時，徐生以頌爲禮官大夫，傳子至孫延、襄。襄，其資性善爲頌，不能通經；延頗能，未善也。」顔注引蘇林曰：「漢舊儀有二郎爲此頌貌威儀事。有徐氏，徐氏後有張氏，不知經，但能盤辟爲禮容，天下郡國有容史皆詣魯學之。」師古曰：「頌讀與容同。」

［三］東觀，參本書第三七七頁注［九］。淹禮，即禮古經。漢志：「禮古經者，出於魯淹中及孔氏，與十七篇文相似，

多三十九篇。」顔注引蘇林曰：「淹中，里名。」

[四]張淳(一一二一—一一八一)，字忠甫，宋温州永嘉人。五試禮部不第。曾官監獄。與薛世龍、劉景望齊名，爲孝宗時大儒。時兩浙轉運司刊儀禮鄭注及陸氏釋文，淳爲之校定，因舉所改之字，都爲一編，參訂各本，覈訂異同，最爲詳審。名曰儀禮識誤。事見宋陳傅良止齋文集卷四七墓誌銘。儀禮識誤，書已佚，今傳本爲清乾隆時從永樂大典中輯得之三卷。今有戴震校四庫全書本。

[五]後漢書卷八靈帝紀：光和元年，「始置鴻都門學生。」注：「鴻都，門名也。於内置學。」周注：「按此文蓋用蔡邕正定六經文字事。後漢書蔡邕傳：『邕以經籍去聖久遠，文字多謬，俗儒穿鑿，疑誤後學。熹平四年……奏求正定六經文字。靈帝許之，邕乃自書[丹](册)於碑，使工鐫刻，立於太學門外。』太學與鴻都，本非一處，或誤爲一，因以爲立石鴻都門，詳見杭世駿石經考異『太學非鴻都』條。」祥案：周注似誤，後漢書卷六〇蔡邕傳下：「光和元年，遂置鴻都門學，畫孔子及七十二弟子像。其諸生皆敕州郡三公舉用辟召，或出爲刺史、太守，入爲尚書、侍中，乃有封侯賜爵者，士君子皆恥與爲列焉。」然則鴻都門學生，皆非求學之士，乃求官之人，故士君子皆恥與爲列耳。又後漢書儒林傳序：「初，光武遷還洛陽，其經牒祕書載之二千餘兩，自此以後，參倍於前。及董卓移都之際，吏民擾亂，自辟雍、東觀、蘭臺、石室、宣明、鴻都諸藏典策文章，競共剖散，其縑帛圖書，大則連爲帷蓋，小乃制爲縢囊。及王允所收而西者，裁七十餘乘，道路艱遠，復棄其半矣。後長安之亂，一時焚蕩，莫不泯盡焉。」然則孔氏之意，指復東漢盛時經籍之舊，非專指蔡邕正定六經文字事也。

[六]近藤注：「漢書儒林傳：『熹平四年，靈帝乃詔諸儒正定五經，刊於石碑，爲古文、篆、隸三體書法，以相參檢，樹之學門。』又安帝紀永初四年，『詔謁者劉珍及五經博士，校定東觀五經、諸子、傳記、百家藝術，整齊脱誤，是正文字。』『參檢』、『整齊』等爲後漢經學界常用語。」

[七]周注：「此謂儀禮鄭玄注有衍文，戴氏加以考正删削；因儀禮正誤不傳，未知其詳。」

［八］周注：「喪服，儀禮篇名。經文之下有傳，相傳爲子夏作。賈公彦疏云：『傳曰者不知是誰人所作，人皆云孔子弟子卜商字子夏所爲。』且傳本經文與傳文相雜糅，清程瑤田喪服足徵記謂末章長殤中殤降一等四句爲經文，而鄭君誤以爲傳，可見經文傳文不易分清。此云『退則經之傳』，必戴氏另有所見，因原書未刊，不知其詳。」祥案：近藤注［六〇］引武英殿聚珍版儀禮集釋、阮元揅經室一集卷二儀禮喪服大功章傳注舛誤考舉有實例，可參。

［九］儀禮正誤一卷，蓋爲戴氏在四庫館中校儀禮時，所得是正文字之稿。段玉裁戴東原先生年譜謂「書藏曲阜孔繼涵處」，然則孔廣森當時得見原稿，而孔繼涵微波榭戴氏遺書中未有刊本，今未見傳本，不知是否尚存天壤間。

鄭斤粤鎛之篇［一］，備遺事職［二］；穹蓋星弓之教［三］，首列巾車［四］。九經九緯［五］，營國有方；五溝五塗［六］，奠水有則［七］。尋筵既度，遂知洛邑之朝［八］；圭槷未懸，孰辨營邱之夕［九］。以至肆懸舞甬［一〇］，五等琮璜［一一］；槐里樽空［一二］，椎成劍没［一三］。大夫嫁女之器，未必皆真［一四］；單于賄漢之銘，何嘗盡僞［一五］。諶、鎰之所畫繢［一六］，梁、聶之所更鼇［一七］，不有參稽，將無競爽［一八］。爲考工記圖二卷［一九］。

［一］斤，斧。鎛（bó），農具。錢玄三禮辭典：「農具，用以除草。形如今之鋤。刃博大，……故得名鎛。」周禮冬官考工記總序：「鄭之刀，宋之斤，魯之削，吳、粤之劍，遷乎其地而弗能爲良，地氣然也。」又「粤無鎛，燕無函，秦無廬，胡無弓車。粤之無鎛，非無鎛也，夫人而能爲鎛也。……」近藤注：「『鄭斤粤鎛之篇』，即括指冬官考工記之意。」

［二］禮記禮運：「故國有禮，官有禦，事有職，禮有序。」

[三]考工記輈人：「軫之方也，以象地也；蓋之圜也，以象天也；輪輻三十，以象日月也；蓋弓二十有八，以象星也。」

[四]三禮辭典：「巾車，職官名。掌王、王后各類車輛及其旗物之等級，管理車輛之配用及收回，車官之長。下大夫。屬春官宗伯。周禮春官巾車：『掌公車之政令，辨其用與其旗物而等敘之，以治其出入。』」

[五]考工記匠人：「匠人營國，方九里，旁三門。國中九經九緯，經塗九軌。」祥案：鄭注：「國中，城内也。經、緯謂塗也。」又三禮辭典：「天子國都中有九條南北大道和九條東西大道。大道廣七十二尺。諸侯經塗、緯塗，五十六尺。一般城市之塗，四十尺。」

[六]周禮夏官司險：「設國之五溝五塗，而樹之林，以爲阻固。」鄭注：「五溝，遂、溝、洫、澮、川也；五塗，徑、畛、塗、道、路也。樹之林作藩落也。」

[七]考工記匠人：「凡行奠水，磬折以爲參伍。」鄭注引鄭司農曰：「奠讀爲停，謂行停。水溝形當如磬，直行三，折行五，以引水者疾焉。」

[八]周注：「考工記匠人職：『周人明堂，度九尺之筵，東西九筵，南北七筵，堂崇一筵，五室凡室二筵。室中度以几，堂上度以筵，宫中度以尋，野度以步，塗度以軌。』孔穎達疏：『堂上行禮用筵；宫中，合院之内，無几無筵，故用手之尋也。』洛邑，周之東都。周公營洛邑以朝諸侯，見史記魯世家。按以手爲尋，長八尺。筵，席也，長九尺。此言度以尋筵，則洛邑宫室之制可知矣。」

[九]周注：「周禮大司徒職：『以土圭之法，測土深，正日景，以求地中。』鄭玄注：『土圭所以致四時日月之景也。』考工記匠人職：『匠人建國，水地以縣，置槷以縣，眡以景。』鄭玄注：『槷，古臬假借字。於所平之地中央樹八尺之臬，以縣正之，眡之以其景，以正四方也。爾雅曰：在牆者謂之杙，在地者謂之臬。』營丘，齊都也。周武王平商而王天下，封吕尚於營丘，見史記齊世家。按此謂懸圭槷以測影，則建都邑如營丘，其四方朝夕可識也。」近藤注：「『營丘之夕』，與

上文『洛邑之朝』對偶。本注前引大司徒文下文續曰：『日南則景短，多暑；日北則景少，多寒；日東則景夕，多風；日西則景朝，多陰。』由上二句可知緯度，下二句可知經度，經度向東偏離地中即日南中時，彼地已是夕矣，西偏則彼地仍爲朝也，孔氏即由此意識下所作對偶句。故地中爲東經 113 度 02 分，營丘則大約位於東經 119 度，洛邑爲 112 度。」

[一〇]周注：「考工記鳧人職：『鉦上謂之舞，舞上謂之甬。』按舞，鐘體之上端；甬，鐘柄之下端。」近藤注：「晉常璩華陽國志卷三蜀志：『卓王孫……簫鼓歌吹，擊鐘懸肆，富侔公室。』縣，樂懸。」

[一一]周注：「周禮小行人職：『成六瑞：王用瑱圭，公用桓圭，侯用信圭，伯用躬圭，子用穀璧，男用蒲璧。合六幣：圭以馬，璋以皮，璧以帛，琮以錦，琥以繡，璜以黼。』鄭玄注：『五等諸侯享天子用璧，享后用琮。』」

[一二]槐里，地名，在今陝西興平縣東南。後漢書卷三章帝紀：建初六年，「進幸槐里岐山，得銅器，形似酒罇，獻之。」

[一三]周注：「椎成，劍名。後漢書韓棱傳：『五遷爲尚書令，與僕射郅壽、尚書陳寵同時俱以才能稱。肅宗嘗賜諸尚書劍，惟此三人特以寶劍，自手署其名曰：韓棱楚龍淵，郅壽蜀漢文，陳寵濟南椎成。』」

[一四]南史卷四九劉杳傳：「魏時魯郡地中得齊大夫子尾送女器，有犧尊，作犧牛形。」

[一五]後漢書卷五三竇憲傳：「南單于於漢北遺憲古鼎，容五斗，其傍銘曰：『仲山甫鼎，其萬年子子孫孫永保用。』憲乃上之。」

[一六]隋志：「三禮圖九卷，鄭玄及後漢侍中阮諶等撰。」周注作「元諶」，誤。張鎰（？—七八三），字季權，一字公度，唐蘇州人。官至集賢殿學士，修國史。盧杞忌其剛直，出爲鳳翔、隴右節度使。爲營將李楚琳所害。爲政清净，崇尚經術。撰三禮圖九卷等。新唐書卷一五二有傳。畫繢，繪畫。繢，同繪。考工記畫繢：「畫繢之事，雜五色。」

[一七]梁正，正史無傳，著三禮圖九卷，見崇文總目。已佚，清馬國翰輯有梁氏三禮圖一卷。聶崇義，宋洛陽人。建

隆間，考正三禮圖上之。工部尚書竇儀爲敘，詔太子詹事尹拙集儒學三五人更同參議，詔頒行之。爲新訂三禮圖二〇卷，書今存，有上海古籍出版社影印宋刻本。宋史卷四三一有傳。

[一八]荀子解蔽：「參稽治亂而通其度。」王先謙集解：「疏通參驗，稽考度制也。」競爽，參本書第三七四頁注[一六]。

[一九]考工記圖，見本書第五〇四頁注[八]。

古者冕服以祭，弁服以朝[一]。祭則衣純，朝則以布[二]。芾形連帶，制異於直方[三]；屨色從裳，次分於繢繡[四]。周壇饗帝，大裘降繁露之華[五]；魯禘嫌王，旒璪飾丹雞之祝[六]。等威昭焉，文質備焉[七]。道學起而儒林衰，性理興而曲臺絶[八]。齊、秦委武，莫識稱名[九]；殷、夏圜章，焉能考據[一〇]。溯增冰於積水，示祭海於先河[一一]。爲學禮篇一卷[一二]，冠其文集十卷之首[一三]。

[一]冕服，著冕所服之衣總曰冕服，爲禮服之最尊者。天子、諸侯、卿大夫均有冕服，但有等差。用於祭祀之冕服，分六冕服。著弁所服之衣爲弁服，用於視朝等時所服。周禮春官司服：「王之吉服：祀昊天上帝，則服大裘而冕，祀五帝亦如之；享先王，則衮冕；享先公、饗、射，則鷩冕；祀四望、山川，則毳冕；祭社稷、五祀，則希冕；祭群小祀，則玄冕。凡兵事，韋弁服；視朝，則皮弁服；凡甸，冠弁服；凡凶事，服弁服；凡弔事，弁絰服。」

[二]禮記祭統：「王后蠶於北郊以共純服。」鄭注：「純服，亦冕服也，互言之爾。」祥案：純服，絲衣也。儀禮士冠禮：「爵弁服，纁裳，純衣。」鄭注：「純衣，絲衣也。」又周禮春官司服鄭注：「皮弁之服十五升，白布衣，積素以爲裳。」

近藤注：「布，即今日之棉，古之麻。」

[三]禮記玉藻：「韠，君朱，大夫素，士爵韋。圜、殺、直。天子直，公侯前後方，大夫前方後挫角，士前後正。」祥案：說文「市，韠也，從巾，象連帶之形。」韠(bì)，裳外蔽膝之衣。長三尺，上廣一尺，下廣二尺，以韋爲之，其色與裳同。

[四]周注：「周禮屨人鄭玄注：『凡屨舄各象其裳之色，……凡舄之飾如繢之次，……凡屨之色如舄次也。』」

[五]周注：「禮記祭義：『惟聖人爲能饗帝。』周禮司裘職：『掌爲大裘以供王祀天之服。』古今注：『牛亨問曰：冕旒以繁露何也？答曰：綴珠下垂，重如繁露也。』」

[六]褅，祀天地於郊，以其始祖配之，謂之褅。禮記禮運：「孔子曰：於呼哀哉！我觀周道，幽、厲傷之。吾舍魯何適矣，魯之郊褅，非禮也。周公其衰矣。」又說文：「鶾(hàn)，雉肥鶾音者也。從鳥倝聲。魯郊以丹雞祝曰：『以斯鶾音赤羽，去魯侯之咎。』」

[七]此句謂春秋時禮制之全備。等威，與不同身份相稱的威儀。左傳宣公十二年：「貴有常尊，賤有等威。」文質，文彩與質樸。論語雍也：「質勝文則野，文勝質則史。文質彬彬，然後君子。」

[八]此句謂宋代道學興起，導致禮學衰微。漢書卷八八孟卿傳稱，后倉說禮數萬言，號曰后氏曲臺記。顏注引服虔曰：「在曲臺校書著說，因以爲名。」

[九]禮記雜記上：「大白冠、緇布之冠皆不蕤，委武玄縞而後蕤。」注：「委武，冠卷也。秦人曰委，齊東曰武。」

[一〇]禮記明堂位：「有虞氏服韍，夏后氏山，殷火，周龍章。」考工記：「土以黃，其象方，天時變，火以圜，山以章，水以龍。」鄭注：「形如半環然，在裳。……章讀爲獐。獐，山物也，在衣。」

[一一]蕭統文選序：「增冰爲積水所成，積水曾微積水之凜。」近藤注：「昭明太子以『若夫椎椎輪爲大輅之始，大輅寧有椎輪之質』爲對偶，又曰『增冰爲積水所成，積水曾微增冰之凜，何哉』。意謂水能結成冰，然水並不具有冰之性格，

乃爲根本性之變化矣。」又禮記學記：「三王之祭川也，皆先河而後海。或源也，或委也，此之謂務本。」近藤注：「源出於泉，委聚於流。此爲述有關戴學之方法也。」

［一二］學禮篇，本爲戴震七經小記之一種，未成。僅成記冕服、記皮弁服、記爵弁服、記朝服、記玄端、記深衣等十三篇，孔繼涵刻微波榭本戴東原集載之卷一，後段玉裁經韵樓本則移置於卷二，故孔氏此曰「冠其文集十卷之首」。又參本書第六三五頁注［一］。

且夫一陰一陽之爲道，見仁見知之爲性［一］，通於六籍之爲學，辨於萬事之爲理［二］。謂理具靈臺［三］，則師智者得［四］；謂學遺象罔［五］，則悟寂者先［六］。豈有略窺語録，便詡知天［七］；解斥陽明，即稱希聖［八］。信洛黨之盡善［九］，疑孟氏之未醇［一〇］。其説空空，其見小小。蓋繹鄭君生質之訓［一一］，誦周雅教木之箋［一二］。所謂受中自天，秉彝攸好［一三］；孔提可案［一四］，漢學非譌。爲原善一卷［一五］、孟子字義疏證三卷［一六］、大學中庸補注各一卷［一七］。君之學術，此其大端歟［一八］！

［一］祥案：此段論戴氏義理之學及其著述。易繫辭上：「一陰一陽之謂道。繼之者善也，成之者性也。仁者見之謂之仁，知者見之謂之知。」

［二］近藤注：「班固東都賦：『蓋六籍所不能談。』禮記經解篇：『萬事得其序。』」

［三］理具靈臺，即所謂理具於心也。莊子庚桑楚：「不可内於靈臺。」郭象注：「靈臺，心也。」

［四］史記卷一二八龜策傳序：「或以爲聖王遭事無不定，決疑無不見，其設稽神求問之道者，以爲後世衰微，愚不師智，人各自安，化分爲百室，道散而無垠，故推歸之至微，要絜於精神也。」近藤注：「此謂程朱、陸王之學也。」

［五］象罔，亦作罔象，莊子虛擬之人物，意爲似有象而實無，蓋無心之謂也。莊子天地：「黄帝游乎赤水之北，登乎崑崙之丘而南望。還歸遺其玄珠，使知索之而不得；使離朱索之而不得；使喫詬索之而不得也；乃使象罔，象罔得之。黄帝曰：『異哉！象罔乃可以得之乎？』」

［六］近藤注：「梁昭明太子東齋聽講詩：『至理乃悟寂。』。……此謂老莊與釋氏之學也。」

［七］禮記中庸：「質諸鬼神而無疑，知天也。」近藤注引四六文注引二程遺書：「伊川曰：『心也，性也，天也，三者一理也。能盡心，則知天矣。』」

［八］文選卷五三李康運命論：「雖仲尼至聖，顔、冉大賢，孟軻、孫卿體二希聖，揖讓於規矩之内，誾誾於洙泗之上，不能遏其端，從容正道，不能維其末。」

［九］周注：「宋哲宗時，朝臣分洛、蜀、朔三黨：洛黨以程頤爲首，朱光庭、賈易輔之；蜀黨以蘇軾爲首，吕陶等輔之；朔黨以劉摯、劉安世等爲首，輔者尤衆。」又論語八佾：「子謂韶，盡美矣，又盡善也；謂武，盡美矣，未盡善也。」

［一〇］韓愈昌黎集卷一一讀荀子：「孟氏醇乎醇者也，荀與楊大醇而小疵。」又司馬光傳家集卷七三疑孟「瞽瞍殺人」條：「是特委巷之言，殆非孟子之言也。」

［一一］禮記中庸：「天命之謂性。」鄭注：「天命謂天所命生人者也，是謂性命。木神則仁，金神則義，火神則禮，水神則信，土神則知。孝經説曰：『性者，生之質命，人所稟受度也。』」

［一二］詩小雅角弓：「毋教猱升木，如塗塗附。」鄭箋：「毋，禁辭。猱之性善登木，若教使其爲之必也。附，木桴也。塗塗性善著，若以塗附，其著亦必也。以喻人之心皆有仁義，教之則進。」

[一三]左傳成公十三年：「民受天地之中以生。」又詩大雅生民：「民之秉彝，好是懿德。」毛傳：「彝，常。」鄭箋：「秉，執也。……民所執持有常道。」

[一四]周注：「春秋緯演孔圖：『鳥化爲書，孔子奉以告天，赤雀銜書上，化爲黄玉，刻曰：孔提命，作應法，爲赤制。』」

[一五]原善一卷，案原善爲三卷，非一卷也，詳參本書第五二六頁注[一七]。

[一六]孟子字義疏證三卷，見本書第五二七頁注[一二]。

[一七]大學補注一卷、中庸補注一卷，孔繼涵刻微波榭本戴氏遺書中未能刊行，大學補注據段玉裁戴東原先生年譜，尚未成書。中庸補注今存，亦爲未完之作，注至「所以柔遠人也。……所以懷諸侯也」止，共三十六條，其言理多與原善、孟子字義疏證相合，皆存鄭注而補之。今有戴震全集本、戴震全書本等。

[一八]戴震與段茂堂等十一札第十札：「僕生平論述最大者，爲孟子字義疏證一書，此正人心之要。今人無論正邪，盡以意見誤名之曰理，而禍斯民，故疏證不得不作。」

景純有云[一]：「爾雅者，九流之津涉[二]，六藝之鈐鍵[三]。」虎闈小學[四]，未束髮而知書；豹鼠奇編[五]，不下席而觀古[六]。故辨言之樂，對於三朝[七]；首基之文[八]，問於五始[九]。至於殊方別語，絶代離詞[一〇]，皆轉注之指歸，亦凡將之墜緒。爲爾雅文字考十卷[一一]、方言疏證十三卷[一二]。

[一]景純，郭璞之字。見本書第二一四頁注[七]。引語見爾雅序。又戴東原集卷三爾雅文字考序：「古故訓之書，其

傳者莫先於爾雅，六藝之賴是以明也。所以通古今之異言，然後能諷誦乎章句，以求適於至道。」又同卷爾雅注疏箋補序：「爾雅，六經之通釋也。援爾雅附經而經明，證爾雅以經而爾雅明。」

［二］周注：「漢書藝文志分諸子爲九流十家，其目爲儒家者流，道家者流，陰陽家者流，法家者流，名家者流，墨家者流，縱横家者流，雜家者流，農家者流，故稱九流。」爾雅疏：「津涉者，濟渡之處名。言九流之多，非此書無以通；喻九河之廣，非津涉無以渡。」

［三］邢疏：「説文云：『鈐，鑰也。』方言云：『户鑰自關之東陳楚之間謂之鍵。』小爾雅云：『鍵謂之鑰。』言此書爲六藝之鑰鑰，必開通之然後得其微旨也。」

［四］虎門，即路門。周禮地官師氏：「師氏掌以媺詔王，以三德教國子，……居虎門之左，司王朝，掌國中失之事，以教國子弟，凡國之貴游子弟學焉。」鄭注：「虎門，路寢門也。王日視朝於路寢門外。畫虎焉，以明勇猛，於守直也。」又爾雅釋宫：「宫中之門，謂之闈；其小者，謂之閨。」

［五］郭璞爾雅序：「豹鼠既辨，其業亦顯。」邢疏：「漢武帝時，孝廉郎終軍既辨豹文之鼠，人服其博物，故争相傳授，爾雅之業於是遂顯。」又爾雅釋獸：「豹文鼮鼠。」郭璞注：「鼠文彩如豹者。漢武帝時得此鼠，孝廉郎終軍知之，賜絹百匹。」

［六］大戴禮主言：「昔者舜左禹右皋陶，不下席而天下治。」又小辨：「辨言之樂，不若治政之樂；辨言之樂不下席，治政之樂皇於四海。」

［七］周注：「漢書藝文志論語類有孔子三朝七篇。顔師古注：『今大戴禮有其一篇，蓋孔子對魯哀公語也。三朝見公，故曰三朝。』張揖上廣雅表引禮三朝記云：『哀公曰：寡人欲學小辯以觀於政，其可乎？孔子曰：爾雅以觀於古，足以辯言矣。』」孔子三朝記七篇，爲孔子對魯哀公之語。王應麟以爲即今本大戴禮記中卷九至卷十一之千乘、四代、虞戴德、誥志、小辨、用兵與小閒七篇，故清馬國翰輯爲一卷單行，見其玉函山房輯佚書中。又洪頤煊注孔子三朝記七卷目録

一卷，有傳經堂叢書本、邃雅堂叢書本等。

[八]周注：「張揖上廣雅表：『春秋元命包言子夏問夫子作春秋，不以初、哉、首、基爲始何？』按『初、哉、首、基、肇、祖、元、胎、俶落、權輿，始也』係爾雅釋詁文。」

[九]漢書卷六四王褒傳：「春秋法五始之要。」顔注引張晏曰：「要，春秋稱『元年春王正月』，此五始也。」師古曰：「元者氣之始，春者四時之始，王者受命之始，正月者政教之始，公即位者一國之始，是爲五始。」

[一〇]揚雄方言之全稱爲輶軒使者絶代語釋别國方言。又西京雜記卷三：「揚子雲好事，嘗懷鉛提槧，從諸計吏訪殊方絶域四方之語，以爲裨補輶軒所載，亦洪意也。」郭璞方言序：「考九服之逸言，標六代之絶語，類離詞之指韻，明乖途而同致。」

[一一]爾雅文字考，見本書第五二八頁注[九]。

[一二]方言疏證，見本書第五二七頁注[三]。

書教有六，最夥諧聲[一]；叔重無雙[二]，惟傳解字。若乃部分平仄[三]，母别見溪[四]。官家恨狹，羊戎之所自爲[五]；天子聖哲，梁武之所不信[六]。古人韻緩[七]，止屬椎輪[八]；後世音繁[九]，實精引墨[一〇]。君審其清濁，導以源流[一一]。旁通反紐[一二]，發周、沈之舊聞[一三]；上協詩、騷，採顧、江之新義[一四]。爲聲韻考四卷[一五]、聲類表十卷[一六]。

[一]夥，多也。諧聲即形聲，爲六書之一。六書造字之法，以諧聲字爲最多。説文九千三百五十三字，諧聲字占十之七八。

［二］叔重，許慎之字，事詳見本書第四八頁注［四］。

［三］平仄，指韻部之平聲與仄聲。此上句指韻母，下句指聲母之研究。

［四］此代指聲母，唐釋守温三十六字母圖所定有見、溪、群、疑等三十六字母。

［五］金樓子卷五捷對篇：「羊戎好爲雙聲，江夏王設齋，使戎鋪舒法坐，戎處分曰：『官教前床，可開八尺。』江夏曰：『開牀小狹。』戎復唱曰：『官家恨狹，更廣八分。』」羊戎，南朝宋泰山南城人。玄保子。輕脱不拘。官至通直郎。因與王僧達謗譏時政見殺。事見宋書卷五四羊玄保傳附。

［六］梁書卷一三沈約傳：「約撰四聲譜，以爲在昔詞人，累千載而不寤，而獨得胸衿，窮其妙旨，自謂入神之作，高祖雅不好焉。帝問周舍曰：『何謂四聲？』舍曰：『天子聖哲』是也。然帝竟不遵用。」

［七］韻緩，韻寬也。詩邶風燕燕：「遠送於南。」釋文：「南如字。沈云：協句，宜乃林反。今謂古人韻緩，不煩改字。」詳參顧炎武音論卷中古人韻緩不煩改字。

［八］椎輪，原始之無輻車輪，後喻某一事件之初始，此謂音韻學之初始。蕭統文選序：「椎輪爲大輅之始，大輅寧有椎輪之質。」又王應麟玉海卷四四藝文小學上：「世謂倉頡制字，孫炎作音，沈約撰韻，同爲椎輪之始。」

［九］陸德明經典釋文序録：「古人音書，止爲譬况之説，孫炎始爲反語，魏朝以降，蔓衍寔繁。」

［一〇］晉書卷四五劉毅傳：「舉綱引墨，朱紫有分。」孫愐唐韻序：「引字調音，各自有清濁。」

［一一］鄭玄詩譜序：「欲知源流清濁之所處，則循其上下而省之。」此清濁指傳統音韻學所論清音、濁音，清音分全清、次清，濁音分全濁、次濁。隋書卷七六潘徽傳：「李登聲類、吕静韻集，始判清濁，才分宫羽。」

［一二］玉篇卷末載有沙門神珙五音九弄反紐圖。近藤注謂「紐即聲母，但反紐並非反切」，又引戴震聲韻考卷一「反切之始」條曰：「宋元以來，競謂反切之學，起於釋神珙，傳西域三十六字母於中土。珙之反紐圖今具存，其人在唐憲宗元和以後，其圖祖述沈約，遠距反語之興已六七百載，而字母三十六定於釋守温，又在珙後，考論反切者所宜知也。」又參本

書第五二二頁注[二一]。

[一三]周顒，字彦倫，齊汝南安城(今河北廊坊)人。入齊，官至中書郎，轉國子博士。顒音辭辯麗，出言不窮，宫商朱紫，發口成句。兼善老、易，泛涉百家，長於佛理。著三宗論、四聲切韻等。南齊書卷四一有傳。沈約(四四一—五一三)，字休文，梁武康(今浙江德清)人。入梁，因擁立梁武帝有功，爲尚書僕射，遷尚書令。後觸武帝，受譴，憂懼而卒。謚爲隱。約博通群籍，擅詩賦，與謝朓等爲「永明體」。又精聲韻之學，撰四聲譜。主纂有宋書一〇〇卷等。梁書卷一三、南史卷五七有傳。

[一四]祥案：顧炎武分古韻爲十部，江永分爲十三部，段玉裁分爲十七部，皆在戴氏前，江氏古韻標準戴氏亦曾參訂，戴震古韻分九類二十五部，即在顧、江、段等人之基礎上。其聲類表卷首答段若膺論韻論曰：「顧氏於古音有草創之功，江君與足下皆因而加密。顧改『侯』從『虞』，江改『虞』從『侯』，此江優於顧處；顧『藥』、『鐸』有别，而江不分，此顧優於江處。……至『支』、『脂』、『之』有别，此足下卓識，可以千古矣！僕更分『祭』、『泰』、『夬』、『廢』及『月』、『曷』、『末』、『黠』、『鎋』、『薛』，而後彼此相配，四聲一貫。則僕所以補前人而整之就敘者。」

[一五]聲韻考見本書第五二七頁注[六]。

[一六]聲類表見本書第五二八頁注[七]。

於是辨韻之餘，留觀百氏[一]；研音之下，雅愛三閭[二]。以爲娀臺訪女[三]，近窈窕之遺聲[四]；湘水搴芳[五]，續榛苓之逸響[六]。叔師注而未詳[七]，辨、招附而不可[八]。核之漢志[九]，名從主人[一〇]。爲屈原賦注四卷[一一]。

［一］百氏，指諸子百家。漢書卷一〇〇下敘傳：「緯六經，綴道綱，總百氏，贊篇章。」

［二］三閭指屈原，其曾爲三閭大夫。史記卷八四屈原賈生列傳：「屈原至於江濱，被髮行吟澤畔。顏色憔悴，形容枯槁。漁父見而問之曰：『子非三閭大夫歟？何故而至此？』」

［三］離騷：「余乃下望瑤臺舊迹，見有佚豫之女，見有娀之佚女。吾令鴆爲媒兮，鴆告余以不好。」戴震屈原賦注卷一：「佚女，若詩『游女』也。言望瑤臺之偃蹇兮，見有佚豫之女，鳩、鴆，比讒佞小人也。」祥案：詩周南漢廣：「漢有游女，不可求思。」戴震毛詩補傳卷一：「漢廣三章，民知有禮也。是女也，禮不備不可求，猶舟楫不備不可濟也。」祥案：戴氏釋詩，一切以禮爲歸，下釋漢廣、簡兮諸詩，亦莫不如之。

［四］詩周南關雎：「窈窕淑女，君子好逑。」戴震毛詩補傳卷一：「關雎三章，求賢妃也。其次章曰『求之不得』，難之也。難之也者，重之也。」

［五］屈原九歌湘君：「令沅、湘兮無波，使江水兮安流。」又「采薜荔兮水中，搴芙蓉兮木末。」又「采芳洲兮杜若，將以遺兮下女。」

［六］詩邶風簡兮：「山有榛，隰有苓。云誰之思，西方美人。」毛傳：「榛，木名。下溼曰隰。苓，大苦。」戴震毛詩補傳卷三：「簡兮四章，思明王也。所言者據當時，所志者在往古，其曰西方美人，猶匪風言『誰將西歸』，周猶在西也。西周衰矣，身所未至，故但思其盛也。」

［七］王逸，字叔師，後漢南郡宜城（今屬湖北）人。安帝元初中，爲校書郎。順帝時，進侍中。著有楚辭章句一七卷等。後漢書卷八〇上有傳。

［八］辨指九辨，辨亦作辯。王逸章句：「九辯者，楚大夫宋玉之所作也。……宋玉者，屈原弟子也。閔惜其師，忠而放逐，故作九辯以述其志。」招指招魂、大招。王逸章句：「招魂者，宋玉之所作也。」又「大招者，屈原之所作也。或曰景差，疑不能明也。」祥案：王逸曰大招或曰景差作，然疑不能明，故孔氏謂其「注而未詳」，戴震屈原賦注以爲九辨、招

魂、大招非屈原作品，故「附而不可」，不爲之注也。

[九]漢志謂漢書藝文志。漢書藝文志詩賦略著録屈原賦二十五篇、唐勒賦四篇、宋玉賦十六篇。

[一〇]公羊傳昭西元年：「地物從中國，邑人名，從主人。」戴氏屈原賦注自序：「漢藝文志：『屈原賦二十五篇。』自離騷迄漁父，屈原所著書是也。漢初傳其書，不名楚辭，故志列之賦首，又稱其作賦以風，有惻隱古詩之義。至如宋玉已下，則不免爲辭人之賦，非詩人之賦矣。……説楚辭者，既碎義逃難，未能考識精核，且彌失其所以著書之指。今取屈子書注之，觸事廣類，俾與遺經雅記合致同趣，然後贍涉之士，諷誦乎章句，可明其學，睹其心，不受後人皮傅，用相眩疑。書既稿就，名曰屈原賦，從漢志也。」

[一一]屈原賦注，見本書第五〇四頁注[九]。

自疇人分散[一]，鄒大失居[二]。九章中落[三]，味商高積矩之言[四]；八線西來[五]，竊師氏旁要之算[六]。而耳聽下士[七]，穴見小儒[八]，不知五五之開方[九]，輒薄九九之賤技[一〇]。哨壺斗五[一一]，律管徑三[一二]。元晦以之存疑[一三]，季通以之强説[一四]。未知紀步[一五]，何能讀宅柳之經[一六]；未曉倨句[一七]，何能治上輿之記[一八]。爲九章補圖一卷[一九]、原象一卷[二〇]、古曆考二卷[二一]、曆問二卷。

[一]疇人，曆算學者。疇，類。史記卷二六曆書「幽、厲之後，周室微，陪臣執政，史不記時，君不告朔，故疇人子弟分散，或在諸夏，或在夷狄，是以其機祥廢而不統。」裴駰集解引如淳曰：「家業世世相傳爲疇。」司馬貞索隱引孟康曰：

「同類之人明者也。」

［二］大戴禮記用兵：「攝提失方，鄒大無紀。」孔廣森補注：「鄒讀從正月爲陬之陬。史記曰：『孟陬殄滅，攝提無紀。』大亦『失』字之誤。」周注：「按此云『鄒大失居』，蓋指曆法淆亂也。」

［三］九章即九章算經，見本書第一九頁注［九］。此句謂中國傳統曆算之學衰微，世人不能言其學；下句謂明末西學傳入後，學者不明其理，以西學爲高渺而蔑棄中法。

［四］商高，周大夫，善算。周髀算經：「商高曰：數之法出於圓方，圓出於方，方出於矩，矩出於九九八十一。故折矩以爲勾廣三，股修四，徑隅五。既方之外，半其一矩，環而共盤，得成三四五，兩矩共長二十有五，是謂積矩。」

［五］八線，見本書第一九頁注［九］。關於中西算學之爭，參拙著乾嘉考據學研究第二章。

［六］周注：「『師氏』當爲『保氏』之誤。」近藤注：「『師氏』，駢麗文作『保氏』，譯文改作『保氏』。」祥案：周、近藤說皆是。周禮保氏教國子以九數，旁要爲九數之一。孔穎達疏：「旁要，勾股之類也。」

［七］耳聽，猶耳學也，喻膚淺之學。文子上道德：「故上學以神聽，中學以心聽，下學以耳聽。以耳聽者學在皮膚，以心聽者學在肌肉，以神聽者學在骨髓。故聽之不深，即知之不明。」

［八］穴見，淺薄之見解。後漢書卷四六陳忠傳：「臣忠心常獨不安，是故臨事戰懼，不敢穴見有所興造。」注：「穴見，言不廣也。」

［九］五五之開方，即今之算式：$\sqrt{25}=5$。

［一〇］韓詩外傳卷三：「齊桓公設庭燎，爲便人欲造見者，期年而士不至。於是東野有以九九見者，桓公使戲之曰：『九九足以見乎？』鄙人曰：『……夫九九薄能耳，而君猶禮之，況賢於九九者乎。』」近藤注引元李冶測圓海鏡自序：「夫文史尚矣，猶不足貴，況九九賤技乎？」

［一一］哨壺，口不正之壺。禮記投壺：「某有枉矢哨壺，請以樂賓。……壺頸脩七寸，腹脩五寸，口徑二寸半，容斗

五升。」注引王肅云：「枉，不直；哨，不正也。」

［一二］後漢書律志注引蔡邕月令章句：「黄鐘之管長九寸，徑三分，圍九分。」

［一三］關於朱熹之説，詳可參其晦菴集卷六八壺説。

［一四］蔡元定（一一三五—一一九八），字季通，號西山，宋建陽人。朱熹弟子，熹視爲講友，四方來學者，必使先從元定質正。寧宗慶元間，因受朱熹牽連，編管道州。熹所著書，元定多所參訂。卒謚文節。著述甚多，今存有律呂新書二卷、發微論一卷、西山公集一卷等。宋史卷四三四有傳。

［一五］近藤注：「紀步，同推步。」參本書第一五四頁注［二］。

［一六］宅柳之經，即尚書。尚書堯典：「宅西曰昧穀。」昧，或作柳，二字通。參本書第四五頁注［四］。周注：「按此謂不明天文不能讀尚書也。」

［一七］考工記冶氏：「已倨則不入，已句則不決。長内則折前，短内則不疾。是故倨句外博。」參本書第五六六頁注［一一］。

［一八］考工記總序：「有虞氏上陶，夏后氏上匠，殷人上梓，周人上輿。」周注：「按此謂不明算數不能治考工記也。」

［一九］九章補圖，見本書第五二八頁注［一〇］。

［二〇］原象，見本書第五二七頁注［四］。

［二一］古曆考、曆問，見本書第五二八頁注［一一］。

昔趙商難禮，先求五服之方［一］；景伯受詩，即涉七州之地［二］。君山川能説［三］，郡縣成圖［四］。酈元故籍［五］，證其緜褫［六］；崑渤今流［七］，條其脈絡。爲戴氏水經注四十卷［八］、水地記一卷[九]、直隸河渠書六十四卷[一〇]。

[一]書益稷：「惟荒度土功，弼成五服，至於五千，州十有二師。」鄭注：「五服，侯、甸、綏、要、荒服也。」禮記王制孔疏：「鄭注皋陶謨：堯初制五服，更五百里禹所弼，每服五百里，故始有百里之封焉；猶用要服之内爲九州，州立十二人爲諸侯師。蓋百國一師，則州有十二師，則每州千二百國也；八州九千六百國，其餘四百國在畿内。……鄭云四百國在畿内者，以大略據子男爲言，非實法也。趙商不達鄭旨而問鄭云：以王制論之，畿内之國有百里，有七十里，有五十里，今率以下等計之，又有王城、關、遂、郊、郭、卿大夫之埰地數不在中，今就四百，似頗不合。」

[二]景鸞，字漢伯，漢廣漢梓潼（今屬四川）人。少隨師學，經涉七州之地。能理齊詩、施氏易，兼受河、洛圖緯。著易説、詩解等凡五十餘萬言，今皆佚。後漢書卷七九下有傳。

[三]詩鄘風定之方中：「卜云其吉，終然允臧。」毛傳：「建邦能命龜，田能施命，作器能銘，使能造命，升高能賦，師旅能誓，山川能説，喪紀能誄，祭祀能語。君子能此九者，可謂有德音，可以爲大夫。」孔疏述「能誓山川」曰：「謂行過山川，能説其形勢而陳述其狀也。」

[四]舊唐書卷一四八李吉甫傳：「分天下諸鎮，紀其山川險易故事，各寫其圖於篇首，爲五十四卷，號爲元和郡縣圖。」祥案：元和郡縣圖志四二卷，圖記唐時地理，起京兆府，盡隴右道，凡四十七鎮，共四十卷，目録二卷。每鎮皆圖在篇首，冠於敘事之上。宋時已佚其中五卷，然仍分爲四十卷。是書今有北京中華書局一九八三年校點本。

[五]酈元故籍，即酈道元水經注，見本書第五一六頁注[一]。

[六]水經注河水：「道阻且長，經記縣褫。」楊守敬水經注疏卷一：「朱『經』作『逕』，箋曰：『疑當作經記緜邈。』趙改經云：褫字不誤。易訟卦疏云：三見褫脱。蓋褫有脱義，言經記歲遠褫脱耳。巨洋水注云，遺文沿褫，其詞例然也。」

[七]水經注河水：「崑崙墟在西北，去嵩高五萬里，……其高萬一千里，河水出其東北陬，屈從其東南，流入渤海。」
[八]戴氏水經注四十卷，見本書第五一八頁注[七]。
[九]水地記一卷，見本書第五二八頁注[一二]。
[一〇]直隸河渠書六十四卷，見本書第五二八頁注[一三]。

嗚呼！君之著書，可謂博矣；君之見道，可謂深矣。向使壽之以年，行其所志[一]。下安輪於都尉[二]，授梯幾於鴻臚[三]。雍宮未建，命曹褒以定儀[四]；大予將成[五]，詔宋登而持節[六]。雖復辨卿訟闕[七]，公羊未必能明；子駿移書[八]，逸禮難其置立。而太山郡將[九]，北面稱師；上蔡通侯[一〇]，西行受業。則河[湯]（陽）既貴[一一]，輜車方賜於五更[一二]；君上從游[一三]，録牒庶多於萬計。豈謂陰堂告祲[一四]，圓石鐫名[一五]。一經之寫定無年[一六]，三歲之瓊瑰已夢[一七]。清明卷佚[一八]，長封下馬之陵[一九]；通德人亡[二〇]，不待嗟蛇之歲[二一]。然而太玄覆瓿[二二]，終遇桓譚[二三]；都養陳謨[二四]，彌尊伏勝。鄭鄉絶學[二五]，倘千百載而重興[二六]；戴氏遺書[二七]，於十三經其有補。悲懷逝者，延佇將來！

[一]段玉裁戴東原先生年譜附著述輯要謂戴氏發願著七經小記，未成而卒。慨歎曰：「假令先生如申公、伏生之年，安見不如其志哉！嘗謂玉裁曰：『余乖於時，而壽似可必。』後以此言告錢學士曉徵，曉徵曰：『天下固無可必之事也。』」祥案：戴氏過勞成疾，致痿躄而不自止，病中庸醫服以黑山梔，遂速死。賫志以殁，錢氏之語，遂適成讖語矣！

[二]枚乘(？—前一四〇)，字叔，漢淮陰(今屬江蘇)人。善辭賦。景帝時，爲弘農都尉。漢書卷五一有傳。又枚乘傳：「武帝自爲太子，聞乘名。及即位，乘年老，乃以安車蒲輪徵乘，道死。」顔注：「蒲輪，以蒲裹輪。」

[三]包咸(前六—六五)，字子良，漢會稽曲阿(今江蘇丹陽)人。少受業長安，師事博士右細君，習魯詩、論語。光武帝建武中，授皇太子論語，又爲章句。明帝時，官至大鴻臚。後漢書卷七九下有傳。又包咸傳：「永平五年，遷大鴻臚。每進見，錫以几杖，入屏不趨，贊事不名。經傳有疑，輒遣小黄門就舍即問。」

[四]祥案：漢書卷五三河間獻王傳：「武帝時，獻王來朝，獻雅樂，對三雍宫。」顔注引應劭曰：「辟雍、明堂、靈臺也。雍，和也，言天地君臣人民皆和也。」事又見後漢書卷三五張純傳。又後漢書卷三五曹褒傳稱其父充，建武中爲博士。「受詔議立七郊、三雍、大射、養老禮儀。」又卷七九儒林傳序：「中元元年，初建三雍。明帝即位，親行其禮。」又卷三七桓榮傳：明帝「永平二年，三雍初成。」又曹褒傳：「章和元年正月，乃召褒詣嘉德門，令小黄門持班固所上叔孫通漢儀十二篇，敕褒曰：『此制散略，多不合經，公宜依禮條正，使可施行，於南宫東觀，盡心集作。』褒既受命，乃次序禮事，依準備典，雜以五經讖記之文，撰次天子至於庶人，冠婚吉凶始終制度，以爲百五十篇，寫以二尺四寸簡，其年十二月奏上。」據以上諸説，則三雍建於西漢武帝時，復建於光武帝末，至明帝初已建成，曹褒制禮於後。如此，則孔氏此文所謂「雍宫未建」爲誤矣，故近藤注亦曰：「後漢之三雍宫，亦建成於召曹褒三十一年前。」曹褒(？—一〇二)，字叔道，漢魯國薛人。父充，治慶氏禮。褒傳父業，拜博士，累遷至侍中。章帝時，受命定禮制。傳禮記四十九篇，教授諸生千餘人，慶氏學遂行於世。後漢書卷三五有傳。

[五]後漢書曹褒傳：「顯宗即位，充上言：『漢再受命，仍有封禪之事，而禮樂崩闕，不可爲後嗣法。五帝不相沿(樂)，三王不相襲(禮)，大漢當自制禮，以示百世。』帝問：『制禮樂云何？』充對曰：……『尚書琁機鈐曰：有帝漢，出德洽，作樂，名予。』帝善之，下詔曰：『今且改太樂官曰太予樂，歌詩曲操，以俟君子。』」

[六]宋登，字叔陽，後漢京兆長安(今陝西西安)人。少傳歐陽尚書。爲汝陰令，政爲明能，號稱「神父」。順帝以登明

識禮樂，使持節臨太學，奏定典律，轉拜侍中，後出爲潁川太守。後漢書卷七九上有傳。

［七］范升，字辨卿，漢代郡（今山西陽高）人。習梁丘易、老子，教授後生。光武帝時，徵爲博士。每有大議，輒見訪問。明帝永平中，爲聊城令，坐事免，卒於家。曾與韓歆、陳元等人辯難，反對立左氏春秋與費氏易，主公羊學。後漢書卷三六有傳。又後漢書本傳：「時尚書令韓歆上疏，欲爲費氏易、左氏春秋立博士，詔下其議。四年正月，朝公卿、大夫、博士見於雲臺，帝曰：『范博士可前平說。』升起對曰：『左氏不祖孔子，而出於丘明，師徒相傳，又無其人，且非先帝所好，無因得立。』遂與韓歆及太中大夫許淑等經相辯難，日中乃罷。」又見同卷陳元傳。

［八］漢書卷三六劉歆傳：「歆親近，欲建立左氏春秋及毛詩、逸禮、古文尚書，皆列於學官。哀帝令歆與五經博士講論其義，諸博士或不肯置對，歆因移書太常博士責讓之。」歆移太常博士書，見本傳及文選卷四三。

［九］後漢書卷六五鄭玄傳：「袁紹總兵冀州，遣使要玄，大會賓客。……時汝南應劭亦歸於紹，因自贊曰：『故泰山太守應中遠，北面稱弟子如何？』玄笑曰：『仲尼之門，考以四科；回、賜之徒，不稱官閥。』劭有慚色。」

［一〇］翟方進（？—前七），字子威，漢汝南上蔡（今屬河南）人。少孤力學。明帝永平中，遷御史大夫，擢丞相，封高陵侯。成帝末，以災異賜詔書自殺。謚恭。漢書卷八四有傳。又翟方進傳：「方進年十二三，失父孤學，給事太守府爲小史，號遲頓不及事，數爲掾史所詈辱。方進自傷，迺從汝南蔡父相問己能所宜。蔡父大奇其形貌，謂曰：『小史有封侯骨，當以經術進，努力爲諸生學問。』方進既厭爲小史，聞蔡父言，心喜。因病歸家，辭其後母，欲西至京師受經。母憐其幼，隨之長安，織屨以給方進讀，經博士受春秋，積十餘年，經學明習，徒衆日廣，諸儒稱之。」

［一一］後漢書卷三七桓榮傳：「建武十九年，年六十餘，始辟大司徒府。時顯宗始立爲皇太子，選求明經，乃擢榮弟子豫章何湯爲虎賁中郎將，以尚書授太子。世祖從容問湯本師爲誰？湯對曰：『事沛國桓榮。』帝即召榮，令説尚書，甚善之。拜爲議郎，賜錢十萬。……以榮爲少傅，賜以輜車乘馬。……永平二年，三雍初成，拜榮爲五更。」又同卷注引謝承書曰：「何湯，字仲弓，豫章南昌人也。榮門徒常四百餘人。湯爲高第，以才明知名。榮年四十無子，湯乃云榮妻，爲更

娶，生三子，榮甚重之。後拜郎中，……虎賁中郎將。……湯以明經嘗授太子，推薦榮，榮拜五更，封關内侯。榮常言曰：『此皆何仲弓之力也。』」祥案：「湯」，原作「陽」，今據後漢書改。

［一二］輜車，有帷蔽可坐卧載物之車。史記卷二四樂書：「食三老、五更於太學。」集解引鄭玄曰：「老更互言之耳，皆老人更知三德五事者也。」又漢書卷二二禮樂志：「養三老、五更於辟廱。」顔注：「蔡邕以爲更當爲叟。叟，老人之稱也。」

［一三］張興（？—七一），字君上，漢潁川鄢陵（今屬河南）人。習梁丘易以教授。永平初，遷侍中祭酒，後拜太子少傅。明帝數訪問經術，弟子且萬人。後漢書卷七九上有傳。又張興傳：「顯宗數訪問經術，既而聲稱著聞，弟子自遠至者，著録且萬人，爲梁丘家宗。」注：「著於籍録。」

［一四］後漢書卷三九周磐傳：「建光元年，年七十三，歲朝會集諸生，講論終日，因令其二子曰：『吾日者夢見先師東里先生，與我講於陰堂之奥。』既而長歎：『豈吾齒之盡乎！……』其月望日，無病忽終，學者以爲知命焉。」注：「東南隅謂之奥，陰堂幽暗之室。又入其奥，死之象也。」

［一五］後漢書卷六四趙岐傳：「年三十餘，有重疾，卧蓐七年，自慮奄忽，乃爲遺令敕兄子曰：『大丈夫生世，遯無箕山之操，仕無伊、吕之勳，天不我與，復何言哉？可立一員石於吾墓前，刻之曰：漢有逸人，姓趙名嘉。有志無時，命也奈何！』其後疾瘳。」

［一六］後漢書鄭玄傳引鄭玄戒子益恩書：「所好群書率皆腐敝，不得於禮堂寫定，傳與其人。」注：「其人謂好學者也。前書司馬遷曰：『僕誠已著此書，傳之其人』也。」

［一七］左傳成公十七年：「初，聲伯夢涉洹，或與己瓊瑰食之，泣而爲瓊瑰，盈其懷，從而歌之曰：『濟洹之水，贈我以瓊瑰。歸乎歸乎，瓊瑰盈吾懷乎。』懼不敢占也。還自鄭。壬申，至於貍脤而占之，曰：『余恐死，故不敢占也；今衆繁而從余三年矣，無傷也。』言之之莫而卒。」

[一八]漢書卷五六董仲舒傳：「仲舒所著書，有『説春秋事得失，聞舉、玉杯、蕃露、清明、竹林之屬。』」顏注：「皆其所著書名也。」祥案：今本春秋繁露無清明篇。四庫總目卷二九經部春秋類四春秋繁露：「繁或作蕃，蓋古字相通也。……考仲舒本傳，蕃露、玉杯、竹林，皆所著書名。而今本玉杯、竹林，乃在此書之中。」

[一九]唐李肇國史補卷下：「舊説董仲舒墓，門人過皆下馬，故謂之下馬陵。」

[二〇]後漢書鄭玄傳：「國相孔融深敬於玄，屣履造門。告高密縣爲玄特立一鄉。曰：……今鄭君鄉宜曰『鄭公鄉』。昔東海于公，僅有一節，猶或戒鄉人侈其門閭；矧乃鄭公之德，而無駟牡之路。可廣開門衢，令容高車，號爲『通德門』。」

[二一]後漢書鄭玄傳：「獻帝建安五年春，鄭玄『夢孔子告之曰：『起起！今年歲在辰，來年歲在巳。』既寤，以讖合之，知命當終，有頃寢疾。」注：「北齊劉晝，高才不遇，傳論玄曰：『辰爲龍，巳爲蛇，歲至龍蛇賢人嗟，玄以讖合之。』蓋謂此也。」祥案：建安五年（二〇〇）爲庚辰年，六年爲辛巳年，故鄭玄云云。

[二二]漢書卷八七揚雄傳贊：「巨鹿侯芭常從雄居，受其太玄、法言焉。劉歆亦嘗觀之，謂雄曰：『空自苦，今學者有禄利，然尚不能明易，又如玄何？吾恐後人用覆醬瓿也。』雄笑而不應。……時大司空王邑、納言嚴尤聞雄死，謂桓譚曰：『子常稱揚雄書，豈能傳於後世乎？』譚曰：『必傳，顧君與譚不及見也。』」

[二三]桓譚（約前二三—五六），字君山，漢沛國相（今安徽濉谿）人。好音律，善鼓琴。習五經，能文章，好古學。數從劉歆、揚雄辨析疑義。王莽時，爲掌樂大夫。光武帝時，拜議郎給事中。帝欲以讖決疑，譚直言讖之非經。帝怒，出爲六安郡丞，道病卒。著有新論，今僅存形神一篇。後漢書卷二八上有傳。

[二四]據漢書儒林傳，伏生教濟南張生及歐陽生尚書，歐陽生教千乘兒寬。又卷五八兒寬傳：「貧無資用，嘗爲弟子都養。」顏注：「都，凡也。養，主給烹炊者也。貧無資用，故供諸弟子烹炊也。」又近藤注：「謨，即典謨之謨，指尚書。」

[二五]絶學，此謂經術不倡，以至於絶之意也。漢書卷七三韋賢傳論：「漢承亡秦絶學之後，祖宗之制因時施宜。」

〔二六〕自東漢鄭玄至戴震之時，歷經一千七百餘年，孔氏以爲戴氏之學上接鄭氏，使漢學得以復興，故云。

〔二七〕戴氏遺書，此指孔繼涵微波榭叢書中戴氏遺書，含戴震書東原文集一〇卷、毛鄭詩考正四、杲谿詩經補注二卷、考工記圖二卷、孟子字義疏證三卷、聲韻考四卷、聲類表九卷首一卷、原善三卷、原象一卷、續天文略二卷、水地記一卷、方言疏證一三卷，凡十二種五十六卷，有清乾隆時曲阜孔氏刊本。

廣森深於戴氏之學，故能義探其原，言則於古也。世人徒賞其文詞之工，抑亦末矣！著有大戴禮記注十三卷[一]、儀鄭堂文集二卷[二]。

〔一〕大戴禮記注即大戴禮記補注一三卷敍録一卷，是書據宋刊舊籍，旁採博稽，作爲補注，疏通證明，發明亦多。舊説脱誤，多仍而未改，下己意處，亦有附會。有顨軒孔氏所著書本、叢書集成初編本等。

〔二〕儀鄭堂文集二卷，廣森駢文，其旨主達意明事，縱横開闔，一與散文同，稱一時作手。是書先有阮元文選樓叢書本，共二卷，凡收不及二十篇。有顨軒駢儷文三卷，較前者幾多倍餘，有嘉慶十七年孔昭虔刊本即顨軒孔氏所著書本、四部備要本等。祥案：孔氏所著書，尚有春秋公羊傳通議一一卷敍一卷、禮學卮言六卷、經學卮言六卷、詩聲類一二卷聲類分例一卷、少廣正負術内篇三卷外篇三卷，與大戴禮記補注、駢儷文合刊爲顨軒孔氏所著書，共七種六〇卷。又有曾子十二篇讀本一卷（北周盧辯注、孔氏補注）、禮儀器制改釋五八卷、禮記注疏補缺一卷、春秋公羊經一卷、列國事語分類考釋一卷，皆爲稿本，藏於各地者也。

繼涵字葒谷[一]，乾隆庚辰科舉人，辛〔卯〕（巳）成進士[二]。官至户部郎中。其子廣〔根〕

(栻)[三]，東原之壻。繼涵深於三禮，校刊微波榭叢書[四]，廣森之叔也[五]。

[一]孔繼涵，見本書第五二九頁注[一五]。

[二]近藤注：「『辛巳』爲『辛卯』之誤。翁方綱撰墓誌銘：『君以乾隆庚辰舉於鄉，辛卯成進士，官户部河南司主事兼理軍需局事。』據進士題名碑録，孔繼涵爲乾隆三十六年辛卯恩科第二甲四十名及第。」祥案：近藤説是，今據改。

[三]祥案：「廣栻」當爲「廣根」，江藩誤。據翁方綱所撰孔繼涵墓誌銘，繼涵有子五人：廣栻、廣根、廣休、廣閑、廣權。洪榜戴先生行狀：「女一人，許嫁户部主事曲阜孔君繼涵次子廣□。」，雖不言全名，然曰「次子」者，則當爲廣根也。又段玉裁亦謂「廣根又爲吾師之壻」，故東原之婿當確爲廣根無疑。考見近藤注[一七七]，今據改。又近藤氏謂「廣根無任何傳記資料」。案廣根字心仲，號小玆，自號仙游第一酒人。繼涵次子。諸生。署翰林院五經博士。有秋蓼山房詩存二卷存世。事見續四庫提要、柯愈春清人詩文集總目提要。又廣栻（一七五五—一七九〇），字伯誠，號一齋。年二十五，鄉試中魁。與戴震、孫星衍等講析疑義，莫不歎異。著有藤梧館詩草一卷、藤梧館雜體文一卷。事見戚學標鶴泉文鈔卷下墓誌銘。

[四]微波榭叢書，凡三十八種，孔繼涵刻。内有戴震戴東原集等戴氏遺書十二種五十六卷，戴氏整理之算經十書及所著策算等算學書十三種三十七卷，晉杜預春秋長曆等七種二十六卷，孔繼涵所著五經文字疑等八種二十六卷，凡四十種一百四十五卷，號爲善本，有清乾隆中曲阜孔氏刊本。

[五]孔廣森曾祖毓圻，生傳鐸、傳鉦；傳鐸生繼汾，廣森爲繼汾子；傳鉦生繼涵。故此稱「廣森之叔」。參近藤注[一七七]。

同時有李南磵者[一]，名文藻，字素伯，一字茝〔畹〕（晚）[二]。先世自棗强遷益都[三]，遂爲益都人。文藻天資俊朗，年十三，從父遠游曹家亭[四]，作記一篇，仿赤壁賦，見者以爲神童[五]。二十一[六]，補邑庠生。乾隆己卯，中式本省舉人。明年[七]，成進士。久之，謁選廣東恩平縣知縣[八]。三年俸滿[九]，擢桂林府同知，未及一年卒[一〇]。居官有政績[一一]，粵人至今稱之。性好博覽，不爲世俗之學。聚書數萬卷[一二]，手自讎校，丹鉛不去手。又好碑版文字，游歷所至，學宫、寺觀、巖崖、石壁，必停驂搜討。有僕劉福者，善椎拓，攜紙墨以從，有所得，盡拓之。又有一僕，忘其名，因拓摩崖刻石，失足墮崖死，文藻哭之慟。生平樂道人善，表章潛德。如濟陽張處士稷若、元和惠徵君定宇、婺源江君慎修，訪其遺書刊行之，名曰貸園叢書[一三]。德州梁鴻翥，窮老篤學[一四]，月必誦九經一過，鄉里目爲癡人，文藻一見奇之，爲之延譽，遂知名於世。

[一]李文藻（一七三〇——一七七八），字素伯，一字茝畹，晚號南澗，亦作南磵，又號貸園，乾隆二十六年進士。官桂林同知。著有嶺南詩集八卷附易簣記一卷、李南澗遺文二卷補編一卷等，主編有乾隆歷城縣志五〇卷（胡德林同纂）、乾隆諸城縣志四六卷（宫懋讓同纂）等，又編刻有貸園叢書等。事見錢大昕潛研堂文集卷四三墓誌銘、翁方綱復初齋文集卷一四墓表，清史列傳卷七二有傳。

[二]一字茝晚，錢氏墓誌銘作「茝畹」。北京大學中文系古典文獻專業一年級碩士生王勇之作業漢學師承記人物字號辨證曰：「錢大昕所作李南澗墓誌銘曰：『南澗諱文藻，字素伯，一字茝畹，晚又號南澗。』『茝』，香草之類，屈原離騷經中

有『雜申椒與菌桂兮，豈維紐夫蕙茝』，『蕙茝』喻賢人。又有『余既滋蘭之九畹兮，又樹蕙之百畝』，王逸注：『十二畝爲畹。』由此可見，『茝』與『畹』搭配，有種茝於畹，『修行仁義、勤身自勉』之意。錢氏墓誌銘中『畹』與『晚』二字相連，江藩以『畹』爲『晚』，恐是在參考原文時誤寫所致。國朝耆獻類徵初編録師承記原文，作『一字茝畹』，可以爲之佐證。」祥案：王說是，今據改。

［三］錢銘：「先世自棗强遷益都之春牛街。」

［四］李遠，字君宏，文藻父。著有拙齋集一卷，見四庫總目卷一八五集部别集類存目一二。稱其集『皆五七言近體，吐屬亦頗恬雅。』鍾氏標點時蓋以「遠游」爲詞，故漏劃專名綫耳。此條亦爲山東大學杜澤遜教授函告者也。

［五］錢銘此句作「已有思致」，較江氏所改爲實。

［六］錢銘：「十五學爲詩，二十一補縣學生。好博覽今古，不爲世俗之學，所至必交其賢豪長者。」

［八］祥案：此「明年」當作「又明年」，江藩此處節引錢銘有誤。錢氏曰：「既以第二人舉鄉薦；明年，會試中式；又明年，成進士。」又翁方綱墓表：「乾隆己卯，舉於鄉；庚辰，中禮部式；辛巳，成進士。」

［九］李文藻任恩平知縣爲乾隆三十七年，翌年上任者爲吴本，則其在恩平僅一年時間。參桂坫等纂民國恩平縣志卷一五職官一文職。然此志卷一六又稱「三十五年到官後，署新安縣，奏調潮陽，俸滿，保薦廣西桂林府同知。未一年卒」。

［一〇］祥案：江氏此處亦節引錢銘太過，易生誤解。錢曰：「久之，謁選得廣東恩平縣知縣，到任後，奉檄署新安縣，又奏調潮陽縣知縣，以海疆三年俸滿，保薦擢廣西桂林府同知，未及一年而没。」

［一一］李氏卒於乾隆四十三年八月四日（西元一七七八年九月二十四日），見錢銘、翁墓表。

［一二］文藻居官以清白强幹稱，懲賊盜，息械鬬，興書院。錢銘：「潮陽與海陽、揭陽俗稱『三陽』，仕其地者多致富，南澗去官之日，囊橐蕭然。還至番禺，命工摹光孝寺貫休畫羅漢四軸以歸，曰：『此吾廣南宦橐也。』」

［一三］錢銘：「性好聚書，每入肆見異書，輒典衣取債致之，又從友朋借鈔，藏弆數萬卷，皆手自讎校，無輓近俚俗

之本。」祥案：文藻又有琉璃廠書肆記一篇，見其南澗文集中。

［一四］貸園叢書，今存貸園叢書初集一二種四九卷，計有惠棟九經古義一六卷、易例二卷、春秋左傳補注六卷，李文藻左傳評三卷，江永古韻標準四卷詩韻舉例一卷、四聲切韻表一卷凡例一卷，戴震聲韻考四卷，宋曾宏父石刻鋪敘二卷，錢大昕鳳墅殘帖釋文二卷，元張養浩三事忠告四卷，張爾岐蒿菴閒話二卷，趙執信談龍録一卷，爲清乾隆五十四年歷城周氏竹西書屋據益都李文藻刊版重編印本。桂馥晚學集卷三周先生永年傳：「與青州李文藻同修歷城縣志，即出其書，肆力搜討。」

［一五］梁鴻翥，字志南，清山東德州人。優貢生。家貧而喜讀書，李文藻爲之延譽，遂知名於世。卒年五十九。著周易觀運、尚書義、春秋辨義等，皆不傳。清史列傳卷六七有傳。傳稱：「窮老篤學，月必誦九經一過。每治一經，案上不列他書，有疑義，思之竟日夜，必得而後已。鄉里目爲癡人。益都李文藻一見奇之，爲之延譽，遂知名於世。」

曲阜桂馥［一］，字未谷［二］，亦深小學［三］。乾隆己酉科舉人，庚戌成進士。選教授，保舉知縣，補雲南永平縣知縣［四］，卒於官［五］。工篆刻，世人重其技，擬之文三橋云［六］。所著有許氏説文解字義證五十卷［七］、札樸十卷［八］。

［一］桂馥（一七三六—一八〇五），「馥」又作「復」，字冬卉，一字天香，號未谷，又號雲門、肅然外史、瀆井復民，晚號老苔，清山東曲阜人。有關桂氏生平事蹟，詳見晚學集附蔣祥墀桂君馥傳、孔憲彝韓齋文稿卷四墓表，清史列傳卷六九、清史稿卷四八一有傳。

［二］祥案：桂氏晚學集附蔣祥墀傳：「君諱馥，字冬卉，未谷其號也。」李玉棻甌鉢羅室書畫過目考卷三、墨林今話

卷一〇、清史稿卷四八一本傳皆同。朱克敬儒林瑣記、儒林傳録存又同師承記。然以名與字之關係論之，當以字冬卉、號未谷爲是也。

[三]蔣傳：「未谷承其家學，於書無不覽，尤邃於金石、六書之學。」

[四]桂馥札樸卷一自題：「嘉慶紀元之歲，由水程就官滇南。」

[五]蔣傳：「嘉慶十年卒，年七十。其子常繆扶柩歸葬，未抵家，亦卒於途。」

[六]文彭（一四九八—一五七三），字壽承，號三橋，明長洲（今蘇州）人。文徵明長子。明經廷試第一，授秀水訓導，官國子博士。能詩。工書畫，精篆刻。人謂其書類徵明。有印章集説一卷、印史一卷、博士詩集二卷行世。事見明史卷二八七文徵明傳附、清錢謙益列朝詩集小傳丙集文侍詔徵明附。

[七]説文解字義證五〇卷，是書一卷至四十八卷，疏解許氏説文，四十九卷疏證許氏説文敘，五十卷輯録有關許氏之材料。版本一從大徐本。又據玉篇、廣韻諸書，糾譌補脱。其書例證豐富，發揮旁通，疏證精詳，尤長於疏義。今有上海古籍出版社一九八七年影印連筠簃叢書本、北京中華書局一九八七年影印同文書局本等。

[八]札樸一〇卷，桂氏官雲南時，於水次追念舊聞，隨筆疏記，後又附以滇事，爲書十卷。以其細碎，竊比匠門之木柹，題曰札樸。考釋字義，辨析名物，研析獨精。今有北京中華書局一九九二年趙智海點校本。祥案：桂氏所著書，尚有説文段注鈔一卷、説文統系圖一卷、繆篆分韻五卷補一卷、國朝隸品一卷、歷代石經略二卷、未谷詩集四卷、晚學集八卷、續三十五舉一卷再續一卷、後四聲猿四卷（即放楊枝一卷、題園壁一卷、謁府帥一卷與投圂中一卷）等。

近日山左學者，以郝君懿行爲巨擘焉[一]。懿行字恂九，棲霞人。嘉慶己未進士。官主事[二]。著有山海經注[三]，乃實事求是之學，若近世摽竊膚淺者，豈可同日而語哉！

[一]郝懿行(一七五七—一八二五)，字恂九，一字尋韭，號蘭皋，清棲霞人。嘉慶四年(一七九九)進士。官户部主事。二十五年，補江南司主事。精於小學，尤擅爾雅。著有易説一二卷、書説二卷、禮記箋四九卷、春秋説略一二卷、山海經箋疏一八卷、爾雅義疏二〇卷、曬書堂詩鈔二卷試帖詩一卷、曬書堂文集一二卷外集二卷別集一卷時文一卷、和鳴集一卷(與王照圓合著)等，與其妻王照圓所著書合刊爲郝氏遺書共三十餘種。事見胡培翬研六室文鈔卷一〇墓表，清史列傳卷六九、清史稿卷四八二有傳。

[二]胡培翬墓表：「官户部主事。……浮沈郎署二十七年，視官之榮悴若無與於己者，而惟一肆其力於著述。……淹抑户曹，未遷一官，貧病相侵，尋以徂逝。……道光乙酉，卒於官。」

[三]山海經注，即山海經箋疏一八卷圖讚一卷訂譌一卷敘録一卷，其書援引諸書，正名辨物，事刊疏謬，辭取雅馴。有郝氏遺書本、四部備要本等。

棲霞又有牟廷相[一]，字默人，覃谿學士爲藩言之。後晤萊陽趙君曾[二]，始知其治今文尚書。趙君字北嵐，乾隆己酉舉人，分發江蘇以知縣用。性好古錢及金石文字。治經，爲今文尚書、三禮、左氏春秋之學，亦山左之翹楚也。

[一]牟廷相，即牟庭(一七五九—一八三二)，初名庭相，字默人，亦作陌人。貢生。與郝懿行友善，同治樸學。懿行每有著述，輒與商榷。博通群經，精於算學，尤好今文尚書。著書五十餘種，多遭亂亡佚。今存有同文尚書不分卷、詩切不分卷、投壺算草一卷、古今年表、雪泥書屋稿等。事見光緒棲霞縣續志卷九藝文上馬邦舉牟公陌人墓誌銘、姜亮夫詩切

序等，清史列傳卷六九有傳。

[二]趙曾（一七七〇—一八一六），字慶孫，亦字慶之，號北嵐，清山東萊陽人。乾隆五十四年（一七八九）舉人。嘉慶六年（一八〇一），挑發江南候補知縣，歷攝嘉定、青浦、吴江、荆谿、寶山縣事，一攝鎮江府通判。所至有政績。嗜詩文，通小學，工隸書，尤嗜金石。從錢大昕游。著有畫鶴軒詩鈔、刀布文字記、隸辨辨，皆未刊行。事見碑傳集補卷二二陳文述墓誌銘、王芑孫遺像讚。

又有濟寧進士許君鴻磐字漸逵者[一]，安徽候補同知，深於輿地之學，亡友凌君次仲亟稱之。後見所著雪帆雜著一册[二]，皆辨駁地理之説，不在胐明、祖禹之下。其論内地及外裔山川，瞭如指掌，蓋四方經緯，洞徹胸中，故不爲皮傅之言也。在京師與戴君金谿談其雪帆雜著[三]，金谿曰：「許君曾官指揮，當時以俗吏目之，失許君矣。」

[一]許鴻磐（一七四七—一八二六），字漸逵，號雲嶠，别號雪帆、六觀樓主人，清山東濟寧人。乾隆四十六年（一七八一）進士。歷官指揮、安徽潁州府同知、泗州知州等。精輿地之學，亦擅戲曲。著有尚書札記四卷、泗州考古録一卷、方輿考證一〇〇卷、養菊説一卷、六觀樓集四種四卷、六觀樓北曲六種（即西遼記北曲一卷、雁帛書北曲一卷、女雲臺北曲一卷、孝女存北曲一卷、儒吏完城北曲一卷與三釵夢北曲一卷）等。清史列傳卷七二、文獻徵存録卷六、道光濟寧直隸州志卷八有傳。

[二]雪帆雜著，未見。

[三]戴君金谿，即戴敦元，參本書第三六三頁注[一]。

又有膠州王夏[一]，字蜀子，號大村，邑諸生。喜爲詩，與高密詩人李少寉兄弟友善[二]。好學篤古，尤邃於經，其持論多發前人所未發。所有著述，秘不示人，於趙君北嵐處，見其所作釋稷一篇[三]，穿穴經傳，義明詞達，可謂通人矣。

[一]王夏，字大村，一字蜀子，一曰號大村，膠州人。歲貢生。與其叔父克掞並殫心經史，好考據。著作多佚，有周官釋略六卷、史記論文四卷、大村制義一卷、詩草一卷等。事見道光重修膠州志卷二八王克掞傳附。

[二]李少寉兄弟，指李憲暠、憲喬兄弟。憲暠（一七三九—一七八二），字叔白，號蓮塘，清山東高密人。諸生。與兄憲噩、弟憲喬同以詩鳴，時稱「高密三李」。著有定性齋集一卷、蓮塘遺集一卷，編入李氏三先生詩鈔中。事見韓夢周理堂文集卷九墓誌銘、清史列傳卷七二李懷民傳附。憲喬（一七四七—一七九六），字子喬，一字義堂，號少鶴，亦作少寉。乾隆四十一年，召試成舉人。官廣西岑谿知縣、歸順知府。以詩聞名。著有少鶴先生詩鈔一三卷、拗法譜一卷附通轉韻考一卷等。事見張維屏國朝詩人徵略初編卷四四，清史列傳卷七二、皇清書史卷二三有傳。

[三]釋稷一篇，未見。

國朝漢學師承記　卷七

甘泉江　藩　纂

陳厚耀

陳厚耀[一]，字泗源，泰州人。康熙四十五年丙戌進士[二]。學問淹通，從梅徵君〔文〕鼎受曆算[三]，遂通中西之術。李相國光地薦厚耀通曆學[四]，召見，試以三角形，令求中線[五]，又問弧背尺寸[六]，厚耀具札進呈，稱旨。旋以省親乞歸里。

[一]疇人傳卷四〇陳厚耀傳：「號曙峰。」又陳厚耀春秋世族譜原序亦署曰「曙峰陳厚耀自記」。

[二]陳厚耀春秋戰國異辭凡例：「丙戌，成進士。」

[三]春秋戰國異辭凡例：「厚耀性顓魯，書卷之外，無他嗜好，幼而專心曆算，寢食俱廢。」梅徵君鼎，即梅文鼎，今據補「文」字。梅文鼎，詳見本書第一一二頁注[一〇]。祥案：疇人傳不言陳氏從梅氏學事，陳氏召對紀言未見，然焦循里堂道聽録卷八全録之，其中記康熙帝與陳厚耀問答時言及梅氏事時曰：「少刻，又傳旨問：『你知得梅文鼎否？』臣對云：『知得他。』又問：『曾與他會談否？』臣對云：『臣曾到他家請教過，他現在宣城縣。』又問：『你的學問比他如何？』臣對云：『他的學問狠好，臣却不及。』少刻又傳旨云：『朕定位一見便知，不用歌訣，梅文鼎演算法也只曉得一半，朕教

他許多妙法，他曾對你説麼？』臣對云：『他並不曾對臣説，想因臣不能領略，故此不肯説，臣只見他所著的書。』」據陳氏語，則其確曾梅氏學焉。

[四]李光地，見本書第二〇頁注[一六]。疇人傳：「安谿李光地薦厚耀通曆法，引見。」

[五]中線，指三角形各邊之中點與各頂點的連線，三角形的三條中線相交於一點。

[六]弧背尺寸，即圓弧之長度。

戊子[一]，特命來京。己丑五月[二]，駕幸熱河[三]，至密雲[四]，命寫筆算式進呈[五]。少頃，出御書筆算，問：「知此法否？」對曰：「臣法不可用。」上諭曰：「朕將教汝，汝其細心貫想，以待朕問。」次日，又問曰[六]：「汝能測北極出地高下否？[七]」對曰：「若將儀器測景長短[八]，用檢八線表[九]，可得高度，此乃二分所測之法[一〇]。若餘節氣，又有加減之法；然亦不準，以地上有朦氣差[一一]，以人目視之，有（升卑爲高）（高卑）[一二]、映小爲大之異故也。」又問：「地周三百六十度，依周尺每度二百五十里，今尺二百里[一三]，地周幾何？地徑幾何？」奏云：「依周尺地周九萬里，今尺七萬二千里。以圍三徑一推之[一四]，地徑二萬四千；以密率推之，當得地徑二萬二千九百一十八里有奇。」上復問地圜出何書，對以周髀算經曾言之[一五]。問：「何以見其圜也？」對曰：「職方外紀[一六]：西人言繞地過一周，四匝皆生齒所居，故知其爲圜。且東西測景有時差[一七]，南北測星有地差，皆與圜形相合，故益知其爲圜。」

[一]召對紀言：「康熙四十七年五月初二日，内侍李玉傳旨諭内閣大學士陳廷敬等：『著丙戌科進士陳厚耀作速來京。』内閣行咨吏部，吏部移咨江撫，江撫檄行泰州，即日赴京。厚耀奉文就道，於七月十三日到京。值聖駕幸熱河，内閣奉命在京候旨。九月十五日，聖駕回鑾，厚耀待召暢春苑外。」

[二]據召對紀言，康熙四十八年四月二十二日，大學士陳廷敬等復具摺奏陳厚耀已到京，帝召陳廷敬入問話。少刻，内監召厚耀入暢春苑内，引至南書房，傳旨問及所學何算？測量是用何法？能用儀器否？能測每日日景長短否？知西洋演算法否？能知筆算否？等等，陳氏皆一一從實回稟。二十三日，復進南書房，傳旨問以能開幾乘方？能開立圓否？定位是何法？知得梅文鼎否？並問及陳氏多少年紀了？等等。二十四日，復至南書房。二十五日，同掌院揆敘等宿龍華寺。二十六日，出得勝門，隨駕北行，晚次石曹。

[三]熱河，水名，在今河北省承德境内。即武烈水，因其地有温泉，故名熱河。清康熙四十二年，建避暑山莊於此，亦名熱河行宫。

[四]召對紀言：四月「二十七日，車駕次密雲。日已晡，上命掌院揆敘傳至行宫門首，令寫一筆算式進呈。臣以皇極經世十二會乘一萬八百年，繪一筆算以待。少刻，内侍李玉傳旨問：『汝演算法所看何書？』臣對云：『有四五部。』又問：『曾看算法統綜否？』臣對曰：『也曾看過。』又問：『堆積丈量之法，都知道否？』臣對云：『也知得。』又問：『開方用歸除？用商法？』臣對云：『用歸除。只首一位用商除。』李玉因攜所繪筆算以進。少刻，又傳旨問：『汝這法是如何定位？』臣對曰：『臣此法不用鋪地錦，即以盤算爲筆算者，只看行末一個字，便是定位。』少刻，出御書筆算一紙，硃筆横書問：『朕此法汝知道否？』臣視之，有似西法。對云：『皇上此法最妙，極爲簡便。臣法係臆撰，不可用。』少刻，又傳旨云：『朕的演算法近來也忘記許多，你勿怕你是進士，朕將教你演算法，你也要細細貫想，待朕問你。今日晚了，你且去罷。』掌院遂邀入帳房，令多寫筆算數條進呈。」

[五]筆算，指明清之際傳入的筆算方法。在中國古代，用算籌爲工具來記數、列式和進行各種演算，稱爲籌算，亦稱策算。春秋時期人們就已經發明了籌算。後來又發明了用算盤爲工具來進行數字計算的方法，稱爲珠算。到明代，算盤逐漸代替了算籌，其演算法常用一定的口訣來表述。此文所謂筆算，則是相對以上兩種演算法而言，不借助籌策與算盤，通過筆來計算數位和推演算式的方法。

[六]召對紀言：「二十八日，車駕次腰亭，掌院飛馬傳至行宫門候旨。少刻，内侍李玉傳旨問云：『你能測北極出地高下否？』臣對云：『若將儀器測日景長短，檢表餘切線在幾度幾分，並入象限九十度以減半，周天一百八十度餘爲北極出地高度，此在春、秋二分所測則然，若其餘節氣所測，則又自有加減不同。』李玉回旨，又來問：『你所説，朕都知道，但此法不準，何也？』臣對云：『聖諭極是！臣聞昔人云：地上有朦影十八度，以人目視之，有升卑爲高、映小爲大之患，故以渾儀測之多不合，但在天度數則不差。』李玉回奏。少刻，又出御書一紙問：『地圖三百六十度，依周尺，每度二百五十里，今尺二百里，地圖幾何？地徑幾何？』並出御前紫檀算盤一面，命細細算明回奏。……」又據召對紀言，五月初四日，駕至熱河，厚耀館揆敘宅中。至七月二十九日，駕出塞哨鹿，命厚耀等留哈喇和屯。九月十一日，駕回熱河，厚耀等復迎至獅子溝，上命隨駕入京。十七日，起程。二十三日，抵京師。

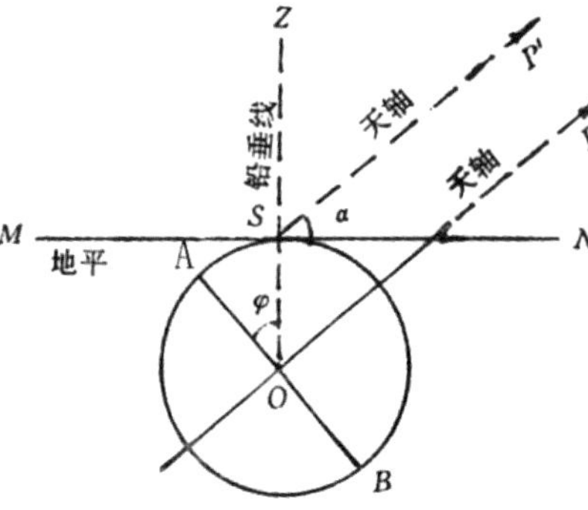

[七]測北極高下，即測量北極出地的高度，如果不考慮視差和蒙氣差的影響，某地的北極出地高度與地理緯度是相等的，因此測量北極出地高度就是求緯度之值。如右圖所示，設 S 點爲觀測者所在地，NM 爲水準（地平）線，SP' 爲北天極的方向，則角 $\alpha = \angle P'SN$ 即爲北極出地高。$\angle SOA$ 爲當地的地理緯度。不難看出，在地球爲理想球體時，北極高與地理緯度是相同的。

[八]指通過立圭表測量日影長度，以確定北極出地高度，圭表爲與地表垂直豎一杆子(即古所謂八尺表)。

[九]八線表，即三角函數表。

[一〇]二分，即春分與秋分，春秋分太陽恰好在天球的赤道上，太陽與北極恰成直角，太陽的天頂距與觀測點緯度相等。故計算比較簡單。設測量所用表的高度爲 h，春秋分測得影長爲 L，則可求得地理緯度或北極出地高 φ。即：

$$\operatorname{tg}\varphi=\frac{h}{L},\qquad \varphi=\arctan\frac{h}{L}$$

下文謂「若餘節氣」，指春分、秋分以外的其他節氣，則計算較難，故曰「又有加減之法」。如利用二至日的影長求北極出地高 φ，則要先利用夏至日影長 L_1 和冬至日的影長 L_2 求出夏至和冬至時太陽的天頂距 θ_1 和 θ_2 之值，然後再用公式計算 φ 值：$\varphi=(\theta_1+\theta_2)/2°$。詳參馮立昇中國古代測量學史，内蒙古大學出版社一九九五年版。

[一一]矇氣差，或作蒙氣差，即大氣差，大氣爲圍繞地球和太陽系其他行星的氣圈。臨近地球表面，在直接接觸地表的對流層，因爲空氣與其他化學成份的作用，使人們的視覺效果發生偏差，稱爲大氣差，亦即本文所謂「人目視之，有升卑爲高、映小爲大之異」。

[一二]高卑，召對紀言與疇人傳皆作「升卑爲高」，方與下文「映小爲大」相對稱，且語意亦方爲完備，江氏删省不當也，今據補。

[一三]康熙年間，清廷組織了大規模測繪工作。此前康熙帝令人實測了中經線(子午線)上一度的弧長，據此欽定 200 里合地球經線一度，每里 180 丈，每尺爲經度百分之一秒。

[一四]祥案：圍三徑一，出自周髀算經，即圓周率，爲平面上圓的周長與直徑之比，西方數學界用 π 來表示，圍三徑一即 $\pi=3°$。三國時期數學家劉徽注九章算術時，求得圓周率爲 3.14 或 157／50，後人稱之爲「徽率」，書中還計載了圓周率更精確的值約爲 3.1416°。南北朝時祖沖之計算出 $3.1415926<\pi<3.1415927$，另得到兩個近似分數值 355／113 和

22／7。後世稱前者爲「密率」，後者爲「約率」，亦稱「祖密率」、「祖約率」。參吴文俊主編中國數學史大系第四卷西晉至五代第三編南北朝知名籌人第二章祖沖之。

［一五］周髀算經中大地觀爲地平觀，書中有「天象蓋笠，地法覆盤」等説法，但均與地圓説無關。按焦循里堂道聽録所録召對紀言，其中陳厚耀亦未稱地圓出自周髀算經。召對紀言：「又傳旨問云：『地是圓是方？』臣對云：『是圓地。』又問：『出在何書？』臣對云：『尚書蔡傳璿璣玉衡注原説天包地外，地在天中，猶卵之裹黄，圓如彈丸，則地圓之説，宋儒已有之；至西人職方外紀又細詳其説，想必有據。』」由於康熙力主「西學中源」之説，當時的學者爲了迎合這種説法，故主張中國先儒已有地圓之説。

［一六］職方外紀五卷，明時意大利傳教士艾儒略(Aleni Jules)撰，時利瑪竇(Mattheu Ricci)撰萬國圖志進呈，龐我誠(Didace Depantoja)任翻譯，艾儒略更增補而成之。因所紀皆絶域風土，爲自古輿圖所不載，故曰職方外紀。其説分天下爲亞細亞洲、歐邏巴洲、利未亞洲、亞墨利亞洲、墨巴瓦蠟尼加洲五大洲，並附有各洲分圖及風土、民情、氣候、物産及哥倫布遠航新大陸諸事，亦有故爲神異怪絶而不可探究者。有明刻本、四庫全書本、守山閣叢書本等。祥案：職方外紀中關於地圓與生齒之説，若卷首五大州總圖界度解：「地既圓形，則無處非中，所謂東西南北之分，不過就人所居立名，初無定準。」又卷二厄勒祭亞：「厄勒祭亞在歐邏巴極南地。……東北有羅馬泥亞國，其都城周里三層，生齒極衆。」又卷二以西把尼亞：「歐邏巴之極西曰以西把尼亞。……此國人自古處奉天主教，最忍耐，又剛果，且善遠游海上，曾有遶大地一周者。」又卷四墨瓦蠟尼加總説：「以西把泥亞之君復念地爲圓體，徂西可達東。」

［一七］時差，即因地球經度不同而引起的東西各地之時間差别。地差，是指南北方向位置不同而導致的各地緯度之差别。

時厚耀以母年高，不忍離，乃就教職，得蘇州府教授[一]。未踰年，召入南書房[二]，上問測景是何法[三]，厚耀求指示，上曰：「此法甚精，不必用八線表。」即以西洋定位法[四]、開方法、虛擬法寫示。又命至座旁隨意作兩點於紙上，厚耀隨點之，上用規尺畫圖，即得兩點相去幾何之法。上從容諭曰：「堯典敬授人時[五]，乃帝王大事，奈何勿講！」嘗召入至淵鑒齋[六]，問難反覆，並及天象樂律山川形勢，得遍觀御前陳列儀器。召至西煖閣[七]，詢問家世甚詳。

[一]春秋戰國異辭凡例：「教授吴門，吴中士大夫家多藏書，得借而讀之，樂甚。既蒙召，入直內庭，得讀中秘書，益自幸。」祥案：同治蘇州府志卷五七職官六「蘇州府學教授」條：「陳厚耀，泰州人。進士。康熙四十九年任。」又「葉璿，歙縣人。貢生。康熙五十一年任。」然則陳氏任職在康熙四十九至五十一年間耳。

[二]清宮內乾清宮西廡向東爲懋勤殿，懋勤殿東向其南西出者爲月華門，由月華門轉南向北者爲南書房。爲內廷詞臣之直廬，有翰林任其事，每日輪值四人，負責編次御書，校對潤色等工作。參日下舊聞考卷一四國朝宮室六、國朝宮史卷一二宮殿二內廷一等書。

[三]測景，指立表測太陽之影長。

[四]定位法當指用筆算方法進行四則運算和開方及解方程過程中定數位的方法。

[五]尚書堯典：「乃命羲和，欽若昊天，曆象日月星辰，敬授人時。」

[六]淵鑒齋，在暢春園之澹寧居，大東門土山北循河崖西上爲淵鑒齋，七楹，南向，齋後臨河。清康熙時所建。聖祖

仁皇帝御製文集第二集卷三五淵鑒齋銘：「六籍斯列，百象斯藏。……取義於淵，源深且長。」然則淵鑒齋中亦爲陳設古籍珍玩供帝讀書賞玩處也。

［七］近藤注：「唐士名勝圖會（六卷，文化三年浪華龍章堂刊本）謂在京師大内之『重華宮』（卷一，第三九A），『宮前崇敬殿有東、西煖閣，倶供佛像。』」祥案：近藤氏誤。清宮諸殿多有東、西暖閣，此當指乾清宮之西暖閣，多陳列書畫古玩，清朝諸帝多在此召見臣下，詢問家世、出身、爲宦經歷等，以爲特寵之禮。潘妍豔作業：「清焦循著、劉建臻點校焦循詩文集下册雕菰續集陳曙峰先生傳：『又召至乾清宮西暖閣。上問：汝家有做官者否？厚耀叩頭，以伯父陳忠靖、叔父陳志紀對。』此明謂乾清宮西暖閣矣。」

從至熱河［一］，命賦泉源石壁詩［二］，授中書科中書，傳旨曰：「上道汝學問好，授汝京官，使汝老母喜也。」又諭厚耀曰［三］：「汝嘗言梅瑴成算學甚深［四］，今命來京，與汝同修演算法。」瑴成至，上問曰：「汝知陳厚耀否？他演算法近日精進。向曾受教於汝祖，今汝祖若在，尚將就正於彼矣。」乃命厚耀、瑴成並修書於蒙養齋［五］，賜演算法原本［六］、演算法纂要［七］、同文算指［八］、嘉量算指［九］、幾何原本［一〇］、周易折中［一一］、字典［一二］、西洋儀器、金扇［一三］、松花石硯及瓜菓等克什［一四］。癸巳［一五］，書成，特授翰林院編修。甲午，丁内艱，命賜帑銀，著江蘇織造經紀其喪。服闋，晉國子監司業，擢左諭德兼翰林院修撰［一六］，充戊戌會試同考官［一七］。己亥［一八］，告病，以原官致仕。

[一]清史稿卷四五時憲一：「五十一年五月，駕幸避暑山莊，徵梅文鼎之孫梅瑴成詣行在。先是命蘇州府教授陳厚耀，欽天監五官正何君錫之子何國柱、國宗，官學生明安圖，原任欽天監副成德，皆扈從侍直，上親臨提命，許其問難如師弟子。及瑴成至，奏對稱旨，遂與厚耀等同直內廷。五十二年五月，修律呂、演算法諸書，以誠親王允祉、皇十五子允禑、皇十六子允禄充承旨纂修，何國宗、梅瑴成充彙編，陳厚耀、魏廷珍、王蘭生、方苞等充分校。所纂之書每日進呈，上親加改正焉。」

[二]泉源石壁，爲熱河避暑山莊三十六景之一，參欽定熱河志卷二八行宮四泉源石壁。阮元廣陵詩事卷一：「又賜熱河夜光木，供之几上，光皎如月，厚耀奉敕賦夜亮木詩。」又江藩舟車聞見録卷下「夜亮木」條：「枯木入土千歲後，夜即放光，置暗室中，如月影。以素瓷盆貯水，投木入水中，通體空明，略無障翳。」潘妍豔作業：「焦傳：『從至熱河，命賦泉源石壁詩，授内府中書科中書内侍。……旋命陳厚耀、梅瑴成並修書於蒙養齋。凡賜果餅、蜜餞、人參……熱河有夜光木，折賜一枝，勅賦亮木詩，厚耀謝恩奉出，供之几上，光皎如月。』可知賦夜亮木詩與賦泉源石壁詩乃前後二事，江藩僅採其一也。」

[三]此段諭旨皆見疇人傳。其前尚有「厚耀請定步算諸書，以惠天下，上怡允」句。

[四]梅瑴成（一六八一—一七六三），字玉汝，號循齋，又號柳下居士，安徽宣城人。文鼎孫。幼承家學，精於天文演算法諸學。康熙五十四年（一七一五）進士。充蒙養齋彙編官。乾隆時，充增修時憲算書館總裁官。累官至左都御史。卒謚文穆。與修明史之天文、曆志，又參與數理精藴、曆象考成諸書之編纂，自著有增删算法統宗一一卷、赤水遺珍一卷，整理梅勿菴先生曆算全書等。疇人傳卷三九、清史列傳卷一七、清史稿卷五〇六有傳。

[五]清會典則例卷一五七國子監：「康熙五十二年，設算學館於暢春園之蒙養齋，簡大臣官員精數學者司其事。」

[六]焦傳：「凡賜果餅、蜜餞、人參、制窩瓜、御製演算法原本、御製演算法纂要、御書唐書金扇、同文算指、嘉量算指、幾何原本、周易折衷、字典。」祥案：幾何原本七卷附演算法原本一卷，有康熙時内府精鈔本，藏北京故宫博物院

圖書館。又有幾何原本十二卷附演算法原本二卷，康熙時内府漢文鈔本四册，亦藏故宫博物院圖書館。又鈔本陳厚耀算書六册，其中一册亦爲演算法原本，或爲陳氏過録之本，有陝西經貿學院李培業家藏本。參中國數學史大系副卷第二卷中國算學書目彙編。

［七］演算法纂要四卷，明程大位撰。大位著有算法統綜一七卷，該書爲用珠算盤爲計算工具之應用數學書，共五百九十五個應用題，絶大部分爲從傳本數學著書中摘録。數年後，大位將此書删繁就簡，成演算法纂要四卷，且增新增續編九歸歌釋義於後。全書計一百二十四問，爲圖六十一幅，其書刊佈後影響也很大。有明萬曆時原刊本、崇禎時重刊本、四庫全書本等。康熙所賜陳厚耀御製演算法纂要，可能是康熙帝改編之西洋算學書，目前尚存康熙年間編寫演算法纂要綱目一書，據韓琦、詹嘉玲考證，爲比利時耶穌會士安多（Antoine Thomas 一六四四—一七〇九）所撰拉丁文數學著作數學綱要（*Synopsis Mathematica* 一六八五）之漢譯本，此譯稿部分内容後來被納入數理精蘊中。參韓琦、詹嘉玲康熙時代西方數學在宫廷的傳播—以安多和演算法纂要總綱的編纂爲例一文，文載自然科學史研究二〇〇三年第二期。

［八］同文算指前編二卷通編八卷，明時利瑪竇與李之藻編譯本，全書依據克拉維斯（C. Clavius 一五三七—一六一二）實用算術概論（*Epitome arithmeticae Praticae*）與程大位算法統宗編譯，前編系統介紹西方筆算之定位法、加減乘除四則運算法。通編論述分數、比例、級數求和、盈朒、方程、開方、帶從開方等演算法。爲介紹歐洲筆算之第一部演算法譯著。有明刊本、四庫全書本、中西算學叢書初編本等。

［九］嘉量算指三卷，明朱載堉撰。全書爲求圓率，以算盤進行開方演算，結合音律計算演示了不同進位元的小數換算方法，求解等比數列各項的計算方法。有北京故宫博物院圖書館藏清鈔本、宛委别藏本等。

［一〇］幾何原本，一般指*Elements*，希臘數學家歐幾里得（Euclid 約前三三〇—約前二七五）的數學名著，後二卷爲後人續增，爲用公理方法建立演繹數學體系的最早典範。是書每卷皆以定義置諸卷首，前六卷爲平面幾何，七八九卷論算術，主要講數論，第十卷論無比例之幾何，最後五卷主要爲立體幾何。是書最早之中譯本爲明萬曆三十五年（一六〇七）由

利瑪竇與徐光啓合譯本，僅譯前六卷，今有明刊本。清末由英國傳教士偉烈亞力（Alexander Wylie 一八一五—一八七七）與中國數學家李善蘭合譯出後九卷（根據十五卷本），十五卷本有咸豐七年韓應陛刊本、同治時金陵書局刊本等。今有陝西科技出版社一九九〇年根據英國數學家希思（Heath，Thomas Little 一八六一—一九四〇）校注之英文本歐幾里得原本一三卷（*The Thirteen Books of Euclid's Elements*）翻譯本。但此處幾何原本不是指利瑪竇、徐光啓所譯歐幾里得原書前六卷中譯本，而是指留存至今的七卷本幾何原本，有漢文本和滿文本。康熙中後期，由法國的白晉（J. Bouvet 一六五六—一七三〇）和張誠（J. F. Gerbilon 一六五四—一七〇七）給康熙帝講解西方數學和科學，其中包括幾何原本在内。起初可能用的是標準的歐幾里得幾何原本爲教材，但康熙帝希望把學習時間縮短，於是從一六九〇年三月起改用巴蒂（I. G. Pardies，一六三六—一六七三）的實用和純粹幾何學。當時講課用的巴蒂幾何學講義形成了這些七卷本的幾何原本。此事在張誠日記中有詳細記載。他在三月二十四日寫道：「我們向他指明，如果他願意的話，我們將只講最必需最有用的定理，而不依照漢文譯本中的示例方法。這樣我們就能把課程縮短，並提供更正確的示例。陛下同意這一建議。我們决計改用巴蒂氏的實用和理論幾何學，因爲他的圖例比較易懂。」二十六日，又寫道：「開始講授巴蒂氏的基本定律。皇上煞費苦心地驗證二者之間的差别，並比較它們的表述方法。皇上用朱筆改正一些字，並向他的侍從們説，這是一本不平常的書。」參見張誠著、陳霞飛譯張誠日記（一六八九年六月十三日—一六九〇年五月七日），北京商務印書館一九七三年版。七卷本幾何原本的内容和結構與歐幾里得的幾何原本不同，主要内容是平面幾何和立體幾何，其中也包括阿基米德著作的内容和一些很晚的數學資料。在故宫博物院、中國科學院自然科學史圖書館、臺北中央圖書館等圖書館都藏有七卷本。此外注［六］提到的故宫博物院藏幾何原本十二卷（附演算法原本二卷）爲七卷本的改編本，都是源自巴蒂氏的幾何學著作。它們是數理精蘊中「幾何原本」部分的母本。詳參李迪明清間幾何原本傳入中國與印刷出版，見中日近現代數學教育史第四卷，ハソカィ出版株式會社二〇〇〇年版。

［一二］周易折中，參本書第二〇頁注［一六］。

［一二］字典，即康熙字典四二卷，張玉書、陳廷敬等奉敕纂。全書仿梅膺祚字彙、張自烈正字通體例，分二百一十四部首，以筆劃次序排列，共分十二集，另有凡例、等韻、總目、檢字、補遺、備考等。共收四萬七千〇三十五字，加上補遺、備考，凡達四萬九千餘字，且注音詳備，標有直音，收録義項完備，引例豐富。然錯訛亦頗多，道光間王引之奉命纂有字典考證，糾其誤二千五百八十八條。有康熙五十五年武英殿刊本、道光七年王引之等重修刊本，今有北京中華書局一九六二年據同文書局本縮印本等。

［一三］王士禎香祖筆記卷一：「二十年來，京師士大夫不復用金扇。」據此可知金扇蓋爲當時曾流行之工藝品，故爲皇帝與士大夫所喜，清帝給臣下與外國使節，亦多賜金扇與松花石硯等。

［一四］松花石硯，近藤注：「松花石爲四川永川縣（重慶府）來蘇鎮出産，因石質似松木而得名。高二至三尺，有一抱大小，俗稱電燒石。」祥案：清聖祖御製文二集卷三九松花石硯銘：「吉林松阿里江産此石。」又大清一統志卷四二奉天府五土産：「松花石，出混同江邊砥石山，玉色净緑，光潤細膩，品埒端、歙，可充硯材。」又西清硯譜附録有松花石雙鳳硯、松花石甘瓜石函硯、松花石壺盧硯、松花石翠雲硯、松花石蟠螭硯、松花石河圖洛書硯等。蓋産松花石者，非一地也。又克什，近藤注：「克什爲蒙古語 Kesi，釋爲『福祉天授』或『天子之恩、天子之恩命』之意，蓋指天子御賜品。」阮元廣陵詩事卷一：「厚耀以文學之世，遭遇聖主數言論定，可不朽矣。所賜書籍、儀器、瓜果甚多。」清福格撰、汪北平點校聽雨叢談卷一一「克食」條：「克食二字，或作克什，蓋滿漢字諧音書寫，有不必盡同者，如兀朮亦作烏珠，厄墨亦作額謨。考清語克什之義，爲恩也、賜予也、賞賚也，故恩騎尉曰克什哈番，天恩曰阿布喀克什得。近人泥於食字，誤克食爲尚膳，嘗見大臣誌傳中，曰賜克食幾次，是疊書滿漢賜賜兩字，殊費解也。愚臆誌傳用漢文者，除人名地名外，似不必雜入清語；亦如清文中，除人名地名仍還漢音外，他辭不得雜入漢語也。如必遵用當時傳宣之詞爲敬，則當作某月日蒙克什御膳若干品，庶於滿漢文氣兼至矣。」

［一五］書成，授厚耀翰林院編修。清聖祖實録卷二六一康熙五十三年十一月乙卯：和碩誠親王允祉等，以御製律呂

正義進呈。得旨：律吕、曆法、演算法三書，著共爲一部，名曰律曆淵源。

［一五］左諭德，官名。清初詹事府左右春坊之屬官。滿、漢各一人，漢員兼翰林院修撰銜，主要掌記注撰文之事。乾隆十三年（一七四八）裁撤。參清史稿卷一一五職官二詹事府。

［一六］祥案：戊戌科會試正考官爲吏部尚書張鵬翮、户部尚書趙申喬，副考官爲刑部左侍郎李華之、工部右侍郎王懿。參清代職官年表第四册會試考官年表。

［一七］春秋戰國異辭凡例：「己亥，蒙天恩予告歸田里，雖目昏手戰，然一日不事鉛槧，輒惘惘如所失，結習難忘，還自笑也。」

所著書有春秋戰國異辭五十六卷［一］、孔子家語注［二］、左傳分類、禮記分類、十七史正譌及天文曆算諸書［三］。又有春秋長曆十卷［四］，乃左傳分類中一門，爲補杜預長曆而作［五］。其凡有四：一曰曆証，備引漢、晉、隋、唐、宋、元諸史志及朱〔載〕（戴）堉曆書諸説［六］，以證推步之異［七］。又引春秋屬辭杜預論日月差謬一條爲注疏所無［八］，大衍曆議春秋曆考一條亦唐志所未録［九］，尤足以資考證。二曰古曆，古以十九年爲一章［一〇］，一章之首，推合周曆正月朔旦冬至［一一］，前列演算法，後以春秋十二公紀年横列爲四章［一二］，縱列十二公，積而成表，以求曆元。三曰曆編，舉春秋二百四十二年［一三］，一一推其朔閏及月之大小，而以經傳干支爲證佐，皆述杜預之説而考辨之。四曰曆存，以古術推隱公元年正月庚戌朔［一四］，杜預長曆則爲辛巳朔，乃古術所推之上年十二月朔，謂元年之前失一閏，以經傳干支排次知之，厚耀則謂如預之説，元年至七年中書日者雖多不失，而與二年八月之庚辰、三年十二月之庚戌、四年二月之戊申又不能合。且隱公三年二月己巳朔日食、桓公三年七月壬辰朔日食，亦皆失之。蓋隱公元年以前，非失一閏，乃多一閏。因退一月就之，定隱公元年正月爲庚辰朔，較長曆實退兩月。推至僖公五年止，以下朔閏一一與杜曆相符，故不復續載焉。蓋厚耀精於曆法，視預爲密，於考證之學尤爲有裨，治春秋者，不可少此編矣。又有春秋世族譜一卷[一五]，亦左傳分類之一門也。卒年七十有五。

[一一]春秋戰國異辭，爲異辭五四卷、通表二卷、摭遺一卷。四庫總目卷五〇史部別史類春秋戰國異辭：「是編採群書所載，與春秋三傳、國語、戰國策異同者，分圖編次，以備考證，亦間爲辨定。又取史記十二諸侯年表、六國年表合而聯之，爲通表二卷，其諧談瑣記、神仙藝術，無關體要，難以年次者，别爲摭遺一卷，以附於後。其通表排比詳明，頗有條理，異詞以切實可據者爲正文，而百家小説悠謬荒唐之論，皆降一格附於下，亦頗有體例。雖其間真贋雜糅，如莊、列之寓言，亢倉子之僞書，皆見採録，未免稍失裁斷。而採摭浩繁，用力可稱勤至，又所稱引諸書，多著某篇某卷，蓋仿李涪刊誤、程大昌演繁露之例，令觀者易於檢核，亦無明人杜撰炫博之弊。蓋馬驌繹史，用袁樞紀事本末體；厚耀是書，則用齊履謙諸國統紀體。而驌書兼採三傳、國語、戰國策，厚耀則皆摭於五書之外，尤獨爲其難，雖涉蕪雜，未可斥也。」厚耀又有春秋長曆及春秋世族譜，皆與是編相表裡，而自言平生精力用於是書者爲多云。」有四庫全書本、民國二十四年上海商務印書館刊本等。

[一二]春秋戰國異辭凡例：「所著春秋長曆、家語廣輯皆次第録副。」又阮元廣陵詩事卷三：「揚州當康熙時，詩人最

盛。通經著述之才，惟泰州陳曙峰太史厚耀。……元嘗見其家乘所載，尚有禮記分類、訂正孔子家語、十七史正訛等編，惜其嗣已絶，不可得見矣。其演算法可匹宣城梅氏，而考證精核，亦不在閻潛邱、顧亭林之下也。有算學書三十帙，今存泰州宫樂侯軒家。」據陳氏、阮氏語，則諸書皆有成書，然阮元當時即不可尋矣。

[三]祥案：此句中「曆算」之「曆」，原文作「術」，此段中下文之「長曆」、「古曆」、「杜曆」等同；又「曆証」、「曆書」、「曆元」、「周曆」、「曆編」、「曆存」、「曆法」等字之「曆」，原文又皆作「律」。皆爲避清高宗諱而改，粤雅堂本已皆改作「厤」，今皆從之改爲「曆」，以與陳氏原意相符。

[四]春秋長曆一〇卷，是書分曆証一卷，備引漢書以降諸書之説，以證推步之異。古曆一卷，以古法十九年爲一章，一章之首，推合周曆正月朔日冬至，前列演算法，後以春秋十二公紀年，横列爲四章，縱列十二公，積而成表，以求曆元。曆編六卷，舉春秋二百四十二年，一一推其朔閏及月之大小，而以經傳干支爲證佐，皆述杜預之説而考辨之。曆存二卷，以古術推隱公元年當爲正月庚戌朔。今有四庫全書本、皇清經解續編本等。

[五]杜預，見本書第七頁注[六]。春秋釋例一五卷，爲發明春秋義例之作。杜預以爲經之條貫必出於傳，傳之義例總歸於凡，左傳稱凡者五十，其别四十有九，皆有其義例在焉，有正例，有變例，非互相比較，則褒貶不明。故别集諸例及地名、譜第、曆數，參互發明，申以己意，撰爲此書。書後附有春秋地名、春秋會盟圖、世族譜、春秋長曆四篇。全書自明以來久佚，乾隆時四庫館臣從永樂大典中輯出，全書四十七篇，第四十五與四十六篇爲經傳長曆。今有四庫全書本，叢書集成初編本等。

[六]祥案：「曆証」，陳氏春秋長曆卷一作「集證」。「載」初刻本及他本皆誤作「戴」，今據改之。朱載堉（一五三六—一六一一），字伯勤，號句曲山人，明仁宗五世孫，鄭恭王世烷子。父卒，後讓爵於同族載壐，遷河南懷慶。卒謚端清。載堉專精天算、音律之學，發明有十二等律。主編有聖壽萬年曆，著有瑟譜一〇卷、律學新説四卷、律吕精義二〇卷、嘉量算指三卷等。事見明史卷一一九諸王四仁宗諸子，疇人傳卷三一有傳，亦可參戴念祖朱載堉——明代的科學和藝術巨星一

書，有人民出版社一九八六年版本。陳厚耀春秋長曆書中引朱氏説，詳見卷一元史曆志下引「明鄭世子載堉曰」條。

［七］此段自「其凡有四」至下文「不可少此編矣」，皆節引四庫總目之説。原文曰：「一曰曆證，備引漢書、續漢書、晉書、隋書、唐書、宋史、元史、左傳注疏、春秋屬辭、天元曆理及朱載堉曆法新書諸説，以證推步之異。」

［八］春秋屬辭一五卷，元趙汸撰。汸撰春秋集傳畢，因禮記有「比事屬辭，春秋之教也」之語，悟春秋之義在於比事屬辭，遂推究孔子筆削之旨，分爲存策書之大體、假削以行權、變文以示義、辨名實之際、謹内外之辨、特筆以正名、因日月以明類、辭從主人八體二百八十五目，尤重存策書之大體一例。有元至元二十四年刻本、明弘治重修本、通志堂經解本等。

［九］大衍曆議即大衍曆，亦稱開元大衍曆經，唐代曆算學家沙門一行（張遂，六八三—七二七）主纂。分曆術七篇、略例一篇、曆議十篇，是書「推周易大衍之數，立衍以應之」，故稱開元大衍曆經。參舊、新唐書曆志。祥案：陳氏引大衍曆議，見春秋長曆卷一唐書曆志下引「大衍曆議曰」條。

［一〇］陳厚耀春秋長曆卷二古曆法：「古法十九年爲一章，至朔分，齊四章爲一蔀，復得朔旦冬至二十蔀爲一紀，則日之干支復其初。三紀爲一元，則年月日之干支，皆復其初，是爲曆元。」

［一一］此段謂陳氏製表之法，詳參春秋長曆卷二春秋古曆。

［一二］春秋十二公，即春秋時魯國之隱公、桓公、莊公、湣公、釐公、文公、宣公、成公、襄公、昭公、定公與哀公。

［一三］陳氏曆編，起自魯隱公元年（前七二二），迄魯哀公二十七年（前四六八），前後共二百五十四年，非二百四十二年。今人所論春秋時期，自周平王元年（前七七〇）至周敬王四十四年（前四七六年），前後共歷二百九十四年。詳參春秋長曆卷三曆編一至卷八曆編六。

［一四］祥案：杜預以爲隱公元年正月辛巳朔，大衍曆以爲正月辛亥朔，陳氏按古曆推之，以爲隱元年正月朔當爲庚

戌，辛巳實上年十二月也。下文所推論亦多同理可得。詳參春秋長曆卷九長曆退兩月譜。

[一五]春秋世族譜一卷，今本爲二卷。春秋之世，自王朝至諸侯卿大夫，得姓受氏，各有源流。歷代記述其世族之譜者亦多，然多無傳。杜預春秋釋例久佚，今傳本爲清四庫館臣從永樂大典中輯出者，而陳厚耀時亦無緣得見。其書據孔氏正義，旁參他書，纂爲春秋世族譜以補之。其體皆旁行斜上，首周世次圖，而以周之卿大夫附後，次魯、晉、衛、鄭等大小國。與顧棟高春秋大事表中之世族表，互有詳略，皆可備參稽。潘妍豔作業：「春秋世族譜初爲一卷本，最早刊於清雍正三年。余取此本與四庫本相比核，内文悉同，惟格式稍殊，又四庫本析是書爲上、下二卷。是書今傳本不少，殆皆祖雍正三年本。余見有乾隆五十七年刻本，改書名爲春秋世本圖譜，内封題曰『舉業必備』，『宫詹梁伯阮元鑒定』，然刪去列國雜姓名號及公子世系未詳者兩種；又清道光間甘泉黄氏刊本等。」

程晉芳

程晉芳[一]，字魚門，一字蕺園[二]，江都人[三]。家山陽，饒於貲。喜讀書，蓄書五萬卷，丹黄皆遍[四]。性又好客，延攬四方名流，與袁大令枚、趙觀察翼、蔣編修士銓爲詩歌唱和，無虚日，由此名日高而家日替矣。累試南北闈，不售[五]。乾隆二十七年，高宗純皇帝南巡，召試，授中書[六]。後十年，始成進士，改主事[七]。旋授吏部員外郎，與修四庫全書，欽命改翰林院編修[八]。

［一］祥案：翁方綱復初齋文集卷一四墓誌銘：「初名廷鐄。」錢仲聯主編廣清碑傳集卷七金天翮傳同。揚州畫舫録卷一五岡西録：「先名志鑰，字魚門，又名廷鐄，字蕺園，夢天開榜有晉芳名，故易今名。」

［二］祥案：一字蕺園，袁枚小倉山房文集卷二六墓誌銘、碑傳集卷五〇徐舒受墓表同。惟翁銘曰：「君束髮時，讀蕺山劉念臺人譜，見其論守身事親大節，輒心慕之，故以『蕺園』自號。」然則「蕺園」爲號，是矣。

［三］翁銘：「君之高祖，自歙遷揚，以鹽筴起家。」

［四］袁銘：「父遷益，生子三人，……君其仲也。乾隆初，兩淮殷富，程氏尤豪侈，多蓄聲色狗馬。君獨愔愔好儒，罄其貲購書五萬卷，招致方聞綴學之士，與共討論。海内之略識字能握筆者俱走下風，如龍魚之趨大壑。」翁銘：「君家素饒於財，自少至壯，積書三萬餘卷。中年已後，家落而書亦稍散失矣。」又程晉芳勉行堂文集卷二桂宧藏書序：「余年十三四歲即好求異書，家所故藏凡五千六百餘卷，有室在東偏，上下小樓六間，庭前雜栽桂樹，名之曰桂宧，四方文士來者，觴詠其中，得一書則置樓中，題識裝潢，怡然得意，吾友秀水李情田，知余所好，往往自其鄉挾善本來，且購且鈔，積三十年而有書三萬餘卷。其後家益貧，不獲已則以書償宿負，減三分之一。自來京師十年，坊肆間遇有異書，輒典衣以購，亦知玩物喪志之無益而弗能革也。壬辰長夏，病卧一室，取舊時書目閲視，爲之慨然。回顧江南，家無一椽片瓦，故書之寄在戚友家者，知能完整如舊否？而隨身尚有萬五千卷，足供循覽，因就舊目，詳爲編次，以志余疇昔之苦心，其存者稍爲别識，他日或幸有力，猶將補所未備。要之，視范、馬、朱氏所藏，終不逮遠矣。歐陽子云：足吾所好終老焉可也，遑計其他乎！」又勉行堂詩集卷一二涉江前集曝書：「鹿鹿從制科，計與讀書左。牙籤三萬軸，盡遺高閣鎖。」祥案：據程氏自語及翁銘，則藏書三萬餘卷者是，江氏據袁銘曰五萬餘卷者非也。

［五］袁銘：「君不能無用世心，屢試南闈不第，試京兆不第。亡何，鹽務日折閲，而君舟車僕速覓覺温卷之費頗不貲。家漸中落，年已四十餘。」又徐墓表：「性好施予，爲之持籌握算者，竊從而干没之，業益中落，則又稱貸，益不貲。」

［六］袁銘：「天子南巡，君獻賦，召試行在，賦江漢朝宗詩四章，天子嘉之，拔第一，賜中書舍人。」祥案：是年爲

清高宗第三次南巡。

［七］徐墓表：「再舉進士，改吏部文選司主事。」

［八］翁銘：「癸巳歲，高宗純皇帝允廷臣之請，特開四庫全書館，妙選淹通碩彦，俾司修纂，君與其列，旋以館閣諸公校覈訛誤，皆罹薄譴，獨君所手輯，毫髪無疵。書成奏進，純皇帝素稔君才，仰荷特達之知，改授編修。本朝自新城王文簡公以部曹改官翰林而後，詞林掌故不復多覯，洵異數也。」

君生而頎長，美鬚髯［一］，酒酣耳熱，縱論時事，則掀髯大笑，少所容貸。至於奬掖後進，則有譽無否也。［二］不善治生，家事皆委之僕人，坐此貧不能供饘粥，以至責户剥啄之聲，不絶於耳［三］，而君伏案著書，若無事者然［四］。後乞假游西安，卒於巡撫畢沅署中［五］。

［一］陳鴻森駢枝：「趙慎畛榆巢雜識卷上『程魚門』條云：『程魚門充四庫館纂修，議敘引見時，上顧左右曰：程晉芳大似西洋人。程有句云：西洋殊似耳，北闕競傳之。』可與此傳參觀。」

［二］袁銘：「君秀眉方頤，髯飄飄然左右拂。吟論意得，闊步摇簸，袍褶風生。與人言暖暖姝姝，若恐傷之，雖臧獲無所凌誶。遇文學人慄然意下，敬若嚴師，雖出己下者，亦必推轂延譽，使滿其意。以故京師語曰：『自竹君先生死，士無談處；自魚門先生死，士無走處。』」徐墓表：「先生廣顙方頤，下髯修三尺，飄飄然白如銀絲，有神仙之姿。……先生官曹郎時，陽湖程文恭公爲尚書，山左袁公爲侍郎，並風裁清整，長髯亦雅相埒，京師人語之曰『吏部三髯先生』。」凌廷堪校禮堂詩集卷六懷舊詩四首其一故翰林院編修程蕺園先生：「我初入京師，逐逐肥馬塵。感君一見我，許我觀國賓。爲我謀一枝，不憂長安貧。君家本素封，獨與逢掖親。黃金信手盡，非爲營一身。廣厦大布衾，寒士忘艱辛。……老作吏部

郎，馬骨高嶙峋。」

［三］責戶剥啄，謂債主敲門催債也。剥啄，敲門聲。韓愈昌黎集卷四剥啄行：「剥剥啄啄，有客至門。我不出應，客去而嗔。」清史稿卷四八五袁枚傳：「編修程晉芳死，舉借券五千金焚之，且恤其孤焉。」

［四］袁銘：「君耽於學，見長几闊案輒心開，鋪卷其上，百事不理。又好周戚友，求者應，不求者或强施之。付會計於家奴，任盜侵，了不勘詰。以故雖有俸、有佽助，如沃雪填海，負券山積，勢不能支。」徐墓表：「年六十，猶日有課程，温習經史，或幾章，或幾卷，流覽古人詩文幾册，以小盂貯紅豆記其所讀之數，夕則覆驗之。」

［五］袁銘：「乞假赴陝，將謀之中丞畢公，爲歸老計。時酷暑，索逋者呼譟隨之。君已衰老，乘弁棧車行烈日中，頓撼失食飲節。又聞西陲兵起，氛甚惡，不能無悸，遂病。至中丞署中一月死，年六十七。」祥案：程氏卒年爲乾隆四十九年，爲西元一七八四年。

君始爲古文詞，及官京師，與笥河師、戴君東原游，乃治經，究心訓詁［一］。著有周易知旨［二］、尚書今文釋義［三］、左傳翼疏［四］、禮記集釋［五］、勉行齋文集十卷［六］、蕺園詩集三十卷［七］。

［一］祥案：江藩未讀程氏之書，又不諳其人，蓋因其爲江都人，又與朱筠關係親密，與當時治漢學者多有往還之故，遂收入師承記中。然江氏實不知程氏所治何學，惟於影響之間，想當然耳。詳考程氏學行，其不僅不主漢學，且爲反漢學者也。程氏書多不存，然其勉行堂文集中存諸書之序，讀諸序即可知，程晉芳絶非漢學中人，故其卒後爲誌銘者亦爲翁方綱、袁枚，亦堅持宋學而攻漢學者，正所謂氣味相投也。後見中國國家圖書館藏李慈銘校嘉慶二十三年初刻初印本師

承記，李氏於程晉芳記批曰：「慈案：程晉芳實不知學，其勉行齋文集中，妄言甚多。當戴東原在都時，傾服甚至，及東原殁，則力毁之，以其無子爲詆宋儒之報，其説經皆肊造故實，與並時上元程廷祚相似。此記於漢宋門户别擇甚嚴，而晉芳獨濫入者，由江氏未見其書故也。」案李氏之説，恰與筆者之説相合。然其譏程氏「實不知學」亦過矣，又抵戴震而「力毁之，以其無子爲詆宋儒之報」者，亦爲姚鼐、程廷祚，非晉芳也。程氏學行，今人未曾撰文述論，故下文之注不憚繁冗，多引其書序以明其學術宗旨耳。

[二]周易知旨即周易知旨編，今不見傳本。趙懷玉勉行堂五經説序引曰：「先生於五經皆有撰述，易有知旨編，書有今文釋義、古文解略，詩有毛鄭異同考，春秋有左傳翼疏，禮有禮記集釋，今俱在其門生謝祠部振定處。前刻詩版已没於水，詩文全稿則畢尚書嘗許代刻，後竟失之，遂不可得。」故程氏專著多不存世，今録其數篇序言，以窺其宗旨。勉行齋文集卷二周易知旨編序曰：「晉芳非注易者也，學易而已。學之既久，於漢唐以來講貫有得者，好之甚，斯著之，其有不合者，間有辨論，亦記於篇，積以歲月，遂將成卷軸。將以自誨，疇敢誨人。獨念易經輔嗣之廓清，又得康伯、仲達纂續疏解，宋賢輩出，大義愈明，我朝安谿講肄於前，家綿莊剖晰於後，凡諸乘承比應之拘牽，陽位陰位之傅會，與夫互卦卦氣卦變方圓先後圖位，固已一舉而空之，宜乎四聖人之心思，昭揭於千古矣。而三十年來學士大夫，復倡漢學，云易非數不明，取輔嗣既掃之陳言，一一研求，南北同聲，謂爲復古，使其天資學力，果能上逮九家，吾猶謂之不知易也。況復好奇騁異，志在争名，徒苦其心，自墮於茫曶之域，不可歎耶！且六十四卦象既備矣，繫辭、説卦所發揮數可知矣，而學者必欲於所既有之外，闡所本無，曰不知數無以知來也。噫！諸君子窮極漢學，果克知來也耶？京傳焦學，而焦謂得其道以亡身，程子謂邵子别是一種學問，就令數學造極精微，尚與周、孔間隔數層，而況聖人所不及知者。後學轉欲知之，蘄勝於聖人，毋乃蹈至愚之誚乎。愚之爲是編也，蓋欲潛窺古聖作易之初，謂人秉性以生，性專而欲雜，天秉理以運，理正而數奇，以多欲之人遇多奇之數，其能有吉無凶，免於悔吝乎？賢人君子有可亨之道，而值至困之時，其何恃而不恐乎。夫是以寫憂患於文辭，寄占驗於卜筮，因筮以明義，而全體大用，不專在乎蓍即數以知來，而盡化窮神必根極乎理扶陽抑

陰其大旨也。履險處困其大用也，其所以該三極而彌六合者，似奇而實平，似遠而實近，學者得其一節，而行之修己治人，恢乎裕矣。晉芳雖能言之，而檢束身心，未能力行一二也，安敢以爲教人之術乎！」

［三］尚書今文釋義四〇卷，今不見傳本。勉行齋文集卷二尚書今文釋義序曰：「竊謂士君子治經之道，必鉅細弗遺，本末該貫，而後其學成。孔子之教人讀詩也，曰『可以興，可以觀，可以群，可以怨』，是言性情之觸發也；曰『邇之事父，遠之事君』，是言著效之大也；曰『多識於鳥獸草木之名』，是言其纖悉必貫也。明乎此則豈獨學詩爲然哉。凡治經者視此矣。孔傳雖晚出，而得於周秦漢之舊聞者多，數典辨物，中者十之六七，宋人取諸心得，不免武斷之譏，而於漢晉詁訓蔽塞叢結處，亦頗爬梳一二，均未可偏廢也，矧說九族者不明五服之定制，論五刑者不知肉刑之非古，其有關於世道尤大。余之爲是編也，豈敢自謂跨軼前賢，然平心審擇二千年來講說之善者，遐採旁搜，遺漏者罕矣。其言之謬誤足熒惑聽者，亦屢□焉，凡爲書四十卷，録而藏之。其專釋二十八篇者，伏之與梅，去若天壤，在今日已爲定論，學者固宜分別觀之，正無俟讕言詮釋也。」祥案：程氏尚有尚書古文解略六卷，今亦不傳。勉行齋文集卷二尚書古文解略序：「梅氏晚出書，元明諸賢雖間一辨之而未極，我朝閻伯詩、程綿莊、惠定宇輩出，始抉摘無遺藴，雖以西河之博識多聞，爲之奮臂大呼，莫能翻已成之案也。然近儒沈果堂謂是書必不能廢，余獨有取乎其言，以爲匪特不能廢，亦不可廢也。蓋其書雖成於襞績之功，鍼線之迹顯然，而一一皆有自來。如說命諸篇，氣象矜貴，言皆有物，士生宋明以降，凡六代三唐詩文小集，片紙隻字，猶或珍襲，況其彙輯三代以前嘉言懿訓，聯珠貫璧而出之，遂視同土苴乎。特其不足信而能貽弊者，亦有數端，前人固已詳辨之。學者要當分別觀之，且不宜與伏書相混耳。辛丑初夏，排纂今文釋義第四稿竣，爰取梅書讀之，因孔、蔡二傳，略爲去取，參以別家之說，凡六閱月而成解略六卷。」

［四］左傳翼疏即春秋左傳翼疏三三卷，稿本，今藏北京大學圖書館。今存卷一至八、卷十三至三十三，凡二十九卷。勉行齋文集卷二春秋左傳翼疏序：「余入都後甲戌、乙亥間，始取左傳注疏反覆讀之，乃知元凱之注，尚意而不尚辭，於典物猶多未備，孔仲達不長於地學，詮釋多遺，賈、服遺文，往往散見他書，未及收録，是皆可爲補葺者也。丙申之秋，

治尚書漸有端緒，乃取唐以前書詳加校閲，其有關於左氏者，皆摘録之，又録宋以降諸家數十種，補正高氏春秋地名考略三百餘條，荏苒四年，得書三十二卷，命之曰春秋左傳翼疏，非敢規杜也，埤孔而已。」

[五]禮記集釋，今未見傳本。勉行齋文集卷二禮記集釋序：「余撰禮記集釋成，爲三説以弁其端：其一曰所見異辭，所聞異辭，所傳聞又異辭，春秋之事也，不特春秋，即禮記有然矣。蓋周官雖多庬雜不經，而出自一人，無相矛盾處。儀禮則記一時儀節，次序秩然，無可疑議，禮記自周秦歷兩漢，作者非一人，傳者非一時，或親得之於孔子口授，或轉相授受，訛以傳訛，其精深博大者有之，其互相牴牾者有之，必欲比而同之，既有弗能，欲悉斷其得失是非，亦未易易，此康成於析難之義，遂以夏殷之禮爲歸也。其二曰宋賢謂儀禮爲經，禮記爲傳，此其説亦非定論，禮記中如冠昏聘射燕鄉飲諸義，自是儀禮之傳，然儀禮本自有記，記即傳也。如冠義諸篇，亦可名爲傳耳。若夫王制、月令則近於史，表記、坊記、緇衣則近於子，至如内則、奔喪、深衣、投壺之類，自宜與儀禮相匹，各自爲經，何由作傳，故欲舉一言以括古書之全旨，未易云然也。其三曰天之生宋賢也，既使彰孔、孟之絶學以昭來兹，又使闡注疏未罄之藏刮垢而磨光，使人不蔽於章句，而又將開數百年制藝之學，爲士子登仕之階，故其所著書，不獨理明典備，亦簡括易讀，假以注疏爲功令，俾士子習以作時文，必有難於措手者矣。然宋賢之自成一書，非謂世之人但讀己書，不必更從漢唐學也。而自有宋賢諸著以來，注疏束高閣者且數百年，無論程朱片言隻字，奉若圭璋，既蔡氏之書傳，陳氏之禮記集説，亦以淵源有自，遂爾户誦家絃，至於今弗絶。夫蔡、陳之作，其於古注疏豈無救正釐剔處，然又何至惟知蔡、陳，若齊人之知管、晏耶？余之編集釋也，於諸家同異徧列之，因以考證其得失，於典物鉅細必有詮注，使人知禮記之卓然爲經，非盡取材於周官、儀禮也。漢唐以及本朝注釋諸家，苟有可存必録焉，而泛言義理不待多方以釋者，則置而弗道。蓋欲於制義外别存古人淹雅一門，使三代以上文物聲名可稽諸簡册，惜乎精神衰薾，泛覽者無多，謏聞之譏，所不敢謝也。」

[六]勉行齋文集十卷。程氏詩文集，殁後留於畢沅署中，稿後散佚。嗣子瀚搜羅訪尋，得文集六卷，題勉行堂文集，其中如卷一正學論七篇，言程朱之學爲正，陸王爲偏，又論當時漢學諸家之弊，皆時人所未能言者。可知其雖與漢學諸人

往來密切，然治學宗旨大不同也。今有嘉慶二十五年刻本、續修四庫全書本等。

［七］蕺園詩集三十卷。今存爲勉行堂詩集二四卷卷首一卷，始於乾隆壬戌終壬辰，編年分卷，悉仍程氏生前手定稿本，凡一千七百八十首。惟進御詩别爲首卷，又聯句詩已刻於他家集中者，遂不重刻。其詩才情豐蔚，隸事多而採訪廣。凡游歷所至，輒有作，於友朋辭誼尤深。有嘉慶二十五年江寧鄧氏刊本、續修四庫全書本等。祥案：程氏著述，尚有毛鄭異同考一〇卷，有清鈔本，今藏中國國家圖書館。

祥案：關於程晉芳著述的情況，可參王勇程晉芳著述考，載中國典籍與文化二〇〇九年第三期。又潘妍豔作業：「此述程氏著述，全襲袁枚墓誌銘，言之未備。程晉芳之著述，可據翁方綱墓誌銘，分爲如下三類：一、説經之書凡六種，有周易知止編三〇餘卷、尚書今文釋義四〇卷、尚書古文解略六卷、詩毛鄭異同考一〇卷、春秋左傳翼疏三二卷、禮記集釋若干卷。二、詩文集。三、其他有諸經答問一二卷、群書題跋六卷、桂宧書目若干卷等。説經之書，今存者唯春秋左傳翼疏、詩毛鄭異同考，亦作毛鄭異同考。」

賈田祖

賈田祖，字稻孫，號禮畊，高郵州人［一］。廩膳生［二］。乾隆四十二年，試於泰州，病，經宿而卒［三］。藩亡友汪明經中志其墓，稱「田祖好學，多所贍涉。喜左氏春秋，未嘗去手，旁行斜上，朱墨爛然。善爲詩，所作三千餘篇［四］。性明達，於釋老、神怪、陰陽、拘忌及宋儒道學無所惑［五］。伯兄有錮疾，喜怒失中，君事之，曲得其欲」。與陽湖洪稚存、同里李惇、王念孫友善。「矜立名節，猛志疾邪」云云[六]。蓋力行篤學之士也。藩未識其人，亦未讀其所著書。墓誌云「旁行斜上」者，豈田祖爲春秋之表學歟[七]？然明經不輕許人，其言可信也[八]。

[一]古人名字解詁：「詩小雅甫田：『琴瑟擊鼓，以禦田祖。』又『曾孫之庾，如坻如京。乃求千斯倉，乃求萬斯箱，黍稷稻粱。』故以『稻孫』應『田祖』。」汪中述學外篇大清故高郵州學生賈君之銘：「先世北平人，十四世祖愚，以從明成祖靖難功，官高郵指揮司僉事，子孫襲官，因家其地。祖良璧，舉人。父兆鳳，翰林院檢討。」

[二]汪銘：「君生十三歲而入於州學。既久，始食其廩膳。」揚州畫舫録卷三新城北録上：「同時高郵賈田祖稻孫好學，多所贍涉，容甫所學，半取資焉。」

[三]汪銘：「乾隆四十二年，君試於泰州，五月乙丑，一宿而卒。琴瑟方禦，弔者在門。逆旅桐棺，視不受含。斯生人之極哀已！……其歿也，年六十有四。」

[四]汪銘：「所作凡三千餘篇，發言深摯，哀樂過人。」祥案：今存賈稻孫集凡收詩作三一三篇，則爲其作十之一也。

[五]近藤注：「汪中撰銘作『宋諸儒道學』，江藩删一『諸』字。述學他本剜改作『宋以後禪學』五字。」

[六]祥案：汪銘原文友善中有李、王二氏而無洪氏。其曰：「矜立名節，猛志疾邪，少所容貸。及其所善，窮鄉末學，一節之美，終身咨誦，不可彌忘。與同里李惇、王念孫友，三人皆善飲。酒酣，君輒鉤析經疑，間以歌詩，往牒舊聞，泛演旁出，嘲噱風生，戲而不謔。洎夫述先正之明清，傷末俗之流失，聲情激烈，恒蓋其坐人。故君雖窮老而志不衰。」潘妍豔作業：「賈氏與洪亮吉友善，汪銘雖不言，可由賈、洪二氏詩文集證之。賈田祖賈稻孫集卷四有丙申歲仲夏洪稺存來自毘陵訪予寓齋用王荆公和王微之登高齋韻三首奉贈詩。洪亮吉卷施閣文乙集卷二有傷知己賦并序，序曰：『生我

者父母，知我者鮑子。嗚乎！於是綜其梗槩，述其終始。虞山邵先生齊燾、……明經高郵賈君田祖……凡十人。』其引賈氏爲其知己。賦中小注曰：『歲癸巳，余在姑熟，與賈明經訂交。明經年六十餘，卽席次王元之高齋韻三首見贈。後予遊維揚，又與明經爲焦山海門之遊。明經以丙申冬下世，著述甚多，惜不及見。然予交海内士流最衆，其質直好義，未有如明經也。』此追憶舊日往還。另，卷施閣詩卷一傭書東觀集有高郵哭亡友賈田祖詩，元注曰：『丙申夏，予留滯太平，幾不能行，先生假錢携酒送歸。』卷二憑軾西行集有送崔二景儼南歸讀書并就婚詩云：『我交於世皆蒼老，朱賈淪亡益悲悼』，原注曰：『謂全椒朱訓導沛、高郵賈文學田祖。』皆可見二氏交誼之深。」

［七］史記卷一四十二諸侯年表第二：「太史公讀春秋曆譜諜，至周厲王，未嘗不廢書而歎也。」索隱：「劉杳云：『三代系表旁行邪上，並效周譜。』譜起周代。』」又梁書卷五〇劉杳傳：「王僧孺被敕撰譜，訪杳血脈所因。杳云：『桓譚新論云：太史公三代世表，旁行邪上，並效周譜。以此而推，當起周代。』僧孺歎曰：『可謂得所未聞。』」祥案：李慈銘曰：「汪氏謂『旁行斜上、朱墨爛然』者，言於左氏書中旁行上方記注皆滿，非周譜『旁行斜上』之謂也。」

［八］賈氏著述，今見者有稻孫詩集四卷，有李詳眉批、題記與張爾田題記。共收詩古近體等三一三首，賈氏自謂刊削存十之二三。與李格非唱和並悼其作，較他友人爲多。李詳謂賈氏詩清勁，得之杜、韓，無乾隆中葉後假詭綺靡直致之習。張爾田謂其詩蒼勁深厚，卓然一家。有乾隆四十九年刊本；又有他本容瓠軒詩鈔四卷，乾隆間刻本。

李惇

李惇，字成裕［一］，一字孝臣［二］，高郵州人［三］。祖兼五，父佩玉，皆有篤行［四］。君治經通敏，尤深於詩及春秋三傳之學［五］。晚好曆算，得宣城梅氏書，盡通其術［六］。與同郡劉君台拱、王君念孫、汪君中友善，力倡古學[七]。君内性淳篤，恂恂退讓[八]，不與人較；然遇友朋患難，則尚義有爲，至死不變[九]。久困諸生，以高第將貢於國學，試之前夕，執友賈田祖死，君不入試，親爲棺斂，送歸其家[一〇]。容甫稱其勇於爲義，有過賁、育[一一]，非虚語也。

[一]古人名字解詁：「書洛誥：『惇大成裕，汝永有辭。』」

[二]汪中述學外篇大清故候選知縣李君之銘、阮元揅經室續集卷二高郵李孝臣君傳同，焦循雕菰樓集卷二一李孝臣先生傳曰：「號孝臣。」李詳汪容甫文箋大清故候選知縣李君之銘：「此云字孝臣，省文也。」

[三]阮傳：「先世蘇州人，遷揚州高郵州。」

[四]焦傳：「祖兼五，太學生。父佩玉，邑增廣生。皆有篤行，邑中稱曰善人。」阮傳：「祖、父皆以州文學力行善事，司普濟育嬰堂，盡其力施藥救病，節衣食爲之。」

[五]汪銘：「君治經通敏，於詩、春秋尤深，作解義數十條，義並精審。」阮元廣陵詩事卷九：「幼時聰穎過人，九歲入義學誦經史，一目不忘，卒成經學宿儒。惜所著不傳。元嘗聞王給諫（念孫）述其讀洪範『子孫其逢』二字絶句，與『從』、『同』爲韻。逢，大也。極爲精確。足見一斑。」

[六]雕菰樓集卷二三書謝少宰遺事：「孝臣通三禮之學，善天文律算，其名與容甫並稱。」揚州畫舫録卷三：「李惇，通三禮，精律數之學，生平重氣節，學者稱爲醇儒。」

[七]汪銘：「是時古學大興，元和惠氏、休寧戴氏，咸爲學者所宗。自江以北，則王念孫爲之唱，而君和之，中及劉台拱繼之。並才力所詣，各成其學，雖有講習，不相依附。君於年不長，三人者兄事焉。」阮傳：「既長，博極群書，尤邃

經傳。與同里賈君稻孫、王君懷祖同力於學，興化顧君文子、任君子田，寶應劉君端臨，江都汪君容甫，歙程君易田，皆學術研摩，極一時之盛。」

〔八〕論語鄉黨：「孔子於鄉黨，恂恂如也，似不能言者。」集解：「恂恂，温恭之貌。」

〔九〕汪銘：「內行淳篤，臨財無所苟。與人交，恂恂退讓。己所不欲，不以責人；己所知，不與人爭。其所親善，死生貧富，不以易其心。」焦傳：「先世遺田百畝，僅足饘粥，鄰里宗族宜任恤資助者，必竭力行之，不計家之空乏；與朋友交，和易謙退，無争詰，無嫉妒。故人樂與之親近，而無謗聲。」

〔一〇〕焦傳：「丁酉，拔貢歲。學使者謝公墉，注意於惇，時亦以高郵無過惇者。賈君稻孫，先生之友也，試前一日，卒於泰州之旅舍，賈故貧，先生爲之經營殯事，遂不復與選拔。南昌彭尚書元瑞，時督學兩浙，聞其事，以先生古人，聘諸幕中，且使課其子。」阮傳同。祥案：此事又見雕菰樓集卷二三書謝少宰遺事。

〔一一〕汪銘：「君短不及中人，貌質樸，嗜酒，善諧笑。至其執心尚義，勇於爲人，雖賁、育不過也。」祥案：孟子公孫丑上：「若是，則夫子過孟賁遠矣。」又史記卷一〇一袁盎傳：「雖賁、育之勇，不及陛下。」集解引孟康曰：「孟賁、夏育，皆古勇者也。」索隱引尸子曰：「孟賁水行不避蛟龍，陸行不避兕虎。」

乾隆四十四年己亥，中式舉人。明年，成進士。注選知縣，襆被南歸，不能家食。時謝侍郎墉督學江蘇〔一〕，延之主暨陽書院〔二〕。君口不雌黄人物，與世無忤，然忌其學者，於侍郎前日貢萋菲之言〔三〕，侍郎輕信讒言，竟下逐客之令〔四〕。君嘗謂人曰：「容甫恃才傲物，宜爲時所嫉。予一生謹厚，亦爲世人所忌，豈命宮坐箕宿耶〔五〕！」後得末疾，終於家〔六〕。年五十一。

[一]謝墉(一七一九—一七九五),字昆城,號金圃,又號東墅,清嘉善人。乾隆十七年(一七五二)進士。五遷工部侍郎,督江南學政。四十三年,調禮部,後調吏部左侍郎。四十八年,復督江南學政。後因事降爲編修。有荀子楊倞注校二〇卷附校勘補遺一卷(與盧文弨同校)、聽鐘山房集二〇卷等。事見阮元揅經室二集卷三墓誌銘,清史列傳卷二五、清史稿卷三〇五有傳。

[二]焦傳:「爲暨陽書院院長,以經學教諸生徒,從者甚衆,其高弟章世繩、王蘇,皆以先生學取高科,名於世。」暨陽書院,位於江蘇江陰,乾隆三年,知縣蔡澍初建,名「澄江書院」,七年改地重建,二十三年學政李因培檄縣興建新舍,易名「暨陽」。名儒如盧文弨、李兆洛等皆曾主之。

[三]詩小雅巷伯:「萋兮斐兮,成是貝錦。彼譖人者,亦已大甚。」鄭箋:「喻讒人集作己過以成於罪,猶女工之集采色以成錦文。」

[四]汪銘:「君居則受侮於家,出則不諧鄉里。客於四方,游於京師,人或始慕而終棄之,其愛而加敬者,不十人焉。以爲古之道不宜於今,今之人不足以知君也。然君當少壯之日,窮餓奔走,汲汲無歡。中歲以後,百疾交侵,支離骨立。未霑一命,竟隕中身。女失歸所,子又不肖,則非人之所能爲也。然後知世之同力擠君者,實順乎天心。而莊周氏所稱人之小人、天之君子者,至於君而其言不驗焉。嗚呼!豈君之命與?」祥案:今本莊子皆作「天之小人,人之君子;人之君子,天之小人也。」殆焦氏記憶偶誤耳。

[五]命宫,星命術士以人之生時加太陽宫,順數遇卯爲命宫。箕宿,二十八宿之一。東方蒼龍七宿之末宿。命宫坐箕宿,箕星形狀呈張開如箕形,星命家謂有口舌之争,此謂遭人讒言也。詩小雅巷伯:「哆兮侈兮,成是南箕。彼譖人者,誰適與謀。」小序:「寺人傷於讒,故作是詩也。」

[六]焦傳:「乾隆四十九年八月卒,年五十有一。」汪銘:「乾隆四十五年,君成進士,注選知縣。越四年病卒,年五

十有一。」阮傳：「乾隆五十年，年五十一，以疾卒。」祥案：依汪、焦所述，阮氏誤。

憶昔年君往江陰，留宿藩家，與君然燭豪飲，議論史事，君朗誦史文，往往達旦。明日，藩取史文核之，一字不誤也。藩獲交於君時，年少，好詆訶古人，君從容謂藩曰：「王子雍有過人之資，若不作聖證論攻康成，豈非淳儒哉！」少頃，又曰：「若夫佛氏輪迴因果之説，淺人援儒入墨之論，不可不辨[一]。子車氏所謂『正人心，息邪説』[二]，苟不力闢之，是無是非之心矣。」嗚呼！自君謝世之後，二十餘年，藩坎坷日甚，而情性益戾，不聞規過之言，徒增放誕之行，可悲也夫！

[一]汪銘：「君知鬼神情狀，不惑於非類。」

[二]語見孟子滕文公下，子車氏，孟子之字，一作子輿，皆後人依託之説，無有憑據。

君所著有卜筮論、尚書古文説（金縢、大誥、康誥三篇）、毛詩三條辨、大功章爛簡文、明堂考辨、考工車制考、歷代官制考、左傳通釋[一]、杜氏長曆補、説文引書字異考[二]、渾天圖説、群經識小[三]、讀〔史〕碎金[四]、詩文集，藏於家[五]。

[一]左傳通識一二卷，今僅存五卷，缺卷五至一〇、卷一二。阮元淮海英靈集戊集卷三：「所著惟群經識小一種成稿。」蓋李氏生前即未成全帙者。其書分門別類，以釋左氏。存有爲釋國第一、釋世系第二、釋世族第三、釋雜人第四、補長算第十一。如卷五邑地、卷六山水關隘、卷七天文災異、卷八卜筮、卷九官制兵制、卷十書數古音、卷十二附録並闕。卷十一補長曆即杜氏長曆補，然亦闕文甚多也。有安愚堂刊本、鶴壽堂叢書本。

[二]案：江氏述李氏著述，全引焦傳。焦傳此書名作史記説文引書字異考。

[三]群經識小八卷，卷一至五爲易、書、詩、三禮、三傳；卷六至七爲附録，釋論、孟；卷八爲補遺，以補前七卷之遺。皆自擬小題，分而論之，凡考諸經古義二百二十餘條，多精確不磨，發前人所未發。有皇清經解本等。

[四]祥案：焦、阮二傳皆作讀史碎金，今據補之。

[五]祥案：焦傳：「循訪先生遺書於沈文學鈁，鈁訪諸紫培，紫培以先生詩集及行述示循，循次其概著於篇。」阮元淮海英靈集戊集卷三：「所著惟群經識小一種成稿。其子紫培，録成清稿，將刻之。詩不多作，紫培輯爲安愚堂詩鈔一卷。」阮氏録其黄山等四首。李氏書今存者僅左傳通識與群經識小兩種而已。汪銘有謂「子又不肖」，則其子培紫蓋不能承乃父之學，其著述亦竟坐視澌滅矣！今北京大學圖書館藏有澱湖漫稿四卷者，題爲李惇，北大著録即誤爲此李惇，實則乃崑山之李惇，與此同名，而清人别集總目誤從之，而清人詩文集總目提要不誤。

江德量

江德量，字成嘉，一字秋史[一]，儀徵人[二]。父恂，字于九，號蔗畦，拔貢生。官至安慶府知府，有政聲[三]。伯父昱，字賓谷，號松泉，江都諸生[四]。讀書好古，爲聲音訓詁之學。又好碑版文字，考核精詳。長於詩。著有瀟湘聽雨録二卷[五]、韻〔歧〕（岐）五卷[六]、松泉集六卷[七]。

[一]古人名字解詁：「周禮考工記桌氏：『嘉量既成。』」祥案：汪銘：「字量殊」。蔣寶齡墨餘今話卷七：「字成嘉，號秋史。」阮元淮海英靈集丙集卷四、朱汝珍詞林輯略卷四同。馮金伯墨香居畫室卷六：「字秋水。」阮元廣陵詩事卷五：「秋史侍御，嘗仿漢碑式作收藏印，石高二寸，碑面修三寸，闊寸餘，上仿碑頭作穿孔，刻陽文『江君之記』四字。下碑文云：『君諱德量，字量殊，江都人。太守君之長子也。舉進士，官御史。世精古文，金石竹素，靡不甄綜。乃於乾隆五十七年霜月之靈，刊兹嘉石，以傳億載。』」印爲江氏自刻，則爲字「量殊」無疑矣。若如此，則當爲字成嘉，又字量殊，號秋史，又作秋水者，蓋誤也。

[二]汪銘：「江都人。」蔣士銓忠雅堂文集卷四江松泉傳：「德量伯父昱「始祖諱汝剛，官歙州牧，遂家於歙。明末，六世祖應全遷揚州，乃爲江都人。」

[三]江恂（？—一七八六），字于九，一作禹九，號蔗畦，又號蔗田。昱弟。居儀徵。乾隆十八年拔貢生。歷官至徽州知府，署蕪湖廬鳳道。四十五年，乾隆帝南巡，曾召見詳詢渦河治理原委。有蔗畦詩稿二卷、江于九先生手拓泉布録不分卷、金陵古金石考等。事見揚州畫舫録卷一二，蔣士銓忠雅堂文集卷四、湖海詩人小傳卷一八有傳。

[四]江昱（一七〇六—一七七五），字賓谷，一字松泉。與弟恂爲海内談藝者稱「廣陵二江」。精研小學，尤精尚書，嗜金石文字，工詩。著有尚書私學四卷、韻岐四卷、瀟湘聽雨録八卷、松泉詩集六卷、題襟集一卷、梅鶴詞一卷等。事見揚州畫舫録卷一二，蔣士銓忠雅堂文集卷四、清史列傳卷七一有傳。

[五]瀟湘聽雨録二卷。蔣傳：「又著瀟湘聽雨録八卷，其間評騭山川，考訂金石，如辨岣嶁碑之爲贋作，洋洋千言，

證據精確，較晦菴、弇州、亭林之論益晰。他如石鼓、銅柱、斷碑、殘碣，莫不捫剔考究，爲博雅諸家所未及。」又清史稿藝文志子部雜家類著録亦作八卷，然則非二卷。八卷本今有四庫全書存目叢書子部第一一六册據天津圖書館藏清乾隆二十八年春草軒刻本影印本。

[六]韻岐五卷。蔣傳：「乾隆丁丑，功令兼以試帖詩取士。君故精研小學六書，乃著韻歧四卷，爲藝林圭臬。」案韻歧五卷，今有乾隆二十五年湘東署齋刻本、光緒七年覆刻乾隆二十五年寫刻本及鈔本傳世。四庫全書存目叢書經部第二二〇册據中國國家圖書館藏光緒七年本影印。江昱著作傳世者，尚有尚書私學四卷，有四庫全書存目叢書經部第六〇册據中國國家圖書館藏清乾隆刻本影印本。又案「韻歧」各本皆作「韻歧」，師承記誤，今據改。

[七]松泉集六卷，江昱詩不拘宗派，以本諸性情，止乎禮義爲主。阮元謂其詩最工詠物，刻貌鏤形，牢籠萬態，本原深厚，非元人纖巧可及。有乾隆二十六年小東軒刻本等。

德量少承家學，勵志肆經。既長，與同郡汪明經容甫爲文字交，其學益進[一]。乾隆丁酉，選拔貢生。己亥舉人，庚子汪如洋榜第二人及第[二]。授編修，改御史，歷掌浙江江西道[三]。德量精於小學，收藏碑版、法書、名畫、古錢[四]。著有泉志三十卷[五]，又撰廣雅疏，未成而卒[六]。

[一]阮元淮海英靈集丙集卷四江德量：「博學善屬文，幼與汪容夫齊名，蒼雅篆籀之文，靡不綜覽。」

[二]汪如洋，參本書第三一三頁注[八]。

[三]汪銘：「君始壯，以進士高第，授編修。踰六年，爲順天鄉試同考官，以父憂歸。服闋，遷江西監察御史，轉掌

道御史。……出爲道府，益究心世務。刑獄、河渠、漕運、災賑，損益古今之宜，分端講習，以備施用。久於其道者，咸拱手謝不及。」

［四］汪銘：「君生有異稟，徽州故好金石文字，多所搜輯。君幼即世其學，徽州顧曰：『吾有此子，即此物之在江氏，得更多數十年矣。』」又揚州畫舫録卷一二橋東録：「好金石，盡閱兩漢以上石刻，故其隸書卓然成家。所書武安王廟碑，筆力遒勁。善畫人物，得古法。」

［五］淮海英靈集丙集卷四：「嘗注廣雅，輯泉志，皆未成。兼能人物花草，以北宋爲法。善八分書，所書武成王廟碑，一時重之。性情謙退，人樂與之親，所畜古秦漢碑，唐拓帖，宋板書最多。詩不多作，作亦隨手散失。今搜輯數首，存於集中，非其愜心之作也。」

［六］汪銘：「乾隆五十有八年，君將補官，北行感疾，十月辛丑歿，年四十有二。」

汪中

汪中字容甫［一］。先世居歙之古唐里［二］。曾祖鎬京［三］，始遷揚州，遂爲江都人。父一元［四］，邑增生。君生七歲而孤。家夙貧，母鄒［五］，緝屨以繼饔飧。冬夜藉薪而卧，旦供爨給以養親。力不能就外傅讀，母氏授以小學、四子書。及長，鬻書於市，與書賈處，得借閱經史百家。於是博綜典籍，諳究儒墨，經耳無遺，觸目成誦，遂爲通人焉。年二十，李侍郎因培督學江蘇［六］，試射雁賦第一，入學，爲附生。

[一]古人名字解詁：「說文一部：『中，内也。』宀部：『容，盛也。』器内所以盛物。器受物於中爲容，故相應。『甫』爲男子美稱。」祥案：汪中初名秉中，因應試，老吏書册誤落「秉」字，遂改今名。初字庸夫，後改字容甫以自勵。又作容夫、頌父等。參汪喜孫容甫先生年譜乾隆二十八年條、五十二年條。

[二]汪中述學補遺江都縣學增廣生員先考靈表曰：「唐忠武將軍華之裔，繁於歙，當宋嘉祐中，有承清者，居縣西之古唐，至君凡二十五世。」詳參汪喜孫孤兒編卷一汪氏世系。

[三]汪鎬京（一六三四—一七〇二），字快士，號西谷，清初歙人，後僑寓江都，遂家焉。雅愛山水，長於歌詩，兼工印摹。有紅術軒紫泥法一卷傳世。事見江藩炳燭室雜文汪先生墓表、汪喜孫汪氏學行記卷一李兆洛快士先生墓表。

[四]汪一元（一七〇八—一七四九），字兆初。汪中父。增生。淵静好書，星曆卜筮聲樂，皆究其微。以父母喪，哀毁卒。其從兄一崧嘗割肉療親，時稱「揚州兩孝子」。遺書三簏，並皆散亡。詳述學補遺先考靈表、汪氏學行記卷二張履汪孝子墓表。

[五]鄒維貞（一七一二—一七八八），無錫人。汪中母。適汪氏後，其夫汪一元羸病，不治生。一元逝後，家貧甚。茹苦教養子女成人。事見述學補遺先母鄒孺人靈表。汪中述其母子相依維命，共度艱辛，慘切感人。其曰：「孺人教女弟子數人，且緝履以爲食，猶思與子女相保。直歲大饑，乃蕩然無所託命矣。再徙北城，所居止三席地，其左無壁，覆之以苫。日常使姊守舍，攜中及妹，傫然匄於親故，率日不得一食。歸則藉稿於地，每冬夜號寒，母子相擁，不自意全濟。比見晨光，則欣然有生望焉。」

[六]李因培（一七一七—一七六七），字其才，亦作其材，號鶴峰，清雲南晉寧人。乾隆十年（一七四五）進士。歷官至湖南、福建巡撫。在湖南時，曾隱匿屬員虧庫帑兩萬餘兩，事發，坐欺罔，賜自盡。能詩。著有鶴峰詩鈔二卷等。清史稿卷三三八有傳。汪譜乾隆二十八年：「李侍郎因培督學江蘇，試射雁賦，協官韻，合唐人法。榜出，列揚州府屬第一。入江都學爲附生。」

時杭太史世駿主安定書院[一]，見君製述，深加禮異，所作詩文，必屬君視草。君僑寓真州[二]，沈按察廷芳主樂儀講席[三]，聞君議論，歎曰：「吾弗逮也！」年三十，客游於外，代州馮觀察廷丞[四]、同郡沈太守業富[五]、朱學使筠河先生，皆招置幕中[六]，禮爲上客。同時，鄭贊善虎文[七]、王侍郎蘭泉先生、錢少詹竹汀、盧學士紹弓並爲延譽。然母老家貧，中年乏嗣[八]，戚戚少歡，歎世人之不知，悼賦命之不偶，著弔黄祖文、狐父之盜頌[九]，以寫懷自傷，而俗子以爲譏刺當世矣[一〇]。

[一]杭世駿（一六九六—一七七三），字大宗，號堇浦，晚號秦亭老民，清仁和（今杭州）人。雍正二年（一七二四）舉人。乾隆初，召試鴻博，授編修。校勘武英殿十三經、二十四史，纂修三禮義疏。改御史，例試保和殿，條陳四事，下吏議，尋放歸。主講安定、粤秀兩書院最久。著有史記考證七卷、漢書蒙拾三卷、後漢書蒙拾二卷、石經考異二卷、訂訛類編六卷續補二卷、詞科掌録、道古堂詩集二六卷集外詩一卷、文集四八卷集外文一卷等。事見應澧闇然齋文稿卷二墓誌銘，清史列傳卷七一有傳。祥案：安定書院有三：一在揚州，一在江蘇如皋縣，一在浙江湖州，此爲前者。李斗揚州畫舫録卷三新城北録上：「安定書院在三元坊，建於康熙元年，巡鹽御史胡文學創始，祀宋儒胡瑗。」康熙帝曾賜「經術造士」額，後圮。雍正中重建，咸豐間燬於戰火，同治七年重建於東關大街。洪亮吉更生齋文甲集卷四書友人汪中遺事：「肄業安定書院，每一山長至，輒挾經史疑難數事請質，或不能對，即大笑出。沈編修志祖、蔣編修士銓皆爲所窘。沈君本年老，後數日即卒，人遂以爲中致之，共目之曰：『狂生！狂生！』」汪喜孫孤兒編卷三更生齋文集洪亮吉書友人遺事正

誤：「安定山長有沈慰祖，並無沈志祖，其人且非經學家，何故以經史疑義，質問於不通者？即不能對，亦無足怪。」又參汪譜乾隆二十八年條。

[二]真州，今江蘇儀徵。

[三]沈廷芳（一七一一—一七七二），字椒園，一字畹叔，號晚芝。清仁和人。乾隆元年，以監生舉博學鴻詞，授庶吉士。歷官至河南、山東按察使。以年老致仕，累爲鰲峰、端谿、樂儀、敬敷書院山長。爲官清廉，勤政愛民，與陳鵬年、陸隴其並稱。有隱拙齋詩集四〇卷、文集二〇卷等。事見碑傳集卷八四汪中沈公廷芳行狀，清史列傳卷七一、清史稿卷四八五有傳。樂儀書院，在江蘇儀徵縣，乾隆中葉始建，咸豐三年院舍遭毁，光緒元年重建。沈氏掌教樂儀爲乾隆三十二年至三十六年（一七六七—一七七一）。汪中樂儀書院請祀故山長仁和沈公狀曰：沈氏「自丁亥行教儀徵，前後五稔，國有矜式之禮，人懷在寬之教。」又汪譜乾隆三十三年：「是時樂儀書院山長沈先生廷芳，極重先君之學，自遜以爲弗如。以先君孤貧有母，勉周其不足，先君深感之。」

[四]馮廷丞（一七二八—一七八四），字均弼，號康齋，清代州（今山西代縣）人。乾隆二十一年（一七五六），由蔭生授光禄寺署正，歷官至湖北提刑按察使。多識史事，尤精地理。有敬學堂詩鈔一卷行世。事見汪中述學外編墓碑，章學誠章氏遺書卷一七家傳，清史稿卷三〇八。章氏家傳：學誠「嘗與戴震、汪中同客馮廷丞寧紹臺道署，廷丞甚敬禮之。」又參汪譜乾隆三十八年條。

[五]沈業富（一七三二—一八〇七），字方谷，號既堂，清江蘇高郵人。乾隆十九年（一七五四）進士。官安徽太平府知府、河東鹽運使。勤於從政，淡泊無競，救荒恤災，飽民之饑。有味鐙齋詩集八卷。事見阮元揅經室二集卷五墓誌銘，清史列傳卷七二有傳。據阮元墓誌銘，沈氏自乾隆三十年（一七六五）冬，補安徽太平府知府，連任達十六年之久。汪譜乾隆三十五年：「在太平沈太守業富幕。」

[六]祥案：朱筠於乾隆三十六年任安徽學政，凡二年，此期間内，汪中常在其幕中，詳參述學別録朱先生學政記

敘、汪譜乾隆三十六年至三十八年條。

［七］鄭虎文（一七一四—一七八四），字炳也，號誠齋，清秀水人。乾隆七年（一七四二）進士。官至湖南、廣東學政。歸里後，先後主講徽州紫陽、杭州紫陽、崇文書院。諸學並通，尤工於詩。有吞松閣集二〇卷。事見汪喜孫尚友記卷一家傳，清史列傳卷七二有傳。汪譜乾隆三十六年冬，汪中謁鄭虎文於秀水，鄭氏稱爲「篤學薄浮名，而期不朽者」。

［八］汪中四十歲時，其母鄒孺人已七十三歲，而汪中先娶孫氏，無子。好詩，歸老母氏之黨；續娶朱氏，爲朱澤澐之孫女，朱彬之從妹，劉台拱之中表。時其子喜孫尚未出生，故此曰「母老家貧，中年乏嗣」。參劉文興劉端臨先生年譜乾隆三十七年條。

［九］弔黄祖文、狐父之盜頌，並見汪中述學補遺。周注：「弔黄祖文爲黄祖初賞禰衡文，後殺之而作。序稱『觀衡爲黄祖作書，輕重疏密，各得體宜。祖持其手曰：處士！此正得祖意，如祖腹中之欲言。則猶有賞音之遇也。夫杯酒失意，白刃相讎，人情所恒有；至於臨文激發，動色相咨，解帶寫誠，歡若親戚，其沖懷遠識，豈可望之今世士大夫哉！』文即就此意發揮。狐父之盜頌就列子説符篇所載，狐父之盜見爰旌目餓於道，下壺飧以餔之一事而作。頌有『悠悠溝壑，相遇以天；孰爲盜者，吾將託焉』語。」

［一〇］祥案：汪中生前爲人稱曰「狂生」，其好罵人與被人罵，當時罕有其匹。盧文弨抱經堂文集卷三四祭汪容甫文：「君實不狂，而衆曰狂。皮裡春秋，涇渭分明。彼妄男子，號召群愚。如羶集蟻，如矢叢蛆。世奉尊奢，君實唾棄。」孫星衍五松園文稿汪中傳：汪氏於當代名流「皆辯難無所護，別自書當代名人姓字，品覈高下，人愈嫉之，以爲汪中善罵人。中曰：『吾鄉多賈人，不知學短長，日見諛者衆，遭罵乃疑爲俊士。且吾不罵庸俗人也，得吾罵亦大難。或言遭罵，妄傳耳。』……舊史氏曰：『汪中非狂士也，方中困厄時，俗人揶揄之，因愈激烈罵坐。然中文原本經術，皆先王之法言，比之昔人疑繫詞、書序，改易詩序，議周官、禮記，删孝經，絶不知畏聖言者，其狂如何哉！』」又劉台拱劉端臨先生遺書卷八汪君傳：「君生平剛腸疾惡，遇事便發，以故人多嫉之。」又洪亮吉更生齋文甲集卷四書三友人遺事：「中議論故抑揚

以聳從聽。時僑居揚州程吏部晉芳、興化任禮部大椿、顧明經九苞皆以讀書該博有盛名。中衆中語曰：『揚州一府，通者三人，不通者三人：通者高郵王念孫、寶應劉臺拱與中是也，不通者即指吏部等。』適有薦紳里居者，因盛服訪中，並乞鍼砭。中大言曰：『汝不在不通之列。』其人喜過望。中徐曰：『汝再讀三十年，可以望不通矣。』中詼諧皆此類也。」諸家之說，汪中子喜孫以爲不盡符實，故其孤兒編辨之甚悉，然雖事有出入，而汪中之好罵與被人罵，則爲實情也。當時痛批汪氏者多，最著者則有三人：曰翁方綱、曰方東樹、曰章學誠。翁氏復初齋文集卷一五書墨子：「有生員汪中者，則公然爲墨子撰敘，自言能治墨子，且敢言孟子之言兼愛無父爲誣墨子，此則又名教之罪人，又無疑也。昔翰林蔣士銓，掌教於揚州，汪中以『女子之嫁往送之門』是何門爲問，蔣不能答，因銜之，言於學使者，欲置汪中劣等，吾嘗笑蔣之不學也。今見汪中治墨子之言，則當時褫其生員衣頂，固法所宜矣。」方東樹漢學商兑卷上之中曰：「汪氏既斥大學，欲廢四子書之名，而作墨子表微序，顧極尊墨子，真顛倒邪見也。……此等邪說，皆襲取前人謬論，共相簧鼓，後來揚州學派著書，皆祖此論。」又同書卷下曰：「揚州汪氏，謂文之衰自昌黎始，其後揚州學派皆主此論，力詆八家之文爲僞體，阮元著文筆考，以爲有韻者爲文，其旨亦如此。」。章學誠文史通義外篇一立言有本、述學駁文以及章氏遺書卷二九外集二又答朱少白諸文，皆力斥汪氏者，如立言有本以爲，汪氏所爲內篇者，「大約雜舉經學、小學、辨別名詁義訓，時尚所趨。初無類例，亦無次序。苟使全書果有立言之宗，恐其孤立而鮮助也。雜引經傳，以證其義，博採旁搜，以暢其旨，則此紛然叢出者，亦當列爲雜篇，不但不可爲內，亦並不可爲外也。觀其外篇，而況本無著書之旨乎？彼謂經傳小學，其品尊嚴，宜次爲內篇乎？嗚呼！古人著書，各有立言之宗，內外分篇，蓋有經緯，非如藝文著録，必甲經傳乙丙子史也。汪氏之書，不過說部雜考之流，亦田氏之中駟，何以爲內篇哉？古人著書，凡內篇必立其言要旨，外雜諸篇，取與內篇之旨相爲經緯，一書只如一篇，無泛分內外之例。觀其外篇，則序記雜文，泛應詞章，斯乃與述學標題，如風馬牛，列爲外篇，以擬諸子，可謂貌同而心異矣。此正汪之所長，使不分心於著述，固可進於專家之業也。內其所外，而外其所內，識力闇於內，而名心騖於外也。惜哉！」又有包慎言，亦攻訐汪中，李詳媿生叢録卷三：「包慎伯嘉慶初至揚州時，汪孟慈尚少，以述學求慎伯編定。慎伯文集自詡其删集述學諸稿，纂成一篇，一如容甫之筆，此慎伯之僞言也（仁和譚先生獻復堂日記，亦不承此説）。迨孟慈宦游識通人，所刻述學，盡更慎伯之舊。慎伯忌而愎，方以容甫入夢，見詫於人。一旦如此，遂與孟慈有隙，並及容甫亦有微辭。其凌曉樓墓表云：『汪君雖博覽强記，鉅公推挽者多，晚以饒裕，其勤學亦稍減矣！』又云：『君得於天者後汪君，而人力堅緻，終始不渝，則殆過之。』與楊季子書云：『貴鄉汪容甫，頗有真解。惜其騖逐時譽，耗心飣餖。』復李邁堂書云：『述學二卷，説經未爲精湛。世人盛傳其廣陵對、琴臺銘，皆下乘。哀鹽船文差有哀雅之致，亦非上乘。』其餘諸文，論及容甫，皆不免褒中寓貶。以容甫之文，海内交頌，非可一概抹殺，故爲此毁譽參半之言，令人無從置議。其偏心易觸者若是，余頗不直之。友人前言汪、包構釁，因記於此。」又案章學誠所譏汪氏者，後人又以其説譏章氏文史通義之内、外篇，正所謂察之千里而失之目睫。荀子曰：「肉腐出蟲，魚枯生蠹。」人之有能有不能，善攻人之短者，己之短亦必爲人所攻，此亦理之所必然者也。

乾隆四十二年丁酉，謝侍郎墉督學江蘇[一]，選拔貢生，每試，别置一榜，署名諸生前，謂所取士曰：「若能受學於容甫，學當益進也。」又曰：「予之先容甫，以爵也；以學，則北面事之矣[二]。」容甫以勞心故，病怔忡[三]，聞更鼓雞犬聲，心怦怦動，夜不成寐，是以不與朝考，絶意仕進。乾隆五十一年丙午，朱文正以侍郎典試江南[四]，思得君爲選首，不知君不與試也。君感知遇之恩，上書侍郎，請執弟子禮。侍郎旋奉命督學浙江，君往謁時，爲述揚州割據之迹、死節之人，作廣陵對三千餘言[五]，博徵載籍，貫串史事，天地間有數之文也，文多不載。後畢尚書沅開府湖北[六]，君往投之，命作琴臺銘[七]。甫脱稿，好事者争寫傳誦。其文章爲人所重如此。

［一］凌廷堪校禮堂文集卷三五墓誌銘：「嘉善謝金圃侍郎督學江蘇，排衆議，拔而貢諸太學，以病未廷試，自是遂絶意仕進。」又揚州畫舫録卷六城北録：「謝少宰督學江蘇時，自遜以爲己學不及中。拔爲貢生，名冠在江南北。鹽政全公，延之經理金山御書樓，爲經史之學。嘗選哀江南以下數十篇爲傷心集。」又參汪譜乾隆四十一年、四十二年條。

［二］此段引語見焦循雕菰樓集卷二三謝少宰遺事。漢書卷七一于定國傳：「定國乃迎師學春秋，身執經，北面備弟子禮。」又後漢書鄭玄傳：「故太山太守應中遠，北面稱弟子，何如？」

［三］怔忡，心悸症。金劉完素素問玄機原病式卷下火類：「心胸躁動，謂之怔忡。俗云心忪，皆爲熱也。」又元朱震亨金匱鉤玄卷二怔忡：「大故屬血虚，時作時止，痰因火動。」注：「戴云：怔忡者，心中不安，惕惕然如人將捕者是也。」又明朱橚普濟方卷一八心臟門怔忡：「夫怔忡者，此心在不足也。蓋心主於血，血乃心之主，心乃形之君，血富則心君自安矣。每因汲汲富貴，戚戚貧賤，又思所愛，觸事不意，真血虚耗，心帝失輔，漸成怔忡不已，變生諸証，舌强恍惚，善憂悲，少顔色，皆心病之候。」祥案：汪譜乾隆四十二年：「先君少習經世之學，三十以後病怔忡，聞金鼓雞犬聲，夜不成寐。」又五十五年條引汪中上謝侍郎書曰：「某心悸日加。」又乾隆九年：「計先君生五十有一年，少苦孤露，長苦奔走，晚苦疾疢。」又五十三年條引汪中與趙味辛書曰：「某素有肝氣。」又汪喜孫自撰年譜嘉慶十五年條：「是年冬，病弱，自分必死。」又其撰汪孟慈集卷五與王念孫書一：「因數年前久病心悸……昏瞀之餘，怔營何似！」又同卷與朝鮮李尚迪書：「僕心悸，並平日服習之書名、人名，一時健忘，忽忽若瞀。……怔忡不寐。」汪氏書中，此類之語尚多。因此知汪氏父子同患怔忡。考汪中父一元年僅四十有二歲，素患咯血之疾。汪中五十一歲，喜孫年六十二歲。由此可知，汪氏家族蓋有遺傳之心臟病，又易染肝疾。又易宗夔新世説卷一言語謂汪中「有三畏：一畏雷電，二畏雞鳴，三畏婦人詬誶聲」。此正因

心悸之症，易静不易噪，故畏震雷、雞鳴及吵嚷耳。汪中卒之前夜，與友人痛飲於西湖，正爲飲酒過量導致心臟病驟發而逝也。

[四]朱文正公年譜乾隆五十一年：「六月，奉命主江南鄉試。八月，命督浙江學。」

[五]述學外篇廣陵對：「乾隆五十二年正月，中謁大興朱侍郎於錢塘，侍郎謂中曰：『余先世籍蕭山，本會稽地，今適奉使於此。嘗覽朱育對濮陽興語，喜其該洽，度後之人不能也。吾子咨於故實，而多識前言往行，亦可以廣陵之事諗余乎？』」文中備述廣陵前代史事與流變，詳具本文。案：汪喜孫孤兒編卷二先君學行記：「歲丙午，朱文正以侍郎典江南試，以不得先君爲惜。先君上書千言謝之。文正尋督學浙江，先君謁諸錢塘節署，答述揚州割據之事、死節之人，作廣陵對三千言。……先君自言是篇『屬思精卓』。王侍郎引之撰行狀，以爲『博綜古今，天下奇文字也』。」

[六]乾隆五十一年六月，畢沅爲湖廣總督。十月，仍降爲河南巡撫。五十三年七月，復爲湖廣總督；五十九年八月，降爲山東巡撫。據汪譜，汪中以乾隆五十四年游武昌，五十五年夏自武昌歸。

[七]述學外篇漢上琴臺之銘爲代畢沅而作，其序曰：「自漢陽北出二里有邱焉，其廣十畝，東對大别，左界漢水。石堤亘其前，月湖周其外。方志以爲伯牙鼓琴，鍾期聽之，蓋在此云。居人築館其上，名之曰『琴臺』。」銘文末附伯牙事考。

君治經宗漢學，謂國朝諸儒崛起，接二千餘年沉淪之緒，通儒如顧寧人、閻百詩、梅定九、胡朏明、惠定宇、戴東原，皆繼往開來者。亭林始闓其端[一]；河、洛圖書，至胡氏而絀[二]；中西推步，至梅氏而精；力攻古文者，閻氏也；專治漢易者，惠氏也；及東原出而集大成焉[三]。擬作六儒頌，未成[四]。好金石碑版[五]，嘗從射陽湖項氏墓得漢石闕孔子見老子畫像[六]，因署其堂曰問禮[七]。

[一]闓(kǎi)，同開。漢書卷九四上匈奴傳：「今欲與漢闓大關，取漢女爲妻。」顔注：「闓，讀與開同。」

[二]絀，同黜，貶斥。此指胡渭辨河圖、洛書之僞，詳本書卷一胡渭。

[三]孟子萬章下：「孔子之謂集大成。集大成者也，金聲而玉振之也。」

[四]祥案：江氏此段引自凌銘。汪中「六儒」之説，近代以來甚有影響，然汪喜孫孤兒編卷三校禮堂文集凌仲子先君墓銘正誤曰：「朱光禄云：『先生欲爲七君子頌，有萬季野。』」又同書卷二先君學行記亦述此事。又汪喜孫汪氏學行記卷四劉逢禄容甫先生遺書序：「又嘗標舉國初以來大儒七人，通十九人，以詔後學，其自命蓋司馬遷、揚雄之儔。」案所謂十九人者，張其錦凌次仲先生年譜卷一乾隆四十九年：「揚州汪容甫先生中，其論學最惡宋儒。……於時流恒多否而少可，及與先生相見，辨論古今，深爲折服，手書一十六人姓名示之：嘉定錢少詹大昕，江寧府學教授錢學淵塘，陝西候補直隸州州判錢獻之坫，廩生金其章曰追，附生李生甫賡芸，長洲布衣江艮庭聲，江國屏藩，江浦副貢生韓紹真廷秀，陽湖進士莊保琛述祖，歙舉人程易田瑤田，修撰金輔之榜，寶應舉人劉端臨台拱，高郵進士李孝臣惇，餘姚編修邵與桐晉涵，曲阜檢討孔撝約廣森，仁和翰林院侍讀學士盧召弓文弨。曰：『此皆海内通人也，與吾夙相交契者，今得君，合十有七矣。』」其餘二人，則當爲高郵王念孫、王引之父子也。

[五]述學補遺修禊敘尾跋：「中年十四五，即喜蓄金石文字，數十年來，所積遂多，屬有天幸，每得善本。」又曰：「中於文章、學問、碑版三者之福，所享已多，天道忌盈，人貴知足。故於科名仕宦，泊然無營，誠自知稟受有分爾！」

[六]汪譜乾隆五十年：「先君有事寶應，得石門畫像於射陽之雙敦。」汪中曾搨後分送友人，如述學別録與巡撫畢侍郎書：「射陽石門畫像，東漢時物，其石今在中家，謹以打本二奉上。」周注：「射陽湖在今江蘇淮安縣東南七十里，與鹽城、阜寧、寶應分界。史記孔子世家：『魯南宮敬叔言魯君曰：請與孔子適周。魯君與之一乘車、兩馬、一豎子，俱適周問禮，蓋見老子云。』兩漢金石志：『江南寶應縣地名射陽者，有古墓焉，土人呼爲夷、齊墓，蓋傳訛也。墓有漢石刻

二：其一上層孔子見老子象，孔子在中面左，老子在左面右，弟子在孔子後，手執束幣。八分書題三行，曰孔子，曰老子，曰弟子。中層模糊不可辨。下層三人並食器烹魚者鼰鼎者。其一高與闊稍殺之，亦三層；上層大鳥，中層獸首銜環，下層一人執刀楯者。』又清王昶金石萃編載汪中寄所得孔子見老子象拓本，並貽書云：『寶應東七十里射陽聚，爲漢射陽古城，多古墓，曰雙敦者，有石門畫像，遂取以歸，拓之以公同好。』見原書卷二十一。」

［七］汪孟慈集卷三漢郃陽令曹全碑跋：「乾隆乙巳，先君得漢畫像石門於射陽，後又得周玉虎符、齊陳逆簠於江都肆上，因顏居曰『周玉齊金漢石之館』。」

君性情伉直，不信釋老、陰陽、神怪之説，又不喜宋儒性命之學。朱子之外，有舉其名者，必痛詆之［一］。每謂人曰：「周禮：天神、地示、人鬼，今合而爲一［二］。如文昌，天神也［三］；東嶽，地示也［四］；先聖先師，人鬼也［五］。天神地示，世俗必求其人以實之，豈不大愚乎！」且言世多淫祀，尤爲惑人心，害政事。見人邀福祠禱者，輒駡不休，聆者掩耳疾走，而君益自喜。於時流不輕許可，有盛名於世者，必肆譏彈。人或規之，則曰：「吾所駡者，皆非不知古今者，惟恐莠亂苗爾；若方苞［六］、袁枚輩［七］，豈屑屑駡之哉［八］！」然錢少詹事竹汀、程教授易疇［九］、王觀察懷祖、孔檢討衆仲、劉訓導端臨、李進士孝臣諸君子，或以師事之，或以友事之，終身稱道弗衰焉。事母至孝，家無儋石儲［一〇］，而參朮之進［一一］，滫瀡之奉［一二］，嘗稱貸以供。母疾篤，侍疾，晝夜不寢，滌牏之事［一三］，不任僕婢，無愁苦之容，有孺子之慕［一四］。吁！可謂孝矣。生平篤師友之誼，一飯之恩，終身不忘也[一五]。

[一]凌銘：「君最惡宋之儒者，聞人舉其名，則罵不休。又好罵世所祠諸神如文昌、靈官之屬，聆之者輒掩耳疾走，而君益自喜。」

[二]周禮大宗伯：「大宗伯之職，掌建邦之天神、人鬼、地示之禮，以佐王建保邦國。」

[三]周禮大宗伯：「以槱(yǒu)燎祀司中、司命、飌師、雨師。」鄭注：「司中、司命，文昌第五、第四星。」

[四]周禮大宗伯：「以血祭祭社稷、五祀、五嶽。」鄭注：「五嶽：東曰岱宗，南曰衡山，西曰華山，北曰恒山，中曰嵩山。」

[五]禮記文王世子：「凡學：春，官釋奠於其先師；秋、冬亦如之。」鄭注：「周禮曰：『凡有道者有德者使教焉，死則以爲樂祖，祭於瞽宗，此之謂先師之類也。』若漢，禮有高堂生，樂有制氏，詩有毛公，書有伏生，億可以爲之也。」又「凡始立學者，必釋奠於先聖先師，及行事必以幣。」鄭注：「先聖，周公若孔子。」

[六]近藤注：「述學内篇婦人無主答問末一字下有『方望侍郎家廟，不爲婦人作主，以爲禮也』，其下汪氏述己見曰：『其爲不學，又不足言矣。』罵之相當嚴苛。然此語僅見於家刻宋體小字本與文選樓本，不見於它本。」祥案：近藤説是。今各本所見爲「方苞侍郎家廟，不爲婦人作主，以爲禮也。中謹據禮正之如此。」蓋以其言過苛刻，後來刻者遂删改之耳。

[七]袁枚(一七一六—一七九八)，字子才，號簡齋，晚號隨園老人，清浙江錢塘(今杭州)人。乾隆四年(一七三九)進士。官溧水、江浦、沭陽、江寧等縣知縣。十三年，辭官歸，居隨園中，日以詩酒自娱，廣招門徒，女弟子甚衆。其詩標榜性靈，與趙翼、蔣士銓號稱「三大家」。著有小倉山房詩集三七卷文集三五卷外集八卷、隨園尺牘八卷、隨園詩話一六卷、子不語二四卷續一〇卷等。事見姚鼐惜抱軒文集卷一三墓誌銘，清史列傳卷七二、清史稿卷四八五有傳。

［八］祥案：此段文字多取自淩銘，汪喜孫孤兒編卷三校禮堂集淩仲子撰先君墓銘正誤，以爲皆無其事，乃淩氏罵宋儒最甚，又罵方苞無所不至，「殆欲引先君以自證」。

［九］程瑶田，見本書第五三一頁注［三］。

［一〇］史記卷九二淮陰侯傳：「守儋石之禄者，闕卿相之位。」集解引晉灼曰：「揚雄方言曰：『海岱之間，名罌爲儋。石，斗石也。』」祥案：儋石亦作擔石。後漢書卷二七郭丹傳附范遷：「及在公輔，……在位四年薨，家無擔石焉。」

［一一］參，人參；朮（zhú），有白朮、蒼朮之分。參朮，泛指有保健作用的名貴中藥。

［一二］滫瀡（xiǔsuǐ），以植物澱粉等拌和食品，使其柔滑爽口。禮記内則：「堇、荁、……滫、瀡以滑之，脂膏以膏之。」鄭注：「秦人溲曰滫，齊人滑曰瀡也。」疏：「謂用堇用荁，相和滫瀡之，令柔滑之。」周注：「此言『滫瀡之奉』，蓋泛指柔滑之食品也。」

［一三］滌牏［yú］，洗滌貼身内衣。牏，同褕。史記卷一〇三萬石君傳：「建爲郎中令，每五日洗沐歸謁親，入子舍，竊問侍者，取親中裙厠牏，身自浣滌，復與侍者，不敢令萬石君知，以爲常。」索隱引晉灼曰：「今世謂反開小袖衫爲『侯牏』，此最厠近身之衣。」

［一四］禮記檀弓下：「有子與子游立，見孺子慕者。有子謂子游曰：『予壹不知夫喪之踴也。予欲去之久矣。情在於斯，其是也夫。』」孤兒編卷二先君學行記：「先君事鄒太宜人至孝，家雖乏絶，葠朮粱肉，賣文以爲供養，一物不甘，拂然見諸色。」

［一五］史記卷七九范睢傳：「睢於是散家財物，盡以報所嘗困者，一飯之德必償，睚眦之怨必報。」孤兒編卷二先君學行記：「先君篤師友之誼，少所受業師郭先生，殁後無子嗣，春秋拜奠其墓，嘗往拜鄭先生、沈先生之墓。盧學士抱經堂集祭先君文云：『師門風義，不忘久久。披榛拜墓，遺金卹後。』是其事也。」

君中年輯三代學制，及文字訓詁制度名物有係於學者，分别部居，爲述學一書，屬稿未成，後乃以撰著之文分爲述學内外篇刊行之[一]。又採揚州故實，始春秋至楊吴[二]，作廣陵通典[三]，藏於家。

[一]述學内篇三卷補遺一卷外篇一卷别録一卷。汪氏此書，有二卷本，爲嘉慶三年阮元小琅嬛館刊本；三卷本，爲問禮堂家刻大字本；四卷本，爲内篇三卷外篇一卷，汪喜孫家刻宋體小字本；六卷本，爲四卷本增補遺一卷别録一卷，爲道光三年刊小字本；七卷本，六卷本增方濬頤校勘記一卷，有揚州書局本等。汪氏述學初定體例，據汪氏學行記徐有壬述學故書跋，爲卷一虞夏殷之制，卷二成周之制，周禮、幼儀、曲禮、内則、學則，卷三周衰列國，卷四孔門、言行、儲説、通論附，卷五七十子後學者，卷六舊聞、典籍原始，卷七闕，卷八通論甲、通論乙、通論丙。「先之以虞、夏、殷、周及周人兼虞、夏、殷之制，又繼之以周衰列國之失禮者、存禮者，又繼之以孔門、言行、七十子後學者，又爲之通論，以明古之學在官府，以及史之司圖籍、明天道、數典、釋經、世官世業爲之。援據經傳，博徵子史，以明是説之信而有徵。」然則是書規模甚大，汪氏生前未及寫成。其内篇諸篇，爲生前寫定；補遺，則爲汪氏生前手寫文稿；原目録不載而爲劉端臨、汪喜孫所搜輯者，爲别録。然則，此與汪氏生前之旨，相去甚遠也。

[二]楊行密（八五二—九〇五），原名行愍，字化源，唐末五代合肥人。初爲盜，後應募爲州兵，遷隊長，使出戍，舉兵爲亂，據盧州。唐昭宗拜爲淮南節度使，封吴王。其後子溥稱帝，謚武忠，又改謚孝武王，廟號太祖。事見新唐書卷一八八、舊五代史卷一三四、新五代史卷六等。

[三]廣陵通典一〇卷，是書原題揚州通紀，改曰廣陵通典，現存八卷，其目録自夫差開邗溝，至史可法守城，專述揚州一地之史事。故江藩此處曰「始春秋至楊吴」也。有江都汪氏叢書本。又關於汪中著述，另可參汪喜孫汪孟慈集卷五與顧

澗薲書四。

君一生坎軻不遇，至晚年，有鹺使全德耳其名[一]，延君鑒别書畫，爲君謀生計，藉此稍能自給，而鹺使素不以學問名。嗟夫！當世士大夫自命弘獎風流者，皆重君之學，而不能周其困乏，於以知世之好真龍者鮮矣[二]！乾隆五十九年，因校勘文宗閣四庫全書[三]，往浙江借書讎對，卒於西湖之葛嶺園僧舍[四]。盧學士抱經[五]、鮑丈以文[六]、梁君玉繩經紀其喪以歸[七]。卒年五十一。子喜孫[八]，字孟慈，嘉慶丁卯科舉人，能讀父書，長於考據，傳其學。

[一]鹺使，即鹽運使，通稱鹽臺，别稱都轉，俗稱運司。設於産鹽區，專管鹽務，有代辦宫廷採辦物品之特權。汪譜乾隆五十五年：「鹽政戴公全德，禮致先君，典文宗閣秘書。」又五十九年：「十月，鹽政戴公全德薦，往杭州校勘文瀾閣四庫全書。」祥案：汪喜孫曰戴全德，誤。全德，字惕莊，清漢軍人。乾隆四十九年至五十二年，任兩淮鹽政；五十三年至五十八年，再任。事見兩淮鹽法志卷一三一、卷一三七。

[二]藝文類聚卷九六引莊子佚文：「子張見魯哀公，哀公不禮焉，去之。曰：『君之好士也，有似葉公子高之好龍。雕文畫之，於是天龍聞而示之，窺頭於牖，拖尾於堂。葉公見之，失其魂魄，五色全無主。是葉公非好龍也，好夫似龍非龍也。今吾非好士也，好夫似士者。』」

[三]乾隆時四庫全書完成後，鈔成七份，江南在鎮江有文宗閣，揚州有文匯閣，杭州有文瀾閣各藏書一部，文宗、文

匯二閣書籍，後於太平天國亂時散亡已盡。

［四］葛嶺園位於西湖北，據傳爲葛洪煉丹處，故名。王昶春融堂集卷五〇汪容甫哀辭：「戴君敦元言：容甫與士大夫會飲極酣，適一昔（祥案：昔當作夕）病逝矣。」又吴旋德初月樓聞見録卷四：「及全公移任杭州，又屬其兼掌西湖賜書，同人醵錢飲之，大醉，比曉而卒。」盧氏祭文：「吁嗟汪君，無恒而化。驟聞惡耗，舉皆驚詫。日者相招，促坐談笑。曾未浹旬，銷聲埋照。」然則汪中確爲飲酒過量而卒矣。述學别録大清故奉直大夫掌江西道監察御史江君墓誌銘汪喜孫案語曰：「是篇先君子臨終前一夕作。初鹽政某，禮致先君校勘文宗閣四庫書既畢，復延往杭州校勘文瀾閣四庫書。先君於乾隆五十九年十月，游杭州，寓梁氏葛嶺園。十一月十九日二鼓，撰此誌，未及終篇，擱筆就卧，疾作，自謂中髒，亟呼僕買石菖蒲，不可得，至二十日子時棄養，此篇遂爲絶筆。」

［五］盧氏祭文：「維年月日，同學友盧文弨、孫志祖、張燕昌、梁玉繩等，謹以清酌之奠，致祭於拔萃汪君容夫之靈。」

［六］鮑廷博（一七二八—一八一四），字以文，號渌飲等，安徽歙縣人。諸生。嘉慶十八年，賜舉人。藏書極富，精於校勘。四庫館開，進書七百餘種。著有花韻軒小稿二卷、花韻軒詠物詩存一卷，校刊有知不足齋叢書三十集，足稱善本。阮元揅經室二集卷五、清史列傳卷七二有傳。

［七］梁玉繩（一七四五—一八一九），字曜北，號諫庵，清浙江錢塘人。梁敦書子。乾隆增貢生。屢試不第，遂棄舉業。與弟履繩專意考訂，尤長史學。著有史記志疑三六卷、青白士集二八卷等。清史列傳卷六八、清史稿卷四八一有傳。

［八］汪喜孫（一七八六—一八四八），亦作喜荀，字孟慈，號且住菴。汪中子。嘉慶十二年舉人。官至河南懷慶府知府，卒於官。爲官清正廉潔，號稱循吏。著有國朝名臣言行録、經師言行録、尚友記、孤兒編等，匯刻江都汪氏叢書，著述今人楊晉龍主編有汪喜孫著作集。事見續碑傳集卷四三王翼鳳河南懷慶府知府汪公墓表，清史列傳卷六八有傳。

藩弱冠時，即與君定交，日相過從。嘗謂藩曰：「予於學無所不窺，而獨不能明九章之術。近日患怔忡，一搆思，則君火動而頭目暈眩矣[一]。子年富力强，何不爲此絶學？」以梅氏書見贈。藩知志位布策，皆君之教也。君少喜爲詩，不爲徘徊光景之作。尤善屬文，土苴韓、歐，以漢、魏、六朝爲則。藩最重君文，酷愛其自序一首，今録於左。文曰[二]：

[一]搆思，即構思。晉書卷九二左思傳：思欲撰三都賦，「搆思十年，門庭藩溷，皆著筆紙，遇得一句，即便疏之。」君火，即心臟，心火。中醫以心臟爲五官之主，五行屬火，故稱君火。金匱要略論注卷一四：「心爲君火，主一身之陽。水困之則君火不申而通身之陽無所稟，故不能蹻健。」又清黄宗炎周易象辭卷六謙：「九三，勞謙。」黄氏釋「勞」曰：「凡人勞則熱，其火内生而達於外著。兩火者：一爲君火，一爲相火也。」

[二]文今見汪中述學補遺。祥案：自序所注，有李詳、古直二家，李注見國粹學報第七卷第二號至六號，古直汪容甫文箋三卷，見層冰堂叢書中。下文所注，多據兩家之注而已。又汪喜孫先君年表：「自序爲乾隆五十一年四十三歲所作。」

昔劉孝標自序生平[一]，以爲比迹敬通，三同四異，後世誦其言而悲之。嘗綜平原之遺軌，喻我生之靡樂。異同之故，猶可言焉。

[一]劉峻（四五八—五二二），字孝標，南朝梁平原人。博覽群書，時稱「書淫」。梁武帝時，典校秘書。卒後門人謚曰

玄靖先生。著有類苑、世説新語注。梁書卷五〇、南史卷四九有傳。梁書本傳：「峻又嘗爲自序，其略曰：『余自比馮敬通，而有同之者三，異之者四。何則？敬通雄才冠世，志剛金石；余雖不及之，而節亮慷慨，此一同也。敬通值中興明君，而終不試用；余逢命世英主，亦擯斥當年，此二同也。敬通有忌妻，至於身操井臼；余有悍室，亦令家道轗軻，此三同也。敬通當更始之世，手握兵符，躍馬食肉；余自少迄長，戚戚無歡，此一異也。敬通有一子仲文，官成名立；余禍同伯道，永無血胤，此二異也。敬通膂力方剛，老而益壯；余有犬馬之疾，溘死無時，此三異也。敬通雖芝殘蕙焚，終填溝壑，而爲名賢所慕，其風流鬱烈芬芳，久而彌盛；余聲塵寂漠，世不吾知，魂魄一去，將同秋草，此四異也。所以自力爲敘，遺之好事云。』」

夫亮節慷慨，率性而行。博極羣書，文藻秀出。[一]斯惟天至，非由人力。[二]雖情符曩哲[三]，未足多矜。余玄髮未艾[四]，野性難馴[五]。麋鹿同遊[六]，不嫌擯斥。商瞿生子[七]，一經可遺[八]。凡此四科，無勞舉例。

[一]李注：「梁書本傳：『峻率性而動，不能隨衆浮沉，又所見不博，更求異書。聞京師有者，必往祈借，清河崔慰祖謂之書淫』案：此謂峻在魏時事。南史本傳：『博極羣書，文藻秀出。』」

[二]李注：「史記淮陰侯列傳：『陛下所謂天授，非人力也。』」

[三]曩，昔也。左傳襄公二十四年：「曩者志入而已，今則怯也。」

[四]李注：「禮記曲禮：『五十曰艾。』正義：『年至五十，氣力已衰，髮蒼白，色如艾也。』」

[五]李注：「顔延之五君詠：『龍性誰能馴。』孝標金華山棲志序：『余生自原野，善畏難狎。』」

〔六〕李注：「孝標廣絶交論：『歡與麋鹿爲羣。』」古注：「孟子：『與木石居，與鹿豕游。』」

〔七〕李注：「孔子家語七十二弟子解：『商瞿謂梁鱣曰：吾年三十八無子，吾母爲吾更取室，夫子使吾之齊，母欲請留吾。夫子曰：無憂也。瞿過四十，當有五丈夫子。今果然。』又：『商瞿，魯人，少孔子二十九歲，特好易，孔子傳之志焉。』」

〔八〕李注：「漢書韋賢傳：『遺子黄金滿籯，不如一經。』案：容甫子喜孫，字孟慈，……九歲而孤，其禮堂授經圖自序云：喜孫年六歲，先君寫定皇象本急就篇、管子弟子職，教授於禮堂。明年，更寫鄭康成易注，衛包未改本尚書，顧炎武詩本音，儀禮喪服子夏傳，以次授讀，先君自序以爲『商瞿生子，一經可遺』。」

孝標嬰年失恃，藐是流離。托足桑門，棲尋劉寶[一]。余幼罹窮罰[二]，多能鄙事[三]。賃舂牧豕，一飽無時。[四]此一同也。

〔一〕李注：「南史本傳：『峻生期月而璿之卒。宋泰始初，魏尅青州，爲人所略爲奴。至中山，中山富人劉寶湣峻，以束帛贖之，教以書學。魏人聞其江南有戚屬，更徙之代都，居貧不自立，與母並出家爲尼僧，既而還俗。』後漢書楚王英傳：『以助桑門蒲尹之饌。』章懷注：『桑門即沙門。』」古注：「庾信哀江南賦：『藐是流離，至於暮齒。』」

〔二〕李注：「晉書孝友劉殷傳：『殷七歲喪父，哀毁過禮。九歲，於澤中痛哭曰：殷罪釁深重，幼丁艱罰。』」古注：「孟子：『鰥寡孤獨，天下之窮民而無告者也。』『窮罰』義本此。」

〔三〕李注：「論語：『吾少也賤，故多能鄙事。』案：容甫與朱武曹書：『下至百工小道，學一術以自託，平日則自食其力，而可以養其廉恥。即有饑饉流散之患，亦足以衛其生。』又王文簡公引之撰容甫行狀：『少孤，好學，助書賈鬻書於市，因遍讀經史百家，過目成誦。』此所謂『多能鄙事』也。」

[四]李注：「後漢書梁鴻傳：『至吴，依大家臯伯通，居廡下，爲人賃舂。』史記平津侯公孫宏傳：『家貧，牧豕海上。』歐陽修讀李翱文：『翱一時有道而能文者，莫若韓愈，愈嘗有賦，不過羡二鳥之光榮，歎一飽之無時。』」

孝標悍妻在室，家道轗軻。余受許興公，勃谿累歲。[一]里煩言於乞火[二]，家構釁於蒸梨[三]。蹀躞東西，終成溝水[四]。此二同也。

[一]李注：「世説新語假譎篇：『王文度弟阿智，惡乃不翅，當年長而無人與婚。孫興公有一女，亦僻錯，又無嫁娶理，因詣文度，求見阿智。既見，便揚言：此定可，殊不如人所傳，那得至今未有婚處？我有一女，乃不惡，但吾寒士，不宜與卿計，欲令阿智娶之。文度欣然而啓藍田云：興公向來，忽言欲與阿智婚。藍田驚喜，既成婚，女之頑嚚，欲過阿智。方知興公之詐。』説文：『疷，病不翅也。』段注：『翅同啻，古語不啻，如楚人言夥頤之類。世説新語：王文度弟阿至，惡乃不翅。晉宋間人尚作此語。』案：不啻得段解乃明。『智』作『至』者，段先生誤記也。莊子雜篇外物：『室無空虚，則婦姑勃谿。』陸德明音義：『司馬云：勃谿，反戾也。』凌廷堪汪容甫墓誌銘：『初娶孫氏，不相能，援古禮出之。』祥案：『容甫妻本孫氏，偶援興公，取便隸事，予始歎其精絶。繼乃容甫厚誣其妻，百年沉冤，藴而不舉。蓋容甫之妻，不能操作，失姑之歡，容甫出之，實有難言之隱。故文中所使勃谿、乞火、蒸梨，皆婦姑間事，冥默自傷，掩抑獨喻。』阮太傅元廣陵詩事云：『汪容甫明經中元配妻孫氏，工詩，有句云：人意好如秋後葉，一回相見一回疎。有才如此，豈能越禮自棄通門，委如落葉？且既出後，不聞再醮，包氏世臣猶及見之，見藝舟雙楫書述學六卷後，文中未加醜詆。』夫阮公譽之，慎伯稱之，孫無大過，審矣！容甫孝至，此事所不忍言，世傳容甫躁急，加以殺妻之罪，文章之士，

又據容甫此文，妄坐其罪，錯無人理。嗟乎！貞婦冥冥，誰爲平反，一揮涕邪？余不怪容甫，獨咎孟慈一代循吏，所著書中僅云先君容甫先生初娶孫，夫不稱前母，而稱曰孫，蔑禮之詞，輕同夫已。不爲先人稍抒其隱，謂之不孝可也。容甫感同放翁，孟慈罪同永叔，予乃不能不爲之三歎矣！」

[二]李注：「漢書蒯通傳：『里婦與里之諸母相善也，里婦夜亡肉，姑以爲盜，怒而逐之。婦晨去，過所善諸母，語以事而謝之。里母曰：女安行，我今令而家追女也。即束緼請火於亡肉家，曰：昨暮夜犬得肉，爭鬭相殺，請火治之。亡肉家遽追呼其婦。』」

[三]李注：「孔子家語七十二弟子解：『曾參，南武城人。後母遇之刻，而供養不衰。及其妻以藜烝不熟，因出之。』案：宋本家語作『藜烝』，其作『梨』者，誤本也。述學新舊諸刻，均作『蒸梨』，非是。陸璣毛詩草木鳥獸蟲魚疏：『萊，草名。其葉可食。今兗州人蒸以爲茹，謂之萊蒸。』案：萊蒸，即藜蒸也。萊、藜雙聲相轉，段懋堂亦如此説。藜今名灰藋菜，三月採之，可以爲茹。予親驗之。」古注：「太平御覽四百四十六引越絕書：『傳曰：孔子去魯，燔俎無肉。曾子去妻，藜蒸不熟。』又梁書處士諸葛璩傳：『謝朓教曰：就養寡藜蒸之給。』皆其證。」

[四]蹀躞(diéxiè)，亦作躞蹀、躡躞等，往來小步貌。李注：「卓文君白頭吟：『今日斗酒會，明日溝水頭。蹀躞御溝上，溝水東西流。』西京雜記：『相如將聘茂林人女爲妾，卓文君作白頭吟以自絕，相如乃止。』」周注：「汪喜孫汪氏母行記：『先君子容甫先生初娶於孫，好詩，不事家人生計，鄒太宜人獨任井爨，有二姑相助爲理，於歸後，弗能同親操作，遂歸老母氏之黨。』見孤兒編卷一。」

孝標自少至長，戚戚無懽。余久歷艱屯，生人道盡[一]。春朝秋夕，登山臨水，極目傷心，非悲則恨[二]。此三同也。

[一]古注：「江文通閩中草木頌：『且僕生人之樂，久已盡矣。』」

[二]李注：「楚詞宋玉九辯：『悲哉秋之爲氣也，蕭瑟兮草木搖落而變衰，憭慄兮若在遠行，登山臨水兮送將歸。』又招魂：『目極千里兮傷春心。』」

孝標夙攖羸疾，慮損天年[一]。余藥〔裹〕（裏）關心，負薪永曠[二]。鰥魚嗟其不瞑[三]，桐枝惟餘半生[四]。鬼伯在門[五]，四序非我[六]。此四同也。

[一]李注：「廣雅釋言：『羸，瘠也。』庾信小園賦：『崔駰以不樂損年。』『天年』字見莊子、國策。」祥案：莊子山木：「此木以不材得終其天年。」戰國策韓策：「老母今以天年終。」

[二]祥案：「裹」，諸本皆作「裏」，誤，今據文義改之。藥裹，猶藥袋。唐王維王右丞集卷二訓黎居士浙川作：「松龕藏藥裹，石唇安茶臼。」又杜甫撰、清仇兆鼇杜詩詳注卷二二酬郭十五判官：「藥裹關心詩總廢，花枝照眼句還成。」李注：「杜甫酬郭十五判官詩：『藥裹關心詩總廢。』禮記曲禮：『問庶人之子，長曰能負薪矣，幼曰未能負薪也。』」古注：「曲禮：『君使士射，不能則辭以疾，言曰：某有負薪之憂。』桓十六年公羊傳何休注：『天子有疾稱不豫，諸侯稱負茲，大夫稱犬馬，士稱負薪。』此文上言『藥裹』，下言『負薪』，則負薪自是喻疾，原注似非。」

[三]李注：「釋名釋親屬：『無妻曰鰥。鰥，昆也；昆，明也。愁悒不寐，目恒鰥鰥然也。故其字從魚，魚目恒不閉者也。』」

[四]李注：「枚乘七發：『龍門之桐，高百尺而無枝，其根半死半生。』」

［五］鬼伯，鬼王，即閻王。李注：「古蒿里歌：『蒿里誰家地？聚斂魂魄無賢愚。鬼伯一何相催促，人命不得少踟躕。』」

［六］李注：「漢書禮樂志：『日出入安窮，時世不與人同。故春非我春，夏非我夏，秋非我秋，冬非我冬。』」案：孟慈孤兒編先君學行記：『先君四十以後，百疾交攻，幾無生人之樂。』」

孝標生自將家，期功以上，參朝列者，十有餘人[一]。兄典方州[二]，餘光在壁[三]。余衰宗零替，顧景無儔[四]。白屋藜羹，饋而不祭[五]。此一異也。

［一］李注：「南史劉懷珍傳：『懷珍，齊左衛將軍，懷珍伯父奉伯，宋世官陳、南頓二郡太守。懷珍字靈哲，齊兗州刺史。孝標兄孝慶，齊末爲兗州刺史，舉兵應梁武，封餘干縣男。懷珍從子懷慰，齊郡太守，懷慰父乘之，冀州刺史。子霽，西昌相、尚書主客侍郎。杳，尚書左丞。懷珍從孫訏之祖承宗，宋太宰參軍。訏父靈真，齊鎮西咨議、武昌太守。』所謂『參列朝者十有餘人』是也。」

［二］李注：「漢書張敞傳：『敞起亡命，復奉使典州。』晉書殷仲堪傳：『受任方州。』」

［三］李注：「戰國策秦二：『江上之處女，有家貧而無燭者，處女相與語，欲去之。家貧而無燭者將去矣，謂處女曰：『妾以無燭，故常先至，掃室布席，何愛餘明之照四壁者？』」祥案：此事又見史記卷七一甘茂傳，文義較國策爲有條理，其曰：「臣聞貧人女與富人女會績，貧人女曰：『我無以買燭，而子之燭光幸有餘，子可分我餘光，無損子明而得一斯便焉。』」

［四］李注：「通鑑晉世祖紀：『泰始三年，徵李密爲太子洗馬。密以祖母老，固辭。嘗言：吾獨立於世，顧景無

儔。』」祥案：文選卷三七李密陳情表：「臣少多疾病，九歲不行。零丁孤苦，至於成立。既無伯叔，終鮮兄弟。門衰祚薄，晚有兒息。外無期功强近之親，内無應門五尺之僮。煢煢孑立，形影相弔。」

[五]李注：「孔子家語賢君篇：『周公居塚宰之尊，而下白屋之士。』王肅注：『草屋也。』漢書蕭望之傳顔注：『白屋，謂白蓋之屋。以茅覆之，賤人所居。』呂氏春秋任數篇：『孔子窮乎陳、蔡之間，藜羹不斟，七日不嘗粒。[晝寢]，顔回索米，得而爨之。食熟，孔子起曰：今者夢見先君，食潔而後饋。』」祥案：容甫先生遺詩卷四吾生其三末曰：「孤露惟依母，漂零正苦貧。勞生筋力盡，暮景笑啼真。親戚皆他縣，扶持只一身。白頭空有子，終歲走風塵。」

孝標倦遊梁、楚[一]，兩事英王[二]。作賦章華之宫[三]，置酒睢陽之苑[四]。白璧黄金，尊爲上客[五]。雖車耳未生，而長裾屢曳[六]。余簪筆傭書，倡優同畜[七]。百里之長[八]，再命之士[九]。苞苴禮絶，問訊不通[一〇]。此二異也。

[一]李注：「史記司馬相如傳：『梁孝王來朝，從游説之士，相如見而説焉。因病免，客游梁，令與諸生同舍。』又『長卿故倦游。』集解：『郭璞曰：厭游宦也。』」古注：「倦游梁、楚，楚即吴也。史記：『彭城以東，東海、吴、廣陵，此東楚也。』文不言梁、吴，而曰梁、楚，嫌吴平聲音節不諧耳。漢書鄒陽傳：『吴王濞招致四方游士，陽與嚴忌、枚乘等俱仕吴。』又曰：『是時景帝少弟梁孝王貴盛，亦待士，於是鄒陽、枚乘、嚴忌知吴不可説，皆去之梁，從孝王游。』原注舍楚不釋，蓋偶不照耳。」

[二]李注：「據梁書、南史孝標傳：『求爲竟陵王子良國職，尚書徐孝嗣抑而不許。用南海王侍郎，不就。』荆州刺史安成王秀引爲户曹參軍，使撰類苑。案：僅一事英王而已，無兩事也。」

［三］李注：「後漢書文苑邊讓傳：『少辯博，能屬文，作章華賦，雖多淫麗之辭，而終之以正，亦如相如之諷也。』」

［四］李注：「史記梁孝王世家：『孝王築東苑，方三百餘里，廣睢陽城七十里。』水經注睢水篇：『文帝二十年，封少子武爲梁王，招延豪傑，士咸歸之。長卿之徒，免官來游，廣睢陽城七十里，大治宮觀，臺苑屏樹，勢並皇居。』謝惠連雪賦：『梁王不悦，游於兔園。迺置旨酒，命賓友，召鄒生，延枚叟，相如末至，居客之右。』」

［五］李注：「戰國策秦一：『蘇秦説趙王，趙王大悦，封爲武安君。革車百乘，白璧百雙，黄金萬鎰，以隨其後。』祥案：又戰國策趙策：『臣請獻白璧一雙，黄金千鎰，以爲馬食。』」

［六］李注：「太玄經積次四：『君子積善，至於車耳。測曰：君子積善，至於蕃也。』范注：『積善成名，故車生耳。蕃，車耳也。車服有章，以顯賢也。』文選鄒陽上書吴王：『飾固陋之心，則何王之門不可曳長裾乎？』」

［七］李注：「漢書趙充國傳：『張安世本持橐簪筆，事孝武帝。』顔師古注：『簪筆者，插筆於首。』後漢書班超傳：『家貧，嘗爲官傭書以供養。』漢書嚴助傳：『上尤親幸者，東方朔、枚皋、嚴助、吾丘壽王、司馬相如。相如常稱疾避事，朔、皋不根持論，上頗俳優蓄之。』」

［八］周注：「三國志龐統傳：『龐士元非百里才也。』按百里言小邑也。」

［九］李注：「周禮大宗伯：『再命受服。』注：鄭司農云：受服，受祭衣服爲上士。」

［一〇］李注：「詩木瓜毛傳：『孔子曰：吾於木瓜見苞苴之禮行。』鄭箋：『以果實相遺者，必苞苴之。』又禮記少儀鄭注：『苞苴，謂編束萑葦，裹魚肉也。』」周注：「禮記曲禮上：『凡以弓劍苞苴簞笥問人者。』鄭玄注：『苞苴，裹魚肉者也，或以葦，或以茅。』」

孝標高蹈東陽，端居遺世［一］。鴻冥蟬蜕，物外天全［二］。余卑棲塵俗，降志辱身［三］。乞食餓鴟之餘，寄命東陵之上[四]。生重義輕，望實交隕[五]。此三異也。

[一]李注：「孝標東陽金華山棲志序云：『爰洎二毛，得居巖穴。所居東陽郡金華山，予之葺宇，實在斯焉。日出而作，日入而息，晚食當肉，無事爲貴。不求於世，不忤於物。莫辨榮辱，匪知毁譽。浩蕩天地之間，心無怵惕之驚。』」周注：「梁書劉峻傳：『游東陽紫巖山，築室居焉，爲山棲志，其文甚美。』」

[二]李注：「揚子法言問明篇：『鴻飛冥冥，弋人何篡。』李軌注：『君子潛神重元之域，世網不能制禦之。』史記屈原列傳：『蟬蜕於濁穢，以浮游塵埃之外，不獲世之滋垢。』」

[三]李注：「論語：『不降其志，不辱其身，伯夷、叔齊與！』」古注：「宜並引柳下惠、少連降志辱身矣。」

[四]李注：「莊子秋水篇：『南方有鳥，其名鵷雛，非梧桐不止，非楝實不食。於是鴟得腐鼠，鵷雛過之，仰而視之曰：嚇！』陸德明音義：『詩箋云：以口拒人曰嚇。』梁書曹景宗傳：『箭如餓鴟叫。』莊子駢拇篇：『盗蹠死利於東陵之上。』」

[五]古注：「文選陸士衡演連珠：『是以生重於利，故據圖無揮劍之痛；義貴於身，故臨川有投迹之哀。』李善注：『以利方生，則生重利；以身方義，則義貴身。』文子曰：『左手據天下之圖，而右手刎其喉，愚者不爲，身貴乎天下也。死君之難者，視死若歸，義重於身故也。天下大利也，比身則小；身所重也，比義則輕。』晉書王導傳：『求之望實，恐非良計。』望實，猶名實也。」

孝標身淪道顯，藉甚當時[一]。高齋學士之選[二]，安成類苑之編[三]。國門可縣[四]，都人争寫[五]。余著書五車[六]，數窮覆瓿[七]。長卿恨不同時[八]，子雲見知後世[九]。昔聞其語，今無其事[一〇]。此四異也。

[一]李注：「史記陸賈列傳：『陸生游漢廷公卿間，名聲藉甚。』集解：『言狼藉甚盛。』」

[二]李注：「南史庾肩吾傳：『初爲晉安王國常侍，王每徙鎮，肩吾常隨府。在雍州，被命與劉孝威、江伯摇、孔敬通、申子悦、徐防、徐摛、王囿、孔鑠、鮑至等十人，抄撰衆籍，豐其果饌，號高齋學士。』案：梁書、南史本傳咸言孝標召入西省，與學士賀縱，典校祕閣，不及峻名。且未侍晉安，難膺此號。若云西省學士，則無誤矣。」

[三]李注：「本傳：『安成王秀遷荆州，引爲户曹參軍，給其書籍，使抄録事類，名曰類苑，未及成，復以疾去。』南史略同。隋書經籍志：『類苑一百二十卷。梁征虜刑獄參軍劉孝標撰。』藝文類聚五十八劉之遴與孝標書：『間聞足下作類苑，括綜百家，馳騁千載；鉛摘已畢，殺青已就；義以類聚，事以群分。雖復子野調聲，寄知音於後世；文信購覓，懸百金於當時。居然無以相尚』云云。詩小弁正義云：『以劉孝標之博學，而類苑鳥部有鶯斯之名，是不精也。』案：據以上三證，是類苑固有成書，梁書、南史所云『未及就』者，就去官時言之也。」古注：「類苑有成書，南史已明言之。南史本傳：『及峻類苑成，凡一百二十卷。帝即命諸學士撰華林遍略以高之。』原注偶失之耳。」周注：「安成謂梁武帝子蕭秀也，字彦達，天監中封安成郡王。歷南徐、江、荆、郢、定、雍諸州刺史，卒謚康。傳見梁書卷二十二、南史卷五十二。」

[四]李注：「史記吕不韋傳：『不韋使其客人人著所聞，號曰吕氏春秋。布咸陽市門，縣千金其上，延諸侯游士賓客，有能增損一字者，予千金。』」

[五]周注：「晉書左思傳：『思賦三都，豪貴之家，競相傳寫，洛陽爲之紙貴。』」

[六]李注：「莊子天下篇：『惠施多方，其事五車。』」

[七]李注：「漢書揚雄傳：『鉅鹿侯芭嘗從雄受其太玄、法言，劉歆亦嘗觀之，謂雄曰：『空自苦，今學者有禄利，

然尚不能明易，又如玄何？吾恐後人用覆醬瓿也。』」

〔八〕李注：「漢書司馬相如傳：『蜀人楊得意爲狗監，侍上。上讀子虛賦而善之。曰：朕獨不得與此人同時哉！得意曰：臣邑人司馬相如自言爲此賦。上驚，乃召相如。』」

〔九〕李注：「漢書揚雄傳：『大司空王邑、納言嚴尤聞雄死，謂桓譚曰：子嘗稱揚雄書，豈能傳於後世乎？譚曰：必傳！顧君與譚不及見也。』案後漢書張衡傳：『常好玄經，謂崔瑗曰：吾觀太玄，方知子雲妙極道數，乃與五經相擬，漢四百歲，玄其興矣。』吳志陸績傳：『雖有軍事，著述不廢。注易釋玄，皆傳於世。』今范注太玄前有績述玄一篇。」又案：隋書經籍志太玄經注，陸績外，有宋衷、虞翻、陸凱、王肅等注，皆在漢魏之世，是子雲見知後世也。韓愈與馮宿論文書：『昔揚子雲著太玄，人皆笑之。子雲之言曰：世不我知，無害也；後世復有揚子雲，必好之矣。』韓愈有『子雲死近千載，竟未有揚子雲，以爲可歎，殆未審耳。』」古注：「華陽國志：『揚子雲太玄，其玄淵源懿，後世大儒張衡、崔子玉、宋仲子、王子雍皆不注解。吳郡陸公紀尤善於玄，稱雄聖人。』又魏志王肅傳：『年十八，從宋忠讀太玄，而更爲之解。』是竝子雲見知後世之證。」

〔一〇〕古注：「論語：『吾聞其語矣，未見其人也。』」

孝標履道貞吉，不干世議〔一〕。余天讒司命，赤口燒城〔二〕。〔笑〕（闕）齒嚱顔，盡成臯狀〔三〕。跬步才蹈，荆棘已生〔四〕。此五異也。

〔一〕李注：「易履九二：『履道坦坦，幽人貞吉。』」

〔二〕李注：「隋書天文志：『天街西一星，日月捲舌，六星在北，中一星曰天讒。天街西一星曰月。捲舌六星在北，主口語，以知佞讒也。曲者吉，直而動，天下有口舌之害。中一星曰天讒，主巫醫。』太玄經干次八：『赤舌燒城，吐水於瓶。』范注：『兑爲口舌，八爲木，木生火，火中之舌，故赤也。赤舌所敗，若火燒城。』案：玄經本文及范注作『舌』甚明，容甫誤舌曰『口』，自是記疏。後人以容甫博雅，謂别有所出，抑太慎矣！唐柳子厚解祟亦作『赤舌』。」古注：「陸魯望雜諷『赤舌可燒城』，亦一證。」

［三］祥案：「笑」，諸本皆作「關」，誤，今據文義改之。古注：「後漢書梁冀傳：『孫壽色美而善爲妖態，作啼妝，齲齒笑。』章懷注：『風俗通曰：啼妝者，薄拭目下若啼處；齲齒笑者，若齒痛不忻忻。』案：容甫剛腸疾惡，不爲世俗所容，故有此喻。盧文弨祭容甫文曰：『不恕古人，指瑕蹈隙；何況今人，焉免勒帛；衆畏其口，誓欲殺之；終老田間，得與禍辭。容甫不爲嵇生鍛翮，亦幸耳！』魏志公孫瓚傳注：『瓚表袁紹罪狀。』」

［四］李注：「荀子楊倞注：『半步曰蹞，蹞與跬同。』老子：『師之所處，荆棘生焉。』」古注：「禮記祭義『頃步』，鄭注：『頃當爲跬，聲之誤也。一舉足爲跬，再舉足爲步。』方言：『半步爲跬。』」

嗟乎！敬通窮矣，孝標比之，則加酷焉。余於孝標，抑又不逮。是知九淵之下，尚有天衢［一］。秋荼之甘，或云如薺［二］。我辰安在？寔命不同［三］。勞者自歌，非求傾聽［四］。目瞑意倦，聊復書之［五］。

［一］李注：「莊子應帝王篇：『淵有九名。』陸德明音義：『淮南子有九旋之淵。』許慎曰：『至深也。』」

［二］李注：「詩谷風：『誰謂荼苦，其甘如薺。』傳：『荼，苦菜也。』」鄭箋：『荼誠苦矣，而君子於己之苦毒，又甚於荼，比方之荼，則甘如薺。』謝朓始出尚書省詩：『餐荼更如薺。』」

［三］李注：「詩小弁：『天之生我，我辰安在？』毛傳：『辰，時也。』鄭箋：『此言我生所值之辰安所在乎？謂六物之吉凶。』正義：『六物：歲、時、日、月、星、辰也。歲，歲星之神，十二歲而一周；時，四時；日，十日；月，十二月；星，二十八宿；辰，十二辰也。』又小星：『夙夜在公，寔命不同。』鄭箋：『寔，是也。』」

［四］李注：「文選謝混游西池詩：『信此勞者歌。』善注：『韓詩曰：伐木廢，朋友之道絶，勞者歌其事。』古注：「公羊宣十五年傳：『男女有所怨恨，相從而歌。饑者歌其食，勞者歌其事。』」

［五］李注：「周禮注疏賈公彦序周禮興廢述賈逵語云：『目瞑意倦，自力補之。』」

藩自遭家難後［一］，十口之家，無一金之産。跡類浮屠，鉢盂求食［二］。睥睨紈袴，儒冠誤身［三］。門衰祚薄［四］，養姪爲兒［五］。耳熱酒酣［六］，長歌當哭。嗟乎！劉子之遇，酷於敬通。容甫之阨，甚於孝標。以藩較之，豈知九淵之下［七］，尚有重泉；食荼之甘［八］，勝於嘗膽者哉！

［一］閔爾昌江子屏先生年譜乾隆五十年：「乙巳、丙午間，頻遭喪荒，以所聚書易米，書倉一空，作書窩圖以寓感，一時耆宿題詠殆遍。」又五十一年：「歲大饑，日唯一饘粥。」江藩此期間内，疊遭喪亡，天災人禍，聚於一身，故有如此語。詳參拙著江藩與漢學師承記研究第二章江藩學行考。

［二］鉢盂，僧人之食器。元德輝敕修百丈清規五：「鉢，梵云鉢多羅，此云應量器，今略云鉢，又呼鉢盂，即華、梵兼名。」

［三］杜甫奉贈韋左丞丈二十二韻：「紈袴不餓死，儒冠多誤身。」

［四］李密陳情表：「門衰祚薄，晚有兒息。」注：「毛詩曰：『終鮮兄弟，維予與女。』字書曰：『祚，福也。』」

［五］江藩經師經義目録末江懋鈞識語曰：「家大人既爲漢學師承記之後，……嘉慶辛未良月既望，男鈞謹識。」祥案：懋鈞（一七八八—一八五一），字季調。爲江藩伯父起椿子逢俊之子。增監生。嘉慶二十一年（一八一六）、二十四年及道光十七年（一八三七），屢膺房薦，未售。年十六，父殁，母哀痛失明，懋鈞涕泣之餘，强爲歡笑以解母憂。藩以樸學名東南，所交多海内通儒，每宴集，懋鈞輒侍，由是學問日進。嘗議欲出嗣於藩，因其父僅此一子而罷。曾助藩纂樂縣考諸書。性狷介，不喜與貴游通書，而里居則恂恂退讓，教授生徒，成就者衆。著有詩經釋義二〇卷、爾雅旁證八卷、鷗寄齋古今體詩八卷等，皆不傳。事見江藩樂縣考、濟陽江氏金鼇派宗譜世系九從政公支世系從政公彦璋公支鎖德公分五十六世至六十世、江庚學澄川書屋文集卷下書先大父遺事四則，清洪汝奎等修光緒增修甘泉縣志卷一四有傳。

［六］文選卷四二魏曹丕與吴質書：「每至觴酌流行，絲竹並奏，酒酣耳熱，仰而賦詩。」

［七］九淵，水之最深處。莊子列御寇：「夫千金之珠，必在九重之淵，而驪龍頷下。」下文重泉，亦謂水之極深處也。淮南子齊俗：「積水重泉，黿鼉之所便也，人入之而死。」後世以九淵、九泉、重泉等寓人卒後之陰間世界。

［八］詩邶風谷風：「誰謂荼苦，其甘如薺。」毛傳：「荼，苦菜也。」鄭箋：「荼誠苦矣，而君子於己之苦毒又甚於荼，比方之荼則甘如薺。」

顧九苞

顧鳳毛

顧九苞，字文子［一］，興化人。博聞强記，長於毛詩［二］、三禮［三］。母任，子田之祖姑［四］，通經達史。文子之學，母教之也。文子乾隆四十六年辛丑，成進士［五］。未幾卒［六］。

子鳳毛，字超宗，號小謝[七]，亦受經於祖母。年十一，通五經[八]。著有毛詩集解、董子求雨考、楚詞韻考、入聲韻考[九]。乾隆四十九年甲辰，高宗純皇帝南巡，召試，欽取二等。後中戊申科副榜[一〇]。卒年二十七[一一]。

[一]古人名字解詁：「初學記卷三十引論語摘衰聖：『鳳有六像九苞。……九苞者：一曰口包命，二曰心合度，三曰耳聽達，四曰舌詘伸，五曰彩色光，六曰冠矩州，七曰距鋭鉤，八曰音激揚，九曰腹文户。』唐李嶠鳳詩：『九苞應靈瑞，五色成文章。』以『文』應『九苞』，意謂如鳳皇之有文章。」又清鄭之僑、趙彦俞纂咸豐重修興化縣志卷八顧九苞傳：「一字芍南。」

[二]咸豐重修興化縣志卷八顧九苞傳：「博聞强記，幼時日誦五千言，嗜學不倦，酷暑祁寒，晝夜未嘗釋卷，遂淹貫群經注疏，毛詩之學尤深，闡明義緼，剖析名物字畫，多先儒所未發者。……著作宏富，殁於逆旅中，稿多散佚。」

[三]翁方綱復初齋文集卷一二送顧文子歸興化序：「文子舉鄉試，出余門人吴學齋編修之門，其視余益親，而余益畏其學力之專且勵也。今之精研三禮者，吾最許寶應劉端林（祥案：即劉端臨），端林之於三禮也，視文子之用力，似分軌而實合轍。蓋端林之意在證經，而文子之意在翼注，皆學人所難能者，而翼注之力尤爲毅而縝密也。其於孔、賈也，什之九信之，什之一或弗盡信之；其於大、夫司農也，所已發者意得之，所未發者亦若意得之。蓋其力在墨守鄭氏而已。去年秋，小山將屬兩峰羅君畫鄭公象，與予往復論逢掖之制，以爲深衣近是，而任禮部子田遂爲深衣圖一書以詳釋之。」

[四]阮元廣陵詩事卷三：「顧文子母任氏，爲子田之祖姑。通經邃古，文子之學所從出也。文子子鳳毛，字超宗，亦授經於祖母。」

[五]清何道生方雪齋詩集卷一哭顧文子師二首並序：「戊戌，以選貢入都。庚子、辛丑連取科第，然竟不得京秩。」

[六]何道生哭顧文子師二首並序：「時朝廷開四庫全書館，當事以分校薦，先生乙太夫人年老，辭不就。促裝歸，至天津，病發於頸，月餘竟卒。」咸豐重修興化縣志卷八顧九苞傳：「乾隆四十二年拔貢，入都，充四庫全書館校録，爲名公卿所重。……四十五年，舉順天鄉試，明年成進士。罷歸，行次天津，疽發項，卒。」

[七]焦循雕菰樓集卷二一顧小謝傳：「字超宗，小謝別字也。」

[八]焦傳：「幼聰俊，繈褓中祖母任口授唐詩，率能成誦。十一歲，能解説經書。嘗作天文、地理、禮樂、國璽諸論，和鮑參軍行路難詩，時人奇之。十八，應童子試，解毛詩『吁嗟乎騶虞』，反復數千言。補弟子員。」又曰：「超宗於箋注義疏，不爲異同，惟以强記博覽，堅守先儒之學。然間有論斷，未嘗不精核簡要，厭服衆心。」

[九]焦傳：「學音韻、律吕於嘉定錢教授塘，撰有楚辭韻考、入聲韻考、毛詩韻考，皆得錢君之指。又撰毛詩集解、董子求雨考、三代田制考，均未成。」又雕菰樓集卷一四答黄春谷論詩書：「戊申，超宗没世，十餘年來，求其所爲詩歌，僅得一五言絶句，餘皆零落。然於風雨之晨，吟而永之，覺古調猶在人間也。」又淮海英靈集丁集卷四顧鳳毛：「超宗於箋注疏義，不爲異同，惟强記博覽，株守先儒之學，然間有議論，未嘗不精核簡雅，厭服衆心。卒於揚州。所撰……皆未成。求其詩稿不得，惟得廿字録之。」祥案：此所謂「廿字」者，乃顧氏寄盧召弓先生。其曰：「江水千尋碧，滿帆十幅裁。思君似明月，夜夜渡江來。」然則超宗之詩亦纖巧有致，著述不少，惜未成之稿，亦未流傳耳。

[一〇]焦傳：「時甫中副車。傳聞闈中已前列第四人，以對策詆王肅及僞孔安國書傳而抑之，亦命也夫！」咸豐重修興化縣志卷八顧九苞傳附顧鳳毛：「五十三年，應鄉試。對策辨六宗之説，遵鄭詆孔，迕主司意，抑置副榜第一。」

[一一]焦傳：「戊申夏月，超宗病瘧。超宗素讀古醫書，頗泥其法，自用藥治療。及冬十一月，游吴中歸，忽變哮喘，遂殁於郡城王君思雷家。年二十有七。」

劉台拱

劉台拱，字端臨[一]。先世自蘇州遷居寶應。父世謩[二]，官靖江縣訓導[三]。君生而岐嶷[四]，不好弄，就塾讀書，不離几席[五]。九歲，作顏子頌[六]，斐然成章，觀者稱爲神童。年十六，爲邑庠生[七]。二十一，中乾隆三十〔六〕(五)年辛卯科舉人[八]。屢試禮部不第[九]，銓授丹徒縣訓導[一〇]。君少失恃，事繼母鍾如母[一一]。丹徒去寶應三百里，每年必迎二親至學署，奉養無缺，得親歡心。體夙清羸，疊遭大故，飯疏食淡，哀毁過情，卧病不起[一二]。卒年五十有五[一三]。

[一]古人名字解詁：「論語爲政：『爲政以德，譬如北辰，居其所，而衆星拱之。』朱熹集注：『共，音拱。亦作拱。』魏書辛雄傳：『端拱而四方安。』以『端』應『拱』，即謂爲政尚清簡，無爲而不治。臨，臨民，治理百姓。」又段玉裁經韵樓文集補編卷上劉端臨先生家傳：「别字江嶺。」

[二]劉世謩(？—一八〇一)，字仿魏，號蓼野。廪貢生。官靖江訓導，生平學問以朱子爲宗。嘉慶元年(一七九六)，舉孝廉方正，辭不就。事見劉臺拱蓼野府君行述。

[三]劉文興劉端臨先生年譜乾隆四十四年：「九月，蓼野先生選授江蘇常州府靖江縣學訓導。」祥案：世謩於四十五年到任，至五十二年，乞休歸。

［四］岐嶷，謂漸能起立，後多借以形容幼年聰慧。詩大雅生民：「誕實匍匐，克岐克嶷。」毛傳：「岐，知意也；嶷，識也。」鄭箋：「能匍匐則岐岐然意有所知也，其貌嶷嶷然有所識别也。」又後漢書卷二四馬援傳：「客卿幼而岐嶷。年六歲，能應接諸公，專對賓客。」

［五］阮元揅經室二集卷二墓表：「入家塾，終日端坐，未嘗離席，獨處一室，亦必以正。」

［六］朱彬游道堂集卷三行狀：「九歲，作顔子贊，父兄長老皆憚焉。」祥案：「贊」，阮表作「頌」。

［七］段氏家傳：「年十六，補縣學生員。院試前夕，漏數刻不寐，家人疑其温習經義，就視之，朱子語類也。」

［八］祥案：此「五」爲「六」之誤，今改正。乾隆三十六年辛卯，爲西元一七七一年。劉譜乾隆三十六年：「是年，舉江南鄉試第八十九名。」

［九］阮表：「試禮部，大興朱文正公時以翰林分校得先生經義用古注，識爲積學之士，亟呈薦，已中式矣，以次藝偶疵被放，文正惜之終其身。」祥案：劉氏於乾隆三十七年、四十年、四十三年、四十六年、四十九年、五十二年，前後六試禮部，皆不第，遂絶意進取。

［一〇］劉譜：乾隆五十年：「春，銓授丹徒縣訓導。」祥案：劉氏自五十年任至嘉慶六年因父疾辭官離任，前後十七年。參劉譜及清吕耀斗等纂光緒丹徒縣志卷二一官師表教諭。

［一一］阮表：「六歲，母朱安人殁，哀毁如成人。既而事繼母鍾安人亦盡孝。」鍾安人（一七三四—一八〇二），宛平鍾光燕女。年二十四，嫁於世謩。世謩妻朱安人遺二子台拱、台鼎，拊愛之如己出。性嗜文墨，終日手一編如學究。生子三：臺斗、臺垣、臺奎。事見劉台拱鍾安人祔志。

［一二］祥案：嘉慶六年（一八〇一）二月，台拱父世謩卒；七年十月，繼母鍾安人卒。阮表：「及靖江君、鍾安人相繼卒，先生水漿不入口，出就外寢，蔬食五年之久。青浦王侍郎昶以爲有曾、閔之孝。……體素羸，疊遭大故，益衰弱。」案王氏説見春融堂集卷三五四士説。又劉譜嘉慶七年條引入祀鄉賢録：「事鍾氏極孝。年十餘，温凊定省惟謹。弱冠後屏

當家事，米鹽匱乏，不使親知，而甘旨不缺。後官丹徒，迎兩親於學署，雍雍色養，年雖五十，有孺子之慕。鍾氏或返寶應，有家信至，輒目瞤。」

［一三］阮表：「嘉慶十年五月廿二日，以疾卒，距生於乾隆十六年閏五月初二日，年五十有五。」

君六世祖永澄，問學於蕺山［一］，以躬行實踐爲主，子孫世傳其學。至君，又習聞王予中［二］、朱止泉之緒論［三］，深研程朱之行，以聖賢之道自繩［四］。然與人游處，未嘗一字及道學也［五］。君學問淹通，尤邃於經，解經專主訓詁，一本漢學，不雜以宋儒之説。著有論語駢枝一卷［六］、荀子補注一卷［七］、漢學拾遺一卷［八］、經傳小記三卷［九］、古文集一卷［一〇］。君勤於讀書，嬾於著述，不似今人鹵莽成書，動輒盈尺也。

［一］劉永澄（一五七六—一六一二），字静之，號練江。萬曆二十九年（一六〇一）進士。官順天學政，學者稱爲「淮南夫子」，遷國子學正。後引疾歸，與顧憲成、高攀龍、劉宗周、文震孟輩以風節相期。劉宗周私謚曰「貞修先生」。著有練江集、離騷經纂注等。事見明史卷二一五劉宗周傳、明儒學案卷六〇東林學案三。劉寶楠清芬外集卷六所録江藩劉台拱傳末案曰：「江蓋據劉忠端家傳，云劉静之至武林互正所學。……案此文則蕺山問學於先貞修，故王尚書鴻緒史稿云宗周始學於許孚遠，後交劉永澄，入東林書院。黄處士宗羲撰劉忠端傳云『砥礪性命之交則劉静之』，蓋謂此也。先貞修之學，始與顧端文游，其後參酌於忠憲劉宗周端之間，其得力本之朱子。江君言誤。」

［二］王懋竑（一六六八—一七四一），字予中，清寶應人。篤志經史，精於理學。康熙五十七年（一七一八）進士。授安

慶府教授。雍正元年，以薦被召，特授翰林院編修，在上書房行走。著有朱子年譜四卷考異四卷、白田草堂存稿二四卷續稿八卷等。事見白田草堂存稿附行狀，清史列傳卷六七、清史稿卷四八〇有傳。

〔三〕朱澤澐（一六六六—一七三二），字湘淘，號止泉，清寶應人。精於朱子之學，亦通天算、地理諸學。康熙間主講錫山、關中兩書院。著述今傳有朱止泉先生文集八卷外集五卷。事見朱止泉先生文集附王箴傳行狀，清史列傳卷六七、清史稿卷四八〇有傳。

〔四〕阮表：「十歲，心慕理學，嘗於其居設宋五子位，朝夕禮之，出入里閈，目不旁睞，時有『小朱子』之目。年十五，從同里王君雒師學，及見王予中、朱止泉兩先生書，遂篤志程、朱之學。」

〔五〕朱狀引邵晉涵語曰：「予游京師，交友中淵通静遠，造次必儒者，端臨一人而已。」又王念孫劉端臨先生遺書序：「歲在壬辰，予入都應禮部試，始得交端臨，接其言貌，晏晏如也。」

〔六〕論語駢枝一卷，劉氏雖服膺朱子之學，然是書多糾朱子之説，辨説無多，而持論精核。即匡正朱説，亦平心易氣言之，無過激之語。有劉端臨先生遺書本、廣雅書局叢書本等。

〔七〕荀子補注一卷，是書共九十六節，續十六節，專爲校勘荀子，補正楊諒、汪中之説，大體精審，間有譌誤。有劉端臨先生遺書本、廣雅書局叢書本等。

〔八〕漢學拾遺一卷，是書雖曰「漢學」，然實爲糾漢書而作，似應作漢書拾遺也。書中或糾誤字，或辨音釋，或駁舊説，間立己説，所論多當。有劉端臨先生遺書本、廣雅書局叢書本等。

〔九〕經傳小記三卷，爲其弟台斗、子源岷録經傳中考證語，凡摘諸經中疑難之句，訓詁考釋，旁引曲證，發明其説，間亦附以己意。是書有三卷本，有劉端臨先生遺書續刊本。今本多爲一卷，有劉端臨先生遺書本、皇清經解續編本。又有續一卷，有傳鈔本。

〔一〇〕古文集一卷，即劉端臨先生文集一卷，劉氏之文，多有散佚，身後由其婿阮常生裒輯遺文，僅存文二十篇。然劉興文劉端臨先生年譜中所稱引臺拱之文，多爲本集所未收者也。有劉端臨先生遺書本、廣雅書局叢書本等。祥案：劉氏之書，尚有方言校補一卷、國語補校一卷、淮南子校補一卷、兩世鄉賢録一卷、崇祀名宦録一卷等，皆收入劉端臨先生遺書道光時刻本中。

鍾裦

鍾裦，字保其，一字菣崖[一]，甘泉人[二]。與阮侍郎元[三]、焦孝廉循相善，共爲經學，旦夕討論，務求於是。君淡然無欲，以讀書爲樂[四]。生平篤實，敦善行，交游中稱爲君子[五]。嘗撰漢儒考，較陸元朗所載增多十餘人，又有祭法考諸書。舉優貢生卒[六]。阮侍郎爲刻考古録四卷[七]。

[一]古人名字解詁：「書無逸：『懷保小民。』故以『保』應『懷』。又因『保』綴以『其』。……以『保其』應『懷』，既已概括經義，又以爲誡，謂不圖逸豫享樂，方能參政治民。……一字菣厓。爾雅釋草：『蒿，菣。』……三國魏阮籍詠懷之三十一：『賢者處蒿萊。』以『菣』應『懷』，乃謂欲俲心懷憂世之患而隱居於蒿萊間之賢者。『厓』爲時尚綴飾字。」又阮元瀛舟筆談卷四作「字保岐」。

[二]焦循雕菰樓集卷二二甘泉優貢生鍾君墓誌銘：「鍾氏世爲揚州甘泉縣人。先世業賈，至君而貧。君樂道知命，不以貧賤自損其性情，雖饘粥不繼，不廢歗歌。好著書，而不與世争名，故世罕知者。……弱冠補甘泉縣學生，應省試十三

次，屢經困躓。」

[三]阮元揅經室二集卷七葭厓考古録序：「長余三歲。余年十七時，與君同受經於李晴山先生之門。君居二郎廟蔬田之西，左倚碧城，右依緑圃，花晨月夕，每相過論文史。嘗雪後泛舟，衝寒敲冰，至小香雪後山，又嘗翦燭作詩於海棠花下，舊游固如昨也。予入京後，葭厓以讀書自娱，耿介謹厚，以敦行自勉，殊不汲汲於科名。」又阮元廣陵詩事卷二：「元與葭厓，幼年同學。葭厓祖孚遠，號蕪原，久客於漢上，於親戚故舊，情誼最篤。」

[四]阮元定香亭筆談卷三：「甘泉鍾葭崖懷，博聞强識，日以經史自娱，清介遠俗，著述甚富。所居在廣儲門，蔬圃間頗有城市山林之趣。其門聯云：『古槐榆柳頗娱野性，高山流水自有知音。』亦可想見其爲人矣。」

[五]焦銘：「居恒禮法自守，訂祀先之儀，率其子弟，必敬必誠。與朋友交必以信，謀事必忠，往來酬接之度，不瀆不慢。性素和易，而人亦莫能狎也。」

[六]焦銘：「嘉慶甲子，諸城侍郎劉公督學江蘇，重君之爲人，歎君之學，舉君爲優貢生，君慨然有知己之感。……春秋四十有五，卒於舉優貢生之明年七月十七日。」

[七]阮元揅經室二集卷七葭厓考古録序：嘉慶十年，「余從君子葵嘉索君遺書，令其就正於執友焦君里堂。里堂爲寫録之成四卷，更爲墓銘。余遂刊之於板，以付葵嘉。少暇，當再録其詩，續入英靈集也。」焦銘：「君卒之明年，夏四月，君之子負二囊來，皆君著述草稿，乞循爲理之。明日，啓囊，得十三種：曰春秋考異，論三傳也；曰説書，解尚書也；曰區别録，考訂毛詩之草木蟲魚也；曰論語考古，發魯論之疑滯也；曰祭法解，核古祀典也；曰周官識小，經緯諸職而類釋之也；曰讀選雜述，補文選注之不及也；曰興藝塾問答，與子弟門人輩講説之所録也；曰漢儒考，表兩漢經師也；曰興藝塾筆記、曰考古録雜論，經籍之所叢也；曰覺菴日記，甲寅、乙卯間記日所行之事也；曰筠心館集，詩古文詞也。日記首尾完善；録雖瑣屑，間及哀傷，而夷曠之風，露於楮表，誦而味之，可以消市心焉。文止數篇，詩則備矣。其餘零星斷爛，卷帙未完，窮三日力，刺其精華，爲君寫之，統得四卷，名之曰葭厓考古録。葭厓者，君别字也。」祥

案：葴厓考古録，凡考訂經史六十餘條。清季丹徒鮑鼎詳校是書刻本、鈔本之異同，爲校記一卷。今有一九三一年上海中國書店影印本、續修四庫全書本等。

徐復

徐復，字心仲，江都人。本農家子，所居南鄉[一]，乃互鄉也[二]，有子弟讀書者，必群起譁之。心仲少孤，喜讀書。其兄使之牧，乃棄牛而逃，至郡西僧寺中爲僧，供灑掃之役以餬口，暇則誦讀，恒達旦不寢[三]。一日，焦孝廉循甜寺中，見其所誦之五經，及所作制義，大奇之，爲之延譽，於是爲鄉塾童子師。未幾，補諸生[四]，遂從事於經史之學[五]。甲寅省試，與友人江都黄君承吉同寓，黄君詰以九章演算法，不能答，以爲恥，典衣購算書歸[六]。時君攜婦入城，與藩所賃之屋，衡宇相望。薄暮時，即執算書一册，來相質問，未及一年，弧三角之正弧、垂弧、次形、矢較諸法[七]，皆能言其所以然矣。後得虚損疾[八]，危篤時猶手執北齊書與友人講論，語未畢而逝[九]。著有論語疏證，藩爲之序[一〇]。

[一] 焦循雕菰樓集卷二三書江都兩書生：「西南鄉董家老壩人。」

[二] 論語述而：「互鄉難與言。童子見，門人惑。」注：「鄭曰：『互鄉，鄉名也。其鄉人言語自專，不達時宜，而有童子求見孔子，門人怪孔子見之。』」

［三］焦循書江都兩書生：「寺僧曰：『其家故貧，不欲其爲儒，而困苦之，故逃於此，志儒不肯易也。』奇之。」又揚州畫舫録卷八城西録：「其鄉重耕而輕讀，復不欲爲農，寄食都天廟中，供灑掃之事。暇則讀書，雖冬月無被，不輟也。江都焦明經循，適寓廟中，壯其志，邀之於家，授以毛詩、周官禮諸經，徐稍稍通之，尋補弟子員，於九章六書之學，頗有得焉。」

［四］焦循書江都兩書生：乾隆五十四年，「入學爲生員」。

［五］焦循憶書卷五之一五：「徐心仲，西鄉農家子。讀書西門外都天廟中，師事甘泉老儒姚雨田。在廟甚苦，僧亦薄之。余以其有志也，乾隆癸卯，請於先君，邀至家塾，彼所知者高頭講章、明人八股而已。余乃令看諸經注疏，其師嘗面責余，謂余害之不令學時文，而從事於經也。」

［六］焦循書江都兩書生：「與黄承吉應鄉試省中，黄偶論算學，徐不能答。明日入場，繳白卷出，疾趨市中購算學書歸，習之一年，舉昔所論者發之，而黄已忘前事矣。」阮元廣陵詩事卷四：「元乙卯九月過里門，相見於紅橋舟中，以詩贈余。丁巳，遂病歿。聞其甲寅在省秋試，……嘉定錢竹汀先生嘗言：『學西法者，畏弧三角之難，蓋八線交錯於大圜之中，其理頗不易解也。』心仲於弧三角、正弧、垂弧、次形、矢較諸法，皆能明其底藴，使永其年，所得正未可量耳。」

［七］祥案：正弧、垂弧、次形、矢較，謂球面三角形的諸種解法。正弧謂球面上之直角三角形，就是球面直角三角形的解法。垂弧謂從球面三角形上任意一個頂點向對邊的垂線，即通過作垂弧把一般三角形分爲兩個直角三角形來求解的方法。次形謂從求一個球面三角形借助於另一個與其相對應的球面三角形，即通過弧與角的互補、互餘及對稱關係，把原來不易求解的弧三角形化爲易解者(次形)求解。矢較謂二者之矢之差。

［八］虚損疾，參本書第二二四頁注［一二］。

［九］焦循書江都兩書生：「徐素患心疾，每旦服牛肉，醫以地黄，治之大劇，又投以人參、硫黄，遂死。」

［一〇］祥案：論語疏證，今不傳。江藩隸經文卷四徐心仲論語疏證序：「乾隆六十年，藩駐揚州，與徐君親善，講

習經義，每相遇，輒日旰忘食，夜分不寢，出其書屬藩敘之。因述論語源委，以釋其著書之意如此。昔張侯論出，諸儒爲之語曰：『欲爲論，念張文。』今當移贈徐君矣。」

君没後無子，婦歸南鄉，其兄鬻爲土豪妾，而婦不知也。誆以上塚，賺至豪家，婦忽舉止異常，行狀聲音宛如心仲，指豪大呼曰：「汝何人？敢買我妻爲妾乎！」婦遂僕地，其兄遁去。俄頃，婦醒，遽入厨，取厨刀自刎死，其兄至今無恙也[一]。先世有良田百畝，其兄惡心仲不務農而讀書，疾之如仇，乃避兄居城中，不食兄之粟。其死也，能爲厲以全妻之節，而不禍其兄，豈不欲傷手足之情歟！嗚呼！君生不能叨一第之榮，而身罹六極之備[二]，天之困通人，若此之酷耶！其兄之所爲，天實爲之也。

[一]焦氏憶書卷五之一五：「未幾，病死。其妻盡賣其所蓄之書而嫁。」祥案：如焦循之説，則徐妻盡賣其書而嫁人，則似出於自願，或兄忌其惡而賣之耶？二説不一，不知誰是。

[二]尚書洪範：「六極：一曰凶折，二曰疾，三曰憂，四曰貧，五曰惡，六曰弱。」

汪光爔

汪光爔，字晉蕃，號芝泉，儀徵縣廪膳生[一]。其先人韓懷部郎諱棣[二]，與惠徵君松崖、戴編修東原及王蘭泉先生、王光禄西沚、錢詹事竹汀爲莫逆交。晉蕃少承庭訓，習聞諸老宿名論，乃潛志讀書，博通經史[三]。嘗著荑稗釋一篇，其説曰：

[一]焦循雕菰樓集卷二一亡友汪晉蕃傳：「以儀徵籍入學，補廩膳生。居江都。其先世歙人。」

[二]汪棣，見本書第三二五頁注[八]。揚州畫舫録卷一〇虹橋録上：汪棣「多蓄異書，性好賓客。樽酒不空。一時名下士如戴東原、惠定宇、沈學子、王蘭泉、錢辛楣、王西莊、吴竹嶼、趙損之、錢籜石、謝金圃諸公，往來邗上，爲文酒之會。」

[三]焦傳：「晉蕃天性誠篤，與人言不及俗事；學術文藝，則娓娓不倦。少處豐儉而好禮，長處困乏，不以升斗爲憂。言笑之際，不諱忌諱，而未嘗侮人；不矯情立厓岸，而取予不苟。經學深於尚書，字櫛句解無滯義，兼習毛詩、禮記，通其大旨。尤好易，彙集漢、魏諸家考而釋之。」

孟子五穀章[一]：「不如荑稗。」趙注云：「五穀雖美，種之不成，則不如荑稗之草，其實可食。」按「荑」之説凡五：説文[二]：「荑，草名也。」爾雅[三]：「荍荑，蘱藡。」注云：「一名白蕢。」玉篇[四]：「荑，茅始生。又荑桑也，荍荑也。」廣韻：「荑秀。」[五]詩静女章：「自牧歸荑。」[六]傳云：「荑，茅之始生。」碩人章：「手如柔荑。」傳云：「如荑之新生」是也。「稗」之説凡三：説文[七]：「稗，禾別也。」釋文引字林云[八]：「禾別名。」玉篇[九]：「稗，秕也。」廣韻[一〇]：「稗，稻也。又稗草似穀。」戴侗六書故[一一]：「稗葉純似稻，節間無毛，實似蕢，害稼。」後漢書光武紀[一二]：建武三十一年，「陳留雨穀，形如稗實。」李賢引左傳杜注云：「草之似穀者」是也。

[一]孟子告子上：「孟子曰：『五穀者，種之美者也；苟爲不熟，不如荑稗。』」

[二]説文艸部：「荑，艸也。」段注：「鍇本作荑，夷聲；鉉本作苐，今鉉本篆體尚未全誤。考廣韻、玉篇、類篇皆本説文云『苐，艸也』，知集韻合苐、荑爲一字之誤矣。」

[三]見爾雅釋草。祥案：此蘈蘠、一名白蕢者，即今所謂白莧菜。莧爲夏菜，有紅莧、紫莧、白莧、五色莧、水莧、人莧等。皆可蔬茹。又有補氣除熱，通九竅之功效，可入藥。參戴侗六書故卷二四植物四莧、本草綱目卷二七菜之二莧。

[四]玉篇卷一三艸部：「荑，始生茅也。荑，荑柔也。又音夷，莁荑也。」近藤注：「諸本不見作『荑桑也』（據嚴松堂影慶長本，明經廠本『莁荑也』作『莖荑也』），唯澤存堂本玉篇作『荑桑也』。」

[五]見廣韻上平聲齊第十二「嗁」小韻下。

[六]見詩邶風静女。

[七]説文禾部：「稗，禾别也。」段注：「謂禾類而别於禾也。孟子曰：『苟爲不孰，不如荑稗。』左傳云：『用秕稗也。』杜云：『稗，草之似穀者。』稗有米似禾，可食，故亦種之。如淳曰：細米爲稗。故小説謂之稗官，小販謂之稗販。」祥案：杜注見左傳定公十年「君其不具，用秕稗也」句下。

[八]爾雅釋草：「蕛，苵。」郭注：「蕛似稗，布地生，穢草。」疏：「蕛，一名苵，似稗之穢草也，布生於地。莊子曰『道在蕛稗』是。亦有米細小，莊子又曰『若蕛米之在太倉』是也。」釋文：「蒲殼反。字林云：『禾别名。』」

［九］見玉篇禾部。

［一〇］廣韻卦韻：「稗，稻也。又稗草似穀。」

［一一］戴侗六書故第二二：「稗，旁殼切，稗葉純似稻，惟節間無毛，實似蕡，害稼者也。」

［一二］後漢書卷一下光武紀下：建武三十一年，「陳留雨穀，形如稗實。」注：「杜預注左傳云：『草之似穀者。』」建武三十一年，爲西元五十五年。

但「荑稗」之「荑」，當爲「蕛」而非「荑」。按說文［一］：「蕛，苵也。」爾雅「蕛苵」注云：「蕛似稗，布地生，穢草。」則蕛之狀可識。莊子秋水篇「蕛米之在太倉」［二］，又云「知天地之爲稊米也」。釋文引司馬云：［三］「稊米，小米也。」李云［四］：「稊，草也。」則蕛之實可考。孟子言五穀不熟，而比以蕛稗者，取其類也。且莊子知北游又云［五］：「道在蕛稗。」釋文作「苐薜」［六］，李云：「二草名。」又云：「本又作稊稗。」然爾雅釋文云：「蕛又作稊。」引莊子云：「道在稊稗」是也。則「蕛稗」或作「稊稗」，或作「苐薜」，斷不作「荑稗」。是「蕛苵」之「蕛」，不得「苵荑」之「荑」明矣。說文禾部無「稊」字，或缺耳。稗爲「禾別」者，以其形似禾而別於禾，徐曰「似禾而別」是也［七］。玉篇誤以爲秕。說文［八］：「秕，不成穀也。」「稗」無「秕」訓，「秕」亦無「稗」訓，以「稗」爲「秕」者，乃俗解，非古訓也。廣韻又誤以爲「稻」。說文［九］：「稻，稌也。」亦無「稗」訓，唯其異於稻，所以有禾別之名。若稻，則何別矣。或疑易大過「枯楊生稊」［一〇］，李氏易傳引虞翻易注云［一一］：「稊，穉也。楊葉未舒。」則字本作稊。釋文引鄭氏易注云[一二]：「枯，謂無姑、山榆。荑，木更生，山榆實。」則字又作「荑」。是「稊」、「荑」二字似可通，非也。按詩七月章[一三]：「猗彼女桑。」傳云：「女桑，荑桑也。」疏云：「取周易『枯楊生荑』之義」。亦作「荑」，而不作「稊」。可見凡木更生皆爲荑，則大戴禮夏小正「柳稊」[一四]，亦當作「柳荑」，而不作「柳稊」矣。「生荑」之「荑」不得誤爲「稊」，則「稊稗」之「稊」亦不得訛爲「荑」。但篆文二字相近，或傳寫之錯耳[一五]。

[一]説文艸部：「蕛，苵也。」段注：「見釋艸，郭云：『蕛似稗，布地生。』邵氏晉涵云：『孟子之荑稗，莊子之蕛稗，皆是也。』」段以禾部無稊字，改蕛爲蕛。

[二]莊子秋水篇：「計中國之在海内，不似蕛米之在太倉乎？」又「知天地之爲蕛米也，知豪末之爲丘山也，則差數睹矣。」

[三]經典釋文序録言司馬彪莊子注二十一卷五十二篇。是書已久佚，清人孫馮翼、茆泮林、黄奭、王仁俊等各有輯本，分見諸家叢書中。

[四]李謂李頤，字景真，晉潁川襄城（今屬河南）人。官丞相參軍。嗜老莊之學，自號玄道子。著有莊子集解三〇卷，已佚。事見經典釋文序録。

[五]莊子知北游：「東郭子問於莊子曰：『所謂道，惡乎在？』莊子曰：『無所不在。』東郭子曰：『期而後可。』莊子曰：『在螻蟻。』曰：『何其下邪？』曰：『在蕛稗。』曰：『何其愈下邪？』曰：『在瓦甓。』曰：『何其愈甚邪？』曰：『在屎溺。』東郭子不應。」

[六]釋文：「李云：『苐薛，二草名。』」

［七］徐鍇説文解字繫傳卷一三「稗」：「臣鍇曰：似禾而別也。」

［八］祥案：説文禾部：「秕，不成粟也。」汪光爔誤「粟」爲「穀」，蓋爲涉玉篇「秕，穀不成也」而誤。張舜徽説文解字約注卷一三：「玉篇：『秕，穀不成也。』與許所云『不成粟』意同，謂徒存其形，有稃無米者。」

［九］祥案：説文禾部：「稰，稌也。」又下一字曰：「稌，稰也。」二字雙聲互訓。

［一〇］易大過九二：「枯楊生稊，老夫得其女妻，無不利。」

［一一］見李鼎祚周易集解卷六。

［一二］周易音義注「枯」：「鄭音姑。謂無姑、山榆。」又「稊」：「鄭作荑。荑，木更生。音夷，謂山榆之實。」祥案：阮氏校勘記：「稊，石經、岳本、閩、監、毛本同。釋文：『稊，鄭作荑。』」

［一三］見詩豳風七月。

［一四］大戴禮記夏小正：「柳稊。稊也者，發孚也。」王聘珍大戴禮記解詁卷二：「説文云：『柳，小楊也。』易曰：『枯楊生稊。』王注云：『稊者，楊之秀也。』傳云『發孚也』者，廣雅云：『孚，生也。』」近藤注：「據洪震煊夏小正異字記（經解卷一三二二），宋傅崧卿所得關澮本與初學記所引皆作『稊』，他本及文選注引作『梯』，然宋吴淑事類賦（四庫子部類書類一著録内府藏本）自注所引作『荑』，此可爲汪氏此論之有力之證佐也。」

［一五］祥案：説文解字約注卷二「荑」：「桂馥曰：『玉篇從弟作苐，音題，引本書同。』舜徽按：見之經傳者，皆作荑，無作苐者。詩静女篇『自牧歸荑』，傳『荑，茅之始生也』。引申之，則凡艸木之初生者，皆謂之荑。本書鳥部『鷞』或从弟从鵜。竊疑荑爲正字，苐乃荑之或體。音同形近，本是一字，後人離而二之，非也。」祥案：荑、苐、稊蓋皆經典通用字，汪氏必强分之，實不必耳。

又辨惠氏易爻辰圖之謬[一]，予服其精深，文多不載。晉蕃夙患哮疾[二]，羸瘦骨立。丁卯秋八月，應省試歸，病復作，遂卒，年四十有三。病中尚手批大戴禮、文選不置云[三]。〔阮梅叔亨刻其遺稿入瀛舟筆談[四]、淮海續英靈集[五]〕。

[一]焦傳：「尤好易，彙集漢魏諸家，考而釋之，謂乾鑿度言，乾貞子左行，坤貞未右行，歲終次從於屯、蒙。屯爲陽貞，於丑左行；蒙爲陰貞，於寅右行。歲終則從其次卦，鄭氏以屯、蒙、需、訟明之。然則以次者，指序卦之次，始乾、坤，次屯、蒙，次需、訟，以兩卦主一歲，故云三十二歲期而周，六十四卦與卦氣值日迥殊。漢上不以需、訟爲次，而用謙、睽、升、臨，非鄭氏義也。又難云：陽卦左行，陰卦右行，惟泰從正月左行至六月，否從七月左行至十二月，泰、否獨相隨左行，明諸卦不然，而惠氏作爻辰圖，乾、坤諸卦皆左行，與鄭氏不已異乎？其好學深思，不逐口耳附和如此。」

[二]焦傳：「舊有肺疾，寒則舉發，去年爲甚，掌廷竭力醫治之。今春夏間少愈，秋八月，應省試歸，病復作，遂卒。時爲嘉慶丁卯，年四十有三。病中尚手批大戴禮、文選不置云。」江氏云「哮疾」者，蓋汪氏所得乃今人所謂肺氣腫之症，嚴重時則哮喘不已，至晚成肺心病，則不治矣。

[三]近藤注：「此下『阮梅叔亨刻其遺稿入瀛舟筆談、淮海續英靈集』十九字，爲師承記揚州刊本所刊入，光緒時所刊山西書局本倣此，改刊之迹顯然。檢今本瀛舟筆談（十二卷，嘉慶二十五年阮氏刊本），不見有關汪氏之記事。淮海續英靈集，亦未見。」阮亨，字仲嘉，又字梅叔，阮元從弟。嘉慶二十三年（一八一八），副貢生。幼以蕉花曲得名，中年學益進。晚遭兵燹，而吟詠不輟。有雹桂軒吟稿、珠湖草堂詩鈔四卷等。事見揚州畫舫録卷一二橋東録，同治續纂揚州府志卷一三、民國甘泉縣續志卷二四有傳。

[四]瀛舟筆談一二卷卷首一卷，阮亨輯。嘉慶四年，阮元任浙江巡撫，是書皆記當時諸事。卷首及前四卷，皆記剿浙東海盜事，卷五記賑浙江水災事，卷六爲修阮氏雷塘塋墓及其家事，卷七記當代儒林往來考訂諸事，八至十卷爲阮元與當時諸家唱和酬應之作，卷十一爲進呈四庫未收書提要事，卷十二爲各家題阮氏積古齋所藏金石文字諸事。書名瀛舟者，阮元當時讀書齋名也。今有清刻本等傳世。

[五]淮海英靈集二二卷，阮元輯。曰淮海英靈者，宋時高郵人秦觀嘗名其集曰淮海；又唐殷璠選唐詩，亦曰河嶽英靈，故稱。全書分甲、乙、丙、丁、戊五集各四卷，壬集爲閨閣、癸集爲方外，各一卷。續集一二卷，阮亨輯。己集四卷、庚集五卷、辛集三卷。皆録揚州人能詩者數百家，上起清初，下迄當時，以已故者爲斷。隨到隨編，故未畫一也。正集有嘉慶三年刻本、續集有道光六年刻本等。

李鍾泗

李鍾泗，字濱石。其先阜寧人[一]，父世璉[二]，賣卜揚州市，遂居甘泉。濱石讀書，性善記，人所作文，一覽即能闇誦[三]。治經深於左氏春秋，撰規規過一書，抑劉申杜[四]。焦孝廉循稱其書精妙詳博[五]，而藩未之見也。

[一]焦循雕菰樓集卷二三揀選知縣李君濱石事狀：「其先淮安人。」

[二]焦狀：「父世璉，號紫峰，精李虛中之術，賣卜揚州市，遂爲甘泉人。紫峰多隱德，嘗曰：『吾生子宜有興者。』

及生濱石而紫峰卒。」
[三]焦狀：「天性善記，或示以文，似未深閱，然久之默誦不遺一字。乾隆壬子秋，吴太史椿舉於鄉，實未豫以文示人，而同人已有其稿，蓋吴嘗口向人誦而濱石適耳之，榜後默憶著録，僅異同十數言。其異穎類此。」
[四]焦狀：「濱石於經，長於左氏春秋。工爲歌詩，及賦頌箴誄雜文，空所依傍，而不愆於則。」
[五]祥案：今焦狀中不見此言，江藩必有所據，惜今未能知耳。

濱石少孤，從黄大令洙讀四子書[一]，黄君愛其聰穎。忽棄而學賈，一日誤碎肆中玻璃缸，賈者責之，濱石大哭。黄君適過之，曰：「所碎之器，我償汝值。」賈者遜謝[二]。乃攜濱石歸，謂其母曰：「此子能讀，不能賈，而使之賈，何哉？」母曰：「家貧，不能供脩脯。」黄君曰：「第從我讀，何脩脯爲！」一年之後，補邑庠生，文名大著[三]。嘉慶六年辛酉[四]，舉於鄉，其學益進。嘗從藩問喪禮，往覆問難，發人所未發。赴禮部試不第，殁於京師[五]。

[一]黄洙，字依宣，號澹人，清甘泉人。乾隆五十五年（一七九〇）進士。授内閣中書。歸主如皋雉水書院講席。嘉慶時，歷官山東清平等地知縣。後官汶上縣，值白蓮教事起，鄰邑皆陷，獨洙嬰城固守請援，兵至，城賴以完。著有四書經注考證、澹人詩文集，藏於家。光緒增修甘泉縣志卷一二有傳。
[二]案：焦狀述此事較詳，且敘述有小異。其曰：「鍾泗兄鍾源「承父業，日得錢以養老母及幼弟，濱石因得讀書，

師事同邑黄先生依宣。黄先生名洙，今以進士官山東縣令者也。時爲諸生館於濮，濱石往附學。值歲饑米貴，終日或不得食，每飯餐兩麥餅即往，忍餓苦學，嵩泉閔之，令改業習負販。曰：『弟庶幾得飽食。』乃投轅門橋洋貨鋪中，甫入之此日，誤觸玻璃甕碎，大窘。或曰：『爾窶人，何以償此？』適主人至，熟視之曰：『君固從書房中來乎？』曰：『然。』曰：『讀書好事，何改而習此業？』濱石泣語以故，且告以能屬文，家有老母，兄一人竭力以養，苦不足，思改業以助兄，或者老母可得一再飽耳。主人愴然良久，謂之曰：『姑居我家，爲我司筆墨事，可不廢書。』居數日，黄先生過市，見濱石，呼之曰：『何月餘不入塾中？』語以故，黄先生曰：『吾以汝別從他人學，固若此，奈何不我訴？』即攜去，衣食之。明年，入學爲生員，益自刻苦，用是學日進。」又阮元廣陵詩事卷二述李氏兄弟事曰：「李鍾鈞（祥案：即鍾源）家貧，業星命，每日得錢，市酒肉以養母，督弟讀書，衣之整潔者以衣弟，母食有餘，亦留以俟弟歸食之。自甘粗糲，始終如一。每夜伴弟讀至三鼓，弟少懈，則泣涕以撻之，今其弟爲甘泉學生，有聲黌序中，皆兄教也。養親有餘錢，以施乞兒，或張路燈。甲寅八月，病没。人多哀之而哭之以詩。其星命推斷，隨筆皆驗，明有用西法推五星者，疑其有秘傳，及索其書觀之，則坊間星命書耳。問操何術，鍾均曰：『隨手酬應，爲糊口計，實無他術也。』人以爲天助其孝友使然。」

［三］焦狀：「與江都黄春谷爲性命交，以文藝相靡切，時稱『黄李』。」黄承吉夢陔堂文集卷五孟子正義序：「予與里堂，弱齡締交，中歲論藝，儔輩中昕夕過從尤契洽者，則有江君子屏、李君濱石。當時以予四人嗜古同學，輒有『江焦黄李』之目。或遺子屏而列鍾君蔵厓，則稱『鍾焦黄李』也。」又黄承吉夢陔堂詩集卷二〇輓焦里堂：「當時好事漫稱許，儷以黄李兼江焦。」

［四］辛酉爲嘉慶七年，即西元一八〇二年。雕菰樓集卷三兩君詠序：「嘉慶辛酉，余與濱石同舉於鄉。」

［五］兩君詠序：「濱石以丁卯春入都，落魄不能返，今年殁於京邸。」又焦狀：「丁母憂，服除入京師，揀選知縣。歲己巳，卒於京邸。年三十九。」

凌廷堪

凌廷堪，字次仲[一]，一字仲子，歙人也[二]。父文焻[三]，字燦然，自歙遷於海州之板浦場[四]，遂家焉。君十二歲，即棄書學賈[五]，偶在友人家見詞綜[六]、唐詩別裁集[七]，攜歸，就燈下讀，遂能詩及長短句[八]。浙人張賓鶴見其詩詞[九]，大奇之，告之板蒲場大使湯某[一〇]，某敬禮之，邀君至揚州。是時，鹺使置詞曲館[一一]，檢校詞曲中之字句違礙者，從事讎校，得脩脯以自給[一二]。君之精於南北曲而能分別宫調者[一三]，基於此也。

[一]古人名字解詁：「左傳文公十八年：『高辛氏有才子八人：伯奮、仲堪、叔獻……。』此取仲堪以爲名字。飾以『次』，謂隨八元之後。」

[二]凌廷堪校禮堂文集卷三七寧國凌氏宗譜序：「吾歙之凌始於元一公，諱安，唐顯慶二年，官歙州長史，卜宅城北之雙谿，是爲自餘杭遷歙之第一世祖。後凡居休寧、宣、松江及江北之定遠、懷遠者，皆歙之所分也。」張其錦凌次仲先生年譜卷一：「江南徽州府歙縣九都七圖人。」

[三]凌文焻（一七〇六—一七六二），字燦然，國學生。業賈於海州。事見張其錦凌次仲先生年譜卷一乾隆二十七年注。阮元揅經室二集卷四次仲凌君傳：「君生海州，六歲而孤。」

[四]海州，清直隸州名。屬江蘇淮安府，今江蘇連雲港市。陳萬鼐凌廷堪年譜壹家世：「板浦爲灌雲縣治，因有鹽

場，亦稱板浦場，商賈輻輳，清時設鹽課大使主其事。」又張譜卷一：「自高祖以下皆隱德不仕，燦然公以謀食至海州之板浦，依外祖許君世貞，遂家焉。」

［五］張譜卷一乾隆三十四年：「先生十三歲，學賈。」注曰：「先生昔嘗曰：『某六齡而孤貧，無立錐，賴兄致堂營生養母；次年，始就塾師讀書。十三歲，即以家貧，棄書學賈。六經未之全讀也。』」又注引漢學師承記亦曰「君年十三」，今江書作「十二」者，或手民氏之誤耶？

［六］詞綜三四卷，清朱彝尊編，汪森增定。是書録唐、宋、金、元詞凡五百餘家詞一千九百餘首。於作者姓氏、生平、爵里、宦績及詞牌、句讀等爲他選本溷誤者，皆詳考而正之。今有北京中華書局一九七五年影印本等。

［七］唐詩別裁集二〇卷，清沈德潛選編。是書凡收詩一千九百二十八首，按五古、七古、五律、七律、五絶、七絶諸體編排。德潛詩宗李、杜，倡格調之説，故是編亦以李、杜爲宗，其餘大家之詩收録亦多。然亦多誤收、重收及編排失當之弊也。今有北京中華書局一九七三年據教忠堂本重訂影印本、一九七九年上海古籍出版社鉛印本等。

［八］張譜卷一乾隆三十六年：「先生十五歲，能詩及詞。」注：「先生乙巳年學古詩有云『十五學吟詩。』」

［九］揚州畫舫録卷三新城北録上：「張賓鶴，字堯峰，浙江杭州人。爲人不拘小節，時人謂之『張瘋』。熟於七言古詩，書法顏魯公。」張譜卷一乾隆三十九年：「錢塘張先生賓鶴至海州板浦，寓楊鋏星鋘書屋，見先生詩詞，大奇之，示以詩法。」校禮堂詩集卷一寄懷張雲汀先生：「懷君在海上，授我爲聲詩。謂我下筆古，有若屈宋詞。」

［一〇］湯某，近藤注：「湯惟境，字亮齋。」不知何據。

［一一］鹺使，指伊齡阿，佟佳氏，滿洲鑲黄旗人。乾隆時，由筆帖式陞郎中，後巡視兩淮鹽政，官至内務府大臣、浙江巡撫以及刑、工、兵部侍郎等職。卒年六十有九。滿漢大臣傳卷一七有傳。

［一二］揚州畫舫録卷五新城北録下：「乾隆丁酉，巡鹽御史伊齡阿奉旨於揚州設局修改曲劇，歷經圖思阿並伊公兩任，凡四年事竣。總校黄文暘、李經，分校凌廷堪、程枚、陳治、荆汝爲。委員淮北分司張輔、經歷查建珮、板浦場大使

湯惟境。」校禮堂文集卷三〇手鈔諸經跋：「乾隆庚子冬，兩淮巡鹽御史長白伊公，奉旨刪改古今雜劇傳奇之違礙者。次年，屬余襄其事，客揚州者歲餘。」張譜卷一乾隆四十六年：「二月初一日，應鹺使伊公之聘，客揚州。」

[一三]張譜卷一乾隆四十年：「先生謂詞曲雖小道，亦音律中之一端，於是兼留心於南北曲之學。」校禮堂文集卷三二復章酌亭書：「比因刪改辭曲，留滯廣陵。所對者惟箏師笛工，所讀者皆傳奇雜劇。」

久客邗江[一]，爲華氏贅壻[二]。與黄明經文暘交[三]，明經勉君爲舉子業[四]，始學作八股文，讀五經，是時年已二十五矣[五]。後游京師，受業於翁覃谿學士[六]，乃究心經史之學[七]。乾隆戊申[八]，順天副榜貢生。己酉[九]，中式本省舉人。庚戌[一〇]，成進士。銓授寧國府教授[一一]。迎生母王至學署[一二]，先意承志，得親歡心[一三]。母偶不懌，必長跪以請，俟母笑乃起。母没[一四]，哀毁骨立，眚一目[一五]，而妻亦相繼殂謝，孑然一身，居恒不樂[一六]。至徽州依程君麗仲，麗仲以師禮事之[一七]。阮侍郎芸臺服闋，復爲浙江巡撫[一八]，延之課子[一九]，得末疾，終於歙[二〇]。君病時，麗仲贈以紫團[二一]，手煎湯藥；其死也，經紀其喪[二二]。擬之古人，其范巨卿之流歟[二三]！君無子[二四]，應繼兄子嘉錦，嘉錦先君卒[二五]。嘉錦兄嘉錫在海州聞訃，以次子名德後嘉錦，爲君之承重孫。

[一]邗江，本水名，亦名邗溝、韓江，自江蘇境内由揚州西北至淮安入運河。後多代指揚州。祥案：凌氏雖爲歙人，但出生板浦場，又客揚州，乾隆四十五年，時二十四歲，方扶其父柩歸葬於歙，復歸海州。其文集卷七招海客辭序：

「僕本歙人，生於海上二十有一年矣，思歸不可得，乃擬楚人作招海客辭以自慰。」

［二］張譜卷一乾隆四十九年「春三月，華君光祖以長女妻先生。秋，先生以華孺人歸板浦。」陳譜壹家世：「丘丈華吉村，字光祖，乾隆四十六年與先生同書揚州詞曲館。」

［三］黄文暘（一七三六—約一八〇八），字時若，一字秋平，號焕亭，清甘泉人。貢生。通聲律，長於戲曲。乾隆四十五年，兩淮鹽政伊齡阿在揚州設詞曲館審訂戲曲，延爲總裁。成曲海二〇卷總目一卷。又有掃垢山房詩鈔一二卷。事見揚州畫舫録卷九小秦淮録，清史列傳卷七二有傳。

［四］阮元揅經室三集卷五凌母王太孺人壽詩序：次仲嘗謂元曰：「少長，習賈於市，往往爲人所紿，太孺人曰：『汝爲賈而恥與人争利，恐難成，宜從事於學。然學非蘄爲博士弟子之謂也，必通經立行，爲古之儒焉。且獨學無友，則孤陋而寡聞，吾有汝兄侍養，汝其游四方就師友以成之。』於是次仲乃挾書出游，博通經史，善屬文，尤精三禮及推步之學。」又校禮堂文集卷三〇手鈔諸經跋載，客揚州改戲曲者歲餘，「吴人孝廉李勉伯先生繩贈余詩有『莫將掾似筆，顧曲誤垂名』之句，於是感其言，復取諸經就枕上觀覽。」又揚州畫舫録卷五：「始不爲時文之學，既與黄文暘交，文暘最精於制藝，仲子乃盡閱有明之文，得其指歸，洞徹其底藴。」

［五］祥案：凌氏二十五歲時，爲乾隆四十六年，時在揚州從事改戲曲事。

［六］張譜卷一乾隆四十八年：「春二月十八日，覃谿先生令受業習時藝。覃谿先生於鄉會兩榜外無門生，蓋特奇異之也。」校禮堂文集卷二八學勤齋時文自序：「癸卯，客京師，洗馬大興翁覃谿先生見廷堪所作詩古文及其他撰述，大嗟異，問奚以不應試，廷堪以未嘗學時文，且不知理法爲對。先生囅然曰：『子蓋爲村夫子之言所誤矣。夫古今文一而已，豈有二理二法哉！』乃取案上文數篇示廷堪曰：『此時文也，寧有異於子所云乎？』乃勗之學，於是遂受業先生之門。」

［七］祥案：凌氏於乾隆四十七年入都，至五十三年中舉。此期間先是得程晉芳、翁方綱薦，佐校四庫書，入成均館肄業。後往返北京、海州、揚州、南昌等地，所交皆當時名儒，互相資益，名噪一時，都中莫不知有先生者。四十九年，

作七戒，專志於禮。五十二年，撰禮經釋例初稿，規模粗具。雖兩應京兆試不第，然學問之基，由此始矣。參校禮堂文集卷八七戒、張譜卷一、陳譜等。

［八］學勤齋時文自序：戊申秋，「中京兆副車，南歸。」張譜卷一乾隆五十三年秋：「入京都，三應順天鄉試，中式副榜第十名。」

［九］學勤齋時文自序：「明年己酉，試於江寧，始領鄉薦。」張譜卷一乾隆五十四年秋：「應萬壽恩科江南鄉試，中式第一百四名舉人。」

［一〇］張譜卷二乾隆五十五年：「春二月初二日，自板浦起身，由陸路進京，寓次原先生學齋。應萬壽恩科會試，中式第四名。」祥案：是科新例進士覆試。以四月十八日試於正大光明殿。凌氏以頭場首藝，磨勘停殿試。至五十八年，復入都補殿試，唱臚得第三甲第二十六名。詳參張譜卷二乾隆五十八年條。

［一一］張譜卷二乾隆五十八年：五月「初九日，具呈吏部改教職以養母。」明年十月，「部選得寧國府教授缺。」卷三乾隆六十年，「三月十三日，到寧國府學教授任。」又文集卷一三杋菊軒銘：「乾隆甲寅，選得寧國府教授。次年三月，挾書簏以之任，奉版輿而怡志。」又揅經室二集卷四次仲凌君傳：「成進士，出朱文正、王文端二公之門，蓋與洪君亮吉等皆以宏博見拔者也。殿試三甲例，授知縣，君投牒吏部，自改教授，曰：『必如此，吾乃可養母治經。』文端曰：『吾不强子改冷官，子願之，甚善。』文正題其校禮圖曰『君才富江戴』，又曰『遠利就冷官』。蓋甚重之。」

［一二］廷堪父文焻兩娶，嫡母戴氏，生母王氏。張譜卷三乾隆六十年：三月十七日，「遣柴十回板浦迎親母王太孺人奉養。四月二十日，王太孺人同華孺人暨胞兄到署。」

［一三］祥案：凌氏於府學學署，辟杋菊軒以「承北堂之歡」；且「言樹杋菊，茅齋前後。二月苗肥，擷以供母。」詳參文集卷一三杋菊軒銘。

［一四］王氏（一七一六—一八〇五），海州人。家爲舊族。廷堪父文焻元配戴氏無出，復娶王氏，生廷堯、廷堪兄弟。

家貧，鬻簪珥，使廷堪就塾師讀書，勵其通經立行，爲古之儒。廷堪爲教授，奉養寧國，閉户著書，粗茶淡飯，母怡然安之。事見孽經室三集卷五凌母王太孺人壽詩序、張譜卷三嘉慶十年。

［一五］張譜卷三嘉慶十年：「去冬以來，右目内障，因命其錦侍讀於太孺人側。」太孺人卒，「毁瘠憔悴，遂眚一目。」

［一六］張譜卷三嘉慶十年：王太孺人卒，「哀慟迷罔中，華孺人卒於九月二十九日酉時，距生於乾隆二十九年甲申十月初一日子時，享年四十二歲。先生於是孑然一身，痛無可告。署内親丁，祇一側室張孺人而已。」祥案：凌氏於此年既病目，又疊遭喪事。先是五月十七日，胞兄廷堯卒，令猶子嘉錫扶柩歸葬，乙太孺人年高，慝勿使知；既而閏六月，太孺人壽終；九月，華孺人卒。未及半載，連遭三喪。又一侍從之僕，亦死其間。遂丁憂，卸任守制。於十月扶柩起程，十一月到歙，十二月葬母與妻。老而歸家，舉目無親；復又無後，基業全無。目疾之作，直至逝日。先生之心力，疊經創劇，殆衰竭焉。故凌氏於喪事後兩年，仍慨痛不已。文集卷二五與中丞初頤園先生書曰：「廷堪幼而孤貧，蹉跎失學。昔應京兆試，不獲出大賢門下，生平深以爲恨。前年驟罹大故，無家可歸。加以數月之中，兄逝於先，妻亡於後，孑然一身，實無意於人世。」

［一七］程洪溥，字麗仲，歙人。程振甲次子。張譜卷四嘉慶十二年：「是年，程也園吏部命次子洪溥受業，先生極嘉其才之美。」又國朝耆獻類徵初編卷二五八戴大昌事略：「初，先生之回歙，程也園吏部振甲以别墅館之，命其次子洪溥字麗仲從學。」

［一八］阮傳：嘉慶「十三年，元復任浙江巡撫，君免喪來游杭州，出所著各書相示。元命子常生從君學。」祥案：阮元於嘉慶四年十月，奉旨署理浙江巡撫，至十年六月，其父承信卒，遂丁憂守制。十二年，服闋入都，年底覆命赴浙撫任，十三年三月到省。參清張鑑等雷唐菴主弟子記卷一、卷三。

［一九］張譜卷四嘉慶十三年：「是時，芸臺先生再撫浙江，遣使延聘，因於八月初三日到杭州節署。……撫軍命其少君常生受業焉。每日課經之外，必以司馬氏通鑑受讀，謂熟讀此書，則千古以來成敗得失之故，洞若觀火，而他日侍帷

幄，備顧問，述往事以匡時，就陳編以悟主，無有過於此者。」

〔二〇〕張譜卷四嘉慶十四年：四月，歸歙。「忽於六月初一日晚餔席間，偶一傾跌，扶起遂不能語，夜半後痰漸湧而逝，值初二日丑時也。」

〔二一〕紫團，即紫團參。今山西省壺關縣東南有紫團山，傳說山頂常有紫氣，多産人參，爲名貴藥材。宋羅願爾雅翼：「潞州太行山所出者謂之紫團參。」又沈括夢谿筆談卷九人事一：「王荆公病喘，藥用紫團人蔘，不可得。時薛師政自河東還，適有之，贈公數兩，不受。人有勸公曰：『公之疾，非此藥不可治。疾可憂，藥不足辭。』公曰：『平生無紫團蔘，亦活到今日。』竟不受。」

〔二二〕張譜卷四嘉慶十四年：「襄喪事者，惟程生洪溥一人。夏朗齋先生時爲料理。」

〔二三〕范式，一名氾，字巨卿，漢山陽金鄉(今山東嘉祥)人。少游太學，爲諸生，與張劭友善。後舉州茂才，官至廬江太守，有威名。後漢書卷八一有傳。又范式傳：式與汝南張劭爲友，劭字元伯。二人並告歸鄉里。式謂元伯曰：『後二年當還，將過拜尊親，見孺子焉。』乃共剋期日。後期方至，元伯具以白母，請設饌以候之。母曰：『二年之别，千里結言，爾何相信之審邪？』對曰：『巨卿信士，必不乖違。』母曰：『若然，當爲爾醖酒。』至其日，巨卿果到，升堂拜飲，盡歡而别。式仕爲郡功曹。後元伯寢疾篤，同郡郅君章、殷子徵晨夜省視之。元伯臨盡，歎曰：『恨不見吾死友！』子徵曰：『吾與君章盡心於子，是非死友，復欲誰求？』元伯曰：『若二子者，吾生友耳。山陽范巨卿，所謂死友也。』尋而卒。式忽夢見元伯玄冕垂纓屣履而呼曰：『巨卿，吾以某日死，當以爾時葬，永歸黄泉。子未我忘，豈能相及？』式怳然覺寤，悲歎泣下，具告太守，請往奔喪。太守雖心不信而重違其情，許之。式服朋友之服，投其葬日，馳往赴之。式未及到，而喪已發引，既至壙，將窆，而柩不肯進。其母撫之曰：『元伯，豈有望邪？』遂停柩移時，乃見有素車白馬，號哭而來。其母望之曰：『是必范巨卿也。』巨卿既至，叩喪言曰：『行矣元伯！死生路異，永從此辭。』會葬者千人，咸爲揮涕。式因執紼而引，柩於是乃前。式遂留止塚次，爲脩墳樹，然後乃去。後到京師，受業太學。時諸生長沙陳平子亦同在學，與式未相見，而平子被病將亡，謂其妻曰：『吾聞山陽范巨卿，烈士也，可以託死。吾殁後，但以屍埋巨卿户前。』乃裂素爲書，以遺巨卿。既終，妻從其言。時式出行適還，省書見瘞，愴然感之，向墳揖哭，以爲死友。乃營護平子妻兒，身自送喪於臨湘。未至四五里，乃委素書於柩上，哭别而去。其兄弟聞之，尋求不復見。」

［二四］張譜卷四嘉慶十四年：「撫軍以先生無子，贈之一姬字韡芳。」

［二五］張譜卷四嘉慶十四年：「七月初七日，胞姪嘉錫自海州率次子名德來奔喪，因次姪嘉錦先卒，其議以嘉錦爲先生嗣，又即以嘉錫之次子名德繼嘉錦爲先生承重孫。八月初七日，治喪禮，受親知之來弔者。……明年三月十九日，葬先生於歙西梅山十畝園，與父燦然公合墓。」

君讀書破萬卷［一］，肄經，邃於士禮［二］，披文摘句，尋例析辭，聞者冰釋。至於聲音、訓詁、九章、八線，皆造其極而抉其奥。於史，則無史不習，大事本末，名臣行業，談論時若瓶瀉水，纖悉不誤。地理沿革，官制變置，元史姓氏，有詰之者，從容應答，如數家珍焉［三］。近時講學者，喜講六書，孜孜於一字一音，苟問以三代制度，五禮大端，則茫然矣。至於潛心讀史之人，更不能多得也。先進之中，惟錢竹汀、邵二雲兩先生，友朋中則李君孝臣、汪君容甫及君三人而已。其於詩也，不分唐宋門户，專論聲韻之協，對偶之工。詩餘亦不主一家，而嚴於律。今人之詞有一字不合者，必指摘之。雅善屬文，尤工駢體［四］，得漢魏之醇粹，有六朝之流美，在胡稺威［五］、孔顨軒之上，而世人不知也。

[一]杜甫奉贈韋左丞丈二十二韻：「讀書破萬卷，下筆如有神。」楊慎丹鉛餘録總録卷一九「讀書破萬卷」條：「杜子美云：『讀書破萬卷，下筆如有神。』此子美自言其所得也。讀書雖不爲作詩設，然胸中有萬卷書，則筆下自無一點塵矣。」

[二]阮傳：「君之學，博覽强記，識力精卓，貫通群經，而尤深於禮經。」

[三]戴狀：「先生之學，無所不窺，其於六書、曆算以迄古今疆域之沿革，職官之異同，史傳之參錯，外屬之源流，靡不井然條貫，即累朝名人文章、詩歌、銘贊，類皆隨舉，琅琅成誦，蓋當代未數數覯也。」又阮元定香亭筆談卷四：「歙凌次仲廷堪與余以學訂交二十年，次仲學無所不窺，九經三史，過目成誦，尤精三禮，辨晰古今得失，識解超妙，爲文沈博絶麗。」

[四]戴狀：「論古文則以騷、選爲正軌，詩則不分唐、宋，但論正變，以元遺山宋以後一大宗。」

[五]胡天游（一六九六—一七五八），字雲持，號稚威，清山陰（今浙江紹興）人。雍正七年（一七二九），中副榜。精於詞章，爲文典贍，浩氣流行，有如韓愈。有石笥山房文集六卷補遺一卷詩集一一卷詩餘一卷詩補遺二卷續補遺二卷等。朱仕琇梅崖居士文集卷三、清史列傳卷七一、清史稿卷四八五有傳。

弟子中最著者：儀徵阮君常生[一]，字壽昌，一字小芸，從君受士禮，校刊禮經釋例十三卷[一一]。小芸好學深思，不以才地矜物，恂恂君子也[三]。宣城張君其錦[四]，字裴伯，廪膳生，精研章句，不墮師承。聞君没，徒步至歙訪君遺書，無所得，又北走海州，於敗簏中攟拾殘稿，假居僧寺，輯録以歸[五]。得燕樂考原六卷[六]、元遺山年譜二卷[七]、充渠新書二卷[八]、校禮堂文集三十六卷[九]、詩集十四卷、梅邊吹笛譜二卷[一〇]，將謀剞劂，可謂不負師門矣。嗟乎！君冷宦無家[一二]，白頭乏嗣。雖死故鄉，實同旅殯。亦生人之極哀也已！

然而懷方之禮，付於戚生[一二]；昌黎之文，編煩李漢[一三]。斯又不幸中之幸也。

[一]阮常生（一七八八—一八三三），又名蔭曾，字壽昌，號小雲，亦作小芸、彬甫等。阮元長子。從凌廷堪學。治經學，通三禮。官至直隸按察使。卒於官。事見王章濤阮元年譜。凌次仲先生年譜卷四嘉慶十三年末：「受業弟子五十五人。戊辰在杭州則有儀徵阮常生，字壽昌。」戊辰爲嘉慶十三年，是年秋，凌氏至杭州，翌年凌氏即逝矣。

[二]禮經釋例一三卷，是書本以禮經，證以群經，合者取之，離者置之，信者申之，疑者闕之，區爲八類：通例、飲食之例、賓客之例、射例、變例、祭例、器服之例與雜例，凡二百四十六例。阮氏校刻者爲文選樓叢書本，今有臺灣中央研究院文哲所二〇〇三年彭林整理本。

[三]論語鄉黨：「孔子於鄉黨，恂恂如也，似不能言者。」集解：「王曰：『恂恂，温恭之貌。』」

[四]張其錦凌次仲先生年譜卷三乾隆六十年：「是年，其錦肄業敬亭書院。先生到任後，即以論語「黄衣狐裘」當從毛詩「羔羊」正義指「韋弁服」解問，先生極賞之，遂承家君命受業於門。」

[五]江藩校禮堂文集序：「次仲殁於歙，受業弟子宣城張文學褧伯南走歙，北走海州，攟拾次仲之著述及詩古文詞，編次校讎，先刊燕樂考原六卷，又手寫文集，渡江至淮壖，就正於阮侍郎。返棹邗江，因藩與次仲有縞紵之雅，屬藩爲序。」又參校禮堂文集目録後張其錦識語。

[六]燕樂考原六卷，燕樂亦稱宴樂，即自唐以來所傳二十八調。是書考燕樂之原；證燕樂之調本以字譜爲主，與漢律曆志所言律吕之長短分寸，實不相涉；今之字譜即古宫商；樂志等向稱唐人八十四調，實即二十八調；今之南曲即唐清樂之遺，今之北曲即唐燕樂之遺，謂燕樂失傳者誤等。有校禮堂全集本、叢書集成初編本等。

[七]元遺山年譜二卷，是書取金史及元好問詩文集，比類排纂以成。凌氏前後纂遺山年譜者，尚有翁方綱、余集、施

國祁、李光廷諸人，各有側重，詳略不同，可互參焉。有校禮堂全集本、元遺山先生全集本等。

[八]充渠新書二卷，是書戴大昌事略、阮元凌廷堪傳、次仲凌君別傳等皆著録，阮氏作崇實新書，未見傳本。

[九]校禮堂文集三六卷，凌氏之集，初名校禮堂初稿，錢大昕爲之序。今所傳者，乃張其錦搜輯所得，共分三十類一百九十篇，諸體皆備。又詩集十四卷，亦爲其錦所編成。始於乾隆三十九年，隨時地編集，各取異名，如學吟集、傭書集等。凌氏詩沉博絶麗，後人以爲可上肩王鳴盛，下揖阮元。是二書有校禮堂全集本、凌次仲先生遺書本等，文集又有北京中華書局一九九八年王文錦點校本。

[一〇]梅邊吹笛譜二卷補録一卷，凌氏擅詞曲，是書爲其年輕時詞集，其舊取姜夔暗香「舊時月色，算幾番照我，梅邊吹笛」句意名集。共收詞一百四十闋，又有散曲等爲補録一卷。其詞精守曲律，極宜歌詠，以抒懷爲長。又因填詞者往往不知宮調，故每調之下，注明宮調，或注平仄，爲之考辨附之，皆可據依。有校禮堂全集本、叢書集成初編本等。詳案：凌氏論樂律書，尚有晉泰始笛律匡謬一卷，有凌次仲先生遺書本、聚學軒叢書本等。

[一一]冷宦，即冷官，職位次要、清閒冷落之官。唐張籍張司業集卷二早春閒游詩：「年長身多病，獨宜作冷官。」

[一二]戚衮（五一九—五八一），字公文，南朝梁、陳時吴郡鹽官（今浙江海寧）人。梁武帝時，策對高第，除揚州祭酒從事史。就國子博士宋懷方質儀禮義，尋兼太學博士。爲江州長史。入陳，仍兼國子助教等職。陳書卷三三、南史卷七一有傳。又陳書本傳：戚衮「就國子博士宋懷方質儀禮義，懷方北人，自魏攜儀禮、禮記疏，秘惜不傳，及將亡，謂家人曰：『吾死後，戚生若赴，便以儀禮、禮記義本付之，若其不來，即宜隨屍而殯。』其爲儒者推許如此。」

[一三]李漢，字南紀，唐宗室淮陽王道明之後。元和七年（八一二）進士。穆宗長慶末，爲左拾遺。文宗時，官至吏部侍郎。武宗會昌中，李德裕用事，漢竟淪躓而卒。漢少受學於韓愈，長於古學，剛訐亦類愈。又爲愈婿，愈卒，漢爲編定昌黎先生集行世。舊唐書卷一七一、新唐書卷七八有傳。

君久客揚州[一]，如劉君端臨、汪君容甫諸君子，以及宋君守端、秦君敦夫、焦君理堂、阮君伯元、楊君貞吉、黄君春谷，皆君之友也。援寓公之例[二]，記於郡人之末云。守端名綿初[三]，高郵州人。乾隆丁酉拔萃科，選儒學訓導。邃於經籍，尤長於詩，著有韓詩内傳徵四卷[四]。子保[五]，字定之，廩膳生，候選訓導，精於聲音、訓詁之學。敦夫名恩復[六]，一字澹生，江都人。乾隆癸卯舉人，丁未進士。授編修。讀書好古，所居五笥仙館，蓄書萬卷，以校讎爲事，丹黄不去手，校刊陶弘景鬼谷子注[七]、盧重元列子注[八]、隸韻諸書[九]。見人謙益不自滿，亦絶口不談學問，是以世無知者。理堂名循[一〇]，一字里堂，江都人。家黄子湖[一一]。嘉慶辛酉舉人。聲音、訓詁、天文、曆算，無所不精。淡於仕進，閉户著書，五經皆有撰述。刊行者，群經宫室圖考[一二]、理堂算學[一三]、北湖小志[一四]。

[一]據張譜，凌氏於乾隆四十四年二十三歲時，始志於學，出游，客揚州，此後四十五年、四十七年春夏、四十九年春、五十二年春、五十九年秋至六十年春，皆客揚州。故此曰「久客揚州」。

[二]寓公，本指失地而寓居他國之諸侯，後指寄居他鄉之有官吏身份之人。禮記郊特牲：「諸侯不臣寓公，故古者寓公不繼世。」又近藤注：「府縣等志書中，人物、忠義、儒林、文苑、列女等門，爲非本土人士而久寓當地者設寓公卷。」

[三]宋綿初，字守端，號𪊲園，清高郵人。爲學勤敏，爲彭元瑞、蔣士銓所賞知。乾隆四十二年（一七七七），拔貢生。官五河、清河訓導。中年無意科名，邃深經術，長於説詩。著有韓詩内傳徵四卷、釋服二卷、𪊲園經説三卷等。清史列傳卷六八、清史稿卷四八一有傳。

[四]韓詩内傳徵四卷敘録二卷補疑一卷疑義一卷，王應麟詩考所輯韓詩尚多闕漏。宋氏引漢、魏、唐、宋人諸書中引韓詩者，一一比勘證明。有積學齋叢書本。

[五]宋保，字定之，一字小城，世其家學。廩貢生。受學王念孫之門，究心聲音訓詁，得經義會通，不囿於漢宋門户，爲錢大昕、邵晉涵、孫星衍等賞識。作司訓，歷權諸邑篆。著有諧聲補逸一四卷附札記一卷等。事見道光續增高郵州志第三册宋綿初傳附。

[六]秦恩復（一七六〇—一八四三），字近光，一字澹生，號敦夫，晚號狷翁，清江都人。乾隆五十二年（一七八七）進士。讀書好古，尤精校讎，爲當時藏書大家。嘗主講詁經精舍、樂儀書院，受聘校刊全唐文。自著及所校刻之書極多。如石研齋書目四卷、享掃詞四卷、享掃精舍文集二卷等，編刻有石研齋校刻書七種六〇卷等。清史列傳卷七二有傳。

[七]鬼谷子三卷附録一卷篇目考一卷，梁陶弘景注、秦恩復校，鬼谷子一書，自來整理者少，歷代流傳，錯亂多有。此書爲秦氏校刻，並撰篇目考一卷。有石研齋四種本、四部備要本等。

[八]列子八卷附盧注考證一卷，唐盧重元注，秦恩復考證。今本列子，爲晉人張湛整理注釋之本，非復劉向整理時之舊本，唐時有盧重元、殷敬慎注。秦氏得盧注本，遂整理列子全書，且搜輯考訂盧注，爲盧注考證一卷。有石研齋四種本。

[九]隸韻一〇卷附碑目一卷考證二卷，隸韻爲南宋時劉球所撰，是書取漢碑字體之不同，分韻編輯，彙爲一書。秦恩復得宋拓墨本十卷，又於天一閣得殘本碑目一卷及劉球進表殘篇，遂加以編輯刻於揚州。有嘉慶十四年影宋刊本。

[一〇]焦循（一七六三—一八二〇），字里堂，亦作理堂，號半九主人，清甘泉人。嘉慶六年（一八〇一）舉人。因體弱多疾，不再進取。築雕菰樓，讀書其中。於書無所不窺，邃於易，精天算之學，與汪萊、李鋭爲時人稱「談天三友」。又與江藩有「二堂」之目。著有易章句一二卷、易圖略八卷、易通釋二〇卷、群經宫室圖二卷、孟子正義三〇卷、里堂算學記一六卷、雕菰樓集二四卷等，編刻入焦氏叢書者凡二一種一二三卷（據今人賴貴三統計，焦氏著述有六十一種之多）。事見揅經室二集卷四小傳，焦氏遺書附焦廷琥事略，清史列傳卷六九、清史稿卷四八二有傳。

［一一］黄子湖，焦廷琥事略：「世居江都黄玨橋，分縣爲甘泉人。」祥案：今江蘇邗江縣黄玨橋鎮。

［一二］群經宫室圖考，即群經宫室圖二卷，是書專論宫室尤其是明堂之制。上卷分城、宫、門、屋四類，爲圖三十一幅，附圖七幅；下卷分爲社稷、宗廟、明堂、壇、學五類，爲圖十九幅，附圖五幅。每圖均有説一篇，廣徵博引，詳爲考證。有焦氏叢書本、皇清經解續編本等。

［一三］理堂算學，即里堂算學記一六卷，分别有加減乘除釋八卷、天元一釋二卷、釋弧三卷、釋輪二卷與釋橢一卷，皆爲焦氏天算學之著作。有焦氏叢書本等。

［一四］北湖小志六卷，焦氏世居江都北湖黄玨橋，是書詳悉記載北湖及其周邊之山水風情等，卷六則爲家述上下，爲焦氏家乘也。有焦氏叢書本。

伯元名元［一］，一字芸臺，儀徵人。乾隆丙午舉人，己酉進士。授編修，官至浙江巡撫［二］，今官詹事府少詹事［三］。於學無所不通，著有考工車制考［四］、石經校勘記［五］、十三經注疏校勘記［六］、曾子注［七］、論語論仁論［八］、疇人傳等書［九］。貞吉名大壯［一〇］，一字竹廬，甘泉人。昭武將軍之裔也［一一］。以世襲起家，官安徽參將。病廢回籍，日讀古經注疏，尤精於曆算、律吕之學。春谷名承吉［一二］，字謙牧，江都人。嘉慶戊午科解元，乙丑成進士。以知縣用，分發廣西，補興安縣知縣，今罷官歸［一三］。天資過人，爲漢儒之學，篤志研究，得其精微。通曆算，能辨中西之異同。又工詩古文，自出機杼，空無依傍，寓神明於規矩之中，不屑爲世俗之詩文者也。又有儀徵許珩者［一四］，字楚生。能詩。讀周官經，時有所得，著周禮獻疑七卷[一五]，能疑所當疑，不疑所不當疑，亦近時有心之士也。

[一]阮元，參本書序言第一頁注[一]。

[二]嘉慶十二年十二月，阮元任浙江巡撫。十四年八月，浙江學政劉鳳誥以監臨舞弊褫職，戍黑龍江。阮元以徇隱奪職。參雷塘菴主弟子記卷三。

[三]嘉慶十六年七月，阮氏補授詹事府少詹事。十二月，爲内閣學士兼禮部侍郎。參雷塘菴弟子記卷四。

[四]考工車制考即考工記車制圖解二卷，是書專考車制並爲圖以象之。其卷一爲輪解、輿解及輪圖、輿圖，卷二爲輈解、革解、金解、推求車度第解及輈圖等。有文選樓叢書本等。

[五]石經校勘記即儀禮石經校勘記四卷，是書爲乾隆五十六年，阮元充石經館校勘官時所作，凡採漢石經殘字，與歷代所傳如陸德明經典釋文以下歷代版本，綜而核之，擇善而從，即時人之説，亦有採録。有石經匯函本。

[六]十三經注疏校勘記二四三卷，是書大抵所校以宋本爲據，上考之經典釋文、開成石經與其他諸本，參校甚廣，即清代諸儒之書，凡事涉校勘，亦擇其精粹，若通論大義，則概不淆入。同時分纂者，則有李鋭、顧廣圻、嚴杰、孫同元、徐養原、臧庸、洪震煊諸人。有嘉慶十三年文選樓刊單行本，今通行本有北京中華書局一九八〇年縮印世界書局本十三經注疏本。

[七]曾子注四卷，是書只據大戴禮記曾子之事至曾子天員十篇，以北周盧辯注爲主，博考群書，正其文字，參以諸家之説，擇善而從，如有不同，即下己意。至於訓義所本，皆注明之，以明從違之意。有嘉慶三年揅經室刻本、文選樓叢書本等。

[八]論語論仁論一卷，阮氏以爲論語一書，詳論「仁」字，乃聖門最詳切之事，故綜論論語論仁諸章而分證其説於後。其謂「仁」當從曾子制言篇「人之相與也，譬如舟車然，相濟達也。人非人不濟，馬非馬不走，水非水不流」。及中庸「仁者，人也」鄭玄注「讀如相人偶之人」數語足以明之。以駁後儒博愛謂仁之説。其書與孟子論仁論一卷，有嘉慶間精刻本，

又分見揅經室一集卷八、九兩卷中。

［九］疇人傳四六卷，阮元主纂。甄録自黄帝以來研治天算之學者二百四十人，各爲立傳，述論其學術成就，西人治此學者，别爲卷第附於全書之末，爲研治中國科技史之重要著述。有文選樓叢書本、皇清經解本等。

［一〇］楊大壯，生平事蹟不詳。

［一一］楊捷（一六二七—一七〇〇），字元凱，清義州（今遼寧義縣）人。初爲明裨將，降清，屢立戰功。康熙時，擢江南提督，調福建，授昭武將軍，領福建陸路提督事。卒謚敏壯。著有平閩記一三卷。清史稿卷二六一有傳。

［一二］黄承吉（一七七一—一八四二），字謙牧，號春谷，清江都人。嘉慶三年（一七九八）舉人，十年（一八〇五）進士。官興安、岑谿知縣，爲同僚所忌落職。遂發憤著書，與江藩、焦循、李鍾泗以經義相切磋，時有「江焦黄李」之目。著有夢陔堂詩集五〇卷、文集一〇卷、文説一一卷、義府二卷（黄生撰，黄承吉按）、字詁一卷兄字説一卷（黄生撰，黄承吉按並撰兄字説），合刻爲夢陔堂全集。事見碑傳集補卷四八阮元墓誌銘，疇人傳三編卷二、清史列傳卷六九有傳。

［一三］阮銘：「君於公所議事，率以才能屈其坐人，緣是漸爲同僚所詆，上官亦竟以文書過境失落，未能遽獲，劾罷之。」

［一四］許珩（？—一七三〇），字楚生。清儀徵人。諸生。爲古今體詩，宗法唐人。著周禮注疏獻疑七卷、周禮注疏節鈔七卷。事見江藩周禮注疏獻疑序，同治續纂揚州府志卷一三有傳。

［一五］周禮注疏獻疑七卷，卷首有江藩序，是書於鄭注、賈疏有所疑者，則述所見，無者不録。有嘉慶十一年儀徵許氏刊本。許氏又有周禮經注節鈔七卷，亦有嘉慶十一年刊本。陳鴻森斠枝：「許珩周禮注疏獻疑，孫詒讓有題記，云：『余重疏周官，廣搜近儒之説此經者。偶讀鄭堂漢學師承記，知有許氏此書。馳書訪之儀徵劉副貢壽曾，云有梓本，屬爲移録一帙。寄至讀之，則多鑿空妄説，或望文生訓，殊不厭所望。眉間時有鄭堂評語，皆切中其病。而敘中乃深爲奬許，復附之師承記，殆不免私其弟子耶！』孫氏手批獻疑，現藏浙江大學圖書館。」

國朝漢學師承記　卷八

甘泉江　藩　纂

黄宗羲

黄宗羲，字太沖[一]，餘姚人[二]，忠端公尊素之長子也[三]。生而岐嶷[四]，垂髫讀書，不事舉業[五]。年十四，補博士弟子員[六]。時魏忠賢弄國柄[七]，戕害清流，忠端遭羅織，死詔獄[八]，有覆巢毁卵之虞[九]。宗羲奉養王父及母，以孝聞。讀書畢，夜分伏枕嗚嗚哭，不敢令堂上知也[一〇]。

[一]古人名字解詁：「羲，謂傳説遠古時代三皇之一的伏羲氏。……封建時代，士大夫多嚮往遠古無争鬭、無欺詐，寧静而和諧的社會生活，故以『太沖』應『羲』。莊子應帝王：『吾鄉示之乙太沖莫勝。』王先謙集解：『注引向云：居太沖之極，浩然泊心，玄同萬方，莫見其迹。』」祥案：宗羲生於萬曆三十八年八月八日（一六一〇年九月二十四日），乳名麟，字太沖，號南雷，又號梨洲。又姚江黄氏，漢潁川之後。靖康之亂，遷於婺源，有仕爲慶元通判者，金人破慶元，不屈死之。子三人，分地避兵，一居定海，一居慈谿吴嶴，一居鳳凰山竹墩。居竹墩者，諱萬河，字時通，號鶴山，居三十年，又徙餘姚之竹橋，則梨洲之始祖。十七世傳至梨洲。參見黄炳垕黄梨洲先生年譜卷上、黄宗羲黄氏家録安定公黄萬河、黄

氏續録卷一黄百家先遺獻文孝公梨洲府君行略。

[二]黄炳垕黄梨洲先生年譜卷上：「居餘姚通德鄉黄竹浦。」黄宗羲南雷詩曆卷四移居：「漫作移居詠，媿詩亦不如。」自注：「柳道傳有『延連黄竹浦，隱見白龍堆』，爲余居而發。」徐定寶黄宗羲年譜萬曆三十八年條注：「餘姚通德鄉即今餘姚明偉鄉。」

[三]黄尊素（一五八四—一六二六），字真長，號白安，明餘姚人。萬曆四十四年（一六一六）進士。天啓中，擢御史。既而楊漣劾忠賢，被旨切責，尊素憤而抗疏。後屢忤魏忠賢，削籍歸。旋遭羅織，自投詔獄，搒掠備至，迫害而死。南明福王時，追謚忠端。著有隆萬列卿記二卷、文集六卷等。事見黄宗羲黄氏家録忠端公黄尊素、明史卷二四五有傳。又黄百家行略：「府君諱宗羲，字太沖，號梨洲，行第一。」

[四]黄譜卷上萬曆三十八年：「公生而岐嶷，壯能舉鼎，貌古而口微吃，額角有紅黑痣如錢，左右各一。」

[五]行略：「府君垂髫讀書，即不瑣守章句，好窺群籍。年十四，隨王父京邸，王父自課以制義。府君完課之餘，潛購三國衍義、列國傳、東漢殘唐諸小説，藏之帳底，夜則發而觀之。一日，王母以告王父，曰：「亦足開其智慧。」自後，王父每私視府君書，觀其乙處，而府君轉不之知。年二十二，發憤讀二十一史，日限一本，丹鉛矻矻，不畢不寢。蓋府君自少遭多難，家仇黨禍，南北往來，未嘗廢學。顧是時心力旁溢，既業制舉，後聘詩文。」又黄宗羲南雷文案卷一惲仲昇文集序：「余學於子劉子，其時志在舉業，不能有得，聊備蕺山門人之一數耳。」又卷三與陳介眉庶常書：「某幼離黨禍，廢書者五年。二十一歲，始學爲科舉，思欲以章句揚於當時，委棄方幅典誥之書而不觀。」然則宗羲自幼至壯，皆非不事舉業也，江藩説爲無據。

[六]黄譜卷上天啓三年：「公十四歲，補仁和博士弟子員。」

[七]魏忠賢（一五六八—一六二七），明肅寧人。少無賴，與群惡少博，少勝，爲所苦，恚而自宫，變姓名曰李進忠。其後乃復姓，賜名忠賢。萬曆中選入宫，與皇長孫乳媪客氏通。長孫立，是爲熹宗，忠賢、客氏並有寵。忠賢遷司禮秉筆

太監，日引帝爲倡優聲伎，狗馬射獵。後兼掌東廠事。東廠番役橫行，所緝訪無論虛實輒糜爛。天啓六年，復使其黨李永貞僞爲浙江太監李實奏，逮治前應天巡撫周起元及里居諸臣高攀龍、周宗建、繆昌期、周順昌、黄尊素、李應升等七人。思宗立，以十大罪治忠賢罪，安置於鳳陽，尋命逮治，行至阜城，畏罪自縊死。詔磔其屍，懸首河間。明史卷三〇五有傳。

［八］明史卷二四五黄尊素傳：「汪文言初下獄，忠賢即欲羅織諸人。已，知爲尊素所解，恨甚。其黨亦以尊素多智慮，欲殺之。會吳中訛言尊素欲效楊一清誅劉瑾，用李實爲張永，授以秘計。忠賢大懼，遣刺事者至吳中凡四輩。侍郎烏程沈演家居，奏記忠賢曰：『事有迹矣。』於是日遣使譙訶實，取其空印白疏，入尊素等七人姓名，遂被逮。使者至蘇州，適城中擊殺逮周順昌旗尉，其城外人並擊逮尊素者。逮者失駕帖，不敢至。尊素聞，即囚服詣吏，自投詔獄。許顯純、崔應元搒掠備至，勒贓二千八百，五日一追比。已，知獄卒將害己，叩首謝君父，賦詩一章，遂死。時六年閏六月朔日也，年四十三。」

［九］南雷文定前集卷九移史館先妣姚太夫人事略：「古來章妻、滂母，受禍不過一時。而太夫人始遭東林黨禍，繼之以復社黨錮，又繼之以亂亡。捕獄則操兵到門，避寇則連繩貫掌。覆巢之後，復遇覆巢。辛苦再立之户牖，頻經風雨，一生與艱危終始。」黄百家行略：「府君少丁家難，母寡弟幼，覆巢之下，僅存完卵，兼之禍患頻仍，内外百凡，隻身肩距。」祥案：荀子勸學：「南方有鳥焉，名曰蒙鳩，以羽爲巢而編之以髮，繫之葦苕，風至苕折，卵破子死。巢非不完也，所繫者然也。」又世説新語言語：「孔融被收，……謂使者曰：『冀罪止於身，二兒可得全不？』兒徐進曰：『大人！豈見覆巢之下，復有完卵乎？』尋亦收至。」

［一〇］全祖望鮚埼亭集内編卷一一神道碑文：「忠端公死詔獄，門户鮠𪁜。而公奉養王父以孝聞。夜讀書畢，嗚嗚然哭，顧不令太夫人知也。」黄宗羲南雷文定前集卷九移史館先妣姚太夫人事略：太夫人「每哭先公，至於暈絶，不孝苦相勸解，太夫人曰：『汝欲解我，第無忘大父粘壁書耳！』蓋大父以羲頑鈍，於羲出入之處，大書『爾忘句踐殺爾父乎』八字，

揭之於壁。義受教痛哭，太夫人哭乃止。」

思宗即位[一]，擕鐵錐，草疏入京訟冤[二]。至則逆奄已死[三]，有詔卹死奄難者，贈官三品，予祭葬，蔭一子[四]。乃詣闕謝恩，疏請誅曹欽程[五]、李實[六]，蓋忠端削籍，乃欽程奉奄旨論劾，而李實則成丙寅黨禍之首者也[七]。得旨：刑部作速究問[八]。崇禎元年五月，會訊許顯純[九]、崔應元[一〇]，對簿時，出所袖錐錐顯純，流血滿體[一一]。顯純自訴爲孝定皇后外甥[一二]，律有議親之條[一三]，請從末減[一四]。宗羲謂顯純與逆奄搆難，忠良盡死其手，幾覆宗社，當與謀逆同科，以謀逆論，雖如親王高煦尚不免誅[一五]，況後之外親乎！卒論二人斬。時欽程已入逆案[一六]，而李實辨原疏非實所作，乃逆奄取其印信空本填寫，故墨在硃上。又陰致宗羲三千金，求勿質。宗羲即奏稱：「李實今日猶能公行賄賂，其辨詞豈足信哉！」於對簿時亦以錐錐之[一七]。然丙寅之禍，實由空本填寫，得減死[一八]。獄成，偕同難子弟，設祭詔獄中門，哭聲如雷，聞於禁中。思宗歎曰：「忠臣孤子，朕心爲之惻然！」[一九]宗羲與吴江周延祚[二〇]、光山夏承錐牢子葉咨、顔文仲，應時而斃，二人乃斃諸君子於獄中者[二一]。思宗憫其忠孝，不之罪也。宗羲在京師，毆應元胸，拔其鬚歸，焚而祭之忠端木主前，乃治葬事[二二]。

[一]思宗，即明末帝朱由檢(一六一一—一六四四)，光宗第五子，封信王。熹宗崩，繼皇帝位，年號崇禎，在位十七年(一六二八—一六四四)。崇禎十七年，李自成軍入京，帝在景山自縊而死，皇后周氏同殉。清謚曰懷宗，後改莊烈帝。南明先謚思宗，後改毅宗。事見明史卷二三、二四莊烈帝本紀。

[二]黄譜：崇禎元年「袖長錐草疏，入京訟冤。過杭，遇華亭陳眉公介生(繼儒)，公出疏，先生隨筆改定。」又參思舊録陳繼儒。

[三]明史卷三〇五魏忠賢傳：天啓七年「十一月，遂安置忠賢於鳳陽，尋命逮治。忠賢行至阜城，聞之，與李朝欽偕縊死。詔磔其屍。懸首河間。」又卷二三莊烈帝一：十一月「己巳，魏忠賢縊死。」

[四]明史卷二三莊烈帝一：天啓七年十一月「癸酉，免天啓時逮死諸臣贓，釋其家屬。」黄忠端公年譜崇禎元年「二月丁未(二十一日)，盡復冤陷諸臣官；四月，贈公大中大夫、太僕寺卿，賜葬費三百金，録一子。」

[五]曹欽程，明江西德化(今九江)人。舉進士。授吴江知縣，贓污狼籍，以淫刑博强項聲。巡撫周起元劾之，貶秩。諂附汪文言，得爲工部主事。後父事魏忠賢，爲「十狗」之一，於群小中尤無恥。由員外郎擢太僕少卿。後忠賢亦厭之，削其籍。忠賢誅，入逆案首等，論死。李自成陷京師，欽程首破獄出降。自成敗，隨之西走，不知所終。明史卷三〇六有傳。

[六]李實，天啓中，爲織造中官，素貪横，妄增定額，恣誅求。事見明史卷二四五周起元傳、卷三〇五魏忠賢傳。

[七]丙寅，爲明熹宗天啓六年，西元一六二六年。「丙寅黨禍」詳參上文注[八]。

[八]黄百家行略：「府君至都門，已得賜祭葬，贈官録後，一疏謝恩，一疏請誅曹欽程、李實。得旨：刑部作速究問。」據明史卷二三莊烈帝一：崇禎元年正月丙戌，戮魏忠賢及其黨崔呈秀屍。二月丁巳，戒廷臣交結内侍。贈恤冤陷諸臣。五月庚午，毁三朝要典。六月，削魏忠賢黨馮銓、魏廣微籍。壬寅，許顯純伏誅。

[九]許顯純(？—一六二八)，明定興人。舉武會試。天啓四年，掌鎮撫司。爲魏忠賢死黨「五彪」之一。性殘酷，大

獄頻興，毒刑鍛鍊，楊漣、左光斗、周順昌、黄尊素等十餘人，皆死其手。諸人供狀，皆顯純自爲之。及魏忠賢敗，以交結近侍罪處死。明史卷三〇六有傳。

［一〇］崔應元，明大興人。市井無賴，充校尉，冒緝捕功，積官至錦衣指揮。凡許顯純殺人事，皆應元與東廠理刑官孫雲鶴、東司理刑楊寰等共爲之。後定逆案，三人並論死。明史卷三〇六有傳。

［一一］思舊録周延祚、黄百家行略作「流血被體」，全氏補道碑文作「蔽體」。

［一二］穆宗孝定李太后（？—一六一四），明漷縣（今北京通縣南）人。神宗生母。神宗即位，上尊號曰慈聖皇太后。性嚴明，教帝頗嚴。萬曆初政，委任張居正，綜核名實，幾於富强，後之力居多。崩謚曰孝定貞純欽仁端肅弼天祚聖皇太后。祥案：明史卷三〇六許顯純傳：「駙馬都尉從誠孫。」又明史卷一二一公主載，世宗五女，其「嘉善公主，嘉靖三十六年下嫁許從誠。四十三年薨。」嘉善公主誰出無考，然又據明史卷一一四后妃二，世宗有孝潔陳皇后、張廢后、孝烈方皇后、孝恪杜太后，孝定李太后乃其子穆宗之皇后。然則許顯純乃世宗某皇后之外戚，非孝定李太后可知，且孝定當稱「太后」，而不當稱「李皇后」亦可知。此蓋黄百家、全祖望等皆誤，江藩沿誤者也。

［一三］周禮秋官小司徒：「以八辟麗邦，附刑罰。」八辟者，明史卷九三刑法一：「當議者有八：曰議親，曰議故，曰議功，曰議賢，曰議能，曰議勤，曰議貴，曰議賓。」又明史卷三太祖本紀三：二十八年己丑，諭群臣曰：「皇親惟謀逆不赦。餘罪，宗親會議取上裁。法司只許舉奏，毋得擅逮。勒諸典章，永爲遵守。」

［一四］左傳昭公十四年：「治國制刑，不隱於親。三數叔魚之惡，不爲末減，曰義也夫，可謂直矣。」杜注：「末，薄也；減，輕也。」

［一五］高煦，明成祖第二子。性凶悍。成祖起兵，多立戰功，恃功驕恣，多不法。在成祖左右，時媒蘖東宫事，譖解縉至死。私選各衛健士，又募兵三千人，不隸籍兵部，縱使劫掠，僭用乘輿器物。徙封樂安州。宣宗宣德元年，遂反。帝親征至安樂，煦出降。後廢爲庶人，與諸子相繼皆死。明史卷一一八有傳。

［一六］據明史卷二三莊烈帝一：崇禎二年正月丁丑「定逆案，自崔呈秀以下凡六等。」所謂「六等」者，據明史卷三〇六閹黨列傳，忠賢敗後，帝定從逆案，案名羅列無脱遺者。崇禎二年三月上之，帝爲詔書頒示天下：「首逆凌遲者二人：魏忠賢，客氏。首逆同謀決不待時者六人：呈秀及魏良卿，客氏子都督侯國興，太監李永貞、李朝欽、劉若愚。交結近侍秋後處決者十九人：劉志選、梁夢環、倪文焕、田吉、劉詔、薛貞、吴淳夫、李夔龍、曹欽程，大理寺正許志吉，順天府通判孫如洌，國子監生陸萬齡，豐城侯李承祚，都督田爾耕、許顯純、崔應元、楊寰、孫雲鶴、張體乾。結交近侍次等充軍者十一人：魏廣微、周應秋、閻鳴泰、霍維華、徐大化、潘汝禎、李魯生、楊維垣、張訥，都督郭欽，孝陵衛指揮李之才。交結近侍又次等論徒三年輸贖爲民者：大學士顧秉謙、馮銓、張瑞圖、來宗道，尚書王紹徽、郭允厚、張我續、曹爾禎、孟紹虞、馮嘉會、李春曄、邵輔忠、吕純如、徐兆魁、薛風翔、孫傑、楊夢衮、李養德、劉廷元、曹思誠，南京尚書范濟世、張樸，總督尚書黄運泰、郭尚友、李從心，巡撫尚書李精白等一百二十九人。交結近侍減等革職閑住者，黄立極等四十四人。忠賢親屬及内官黨附者又五十餘人。」此文所謂「時欽程已入逆案」者，即逆案中「交結近侍秋後處決者十九人」之一也。行略謂「卒得論顯純、應元決不待時」，誤。全氏神道碑文已據逆案改正。

［一七］黄百家行略：「六月，會審李實、李永貞、劉若愚三奄於中府，李實辨原書不自己出，魏忠賢修怨於諸公，取其印信空本，命李永貞填寫之，故其墨在硃上。又恐府君執對，使舉人袁某行賄三千金，府君即疏言其事，謂『李實當取空本之時，何以不言？諸公被逮之日，又何以不言？汝即畏死，以七君子之命代汝麼麼一死，今尚欲求生乎？況以實之賄賂，何求不得，兹現可據矣，則墨在硃上之本，焉知不出今日所爲乎！』復用錐錐李實等，蓋府君義勇，勃鬱久，自拚一死，以沖仇人之胸。賴聖天子仁明，念忠死孤兒而不顧也。」

［一八］全氏神道碑文：「然丙寅之禍，確由永貞填寫空本，故永貞論死，而實末減。」明史卷二四五周起元傳：天啓「六年二月，忠賢欲殺高攀龍、周順昌、繆昌期、黄尊素、李應升、周宗建六人，取實空印疏，令其黨李永貞、李朝欽誣起元爲巡撫時干没帑金十餘萬，日與攀龍輩往來講學，因行居間。矯旨逮起元，至則順昌等已斃獄中。許顯純酷榜掠，竟

如實疏，懸贓十萬。罄貲不足，親故多破其家。九月斃之獄中，吴士民及其鄉人無不垂涕者。」

［一九］黄譜崇禎元年條：「獄竟，偕同難諸子弟設祭詔獄中門，讀文未畢，莫不狂哭，觀者亦哭。左右入告莊烈，莊烈歎曰：『忠臣孤子，甚惻朕懷！』」

［二〇］思舊録周延祚：「周延祚，字長生，吴江忠毅公之長子。戊辰，余年十九，出學入京師，於世故茫然。時李實、李永貞、劉若愚、許顯純、崔應元、曹欽程，皆逮到入獄。會審對簿，長生練達，凡事左提右挈，因以長錐錐彼仇人，血流被體。獄卒顔咨、葉文仲，諸公皆被其毒手，余與長生登時捶死。己卯，余至其家。壬午，與之同試北場。乙已，余館石門，意欲扁舟話舊，而不果行，僅以長箋致之，長生未答而逝。」祥案：此文牢子顔咨、葉文仲，邵廷寀思復堂文集卷三遺獻黄文孝先生傳同。而行略作葉咨、顔文仲，江藩書從全氏神道碑文，全氏從行略，不知誰是。

［二一］黄百家行略：「又與光山夏承、吴江周延祚，共箠所頭葉咨、顔文仲，立時而斃。蓋顯純爲大理，王父被其拷問，而二人則乙丙被難諸公，皆其手害者。北地牢子名所頭。承則夏公之令子，延祚周公宗建子也。」

［二二］全氏神道碑文：「公又歐應元胸，拔其鬚，歸而祭之忠端公神主前。」黄譜崇禎元年「秋，奉忠端公柩南回。」二年冬，「旋里。十一月丙午，卜葬忠端公於隱鶴橋。」

父冤既白之後，日夕讀書，十三經、二十一史及百家、九流、天文、曆算、道藏、佛藏，靡不究心焉［一］。忠端遺命以蕺山劉忠〔介〕（正）公宗周爲師［二］，乃從之游。又約吴越中嚮學者六十餘人，共侍講席［三］，力排陶奭齡援儒入釋之邪説［四］。弟宗炎字晦木［五］，宗會字澤望［六］，並負異才，宗羲親教之，皆成儒者［七］。

[一]南雷文定卷四補歷代史表序：「憶余十九、二十歲時，讀二十一史，每日丹鉛一本，遲明而起，雞鳴方已，蓋兩年畢。……先忠端公就逮時，途中謂某曰：『汝近日心粗，不必看時文，且將架上獻徵録涉略可也。』自後三年，始讀二十一史，因先公之言也。」全氏神道碑文：「自明十三朝實録，上溯二十一史，靡不究心，而歸宿於諸經。既治經，則旁求之九流百家，於書無所不窺者。憤科舉之學錮人生平，思所以變之。」

[二]祥案：劉宗周卒後，門人私謚曰「正義」，乾隆四十年，清廷賜謚曰「忠介」，「忠正」之謚，終明之世，僅史可法一人而已。江藩誤。今據改，下文同。蕺山，山名，在今浙江紹興市東北。劉宗周講學蕺山，人稱蕺山先生。全氏神道碑文：「是時，山陰劉忠介公倡道蕺山，忠端公遺命，令公從之游。」黄忠端公年譜天啓六年條：「蕺山與公豫訂爲姻，公命文孝公從之游。」注：「謹按：蕺山冢孫茂林，字子本，崇禎壬申生，爲文孝公次女壻。所謂豫訂也。」

[三]黄宗羲思舊録劉宗周：「先生與陶石樑講學。石樑之弟子，授受皆禪，且流而爲因果。先生意非心之所發，則無不起而争之。余於是邀一時知名之士數十餘人執贄先生門下，而此數十餘人者，又皆文章之士，闊遠於學，故能知先生之學者鮮矣。」祥案：「數十餘人」，黄百家行略作「四十餘人」，全氏神道碑文、黄氏年譜作「六十餘人」，江藩從全説。又明史卷二五五劉宗周傳：「越中自王守仁後，一傳爲王畿，再傳爲周汝登、陶望齡，三傳爲陶奭齡，皆雜於禪。奭齡講學白馬山，爲因果説，去守仁益遠。宗周憂之，築證人書院，集同志講肄。」

[四]陶奭齡，字公望，一字君奭，號石樑、石樑子，明會稽(今浙江紹興)人。其兄望齡(一五六二—?)，少有文名。萬曆十七年(一五八九)進士。歷官至國子祭酒。篤嗜王守仁説，所宗者周汝登。卒謚文簡。與奭齡皆以講學名。事見明史卷二一六唐文獻傳附陶望齡。又卷二五五劉宗周傳附。

[五]黄宗炎(一六一六—一六八六)，字晦木，號鷓鴣。宗羲弟。明諸生。明亡，曾參與抗清活動。晚年貧甚，以賣藝自足。詩學宋人，精於易。今傳有周易象辭二一卷、周易尋門餘論一卷、易學辨惑一卷等。事見全祖望鮚埼亭集内編卷一三鷓鴣先生神道表，清史列傳卷六八、清史稿卷四八〇有附傳。

[六]黄宗會（一六一八—一六六三），字澤望，號縮齋，學者稱石田先生。宗羲弟。明拔貢生。明亡，隱於浮圖。爲文高厲遐清，别立蹊徑。有縮齋文集一卷。事見黄宗羲前鄉進士澤望黄君壙誌，清史列傳卷六八、清史稿卷四八〇有附傳。

[七]黄百家行略：「叔父輩四人，王父遇難時，四叔父司輿、五叔父孝先更幼，讀書任之外傳。二叔父晦木年十一，三叔父澤望年九，府君身自教之，講書發明大意，將心意性命仁義禮智融會貫通，一章明則章章皆明，不與邨學究講貫逐節生解。初作制義，必令揣摩先輩，有一篇不似者則訶之。久之，又令縱横議論，才氣爲主，若拘守先輩者訶之。如是而兩叔父皆學成矣。」

崇禎中，復用涓人[一]，逆黨咸冀録用，而在廷諸臣，或薦霍維華[二]、吕純如[三]，或請復涿州冠帶[四]。至陽羨出山[五]，特起馬士英爲鳳督[六]。士英以阮大鋮爲援[七]，奄黨又熾，即東林中如錢謙益以退閒日久[八]，亦相附和矣。獨南都太學諸生，仍持清議，乃以大鋮觀望南中，必生他變，作南都防亂揭文[九]。宜興陳貞慧[一〇]、寧國沈壽民[一一]、貴池吴應箕[一二]、蕪湖沈士（柱）〔桂〕，共議署名[一三]，東林子弟首推無錫顧（端文）〔文端〕公之孫杲[一四]，被難諸家推宗羲，縉紳則推周儀部鑣[一五]，大鋮銜之。

[一]涓人，亦作銷人，本指宫中主灑掃清潔之人，後泛指親近之内侍。秦漢時稱中涓。國語吴語：「乃見其涓人。」韋昭注：「涓人，今之中涓。」

[二]霍維華，明東光人。萬曆四十一年（一六一三）進士。官至兵部尚書。與忠賢同郡交好，性憸邪，與崔呈秀爲忠賢

謀主。忠賢敗，維華與楊維垣等彌縫百方，以兵部尚書協理戎政。後逆案既定，維華戍徐州，氣勢猶盛。後下獄遣戍，遂憂憤死。福王時，楊維垣翻逆案，爲維華等訟冤，章下吏部。尚書張捷重述三朝舊事，力稱維華等忠，追賜恤典。明史卷三〇六有傳。祥案：明史卷二六四李夢辰傳：「進吏科都給事中。都御史唐世濟薦霍維華，福建巡按應喜臣薦周維京，冀並翻逆案。夢辰疏駁之，世濟、喜臣皆下吏謫戍。」

[三]吕純如，明吴縣人。官至太常寺卿等職。附魏忠賢，殘害忠良甚多。崇禎二年定逆案，以交結近侍罪，論徒三年輸贖爲民。福王時，楊維垣翻逆案，贈廕祭葬前賜謚。事見明史卷二四五周順昌傳、卷二六四宋師襄傳、卷三〇六霍維華傳等。明史卷二六四王道純傳：「吏部侍郎張捷薦逆案吕純如，(侍郎)國棟上疏力詆。」又明史卷三〇八周延儒傳：「(温)體仁與吏部尚書王永光謀起逆案王之臣、吕純如等。或謂延儒曰：『彼將翻逆案，而外歸咎於公。』延儒愕然。會帝以之臣問，延儒曰：『用之臣，亦可雪崔呈秀矣。』帝悟而止。」

[四]馮銓(一五九五—一六七二)，字振鷺，明末清初涿州(今河北涿縣)人。萬曆四十一年(一六一三)進士。諂事魏忠賢，累遷文淵閣大學士兼户部尚書。忠賢殺楊漣等，銓皆主其謀。後以微忤忠賢罷去。清順治時，官至弘文院大學士兼禮部尚書。與大學士謝升等議定郊社、宗廟樂章。卒謚文敏(一作文安)，後命削謚。清史稿卷二四五有傳。祥案：明史卷二五二吴甡傳：「周延儒再相，馮銓力爲多，延儒許復其冠帶。銓果以捐資振饑屬撫按題敘，延儒擬優旨下户部。公議大沸，延儒患之。馮元飆爲甡謀，説延儒引甡共爲銓地，延儒默援之，甡遂得柄用。及延儒語銓事，甡唯唯，退召户部尚書傅淑訓，告以逆案不可翻，寢其疏不覆。延儒始悟爲甡紿。」又明史卷二五八章正宸傳：「周延儒再相，帝尊禮之特重。正宸出其門，與搘拄。……延儒以罪輔馮銓力得再召，欲假守涿功復銓冠帶，正宸争之，事遂寢。」

[五]陽羨，秦縣名，今江蘇宜興。周延儒(一五九三—一六四四)，字玉繩，號挹齋，明宜興人。萬曆四十一年(一六一三)一甲一名進士。與馮銓友善。崇禎時，官至吏部尚書、中極殿大學士，爲首輔。清兵迫近畿，延儒不得已，自請視師，駐通州不敢戰，惟與幕下客飲酒娱樂，而日騰章奏捷，偵清兵去，乃言敵退，及事泄，罷歸。後逮至京師，命勒延儒

自盡，籍其家。明史卷三〇八有傳。祥案：明史卷三〇八周延儒傳：「十四年二月，詔起延儒。九月至京，復爲首輔。尋加少師兼太子太師，進吏部尚書、中極殿大學士。」

[六]馬士英(一五九一？—一六四六)，字瑤草，明貴陽人。萬曆四十七年(一六一九)進士。崇禎五年，擢右僉都御史，巡撫宣府，旋坐貪公帑遣戍。尋流寓南京，與阮大鋮相結納。崇禎帝崩，士英擁立福王有功，進東閣大學士兼兵部尚書、都察院右副都御史。後爲輔政，仍掌兵部，權震中外。士英爲人貪鄙無遠略，復引用大鋮，一聽大鋮計。盡起逆案中人，其死者悉予贈恤，復置言路爲爪牙。朝政濁亂，賄賂公行。清兵陷揚州，迫南京，士英南逃，披剃爲僧，後爲清兵生擒於太湖殺之。明史卷三〇八有傳。又同傳：「周延儒内召，大鋮輦金錢要之維揚，求湔濯。延儒曰：『吾此行，謬爲東林所推。子名在逆案，可乎？』大鋮沉吟久之，曰：『瑤草何如？』……延儒許之。十五年六月，……遂起兵部右侍郎兼右僉都御史，總督廬、鳳等處軍務。」

[七]阮大鋮(一五八七？—一六四六)，字集之，號圓海，明懷寧(今安徽安慶)人。萬曆四十四年(一六一六)進士。附魏忠賢。崇禎元年，起光禄卿，旋罷去。後定逆案，論贖徒爲民。後避居南京。顧杲、黃宗羲等方聚講南京，惡大鋮甚，作留都防亂揭逐之。大鋮懼，乃閉門謝客，獨與士英深相結。福王立，得馬士英力，起爲兵部右侍郎，後爲兵部尚書兼右副都御史，巡閱江防。乃盡翻逆案，欲盡殺東林、復社諸人。杭州陷，大鋮偕謝三賓等赴江岸乞降，從清兵攻仙霞關，僵仆石上死。或言清兵得士英、大鋮等請唐王出關爲内應疏，大鋮方游山，自觸石死。著有燕子箋、春燈謎、牟尼合、雙金榜傳奇四種各二卷，另有詠懷堂詩集等。明史卷三〇八有傳。

[八]祥案：明史卷七〇選舉二：「天啓元年辛酉，中允錢謙益典試浙江，所取舉人錢千秋卷七篇大結，迹涉關節。榜後爲人所訐，謙益自檢舉，千秋謫戍。未幾，赦還。崇禎二年，會推閣臣，謙益以禮部侍郎與焉，而尚書温體仁不與。體仁摘千秋事，出疏攻謙益。謙益由此罷，遂終明世不復起。」又明史卷三〇八馬士英傳：「初，舉朝以逆案攻大鋮，大鋮憾甚。……誣逮顧杲及左光斗弟光先下獄，劾周鑣、雷縯祚殺之。時有狂僧大悲出語不類，爲總督京營戎政趙之龍所捕。

大鋮欲假以誅東林及素所不合者，因造十八羅漢、五十三參之目，書史可法、高弘圖、姜曰廣等姓名，内大悲袖中，海内人望，無不備列。錢謙益先已上疏頌士英，且爲大鋮訟冤修好矣，大鋮憾不釋，亦列焉，將窮治其事。獄詞詭秘，朝士皆自危，而士英不欲興大獄，乃當大悲妖言律斬而止。」又明史卷二七九吕大器傳：「謙益亦以附士英、大鋮，得爲禮部尚書。」

［九］祥案：此事發生於崇禎十一年七月，黄百家行略隸之十二年，誤。全氏神道碑文曰：「戊寅秋七月事也。」南雷文定前集卷七陳定生先生墓誌銘：「會眉生保舉入京，劾楊武陵，並及大鋮妄畫條陳，鼓煽豐芑，大鋮始沮喪。先生與次尾因草留都防亂公揭，顧子方曰：『大鋮者，吾祖之罪人也，吾當爲揭首。』其次則天啓忠臣之家，故余與左、魏繼之，一時勝流咸列其姓名。大鋮杜門咋舌欲死。」

［一〇］陳貞慧（一六〇四—一六五六），字定生，明末宜興人。性謹孝，才思豐溢。喜結納東南名士。又與冒襄、侯方域、方以智稱「四公子」。崇禎十一年，阮大鋮謀起用，貞慧與諸人作留都防亂公揭攻大鋮。後隱居陽羨山中而卒。所著有皇明語林、山陽録等。事見黄宗羲陳定生先生墓誌銘，邵廷寀思復堂文集卷三、黄容明遺民録卷九、清史稿卷五〇一有傳。

［一一］沈壽民（一六〇七—一六七五），字眉生，號耕巖，明末宣城人，移寓南京。崇禎九年，保舉入京，遂詣闕上疏劾兵部尚書楊嗣昌、總督桂文燦，名動天下。歸，棄舉子業，隱茅山。後與吴應箕等草擬留都防亂公揭，討阮大鋮。大鋮用事，黨禍大作，遂變姓名入金華山。入清不仕，與長洲徐枋、嘉興巢鳴盛，稱「海内三遺民」。今存姑山遺集三〇卷續集六卷、昔者詩一卷等。事見黄宗羲南雷文案卷八墓誌銘，邵廷寀思復堂文集卷三、孫静庵明遺民録卷一七有傳。

［一二］吴應箕（一五九四—一六四五），字次尾，號樓山，明末貴池人。阮大鋮居南京，應箕與顧杲等爲留都防亂公揭討之。南都不守，起兵抗清，兵敗被獲，慷慨就死。有吴應箕文集二八卷等。明史卷二七七有傳。

［一三］祥案：「桂」，思舊録、明史吴應箕傳、阮大鋮傳皆作「柱」，是。今據改。沈士柱，字崑銅，明末蕪湖人。讀

書明敏，下筆千言。參與吴應箕等撰留都防亂公揭，聲討阮大鋮。有前後宫詞二十四首。事見黄宗羲思舊録、明史卷二七七吴應箕傳。

［一四］顧文端公，此指顧憲成。祥案：憲成謚曰「端文」，非「文端」，江氏誤。今據改。憲成（一五五〇—一六一二），字叔時，學者稱涇陽先生，無錫人。萬曆八年進士。官泉州推官。舉公廉第一。後以事忤帝意，削籍歸。遂里居治學，力辟王守仁「無善無惡心之體」之説。在邑中與弟允成倡修東林書院，偕高攀龍輩講學其中。講習之餘，往往諷議朝政，裁量人物。朝士慕其風者，多遥相應和。由是東林名大著。崇禎初，贈吏部右侍郎，謚端文。著有四書講義一卷、東林會約一卷、涇皋藏稿二二卷等，清人合刻爲顧端文公遺書。明史卷二三一有傳。顧杲（？—一六四五），字子方。憲成孫。吴應箕等爲留都防亂公揭以討阮大鋮，杲名列於首。大鋮得志，將捕之興大獄。會南都失守，事遂解。杲散家財募士千人，取道江陰，鄉人以爲盜賊，集衆禦之，被殺。事見黄宗羲思舊録、明史卷二七四周鑣傳、卷二七七吴應箕傳等。

［一五］周鑣（？—一六四五），字仲馭，明末金壇人。崇禎元年進士。官至南京禮部主事。極論内臣、言官二事，帝怒，斥爲民，鑣由是名聞天下。阮大鋮居金陵時，顧杲等出留都防亂公揭討之，主之者鑣也，大鋮以故恨鑣。弘光時，爲馬士英、阮大鋮陷害致死。著有遜國忠記。事見思舊録，明史卷二七四有傳。

壬午入京［一］，陽羲欲薦宗羲爲中書舍人，力辭不就，遂南歸［二］。甲申之難［三］，赧王立國［四］，大鋮驟起，遂按揭一百四十人，欲盡殺之［五］。時宗羲憂國勢難支，之南都上書［六］，而禍作，同邑有奄黨者糾劉忠〔介〕（正）公及三弟子［七］。三弟子者：都御史祁彪佳［八］、給事中章正宸與宗羲也［九］。遂與杲並逮，駕帖未出而大兵至，得免［一〇］。

[一]崇禎十五年，宗羲入京應試。思舊録周延祚：「壬午，與之同試北場。」

[二]全氏神道碑文：「壬午入京，陽羲欲薦公以爲中書舍人，力辭不就。一日，游市中，聞鐸聲，曰：『非吉聲也。』遽南下。」

[三]甲申爲崇禎十七年，西元一六四四年。是年，李自成率部攻入北京，崇禎帝吊死於景山，明亡。史稱「甲申之難」。

[四]赧王，即福王朱由崧（一六〇七—一六四六），明神宗孫，福王常洵子，崇禎帝從兄。崇禎十六年，襲封福王。李自成入北京，避至淮安，爲鳳陽總督馬士英等迎至南京，稱監國，旋稱帝，號弘光。性闇弱，沉於酒色。政事專委於馬士英、阮大鋮。清兵迫南京，逃至蕪湖，被執，次年死於北京。魯王立，上尊號曰赧皇帝。事見黄宗羲弘光實録鈔、明季五藩實録卷一、二。弘光實録鈔卷一：「崇禎十七年五月「壬寅，福王即皇帝位，以明年爲弘光元年。」

[五]弘光實録鈔卷一：六月「乙丑，馬士英奏翻欽定逆案。」黄宗羲南雷文定前集卷七陳定生先生墓誌銘：「士英定策，大鋮暴起，國狗之瘈，無不噬也。遂廣揭中姓名以造蝗蝻録，思一網殺之。」

[六]黄譜順治元年條：「福王監國之詔至，公遂之南中，上書闕下。」黄宗會縮齋文集亡弟司輿黄君權厝誌：「當甲申、乙酉間，神州崩弛，……亂離相尋。君兄弟日夜累唏悲吒，或馳書闕下，以冀有爲；或陰寓避地遠方；或欲乘鄣以扞保宗族。」

[七]弘光實録鈔卷二：甲申八月，「四鎮參大學士姜曰廣、左都御史劉宗周。」九月，「二人罷歸。又明史卷二七四姜曰廣傳：「曰廣嘗與士英交詆王前。宗室朱統鑕者，素無行，士英啖以官，使擊曰廣。（劉）澤清又假諸鎮疏攻劉宗周及曰廣，以三案舊事及迎立異議爲言，請執下法司，正謀危君父之罪。頃之，統鑕復劾曰廣五大罪，請並劉士楨、王重、楊廷麟、劉宗周、陳必謙、周鑣、雷縯祚置之理，必謙、鑣以是逮。曰廣既連遭誣衊，屢疏乞休，其年九月始得請。」黄百家行略：「府君初爲同邑之逆黨某，與劉蕺山、祁世培、章羽侯三先生同劾，後爲徐大化之姪署臣某，特疏所劾，下三法司逮

問。值大兵南下，其事得解，不則王父既死於逆奄，府君又且死於其乾兒矣。」

［八］祁彪佳（一六〇二—一六四五），字弘吉，明末山陰（今紹興）人。祁承㸁子。天啓二年（一六二二）進士。授興化府推官。治事剖決精明，吏民皆大畏服。福王時，擢右僉都御史，巡撫江南。後移疾去。杭州陷，絶粒死。唐王時，謚忠敏。明史卷二七五有傳。

［九］章正宸（？—一六四六），字羽侯，號格菴，明末會稽人。爲劉宗周内侄，從其學，有學行。崇禎四年（一六三一）進士。官至吏科都給事中。福王立，召復正宸故官。改大理丞，請假歸。魯王監國，署舊官。事敗，出家爲僧。有章格菴遺書。事見南雷文定前集卷九移史館吏部侍郎章格菴先生行狀，明史卷二五八有傳。

［一〇］弘光實録鈔卷四：乙酉四月，「孽逆原任署丞徐禹英希阮大鋮旨，參顧杲、黄宗羲。」又黄宗羲南雷文鈔家母求文節略：「有徐署丞者，應募上疏。旨逮顧杲、宗羲，而僉院鄒之麟爲杲姻婭，故遲其駕帖，尋值弘光遜位，其禍得解。當是時，太夫人謂宗羲曰：『小子勉之！吾一身爲章婦，復爲滂母，不可不謂天之厚我也。』」

南都歸命，踉蹌回浙東［一］。時忠〔介〕（正）已死節［二］，魯王監國［三］，孫嘉績［四］、熊汝霖以一旅之師，畫江而守［五］。宗羲糾黄竹浦子弟數百人，隨諸軍江上，人呼之曰世忠營［六］。黄竹浦者，宗羲所居之鄉也。宗羲請如唐李泌故事［七］，以布衣參軍，不許，授職方司員外［八］。尋以柯夏卿［九］、孫嘉績等交章論薦，改監察御史，仍兼職方司事。總兵陳梧自嘉興之乍浦［一〇］，浮海至餘姚，縱兵大掠，王職方正中行縣事［一一］，集兵民擊殺之。梧兵大噪，有欲罷正中官以安諸營者，宗羲曰：「乘亂以濟私，致干衆怒，是賊也。正中守土，爲國保民，何罪之有！」監國從之。是年，作監國魯元年大統曆，頒之浙東[一二]。

[一]黄譜順治二年：「五月返杭，晤熊行人魚山開元，感慨時事，嗚咽而别。」

[二]祥案：全氏神道碑文作「南中歸命，公踉蹌歸浙東，則劉公已死節，門弟子多殉之者」。宗羲五月返杭，六月徒步二百餘里，探望宗周，「先生卧匡牀，手揮羽扇。余不敢哭，淚痕承睫，自序其來。先生不應，但頷之而已。」見思舊録劉宗周。然則宗羲初回浙東時，尚探望其師，時劉宗周亦尚未逝也。又明史卷二五五劉宗周傳：「杭州失守。「宗周方食，推案慟哭，自是遂不食。……出辭祖墓，舟過西洋港，躍入水中，水淺不得死，舟人扶出之。絶食二十三日，始猶進茗飲，後勺水不下者十三日，與門人問答如平時。閏六月八日卒，年六十有八。其門人徇義者有祝淵、王毓蓍。」又劉汋劉忠介公年譜卷下，順治二年「閏六月戊子（初八日），先生卒於秦氏之寓寢。」

[三]計六奇明季南略卷一〇魯王監國：「聞魯王避難在臺州，而熊汝霖、孫嘉績各起義於餘姚，遵謙遂與共謀，迎立魯王於臺。適朱大典亦遣孫珏勸進。時張國維至臺州，與陳函輝、宋之普、柯夏卿及陳遵謙、熊汝霖、孫嘉績等合謀定議，斬北使祃旗，擁戴魯王監國。此乙酉六月二十七日戊寅也，即日移紹興，以國維爲大學士。」

[四]孫嘉績（一六〇四—一六四六），字碩膚，明末餘姚人。崇禎十年進士。以知兵，進職方郎中。弘光時，起九江兵備僉事，未赴而南京已失。清兵入浙江，嘉績首起義師，魯王擢爲右僉都御史，累至兵部尚書兼東閣大學士。兵敗後，從魯王至舟山。卒謚忠襄。事見思舊録、全祖望鮚埼亭集外編卷四神道碑銘。祥案：全氏神道碑銘：「先是，公之同里吏科給事中熊公汝霖聞大兵將至杭，欲發羅木營兵拒之。潞王已議迎降，不聽。……熊公歸而商於公，然計無所出。姚之知縣王曰俞已棄官去，其司教王元如迎降，遂署知縣，發役夫治馳道，以其不勉抶之。役夫譁，反毆元如，衆遂攘攘不可止。公方遣家人偵衢巷間，聞之，遽率健兒鳴金鼓，突入縣署，擒元如，斬以徇。公以宰相家兒舉事，百姓從之者如雲。

乃急邀熊公出治軍，分爲兩營，公主左，熊公主右，時閏六月初九日也。浙東列郡人情，正在恇擾間，所至竊竊偶語，特觀望莫敢先發。而公以中流之一壺，激而行之，遂皆回應。公遣急足西告會稽，東告鄞。次日，會稽章公正宸以鄭公遵謙等應之；又次日，鄞錢公肅樂應之；又次日，慈谿沈公宸荃應之；又次日，紹之屬縣皆應之。天台以東無不應者。乃迎監國魯王於天台，諸軍會於江上。」又行朝録卷三魯王監國上：「時兵部尚書張國維已至台州，與陳函輝、宋之普、柯夏卿共請王出監國。即日移紹興，以分守公署爲行在。列兵江上，分地戍守。方安國當七條沙，王之仁當西興，鄭遵謙當小亹，孫嘉績、熊汝霖、錢肅樂當瓜里。」

［五］熊汝霖（？—一六四六），字雨殷，明末餘姚人。崇禎四年（一六三一）進士。官户科給事中。上疏言兵事謫官。福王時召還。杭州破，與孫嘉績同起兵。魯王監國，以右僉都御史督師防江。後至兵部尚書兼東閣大學士。從魯王泛海，爲悍將鄭彩潛害之。事見南雷文定前集卷九移史館熊公雨殷行狀，明史卷二七六有傳。

［六］思舊録孫嘉績：「孫嘉績起義師，「余亦以世忠營一軍佐公。」全祖望結埼亭集内編卷一三鷓鴣先生神道表：「畫江之役，先生兄弟盡帥家丁荷殳前驅，婦女執爨以餉之，步迎監國於蒿壩。」

［七］李泌（七二二—七八九），字長源，唐遼東襄平（今遼寧遼陽）人。博涉經史，以王佐自負。代宗立，出爲楚州、杭州刺史。德宗時，爲中書侍中、同平章事。有讜直之風，好談神仙詭道。封鄴侯。舊唐書卷一三〇、新唐書卷一三九有傳。又新唐書本傳：「肅宗即位靈武，物色求訪，會泌亦自至。已謁見，陳天下所以成敗事，帝悦，欲授以官，固辭，願以客從。入議國事，出陪輿輦，衆指曰：「著黄者聖人，著白者山人。」帝聞，因賜金紫，拜元帥廣平王行軍司馬。」

［八］黄譜順治三年，「二月，監國以公爲兵部職方司主事，公請援李泌客從例，以布衣參軍，不許。尋以柯公夏卿與孫公交薦，改監察御史，仍兼職方。」

［一〇］柯夏卿，明末黄巖人。崇禎十年（一六三七）進士。累官河南參政。魯王監國，擢僉都御史。後奉命聘於閩，唐王加兵部尚書。夏卿乃還。事見魯之春秋卷九林時對傳附。

[一一]陳梧，字膚公，上虞人。官都督僉事、定遠將軍。嘉興屠象美、錢棅起兵拒守，迎梧爲帥。後梧率衆依魯監國。部衆掠餘姚，梧不能制，爲署知縣王正中所殺。小腆紀傳卷二二有傳。又行朝録卷三魯王監國上：「總兵陳梧敗於檇李，渡海掠餘姚之鄉聚。王正中遣兵擊之，鄉聚相犄角，殺梧。朝義罪正中，某言：『梧之見殺，犯衆怒也。正中保守地方，不當罪。』乃止。」乍浦，鎮名，今浙江平湖縣東南乍浦鎮，濱臨杭州灣，爲海口重鎮。

[一二]王正中（一五九九—一六六七），字仲撝，明末保定人。王之仁從子。崇禎十年（一六三七）進士。後知長興縣。魯王監國，以兵部職方司主事攝餘姚縣事。時營兵盜賊，根括金銀，正中設兵彈壓，以保地方。陞監察御史。兵敗後，隱居而終。從黄宗羲學天算、律吕諸學，有周易注、律書詳注一卷等。事見南雷文案卷六王仲撝墓表，邵廷采思復堂文集卷三、孫静庵明遺民録卷四〇有傳。

[一三]黄炳垕黄氏舊譜：「十二月，兵部主事攝餘姚縣事王正中表進公所作監國魯元年大統曆，有詔優答，宣付史臣，頒之浙東。」又參行朝録卷三魯王監國上。

馬士英南中脱走[一]，在方國安營[二]，欲入朝，朝臣皆言宜誅之。熊汝霖恐其挾國安爲患，曰：「非殺士英時也，使其立功自贖。」宗羲曰：「公力不能殺耳。春秋之孔子，豈能加兵於陳恒[三]，但不得謂其不當殺也。」汝霖大慚，謝過焉[四]。遺書總兵王之仁曰[五]：「諸公何不沉舟決戰，由赭山直趨浙西[六]，而日於江中放船伐鼓，意在自守也。蕞爾三府[七]，以供十萬之衆，豈能久守乎！」總兵張國柱之浮海至也[八]，諸軍大驚，廷議欲封以伯，宗羲言於嘉績曰：「若封以伯，則國柱益横，且何以待後來有功者！請署爲將軍。」從其請[九]。又力請西進之策，孫嘉績以所部卒盡付之，與王正中合軍，得三千人[一〇]。正中，之仁從子也，以忠義自奮，宗義深結之，使之仁不以私意撓軍事。故諸軍與之仁有隙，皆不能支餉，而宗義軍獨不乏食[一一]。

[一]明史卷二七六張國維傳：乙酉（一六四五）閏六月，「總兵官方國安亦自金華至。馬士英素善國安，匿其軍中，請入朝。國維劾其十大罪，乃不敢入。」又參明史卷三〇八馬士英傳。

[二]方國安，貴陽人。崇禎時，爲四川守將。後與左良玉、虎大威、楊德政爲四鎮總兵，爲清軍擊潰於朱仙鎮。魯王監國，封荆國公，掌兵柄，各營皆受其節制。與王之仁自富陽渡江攻杭州，敗還。惟縱兵搶掠，不復經營。後降清，以蠟丸書通閩，事泄被誅。事見明史卷二四莊烈帝二、卷三〇八馬士英傳、行朝録卷三魯王監國上等。

[三]陳恒，即陳成子、田成子、田常，春秋時齊人。齊簡公時，與闞止爲齊左右相。施惠與民，以收民心。後攻殺簡公，立簡公弟驁爲平公。自爲相，專國政。齊國從此由田氏專權。卒謚成子。事見左傳魯哀公十四年、史記卷四六田敬仲完世家。左傳：「齊陳恒弑其君壬於舒州，孔丘三日齋而請伐齊三，公曰：『魯爲齊弱久矣，子之伐之，將若之何?』對曰：『陳恒弑其君，民之不與者半，以魯之衆，加齊之半，可克也。』公曰：『子告季孫。』孔子辭。退而告人曰：『吾以從大夫之後也，故不敢不言。』」

[四]行朝録卷三魯王監國上：十一月，「上勞軍於江上，駐蹕西興，築壇拜安國，命各營皆受節制。時馬士英、阮大鋮竄入方營，欲朝見，上不許。下群臣會議，多言士英當誅。熊汝霖曰：『此非殺士英時也，正欲令其自贖耳。』兵部主事某曰：『非不當殺，但不能殺耳。然春秋之義，孔子亦豈能殺陳恒，固不可言不當殺也。』」

[五]王之仁（?—一六四六），明末保定人。官定海總兵。魯王監國，封武寧伯，分守西興。屢戰清兵於海上，獲大

捷，終因乏糧潰。魯王入海，之仁將自沉，既而曰：『吾死此，孰知吾節？』乃入松江清營，就戮於金陵。小腆紀傳卷四五有傳。

［六］赭山，山名。在今浙江蕭山縣東北，明置巡檢司於此，爲戍守要地。

［七］蕞爾，小貌。左傳昭公七年：「鄭雖無腆，抑顔曰蕞爾國，而三世執其政柄。」周注：「三府謂魯監國所轄寧波、紹興、台州三府地。」祥案：黄氏原文作「兩府」，行朝録卷三魯王監國上、全氏神道碑文皆作「三府」。

［八］張國柱（？—一六八三），明末清初遼東鐵嶺（今遼寧瀋陽市東南）人。故劉澤清標將。魯王監國，航海至浙，率兵掠餘姚。魯王震恐，後依黄宗羲言，署國柱爲勝虜將軍，乃返定海。後降清，累遷至雲南提督。三藩之亂，從吴三桂叛，清兵平叛，自大理出降，仍被殺。事見行朝録卷三魯王監國上、清史稿卷四七四吴三桂傳，清史列傳卷八〇有傳。

［九］行朝録卷三魯王監國上：丙戌「二月，張國柱掠餘姚，其部曲張邦寧掠慈谿。國柱者，劉澤清之標將也。航海至浙東，依王鳴謙於定海。國柱有弓箭手五百人，其力足以制鳴謙，乃劫之入内。行朝震恐，議以伯爵縻之。某與孫嘉績裁量，署爲勝虜將軍，始返定海。」

［一〇］行朝録卷三魯王監國上：丙戌「五月，加孫嘉績、熊汝霖東閣大學士。兩督師所將皆奇零殘卒，不能成軍。嘉績以其兵盡付某，某與王正中合師三千人。兩浙來受約者：尚寶司卿朱大定，太僕寺卿陳潛夫，兵部主事吴乃武、查繼佐，又數百人附之。」李聿求魯之春秋卷一八章欽臣傳：「章欽臣，會稽人。佐督師孫嘉績起兵。魯王監國，授都督，使治火器，江上人呼曰『火攻營』。欽臣之治火器，製作甚精。御史黄宗羲請於嘉績，願得此軍西渡。嘉績命欽臣汰其不中步伐者，以授宗羲。」

［一一］漆案：此句初刻本作「不能支餉，皆而宗羲軍獨不乏食」，粤雅堂本隸「皆」字在句前，是，今據改之。

查職方繼佐軍亂[一]，披髮夜走，投宗羲，拜於牀下。宗羲出撫其衆，遂同繼佐西行，渡海，駐潭山[二]，烽火遍浙西[三]。太僕寺卿陳潛夫以軍同行[四]，尚寶司卿朱大定[五]、兵部主事吴乃武皆來會師[六]，議由海寧以取海鹽[七]。因入太湖，招吴中豪傑，百里之内，牛酒日至。直抵乍浦，約崇德孫〔爽〕(奭)爲内應[八]，會大兵已戒嚴，不得前[九]。覆議再舉，而王正中軍潰於江上[一〇]，宗羲走入四明[一一]，結山寨自固，殘兵從至者五百餘人[一二]。駐軍杖錫寺[一三]，微服潛出，欲訪監國消息，爲扈從計，戒部下无妄動[一四]。部下不遵節制，擾山中民，民潛焚其寨，部將茅翰、汪涵死之[一五]。己丑，聞監國在海上，乃與都御史方端士赴之[一六]，晉左僉都御史，再晉左副都御史[一七]。時方發使拜山寨諸營官[一八]，宗羲言諸營之强莫如王翊[一九]，乃心王室者亦莫如翊，宜優其爵，使之總諸營以捍海上，朝臣皆以爲然[二〇]。俄而大兵圍健跳，城中危甚，會蕩湖救至[二一]，得免[二二]。時熊汝霖[二三]、劉中藻[二四]、錢肅樂皆死[二五]，宗羲失兵無援，與尚書吴鍾巒坐舡中講學[二六]，推算歐羅巴曆法而已[二七]。

[一]查繼佐(一六〇一—一六七六)，字伊璜，一字敬修，號興齋、釣叟等，學者稱東山先生，明末清初海寧人。崇禎六年(一六三三)舉人。魯王時，授以兵部職方主事。後歸里，築敬修堂，講學其中。莊廷鑨明史紀略案發，牽連下獄，後釋歸。繼佐學問淵博，工書法。妙解音律，家畜女伶，一時查氏女樂爲浙中名部。著有罪惟録九〇卷、九宫譜定總論一卷

等。黄容明遺民録卷四、魯之春秋卷二〇有傳。清沈起編查東山先生年譜乙酉八月：「時越中鄭義興已奉魯起事江上，先生領職方，節制小亹。」

[二]潭山，或作談家山，在今浙江海寧縣東南七十里。行朝録卷三魯王監國上：「渡江札潭山，將取海寧，以江上兵潰而返。」

[三]南雷雜著王御史傳：「丙戌五月，禡牙復渡，由壇山以取海寧，烽火達於武林。」

[四]陳潛夫(一六一〇—一六四六)，字玄倩，一字振祖，號退士，明末錢塘人。崇禎九年(一六三六)舉人。官開封推官。福王立，擢監軍御史，巡按河南。魯王監國，官至大理寺少卿等。江上師盡潰，偕妻妾同赴水死。明史卷二七七有傳。

[五]朱大定，生平事蹟不詳。

[六]吴乃武，明末海寧人。從查繼佐軍，監國授兵部主事。黄宗羲出師浙西，乃武以兵會之，札潭山。宗羲兵退，乃武遂散兵。事見魯之春秋卷二〇查繼佐傳附。

[七]魯之春秋卷四孫嘉績傳：「定議由海道西渡取海寧、海鹽一帶，而揚聲由盛嶺出軍，請給監軍等官勅印。……宗羲西征，太僕卿陳潛夫、職方主事查繼佐皆同行，浙西震動。」

[八]孫奭，周注「思舊録與年譜俱作孫爽」。祥案：周説是。今據改。黄宗羲南雷詩曆卷一感舊其一一有「桑間隱迹懷孫爽」句，另兩浙輶軒録、皇明遺民傳卷六亦作「爽」。江藩採自全氏神道碑文，全氏已誤。孫爽(一六一四—一六五二)，字子度，號容菴，明末崇德(今浙江桐鄉縣西南崇福鎮)人。廩生。與萬泰、黄宗羲兄弟互相期負，有當世之志。明亡被縛，已而放歸。自是掃跡城市，鬱療而死。有甲申以前詩、容齋集等。事見思舊録，皇明遺民傳卷六有傳。

[九]魯之春秋卷一〇黄宗羲傳：「覆議再舉，聞江上師潰，監國航海，宗羲乃撤潭山之師，踉蹌而還。沿途爲大兵所梗。」

［一〇］行朝録卷九四明山寨：「丙戌六月，浙東師潰。某時率師渡海規取海鹽、海寧二城，報至而還。」

［一一］四明，指四明山，在今浙江寧波市西南。黄宗羲四明山志卷一名勝：「餘姚南有山二百八十峰，西連上虞，東合慈谿，南接天台，北包翠竭，中峰最高，上有四穴，若開户牖以通日月之光，故號『四明』。」

［一二］行朝録卷九四明山寨：「十日，散潰餘衆，願從者歸安茅瀚、梅谿汪涵二帥，以五百人入四明，屯於杖錫。某意結寨固守，徐爲航海之計。」

［一三］杖錫寺，即仗錫延勝寺，在四明山陰。參黄宗羲四明山志卷二伽藍仗錫延勝寺。

［一四］行朝録卷九四明山寨：「因戒二帥聯絡山民，方可從事。二帥違某節制，取糧近地。二十日，某令二帥守寨，出行旁舍。山民相約數千，乘二帥不備，夜半焚杖錫寺。士卒睡中逃出，盡爲擊死，二帥被焚。」

［一五］汪涵（？—一六四六），字叔度，明末奉化人。少補諸生，受業黄宗羲。宗羲起兵，涵參軍事。茅瀚（？—一六四六），字飛卿，明末歸安（今浙江湖州）人。以浙西之使至江上。宗羲留之，使與涵共事。聞江上師敗，宗羲尚得親兵五百人，涵爲前導，瀚爲後勁，至四明山，駐杖錫寺。部下絶糧，掠之山民。山民數千相約，半夜焚寨，二人皆死之。事見行朝録卷九四明山寨，魯之春秋卷一九有傳。

［一六］方端士，歙縣人。時參督師熊汝霖、錢肅樂軍事，出師最勇。累官兵部侍郎，協理戎政。從亡入閩，遷左都御史。閩地失，不知所之。事見魯之春秋卷九林時對傳附。

［一七］翁洲老民海東逸史卷二：「監察御史黄宗羲自剡中至，拜爲左僉都御史，尋進左副都御史。」

［一八］海外慟哭記分使使山寨授官：「蕭山石仲芳，會稽王化龍，陳天樞，台州俞國望，金湯，奉化吴奎明，皆將軍；四明山馮京第右僉都御史，王翊河南道監察御史。」

［一九］王翊（一六一六—一六五一），字完勳，别號篤菴，明末慈谿人。補諸生。魯王監國，王正中薦翊爲職方，盡以軍事付之。江上破，走入四明山結寨於西北之大蘭，而不擾民。兩破上虞，浙東震動。魯王拜爲兵部右侍郎。兵敗入海，

旋入内地招兵，爲清兵所俘，不屈而死。事見行朝録卷九四明山寨、鮚埼亭集外編卷四墓碑，魯之春秋卷一八有傳。

[一一〇]行朝録卷九四明山寨：「上駐蹕健跳所，分使使山寨拜官，授翊河南道御史，王江户部主事。右副都御史某上言：『諸營文則自稱都御史、侍郎，武則自稱將軍、都督，未有三品下者。主上嘉其慕義，亦因而命之。惟王翊不自張大，僅授御史。御史在承平時，固爲顯要，而非所論於今日。諸營小或不及百人，大亦不過王翊一部，今品級懸殊，以之相臨，恐爲未便。』大學士劉沂春、禮部尚書吴鍾巒皆以爲然。定西侯張名振持之不肯下。初，諸營迎表，皆因名振以達，獨翊不關名振。名振不樂曰：『俟王翊之來，吾爲上言之也。』」

[一一一]蕩湖，指蕩湖伯阮進(？—一六五一)，明末會稽(今紹興)人。舵工出身，初爲海盗，善水戰。魯王監國時，爲張名振水營將，以功封蕩湖伯。守舟山，以火舟與清兵戰於横水洋，自焚而死。事見小腆紀傳卷四五。

[一一二]行朝録卷四魯王監國下：「七月壬戌，上次健跳所。……壬午，北兵圍健跳，蕩湖伯阮進率其樓船數百至，金鼓動天，北師解去。」

[一一三]明史卷二七六熊汝霖傳，汝霖從魯王泛海。順治五年春，「鄭彩憾汝霖，遣兵潛害之，並其幼子投海中。」

[一一四]劉中藻(？—一六四九)，字薦叔，明末福建福安人。崇禎十三年進士。授行人。李自成破京師，曾受搒掠。後得還，事唐王。唐王敗，事魯王，爲兵部尚書兼東閣大學士。駐福安，清兵破城，冠帶坐堂上，爲文自祭，吞金屑死。著有洞山九潭志。明史卷二七六有傳。

[一一五]錢肅樂(一六〇六—一六四八)，字希聲，號虞孫，學者稱止亭先生，明鄞縣人。崇禎十年進士。授太倉知州，痛懲奸黠，有政聲。清兵破杭州，肅樂倡首起義兵，士民集者數萬人，肅樂乃與總兵王之仁締盟共守。魯王時，爲兵部尚書，拜東閣大學士。鄭彩專柄，連殺熊汝霖、鄭遵謙。肅樂憂憤，卒於舟。謚忠介。事見黄宗羲錢忠介公傳、鮚埼亭集内編卷七錢公神道第二碑銘，明史卷二七六有傳。

[一一六]吴鍾巒(一五七六—一六五〇)，字巒稚，一字峻伯，號稚山，亦號霞舟，明末武進人。崇禎七年進士。授長興

知縣，移桂林推官。南明福王立，遷禮部主事。魯王起兵，以鍾巒爲禮部尚書，往來普陀山中。清兵至寧波，乃急渡海，入昌國衛之孔廟，抱孔子木主自焚死。著有十願齋文集等。事見思舊録，明史卷二七六、魯之春秋卷八有傳。

[一七]全氏神道碑文：「公既失兵，日與尚書吴鍾巒坐船中，正襟講學。暇注授時、泰西、回回三曆而已。」

宗羲之從亡也，母氏尚居故里[一]。章皇帝下詔：凡前明遺孽不順命者，録其家口以聞。宗羲聞之，恐母氏罹罪，陳情監國，得請，變姓名歸[二]。鍾巒棹三板舡送三十里外，哭别於波濤中[三]。是年，監國由健跳至翁州[四]。復召宗羲副馮京第乞師日本[五]，之長埼島，不得請[六]。宗羲賦式微之章以感將士[七]，乃回甬上[八]。

[一]黄宗會縮齋文集亡弟司輿黄君權厝誌：「君卒後一年，分兵大索，自近郊居民，凡犯其嗚鏑者，斬刈若澤焦，窮馬首所至，咸焚掠洗蕩，載其牛羊婦女而還。而吾里適及其沖，無月不被其毒。於是太夫人之邑城，又徙而之江北，寓慈谿，又逾江而至上虞，依舅氏，一歲數奔命。而廬舍徒壁立，諸土甕、瓦豆、倉廩，已穿掘頽塌，至於奪釜鬲，褫被襆。」

[二]全氏神道碑文：「公之從亡也，太夫人尚居故里，而中朝詔下，以勝國遺民不順命者，録其家口以聞。公聞而歎曰：『主上以忠臣之後仗我，我所以棲棲不忍去也。今方寸亂矣，吾不能爲姜伯約矣。』乃陳情監國，得請。變姓名，間行歸家。」

[三]明儒學案卷六一宗伯吴霞舟先生傳：「某别先生，行三十里，先生復棹三板追送，其語絶痛，薛諧孟傳先生所謂『嗚咽而赴四明山中之招』者，此也。」

[四]翁州，今浙江舟山島。行朝録卷七舟山興廢：己丑「十月，監國駐蹕舟山。」

[五]馮京第（？—一六五〇），字躋中，號簟谿，明末慈谿人。南京破，起兵抗清。魯王監國，官御史。兵敗，入舟山依黄斌卿。魯王使往日本乞師，不果。舟山陷，爲叛將所殺。著有浮海紀。事見黄宗羲日本乞師記、小腆紀傳卷四七。

[六]行朝録卷八日本乞師：「戊子，御史馮京第謂黄斌卿曰：『北都之變，東南如故，並使其東南而失之者，是則借寇之害也。今我無可失之地，比之前者爲不倫矣。』斌卿於是使其弟孝卿同京第往。至長埼島，其王不聽登陸。……京第還，日本致中國洪武錢數十萬。」祥案：黄宗羲隨馮京第往日本乞師，乃全氏神道碑文據宗羲避地賦而言，黄氏是否前往日本，是否隨馮氏同往，何時前往，是乞師抑或避地，迄今無定説。詳參徐譜順治三年條注。

[七]避地賦：「而乃避地於昌國兮，觀日月之出没。……歷長埼與薩斯瑪兮，……方粉飾夫隆平。……返余旆而西行兮，『胡爲乎泥中』！」祥案：詩經邶風式微：「式微式微！胡不歸？微君之躬，胡爲乎泥中？」詩小序：「式微，黎侯寓於衛，其臣勸以歸也。」

[八]周注：「甬上謂舟山島也，當甬江外海之口，故有此稱。」祥案：周注誤。甬上析言之指鄞縣，泛言之則四明地區皆得稱之，因有甬江而得名，其水源於餘姚、奉化，於鄞東北之三港口合，稱爲甬江。此指宗羲已從海上歸家之事。舟山島舊或稱甬東，春秋時即有此名也。

是時，大帥治浙東，凡得名籍與海上有涉者，即行翦除。宗羲雖杜門息景，然位在列卿，而江湖俠士，多來投止。馮侍郎京第結寨杜嶴[一]，即宗羲舊部，大帥習聞其事，宗羲名與馮侍郎並懸通衢。有上變於大帥者，首列宗羲名，捕者益急。宗羲竄匿草莽，東徙西遷，屢瀕於危[二]，然猶挾帛書，招婺中鎮將[三]。遣使入海告警，令爲之備，而不克[四]。弟宗炎與京第交通有狀，被獲，刑有日矣，宗羲潛至鄞，以計脱之[五]。慈水寨主沈爾緒難作[六]，牽連宗羲，大帥遣人四出搜捕，乃挈眷屬伏處海隅，草間苟活[七]。

[一]杜嶴，地名，在四明山。馮京第自湖州軍破，間行至四明山，與王翊合軍杜嶴以抗清。事見行朝録卷九四明山寨。

[二]全氏神道碑文：「公既自桑海中來，杜門匿景，東遷西徙，靡有寧居。」

[三]婺中，今浙江金華縣。順治七年三月，宗羲至常熟，訪錢謙益。欲因謙益以策反婺中清兵將領馬進寶。五月，錢氏往金華游説，及觀其所爲，而廢然返棹。事見徐譜順治七年注引范楷華笑廎雜筆卷一「黄梨洲先生批錢詩殘本」條、金鶴沖錢牧齋先生年譜順治七年條。祥案：然則此事乃宗羲介錢謙益以策反馬進寶，非自「挾帛書招婺中鎮將」。全氏神道碑文作「欲招婺中鎮將」者是也，此「欲」字不可省。

[四]全氏神道碑文：「辛卯夏秋之交，公遣間使入海告警，令爲之備，而不克。」

[五]全祖望鮚埼亭集内編卷一三鷓鴣先生神道表：宗炎爲宗羲所率世忠營治輜重，及敗。「尋入四明山之道巖，參馮侍郎京第軍事，奔走諸寨間。庚寅，侍郎軍殲，先生亦被縛。侍郎之嫂，先生妻母也，匿於其家，又跡得之，待死牢户中。伯子東至鄞，謀以計活之。故人馮道濟，尚書鄴仙子也，慨然獨任其責，高旦中等爲畫策，而方僧木欲挺身爲請之幕布府。道濟曰：『姑徐之，定無死法。』及行刑之日，旁晚始出，潛載死囚隨之，既至法場，忽滅火，暗中有突出負先生去者，不知何許人也。及火至，以囚代之。冥行十里，始息肩，忽入一室，則萬户部履安白雲莊也。負之者，即户部子斯程也。鄞之諸遺民畢至，爲先生解縛，置酒慰驚魂。」祥案：救宗炎事，諸家説法不一。黄宗羲曰由萬泰策劃營救而得免，見思舊録萬泰。黄宗會云萬泰外，尚有魏思澄出力，見縮齋文集魏己任墓誌銘、亡弟司輿黄君權厝誌。邵廷采謂宗羲求救於馮道濟，得明珠百顆，獻之清軍主帥，乃得釋，見思復堂文集卷三遺獻黄文孝先生傳。全祖望續甬上耆舊詩李杲堂傳，

又曰事出多人合作。其曰：「庚寅，馮侍郎躋仲之難，其監軍宗炎刑有日矣，時傾家救之者爲馮公子道濟，奔走其間者爲董農部次公天鑒、高隱君旦中，卒成其事者爲萬農部履安，而先生之力亞於道濟，遂出之劍芒之中。」

［六］沈爾緒，明末慈谿人。魯王監國，授總兵官。募兵立寨，與馮京第合軍，其餉爾緒獨任之。京第死，爾緒遁，其後復募兵立寨，攻大蘭山。後兵敗被執死。事見魯之春秋卷一八馮京第傳附。祥案：全氏鷓鴣先生神道表云，黄宗炎被救後，未幾，馮京第「故部復合，先生復與共事，慈湖寨主沈爾緒又寄帑焉。伯、叔二子交阻之，不得。丙申，再遭名捕，伯子歎曰：『死矣！』故人朱湛侯、諸雅六救之而免。」然則此次爲清廷名捕者，非宗羲，乃宗炎，宗羲未罹沈爾緒之難，明矣。全氏敘明末清初事多誤，此又一也。江藩此文鈔此全氏神道碑文，清史稿卷四八〇黄宗羲傳又襲江書，真所謂踵譌傳謬也。

［七］移史館先妣姚太夫人事略：「丙申，山中又亂，徙半霖，其秋返故居。」

迨海氛靖後，聖祖仁皇帝如天之仁，不復根追勝國從亡諸人，宗羲始奉母返里門［一］，復舉蕺山證人書院之會［二］，從之講學者數百人［三］。嘗謂明人講學，襲語録之糟粕，不以六經爲根柢，束書不讀，但從事於游談。學者必先窮經，經術所以經世，乃不爲迂儒。又謂讀書不多，無以證斯理之變；讀書多而不求於心，則又爲僞儒矣。故受其教者，不墮講學之弊，不爲障霧之言。其學盛行於東南，當時有「南姚江西二曲」之稱［四］。二曲者，李中孚也。

［一］移史館先妣姚太夫人事略：「己亥，海上亂，防海之師，望門而食，徙三谿口；明年冬，返故居；甲寅，群盜

滿山，徙海濱之第四門；乙卯後五月，始返。三十年之中，流離轉徙，矻矻靡有定居。……自乙卯以來，風鶴稍息。」又避地賦：「最此二十年，無年不避，避不一地。念遷播之未定兮，老冉冉其已至。於是返故居，捷六枳。蓬蒿滿，琴書肆。」祥案：康熙四年，宗羲暫時結束避地流播之生活，奉母家居，築續鈔堂，讀書治學其中。即其子百家擔書行百韻所謂「乙巳置續鈔，始得漸安歇。零星狼籍餘，真同漏網脱」者也。又參黄百家續鈔堂藏書目序、徐譜康熙四年條注[一六]。

[一二]證人書院，在今浙江紹興市。明末，劉宗周即此建講堂五楹，額「證人書院」，以救王學末流之弊。以「誠敬」、「慎獨」爲宗旨，從游者甚衆。康熙七年，姜希轍、黄宗羲等復舉書院講經會，仍以「證人」名之，甬上風氣爲之一變。乾隆五十三年，知縣余名暨重修，題曰「稽山書院」。南雷文案外卷壽張奠夫八十序：「子劉子講學於證人書院，蔓奠之後，虚其席者將三十年。丁未九月，余與姜定菴復爲講會。」

[一三]祥案：先是，康熙六年正月，萬斯大等二十六人至餘姚從宗羲請業，爲講經會；七年，至紹興，與同門會講於證人書院，有證人會語；又復至鄞，與諸子大會於廣濟橋，再會於延慶寺，仍以「證人」名之。參全祖望續甬上耆舊詩、徐譜康熙六年條注。又李鄴嗣杲堂文鈔卷三送范國雯北行序論講經之形式曰：「自十年以來，吾甬上諸君子，盡執梨洲黄先生門。先生嘗歎末世經學不明，以致人心日晦，從此文章事業俱不能一歸於正。於是里中諸賢倡爲講經之會，一月再集。先期於某家，是日晨而往，摳衣登堂，各執經以次造席。先取所講覆誦畢，司講者抗首而論，坐上各取諸家同異相辯析，務擇所安。日午進食羹二器，不設酒，飯畢續講所乙處，盡日乃罷。諸家子弟十歲以上，俱得侍聽，揖讓雍容，觀者太息。」

[一四]全氏神道碑文：「左都御史魏公象樞曰：『吾生平願見而不得者三人：夏峰、梨洲、二曲也。』工部尚書湯公斌曰：『黄先生論學，如大禹導水導山，脈絡分明，……吾黨之斗杓也。』刑部侍郎鄭公重曰：『今南望有姚江，西望有二曲，足以昭道術之盛。』」

康熙戊午，詔徵博學鴻儒，掌院學士葉方藹先以詩寄宗羲[一]，慫恿之，宗羲次韻答以不出之意[二]。方藹商於宗羲門人陳庶常錫嘏[三]，對曰：「是將迫先生爲謝疊山矣[四]！」其事遂寢[五]。未幾，有詔命葉方藹與同院學士徐元文監修明史[六]。宗羲爲世家子弟，家有十三朝實録，復嫻於掌故，方藹與元文又薦宗羲[七]，乃與前大理寺評事興化李清同徵，詔督撫以禮敦遣，宗羲以母老及老病辭。方藹知不可致，乃請詔下浙江巡撫[八]，就家鈔所著書有關史事者付史館[九]。元文又延宗羲子百家及鄞處士萬斯同參訂史事[一〇]。斯同[一一]，宗羲之弟子。宗羲戲答元文書曰[一二]：「昔聞首陽山二老，托孤於尚父[一三]，遂得三年食薇，顔色不壞。今吾遣子從公，可以置我矣。」

[一]葉方藹(一六二九—一六八二)，字子吉，號訒菴，清崑山(今江蘇昆山)人。方恒弟。順治十六年(一六五九)一甲三名進士。累官至禮部、刑部侍郎等。明史總裁官。卒謚文敏。有讀書齋偶存稿四卷、葉文敏公集一九卷。事見吴中葉氏族譜卷六〇下墓誌銘，清史列傳卷九、清史稿卷二六六有傳。

[二]黄宗羲南雷詩曆卷二次葉訒菴太史韻附葉方藹四明董在中過訪詢知爲黄太沖及門於其南行賦此奉送並寄先生，盛讚宗羲爲「大儒」，稱其「六經探奥窔，百氏窮淵源。躬蹈丘與軻，不肯託空言。」末勸曰「興朝亟求賢，側席心殷殷。安知柴荆外，旦夕無玄纁。北面修盛典，憲乞禮數勤。予亦得挾策，函丈時相親。勿著羊裘去，蒼茫煙水濱。」宗羲次葉訒菴太史韻告以不出之意，稱「牧豕海上老，所嗟非隱淪。斯民方憔悴，何以返夏殷。聖學將墜地，何以辨朱纁。其責在公等，學優而仕勤。危舉天下溺，豈徒門人親。勿令吾鄉校，竊議東海濱。」

［三］陳錫嘏（一六三四—一六八七），字介眉，號怡庭，清浙江寧波人。康熙十五年（一六七六）進士。改庶吉士，授編修。曾奉命纂修皇輿表、鑒古輯覽二書。有兼山堂集八卷。事見黄宗羲南雷文定後集卷三陳君墓誌銘、南雷學案卷七。黄氏墓誌銘：「先是甬上有講經之會，君與其友陳赤衷等數十人，盡發郡中經學之書，穿求崖穴，以立一閧之平，蓋斷斷如也。……余交君二十年，與講會之末，余闊略細故，乖於物好，君引之爲畏友。」

［四］謝枋得（一二二六—一二八九），字君直，號疊山，宋弋陽人。理宗寶祐四年（一二五六）進士。因發策十問擿賈似道誤國，謫興國軍安置。恭帝初，以江東提刑、江西招諭使知信州。翌年，元兵陷信州，遂變姓名入建寧唐石山。宋亡，居閩中，隱於卜。元世祖時，屢薦不起，福建行省大吏强之北上，遂絶粒而死。門人私謚曰文節。有疊山集一六卷等。宋史卷四二五有傳。又宋史本傳：留夢炎薦之，不起，遺書曰：「今吾年六十餘矣，所欠一死耳，豈有它志哉！」

［五］全氏神道碑文：「康熙戊午，詔徵博學鴻儒，掌院學士葉公方藹先以詩寄公，從臾就道，公次其韻，勉其承莊渠、魏氏之絶學，而告以不出之意。葉公商於公門人陳庶常錫嘏，曰：『是將使先生爲疊山、九靈之殺身也！』而葉公已面奏御前，錫嘏聞之大驚，再往辭，葉公乃止。」又南雷文案卷三與陳介眉庶常書：「吾兄與國雯書見及，言都下諸公欲以不肖姓名塵之薦牘，葉訒菴先生且於經筵前面奏。其後訒菴移文吏部，吾兄力止。始聞之而駭，已，喟然而歎，且嘉吾兄之知我也。」

［六］高宗實録卷八一康熙十八年五月己未：「命内閣學士徐元文爲明史監修總裁官，掌院學士葉方藹、右庶子張玉書爲總裁官。」祥案：清入關後，於順治二年（一六四五）即開史局，由内三院大學士馮銓爲總裁，纂修明史，然僅仿通鑑體，成數帙而已。康熙四年（一六六五），史館復開，然修史工作，仍無實績。十八年，再開史局。徵博學鴻儒五十人入翰林，與右庶子盧琦等十六人爲纂修。開局東華門外，大規模修史，即始於此。前後有葉方藹、張玉書、陳廷敬、湯斌、徐乾學、張英、王鴻緒等相繼爲總裁。明史編纂期間，萬斯同以布衣參史局，其功最鉅。雍正元年（一七二三），王鴻緒上明史稿三一〇卷。此稿經改易增删後，成明史三百三十六卷，於乾隆四年（一七三九）由張廷玉領銜奏上，爲今通行本明史。

詳參黄雲眉明史編纂考略、朱端强萬斯同與明史修纂紀年，北京中華書局二〇〇四年版。

［七］高宗實録卷八八康熙十九年二月乙亥條：「吏部遵旨議覆内閣學士兼修明史徐元文疏言，纂修明史，宜舉遺獻，請將揚州府前明科臣李清、紹興府名儒黄宗羲，延致來京，如果老疾不能就道，令該有司就家録所著書送館。」

［八］黄譜隸此事於康熙十九年（一六八〇年）。又黄宗羲交游尺牘所録時任浙撫李本晟、浙藩李士禎、浙督施維瀚各自與黄宗羲之書，皆爲邀其入史局之事也。

［九］黄百家行略：「庚申，立齋徐先生以特舉遺獻事，薦府君與李映碧先生兩人。奉旨：著該督撫敦請。府君致書李公之芳、李公本晟，使代以老病疏辭。已，又奉特旨：凡黄某所有論著，及所見聞，有資明史者，令該地方官抄録來京。藩司李公士禎，因招不孝家入署較勘如干册，使胥史數十人繕寫進呈，宜付史館。」交游尺牘張玉書與許西山書：「梨洲先生著書滿家，温綸延召，惠然肯來，是所引領，萬一鋒車少緩，必求罄發所藏，録送史館，不獨同人之幸，實大典之光也。」同書附葉方藹與許西山書：「梨洲先生久留貴治，深爲可喜。匆匆不敢具書問候。目下史事，意欲藉手老年臺，轉求其一言之誨，想高賢决不吾拒也。先生留心此事已久，家中藏書必富，萬曆編年乃其先公筆，而史槩、國榷等書，又皆浙人撰述也。不揣冒昧，就目中所開，此間未有者，録一單奉寄，求老年臺令善書胥史，就梨洲先生家盡數抄寫爲幸。」

［一〇］黄百家（一六四三—？），字主一，號不失，宗羲幼子。國子監生，官國子監學正。承父學，長於治史，精天算之學。康熙時，開明史館，徐乾學延之入館，參與明史修纂。有獨體私鈔四卷、學箕初稿二卷、黄竹農家耳逆草（又名學箕三稿）、黄竹農家慰饑草一卷（又名學箕四稿）、幸跌草三卷（又名學箕五稿）等。事見清史列傳卷六八、清史稿卷四八〇黄宗羲傳附。祥案：餘姚竹橋黄氏宗譜卷一四詩文集黄百家感遇詩有句曰：「兩番至皇都，俱爲明史役。相國徐崑山，乃爲謀野獲。老父不可招，繆將小子續。訪我於京邸，不啻三薰沐。歸復使攜書，在家纂編續。」又黄宗羲寄貞一五百字：「余有三史鈔，實録及家禆，傾筐授萬子，庶爲底本資。」

［一一］萬斯同（一六四三—一七〇二），字季野，號石園，清鄞縣（今浙江寧波）人。康熙十八年，舉博學鴻詞，力辭不

就。與兄斯大皆爲黄宗羲弟子，精於史學，尤悉明史。後以布衣身份參與清廷明史之纂修。有歷代史表五九卷、石園詩文集八卷等。錢大昕潛研堂文集卷三九、清史稿卷四八四有傳。

［一二］語見全氏神道碑文。

［一三］尚父，即吕尚，本爲姜氏，從其封姓，故曰吕尚，或作姜尚，姜子牙，東海人。周文王遇之於渭水之陽，與語大説，號曰太公望，載與俱歸，立爲師。文王征伐，太公之謀計居多。武王時，爲師尚父，滅商，封於營丘，爲齊之始祖。事見史記卷三二齊世家。

宗羲之學，出於蕺山，雖姚江之派［一］，然以慎獨爲宗［二］，實踐爲主，不恣言心性，墮入禪門，乃姚江之諍子也［三］。又以南宋以後，講學家空談性命，不論訓詁，教學者説經則宗漢儒，立身則宗宋學［四］。又謂昔賢闢佛，不檢佛書，但肆謾駡，譬如用兵，不深入其險，不能剿絶鯨鯢也。乃閲佛藏，深明其説［五］。所以力排佛氏，皆能中其竅要。國難時，遺老以衣鉢晦迹者，久之或嗣法上堂，宗羲曰：「是不甘爲異姓之臣，反爲異氏之子。」［六］弟宗會晚年好佛，爲之反覆辨論，極言其不可［七］。蓋於異端之説，雖有托而逃者，亦不容少寬假焉。

［一］姚江之派，即陽明學派，王陽明爲浙江餘姚人，姚江在其境内，故稱，亦簡稱王學。陽明在時，弟子三百餘人，遍播全國，有過於宋時朱子之門。黄宗羲明儒學案以地域分爲浙中、江右、南中、楚中、粤閩與泰州王門。

[二]愼獨一詞，源出大學。大學：「所謂誠其意者，毋自欺也。如惡惡臭，如好好色，此之謂自謙。故君子愼其獨也。」又中庸：「是故君子戒愼乎其所不睹，恐懼乎其所不聞。莫見乎隱，莫顯乎微。故君子愼其獨也。」鄭注：「愼獨者，愼其閒居之所爲。」自程顥、朱熹，將其與理學結合。陽明學派以心解愼獨，至劉宗周以意釋愼獨。黄宗羲子劉子行狀卷下：「先生宗旨爲愼獨。始從主敬入門，中年專用愼獨工夫。愼則敬，敬則誠。晚年愈精微、愈平實。」又南雷文定卷五答惲仲昇論子劉子節要書曰：「夫先師宗旨，在於愼獨，其愼獨之功，全在『意爲心之主宰』一語，此先師辛苦體驗而得之者。」

[三]諍子，同爭子，本謂規諫父母之兒子，後泛指能規諫他人過失者。孝經：「父有爭子，則身不陷於不義。」白虎通引作「諍子」。

[四]黄百家行略：「府君謂學問必以六經爲根柢，空腹游談，終無撈摸。」

[五]南雷文案卷一丹山圖詠序：「憶歲辛巳，在金陵，從朝天宫繙道藏，自易學以外，干涉山川者皆手鈔之。」又卷四黄山續志序：「余閱道藏，天下名山之志，多入其中，大抵庸妄道士所爲，其間緣飾神仙之説，半屬子虚。」

[六]黄宗羲七怪：「近年以來，士之志節者，多逃之釋氏，蓋强者銷其耿耿，弱者泥水自蔽而已。有如李燮避仇，變姓名爲傭保，非慕傭保之業也。亡何而棒篦以爲儀仗，魚螺以爲鼓吹，寺院以爲衙門，語録以爲簿書，撾鼓上堂，拈香祝聖，不欲爲異姓之臣者，且甘爲異姓之子矣！忘其逃禪之始願也，是避仇之人而誇鼓刀屠豨之技也。」

[七]南雷文案卷六前鄉進士澤望黄君壙誌：「自濂、洛至今日，儒者百十家，余與澤望皆能知其宗旨離合是非之故，而澤望忽折而入於佛。其初，遇學佛者，概而信之，凡喫菜合眼躲閃籬落之徒，便降心而與之交。及穿剥三藏，窮累歲月，稍稍出而觀今之所爲宗師者，發露其敗闕，亦遂牛毛繭然，爲其教之書數十萬言。余於釋氏之教，疑而信，信而疑，久之，知其於儒者愈深而愈不相似，乃爲澤望反覆之，蓋十年而不契，終於不可同而止。」

宗義性耿直，於友朋中，多不少可，周囊雲一人之外[一]，皆有微辭。在南都時，見歸德侯朝宗，每宴以妓侑酒[二]。宗義曰[三]：「朝宗之尊人尚在獄中[四]，而放誕如此乎！吾輩不言，是損友也。[五]」或曰：「侯生性不耐寂寞。」曰：「夫人而不耐寂寞，則亦何所不至耶！」時人皆歎爲至論。及選明文[六]，或謂當黜方域文，宗義曰：「姚孝錫嘗仕金[七]，元遺山終置之南冠之列[八]，不以爲金人者，原其心也。夫朝宗亦若是矣。」乃知其論人嚴，亦未嘗不恕也。

[一]周齊曾（一六〇三—一六七一），字思沂，號唯一，明末清初鄞人。崇禎十六年（一六四三）進士。知廣東順德縣。明亡，棄官遯入剡源，盡去其髮爲髮塚，架險立瓢，榜曰「囊雲」，自稱無髮居士。爲詩文，機鋒電激，汪洋自恣。卒後里人私謚曰貞靖先生。事見南雷文案卷五余若水周唯一兩先生墓誌銘，清史稿卷五〇一、孫静庵明遺民録卷二四有傳。祥案：全氏神道碑文：「其所許可者，祇吾鄉周囊雲一人。」而江氏改作「於友朋中多不少可，周囊雲一人之外，皆有微辭」。黄氏墓誌銘「唯一未嘗一面，人傳其詩怪甚」。余增遠、周齊曾没後，二人之子余金體、周天行先後介他人求宗義銘其父，宗義遂誌之。然則宗義生時，未曾見囊雲一面，既不得爲友朋，又不知其立身制行與學術若何。囊雲卒後六年，其子始求銘於宗義，且銘中除稱「威武不能曲」外，並無他稱道語，則全、江二氏之説，按之當時事實情理，皆不宜有之事矣。故全氏神道碑文是句下嚴元照亦評曰：「此語不確，梨洲不嘗爲惲仲叔序其文乎？不嘗爲張秀初誌墓乎？」

[二]侯方域（一六一八—一六五四），字朝宗，河南商丘人。明季諸生。少著才名，豪邁不羈，爲文有奇氣。後參與復社，與方以智、冒襄、陳貞慧爲四公子。南明弘光時，入史可法幕中。清順治八年，應河南鄉試，爲副貢生。擅長古文，

與魏禧、汪琬合稱爲國初三大家。有壯悔堂文集一〇卷遺稿一卷、四憶堂詩集六卷遺稿一卷。清邵長衡青門剩稿卷六、清史列傳卷七〇、清史稿卷四八四有傳。

［三］語見全氏神道碑文。

［四］尊人，指侯方域父侯恂（一五九〇—一六五九），字若谷，號六真。萬曆四十四年（一六一六）進士。官至山西道監察御史。魏忠賢興東林黨獄，削籍。忠賢誅，起爲廣西道御史。崇禎中，官至户部尚書。後遭劾，下獄。明亡，歸隱鄉里而卒。黄容明遺民録卷二有傳。祥案：侯洵壯悔堂年譜崇禎九年，「司徒公爲薛相國觀、温相體仁所嫉，嗾給事宋之普奏劾縻餉，逮繫獄。」自後直至崇禎十四年，方出獄。十二年，方域入南雍，應南京試，交陳貞慧、吴應箕及南中諸名士，「主盟復社，登金山，評當世人物，臨江悲歌，諸子以周瑜、王猛比公。」宗羲所譏方域者，蓋即此期間之事也。

［五］論語季氏：「益者三友，損者三友。友直、友諒、友多聞，益矣；友便辟、友善柔、友便佞，損矣。」

［六］選明文，指黄宗羲所編明文海四八二卷，見本書第七八九頁注［一二］。

［七］姚孝錫（一〇九九—一一八一），字仲純，號醉軒，宋豐縣人。徽宗政和四年（一一一四）進士（或曰宣和六年）。調爲代州兵曹參軍。金兵陷代州，被命爲五臺主簿，至五臺即稱病，放浪五臺山水之間，詩酒自娱。今存詩一卷。事見宋周密齊東野語卷一一、金元好問中州集卷一〇，全宋詩卷一八六七、全金詩卷七有小傳。

［八］元好問（一一九〇—一二五七），字裕之，號遺山，金忻州秀容（今山西忻縣）人。宣宗興定五年（一二二一）進士。累官至行尚書省左司員外郎。金亡不仕。文兼衆體，詩尤奇崛。晚年，構野史亭，以搜輯金代文獻爲己任，所輯有中州集一〇卷、中州樂府一卷、唐詩鼓吹一〇卷，自著有遺山先生文集四〇卷附録一卷等。金史卷一二六有傳。案中州集一〇卷，録金代二百四十九人詩詞，各爲小傳以存史。卷一〇録南冠五人詩，姚孝錫居其一，爲宋人不事金朝，或雖仕金而有故國之思者，收姚詩凡三十餘首。

平生勤於著述，年逾八十，尚矻矻不休[一]。所著有明儒學案六十二卷[二]、宋儒學案、元儒學案[三]。易學象數論六卷，辨河洛方位圖説之非[四]；授書隨筆一卷[五]，則閻若璩問尚書而答之者。春秋日食曆一卷[六]，律吕新義二卷[七]，少時取餘姚竹管肉孔勻者，截爲管而吹之，知十二律之四清聲[八]，乃著是書。孟子師説四卷[九]，因蕺山有論語、大學、中庸諸解，獨無孟子，以舊聞於蕺山之説，集爲一書，故名師説。明史案二百四十四卷[一〇]、弘光紀年一卷、隆武紀年一卷、永曆紀年一卷、魯紀年一卷、贛州失事記一卷、紹武事紀一卷、四明山寨紀一卷、海外痛哭記一卷[一一]、日本乞師記一卷、舟山興廢一卷、沙定洲記亂一卷、賜姓本末一卷。汰存録一卷[一二]，糾夏考功倖存録也[一三]。授時曆故一卷[一四]、大統曆推一卷[一五]、授時曆假如一卷、西曆假如一卷、回曆假如一卷、氣運演算法、勾股圖説、開方命算、測圓要諸書。又有今水經[一六]、四明山志[一七]、台宕紀游[一八]、匡廬游録[一九]、病榻隨筆[二〇]。明文海四百八十二卷[二一]，與十五朝國史可互相參正[二二]；續宋文鑑[二三]、元文抄[二四]，以補吕[二五]、蘇二家之缺[二六]。思舊録[二七]、姚江瑣事、姚江文略、姚江逸詩[二八]、自著年譜[二九]、明夷待訪録二卷[三〇]、南雷文案十卷外集一卷[三一]、吾悔集四卷、撰杖集四卷、蜀山集四卷、詩曆四卷[三二]，又分爲南雷文定、南雷文約，合之得四十卷。明夷留書一卷，言王佐之略[三三]，崑山顧絳見而歎曰：「三代之治可復也！[三四]」又欲修宋史而未成，僅存叢目補遺三卷[三五]。

[一]祥案：宗羲八十歲後，尚著書撰文不止，如明儒學案序、今水經序以及編纂明文海、著成思舊録等，宋元學案至臨終尚未成完帙。

[二]明儒學案六二卷，凡按時代次序立十七學案，記二百四十餘人。先論其學之源流與宗旨，次列學者小傳，後輯學者文集、語録等以明其學，間有宗羲案語。明前期以程朱學派爲主，象山學派次之；明中期則專列陽明學及其分派；末期立東林、蕺山兩學案。今有北京中華書局一九八五年沈芝盈點校本等。

[三]宋元學案一〇〇卷，宗羲發凡起例，其子百家及門人楊開沅、顧諟分任編輯，後全祖望修補編定，道光間浙東諸生王梓材、馮雲濠搜輯排纂成定稿刊行。是書倣明儒學案體，凡收八十六學案，涑水、百源、濂谿、明道、伊川等學案爲兩卷，餘皆一卷，另立元祐黨案、慶元黨案及荆公新學略、蘇氏蜀學略等，述及宋、元學者二千餘人。詳宋而略元。今有北京中華書局一九八六年陳金山、梁運華校點本。王梓材等輯稿本宋元學案四二卷有北京圖書館出版社二〇〇二年影印本。

[四]易學象數論六卷，是書爲糾漢以來象數之謬而著。前三卷論河圖、洛書、先天、方位、納甲等，而附以己所著之原象爲内篇，皆論象。後三卷論太元、乾鑿度、元包等，以及六壬太乙遁甲爲外篇，皆論數。有四庫全書本、黄宗羲全集本等。

[五]授書隨筆一卷，即書經筆授三卷，經義考作二卷。

[六]春秋日食曆一卷，全氏神道碑文：「春秋日食曆一卷，辨衛樸所言之謬。」

[七]律吕新義二卷，全氏神道碑文：「公少時嘗取餘杭竹管肉好停均者，斷之爲十二律與四清聲試之，因廣其説者也。」

[八]祥案：肉謂竹子外皮與圓周孔之間之部分，孔謂竹子中空之圓周孔。漢書律曆志上：「黄帝使泠綸，自大夏之

西，昆侖之陰，取竹之解谷生，其竅厚均者，斷兩節間而吹之，以爲黄鍾之宫。」顔注引晉灼曰：「取谷中之竹，生而肉孔外内厚薄自然均者，截以爲筩，不復加刮削也。」又爾雅釋地：「東南之美者，有會稽之竹箭焉。」

〔九〕孟子師説原書不分卷，而諸家所録，或曰二卷、曰四卷，或曰七卷者，皆鈔本所分。今孟子師説七卷，宗羲以爲其師劉宗周有論語學案、大學統義、中庸慎獨義，獨於孟子無成書，因取劉氏之意，而成孟子師説以補所未備。先題孟子章節，後述其義，大抵多闡發良知之旨。有四庫全書本、黄宗羲全集本等。

〔一〇〕明史案二百四十四卷，其書已亡。錢林文獻徵存録論是書「條舉一代之事，供採摭，備參定也」。鄧實、吴光等據全氏神道碑文，以爲行朝録即明史案之一部分。今存行朝録凡三卷十一篇：隆武紀年記隆武帝朱聿鍵一朝史事，紹武之立記紹武帝朱聿鐭争立事件始末，魯王監國上、下二篇記魯王朱以海監國時期浙東軍民抗清史實；永曆紀年記永曆帝桂王朱由榔朝史事，贛州失事記萬元吉等贛州城守之戰，舟山興廢記魯王入駐舟山前後之事，日本乞師記周鶴芝、馮京第等赴日本乞師事，四明山寨記宗羲與王翊、王江等率部結寨四明山中堅持抗清之事，沙氏亂滇記沙定洲雲南叛亂及平定諸事，賜姓始末記鄭成功諸事。所記南明興亡史甚悉，尤以魯王事記載最詳者，因宗羲親身參與其中之故也。今有黄宗羲全集本。

〔一一〕海外痛哭記一卷，「痛」諸家著録皆作「慟」，是。是書書名乃倣謝翱西臺慟哭記，故名。記自魯監國元年六月，浙江兵潰，魯王入海，至六年九月舟山城陷，此間魯王君臣海上抗清事。據吴光考證，此書與行朝録中諸篇並非一書，全祖望、江藩以其與行朝録諸篇混雜並稱，誤。參吴光黄宗羲遺著考（二）。今有黄宗羲全集本等。

〔一二〕汰存録一卷，明末夏允彝著有倖存録，或以爲依託之書，宗羲以爲夏氏死節後，人多從信其論明時「三案」諸事之言。然所言多失實，故摘其一二辨之，並示所以護惜夏氏之意耳。今有黄宗羲全集本等。

〔一三〕夏允彝（？—一六四五），字彝仲，明末華亭（今屬上海）人。時東林講席盛，復社名熾。允彝與同邑陳子龍、徐孚遠、王光承等亦結幾社相應和。崇禎十年（一六三七）進士。授長樂知縣，善决疑獄，邑大治。福王立，擢吏部考功司主事，不赴。南都失，聞友人侯峒曾、黄淳耀等皆死，乃賦絶命詞，自投深淵以死。明史卷二七七有傳。倖存録一卷，記明末史事。今有明末稗史鈔四種本、三異詞録本等。

［一四］授時曆故一卷，案江氏據全祖望之説，著録一卷，今本是書爲四卷，爲黄氏卒後，後人更定成之。全書以授時曆要精歌爲卷首，卷一氣朔曆，卷二日躔曆上、卷三日躔曆下、卷四月離曆。今有民國二十二年刻嘉業堂叢書本等。

［一五］大統曆推一卷、授時曆假如一卷、西曆假如一卷、回曆假如一卷、氣運演算法、勾股圖説、開方命算、測圓要諸書。姜希轍曆學假如序：「（黄氏）嘗入萬山之中，茇舍獨處，古松流水，布算簌簌，網路天地，其發明曆學十餘種。」曆學假如二卷，黄宗羲、姜希轍撰。其中西曆假如一卷，論日躔、月離之法，授時曆假如一卷，論步氣朔、步月離之法。與授時曆故之説多同。有康熙二十二年刻本、續修四庫全書據康熙本影印本等。

［一六］今水經一卷，是書因歷代水道變遷，已與昔時不同，又水經及後世諸家注，與宗羲當時所見諸圖志，多不相合，遂不襲前作，條貫諸水，名之曰今水經。今有黄宗羲全集本等。

［一七］四明山志九卷，其初稿本曰四明山古蹟記五卷，分名勝、伽藍、靈蹟、九題考、丹山圖詠、石田山房詩、詩括、文括與撮殘九門。宗羲諳熟四明，故訂正訛傳，記載詳贍。然亦有所收詩文過博、爲例不純之病。有四明叢書本、黄宗羲全集本等。

［一八］台巖紀游，今佚。黄百家行略：「告羅黄巖，以其暇游天台、雁宕，作台宕紀游。」

［一九］匡廬游録一卷，自順治十七年（一六六〇）八月十一日出發，至十一月二十六日返家，宗羲出游廬山，此以日記形式逐日記其見聞，考其古蹟，兼糾前人誤説。有昭代叢書本、黄宗羲全集本等。

［二〇］病榻隨筆，即南雷文定五集，詳見下［三一］注。

［二一］明文海四八二卷，宗羲初選明文案二百卷，後得閲崑山徐氏傳是樓所藏明人别集，益以所未見文集三百餘種，因更輯成是編。分體二十有八，每體之中，又各爲子目。蒐羅極富，爲一代文章之淵藪。有四庫全書本、北京中華書局一

九八七年影印本等。

［一二二］十五朝，謂明太祖朱元璋、惠帝朱允炆、成祖朱棣、仁宗朱高熾、宣宗朱瞻基、英宗朱祁鎮、代宗朱祁鈺、憲宗朱見深、孝宗朱祐樘、武宗朱厚照、世宗朱厚熜、穆宗朱載垕、神宗朱翊鈞、光宗朱常洛與熹宗朱由校，毅宗朱由檢即崇禎帝一朝，國史、實録並不存，故曰「十五朝」。

［一二三］續宋文鑑，黄百家行略：「其未成者，宋元儒學案、宋元文案，已有稿本，未經編輯，遺命不孝家成之。」全氏神道碑文：「於明文案外，又續輯宋文鑑、元文抄，以補吕、蘇二家之闕，尚未成編而卒。」然則此二書均未有成書。宋文鑑一五〇卷，宋吕祖謙編。凡六十一門，收羅北宋人之文甚夥。今有北京中華書局一九九二年齊治平校點本。

［一二四］元文抄，周注：「元文抄當爲元文類之誤。」祥案：此元文抄爲宗羲倣元文類所輯書之名，非指元文類也。元文類七〇卷，元蘇天爵編。凡編輯元人之文，自元初迄元祐，凡分四十三類。今有上海古籍出版社一九九三年影印本。

［一二五］吕祖謙（一一三七—一一八一），字伯恭，學者稱東萊先生，宋婺州（今浙江金華）人。孝宗隆興元年（一一六三）進士。歷官著作郎兼國史院編修官。博通諸學，與朱熹、張栻等往還論學。主明理躬行，反對空談心性。卒謚成，改謚忠亮。有易説二卷、吕氏家塾讀詩記三二卷、歷代制度詳説一二卷、東萊集四〇卷等，又有朱熹周易本義音訓、東萊先生音注唐鑑二四卷等，編輯有周易繫辭精義二卷、左傳類編六卷及諸史詳節若干卷。又與朱熹同輯近思録一四卷、宋文鑑一五〇卷等。宋史卷四三四有傳。

［一二六］蘇天爵（一二九四—一三五二），字伯修，學者稱滋谿先生，元真定（今河北正定）人。官至湖廣行省參知政事，召爲集賢侍講學士，充京畿奉使宣撫，有政聲。後以忤時相，罷歸。復起爲浙江行省參知政事，統兵鎮壓天完紅巾軍，卒於軍。有元朝名臣事略一五卷、滋谿文稿三〇卷等，編輯有元文類七〇卷。元史卷一八三有傳。

［一二七］思舊録一卷，凡録劉宗周、文震孟、何棟如、陳繼如等一一七人，皆平生交游至好。乃宗羲晚年追懷朋友，雜録見聞之作，多涉明末史事。有黄宗羲全集本等。

[一二八]姚江逸詩一五卷，是編皆餘姚一地之詩，自南齊迄明，以時代爲敘，其方外、閨秀、仙鬼之詩，則總彙於末卷。每人各爲小傳，以足補史事之闕。後倪繼宗有續姚江逸詩一二卷，所收詩以黄宗羲爲首，共收七十五人之詩，亦各爲小傳。今有續修四庫全書影印康熙六十年倪氏小雲林刻本。

[一二九]南雷詩曆卷一書年譜上有「珍重他年書下卷，芒鞋籐杖記登臨」句，時宗羲四十七歲。蕭穆敬孚類稿卷五跋黄梨洲先生年譜：「梨洲先生嘗自著年譜，詒鄭高州，豫以志銘爲託。鄭氏後失於火，黄氏亦有水火之阨，並底本亦失之。」

[一三〇]明夷待訪録二卷，原與留書合稱待訪録，因頗多觸犯時忌，故擇其中三分之一刊刻爲明夷待訪録，餘則爲留書，所謂留存未刊之書也。今存明夷待訪録一卷，爲原君、原臣、原法、置相、學校、取士、建都、方鎮、田制、兵制、財計、胥吏、奄宦諸篇，浙江版黄宗羲全集本第一册又録明夷待訪録未刊文文質、封建二篇。留書今存文質、封建、衛所、朋黨、史五篇。有黄宗羲全集本等。

[一三一]黄宗羲詩文集刊刻版本衆多，現據吴光黄宗羲遺著考（六）述其今存之本如下：南雷文案十卷外集一卷，爲宗羲手定，萬斯大等校刻，爲作者在康熙十八年以前所著之文。吾悔集四卷，康熙十八年，宗羲母姚太夫人逝世，宗羲痛悔未能盡己之情以養母，遂將喪後康熙十九至二十年間之文三十五篇、詩九篇編爲吾悔集以志之。撰杖集四卷，今存一卷，共收文十九篇，刊刻時削爲一卷。南雷文定前集一一卷後集四卷附録一卷，康熙二十六、七年間，宗羲以爲前所刻南雷文案等四種，皆門人分刻，一時脱稿，未經持擇，其中不必存者三分之一，於舊本亦間有改削，名曰文定。凡前集收文八十五篇，後集録四十二篇，附録則收交游尺牘二十六篇，爲當時交往諸人致宗羲之書札。又南雷文定三集三卷附録一卷，爲康熙間山陽戴氏所刊，前二卷收文三十五篇，卷三收金石要例附論文管見，附録收交游尺牘二十一篇。又南雷文定四集四卷附録一卷，爲康熙間景姚山房刻本，前三卷收文五十一篇，卷四收破邪論一種。又南雷文定五集三卷附録一卷，此集亦名病榻集、病榻隨筆，收宗羲晚年所作之文二十一篇，附收傳狀數篇，刻於乾隆年間。南雷文約四卷，此書刻於南雷文定五集之前，初由宗羲選目，由鄭性等於乾隆年間刊刻行世，共收各類文一百三十篇，皆從文定前四集中選出者，間有篇數

字句互異處。南雷雜著稿本，不分卷。今存上海圖書館。共存文四十篇，詩二首，殘稿二葉。與刻本字句亦有互異處，清末葉槐生採其中未刊稿爲南雷集外文一卷，桐城蕭穆又據葉氏鈔本編爲南雷餘集，刻入鄧實風雨樓叢書中。南雷文鈔一卷，爲康熙間鈔本，爲馮貞群所藏，其中有未刊文十二篇，馮氏又輯得一篇。又南雷文鈔三册，清季鄭祐鈔本，共録文一百五十篇，其中未刻文十八篇，今藏中國科學院圖書館。宗羲文集，今人整理本蒐集全備者爲黄宗羲全集本，分南雷詩文集上、下二編，上編按序、記、書、碑誌、傳狀、賦、哀祭、雜文、壽序分九類，收各體文近三百篇；下編收留書一卷五篇、南雷文鈔一卷十三篇、南雷雜著稿一卷十四篇、南雷餘集一篇、黄氏攟殘集三篇、南雷文補遺一卷十二篇、明文海評語彙輯一卷、明文授讀評語彙輯一卷等。後浙江古籍出版社又重新編排，仍按原集卷帙排印，有吴光主編二〇〇五年新版黄宗羲全集本。

［三二］黄宗羲詩集，現存各種刻鈔本有南雷詩曆三卷本、四卷本、五卷本及不分卷本等。今人整理有黄宗羲全集本，爲南雷詩曆四卷補遺一卷、匡廬游録附詩一卷、南雷詩補遺一卷。

［三三］黄百家行略：「待訪録一卷，此弼帝匡王之略也。」又全氏神道碑文：「留書一卷，則佐王之略。」

［三四］黄宗羲破邪論題辭：「余嘗爲待訪録，思復三代之治，崑山顧寧人見之，不以爲迂。」又顧炎武亭林佚文輯補與黄太沖書：「頃過薊門，見貴門人陳、萬兩君，具諗起居無恙。因出大著待訪録，讀之再三，於是知天下之未嘗無人，百王之敝可以復起，而三代之盛可以徐還也。」祥案：宗羲其他著述，今存者尚有深衣考一卷、子劉子行狀二卷（又名蕺山傳）、子劉子學言二卷、黄氏家録一卷、破邪論一卷、弘光時録鈔四卷、歷代甲子考一卷、金石要例一卷附論文管見一篇等，皆收入黄宗羲全集中。

［三五］叢目補遺三卷，未見。引文見全氏神道碑文。

宗羲以古文自命，有志於明史[一]，雖未預修史，而史局遇有大事疑事，必咨之[二]。其論古文曰[三]：「唐以前句短，唐以後句長；唐以前字華，唐以後字質。唐以前如高山深谷，唐以後如平原曠野。自唐以後，爲文之一大變，然而文章之美惡不與焉。其所變者，詞而已；所不可變者，雖千古如一日也。」此論足以掃近人規橅字句之陋習矣[四]。晚年，愛謝皋羽晞髮集[五]，注冬青樹引[六]、西臺慟哭記[七]，蓋悲皋羽之身世蒼涼，亦以自傷歟[八]！

[一]交游尺牘李遜之與梨洲書：「知吾老翁兄閉户著述，從事國史，將成一代金石之業。」

[二]全氏神道碑文：「公雖不赴徵書，而史局大案，必咨於公，本紀則削去誠意伯撤座之説，以太祖實奉韓氏者也。曆志出於吴檢討任臣之手，總裁千里貽書，乞公審正而後定。其論宋史別立道學傳爲元儒之陋，明史不當仍其例，時朱檢討彝尊方有此議，湯公斌出公書以示衆，遂去之。其於講學諸公，辨康齋無與弟訟田之事，白沙無張蓋出都之事，一洗昔人之誣。黨禍則鄭鄤杖母之非真，寇禍則謂洪承疇殺賊之多誕。至於死忠之籍，尤多確核，如奄難則丁乾學以牖死，甲申則陳純德以俘戮死；南中之難，則張捷、楊維垣以逃竄死，史局依之，資筆削焉。地志亦多取公今水經爲考證。蓋自漢、唐以來大儒，惟劉向著述，强半登於班史，……而公於二千年後，起而繼之。」

[三]南雷文案卷一庚戌集自序：「余觀古文，自唐以後爲一大變。唐以前字華，唐以後字質；唐以前句短，唐以後句長。唐以前如高山深谷，唐以後如平原曠野。蓋畫然若界限矣。然而文之美惡不與焉。其所變者，詞而已；其所不可變者，雖千古如一日也。得其所變者，唐以前可也，唐以後亦可也；不得其所不可變，而以唐之前後較其優劣，則終於憒憒耳。」

[四]規橅，即規模。全氏神道碑文即作「規模」。漢書卷七八蕭望之傳：「今將軍規橅云若管、晏而休，遂行日仄至

周、召乃留乎？」顔注：「橅讀曰模。」

［五］謝翺（一二四九—一二九五），字皐羽，自號晞髮子，南宋長谿（今福建霞浦）人，徙浦城。恭宗德祐二年（一二七六），文天祥開府延平，署咨事參軍。天祥兵敗，避地浙東，與遺民故老方鳳、吴思齊、鄧牧等多有交接，名其會友之所曰汐社，義取「晚而有信」。著有晞髮集一〇卷遺集二卷補一卷、西臺慟哭記一卷，輯有天地間集一卷等。事見晞髮集附方鳳謝君皐羽行狀、吴謙謝君皐羽壙志，全祖望宋季忠義録卷一一、全宋詩卷三六八七有傳。

［六］冬青樹引注一卷，冬青樹引或作冬青引，詩見全宋詩卷三六八九謝翺三，作冬青樹引别王潛。其詩曰：「冬青樹，山南陲，九日靈禽居上枝。知君種年星在尾，根到九泉雜龍髓。恒星晝霣夜不見，七度山南與鬼戰。願君此心無所移，此樹終有開花時。山南金粟見離離，白衣人拜樹下起，靈禽啄粟枝上飛。」宋端宗景炎三年（一二七八），宋高宗、孝宗等六陵被盜，唐玉潛、林霽山與謝翺等收其遺骸，瘞於越城之蘭亭山，種冬青樹以爲識。後謝氏作此詩以記其實。明時張丁曾爲之注，宗羲初注此詩，不知有張注，後見之，以爲其頗疏誕，遂重注之。有黄宗羲全集本等。

［七］西臺慟哭記注一卷，西臺慟哭記亦爲謝翺之作，元世祖至元二十七年（一二九〇），謝氏偕友人吴思齊等登浙江桐廬嚴子陵釣臺之西臺，設祭痛悼故宋丞相文天祥，作此文以記其事。明張丁有注一卷。宗羲初注此文時，亦未見張注，後見張注疏略無據，遂爲辨證。有黄宗羲全集本等。

［八］西臺慟哭記注題辭：「戊寅歲，讀西臺慟哭記，其中多忌諱隱語，信筆注釋，猶未見張孟兼注也。已而見之，所云甲乙若丙之人都無確據，因爲辨證。豈知是後七年，而所遇之境地一如皐羽乎！則此注不可不謂之讖也。」又南雷文定前集卷一謝皐羽年譜游録注序：「余於戊寅歲曾注西臺慟哭記、冬青引，此時不過喜其文詞耳，然無故而爲之，豈知其遂爲身世之讖耶！」祥案：戊寅爲崇禎十一年（一六三八），時宗羲方二十九歲，不得謂之「晚年」。然吴光黄宗羲遺著考引康熙四十一年平湖陸大業所刻晞髮集附卷收録冬青樹引重注一卷，判定爲宗羲重注，與各本無異。其自序謂「爲之重注，非欲以蓋前人也。余與孟兼所遇之時不同，孟兼之去皐羽遠，而余之去皐羽近，皐羽之言，余固易知也。」然則全氏神道碑文

謂「晚年愛謝臯羽之文，以其所處之地同也」，推黄氏情境，尚可成理。江藩進而謂之「悲臯羽之身世蒼凉，亦以自傷」，亦可也；然謂晚年注此二書，則純爲臆測不實之詞耳。

康熙戊辰冬，營生壙於忠端墓側，中置石牀，不用棺槨。子弟疑之，作葬制或問一篇[一]，援趙邠卿之例[二]，毋得違命。自以身遭國難，期於速朽，不欲顯言也。卒之日[三]，遺命一被一褥，即以所服角巾深衣斂，遂不棺而葬。卒年八十有六。門生私謚曰文孝[四]，學者稱爲南雷先生云[五]。

[一]黄百家行略：「歲戊辰，自爲生壙於王父壟畔，論吾死後，即於次日舁至壙中，斂以時服，一被一褥，安放石牀，不用棺槨，不作佛事，不做七七，凡鼓吹巫覡銘旌紙錢紙旛，一槩不用。是時，不孝家以代役明史在都，得諭，皇遽告辭，監修許以在家纂輯，攜書亟歸。癸、甲冬秋，兩兄繼殁。又書梨洲末命一篇，不孝家私與宗叔道傳師謀曰：『諸命皆可遵，獨不用棺槨一事，奈何？』府君聞之曰：『以父之身，父不能得之子耶？』作葬制或問。」祥案：二文皆論改革葬制，或問論不用棺槨之有據，末命述其卒後喪葬之事處置諸法。皆輯入黄宗羲全集第一册中。

[二]趙賓卿，即趙岐，其事參本書第六三八頁注[一五]。

[三]黄百家行略：「府君生於明萬曆三十八年八月初八日戌時，考終於康熙三十四年七月初三日卯時，享年八十有六。不孝家謹遵末命，於次日舁至化安山，不用棺槨，安卧壙中石牀，前設石几，置所著述圖書其上，即塞壙門。」

[四]詳參南雷文定五集附録萬言文孝梨洲先生私謚議：宗羲卒後之明年，其門人相聚議謚。「爰取謚法『秉德不回曰孝』之義，而以『文孝』擬正；更取『好廉自克曰節』之義，而以『文節』擬陪。共就先生像前決之，得『文孝』二字。先生之

靈，殆欲自昭其苦志之所在歟！」

［五］南雷爲晉謝遺塵所居之地，去宗羲家數里，故宗羲取以自號。

顧炎武

顧炎武，本名絳[一]，乙酉，改名炎武[二]，字寧人，學者稱亭林先生[三]。顧氏爲江東望族[四]，五代時由吴郡徙徐州[五]，南宋時遷海門，已而復歸吴下，遂爲崑山人[六]。其先世在明正德間有工科給事中、廣東按察使司僉事溱[七]，溱之弟濟，刑科給事中[八]。濟生兵部侍郎〔章〕（廣）志[九]，侍郎生左贊善紹芳及國子生紹芾[一〇]。紹芳生官廕生同應[一一]，同應之仲子，即炎武也[一二]。紹芾生同吉，早卒[一三]，聘王氏，未婚守節[一四]，以炎武爲之後[一五]。

［一］周可真顧炎武年譜名字號：「先生乳名藩漢，譜名絳，庠名繼坤，後仍名絳，字忠清，又字寧人。明亡後改名炎武，字寧人，又字石户，後一度變姓名爲蔣山傭，又曾稱名曰圭年。學者稱亭林先生，亦稱塗中先生。」王冀民顧亭林詩箋釋卷一：「明亡後，慕王炎午（文天祥門人）爲人，乃改名炎武，字寧人。世居江蘇崑山之千墩浦，其故居乃南朝顧野王之園林，俗呼爲『顧亭林』，因自號亭林。僑寓南京神烈山時，曾自署爲蔣山傭。流轉江南北時，襲莊子意又號塗中。晚歲偶署名圭年。」

［二］炎武，亦作炎午，或以爲顧氏慕宋末元初王炎午之名而易己名。古人名字解詁以爲，「自漢用火德，後世遂有『炎

漢』之稱。並以之稱中國或漢族，……名『炎武』。其一，意謂希望漢族能於明初亡之際，重振武德，以禦外侮。其二，『炎武』猶言『光武』。謂反清復明之業，必如當年漢光武之重興漢室，爾後亦將重正火德，以得天統，以寧人民。故仍以『寧人』應『炎武』。」祥案：以上二説，雖言之成理，然皆無確據耳。又王炎午（一二五二—一三二四），初名應梅，字鼎翁，號梅邊，宋亡後改名，安福人。太學生。文天祥募兵勤王，炎午毀家抒難，入天祥募，旋以母病歸。宋亡，奉母隱居。有梅邊集一卷、吾汶稿一〇卷。事見圭齋文集卷七吾汶稿序、吾汶稿卷一〇附傳，全宋詩卷三七一七有小傳。

[三]祥案：顧亭林初爲地名，始自顧野王。康熙松江府志卷一七鎮市門曰：「亭林在十保，去府東南三十六里，原名顧亭林，梁顧野王故居在焉。鎮之寶雲寺也。」清初又有畫家之顧亭林，佩文齋書畫譜卷五七畫家傳云：「顧正誼，字仲方，華亭人。仕爲中書舍人，畫宗黃公望，家多名人迹，又與嘉興宋旭、同郡孫克弘相友善，窮探旨趣，遂自名家，晚居濯錦江上，構小園，林木清幽，終老其間，自號亭林。」自考據學興，日知之亭林大顯，清人且以冠國史儒林之首，於是畫家之顧亭林，遂爲後起之顧亭林所掩，凡言顧亭林者，皆以爲日知之顧亭林也。參劉迺和顧亭林畫與顧亭林之得名，載輔仁學志第一五卷一、二合期，一九四七年十二月版。

[四]全祖望鮚埼亭集内編卷一二亭林先生神道表：「顧氏世爲江東四姓之一。」祥案：四姓指顧、陸、朱、張。周可真顧炎武年譜顧炎武家世：「先生之先本吴人。南朝顧野王者，即先生之始祖也。」

[五]祥案：「徐州」，諸家年譜皆作「滁州」。如張穆顧亭林先生年譜卷一：「顧氏系出吴郡，五代之際，徙滁州。」張氏注：「見先生顧氏譜系考。」

[六]周可真顧炎武年譜顧炎武家世：「五代之際，顧家乃自吴徙於滁，有名慶者，又徙海門之姚劉沙。慶次子伯善，再徙崑山縣之花蒲保。伯善九傳至鑒，始遷崑山之千墩鎮。」

[七]顧溱，字梁卿，號小涇。明武宗正德十六年（一五二一）進士。官至南京工科給事中、廣東按察使司僉事。參全表、道光崑新兩縣志卷二〇顧濟傳。

［八］顧濟，字舟卿，崑山人。正德十二年（一五一七）進士。官至刑科給事中。明武宗荒淫無度，濟頗諫言，不報。世宗即位，濟亦上疏進諫。後請侍養歸，越數年卒。著有諫垣疏一卷。明史卷二〇八、道光崑新兩縣志卷二〇有傳。

［九］祥案：「廣志」爲「章志」之誤。明史卷二〇八顧濟傳、顧氏譜系考、全表、吴應奎顧亭林先生年譜、淞南顧氏世系、道光崑新兩縣志卷二〇皆同。今據改。章志，字子行（道光志作行之），號觀海。嘉靖三十二年（一五五三）進士。累官南京兵部侍郎。所在有惠政。有船政疏一卷。道光崑新兩縣志卷二〇有傳。

［一〇］顧紹芳（一五四七—一五九三），字實甫，號學海。萬曆五年（一五七七）進士。官至翰林院編修，管理制誥。以古學自勵，詩工五律。有寶庵集一二卷。事見顧氏譜系考、朱彝尊静志居詩話卷一五，道光崑新兩縣志卷二一有傳。紹芾（一五六三—一六四一），字德甫，號蠡源，又號夢庵。監生。工詩善書，熟於朝章國典。有庭聞紀述、夢庵詩草行於世。事見顧氏譜系考、陳濟生啓禎詩選太學顧先生紹芾傳略、道光崑新兩縣志卷二一顧紹芳傳。

［一一］顧同應（一五八四—一六二六），字仲從，號賓瑶。紹芳次子。萬曆時兩中副榜，恩蔭入國子監。性卓犖，家雖貧，而好施與。卒之日，戚友哭之，幾於罷市。所著有藥房、秋嘯等集。事見顧氏譜系考，道光崑新兩縣志卷二三有傳。

［一二］同應生五子：緗、絳、紓、纘、繩。緗字遐篆，貧而好義，天才俊逸；絳即炎武；紓字子嚴；纘字子叟，諸生，死乙酉之難；繩字子武。事見吴譜淞南顧氏世系、道光崑新兩縣志卷二三顧同應傳。

［一三］顧同吉（一五八五—一六〇二），紹芾獨子。亭林餘集先妣王碩人行狀：「同吉「早有文。王與顧爲同年家，因許女與之，無何，年十八夭。」

［一四］王貞女（一五八六—一六四五），崑山人。字同吉，未幾，同吉卒。女即去飾歸顧家。後姑病，斷指療姑疾。人皆稱貞孝女。崇禎九年（一六三六），奉旨旌表。乙酉之難，避兵常熟，絶粒而卒。遺令炎武讀書隱居，無仕二姓。事見先妣王碩人行狀，明史卷三〇三有傳。

［一五］亭林餘集三朝紀事闕文序：「貞孝既侍翁姑十二年，而翁姑始爲其子定嗣，貞孝撫之如己生。」吴譜萬曆四十一

年條：炎武祖憐王氏，「先生既生，即抱撫爲之後」。

炎武生而雙瞳子，中白邊黑，見者異之[一]。讀書一目十行[二]。性耿介，絶不與世人交，獨與里中歸莊善[三]，同游復社[四]，相傳有「歸奇顧怪」之目[五]。母王，養炎武於繈褓中，撫育守節，事姑孝，曾斷指療姑疾[六]。崇禎九年，直指王一鶚請旌於朝，報可[七]。乙酉之夏，母王年六十[八]，避兵常熟，謂炎武曰：「我雖婦人，然受國恩矣，設有大故，必死。」[九]是時，炎武方應崑山令楊永言之辟[一〇]，與嘉定諸生吴其沆[一一]、歸莊共起兵[一二]，奉故鄖撫王永祚以從夏文忠公於吴江東[一三]，授炎武兵部司務[一四]。事不克，永言遁去，其沆死之，炎武與莊脱走。母王氏不食卒，遺言後人勿事二姓。次年，閩中使至，以職方郎召，炎武念母氏未葬，辭不赴[一五]。

[一]案：雙瞳子，即重瞳。全表：「其雙瞳子中白而邊黑，見者異之。」然顧衍生編、吴映奎補編、車持謙增編顧亭林先生年譜萬曆四十三年：「是年，先生患痘症頗危，及脱痂，右目爲眇。」車氏案語曰：「全謝山太史鮚埼亭集載先生墓表，謂先生『雙瞳子中白而邊黑，見者異之』。不言其眇也。又先生與李湘北書有『齒豁目盲，已在廢人之數』云。亦不過先生形其老而目昏，非必實眇也。或有雲翳，未可知。第原譜系衍生所作，當無譌誤，故仍之。」顧亭林詩箋釋卷一：「先生幼患痘瘡，左(祥案：左當爲右)目有雲翳，視力偏斜微弱。」錢譜同年條下曰：「顔於己巳年手鈔衍生元譜，固有右目爲眇之文，衍生躬侍先生，豈有子而誣其父之理，全謝山謂先生目固不眇，車秋舲繪正面像，兩目炯炯，是以他人之貌貌先

生也。今從元譜。」祥案：趙儷生顧亭林新傳謂「終身詩文中未見對目力不濟作出任何抱怨叫苦的迹象，且王山史對他有『蠅頭行楷，萬字如一』的追憶，不像是留下目病的樣子。」周譜除上舉與李湘北書外，又舉顧氏蔣山傭殘稿卷一又與李星來：「弟年衰目病，不能作書。」卷三答李子德：「以目病不能多作字。」以此三例，論趙説之不成立。言「先生患痘瘡留下目疾，這是肯定無疑的」。又案：衍生爲顧氏嗣子，其所言本不當疑，然後世之人，震以全祖望之名，深信其言，並其子之言而不信之。又吾國之人，論英雄豪傑，必狀貌堂堂，英氣逼人；倘以一目眇骨瘦、寒愴悲切之老者當之，實不厭衆人之心理也。故所見顧譜鈔刻本、吴映奎顧亭林先生年譜、張穆顧亭林先生年譜、錢邦彦顧亭林先生年譜校補及葉衍蘭等編清代學者像傳諸書前炎武之畫像，皆雙目炯炯，是亦見怪而又不怪者矣。

〔二〕亭林餘集三朝紀事闕文序：「臣幼而多病。六歲，臣母於閨中授之大學，七歲就外傅，九歲讀周易。……其明年，……臣祖……遂命之讀古兵家孫子、吴子諸書，及左傳、國語、戰國策、史記。年十一，授以資治通鑑。」此顧氏少年時求學次第也。

〔三〕歸莊（一六一三—一六七三），入清後更名祚明，字爾禮，號玄恭等，時人呼爲「歸癡」，崑山人。歸有光曾孫。明諸生。早歲入復社。明亡，參與抗清活動，失敗後僧裝亡命，後隱居山鄉，以鬻文賣畫爲生，尤工草書與墨竹。詩文悲愴沉鬱、質樸明暢，有香山、劍南之風。著述今人整理有歸莊集行世。事見楊鳳苞秋室集卷五紀略，清史列傳卷七〇、小腆紀年卷一〇有傳。亭林文集卷五吴同初行狀：「自余所及見，里中二三十年來號爲文人者，無不以浮名苟得爲務，而余與同邑歸生獨喜古文辭，砥行立節，落落不苟於世，人以爲狂。」又亭林詩集卷四哭歸高士：「弱冠始同游，文章相砥礪。」又顧亭林詩箋釋卷一吴興贈歸高士祚明箋：「歸玄恭與先生同里、同學、同庚、同志，國變之前，同參復社，國變之日，同舉義兵，可謂行同夷齊，誼同管鮑矣。」

〔四〕崇禎二年（一六二九），太倉人張溥發起成立復社。復者，興復絶學之義。以「興復古學，務爲有用」爲旨。至崇禎六年，社衆益增，遍及各地，遂合併南北諸社，共推張溥爲主盟，於蘇州虎丘召開第三次大會。其熾盛時，衆至萬人，時有「小東林」之稱。復社雅經東林，明末與閹黨餘孽等抗争。清兵南下，揭竿抗清，死事尤烈。至順治九年，遭清廷查禁。參吴偉業梅村家藏稿卷二四復社紀事、陸世儀復社紀略、中國歷史研究會編東林始末諸書。

［五］張譜康熙十二年注引微雲堂雜記：「顧寧人與吾友歸玄恭同里閈。玄恭守鄉曲，而寧人出游四方，所至墾田自給。玄恭嘗邀同社諸君子會於影園，余以病不果往。玄恭旋殁。余以詩哭之，又爲文祭之曰：『先王道喪，士習懦惰。孔子有言，必也狂狷。歸奇顧怪，一時之選。……』」又蔡澄雞窗叢話：「崑山有歸玄恭莊者，太僕震川之曾孫，以才學聞於時，頗怪僻自用，嘗改竄震川文，鈍翁屢作書辨之，幾成讎隙。時吴中有『顧奇歸怪』之目。顧謂亭林也。玄恭書門聯云：『一身寄安樂之窩，妻太聰明夫太怪；四境接幽冥之宅，人何寥落鬼何多。』又署内室之樓額曰：『推仔樓』，人多不解，玄恭曰：『才子佳人四字合抱也。』其怪僻如此。」

［六］先妣王碩人行狀引張大復傳：「翁詣金陵，而姑適病，且悴。貞孝左右服勤，湯糜茗盌視色以進。姑意大憐，而貞孝彌連晝夜不少息。一日，煮藥進姑，姑强視貞孝言曰：『新婦何瘦之甚，盍少休乎？』貞孝多爲好語慰藉，既進藥而病立間。姑謂婢子曰：『吾曩者憂獨子天且奪之，而與吾新婦，吾固當一子，不得兩耳。』欹枕執貞孝手，而貞孝若不欲露其指者。偵之，則已斷一小指和藥煮之，姑之病所以立瘥者也。諸婢子亦莫得見，相傳語，驚且泣。貞孝止之曰：『姑受命於天，宜老壽，而婢子何得妄言陰隲事耶？』姑病既起，亦絶不言貞孝斷指事，獨姑之兄李箕者竊聞之云。」又參明史卷三〇三王貞女傳。

［七］直指，即直指使，明代稱巡按御史爲直指使。其官雖爲七品，然代天子巡狩按事，大事上達皇帝，小事即行裁決，事權頗重。王一鶚（？—一五九一），字子薦，明華亭人。嘉靖三十二年進士（一五五三）。萬曆中，官至兵部尚書。雍正畿輔通志卷七五有傳。顧炎武亭林餘集先妣王碩人行狀：「又十六年，而巡按御史祁君彪佳表其門。又二年，母年五十有一，而巡按御史王君一鶚奏旌其門曰貞孝。下禮部，禮部尚書姜公逢元奏如章。八月辛巳，上，其甲申，制曰可。」

［八］先妣王碩人行狀：「先妣生於萬曆十四年六月二十六日，卒於弘光元年七月三十日，享年六十。」

［九］先妣王碩人行狀：「而兵入南京。其時炎武奉母僑居常熟之語濂涇，介兩縣之間。而七月乙卯，崑山陷。癸亥，常熟陷。吾母聞之，遂不食，絶粒者十有五日，至己卯晦而吾母卒。八月庚辰朔子大斂，又明日而兵至矣。嗚呼痛哉！遺言曰：『我雖婦人，身受國恩，與國俱亡，義也。汝無爲異國臣子，無負世世國恩，無忘先祖遺訓，則吾可以瞑於地下。』嗚呼痛哉！」又見亭林文集卷三與史館諸君書。

［一〇］楊永言，字岑立，雲南昆明人。崇禎十六年（一六四三）進士。知崑山，有賢聲。南京既亡，清廷下薙髮令。崑山議拒守，永言率壯士百人爲助。清兵陷城，永言遁去。後入佛門，釋名懶雲。輾轉歸滇卒。事見明史卷二七七朱集璜傳、道光崑新兩縣志卷一四。

［一一］吴其沆（一六一九—一六四五），字同初，崑山人，客嘉定。諸生。生性夙慧，於諸史無不纖悉强記。下筆數千言，試輒第一。與顧炎武、歸莊等交。居崑山，抗清兵，守城不出而死。事見亭林文集卷五吴同初行狀。

［一二］祥案：顧氏吴同初行狀、道光崑新兩縣志卷二八歸莊傳載此事，皆言歸莊曾參與起兵，然歸莊集卷七歸氏二烈婦傳：閏六月，「崑山起義兵守城。……余已前奉先君暨太夫人避兵亂李巷之故廬。……乙卯日，城破。……庚申，兵去，余始聞變。」然則歸氏未曾參與其事，自言之鑿鑿然甚明矣。

［一三］鄖，河南鄖陽。夏文忠公，即夏允彝，參本書第七八八頁注［一三］。

［一四］顧譜順治元年十二月：「崑山令楊永言應南都詔，列薦先生名於朝，詔用先生爲兵部司務。」

［一五］乙酉閏六月，南明唐王朱聿鍵稱帝於福州，改福州爲天興府，改元隆武元年。是年秋，唐王遥授炎武兵部職方司。翼年春，炎武家人李定自福建延平歸，齎至隆武帝遥授其兵部職方司主事之御札。十月，命家人趙和等遷居千墩浦南。將往閩中赴職方之召，以母喪未葬，不果行。見亭林詩集卷一延平使至、顧譜、周譜順治三年條。

次年，幾豫吴勝兆之禍[一]。葬事畢[二]，將之海上，道梗不前[三]。庚寅，有怨家欲陷之，僞作商賈[四]，由嘉禾竄京口[五]，遂之金陵，謁孝陵[六]，變姓名爲蔣山傭[七]。甲午，僑居神烈山下[八]，遍游沿江一帶，以觀山川之勝。有三世僕陸恩，見炎武久不歸，投身里豪家[九]，炎武四謁孝陵回[一〇]，持之甚急。恩欲告炎武通海，乃亟禽之，數其罪沉之水。恩之婿某復投里豪，謀報怨，以千金賄太守，告炎武通海[一一]，不繫之訟曹而繫之奴家，甚危急。有爲求救於錢謙益[一二]，謙益欲炎武自稱門下而後許之，其人知不可，而恐失事機，乃私書一刺與之[一三]。炎武聞之，急索刺還，不得，列揭文於通衢以自白。謙益聞之曰：「寧人何其卞也！」時有路舍人澤溥者，故相文貞公振飛之子[一四]，寓洞庭東山，識兵備使者，爲之愬冤，其事遂解。乃五謁孝陵[一五]，遂北行墾田於章邱長白山下[一六]。

[一]周譜順治四年條引三藩紀事本末：「順治四年丁亥四月，松江提督吴勝兆據城以叛。先是丙戌六月，李成棟調往福建，勝兆移鎮松江，有周謙者，故從白黨來降者也，稍知文墨，勝兆昵焉。因通海寇黄斌卿，令舉兵内向。給事中陳子龍、舉人殷之輅、生員張寬等，皆與其謀。斌卿約於四月十六日兵至，而海舟非風不行，連日北風大作，舟不時至。海防同知楊之易、推官方重朗知其謀，潛移書洪承疇，言勝兆反狀。承疇未之信，即以其揭下勝兆，勝兆大懼，十五日夜半，以令箭促之易、重朗至，殺之，意明日黄兵必至也。天既曙，城外寂然，副將詹天祥知事不濟，即同都司高永義率兵入執勝兆，按誅將校二十七人。」祥案：吴勝兆本明將，降清，得官松江提督。此案發後，洪承疇窮治，牽連甚多，陳子龍、楊廷樞、夏之旭、夏完淳、侯岐曾、顧咸正等皆死之。咸正二子天逵、天遴因藏匿陳子龍而被執，炎武救之不獲，亦遇

害。此所謂「幾豫吴勝兆之禍」者，殆即此矣。又案：江藩記炎武之文，全採全表，全氏隸事多誤。顧亭林詩箋釋卷一千里箋：「此表混『從軍於蘇』與『崑山赴義』爲一事，其誤甚明，況楊永言、夏允彝、王永祚三人未聞共事，而先生尤未親與崑山守城之役乎？全氏不及見先生餘集，故不知先生曾自言母卒之後，「始出入戎行」也。後人承全氏之誤，遂妄謂先生曾與復社諸君攻入蘇城，及奉王永祚共守崑山云云，以爲不若此，則不足以見先生忠君報國之志，殊不知先生事母極孝，老母猶在，何敢以身輕許人耶？」案此説是，周譜謂先生亦參與者，殊涉勉强。

［二］炎武嗣母王碩人絶食殉國於乙酉七月三十日，其年十二月藁葬於先曾祖章志墓之東偏。丁亥十月，距王碩人之卒已逾大祥之期，故於二十日合葬父母於曾祖墓之左。見先妣王碩人行狀、亭林詩集卷一十月二十日奉先妣葬於先曾祖兵部侍郎公墓之左右。

［三］祥案：丙戌（一六四六）八月，隆武帝自延平出奔汀州，爲清兵擒殺，南明隆武政權覆滅。十月，南明桂王朱由榔監國於肇慶，以明年爲永曆元年。又十一月，唐王朱聿鐭監國於廣州，改元紹武。炎武知時局如此，實已對「之海上」不抱期望，而是「夢想在中原」矣。

［四］全表：「庚寅，有怨家欲陷之，乃變衣冠作商賈，游京口，又游禾中。」祥案：顧譜順治元年「冬十月，歸千墩，被刼」。實則與從兄顧維等構家難，此後與嗣母王貞人流離顛沛。順治六年，語濂涇家中又被刼，則其家難十年後尚不解。炎武在順治七年有流轉（潘耒原鈔本作翦髪）詩曰：「稍稍去鬢毛，改容作商賈。却念五年來，守此良辛苦。畏途窮水陸，仇讎在門户。故鄉不可宿，飄然去其宇。」即指其事也。顧亭林詩箋釋卷二流轉「仇讎在門户」注：「此句『仇讎』乃指家賊。吴譜辛巳年（一六四一）：『先生從叔父季皋（葉墅）與先生（再）從兄隅（維）搆家難。』則仇讎之成早在國變前，至今年則愈演愈烈。蔣山傭殘稿卷一有答再從兄書，可以測知維之父葉墅、子洪徽三代與先生『分屬同曾』（維與先生俱章志之裔），徒以争祖産而搆難，以致四載訟庭，互尋仇隙，霸佔田産，强賣祖居，甚至焚燒搶刼，旅途追殺，幾禽獸之弗如。佚文補輯載與歸莊手札之七（即望雲樓帖先生與歸玄恭手札）所云『逆獸』、『縱火』可爲旁證。又先生詩文亦微露其事，惟不顯言耳。元

譜出衍生手，諒秉承遺志，故亦隱約其事。」

［五］嘉禾，今浙江嘉興；京口，今江蘇鎮江。顧譜順治七年：「游金壇，登顧龍山，觀明太祖御製詞石刻；再至鎮江，登北固樓；往嘉興。」

［六］顧譜順治八年，「至金陵，初謁孝陵。」明孝陵，位於今南京市東郊朝陽門外紫金山玩珠峰下，爲明太祖朱元璋之陵寢。朱元璋與馬皇后、妃崇穆孫氏合葬於此。

［七］顧譜明萬曆四十一年條車持謙注：「蔣山即鍾山，後更名神烈山，先生嘗僑居山下故也。」顧亭林詩箋釋卷二僑居神烈山下箋：「先生自本年（祥案：指順治十一年）僑居神烈山下，由是改號『蔣山傭』。古人如高漸離、季布、梁鴻、杜根等皆不得已而隱於傭，先生號傭而未嘗爲傭；未爲傭而號傭，亦必有其不得已者，況又傭而在蔣山乎？大凡先生詩文署名『蔣山傭』者，要皆始於此時，其後北游，不復居蔣山，而傭名、集名（如後稱之蔣山傭詩集、蔣山傭殘稿）仍不變，推其志無他，誠以蔣山即神烈山，神烈山即明孝陵耳。」祥案：如此，則改名在甲午，江藩襲全氏之説，誤矣。

［八］顧譜順治十一年：「春，游金山。僑居神烈山之陽。」明史卷六〇禮十四：嘉靖十年（一五三一），「孝陵改神烈山」。

［九］亭林詩集卷二贈路光禄太平詩序：「先是有僕陸恩，服事余家三世矣。見門祚日微，叛投里豪。余持之急，乃欲陷余重案，余聞，亟擒之，數其罪，沉諸水。其壻復投豪，訟之郡，行千金求殺余。余既待訊，法當囚繫，乃不之獄曹而執諸豪奴之家。同人不平，爲代愬之。兵備使者移松江府，以殺奴論。豪計不行，而余有戒心，乃浩然有山東之行矣。」又歸莊歸玄恭遺著送顧寧人北游序述此事端末甚詳，其曰：「寧人故世家，崇禎之末，祖父蠡源先生暨兄孝廉捐館，一時喪荒，賦徭蝟集，以遺田八百畝典葉公子，券價僅當田之半，仍靳不與。閲二載，寧人請求無慮百次，乃少畀之，至十之六而逢國變。公子者，素倚其父與伯父之勢，凌奪里中。其産逼鄰寧人，見顧氏勢衰，本蓄意吞之。而寧人自母亡後，絶迹居山中不出。同人不平，代爲之請，公子意弗善也。適寧人之僕陸恩得罪於主，公子鉤致之，令誣寧人不軌，將興大獄，

以除顧氏。謀泄，寧人率親友掩其僕，執而箠之死。其同謀者懼，告公子，公子挺身出與寧人訟，執寧人囚諸奴家，脅令自裁，同人走叩憲副行提，始出寧人。比刑官以獄上，寧人殺無罪奴，擬城旦。憲副與公子年家，然心知是獄冤，又知郡之官吏上下大小無非公子人者，乃移獄雲間守，坐寧人殺有罪奴，擬杖而已。公子忿怒，遣刺客戕寧人，寧人走金陵，刺客及之太平門外，擊之，傷首墜驢，會救得免。而叛奴之黨受公子指，糾數十人乘間劫寧人家，盡其累世之傳以去。寧人度與公子訟，力不勝，則浩然有遠行。」祥案：顧氏所謂「里豪」與歸氏所謂「葉公子」者，皆指崑山葉方恒。方恒，字嵋初。順治十五年（一六五九）進士。授貴陽府推官，後改知山東萊蕪縣，遷運河同知，擢僉事，分守濟寧。有政聲，卒於官。道光崑新兩縣志卷二二有傳。

［一〇］顧氏曾於順治八年閏二月，初謁孝陵，值大雨，稽首門外而去；十年二月，再謁；十月，三謁孝陵且繪孝陵圖而去；十一年正月，四謁孝陵。

［一一］通海，指與海上抗清武裝有聯繫。周譜引陸隴其日記：「寧人鼎革初，嘗通書於海上，黏在金剛經後，使一僧挾之以往。其僕知之，以金與僧，買而藏之。後其僕轉靠葉方恒，葉重托之。寧人有所冀於此僕，僕曰：『金剛經上何物也？乃欲詐我乎？』寧人懼，夜使力士入其家殺之，取其所有，並葉所托者亦盡焉。」

［一二］祥案：此句「有」及下文「其人」皆指歸莊，炎武被繫後，歸氏曾前後奔走營救，不僅求之錢謙益，且與葉方恒交涉，勸其止訟，未果。見歸莊集卷五與葉嵋初書。

［一三］刺，類今之名片。古人在竹簡上刺名字，故謂之刺。釋名釋書契：「書稱刺，書以筆刺紙竹上也。」

［一四］路振飛，字見白，號皓月，曲周人。天啓五年（一六二五）進士。官至都察院右僉都御史。南明唐王立於閩，拜太子太保吏部尚書，兼兵部尚書文淵閣大學士。汀州破，走居海島，依鄭成功。後赴永曆帝召，卒於途。謚文貞。事見歸莊集卷八路文貞公行狀，明史卷二七六、小腆紀傳卷二四有傳。路澤溥，字蘇生。振飛長子。曾受隆武帝之命，官中書舍人。亂後奉母居太湖洞庭東山三十餘年。與炎武有深交，炎武往來洞庭，多寓澤溥家中。事見小腆紀傳卷二四。

［一五］顧譜順治十三年十月「十日，詣孝陵。」

［一六］祥案：炎武自四詣孝陵後，曾赴湖州，冬在鍾山度歲。翼年，正月六謁孝陵；春自南京返崑山，遂定議北游；秋抵萊州之掖縣，旋至即墨，南下登嶗山、不其山，過青州；秋後至濟南。長白山，跨連四縣之界，其東屬長山，北屬鄒平，西南屬章丘，東南屬淄川。顧氏此年並無「墾田章邱長白山下」事，事在康熙四年。顧譜康熙四年：「由泰安之德州至濟南，置田地屋宇於章丘之大桑家莊。」注：「先是，章邱人謝長吉世泰負先生貲若干，至是以田產償焉。」康熙四年，章丘諸生謝長吉因負先生千金，而以章丘大桑家莊田十頃作抵，然陰欲奪回其田，遂唆使姜元衡告黃培「逆詩」一案，牽連先生以陷於獄，霸佔田產。後炎武出獄，收回田產，寄其甥徐元文名下管業，後遂自營其業。詳蔣山傭殘稿卷二與原一甥、亭林佚文補輯與人書等。

戊戌［一］，遍游北都，謁長陵以下，圖而記之［二］。次年，再謁十三陵，而念江南山水有未游者，復歸，六謁孝陵，東游至會稽。次年，復北謁思陵攢宮［三］，由太原、大同以入關，又北走至榆林。康熙甲辰，與李因篤同謁攢宮，爲文以祭［四］。往代州墾田［五］，每言馬伏波［六］、田疇皆從塞上立業［七］，欲居代北，曰：「使吾澤中有牛羊千，則江南不足懷矣！」然又苦其地寒，但經其始，使門人掌之。丁未［八］，之淮上。次年，取道山東入京師［九］。萊黃培之奴姜元〔衡〕（衍）告其主詩詞悖逆［一〇］，案多株連；又以吳人陳濟生所輯忠節録，指爲炎武作。炎武聞之，馳赴山左，自請繫勘。李因篤爲告急於有力者［一一］，親往歷下解之。獄釋，復入京師，五謁思陵［一二］，從此策馬往來河北諸邊塞者十餘年。

［一］祥案：江氏述顧氏事，全採全表，而全氏敘事，前後年月時地多謬。今參諸家譜録及顧氏詩文，略述顧氏此數年所歷之地與其交游於次，下文不再一一注出：順治十五年春，炎武由濟南至泰安，登泰山；旋赴曲阜謁孔廟及周公廟，往鄒縣謁孟子廟；北返至鄒平，與馬驌訪碑於鄒平郊外；抵章邱，訪張光啓；至長山，主劉孔懷家。夏返濟南，訪徐夜；東行至濰縣、益都；秋初北上，經固安抵北京，交王麗正、孔實侗；秋末經薊州，歷遵化，過玉田，至永平，登孤竹山，謁夷齊廟；冬在盧龍度歲。十六年，春自永平出山海關，折返永平，復往昌黎，西北行至昌平，初謁天壽山明十三陵，登居庸關；秋後南返，經鄒平，過長清，渡淮次揚州，復北上，度歲於天津。十七年，春至昌平，再謁十三陵，在京晤徐乾學；六月赴山東；秋南歸寓淮上，返南京，七謁孝陵。九月會黄師正於揚州僧舍；冬經六合，歲暮歸吴門。十八年，春往杭州，過吴江，訪潘檉章；遇施閏章西湖；渡錢塘江，至紹興，謁禹陵；弔宋六陵；秋回蘇州，旋往南京；即返山東，抵益都，至德州，初交程先貞；冬，登顔神山。康熙元年，正月與張爾岐會於章丘，旋入都；三月三謁天壽山思陵；游盤山，歷密雲，至古北口；五月復還昌平；復南行至新樂，抵曲陽，謁北嶽恒山；秋由井陘入山西，十月抵太原；十一月，往大同之渾源州；冬渡汾河，之平陽，游堯廟，在臨汾度歲。二年初，自臨汾往霍縣，登霍山，游女媧廟；春抵太原，始交傅山；初聞湖州莊廷鑨明史獄；北行至代州，拜李克用墓，游五臺山；五月在代州交李因篤，南旋至汾陽，遇申涵光；繼聞吴炎、潘檉章死難；秋歷蒲州，渡黄河入潼關，游華山，訪王弘撰於華陰；八月經驪山，至西安，渡渭過富平李因篤家，游乾陵；十月，至盩厔訪李顒，再返西安，游碑洞，住明宗室朱存杠家；歲杪渡河返太原。

［二］長陵以下，指明十三陵。在今北京市昌平區東北，原名東山，爲軍都諸山之岡阜。明永樂七年（一四〇九），始建長陵，成祖時改名爲天壽山。明自成祖以降，除景帝被黜外，十三帝皆葬於此，俗稱「十三陵」。即成祖永樂長陵、仁宗洪熙獻陵、宣宗宣德景陵、英宗正統裕陵、憲宗成化茂陵、孝宗弘治泰陵、武宗正德康陵、世宗嘉靖永陵、穆宗隆慶昭

陵、神宗萬曆定陵、光宗泰昌慶陵、熹宗天啓德陵、懷宗崇禎思陵。

[三]思陵，明崇禎帝朱由檢之陵，在今北京昌平區錦屏山。攢宫，亦作欑宫，舊稱帝王暫殯之所爲攢宫。顧亭林詩箋釋卷三宋六陵「淚灑欑宫土」句釋：「章炳麟新方言釋宫：『江淮吴越皆謂槁葬爲欑，謂其屋曰欑基。』宋南渡後，帝后塋塚不稱陵而稱欑宫，蓋宋之祖陵皆在汴，視會稽之葬不過暫厝，與國都臨安得稱『行在』同。」又顧炎武昌平山水記卷上：「昔宋之南渡，會稽諸陵皆曰欑宫，實陵而名不以陵。春秋之法：君弒，賊不討，不書葬，實葬而名未葬。今之言陵者名也，未葬者實也。實未葬而名葬，臣子之義所不敢出也，故從其實而書之也。」

[四]祥案：全表原文作「四謁思陵」，是。江氏復增「與李因篤同謁攢宫，爲文以祭」，則年月大誤。炎武與李因篤同謁思陵，時在康熙八年，五謁思陵時，詳下文注[一四]。

[五]康熙五年，炎武與李因篤、屈大均、朱彝尊等二十餘人墾田於代州。亭林文集卷六與潘次耕：「近則稍貸貲本，於雁門之北，五臺之東，應募墾荒。同事者二十餘人，闢草萊，披荆棘，而立室廬於彼。然其地苦寒特甚，僕則遨游四方，亦不能留住也。彼地有水而不能用，當事遣人到南方，求能造水車、水碾、水磨之人，與夫能出資以耕者。大抵北方開山之利，過於墾荒，蓄牧之獲，饒於耕耨，使我有澤中千牛羊，則江南不足懷也。……文淵、子春並於邊地立業，足下倘有此意，則彼中亦足以自豪，但恐性不能寒，及家中有累耳。」

[六]馬援(前一四—四九)，字文淵，漢扶風茂陵(今陝西興平)人。光武帝建武中，任隴西太守，擢伏波將軍，南征交趾，平定有功。後暮年領軍伐五谿夷，病卒於軍中。封新息侯。謚忠成。後漢書卷二四有傳。

[七]田疇(一六九—二一四)，字子泰，東漢右北平無終(今天津薊縣)人。初爲劉虞從事，虞死，疇率宗族附從避居徐無山中，百姓歸之，數年間至五千餘家。獻帝建安中，曹操北征烏桓，拜蓨令，爲嚮導有功。封亭侯，固讓，拜議郎。其讓爵曰：「豈可賣盧龍之塞，以易賞禄哉？」三國志卷一一有傳。後漢書馬援傳：「羌人叛，援率兵擊破之。「是時，朝臣以金城破羌之西，塗遠多寇，多議欲棄之。援上言，破羌以西城多完牢，易可依固；其田土肥壤，灌溉流通。如令羌在

湟中，則爲害不休，不可棄也。帝然之，於是詔武威太守，令悉還金城客民。歸者三千餘口，使各反舊邑。援奏爲置長吏，繕城郭，起塢候，開導水田，勸以耕牧，郡中樂業。」

[八]顧炎武致歸玄恭札：「丁未正月，策馬而南，至於淮浦。」見柴德庚史學叢考跋引顧亭林致歸玄恭札墨蹟一文。

[九]祥案：炎武丁未亦曾入都，復往山東。顧譜康熙六年：「去山東，抵廣平之曲周。……入都，從孫思仁（承澤）得春秋纂例、春秋權衡、漢上易傳等書，清苑陳祺公資以薪水紙筆，寫以歸。往山東，主德州程工部先貞、李刑部紫瀾二家。」又張譜康熙七年：「春，在都，寓慈仁寺。」

[一〇]祥案：「銜」，諸本皆同。然諸家所編顧氏年譜，皆作「衡」。今據改。姜元衡，本名黄元衡，字元璿，即墨人。順治六年（一六四九）年進士，授内翰林國史院庶吉士，陞弘文院編修。參張譜引進士履歷便覽。萊，今山東掖縣。黄培（一六〇四—一六六九），字孟堅，號封岳，山東即墨人。明時官至都指揮使。入清不仕。康熙八年，因詩案被害。晚好詩，有含章館詩集。事見錢仲聯主編清詩紀事明遺民卷。

祥案：炎武所涉此案，前後四案，案中套案，連環糾結，試據諸家所論而述之：其一，藍天水告黄培「逆詩」案：康熙四年春，黄培内從弟藍天水（名溥）因與培有矛盾，首告黄培含章館詩集及所刻黄氏十二君唱和序跋、郭汾陽王考傳諸書中有斥清思明等忌諱之語。六月，奉旨發山東督撫親審，已歷三載，株連二三十人，而尚未結案。八年四月，培被殺於市。其二，沈天甫等告陳濟生天啓崇禎兩朝遺詩案：先是長洲人陳濟生，爲顧炎武姊夫，官至明太僕寺丞，明亡不仕。編有啓禎兩朝遺詩，載天啓、崇禎兩朝一百七十人詩與小傳，濟生已物故。康熙五年，有嘉興張某，在坊間得此書，因其中有「感慨時事，指斥今朝」者，遂以爲奇貨，詐謀錢財未果。六年二月，忽有沈天甫、吕中、夏麟奇等告發，謂係陳濟生所輯逆詩，且借口故明大學士吴甡爲之序，以要脅其子現任中書吴元萊，元萊察其序非父手蹟，遂上控。閏四月，以合夥指造逆詩、肆行騙詐罪，令將原書焚燬，將沈、夏、吕等處斬，此案了結。其三，姜元衡告黄培等十四人「南北通逆」案：康熙七年正月，姜元衡於養親回籍後，受謝長吉唆使，復踵接揭告黄培，並牽連現任浦江知縣黄培堂弟黄坦、現任鳳陽府推官培兄子黄貞麟等十四人，出首忠節録兩册，謂即陳濟生所編，實爲兩朝遺詩中之小傳部分。因書中有黄御史傳，而御史黄宗昌爲黄坦之父，該傳内有「家居二年，握髮以終」語，以證坦父不曾薙髮。又有顧推官咸正傳，内曰「晚與寧人游」等語，以證此「寧人」即崑山顧寧人，並證寧人曾到黄坦家搜輯發刻。其四，顧炎武告謝長吉陷害奪田案：康熙四年，章丘諸生謝長吉因負先生千金，而以章丘大桑家莊莊田十頃作抵，向日租銀一百六十兩，由莊頭劉成志包管。謝陰欲奪回其田，遂唆使姜元培告黄培等人，牽連炎武以陷於獄，即公然占收其田。炎武於九月獲保後，遂告謝氏主唆陷害，侵奪田産。此四案似不相干，却相互牽連。炎武得濟南訊後，於康熙七年二月出都，自行赴濟南謁撫院投到；五月院審，是非初定；九月，方得保出，然不許遠離；十一月，同案之人俱赴院再審，原告撤訴，當事頗有心開豁，然結否尚未可定；八年三月，朝廷始題結；四月顧氏與謝氏對簿公堂，章丘一案亦結，謝氏退還其田。此連環案發後，炎武自投，友人中李因篤、王弘撰、朱彝尊、路澤濃、程先貞、李源、陳上年、孫承澤等，親屬中徐元文兄弟，官府中山東巡撫劉芳躅等人，皆四路奔波，炎武方得保全。詳見亭林佚文補輯與人書、亭林詩集卷四赴東、張譜、周譜、亭林詩集箋釋卷四赴東等。

［一一］亭林佚文補輯與人書：「若天生至晉，可爲弟作書促之入京，持輦上一二函至歷下，必當多有所濟，弟已別字往關中矣。」又蔣山傭殘稿卷二與人書：「富平李天生因篤者，三千里赴友人之急，疾呼輦上，協計橐饘，馳至濟南，不見官長一人而去。此則季心、劇孟之所長，而乃出於康成、子慎之輩，又可使薄夫敦而懦夫立者也。」此案發後，以李因篤出力爲多，因篤自關中接訊後，「倒衣初罷枕，垂泣復沾纓」。亟北上，復持輦上數書至濟南，爲先生通關節，致獄食。遂因觸暑致疾，先還關中，時炎武尚未獲保也。

［一二］炎武於康熙七年九月二十日獲保釋，但尚受監控，未完全自由，不可遠離；十一月十日，赴撫院畫供，案送京題結，方可自由出入。遂於八年正月四日，偕從子顧熊入都。二月朔，至保定，會李因篤。至山東，旋復入都。三月十二日清明，偕李因篤五謁思陵。亭林文集卷五謁欑宫文三：「臣炎武，臣因篤，江左豎儒，關中下士。相逢燕市，悲一劍

之猶存；旅拜橋山，痛遺弓之不見。時當春暮，敬擷草莽之心，式薦園陵之事。告四方之水旱，及此彌年；乘千載之風雲，未知何日！伏惟昭格，俯鑒丹誠！」

丁巳，六謁思陵[一]，後始卜居華陰。嘗謂人曰[二]：「遍觀四方，惟秦人慕經學，重處士，持清議。而華陰綰轂關、河之口[三]，雖足不出户而能見天下之人，聞天下之事。一旦有警，入山守險，不十里之遥。若志在四方，一出關門，亦有建瓴之勢[四]。」乃定居焉。王徵君山史築齋延之[五]，炎武置田五十畝於華下，供晨夕[六]。又餌沙苑蒺藜而甘之[七]，曰：「啖此久[八]，不肉不茗可也。」蓋以蒺藜苗佐餐，以子待茗，故有此語。

[一]顧譜康熙十六年：「二月，至昌平，六謁天壽山及懷宗欑宫。是行也，與王山石偕。」又參亭林文集卷五謁欑宫文四、亭林詩集卷五二月十日有事於欑宫。

[二]語見亭林文集卷四與三姪。又亭林文集卷三與李星來書：「此中山水絶佳，同志之侶多欲相留避世。愚謂漢羌烽火但隔一山，彼謂三十年來在在築堡，一縣之境，多至千餘，人自爲守，敵難遍攻，此他省之所無，即天下有變而秦獨完矣。未知然否？」

[三]綰轂（wǎn gǔ），言控扼要路。史記卷一二九貨殖列傳序：「棧道千里，無所不通，唯褒斜綰轂其口。」索隱：「言褒斜道狹，綰其道口，有若車轂之湊，故云綰轂也。」

[四]史記卷八高祖本紀：「秦，形勝之國，帶河山之險，縣隔千里，持戟百萬，秦得百二焉。地執便利，其以下兵於

諸侯，譬猶居高屋之上建瓴水也。」又漢書卷一下高帝紀下引史記同，注引如淳曰：「瓴，盛水瓶也。居高屋之上而幡瓴水，言其向下之勢易也。」

［五］康熙十六年三月，炎武出都，經山東、山西，於九月入陝，主王弘撰家。是秋，遣祁縣之妾，將書籍盡移華陰。然然旋至富平，歲杪返山西。仍居無定址。十八年二月，攜嗣子衍生等移居王弘撰新構之學易廬，擬建朱子祠堂及書院。然亦未有長期居住之計劃焉。王弘撰砥齋集卷四頻陽札記：「丁巳秋九月初三日，顧寧人先生入關，止於予明善堂，將同築山居老焉。」亭林卒後，爲紀念友人，王氏改名爲顧廬。見砥齋集附弘撰長子王宜輔刻砥齋集記。

［六］康熙十八年，亭林文集卷四與三姪：「新正已移至華下。祠堂、書院之事，皆秦人爲之，然吾亦須自買堡中書室一所，水田五十畝，爲饔飧之計。」

［七］餌，食也。後漢書卷二四馬援傳：「援在交趾，常餌薏苡以實。」沙苑，地名，在今陝西大荔縣南。蒺藜，一名茨，草名。可入藥。本草綱目卷一六集解：蒺藜有二等，一曰杜蒺藜，一曰白蒺藜。「白蒺藜，今生同州沙苑牧草地最多，而近道亦有之。緑葉細蔓，綿布沙上。七月開花黄紫色，如豌豆花而小。九月結實，作莢子，便可採其實，味甘而微腥。」

［八］語見亭林文集卷四與三姪。啖，食也，今西北陝西、甘肅一帶仍有稱食爲啖之説。論衡調時：「倉卒之世，穀食乏匱，人民饑餓，自相啖食。」

朝廷開明史館，大學士孝感熊公賜履主館事［一］，以書招炎武，答曰：「願以一死謝公！」戊午，詞科詔下［二］，諸公争欲致之，炎武作書與門人之在京師者曰：「刀繩具在，無速我死！」［三］次年，大修明史，諸公又欲薦之，乃貽書葉學士訒庵，請以身殉，得免［四］。

或曰：「先生盍亦聽人一薦？薦而不出，其名愈高矣。[五]」笑曰：「此所謂釣名者也。今夫婦人之失所天也，從一而終，之死靡慝，其心豈欲見知於人？若曰盍亦令人强委禽焉而力拒之，以明吾節，則吾未之聞矣。」崑山相國元文兄弟，炎武之甥也[六]。尚書乾學未遇時[七]，炎武振其困乏。至是，一門鼎貴，以書迎之南歸，爲買田置宅，拒而不往[八]。或叩之，答曰：「昔歲孤生，飄摇風雨；今兹親串，崛起雲霄。思歸尼父之轅[九]，恐近伯鸞之竈[一〇]。且猶吾大夫[一一]，未見君子[一二]，徘徊渭川[一三]，以畢餘年，足矣。」庚申，其妻没於家，寄詩輓之而已[一四]。次年，卒於華陰，年〔七十〕（六十有九）[一五]。無子，自立從子衍生爲後[一六]。門人奉喪歸葬[一七]，高弟子吴江潘耒，收其遺書，序而傳之[一八]。

[一]熊賜履（一六三五—一七〇九），字敬修，一字青岳，號愚齋，清湖北孝感人。順治十五（一六五八）年進士。累官至禮部、吏部尚書兼東閣大學士。卒贈太子太保，謚文端。主默識篤行，爲清理學名臣。著有經義齋集一八卷、澡修堂集一六卷、下學堂札記三卷等。事見彭紹升二林居集卷一三事狀，清史列傳卷七、清史稿卷二六二有傳。蔣山傭殘稿卷二記與孝感熊先生語：「辛亥歲夏，在都中。一日，孝感熊先生招同舍甥原一飲，坐客惟余兩人。熊先生從容言：久在禁中，將有開府之推，意不願出，且議纂修明史，以遂長孺之志。而前朝故事，實未諳悉，欲薦余佐其撰述。余答以果爲此事，不爲介推之逃，則爲屈原之死矣。兩人皆愕然。余又曰：即老先生亦不當作此。數十年來門户分争，玄黄交戰，嘖有煩言，至今未已。一入此局，即爲後世之人吹毛索垢，片言輕重，目爲某黨，不能脱然於評論之外矣。酒罷，原一以余言太過。又二年，余復入都，問原一：孝感修明史事如何？答云：熊老師自聞母舅之言，絶不提起此事矣。」又蔣山傭

殘稿卷三與蘇易公書：「都下書來，言史局方開，有議物色及弟者，弟述先妣遺命，以死拒之。」如此，則非熊氏主館事，乃閒談耳時言及此話題而已，全氏誤，江氏誤襲。

[二]祥案：是科之徵，明遺民之有名者幾全數入罟，炎武友人亦多入網，炎武因多方活動，雖薦未成行；至京而旋放還者有王弘撰、傅山等；未至者有浙江應撝謙、江西魏禧、山西范鄗鼎等人；授職而辭歸者有李因篤等人。詳王士禛池北偶談卷四「徵聘不至」條、李集鶴徵録。

[三]「門人之在京師者」，指潘耒，時受徵在京。亭林文集卷四答次耕書：「辛亥之夏，孝感特柬相招，欲吾佐之修史，我答以果有此命，非死則逃。原一在坐與聞，都人士亦頗有傳之者，耿耿此心，終始不變！幸以此語白之知交。」又亭林詩集卷五寄次耕時被薦在燕市：「嗟我性難馴，窮老彌剛棱。孤迹似鴻冥，心尚防弋矰。或有金馬客，問余可共登。爲言顧彦先，惟辨刀與繩！」原注：「晉書顧榮傳：『與州里楊彦明書曰：吾爲齊王主簿，恒慮禍及，見刀與繩，每欲自殺。』」

[四]亭林文集卷三與葉訒菴書：「去年韓元少來，言曾欲與執事薦及鄙人，已而中止。頃聞史局中復有物色及之者。無論昏耄之資，不能黽勉從事，而執事同里人也，一生懷抱，敢不直陳之左右。先妣未嫁過門，養姑抱嗣，爲吴中第一奇節，蒙朝廷旌表。國亡絶粒，以女子而蹈首陽之烈。臨終遺命，有『無仕異代』之言，載於誌狀，故人人可出，而炎武必不可出矣。記曰：『將貽父母令名，必果；將貽父母羞辱，必不果。』七十老翁何所求？正欠一死！若必相逼，則以身殉矣！一死而先妣之大節愈彰於天下，使不類之子得附以成名，此亦人生難得之遭逢也。謹此以聞。」

[五]以下語見亭林文集卷四與人書二十四。

[六]指徐乾學（一六三一—一六九四）、秉義（一六三三—？）、元文（一六三四—一六九一）兄弟。炎武第五妹顧氏（一六一六—一六七六），四歲，能屬對，誦唐詩。年十五，嫁同邑徐開法（一六一四—一六六六），字茲念，號垣齋。恩貢生。明季兵亂，嘗救難婦數十人。有隱德。詳徐乾學憺園集卷三三先妣顧太夫人行述。

［七］清史稿卷二七一徐乾學傳：康熙「二十六年，遷左都御史，擢刑部尚書。」乾學兄弟幼孤，炎武多撫育之。亭林詩集卷三答徐甥乾學：有「孤單苦憶難兄弟，薄劣煩呼似舅甥」句。鈕琇觚剩續集卷二人觚嚴夜拒飲：亭林「善於治財，故一生羈旅，曾無困乏。東海兩學士，宦未顯時，常從假貸，累數千金，亦不取償也。」

［八］亭林文集卷三答原一公肅兩甥書，乃回二甥札，拒回崑山。其曰：「吾今居關、華，每年日用約費百金。若至吴門，便須五倍，吾甥能爲辦之否乎？又或謂廣厦之歡，可以大庇寒士；九里之潤，亦當施及吾儕。而曰：吾爾皆同聲氣、同患難之人，爾有鼎貴之甥，可無挹注之誼？因罥覓菟，見彈求鴞，有如退之詩所云『偶然題作木居士，便有無窮祈福人』者，吾甥復能副之乎？雖得田文、無忌，不可論之當今，假使元美、天如，當必有以處此，而如其不然，則必以觖望之懷，更招多口之議。況山林晚暮，已成獨往之蹤；城市云爲，終是狗人之學。然則吾今日之不來，非惟自適，亦所以善爲吾甥地也。」

［九］周注：「此指孔子周游列國而反乎魯而言。」祥案：紬顧氏意，蓋指孔子反乎魯，董理諸經之事，寓已晚寓華陰而治學之意。詳參史記孔子世家

［一〇］梁鴻，字伯鸞，後漢扶風（今陝西興平）人。受業太學，家貧而尚節介。勢家慕其高節，多欲女之，鴻並絶不娶。後娶同縣孟氏肥醜女，名之曰孟光。夫妻共入霸陵山中，以耕爲業，詠詩書，彈琴以自娱。後至吴，依大家皋伯通，潛閉著書十餘篇。遺言勿令持喪歸里。後漢書卷八三有傳。太平御覽卷七五七器物部二釜：「梁鴻少孤，詣太學受業，同房先炊已，呼鴻及熱釜炊。鴻曰：『童子不因人熱者也。滅竈更燃火。』」周注：「顧語謂南歸有因人而熱之嫌。」

［一一］論語公冶長：子張問曰：「崔子弑其君，陳文子有馬十乘，棄而違之，至於他邦，則曰：『猶吾大夫崔子也。』違之。之一邦，則又曰：『猶吾大夫崔子也。』違之，何如？」子曰：『清矣。』曰：『仁矣乎？』曰：『未知，焉得仁？』」

［一二］周注：「詩周南汝墳：『未見君子，惄如調饑。』又召南草蟲：『未見君子，憂心忡忡。』按顧語『猶吾大夫，未

見君子』，蓋諷世之辭。」祥案：周説是。全表「猶吾大夫」前有「且夫天仍夢夢，世尚滔滔」數字，今本無，蓋爲潘耒有所忌而删，而增此十字，則語意更爲明晰矣。

［一三］渭川，即渭河，黄河主要支流之一，源出甘肅渭源縣西北鳥鼠山，流經陝西，横貫渭河平原，關中地區，至潼關入黄河。顧氏此時暫住華陰，故有此語。

［一四］崇禎四年（一六三一），炎武十九歲，娶太倉王安人，賢而無子，以元配家居崑山。十九年十一月，卒於家。訃至，時炎武與嗣子衍生在汾州，遂成服設祭，並以詩輓之。有「傳説故園荆棘長，此生能得首丘時」，「貞姑馬鬣在江村，送汝黄泉六歲孫。地下相煩告公姥，遺民猶有一人存」等句，語皆沉痛。參亭林詩集卷五悼亡五首。

［一五］祥案：此「六十有九」當爲「七十」，今改之。康熙二十年八月，炎武在山西曲沃得寢疾嘔瀉，得儒醫郭自狹治而愈，然仍有末疾未愈，艱於步履，服豨薟丸，稍有效驗。翼年正月八日，在馬上失足墜地，疾作，日夜嘔吐不止，初九日丑刻，遂卒。時仍在山西曲沃，全表及江藩所述「卒於華陰」者誤也。又案：炎武生於明萬曆四十一年五月二十八日（一六一三年七月十五日），卒於清康熙二十一年正月初九日（一六八二年二月十五日），然則卒年爲七十歲明矣，顧譜及諸譜皆是，全表及江藩所言「卒年六十九」者，亦誤。

［一六］炎武元配王安人，無子。順治六年，納妾韓氏，翼年生子詒穀，四歲而殤。又更納戴氏等，皆未育子嗣。十一年，寓書潘耒，議撫吴江族子衍生爲子。十六年四月，與衍生相見於德州，始行父子禮。又顧譜康熙十六年，「從子洪慎舉次子，先生名之曰世棠，字思召。即寄書從弟子嚴，欲立世樞爲殤子詒穀後。」全表謂「徐尚書爲立從孫洪慎以承其祀」者，大誤。張譜末引全表注此句曰：「案：洪慎乃先生之從子，先生既立吴江族子衍生爲嗣，又立洪慎之子世樞爲殤子後。此皆誤。」

［一七］炎武卒時，衍生方十七歲，目未經此等大事。時進士韓宣、縣令熊僎、廣東道仇昌祚、義學師衛蒿、縣丞徐嘉霖及郭某等，經紀棺斂。三月望前，炎武從弟嚴自崑山來，偕衍生扶柩而歸。

[一八]據顧譜末衍生識語，炎武卒後，衍生入關中，取向所寄各姓處書籍回，與其叔顧嚴簡閱遺書文稿，後所有遺書文券，皆攜往都中，存徐乾學兄弟處，後經潘耒整理，於康熙中刻有吳江潘氏遂初堂本亭林遺書，凡十種二十七卷：左傳杜解補正三卷、九經誤字一卷、石經考一卷、金石文字記六卷、韻補正一卷、昌平山水記二卷、譎觚十事一卷、顧氏譜系考一卷、亭林文集六卷與亭林詩集五卷。因有忌諱，多經刪削，非復顧氏之舊貌。

撰述之書，有左傳杜解補正三卷[一]、音論三卷[二]、詩本音十卷[三]、易音三卷[四]、唐韻正二十卷[五]、古音表二卷[六]、韻補正一卷[七]、營平二州地名記一卷[八]、求古録一卷[九]、金石文字記六卷[一〇]、石經考一卷[一一]、日知録三十卷[一二]，天下郡國利病書及肇域志二書未成[一三]。

[一]左傳杜解補正三卷，顧氏以爲杜預左傳集解，時有闕失，賈逵、服虔之注，樂遜之春秋序義，今又不傳，於是博考載籍，作爲此書。其他推求文義，研究訓詁，亦多得左氏之意。有四庫全書本、亭林遺書本等。

[二]音論三卷，爲顧氏音學五書之第一種。爲五書之綱領，審音學之源流。顧氏以爲三代之音，自然和洽；秦漢之文，漸戾於古；魏晉以降，音學大變。遂博考古今音之變，而究其所以不同也。今有北京中華書局一九八二年影印本。

[三]詩本音一〇卷，爲音學五書之第二種。是書考正三代之音，以注詩經。其書主陳第詩無葉韻之説，即本經所用之音，互相參考，證以他書，明古音原作是讀，故曰「本音」。每詩皆全列經文，而注其音於句下，與今韻合者，注曰「廣韻某部」，與今韻異者，即注曰「古音某」。有北京中華書局一九八二年影印本。

[四]易音三卷，爲音學五書之第三種。其書列周易有韻之文，即易以求古音。然其所注，於不韻之文，或釋之爲方

音，或過求其韻，略顯穿鑿之病。有北京中華書局一九八二年影印本。

［五］唐韻正二〇卷，爲音學五書之第四種。是書爲辨唐韻分部之誤，而一一以古音定之。是書實爲將本該入詩本音之諸多證據摘出另編一書。有北京中華書局一九八二年影印本。

［六］古音表二卷，爲音學五書之第五種。書中變更唐韻次序，分古韻爲一（東）、二（支）、三（魚）、四（真）、五（幽）、六（歌）、七（陽）、八（耕）、九（蒸）、十（侵）十部。其貢獻在於不僅知在分韻部時合併唐韻，且知離析唐韻，啓發後人巨大。有北京中華書局一九八二年影印本。

［七］韻補正一卷，即吴韻補正。南宋吴棫有韻補五卷，分古韻爲九部。顧氏以爲考古音之功，始於吴氏。然其書於古音合者半，否者半，遂於其書古音葉讀之舛誤，今韻通用之乖方，一一取而注之。有四庫全書本、亭林先生遺書本、音韻學叢書本等。

［八］營平二州地名記一卷，顧氏游永平時，取二十一史、通鑑諸書，録自燕以來此邦之大事，迄元至正年而止，纂爲六卷，曰營平二州史事。四部總目以爲是書惟載二州古地名，至五代而止，又僅一卷，且記述乃隨筆雜鈔，非爲完書，亦爲未定之稿。故意其爲營平二州史事六卷之一。王蘧常以爲「六卷本實爲完書以付人者，不應其中一卷獨爲未定之稿。六卷本迄於元至正而止，而此卷則五代而止，不應兩岐，此當别爲一書，提要以爲六卷之一，非也。」祥案：周譜所附先生著書目載營平二州史事有四庫全書本、槐廬叢書四編本，亦誤，蓋因營平二州地名記而涉誤也。有四庫全書本、槐廬叢書本。

［九］求古録一卷，所録上自漢曹全碑，下至明建文霍山碑，共得五十六種。每刻必載全文，且皆志其地理，考其建立之由，古字篆隸，一一注解，其中官職年月等，與史事相參考亦甚多。有四庫全書本、上海古籍出版社一九九四年古刻叢鈔附本等。

［一〇］金石文字記六卷，是書集所見漢以來碑刻，以時代爲次，所録凡三百餘種，末又有潘耒補遺二十餘種，碑字間

有異者，又別爲摘録於末。全書每條下各綴以跋，其無跋者，亦具其立石年月、撰書人姓名，證據今古，辨正譌誤。有四庫全書本、上海古籍出版社一九九四年古刻叢鈔附本等。

[一一]石經考一卷，漢、魏石經，以後漢書儒林傳之譌，遂使「一」字、「三」字，爭如聚訟。歐陽修集古録疑不能明，趙明誠金石録、洪適隸續，始詳爲核定，以「一」字爲漢，「三」字爲魏，然考證雖精，而引據未廣，論者尚有所疑。炎武此書，博列衆説，互相參校，多發前人所未發。有四庫全書本、亭林遺書本等。

[一二]日知録三十卷，是書初刻本八卷，後潘耒刻本乃三十二卷，此所謂三十卷者，誤。詳參本書第五九頁注[五]。

[一三]天下郡國利病書五〇册，四川龍氏聚珍本作一〇〇卷，四庫總目作一二〇卷。顧氏自謂「歷覽二十一史以及天下郡縣志書、一代名公文集及章奏文册之類，有得即録，共成四十餘帙：一爲輿地之記，一爲利病之書。亂後多有散佚，亦或增補，而其書本不曾先定義例，又多往代之言，地勢民風與今不盡合。」則此尚爲未定之書，今所存者亦尚有闕文。其所謂「輿地之記」者，肇域志也；所謂「利病之書」者，即是書也。肇域志，與利病書同時搜輯而成，先取明一統志，後取各省、州、縣志，再取二十一史參互書之，亦未定之書也。利病書今有廣雅書局刻本、四部叢刊三編本等。肇域志今有汪士鐸鈔本五〇册，分藏於上海圖書館與臺灣中央圖書館，亦有零星鈔本散落他處者。

炎武留心經世之術，游歷所至，以二馬二騾載書自隨[一]。至西北阨塞，東南海陬，必呼老兵退卒，諮其曲折[二]，與平日所聞不合，即發書檢勘。其所著天下郡國利病書，聚天下圖經、歷朝史籍以及小説、筆記、明十三朝實録[三]、公移[四]、邸報之類有關於朝政民生者[五]，酌古通今，旁推互證，不爲空談，期於致用。肇域志則專論山川要阨、邊防戰守之事[六]。蓋炎武周流西北垂三十年[七]，邊塞亭障，皆經目擊，故能言之了了也。

［一］亭林文集卷六與潘次耕：「頻年足跡所至，無三月之淹，友人贈以二馬二騾，裝馱書卷，所雇從役，多有步行，一年之中，半宿旅店，此不足以累足下也。」又全表：「凡先生之游，以二馬二騾載書自隨，所至阨塞，即呼老兵退卒，詢其曲折。或與平日所聞不合，則即坊肆中發書而對勘之。或徑行平原大野，無足留意，則於鞍上，嘿誦諸經注疏，偶有遺忘，則即坊肆中發書而熟復之。」

［二］祥案：「謁」，全表作「詢」，文義更勝。

［三］明實録二九二五卷，記録自太祖至熹宗十五朝實録，共十三部，其中建文帝附太祖實録，景泰帝附英宗實録中。又有崇禎朝一七卷，編撰者不明。共記明朝諸帝十六朝二百七十餘年歷史。今有臺灣中央研究院歷史語言研究所一九六二年影印本。附有崇禎實録、熹宗七年都察院實録、崇禎長編、太祖太宗寶訓、仁宗宣宗英宗寶訓、憲宗孝宗武宗寶訓、世宗寶訓、穆宗神宗光宗熹宗寶訓等。

［四］明賀復徵文章辨體匯選卷四七公移：「徐師曾曰：按公移者，諸司相移之辭也。其名不一，故以公移括之。」

［五］邸報，始於唐，盛行於宋，後世沿用之。爲中央向地方通報政務或軍情等所下之簡報。參顧炎武日知録卷二八「邸報」條。

［六］亭林佚文輯補書楊彝萬壽祺等爲寧人徵天下書籍啓後「自此絶江踰淮，東躡勞山、不其，上岱嶽，瞻孔林，停車淄右。入京師，自漁陽、遼西出山海關，還至昌平，謁天壽山十三陵，出居庸，至土木，凡五閲歲而南歸於吴。浮錢塘，登會稽，又出而北，度沂絶濟，入京師，游盤山，歷白檀至古北口。折而南謁恒嶽，踰井陘，抵太原。往來曲折二三萬里，所覽書又得萬餘卷。爰成肇域記，而著述亦稍稍成帙。」

［七］祥案：順治七年，炎武時年三十八歲，爲避仇家，翦髮改行，僞作商賈，離家出游，然仍未嘗北游也。十四年，定議北游，方北上逾淮入山東，至北京，謁十三陵，往山西，然亦未始入西北也。康熙二年，始渡河入陝，游華山，

時年已五十一歲矣。故曰炎武「周流北方垂三十年」則勉强尚可，曰「西北」則不可矣。

晚年，篤志六經，精研深究。居華陰，有請講學者，謝曰[一]：「近日二曲以講學得名[二]，遂招逼迫，幾致凶死[三]，雖曰威武不屈，然而名之爲累，則已甚矣。況東林覆轍，有進於此者乎！」有求文者，告之曰[四]：「文不關於經術政事者，不足爲也。韓文公起八代之衰，若但作原道、諫佛骨表、平淮西碑、張中丞傳後敘[五]，而一切諛墓之文不作[六]，豈不誠山斗乎！[七]」在關中論學，曰[八]：「諸君，關學之餘也。橫渠、藍田之教[九]，以禮爲先[一〇]。孔子嘗言『博我以文，約之以禮』[一一]，而劉康公亦云『民受天地之中以生，所謂命也。是以有動作禮義威儀之則以定命』[一二]。然則君子爲學，舍禮何由！近來講學之師，專以聚徒立幟爲心，而其教不肅，方將賦茅鴟之不暇，何問其餘哉[一三]！」

[一]亭林文集卷三與李紫瀾書：「常歎有名不如無名，有位不如無位。前讀大教，謬相推許，而不知弟此來關右，不干當事，不立壇宇，不招門徒。西方之人或以爲迂，或以爲是。而同志之李君中孚，遂爲上官逼迫，舁至近郊，至卧操白刃，誓欲自裁。關中諸君有以臣游故事言之當事，得爲謝病放歸。然後國家無殺士之名，草澤有容身之地，真所謂威武不屈。然而名之爲累，一至於斯，可以廢然返矣！」

[二]康熙九年（一六七〇），李顒受其弟子常州知府駱鍾麟之請，南下講學，凡開講於無錫、江陰、靖江、宜興等地，晝夜不得休息。又惠龗嗣關中李二曲先生履歷紀略康熙九年條記此次南下講學盛況曰：「至者日衆，憧憧往來，其

門如市，一時巨紳名儒，遠邇駢集，答問汪洋，不開知見户牖，不墮語言蹊徑，各隨根器，直指要津。自是争相請益，所寓至不能容，郡人詫爲江左百年來未有之盛事。耆儒吴野翁（諱光）太息曰：『斯道晦塞極矣，今日之盛，殆天意也！』」

[三]祥案：此所謂「凶死」者，指李顒絶食抗徵詔事。康熙十二年（一六七三），山陝總督鄂善會同撫軍阿席熙以隱逸疏薦李顒於清廷，李氏貽書堅拒之，此後官府累年屢催起程。十七年，博學鴻詞科開，催檄紛至，更急若星火。顒被强至西安，寓雁塔。八月「初六日，督撫又令府尹促行，尹率咸、長二縣令至榻力勸，既而又委幕僚率吏胥晝夜守催，備極嚚窘，先生堅卧自如，恬不爲動。……一時縉紳愛先生者，咸以明哲保身爲言，先生閉目不答，遂絶食。周制臺及文武諸大僚目擊其憊，爲之向總督緩頰，總督謂自癸丑被徵以來，年年代爲回覆，兹番□朝既注意，不便再覆，促之愈争，且欲以違旨題參。李太史（指李因篤）爲先生危甚，涕泣以勸。先生笑曰：『人生終有一死，惟患死不得其所耳，今日乃吾死所也。』遂以後事托，慎言（顒子）號痛，門人悲泣，先生皆一一遺囑，並滴水不入口者五晝夜。總督知終不可强，不得已又以篤疾具覆，仍一面差官至榻慰撫。先生乃食。……十三日，離雁塔，旋富平。」此後督撫仍檄司行縣，令地方官不時驗視，俟疾有稍痊，即便呈報。李氏答富平令言曰：「平昔痛母貧困而死，誓終身不享富貴，若强之使出，勢必一死報母！」十一月，部覆奉痊疾日，督撫起送，始寢其事。一時翕然訝爲鐵漢。詳參關中李二曲先生履歷紀略康熙十七年條。又案：顧氏、全氏皆言致欲操白刃自裁，而此文不載也。

[四]語見亭林文集卷四與人書十八。

[五]原道、論佛骨表、平淮西碑、張中丞傳後敘，皆韓愈文，分見昌黎集卷一一、三九、三八、一三。

[六]新唐書卷一七六韓愈傳附劉叉：「劉叉者，亦一節士。……能爲歌詩。然恃故時所負，不能俯仰貴人，常穿屐、破衣。聞愈接天下士，步歸之，作冰柱、雪車二詩，出盧仝、孟郊右。……後以争語不能下賓客，因持愈金數斤去，曰：『此諛墓中人得耳，不若與劉君爲壽。』愈不能止，歸齊、魯，不知所終。」

［七］新唐書卷一七六韓愈傳贊：「自愈没，其言大行，學者仰之如泰山北斗云。」顧氏原文亦作「而一切銘狀槩爲謝絶，則誠近代之泰山北斗矣」，然則顧氏於韓愈，持有微詞矣。

［八］語見亭林文集卷六與毛錦銜，此江藩採自全表，與原文略有異。

［九］張載（一〇二〇—一〇七八），字子厚，宋鳳翔郿縣（今陝西眉縣）人。因其在郿縣横渠鎮講學，世稱横渠先生。講易京師，與程頤兄弟論學。仁宗嘉祐二年（一〇五七）進士。熙寧二年（一〇六九），除崇文院校書。與王安石政見不合，尋稱疾屏居南山之下，讀書講學。十年，知太常禮院，以疾歸，道卒。門人謚曰獻，宋寧宗時謚明公。其學以易爲宗，以中庸爲體，爲關學創始人。著有經學理窟五卷、正蒙二卷、西銘等，清時合刻爲張子全書。宋史卷四二七有傳。吕大臨（一〇四六—一〇九二），字與叔，時稱芸閣先生，宋京兆藍田人。初學於張載，後師事程頤，與謝良佐、游酢、楊時爲「程門四先生」。通六經，尤精於禮。登進士第。哲宗元祐中，爲秘書省正字。著述今存有禮記傳一六卷、考古圖一〇卷，今人陳俊民輯校有藍田吕氏遺著輯存。宋史卷三四〇有傳。

［一〇］伊雒淵源録卷六吕大臨横渠先生行狀：「學者有問，多告以知禮成性、變化氣質之道。」

［一一］周注：「案論語雍也、顏淵篇均作：『博學於文，約之以禮。』子罕篇作『博我以文，約我以禮』。以爲顏淵之言；史記孔子世家所載同。本傳『我以』二字，當作『學於』，蓋沿全表而誤。引語見顧氏與毛錦銜書，原文亦作『博學於文』，見亭林文集卷六。」

［一二］左傳成公十三年：「遂從劉康公、成肅公，會晉侯伐秦。成子受脤於社，劉子曰：『吾聞之，民受天地之中以生，所謂命也。是以有動作禮儀威儀之則，以定命也。能者養之以福，不能者敗以取禍。是故君子勤禮，小人盡力。』」杜注：「劉康公，王季子。」

［一三］顧氏原文曰：「而其教不肅，故欲反其所爲。衛詩言武公之德曰：『瑟兮僩兮。雖不能至，然心嚮往之。』」祥案：毛詩衛風淇奥小序：「淇奥，美武公之德也。」又「瑟兮僩兮，赫兮咺兮。」朱熹集注：「瑟，矜莊貌；僩，威嚴貌；

咺，宣著貌。」又史記孔子世家：「太史公曰：詩有之：『高山仰之，景行行之。』雖不能至，然心鄉往之。」又左傳襄公二十八年：「叔孫穆子食慶封，慶封氾祭。穆子不説，使工爲之誦茅鴟。」杜注：「茅鴟，逸詩，刺不敬。」

炎武生性兀傲，不諧於世。身本南人，好居北土[一]。嘗謂人曰：「性不能舟行食稻，而喜餐麥跨鞍。」又謂「北方之人，飽食終日，無所用心[二]；南方之人，羣居終日，言不及義，好行小慧[三]」。時人謂其評論，切中南北學者之病。嘗至京師，東海兩學士延之夜飲[四]，怒曰：「古人飲酒，卜晝不卜夜[五]。世間惟淫奔、納賄二者，皆夜行之；豈有正人君子，而夜行者乎！」其狷介嫉俗如此。於同時諸君子，雖以苦節推百泉、二曲[六]，以經世推黎洲，至於論經評史，亦不苟同也。

[一]全表：「先生雖世籍江南，顧其姿稟頗不類吴會人，以是不爲鄉里所喜，而先生亦甚厭裙屐浮華之習，嘗言：『古之疑衆者，行僞而堅；今之疑衆者，行僞而脆，了不足恃。』既抱故國之戚，焦原毒浪，日無寧晷。」

[二]引語見顧氏日知録卷一三「南北學者之病」條。論語陽貨：「子曰：『飽食終日，無所用心，難矣哉！不有博弈者乎，爲之猶賢乎已。』」

[三]論語衛靈公：「子曰：『群居終日，言不及義，好行小慧，難矣哉！』」

[四]東海，秦漢郡名，治郯縣(今山東郯城)，爲徐姓郡望，此謂徐乾學兄弟。

[五]左傳莊公二十二年：齊桓公以陳敬仲爲齊工正，「飲桓公酒，樂。公曰：『以火繼之。』辭曰：『臣卜其晝，未卜

其夜。不敢。』君子曰：『酒以成禮，不繼以淫，義也；以君成禮，弗納於淫，仁也。』」

［六］百泉，指孫奇逢（一五八四—一六七五），字啓泰，號鍾元，容城人。學者稱夏峰先生。明萬曆二十八年（一六〇〇）舉人。與左光斗、魏大中、周順昌相友善。魏忠賢陷三人於獄，奇逢傾身營救未果。入清，廷臣交章論薦，朝命敦促，不應詔。率子弟躬耕於河南輝縣西北蘇門山之百泉山，築堂曰兼山，讀易其中，講學著書。其學主正心誠意，以慎獨爲宗。有夏峰集一四卷補遺二卷。事見魏象樞徵君孫鍾元先生奇逢傳、江藩國朝宋學淵源記卷上，清史列傳卷六六、清史稿卷四八〇有傳。

節甫曰［一］：記成之後，客有問於予曰：「有明一代，囿於性理，汩於制義，無一人知讀古經注疏者［二］。自黎洲起而振其頽波，亭林繼之，於是承學之士，知習古經義矣［三］。所以閻百詩、胡朏明諸君子，皆推挹南雷、崑山，今子不爲之傳，豈非數典而忘其祖歟？［四］」

［一］節甫，江藩字。參江藩隸經文卷四節甫字説及本書前言一江藩生平與學行。

［二］清儒攻駁科舉，在在而有，即以黄宗羲爲例。南雷文案卷一惲仲昇文集序：「舉業盛而聖學亡。」又卷二李杲堂文鈔序：「科舉盛而學術衰。昔之爲時文者，莫不假道於左、史、語、策、性理、通鑑，既已搬涉運劑於比偶之間，其餘力所沾溉，雖不足以希作者，而出言尚有根柢，其古文固時文之餘也。今之爲時文者，無不望其速成，其肯枉費時日於載籍乎？故以時文爲牆壁，驟而學步古文，胸中茫無所主，勢必以偷竊爲工夫，浮詞爲堂奥，蓋時文之力不足以及之也。爲説者謂百年以來，人士精神盡注於時文而古文亡，余以爲古文與時文分途而後亡也。」又吾悔集卷二馮留仙先生詩經時藝序：「士之不學，由專工於時藝也；時藝之不工，由專讀於時文也。……時文充塞宇宙，經史之學，折而盡入於俗學

矣。」又南雷文定卷三傳是樓藏書記：「嗟乎！自科舉之學盛，世不復知有書矣。」又卷四補歷代史表序：「自科舉之學盛，而史學遂廢。」至清中葉，此類議論與文字更不勝枚舉矣。

[三]祥案：清乾嘉時，學界所論清初諸人，多論及顧氏與閻若璩、胡渭諸人，而少論及黃氏。如臧琳經義雜記卷首王鳴盛經義雜記序：「先生生長國初，其年殆與百詩亞。彼時運會初開，宗風未暢，然而落落數君子錯峙海内，百詩外如顧亭林、萬季野、梅定九、胡朏明諸公，事心稽核，言必據典，古學之盛，基於是焉，而先生亦其一也。……溯厥首庸，實維先生與顧、閻諸公爲之導夫先路耳！」錢大昕潛研堂文集卷二四臧玉琳經義雜識序：「國朝通儒若顧亭林、陳見桃、閻百詩、惠天牧諸先生始篤志古學，研覃經訓，由文字、聲音、訓詁而得義理之真。同時毘陵有臧玉琳先生，亦其流亞也。」四庫總目卷一一九子部雜家類三方以智通雅：「以智崛起於崇禎末，考據精核，迥出其上，風氣既開，國初顧炎武、閻若璩、朱彝尊等沿波而起，始一掃懸揣之空談。」洪亮吉卷施閣文甲集卷九邵學士家傳：「我國家之興，而樸學始輩出，顧處士炎武、閻徵君若璩首爲之倡。」又凌廷堪校禮堂文集卷二四復錢曉徵先生書「學術自亭林、潛邱以來，士漸以通經復古爲事。」

[四]左傳昭公十五年十二月，晉荀躒如周葬穆后，籍談爲介，既葬除喪，以文伯宴，樽以魯壺。王論昔籍談高祖孫伯黶，司晉之典籍，以爲大政，故曰籍氏。談爲司典之後，然不知其事，而不能對。賓出，王曰：「籍父其無後乎，數典而忘其祖！」

予曰：「黎洲乃蕺山之學，矯良知之弊，以實踐爲主；亭林乃文清之裔[二]，辨陸、王之非，以朱子爲宗。故兩家之學，皆深入宋儒之室，但以漢學爲不可廢耳。多騎牆之見，依違之言，豈真知灼見者哉！」

[一]薛瑄（一三九三—一四六四），字德温，明河津人。永樂十九年（一四二一）進士。正統初，爲山東提學僉事。首揭白鹿洞學規，開示學者，皆呼爲「薛夫子」。英宗復辟，拜禮部右侍郎兼翰林院學士，入閣預機務。後歸老於家。瑄性穎敏，其學一本程、朱，其修己教人，以復性爲主，充養邃密，言動咸可法。卒謚文清。有讀書録一〇卷續録一〇卷、敬軒集四〇卷詩集八卷等。明史卷二八二有傳。

客曰：「二君以瓌異之質，負經世之才，思見用於當世，垂勳名於來葉。讀書論道，重在大端，疎於末節，豈若抱殘守缺之俗儒[一]，尋章摘句之世士也哉[二]！然黄氏闢圖書之謬，知尚書古文之僞；顧氏審古韻之微，補左傳杜注之遺。能爲舉世不爲之時，謂非豪傑之士耶？國朝諸儒，究六經奧旨，與兩漢同風，二君實啓之。菜瓜祭飲食之人[三]，芹藻釋瞽宗之奠[四]，乃木本水源之意也。況若璩四書釋地曲護紫陽[五]，朏明洪範正論直譏劉向[六]，於此則從寬假之條，於彼則嚴踰閑之辨，非有心軒輊者乎？」

[一]漢書卷三六劉向傳：「往者綴學之士，不思廢絶之闕，苟因陋就寡，分文析字，煩言碎辭，學者罷老且不能究一藝。信口説而背傳記，是末師而非往古，至於國家將有大事，若立辟雍封禪巡狩之儀，則幽冥而莫知其原。猶欲保殘守缺，挾恐見破之私意，而無從善服義之公心，或懷妬嫉，不考情實，雷同相從，隨聲是非。」

[二]三國志卷四七吴書二孫權傳：「屈身於陛下，是其略也。」裴注引吴書：趙咨曰：孫權「博覽書傳歷史，藉採奇

異，不效諸生尋章摘句而已。」又唐李賀歌詩編卷一南園詩之六：「尋章摘句老雕蟲，曉月當簾掛玉弓。」又章句，參本書序言第六頁注[一]。

[三]禮記學記：「大學始教，皮弁祭菜，示敬道也。」鄭注：「祭菜，禮先聖先師。菜謂芹藻之屬。」又禮記玉藻：「瓜祭上環。」疏：「瓜祭上環者，食瓜亦祭先也。」祥案：此謂瓜熟之時，以之祭祖，示不忘本。

[四]詩魯頌泮水：「思樂泮水，薄采其芹。……思樂泮水，薄采其藻。」小序：「頌僖公能脩泮宫也。」又周禮春官宗伯：「凡有道者、有德者使教焉，死則以爲樂祖，祭於瞽宗。」鄭注：「明堂位曰：『瞽宗，殷學也；泮宫，周學也。』以此觀之，祭以學宫中。」祥案：此二句皆喻追溯本源，不可謂黄、顧無導夫先路之功也。

[五]閻若璩四書釋地又續原序：「或有請於余曰：『奈與集注異何？』余笑曰：『異集注則不利於場屋，吾老矣，著書冀以垂後，豈必同於應考諸生，攢眉終日，夜拘傳注，摹語氣以投頭腦冬烘者之心目哉！事有大不可解者，朱子注孟子，一曰記者之誤，再曰或有誤字，此正孟子也；夫朱子可以正孟子，而讀集注者，不許其正朱子，此何説也？後人之見，固萬不逮夫朱子，而朱子之見，抑豈真高出乎孟子？……』」江藩所謂「曲護紫陽」者，蓋即指此。然閻氏書中，攻駁譏刺朱子者，亦在在而有。如四書釋地石門：「地志之書，宋人漸多附會，不似唐，所以朱子注四書、傳詩，每僅云邑名、地名，不詳其所在。」又東山：「集注：『東山，蓋魯城東之高山。』蓋，疑辭，朱子生平足未至曲阜，故作此言。」又四書釋地續丘隅：「丘隅，詩集傳云：『隅，角也。與上文丘阿作曲，下文丘側作旁者一例正合。』集注忽云：『丘隅，岑蔚之處。』説文解丘爲土之高，岑爲山小而高。高同也，而土與山殊不倫，況蔚乃草木盛貌，與隅益無交涉者乎？推其故，出鄭康成大學注就而觀之，知其所止，知鳥擇岑蔚，安閒而止處之耳語，原寬緩不切切貼丘隅。孔穎達疏方云鳥止在於岑蔚丘隅之處。又云鳥之知在岑蔚安閒之處，朱子遂認作正解入集注，幾郢書燕説矣。大抵漢代相傳訓詁之學，至宋而亡；唐人名物制度之學，亦至宋而亡。要其理明義精，則迴出前代數倍上矣。余每論此，不勝三歎焉。」又四書釋地三續卷下集注援引多誤：「按：張南軒有言：『爲治者多不本於學，而爲道者反不涉於事。』説者謂括盡漢以來俗吏、儒生之病，余

謂儒生不獨如是，即生平所撰之傳注，一涉事援引多誤，朱子猶不能免。故余少時嘗習集注，時心生疑議，今老矣，當爲世歷數之。」

［六］胡渭洪範正論卷二「水曰潤下火曰炎上木曰曲直金曰從革土爰稼穡」條注：「劉向說洪範五行，專主災異，以爲田獵不宿，飲食不享，出入不節，奪民農時，及有姦謀，則木不曲直；棄法律，逐功臣，殺太子，以妾爲妻，則火不炎上；作宮室，飾臺榭，内淫亂，犯親戚，侮父兄，則稼穡不成；好戰攻，輕百姓，飾城郭，侵邊境，則金不從革；簡宗廟，不禱祠，廢祭祀，逆天時，則水不潤下。漢志於五者之後，又各摭其事，應以實之。此皆穿鑿附會之說，非經旨也。今一槩不取。」

予曰：「甲申、乙酉之變［一］，二君策名於波浪礪灘之上［二］，竄身於榛莽窮谷之中，不順天命，强挽人心。發蛙黽之怒［三］，奮螳螂之臂，以烏合之衆，當王者之師，未有不敗者矣。逮夫故土焦原、横流毒浪之後，尚自負東林之黨人，猶效西臺之慟哭，雖前朝之遺老，實周室之頑民，當名編薰胥之條［四］，豈能入儒林之傳哉！」

［一］甲申爲明崇禎十七年，清順治元年，西元一六四四年。是年李自成軍攻入北京，崇禎帝弔死於景山，明亡。乙酉爲南明弘光元年，清順治二年，是年清軍攻陷南京。

［二］礪灘，謂險灘。波浪礪灘，此與下文所言皆喻黄、顧二人於明末清初時，在險惡環境下抗清諸事，此句謂海上，下句謂山中也。

［三］蛙黽，蛙也。宋祝穆古今事文類聚後集卷五〇蟲豸類「問蛙喜怒」條引艾子曰：「昔有龍王逢一蛙於海濱，相問訊

以刑！」

〔四〕名編薰胥之條，謂編入罪人名單之列。薰胥，本指因牽連而受刑。漢書卷一〇〇下敘傳：「烏呼史遷，薰胥後，……復問王之喜怒如何？龍曰：吾喜則時降膏澤，使五穀豐稔；怒則先之以暴風，繼之以飛雹，使千里之內，寸草不留。龍問蛙曰：汝之喜怒何如？蛙曰：吾之喜，則清風明月，一部鼓吹；怒則先之以努眼，次之以腹脹，然至於脹過而休。」

客曰：「固哉！子之説也。我祖宗參化育之功，體生成之德，不但不加以誅戮，抑且招之使來。所以突圍猛獸，得以遁跡山林；漏網長鯨，亦復呴濡江海〔一〕。此伊古以來未有之寬仁厚澤也。我高宗純皇帝御批通鑑輯覽，乙酉一年不黜留都位號，唐、桂二主併爲竊據續編〔二〕。即欽定明史，亦倣宋史甲戌、乙亥之例〔三〕，大書而特書矣。是以祁彪佳〔四〕、熊開元皆有列傳〔五〕。核二君事蹟，祁、熊之流也。今子不尊聖人至公之心，而爲拘牽之論，何所見之不廣耶！」

予曰：「噫！吾過矣。」退而輯二君事實，爲書一卷，附於册後。

〔一〕史記卷一二二酷吏傳序：「漢興，破觚而爲圜，斲雕而爲樸，網漏吞舟之魚，而吏治烝烝，不至於姦，黎民艾安。由是觀之，在彼不在此。」集解引韋昭曰：「在道德，不在嚴酷。」呴（xǔ）濡，魚吐沫以相濟，喻人們同處困境而相互幫助。莊子天運：「泉涸，魚相與處於陸，相呴以濕，相濡以沫，不如相忘於江湖。」祥案：此引漢事以喻清廷之法網寬縱，故黄、顧諸人得以遺民而終老鄉野也。

［二］御批通鑑輯覽，參本書第三五二頁注［三］。祥案：御批通鑑輯覽前有清高宗御製書通鑑輯覽崇禎甲申紀年事、命通鑑輯覽附紀明唐桂二王事蹟諭，前諭曰：「兹於甲申歲，仍命大書崇禎十七年，分書順治元年以别之。即李自成陷京師，亦不遽書明亡，而福王弘光元年，亦令分注於下，必俟次年福王於江寧被執而後書明亡。」今通鑑輯覽卷一一六「起甲申明莊烈帝崇禎十七年（注：是年五月明福王由崧自立訖乙酉五月明亡）」，即本文所謂「乙酉一年不黜留都位號」也。又通鑑輯覽卷一一七至一二〇爲附明唐桂二王本末，卷一一七爲唐王，卷一一八至一二〇爲桂王，即本文所謂「唐、桂二主併爲竊據續編」也。

［三］甲戌、乙亥，即宋度宗咸淳十年（一二七四）、恭帝德祐元年（一二七五），亦即元世祖至元十一、十二年。咸淳十年，宋度宗死，恭帝即位，翌年出降元。元修宋史，爲瀛國公（即恭帝趙㬎）、益王（即端宗趙昰）、衛王（即末帝趙昺）立本紀，見宋史卷四七。清修明史，奉清帝命甲申以後，仍兼載唐王、桂王諸臣，則頒行之後，宣示綸綍，特命增改。然今本明史，福王朱由崧、桂王朱由榔事見卷一二〇諸王五神宗諸子，唐王朱聿鍵、聿𨮁事見卷一一八諸王三太祖諸子。此與宋史以瀛國公等入之本紀，則有異矣。

［四］祁彪佳，參本書第七六四頁注［八］。

［五］熊開元，字魚山，嘉魚人。天啓五年（一六二五）進士。崇禎四年，徵授吏科給事中。十三年，遷行人司副。京師陷，福王召起吏科給事中。丁母艱，不赴。唐王立，起工科左給事中。連擢太常卿、左僉都御史，隨徵東閣大學士。乞假歸。汀州破，棄家爲僧，隱蘇州之靈岩以終。明史卷二五八有傳。

汪跋

古者國家有巡守、封禪、朝聘、燕饗、明堂、宗廟、辟雍之儀[一]，天子廣集衆儒，講議典禮，損益古今之宜，推所學以合於世用，根底六經，憲章四代[二]，先王制作之精義，可考而知焉。自後儒以讀書爲翫物喪志，義理、典章，區而爲二[三]；度數、文爲[四]，棄若弁髦；箋傳、注疏，束之高閣。又其甚者，肆其創獲之見，著爲一家之言，綴王肅之卮詞，棄鄭君之奥論。末學膚受[五]，後世滋惑。經學浸微，蓋七百年矣[六]。

[一]辟雍，大學謂之辟雍。四周環水，如璧，故曰辟雍。禮記王制：「天子曰辟廱，諸侯曰頖宫。」詩大雅靈臺：「於論鼓鐘，於樂辟廱。」孔疏引五經異義曰：「韓詩説：辟廱者，天子之學。圓如璧，雍之以水。不言辟水，言辟雍者，取其雍和也。」又明堂亦謂之辟雍，大戴禮記明堂：「明堂者，所以明諸侯尊卑。外水曰辟雍。」

[二]禮記中庸：「仲尼祖述堯舜，憲章文武。」漢志引同，顔注：「憲，法也；章，明也。以文王、武王爲明法。」又禮記學記：「三王、四代唯其師，此之謂乎？」鄭注：「四代，虞、夏、商、周。」

[三]祥案：清儒所謂義理之學，主要指宋明理學；所謂典章之學，則指小學、明物典制等考據之學。宋儒明確區分此二者，始於二程。如二程語録卷一一程頤曰：「古之學者一，今之學者三，異端不與焉。一曰文章之學，二曰訓詁之

學，三曰儒者之學。欲趨道，舍儒者之學不可。」又河南程氏遺書卷一八：「今之學者有三弊：一溺於文章，二牽於訓詁，三惑於異端。苟無此三者，則將何歸？必趨於道矣。」明中後期，王陽明在義理、考據、詞章中更是鄙視考據，蔑棄詞章，考據訓詁被看成是當廢之糟粕。王氏傳習録卷中又論曰：「聖學既遠，霸術之傳積漬已深，雖在賢知，皆不免於習染，其所以講明修飾以求宣暢光復於世者，僅足以增霸者之藩籬，而聖學之門牆不復可睹。於是乎有訓詁之學而傳之以爲名，有記誦之學而言之以爲博，有詞章之學而侈之以爲麗。若是者紛紛籍籍，群起而角立於天下，又不知其幾家，萬徑千蹊莫知所適。」汪喜孫此處所指者即此等而言。

［四］禮記仲尼燕居：「子曰：『制度在禮，文爲在禮，行之其在人乎！』」鄭注：「文爲，文章所爲。」

［五］文選卷三張衡東京賦：「乃莞爾而笑曰：『若客所謂末學膚受，貴耳而賤目者也。』」三國吴薛綜注：「末學，謂不經根本；膚受，謂皮膚之不經於心胸。」

［六］祥案：汪喜孫此跋作於嘉慶十七年，爲西元一八一二年，若上推七百年，則爲西元一一一二年左右，爲北宋徽宗政和（一一一一—一一一八）年間，宋代疑經辨僞之風盛行於前，清儒以爲始於唐代啖助、趙匡、陸質等人之議春秋，至宋王安石變法而至其極，此所謂「七百年」者，蓋即此意也。

國朝漢學昌明，超軼前古，閻百詩駁僞孔，梅定九定曆算，胡朏明辨易圖，惠定宇述漢易，戴東原集諸儒之大成，裒然著述，顯於當代。巋門之學，於斯爲盛。至若經史詞章，金石之學，貫穿勃穴，靡不通擅，則顧寧人導之於前，錢曉徵及先君子繼之於後，可謂千古一時也。若夫矯誣之學［一］，震驚耳目，舉世沿習，罔識其非。如汪鈍翁私造典故［二］，其他古文詞支離牴牾，體例破壞。方靈皋以時文爲古文，三禮之學，等之自鄶以下［三］；毛西河肆意譏彈[四]，譬如秦、楚之無道；王白田根據漢宋[五]，比諸春秋之調人。惡莠亂苗[六]，似是而非，自非大儒，孰有能辨之者！

[一]尚書仲虺之誥：「夏王有罪，矯誣上天。」正義：「矯，詐也；誣，加也。」北史卷二一崔浩傳：「性不好老莊之書，每讀不過數十行，輒棄之，曰：『此矯誣之説，不近人情，必非老子所作。』」

[二]汪鈍翁，即汪琬，參本書第六一頁注[二]；下文方靈皋，即方苞，參本書第四七二頁注[四]。

[三]左傳襄公二十九年：季札聘魯，觀於周樂，使工爲之歌。「爲之歌陳。曰：『國無主，其能久乎？自鄶以下，無譏焉。』」杜注：「鄶第十三，曹第十四，言季子聞此二國歌，不復譏論之，以其微也。」後世因喻不值一談，微不足道。

[四]毛西河，指毛奇齡，參本書第五八六頁注[一〇]。

[五]王白田，指王予中，參本書第七一七頁注[二]。

[六]孟子盡心下：「孔子曰：『惡似而非者；惡莠，恐其亂苗也。』」又王充論衡死傷：「世多似是而非，虚僞類真。」又後漢書卷三章帝紀：「夫俗吏矯飾外貌，似是而非，揆之人事則悦耳，論之陰陽則傷化。」

吾鄉江先生，博覽羣籍，通知作者之意，聞見日廣，義據斯嚴，彙論經生授受之恉，輯爲漢學師承記一書。異時採之柱下[一]，傳之其人[二]，先生名山之業，固當埒此不朽。或如司馬子長史記、班孟堅漢書之例，撰次敘傳一篇列於卷後[三]，亦足屏後儒擬議規測之見，尤可與顧寧人、錢曉徵及先君子後先輝暎者也。喜孫奉手受教，服膺有年[四]，被命跋尾，不獲固辭，謹以所聞，質諸坐右，未〔識〕(職)先生以爲知言不也[五]。嘉慶十有七年五月七日，後學汪喜孫識。

[一]周、秦皆有柱下史，謂御史。所掌及侍立恒在殿柱之下。方書指四方文書，即天下圖書計籍之類。史記卷九六張丞相列傳：「張丞相蒼者，陽武人也。好書律曆，秦時爲御史，主柱下方書。」

[二]漢書卷六二司馬遷傳：「臧之名山，副在京師。」顔注：「臧於山者，備亡失也。」又同卷報任安書：「僕誠以著此書，藏諸名山，傳之其人。」顔注：「其人，謂能行其書者。」又文選卷四一司馬遷報任少卿書此句下注曰：「其人，謂與己同志者。」

[三]史記卷一三〇太史公自序爲全書最末一篇，司馬遷備述其家世淵源、著史宗旨與各卷大意。其後班固亦於漢書卷一〇〇下敘傳中，倣司馬氏之意而爲之。汪喜孫此處之意，謂江藩亦可倣司馬氏、班氏之法，爲敘傳以論其家世及著漢學師承記之宗旨及大意耳。

[四]祥案：江藩既與汪中關係密切，又與其子喜孫亦多有往還，喜孫尊禮江氏甚殷。如汪荀叔自撰年譜嘉慶六年：「始識江先生鄭堂。知賞識金石書畫、銅磁雕漆刻絲器用及琢硯造墨之法，後以許浦都統司輒考質之先生，先生賞之，爲延譽於四方文學之士。」又汪氏從政録卷一與江鄭堂先生書：「浮沉曹郎，學無所就，不知何日，出爲外吏。奉侍安車，執業經席，稍慰積年景仰之勞，半生感知之意，南向引領，涕與時深。」又汪孟慈集卷五與鄭堂先生書：「喜孫受知有年，報恩無日，修書未答，相見何時！」江氏卒後，喜孫尚有詩哀挽緬懷之，見其抱璞齋詩集卷五五哀詩江鄭堂先生。

[五]漆案：「識」初刻本及粤雅堂本等皆作「職」，今據文意改之。

附録一　國朝經師經義目録

甘泉江　藩　纂

易

魯商瞿子木受易於孔子，五傳至齊田何子莊，子莊之後，有施、孟、梁邱之學。施，施讎也；孟，孟喜也；梁邱，梁邱賀也。又有京氏學。京氏，京房也，從梁人焦延壽學易。延壽嘗從孟喜問易，喜死，房以延壽易即孟氏學，翟牧、白生不肯，皆曰非也。然則京生之學，實出於焦贛，長於災異，非孟氏易明矣。又有費氏易。費氏名直，本以古字，號古文易，無章句，徒以彖、象、繫辭、文言解説上下經。成帝時，劉向典校書，考易，以爲諸家説皆祖田何，大義略同，惟京氏爲異。又以中古文易經校施、孟、梁邱之易經，或脱去「無咎」、「悔亡」，惟費氏經與古文同。京兆陳元、扶風馬融、河南鄭衆、北海鄭玄、潁川荀爽，並傳費氏易。沛人高相，治易與費氏同時，其易亦無章句，專説陰陽災異，自言出丁將軍，傳至相。丁將軍，丁寬也。受田何易，是爲高氏易。漢初，立易楊氏博士。楊氏字叔元，田何之弟子也。宣帝后，立施、孟、梁邱之易，元帝又立京氏易。費、高二易，民間傳之，後漢費氏興而高氏微矣。永嘉以來，鄭玄、王弼二注，列於國學。至南齊，易用鄭義。隋、唐始專主王弼，而漢、晉諸儒之注皆亡。惟唐李鼎祚周易集解博採諸儒之説，如孟喜、京房、馬融、鄭玄、荀爽、劉表、宋衷、虞翻、陸績，略存一二。於是卦氣、六日七分、游歸、飛伏、爻辰、交互、消息、升降、納甲之變，半見等例，藉此可以推尋。無如王、韓清談，程、朱理學，固結人心，或詆爲穿鑿，或斥爲邪説，先儒古義，棄如土梗矣。

夫易爲卜筮之書，秦火未燔。商瞿受易以來，傳授不絶。則漢儒之説，以商瞿爲祖；商瞿之説，孔子之言也。嗟乎！孔子之言，可以謂之穿鑿，謂之邪説哉！蓋易自王輔嗣、韓康伯之書行，二千餘年，無人發明漢時師説。及東吴惠氏起而導其源，疏其流，於是三聖之易，昌明於世，豈非千秋復旦哉！國初老儒，亦有攻王弼之注，擊陳摶之圖者。如黄宗羲之易學象數論，雖闢陳摶、康節之學，而以納甲動爻爲僞象，又稱王輔嗣注簡當無浮義。黄宗炎之周易象辭圖書辨惑，亦力闢宋人圖書之説，可謂不遺餘力矣。然不宗漢學，皆非篤信之士也。惟毛奇齡仲氏易、推易始末、春秋占筮書、易小帖四書，頗宗舊旨，不雜蕪詞；但以變易、交易爲伏羲之易，反易、對易之外，又增移易爲文王、周公之易，牽合附會，不顧義理，務求詞勝而已。凡此諸書，不登兹録。

易圖明辨十卷胡渭撰　易説六卷惠士奇撰　周易述二十三卷、易漢學八卷、易例二卷、周易本義辨證五卷惠定宇撰　易述贊二卷洪榜撰　周易虞氏義九卷、虞氏消息

二卷張惠言撰　易音三卷顧炎武撰　易學四十卷焦循撰〔一〕

書

尚書有二：一爲今文，伏生所授也；一爲古文，孔安國所傳也。書本有百篇，孔子序之，遭秦滅學。至漢，唯濟南伏生口傳二十八篇：一堯典合舜典爲一篇，二皋陶謨合益稷爲一篇，三禹貢，四甘誓，五湯誓，六盤庚，七高宗肜日，八西伯戡黎，九微子，十坶誓，十一洪範，十二金縢，十三大誥，十四康誥，十五酒誥，十六梓材，十七召誥，十八洛誥，十九多士，二十無逸，二十一君奭，二十二多方，二十三立政，二十四顧命合康王之誥爲一篇，二十五吕刑，二十六文侯之命，二十七粊誓，二十八秦誓。又河内女子得泰誓一篇獻之，共二十九篇。伏生作尚書傳四十一篇，以授同郡張生，張生授千乘歐陽生，歐陽生授同郡兒寬，寬授歐陽生之子，世世傳之，至曾孫歐陽高，謂之尚書歐陽之學。又有夏侯都尉，受業於張生，以授族子始昌，始昌傳族子勝，爲大夏侯之學；勝授從子建，别爲小夏侯之學。於是有歐陽、大、小夏侯三家，訖漢東京，相傳不絶，是爲今文尚書。

〔一〕祥案：此條初刻初印本無，粤雅堂本有之，今據補。

漢武帝時，魯恭王壞孔子宅，得古文尚書，孔安國以今文字讀之，皆起，增多一十六篇：舜典一、汨作二、九共三、大禹謨四、棄稷五、五子之歌六、胤征七、湯誥八、咸有一德九、典寶十、伊訓十一、肆命十二、原命十三、武成十四、旅獒十五、冏命十六。鄭康成謂之二十四篇者，分九共爲九篇也。遭巫蠱事，不得列於學官，故稱逸書，亦稱中古文。其傳之者，都尉朝，朝授膠東庸生，庸生授胡常，常授徐敖，敖受王璜、涂惲，惲授桑欽。成、哀時，劉向父子校理秘書，皆見之。後漢賈徽受業於涂惲，傳子逵。又有孔僖者，安國後也，世傳其學。尹敏、周防、周磐、楊倫、張楷、孫期亦習古文。又有扶風杜林，得西州桼書，互相考證，以授衛宏，徐巡、馬融亦傳其學。鄭君康成，先受古文於張恭祖，既又游馬融之門，乃淵源於孔氏，又通杜林桼書者也，是爲古文尚書。然增多之一十六篇，馬融云「絶無師説」，蓋安國以今文讀之，校其文字，習其句讀而已。漢儒重師承，無師説者，不敢强爲之解。則張楷之注，賈逵之訓，馬融之傳，康成之注，亦但解伏生所傳之二十八篇，其一十六篇，皆無注釋也，所以謂之逸書。逸書者，非逸其文，其説逸而無考也。其後，武成亡於建武之際。至東漢之末，胤征、伊訓猶有存者，故康成注書，間一引之，如禹貢注引胤征，典寶注引伊訓之類。迄乎永嘉，師資道喪，二京逸典，咸就滅亡。

江左中興，元帝時，豫章内史梅賾，奏上孔傳古文尚書，自云「晉太保公鄭沖以古文尚書授扶風蘇愉，愉授天水梁柳，柳授城陽臧曹，曹授汝南梅賾」。賾所上書，增多古文二十五篇：一大禹謨、二五子之歌、三胤征、四仲虺之誥、五湯誥、六伊訓、七太甲上、八太甲中、九太甲下、十咸有一德、十一説命上、十二説命中、十三説命下、十四泰誓上、十五泰誓中、十六泰誓下、十七武成、十八旅獒、十九微子之命、二十蔡仲之命、二十一周官、二十二君陳、二十三畢命、二十四君牙、二十五冏命，是爲僞古文尚書、僞孔傳。齊建武中，吴姚方興於大航市得舜典一篇奏上，比馬、鄭注多「曰若稽古帝舜曰重華協於帝濬哲文明温恭允塞元得升聞乃命以位」二十八字，乃分堯典之半爲舜典，此又僞中之僞也。時梁武爲博士，駁之，遂不行。至唐孔穎達爲正義，取僞孔書，又取此説，反斥鄭氏所述之二十四篇爲張霸僞造。霸僞造者，乃百兩篇，成帝時劉向以古文校之，非是，遂黜其書。漢書儒林傳先述孔壁逸書，後敘百兩篇，則逸書非百兩明矣。且逸書及百兩篇，劉向父子領校秘書時，皆得見之，豈有向明知其僞，而撰別録，仍取霸書乎！歆撰三統曆，述伊訓、武成、畢命諸篇，悉孔壁古文，豈有歆亦知其僞，而反取其説乎！沖遠之説，可謂游談無根矣。自此以後，正義大行，而馬、鄭之注皆亡。至宋，吴棫、朱子始疑其僞，繼之者吴草廬、郝京山、梅鷟也。然皆未有能抉其奥，探其藴。

逮國朝閻氏、惠氏出，而僞古文寖微，馬、鄭之學復顯於世矣。國朝注尚書者十有餘家，不知僞古文、僞孔傳者，概不著録。如胡朏明洪範正論，雖力攻圖書之謬，而闢漢學五行災異之説，是不知夏侯始昌之洪範五行傳，亦出於伏生也。朏明雖知僞古文，而不知五行傳之不可闕，是以黜之。

古文尚書疏證八卷閻若璩撰　禹貢錐指二十卷圖一卷胡渭撰　古文尚書考二卷惠定宇撰　尚書考辨四卷宋鑒撰　尚書後案三十卷王鳴盛撰　尚書集注音疏十二卷、尚書經師系表一卷江艮庭撰

詩

詩有齊、魯、韓、毛四家，皆出於子夏。齊詩，齊人轅固生作詩傳，號曰齊詩。魯人申培公受詩於浮邱伯，以詩經爲訓故以教，無傳，疑者則闕，號曰魯詩。燕人韓嬰推詩之意，作內、外傳萬言，號曰韓詩。毛詩者，出自毛公，河間獻王好之。徐整云：「子夏授高行子，高行子授薛倉子，薛倉子授帛妙子，帛妙子授河間人大毛公，爲詩故訓傳於家，以授趙人小毛公。小毛公爲河間獻王博士，以不在漢朝，故不列於學。」一云：「子夏傳曾申，申傳魏人李克，克傳魯人孟仲子，孟仲子傳根牟子，根牟子傳趙人孫卿子，孫卿子傳魯人大毛公。」漢書儒林傳云：「毛公，趙人，治詩，爲河間獻王博士，授同國貫長卿，長卿授延年，延年授號徐敖，敖授九江陳俠。或云：陳俠授謝曼卿。」三說不同，未知孰是。後漢鄭衆、賈逵傳毛詩，馬融作注，鄭玄作箋，於是毛傳大行而三家廢矣。魏王肅又述毛非鄭，

王基駁王申鄭；孫毓爲詩評，評毛、鄭、王肅三家同異，而朋於王，陳統又難孫申鄭。王、鄭兩家互相掊擊，皆本毛傳。

自漢及五代，未有不本毛公而別爲之説者，有之自歐陽修詩本義始，於經義毫無裨益，專務新奇而已。修開妄亂之端，於是攻小序者不一其人，攻大序者不一其人，若毛傳、鄭箋，則棄之如糞土矣。至程大昌之詩論、王柏之詩疑，變本加厲，斥之爲異端邪説可也。

國朝崇尚實學，稽古之士崛起，然朱鶴齡之通義，雖力駁廢序之非，而又採歐陽修、蘇轍、呂祖謙之説，蓋好博而不純者也。鶴齡與同里陳啓源商榷毛詩，啓源又著稽古編三十卷，惠徵君定宇亟稱之。其書雖宗鄭學，訓詁聲音以爾雅爲主，草木蟲魚以陸疏爲則，可謂專門名家矣。然而解「西方美人」，則盛稱「佛教東流，始於周代」，至謂「孔子抑藐三皇而獨聖於西方」；解「捕魚諸器」，謂「廣殺物命，恬不知怪，非大覺緣果之文莫能救之」。安下斷語，謂「庖犧必不作網罟」。吁！可謂怪誕不經之談矣。以佛説解經，晉宋間往往有之，然皆襲其説而改其貌，未有明目張膽若此者也。顧震滄之毛詩類釋，多鑿空之言，非專門之學，亦在删汰之例。

詩説三卷惠周惕撰　毛鄭詩考正四卷戴震撰　詩本音十卷顧炎武撰　詩音表一卷錢坫撰

禮

秦氏坑儒，禮經缺壞。漢興，魯高堂生傳士禮十七篇，即今之儀禮也。而魯徐生善爲容。景帝時，河間獻王好古，得古禮獻之。古文禮五十六篇、記百三十一篇、周禮六篇。其十七篇與高堂生同，而字多異。或曰：「河間獻王開獻書之路。有李氏上周官五篇，失冬官一篇，乃購千金，不得，取考工記以補之，即今之周禮也。」禮記者，本孔子門徒共撰所聞，以爲此記，後人各有損益。中庸，子思所作；緇衣，公孫尼子制；月令，吕不韋撰；王制，漢時博士所爲。陳邵周禮論序云：「戴德删古禮二百四篇爲八十五篇，謂之大戴禮；戴聖删大戴禮爲四十九篇，是爲小戴禮。後漢馬融、盧植考諸同異，附戴聖篇章，去其繁重及所敘略而行於世，即今之禮記也。」傳禮〔禮〕（經）經者〔一〕，自瑕邱蕭奮，授東海孟卿，卿授同郡后蒼及魯瑕邱卿。其古禮經五十六篇，蒼傳十七篇，所餘三十餘篇以付書館，名爲逸禮。蒼説禮，號后蒼曲臺記，授聞人通漢及戴德、戴聖、慶普，由是禮有大、小戴、慶氏之學。普授夏侯敬，又傳族子咸；大戴授徐良；小戴授橋仁、楊榮。新莽時，劉歆爲國

〔一〕祥案：「禮經」，原作「經經」，涉下而誤，今據文義改之。

師，始立周官經，杜子春受業於歆，授鄭興父子。此士禮、周官授受源流也。慶氏曲臺，其亡已久，傳禮記者，馬融、盧植、鄭康成。

自晉及唐，三禮皆用鄭注。至宋儒潛心理學，不暇深究名物度數，所以於禮經無可置喙；然必欲攻擊漢儒，乃於周禮中指摘其好引讖緯而已。南宋以後，始改竄經文，補亡之説興矣。士禮十七篇，文詞古奧，宋儒畏其難讀，別無異説。至敖繼公始疑喪服傳非子夏所作，而注文隱攻鄭氏，巧於求勝，於是郝敬之臆斷、奇齡之吾説起矣。延祐科舉之制，易、詩、書、春秋皆以宋儒新説與注疏相參，惟禮記則專用注疏。至陳澔乃爲集説一書，不從鄭注，於是談禮記者，皆趨淺顯而不問古義矣。

至國朝，如萬斯大、蔡德晉、盛百二，雖深於禮經，然或取古注，或參妄説，吾無取焉；方苞輩則更不足道矣。

周禮祿田考三卷沈彤撰　禘祫説二卷惠定宇撰　周禮疑義舉要七卷江永撰　考工記圖二卷戴震撰　弁服釋例十卷任大椿撰　車制考一卷錢坫撰

儀禮鄭注句讀十七卷、監本正誤一卷、石經正誤一卷張爾岐撰　儀禮小疏一卷沈彤撰　儀禮釋宮譜增注一卷江永撰　儀禮管見四卷褚寅亮撰　儀禮正譌十七卷金日追撰　儀禮圖六卷張惠言撰　禮經釋例十三卷凌廷堪撰

深衣考一卷黄宗羲撰　明堂大道録八卷惠定宇撰　禮記訓義擇言八卷、深衣考誤一

卷江永撰　深衣釋例三卷任大椿撰

附三禮總義：

禮説十四卷惠士奇撰　禮經綱目八十五卷江永撰　禮箋十卷金榜撰

春秋

孔子作春秋，爲之傳者，左邱明、公羊高、穀梁赤及鄒氏、夾氏。鄒氏無師，夾氏有録無書，皆不顯於世。傳於世者，左氏、公、穀三家。邱明作傳，以授曾申，申傳吴起，起傳其子期，期傳鐸椒，椒傳虞卿，卿傳荀況，況傳張蒼，蒼傳賈誼，誼傳至其孫嘉，嘉傳貫公，貫公傳少子長卿，長卿傳張敞及張禹，禹傳尹更始，更始傳其子咸及翟方進、胡常，常授賈護，護授陳欽。劉歆從尹咸及翟方進受左氏，歆授賈徽，徽傳子逵。逵受詔，列公羊、穀梁不如左氏四十事奏之，又作左氏訓詁，於是鄭衆、馬融、服虔皆爲左氏學。至和帝元興十一年，鄭興父子奏上左氏，乃立於學官，遂盛行。江左中興，用服氏注，後專用杜氏，而諸家之注廢矣。傳公羊者，胡母生、董仲舒，仲舒傳褚大、嬴公、段仲温、吕步舒，嬴公授孟卿及眭巨集，巨集授嚴彭祖、顔安樂，由是公羊有嚴、顔之學。數傳至孫寶、後漢何休爲之注。傳穀梁者，瑕邱江公受於魯申公，其學寖微，惟榮廣、浩星公二人受焉。蔡千秋、周慶、丁姓皆從廣受穀梁，千秋又事浩星公，爲學最篤。宣帝即位，聞衛太子好穀梁，乃詔千秋與公羊家竝説，上善穀梁説，後又選郎十人從千秋受。會千秋病死，徵江公孫爲博士，詔劉向受穀梁，欲令助之。江博士復死，乃徵周慶、丁姓待詔，使卒授十人。十餘歲，皆明習，乃召五經名儒太子太傅蕭望之等大議殿中，平公羊、穀梁同異。望之等多從穀梁，由是大盛。又有尹更始事千秋，傳其學，又授左氏傳，爲章句十五卷，繼之者唐固、麋信。至隋時，穀梁用范寧注。是時，左氏學大行，二家鮮習之者。至唐，趙匡、啖助、陸淳始廢傳談經，而三傳束置高閣，春秋之一大厄也。有宋諸儒之説春秋，皆啖、趙之子孫而已。

國朝爲左氏之學者，吴江朱氏、無錫顧氏。而鶴齡雜取邵寶、王樵之説，而不採賈、服；震滄之大事表雖精，然實以宛斯之書爲藍本，且不知著書之體，不有必表者亦表之，甚至如江湖術士之書，以七言爲歌括，不值一噱矣，兹不著録。宋以後貴文章，治左氏，公、穀竟爲絶學。阮君伯元曰孔君廣森，深於公羊之學。然未見其書，不敢著録，餘倣此。

左傳杜解補正三卷顧炎武撰　左傳事緯十二卷附録八卷馬驌撰　春秋長曆十卷、春秋世族譜一卷陳厚耀撰　左傳補注六卷惠定宇撰　春秋左傳小疏一卷沈彤撰　春秋地理考實四卷江永撰

附三傳總義：

春秋説十五卷惠士奇撰

論語

論語者，孔子應答弟子及時人所言，或弟子相與言而接聞夫子之語也。鄭康成云：「仲弓、子夏等所撰定。」漢興，傳者魯論語、齊論語、古論語三家。傳魯論者，龔奮、夏侯勝、韋賢、賢弟玄成、扶卿、夏侯建、蕭望之。齊論語，則有問王、知道二篇，凡二十二篇，其二十篇中章句頗多於魯論。傳之者，王吉、王卿、貢禹、五鹿充宗、膠東庸生。古論語，出孔壁中，二十一篇，有兩子張，篇次與齊、魯不同，孔安國爲傳，馬融亦注之。張禹受魯論於夏侯建，又從庸生、王吉受齊論，擇善而從，號曰張侯論，包咸、周氏並爲章句。鄭玄就魯論張、包、周之篇章，考之齊、古，爲之注焉。魏何晏又爲集解。梁、陳、鄭、何並立於學官。唐則專用何注，而鄭注亡矣。至南宋，朱子始以論語、孟子及禮記中之中庸、大學二篇合爲四書，盛行於世。凡四書類及經總義類，皆附於此。

四書釋地一卷、四書釋地續一卷、四書釋地又續二卷、四書釋地三續二卷、四書釋地餘論一卷閻若璩撰　鄉黨圖考十卷江永撰　孟子字義疏證三卷戴震撰

論語後録五卷錢坫撰　論語駢枝一卷劉台拱撰

附經總義：

九經誤字一卷顧炎武撰　九經古義十六卷惠定宇撰　群經補義五卷江永撰　經義雜記三十卷臧琳撰　古經解鉤沉三十卷余古農撰　經讀考異義證□卷武億撰　經傳小記三卷劉台拱撰

爾雅

爾雅一書，張揖云：「釋詁一篇，周公作。釋言以下，或言仲尼所增，子夏所足，叔孫通所益，梁文所補。」漢儒爲此學者，犍爲舍人、劉歆、樊光、李巡、孫炎。後用郭璞注，而各家之注俱亡。凡方言、釋名小學諸書，皆附於後。

爾雅正義二十卷邵晉涵撰　方言疏證十三卷戴震撰　釋名疏證八卷、釋名補遺一卷、續釋名一卷江艮庭撰　小學鉤沉二十卷、字林考逸八卷任大椿撰　說文解字義證五十卷桂馥撰　別雅五卷吳玉搢撰

附音韻

音論三卷、唐韻正二十卷、古音表二卷、韻補正一卷顧炎武撰　古韻標準四卷、四聲切韻表四卷、音學辨微一卷江永撰　聲韻考四卷、聲類表十卷戴震撰　四聲均和表五卷、示兒切語一卷洪榜撰

樂

古者六籍、五經，禮、樂並重。周衰，禮壞樂微。迨秦燔書，而樂之遺籍，掃地盡矣。漢興，制氏以雅樂聲律，世爲樂官，能記其鏗鏘鼓舞，而不能言其義。其後，樂人竇公獻樂章。武帝時，河間獻王作樂記，與制氏不相遠，内史丞王定傳之，以授常山王禹。成帝時，禹爲謁者，獻記二十四卷。劉向校書，得樂記二十三篇，與禹不同，其道寖微。魏晉以後，典章廢棄，即班志所載二十三篇，已不復得，於是遂爲絶學。國朝諸儒蔚起，搜討舊聞，雖樂制云亡，而論音律者，求周尺漢尺之遺，尋審律審音之旨，俾二千餘年之墜緒，彰明宇宙，不誠繼往開來之偉業哉！若斯之類，不可泯滅，因别立一類以附卷末。

律吕新論二卷、律吕闡微十卷江永撰　律吕考文六卷錢塘撰　燕樂考原六卷凌廷堪撰家大人既爲漢學師承記之後，復以傳中所載諸家撰述，有不盡關經傳者，有雖關經術而不醇者，乃取其專論經術而一本漢學之書，傚唐陸元朗經典釋文傳注姓氏之例，作經師經義目録一卷，附於記後，俾治實學者，得所取資，尋其宗旨，庶不致混莠於苗，以砆爲玉也。著録之意，大凡有四：一，言不關乎經義小學，意不純乎漢儒古訓者，固不著録已；一，書雖存其名而實未成者，不著録；一，書已行於世而未及見者，不著録；一，其人尚存，著述僅附見於前人傳後者，不著録。凡在此例，不欲濫登，固非以意爲棄取也。次列既，鈞承命繕録〔一〕，因不揣檮昧，著其義例於末。嘉慶辛未良月既望，男鈞謹識。

〔一〕祥案：「鈞承命繕録」，原作「承命鈞繕録」，今據粤雅堂本改之。

伍跋[一]

右國朝漢學師承記八卷，附録國朝師經義目録一卷，國朝江藩撰。洪惟昭代經學脩明，定鼎之初，顧亭林、胡朏明、閻百詩諸先生崛起，遠紹兩漢諸儒之墜緒，篤實淳懿，恪守師法，承先啓後，私淑有人，實宋、元、明以來所未有。鄭堂特著此書，國朝經師學行出處，著撰緒論，搜括靡遺，洵盛業也。阮文達定香亭筆談稱，元和惠徵君定宇，經學冠天下，鄭堂於惠氏弟子余君仲林，盡得其傳。洪北江詩話，亦稱其學有師法。珠湖草堂筆記，則稱是書極有史家體裁。鄭堂久在阮文達幕府，文達撰國史儒林傳稿，第一次顧亭林居首，第二次黄黎洲居首；而是書以兩先生編於卷末，以不純宗漢學也，亦可見其體例之嚴。然如王蘭泉侍郎傳，記及其以五七言詩〔争〕（章）立門户[二]，譏其「太邱道廣」一事。洪北江詩話稱侍郎所選詩，一以聲調格律爲準，其病在於以己律人，而不能各隨人之所長，亦頗有微詞，亦何至如鄭堂所云也！又北江傳，記及其出示所作古文，指摘其用事訛舛，齗齗强辯一事。

[一] 伍崇曜跋爲粤雅堂叢書本國朝漢學師承記所有，今附於此。

[二] 祥案：「争」，原文作「章」，形似而誤，今據文義改之。

北江詩話則稱鄭堂「過畢弇山宫保墓道詩曰『公本愛才勤説項，我因自好未依劉』，亦隱然自具身分，惜其爲饑寒所迫，學不能進也」。則宛然報復之師矣。昔司馬子長撰酈生傳，不言其説高祖封六國後，完人之美，俾成佳傳也；又於子房傳見之者，紀其實也。此等事縱匪鑿空，亦當記之説部等書，臚載本傳，無論有乖史例，亦適徵其所養之不醇。然究爲上下二百年一大著作，談漢學者决不可少之書，讀者略其小疵可耳。咸豐甲寅夏五朔日，南海伍崇曜謹跋。

附録二　國朝漢學師承續記

［清］趙之謙　手稿　漆永祥　整理

一、錢大昭　子東垣　繹

錢大昭，字晦之，晚號可廬，嘉定人。國子監生。嘉慶丙辰，薦舉孝廉方正，賜六品頂带。少詹事竹汀先生之弟也。

君學出少詹事，隱居讀書，多文日富。治詩守漢經師遺説，於毛無所異，於魯、齊、韓無所廢，説有證必引申之，衷於至是。治小學，校定爾雅釋文；於説文定十例，爲説文統釋。十例者：曰疏證，求古義；曰音切，復古音；曰考異，存古本；曰正俗，黜别字；曰通義，明互借；曰從母，説孳乳；曰别體，廣異義；曰正譌，訂譌誤；曰崇古，知古文；曰補字，蒐放失。於史補漢書表，補續漢書藝文志，考後漢郡國令長；又爲兩漢書辨疑，王君西沚序之，以爲「生千百年以下，追及幾千年以上，如掌上羅紋」；又爲三國志辨疑。

其致力之專且久，有廣雅疏義，凡三十年始具草稿。儀徵阮文達視學山東、浙江，皆辟君往，曾爲記蕉窗注雅圖。桂冬卉見其書，稱爲精審者也。廣雅舊無注，雖隋曹憲爲之音釋，厥後千有餘年，微文奥義，罔知説解。自高郵王氏撰疏證成，海内尊之，蔑有異義，而君書遂不復傳。乙丑之冬，余過杭州書肆，得蕭山王撫軍紹蘭家藏殘帙，尚存五卷，因取疏證參伍校讀，其所徵引繁富相埒，若創通大義，考索幽隱，誠有不如疏證之精，然而旁搜遠紹，務爲其難，苦心不可没也。兵燹之後，遺書散失，斷簡數寸，長留難言，因刺其中與疏證異者若干條亟録之。如釋「月行九道」曰：

禮記疏引尚書考靈耀云：「萬世不失九道謀。」鄭注引河圖帝覽嬉云：「黄道一，青道二出黄道東，赤道二出黄道南，白道二出黄道西，黑道二出黄道北。日春東從青道，夏南從赤道，秋西從白道，冬北從黑道。」漢書天文志：「日有中道，月有九行。中道者，黄道，一曰光道。光道北至東井，去北極近；南至牽牛，去北極遠；東至角，西至婁，去極中。夏至至於東井，北近極，故晷短；冬至至於牽牛，遠極，故晷長；春秋分日至婁、角，去極中，而晷中。月有九行者，黑道二，出黄道北；赤道二，出黄道南；白道二，出黄道西；青道二，出黄道東。立春、春分，月東從青道；立秋、秋分，月西從白道；立冬、冬至，月北從黑道；立夏、夏至，月南從赤道。然用之，一決房中道。青赤出陽道，白黑出陰道。若月失節度而妄行，出陽道則旱風，出陰道則陰雨。」

盧學士云：「左氏昭二十一年傳正義云：『日月異道，互相交錯，月之一周，必半在日道裏，從外而入内也；半在日道表，從内而出外也。或六入七出，或七入六出，凡十三出入而與日一會，曆家謂之交道。通而計之，一百七十一日有餘而有一交。交在望前，朔則日食，望則月食；交在望後，望則月食，後月朔則日食。此自然之常數也。』」

戴吉士震九道八行説云：「月道出入黄道内外，二十七日有奇而交道一終。交終不復於原處，其差一度又幾半度。每年之差，自東而西十九度奇，古曆家有『九道八行』之説，所以考其差也。借青朱白黑以别之，借八節之名以命之：春分青道爲正東，立春青道爲東南，冬至黑道爲正北，立冬黑道爲東北，秋分白道爲正西，立秋白道爲西北，夏至朱道爲正南，立夏朱道爲西南。如交在冬至南緯二十三度半而入陰曆，半交必在春分黄道内五度半，春分無南北緯，則月北緯五度半是爲春分青道。凡三十交，退在立冬南緯十六度奇而入陰曆，半交必在立春黄道内五度半，立春南緯十六度奇，則月南緯幾十一度，是爲立春青道。又三十交，退在秋分無南北緯而入陰曆，半交必在冬至黄道裏五度半，冬至南緯二十三度半，則月南緯十八度，是爲冬至黑道。又三十交，退在立秋北緯十六度奇而入陰曆，半交必在立冬黄道五度半，立冬南緯十六度奇，則月南緯幾十一度，是爲立冬黑道。又三十交，退在夏至北緯二十三度半而入陰曆，半交必在秋分黄道裏五度半，秋分無南北緯，則月北緯五度半，是爲秋分白道。又三十交，退在立夏北緯十六度奇而入陰曆，半交必在立秋黄道裏五度半，立秋北緯十六度奇，則月北緯幾二十三度，是爲立秋白道。又三十交，退在春分無南北緯而入陰曆，半交必在夏至黄道裏五度半，夏至北緯二十三度半，則月北緯二十九度，是爲夏至朱道。又三十度交，退在立春南緯十六度奇而入陰曆，半交必在立夏黄道裏五度半，立夏北緯十六度奇，則月北緯幾二十二度，是爲立夏朱道。又三十交，退在冬至，月復循青道。以四年過半循二青道，四年過半循二黑道，四年過半循二白道，四年過半循二朱道，十八年過半，八行一周。古曆以自南而北交於黄道爲中交，常以中交爲主，今曆謂之正交。古曆自北而南爲正交，今曆謂之中交。日食，朔當交也；月食，望當交也。九道自宋人悟之，至元而遂廢。考諸古曆，未有明析其必分之故者。由今思之，可以知交道出入焉，可以考當交、半交、距赤道遠近焉，可以明交終所差，每月交於某宫某度焉，可以辨交之中終與朔望不齊、每朔望去交遠近及當交而有食焉。古法之廢而宜舉者此也。」

戴所云朱道者，本作赤道，但此乃九行之赤道，天體中央去南北極適中處亦名赤道，與此名同易惑，故改之也。戴所云南北緯者，在赤道南爲南緯，在赤道北爲北緯也。

詹事兄曰：「月道與黄道相交，正交從黄道北出黄道南，古謂之陽曆；中交從黄道南入黄道北，古謂之陰曆。凡三十七日有奇而月行之出入一終。」又族子塘云：「九道固即交道，而交道似有二種：月與日交而有交食，即昭廿一年正義所言是也；九道與宿度交則爲八節，即漢志所説是也。古節氣有常度，月行有常率，大抵十九歲而九道小終，千五百廿歲而大終，與交食無預也。廣雅所説宿度，未知何據。」

釋地「少原」、「渚毗」、「幽都」，王氏闕疑，君舉韓詩外傳「孔子出遊少原之野，有婦人中澤而哭甚哀」證之；盧學士説以爲「渚毗」即「諸毗」，引南山經「浮至之山，北望具區，東望諸毗」，郭注「水名」證之；以「幽都」爲即禹貢「大陸」，引漢書地理志鉅鹿郡鉅鹿縣，「禹貢大陸澤在東北」證之。正釋丘「㠯，細也」爲「細，阜也」之誤曰：「字書無『㠯』字，疑『𠂤』之訛。説文：『𠂤，小阜也。象形。』徐鉉曰：『今俗作堆。』國語賈逵注：『小阜曰魁。』見史記趙世家。魁即阜也。」釋「洋，厓也」集韻引作泎，曰：「『洋，疑是泮。玉篇泮亦瀰字，深也，盛也。漢書地理志：『邯又曰：河水洋洋。』今邯詩無此句，不知乃泮泮之誤也。瀰爲水盛，似不當在此，然亦得與潯、滐、汜爲類。或疑是汻字，説文：『汻，水厓也。』徐鉉云：『今作滸，非是。』爾雅『岸上滸』，注『岸上地』。段氏玉裁云：『洋，疑泮之誤。詩衛風：隰則有泮。傳：泮，坡也。箋云：泮，讀爲畔。畔，涯也。』案：泎爲厓，未見所出，段説近之。」釋水：「瀍，理也。」引兄詹事説曰：「説文無『瀍』字，淮南本經訓：禹『辟伊闕，導廛澗。』注：『廛、澗，兩水名。廛讀如裹纏之纏。』廛從裹，疑古有裹音，故轉訓爲理。」

其他考訂文義，足互資辯證者尚數十事，惜不能讀其全也。所著詩古訓十二卷、爾雅釋文補三卷、廣雅疏義二十四卷，錢直卿藝文志略作疏證，錢東生文獻徵存録作輯注，未成書。亦誤。余所得者爲六、七、十四、十七、十八凡五卷。説文統釋六十卷、後漢書補表八卷、補續漢書藝文志二卷、後漢郡國令長考一卷、兩漢書辨疑四十四卷、三國志辨疑三卷、嘉定金石文字記四卷、信古編十卷、邇言六卷、雜志六卷、詩集四卷、長興縣續志二十卷。年七十，卒於家。

子東垣、繹、侗，世其學。東垣，字既勤，號亦軒，嘉慶戊午舉人。浙江松陽縣知縣，有政績。以憂去職，服闋，銓授上虞縣知縣，卒於官。東垣端重寡言，克守家法，淹貫經史，篤於内行。弟侗早卒，教育其子。續成許氏五經異義，繼少詹事與徵君之志，爲五經異義輯存二卷。著孟子解誼十四卷、小爾雅校證二卷、補經義考四十卷、續經義考二十卷、列代建元表十卷、建元類聚考二卷、顨宮瓦當文考一卷、錢志一卷、稽古録辨僞一卷、青華閣帖考異三卷、勤有堂文集六卷、詩集六卷。

繹字以成，一字子樂，號亦廬。諸生。精於小學，嘗言詁訓本於聲音，必求古音以通古義，爲爾雅疏證十九卷、説文解字讀若考三卷、説文解字闕疑補一卷、釋大一卷、釋小一卷、釋曲一卷、字詁類纂一百六卷、十三經斷句考十三卷、方言箋疏十三卷。

侗別見。

二、錢侗 錢師徵

錢侗，字同人，號趙堂，嘉定人，可廬徵君之季子。以諸生應召試，名列二等。嘉慶庚午，舉京兆試，充文穎館校録，授職知縣。年三十八而卒。侗家世碩儒，沈篤好學，自其弱歲，已有聞於公卿間。精研聲音訓詁，旁及金石泉幣，搜索探討，綜舉罔遺。嘗依劉成國釋名之例，撰釋聲，自序曰：

言小學者有二端：曰故訓，爾雅、説文之屬是也；曰聲音，釋名之屬是也。有文字然後有訓詁，而聲音實在文字之先，故言小學必通訓詁，言訓詁必先識字，欲識字必先審聲音。所謂聲者，萌芽於二儀初判之時，廣益於草昧既開而後，非後世四聲、七音、三十六字母之説也。周公制爾雅，有釋詁言訓，獨無釋「聲」與「名」者，是以劉氏廣之爲釋名。然案釋訓云「幬謂之帳」，即繼以「侜張，誑也」；又云「不辰，不時也」，「鬼之爲言歸也」。同聲比類，已舉最凡，蓋未嘗不寫釋聲於諸篇中也。後儒增補，間或昧於聲音，如釋「栝樓」爲「果蠃之實」之類，若依釋魚「科斗，活東」之例，但云「果蠃，栝樓」足矣，何取一物而區以別之乎？難者曰：「果蠃」、「栝樓」既爲同聲之字，但云「果嬴」足矣，「栝樓」兩言，豈非疣贅？則又不然。大抵文字有定，而聲音無定，氣有清濁，居有南北，語有高下、輕重、緩急、長短，今欲執從其一，是猶教燕、趙之人而吐辭必學吴語，强吃之輩而出言胥協古音，此不待知者辯其惑也，故謂「必也正名乎」！記曰：「書同文。」天下古今之名之文可正而同也，天下古今之聲音則莫能一也。夫聲隨人變，則字亦隨之俱變，書傳所記，異言殊語，紛更錯雜，新學後進，罔識據依。甚者不知「督郵」爲「獨提」，而疑神農尚無此官；不知「文無」即「蘼蕪」，而謂「當歸」，以贈羈旅。此釋聲之書所以繼釋名而作也。

余幼習家業，兼奉義方，得稍知小學源流。年既及冠，世父詹事公示以所著聲類，益知聲音之妙，觸類可通。因擴其例，徵集羣書同物異名之文，比而釋之，爾雅而外，以爲言故訓者首推許慎，言聲音者當宗劉熙，所以詮釋諸名，俱以聲爲定準，蓋深有得乎六書形聲之旨者。而彼所釋必據聲音以求故訓，此所釋則皆以聲音概文字，故其命名亦殊也。冥思苦索，積若干年，編爲若干卷，以從劉氏之後。茫茫今古，宜有賞心！義或駭俗，致來駁詰，其知其罪，非吾所能億中也。

君既撰釋聲，復取里俗方言，原其聲轉，衷以古音，出之苦思，得則創獲。與同里陳進士詩庭互求證釋，成吴語詮。復以孟子僞疏舛訛叢出，另撰正義。又與兩兄偕金君秬和、秦君照若輯崇文總目。天不假年，未竟其志，然其所成就者已無能及矣。

君所著説文音韻表五卷、説文重文小箋二卷、説文孳乳表二卷、九經補韻考二卷、方言義證六卷、釋聲八卷、吴語詮六卷、孟子正義十四卷、至聖世系表一卷、錢氏世系表一卷、四史朔閏考補一卷、崇文總目輯釋五卷、續隸續三卷、列代錢幣圖考二十卷、古錢待訪録二卷、正名録四卷、唐文集錦十卷、元詩紀事三卷〔一〕、擬太倉州志人物傳例一卷、文集六卷、詩八卷、詞二卷。客杭日記二卷、丁丑丙寅日記四卷，則記友朋講學之詞，考證金石經籍之事。又讀書日疏十卷。

子師璟，字直卿，葛君其仁之女夫。能守家法，曾撰嘉定錢氏藝文志略者也。

從子師徵，字鑒人，號靜孺，亦精考證，著五代史記補注、漢玉剛卯考一卷、金石文字管見録二卷。亦早卒，年僅三十五。

三、朱右曾

葛其仁　陳詩庭　陳　琢

朱右曾，字尊魯，一字序周，號咀霞，晚號亮甫，嘉定孝子朱臯亭先生瑋子也。其先世

〔一〕祥案：元詩紀事乃錢大昕之作，非錢侗之作，趙氏誤。錢東壁、錢東塾編竹汀居士年譜乾隆五十六年下錢慶曾注曰：大昕「又有元詩紀事若干卷，以稿屬從祖同人及陶鳧香兩先生編次成書。」則錢侗乃後來編輯是書耳。

出河南，宋紹聖諫官勃勃子鴻臚卿敦，見宋史文苑傳。南渡後，五傳，卜居吳縣洞庭東山。入國朝康熙中，遷嘉定，遂爲嘉定人。皐亭先生邃於春秋之學，著春秋萃要，有歸研齋文一卷、詩四卷。君年十四而父歿，母陸以賢孝聞，撫而訓之曰：「汝父家徒四壁，有遺書數卷耳。能讀耶，敬承父志；不能，其改業賈。」君涕泣受命，學以養親。十八，補縣學弟子。越十年道光戊子，舉於鄉。戊戌，成進士。改庶吉士，散館，授編修，充國史館協修纂修官。君會試出故相穆彰阿之門，官京師十年，終不謁見，人或笑之，不顧也。及後召對稱旨，始授徽州府知府。之任年餘，以母憂去官，遂不復出，終於家。〔一〕君之行類古獨行君子，其居官也，不矜矜察察，民不欺焉，不爲煦煦孑孑，民愛且敬焉；其教士也，士用向學；其持身也，寡言笑；官典郡矣，事母以孝，謹身節用，一如其爲子爲士之日。其學求精勤，不事辨論，撰左傳賈服注疏、詩地理徵，皆未見，或未成書。〔二〕已刻者，爲周書集訓校釋十卷、汲冢紀年存真二卷。集訓徵引極博，孔晁所未及。存真則進退上下數千年事，異同是非，鈎摭決寀，罔不綜核。自序一篇，括舉大旨，言今本可疑者十二事，真古文可信者

〔一〕江慶柏趙之謙漢學師承續記評説（原載古籍整理研究學刊二〇〇六年第六期，第八一一一頁。以下所引皆簡稱評説），據清史列傳卷六十九本傳以及光緒嘉定縣志卷十六人物志宦績本傳，對朱右曾在貴州任職年份有明確記載，謂「『咸豐紀元，除鎮遠府知府。……癸丑（咸豐三年）調遵義……丁巳（咸豐七年）署大定府』。查民國貴州通志，朱右曾見於職官表六大定府、遵義府，職官表八鎮遠府。此均在其『母憂』之後。嘉定縣志又云：『戊午（咸豐八年）卒官，年六十。』是亦非如續記所説『終於家』」。

〔二〕祥案：朱氏詩地理徵七卷，有續皇清經解本、南菁書院刻本等。

十六事，出洪氏頤煊所舉四誤四證之外。略曰：

晉書束晳傳言紀年十三篇，隋經籍志作十二卷，新、舊唐書藝文志並云十四卷，今本只二卷，篇目可疑一。束晳傳言紀年夏以來至周幽王後，以晉事接之，三家分，仍述魏事。杜預亦云特紀晉國，起殤叔至曲沃莊伯。莊伯十一年十一月，魯隱西元年正月也。今本自黃帝元年至隱王十六年，大半依據史記年表，體例可疑二。古文全用夏正，杜預言可據。今本平王五十一年春三月己巳，日有食之。桓王二十三年三月乙未，王陟。全襲春秋，可疑三。史記正義引紀年，自盤庚徙殷至紂之滅，二百七十三年更不徙都；今本則云，武乙三年「自殷遷河北」，十五年「自河北遷沬」，不知盤庚出徙，已居河北，可疑四。集解引紀年夏用歲四百七十一年，今本附注云「起壬子終壬戌」，則四百三十一年，可疑五。自來簡冊不詳周公薨年，今本於成王二十一年書「周公薨於豐」，而成王十三年書「夏六月，魯大禘於周公廟」，豈有周公尚存，魯已主廟？可疑六。書序周公既没，命君陳分正東郊；今本成王十年「周文公出居於豐」，十一年「王命周平公治東都」，顯非事實，可疑七。宋陳、晁書目，皆無此書，而宋志有竹書三卷，是亡而後復輯之證，可疑八。凡史記注所引「田侯剡立齊桓公，弑其君母」；梁惠王、成王「會齊威王於平阿」；齊宣王八年，「弑其王后」；秦惠王薨，「秦内亂，殺其大后及公子雍、公子莊」。水經注所引鄭築長城，「自亥谷以南」，「鄴師敗邯鄲」，「師於平陽」。

此類確是紀年古文，而今本俱軼，可疑九。紀年不講書法，故王季、文王亦加王號，魯隱、邾莊皆舉謚法，今本改王季爲周公季歷，改文王爲西伯，改許文公爲許男，改平王爲宜臼，可疑十。水經注引晉烈公三年，「楚人伐我南鄙」。十二年，「王命韓景子、趙烈子及我師伐齊」。我者晉也。梁惠成王元年，「趙成侯偃、韓懿侯若伐我」。葵二年，「齊田壽率師伐我，圍觀」。我者魏。今本用周紀年，則我皆爲周，文義俱失，可疑十一。梁書沈約傳不言注竹書紀年，隋志亦無紀年沈約注，今本取宋書符瑞志，托爲休文之注，可疑十二。案：趙氏原注：「前後四條，同洪氏説。」

其可信者：黄帝至禹爲世三十，譜牒所紀闕漏甚多，而舜妻祖姑，稷契爲堯親弟，舉可旁通，一撤其障，一也。禹都陽城，足證孟子，二也。太康、羿、桀，俱居斟鄩，即雒汭之滑口，足證周書度邑因有夏之居，三也。鳴條在陳留，湯伐桀，桀自斟鄩東出，故戰於鳴條，足證書序，四也。商五遷：囂、相、耿、庇、奄，前不數亳，後不數殷，故云「於今五邦」，五也。周武王十一年伐殷，禽受，故書序、泰誓言十有一年，足破僞古文十三年之謬，六也。武王陟年五十四，與周書度邑言自「發之未生，至於今六十年」合，上距克殷只閲六載，故中庸云「武王未受命」，足辟文王十五生武王，

〔武王〕八十二生成王之説〔一〕，七也。共伯干王位，故左傳云「諸侯釋位以間王政」，若周、召共攝政，不得云諸侯，八也。攜王爲王子，餘臣以庶孽，故云「奸命」，若伯服則既立爲太子，不得言「奸命」，九也。莊子言越人三弑其君，田成子十二世而有齊國，稽之史記，殊形参錯；證之真古文，若合符節，十也。梁惠王改元稱王，故孟子至梁，稱之曰王，十一也。惠王六年，徙都大梁，故十八年田忌欲直走大梁，十二也。惠王後元十一年，「楚敗我襄陵」，故告孟子「南辱於楚」，如史記則無南辱之事，十三也。齊威王三十六年薨，當梁惠王後元十五年，而後齊宣王立，孟子之書，先梁後齊，本爲實録，史記之誤，不辯自明，十四也。燕王之亂，在齊宣王七年，足證史記、荀子以伐齊爲湣王及通鑑增年之謬，十五也。孟子言由周而來七百有餘歲，依三統曆則孟子言齊之歲，上距克殷已八百餘載，依真古文推較，確是七百有餘，十六也。

又言：

少讀孟子，疑伐燕之事，及觀通鑑增年求合，病其鑿空，取索隱所引紀年之文，排比類次，涣然冰釋。乃知史遷之誤，唐、宋儒者讀書之鹵莽，因廣搜故册，掇拾叢殘，成爲是書。

〔一〕江慶柏評説：「此爲朱右曾汲家紀年存真自序中文字。據清歸硯齋刻本汲家紀年存真校訂，『八十二』上重『武王』二字。按：重是也。『足辟文王十五生武王，武王八十二生成王之説』，十分明確。否則如續記連上而讀，就成文王八十二生成王了。」祥案：江説是，今據補。

然君爲學大凡，亦見於此矣。

君守徽時，同里葛君鐵生，官歙縣教諭，振起文學，相與有成，徽之人至今道之。葛君名其仁，世所稱「嘉定七生」之一也。嘉慶戊辰舉人〔一〕。精研故訓，撰小爾雅疏證五卷。子家逵，官浙江縣丞。咸豐庚申殉節。

「杭州七生」中又有陳瑑者〔二〕，字聘侯，號恬生，更號小蓮，陳先生詩庭之長子也。詩庭字令華，嘉慶己未進士。著讀書證疑、讀書記。瑑承家學，成説文引經考證、六九齋饌述，皆未刻〔三〕。壽陽祁文端公爲余言〔四〕，視學江南時，諸生通經學者，瑑爲第一。後中道光甲辰

〔一〕江慶柏評説：「葛其仁爲嘉慶二十四年己卯舉人，而非嘉慶十三年戊辰舉人。見光緒嘉定縣志卷十四科貢表、卷十九人物志文學本傳。」

〔二〕江慶柏評説：「杭州七生，應爲嘉定七生。陳瑑爲江蘇嘉定人，傳見光緒嘉定縣志卷十九人物志文學。縣志卷三十二軼事云：『嘉道間邑中人材輩出，七生最著。七生者，……葛廣文鐵生（即葛其仁），陳孝廉恬生（即陳瑑）……』此即所説『嘉定七生』。」

〔三〕祥案：陳氏六九齋饌述稿三卷，有心榘齋叢書本、民國蘇州文學山房本等。卷中前識語曰：「二十年前曾有説文引經考之作，書成八卷，説亦可存，特以説文偁經之書，近日作者不一家，誼多雷同，説轉繁雜，因簡爲説文引經異文解五篇。」此五篇今皆存述稿卷中，爲説文引經異文解、説文引書異文解、説文引詩異文解、説文引春秋傳異文解、説文引禮異文解。又江慶柏評説：「實際上説文引經考證早在同治十三年即有湖北崇文書局刻本，此刻於趙之謙去世之前十年。……至於六九齋饌述，刊刻年代更早，道光年間即有刻本。今上海圖書館有藏。」

〔四〕祥案：「端」字原缺，據續碑傳集卷四秦緗業祁文端公神道碑銘補。祁寯藻，字穎叔，又字淳圃，改字實甫，號春圃，山西壽陽人。嘉慶十九年進士。道光十六年督江蘇學政。官至户部、工部尚書，體仁閣大學士等職。卒贈太保，謚文端。清史稿卷三八五、清史列傳卷四六有傳。下文「端」字亦爲缺文補入者。

舉人。余未見其著書，從文端公得所作祁大夫字説一篇，因録於末。説曰：……〔一〕

四、王念孫

王念孫，字懷祖，號石臞，戴君東原弟子也。先世居蘇州，明初遷高郵，爲高郵州人。曾祖式耜，中康熙戊午榜貢生。學通五經，不求仕進。祖曾禄，諸生。父安國，雍正甲辰進士。吏部尚書，謚文肅。文肅三娶，生子皆殤。祖年七十餘歿，遺命名孫念孫，及生先生，遂以名之。幼具夙慧，甫能言，已識字。四歲，文肅口授尚書，過輒成誦，日盡百數十行。八歲，工文詞。十歲，畢誦十三經。流覽史書，作秦檜傳，斷制中律令。十七，補州學生。年二十二，乾隆乙酉，高宗純皇帝南巡，時文肅已歿，先生以大臣之子迎鑾，獻頌册，恩賜舉人。乙未，成進士，改庶吉士。大興朱學士筠負海内重望，凡後進投謁，恒不答，至君則曰：「是當代通儒正士！」躬答拜焉。

越五年，散館，授主事，觀政工部都水司，爲導河議上下篇，論導河北流、建倉通運之法，會有旨纂修河源紀略，撰辨訛一門，證舊指河源所出之誤。補虞衡司主事，擢營繕司員

〔一〕祥案：此記爲未完之稿。陳氏六九齋饌述稿中無祁大夫字説，蓋未入此稿中。

外郎、製造庫郎中。旋補陝西道監察御史，轉掌山西、京畿道，吏科掌印給事中。

嘉慶四年己未，高宗純皇帝升遐，隨班哭臨，自以世受國恩，朝夕哀慟，退草密疏，劾大學士公和珅黷貨攬權狀，仁宗睿皇帝覽奏稱善，和珅伏誅，天下歙然傳誦其議，文刻集中。是年夏，授直隸永定河道。明年夏，淫雨兼，河溢臯陸，有旨革職逮問，尋命仍赴工次效力。及辛酉工竣，賞六品頂戴，署永定河道。壬戌四月，有旨賞主事銜，留於直隸，令周歷通省水利事宜，悉心記載，一二年後，交直隸總督彙奏辦理。因上書總督顏公，言直隸河渠。略曰：

直隸大川有五：曰南運河，曰北運河，曰永定河，曰大清河，曰滹沱河。大清河下游爲淀河，滹沱河下游爲子牙河。永定、大清、子牙三河，必先合南、北兩運而後入海河。伏秋之交，五河泛漲，畢注三岔一口，而海潮牴牾，洄漩不下，上游咸受其害。欲治直隸之水，必先治兩運河之減河，減河治則入海路分，而海河之受水少，受少則易消納，而三河乃暢然東注。今北運河兩減河，南運河兩減河，及南運河在山東境之兩減河，皆淤塞，宜大疏浚，使暢流入海。六減河既疏浚，則南、北兩運河入海自寬。南、北兩運河治，次及子牙河，格淀隄殘缺卑薄之處，急爲修補，自當城以下修築堅實，不設涵洞以復其舊。子牙故道深通，仍由紅橋入運，則來溜遄行，沙不旁散，自無壅塞患矣。其在大城境内者，向分正、支二河，後全歸支河，而正河淤。今當疏正河，使分流以殺盛漲。其在獻縣者，當浚完固口一帶，於完固口建減水石壩二，分水入減水河。如此，則子牙河治。次及大清河，大清河以東、西兩澱爲蓄泄，今當開趙北口橋下各河，導西淀諸水由毛兒灣入玉帶河，開雄縣窯河，以分白溝入淀之勢，開盧僧河以分白溝上游，此西淀諸水當治者也。東淀當浚中亭河，使與玉帶河分流；又玉帶河自苑家口以東，分南、北、中三股，實爲東淀之腹，尤需浚使暢達。其楊芳港至三河頭，事同一律，此東淀諸水當治者也。兩淀南岸千里長隄，處處殘缺，應培厚以資捍禦，如此則大清河首尾治矣。

永定河挾山西、直隸衆山之水，建瓴而下，一過盧溝，地勢漸平，水流漸緩，沙亦漸停。及至下游，沙無出路，日漸淤塞。惟有培多岸隄，或益埽工，亦爲補偏救弊之方。格淀隄既修復，則子牙、大清不相混，永定、大清兩河尾閭暢泄。是格淀一隄，實三河之關鍵也。

總之，減河疏導，則入海路寬，格淀隄復，則清濁各不相干，而子牙、大清、永定三河咸暢流入運。五河既治，則全省河道已得大綱，雖一勞難言永逸，而除害即以興利。

顔公據以入告，有旨再詳悉履勘，候酌量經理。癸亥，賞四品頂戴，授山東運河道，復調永定河道。甲子，河水復潰出二丈有奇，人力既窮，弗能陻塞，即具章自劾，奉旨以六品休致。[一] 道光乙酉，八十二，京兆尹奉請重赴鹿鳴筵宴，恩給四品職銜。年八十九卒。

先生之學，出於休寧，而精審過之。金壇段先生序其書，稱先生「能互求古今形、音、義三者分合，能以古音得經義」。推爲天下一人，非過譽也。壯歲里居，與李君惇、賈君田祖、汪君中、劉君台拱、任君大椿、程君瑶田論學講書，所業日進。官御史時，撰廣雅疏證，日釋三字，寒暑罔間，十年而成。罷官後，就養邸第，鍵户著書，年齒耄耋，神明不衰，目覽手記，孜孜忘倦。嘗笑而言曰：「人生各有所樂兮，余獨著書以爲常。」可謂篤信好學，守死善道者矣。所著書廣雅疏證二十二卷。校定戰國策、史記、管子、晏子春秋、荀子、逸周書、墨子、漢書附漢隸拾遺，爲讀書雜志八十二卷、志餘二卷，未刻者方言疏證補一卷。

之謙曩居京師，見十三經校勘記中，有先生手書案語百數十條。書後歸某氏，閟不出，未克録副以歸，至今恨之。少作則有六書正俗一編，中歲已棄其稿，故不及見。其分定古韻

[一] 祥案：趙之謙述王念孫生平事蹟，多有訛誤。江慶柏評説多有考辨，謂據王引之撰石臞府君行狀並劉盼遂撰高郵王氏父子年譜，王念孫授直隸永定河道事在嘉慶四年十二月，非夏天。又續記以王念孫因河溢革職查辦事在嘉慶五年，此事實在嘉慶六年。又辛酉爲嘉慶六年，永定河道竣工在嘉慶七年壬戌，王氏署永定河道事亦在嘉慶七年。續記以王氏賞主事銜事在嘉慶七年壬戌，此事實際上在嘉慶八年癸亥。又王氏賞四品頂戴等事在嘉慶九年。續記又以王念孫休致事隸於嘉慶九年，誤甚。此爲嘉慶十五年事。

二十一部，有與李許齋書載經義述聞；復有與江君晉三論韻學前後兩書。茲録其一曰：

念孫少時，服膺顧氏書。年二十三，入都，得江氏古韻標準，始知顧分十部，尚有罅漏。旋里後，取三百五篇反復尋繹，始知江氏書仍未盡善，輒以己意重加編次，分爲二十一部，未敢示人。服官後，得亡友段君所撰六書音均表，見其分支、脂、之爲三，真、諄爲二，尤、侯爲二，皆與鄙見若合符節，惟入聲分合及分配平、上、去多有不合。己卯秋，段君入都，始獲商定古音。〔一〕告以侯部自有入，月、曷以下非脂之入，當別爲一部。質亦非真之入。質、月二部皆有去而無平、上，緝、盍二部無平、上並無去。段君從者二，謂侯部有入，及分術、月爲二部。不從者三。自段君外，意多不合。及奉讀大著，則與鄙見如出一軌，不覺狂喜。曩李許齋方伯聞所編入聲有與段君不合者，曾走劄相詢，今將復劄録呈，然其中有與大著不合者，好學深思，心知其意，無如足下，故敢略言其概焉：

段氏以質爲真之入，非也；而分質、術爲二，則是。足下以謂質非真之入，是也；而合質於術以承脂，則有未安。詩中質、術同用者，唯載馳三章之「濟」、「閟」，

〔一〕江慶柏評説：「此書亦見王念孫王石臞先生遺文卷四。己卯，文集本作己酉仲秋，是也。己酉爲乾隆五十四年，高郵王氏父子年譜即以段王首次相見隸於此年。若己卯，則爲嘉慶二十三年，時段玉裁已經去世。」

皇矣八章之「類」、「致」，「是類」與「是致」爲韻，「是禡」與「是附」爲韻，皆通韻也。抑首章之「疾」、「戾」，不得因此而謂全部皆通也。若賓之初筵「以洽百禮，百禮既至」，此以兩「禮」字爲韻；「四海來格，來格其祁」，亦以兩「格」字爲韻。凡下句之上二字與上句之下二字相承者，皆韻也。質、術相近，猶術、月相近。候人四章之「薈」、「蔚」，出車二章之「旆」、「瘁」，雨無正二章之「滅」、「戾」、「勩」，小弁四章之「嘒」、「淠」、「届」、「寐」，采菽二章之「淠」、「嘒」、「駟」、「届」，生民四章之「旆」、「穟」，術、月之通較多於質、術，而足下尚不使通，則質、術之不可通，明矣。

念孫以爲，質、月二部皆有去而無平、上，術爲脂之入，而質非脂之入，故不與術通，猶月非脂之入，故亦不與術通也。孔氏分東、冬爲二，亦服其獨見。然考蓼蕭四章皆每章一韻，而第四章「衝衝」、「雝雝」，相對爲文，則亦相承爲韻。孔以「衝衝」韻「濃」，「雝雝」韻「同」，似屬牽强。旄邱三章之「戎」、「東」、「同」，孔謂「戎」字不入韻，然「蒙戎」爲疊韻，則「戎」入韻明矣。左傳作「尨茸」，亦與「公」、「從」爲韻也。又易彖傳、象傳合用者十條，而孔或以爲非韻，或以爲隔協，皆屬武斷。又如離騷之「庸」、「降」爲韻。凡若此者，皆不可析爲二類。故此部至今尚未分出。

又與陳君碩父論毛詩曰：

鄭風女曰雞鳴篇：「宜言飲酒。」此承上「宜之」而言，「宜」亦當訓肴，猶「弋言加之」，承上「弋鳧與雁」而言也，不當上下異訓。毛於上「宜」字訓爲肴，則此「宜」字亦爲肴可知。爾雅：「宜，肴也。」李巡曰：「宜，飲酒之肴。」是「宜言飲酒」之「宜」，訓爲肴矣。蓋毛詩說本如是，當從李巡。

正月篇：「哿矣富人，哀此惸獨。」「哿」與「哀」對文，哀者憂悲，哿者歡樂也。言樂矣彼有屋之富人，悲哉此無禄之惸獨也。雨無正篇「哀哉不能言」、「哿矣能言」亦對文，言悲哉不能言之人，其身困瘁；樂矣能言之人，身處安樂也。哿、嘉俱加聲，其義相近。禮運：「以嘉魂魄。」鄭注：「嘉，樂也。」大雅「假樂君子」，中庸引作「嘉樂」，是嘉與樂同義。哿之爲言猶嘉耳。昭八年左傳引詩「哿矣能言」，杜注：「哿，嘉也。」毛傳訓哿爲可，可亦快心愜意之稱。廣雅：「厭、愜、哿，可也。」故箋曰：「富人已可，惸獨將困。」宋岳珂本、七經孟子考文引古本、宋本並作「富人已可」，明監本始作「猶」，淺人改之。正義失之。

又曰：

北山篇：「我從事獨賢。」孟子引此釋之曰：「此莫非王事，我獨賢勞也。」賢亦勞也，賢勞猶言劬勞，故毛傳曰：「賢，勞也。」鹽鐵論地廣篇亦曰：「詩云：『莫非王事，而我獨勞。』刺不均也。」鄭箋、趙注並以「賢」爲「賢才」，失其義矣。

又與桂君未谷論廣雅書曰：

承示廣雅「慎，憤也」，慎爲憒之誤。文選幽通賦「周賈盪而貢憤兮」，憤亦爲憒之誤。念孫案：憤有潰亂之義，曹大家訓憤爲潰是也；亦有恐懼之義，廣雅訓侙、慎爲憤是也。欲知廣雅憤字之義，當於侙、慎二字求之。說文：「侙，惕也。」春秋國語曰：『於其心侙然。』」鄭注易云：「惕，恐懼也。」是侙爲恐懼之義。廣雅：「慎，恐也。」是慎亦有恐懼之義。方言：「蛩㤨，戰慄也。荊、吴曰蛩㤨。蛩㤨又恐也。」廣雅：「戁、蛩、㤨、畏、恐，懼也。」「戁、慎、忌、畏，恐也。」「侙、慎，憤也。」轉相訓釋，而義自明。憤恐、蛩㤨，聲近義同。若改慎爲憒，則與侙義不類。廣韻：「侙，意慎侙也。」尤足證慎之不誤。

又憒亦有潰亂義，是以慶鄭言「亂氣交憤」，是以曹大家、孟康皆訓憤爲亂，字通作賁。荀子彊國篇「下比周賁，潰以離上」，韓詩外傳作「憤」，是憤與潰同義。說文：「憤，懣也。」「懣，煩也。」煩亦亂也。李奇注漢書敍傳云：「憤，懣也。」是憒與憤亦同義，無煩改憤爲憒也。

又舉惠氏左傳補注引字林：「貌，小兒笑也。」此本李善文選注，毛刻有脱謬。一本云字林：「貌，小也。」「孩，小兒笑也。」惠氏不檢，遂沿其誤。其論辨詳慎類如此。

先生所著書，流播寰海，窮經學古之士，咸知服習。凡解説具讀書雜志中者，不復述焉。詩宗漢、魏，不多作，今存者僅十餘章。其講求治河法要，有籌復鑄沱故道説、籌議唐河潴龍河東西澱圖説、挑浚趙王河議諸篇，其言洞悉利害，無浮文。吴言「天事困人，不竟其用」。兩官河道，再起復躓，仁宗睿皇帝曾有「數奇」之歎。談者言先生官運河道時，見屬吏不設客位，送客不出門閾，疑其拓大，然薦舉視治事優絀，無敢有干請者，人服其無欲。所居廳事樸陋，寢室中惟古書數架而已。嘗誦左傳「足欲，亡無日矣」之語以自厲。事上官侃侃不阿，有某公始甚恚之，及某敗，向之阿附者皆不相顧，獨先生周恤其孥，某感且悔，其操行誠篤又如此。

守經訓，終身不惑於二氏之學。晚歲多疾，謝絶賓客，然四方學者謁見，慇慇教誨；同志之友，問學相質，直言無隱。故交遺書，未及改正者，必爲寀定。福德長壽，洞源儒樸，冠倫魁師，天下宗仰。後生小子，雖饕詖慣毦，敢有毁鄭、服，議賈、董，於先生卒無間言，且有文其説，謂宋儒再生，必取其説者，亦可見學行至是，斷不能顛到白黑以是爲非也。

子引之，世其學，記於後。

五、王引之

王引之，字伯申，號曼卿，初名述之，高郵州人。石臞先生長子也。母吴孕八月而公生，幼小弱，五歲從師受書，師不忍督責也。師偶他適，公默識書，義未通者，歸一一請析，師大奇之。十七，補州博士。省父京師，肄業太學，應京兆試不第，歸而事母。家居四年，取爾雅、説文、方言諸書，研求聲音訓詁之學。復至都，以所業質父，父大喜曰：「是可傳吾學矣！」石臞先生撰廣雅疏證。……〔二〕

六、汪 萊

汪萊，字孝嬰，號衡齋，歙人。七歲能詩，十五補縣學生。天性孝友，家素窮困，嘗負米數十里外。一日，詣典肆質衣，爲犬所齧，恐傷父母心，遂閟不言。遭歲饑，無所得食，百計謀甘旨，奉親而已。從山氓鑿石麵食之，喉格格不得下，强咽果腹，腸胃阻塞，退而作歌，以自悼歎。其學貫串經史百家，尤精算術，極繁賾幽秘，他人翻覆再三莫能理者，君見之然解，不言人已言，能言人所未言與所不能言。前兩江總督鐵保公曾延君測算六塘河新海口地勢，與雲梯關外舊海口高下，啓放減壩，注河入海，名動公卿間。嘉慶丁卯，以優貢生赴朝考，復考取八旗官學教習。

〔二〕祥案：是記亦爲未完之稿。

初，御史徐國楠奏請續修天文、時憲二志，大學士等議準移付史館。定例以翰林、中書充纂修協修官，及傳問諸翰林、中書官，無通曉天文者，會君入都，學士禄康等遂薦君及徐準宜入館纂輯，奉旨俞允。書成，各以本班議敘，然二志實出君一手也。謁選得石埭縣訓導，卒於官。遺孤長者止四歲耳，賴石埭士民醵金，歸櫬其家。

君於羣經注疏，成誦在心，是非得失，擿觖盡意，人以疑義相質，必往復論曉，無所舛午。漢唐儒説積疑經事，受其勘正，渙若冰釋。司馬法：「一甲士三人，步卒七十二人，又士十人，徒二十人。」曰：「甲士三人，步卒七十二人，凡家出一人，七十五家出車一乘，此鄉遂軍法也；士十人，徒二十人，凡十家出一人，三百家出車一乘。三百家即成也。成三百家，據實受田數而言。除旁加之一里治溝洫者，即甸也。故又曰：甸出長轂一乘。此都鄙之軍法也。鄭氏禮注，本不相混，自服虔注左傳，合而爲一，疏家始生轇轕矣。」

又以其説解論語「千乘之國」曰：

出軍之法，侯國亦異，外内鄉遂七十五家出車一乘，都鄙一成百井出車一乘，載於司馬法者昭然。「千乘之國」蓋合境而出之，乃方二百里之小國，「攝乎大國之間」而生畏者耳。試取司徒、司馬、載師、匠人之文而約計之，方二百里，其地四同，同萬井，九萬夫，城郭、宫室、塗巷三分去一，上地、中地、下地通率二而當一，實受田者三萬家，置一同於中，去二萬五千家爲一鄉，一遂凡三百三十三乘三分乘之一，餘五千家。

廛里場圃之等九者各去五百家，餘五百家，從後計外周四面合三同，造都鄙卿鄉三致仕卿三，宜殺於王卿約方四十里，親公子弟地從卿數，又宜減於王親約二，凡一百二十八乘，大夫五致仕，大夫五約方二十里疏，公子弟地從大夫數約三，凡五十二乘。餘一同二終爲十萬八千夫，三而當一，實受田者三萬六千家，通前五百家分處公邑，出車從鄉遂，凡四百八十六乘三分乘之二合千乘云。

又論儀禮士虞禮記「虞沐櫛」注曰：注言「今文曰沐浴」，校者不言所謂，遂疑今文曰「沐浴」，古本不曰「沐浴」。「古文作『沐浴不櫛』，今文作『沐浴』，無『不櫛』二字耳。所異在『不櫛』之有無，不在『沐浴』也。」

又言：周禮：「女巫掌歲時祓除釁浴。」鄭注：「如今三月上巳。」陸氏釋文音祀。後人多讀爲祀。已音紀。乙太初法推之，第三蔀第三章第三年三月三日恰是己日，其支爲丑，而非巳。足證音祀之訛。且古以上稱日者，用干不用支，賈疏明云一月三己，己之音紀，無疑也。

又史記太初元年名焉逢攝提格，是爲甲寅。漢書述三統，推太初元年歲名丙子。君決之曰：「三統，劉歆所作。王莽以火德消盡，土德當代，依太初元年甲寅數至建國元年，則爲丙午，莽急欲即真，不能待戊己之年，故更元年爲己巳，則冠土於火上，遂改太初甲寅爲丙子，又僞爲超次之法，遠托十四萬三千二百三十九年之前，以爲太極上元起於丙子，超若干法至建國元年，恰爲己巳。此與即位之日用戊辰，令天下以戊子代甲子同意。歆以欺莽，莽以欺天下而已。」其説經史不苟同多類是。

君深於三禮，服膺鄭氏，惟於易則云：「注以象爲主，先取本卦象，無則取之卦象、互卦象、之而互之象、爻辰上值列宿之象，令聖人繫辭，無一字虛設，較王弼之宗尚玄虛，誠爲得已。然繫辭曰：『彖者，言乎象；爻者，言乎變。』是解彖辭不能取之卦之象，解爻辭當取一爻獨變之象。康成之注此例未協。」欲綜全經作易疏，未成。

又著三聲論曰：

聲止於三：一曰平，二曰上，三曰去。三聲皆有濁聲，而上聲之濁最顯。定聲類者不審其精，讀之過急，乃於清聲之後，繼以上聲之濁而別之爲入聲，相沿至今，習焉不察，韻書葛藤，從此起矣。故有以去濁爲上入之濁者，等韻羣、定諸母是也。説者謂上聲之濁似去而非去，羣、定諸母則誠然矣，疑、泥諸母何又不似去乎？蓋既誤別上濁爲入聲，因求羣、定之聲而不得，遂取方音别上入之訛爲去濁者而填之。以聲而論，則真去也，何似之有？至疑、泥諸母既因平聲之清無字，不立其母，遂竟以清聲填諸濁位，此誤別入聲，致生支離之咎也。有上入不分，清濁二位任意通用者，經世音圖暨韻法直圖是也。蓋欲上入之外，別其清濁，而不能別因重其聲以擬平去而不可分，此誤別入聲，致生蒙混之咎也。有啌、嘡、上、去、入爲五聲，而上去入皆不分清濁者，方以智之通雅是也。蓋既讀上濁爲入聲，别求上入之濁而不得，遂疑仄聲一例並去濁而昧之，此又誤别入聲，致生掛漏之咎也。

所言足證㢸軒孔氏「古無入聲」之説。君嘗手制渾天、簡平、一方各儀器，與同郡巴君孟嘉、江都焦君里堂、甘泉江君鄭堂、元和李君尚之論算學，皆折服友善。程君易疇撰磬折古義成，屬君考定，君爲較重心比例之法，明磬鼓直縣之制。江君述君與李尚之論開方題解立天元一法不合，遂致齮齕，今讀焦君所爲别傳，詳載兩家異同之故，言若殊趨，義實互證，其書具在，可考而知焉。所著衡齋算學七卷、考定磬氏倨句令鼓旁綫中縣而縣居綫右解一卷、覆載通幾一卷、校正九章算術及戴氏訂譌一卷、參兩算經一卷、樂律逢原一卷、考定開方表、十三經注疏正誤、説文聲類聲譜，皆未刻。[一] 今有録衡齋文集三卷。

弟子傳其學者，績谿胡君培翬。

[一] 江慶柏評説：「實際上這些著作，除考定開方表以下三種外，其餘均收人咸豐四年夏燮都陽縣署刻衡齋算學遺書合刻（參見中國叢書綜録）。此刻亦在趙之謙生前。」

七、洪震煊[一]

洪震煊，字樾堂。嘉慶癸酉拔貢生。厲學敦行，名亞於兄。阮文達公撫浙時，書「鄂不軒」額寵之，且稱之曰：「侍郎之後，復見洪生。」侍郎者，天台齊召南也。君性孤介，友朋間惟孫與人、徐北溟相善。其學一本漢儒，甚疾虛無之說。嘗讀夏小正，用夏正日躔求昏旦星，謂以經證經，上合堯典，下通月令，其説甚辯。又以「正月鞠則見」，鞠爲虛星。説曰：

天官書星無名鞠者，近注家皆謂鞠星即柳星，「則見」爲昏見。震煊謂鞠非柳星，其虛星也。案：小正凡一月候數星者，必一在晨一在昏。四月昴則見者晨也，初昏南門正者昏也；五月參則見者晨也，初昏大火中者昏也。七月漢案户初昏，織女正東向者昏，斗柄縣在下則旦者晨；八月辰則伏者昏，參中旦者晨。九月内火者昏，辰繫於日者晨。十月初昏南門見者昏，織女西北向則旦者晨。「正月鞠則見」若已爲昏也，下「初昏參中斗柄縣在下」又爲昏，三星一候，非小正例也[二]。蓋「鞠則見」者晨候也，「初昏參

[一] 祥案：「洪震煊」大題，原無，今以全書之例補出。趙氏於頂格注曰：「當附其兄後。」然今稿本不見其兄頤煊之記，蓋或未成稿，或散佚耳。首句「震煊」亦依例補出「洪」字。

[二] 江慶柏評説，據清嘉慶二十五年刻本夏小正疏義稱，「『例』」，刻本作『法』」。

中斗柄縣在下」者昏候也。月令每月中星必一言昏一言旦，本小正之法也。小正凡言星之則見者三：正月鞠則見，四月昴則見，五月參則見，皆謂晨見。五月晨見者參，四月晨見者昴，正月晨見者虛矣。正月日躔在營室，虛星東距日躔三十度許，故晨見也。小正凡言「則見」者，皆謂晶見而後伏，伏而再見。柳自季夏以後無夜不見於天，不應至正月始言「則見」，南門之候，於十月之昏也，言見不言則也。若虛星自十一月始伏，至正月始見〔一〕，故經曰「則見」，傳曰「再見」，宜也。爾雅釋詁云：「鞠，盈也。」〔二〕鞠有盈義，盈虛相反，鞠之爲虛，其猶治之爲亂、甘之爲苦與？古人原有以義適相反命名者，則謂虛星爲鞠星是也。

又考禹貢「降水」曰：

河渠書：禹導河，「至於大伾」，以爲「河所從來者高，水湍悍，難以行平地，數爲敗，乃厮二渠以引其河。北載之高地，過降水，至於大陸。」太史公親從孔安國問故，此必古文家說也。漢書地理志於上黨屯留云「桑欽言絳水出西南，東入海」，於信都國信都云「禹貢絳水亦入海」。云桑欽言絳水，云禹貢絳水出，而不云古文，明非古文家之說

〔一〕江慶柏評說：「此句刻本作：『若虛星自十月昏伏，至正月晨見。』」

〔二〕江慶柏評說：「刻本此句前有『其謂虛，爲鞠者』六字。按：有此六字上下文義更貫通。此下即就盈虛焉。」

也。地理志引禹貢字作「降」，溝洫志亦作「降」，而地理志郡國下字特作「絳」，二文是錯，抑亦有戾於古文，故鄭君駁之，以爲「水土之名變易，世失其處，見降水則以爲絳水，故依而廢讀，或作絳字，非也」。鄭君傳古文是「降」非「絳」，益信地理志郡國下之絳水非古文家説，降水在漢時已難尋其故道，故鄭君以爲「今河内共北山，淇水内焉。東至魏郡黎陽入河，近所謂降水也」。又「今河所從，去大陸遠矣，館陶北屯氏河其故道與」？云「近所謂」，云「其故道與」，鄭君自爲疑詞，不敢確指淇水即爲絳水，屯氏河即禹貢故道，以經典無明文，故言之過慎。顧或據水經注，絳亂漳津，漳、絳通稱，謂絳即漳，則難信也。禹貢有二水而同一名者矣，如「漆沮既從」，又「東過漆沮」是也，未有一水而二名者也。如果一水，冀州曰衡漳，導河曰降水，忠質之世，主名山川，何有此繁稱哉！況地理志漳、降並列，漳水入河、降水入海，是古者漳、降二水分也，降水非洚亦非漳。

案：溝洫志王横云：「禹之行河水，本隨西山下東北去。周譜云定王五年，河徙。則今所行非禹之所穿。宜更開空，使緣西山足乘高地而東北入海。」賈讓云：「決黎陽遮害亭，放河使北入海。河西薄大山，東薄金隄。」「遮害亭西十八里，至淇水口，乃有金隄高一丈。自是東地稍下隄稍高，至遮害亭，高四五丈。」王横所稱「西山」，即賈讓所謂「放河使北西薄大山」，即賈讓所謂淇水口「東地稍下隄稍高」。則淇水口以上隄下而地高可知，此即王横所謂「緣西山足乘高地」，亦即太史公所謂「至大伾，引河北載之高地」。賈讓所稱「淇水口」，即鄭君所稱淇水「自魏郡黎陽入河」。由是知鄭君以淇爲降，非出胸臆，蓋亦古文家之舊説也。

又撰曾氏一貫論曰：

夫郁草十葉爲貫，錢貝十百爲貫。然則貫者備十數也。一者數之始，十者數之終，是故一貫三爲王，十合一爲士，一貫之旨，考文可知。貫從毌生，從毌從貝。從貝則非無物，從毌則非一數。羅縷道妙，必絶慮於虚無也；錯綜理藴，宜辭聲於固陋也。實字從貫，貫從實文，實義不虚，貫數非一，貫之與實旁通情矣。周語單子之言曰：「忠，文之實也。」戴記著孔子之言者，「内思畢心曰知中，中以應實曰知恕」。由斯以譚，忠恕者，實學之通義，一貫之雅詁爾。考中度衷，必有實功；聞一知十，亦非空悟。博學審問，是爲講貫；好古敏求，是爲累貫。夫子之道無隱乎爾。故管子亦云：「聞一言以貫萬物，謂之知道。」豈有高談性理，存神乎冥漠之鄉，矯語從容，荒忽乎名物之數，而自以爲泛應曲當哉？

屮之屯也上貫一，木之才也上貫一，艸之乇也上貫一。夫「一貫」與「貫一」殊情，「以貫」與「自貫」殊致。彼草木之無知，故貫地以自然；若人爲物靈，動爲世則，觀玩則上下無常，酬酢則人己兩盡，必强識事數之全，乃克盡物情之變。語曰：「忠信爲周」。周正言乎其全爾。而數從一始，一在其下爲本，一在其上爲末，本末具而上下通，忠恕之效也。二爲偶一，三爲函一，四成四分，五象五行，入八爲六，出爲七，分别相背者八，屈曲究盡者九。數之未備，皆未可言貫，惟至於十而全數見矣。東西其一也，南北其貫也。故曰「一貫」。再稽周禮太史算器謂之中，考工桃氏穿莖亦謂之中。然則忠之從中得聲，亦謂當握其全數而貫穿之。恕從忠出，忠恕同事，物數雖繁，一以貫之，演算法所謂「實如法得一」，蓋取諸此。逸書曰：「先算其命。」言王者統業，先立算數，以命百事也。曾子首篇曰：「博學而算焉。」其亦謂此與？他日函丈問答，詳盡變禮；十篇書成，究極天圓。惟道傳於備數，故功成於篤實也。

其他如復禮、論性情説、格物説諸篇，皆樸實有根柢。震煊貢成均，赴都就試，不得歸，直隸學使某公延之襄校，以疾卒於深州。年四十六，所著書不傳〔一〕。

八、丁履恒

丁履恒，字道久，號東心，别字若士，武進人。系出宋集賢校理寶臣之後。縣學生。嘉

〔一〕江慶柏評説：「此説不確。洪震煊撰夏小正疏義，清嘉慶二十五年即有刻本，收入傳經堂叢書，又收入皇清經解。所撰檞堂詩鈔一卷，亦收入傳經堂叢書。」

慶六年，選拔貢太學，朝考不入選。十三年，應淀津召試，名列二等，賜大緞二匹，充文穎館謄録官。期滿，敘銓贛榆縣學教諭。

履恒負澹雅才，爲詩文，時出己意，見者驚異，咸以文士目之。年二十一，遭父喪，方受業盧紹弓學士之門，與臧君在東爲友，臧貽書勖學，恒答言：「三代時，力行爲先，學文爲後；西漢大儒，專業六經，而文章附以行；至東漢，經生以章句名家，則有通經義而文章不傳者；迨唐宋人，自以文爲載道之言，而經義或弗深講。文章、經術之分舊矣。誠肆力於文章，則必玩索古經，通其大義，爲明體達用之文；下亦綜挹羣言，芳潤六藝，遠絶浮薄嘩囂之習。若研究聲音訓詁，以蘄明白乎經義，則期之終身。」其立志如此。

履恒久爲教官，俸滿，例得保薦。蕭山湯文端夙知履恒，語人曰：「百里尚不以屈士元，況廣文耶！」爲言於大府，舉之。道光七年，銓授山東肥城知縣。出都時，仁和龔儀部自珍作常州高才篇送其行。既至官，則修社倉，備饑歲；行保甲，靖匪種；立普濟堂，恤煢獨無告之民。民無怨諮，官無留事。嘗曰：「毛公傳詩『烹魚煩則碎，治民煩則亂』。吾何能稱職？求爲不煩而已！」治肥城三年，以足疾引退，未及行而母殁，訃至，擗踴奔歸，年餘，病卒。

履恒綜覽漢唐以來師儒經説，不事瑣屑飣餖之業，不敎性天愚誣之言。每論先民立身成敗、民生利病及夫宏濟艱難、支援危局、生死骨肉之事，赴湯蹈火之遇，必反復推求，以知其故，以冀用其所學。而少壯幾何，濩落閒散，年逾五十，甫得一官，無所設施，鬱鬱以歿，良可悲已！

履恒撰有春秋公羊例、左氏通義、毛詩名物志、諧聲部分篇通合篇、思賢閣詩文稿、倚聲寫韻齋詞稿、燕齊遊草、熊湘遊草、漚寄草、宛芳雜著、望雲聽雨山房劄記，凡若干卷。庚申，寇陷常州，虐焰所過，幾無孑遺。曾求遺書於陽、武兩邑人士，皆言無之。〔一〕余藏有諧聲部分通合篇副本，爲日照許君印林手校者，經高郵王先生念孫及劉儀部逢禄閲定，標識上方，間有改正，疑亦未定稿也。

履恒治韻，溯宋鄭庠，合以顧氏、江氏、段氏、孔氏、張氏五家之説，準之己意，分爲十九部。論部分曰：

鄭氏合魚、虞、歌、麻爲一部，蕭、宵、豪、尤爲一部，得古韻關通消息，而陽、庚、青、蒸並合於東，則大闊疏；入聲分配多未愜。顧氏分尤部之侯合魚、虞，分尤之半合支、脂，分支之半合歌、戈，分麻之半合虞、模〔二〕，分庚之半合耕、青，最爲入細，其入聲配合尤當。江氏分真、元爲二，侵自爲部，洵出獨見，而侯合於幽，猶囿俗

〔一〕江慶柏評説：「事實上，丁履恒著作今天能看到的，除趙之謙在文中已經提到的諧聲類篇外，尚有水經注游水疏證、思賢閣詩集文集詞草等，數量雖不多，但還不至於『幾無孑遺』。」

〔二〕江慶柏評説據清光緒二十二年刻佞漢齋叢書本形聲類篇稱，「『虞』，佞漢齋叢書本作『魚』。」

音，入聲質、術以下十三韻分配真、元亦舛。段氏別之、咍、支、佳於脂、微，別真、先於諄、元，視顧、江加密，而入聲質、櫛、屑合真、臻、先，尚沿江氏之誤。孔氏別冬於東、江，別談於覃、咸，別虞於魚、模以合侯，別蕭於宵、豪以合幽，特識遠軼前人。惟分入聲緝、合以下別爲一類，以爲談、鹽、咸、嚴之陰聲，則殊未確。廣韻下平、上去、入最後各九韻，四聲轉合本甚明晰，既分侵、談爲二類，則緝、盍亦當分配，不必別立合類也。張氏大旨師法段氏，惟冬別於東，則宗孔氏，而別泰、怪〔一〕、夬以下五韻自爲一部，説本莊氏述祖，實爲創獲。但怪爲皆之去，隊爲灰之去，術附質爲脂、旨、至之入，迄附物爲微、尾、未之入，黠爲皆、駭、怪之入，没爲灰、賄、隊之入，各有聲轉，不應別出。惟去聲祭、泰、夬、廢，入聲月、曷、末、鎋，合之平上無所附麗。試以詩草蟲、甘棠諸篇所用韻，孔盡求之，其爲岐出於脂、微諸韻，固自犂然。揖部不必分，亦沿孔氏之誤。履恒不敏，卒業於斯，輒集諸家之成，證之詩、易故書之韻，釐然爲十九部，統於十日之干，亦古人令甲、賦甲之義。

又論通合曰：

顧氏既分古音爲十，每字必求本音以合之，其有不合，則以爲非韻，又以爲方音。

〔一〕祥案：「怪」字原脱，據丁氏形聲類篇卷一形聲部分篇末案語補。

江氏且以離騷、七諫用「調」協「同」爲强效詩韻車攻之誤，遂使古人有韻之文，變爲無韻，千載存疑，莫開其竇。段氏始於本音之外，創爲合韻，分十七部爲六類，從次第遠近求之，而以異平同入爲樞紐。孔氏以陰聲九類與陽聲九類相配偶，其偶皆可通合。張氏又廣合韻之例爲五法，益加密焉。今宗二家之説，師張氏之恉，分爲四科：一曰比類通合，二曰同入通合，三曰同列通合，四曰從類旁合。引而伸之，觸類而長之，合韻之理，思過半矣。

履恒之書，以顧氏音表一部爲甲部上下，十部爲乙部上下，九部爲丙部，七部、八部爲丁部上下，四部爲戊部上中下，二部爲己部上下及庚部上又辛部，六部爲庚部下，五部爲壬部上下，三部爲癸部上下。〔一〕於段氏十七部表中分九部、十五部各爲二，於孔氏詩聲類中分辰類、脂類各爲二，以合類分入侵談類。於張氏毛詩韻二十部中合揖部於林岩部爲十九部，末附餘論。則列同得聲字分收各部者，與所從得聲字不同部者，字可兩讀應兼收各部者，又字可兩讀應專收一部者，從偏旁省聲形近而譌者，得聲之字形近相譌應改正者，得聲字應從古文偏旁補入者，凡七科，計書總三萬餘言。

〔一〕祥案：丁氏原文爲：「甲部上東、下東，乙上侵、下談，丙蒸，丁上陽、下耕，戊上真、中文、下元，己上脂、下祭，庚上支、下歌，辛之，壬上幽、下宵，癸上侯、下魚。」

子嘉蔭、嘉葆，能世其學。葆字仲生，道光十九年進士[一]，官至翰林院侍讀學士，視學貴州卒。著述未見[二]。

九、胡承珙

胡承珙，字景孟，號墨莊，涇縣人。嘉慶辛酉拔貢生，其年中江南鄉試。乙丑，成進士。改庶吉士，散館授編修。庚午，典試廣東，尋遷御史，轉給事中。數陳利弊，多見施行。嘗條陳虧空弊端四事，時論韙之。又奏江、浙漕船舵工水手，多習教斂錢，糾結黨與，恐釀事端。未幾，浙江漕船滋事案起，咸服君先見。己卯，充順天鄉試同考官，旋授福建延建邵道，調臺灣道，以病乞歸。

君治經專毛詩，竭畢生心力，撰毛詩後箋，同時治毛詩者，有長洲陳徵君奐，撰毛詩故訓傳疏，君與友善，數貽書講論徵君之疏，務申傳義。君爲後箋，别能於傳文前後際會，通其指歸。上考周、秦古書，反覆尋究，證明毛説，以逆詩志。論者謂千百年來述毛詩者，

[一] 江慶柏評説：丁嘉葆「國朝進士題名碑録、清秘述聞續卷十二學政類四等，均作道光十八年進士，是也。道光十九年清廷並未開科取士。」

[二] 江慶柏評説：「今美國國會圖書館藏丁嘉葆校金石林時地考二卷寒山金石林部目一卷。參見王重民中國善本書提要。」

無過二家。雖貫、徐、陳、謝，不是過也。稿本屢易，末年手自寫定，至魯頌泮水而疾作，未卒業，其子先翰、先頖乞陳徵君爲補成，校定授梓。嘗與績谿胡竹邨户部書論毛詩曰：

承珙後箋專主發明毛傳，爲之既久，然後知箋之於傳，有申毛而不得毛意者，有異毛而不如毛意者。蓋毛公秦人，去周近，語言文字名物訓故，已有後漢人所不能盡通者，而況於唐人乎？況於宋人乎？姑以一事言之：召南：「厭浥行露，豈不夙夜，謂行多露。」傳：「興也。厭浥，濕意也；行，道也。豈不，言有是也。」箋云：「我豈不知當早夜成昏禮歟？謂中道之露太多〔一〕，故不行耳。」案：此詩首章三語，初讀之似與王風之「豈不爾思，畏子不奔」，小雅之「豈不懷歸，畏此簡書」，文法相類，故箋語云云。正義用以述傳，但此女方被訟不從，而乃云豈不欲之，作此婉辭，不合語意，且他處言「豈不」者，下皆言有所畏而不敢，此則是「謂」非「畏」，蓋此「謂」與下章「誰畏」之「畏」〔二〕，一律皆訟者誣衊之辭，衆不能察，而欲於召伯之聽之者也。故此云厭浥者道中之露，然必早夜而行，始犯多露，豈不早夜者而亦謂多露之能濡己乎。以興本無犯禮，不畏彊暴之相誣也。毛於他詩「豈不」無傳，而獨於此言明其詞旨不同：「豈不言有是」

〔一〕江慶柏評説據胡承珙毛詩後箋卷首胡培翬撰胡君别傳，稱「『中道』，别傳作『道中』。」
〔二〕江慶柏評説：「兩『畏』字，别傳均作『謂』，是也。召南行露即作『謂』。」

者，謂有是早夜而行者，乃可謂道中多露，經反言之，傳正言之耳。故不熟讀經文，不知傳文之妙，不細繹傳文，不知箋説之多失傳旨。鄭學長在徵實，短於會虚，前人謂其「按迹而語性情」以此。唐人作疏，每欠分曉，或箋本申毛，而以爲易傳；或鄭自爲説，而妄被之毛。至毛義難明，不能旁通曲鬯，輒以「傳文簡質」四字了之。拙著從毛者十之八九，從鄭者十之一二，始則求之本篇，不得則求之本經，不得則證以他經，又不得，然後泛稽周秦古書，於語言文字名物訓詁，往往有前人從未道及者，不下數十百條，擬俟通録一本後，摘出別鈔，以便就正。

此君撰書之大略也。其於儀禮古今文曰：

鄭注所謂今文者，乃小戴本，出於高堂生所傳；所謂古文者，則前漢藝文志云「古經出魯淹中」者也。鄭君作注，參用二本，從今文者則今文在經，古文出注；從古文者則古文在經，今文出注。然今文、古文各有一字兩作者，如「職」爲今文，「𢧵」爲古文，而又云「今文職或作植」；「繅」爲古文，「璪」爲今文，而又云「古文繅或作藻」。且有不言今古文，但云「某或作某」者，殆當時更有別本。典籍流傳，字多通借，周禮故書，禮記他本，論語異讀，凡皆審定聲義，務存折衷。此經之注，亦同斯旨。最其略例，蓋有數端：有必用正字者，取當文易曉，从「甒」不从「廡」，从「盥」不从「浣」之類是也；有即用借字者，取經典相承，从「辯」不从「徧」，从「膉」不从「嗌」之類是也；有務以從古者，「視」爲正字，「示」乃俗誤行之，而必从「視」是也；有兼以通今者，「升」當爲「登」，「升」則俗誤已久，而仍从「升」是也；有因彼決此者，則別白而定所從，鄉飲、鄉射、特牲、少牢諸篇是也[一]；有互見而並存者，可參觀得其義，士昏從古文作「枋」，少牢從今文作「柄」之類是也。

論小爾雅曰：

小爾雅者，爾雅之羽翼，六藝之緒餘也。漢書藝文志：與爾雅並入孝經家。揚子雲、張稚讓、劉彦和之倫，皆以爾雅爲孔門所記以釋六藝之文者，然則小爾雅猶是矣。漢儒訓詁，多本爾雅，毛公傳詩，鄭仲師、馬季長注禮，亦往往有與小爾雅合者，特以不著書名，後人疑其未經援及。然如説文所引爾雅之「㯶」，則固明明在小爾雅矣。其中如金舄之解、公孫之偁、請命之禮、屬婦之名，合符詩、書，深裨經誼。沿及魏、晉，援據益彰，李軌作解，今雖不存，而所注法言「曼無卲美」，即用雅訓，是足以明其學矣。唐以後人取爲孔叢子第十一篇，世遂以孔叢之僞而並僞之，而酈氏注水經，李氏注文選，陸氏音義，孔、賈義疏，小司馬注史，釋玄應譯經，其所徵引，核之今本，粲然具存，可見孔叢本多剌取古籍，而所取之小爾雅，猶系完書，未必多所竄亂也。

[一] 祥案：「少牢」二字原無，據胡承珙求是堂文集卷四儀禮古今文疏義自序補。

休寧戴君嘗疑小爾雅凡四事，君爲一一辨釋。又言惠氏九經古義不及爾雅，補撰數十條。凡所著書，毛詩後箋三十卷、儀禮古今文疏義十七卷、小爾雅義證十三卷、爾雅古義二卷、求是堂詩集二十二卷、奏摺一卷、文集六卷、駢體文二卷，又春秋三傳文字異同考證、公羊古義、禮記別義，或未成。

君雄於文，通經術，精小學。官臺灣時，首獲洋盜張充等，斬以徇，餘孽遁迹。尤行清莊保甲法，民番安穩，四境肅然。歸九載，不出里門，以事著述，聞於二三同志，爲詩酒之會而已。然遇修城郭、置書院、凶年平糶，必勇成之。年五十七，遘瘧疾。病亟時，一日夜半，微雨無聲，室中人不聞也。君忽問：「有雨乎？」皆曰：「無之。」君曰：「有。」啓户視，地已濕。次日，君卒。嗚呼！有自來矣。

一〇、張澍

張澍，字介侯，武威人。父應舉，以孝友稱於鄉，多隱德。澍誕生岐嶷，博聞强識，里黨目爲奇兒。乾隆五十九年，舉於鄉。赴都應試，問業於餘姚邵學士晉涵，學士勉以讀書，始研尋古義，窮究經術。嘉慶四年，成進士。改庶吉士，年甫十九。散館，以知縣用，朝論惜之。授貴州玉屏知縣。澍宰玉屏歲餘，旋攝遵義、廣順，迎父至襄陽，父患目眚，道返里，澍即引疾歸。貧無以養，復出遊，主講蘭山書院。會親年例得告近，再出謁詮，漢軍張文敏公方奉命治李家樓決河，奏以澍管料場，力革宿弊，以勞敘選四川屏山，歷任興文、大足、銅梁、南谿。遭父喪歸。服闋，再任江西永新、瀘谿。所至稱治，民以爲神。

澍性彊直，治事以剛果聞。宰遵義時，里多巨滑，值趁虛則結外方奸民，刦人於市。澍初至，吏民以其少也，且易之。澍乃召里甲，斥其素桀黠者，而選其願愨者，令絶飲博，守塞。戒曰：「容匪類，警不協力，被盜匿不報，皆罪無赦，且責倍償。失者不務捕，務偵，偵盜所在，必捕，捕必獲，獲有賞；賄脱盜則罪之，亦責倍償。」於是劇盜把地、王賽、曹操等皆就擒，餘黨震恐，散遁桐梓、正安、綏陽諸縣。桐梓令衛天民見澍而慨然曰：「吾子以鄰國爲壑！」澍笑曰：「君甘爲逋逃藪耶？」衛不能答。

澍攝興文時，代玉屏令陳某，黷貨無厭，虐民多死。洎澍還，民争赴愬。澍素疾惡，將發之，陳先以事誣澍，澍揭陳棼贓夥命凡六百餘案，陳之黨仇澍，咸致毒焉。大府素知澍，奏陳某革職，澍解任待質。案定，陳從輕而徒，澍事卒白。又嘗抶巡撫前驅索金者。布政使僕某殿催丁銀，至澍署，澍痛箠之。上書辨是非，語若嚴師教弟子，上官多優容之，顧心弗善也。坐是一官三十年，不獲上考，澍落落不以介意。曰：「吾行吾志，無愧百姓而已！」嘗語其友潘君挹奎曰：「余幼負志，恥爲文人，幸籍科第，鞅掌簿書，思稍有樹立。」潘規之曰：「子方而不員，無以獲上，人且齕子矣，烏能行所學哉！」

澍博綜載籍，抗心希古，雖久服官，不廢著述，姓氏之學，尤爲專家。撰姓氏五書，爲姓氏論三篇。其略曰：

何人不有姓？何人能知姓？不知姓則不知其性，不知性則不知其生。姓者，生也。諸羌性宏，諸姚性仁，張、王性寬，李、趙性慤，劉、范性急，嬴、偃性雄，尚、呂性狷，熊、芈性奰，姬、黄性廣，曹、檜性偪。古人因五音定姓，因姓知性，因性知生。後人違仇難而改，蒙豢養而冒，畏權勢而易，慕華胄而假，久則迷其始、忘其祖矣。佛家者流，背父母，棄妻子，不姓不氏，其徒亦蔑姓氏，從之，亂先王之大倫，瀆生民之正典，何不仁之甚耶！

又曰：

姓氏不明，世次必亂，人倫因之瀆紊，風俗浸以衰薄。如堯伊祁姓也，舜姚姓也，聳昧者以爲皆出黄帝，是重華爲堯五世從玄孫，乃妻五世高祖姑矣。張汭之碑，以張本於張宿；柳敏之碣，以柳因於柳星。何所依據，造是訛言[一]？改武爲蝮，更李爲虺，易楊爲梟，變蕭爲蛸，削孫爲厲，没竇爲毒，損元爲兀，以惡號加本支，族誼離矣；張爲叱羅，劉爲獨孤，王爲鉗耳，侯爲賀吐，李爲徒何，辛爲普屯，田爲紇干，

〔一〕祥案：「訛」，張澍養素堂文集卷一七姓氏論中作「詭」。

以左言冠中華，習俗移矣。秦皇燔簡編、薄姓系，君子深歎其斁倫；魏帝捨拓跋、紀元氏，君子重責其背祖。可不省歟！澍蒐採繁富，辨證精審，上從王符、應劭所述，下正林寶、孔志、鄧名世、王應麟之誤，經史譜牒，同條共貫，固一代之絶學也。澍説經守漢經師家法，深疾不根之談。善屬文，才識博辨，學足輔之。其解牧誓「庸蜀羌髳微盧彭濮人」曰：

傳訓「八國皆蠻夷戎狄屬文王者，國名」。今人句讀多舛。岳珂九經三傳沿革例「羌在西」句，「蜀叟」句，「髳微在巴」句，「蜀盧彭在西北」句，「庸濮在江漢之南」句，最爲分明。

庸即魚國，夔州房陵、上庸之地。括地志：「房州竹山縣本漢上庸縣，古之庸國。周武王伐紂，庸蠻在焉。」左傳文公十六年：「庸人率羣蠻叛楚」，楚人伐庸，「七遇皆北，惟裨、儵、魚人實逐之」。杜注：「庸邑，即魚復。」「庸，今上庸。屬楚之小國。」後漢郡國志劉昭注：「魚復，古庸國。文十六年魚人逐楚師是也〔一〕。」

〔一〕祥案：「六」原作「九」，誤。後漢書郡國五：「魚復。」注作「十年」，北京中華書局校點本補作「十六年」，是。此指上文所引「魚人實逐之」，事見左傳文公十六年。養素堂文集卷三〇庸蜀羌髳微盧彭濮人解亦作「十六年」。

蜀即叟，後漢書劉焉傳[一]：「馬騰與劉范謀誅李傕，焉遣叟兵五千助之。」董卓傳：「吕布軍有叟兵内反。」注：「叟兵[二]，即蜀兵也。漢代謂蜀爲叟。」常璩曰：「夷人大種曰昆，小種曰叟。」漢書西羌傳西羌「出自三苗，姜姓之别」。又云羌無弋爰劍子孫「各自爲種」。即武都參狼、廣漢白馬、汶山冉駹、巴中板楯，今松藩、茂州諸州諸夷也。

髳即旄牛種，即越夷。西南夷傳：天漢四年，以沈黎郡並蜀郡，置兩都尉，一居旄牛，主徼外夷。延光二年，旄牛夷叛，攻靈關。蜀志張嶷傳：「旄牛道絶，已百餘年。賂其帥狼路，通舊道。奏封路爲旄牛町王。」華陽國志旄牛地在「邛崍山表」。寰宇記通望縣有「故旄牛城」。又云「陽山縣、台登縣即旄牛地。」詩小雅：「如蠻如髦。」箋：「髦，西夷别名。武王伐紂，八國從焉。」疏引牧誓曰：「彼『髳』此『髦』，音義同也。」是髦、旄、髳字通。唐貞觀時置髳州。括地志云「姚府以南，古髦州之地。」

微即木耳夷。九州要記：「越郡界千里，有木耳夷，常居木上作屋，有尾長二寸，損尾立死，地上居則預窟穴以安尾。」蓋以此夷生尾，故謂之微。微與尾通，書「鳥獸孳

〔一〕祥案：「後漢書」原作「漢書」，據養素堂文集卷三〇補「後」字，事見後漢書卷七五劉焉傳。又案：下文董卓傳亦爲後漢書，見後漢書卷七二。

〔二〕祥案：「兵」字原無，據後漢書卷七二董卓傳補。

尾」，古文作「字微」；論語「微生高」，人表作「尾生高」。水經注建興三年，分益州爲建寧郡於温水側，「皆是高山，山水之間，悉是木耳夷居土」。即微夷地矣。

盧即瀘州戎，今敘州長寧、興文諸夷皆是。路史國名記：「瀘，盧戎也。」古文作纑，又通作盧。習鑿齒襄陽耆舊傳、樂史寰宇記以爲中盧在襄陽西漳縣，非也。左傳桓公十三年「羅與盧戎兩軍之」，杜預亦誤爲中盧。

彭即彭水夷。國名記：「彭，黔之彭水縣，在忠州。」太平寰宇記彭山在「建寧始縣九十里，彭猺之姓也」。一云即賨人。郡國志：「賨人勁勇鋭，而善跳舞，漢高帝募賨民定秦地。」華陽國志「長老言宕渠爲古賨國」，城在流江縣東北七十里。又云「閬中有渝水，賨民多居水左右。」是彭即賨人也。括地志「戎府之南，古微、盧、彭三國之地」是矣。

濮即「百濮爲會」，無濮夷。左傳：「麇人率百濮聚於選。」潁容條例：「麇在當陽縣。」漢書地理志：「僕水出徼外，東南至來唯入勞。」僕與濮同。華陽國志：青蛉，「濮水出」。又云：「會無縣路通寧州，渡瀘得住狼縣〔一〕，故濮人邑。今有濮人冢，冢不閉户。有天馬河。」地出大竹，亦謂之濮竹。濮，王會解之卜人也。濮、卜音近。爾雅

〔一〕 祥案：「住」當爲「堂」之誤。參劉琳華陽國志校注卷三注。

「南至於濮鉛」，亦是濮夷。羅泌云：「濮，熊姓，在三峽外。」左傳文公十六年「麇人率百濮伐楚」，杜預以爲建寧郡南濮夷地。釋例曰：「建寧郡南有夷，無君長總統，各以邑落自聚，故稱百濮。」太平寰宇記：「尾濮國，一名木濮，在興古郡。」「木棉濮，其土有木棉樹。」「文面濮，其俗劓面，以青蓋之。」「赤口濮，折齒劓唇。」「折腰濮，生子皆折其腰。」「黑棘濮，在永昌西南。山居，耐勤苦。」所謂百濮也。

楚人王泉之解何彼穠矣詩，謂武王以元女太姬配胡公，以次女嫁楚熊繹之子。平王爲平正之王，指武王；齊侯爲齊一之侯，指熊繹。澍駁之曰：

夫鬻熊事文、武，其子繹歷事文、武、成、康，繹生熊艾，古書具在，無繹子爲武王壻事。毛傳謂「武王女，文王孫」，此武王少女適伋之子乙公也。乙公爲世子，而伋爲王孫之娶，故曰「齊侯之子」。觀左傳楚靈王謂右尹子革曰：「昔我先王熊繹與呂伋、王孫牟、燮父、禽父並事康王，四國皆有分，我獨無有。」子革曰：「齊王，舅也；晉及魯、衛，王母弟也。楚是以無分而彼皆有。」是珍寶之器，周尚不以之賜予，況以王姬以下嫁於華路藍縷之蠻夷乎？如果周、楚爲甥舅，豈子革通曉古事而不言之？泉之又謂楚稱「子」，亦可稱「侯」，且楚曾稱「王」矣。然楚之稱「王」，始於武王熊通，而春秋祇書「子」，豈有武王頒爵是子，當武王世即僭稱「侯」者？

泉之又言衛靈公無子。澍駁之曰：

世本：「衛靈公生昭子郢，郢生文子木。」郢字子南，木字彌牟。左哀公傳：「衛侯遊於郊，子南僕。」杜注：「子南，靈公子郢也。」與世本合。泉之以郢非靈公子，以公有「余無子，將立汝」之言爲據，是未觀杜注也。杜云：「蒯聵出奔，無太子，故言無子。」如晉獻公曰：『余無子』，亦言無適子也。」泉之不知古人立言之體，故鹵莽乃爾。而其説本之姚姬傳，以郢爲靈公庶弟也，最叵信。

其持論斷斷不爲苟同如此。

晚歲告歸，客遊終老，卒年七十餘。所著姓氏五書：曰姓韻、曰遼金元三史姓録附以西夏，曰姓氏尋源、曰姓氏辯誤、曰古今姓氏書目考證。詩小序翼、説文引經考證、五涼舊聞四十卷、蜀典三十卷、續黔書、秦音、三古人苑、萬物權輿。所編輯諸葛忠武侯文集四卷附録二卷、故事五卷，總爲十一卷。又輯子夏易傳，司馬法，世本，張太常、段太尉、皇甫司農卿、陰常侍、李尚書集，周生烈子、漢皇德傳、補風俗通姓氏篇、三輔決録及舊事故事、帝王世紀、三秦記、十三州志、西河舊事、涼州異物志、涼州記、補敦煌實録、西河記、沙州記，别爲張氏叢書，又養素堂文集三十五卷，詩曰扣舷吟草。或言澍又撰三禮權衡，余未之見也。

一一、汪喜荀

汪喜荀，字孟慈，江都大儒容甫先生子也。少孤，事母至孝。嘉慶丁卯舉於鄉。母誡之曰：「無爲縣官。」因援例授中書。君剛健篤實，猛志疾邪，能守先人之緒。嘗曰：「孔孟言狂狷爲可以傳道，孔孟之所與，後世之所惡也。狂者以爲狂矣，狷者直以爲不可與言，於是以鄉愿爲中行，豈知中行可得與哉！孔孟所不得與，顧欲棄狂狷得中行，必以德之賊爲中庸矣。」又論仁曰：「三代以前，未施教化，民未有争心，故言仁不言義；三代後，霸術失禮教，刑法失學問，故言知不言仁。聖賢言仁繼義，言知繼仁，所以防流失也。仁存於心，義禮知信，見諸言行，仁之爲用大矣。仁不裁以義、履以禮、辨以知、成以信，則釋氏之慈悲矣。」其持論如是，然坐是不諧於俗。

嘉慶二十二年，君在中書，大學士曹文正公薦試軍機章京，忌者有言，遂不入試。文正復奏充武英殿總校，固辭。及校玉牒，告成，列一等，往見提調某公，某送君出大門，引入曲徑，謂：「君盍行此？」君不復見。

道光初元，以員外郎觀政户部。八年，補山東司員外郎。九年，監督儲濟倉，時漕運總督爲朱公幹臣，倉場侍郎爲史公望之，或譖之曰：「是恐興大獄。」二公有戒心焉。及君往經年，事畢治，二公甚賴之。京察，擬一等，奏上，部議駁。旋遭母喪去官，既行，有送之四十里外者。服闋，户部或言於尚書，謂君墨守古人，因命治井田科事。户部有井田科，自雍正二年，上命怡賢親王、大學士朱軾，於畿輔近地瀕海有水利者行井田法，開墾教稼，遷八旗之無業者授田，福司主其事，别置官防一，曰「户部管理井田科關防」。乾隆十七年，廢置。道光初，總督林公奏請大興、直隸水利復井田科。君爲井田之科，首陳四事：曰舊地新租，毋加多；曰永定河水次沙壓地畝，毋抑令交税；曰籍没地畝，免舊欠；曰官地及老圈地無稽者，均免。皆中時弊。

十九年，奉命東河學習，總河栗恭勤公奏以君往河南防汛。行抵原武，風大水溢，將潰隄，主簿奔告，君曰：「去，溺職，心何安？」守口口〔一〕，權事罔濟，屹立隄上，誓以身禦，倏風定，水退三丈餘，一時驚以爲神。阮文達聞之，與之書曰：「此讀書人實事求是之一端也！」……〔二〕

〔一〕祥案：此二字草書，難以識讀。

〔二〕祥案：此記亦當爲未完之稿。

一二、劉文淇

子毓崧　戴　清

劉文淇，字孟瞻，儀徵人。先世居溧水，高祖春和，始遷揚州，遂爲籍儀徵。縣學生。嘉慶二十四年，蕭山湯文端公視學江南，重君學，舉優貢生，歷十四試不遇，君泊如也。父錫瑜，以醫名世，壽九十餘，君色養備至，令親有歡。自其幼時即研究古學，貫串羣經，於春秋左氏傳致力最深。嘗言征南襲取先儒，攘善專己，遂博稽先秦諸子、漢唐故書，旁及史傳紀載，上下千年，成書凡八十卷。又以孔沖遠删定舊疏，非出一手，既剿述議，復滅故訓，混淆覆匿，功過不掩，撰春秋左氏傳舊疏考正八卷。自序言：

近讀左傳疏，反覆根尋，乃知唐人删定者，僅駁劉炫説百餘條，餘皆光伯述議也。文十三年傳：「其處者爲劉氏。」疏云：「討尋上下，其文不類，深疑此句或非本旨。蓋以漢室初興，捐棄古學，左氏不顯於世，先儒無以自申，劉氏從秦從魏，其源本出於劉累，插注此辭，將以求媚於世。」此疏未著何人之説，無以知爲光伯語。及檢襄二十四年傳「在周爲唐杜氏」，疏云：「炫於『處秦爲劉』，謂非邱明之筆，豕韋、唐杜，不信元凱

之言。」則前疏爲光伯語，顯然可見。……〔一〕

一三、龔鞏祚

龔君璱人，初名自珍，號定盦，三十六歲更名易簡，字伯定，最後改鞏祚，仁和人。嘉慶庚午，副貢生。戊寅，舉於鄉。道光己丑，成進士。由内閣中書、宗人府主事，授禮部儀制司主事。自君祖、父及君，三世皆以進士官禮部。祖敬身，字匏伯，嘗七校漢書，手寫定本，藏於家。父麗正，字暘谷，號闇齋，金壇段先生玉裁壻也。師事段先生，撰國語韋昭注疏。

君生而有異稟，負絶才。年十二，從其外王父段先生授許氏部目，已知以經説字，以字説經。鄉試出高郵王文簡公之門。受春秋於武進劉君逢禄。宦學京師，及見乾嘉以來經學大師，上下論議，見見聞聞，智慧通達。於經通公羊之學；於史通天地東西南北之學；於文字通倉籀形聲、神珙字母、準回方語、四合五合迄國書主輔之學；其於今古政典、掌故、法制利病，原始要終，洞若觀火。旁及考證、金石、校讎、目録，逮夫九流百家之賾，

〔一〕祥案：此記録劉氏序文首段，亦當爲未完之稿。

五陰七覽之事，罔弗管綜。發爲文詞，比踪董、賈。蓋近百年中無其倫也。

少壯盛氣，思用所學，制明良論四篇。居京師時，於畿輔大吏，陳北直種桑之策。在史館，上書總裁論西北塞外部落原流山川形勢，訂一統志疏漏凡二千言。及官禮部，復上書論四司政體，宜沿宜革，又三千言。作西域置行省議[一]、罷東南番舶議，傳於世。君之意自以爲滅竈徙臼，言之至言，而不知其蚤莫失時，不惟主人之爲笑也。名滿北南，言滿北南，如猶知者，推服之、愛之、敬之；凡不知者，怪之、怒之。怒之不已，一人目之，萬人耳之，終且知者惜之，久亦畏之，而君竟不用以死矣。君以道光辛丑死於丹陽旅次，年五十。

余不及見君，得讀君書，其中若五經大義終始篇、古史鈎沈論、平均、農宗諸篇，殆庶周情孔思，昭昭乎揭日月而行也，文繁不録。所著説經之書，已刻者爲大誓答問一卷，校史記儒林傳、漢書藝文志，證伏生原本二十九篇次，今文無大誓，古文亦無大誓；明夏侯、歐陽無增篇；辨近儒異序同篇及序當一篇之非。凡設二十六事，同時治尚書家無以難也。未刻者尚書序大義一卷、尚書馬氏家法一卷，詩非序、非毛各一卷，左氏春秋服杜補義一卷，左氏決疣一卷，則正劉歆竄益之有迹者，春秋決事比六卷。又以許氏説文述古文少，據三代彝器秘文説其形義，補説文一百四十七字，金石通考五十四卷、羽山金石墨本記五卷、

[一] 祥案：「域」原作「北」，據龔自珍全集第一輯西域置行省議改。

羽山典寶記二卷、鏡苑一卷、瓦韻一卷、漢官拾遺一卷、泉文記一卷。於史訂裴集解之誤，爲孤虚表一卷、古今用兵孤虚圖説一卷、讀漢書隨筆四百事、西漢君臣稱春秋之義考一卷，又典客道古録、奉常道古録一卷、布衣傳一卷、平生師友小記一卷、紀遊一卷。文詩集已刻者文三卷、餘集一卷、破戒草一卷、破戒草之餘一卷、別集詞四卷、己亥雜詩一卷。末年究西方之書，爲龍藏考證七卷、三普銷文記七卷及龍樹三椏記。文未刻者尚存百餘篇。撰蒙古圖志、今方言、圓明園木作經，皆未成。君家自壬午後，兩攖火患，藏書及稿本多燬。

龔君之友曹籀，今尚存。籀字竹書，號葛民，仁和諸生。爲穀梁之學，羣經皆有撰述。庚申、辛酉之難，遇賊，身被十餘創，又餓經月，幸不死。所著書盡失，已刻者春秋鑽燧三卷、古文原始一卷、釋天一卷、石屋叢書四卷。未成之書，尚數十種，如穀梁發微、説文訂訛，皆精誼可傳。十年前，余曾聞其旨者也。葛民爲人强直，無依違，不信宋儒性理書，深疾當世空談廢務之士，故屢受侮，鄉人詈者尤衆。然余所識杭人學者，葛民而外，鮮可語焉。雖無老成人，尚有典型。身世之感，庸能既乎！

一四、凌　堃

凌堃，字仲訥，別字厚堂，烏程人。明兵部侍郎謚忠清義渠之後也。父嗚喈，嘉慶四年進士，兵部車駕司主事。以上疏言馬政越職，罷官。著讀詩蠡言、尚書考疑。有子三，堃其仲也。堃蚤喪母，後母督諸子嚴，日夕榜箠無人色，伯兄以杖死，堃幼罔知，則大懼，以爲必死，遂數求死。或憫之曰：「子不聞乎？孝子事親，小杖則受，大杖則走。」堃曰：「諾。」走山西，乞食於道，有相者見而奇之，令習其伎，得錢以自給。因變姓名，自稱鐵簫子。堃既盡相人術，又遍習陰陽家建除叢辰之學，言多奇中，一時驚爲神。父執某方官山西，聞之，迹以來，勸之爲制舉業。道光十一年，應順天鄉試中式，始歸見父，跽不敢起，父掖之起，乃退居室。

堃學宗漢儒，甚惡新説，疾之如仇。嘗言：「以理殺人，比於酷吏舞法，骨肉毁折，無以達情。」俗儒咸駭怪之。堃於易、書、春秋，皆有纂述，而易爲最深。自其幼時，即搜集漢魏以來説解百數十家，綜互裁擇，成周易翼十卷，凡六易稿而後定。著述大旨，見於自序。其略曰：

堃世守經説，幼承義方，於易則首裒李氏集解中漢儒精義，會而通之，復網羅諸家注釋，及宋元以來儒士所輯録，益自擴充，折衷至當。自癸亥至癸酉，十閲寒暑，始得成編，名曰周易翼。又别推易書條貫曰易象、曰易準，從易所滋可爲運候、占驗、卜筮用者，曰易滋、曰易運候、曰易占驗、曰易林明。占爲四道之一，易非盡卜筮用也。易之教，絜静精微，博之則兩間所盈無有不通，約之則一陰一陽乾元資始，若未有始，意絶辭荒，聖人弗尚。去聖既遠，人與天違。四時五行生廢孤虚之候，卦爻分值消長順逆之機。技者竊以惑世，隱者假以長生。於是流别爲九，教並爲三，道非聖人之道，傳皆二氏之傳，而自古經訓微言，反斥爲陰陽五行家説，若不屑道，蓋誠弗能道耳。既弗能道矣，乃妄分。主卦氣者孟，主納甲者京，主爻辰者鄭，主升降者荀，主消息者虞。不知京以下皆推孟氏之學。孟出於田，田出於商，商親受之孔子，故孟、京皆得引孔子之言以爲證。

或曰：「諸家所引，皆緯候陰陽家言，托之孔子者也。一行卦議所引長卿之言，與聖人之經不相類也。」曰：「以八卦四時配八方，傳固明言之矣。傳曰：『變通配四時。』又曰：『寒往則暑來，暑往則寒來。』又曰：『數往者順，知來者逆。』又曰：『其出入以度。』非卦氣、納甲、消息乎？曰乾坤之策〔一〕，當期之日，日月運行，一寒一暑，非分爻值日乎？若夫反復、消息、旁通、二與四、三與五相互，傳又明明言之。天數五，地數五，五位相得，而各有合，是五行甲子也。巽之究爲躁卦，謂巽下伏震也。」

或曰：「傳固疑非孔子作矣。」曰：「古人作甲子以紀陰陽、推律曆也。曆起冬至，律本黄鍾，皆謂之元。蓋法乾元甲子，一陽起復，順行至臨也，孔子以至日傳。復象亦

〔一〕 祥案：「坤」，原作「元」，據凌堃周易翼自敘改。

曰：『反復其道，七日來復。』臨曰：『至於八月，有凶。』蠱曰：『先甲三日，後甲三日。』巽之五曰：『先庚三日，後庚三日。』小畜上九、中孚六四並曰：『月幾望。』則卦爻之分值日月、納甲、消息也。泰五曰：『帝乙歸妹。』泰中互歸妹也。小畜初、二言『復』，明旁通。豫爲復初之四，陰從陽也。四、五言『孚』，上同中孚，言『月幾望』，以二至上，互中孚也。兑二、五言『孚』，以初至五，互中孚也。泰曰『小往大來』，否曰『大往小來』，明升降也。需曰『利涉大川』，訟曰『不利涉大川』，履五曰『夬履』，明兩易也。損五、益二並言『或益之十朋之龜』，明反復也。泰、否爻辭初二似同而異，明對待也。遯上之初革，故遯二、革初並用『黄牛之革』，巽五變蠱，故爻辭似蠱象也。頤大離，故有龜象。大壯大兑，故有羊象〔一〕。大畜三至上體頤，故有不家食象。他如半震、半艮及初九震爻、初六巽爻之類，則由此爲廣，所謂『曲成不遺』者也。孔子釋噬嗑曰：『頤中有物。』庖犧觀象設卦之巧，當亦有書言所不能盡者矣。

堯舜治天下，取諸乾坤，授時分命，以正四時，以奠四方，以察民物，以紀日星，以齊七政，以代天工。孔子删書，斷自唐虞，爲百王法者，天人合也。删詩，首關雎，猶上、下經首乾坤、咸恒也。天地萬物之情，於六爻發揮旁通見之矣。君子之

〔一〕江慶柏評説據道光刻凌氏傳經堂叢書本周易翼自序稱，「『羊象』，刻本作『龜象』。」

道，造端乎夫婦；及其至也，察乎天地，明道始終乎陰陽而已。捨陰陽爲言道，是道之異端也，辭而辟之可已。道以定上下、辨民志者禮，禮形於讓，自卑尊人，故履旁通謙，與樂相比，故謙升爲豫。子游作禮運，明陰陽之道，喪祭、射禦、冠昏、朝聘，必本於天、殽於地、列於鬼神。孔子繫易，首章所以明制禮作樂之原，後賢取以爲記，漢儒本之詁易，授受十數世不可變革，道在然也。而謂漢儒專言天道、迂於人事，不亦陋與？周官以立民極，春秋以紀人事，而名官以天地四時行事〔一〕，繫元繫年繫時日，豈徒飾號分編哉？

六官相屬以義，布政弊吏考工以時，建國分井、徵徒制器、興禮設教以象數。非馮相、保章、太史、太卜之類，乃觀陰陽五行也。春秋托始豖章以元首，備三正以盈乾，備四孟以著方伯，二百四十年二十二門一千八百餘事〔二〕，日者凡六百八十有一，以示緩

〔一〕江慶柏評説：「『名官』，刻本作『六官』，疑是。『六官』即『天地四時（春夏秋冬）』。『四時』下，刻本有『名』字。即六官以天地四時命名。『繫時日』，刻本作『繫時繫日』。」

〔二〕江慶柏評説：「這一段整理本與刻本相較，缺漏較多，並因此影響到標點也多誤。不煩一一説明，兹將刻本原文照録如下，並重爲標點（文中自注爲趙之謙手稿本所無，兹一併録出供標點參考）：六官相屬也以義（如春震主教、秋兑主刑之類），其布政弊吏考工也以時，其建國分井、徵徒制器、興禮設教也以象數，非馮相、保章、太史、太卜之類，乃觀陰陽五行也。春秋之托始豖章（隱元歲在豖章）也以元首（元命苞、乾鑿度、命厤序、葉圖徵並以甲寅爲元首）。其備三正也以盈乾（復子、臨丑、泰寅、盈乾），其備四孟也以著方伯（坎子月冬至，震卯月春分，離午月夏至，兑酉月秋分，爲四伯）。二百四十年二十二門一千八百餘事……」

急、輕重、得失，非志災異百二十二，乃觀陰陽五行也。是故易象陰陽，經以易爲最大且古。如彼所疑傳非孔子，經亦非文王、周公，是六經之罪人也，何足與論！」

或曰：「易象無所不備，道貫乎六經。然後世陰陽家言，舉足以明易道與？」曰：「外敷諸禮樂政刑，内質諸倫常性命〔一〕，曰道不然則藝而已矣。藝，偏者也。偏則非易，或占異捨常，或迹象遺義，或累數逆億，或因物測機〔二〕，原同流異，遷則弗良。若夫可久可大，一以貫之，斯所稱至精、至變、至神者與！堃竊願學焉，而未之逮也。」

又曰：

趙宋以後，釋辭者半宗輔嗣，尚數與占者半宗希夷，而學者因「罪浮桀紂」一語，謂以老莊説易者自輔嗣始，輔嗣不可逭矣。然辭不卒讀，義未深通，而輒襲陳言，妄生菲薄，是亦不學之一大患也。

又曰：

王之注易，僞孔之傳書，杜、范之解左、穀，盡毁漢儒説經義例，使七十子之微言剩義，蕩然無存。然彼皆深通漢學，而後能去其町畦、化其艱滯，非若膚識末學，不肯

〔一〕祥案：「質」，凌氏自敘原文作「印」。
〔二〕江慶柏評説：「『機』，刻本作『幾』。」

爲漢唐人分疏，而徒腐坐屍噓、譏貶聖賢，以不學古訓爲超，以師心頓悟爲尚也。又撰學春秋理辨口卷〔二〕，尚書述則未成之書也。

堃生有異質，能伏氣行水中，客山西時，聞臨汾張老人有易筋洗髓術，年且百歲，力能曳九牛，往受學，遂能擊刺。偶單騎他出，遇羣盜刦人於途，堃大呼馳救，盜衆被創遁，手搏渠魁，旋與語，語過人，縱令去，解己囊與之。又嘗出資買不耕之地，劃溝洫，引河灌溉，植穀及蔬，分畛事耕築，澄渠育魚鮭，行之大效。恒自喜曰：「以此富天下，管仲不足爲也。」

晚年，銓授金華教諭，則辟學圃，行區田法，獲致豐。咸豐十年，浙西寇警，棄官歸。家在晟舍。十一年，賊圍湖州，衆趨堃行，堃歎曰：「行將炙之！」賊入其室，掠晟舍，堃方與所善潘生坐飲酒，賊不敢近，賊帥繼至，脅之降，堃大罵，立格殺數賊，賊忿，攢刃刺之，死焉。年六十七。潘生亦從死。

堃取安氏，早卒。安名璿珠，知書，通經義。堃成周易翼，璿珠爲釋義三十餘篇，釋十翼篇第發奸擿伏，足以息數百年來倂張之喙，宜録之。釋曰：

〔二〕 祥案：凌氏自敘末其妻安氏識語曰：「珠入侍經帷，得見易翼、學春秋理辯初稿，盈各數尺。乙丑，易弟二稿，易翼四十八卷，學春秋理辯七十二卷。越歲戊寅，易翼已五易稿，學春秋理辯已七易稿。」然今存凌氏傳經堂叢書有周易翼十卷，而學春秋理辯僅存一卷。則所謂四十八卷與七十二卷者，蓋謂初時所積之稿，類資料長編耳。

古人傳注與經文本各單行，若左、公、穀傳春秋之體，自謙以尊經也。學者尋習端委，篤信尊師，兩兩相配〔一〕，誰得過之？唐宋以後，無知妄作，並皆配經以行，而謂孔子大傳，反不當附文王、周公後耶？如云雜也，則必卦自爲卦，象自爲象，爻自爲爻，而後傳自爲傳。夫易，肇未有文字之先，數大聖人相因翼贊，古莫古於此矣，不於觀象繫辭探其本意，徒紛紛於離之爲古，合之爲今，不亦末乎！

漢志：易十二篇。未嘗云古易，顔師古注：「上下經及十翼，故十二篇。」亦猶孔沖遠之論十翼也。孔言：「數十翼亦有多家，既文王易經本分上下二篇，則區域各别，象、象釋卦，亦當隨經而分，故一家數十翼云：上象一，下象二，上象三，下象四，上繫五，下繫六，文言七，説卦八，序卦九，雜卦十。鄭學之徒，並同此説，故今亦依之。」曰「有多家」，則不一矣；曰「一家」，則一家言耳；曰「鄭學之徒，並同此説」，則一家乃費氏也，蓋馬、荀、鄭並傳費氏。弼本亦鄭本也，不言費氏，以未立學官，不足爲弼重所自也；曰「今亦依之」，則上本附上，下本附下，鄭與王未之改也。其一二之次，則十翼之數，而非篇第數也。班志時立施、孟、梁邱博士，篇適十二，至唐亡久矣。顔氏意度爲注，何足據也？即淳于俊等謂鄭氏合彖象於經，欲使學者「尋省易了」

〔一〕祥案：「配」，安氏周易翼釋義釋十翼篇第作「麗」。下文「配經以行」，亦作「麗經」。

云云，亦屬懸測，目實未見桼書若何篇第也。劉向以中古文校施、孟、梁邱經，或脱去「無咎」「悔亡」，唯費氏經與古文同。則費本爲古，明明有徵焉，馬、鄭、王弼並同費本。宋以前注易家，未有捨弼本而别稱古易本者以此。

自河、洛、太極托始陳摶，而河圖八文之外，更造龍圖；顛到補綴，肇於昭素、胡旦；范諤昌竊漢注天地生成之數，謂老子自西周授孔子龍圖作易之源。王洙僞撰古易，竄亂經文；吕大防、晁説之、吕祖謙等，以意增損；歐陽修、王景山、李清臣、朱新仲等，疑易傳非孔子作；張芸叟並疑爻辭非聖人作矣。小人無忌憚之心，直欲駕文王、周公、孔子而上耳。不然，無極、太極、先天、後天之説，果何所自而乃謂開萬世理學之原，發往古不傳之秘耶！

漢書述費長翁以彖、象、繫辭十篇、文言解説上下經，正稱費氏解經之慎，而宋人乃指爲亂經之罪自費氏始，甚於康成與弼者。蓋東漢後易師皆用費氏，施、孟、梁邱亡於西晉，鄭、王盛於齊、陳，唐後鄭氏始衰，天下並宗王弼，虚無説理，弼實開之。乃思申陳、邵，則必退文、周、孔子〔一〕；思退文、周、孔子，則必廢費傳弼本；費氏亡，易必與之俱亡。於是無極、先天、順逆、方員，可縱所欲言而無忌矣。其目施、

〔一〕祥案：「退」，安氏原文作「廢」。又下句「退」字亦作「廢」。

孟、梁邱爲古，目費氏爲今者，幸施、孟、梁邱之亡不足徵也。郝氏敬謂其直欲懸空説影[二]，薛氏瑄謂其主邵子非主孔子，可謂能鑒其隱矣。誠使篤信三家爲最古，則其書雖亡，卦氣、消息之説，或散見於他書，何又毀之，而獨於莫須有之十二篇目斷斷求合耶？且即如所科亂經之罪，以傳附經，以聖附聖例之，大學一篇，錯亂補綴，孰重孰輕，平心易曉。何數百年來，學者茫昧，匪古是從，惟僞言是尚，豈以蔑象之罪浮桀紂，並欲火其書與？不然，何不審之甚也。

璿珠撰有德輿子，持論多可傳。

一五、張穆 苗夔

張穆，字誦風，一字石州，初名瀛暹，平定州人。優貢生。正白旗漢教習。祖佩芳，乾隆二十二年進士，泗州知州。著希音堂集、陸宣公翰苑集注、春秋世系。父敦頤，嘉慶十八年進士，翰林院編修。

穆少孤，依母黨。莫侍郎晉師、蕭山吴口君，知明儒之學，長出交當世方聞士，乃通

[二] 祥案：「其」，安氏原文作「本義」，即朱子周易本義，蓋趙氏以其語氣太過質直，故隱去書名耳。

詁訓、篆籒、曆算、地理之學，講求經世之務，於兵制、農田、水利、海運、錢法，尤致力焉。文筆兀奡鬱硉，歙程侍郎恩澤見而驚曰：「東京崔、蔡之匹也！」性剛負氣，好直言，久居京師，名譽日起，問字之車，盈於户外。穆不自貶屈，凡所不可決，指摘舯垢，不避在位，向之冀望見顏色者，復畏避之。然穆持己峻，不絶物，見奇士，雖出己下，推許甚至。晉江陳給諫慶鏞直聲震天下，獨俯首於穆，嘗謂人曰：「令斯人著獬冠樹立，過吾輩遠甚！」見重如此。

穆豪於飲，恒以酒自隨。道光十九年，應順天鄉試，攜巨榼載酒以入，監搜者訶止之。穆曰：「飲可乎？」乃立飲之，飲不盡，揮之，餘酒污監者衣，監者怒，命悉索筆研衣被毁之盡，無所得，穆鼓腹曰：「是中便便經笥，若輩能搜耶？」監者摭筆囊中字一行，爲篆書離騷二句，則援片紙隻字之禁移刑部，讞白其枉，卒坐擯斥，諸所知者爲之悼惜，穆夷然不以介意。閉户人海十餘年，爲靈石楊氏校刊叢書，刻甫半而遽卒，年四十五。

穆天性孝友，兄早殁，恤其孤，教養兼至。既困厄，著書終老，或勸之刻，則曰：「吾祖集猶未刻也，不可。」重然諾，戚友緩急必應。自言海内學者，惟長洲陳碩父未及内交，與黟俞理初，邵陽魏默深，道州何子貞，晉江陳頌南，光澤何願船，日照許印林，安邱王菉友，甘泉羅次球，歙鄭浣香，大興徐星伯，烏程徐君青、沈子惇，武進趙伯厚，肅寧苗先路，論學相切劘。其與朝貴僅莫、程兩侍郎，儀徵阮文達公及壽陽祁文端公爲師友。於其殁也，文端經紀其喪，並爲醵金刻遺書也。

穆無子，以兄子孝來爲之後。搜集遺文斷稿者，爲其弟子青陽吴式訓；未成稿本補綴完具，整齊排比之者，顧船比部一人力也。穆撰説文屬、延昌地形志、蒙古遊牧記、靖陽亭劄記，編定閻潛邱年譜，校補顧亭林年譜，月齋文集八卷、詩集四卷。

穆説經必求其至是，不務墨守，其言易爻法謂坤云：「正義以前本皆作『爻法』，蜀才作『效』。據繫辭：『爻也者，效天下之動者也。』效是爻之確詁，可當以效詁爻，不當以效改爻。」論夏書胤征云：「羲和本屬王官，不共厥職，黜退之可也，誅殛之可也，湎淫非叛逆[一]，何至以師臨之？且羲氏、和氏未嘗命爲侯伯，享有國土，今往征之，將極之何所[二]？因疑胤征之書，本作胤正，亦即小正之倫，與堯典相表裏。左傳襄十四年師曠引夏書云云，或真出於胤正。又曰『正月孟春於是乎有之』，則『正月孟春』不止此一條可知。漢儒既以無師説亡其篇，僞孔習爲誓誥之詞，改『正』爲『征』，而不思其事理所必無也。書序、史記諸『征』字，皆後人從僞孔改之，裴即引安國傳爲説，可證也。」

論詩淇奥正義，謂「孔沖遠諸人曲護史記衛世家之誤，以媚時君，致有美其逆取順守、

[一] 祥案：「湎」原作「緬」，據張穆月齋文集卷一胤征序義改。

[二] 祥案：「將」字原無，據月齋文集卷一爻法之謂坤解補。

德流於民之説，曲學阿世，禍流宗社。」詞嚴義正，不可移易。論「隰則有泮」，以爲「隰當作濕。濕，故漯字。改濕爲漯，假濕爲溼。『溼則有泮』，嫌於不詞，轉改作隰。此章首末皆指淇水發興[一]，頓丘既屬地名，不應末章獨取阪下溼之隰。漯水出東郡東武陽，其故城在今曹州府朝城縣東北。縣名『武陽』者，水經注：漯水，『戴延之謂之武水』。水北曰陽，故名。頓丘在淇南，漯在淇北，南北相望百數十里遥耳。」

余尤取其解太王翦商義，足發前人所未及。解曰：

魯頌「翦商」，傳：「翦，齊也。」箋：「翦，斷也。太王自豳徙居岐陽，四方之民咸往歸之，於時而有王迹，故云『是始斷商』。」正義：「翦，齊，釋言文。齊即斬斷之義，故箋以爲斷，其義同也。太王居岐之陽，民咸歸之，是有將王之迹，故云『是始斷商』，言有滅商之萌兆也。」案：説文止部：「歬，不行而進謂之歬。从止，在舟上。」刀部：「齊，斷也。从刀，歬聲。」羽部：「𦏵，羽生也。一曰矢羽。从羽，前聲。」三字截然不同，自歬字不行，隸變爲前，復變爲翦，於是凡進導之訓皆歸之前，齊斷之訓皆歸之翦，而翦之本訓不行。凡經傳翦字，皆段借用之。爾雅：「翦，勤也。」乃進義之引申，

〔一〕江慶柏評説：「『此章』，張穆月齋文集卷一爻隰則有泮解作『此詩』，是也。此處是就整首詩而言，非就其中某一章而言，且下文又稱『不應末章』云云。如就一章而言，不應有『末章』之説。」

是前義也。翦，齊也、斷也、斬也、滅也，皆一義之引申，是義也。二義亦截然不同，而後人混合爲一，解經因之歧出。

今案：「始翦商」之翦，當爲踐。玉藻：「凡有血氣之類，弗身踐也。」注：「踐當爲翦，聲之誤也。翦，猶殺也。」書正義引鄭注成王政序「遂踐奄」云：「踐讀曰翦，滅也。」史記孝文紀：「自當給喪事服臨者，皆無踐。」集解引服虔云：「踐，翦也。謂無斬衰也。」皆謂借踐爲翦，古字通用，既可借踐爲翦，亦可借翦爲踐。如此經「翦商」之當爲「踐商」是也。毛、鄭二君，惟泥之本訓説之，故曰齊、曰斷。然是以勢言之，故箋云「於時而有王迹〔一〕，是始斷商」。疏云：「是始斷商，言有滅商之萌兆。」未即以闇干天位，歸獄陰謀也。朱子乃踵成其義曰：「太王之時，商道浸衰，而周日强大，季歷又生子昌，有聖德，太王因有翦商之志。」以莽、操之心，上誣古聖，朱子之過，未始非毛、鄭有以啓之。夫太王方主以避狄，率親屬而西，室家草創，規模粗具，岐陽而外，尺土皆非己有，不可謂「强大」。外寇未平，遽覬神器；赤子在抱，妄希符命。此又莽、操

〔一〕江慶柏評説：「此爲張穆剪商解中文字。剪商解亦收入張穆月齋文集卷一。『於時而有王迹』下，文集本有『是始斷商疏云』六字，是也。『於時而有王跡，是始斷商』，此爲鄭箋之文。『是始斷商，言有滅商之萌兆』，乃孔疏之文，故張穆原文上有『疏云』二字。因手稿本缺此六字，遂使整理本未能將鄭箋、孔疏區分開來，而將這段文字誤認爲都是鄭箋之文。」祥案：江説是，今據補。

所知其不可者，曾謂太王而有是乎？後儒覺其不安，因援「翦勤」之訓以解之，曰「至於太王，實始勤商」云爾。是其用意優矣，不知勤乃旉義，於太王之事亦不合。

何者？緜詩詠太王居豳，歷敘契龜、作廟、築門、宜竈之績，史遷本其意作周本紀，不過曰「於是古公乃貶戎狄之俗，而營築城郭室屋，而邑别居之。作五官有司。民皆歌樂之，頌其德」而已。假使太王有翊戴王室之勳，周公敢没其祖功不録哉？蓋周至王季始大，至文王而其勤益著，故皇矣美周，斷自王季。太平御覽引竹書紀年有「季歷來朝，王賜地三十，玉二十瑴〔一〕，馬八匹」事。後漢書西羌傳注引竹書，有周公、季歷「伐西落鬼戎，俘二十翟王」「伐餘無之戎〔二〕，克之，命爲殷牧師」事。而汝墳、四牡皆文王勤商之實迹也。

然則「踐商」何義？曰：踐，履也。「踐商」者，踐商之朝也，義同「踐阼」之踐。溯周自后稷封斄，不窋失官，竄居戎狄之間，夏、商之際，屬迹不通於天子也久。公劉涉渭取材，復修后稷之業，周道用興，然居戎狄之間如故。其後慶節居豳，稍稍内徙，而朝貢不達於天子也。至太王，始修職覲，踐商之朝焉，故魯頌述武王克商，而推本言之

〔一〕江慶柏評説：「『二十瑴』，文集卷一剪商解作『十瑴』，是也。此爲太平御覽卷八十三皇王部引竹書紀年文。原文正作『十瑴』。」

〔二〕祥案：「餘無」二字原文互倒，誤。餘無，亦作餘吾，徐吾等。安氏釋義誤倒，趙氏從之而誤。今據後漢書卷八七西羌傳乙正。西羌傳：「太丁命季歷爲牧師。」注引竹書紀年曰：「太丁四年，周人伐餘無之戎，克之。周王季命爲殷牧師也。」

曰：「后稷之孫，實爲太王。居岐之陽，實始翦商」也。「至於文、武，纘太王之緒。」則孔子所謂「三分天下有其二，以服事殷」，周書程典解所謂「合六州之侯，奉勤於商」，中庸所謂「武王纘太王、王季、文王之緒」是也。「致天之命，於牧之野。無貳無虞，上帝臨汝。敦商之旅，克咸厥功。」則大明之詩所謂「篤生武王，保佑命爾，燮伐大商」。又曰「上帝臨汝，無貳爾心」是也。通繹古書，無太王陰謀伐商之迹，自故訓不明，而古聖人之横被誣罔也，又千餘年於此矣。亂賊生心，或至援斯以爲口實，經訓不明，其禍烈哉！

苗夔，字先路，别字仙簏，肅寧人。優貢生。與穆爲同歲生，研精音韻之學。祁文端公視學江南，重刊宋本説文繫傳，夔與校讎之役。其論古音，確守顧氏十部，於金壇段氏、歙江氏、歸安姚氏、嚴氏之書多所糾正。嘗言宋人如鄭樵輩，每謂漢人韻學不精，必待婆羅門書而始密，是視歷代造字之聖人，反爲不識字之人。故西晉亂聖人之雅樂及經韻，六朝人不能辭其罪，休文第一，而以下則斷推夾漈。又言古無歌、麻韻，歌、麻本西音，佛法未入中國以前無有也。既爲之説，余與胡甘伯言之，甘伯歷數多、它、我、傞、窪、奢諸字聲，以爲可信。然居京師五年，其稿不可得，偶從書攤得夔手斠姚氏聲系，駁數十事，亦未成書。其已刻者，爲説文聲訂、毛詩韻訂、説文聲讀表、説文建首字讀。又纂集韻經存、唐韻正補正，未寫定。窮老，客洢南，尋卒。

一六、胡匡憲

胡匡憲，字懋中，號繩軒，績谿人。思平先生第三子也。少承父訓，舉止端重異常兒。年十六，補縣學生。二十而孤，勵志力學，不附流俗，從鄭宮贊虎文讀書紫陽山中，學日進，盡通諸經。思重刊易本義，復漢志十二篇之舊。謂詩毛氏傳最古，鄭氏已多違義，今本毛傳又經王肅竄亂，異同之迹，尚可考見，撰毛詩集釋二十卷、繩軒讀經記十二卷、讀史隨筆六卷、石經詳考四卷、繩軒集三卷。又以四子書體諸倫常日用，有足補前人識解者，條記爲一書而未果。其於易、書、詩、禮、春秋、許氏説文，皆有手寫定本，存於家。

爲人嚴氣正性，言動以禮，友朋之間，咸敬畏君。後生小子，私爲不善，相戒毋令某先生知，下逮塗人厮踐，跛倚箕倨，見君至，必動容起立。治家嚴而有法，手定亶然堂家規以貽子孫，教學閭里，賴成立者百餘人，久於君門，僉謂：自壯至老，勤勤不倦，數十年中經師人師，無過君者。年六十卒。

子秉虔、秉元別見。

君所著書燬於兵火，惟從孫竹邨户部儀禮正義士冠禮「若不吉，則筮遠日，如初儀」節，引讀經記云：「『如初儀』，敖君繼善謂自『筮人執筴』以下，張稷若謂自『進受命於主人』

以下，駁賈説是矣。然云受命於主人，則已知所筮宰自右贊命，則告之所筮，豈此時筮遠日，又須受命贊命乎？恐敖、張説亦未盡。」……〔一〕

一七、胡秉虔

胡肇昕

胡秉虔，字伯敬，號春喬，績谿人。繩軒先生長子。幼從父受經，未嘗就外傅。年十七，補縣學生，父命走京師，肄業太學。時管監事者爲劉文清公，祭酒爲汪文端公、梧門法式善公，咸愛重之。乾隆乙卯，舉京兆試。嘉慶己未，成進士，授刑部主事。遭父喪，歸里。

君家素貧，先世皆授徒自給，及君成進士，母程年老，期以禄養。服闋入都，陳情改外銓甘肅靈臺知縣，告近改江蘇寶應知縣。甫履任，謀迎母而訃至，慟不欲生，兼程奔歸，哀毁骨立。服闋再入都，居八年始補原缺，赴甘肅。總督文襄長齡公甚器君，奏調張掖，格部議者再，署涇州直隸州。涇州貢生某素豪猾，官不能制；君至，立詰以法，某慚悔匿

〔一〕祥案：胡氏此説見胡培翬儀禮正義卷一士冠禮，趙氏所引當不僅止此，此記亦爲未完之稿，且上段「子秉虔、秉元别見」句當在全文之末，今在中間，亦與全稿體例不合。

迹，後卒改行。

道光初元，調張掖，君以甘州爲明季三邊之一，李自成黨賀錦陷甘州，闔城死難，諸臣雖邀賜謚賜祀，而未有專祠，捐資建祠東關之南，考事實，撰甘州成仁録。擢河州知州，河州番回錯處，民刁悍，夙號難治。君牧河州年餘，厲廉恥，嚴刑法，民咸服之，獄訟衰息。又以河州自宋及國朝乾隆間撒拉爾之變，捐軀赴義，代有數人，遍考史乘，撰景忠録，建祠城内如張掖時。

會歲丙戌，逆回張格爾滋事新疆，朝廷命將出師，征車四出。承平日久，驟用兵，兵所過，輒不便民。總督鄂山公檄君司支應，且告曰：「東路非君往，必僨事。」君星夜馳赴涇州。初，官兵來，擾民甚，民攜家避兵。涇州固君舊治，見君至，遠近奔訴。君慰諭曰：「城無居民，兵不得食，非計也。毋遠徙，使張幕列肆，爲市城外，兵不洽直，由官代償。」皆曰：「諾。」兵民始相安，由是平涼、金、安定，悉按行之，數百里賴以無事，鄂山公以爲能。事平，旨以同知直隸州陞用，署肅州直隸州。將行，百姓扶老攜幼，涕泣牽挽者數千人，肩輿不得前，論者謂百年中所未見也。

己丑，調補丹噶爾同知。初，丹噶爾主簿屬西寧縣，布政使顔公伯燾以地界邊陲，蒙番所聚，官卑無以示鎮撫，奏改同知，且事創始，非干濟才不足任，以君名上，奉旨俞允。君服官中外二十餘年，屢膺繁劇，未嘗一日廢學。及調丹噶爾，寄書猶子培翬曰：「此間事簡，可以畢吾著述！」官丹噶爾者三年，竟病卒，未竟其業。

君學貫羣經，晚年研求古韻，自謂有心得。在都時，師友多方聞士，如朱文正、紀文達、汪文端、阮文達、王先生石臞，咸奉手受教，於同年則王文簡、盧敏肅、鮑君覺生、郝君蘭皋，過往從密。著周易小識八卷、尚書小識六卷、論語小識八卷，取諸經文字句讀異同，詳引而辯正之。又論卦畫之原，爲卦本圖考一卷，又尚書序録一卷、毛詩序録四卷，前列序説，附録注疏，斷以己意爲録者也。又述諸經博士師法淵源，成西京博士考二卷、甘州明季成仁録四卷、河州景忠録三卷，皆手定成書。經義聞斯録，則雜考諸經，分條爲記。曰「聞斯」者，本所聞於繩軒先生也。又著月令小識、四書釋名、小學卮言、對牀夜話、惜分齋叢録、消夏録及文集、詩集若干卷。兄子竹邨户部爲遺書記，述君於毛詩、説文致力最深，撰毛詩小識、説文管見，亦未成書。説文管見稿本今尚存，余及見之，最舉數條於後。一曰：

古音久亡，説文每字既釋其義，又存其聲。如鄉从皀聲，野从予聲，移、宜皆从多聲，耦、偶皆从禺聲，籔、藪皆从數聲，客、格、輅、挌皆从各聲，茍、玽、狗、笱皆从句聲，皆可校正後世俗音之謬。且拓、橐皆从石聲，則知石古音托；錯、碏皆从昔聲，則知昔古音鵲；拗、窈皆从幼聲，則知幼古音杳；豎、桓皆从豆聲，則知豆古音渡；鐸、襗皆从睪聲，則知睪古音籜。書、豬、都、瘏、翥、楮、暑、緒等皆从者聲，則知者古音渚、音諸，非如廣韻「章也切」也；租、徂、阻、組、苴、雎、組、助等皆从且聲，則知且古音沮、音祖，非如廣韻「七也切」也。又由訓得聲字，如宅訓託，則知宅古音託，而詩鴻雁「宅」與「作」韻無疑矣；舄訓鵲，則知舄古音鵲，而車攻之「舄」與「繹」韻無疑矣。唐之中葉，已不識古音，疑洪範以「義」韻「頗」，不知「義」古音「俄」；疑冠禮「服」韻「德」，不知「服」古音「匐」，況其後乎！

又曰：

林部：「㡿，豐也。从林㡿。段注又補㡿字。或說規模字，从大，段補从字。卌，數之積也。林者，木之多也。卌段改㡿。與庶義同。商書曰：『庶草繁𣡌。』」徐鍇曰：「或說大卌爲規模之模，諸部無者，不審信也。」此小徐誤讀「从林𣡌」說字體也。「或說規模字」，言或以𣡌爲規模之模也。以下乃說从卌、从林之意。漢書韋玄成傳「其規橅可見」，从無加木，即「𣡌」之隸變。集韻「模」下有重文「㡿」，已爲小徐所誤，段氏又於「或說」上增「㡿」字，適助成其誤矣。學者不詳繹說解，據徐、段說增重文「模」下作「㡿」，不惟紊亂許書，即漢書「橅」字亦不知所從矣。「从大」當作「从卌」，說文無「卌」字，下「卌」字當從段氏改「𣡌」。

又：

夕部：「夤，敬惕也。衍惕字。从夕，寅聲。」隸通借寅卯之寅，凡經訓敬之寅皆夤之段借也。至周易艮象「列其夤」，當作「膑」。釋文云：「鄭本作膑。馬云夾脊骨也。」本从肉从寅，寫者或迻「肉」於「寅」上，遂誤成「夤」耳。肉隸變通作月。説文：「胂，夾脊肉也。」寅、申古通用，古篆作申，隸變則膑，膑即申也。玉篇有胂，復有膑，皆云「脊肉」，則重膑即咸象之脢。廣疋「胂謂之脢」是也。經籍纂詁於「夤」下既載方言「大也」、漢書注「敬也」，又載「列其夤焉」虞注，補遺復載釋文「鄭作膑」，殊失考。

又：

蚰部：「蠡，蟲齧木中也。从蚰，蠡聲。」此據宋本。古文作𧕭，毛本作从蚰彖聲。「蠡聲」固誤，「彖聲」亦與盧啓切音不類。段氏改作「彖聲」。篆作「蠡」，古文亦作「𧕭」，與古文不別，亦可疑。或謂鈔本繫傳作「蠡」，然繫傳自「繫」至「卵」十三部宋時已闕，尤爲附會。按彖部有云：「今世字誤，以彖當作彖。爲彘即彖代字，以彘亦彖之代字。爲彖亦當作彖，何以明之？爲啄、琢從彖，當从啄、琢從彖。蠡從彘，亦彖之代字，謂蠡從彖也。皆取其聲，以是明之。」此三十字或非許書之語，然錢氏、段氏改本皆未可從。是蠡篆本作蠡，从蚰彖聲，式視切，與盧啓切相近。古文或作𧕭耳。斗部：「斠，蠡柄也。」繫傳曰：「蠡所以抗也。」韻會引同。大徐本亦改作「蠡」，幸繫傳本未誤。一切經音義引尚書「東彙澤爲彭蠡」，卷二、卷三。蠡即𧕭也。蚰、蟲偏旁古通用。蝨或作虱，䖸或作蛾，𧖅或作蚤，蝱或作虻，强籀文作𧑅，𧑆或作𧑄，蝘或作𧍢。又木部：「𣝣，江中大船名。」一切經音義四音注引作𣝤，方言：「𧏤，解也。」一切經音義二十。引作「𧏤」，似𣝣、𧏤二字唐初本説文、方言尚作「𣝤」，或作「𣝣」、「𧏤」，今本皆後人妄改。

又曰：

尚書：「懋遷有無化居。」化即貨，從貝，化聲，故亦省作化。史記弟子傳：「與時轉貨貲。」索隱云：「家語貨作化。」是其證。詩采苓：「人之爲言。」爲即譌，譌从言，爲聲，故亦省作爲。孔疏又云：「定本作僞。」釋文亦去「本或作僞。」僞从人，爲聲，聲近叚借。史記五帝本紀：「便程南譌。」索隱本作「南爲」，云「爲，依字讀」。漢書王莽傳作「以勸南僞」，師古曰：「僞讀曰譌。」是其證。大明：「其會如林。」會即旝，旝从㫃，會聲，故亦省作會。説文正引作旝。春秋傳曰：「旝動而鼓。」杜注：「以旝爲旃。」馬融廣成頌云：「旃旝森其如林。」是其證。説文：「旝，建大木，置石其上，凡發石以追敵也。」與馬、杜異。此省文叚借也。

他論字變、論古韻諸篇，皆精實無穿鑿，文繁不録。

俟後續撰毛詩小識、説文管見，皆未成〔一〕，則以天奪之速也。君三子：長培孝。培孝，附貢生。痛父而絶，距君殁止三時。孫肇昕，培孝子也。肇昕字曉庭，諸生。師事竹邨户部，性淡泊，不慕榮利，無競心。雖處窮困，閉門著書，中怡怡然。户部之撰儀禮正義也，未成而感疾，命之補作，及書成，爲户部刊之。攜摹至江寧，户部弟子楊大堉實任校讎，及刻成，則某竊君按語爲己有，君見之夷然不問也。所著書幾二十種，成者爲方言義證口卷、説文經字考疏證口卷、形聲表口卷、如不及齋文集、詩集、東山劄記。君謹守祖訓，寶先世遺書。咸豐初年，徽州數陷，捲祖書及己所撰述者爲一囊，聞警輒負以去，登山涉水，握勿釋也。庚申以後，賊屢至績谿，竄匿荒山，書卒亡失，而君亦悔恨成疾，遂卒。

一八、胡雲林先生

胡繩軒先生之中子曰雲林先生，諱秉元，字仲吉，自號雲林居士，學者稱雲林先生。先

〔一〕祥案：此段原羼入胡匡憲記中，故上文亦有「撰毛詩小識、説文管見，亦未成書」句，下又有「君三子：長培孝，附貢生，痛父而絶，距君殁三時許。孫肇昕，培孝子也」句。今删後數句以避復焉。

生與兄春喬君皆承父訓，學有原本。弱冠遊京師，春喬君方官刑部，授以毛詩及許氏説文解字，朝夕研究，盡通其義。以國子監生應京兆試不利。南歸，就試金陵，終不遇，遂絶意進取，教授生徒以終。

嘗謂王伯厚詩地理考薈萃衆説，無所論斷，博求古地志諸書，證以今名，重爲考釋，未卒業而殁。又述音韻之學，旁及華嚴、神珙諸説，參互稽疑，孜孜不倦。易簀前數日，尚日寫等韻三四紙，亦未成書。老坐束脩，厲節博施，篤親九族，恂恂鄉黨。平居語子弟曰：「人生骨肉當相維繫，不可情意乖離。」其遇事也，義之所在，百折不移，雖利害交乘，不易其志；其教人也，先行後文，進善規過，無所含覆。然禮讓相厭，非尚鋒氣。及門請業及遠方學者，自聞其殁，皆相向哭，悲老成之徂謝，卬景行而末由。天不憖遺，著述未竟，教思無窮，奮乎百世。在昔仲弓至德，桂樹生於泰山；林宗甄藻，百川歸之巨海。雖遭際有殊，衡斯忌誼，何多讓焉！

先生有子三人：培系、培受、培字。培受，字子謙，諸生，長於説經，人質疑義，有問輒對，不著書。培字，字子書，治古文，能詩，顧困厄閭里。庚、辛之間，疊攖患難，流離播遷，先後病死，今惟培系存。

培系，字子繼，貢生，候選訓導。守家學，爲先生補詩地理今釋，爲竹邨户部補儀禮宫室提綱。又以周禮賈疏考證多在九經諸緯，於諸子百家微言單詞，以及文字叚借，音讀異同，漢制存亡，古制奥義，少所疏證，本儀徵阮文達公言，去其謬誤及僞緯書，釋唐宋人言禮之可存者，益以國朝諸儒之説，撰周禮述義，體例一依竹邨户部儀禮正義之作。又撰皇朝經世文續編口卷、十年讀書室集四卷、風雨懷人録、小檀室筆談、金紫胡氏家藏録，稿半寫定。又説文解字部目校定本，則以教其子者也。培系糊口四方，貧困日甚，然務修尚，華首彌固，夙興夜寐，無忝所生，殆庶當之矣。

之謙與培系同受業先師溧陽繆君之門，求其先世行誼至悉。時方馳意禪説，好談清虚，自識培系，得聆緒論，管穴之窺，實啓此日。忽忽二十餘年，精神遐漂，靡研編削，迄無闡繹，然於先生竊有私淑艾之志焉。先生之殁，汪君澤爲之誄，竹邨户部見之，取文中「清不立異，和不苟同」二言，以爲定論。澤字子存，號竹莊，先生同里人。博涉經史，邃於考證，能文章。咸豐庚申，城陷殉節，年七十九歲矣。所著書無存者，僅論説十數條附見他書，培系尚藏其誄辭，因録於後，宜並傳焉。文曰：

君諱某字某，先世居績谿邑東，後徙邑北。宋少師明國公裔也。慕城東雲林谷口之勝，自號雲林居士，四方學者咸尊之，稱雲林先生。昔顔秘監有言：「實以華誄，名以謚高，苟充德義，貴賤何算焉。」君既卒，邑中耆老及門下士數十人，相與誄其行而謀所以私謚之。余謂君學通古今，志操清白，請謚之曰「文靖」先生，衆咸曰諾。君卒時，春秋六十有三。乃作誄曰：

虞帝世胄，明德馨香。宛邱嬀滿，姓氏流芳。爰暨漢魏，迄於隋唐。名卿輩出，後先相望。濮陽安定，碩大且長。光光常侍，肇祖華陽。南渡人家，北門宅里。作善降祥，施於孫子。蔫生少師，公侯復始。允文允武，大書青史。漁隱叢話，賅博典美。百卷書成，於茗之涘。誦芬詠烈，德澤流傳。顯考繩軒，邑里名賢。詩書世守，名教仔肩。伯兄春喬，天衢聯翩。文學政事，能兼故全。繼起有君，啓後承先。

君之制行，孝友淵睦。其在交友，情性相屬。究心青囊，山川往復。惟祖惟父，感深風木。鬱鬱佳城，山青水淑。窀穸春秋，永綏後福。君之學問，强記洽聞。發爲文章，泉湧葩芬。詩歌美妙，逸思繽紛。薄遊京師，譽流縉紳。尤精音學，江、戴比鄰。文憎命達，天道難論。開門授徒，循循善誘。經其指示，科名則有。閉門著書，丹黄左右。六經三史，卷不釋手。匪爵而榮，不富而厚。淵哉若人，可以不朽！

自古在昔，有死有生。天遂同期，不死者名。吾與夫子，義貫丹青。學既同道，生則同庚。庶幾夙夜同享，保余遐齡。如何棄我，奄忽飄零。嗚呼哀哉！

老成雖謝，典型在即。君有佳兒，三峰鼎立。詩文斐然，從容適職。弔君殯宮，相持而泣。布幬蕭蕭，繐帷稷稷。故人何在，使我心惻。嗚呼哀哉！

英英夫子，南國儒宗。清不絶物，和不苟同。勤學好問，清白謙沖。尊名壹惠，竊比王通。曰文曰靖，擬議惟公。百世而下，欽仰高風。嗚呼哀哉！

先生弟子能傳其學者，族孫肇昕、澍。肇昕别見。澍字甘伯，一字荄甫，咸豐己未舉人，内閣中書。深於聲音訓詁之學，旁及醫術，盡通古今中外方書，辨是非以求其用。著左傳服注申、通俗文疏證、釋人注補三卷、正字略及素問校議。澍寓杭州，遭亂，著書成者燬於火，今重寫素問校議凡口卷〔二〕。

一九、胡培翬

章遇鴻　胡紹勳　胡紹煐　楊大堉　涂　煊　韓　印　席元章　馬　釗

胡培翬，字載屏，號竹邨，績谿人。樸齋先生之孫也。嘉慶庚午科舉人，己卯科進士。由内閣中書升授户部主事。道光八年，充捐納房差，書吏畏而惡之，呼爲「背悔」。「背悔」見元曲，諺云「不利市」也。先是吏桑培元爲户部大蠹，御史劉光三奏假照積弊，大學士英和以培元送步軍統領衙門，研鞠累日，竟脱罪，仍留納捐房，上下其手。君授事，即廉得舞文骫法狀，將革之，同官有陳乞者，君漫應焉。會歲除夕，陳乞者未至署，君遂大書揭於外，卒革桑培元，羣吏驚怛。自君在捐納房，已知有假照事，君以爲假照之弊久而不敗者，恃竄稿也，竄稿弊除，假照弊出，定例司員不得奏事，乃與同官蔡紹江白上官，定章程十一條，竄

〔二〕祥案：素問校議亦稱黄帝内經素問校議，今存一卷。有績谿胡氏叢書本、滂喜齋叢書本、叢書集成初編本等。

稿之弊竟絶。九年，假照案發，司員坐失察者以百數，吏部尚書湯公查竄稿積案，皆在八年九月前，蓋君充捐納房差以是年十月也，因奏請胡培翬、蔡紹江免議。當事復雜厠六人列請議諸員後，上方震怒，遂與失察者同被議，得鐫級。十三年，奉旨準捐復原官，而君以親老，不復出。長沙陶文毅公時爲兩江總督，重其學行，延主鍾山書院。後於博山建惜陰書院，院成，延之主講，前後凡十餘年，以疾歸里。

君承祖樸齋先生之學，復少受業於叔祖繩軒先生，師事汪君孝嬰、凌君仲子，會試出高郵王文簡公之門，故淵源至粹。其記從叔春喬君遺書，述家學，自東峰君傳至君，凡十世。國朝名儒，家法授受，或一傳而止，或竟不傳，未有歷十餘世而守先待後，不爲俗學抱惑如此者。溯之漢經師，若汝陽袁氏、會稽賨氏之易，魯夏侯氏、千乘歐陽氏之書，亦五世及八世而止，胡氏殆過之矣。

君邃精三禮，以儀禮經爲周公作，有殘闕而無僞托，鄭氏注後，惟賈疏盛行，然解經違經，申注失注，因博採通人，折衷至是，四十餘年，成儀禮正義。其著書大旨，詳所上羅尚書書，時方以侍郎任安徽學使。其略曰：

翬撰正義，約有四例：一曰補注、二曰申注、三曰附注、四曰訂注。何爲補注？鄭君康成，生於漢世，去古未遠，其視經文，多有謂無須注解者，然至今日，非注不明。故於經之無注者，一一疏之，疏經即以補注也。何謂申注？鄭君之注，通貫全經，囊括衆典，文辭簡奥，必疏通爲證明之，其意乃顯，昔人謂「讀經憑注，讀注憑疏」，是故疏以申注，疏家之正例也。然六朝唐人作疏，往往株守注義，不參衆説，故有「寧言周孔誤，莫道鄭服非」之謡。又孔沖遠作五經正義，於禮則是鄭而非杜，於左傳又是杜而非鄭，令人靡所適從，豈非疏家之過乎？今惟求之於經，是非得失，一以經爲斷，勿拘「疏不破注」之例，凡各家及近儒之説，雖異注而可並存者，則附録之，以待後人之參考，謂之附注。其注義有未盡確者，或採他説，或下己意，以辨正之，必求其是而後已，謂之訂注。此輩作正義之大略也。

至賈氏公彦之疏，或解經而違經旨，或申注而失注意，其書相傳已久，不可無辨，正義間亦辨及。然必悉加駁正，恐卷帙繁多，輕重失宜，因别爲儀禮賈疏訂疑一書。

又宫室制度，非講明有素，則讀儀禮時，先於行禮方位盲然，安問其他？宋人李寶之作釋宫尚矣，然朝有天子諸侯之朝制，有大夫士之朝制；廟有天子之廟制，諸侯之廟制，大夫及士之廟制；寢有正寢，有燕寢。諸侯以下之制，亦與天子異，李書俱未及細别。又如朝也，有行於燕朝之禮，有行於正朝之禮，有行於外朝之禮；廟也，有行於祖廟之禮，有行於禰廟之禮。且就一廟言之，有行於廟之室之禮，有行於廟之堂之禮，有行於廟之庭之禮，有行於廟之門之禮；又同一禮也，而十七篇中行禮處，亦各不同。如冠禮行於廟，而見姑姊則在寢；昏禮行於廟，而成昏則在燕寢；婦見及盥饋則在正寢。此類乍讀之頗難昭晰，今以朝制、廟制及寢制爲綱，天子、諸侯、大夫、士爲目。又學制則分別庠、序，館制則分别公館、私館。皆先將宫室考定，而以十七篇所行之禮條繫於後，名曰宫室提綱，書成，擬冠於正義之首。又陸氏經典釋文於儀禮頗略，今擬取各經音義及集釋以後各家音切，挨次補録，名曰儀禮釋文校補，草創未就。

又曰：

暈之始致思，欲効用於世，自歷户曹，即謂國家根本在是。何者？天下錢穀，一出一入，無不由户部覈定；而出則冒濫，入則虧缺者，由於吏胥爲奸，應催不催，應駁不駁，甚至鈎通外省吏，漏報款目，久之即成無著，而主上不知也，大臣不知也，惟司員之勤於鈎稽者知之。然司員即勤於鈎稽，而書吏之趨奉愈工，終亦必入其彀中。以致惟正之供，每歲被剥蝕者，不知凡幾。故暈以爲，户部理財，不在開捐例、加鹽價，惟在理其自有者而已。

君官户部時，定一稿必對册籍、稽例案，悉合然後行，事重大則自擬稿以行。歸寓，必持册籍鈎覈再三，夜分乃已。自言與吏爲仇，不避嫌怨，雖被議，清名在天下，朱榦臣撫部桂楨亟稱之。主講江寧，束脩所入，捐置義倉；直歲歉，邑人賴以活。年六十八卒。所著有儀禮正義四十卷、燕寢考三卷、禘祫問答一卷、研六室文鈔十卷。賈疏訂疑、宫室提綱、釋文校補皆未成。

弟子最著者，同邑章遇鴻、葛良治，族弟紹勳、紹煐，侄肇昕，楊大堉、涂煊、韓印、汪士鐸、席元章、馬壽齡、楊秉耙。

章遇鴻，字可儀，一字葦州，號秋漁，道光丁酉舉人，官江西德興縣知縣。所著有三國地理補志、後漢書輯注。

葛良治，字仲文，號羲氏，道光辛丑進士。今官貴州思州府知府。於書無所不窺，著述未見。

紹勳，字文甫，拔貢生。咸豐元年薦舉孝廉方正。長於聲訓之學。壽陽太保祁文端公視學江南，聘入幕府。文端公嘗爲余言：「文甫之學，不愧竹邨高弟子也。」嘗謂古經多省文，無缺略，注經者曲爲斡旋，而反失之。論語：「何事於仁。」疏曰：「何止事於仁。」以事爲事之事，非也〔一〕。荀子性惡篇：「不可事。」注：「事，任也。」正名篇：「不事而自然謂之生。」注：「事，任使也。」廣韻「事」又作「倳」。周禮太宰注云：「任，猶傳也。」解「事」爲「任」，「止」字不必補矣。「啟予足，啟予手。」鄭注訓「啟」爲「開」，謂「使弟子開衾而視」。說文：「啓，開也。」「啟，教也。」自俗書用「啟」爲「啓」，而「啟」字廢。論衡四諱篇引此作「開

〔一〕江慶柏評説據道光十四年刻本四書拾義，稱此句不見於刻本，且費解。刻本此處作：「勳按：『何事於仁』補一『止』字，增成其義，非也。此經當訓『事』爲『任』。」以下即引荀子等，以證「事」之訓爲「任」，如此上下文義方通。

予足，開予手」，文不成義，必待補「衾」字、「視」字，恐不若是曲折。蓋「啟」當讀爲「瞀」。説文：「瞀，省視也。」啟予手足，謂省視予手足也。自經傳通用「啟」字，而「瞀」字僅存説文矣。

其謂孟子「夫既或治之」，「或」當讀爲「咸」。易「或承之羞」，鄭本「或」作「咸」。家語正論「不爲末，或曰義」，注云：「或，左傳作咸。」「咸」與「皆」同義。蓋王驩以行事自專，故云彼「既咸治之」。於「慢其經界」，引廣雅訓「慢」爲「敗」。「往將食之」，引荀子訓「將」爲「持」。「服堯之服」，引詩鄭箋訓「服」爲「事」。「所存者神」，引爾雅訓爲「所在者治」。皆至當不易之論。

又云：「經字多叚借，如四書『文獻』之『獻』爲『賢』借字；『蹎沛』爲『蹎跋』借字，『聚斂』之『聚』爲『驟』借字，『徼以爲知』之『徼』爲『抄』借字，『從容中道』之『從』爲『動』借字。」博證古訓，以達其説，所舉凡數十字，爲四書拾義五卷，又續拾義口卷，已刻。別撰四書文箋異、易文箋異、春秋文箋異。同時耆宿如汪君手存、江君晉三、陳君碩甫，咸欽其學，稱道無異辭。

紹煐，字枕泉，道光壬辰舉人。官太和縣學訓導。文甫從弟也，與文甫齊名。初治毛詩，見胡君墨莊後箋、陳君碩甫故訓傳疏，遂輟業，改撰文選後箋。既成書，鋟板且畢，方具紙墨，賊猝至，火其屋，稿亦燬[一]。鬱鬱卒。

肇昕別見。

楊大堉、涂煊、韓印、汪士鐸，皆江寧人。大堉字疋掄，嘗爲君校刊儀禮正義。煊撰十三經授受世系考。印字介蓀，道光癸卯副貢生。今官直隸知縣。手輯區田書。

士鐸字梅邨，道光庚子舉人。學通經史，撰禮服記三篇、儀禮鄭注今制疏證、廣韻疋、廣韻聲紐表、補梁陳州郡志、東漢朔閏考、佚存書目、韓詩外傳疏證、水經注圖。癸丑，粵賊陷江寧，避地績谿北山，所著書盡毀。自號無不悔翁，補爲水經注圖二卷，益陽胡文忠公爲序而刊之。士鐸無子，有二女。長洲莚，次洲蘋，能讀書。士鐸注通鑑地理，纂南北史志，二女爲檢點書傳。咸豐丙辰五月，賊入句容，二女居許邨，長投水殉節，次從母攜子弟冀出陷，弟殤，遂絶粒死。甘泉蔣照爲之傳。

席元章，字晦甫，青浦諸生。隱於書肆，遇購書者非俗儒，則起致敬。撰尚書古誼，以鄭氏爲本，傳以馬氏、王氏、某氏注，附以近儒江、王、段、孫四家之説，不爲苟同。梅賾所上僞古文附序篇之後，疏其出處。元章又嘗問業於宋先生翔鳳，晚歲亦爲西方之學，陷賊中，聞餓死焉。

[一] 祥案：胡氏有文選箋證三十二卷，殆即此書，今有聚學軒叢書本。

壽齡，字鶴船。楊秉耙，松江人。所著書皆未見。又有馬釗者，字遠林，元和人。道光甲辰舉人。治小學，校集韻至精，稿本尚存。亦嘗問學者也。〔一〕

二〇、胡廷綬

胡廷綬，字翌屏，一字苕孫，績谿人。歲貢生，竹邨先生族弟也。克紹家學，守漢儒師法，所著書毁於寇難，詢其後人，無知者。君嘗以尚書今文家説五藏分屬五行，與古文家同一異四，許叔重説文解字心部引「博士説」兩存之，異義則主古文家説，鄭君駁之而引醫病法爲證；王氏鳴盛復疑鄭説，以爲相配相屬，言各有當。故撰古今文五藏説，援據經義，證之黄帝書以申鄭説，真傑作也。難後，原稿亦亡，從君族弟培系鈔存本求得之，亟録記中。説曰：

今文尚書歐陽説肝木、心火、脾土、肺金、腎水，古文尚書説脾木、肺火、心土、

〔一〕 祥案：此頁有簽注曰：「馬君似未嘗問學，俟考。」又案：陳奂師友淵源記「馬生釗，字遠林。」續碑傳集卷五四馮桂芬馬中書傳亦謂釗「年二十三，始入泮問經於同縣陳徵君奂，爲高足弟子」。碑傳集補卷七九、清儒學案小傳卷一五、疇人傳三編卷四、陳繼聰忠義紀聞録卷二一等，皆同。然則馬氏爲陳奂弟子，諸家皆不言爲胡氏弟子事。

肝金、腎水。許叔重據月令春祭脾等同古文尚書説，鄭康成駁之，以爲月令祭四時之位，以五藏之上下次之，不得同五行之氣。遂言「今醫病之法，以肝爲木、心爲火、脾爲土、肺爲金、腎爲水，則有瘳也。若反其術，不死爲劇」。詳鄭此言，固以洪範之貌木屬肝、言金屬肺、視火屬心、聽水屬腎、思土屬脾矣。鄭注尚書今雖亡其注，伏生大傳以貌配木、言配金、視配火、聽配水、思配土，雖不言五藏所屬，然可由駁異義之説而推得之也。乃王氏尚書後案謂五行相配與相屬不同，洪範以形象之相配言，醫經以氣質之相屬言，各有攸當，不可强合爲一。蓋王氏意以醫家恒言肝竅目、肺竅鼻、心竅舌，與貌目、言金、視火皆不合，求其説而不得，遂謂康成從今文尚書説其意，是謂醫病，非説洪範。夫聖經澈上澈下，理無不舉，康成大儒，與九流無不通，因間以醫證經，其言原信而有徵，且鄭經師，非醫師，説經安用費辭〔一〕？王氏不能通其説，不守蓋闕之訓，遂並誣我康成，以爲其意如彼。於戲！顛矣。

試言之：腎水竅爲耳，脾土之志爲思，夫人而知之也。證之經，則易坎爲水、爲耳，虞翻逸象坤爲土、爲思，雖未嘗言於藏何屬，然證之醫書，則内經陰陽應象大論篇言，北方神「在地爲水」，「在藏爲腎」，「在竅爲耳」；中央神「在地爲土」，「在藏爲

〔一〕祥案：「説」上原有「非」字，吴炳湘校勘之尚書今古文五藏説删之，是。今據删。

脾」，「在志爲思」。經與醫固已顯然可合爲一矣。至若易言「兑爲口」，管子言「肺發爲口」，則肺於言金，不必證之醫書，其理已通。且兑位西，内經刺禁篇言「肺藏於右」，人南面立，則右正直西。兑爲金、爲口，則肺亦爲金、爲口矣。周禮言「春有痟首疾」，左傳言「風淫末疾」，説者謂末爲頭，即引周禮「痟首」爲證，夫春與風之屬木貌之在頭面，不言乃知。内經言「東方生風，風生木，木生酸，酸生肝」。是肝於貌木，又經與醫無不合。惟心於視火，易言離爲火、爲目，而醫書言心竅於舌、肝竅於目，似與經歧，若有不可通者，不知内經宣明五氣篇「久視傷血」，王冰注「勞於心也」。五藏生成篇「諸脈者皆屬於目」。「皇甫士安言九卷心藏脈，脈舍神，神明通體，故屬目」。按九卷謂靈樞，然猶曰此注家推合之言，經文未嘗明言心竅於目也。若解精微論篇，不又明言心者五藏之專精，目者其竅乎？是心之竅於目而爲視火，又證之醫家而有鑿鑿可據者，然則肺竅口，何以又竅鼻也？曰：内經言肺藏氣，鼻司呼吸，氣也；口主出納辭令，亦氣也。心竅目，何以又竅舌也？曰：目别色，舌知味，皆受物之有質者，其類同也。儀禮特牲饋食注所謂「心舌知食味」，少牢饋食注所謂「心舌知滋味」者，皆是也。且火性炎上，故目於官位最上；火炎上而恒出於空隙，故舌達於口象之，其理一也。心竅目肝，何以又竅目也？曰：内經五藏生成篇曰「諸血者皆屬於心」。又曰「肝得血而能視」。視本於血，二者一藏血一主血，可得通言。且經言容貌恒徵之瞻視，洪範言貌亦必兼瞻視，蓋肝木者目之體，心火者目之用。瞻視亦言其體，視聽之視則言其用。是以視在貌則屬木，視專爲視則屬火，亦可以證之醫經而通，其理如此。夫乃知康成深通醫理，故其注周禮醫師、瘍師無不與醫家相發明[一]，而茲之從今尚書說，亦必以洪範之理與醫相表裏，故爲此說。古人言通天、地、人之謂儒，通天、地、人之謂醫，不知經者不可以言醫，不知醫者又烏可以説經乎哉[二]！

君年五十餘，卒於家。憶咸豐乙卯，先師溧陽繆君曾舉以課士，咸從今文家說，苦無證義，讀君此篇，甚愧不及。獨周鼎廬以爲不然，因主古文家説爲之説。其略曰：

揚雄太玄言「木藏脾、金藏肝、火藏肺、水藏腎、土藏心」，則古文説可從也。高誘注呂氏春秋兼取其説，注淮南時則訓同之。宋銅人圖圖人藏府部位，肝居右，與素問肝居左不合；泰西醫士全體新論，亦言肝居人身之右，其述藏府經絡，皆剖驗死人身得之者，雖異古書，而實非謬。且肝居右，質至重，皆金象，肝右脾左，肝病痛在左，金怒則克木，故發於右而受於左。肺居五藏最上，火炎上也；心居中，中央土也。又素問：「心者，君主之官，土居中央，君位也；肺者，相傳之官，火生土，故相傳；

[一] 江慶柏評説據蟄園叢刻本尚書古今文五藏説：「『瘍師』，刻本作『瘍醫』，是也。見周禮。」
[二] 江慶柏評説：「『烏』，刻本作『豈』。」

肝者，將軍之官，戎事用金革也；脾胃者，倉廩之官。」白虎通脾之爲言裨也。春秋元命苞脾之爲言附著也。蔡邕：月令谷藏曰倉，米藏曰廩。倉廩皆有屋，屋之成也，以木附土，成斯有裨，且木固附著於土而生者也。故脾，木也，亦可言土；肝，金也，亦言木。乾爲金、爲木果也。五行書云，土雖有寄王於火，鄉生於巳。故心土亦言火，肺火亦言金。何也？五行唯金在火中，生金非火不革其形，又金父土戊己，寄治丙丁。不惟此，乾納甲，金木也；坤納乙，木土也；離納己，火土也；兑納丁，金火也。云云。説甚辨，然於經義闕矣。

鼂盧名白山，字雙庚，餘姚人。諸生。工詩，知算術，爲諸子之學。撰鼂盧子一卷、詩十二卷。咸豐辛酉，賊陷餘姚，匿海濱餓死。文詩皆不存，惟余尚記其一二耳。鼂盧潦倒窮途，世皆欲殺，困厄至死。且每念良朋，爲之腹痛，附記此篇，聊慰地下。籲！足哀已。

附録三　趙之謙國朝漢學師承續記整理記[一]

漆永祥

漢學師承記爲清嘉慶時學者江藩（一七六一——一八三一）所撰，全書收録自清初至中葉時學者凡正記四〇人，附記一七人，又附六二人（每記末言及之人），總計一一九人。其書刊行後，影響極大，幾爲研治清代學術必讀之工具書。但因江氏乃乾嘉時人，又因體例所限，故所記學者時間止於嘉慶時期，以降則付諸闕如。江氏之後，續之者不絶，但傳世者幾稀。

一九九九年五月，筆者應臺灣中央研究院文哲所之邀，參加清代學術討論會，時聆中研院史語所陳鴻森教授言教，告以中國國家圖書館藏有趙氏漢學師承續記，遂銘於心，回北京後，果在國圖善本部覓到此書稿本殘册。然因碌碌度日，故未暇細究其稿。二〇〇一年寒假期間，得空董理此稿，斷斷續續用約兩月的時間，騎車往返，過録鈔校，將全稿整理

[一] 此文曾發表於臺灣中山大學清代學術研究中心編第七届清代學術研討會論文集（上），二〇〇二年六月版，第三五—四八頁。後略有修改。

完畢，發表在全國高等院校古籍整理與研究工作委員會主編的中國典籍與文化論叢第七輯。趙書在百餘年後得以獲見天日，陳先生指示之功，實不可没。此則爲趙氏之幸，學林之幸，亦爲兩岸學術交流之結果，其因緣際會，可發一慨！此稿之刊佈，或於清代學術之研究有所助焉。

一、趙之謙其人其學

趙之謙（一八二九—一八八四），字益甫，號撝叔、亦號梅庵、悲庵等，會稽（今浙江紹興）人。咸豐九年（一八五九）舉人。五上禮部不第，以謄録勞敘官，分發江西知縣，初權鄱陽，繼權奉新、南城。光緒十年十月，卒於官。趙氏以書畫名世，然著述亦頗豐，曾主纂光緒江西通志一八五卷；其自著者，筆者所見刻本有補寰宇訪碑録五卷失編一卷、張忠烈年譜、勇廬閑詰一卷等，另刻有仰視千七百二十九鶴齋叢書五集。國圖尚藏有趙氏稿本如漢學師承續記、六朝别字記、悲盦家書、悲盦書札、章安雜説、趙悲盦詩文稿等多種。

趙之謙以書畫篆刻名世，故其學反爲所掩，人多不知。蔡冠洛纂清代七百名人傳金石書畫趙之謙謂其論學「主金壇段氏、高郵王氏及武進莊氏、劉氏，蘄進於西漢巨儒微言大義之旨」。此與師承續記中所言亦吻合。如續記王念孫中，對王氏之學大爲賞贊。其曰：

先生之學，出於休寧，而精審過之。金壇段先生序其書，稱先生「能互求古今形、音、義三者分合，能以古音得經義」。推爲天下一人，非過譽也。……

先生所著書，流播寰海，窮經學古之士，咸知服習。……福德長壽，洞源儒樸，冠倫魁師，天下宗仰。後生小子，雖饕詖憒眊，敢有毀鄭、服，議賈、董，於先生卒無間言。且有文其説，謂宋儒再生，必取其説者，亦可見學行至是，斷不能顛到白黑以是爲非也。

同時，趙氏對於績谿胡氏之學也私淑有加，續記仿江藩原書「余古農先生」、「江艮庭先生」、「王蘭泉先生」、「朱笥河先生」等例，遵其私淑之師胡秉元爲「胡雲林先生」，稱字而不稱名。在談到與秉元子培系交往的舊事時，趙氏深有感觸。其在胡雲林先生中曰：

之謙與培系同受業先師溧陽繆君之門，求其先世行誼至悉，時方馳意禪説，好談清虚，自識培系，得聆緒論，管穴之窺，實啓此日，忽忽二十餘年，精神遐漂，摩研編削，迄無闡繹，然於先生竊有私淑艾之志焉。

在論及胡秉元歿後的情形時，趙氏又曰：

及門請業及遠方學者，自聞其歿，皆相向哭，悲老成之徂謝，印景行而末由。天不憖遺，著述未竟，教思無窮，奮乎百世。在昔仲弓至德，桂樹生於泰山；林宗甄藻，百川歸之巨海。雖遭際有殊，衡斯忌誼，何多讓焉！

此可見趙氏學之所向焉。〔一〕

就今所存著述而言，趙之謙之學，以研搜金石較爲特出，此殆與其研習書法與篆刻有關。補寰宇訪碑録書前自記曰「之謙十七歲，始爲金石之學」，其中補寰宇訪碑録與六朝文字記即此方面之作。補寰宇訪碑録五卷失編一卷，乃補續孫星衍、邢澍所編寰宇訪碑録，是書前後歷十九年，收録碑文一八〇〇餘通。所收自先秦至元，朝鮮碑亦依時代先後録入數十種，每碑皆注明藏於何地何人，正、行、楷諸書年月，間有考證文字。六朝別字記不分卷，在趙氏之前，邢澍即著有金石文字辨異，以碑字之別體者分四聲韻，自漢迄唐，以類相從。趙氏之書，則專收六朝，體例亦與邢書小異。胡澍序謂趙氏多見漢魏以來碑刻，稱其作隸書「有延熹、建寧遺意，今體純乎魏齊，又深明古人文字通轉之旨。因刺取六朝別字，依類排比，疏通證明，使學者知由篆而隸、而今體遞變之故，更由今體而上溯隸變，以得聲音文字之原。」

趙氏其他著述有章安雜説不分卷，全書七十多條，凡記書法、花草、評紅樓夢、詩古

〔一〕趙之謙所言溧陽繆君者，指繆梓（一八〇七—一八六〇），字南卿，江蘇溧陽人。六試禮部不中。官至杭州知府、署杭嘉湖道兼鹽運使等。咸豐十年二月死於兵災，年五十四。著述多散佚，「教學主明體達用，惡拘牽猥瑣之士。」見續碑傳集卷五九趙之謙繆武烈公事狀，第三册第二七〇一—二七〇三頁。

文、小説、戲劇等事。其詩文書札等，亦爲研讀當時社會與學術相當有價值的資料。

二、漢學師承續記存佚現狀、種種推定及整理方式

清代公私目録中，多不見有著録趙氏國朝漢學師承續記，筆者遍檢趙氏所著書，凡已刻未刻，亦不見自言著有此書。清末學者程秉銛在爲趙氏所撰墓誌銘中謂，「君學治訓詁，尤好公羊師説。撰國朝漢學師承續記如干卷，多明微言大義之學，師法謹嚴，論説精美，在江藩原書之右」〔一〕。清代七百名人傳亦曰趙氏著「國朝漢學師承續記，未成」。范希曾書目答問補正卷一漢學師承記下注趙氏此書，亦曰「未見傳本」。今人宋慈抱等所編兩浙著述考雖著録，然亦曰「未見」。唯中國古籍善本書目著録是書有稿本，藏中國國家圖書館。

今國圖所藏趙氏漢學師承續記，僅殘存手稿三册，前後無目録，無序跋，無頁碼，每半頁九行，每行字數不等，總計約四萬餘字。其中一册封面有「國朝漢學師承續記稿本第二」字樣，餘二册皆書衣無字，全稿以行草書之，遇清帝諱則或出格跳行，或無。因爲是手稿，故改竄塗乙，處處皆見。書中有「之」「謙」連珠、「大興馮氏玉敦齋收藏圖書記」長方、「大興」

〔一〕 見閔爾昌纂碑傳集補卷二五程秉銛故江西知縣會稽趙君墓誌銘，上海書店一九八八影印清碑傳合集本，第四册第三三八五頁。

小長方、「御賜蘊真靈邁」、「御賜鳳庭集祉」、「御賜經厚」「御賜蕃祉」、「公」圓形、「公度」小長方、「御賜景星照堂」、「北京圖書館」小方諸印。

據安徽黄山學院潘教授定武兄函告：「馮恕（一八六七—一九四八），字公度，原籍浙江慈谿，寄籍河北大興，近現代著名金石家、書法家、藏書家。光緒御賜其『蘊真靈邁』之匾，玉敦齋爲其藏書齋名。新中國成立後，其子女將其所藏捐獻國家，其中圖書捐北京圖書館。」由此可知，以上諸印多爲馮恕之印，而其書藏於國家圖書館，亦可謂淵源有次矣。

從趙氏此稿現狀看，筆者做出如下推定：

其一，從趙氏文中情況看，此稿雖在生前未能撰成全帙，但應較現存三册爲多，蓋趙氏亡後，有所散佚。何以言之？稿中洪震煊原無大題，與全稿體例不符；正文「震煊」前亦無「洪」字，且在「煊」字下注曰「當附其兄後」。此可推見當有震煊兄頤煊之成稿，今全稿不見頤煊者，正因散失故耳。

其二，現存三册中，其編訂成册及諸人次序亦非親出趙氏之手。最明顯的是，書無頁碼，裝訂不知出自誰氏，尤其是其中一册中如王念孫、龔鞏祚、胡雲林先生、洪震煊、胡秉虔等，前後錯頁，紛如亂絲，幾不可理，倘出自趙氏手訂，斷不至此。而其中排序亦非趙氏之舊，如王念孫末曰「子引之，世其學，記於後」。然現存稿中，王念孫在一册中間，而王引之則在另一册末，此既與趙氏所述不合，亦與原書體例不類。

其三，趙書爲未完之稿，今存稿中，已經完稿無缺者有錢大昭、錢侗、朱右曾、王念孫、汪萊、洪震煊、丁履恒、張澍、龔鞏祚、凌堃、張穆、胡承珙、胡匡憲、胡秉虔、胡秉元、胡培翬、胡廷綬。而有全稿尚未完成或缺略太甚者，如胡匡憲爲未完之稿；朱右曾附陳瑑，録其祁大夫字説一篇，「説曰」下無正文；又如汪喜荀僅述生平，尚未論學；王引之且不足兩百字，生平敘述亦尚未完畢；劉文淇引劉氏春秋左氏傳舊疏考正自序僅一小節，餘闕如；所附文淇子毓松，以及戴清，因劉文淇未成稿，故二人有題名而無正文。

筆者在整理過程中所做的工作是：一、參照生卒年月、師承關係、家學淵源、地域關聯等，進行大致之編次工作，並將原來竄亂之頁，各歸本人名下，因原書不分卷，故整理稿也不再分卷；二、參考清代史籍及諸家碑狀、文集、筆記等書，進行標點與校勘；三、原稿中所述傳主生卒年及著書卷數多所遺漏或空缺，今依諸書據補；四、原稿引文多爲删節而成，故若非節引過簡而失其原意者，皆不出校；五、錯訛脱漏者進行補校，皆出校記；六、對古今字、異體字進行適當的統一；七、避清帝諱字及明顯筆誤之字，則逕予改正，不再出校。

三、漢學師承續記之史料來源

筆者曾撰文指出，江藩漢學師承記的史料來源可分如下四種：其一、全部或大部分襲自當時學者所作行狀、墓表、傳記。其二、删節或加工墓表、傳狀而成。其三、將墓表、傳狀文字與傳主或他人文集中與傳主有關的學術文章相結合。其四、全部或大部分由江藩自撰。〔一〕

趙書爲賡江書之作，所取資料來源，與江藩漢學師承記大同。有採自傳狀文字者，有採自諸家文集筆札者，有趙氏親得資料者。現略考之，舉例如下：

一，有趙氏親爲撰寫者。如錢大昭爲趙氏自得資料，其曰「乙丑之冬，余過杭州書肆，得蕭山王撫軍紹蘭家藏殘帙」廣雅疏義，尚存五卷，因取王念孫疏證「參伍校讀，其所徵引繁富相埒，若創通大義，考索幽隱，誠有不如疏證之精，然而旁搜遠紹，務爲其難，苦心不可没也。兵燹之後，遺書散失，斷簡數寸，長留難言，因刺其中與疏證異者若干條亟録之」。

〔一〕詳見拙文論江藩漢學師承記研究中的幾個問題，載北京大學古文獻研究所集刊第一輯，北京燕山出版社一九九九年一二月版，第三五七頁。

如今記中所存釋「月行九道」及其他條皆是。又如胡秉虔，趙氏親見其説文管見稿本，録其中五條。胡雲林先生中録汪澤誄辭文。胡廷綬引其古今文五藏説，趙氏得之胡培系鈔本等，都是趙氏得於稿本、鈔本等的難得資料，有較高之學術價值與文獻價值。

二，有全部出自他人所撰傳記資料者。如胡承珙包括引文全出於胡培翬別傳[一]，惟末段一小節爲別傳所無。而別傳所引，則又出自胡承珙求是堂文集卷三與竹邨書、卷四儀禮古今文疏義自序、小爾雅義證自序等文。

三，有採自文集、專著、筆記等書者，此類最多。如錢侗主要録錢氏釋聲自序；朱右曾録其逸周書集訓校釋自序；張澍生平事蹟採自張氏養素堂文集錢儀吉序，其他文字則出自養素堂文集卷一七姓氏論上與姓氏論中、卷三〇庸蜀羌髳微盧彭濮人解、卷二九駁王泉之何彼襛矣詩説及駁王泉之衛靈公無子説等。

四，有既參考他人傳狀文字，又參考傳主書籍者。如王念孫參考王引之石臞府君行狀[二]，徐士芬事略狀[三]，而記中文字，則摘自王氏著述，今見於羅振玉輯高郵王氏遺書本王石臞先生遺文卷一上顔制軍論直隸河渠書、卷四與李許齋方伯論古韻書、答江晉三論韻學

[一] 見胡培翬研六室文鈔卷一〇福建臺灣道胡君別傳，又見續碑傳集卷七二，第三册第二八六〇頁。
[二] 見高郵王氏六葉傳碑誌集卷四，羅振玉輯高郵王氏遺書本，第二六——三四頁。
[三] 見續碑傳集卷七二徐士芬永定河道王公事略狀，册三頁二八五九。

書、致陳碩甫書、與桂未谷論慎憤二字説書等。丁履恒則參考吴育家傳[一]，而記中徵引，則有丁氏形聲類篇卷一形聲部分篇末案語、卷二形聲通合篇通論（删省注文例句）。凌堃則參考戴望所撰墓誌銘[二]，又録凌氏周易翼序、其妻安氏周易翼釋義釋十翼篇第文。張穆參考祁寯藻、吴式訓分别所撰月齋文集序，另録張穆月齋文集卷一爻法之謂坤解、二十二人解、胤征序義、淇奥正義糾謬、隰則有泮解、翦商解諸文。

五，有全記未完，不明因襲情形者。如王引之、汪喜荀、劉文淇、胡匡憲等。

四、漢學師承續記選録原則及編撰特色

漢學師承續記與江藩師承記相同，皆以一名學者爲傳主，下附其親族、弟子或友朋，若這些人中有著名學人，不能悉載一人之記中者，則見諸别傳。如錢大昭末曰「侗别見」，故另有錢侗；而胡匡憲中曰「子秉虔、秉元别見」，故有胡秉虔、胡秉元；汪萊末曰「弟子傳其學者，績谿胡君培翬」，故另有胡培翬等等。至於其選人原則，筆者曾在論及江藩漢學師承

[一] 見續碑傳集卷七六吴育山東肥城知縣丁君家傳，册三頁二九一二—二九一三。

[二] 見續碑傳集卷七三戴望凌教諭墓誌銘，册三頁二八七六。

記的選人原則時曰：

其一、學術取向上側重考據學派學者。其二、時間下限以當時已逝之學者爲主，健在者不爲立傳。其三、著意收録遺落草澤、踏實治學而默默無聞的學者。[一]

趙書之選人原則，與江書基本相同。就現存三册所記人物，其中一册所記依次爲張澍，凌堃（又附妻安璿珠），張穆附苗夔，丁履恒（又附子嘉蔭、嘉葆），劉文淇附子毓松、戴清（原第二册）；又一册爲汪喜荀，王念孫，龔鞏祚（又附曹籀），洪震煊，胡匡憲，胡秉元附汪澤（又附子培系、培受、培宇），胡秉虔附胡肇昕（又附胡培孝、族孫胡澍）；又一册爲胡培翬附章遇鴻、胡紹勳、胡紹煐、楊大堉、涂煊、韓印、席元章、馬釗（又附葛良治、汪士鐸、馬壽齡、楊秉杷），胡廷綬（又附周白山），錢大昭附子東垣、繹，錢侗附從子師徵（又附子師璟），胡承珙，朱右曾附葛其仁、陳詩廷、陳瑑，汪萊，王引之。[二] 嘉慶以降，考據學衰微，但如嘉定錢氏、高郵王氏、績谿胡氏之學，仍各領風騷並多有建樹，此在趙氏書中受到的重視亦明顯可見。

同時，隨著今文經學的興起，常州莊氏與龔自珍、魏源諸人之學，成爲繼起之軍。趙

[一] 詳見拙文論江藩漢學師承記研究中的幾個問題，第三四八—三五〇頁。

[二] 筆者整理後的排次，主要傳主依錢大昭、錢侗、朱右曾、王念孫、王引之、汪萊、洪震煊、丁履恒、張澍、汪喜荀、劉文淇、龔鞏祚、凌堃、張穆、胡承珙、胡匡憲、胡秉虔、胡秉元、胡培翬、胡廷綬之次序排列。詳參本書附録二。

氏本人又「好公羊師説」，龔自珍的入選即爲明證。江藩漢學師承記書成時，龔氏認爲書名有「十不安」，建議改爲經學師承記，「則渾渾圓無一切語弊矣」〔二〕。但趙書不僅仍襲「漢學」之名，且表彰龔氏之學，可見其收録範圍在學術取向上似較江藩更爲寬泛。續記乃續江書之作，所記之學者，起嘉慶時，迄太平天國之後。今存稿中有正録二十人，附録十九人，又附十五人，總計五四人，僅江書之半，體例亦是正記記已逝之學者，附記及又附中大部分學者仍存於世，如龔鞏祚曰「龔君之友曹籀，今尚存」。胡培翬云葛良治「今官貴州府知府」，等等。筆者推猜，趙氏全書計畫，無論從所記學人及全書字數，皆當遠大於現存之稿，至少不會少於江藩之書。就當時學者而言，隨手拈之，當入續記者如段玉裁、孫星衍、朱彬、郝懿行、江藩、鈕樹玉、焦循、阮元、顧廣圻、臧庸、李鋭、陳壽祺、劉逢禄、宋翔鳳、馬瑞辰等，今皆不見，則因全書未成之故耳。

在選人原則上，趙書與江書相同，都注重當時無名、後人鮮知但學有專長的學人，如其中所附記之人，附錢大昭後之東垣、繹，附錢侗後之從子師徵、師璟等，爲繼承家學者；麗於龔鞏祚的曹籀爲商人而治學者。至於附於胡培翬後之人，如弟子章遇鴻、葛良治，族弟紹勳、紹煐、侄肇昕，又有楊大堉、涂煊、韓印、汪士鐸、席元章、馬壽齡、楊秉杷等，則

〔二〕 龔自珍龔自珍全集第五輯與江子屏箋，上海古籍出版社一九九九年版，第三四六—三四七頁。

著書或有所傳，或毁於太平天國兵燹之中。績谿胡氏家族及其弟子們入選人多，另一原因是因爲趙之謙本人與他們多有交往之故。胡培系在爲胡澍所寫事狀中曰：

培系與君客繆武烈公，前後六七年，與同門餘姚周君雙庚、會稽趙君撝叔、溧陽王君西垞、繆君芷汀、稺循昆季，以文章道義相切磋。數君俱負儁才，然皆雅愛君，每考古訂今，搜奇選勝，非君在不樂也。[一]

此當然有趙氏交往關係與主觀因素在焉，這與江書所記多與之交往的揚州學者，亦有相同之處。

在史料的甄别與選擇上，漢學師承記由於是對學術人物作傳記，江藩在書中首先突出的是學術性，續記完全遵守此原則。如錢大昭主要述錢氏天文、廣雅之學，錢侗主要論其聲韻之學，朱右曾述其論今古文之學，王念孫論其文字、音韻、訓詁之學，丁履恒主要論其音韻之學，張澍重其姓氏、輿地之學，龔鞏祚述其論尚書古今文之學，凌堃重其周易之學，胡承珙論其毛詩、儀禮、爾雅之學，胡培翬述其三禮之學，等等。趙氏記中所述，都較爲準確地將每位學者的特長之學及其貢獻表述出來，基本起到了學術類傳記應有的作用。

趙之謙也重視對所記學者事功之學的記載，對於他們在做官爲宦期間的所作所爲也多有

[一] 續碑傳集卷七九胡培系户部郎中胡君荄甫事狀，第三册第一二九五三頁。

論述。如王念孫做官，起躓皆與治河有關，趙氏在王念孫中述其治河工作的同時，還録其上顔制軍論直隸河渠書文。張澍論其歷任地方官時剛果治事，造福百姓，不黨同僚，不畏上官，故大受排擠，難竟其志。他如胡承珙、胡秉虔、汪喜荀等人記中，亦記述他們各自的政績，與學問相得益彰，更爲全面切實。此與清儒所謂「學問、人品、政事」同條共貫的理想也是一致的。

趙書還有一個優於江書的特點，就是敘事簡潔，整飭有法。江書中如顧炎武、黄宗羲中詳敘二人在明末清初諸行事，又如王蘭泉先生中詳述其從征緬甸等事，所述太多，有喧賓奪主之譏。趙書則無此病，雖然在胡雲林先生中録汪澤誄辭文，有乖全書體例，此亦因其私淑之師，故爲特出之例。其他總體而言，較江書更爲論述得體，言簡意賅，故前引程秉銛之説，並非全是溢美之辭。

但無論漢學師承記還是續記，這種「集句式」的敘述方式，總是難以詳悉準確地概括一位學者的學術成就與學術地位，也不能全面有序地綜括一代學術，故不能愜人心意，此爲其體例所限。因趙氏全書爲未完之稿，又無序跋文字以明其之旨，故筆者亦僅就整理中所得資料，加以論述如上。

從趙之謙論學叢札看漢學師承續記

漆永祥

二〇〇一年冬，筆者利用寒假時間，從中國國家圖書館善本部過録清季學者趙之謙（一八二九—一八八四）所著漢學師承續記手稿，進行整理。然而遺憾的是：筆者遍檢所能目見的趙氏著書，凡已刻未刻，皆不見自言著有是書。因爲是手稿殘本，所以趙氏著此書的許多問題無法細究，當時在整理過程中寫成的趙之謙國朝漢學師承續記整理記一文，只能就此書的大致情況根據整理稿做一些推測之辭〔一〕。不意今年九月間，華東師範大學古籍整理研究所所長嚴佐之教授賜告，趙氏有與胡培系書札三九通，内容多爲商討編撰漢學師承續記事，嚴先生又將他的大作趙之謙論學叢札與徽州績谿金紫胡氏家學與整理之趙氏論學叢札列印稿賜示，上海崇源藝術品拍賣有限公司崔爾平先生也寄來論學叢札之部分影印件與整理稿，嚴、崔二先生又邀筆者參加「趙之謙論學叢札學術研討會」。這件事筆者只能用大喜過望來形

〔一〕詳見拙文趙之謙國朝漢學師承續記整理記，載臺灣中山大學清代學術研究中心編第七届清代學術研討會論文集，二〇〇二年六月版。上册第三五—四八頁。亦即本書附録三。

容，不意趙氏師承續記與此組書札竟在同一年内重顯天日！現粗略地論述一下其與師承續記之關係，以見這批手稿極其珍貴的文獻價值與學術意義。

一、從論學叢札看漢學師承續記之編撰動機

就客觀情形而言，如前所述，江藩漢學師承記所記學者下限止於嘉慶時期，以降則付諸闕如，在趙之謙時，江藩同時代學者多已謝世，而後學中從事漢學者成就亦很突出，故續寫師承記就成爲一種客觀需求。

然而，趙氏撰師承續記，尚有其主觀動機與因由。江藩撰漢學師承記時，正是清代漢學如日中天的時代，但趙之謙所在的時期，漢學已經走向低谷。趙氏在論學叢札中認爲：

數年來，心學之説復起，愚者既奉爲準的，死守成規；智者得以飾非拒諫，亦轉相附和，恐從此讀書種子絶矣。幸有後死者，此記不可不續，續則求兄助我，並多助我。此事關係二千餘年氣脉，不可不急。……桐城一派所以鄙陋如斯者，坐不讀書。且其師法全在「避實擊虚」四字，則不能不爲心學，否則處處隔礙，其所爲心學，又不過借作門面，以爲抵當衆口地步，並不能深用功。此派盛行天下，遂多陋儒；陋儒多，天下遂多名士。故弟於衆稱名士者，即避而不敢見(方東樹作漢學商兑一書，痛詆惠氏、

臧氏，且及戴、錢諸君，曾得而讀之，此公於宋學無所得者，可哂之。）〔一〕此可見，趙氏著述之動機，表面看來在於遏制桐城派。桐城派學者中如方苞、姚鼐等人，在乾隆朝並不受重視，而且在當時漢學派學者如惠棟、戴震、錢大昕、汪中、王鳴盛等面前幾乎無還手之力。江藩師承記刊行後，姚鼐弟子之一的方東樹撰漢學商兑一書，對漢學家進行全面攻駁，一時桐城火焰熾盛，以攻考據爲尚。趙書正是在此大背景下編撰，並且旗幟鮮明地站在漢學派立場上，對桐城派進行反擊。

論學叢札又論台州學風曰：

台州本不知學，鄉人皆不以洪、金諸君爲然，所足以推重閭里者，大都笞經體一手耳。近年又有勛臣倡立理學，改赤城書院爲正學（人品則以風流爲準的，詩品則以香奩爲極功，最屬惡習，去歲主講於此，大聲叱之，幾不免於衆怒，錮疾之深可知。）……其人筆下別字極多，虛字不通，而動輒談文談學，自以爲是，膽大無恥，莫此爲甚。若輩業已散布天地，我等急宜自藏矣。〔二〕

〔一〕見清趙之謙撰、庸堂主編崇本堂藏趙之謙翰札附册第一册第二通釋文，文化發展出版社有限公司二〇一八年版，第〇五一—〇五五頁。

〔二〕清趙之謙撰、庸堂主編崇本堂藏趙之謙翰札附册第二册第三通釋文，第〇八九—〇九〇頁。

此所謂「動臣倡理學者」，是指時任台州知府的劉璈，同治三年至十一年任〔一〕。璈字蘭洲，臨湘人。附生徒。左宗棠軍至浙，璈樸勇善戰，紀律嚴明，積功至花翎道銜，候補知府，賞克勇巴圖魯名號。同治三年補台州府。他在任期間平土寇，振文教，籌款修府縣學宮，建三臺、正學、東湖三書院，設城鄉義塾百餘所。濬東湖，築亭臺，植桃柳，暇則與文士觴詠其中〔二〕。他所請主講於諸書院者如何炳麟、何鍾麟兄弟，皆好詩文詞，主陸王心學。故趙之謙對其大加斥責。

趙之謙攻擊桐城派，怒斥劉璈等人，尚有更深的背景，他所指的「動臣倡理學者」，應當更指曾國藩（一八一一—一八七二）、左宗棠（一八一二—一八八五）等勳臣大員。因爲方東樹漢學商兑，是得到曾國藩的大力褒揚才盛行一時，而劉璈是左宗棠提拔之將。當時曾、左等學倡理學，文宗桐城，皆以漢學爲不急之務。趙氏對此深爲憂慮，所謂「此時盛行性命之譚，滿街都是聖人，其效即日可覩，刻此種書亦非官場所宜也」〔三〕。「其效即日可覩」，也就是他説的「數十年後此道淪喪，將求識字之人不可得」的惡果〔四〕，這是趙之謙撰師承續記之更

〔一〕喻長霖、柯驊威等纂修民國台州府志卷一〇職官表二，見中國地方志集成浙江府縣輯成，上海書店一九九三年影印民國二十五年鉛印本，第四四册第一五五頁。

〔二〕民國台州府志卷九八名宦傳下劉璈傳，第四五册第四三八頁。

〔三〕清趙之謙撰、庸堂主編崇本堂藏趙之謙翰札附册第一册第一通，第〇四九頁。

〔四〕清趙之謙撰、庸堂主編崇本堂藏趙之謙翰札附册第一册第二通，第〇五六頁。

深層原因，他認爲這是事關「讀書種子」與學術「二千年氣脈」之大事，故盡管「非官場所宜」，他仍以編撰師承續記爲自己之責任，以力挽頽風，並隱然與當時官方學風相抗衡。

二、從論學叢札看漢學師承續記的收録人數

如前所述，今存稿中有正録二十人，附録十九人，又附十五人，僅江書之半略强。筆者曾推定曰：

其一，從趙氏文中情况看，此稿雖在生前未能撰成全帙，但應較現存三册爲多，蓋趙氏亡後，有所散佚。何以言之？稿中洪震煊原無大題，與全稿體例不符；正文「震煊」前亦無「洪」字，且在「煊」字下注曰「當附其兄後」。此可推見當有震煊兄頤煊之成稿，今全稿不見頤煊者，正因散失故耳。

其二，現存三册中，其編訂成册及諸人次序亦非親出趙氏之手。最明顯的是，書無頁碼，裝訂不知出自誰氏，尤其是其中一册中如王念孫記、龔鞏祚記、胡雲林先生記、洪震煊記、胡秉虔記等，前後錯頁，紛如亂絲，幾不可理，倘出自趙氏手訂，斷不至此。而其中排序亦非趙氏之舊，如王念孫記末曰「子引之，世其學，記於後」。然現存稿中，王念孫記在一册中間，而王引之記則在另一册末，此既與趙氏所述不合，亦與原書

體例不類。

其三，趙書爲未完之稿，今存稿中，已經完稿無缺者有錢大昭、錢侗、朱右曾、王念孫、汪萊、洪震煊、丁履恒、張澍、龔鞏祚、凌堃、張穆、胡承珙、胡匡憲、胡秉虔、胡秉元、胡培翬、胡廷綬。而有全稿尚未完成或缺略太甚者，如胡匡憲記爲未完之稿；朱右曾記附陳瑑，録其祁大夫字説一篇，「説曰」下無正文；又如汪喜荀記僅述生平，尚未論學；王引之記且不足兩百字，生平敘述亦尚未完畢；劉文淇記引劉氏春秋左氏傳舊疏考正自序僅一小節，餘闕如；所附文淇子毓松，以及戴清，因文淇記未完，故二人有題名而無正文。

現從論學叢札來看，筆者的推斷基本上是準確的。趙氏在給胡培系的信中曰：「續記人不下六十，而君家爲大宗，其盛甲一代矣。」〔一〕但現存稿只有正録二十人，即使加上附録十九人，亦不及四十人，則此稿至少尚缺三分之一，而見於論學叢札中擬爲續記收録然不見於手稿者，如王筠、陳立、曹份、汪龍、汪輝祖、郝懿行、胡廷璣、胡清瑞、胡匡衷、毛際可、呂飛鵬、李兆洛、王聘珍、陳昌齊、吴蘭修、曾釗、桂馥等〔二〕，今皆不見於所存手稿中。這些

〔一〕清趙之謙撰、庸堂主編崇本堂藏趙之謙翰札附册第一册第五通，第〇六二頁。

〔二〕以上諸人，分見論學叢札第一册第二、三、七、八、十一通信札中。

人數加上前面正録及附録三十九人，已經將近六十人了。如果再加上像段玉裁、顧廣圻、孫星衍、江藩、阮元、鈕樹玉、焦循、臧庸、陳壽祺、馬瑞辰、陳奂、朱駿聲、劉寶楠、江有誥這樣的學者，應該肯定會被收録。因此，筆者推斷趙氏所謂「六十」，當爲正録之人而言，以上諸人加上現存稿中之人，大概就是師承續記收録的主要人物了。

從論學叢札看，續記的序言是請祁寯藻來寫，趙氏在信中説：「近纂漢學師承續記，祁壽陽相國許我序」〔一〕。因爲祁氏本人即主張續纂漢學師承記，但此序是否已寫就，不得而知。然而可以肯定的是趙之謙本人所寫的序録則寫成無疑，且一改再改。他説：「續記序録一篇奉上，求鑒定。」〔二〕後又説：「首篇敘録已擬改之，將來定本當尚有一、二次删訂也〔三〕。」再則説：「師承續記首篇擬重作一通〔四〕。」據此，筆者可以進一步斷定，趙氏此稿當比現存三册爲多，至少是四册，如果祁氏寫了序言，其第一册中應當有此文與趙氏自撰之序録，而且從現存其中一册封面有「國朝漢學師承續記稿本第二」字樣的情況來看，也應當同時有「第一」，否則「第二」便失去了特爲標出的理由，可惜今日却無法覓到其第一册了。其他續記及論學叢

〔一〕清趙之謙撰，庸堂主編崇本堂藏趙之謙翰札附册第一册第二通，第〇五一頁。

〔二〕清趙之謙撰，庸堂主編崇本堂藏趙之謙翰札附册第一册第四通，第〇六一頁。

〔三〕清趙之謙撰，庸堂主編崇本堂藏趙之謙翰札附册第一册第七通，第〇六九頁。

〔四〕清趙之謙撰，庸堂主編崇本堂藏趙之謙翰札附册第二册第八通，第一〇一頁。

札中未出現的學者，或者是尚未完帙，或者是已經散失了成稿，都仍是疑而難決的問題。

三、從論學叢札看漢學師承續記的編纂體例與原則

因爲是續漢學師承記，所以趙書在編纂體例、選人原則、史料來源方面都與江書義例大致相同，但也有其自身的特點。江藩漢學師承記的選人原則側重三個方面：一是學術取向上側重漢學派學者；二是時間下限以當時已逝之學者爲主，健在者不爲作記；三是著意收録遺落草澤、踏實治學而默默無聞的學者。趙書在此點上亦與江書相同。同時，趙書對學者在學術上有嚴格要求外，對其行事亦特別重視。論學叢札說：

蓋此記雖以學爲重，而行尤重。空談性理之徒，一無足取，不過有擠飾工夫。績學之士反無篤行，適爲若輩藉口地。往壽陽相國謂弟此作義例視前記爲嚴，足爲後日傳儒林者取信〔一〕。

正是出於這種考慮，趙之謙在著重論述學者學術成就的同時，也重視對學者事功之學的記載，對於他們在做官爲宦期間的所作所爲也多有論述。如王念孫做官，起蹟皆與治河有關，

〔一〕清趙之謙撰、庸堂主編崇本堂藏趙之謙翰札附册第一册第三通，第〇五九頁。

趙氏在王念孫記中述其治河工作的同時，還録其上顔制軍論直隸河渠書文。張澍記論其歷任地方官時剛果治事，造福百姓，不黨同僚，不畏上官，故大受排擠，難竟其志。他如胡承珙、胡秉虔、汪喜荀等人記中，亦記述他們各自的政績，與學問相得益彰，更爲全面切實。此與清儒所謂「學問、人品、政事」同條共貫的理想也是一致的。

在史料來源方面，漢學師承記主要得自四個方面：一是全部或大部分襲自當時學者所作行狀、墓表、傳記；二是删節或加工墓表、傳狀而成；三是將墓表、傳狀文字與傳主或他人文集中與傳主有關的學術文章相結合；四是全部或大部分由江藩自撰。趙書史料來源亦不外乎這些手段，當時由於是戰亂年代，在太平天國掃蕩後的東南學術界，「兵燹之餘，遺文軼事零落不少」[一]，因此蒐羅材料並不是一件容易的事。從論學叢札來看也是如此，趙之謙多次向胡培系尋訪史料，其中又以金紫胡氏家族學者爲主。如：

一、瑜公先生、樸齋先生、繩軒先生行述、志傳，求録示；一、求寄示雲林君行略；一、茗孫先生所撰有尚書古今文五藏説一篇，求録示；一、文甫先生著作存者有幾？成者有幾？一、允熙先生所著書係鹽鐵口口（二字，甘伯忘之），抑别有所作否？一、不及開列諸君，其行誼著述，凡兄所周知者，詳示之。蓋此記雖以學爲重，而行尤

[一] 清趙之謙撰、庸堂主編崇本堂藏趙之謙翰札附册第一册第二通，第〇五一頁。

重。空談性理之徒，一無足取，不過有拚飾工夫。績學之士反無篤行，適爲若輩藉口地。往壽陽相國謂弟此作義例視前記爲嚴，足爲後日傳儒林者取信。若詳載論説，而述其行事仍仿照無極太極之法，甚不敢安。如實無可訪求乃略之，苟有所知必詳之，況與兄十餘年至交，而不能知其家法，可愧不可愧乎？故日望有以告我焉。一、竹邨先生當有傳略等，如可檢閲，果善否？則求先將汪孟慈太守所記數語録示（從政録是否？）。一、曹史匠份，有古、魯、齊三家論語考異之作，未刻，其人所學何如，能知其一二否？一、汪君龍所著毛詩異義、毛詩申成，曾否見過？〔一〕

在其他信件中，趙氏向胡氏徵求有關胡氏家族學者的材料尚多，現存師承續記中，爲金紫胡氏作記者有胡匡憲、胡秉虔（附胡肇昕、又附胡培孝）、胡秉元（附胡澍，又附胡培系、胡培受、胡培字、汪澤）、胡培翬（附章遇鴻、胡紹勳、胡紹煐、楊大堉、涂渲、韓印、席元章、馬釗，又附葛良治、汪士鐸、馬壽齡、楊秉杷）、胡廷綬（附周白山）等，爲師承續記中最爲完備之部分，也正是因爲其佔有史料詳盡之故。

趙書還有一個優於江書的特點，就是敘事簡潔，整飭有法。從上述他對序録的修改態度就可以看出，雖然他願望此書早日撰成，但絶不是敷衍了事，而是精心編纂、認真修改的。

〔一〕清趙之謙撰、庸堂主編崇本堂藏趙之謙翰札附册第一册第三通，第〇五八＝〇六〇頁。

四、從論學叢札看趙之謙與績谿胡氏家族之關係

筆者曾撰文指出，就趙之謙當時學術界之現狀而言，績谿金紫胡氏的確在當時獨樹一幟，故在師承續記中爲重點記述之對象，但胡氏家族及其弟子們入選人多，另一原因是因爲趙之謙本人與他們多有交往之故。這在論學叢札中得到了充分的證明，趙氏論與胡培系「十餘年至交」[一]，二人關係之密好，幾於無話不談，毫無避忌。而胡培系在爲胡澍所寫事狀中也說：

培系與君客繆武烈公，前後六七年，與同門餘姚周君雙庚、會稽趙君撝叔、溧陽王君西垞、繆君芷汀、穉循昆季，以文章道義相切磋，數君俱負儁才，然皆雅愛君，每考古訂今，搜奇選勝，非君在不樂也。[二]

數人皆在繆梓門下做客，道義相勗，學問相磋，情同兄弟。從論學叢札中也可以看出，當時胡培系也正在進行儀禮宫室提綱、大戴禮記箋證等書的撰寫，趙氏在向胡氏徵尋所需材料的

[一] 清趙之謙撰、庸堂主編崇本堂藏趙之謙翰札附册第一册第三通，第〇五九頁。

[二] 續碑傳集卷七九胡培系户部郎中胡君荄甫事狀，第三册第一九五三頁。

同時，也力所能及地盡量給胡氏提供相應需要的材料，並提醒胡氏要抓緊時間，早成著述。趙之謙客居京師期間，還與魏稼孫、胡澍、沈樹鏞等共研金石，疑義相商，晨夕無閑，趙氏還刻印以志之，趙氏悲盦居士詩賸中多有與他們的唱和之作。不僅如此，趙氏對胡氏家學深爲企慕，尊培系父胡秉元爲私淑之師，續記仿江藩原書「余古農先生」、「江艮庭先生」、「王蘭泉先生」、「朱笥河先生」等例，尊秉元爲「胡雲林先生」，稱號而不稱名。在談到與培系交往的舊事時，趙氏深有感觸。其在漢學師承續記胡雲林先生中曰：

之謙與培系同受業先師溧陽繆君之門，求其先世行誼至悉，時方馳意禪說，好談清虛，自識培系，得聆緒論，管穴之窺，實啓此日。忽忽二十餘年，精神遐漂，摩研編削，迄無闡繹，然於先生竊有私淑艾之志焉。

在論及胡秉元殁後的情形時，趙氏又曰：

及門請業及遠方學者，自聞其殁，皆相向哭，悲老成之徂謝，卬景行而末由。天不憖遺，著述未竟，教思無窮，奮乎百世。在昔仲弓至德，桂樹生於泰山；林宗甄藻，百川歸之巨海。雖遭際有殊，衡斯忌誼，何多讓焉！

由此可見，師承續記中將胡氏家族置於相當重要的地位，其中最爲重要的還不是他們的私人關係，而是趙氏在學術見解上與胡氏多相通之處。嚴佐之先生趙之謙論學叢札與徽州績谿金紫胡氏家學文中也論金紫「胡氏經學系統中，不僅有漢儒制數之學，也有宋儒義理之學」。並指出「趙之謙既反對『子虛烏有之性命』，亦不滿『木雕泥塑之考據』，以考據求義理是他的學術理念，多讀書、明道理是他的問學路向。而由此亦可發見，趙之謙與胡培系頻繁通信，往復問學，並非没有學統上的内在來由。」

五、從論學叢札看趙之謙之學術與著述

從漢學師承續記及論學叢札可以看出，趙之謙還是一位學養深厚、嚴謹求實的學者。趙之謙之師，爲溧陽人繆梓（一八〇七—一八六〇），繆氏「教學主明體達用，惡拘牽猥瑣之士」，其著述今不傳，對趙氏之學影響似並不大[一]。蔡冠洛纂清代七百名人傳金石書畫趙之謙謂趙之謙論學「主金壇段氏、高郵王氏及武進莊氏、劉氏，蘄進於西漢巨儒微言大義之旨」。此與師承續記、論學叢札中所言正相吻合。趙氏師承續記王念孫中，對王氏之學大爲賞贊。其曰：

先生之學，出於休寧，而精審過之。金壇段先生序其書，稱先生「能互求古今形、音、義三者分合，能以古音得經義」。推爲天下一人，非過譽也。……

[一] 續碑傳集卷五九趙之謙繆武烈公事狀，第三册第二七〇一——二七〇三頁。

先生所著書，流播寰海，窮經學古之士，咸知服習。……福德長壽，洞源儒樸，冠倫魁師，天下宗仰，後生小子，雖饕詖憒眊，敢有毀鄭、服，議賈、董，於先生卒無間言，且有文其説，謂宋儒再生，必取其説者，亦可見學行至是，斷不能顛到白黑以是爲非也。

而在論學叢札中，趙氏除了對金紫胡氏之學私淑有加外，還對汪士鐸（一八一四——一八八九）之學深爲欽佩，汪氏爲胡培翬弟子，其學根柢經訓，精三禮，曾著禮服記三篇，又爲水經注釋文等書。趙之謙在論學叢札中屢次請胡培系作介，想入汪氏門下受弟子業。如：

前見兄書，述汪梅邨先生尚在江寧，必求兄爲我作書達願學之意。此時在遠方，當依太原事南雷故事，遥執弟子之儀，秋間南歸，能一至江寧，即敂首門下。此事關係終身，求一引進，没世感戴。〔一〕

不僅如此，趙氏在續記中還想將汪士鐸單獨立記，只是限於江藩師承記「體例人存者不專傳」〔二〕，故附在胡培翬末。

趙之謙爲學次第與治學取向，江湜伏敔堂詩録中有趙之謙書江湜叔伏敔堂詩録後一文，

〔一〕清趙之謙撰、庸堂主編崇本堂藏趙之謙翰札附册第一册第二通，第〇五〇頁。

〔二〕清趙之謙撰、庸堂主編崇本堂藏趙之謙翰札附册第一册第五通，第〇六六頁。

其自述治學次序曰：

四歲授書於里塾師，得章句。十三歲以前自讀宋五子書，求性道。十四歲棄之，爲辭章之學。二十歲又棄之，爲考證之學。

在《論學叢札》中也有類似相當清晰的論述，其曰：

弟少事漢學，十歲後潛心宋學者七年，今復爲漢學。竊謂漢、宋二家，其原則一而流則殊。康成諸公何不嘗明理道，周、程諸子何嘗不多讀書，流極既衰，乃有木雕泥塑之考據，子虛烏有之性命。此類爲二家作奴，恐亦在屏逐例，吾輩不必效之，但當畫在我而已。[二]

有見於此，趙氏治學雖主漢學，但不廢宋學，力主「實事求是，期於有用」，這不僅在立身處事中是如此，即治學亦需從實處着手。如胡培系治地理之學，只是就前人之書撮鈔提要，趙氏認爲此法不當。他說：

顧亭林諸公，其於地理，實實須足跡所到，指畫口講，故可貴重。若足下不出户，而日取古人圖籍求劍索驥，亦何足用！……此學須實實見得到，處處留心，走遍天

[二] 清趙之謙撰、庸堂主編《崇本堂藏趙之謙翰札》附册第三册第三通，第一一二頁。

下，博覽群籍，而後可以下筆。[一]趙氏列舉了幾條理由，説明地理之學，不可窮究紙上而得，只有實地考察才是唯一正確的方法，故對胡氏的做法提出婉轉批評。在論學叢札中，對自己編纂師承續記亦是如此，不親見原書，是斷斷不能妄作的，即他所謂「得其書而後作之，心不懸懸矣」[二]。

趙氏一生甚爲清苦，但他著書、訪書、藏書、刻書不輟。由於精於書法的關係，他研搜金石文字，著有補寰宇訪碑録五卷失編一卷、六朝别字記不分卷，另有張忠烈年譜、勇廬閑詰一卷等。國圖尚藏有趙氏稿本如章安雜説、悲盦札記、趙撝叔詩文稿、趙悲盦詩文稿等，又主修過江西通志一八五卷。校刻仰視千七百二十九鶴齋叢書六集四十種，保存了不少罕見珍貴的鈔本稿本。他還有續刻皇清經解想法與撰莊子校義之志。近今人整理出版有趙氏之字帖、印譜、尺牘等多種，足見趙氏著述也非常豐富。

[一] 清趙之謙撰、庸堂主編崇本堂藏趙之謙翰札附册第三册第五通，第一一七—一一九頁。
[二] 清趙之謙撰、庸堂主編崇本堂藏趙之謙翰札附册第一册第五通，第〇六三頁。

六、餘論

從趙之謙在世直至今日，世人對其身份的認同，也不過是一位書畫篆刻名家而已；所寶重者也是其書、其畫、其篆章而已；百年來所出版的各類趙氏作品中，也不出此範圍而已。至於其學術，少有人涉及。不意在他逝後近一百二十年時，他的漢學師承續記手稿殘本與論學叢札在同年顯現於世。而筆者整理續記緣於一九九九年五月，應臺灣中央研究院文哲所之邀，參加清代學術討論會，時聆中研院史語所陳鴻森教授言教，告以中國國家圖書館藏有趙氏漢學師承續記（陳先生應該是從中國古籍善本書目中得到此資訊），回北京後，果在國圖善本部覓到此書，遂整理發表。而上海崇源藝術品拍賣有限公司發掘趙氏論學叢札，使其得彰顯於世，且由華東師大嚴佐之教授賜告，崔爾平先生賜寄叢札全稿，使筆者得見此三十九通珍貴信札，由此可見學術交流與溝通之重要。趙氏在給胡培系寫信時説：「要待知己，極少，須一二百年。」[一]其諸先生者，豈非趙氏之知己歟！

[一] 清趙之謙撰，庸堂主编崇本堂藏趙之謙翰札附册第一册第二通，第〇五六頁。

附録四　主要參考引用書目

一、本書目按中文拼音音序先後排列。

二、本書目指箋釋過程中常用之工具書以及參考與引用過的論著，其他著述皆不列入。

三、全書中引用過的諸家學術論文，皆詳每頁注文當中，本書目不再羅列。

四、本書目中凡稿本、鈔本與稀見之本，並皆注明藏館，以便讀者查核。

五、本書目所列版本卷數等，間有錯訛，讀者諒之！

A

阿壩藏族自治州·金川縣地名録，金川縣地名領導小組編印，阿壩自治州一九八五年印。

阿壩藏族自治州·小金縣地名録，小金縣地名領導小組編印，西南民族學院一九八五年印。

阿壩州志三二卷，阿壩藏族羌族自治州地方志編纂委員會編纂，民族出版社一九九四年版。

B

八家後漢書輯注，周天游輯注，上海古籍出版社一九八六年版。

八旗文經作者考三卷，楊鍾羲撰，臺灣明文書局一九八六年版周駿富主編清代傳記叢刊本。

白雲詩集七卷，清盧存心撰，續修四庫全書影印乾隆時數間草堂刻本。

拜經文集五卷，清臧庸撰，續修四庫全書影印民國十九年宗氏石印本。

半農先生集三卷，清惠士奇撰，清雍正間惠氏紅豆齋刻本。

半氈齋題跋二卷，清江藩撰，北京中華書局一九八五年影印叢書集成初編本。

伴月樓詩鈔三卷，清江藩撰，清鈔本，上海圖書館藏。

抱經堂叢書一八種二七五卷，清盧文弨校刻，清乾隆時盧氏抱經堂刻本。

抱經堂詩鈔七卷，清盧文弨撰，續修四庫全書影印清道光十六年李兆洛刻本。

抱經堂文集三四卷，清盧文弨撰，王文錦點校，北京中華書局一九九〇年版。

碑傳集一六〇卷，清錢儀吉纂，靳斯標點，北京中華書局一九九三年版。

碑傳集補六〇卷，清閔爾昌纂，上海書店一九八八年影印清碑傳合集本。

碑傳集三編五〇卷，汪兆鏞纂，上海書店一九八八年影印清碑傳合集本。

北江詩話六卷，清洪亮吉著，人民文學出版社一九八三年版。

北史一〇〇卷，唐李延壽主纂，北京中華書局一九八三年版。
別雅五卷，清吴玉搢撰，影印文淵閣四庫全書本。
炳燭室雜文一卷，清江藩撰，叢書集成初編本。
補元史氏族表三卷，清錢大昕撰，嘉定錢大昕全集本。
補元史藝文志四卷，清錢大昕撰，嘉定錢大昕全集本。
補寰宇訪碑録五卷失編一卷，清趙之謙撰，清章餘慶鈔本，中國國家圖書館藏。

C

藏書紀事詩補正七卷，清葉昌熾撰，王欣夫補正，上海古籍出版社一九九九年版。
藏園群書題記一四卷，傅增湘撰，上海古籍出版社一九八九年版。
查東山先生年譜一卷附一卷，清沈起撰，民國五年劉氏刻嘉業堂叢書本。
昌平山水記二卷，清顧炎武撰，清吴江潘氏遂初堂刻亭林遺書本。
陳書三六卷，唐姚思廉等纂，北京中華書局一九七二年點校本。
池北偶談二六卷，清王士禛撰，靳斯仕點校，北京中華書局一九八二年版。
疇人傳四六卷續補六卷三編七卷，清阮元、羅士琳、諸可寶等纂，續修四庫全書影印阮氏琅嬛仙館刻本等。

初堂遺稿不分卷，清洪榜撰，清刻本。

初月樓聞見録一〇卷續一〇卷，清吴德旋撰，四庫未收書輯刊影印清道光二年刻本。

傳家集八〇卷，宋司馬光撰，影印文淵閣四庫全書本。

傳習録五卷，明王陽明撰，上海古籍出版社一九九五年版王陽明全集本。

崇本堂藏趙之謙翰札，清趙之謙撰、庸堂主編，文化發展出版社有限公司二〇一八年版。

春秋説一五卷，清惠士奇撰，影印文淵閣四庫全書本。

春融堂集六八卷，清王昶撰，續修四庫全書影印嘉慶十二年塾南書舍刻本。

春融堂雜記八種，清王昶撰，光緒五年上海申報館鉛印本。

詞科掌録一七卷餘話七卷，清杭世駿編，臺灣周駿富主編清代傳記叢刊本。

詞林輯略一一卷，清朱汝珍撰，臺灣周駿富主編清代傳記叢刊本。

從理學到樸學，[美]艾爾曼(Elman Benjamin A.)撰，趙剛譯，江蘇人民出版社一九九五年版。

存素堂文集四卷續集四卷，清法式善撰，續修四庫全書影印嘉慶十二年程邦瑞刻增修本。

D

大戴禮記解詁一三卷，清王聘珍撰，王文錦點校，北京中華書局一九九二年版。

大學翼真七卷，清胡渭撰，影印文淵閣四庫全書本。

大雲山房文稿八卷，清惲敬撰，四部叢刊本。

戴東原集一二卷，清戴震撰，戴震全書本。

戴東原先生年譜一卷，段玉裁撰，楊應芹校補，戴震全集本。

戴東原轉語釋補四卷，曾廣源撰，民國十八年海事編譯局刊本。

戴震評傳，李開撰，南京大學出版社一九九二年版。

戴震全集，清戴震撰，戴震研究會等編，清華大學出版社一九九二年版。

戴震全書，清戴震撰，張岱年主編，安徽大學出版社一九九七年版。

丹鉛雜録一〇卷，明楊慎撰，叢書集成初編本。

道古堂文集四六卷，清杭世駿撰，續修四庫全書影印乾隆四十一年汪氏振綺堂刻本。

道光膠州志四〇卷，道光二十五年刊本。

道光崑新兩縣志四〇卷，清王學浩等纂，一九九一年中國地方志集成影印道光六年刻本。

道光泰州志三六卷，清陳世鎔等纂，清光緒三十四年補刻本。

道光續增高郵州志一三卷，清左輝春等修，道光二十五年校刻本。

稻孫詩集四卷，清賈田祖撰，乾隆四十九年刊本。

德清胡朏明先生年譜，夏定域撰，臺灣商務印書館一九七八年版新編中國名人年譜集成本。

砥齋集一二卷，王弘撰撰，續修四庫全書影印康熙十四年刻本。

禘説二卷，清惠棟撰，經訓堂叢書本。
雕菰樓集二四卷，清焦循撰，叢書集成初編本。
定香亭筆談四卷，清阮元編，叢書集成新編本。
東華録三二卷，清蔣良騏撰，乾隆三十年坊刻本。
冬青館集，清張鑑著，續修四庫全書影印吴興叢書本。
讀史方輿紀要一三〇卷，清顧祖禹撰，一九五五年中華書局排印本。
賭棋山莊文集七卷，清謝章鋌著，續修四庫全書影印清光緒十年南昌使廨刊本。
段玉裁汲古閣説文訂一卷，清袁廷檮撰，嘉慶二年袁氏五硯樓刻本。

E

爾雅詁林，朱延祖主編，湖北教育出版社一九九九年版。
爾雅小箋三卷，清江藩撰，叢書集成續編本。
二林居集二四卷，清彭紹升撰，清長洲彭氏家集本。

F

法言義疏二〇卷，漢揚雄撰，汪榮寶義疏，北京中華書局一九八七年版。

方苞集三〇卷，清方苞撰，劉季高校點，上海古籍出版社一九八三年版。

柿葉軒筆記一卷，清胡虔撰，續修四庫全書影印民國五年趙氏峭帆樓叢書本。

分甘餘話四卷，清王士禛撰，張士林點校，北京中華書局一九八九年版。

風俗通義校注，漢應劭撰，王利器校注，北京中華書局一九八一年版。

復初齋文集三五卷，清翁方綱撰，續修四庫全書影印清李彦章校刻本。

復堂日記八卷，清譚獻撰，叢書集成續編縮印半廠叢書本。

G

陔餘叢考四三卷，清趙翼撰，乾隆五十三年湛貽堂刊本。

高郵王氏父子年譜一卷，劉盼遂編，臺灣中國名人年譜新編本。

高郵王氏遺書，清王念孫等撰，江蘇古籍出版社二〇〇〇年版。

龔定盦先生年譜，吴昌綬編，龔自珍全集本。

龔自珍全集一一輯，清龔自珍撰，王佩諍校，上海古籍出版社一九七五年版。

勾股割圜記三卷，清戴震撰，戴震全書本。

古代南海地名匯釋，陳佳榮等撰，北京中華書局一九八六年版。

古經解鉤沉三〇卷，清沈彤撰，影印文淵閣四庫全書本。

古人名字解詁，吉常宏、吉發涵著，北京語言出版社二〇〇三年版。
古書疑義舉例七卷，清俞樾撰，北京中華書局一九八三年版。
古文尚書考二卷，清惠棟撰，皇清經解本。
古文尚書疏證八卷，清閻若璩撰，影印文淵閣四庫全書本。
古文字類編，高明編，北京中華書局一九九一年版。
古佚書輯本目録附考證，孫啓治編，北京中華書局一九九七年版。
古韻標準四卷，清江永撰，中華書局一九八二年影印本。
故宫檔案述要，莊吉發撰，臺灣故宫博物院一九八三年版。
顧亭林詩箋釋五卷，清顧炎武撰，王冀民箋釋，北京中華書局一九九八年版。
顧亭林詩文集一六卷，清顧炎武撰，華忱之點校，北京中華書局一九八三年版。
顧亭林先生年譜一卷，清顧衍生原編、吴映奎重輯、車持謙增纂，北京圖書館藏珍本年譜叢刊影印道光十九刻本。
顧亭林先生年譜一卷，清吴映奎、車持謙編，錢邦彦校補，北京圖書館藏珍本年譜叢刊影印民國間影印本。
顧亭林先生年譜一卷，清張穆編，北京圖書館藏珍本年譜叢刊影印清道光二十四年刻本。
顧炎武年譜，周可真撰，蘇州大學出版社一九九八年版。
關中李二曲先生履歷紀略一卷，清惠龗嗣編，北京圖書館藏珍本年譜叢刊影印清程氏刻本。

觀堂集林二四卷，王國維撰，北京中華書局一九五九年影印本。

光緒常山縣志六八卷，清李鍾瑞等修，臺灣中國地方志叢書影印光緒十二年刻本。

光緒常昭合志稿三〇卷，清龐鴻文等纂，臺灣中國地方志叢書影印光緒三十年刻本。

光緒潮陽縣志二三卷，清張其翻纂，臺灣中國地方志叢書影印光緒十年刻本。

光緒淮安府志四〇卷，清吴昆田、高延第纂，臺灣中國地方志叢書影印光緒十年刊本。

光緒嘉定縣志三二卷，清楊震福等纂，光緒八年嘉定縣署刊本。

光緒崑新兩縣續修合志五二卷，清汪堃等纂，臺灣中國地方志叢書影印光緒七年刻本。

光緒密雲縣志六卷，清丁符九修，光緒八年密雲縣署刊本。

光緒上虞縣志校續五〇卷，清徐致靖等纂，臺灣中國地方志叢書影印光緒二十五年刻本。

光緒無錫金匱縣志四〇卷，清裴大中等修，中國地方志集成影印光緒七年刊本。

光緒餘姚縣志二七卷，清邵友濂、孫德祖纂，臺灣中國地方志叢書影印光緒二十五年刻本。

光緒增修甘泉縣志二四卷，清陳浩恩等纂，中國地方志集成影印光緒十二年刻本。

廣陵詩事四卷，清阮元編，叢書集成初編本。

廣清碑傳集，錢仲聯主編，蘇州大學出版社一九九九年版。

廣雅疏證一〇卷，清王念孫撰，北京中華書局一九八三年影印本。

廣陽雜記五卷，清劉獻廷撰，汪北平等點校，北京中華書局一九九七年重印本。

廣雅一〇卷，三國張揖撰，影印文淵閣四庫全書本。

歸田瑣記八卷，清梁章鉅撰，于亦時點校，北京中華書局一九八一年版。

歸玄恭遺著一卷，清歸莊撰，續修四庫全書影印民國十二年上海中華書局鉛印本。

國朝臣工言行記二六卷，清梁章鉅撰，臺灣周駿富主編清代傳記叢刊本。

國朝宫史三六卷，清鄂爾泰等編，北京古籍出版社一九九四 年版。

國朝宫史續編一〇〇卷，清慶桂等編，北京古籍出版社一九九四年版。

國朝漢學師承記八卷，清江藩纂，嘉慶二十三年初刻本，清李慈銘批校，中國國家圖書館藏。

國朝漢學師承記八卷，清江藩纂，嘉慶二十四年刻本，南京圖書館藏。

國朝漢學師承記八卷，清江藩纂，嘉慶二十五年揚州黄氏藝古堂刊二西堂藏板本，上海圖書館藏。

國朝漢學師承記八卷，清江藩纂，嘉慶時刻本，清何秋濤、趙之謙等批校，天津圖書館藏。

國朝漢學師承記八卷，清江藩纂，道光三年刻本，上海圖書館藏。

國朝漢學師承記八卷，清江藩纂，道光九年江順銘重修節甫老人雜著本，北京大學圖書館藏。

國朝漢學師承記八卷，清江藩纂，咸豐四年刻粤雅堂叢書本。

國朝漢學師承記八卷，清江藩纂，光緒二年聚珍版活字本，天津圖書館藏。

國朝漢學師承記八卷，清江藩纂，光緒九年山西書局重刊本，中國國家圖書館藏。

國朝漢學師承記八卷，清江藩纂，光緒十一年掃葉山房刊本，北京大學圖書館藏。

國朝漢學師承記八卷，清江藩纂，光緒十一年校經山房校刊本，上海圖書館藏。

國朝漢學師承記八卷，清江藩纂，光緒十二年江巨渠補刊江氏叢書本，北京大學圖書館藏。

國朝漢學師承記八卷，清江藩纂，光緒十二年萬卷書室刊本，北京大學圖書館藏。

國朝漢學師承記八卷，清江藩纂，光緒十三年萬卷書室刊本，中國國家圖書館藏。

國朝漢學師承記八卷，清江藩纂，光緒丁亥刻本，廣東中山大學圖書館藏。

國朝漢學師承記八卷，清江藩纂，光緒二十一年上海文海書局石印巾箱本，上海圖書館藏。

國朝漢學師承記八卷，清江藩纂，光緒二十二年長沙周大文堂重刊本，南京圖書館藏。。

國朝漢學師承記八卷，清江藩纂，光緒二十二年寶慶勸學書社藏版本，北京大學圖書館藏。

國朝漢學師承記八卷，清江藩纂，光緒二十二年成都志古堂重校刻本，中國國家圖書館藏

國朝漢學師承記八卷，清江藩纂，玲瓏山館叢書（又名益雅齋叢書）本，中國國家圖書館藏。

國朝漢學師承記八卷，清江藩纂，鍾哲整理，北京中華書局一九八三年版。

國朝漢學師承記注底本（殘册），清謝章鋌注，古閩黄煇如家鈔本，北京大學圖書館藏。

國朝漢學師承記（譯注）八卷，清江藩纂，［日］近藤光男譯注，日本明治書院二〇〇一年版。

國朝漢學師承續記不分卷，清趙之謙原稿，漆永祥整理，中國典籍與文化論叢第七輯，北京大學出版社二〇〇二年版。

國朝經學名儒記，清張星鑑纂，光緒九年刊本。

國朝山左詩鈔六〇卷，清鄭方坤編，乾隆二十三年刊本。

國朝宋學淵源記二卷附記一卷，清江藩纂，鍾哲整理，北京中華書局一九八三年版。

國朝先正事略六〇卷，清李元度編纂，四部備要本。

國朝正雅集一〇〇卷，清符葆森纂，咸豐七年半畝園刊本。
國朝耆獻類徵初編七二〇卷，清李桓纂，臺灣周駿富主編清代傳記叢刊本。
國朝未刊遺書志略不分卷，清朱記榮撰，光緒八年刊本。
果堂集一二卷，清沈彤撰，影印文淵閣四庫全書本。
果堂全集一九卷，清沈彤撰，乾隆中吴江沈氏刻本。

H

海峰文集八卷，清劉大櫆撰，乾隆間繹碧軒刻本。
海外痛哭記一卷，清黄宗羲撰，黄宗羲全集本。
韓非子新校注，戰國韓非著，陳奇猷校注，上海古籍出版社二〇〇〇年版。
漢隸字原校本一卷附録一卷，清張弨撰，同治四年望三益齋刊張亟齋遺集本。
漢上易傳一一卷，宋朱震撰，民國二十三年上海涵芬樓刊本。
漢書補注一〇〇卷，漢班固纂，清王先謙補注，北京商務印書館一九五九年版。
漢書一二〇卷，漢班固纂，北京中華書局一九六二年校點本。
漢學商兑三卷，清方東樹撰，上海古籍出版社一九九八年版漢學師承記(外二種)本。
漢學師承記八卷，清江藩纂，凌善清標點，民國二十年上海大東書局排印國學門徑叢書本。

蒿庵閒話二卷，清張爾岐撰，張瀚勳點校，山東齊魯書社一九九一年版。
蒿菴集三卷，清張爾岐撰，張翰勳整理，山東齊魯書社一九九一年版。
鶴徵後録一二卷，清李富孫等纂，叢書集成續編本。
鶴徵録八卷，清李集編，叢書集成續編本。
横山文集一六卷，清裘璉撰，民國三年甬上旅遯軒刊本。
衡齋算學校證，清汪萊撰，李兆華校證，陝西科學技術出版社一九九七年版。
衡齋文集三卷，清汪萊撰，咸豐四年刻衡齋算學遺書合刻本。
洪北江先生年譜一卷，清呂培等編，光緒三年刻本。
洪範正論五卷，清胡渭撰，影印文淵閣四庫全書本。
洪亮吉集八八卷，清洪亮吉撰，劉德權點校，北京中華書局二〇〇一年版。
後漢書補注二四卷，清惠棟撰，叢書集成初編本。
後漢書一二〇卷，劉宋范曄撰，北京中華書局一九六五年點校本。
湖海文傳七五卷，清王昶編，續修四庫全書影印道光十七年經訓堂刊本。
華陽國志校注一二卷，晉常璩撰，劉琳校注，四川巴蜀書社一九八四年版。
淮海英靈集二二卷，清阮元纂，續修四庫全書影印清嘉慶三年小琅嬛僊館刻本。
皇朝武功紀盛四卷，清趙翼撰，清光緒三年滇南唐氏刻本。
皇清經解一四〇八卷，清阮元等纂，光緒十七年鴻寶齋石印縮本。

黄帝内經素問二四卷，唐王冰注，宋林億等新校注，影印文淵閣四庫全書本。

黄梨洲先生年譜三卷，清黄炳垕撰，王政堯點校，北京中華書局一九九三年版。

黄忠端公年譜一卷，清黄炳垕撰，光緒元年刻本。

黄仲則先生年譜一卷，清毛慶善等編，咸豐八年刻本。

黄宗羲年譜，徐定寶編，上海華東師範大學出版社一九九五年版。

黄宗羲詩文集，清黄宗羲撰，浙江古籍出版社一九九三年版黄宗羲全集本。

揮麈録一七卷，宋王明清撰，民國二十三年上海商務印書館刊本。

惠氏宗譜四二卷，清惠士奇、惠棟、惠政源等參編，民國三十六年續修本。

J

集韻一〇卷，宋丁度等編，上海古籍出版社一九八五年影印本。

己未詞科録一二卷，清秦瀛編，臺灣周駿富主編清代傳記叢刊本。

紀曉嵐年譜，賀治起、吴慶榮編，北京書目文獻出版社一九九三年版。

紀曉嵐年譜，孫致中等編，一九九五年河北教育出版社版紀曉嵐文集本。

紀曉嵐文集一六卷，清紀昀撰，孫致中等點校，河北教育出版社一九九一年版。

濟陽江氏金鼇派宗譜四二卷，江志伊等纂，民國三十六年續修本。

嘉定七子詩選一四卷，清王鳴盛等撰，沈德潛選，乾隆十八年長洲沈氏刊本。

嘉定錢大昕全集，清錢大昕撰，江蘇古籍出版社一九九八年版。

兼山堂集八卷，清陳錫嘏撰，四庫全書存目叢書影印清康熙時刻本。

簡明清史，戴逸撰，人民出版社一九九一年版。

簡莊文鈔六卷，清陳鱣撰，續修四庫全書影印光緒十四年羊復禮刻本。

江慎修先生年譜一卷，江錦波、汪世重編，北京圖書館藏珍本年譜叢刊影印民國十二年鉛印本。

江蘇藝文志（常州卷），錢璱之主編，江蘇人民出版社一九九四年版。

江蘇藝文志（南京卷），楊雲海主編，江蘇人民出版社一九九五年版。

江蘇藝文志（南通卷），顧啓主編，江蘇人民出版社一九九五年版。

江蘇藝文志（蘇州卷），許培基、葉瑞寶主編，江蘇人民出版社一九九六年版。

江蘇藝文志（無錫卷），宫愛東主編，江蘇人民出版社一九九五年版。

江蘇藝文志（徐州卷連雲港卷），邱鳴皋主編，江蘇人民出版社一九九五年版。

江蘇藝文志（鹽城卷淮陰卷），陳穆主編，江蘇人民出版社一九九五年版。

江蘇藝文志（揚州卷），封桂榮主編，江蘇人民出版社一九九五年版。

江蘇藝文志（鎮江卷），楊積慶主編，江蘇人民出版社一九九四年版。

江子屏先生年譜一卷，閔爾昌編，北京圖書館藏珍本年譜叢刊影印民國十六年江都閔氏刊本。

講筵日記不分卷，清錢大昕撰，漆永祥整理，臺灣書目季刊第三四卷第一——二期，二〇〇〇年版。

焦循年譜新編，賴貴三編，臺灣里仁書局一九九四年版。
校禮堂詩集一四卷，清凌廷堪撰，續修四庫全書影印道光六年張其錦刻本。
校禮堂文集三六卷，清凌廷堪撰，王文錦點校，北京中華書局一九九八年版。
鮚埼亭集三八卷，清全祖望撰，朱鑄禹彙校集注，上海古籍出版社二〇〇〇年全祖望集彙校集注本。
今文尚書考證三〇卷，清皮錫瑞撰，盛冬鈴等點校，北京中華書局一九八九年版。
金石萃編一六〇卷，清王昶纂，北京中國書店一九八五年縮印本。
金石存一五卷，清吴玉搢撰，四庫未收書輯刊影印嘉慶二十四年李宗昉刻本。
金史一三五卷，元脱脱等纂，北京中華書局一九七五年點校本。
近代經學與政治，湯志鈞著，北京中華書局一九九五年重印本。
近世中西史日對照表，鄭鶴聲編，北京中華書局一九八五年版。
晉書一三〇卷，唐房玄齡等纂，北京中華書局一九七四年點校本。
經典釋文彙校三〇卷，隋陸德明編，黄焯彙校，北京中華書局一九八〇年版。
經解入門八卷，舊題清江藩撰，方國瑜點校，天津古籍出版社一九九〇 年版。
經學歷史，清皮錫瑞撰，周予同注釋，北京中華書局一九五九年版。
經學研究論著目録(一九一二—一九八七)，臺灣漢學研究中心一九九八年編印。
經學研究論著目録(一九八八—一九九二)，臺灣漢學研究中心一九九九年編印。
經學研究論著目録(一九九三—一九九七)，臺灣漢學研究中心二〇〇二年編印。

經義考三〇〇卷，清朱彝尊撰，北京中華書局一九九八年縮印本。
經義述聞三二卷，清王引之撰，臺灣中華書局一九八七年影印四部備要本。
經義雜記三〇卷，清臧琳撰，武進臧氏拜經堂刻本。
經韵樓集一二卷，清段玉裁撰，道光元年七葉衍祥堂刊本。
儆居集一四卷，清黄式三著，道光時刻本。
敬孚類稿一六卷，清蕭穆撰，項純文點校，黄山書社一九九二年版。
静志居詩話二四卷，清朱彝尊撰，人民文學出版社一九九〇年版。
九經古義一六卷，清惠棟撰，叢書集成初編本。
九經學三卷，清王聘珍撰，叢書集成初編本。
九曜齋筆記三卷，清惠棟撰，叢書集成續編本。
九章算術，郭書春譯注，遼寧教育出版社一九九八年版。
舊唐書二〇〇卷，後晉劉昫等纂，北京中華書局一九七五年點校本。

K

康熙德清縣志一〇卷，清侯元棐等修，臺灣中國地方志叢書影印康熙十二年鈔本。
考工記圖二卷，清戴震撰，清華大學出版社一九九二年戴震全集本。

孔子家語一〇卷，晉王肅注，上海古籍出版社一九九〇年影印本。

媿生叢録六卷，李詳撰，江蘇古籍出版社一九八九年版李審言文集本。

困學紀聞二〇卷，宋王應麟撰，清閻若璩等評注，影印文淵閣四庫全書本。

L

類説六〇卷，宋曾慥撰，一九五六年文學古籍刊行社本。

禮記集解六一卷，清孫希旦撰，沈嘯寰整理，北京中華書局一九九八年版。

禮記訓纂四九卷，清朱彬撰，饒欽農點校，北京中華書局一九九八年版。

禮箋三卷，清金榜撰，續修四庫全書影印乾隆五十九年刻本。

禮經釋例一三卷，清凌廷堪撰，彭林整理，臺灣中央研究院文哲所二〇〇二年版。

禮説一四卷，清惠士奇撰，影印文淵閣四庫全書本。

理堂文集一〇卷，清韓夢周撰，道光三年静恒書屋刊本。

歷代職官表六卷，清黄本驥編，上海古籍出版社一九八四年版。

隸經文四卷續隸經文一卷，清江藩撰，續修四庫全書影印道光元年廣州刊本。

隸釋二七卷，宋洪適撰，影印文淵閣四庫全書本。

酈學札記，陳橋驛著，上海書店出版社二〇〇〇年版。

梁書五六卷，唐姚思廉等纂，北京中華書局一九七三年點校本。
兩漢象數易學研究，劉玉建撰，廣西教育出版社一九九六年版。
兩浙著述考，宋慈抱著，項士元審訂，浙江人民出版社一九八五年三月版。
列朝詩集小傳五集，清錢謙益纂，上海古籍出版社一九八三年版。
凌次仲先生年譜四卷，清張其錦編，北京圖書館藏珍本年譜叢刊本。
劉端臨先生遺書九種，清劉台拱撰，清道光十四年世德堂刻本。
柳南隨筆六卷續筆四卷，清王應奎撰，北京中華書局一九八二年版。
六書故三三卷，宋戴侗撰，乾隆四十九年綿竹李氏師竹齋刻本。
六書説一卷，清江聲撰，小學類編本。
盧抱經先生年譜，柳詒徵編，民國十七年中央大學圖書館年刊第一期。
盧抱經先生校書年表，趙鴻謙撰，民國二十一年江蘇省立國學圖書館年刊第五期。
魯之春秋二四卷，清李聿求著，凌毅標點，浙江古籍出版社一九八四年版。
路史四七卷，宋羅泌撰，影印文淵閣四庫全書本。
履園叢話二四卷，清錢泳撰，張偉點校，北京中華書局一九七九年版。
履園畫學一卷，清錢泳撰，臺灣周駿富主編清代傳記叢刊本。
律學新説四卷，明朱載堉撰，馮文慈整理，人民音樂出版社一九八六年版。
論語後案二〇卷，清黄式三撰，續修四庫全書影印道光二十四年活字本。

論語集解一〇卷，魏何晏集解，影印文淵閣四庫全書本。

論語集釋四〇卷程樹德撰，程俊英、蔣見元點校，北京中華書局一九九〇年版。

論語駢枝一卷，清劉台拱撰，劉端臨遺書本。

論語譯注，楊伯峻譯注，北京中華書局一九八三年版。

論語正義二四卷，清劉寶楠正義，高流水整理，北京中華書局一九九八年版。

論語注譯，孫欽善先生注譯，成都巴蜀書社一九九〇年版。

論語注疏二〇卷，北京中華書局一九八〇年版十三經注疏本。

M

滿漢名臣傳八〇卷續集八〇三集二四卷，清國史館纂，黑龍江人民出版社一九九一年版。

毛詩傳箋通釋三二卷，清馬瑞辰撰，陳金生點校，中華書局一九八九年版。

毛詩正義七〇卷，北京中華書局一九八〇年版十三經注疏本。

毛鄭詩考正五卷，清戴震撰，戴震全書本。

梅磵詩話三卷，元韋居安撰，續修四庫全書影印宛委别藏本。

孟子譯注，楊伯峻撰，北京中華書局一九九〇年重印本。

孟子正義三〇卷，清焦循撰，沈文倬點校，北京中華書局一九八七年版。

孟子字義疏證三卷，清戴震撰，戴震全書本。

夢陔堂詩集五〇卷，清黄承吉著，咸豐元年刻本。

夢陔堂文集一〇卷，清黄承吉著，一九三九年燕京大學鉛印本。

夢谿筆談校正二六卷補三卷續一卷，宋沈括撰，胡道静校正，上海古籍出版社一九八七年版。

勉行堂詩集二四卷卷首一卷，續修四庫全書影印嘉慶二十三年刻本。

勉行堂文集六卷，清程晉芳撰，續修四庫全書影印嘉慶二十五年刻本。

緬甸史，［英］戈·埃·哈威(G. E. Harvey)著，姚梓良譯，商務印書館一九七三年版。

妙香室叢話一四卷，清張培仁撰，叢書集成三編本。

民國甘泉縣續志三〇卷，杜邦傑纂，臺灣中國地方志叢書本。

民國確山縣志二四卷，張縉璜修，臺灣中國地方志叢書本。

民國續修博山縣志一五卷，張新曾等纂，民國二十六年鉛印本。

民國鄒平縣志一九卷，欒鍾垚修，民國二十二年刊本。

明代考據學研究，林慶彰撰，臺灣學生書局一九八六年版。

明季南略一八卷，清計六奇撰，續修四庫全書影印中國科學院圖書館藏清鈔本。

明清江蘇文人年表，張慧劍編，上海古籍出版社一九八六年版。

明清進士題名碑録，朱保炯編，上海古籍出版社一九九八年版。

明清人物與著述，何冠彪撰，臺灣商務印書館一九九六年版。

明儒學案六二卷，清黃宗羲撰，北京中華書局沈芝盈點校本。

明史編纂考，包遵彭等撰，臺灣學生書局一九六八年版。

明史三三二卷，清張廷玉等纂，北京中華書局一九七四年點校本。

明堂大道録八卷，清惠棟撰，經訓堂叢書本。

明遺民録，孫静庵纂，一九一二年上海新中華圖書館鉛印本。

明遺民傳記索引，謝正光編，上海古籍出版社一九九二年版。

明遺民録彙輯，謝正光、范金民編，南京大學出版社一九九五年版。

墨林今話一八卷，清蔣寶齡撰，臺灣周駿富主編清代傳記叢刊本。

墨香居畫識一〇卷，清馮金伯撰，臺灣周駿富主編清代傳記叢刊本。

N

南潤文集二卷，清李文藻撰，叢書集成初編本。

南江文鈔一二卷，清邵晉涵撰，續修四庫全書影印道光十二年胡敬刻本。

南明史，顧誠著，中國青年出版社一九九七年版。

南明史，南炳文著，南開大學出版社一九九二年版。

南齊書五九卷，梁蕭子顯等纂，北京中華書局一九七二年點校本。

南厓府君年譜三卷，清朱錫經編，北京圖書館藏珍本年譜叢刊本。

能改齋漫録一八卷，宋吴曾撰，上海中華書局一九六〇年版。

廿二史考異一〇〇卷，清錢大昕撰，嘉定錢大昕全集本。

廿二史札記校正(訂補本)，清趙翼著，王樹民校證，北京中華書局二〇〇一年版。

鈕匪石日記一卷，清鈕樹玉撰，遼寧教育出版社一九九八年版。

O

歐陽文忠公集一五三卷，宋歐陽修撰，李逸安點校，北京中華書局二〇〇一年歐陽修全集本。

甌鉢羅室書畫過目考四卷，清李玉棻撰，臺灣明文書局一九八五年版清人傳記叢刊本。

P

扁舟載酒詞一卷，清江藩撰，光緒十二年江巨渠補刻江氏叢書本。

平定金川方略一五三卷，清阿桂等奉敕撰，影印文淵閣四庫全書本。

平津館文稿一卷，清孫星衍撰，叢書集成新編本。

曝書亭集八〇卷，清朱彝尊撰，四部叢刊初編本。

Q

乾嘉考據學研究，漆永祥撰，中國社會科學出版社一九九八年版。

乾嘉學術研究論著目録，林慶彰主編，臺灣學生書局一九九五年版。

乾隆帝及其時代，戴逸著，中國人民大學出版社一九九二年版。

乾隆濟陽縣志一五卷，清張思勉修，臺灣中國地方志叢書影印乾隆三十年刊本。

乾隆靈璧縣志略四卷，清貢震纂，臺灣中國地方志叢書影印乾隆二十三年刊本。

乾隆吴江縣志五八卷卷首一卷，清倪師孟、沈彤纂，清乾隆十二年刻本。

乾隆獻縣志二〇卷，清萬廷蘭修，乾隆二十六年刻本。

乾隆偃師縣志三〇卷，清孫星衍、武億纂，乾隆五十四年刊本。

乾隆震澤縣志三八卷，清沈彤、倪師孟纂，乾隆十一年刻本。

潛邱劄記六卷，清閻若璩撰，影印文淵閣四庫全書本。

潛研堂金石文跋尾二〇卷，清錢大昕撰，嘉定錢大昕全集本。

潛研堂詩集一〇卷詩續集一〇卷，清錢大昕撰，嘉定錢大昕全集本。

潛研堂文集五〇卷，清錢大昕撰，吕友仁校點，上海古籍出版社一九八九年版。

親征朔漠方略四八卷，清温達等編，康熙四十七年武英殿刊本。

欽定國子監志八二卷，清文慶、李宗昉等纂，郭亞南等校點，北京古籍出版社二〇〇〇年版。
青箱雜記一〇卷，宋吴處厚撰，李裕民點校，北京中華書局一九九七年重印本。
清稗類鈔，徐珂編，北京中華書局二〇〇三年重印本。
清朝漢學師承記(選注)，清江藩纂，周予同注，上海商務印書館一九三四年版學生國學叢書本。
清朝考證學の研究，[日]近藤光男撰，日本東京研文社一九八七年版。
清初人選清初詩匯考，謝正光、佘汝豐編，南京大學出版社一九九八年版。
清代版本圖録，黄永年編，浙江人民出版社一九九七年版。
清代碑傳文通檢，陳乃乾編，中華書局一九五九年版。
清代檔案叢談，單士魁撰，北京紫禁城社出版社一九八七年版。
清代地方官制考，劉子揚著，北京紫禁城出版社一九九四年版。
清代各省禁書彙考，雷夢辰編，北京書目文獻出版社一九八九年版。
清代古音學，王力撰，北京中華書局一九九二年版。
清代科舉考試述録，商衍鎏撰，北京三聯書店一九八三年版。
清代六部成語詞典，李鵬年等編，天津人民出版社一九九四年版。
清代秘密會黨史研究，莊吉發撰，臺灣文史哲出版社一九九四年版。
清代名人傳略，[美]慕恒義(Hummel. A. W.)等編，青海人民出版社一九九〇年版。
清代目録提要，來新夏撰，山東齊魯書社一九九七年版。

清代樸學大師列傳，支偉成纂，嶽麓書社一九八六年版。
清代七百名人傳，蔡冠洛纂，臺灣周駿富主編清代傳記叢刊本一九八五年版。
清代起居注册，清起居注館編，臺灣聯經事業出版公司一九八三年版。
清代通史，蕭一山撰，北京中華書局一九八六年版。
清代文集篇目分類索引，王重民等編，北京中華書局一九六五年版。
清代文字獄檔八輯，原北平故宫博物院文獻館編，上海書店一九八六年影印本。
清代學術概論，梁啓超撰，復旦大學出版社一九八五年版。
清代學者像傳，葉衍蘭、葉恭綽合編，上海古籍出版社一九八九年版。
清代揚州學記，張舜徽撰，上海人民出版社一九六二年版。
清代政區沿革綜表，牛平漢編，北京中國地圖出版社一九九〇年版。
清代職官年表，錢實甫等編，北京中華書局一九九七年版。
清秘述聞三種，清法式善等撰，張偉點校，北京中華書局一九八二年版。
清人筆記條辨，張舜徽撰，北京中華書局一九八六年版。
清人别集總目，李靈年、楊忠主編，安徽教育出版社二〇〇〇年版。
清人詩集敘録，袁行雲撰，北京文化藝術出版社一九九四年版。
清人室名别稱字號索引(增補本)，楊廷福等編，上海古籍出版社二〇〇一年版。
清人文集别録二四卷，張舜徽撰，北京中華書局一九八〇年版。

清儒學案小傳二一卷，徐世昌主纂，臺灣周駿富主編清代傳記叢刊本。

清儒學案新編，楊向奎著，山東齊魯書社一九八五年等版。

清儒學案，清江藩纂，許嘯天整理、胡翼雲校訂，民國十七年上海群學社排印本。

清詩紀事，鄧之誠編，臺灣明文書局一九八五年清人傳記叢刊本。

清詩紀事，錢仲聯主編，江蘇古籍出版社一九八七年版。

清實録，清實録館編，北京中華書局影印本一九八五至一九八七年版。

清史稿紀表傳人名索引，何英芳編，北京中華書局一九九六年版。

清史稿五二九卷，趙爾巽等撰，北京中華書局一九八七年點校本。

清史稿藝文志及其補編，章鈺、武作成等編，北京中華書局一九八二年版。

清史稿藝文志拾遺，王紹曾主編，北京中華書局二〇〇〇年版。

清史列傳八〇卷，清佚名編纂，王鍾翰點校，北京中華書局一九八七年點校本。

清史新考，王鍾翰撰，遼寧大學出版社一九九七年版。

清通典一〇〇卷，清三通館編，北京中華書局一九九九年影印十通本。

清通志一二六卷，清三通館編，北京中華書局一九九九年影印十通本。

清文獻通考三〇〇卷，清三通館編，北京中華書局一九九九年影印十通本。

求是堂文集六卷，清胡承珙撰，道光十七年求是堂刻本。

求索真文明——晚清學術史論，朱維錚著，上海古籍出版社一九九六年版。

訄書詳注，章炳麟著，徐復注，上海古籍出版社二〇〇〇年版。
屈原賦注一二卷，清戴震撰，戴震全書本。
全金詩，薛瑞兆、郭明志主編，南開大學出版社一九九五年版。
全宋詩，傅璇琮、孫欽善先生等主編，北京大學出版社一九九八年等版。
群經補義三卷，清江永撰，叢書集成三編本。
群經義證八卷，清武億撰，授堂遺書本。
群書拾補三九卷，清盧文弨編，抱經堂叢書本。
群雅集四〇卷二集一二卷，清王豫編，清嘉慶時王氏種竹軒刻本。

R

染香盦文集二卷文外集一卷，清江沅著，道光庚子秋月染香精舍繕刻本。
熱河志一二〇卷，清和珅、梁國治等纂，影印文淵閣四庫全書本。
日知録集釋三二卷，顧炎武撰，黄汝成集釋，上海古籍出版社一九八四年影印道光十四年重刊本。
容齋五筆七四卷，宋洪邁撰，上海古籍出版社一九七八年版。
儒林瑣記一卷，清朱克敬撰，挹秀山房叢書本。
阮元年譜，王章濤撰，黄山書社二〇〇四年版。

S

三國志六五卷，晉陳壽纂，北京中華書局一九六三年點校本。
三禮辭典，錢玄編，江蘇古籍出版社一九九八年版。
三禮義證一二卷，清武億撰，授堂遺書本。
三統術衍三卷鈐一卷，清錢大昕撰，嘉定錢大昕全集本。
山海經訓纂五卷，清惠棟撰，稿本，南京圖書館藏。
商洛行程記一卷，清王昶撰，光緒五年上海申報館鉛印本。
尚書大傳輯校三卷，清陳壽祺撰，皇清經解續編本。
尚書古文疏證八卷，清閻若璩撰，影印文淵閣四庫全書本。
尚書覈詁，楊筠如撰，陝西人民出版社一九五九年版。
尚書後案三〇卷尚書後辨附一卷，清王鳴盛撰，乾隆四十五年禮堂刻本。
尚書集注音疏一二卷，清江聲撰，皇清經解本。
尚書義考，清戴震撰，清華大學出版社一九九四年戴震全集本。
邵二雲先生年譜一卷，黃雲眉撰，山東齊魯書社一九八〇年重訂本。
沈歸愚自訂年譜一卷，清沈德潛編，乾隆二十九年刻本。

聲類疏證，清錢大昕撰，郭晉稀疏證，上海古籍出版社一九九三年版。
聲韻考四卷，清戴震撰，戴震全書本。
詩話總龜前集四八卷後集五〇卷，宋阮閱撰，影印文淵閣四庫全書本。
詩集傳八卷，宋朱熹撰，上海古籍出版社一九八七年影印本。
詩經韻讀，王力著，上海古籍出版社一九八〇年版。
詩經韻讀四卷，清江有誥撰，叢書集成三編本。
詩毛氏傳疏三〇卷，清陳奂撰，中國書店一九八四年影印本。
詩説三卷，清惠周惕撰，惠氏紅豆齋刻本。
詩音表一卷，清錢坫撰，嘉慶七年擁萬堂刊本。
師友淵源記不分卷，清陳奂撰，邃雅齋叢書本。
十駕齋養新録二〇卷，清錢大昕撰，嘉定錢大昕全集本。
十七史商榷一〇〇卷，清王鳴盛撰，續修四庫全書影印乾隆五十二年刊本。
十三經注疏四一六卷，清阮元主纂，北京中華書局一九八〇年影印世界書局本。
石峰堡紀略，清弘歷敕撰，影印文淵閣四庫全書本。
石經補考一二卷，清馮登府撰，續修四庫全書影印清道光八年刻本。
史記一三〇卷，漢司馬遷纂，北京中華書局一九五九年點校本。
史學叢考，柴德庚著，北京中華書局一九八二年版。

使楚叢譚一卷，清王昶撰，光緒五年上海申報館鉛印本。
世説新語校箋，劉宋劉義慶撰，徐震堮校箋，北京中華書局一九八四年版。
示兒切語一卷，清洪榜撰，二洪遺稿本。
謚法研究，汪受寬撰，上海古籍出版社一九九五年版。
受祺堂詩三五卷，清李因篤撰，清康熙時刻本。
授堂遺書八種七三卷，清武億撰，清乾隆、嘉慶間武穆淳刊本。
書林清話一〇卷餘話二卷，葉得輝撰，紫石點校，北京燕山出版社一九九九年版。
蜀徼紀聞一卷，清王昶撰，光緒五年上海申報館鉛印本。
述庵先生年譜二卷，清嚴榮編，臺灣商務印書館一九七八年版新編中國名人年譜集成本。
述記不分卷，清任兆麟輯，四庫未收書輯刊影印乾隆五十三年任氏映雪草堂刻本。
述學内篇三卷外篇一卷補遺一卷別録一卷，清汪中撰，臺灣廣文書局一九七〇年影印本。
數學史辭典，杜瑞芝主編，山東教育出版社二〇〇〇年版。
水經注疏四〇卷，北魏酈道元注，楊守敬等疏，段熙仲點校，江蘇古籍出版社一九八九年版。
説八股，啓功等撰，北京中華書局二〇〇〇年版。
説文繫傳四〇卷，南唐徐鍇撰，影印文淵閣四庫全書本。
説文解字五音韻譜一二卷，宋李燾撰，四庫全書存目叢書影印明弘治時刻本。
説文解字新訂，漢許慎編，臧克和，王平校訂，北京中華書局二〇〇二年版。

説文解字約注，漢許慎編，張舜徽約注，中州書畫社一九八三年版。
説文解字注三〇卷，漢許慎編，清段玉裁注，上海古籍出版社一九八一年影印本
説文釋例二〇卷，清王筠撰，北京中華書局一九八七年影印本。
説文通訓定聲一八卷，清朱駿聲撰，北京中華書局一九八四年影印本。
説文解字一五卷，漢許慎撰，北京中華書局一九八三年重印本。
司馬法箋證，舊題戰國司馬穰苴撰，鈕國平箋證，甘肅人民出版社一九九八年版。
思復堂文集一〇卷，清邵廷宷撰，紹興先正遺書本。
思舊録一卷，清黄宗羲撰，黄宗羲全集本。
思適齋集一八卷，清顧廣圻撰，續修四庫全書影印道光二十九年刻本。
四庫輯本別集拾遺，欒貴明撰，北京中華書局一九八三年版。
四庫全書薈要纂修考，吴哲夫撰，臺灣故宫博物院一九七六年版。
四庫全書簡明目録二〇卷，清永瑢等編，上海古籍出版社一九八七年版。
四庫全書之纂修研究，周康燮主編，香港大東圖書公司一九九〇年十月版
四庫全書總目二〇〇卷，清永瑢等纂，北京中華書局一九六五年縮印本。
四庫全書總目提要補正，胡玉縉撰，北京中華書局一九六四年版。
四庫全書纂修考，郭伯恭撰，上海書店一九九二年版。
四庫全書纂修研究，黄愛平撰，中國人民大學出版社一九八九年版。

四庫全書纂修之研究，吴哲夫撰，臺北故宫博物院一九九〇年版。

四庫提要辨證，余嘉錫撰，北京中華書局一九八〇年版。

四明山志九卷，清黄宗羲撰，黄宗羲全集本。

四書釋地一卷續一卷又續二卷三續二卷，清閻若璩撰，影印文淵閣四庫全書本。

四書章句集注二六卷，宋朱熹集注，北京中華書局一九八六年版。

笥河文集一六卷，清朱筠撰，叢書集成初編本。

松崖筆記三卷，清惠棟撰，叢書集成續編本。

松崖文鈔二卷，清惠棟撰，叢書集成續編本。

宋本廣韻，宋陳彭年等編，北京中國書店一九八二年版。

宋史四九六卷，元脱脱等纂，北京中華書局一九七七年點校本。

宋書一〇〇卷，梁沈約等纂，北京中華書局一九八三年點校本。

宋元學案一〇〇卷，清黄宗羲纂，陳金山等校點，北京中華書局一九八六年版。

蘇軾文集七三卷，宋蘇軾撰，孔凡禮點校，北京中華書局一九八六年版。

算經十書，郭書春等整理，遼寧教育出版社一九九八年版。

隋書八五卷，唐魏徵等纂，北京中華書局一九七三年點校本。

隨園詩話一六卷補遺一〇卷，清袁枚著，顧學頡校點，北京人民文學出版社一九九八年重印本。

孫淵如先生全集，清孫星衍撰，光緒十一年長沙王氏刊本。

縮齋文集不分卷，清黃宗會撰，四庫未收書輯刊影印清鈔本。

T

臺懷隨筆一卷，清王昶撰，光緒五年上海申報館鉛印本。
太平廣記五〇〇卷，宋李昉等編，叢書集成三編本。
太平寰宇記二〇〇卷，宋樂史撰，影印文淵閣四庫全書本。
太平御覽一〇〇〇卷，宋李昉等編，影印文淵閣四庫全書本。
太炎文録初編六卷，章炳麟著，續修四庫全書影印民國章氏叢書本。
通義堂文集一六卷，清劉毓崧撰，續修四庫全書影印民國時劉氏刻求恕齋叢書本。
同治續纂揚州府志二四卷，清晏端書等纂，中國地方志集成影印清同治十三年刻本。
同治重修山陽縣志二一卷，清何紹基等纂，臺灣中國地方志叢書影印同治十二年刊本。
桐城文學淵源考一三卷附撰述考四卷，劉聲木撰，臺灣周駿富主編清代傳記叢刊本。
籜石文集二六卷，清錢載撰，民國間長興王氏仁壽堂鉛印本。

W

晚晴簃詩匯二〇〇卷，徐世昌主纂，續修四庫全書影印民國十八年退耕堂刊本。

萬卷樓文稿七册，清顧棟高撰，清鈔本，中國國家圖書館藏。

萬斯同與明史修纂紀年，朱端强著，北京中華書局二〇〇四年版。

汪容甫文箋三卷，古直箋，層冰草堂叢書本。

汪喜孫著作集，清汪喜孫著，楊晉龍主編，臺灣中央研究院文哲所二〇〇三年版。

王伯申先生年譜一卷，閔爾昌編，民國間刻高郵王氏父子年譜本。

王石臞先生遺文一卷，清王念孫撰，羅振玉輯高郵王氏遺書本。

王文端公年譜一卷，清阮元編，北京圖書館藏珍本年譜叢刊影印清嘉慶間刻本。

王文簡公遺集四卷，清王引之撰，羅振玉輯高郵王氏遺書本。

王西莊先生年譜，黄文相編，輔仁學志第十五卷一二合期。

緯書集成，[日]安居香山、中村璋八編，河北人民出版社一九九四年版。

魏書一一四卷，北魏魏收纂，北京中華書局一九七四年點校本。

魏叔子文集二二卷，清魏禧撰，胡守仁等點校，北京中華書局二〇〇三年版。

文史通義新編，清章學誠撰，倉修良新編，上海古籍出版社一九九三年版。

文獻家通考，鄭偉章撰，北京中華書局一九九九年版。

文獻徵存録一〇卷，清錢林纂，咸豐八年嘉樹軒刊本。

文心雕龍校正，梁劉勰撰，王利器校箋，上海古籍出版社一九八〇年版。

文選六〇卷，梁蕭統撰，唐李善注，上海古籍出版社一九八六年版。

文苑英華一〇〇〇卷，宋李昉等輯，北京中華書局一九八二年重印本。
文字學概要，裘錫圭著，北京商務印書館一九九〇年重印本。
文字音韻訓詁知見書目，陽海青、褚佩瑜、蘭秀英編，湖北人民出版社二〇〇二年版。
問字堂集六卷岱南閣集二卷，清孫星衍撰，駢宇騫整理，北京中華書局一九九六年版。
翁方綱年譜，沈津著，臺灣中央研究院文哲所二〇〇二年版。
無邪堂答問五卷，清朱一新撰，吕鴻儒等點校，北京中華書局二〇〇〇年版。
吴山夫先生年譜一卷，清丁晏撰，北京圖書館藏珍本年譜叢刊影印雪堂叢刻本。
吴山夫先生年譜一卷，清段朝端撰，北京圖書館藏珍本年譜叢刊影印楚州叢書本。
吴越春秋一〇卷，漢趙煜撰，元徐天祜音注，江蘇古籍出版社一九九九年本。
五禮通考二六二卷，清秦蕙田主纂，影印文淵閣四庫全書本。

X

西莊居士始存稿三九卷，清王鳴盛撰，乾隆三十年刻本。
惜抱軒文集一六卷，清姚鼐撰，中國書店一九九一年版惜抱軒全集本。
夏小正補注四卷，清任兆麟著，續修四庫全書影印乾隆丙午忠敏家塾藏版本。
先君子年表，清汪喜孫編，汪喜孫全集本。

咸豐順德縣志三二卷，清郭汝誠修，臺灣中國地方志叢書影印咸豐三年刊本。

咸豐重修興化縣志一〇卷，清鄭之僑等纂，江蘇古籍出版社一九九一年影印咸豐二年刻本。

湘山野録三卷續録一卷，宋文瑩撰，北京中華書局一九八四年版。

小倉山房文集三二卷，清袁枚撰，續修四庫全書影印清乾隆刻增修本。

小金縣志二六卷，四川省小金縣地方志編纂委員會編纂，四川辭書出版社一九九五年版。

小腆紀傳六五卷補考五卷，清徐鼒撰，王崇武校點，北京中華書局一九五八年版。

小維摩詩稿不分卷，清江珠撰，嘉慶十六年金陵劉文奎家鋟本，中國國家圖書館藏。

小峴山人詩文集三七卷，清秦瀛撰，清道光間無錫秦氏城西草堂刻本。

小學紺珠一〇卷，宋王應麟編，北京中華書局一九八七年影印本。

嘯亭雜録一〇卷續録三卷，清昭槤撰，何英芳點校，北京中華書局一九八〇年版。

新唐書二二五卷，宋歐陽修等纂，北京中華書局一九七五年點校本。

徐復觀論經學史二種，徐復觀著，上海書店二〇〇二年版。

續修四庫全書總目録，上海古籍出版社二〇〇二年版。

續修四庫全書總目提要（稿本），山東齊魯書社一九九八年版。

續修四庫全書總目提要（經部），中國科學院圖書館整理，北京中華書局一九九三年版。

續碑傳集八六卷，清繆荃孫纂，上海書店一九八八年影印清碑傳合集本。

學餘文集二八卷，清施閏章撰，清宣城施氏刻施愚山先生全集本。

荀子集解二〇卷，清王先謙集解，上海書店一九八七年影印諸子集成本。

Y

雅雨堂文集四卷，清盧見曾撰，續修四庫全書影印道光二十年盧樞清雅堂刻本。
研六室文鈔一〇卷，清胡培翬撰，光緒四年世澤樓重刊本。
閻潛丘先生年譜一卷，清張穆撰，鄧瑞點校，北京中華書局一九九四年版。
揅經室集五八卷，清阮元撰，鄧經元點校，北京中華書局一九九三年版。
顔氏家訓集解，北齊顔之推撰，王利器集釋，上海古籍出版社一九八〇年版。
硯谿先生詩集七卷文集一卷，清惠周惕撰，清康熙雍正間惠氏紅豆齋刻本。
硯谿先生遺稿二卷，清惠周惕撰，惠棟編，庚辰叢編本。
燕禧堂五種一五卷，清任大椿撰，清乾隆時刻本。
燕下鄉脞録一六卷，清陳康祺撰，晉石點校，北京中華書局一九八四年版。
揚州畫舫録一八卷，清李斗撰，汪北平等點校，北京中華書局一九九七年版。
養素堂文集三五卷，清張澍撰，道光十七年棗華書屋刊本。
儀禮管見三卷附録一卷，清褚寅亮撰，清咸豐十一年南海伍氏刊本。
儀禮小疏四卷，清沈彤撰，皇清經解本。

儀禮鄭注句讀一七卷，清張爾岐撰，影印文淵閣四庫全書本。

儀禮注疏五〇卷，北京中華書局一九八〇年版十三經注疏本。

儀衛軒文集一二卷外集一卷，清方東樹撰，同治七年桐城方宗誠刻本。

儀鄭堂文二卷，清孔廣森撰，叢書集成初編本。

乙丙集二卷，清江藩撰，稿本，中國國家圖書館藏。

乙丙集二卷，清江藩撰，叢書集成初編本。

亦有生齋文集二〇卷，清趙懷玉撰，嘉慶二十四年序刻本。

易漢學八卷，清惠棟撰，經訓堂叢書本。

易例二卷，清惠棟撰，貸園叢書本。

蛾術編八二卷，清王鳴盛撰，迮鶴壽參校，續修四庫全書影印道光二十一年世楷堂刻本。

蛾術軒篋存善本書録，王欣夫撰，鮑正鵠等整理，上海古籍出版社二〇〇二年版。

易説六卷，清惠士奇撰，影印文淵閣四庫全書本。

易圖明辨一〇卷，清胡渭撰，影印文淵閣四庫全書本。

易學象數論六卷，清黄宗羲撰，黄宗羲全集本。

繹史一六〇卷，清馬驌撰，北京中華書局二〇〇二年整理本。

逸周書匯校集注，晉孔晁注，黄懷信集注，上海古籍出版社一九九五年版。

逸周書集訓校釋一〇卷，清朱右曾撰，崇文書局刻本。

因寄軒文初集一〇卷，清管同撰，續修四庫全書影印道光十三年管氏刻本。
音學五書五種三八卷，清顧炎武撰，北京中華書局一九九二年影印本。
音韻學講義，曾運乾著，北京中華書局二〇〇〇年版。
月齋文集八卷，清張穆撰，壽陽祁氏刊本。
庸閑齋筆記一二卷，清陳其元撰，楊璐點校，北京中華書局一九八九年版。
雍録一〇卷，宋程大昌撰，黄永年點校，北京中華書局二〇〇二年版。
雍正朝起居注册，中國第一歷史檔案館編，北京中華書局一九九三年影印本。
雍正傳，馮爾康撰，人民出版社一九九三年版。
雍正密雲縣志六卷，清薛天培修，清雍正元年刻本。
永憲録四卷續編一卷，清蕭奭撰，朱南銑點校，北京中華書局一九九七年重印本。
有竹居集一六卷，清任兆麟撰，嘉慶元年兩廣節署刻本。
漁洋山人自撰年譜二卷，清王士禛編，惠棟補注，清乾隆間惠氏刻本。
榆巢雜識二卷，清趙慎畛撰，徐懷賓點校，北京中華書局二〇〇一年版。
雨窗消意録四卷，清牛應之撰，叢書集成三編本。
禹貢錐指二〇卷，清胡渭撰，影印文淵閣四庫全書本。
玉篇三〇卷，梁顧野王編，北京中華書局一九八七年影印張氏澤存堂刊本。
御批通鑑輯覽一二〇卷，清傅恒等纂，影印文淵閣四庫全書本。

元史二一〇卷，明宋濂主纂，北京中華書局一九八三年點校本。

閱微草堂筆記二四卷，清紀昀撰，紀曉嵐文集本。

越縵堂讀書記，清李慈銘撰，由雲龍輯，上海書店二〇〇〇年版。

樂縣考二卷，清江藩撰，粤雅堂叢書本。

韻補五卷，宋吴棫編，北京中華書局一九八七年影印本。

Z

在華耶穌會士列傳及書目補編，〔法〕榮振華著，耿昇譯，北京中華書局一九九五年版。

增訂四庫簡明目録標注二〇卷，邵懿辰撰，邵章續録，上海古籍出版社一九七九年版。

張誠日記，〔法〕張誠著，陳霞飛譯，北京商務印書館一九七三年版。

張力臣先生年譜一卷，清段朝端編，北京圖書館珍藏年譜叢刊影印楚州叢書本。

章氏遺書，清章學誠撰，民國時浙江圖書館刊本。

昭代名人尺牘小傳二四卷，清吴修撰，臺灣周駿富主編清代傳記叢刊本。

征緬紀聞一卷，清王昶撰，光緒五年上海申報館鉛印本。

正信録二卷，清羅聘著，嘉慶十六年潮陽郭氏校刊本。

知足齋文集六卷，清朱珪撰，續修四庫全書影印清嘉慶九年阮元刻增修本。

中國叢書綜録，上海圖書館編，上海古籍出版社一九九三年版。

中國地方志聯合目録，莊威鳳編，北京中華書局一九八五年版。

中國古代測量學史，馮立昇撰，内蒙古大學出版社一九九五年版。

中國古代的類書，胡道静撰，北京中華書局一九八六年版。

中國古籍善本書目，上海圖書館編，上海古籍出版社一九九八年版。

中國古文獻學史，孫欽善先生撰，北京中華書局一九九四年版。

中國家譜綜合目録，中國國家檔案局編，北京中華書局一九九七年版。

中國近代思想與學術的系譜，王汎森著，臺北聯經出版公司二〇〇三年版。

中國近三百年學術史，梁啓超撰，北京中國書店一九八五年版。

中國近三百年學術史，錢穆撰，北京中華書局一九八六年版。

中國經學史，[日]本田成之著，孫俍工譯，上海書店二〇〇一年版。

中國科技史探索，李國豪等主編，上海古籍出版社一九八六年版。

中國科學技術史，[英]李約瑟(Joseph N.)等撰，北京科學出版社一九七五年至一九七八年版。

中國歷代年號考，李崇智編，北京中華書局二〇〇一年版。

中國歷代年譜總録，楊殿雄編，北京書目文獻出版社一九九六年版。

中國歷代人物年譜考録，謝巍編，北京中華書局一九九二年版。

中國歷史地圖集，譚其驤主編，北京地圖出版社一九八七年版。

中國書院辭典，季嘯風主編，浙江教育出版社一九九六年版。
中國數學史，錢寶琮撰，科學出版社一九九二年版。
中國數學史大系，吴文俊主編，北京師範大學出版社二〇〇〇年版。
中國思想傳統的現代詮釋，[美]余英時撰，江蘇人民出版社一九九五年版。
中國天文學史，中國天文學史整理研究小組編著，科學出版社一九八一年版。
中國文字學書目考録，劉志成撰，成都巴蜀書社一九九七年版。
中國行政區劃沿革手册，陳潮編，北京中國地圖出版社二〇〇〇年版。
中國鹽業史(古代編)，郭正忠主編，人民出版社一九九七年版。
中華人民共和國地名辭典(四川省)，蒲孝榮主編，商務印書館一九九三年版。
中説一〇卷，隋王通撰，影印文淵閣四庫全書本。
中州集一〇卷，元元好問編，民國十八年上海商務印書館影印本。
忠雅堂文集三〇卷，清蔣士銓撰，續修四庫全書影印嘉慶二十一年藏園刻本。
忠義紀聞録三〇卷，清陳繼聰撰，臺灣周駿富主編清代傳記叢刊本一九八五年版。
重廣會史一〇〇卷，宋佚名編，北京中華書局一九八六年縮印日本育德財團影印宋刊本。
重修清史藝文志，彭國棟編，臺灣商務印書館一九六八年版。
舟車聞見録二卷續集一卷三集一卷，清江藩撰，民國三十七年合衆圖書館刊炳燭齋雜著本。
周髀算經二卷，漢趙爽注，錢寶琮點校，北京中華書局一九六三年版算經十書本。

周官禄田考三卷，清沈彤撰，影印文淵閣四庫全書本。
周禮軍賦説四卷，清王鳴盛撰，續修四庫全書影印乾隆時頤志堂刻本。
周禮正義八六卷，清孫詒讓正義，北京中華書局一九八七年版。
周禮注疏獻疑七卷，清許珩撰，四庫未收書輯刊影印嘉慶十六年刻本。
周易本義辨證五卷，清惠棟撰，省吾堂四種本。
周易集解一七卷，唐李鼎祚撰，北京中國書店一九九〇年影印本。
周易述二一卷，清惠棟撰，上海古籍出版社一九九〇年縮印文淵閣四庫全書本。
朱筠河先生年譜一卷，羅繼祖編，臺灣商務印書館一九七八年版新編中國名人年譜集成本。
朱笥河先生年譜一卷，王蘭蔭撰，師大月刊第二期，一九三三年一月版。
朱載堉——明代的科學和藝術巨星，戴念祖撰，人民出版社一九八六年版。
朱子語類一四〇卷，宋朱熹撰，黎靖德編，王星賢點校，北京中華書局一九八六年版。
竹書紀年二卷，影印文淵閣四庫全書本。
竹汀府君行述一卷，清錢東壁、錢東塾編，嘉定錢大昕全集本。
竹汀居士年譜一卷續編一卷，清錢大昕等撰，嘉定錢大昕全集本。
竹汀先生日記鈔三卷，清錢大昕撰，嘉定錢大昕全集本。
壯悔堂年譜一卷，清侯洵編，北圖影印民國二十三年烏絲欄抄本。
資治通鑑二九四卷，宋司馬光等纂，北京中華書局一九九二年重印本。

紫泉山房文集一二卷，清吴定撰，光緒十三年刻本。

纂修四庫全書檔案，中國第一歷史檔案館編，上海古籍出版社一九九七年版。

尊聞居士集八卷遺稿一卷，清羅有高撰，續修四庫全書影印光緒七年刻本。

左傳補注六卷，清惠棟撰，影印文淵閣四庫全書本。

左傳事諱一二卷附録八卷，清馬驌撰，徐連城點校，山東齊魯書社一九九二年版。

箋釋緣起與後記

我研讀與箋釋漢學師承記，前後花了十餘年的時間，這實際也是我多年來讀書向學的過程。在全書完成之際，我有一種莫名的衝動，想將這段工作的過程記録下來，所謂粗頭垢面，自暴其醜，藉以自嘲，又聊以自慰而已。知我罪我，則在讀者諸君！

一

一九八四年，我在西北師範學院歷史系讀本科二年級，當時講「中國古代史」課的明清史專家郭厚安教授在介紹清代學術時，提到了漢學師承記這本書，我就在圖書館借了看，覺得味同嚼蠟，甚無意味，隨即擲還了事。我當時對戰亂紛紜的三國史大發興趣，山東大學知名教授王仲犖先生的魏晉南北朝史，被我翻到了「韋編三絶」的程度。八七年春，我獲得免試攻讀碩士學位的機會，就一心想上中國古代史專業，繼續我的三國夢。但系裡考慮到各方面的因素，尤其是文獻學教研室後繼乏人，就讓我師從李教授慶善先生，改學歷史文獻學。爲了保證能留在學校，我雖然勉强答應，但心中總有個纏結不解的疙瘩。我躲避李先生不去見他，過了一年左右渾渾噩噩的日子。之所以這樣，是因爲我不喜歡這個專業，又對自己没有信心，還有一點是我覺得李先生不是「名師」！

那時我的同班同學有近二十人被分配到蘭州市各中學工作，我在同學當中頗有人緣，而且能準確地記得他們誰在哪天發工資，就像吃配飯似的輪流到各處混飯吃，經常有意無意地忘了書包丢在誰處，就又挨個兒去找，順便再吃上一輪，有時半月都不回學校。即使在校，也不讀書，每天和校樂隊的一幫小哥兒們，拎著一把經過「文革」洗禮，已經斷成三截的小號，吹著嗚哇嗚哇不成調的曲子去演出。很快的，我就由一個各方面都優秀的好學生變成了「反面典型」。然而，就是在這種情形下，李先生並未放棄我。我記得是一個寒假，我從鄉下回到學校，出於禮節，不得不硬著頭皮去李先生家，給先生與師母拜年。那天晚上，先生給我講了一段意味深長又讓我今生難忘的話。先生説：

我從别的老師那裡瞭解到，你還算是一個勤奮踏實、肯下苦功的學生，雖然已經本科畢業，但以你現在的基礎，真正才是一個初學者。你馬上要面臨選學位論文題目了，我看你就在清代選題。先老老實實花數月時間，從熟悉清人的姓名、字號、籍貫、生平與書名開始，因爲清人尤其是清中葉學者如林，又各著述滿家，不瞭解這些起碼的知識，你就會入了萬花陣中，繽紛迷離，無處著眼。等到對這些常識有了一定的把握，然後以漢學師承記爲基點，延申開去讀書，才能拾級而上，登堂入室。你現在心浮氣躁，難以浸淫書中。如果研究清人的校勘學，可以讓你體味前人讀書的精細與耐心。而且你想要師從的名師大家，治學門法，皆存於清人書中，用心精勤，自當有獲。古人稱親受業者爲「弟子」，轉相授者爲「門人」，不一定非要耳提面命，才得爲師。昔賢又説：大國手門下不出大國手，二國手、三國手門下方出得大國手。我真是希望你在我這個非國手的門下，争取成爲大國手！

我想恩師如果是暴風驟雨般地訓斥我的話，已經抱定混下去的我很可能會與他「冷戰」到底。但他的這番話我却不能不聽，因爲一方面他擊中了我的「七寸」，另一方面他通過辱没自己來激勵我，使我低頭耷腦，愧無以對！十餘年來，我常常細嚼恩師的這番話，更常常有著噬臍的悔恨！爲了彌補我對先生至極的無禮和深深的歉疚，也爲了能獲得論文的通過，從那時起我就發瘋般而不是發憤般地讀書，而碩士學位論文選題爲試論乾嘉時期的校勘學，則完全是受先生的影響而定的。在這過程中，我對漢學師承記這本書，也就漸漸地熟了起來。

二

在順利拿到碩士學位後，我如願留在本系任教。到了九二年，在李先生的鼓勵與督促下，我提著膽子報考北京大學中文系古典文獻專業孫教授欽善先生的博士研究生，結果因爲外語的原因落荒而歸。讓我銘感的是，孫師大概認爲孺子尚屬可教之列，就上下奔波，爲我争取到保留專業課成績，來年補考一次外語的機會。可是在這年冬天，我踢足球時與朋友相撞，結果用醫學術語來説造成「右足第五趾骨骨底線型骨折」，成了鑿斥半人，只能卧榻静養。然而禍福相倚，難以静心的我被迫躺在牀上，日復一日地聽外語磁帶。同時，我又參加了甘肅省師資培訓中心爲全省高校教師舉辦的「漢語聲韻學培訓班」，説是全省，實際參加者僅五人而已。當時由西北師大中文系郭教授晉稀先生主授「音韻學」，我對此學完全是外行，加上郭先生的湖南普通話，讓我直聽得一頭霧水，真是不知該如何下手。我一邊硬著頭皮堅持聽課一邊補習課程，到了晚上就認真填郭先生製作的廣韻五聲五十一紐表，我手頭只有一册鉅宋廣韻，我都不知道這是廣韻中錯訛太多的一個本子，所以搞得自己萬般辛苦的校勘，還以爲是大發現。然而這一年的學習，現在想來真是求都求不到的機會，我今天對清儒文字、音韻、訓詁之學敢於碰觸，郭先生的賜益真是太及時了。

到了九三年的春間，我又一瘸一拐地到北大應試，總算是勉强過了關。到了初秋，我終於來到燕園，入孫師門下受業深造。剛到北大的半年，我幾乎每天都處在極度的鬱悶中，這一方面是因爲北京的冬日，下午五點當你提著飯盆去吃飯的時候，就會被夜幕緊緊的包裹住而難以脱身，而在蘭州野慣了的我，這時却偏偏會冒出强烈的念頭想去哪裡走走，可是又無處可去；另一方面我從歷史系跨到中文系，一切都顯得極度的生疏與彆扭，有時受不了了就跑到歷史系去轉轉，一看到那些演講海報上的題目，就覺得是那樣的熟悉與親切。好在四海之内皆有兄弟，不久我們四院的「院士」們就呼三喝五地打成了一片，而學業的緊張也不容我再多發思古之幽情。那時正值北京大學古文獻研究所整理全宋詩最後的爬坡階段，也是最吃緊最困難的時期，因此孫師也抓我當差，前後承擔了大大小小四百餘家詩人詩作的整理。在與先生商定博士論文選題時，先生問我是否就在整理宋詩中選題目，整理與研究相結合。我當時覺得自己出身歷史專業，文學素非所長，且碩士期間做的題目是清代考據學，因此仍想順著做下去，就把自己的想法如實給先生説了。孫師説既然你還想在清代選題，可否就以漢學師承記研究爲題。但我多少對這本書有點輕視，覺得不值得爲這本小册子花我三年的寶貴時間。但孫師不這樣認爲，他説：

漢學師承記是治清代學術必讀之書，又爲入門之基。但此書錯誤不少，有史料本身即誤者，有江藩故意改竄者，後來學者多沿其誤，訛謬相傳，至今未已。昔年陳垣先生在北師大授「史源學」課程，就是對一部史籍追究撰著者史料之出處，尋源究委，别白糾謬，才能查清他錯在甚麼地方，並進而研究其因果。你可以學習陳老的方法，從史源查起，研究此書。這題目可不小呐！

我後來的博士論文題爲乾嘉考據學研究，是一個龐雜無邊而讓我吃盡苦頭的選題，這也多少透露出當時的我，甚是狂妄而自負！但無論怎麽説，對恩師的此番教誨却並未忘懷，也就是從那時起，我無論走到何地，身上總是帶著漢學師承記，遇到書中所記人物的有關材料，即鈔寫過録，糾謬考辨，寸積銖累，所獲日富，所以可以説研究此書應該是從那時開始的。後來陸續撰寫了論江藩漢學師承記研究中的幾個問題、漢學師承記史源考辨等論文。一九九九年，我決計開始對師承記進行詳細的箋釋，並以漢學師承記校箋爲題，申報北京大學中國古文獻研究中心的科研項目並獲得批準。這是一個三年即須結項的課題，但現在已經有七個年頭了。

我當時下定決心箋釋漢學師承記，有四個直接而簡單的念頭：一是我仍然牢記二位恩師的教誨，覺得自己雖然又多讀了十年書，但仍是個初學者，如果校釋此書，必然要旁涉到大量的書籍，這樣可以强迫自己更多更多地讀書。二是我當年讀此書時，東抓西碰，無處下手，如果給比我更後來的初學者做出一部詳盡的、像樣的箋釋本，就可以使他們免去我當年讀此書時走的許多彎路，省却許多的煩惱。三是此書雖然前有周予同先生注本，但其書一則爲選注，凡涉天算、樂律諸學，概不出注；再則周先生當年，正值戰亂頻仍之歲月，即清史稿也在禁而不得參稽，故所注闕略甚多（我當時並不知道日本學者近藤光男教授已經有譯注成書的訊息）。四是我認爲多年來所積材料，已經綽綽有餘，鈔撮鉤稽，略加點竄，即可成稿，有三年時間，可以輕鬆地完成。於是就以武陵人游桃花園的心情，欣欣然前往了。然而，當真正動起手來，注釋不及一卷，却陡然間如大夢初醒：我竟然傻到給自己織了一張大網，又渾然不覺地、興高采烈地鑽了進去，然後就緊緊地被套牢了！

三

原來箋釋漢學師承記這件事情遠非我想像的那樣簡單，以前所積材料雖然不少，但真正能用的不及一半；而且清儒治學涉及面之廣，所需參稽書籍之多，也遠非不才如我者所能够勝任。日本學者鶴成久章教授在評價近藤光男先生的國朝漢學師承記(譯注)時說：

談到注釋江藩此書，僅對清朝學術史的表層知識進行精確的解讀，是遠遠不夠的。要注釋全書，必須要求注家要有與清代碩儒相當的學力，對清儒治學態度有著深刻的體味，對先秦至清朝中國學術中有關經學、文學、文字音韻學、史學等有全面的理解，更要具備天文曆算、樂律、古代科學技術史、地理、政治與經濟等學科廣泛的學識。否則，要譯注國朝漢學師承記全書，是根本不可能的事情。（詳參鶴成久章國朝漢學師承記——書香馥欝たる的中國學の百科全書一文，載日本東洋學集刊第八十七號，二〇〇二年五月版，第八三—九〇頁。）

可惜不知天高地厚的我，已然入了罟中，明白此番道理太晚了！

清乾嘉時期，是中國古代學術史上一個極其鼎盛的時代。那時學者如林，就像滿天的繁星；而學術成熟，更像掛滿枝頭的葡萄；至於著述豐碩，更是刊版遍地，插架森森。當時學者不用説顧炎武、江永、惠棟、戴震、錢大昕這些大師，即三流學者亦莫不著述等身，今天存世的古人著述，十之八九是清人所撰，因此我需要查閱的書籍真是太多太多。這些年來，我翻閱參考過的書籍有兩千多種，僅保存下來的查書目録與索書條，就有兩大册，向各地專家的求助信及回信有數十通。僅圍繞著江藩與他交游的那些不知名的小兄弟，所流覽之書即不下二百種。但這些書籍，可以説三分之一的毫無參考價值，三分之一的略有參考，真正用得著的尚不足三分之一，可是没翻檢之前，又不能不看。有時翻閲一部古籍快到翻完時，我就雙手合十默念佛陀，祈禱能出現一條可用的資料，可結果往往是這點可憐的願望也得不到滿足，只好在查書的目録欄注上五個字——「無參考價值」。

翻書倒不是最頭疼的事，好歹早起晚歸，忍住心火跑圖書館也就是了，勤能補拙，這點我還是能做到的。最爲無可奈何的是，對於幼時背毛主席語録，中小學在田間地頭鬬地主、「批林批孔」長大的我而言，與師承記中那些十來歲就熟讀五經的先賢們相比，就如同在幽幽谷底望著凌虚縹緲的大山頂上，哪裡有與他們各占一峰、平視對方的地位與豪情，更從何而來與他們「相當的學力」！我幾乎把全部的時間與心血都花在了此書的箋釋上，常常在夜半孤燈之下，爬在生冰的几案上發呆，總覺得顧炎武們在我的背後，看著我不懷好意地哂笑，讓我汗濕衣背而無地自容。正如前述鶴成久章教授所言，漢學師承記全書雖僅十萬字，但書中幾乎涉及到傳統經學研究中的所有知識，從文字、音韻、訓詁、目録、版本、校勘、輯佚、辨僞到天文、曆法、數學、樂律、金石、避諱、地理諸學，無一不及，而我的這點家底兒要應對如此繁雜的問題，如此衆多的學科，真的是「遠遠不够的」。我買了一大堆的數學史、天文史、音樂史、科技史及各色大辭典，搬來倒去，恨不能摳破書本，甚至請數學系的兄弟幫忙，我講古文，他演算式，然很多問題，終是半知半解，無法窮盡其中的奥妙。於是乎撿東忘西，拾南棄北，東牆補起，西牆又塌，用「一地雞毛」四字來形容我的狼狽與困頓，是最恰當不過的了。

於是漢學師承記這本書，就既像一塊巨石，又像一面明鏡，填在我的心頭，亘在我的眼前。説像石頭，是因爲我無日無時地做，却好像無日無時地做不完，反而問題愈積愈多，壓得我喘不過氣來；説像鏡子，是通過箋釋這本小册子，折射出我的淺陋與無知，我由當初極端的自負跌到極端的不自信。因此這些年我過的日子，白天是「茶飯懶用，少帶香甜」，夜晚則是「悠哉悠哉，輾轉反側」。我整天研究的對像江藩遠比我瀟灑，他因爲喝酒太多而耳鳴如蚊，而我是因爲太耗心血而同樣耳鳴轟雷。如果再這樣下去，我就會像金庸筆下的歐陽鋒，可能會倒立行路，走火入魔的。

四

但是，這些年來支撑不自量力的我咬牙堅持下來的原因，就是我也有苦中作樂，甚至有欣喜發狂的時候。我們雖然在國學功底上不能同前賢相比，但也有他們無可比擬的優勢。今天是一個信息爆炸的時代，我們能讀到的書籍是清儒所無法想像的。例如顧炎武即使一部「始一終亥」的説文都得不到，但今天在書肆之中，插架之上，比比皆是，伸手可得。又如江藩父子兩代蓄書三萬餘卷，今天一個小小的 U 盤就全裝進去了。再如閻若璩花了二十年的時間，才摸索到「使功不如使過」一語出自後漢書索放盧傳，而我在北大東門舊書攤上撿得北京中華書局縮印的宋代佚名編重廣會史，其中將「使功不如使過」一語自漢至唐代的典故悉數羅列，倘閻氏見了又不知該如何地慨歎「甚矣學問之無窮」。又如師承記中述閻若璩嘗集陶弘景、皇甫謐語，題所居之柱曰：「一物不知，以爲深恥；遭人而問，少有寧日。」上聯見南史陶弘景傳，而下聯我遍查皇甫謐之書未得，後來檢索網路版文淵閣四庫全書，不過數秒時間即知此語出世説新語注中，而再後來偶讀李詳媿生叢録，則李氏已經搜得此句的出處，讓我們更是不禁扼腕而歎！如此方便的讀書條件，如此先進的治學工具與手段，以及近百年來清代學術研究成果的不斷湧現，使我們可以站得更高，也能看得更遠。從這些方面來説，我們與清儒又恰好掉了個兒，他們跌在幽深的谷底裡，而我們站在巍峨的高崗上。

再比如在收集資料的過程中，我在中國國家圖書館搜覓到鮮爲人知的江藩著述乙丙集與炳燭齋雜著，在上海圖書館得到江氏伴月樓詩鈔，在復旦大學圖書館得到王欣夫先生所輯炳燭室雜文補遺，在安徽旌德縣縣志辦得到濟陽江氏金鼇派宗譜，又在國圖鈔録到清季學者趙之謙的國朝漢學師承續記，在「上海崇源二〇〇二首次大型藝術品拍賣會」上看到趙氏有關編纂漢學師承續記的論學叢札，在北大圖書館得到清末福建人謝章鋌的漢學師承記注，在南京博物院得到唯一存世的清人所繪鄭堂先生小像，在各大圖書館中目驗到漢學師承記的數十種版本與江藩的其他著述，所有這些都讓我興奮不已。至於單篇文章如江藩爲其妹江珠所撰小維摩詩稿序，江聲的孫子江沅爲江藩父起棟所撰墓誌銘，以及其他零散但極其重要的資料的覓得，更使我如獲至寶，樂不可支。每得到這樣的資料，我就甚麼也不做，犒賞自己兩天的時間睡懶覺，由垂頭喪氣轉而爲神清氣爽、萬物明融了。

當然，也有被人堅拒而無可奈何的時候，我因爲想鈔録蘇州圖書館所藏清季廣東新會人曾文玉所纂國朝漢學師承續記一書，屢屢聯係，終未能果，後來憤而撰文揭露此事，拙文在學術批評網上刊出，一時各大網站轉相登録，甚爲流傳。喝彩之聲驟起，咒詈之語不絶。此事已爲學界熟知，就不提了也罷。

五

現在拿出來的這部稿子，老實説是極其不理想的。我先是如清儒惠棟治漢易時所輯之九經薈最，戴震研羣經時所集之經考，將所有材料按卷輯録，成二百多萬字的資料長編，現在的稿子，就是經過不斷增删的結果。因爲無數次的改易移挪，書中的錯訛與竄亂，可能會呈幾何倍數般放大，但我仍決計將其付諸棗梨，因爲無論如何，這是我十數年來認真虔誠而矻矻不休的結果。同時，我也急著想把心頭這塊石頭搬掉，將眼前這面鏡子藏起，讓我有個喘息的時間和繼續向學的機會，不至於真的走火入魔。以我現在的學力，假如像清代學者汪中所譏，是在「不通」之列的話，那麽再讀十年書，學養應該會增長一點，或許能到達「通於不通」之間。那時我再做全面的修訂，應該將會比現在好一點甚至好得多。

孫師經常教導我，古典文獻專業並不僅僅是整理古籍，而是應該做到古與今相結合，整理與研究相結合，考據與義理相結合。因此，我在校釋漢學師承記的同時，也動了一些心思。我將江藩現存的零星别集如隸經文、續隸經文、半氈齋題跋、炳燭室雜文、乙丙集、伴月樓詩鈔與扁舟載酒詞等復製與迻録下來，將這些集子整理在一起，並且留心輯鈔江藩的佚詩佚文，共得三十餘篇。同時，我也將江氏師長、戚屬、友朋、弟子與江氏所唱和的詩文等百餘篇，另輯爲卷。又將民國時期江都閔爾昌所編江子屏先生年譜一卷，也附於書後。這樣，就形成了今天讀者看到的江藩集。

我也很注意對江藩本人以及對師承記本書以及續纂諸書的研究，常利用舟車南北的機會，到處覓書，勤訪通人，終於將存世的江藩著述與師承記的版本盡量搜羅，較近藤光男教授所獲更多，或者鈔録，或者拍照，必須以親驗才算放心。這樣前後寫成了論江藩漢學師承記研究中的幾個問題、漢學師承記史源考辨、江藩生平事蹟考、江藩著述考、江藩交游考、漢學師承記版本考、漢學師承記考異、趙之謙國朝漢學師承續記整理記、從論學叢札看趙之謙國朝漢學師承續記等文章，另外對師承記成書環境、時間、體裁、體例、編纂原則、選人原則、分卷原則以及對該書的相關評價等進行研究，對後人續補與注釋師承記者，如趙之謙、謝章鋌、曹允源、曾文玉、梅毓、周予同、近藤光男等人的著述，也進行類比與研究。因爲閔爾昌所編江子屏先生年譜過於簡略，我又編成江藩年譜新編，遠較舊譜爲詳。以上這些文章，拉雜湊在一起，就又形成了現在的江藩與漢學師承記研究一書。我想在江藩與漢學師承記的研究方面，以後的學者，可以對拙著正訛糾謬，進行更爲深入的研究與探討；但在資料的獲取方面，要想有更多新的發現，我想可能性並不會太大了。

六

最後，我要説説我的家人，以平復我澎湃不定的心情！

我的爺爺年輕時是中國西部電影中常見的趕牲靈走西口的脚夫，我永遠都忘不了他那因風催霜刷而像彎弓一樣的身板，騾馬似的不斷馱著東西，從深山給我送柴送面到縣城，我到現在也想不通中學時的我又瘦又小，却食量大的能吃掉一堵牆，土豆塊拌玉米麵糊糊我一頓能喝六土碗，我一見到爺爺，兩眼立刻放光，就像他是食物，他的搭連袋裡本來就很少的一點吃的轉瞬間就被我狼吞净盡，他總是在旁邊説娃啊慢慢吃不要噎著，然後他喝點水就在幕色中蹣跚而去了。我不應該在很久很久以後，坐在寬適的洋房裡時才突然明白：我的爺爺是一天没吃餓著回家的！前年寒冬，他老人家終於撒手人寰，我萬里奔喪，竟然無心無肝的没怎麼哭，甚至有點高興，因爲他總算解脱了一生的苦難！我的外爺是一個倔强、明理、通達的老人，我因生病輟學，成了地道的農民，在家扶犁揮鐮將近一年，是外爺領著我四處求人，才使我再次踏進了學校的大門。我的外奶奶是一個骨瘦如柴、炊煙即能吹倒的小脚老太太，我從小最怕走親戚，可唯一願去的是外奶奶家，因爲她的一個小黑瓦罐裡，總是能變戲法似的摸出白麵饃饃來，有時因爲捂存的時間太長，都已經長滿了緑斑和白毛，心疼得她巴嗒巴嗒地掉眼淚。外爺與外婆的墓木已拱，我已經忘恩負義到不知道他們去逝究竟有多少年了！

我的父母還在大山裡挖地抓天、没黑没明地勞作。記得高中語文課本裡有趙樹理的小説套不住的手，老師讓我們寫讀後感，我得了最高分，因爲我的父親有與小説主人公完全一樣的手，我很難分辨那是手還是樹杈子。父親力大如牛，却寡言少語，生産隊凡是髒活苦活累活力氣活一般都少不了他。我和他一起砍柴去城裡賣，他總是讓我躲在寒風與大雪裹不住的坎兒下，他三下五除二就拾掇完捆好了，讓我背著走，他捆的柴背子背在身上輕軟、平衡又舒貼，走幾里地也不累，而我自己捆的總是歪斜著往下每次從老家再回到北京，總有一段時間會深深地陷入大山的墟影裡，成了轉換不了角色的「陰陽人」，不暴厲而不容商量地把他摁在大山裡，他的辛勤勞作換得我心安理得地在這天子脚下人模狗樣地混著。我夥伴們到外面去打工，坐坐火車，看看城市，看場電影，吃個盒飯，這是他們心目中的享受！但我總是

我的弟弟只認識人民幣上僅有的幾種符號，他在家裡承擔了所有贍養老人的責任，他也想與同村的她嘮叨甚至打罵，可是哪能了呢！

而早早眼花髮白了的兒子。每當此時，我總是無語地離去，不敢回頭看她。現在我真的離她很遠，想讓灑了一根錢的道兒，還要給這個給那個的，太費錢了呵，你能有多少錢啊！」她心疼錢，更心疼爲了掙錢甚至像是犯了錯似的説：「明年後年好幾年都再別來了，我和你答都結實著呢，路遠的很，來了一路上都來看稀罕，我很難得與母親説上幾句話。臨行時，她總是送我到遠遠的山后，然後輕聲地自言自語地的最初原動力就是爲了遠離惡魔般母親的棍杖與狂吼。現在我回到老家匆匆住上幾天，四山八屲的親朋人除了巴掌與棍棒外，沒有其他的辦法。我的母親當年，也是只能提起燒火棍再無他法，我能考上大學的打遠比富人家的要多，原因是富人可以通過没收玩具、限制花錢、取消旅游等方式來懲罰孩子，而窮火棍、飯勺子等能用做打人的工具全砸在了我的身上。我讀過一個外國人寫的文章，説窮人家的孩子挨人」身上所没有的品質，可是我在成人以前與她是敵我矛盾，因爲她幾乎把身邊順手能抄起的擀麵杖、通我的母親剛及耳順之年，但已是諸病纏身。她的勤勞、堅韌、正直與剛强，教會了我許多我見過的「名擔不了的背子在山路間跬步盤挪，而我却是腦滿腸肥地背著兩本書走在光潔平整的大馬路上仍嫌背酸！墜且戮割的腰背生疼。現在我的父親老了，没有那麼大的力氣了，可是他的背上仍然常常壓著他已經負

知道我自己到底是在哪界。因此，我常常有著被撕裂的痛楚與灼燙的焦慮，不知是我在爲他們而活著，還是他們在爲我而活著！

我從上學的那天起，除了家中老小獻出了他們所能拿出的一切外，還受到無數親友、師長、同學甚至路人的熱心相助，他們給了我一張紙、一毛錢、一塊貼餅、一斤糧票、一件舊衣裳、一句鼓勵話等等，因爲有了他們的接濟與鼓勵，才使我在吃百家飯穿百衲衣的艱難困境中走了出來，也因爲心中從來沒有缺乏過温暖與關愛，也使我才能保持一種健康良好的心態來面對人生，同時也得以斷續讀書至於今天。當年爺爺給我定的最高目標是争取當上生産隊的「記工員」，拿半截鉛筆半張破紙站在樹蔭下畫「正」字；而我自己要比他老人家志存高遠得多，一心想當人民公社的「廣播員」，腰間左邊背一個軍用背包、右邊挎一把軍用水壺到處去顯擺。爺爺和我都没想到，今天的我竟然在「翰林院」裡謬爲人師，面對比我聰穎百倍的「翰林」們，講我所謂的學問與發不盡的牢騷。在二十世紀的中國，有過長征的老紅軍，抗日的老八路，抗美的老志願軍，蹲過牛棚的老教授，上山下鄉的老知青。與他們相比，我呼天搶地、嗚嗚不平的這點所謂苦難，就像蚊聲過耳，可以忽略不計！但與我的同齡人相比，我也算得上是經歷過他們罕有體驗的苦難與坎坷，然而我走的路却又是出奇的順利與平直，真不知上天待我究竟是公還是不公！但無論如何，盡管很累，我仍將繼續努力地做一個熱心的好人，也感恩這個世界上每一位熱心的好人！看著利來利往的人流和繽紛多彩的世界，日出日落，月圓月闕。天晴天雨，雲卷雲舒。師友康健，家人平安。案頭寂寂，有可讀之黄卷；腹中便便，少凍餒之煩憂。立身於如此天地之間，我還夫復何求呢！

隴右漆永祥於乙卯年（二〇〇五）年仲夏書於北京大學中國古文獻研究中心

重印本後記

拙著漢學師承記箋釋槧行以來，倏忽之間，已翻過了六個年頭，現初版告罄，上海古籍出版社命我將其修訂再版，以便讀者參稽。然全稿中如年代、姓名、字號、書籍卷數及存佚與否、繁簡字之轉化、專名號之下劃綫、書名號之波浪綫等之錯訛，以及釋解歷代學林故事之疏謬，全稿箋釋之繁冗等，所在多有。但數年以來，或課徒異國，或雜事猬集，竟不能静心勘點，偶有所校，即隨手塗乙於書中；而良師益友，間有指摘者，亦並簽注於頁眉。同時，我在北大爲諸生開設「漢學師承記研究」課程，平素作業即命爲是書糾謬指訛，諸生或分卷校讀，或全書通校，所糾之誤，少則數條，多則達數十條，令我既感且愧。值此次再版之機，本當參稽諸家所校，詳爲勘正。然時日倉匆，得暇爲難，而出版社亦希望不變亂初版之紙型與頁碼，故僅摘挖删乙近六百處錯訛太甚者，聊以塞責而已。至於删汰裁剪，訂訛糾謬，俾爲完書，則俟諸來日可矣。

隴右漆永祥庚寅深秋匆書於北京西郊西二旗寓所

修訂本後記

我向來不大會打理自己的生活，也不是一個有超强執行力的人，更不是一個有清晰計劃與前瞻性的人，只不過就靠一點韌性與耐力磨挨時日而已。就拿拙著漢學師承記箋釋來說，面世十五年來也僅重印過一次。這一方面說明它似乎如過眼雲煙没有存在的必要，另一方面則充分證明了我的疏懶與遲鈍。因爲從時不時有師友甚至未曾謀面的讀者向我索書的情況，以及網上虚標極高的書價來看，此書似乎又有修訂與再版的必要。因此，直到在此次舉國生靈都被困囚在家的運會百六之年，我才静下心來坐在桌前修訂書稿，真不知道是這部書對不起讀者，還是我對不起這部書了。

從很大程度上來說，漢學師承記箋釋差不多是我一生所花氣力最大的一部書稿了！因爲隨著我的日漸頹唐與蹭向老境，我已經没有膽量與精力再花十餘年的時間，跟一部古籍如此豁命較勁了。然而當我回頭再審視這部書的時候，却有著萬般的尷尬與無奈。二〇一三年重印前，我先草擬了幾句重印本後記，説的一無是處，一位同學看了，驚詫無似地瞪著我喊道：「老師！您這樣埋汰自己的書，讀者看了這後記，誰還敢買書啊？！」我只好換個説法，重新寫了幾句作罷。

箋釋中存在的硬傷與錯訛，那是我的能力所限，無處找借口推託。除此之外，在箋釋師承記的過程中，現在想來我當時犯了兩個指導理念上的錯誤：一個是大部分做教師的人都會犯的錯誤，就是想把自己知道的東西，全都打包端給學生，不論有用無用，點滴不剩；一個是有鑒於清人著述的繁多與翻檢不易，我把讀者都當成了像我一樣的初學者，想給他們節約時間，把我所能看到的想到的全都塞在這部箋釋中。因此，這部書最大的問題説得雅致點是「繁冗」，説得直白點兒便是「囉嗦」了。

具體而論，這種繁冗與囉嗦又體現在兩個方面：一方面在遇到清代學術源流與掌故時，便不厭其煩地追根溯源，試圖給讀者以清晰的縱向梳理與横向比對，有時一條箋釋就長達數百字甚至千餘字，喋喋不休，惹人白眼；一方面如老子、論語、北朝、南朝、梁武帝、唐太宗等常見的書名、時代與人物，以至年代、地名等，也一一注釋，叨叨擾擾，招人嫌厭。從好的角度來説確實有助於瞭解清代考據學、經學史、學術史與學林掌故，從不好的角度講我忘記了能讀漢學師承記的，應該至少是有一定古文獻功底與經學史、學術史知識的讀者，我等於瞎替他們操心，既苦了自己，又浪費了師友們的寶貴時間。

正因爲如此，本書的修訂，雖有個别條目的增添，但絶不是增補本，而是删訂本。當年重印時，因爲不能更動頁碼，所以只是字詞句間的剜改，糾正了六百餘處錯訛。此次修訂，主要做的工作就是刪冗就簡，一些年代與地名的箋釋，或如「北朝」、「南朝」這樣的詞條，近三百餘條，就索性刪裁了之；而書名、人物、事件的釋解，也儘量刪汰，全書減省約五萬餘字。但由於原書體例與架構所限，無法做到傷筋動骨的大肆刪汰，請讀者諸君諒之！

原書附録有南京師範大學文學院江教授慶柏先生大作漢學師承續記評説一文，此次修訂時，據先生原文與後來的發表版，將先生所校勘趙之謙漢學師承續記諸條，以頁注的形式散入原文中，以方便讀者對勘，故不再附録原文，在此再次向江先生表示衷心感謝！

近幾年來，我所著所編之書，多數都在北京聯合出版公司出版，他們對待作者與書稿的態度與出版的速度，都讓我頗受禮遇也非常滿意。此次漢學師承記箋釋的修訂本，北聯也不棄而納入出版計劃中，在此向夏艷社長與張旭輝先生等表示誠摯的謝意！

隴右漆永祥識於庚子（二〇二〇）小滿前兩日

全書綜合索引

一、本索引以中文拼音音序爲次。書中正文頁碼以漢字排序，爲節省版面計，本索引改爲阿拉伯數字，讀者識之。

二、本索引包括全書中人名、書名、重要事件、語詞等，偶爾出現者，則多從略。

A

阿桂　248,328—330,333,335,336,340—342,344,345

阿克敦　328,329

安定書院　8,322,684

敖繼公　208,209,238,240,241,243,845

B

八代之衰　421,822

八股文　14,124,735

八線　18,19,239,512,513,631,632,650,653,655,722,740

白虎通　48,233,378,542,543,546—548,783,946

百詩　36,37,60,65,69,91,92,94,109,452,516,690,826,827,834,852

百王　16,24,28,498,792,911

班固　25,41,48,49,56,80,82,116,166,195,216,237,377,543,612,623,636,836

半農　138,160,161

保寧　441,442,555,556

抱經堂　534,543,545,546,548,694

抱經堂文集　320,418,507,538—540,542,545,546,548,562,686

抱經先生　537,538,545,546

北湖小志　4,744,746

北盟會編　128,132

北史　3,8,9,35,128,129,154,186,213,253,303,517,544,835

北堂書鈔　15,199,201,470

本天殽地　24,28

比雅　445,446

畢沅　235,348,428,448,543,667,671,690

編管　443,444,633

弁服釋例　584,586,587,845

變卦　146,266,268

別録　44,166,167,169,616,841
別雅　85,86,159,548,849
邴曼容　264,265
病榻隨筆　786,789,791
伯禽　53,54,74,402
博我以文　822,824
補元史氏族表　307,308
補元史藝文志　307,309
餑飥　427,428

C

蔡卞　213,215,216
蔡邕　44,55,80,108,170,189,192,395,406,543,617,633,638,946
蔡元定　101,102,104,468,633
曹欽程　752,753,755,756
曹仁虎　247,249,250
册府元龜　11,15,578,579
策算　504,526,527,529,641,652
測量　258,260,511,513,651—653
測圓要　786,789
查繼佐　769—771
查昇　106,107
車制考　315,316,678,845
陳傅良　71,617
陳海六　161—163
陳澔　17,27,117,436,467,845
陳厚耀　649,651,654—658,664,665,847
陳濟生　798,807,810,811
陳均　578,580
陳琳　51,52
陳潛夫　769—771
陳書　129,154,213,253,743
陳亞　558—560
陳貞慧　758,761,784,785
陳子壽　59,60
程大昌　28,29,95,96,597,662,843
程晉芳　38,86,217,411,413,508,665—669,672,736
程恂　503,562
程瑶田　530,531,562,604,618,694
充渠新書　741,743
沖虛之説　597
疇人傳　1,20,26,112,245,259—261,263,602,649,650,653,657,663,746,748,942
初學記　56,199,200,713,728
褚寅亮　9,238,239,245,258,845
處士　38,66,69,113,123,226,376,427,559,583,642,686,702,717,779,812,827
春秋長曆　548,641,661—665,847

春秋傳説彙纂　18,20,22,28

春秋傳議未成　121,123

春秋地理考實　467,468,847

春秋繁露　4,180,542,543,546—548,639

春秋内外傳　174,175

春秋日食曆　786,787

春秋三傳　14,148,403,446,581,662,674,895

春秋説　138,145,148—150,154—156,646,847

春秋問　136,138

春秋戰國異辭　649,655,661,662

春秋直解　24,26,28

春融堂詩文集　356,357

詞曲館　733,736

詞綜　733,734

崔鴻　128,129

崔應元　751,752,754—756

崔杼　75,281,282,284,285,289,290

D

大戴禮記　197,204,292,496,542,546,547,587,626,632,640,728,747,833

大清一統志　66,92,206,337,340,342,660

大統曆推　786,789

大學衍義補　454,455

待訪録　73,75,791,792,862

貸園叢書　468,642,644

戴侗　83,84,234,396,402,724—726

戴敦元　363,647

戴氏水經注　526,633,635

戴震　3,6,15,16,19—21,23,27—31,33,42—46,55,86,205,217,218,221,222,235,309,325,391,431,472,473,501,502,504,505,508,511—513,517,522,527—530,532,533,535,562—564,571,572,576,593,594,611,613—617,623,625,628—630,640,641,644,669,685,843,845,848,849

啖助　148,149,834,847

道學　18,32,104,131,599,621,622,672,673,717,793

鄧艾　53,447,450

弟子職箋釋　445,446

弟子職注　121,122

禘祭　31,180,488,494,495

禘説　164,165,170,176,178

滇行日録　329,357,358

丁杰　546,574,587

冬青樹引　793,794
冬至權度　467,469
東都事略　131,530
東觀漢記　32,199,237,377
東林　75,717,751,758,760—762,785,787,788,801,822,830
董士錫　30,451,452
董仲舒　2—4,102,180,228,380,429,453,493,543,609,639,846
董子求雨考　713,714
逗留　70,72
獨斷　44,55,179,542,543,546—548
讀史方輿紀要　110,111,518
讀書破萬卷　415,740,741
讀書隨筆　467,470
杜林　3,41,42,277,611,840
杜預　6—8,10,127,187,253,278,290,316,465—468,480,521,548,596,613,641,661,663—665,726,818,864
杜元凱　8,127,185
段玉裁　15,35,44,46,205,218,235,238,299,368,377,379,385,397,399,400,403,405,453,462,502,517,529,531,533,535,539,549,561,562,591,592,594,616,618,623,625,629,635,641,715,872

E

爾雅　3,5,7,8,11,19,29,69,79,80,117,170—172,180,197,198,203,213—215,220,221,274,275,279,281,311,320,367—369,389,390,393,403,430,446,452,453,482,489,492,502,503,513—516,528,562,577,581,619,625—627,646,719,724—726,843,849,854,858—861,867,874,877,883,894,895,900,920,940
爾雅文字考　514,526,528,562,625,627
爾雅翼　213,215,320,739
二十二史考異　300,307
二氏　1—4,8,24,420,597,598,876,910
二體　99,272,409

F

伐罪弔民　16,17
法言　39,51,54,55,214,548,639,707,708,894
反卦　271,463,464

范巨卿　735,739,740
范寧　9,11,156,171,847
范蔚宗　198,376,377
范祖禹　128,130
方苞　38,107,112,140,207,472,547,657,692—694,835,845
方端士　770,772
方觀承　217,218,508,529,540
方國安　767,768
方略館　239,326,374,413,438,551
方士　265
方言疏證　526,527,529,625,627,640,849,871
方域　61,761,784,785
費甝　6,8
費直　145,147,276
汾州府志　506,508
墳典　18,406
封氏聞見記　204,542,544
風俗通　3,89,157,191,192,545,710,902
馮京第　772,774—777,788
馮景山公　537
馮文毅公　91,92
馮詠　247,248
夫己氏　210,211
伏生　2,4,5,7,43—45,94,184,229—233,276,277,564,565,611,635,639,693,839—841,907,943
伏羲　5,100,145,146,181,265,266,382,383,492,749,838
扶陽抑陰　291,669
服虔　5,7,45,127,170,180,181,186,188,278,308,316,445,522,622,818,846,878,921
浮屠　1,2,7,238,411,445,607,711
福康安　345,439,440
復社　751,760,784,785,788,799—801,804
傅恒　24,26,138,328—330,352,359,439
傅奕　420,597,598

G

感舊集　199,204,546
感生帝　494,497,498
贛州失事記　786,788
高密　3,6,8,40,308,473,639
高廟　345,346,529,530
高堂生　3,4,115,116,277,278,616,693,844,893
高宗純皇帝　437—439
高宗純皇帝實録　437—439

櫜鞬　9,10
公羊穀梁古義　445,446
躬行實踐　540,717
龔麗正　534,535
勾股　512,513,601,632
勾股割圜記　503　505,526,562
勾股圖説　786,789
古曆考　526,528,631,633
古文尚書考　183—185,225,842
古文尚書疏證　28,40,41,74,75,88,520,842
古訓　2,5,30,34,37,150,197,198,204,230,310,577,614,726,851,859,914,940
古義　3,6,15,21,24,26,30,80,166,183,190,191,195,198,199,214,215,223,312—314,317,403,429,446,533,547,581,592,593,615,679,838,845,854,859,881,895
古音表　461,463,818,819,849
古韻標準　461—463,467,468,629,644,849,872
古篆　225,234,929
穀梁子　191,192
顧杲　760—762,764
顧廣圻　7,34,48,76,217,237,238,365,367,747
顧九苞　15,712—714
顧況　84,85
顧炎武　1,7,12,15,17,29,31,38,39,47,58,59,62—64,74,76,77,81,85,118,119,121,125,209,218,280,300,302,304,310,395,403,405,461,463,468,583,628,629,700,792,796,797,801,802,809—811,821,827,838,843,847,849
顧祖禹　66,68,91,92,108—111
卦氣　145,146,669,729,838,910,917
關學　822,824
管仲　464,465,480,914
廣陵對　688,690
廣雅疏證　15,483,532,871,877
廣韻　29,73,76,84,85,88,213,214,246,367,369,386,389,390,393,414,462,527,592,593,645,724—726,818,875,889,928,939
歸奇顧怪　799,801
歸有光　29,91,92,255,321,800
歸震川集　320,321
歸莊　321,799,800,802,804—806
鬼谷子　39,217,219,449,480,548,744,745

桂馥　30,644,645,728,849
國朝詞綜　356—358,600
國語　5,17,35,83,88,102,127,149,171,175,176,185,186,227,228,233,273,294,297,299,326,332,389,402,403,458,459,465,488—490,492,525,535,545,573,662,719,758,800,858,875
國語韋昭注疏　534,535,906
果堂集　31,206,208,210

H

海外痛哭記　786,788
韓詩内傳徵　744,745
韓詩外傳　242,280,451,542,544,632,858,875,941
韓愈　14,28,29,143,394,420,421,594,599,624,668,701,709,741,743,823,824
漢儒　5,12,19,22—24,30,33,34,37,57,102,105,126,145—147,164,165,183,199,203,204,225—227,250,252,266,268,272,276,294,296,297,308,410,425,429,436,445,446,503,558,563,572,584,586,609,614,719,720,746,782,838,840,845,849,851,882,894,909,912,913,919,942
漢書　1—6,8,14,16,19,25,31,36,41,48,54,55,64,72,73,82,88,89,94,102,116,117,128,141,142,146,147,150,153,158,160,167—169,176,180,183—185,190,192,193,201,213,222,226,230,231,233,237,245,248,265,266,277,278,284,299,311,317,382,386,394,429,433,449,465,480,482,487,490,495,514,515,521,527,551,564,565,607,608,610—612,614,616,617,622,626,627,630,631,636—639,663,664,684,689,691,700,702,704—706,708,709,718,787,793,813,828,831,835,836,841,842,854,855,858,859,871,875,879,883,894,898—900,906,908,916,928—930
漢書拾遺　718
漢書藝文志　1,3,5,30,40,41,64,116,195,229,230,257,859,907

漢魏音　445,446
漢學　1—17,19—45,47—51,126,134,145,164,224,236,244,246,247,252,253,256,257,266,278,309,311,319,322,357,369,445,450,454,472,512,533,537,542,573,595,597,609,623,640,642,649,668,669,671,687,690,711,712,717,718,734,748,749,827,834—836,838,841,851—854,863,913
漢學拾遺　717,718
杭世駿　28,37,92,325,505,617,684
蒿菴集　113—115,119—123
郝京山　225,226,841
郝懿行　30,646
何焯　206,547
何夢瑶　161—163
何休　6,45,117,127,150,172,178,190,244,246,292,426,595,703,846
何晏　7,11,31,49,223,295,296,417,848
和珅　30,263,421—424,438,869
河間獻王　3,8,115—117,277,636,842,844,850
河洛　101,470,542
河圖　40,97,99—105,231,469,559,660,691,787,855,916
恒氣注曆辨　458,467
恒星説　234,235
恒星天　153,156
横渠　13,312,822,824
横舍　3,5
衡齋算學　600—603,881
洪榜　30,42—44,502,508,535,585,590,591,593,595,641,838,849
洪範正論　102,103,105,828,830,841
洪亮吉　4,30,33,36,48,315,316,376,413—415,425,427—430,432,439,441,443,446—449,453,575,577,587,673,684,686,827
洪適　190,820
紅豆　4,20,47,138,160,161,668
鴻儒　16,34,35,38,779,780
後篹終論　115,122
後漢書　2,3,5,6,11,22,32,35,36,39,42—44,48,72,73,82,89,96,97,127—129,153,154,163,166,181,184,188,192,198—201,203,205,213,215,

237,253,275,278,293—295,310,311,318,340,362,377—379,404,405,412,426,487,500,514,538,547,548,588,607—609,611—615,617,620,630,632—634,636—639,684,689,694,700,701,706,709,710,716,725,726,739,809,813,816,820,835,859,898,899,922,939
後漢書補注　199,201,203,221,445
後天　99—101,146,265,266,609,916
弧三角　112,258,260,469,601,721,722
胡長齡　30,589,590
胡高望　218,554
胡渭　28,38,40,66,68,91—93,99—102,106—109,111,297,298,528,691,827,830,838,842
胡毋生　3,4
湖海詩傳　357,358,365,560
互體　24,27,146
華嶠　199,200
桓譚　6,191,192,230,294,608,635,639,674,709
皇甫士安　37,39,944
皇清經解　1,7,20,41,68,76,101,145,183,184,199,207,209,226,240,253,256,257,314,316,425,453,467,468,501,546,577,586,663,679,718,746,748,863,886
黄承吉　4,722,732,748
黄帝　5,49,113,157,177,179,187,262,352,401,490—492,494,568,612,613,624,748,787,864,865,897,935,942
黄榦　208,209,455
黄景仁　427,428,432,448
黄培　807,810,811
黄廷桂　162,163
黄文蓮　247,249,250
黄文暘　734,736
黄儀　66,68,91,92,108,109
黄宗會　758,763,774,776
黄宗羲　15,18,20,25,29,31,36—40,62,75,583,749—751,757,758,760—764,767,769,771—773,775—783,785,787—792,794,795,826,838,845
黄宗炎　698,757,777,838
回曆假如　786,789
惠棟　2—5,7,8,15,19—22,24,28

—31,33,39,43—47,80,135—138,142,146,147,163—165,167,169—171,173,175,178,183,186,190,194,202—206,209,210,217,221,226,230,253,273,309,325,429,445,506,547,614,644
惠士奇　15,28,134,135,137,139—144,146,151,154,161—163,486,487,838,846,847
惠周惕　33,44,134,136,137,843
霍維華　755,758,759

J

箕子　48,50,75,103,165—169
畿輔水利志　216,218
吉慶　348,350,422,423
戢園詩集　668,672
幾何原本　260,656—659
季漢書　128,129
紀昀　15,19,21,30,44,48,218,327,413,505,506,508,535,548,549,551,553—561
暨陽書院　676,677
濟陽縣志　113,121,122
家法　4,5,34,126,221,252,474,595,597,608,859,862,898,907,936
家語　6,7,57,189,525,547,548,661—663,700,702,705,930,940
嘉靖七子　247,249
嘉量算指　656—658,663
賈公彦　10,27,117,118,150,151,208,277,564,586,618,711
賈田祖　28,672—675
賈誼新書　542,543
假借通用　83,85,86,367
監國魯元年大統曆　765,767
建康實録　128,130
建炎以來朝野雜記　128,132,580
江德量　28,679,681
江藩　1—8,10,13,14,17,19—48,52,110,172,197,204,205,207,219,221—224,240,257,268,292,295,309,313,321,322,326,341,349,364,368,372,414,420,436,440,442,448,449,451,455,465,472,500,506,516,524,532,534,541,549,554,575,576,585,588,593,601,604,641,643,657,668,673,683,695,711,712,717,722,731,742,745,748,750,754,756,757,771,777,788,795,804,805,817,

824,826,829,836,852
江筠　218,225
江聲　2,4,7,8,15,21,28,30,33,43,205,225,226,228,234,236—238,253,257
江永　20,21,28—30,32,33,42—46,101,116,235,350,376,454—463,465,467,470,472,473,484,504,521,530,531,593,629,644,845—850
江昱　360,680,681
江沅　14,237,238
蔣炳　371,373
蔣溥　251,326,329,551
蔣山傭　796,800,803—805,807,811,814
蔣士銓　255,361,582,680,687,693,744
蔣廷錫　139,140,326
講學　15,28,106—108,141,143,250,251,261,262,309,327,361,362,414,416,418,425,437,443,532,533,540,553,575,576,582,589,590,740,755,757,762,770,774,777,778,782,790,793,822,824,826,862
講章　14,15,722
交食舉隅　153,154
焦循　4,5,19,20,26,46,48,226,428,601—603,649,654,656,675,689,714,719,721—724,730,745,748,838
楬櫫　357,360
今水經　786,787,789,793
金榜　30,43,473,474,476,481,484,492,494,496,501,760,846
金璞園　256,257
金石粹編　356,357
金石存　85,86
金石文字　83,84,86,307,308,343,385,414,426,574,646,680,682,691,730,862
金石文字記　573,574,818,819,859
錦里耆舊傳　128,131
近思録集注　467,470
晉書　7,11,39,96,106,109,114,128,129,153,158,169,170,188,200,212—214,253,274—276,294,295,445,446,545,546,591,628,664,698,700,704,707,708,815,864
京房　27,33,102,145—147,168,175,183,380,837,838

荆國　13,115,117,768
經典釋文　8,11,116,167,169,184,192,198,214,231,293,294,370,401,403,452,504,522,528,542,543,545,546,548,577,614,615,628,727,747,851
經讀考異　425,849
經明行修之士　34,162
經師　1,2,4—7,9—14,24,31,33—35,44—46,119,120,166,225,226,253,471,473,615,697,712,720,837,842,851,852,854,898,924,936,943
經史之學　265,312,689,721,735,826
經學　1,2,4,5,7,8,14,16,17,19—21,23,24,27,28,32,34,35,38,39,43,48,66,107,120,123,141,142,145,160,163,203,210,212,237—239,309,317,410,434,453,503,504,527,592,600,609,617,637,640,675,677,685,687,719,724,742,778,780,812,824,833,852,867,875,906
經義雜記　452,453,827,849
精華録訓纂　199,201,203
敬通　698,699,708,710,711
競爽　371,374,618,621
九宫　99—101,103,262
九經古義　3,5,136,147,190,191,194,195,198,199,547,548,644,849
九曜齋筆記　135,199,203,429
九章補圖　526,528,631,633
九重　107,153,156,712
九州　1,30,95,96,101,188,446,484,520,634
舊唐書　9,10,15,27,29,72,73,85,128,130,149,213,214,253,255,317,421,428,545,596,598,634,743,766,864
巨儒　8,16,30
句股廣問　244,245
句延慶　128,131

K

開成　24,29,255,408,435,747
開方命算　786,789
考辨　17,23,45,89,201,209,300,304,316,323,370,509,529,560,616,661,663,678,743,870
考訂　2,86,90,112,128,206,210,221,300,426,504,508,527,

528,553,585,601,616,680,697,720,721,730,745,859
考工車制考　678,746,747
考工記圖　44,503—506,526,529,558,561,563—572,618,621,640,845
考古録　647,719—721
考據　2,3,7,15,16,19,20,22,23,26,28,30—33,35,40,42—44,47,48,64,86,90,114,119,125,137,254,313,527,621,632,648,696,797,827,833,834
考證　7,16,34,45,46,49,56,58,59,64,70,86,110,131,145,183,202,209,210,215,298,300,305,308,311,312,314,323,468,469,504,505,514,527,543—546,548,562,573,593,647,658,660—663,671,684,718,731,745,746,788,793,820,840,862,867,895,902,906,908,932,933
柯夏卿　764—766
空談　15,222,238,782,790,820,827,908
空言　24,145,213,252,296,422,435,779
孔安國　8,10,12,40,41,49,56,104,170,185,229,232,233,276—278,310,611,612,714,839,840,848,883
孔沖遠　9,93,905,915,919,937
孔傳　6,8,10,19,31,32,45,46,49—52,54—57,91,94,96,103,127,139,184,225,233,240,278,280,293,294,514,515,520,610—612,670,840,841
孔廣根　529,535,641
孔廣森　30,43,44,280,528,535,604,605,615,616,618,632,641
孔繼涵　30,218,529,535,618,623,625,640,641
孔穎達　10,41,43,55,93,184,185,198,215,231,253,266,493,522,586,611,613,619,632,829,841
孔子　2,3,5,7,12,15,19,23,40,41,43,49,57,60,65,72,84,115,118,142,145,146,149,166,176,180,185,192,195—198,211,214,224,229,244,253,265,266,277,278,281,283,284,291,297,380—382,395,397,399,449,496,501,

502,512,525,547,548,597,
599,605,609,611,612,615,
617,618,622,625,626,637,
639,664,670,671,676,690—
693,700,702,705,706,721,
742,767,768,774,801,816,
822,835,837—840,843,844,
846,848,858,885,910—913,
915—917,923
庫勒納　18,20

L

藍田　370,701,822,824
濫用驛馬　250—252
老莊　1,2,6,7,11,12,27,142,
147,296,624,727,835,913
老子説略　121,122
樂史　447,449,900
樂遜　185,186,818
類書　14,15,162,203,222,407,
470,728
冷宦　741,743
李壁　199,202
李燾　202,383,384,578,580
李鼎祚　22,164,270,271,452,
728,838
李惇　4,15,672—675,679
李紱　161,162
李賡芸　256,257,363
李光地　18,20,38,101,137,206,
650
李焕章　113,121
李靖　70,72,73,149
李泌　85,764,766
李清　110,112,125,557,558,779,
781,916
李如圭　208,467
李鋭　235,365,370,601—603,
745,747
李實　751—753,755,756
李天生　61,73,74,811
李威　29,410,412—415,427
李文藻　30,604,642—644
李心傳　128,132,578,580
李巡　213,215,514,577,849,874
李陽冰　315,317
李因篤　61,74—76,121,807—
809,811,815,823
李因培　677,683
李顒　74,121,229,231,808,822,
823
李振裕　106,107
李中孚　120,121,777
李鍾泗　28,43,730,748
理堂算學　744,746
禮服　60,61,63—65,492,520,

621,941
禮記分類　661,663
禮記集釋　668,669,671,672
禮記訓義擇言　467,845
禮記義疏　24,26,27
禮箋　474,475,481,482,485,489,
495,498,500,501,846
禮經綱目　455,456,459,467,471,
846
禮經釋例　242,737,741,742,845
禮説　138,145,151,152,484,570,
846
利瑪竇　258,260,654,658,659
歷代州域形勢　109,111
曆算全書　110,112,469,657
曆問　526,528,631,633
曆學補論　467,469
隸釋　44,46,190
酈元　633,634
濂洛關閩　12,13
良知　362,788,827
梁國治　263,343,591
梁鴻翥　642,644
梁書　36,39,129,154,158,213,
222,223,449,559,628,629,
674,699,702,705,707,708,
865
梁武帝　38,157,158,609,629,
698,708,743
梁玉繩　546,697
列子　2,32,36,542,545,587,610,
686,744,745
林禹　128,131
凌廷堪　3,4,20,31,46,48,242,
313,449,586,605,667,689,
701,733,734,742,743,827,
845,850
劉台拱　46,675,686,715—717,
848,849
劉端臨　686,691,695,713,715,
718,719
劉逢禄　30,33,35,453,691
劉康公　822,824
劉孔懷　121,808
劉綸　373,453,473
劉牧　101—103
劉師培　2,34,35,496
劉時舉　578,580
劉士元　6,8,9
劉向　7,44,102,103,117,147,165
—167,169,222,407,493,543,
545,576,745,793,828,830,
837,840,841,847,850,916
劉孝標　39,609,698,708
劉昫　128,130
劉炫　9,185,611,905

劉中藻　770,773
劉子駿　276,278
劉宗周　583,717,757,763—765,778,783,788,790
柳子厚　597,710
六合　18,19,58,670
六甲　1,2,447,449
六經　3,5,17,19,26,27,30,34,39,44,70,100,107,127,165,170,253,296,320,502,513,524,526,562,563,589,594,598,599,601,609,617,626,630,734,777,779,783,822,824,828,833,887,913,934
六律　18,19,493
六十四卦　99,100,145,146,266,271,272,669,729
六書之學　84,415,519,604,645,722
六書轉注録　445,446
六爻　99,146,147,172,173,175,176,268,269,273,911
六藝　3,19,24,30,31,41,114,138,514,549,577,625,626,887,894
六宗　57,58,178,182,714
隆平集　128,132
隆武紀年　786,788
龍城書院　431,537,540,541,546
龍城札記　542,546
盧見曾　203—205,323—327,552
盧文弨　7,15,30,43,320,418,453,507,534,537,540—542,562,577,677,686,697,710
盧植　11,170,177,181,275,844,845
魯共王　40,41,278
陸佃　213,215,216
陸績　165—167,709,838
陸游　128,131
陸元朗　719,851
吕熾　371,373
吕純如　755,758,759
吕氏春秋　32,49,83,187,370,421,460,500,542—544,547,568,705,708,945
吕氏讀詩記　542,545,547
律吕闡微　460,467,468,850
律吕考文　312,313,850
律吕新義　786,787
論語後録　315,316,848
論語論仁論　746,747
論語駢枝　7,717,718,848
羅天尺　161—163
羅願　213,215,216,320,739
洛書　40,100—105,231,469,559,

660,691,787

M

馬令　128,131
馬融　6,7,11,32,42,45,48,49,51,57,103,117,127,147,151,165—168,181,182,185,204,227,228,253,275,277,377,379,514,837,838,840,842,844—846,848,930
馬士英　75,758,760,762,763,767,768
馬驌　28,123—126,662,808,847
毛傳多轉音　278,279
毛公　6,8,279,499,614,615,693,842,843,887,892,894
毛詩集解　713,714
毛詩名物解　213,215
毛詩申成　530,531
毛詩異義　530—532
毛鄭詩考正　391,515,526,527,529,562,614—616,640,843
梅邊吹笛譜　741,743
梅轂成　239,656,657
梅文鼎　110,112,260,456,458,469,504,527,649,651,657
梅賾　6—8,40,41,50,184,520,611,840,941
梅鷟　225,611,841
蒙養齋　656,657
孟喜　33,145,146,166,168,169,183,837,838
孟子　1,4,5,12,13,17,19,23,35,60,65,67,68,81,89,114,148,150,152,182,191,214,223,227,228,281,283,284,290,293,295—297,299,390,393,397,398,425,430,482,484,499,502,524,526,527,542,543,547,548,581,597,599,600,615,624,676,678,687,691,700,724—727,732,745,747,786,788,808,829,835,848,859,861,862,865,866,874,940
孟子生卒年月考　67,68,74
孟子師説　786,788
孟子字義疏證　45,46,524—527,529,594,599,623,625,640,848
勉行齋文集　668—671
冕旒　55,447,449,622
緬甸　25,328—330,335,336,340,341,346,358,359
名臣事略　128,133,790
明詞綜　356,357

明儒學案　18,20,25,36,717,774,782,786,787
明善　344—346,523,524,813
明十三朝實録　757,820
明史　17,18,20,21,29,40,61,66,75,92,126,137,139,140,155,156,226,260,300,302,303,362,374,454,545,583,645,657,663,717,750,751,753—755,757,759—766,768,770,771,773,774,779—782,789,793,795,798,801,802,805,806,808,813,814,828,831,832
明史案　786,788
明堂大道録　31,164,165,170,176,178,179,181,182,845
明文海　785—787,789,792
明夷待訪録　75,786,791
末疾　315,316,676,735,817,944
墨子　47,49,50,232,233,433,687,871

N

納甲　145,147,787,838,910,911,946
南北曲　733,735
南北史合鈔　110,112
南都事略　578,580,581
南懷仁　258,261
南雷文案　750,761,767,778,780,783,784,786,791,793,826
南雷文定　37,751,757,761,763,764,766,780,783,786,789,791,794,795,827
南雷文約　786,791
南史　39,75,93,129,154,199,213,223,253,259,284,559,620,629,699,700,704,705,708,743
南書齊　3,4,93,129,213,492,559,629
南唐書　112,128,131
南巡　24,106—108,126,239,258,323,325,340,343,474,591,665—667,680,690,713,868
赧王　762,763
尼山　24,28
廿一史　139,153
廿一史彈詞　320,321
牛鈕　18,20
鈕樹玉　29,365,370

O

歐羅巴　258,260,770
歐陽修　12,117,130,150,192,

206,207,407,428,545,578,591,701,820,843,916

P

潘耒　3,59,61,136,804,814,815,817—820
庖犧　145,146,843,911
彭紹升　219,238,538,594,814
彭文勤　416,433
皮錫瑞　2,4,5,7,17,23,32,37,38,45,500,609
埤雅　213,215
樸學　238,376,646,827

Q

七出　291,292
七經　2,12,21,22,27,28,33,141,223,237,371,372,425,521,527,528,547,623,635,874
七十子　5,22,23,33,34,126,148,164,165,182,695,913
七政　153,155,293,295,469,511,512,519,911
七政衍　467,469
祁彪佳　762,764,831,832
岐嶷　715,716,749,750,895
耆年篤學　106—108
起居注(起居注官)　2,70,71,130,250,261,262,303,374,375,541,550—552,576
氣運演算法　786,789
千叟宴　353,354,553,554
千載一時　30,32
乾隆府廳州縣志　445,447
錢大昕　3,10,11,19—22,28—30,34,35,37,40,44,45,48,50,86,135,139,202,205,236,239,240,245,247—251,257,258,262,263,265,280,300,303,307—311,313,315,316,319,320,323,325,364,365,367,370,372,401,403,405,427,453,455,472,506,546,551,572,575—577,579,581,602,642,644,647,743,745,782,827,862
錢大昭　310,311,854
錢坫　316—318,401,451,601,843,845,848
錢東壁　311,323,862
錢東塾　22,862
錢侗　309,311,860,862
錢謙益　58,60,75,558,645,758,760,761,776,803,806
錢肅樂　766,770,772,773
錢塘　46,56,67,156,236,239,

297,299,312—315,326,352,361,537—540,543,578,690,693,697,734,771,808,821,850
錢維城　137,374
錢樾　355,356
潛邸　68,307
潛邱劄記　28,59,61—64,66,68,69,71—75
潛研堂金石文跋尾　307,308
潛研堂文集　3,10,11,22,28,37,86,139,236,239,247—249,258,259,263,264,266,268,273,276,279,283,292,294,297,300,301,307,312,313,319,320,323,364,370,403,453,455,572,575,576,642,782,827
秦大士　251,537,540
秦敦夫　744,745
秦蕙田　86,155,250,251,324,469,473,551
秦九韶　600,602
秦穆公　71,187,287,610
秦文公　50,51,175
欽定詩經傳説彙纂　20,21
青浦詩傳　357,360
清廟　30,31,177,181,273,275,281
清談　32,296,562,838
清議　758,812
求古録　484,818,819
屈原賦注　503—505,526,629—631
群經宮室圖考　744,746
群經識小　678,679
群書拾補　3,542,543,545,546,548
羣言　21,259,887

R

熱河志　261,263,423,657
任大椿　30,43,369,381,411,413,415,416,508,535,584—586,588,589,845,846,849
任淵　199,201,202
任兆麟　4,30,42,217,239,246,586,588
日本乞師記　775,786,788
日記抄　307,308
日講春秋解義　21,23
日講禮記解義　23,25,28
日講書經解義　18,20
日講四書解義　18,20
日講易經解義　18,20
日食　153—155,469,520,521,527,662,856,857
日知録　3,15,17,39,58,59,63,

73,75,76,122,280,300,302,304,395,404,405,818,820,821,825
肉刑　50,51,579,670
儒學　1,9,10,15,25,31,34,36,38,84,116,137,170,257,322,411,484,530,581,601,621,744,786,790,942
儒宗　45,46,106,308,934
入聲韻考　713,714
阮常生　718,742
阮大鋮　758,760—764,768
阮孝緒　192,558,559
阮元　1—9,19,20,24,26,28,31,32,39,40,48,167,190,205,245,257,258,263,309,313,314,319,320,356,362,373,416,420,433,434,453,532,549,585,587,602,605,618,640,657,660,662,663,665,675,677,679—681,685,687,695,697,713,716,719,720,722,729,730,732,733,736,738,741—743,747,748

S

三乘　21,22,193,878
三傳　12,14,123,145,148—150,218,244,317,436,538,581,597,662,679,720,757,827,847,898
三藩　18,19,111,769,803
三國志　7,11,45,53,127—129,138,153,166,186,199,200,207,213,214,253,295,311,414,423,450,706,809,828,854,859
三惠　29,33,42,44—46,144,160
三江　55,56,93,297,299,500,501,575
三角　19,239,260,469,505,512,513,653
三角形　245,260,505,513,527,649,650,722
三禮　86,117,119,120,127,142,150,189,199,206,207,209,218,252,317,322,403,432,471—474,496,501,504,586,606,641,646,675,679,712,713,736,741,742,834,845,846,880,936
三禮館　22,207,471—473,504
三禮問　136,138
三史　2,33,237,300,425,575,741,934
三唐　249,360,670
三體唐詩　320,321
三通館　351,352,551,581

三統術衍　244,245
喪禮　60,63,120,152,208,209,239,321,340,356,455,496,731,740
僧睿目存　160,161
山海經訓纂　199,202
山海經注　214,645,646
山林　34,36,92,303
山中白雲詞　320,321
山左詩鈔　199,204
商洛行程記　348,349,357,359
尚書後案　46,250,252,253,256,501,613,842,943
尚書今文釋義　668,670,672
尚書考辨　88,89,842
尚書義考　6,563,611,613,614
尚書禹貢　55,56,93,94,298
少陵　247,254,255,356,602
邵晉涵　30,257,431,434,508,535,574,578,718,745,849
申鑒　128,542,545,546
深衣考誤　467,468,845
深衣釋例　584,586,587,846
神童之目　258,259
沈德潛　160,215,249,250,256,322,323,734
沈括　153,156,739
沈壽民　758,761
沈廷芳　207,210,685
沈彤　31,204—207,209,210,506,845,847
審音　3,5,39,77,150,460,461
慎獨　524,526,583,778,782,783,788,826
升降　145,146,838,910,911
聲類表　526,528,529,593,627,629,640,849
聲音　3,32,261,309,311,312,322,370,446,450,542,562,572,679,740,744,745,827,843,859—861,877,887,935
聲韻考　522,526,527,529,533,627—629,640,644,849
聖證(聖證論)　6,7,169,678
聖祖　18—23,25,108,139—141,352,354,468,655,660,777
師法　5,23,24,34,65,146,166,168,224,252,376,407,435,449,852,927,942
詩本音　700,818,819,843
詩補傳　391,515,527,562,614—616,630
詩經傳説彙纂　18,21
詩經小學録　533,534
詩曆　750,771,779,786,791,792
詩説　76,136,138,614,833,843,874
詩義折中　24,26,27

詩音表　315,316,843
十二律　157—159,175,459,468,493,519,522,568,786,787
十駕齋養新録　22,28,271,272,279,294,299—301,304,307,309,579
十經文字通正書　315,317
十六國春秋　128,129
十七史　213,214,253,410
十七史商榷　5,213,214,252,253,256
十三經注疏　1,7,20,213,261,453,455,503,505,515,547,600,747,881
十三經注疏校勘記　746,747
石鼓　24,28,29,45,409,681
石經考　29,47,366,367,435,617,684,818,820
石經校勘記　746,747
石韞玉　262,433,434
食限　153,154
時文　16,30,113,206,646,671,722,736,757,826,834,868
實踐　782,827
實事求是　3,23,34—36,47,116,549,572,581,582,589,645,904
實學　3,15,24,30,296,409,471,576,843,851,885
史記三書釋疑　312—314
使楚叢談　357,359
使功不如使過　70—73
示兒切語　592,593,849
世忠營　764,766,776
世祖章皇帝　16,557
筮法　174,175
釋名　152,167,168,236,261,396,403,446,542,543,703,806,849,860,861
授時曆故　786,789
授時曆假如　786,789
授書隨筆　786,787
書計　1,2
書經傳説彙纂　18,21
書序　5,8,14,40,42,44,54,55,88,184,278,310,686,864,865,919
蜀徼紀聞　331—333,357,359
述而不作　25,35,150,194,195
述學　15,18,29,31,42,673,675,683,685—688,690,691,693,695,697,698,701,702
術數　24,26,27,41,59,169,260,589
水地記　526,528,529,634,635,640
水經注　43,56,59,88,94,108,109,203,299,446,449,516—

518,529,634,635,706,864,865,884,888,900,920,941
説文解字　29,47—49,79,84,88,94,213,234,235,238,317,367—370,375—378,380,383,384,395—399,402,415,447,452,501,503,563,565,728,859,932,933,942
説文解字義證　644,645,849
説文解字注　235,238,377,533,534
碩學　1,3,5,8,14,16
司馬彪　57,188,199,200,727
司馬法　51,52,116,474—479,482,878,902
司馬遷　25,47—49,169,176,185,233,237,284,638,691,836
司馬相如　5,30,31,35,88,89,141,142,367,369,380,383,705,706,709
思舊録　753,754,756,757,761—763,765,766,771,774,776,786,787,790
四朝聞見録　128,132
四庫館　17,26,199,208,219,220,222,223,313,407,408,509,518,527,528,573,576,578,580,582,615,618,663,665,667,697
四庫全書　2,6,10,13,17,19—21,23—27,29,33,40,41,43,61,66,68,76,78,84,86,95,96,101,105,112,119,122,125,129—132,138,145,183,186,199,201,202,207—210,215,220,222,223,253,254,263,321,342,343,352,354,374,406—409,413,431,455,456,467,468,470,500,506,508,518,528,543,552—554,556,557,559,561,575,576,578,580,581,584,585,615—617,654,658,662,663,665,667,672,681,696,714,721,787—789,791,818—820
四明山志　772,786,789
四聲均和表　592,593,849
四聲切韻表　467,468,473,593,644,849
四書典林　467,470,471
四書釋地　60,62,67,68,74,75,109,192,518,597,828,829,848
四子書　213,502,682,687,731,924
松筠　315,318
松泉集　680,681
松厓筆記　199,203

宋鑒　87,89,842
宋史　12,13,18,28,46,64,71,78,83,93,97,104,127,128,130—132,135,154,156,202,209,215,220,254,255,259,317,378,384,450,485,514,521,542,545,578—581,621,633,664,780,790,793,824,831,832,863
宋文憲　320,322
宋學　7,11—13,19,22,32—34,36—39,43,219,260,302,595,597,604,609,668,782,826
蘇珥　161—163
蘇軾　36,117,143,156,253,255,370,599,624
蘇天爵　128,133,790
俗儒　3,44,150,165,197,234,565,595,612,617,828,909,941
隋書　3,6—9,16,116,129,154,158,159,164,195,203,213,231,253,628,664,708,709
歲實消長　456,457,467,469
孫嘉績　764—766,768,769,771
孫卿　191—193,227,614,624,842
孫受　146,168,324,343,345,836
孫星衍　29,43,45,225,235,315—317,372,381,410,413,415—418,426,428,430—432,448,451,453,577,605,606,641,686,745
孫炎　213,214,234,446,514,522,577,628,849
索諾木　328,330,331,337—339,341,359

T

臺懷隨筆　351,357,360
臺巖紀游　786,789
太皞　177,179
太平御覽　11,15,46,192,199,201,203,213,613,702,816,922
太上感應篇注　199,202
太史公　19,48,49,56,183,228,281,284,449,674,825,836,883,884
太學　5,6,9,10,24,27,29,44,91,92,163,177,180,181,217,408,409,434,435,492,580,617,637,638,675,689,739,743,758,797,798,816,877,887,925
汰存録　786,788
湯若望　258,260,513
湯誓　41,47,49,50,231—233,839
唐鑒　128,130

唐衢　427,428
唐詩别裁集　216,733,734
唐太宗　9,253,295,421,598
唐韻正　81,463,818,819,849,923
陶奭齡　756,757
陶貞白　37,39
特達之知　68,107,351,530,550,551,667
天道論　112,114,122
天文曆算　90,512,661
天下郡國利病書　818,820
天下書院志　357,360
田疇　807,809
田生　2,3,168
田五　329,343—345,347
帖括　14,15,109,225,471,607,610
通鑑輯覽　351,352,406,832
通儒　1,3,5,14,32,42,45,46,105,225,300,361,429,471,474,558,690,712,827,868
通藝録　530,531
同文算指　260,656—658
推步　153,154,258,259,312,469,506,507,519,520,633,661,663,664,690,736
推步法解　467,469,471
陀羅經被　556,557

W

萬斯同　18,779—781
汪愛廬　217,219
汪棣　325,724
汪光爔　15,33,723,728
汪萊　30,600—603,745,877
汪龍　530,531
汪如洋　312,313,681
汪廷珍　30,434,586,589,590
汪琬　59,61,63,75,112,119,120,136—138,785,835
汪喜孫　4,10,20,32,47,683,684,686,689—691,694—698,702,834,836
汪元亮　30,43,219,533,535,603,604
汪中　15,31,42,47,409,413,416,577,673,675,682—687,689—692,695,697,698,718,836
王安石　12,13,104,117,118,215,485,488,599,824,834
王褒　70,141,142,627
王弼　6,7,10,11,26,39,127,145,147,164,202,296,838,880,916
王伯厚　60,516,517,932
王昶　2—4,9,21,28—30,33,35,36,48,86,205,249—251,254,

259,261,262,264,265,311,312,319,320,324,326,327,329—332,335,340,343,348—351,354,357—362,365,410—414,427,453,455,470,472,504,560,576,577,692,697
王偁　131,530,578
王爾膂　123,126,133
王復　422,424,426,500
王弘撰　38,121,808,811,813,815
王鴻緒　18,21,780
王杰　4,5,264,432—434,558
王峻　75,247—249,259
王蘭泉　3,205,319,363,506,724,852
王倫　421,423
王鳴盛　3,5,21,28,29,46,48,86,205,213,247—251,254,256,257,313,501,587,589,613,743,827,842
王念孫　15,44,46,81,194,391,483,532,547,577,586,673,675,687,689,691,718,745,868,870,872
王山史　76,120,800
王紹蘭　29,363,368,369
王肅　6—8,49,57,147,166,169,170,178,184,185,189,214,252,253,596,611,633,705,709,714,833,842,843,924
王夏　30,648
王項齡　18,21,61,139,140
王一鶚　799,801
王引之　6,44,46,391,398,532,660,691,870,876
王應麟　2,12,27,39,64,169,217,218,255,517,521,543,546,547,614,626,628,745,898
王永祚　799,804
王予中　717,718,835
王禹偁　128,131
王之仁　766—768,773
王子雍　678,709
忘年交　261,503,506
微波榭叢書　526,529,640,641
微子　40—42,47,48,50,185,366,367,839,841
韋佩金　315,318
味經軒　85,86,324,507
僞書　6,16,17,35,40,49,50,52—54,88,184,294,366,520,538
衛道之儒　42,594
衛宏　42,380,402,615,840
魏明帝　57,182,405
魏收　1—3,303,446,544
魏忠賢　749,750,753—755,759,760,785,826
温福　249,328,330,332—337

文王　5,17,31,53,100,145,146,165—167,169—171,177,179,193,228,265,266,280,491,494,496,782,833,838,865,898,901,913,915,916,922,923
文翁　141,142
文獻通考　114,137,159,258,259,263,352,545,610
文選音義　220—222
翁方綱　19,30,313,508,529,538,540,549,560,573,574,587,641—643,666,668,672,687,713,736,742
翁廷資　141,142
吾悔集　786,791,826
吴草廬　225,841
吴大綬　247,248
吴烺　239,259
吴乃武　769—771
吴其沆　799,802
吴企晉　247,249,322
吴仁傑　186,188
吴勝兆　803,804
吴應箕　758,761,762,785
吴玉搢　36,75,85,159,849
吴棫　104,226,227,461,611,819,841
吴越備史　128,131
吴志伊　65,73,74
吴中七子　249,250,322
吴鍾巒　770,773,774
吴肅　29,415,416
五代春秋　128,130
五代史　128,130,131,154,213,214,253,300,357,360,414,578,579,581,695,862
五帝　25,31,35,45,51,52,57,124,177,178,193,390,392,490—492,499,571,613,621,636,930
五典　3,5,8,184,611
五方　1,2,449
五服考異　60—62
五經　3,5—7,9,10,17,23,27,48,81,117,121,124,142,147,168,192,213,222,223,247,249,280,297,302,372,376—379,395,397,424—426,436,529,545,576,577,603,607,608,613,617,636,637,639,641,669,709,713,721,735,744,833,847,850,859,868,907,937
五禮通考　85,86,155,250,251,323,324,469,471,506,507,547
五行　26,38,99,101—103,105,

147,240,262,303,415,449,525,543,608,698,830,886,910,912,913,942,943,946
五音　18,19,158,159,314,522,607,897
武功　17,23—25
武億　15,28,30,415—418,420,423—428,849

X

西曆假如　786,789
西煖閣　655,656
西臺慟哭記　788,793,794
晞髪集　793,794
下以己意　13,185,425,616
夏承　752,756
夏侯勝　4,32,60,63—65,102,608,610,848
夏后氏　51,52,171,622,633
夏文忠公　799,802
先天　99—101,146,265,266,607,609,787,916
絃歌　30,32,420,421
鄉黨圖考　467,468,470,471,848
象數　20,33,101,147,156,411,787,912
蕭常　128,129
蕭望之　60,64,607,705,793,847,848
小學　1—3,5,11,30,36—38,48,55,77,78,88,105,234,235,237,238,256,311,314,315,317,365,366,370,378,382,416,445,451,453,531—533,562,563,586,625,628,644,646,647,680—682,687,833,849,851,854,859—861,895,942
小學紺珠　2,35,213,237
校禮堂詩集　586,667,734
校禮堂文集　3,586,605,689,691,733,735—737,741—743,827
謝翺　788,794
謝承　115,199,637
謝沈　199,200
謝墉　239,313,546,677
新安大好紀麗　592,593
新法　13,118,153,156,260,469,488,598
新教　343—345
新斠注地理志　315,317
新論　191,192,542,545,608,639,674
新莽　115,117,485,844
新唐書　9,10,12,15,27,64,72,73,128,130,149,154,213,255,308,317,421,542,545,547,597,598,620,664,695,

743,766,823,824
新序　167,542,545
新義　12,13,117,118,213,252,253
幸存録　39
性命　12,15,340,584,595,599,624,692,758,782,913
熊開元　831,832
熊克　578,580
熊汝霖　583,764—770,772,773
修齡　36—38
徐枋　134,136,761
徐復　2,28,33—35,38,43,721
徐鍇　234,317,376,378,383,384,387—389,405,728,928
徐夢莘　128,132
徐乾學　20,64,66,67,71,86,92,108,112,780,781,808,815,816,818,825
徐頲　237,238
徐鉉　82,93,315,317,368,387,395,404,405,858
徐元文　779—781,807,811
許珩　746,748
許紹　70,72
許慎　47—49,84,94,170,181,234,363,377,379,380,399,409,426,628,710,861
許嵩　128,130
許顯純　751—756
許齋　256—258,872
續漢書　128,186,188,200,545,664,854
續宋文鑑　786,790
續通志　7,261,263,352,581
續文獻通考　261,263,325,352,373,374,573
宣尼　164,194,195
軒冕　34,36
選音樓詩拾　220—222
薛起鳳　2,218,219
薛瑩　199,200
學有本原　59,537
學淵　30,77,207,312,530,531,691
雪鴻再録　349,357,359
荀卿　51,193,198,297,445,499
荀爽　27,33,39,127,145—147,164—167,169,173,183,608,837,838
荀悦　128,545
荀子　2,5,28,50—52,61,178,182,193,194,228,393,445,542,546—548,621,624,677,688,710,718,751,866,871,875,939,940
荀子補注　717,718
訓詁　2—5,11,12,20,23,30,32,

34,35,88,125,199,215,222,223,230,235,238,261,276,311,370,389,390,403,411,413,415,420,432,436,445,446,450—453,522,531,532,543,544,559,562,572,586,597,668,679,695,717,718,740,744,745,782,818,827,829,833,834,843,846,860,877,887,893,894,935

Y

雅雨堂十種　199,204
炎帝　139,140,177,490—492
閻若璩　28,36—41,59,62,66,73,77,91—93,108,109,124,125,184,192,225,453,520,538,558,597,611,786,827,829,842,848
顔氏春秋　189,190
顔氏家訓　542,544,546,548
嚴氏春秋　189,190
嚴遵　141,142
偃師金石記　425—427
偃師縣志　418,426
演算法原本　656—659
演算法纂要　656—658
燕樂考原　741,742,850
揚雄　25,39,40,54,89,141,142,369,380—382,527,546,576,627,639,691,694,708,709,945
楊復　208,209,455
楊桓　83,84
楊慎　29,235,321,741
楊士勳　10,11,191,192
楊文貞公　138,139
楊永言　799,802,804
爻辰　145,146,272—274,729,838,880,910
姚江王氏　583,598,599
姚江逸詩　786,791
姚孝錫　784,785
葉方藹　779—781
葉紹翁　128,132
一切經音義　221,317,450,451,929,930
一統志　64—66,74,91,92,108,109,207,261,263,820,907
儀禮管見　239—241,845
儀禮經傳通解　208,209,455,456,459
儀禮圖　209,451,452,845
儀禮小疏　208—210,212,845
儀禮義疏　23,26—28
儀禮正譌　256,845
儀禮正誤　526,528,616—618
儀禮鄭注句讀　115,118—120,845

乙夜　21,22,407
易傳　3,7,17,20,103,127,136,138,146,147,202,204,255,272,453,546,726,810,893,902,916
易漢學　7,146,147,173,183,253,273,838
易經通注　16,17
易例　164—166,168,173—176,183,644,838
易説　123,138,145,272,433,547,548,609,634,646,790,838
易圖明辨　40,99—101,104,838
易學象數論　786,787,838
易音　202,728,818,838
益稷　31,35,41,54,55,96,184,278,610,634,839
異端　34,150,420,540,782,833,834,843,912
異説　148,149,227,410,537,540,586,607,613,845
逸書　40,42,43,65,96,171,184—186,276—278,406,553,612,840,841,886
逸周書　182,195,197,198,542,546—548,871
蛾術編　250,254,256,501
義理　1—3,19,20,23,32,164,192,233,238,278,364,523,527,529,572,590,623,671,827,833,834,838
義疏　5,6,8—10,12,22,26,27,54,95,103,160,207,221—223,246,252,366,436,471,501,578,589,590,646,684,714,894
義證　425,543,849,862,895,931
瘞鶴銘　83—85
藝文類聚　199,201,369,696,708
繹史　28,124—126,414,662
音論　628,818,849
音學辨微　467,468,473,849
音學五書　63,77,84,85,818,819
尹繼善　163,349,352
尹洙　12,128,130
應劭　169,191,192,522,614,636,637,898
營平二州地名記　818,819
郢書燕説　166,829
穎容　170,181
雍正　21—24,41,85,112,139,142—144,162,163,205,207,210,236,248,251,259,315,320,321,326,331,337,340,342,356,373,407,410,416,417,420,430,437,439,470,502,503,507,539,540,549,556,557,665,684,718,741,780,

801,868,904
永曆紀年　786,788
有虞氏　51,52,453,494,622,633
余蕭客　2,4,8,21,28,30,33,205,213,217—219,221,223,224,237,257
虞翻　33,39,45,127,145,147,164,165,173,183,268,270—272,452,709,726,838,943
虞氏消息　451,452,838
虞仲翔　147,164,176,266,452
輿地之學　20,91,108,237,315,647
禹貢山川地理圖　95,96
語録　27,198,227,263,581,623,777,783,787,833
玉篇　77,79,88,123,213,214,246,367,369,375,387,391,396,409,428,549,586,628,645,724—726,728,858,929
玉谿生　254,255,356
御批通鑑輯覽　831,832
御製説經文　24,29
寓公　363,744
豫章行程記　357,359
淵鑒齋　655,656
元和郡縣志　69,447,450
元亨利貞　172,173,176
元衡　87,807,810
元詩紀事　301,307,309,862
元史　309,469,664,740,790
元遺山　741,743,784
元遺山年譜　741,742
元祐　135,787,790,824
袁宏　2,128
袁枚　29,163,216,218,220,316,361,365,445,446,666,668,672,692,693
袁廷檮　3,29,319,364—368
原善　524—527,529,594,623,625,640
原象　526,527,529,631,633,640,787
轅固生　3,4,614,615,842
約之以禮　822,824
韻補正　818,819,849
韻岐　680,681

Z

攢宫　807,809
臧琳　30,452,453,827,849
曾鞏　128,132,407
曾申　60,64,150,614,842,846
曾子　60,64,65,67,211,401,402,495,496,501,502,640,702,747,886
曾子注　2,746,747
札樸　644,645

湛甘泉　361,362

章懷注　6,71,73,318,700,710

章句　2,3,6,8—12,15,34,105,106,125,147,169,179,278,379,502,514,568,583,596,626,631,636,671,741,750,829,837,847,848,887

章正宸　759,762,764

張霸　183,184,841

張弨　76,77,84,85,134,386

張淳　208,617

張爾岐　1,112—114,121,122,644,808,845

張方理　350,351

張恭祖　43,275,840

張國柱　767,769

張惠言　30,429,450—452,838,845

張其錦　691,733,742,743

張炎　320,321

張瑩　199,200

趙邠卿　296,795

趙盾　281—284

趙懷玉　30,365,432,441,451,669

趙匡　130,148,149,834,847

趙岐　45,152,204,297,484,543,638

趙商　498,500,633,634

趙文哲　247,249,250,324,327,332

趙翼　25,39,304,361,579,693

趙曾　30,647

肇域志　63,818,820

枕中秘　221,222

征緬紀聞　330,357,358

怔忡　688,689,698

鄭箋　14,15,138,177,231,233,388,389,392,499,520,521,527,532,614,616,624,625,677,706,710—712,716,843,874,921,940

鄭玄　6,7,10,11,20,26,27,32,33,35,42,43,57,61,117,127,140,146,147,164,169,182—184,194,211,214,217,230,239,240,258,273,275,277,363,424,426,435,487,490,492—498,500,501,504,521,573,586,588,615,617,619,620,622,628,637—640,689,706,747,837,838,842,848

鄭譯　157,159

之卦　266—268

直隸河渠書　218,508,526,528,529,532,634,635

執贄　73,76,134,137,216,438,757

制義　14,205,648,671,721,750,

758,826
中西合法擬草　467,469
中線　649,650
中庸論　112,114,122
忠端　583,717,749—753,756,757,795
忠節録　807,811
鍾律　117,158,159,455,458,504,519,607
鍾山札記　542,546,548
重游滇詔紀程　357,359
舟山興廢　774,786,788
周髀　259,510—513,569,632,650,653,654
周鑣　760,762,763
周公　19,23,47,53,54,115—118,148,165,167,182,197,198,366,381,480,495,497,500,609,619,622,693,705,808,838,849,860,864,865,913,915,916,922,936
周官禄田考　206—208
周官義疏　23,26
周禮疑義舉要　116,467,470,845
周延祚　752,754,756,763
周易本義辨證　183,838
周易述　3,7,8,164,165,167,171—176,178,181,226,592,593,838
周易述義　24,26,27
周易虞氏義　451,452,838
周易折中　18,20,26,101,206,656,659
周易知旨　668,669
紂　36,48—50,166—168,185,227,228,231,612,864,898,899,913,917
朱大定　769—771
朱敬輿　221,222
朱筠　2,3,19,21,29,30,35,218,362,372,376,384,391,405—409,413,414,417,427,431,441,451,594,668,685
朱錫庚　19,414,415
朱錫卣　29,415
朱彝尊　17,29,61,96,136,137,201,223,255,302,310,321,357,409,574,734,798,809,811,827
朱子　20,27,77,103—106,115,120,202,208,225,227,248,455,456,459,467,470,501,539,540,544,611,692,715—718,782,813,827,829,830,841,848,921
洙泗　3,5,449,624
諸史會最　199,203
竹南漫録　199,203

屬車雜志　357,359
注雅别鈔　213,215,216,220,221
顓頊　177,179,490—492
撰杖集　786,791
莊存與　35,251,374,453
莊培因　250,251,261,374,375
莊周　2,516,597,677
子夏　65,149,191,192,196,198,277,370,453,500,561,609,614,615,618,627,700,842,845,848,849,902
子張　19,49,60,65,73,195,196,696,780,816,848
紫陽書院　247—249,258,259,261,264,308,322,365,370,531,535
字林考逸　584,586—588,849
宗動天　153,156
縱横家　217,219,480,626
鄒湛　166,169
足利贋鼎　221,223
左傳　5—8,10,14,17,27,29,33,35,45,71,75,88,125,128,142,148—150,152,167,170,171,175,176,187—189,192,194,196,197,211,228,237,268,284—290,292—295,316,374,378,382,392,400,403,404,428,433,466,478,490,491,496,497,500,510,520,521,542,545,613,622,625,638,663,664,699,725,726,733,754,768,769,790,800,824,825,827,835,866,873,874,876,878,898,900,901,919,937,940,944
左傳補注　136,185—189,547,548,644,847,875
左傳杜解補正　818,847
左傳分類　661,662
左傳詁　445,446
左傳翼疏　668—672
左氏春秋　43,116,124,125,136,275,415,588,637,646,672,730,731,907

圖書在版編目(CIP)數據

漢學師承記箋釋：附經師經義目録　漢學師承記續記. 下/(清)江藩,(清)趙之謙纂;漆永祥箋釋、整理. —修訂本. —北京:北京聯合出版公司,2022. 5

ISBN 978－7－5596－4760－3

Ⅰ. ①漢…　Ⅱ. ①江…　②趙…　③漆…　Ⅲ. ①漢學－研究－中國－清代②《漢學師承記》－注釋　Ⅳ. ①K249. 078

中國版本圖書館 CIP 數據核字(2021)第 067796 號

漢學師承記箋釋：附經師經義目録　漢學師承記續記

出 品 人:趙紅仕
責任編輯:張永奇
書籍設計:黄曉飛
出版發行:北京聯合出版有限責任公司
　　　　　北京聯合天暢文化傳播有限公司
社　　址:北京市西城區德外大街 83 號樓 9 層
郵　　編:100088
電　　話:(010)64243832
印　　刷:北京富誠彩色印刷有限公司
開　　本:880mm×1230mm　1/32
字　　數:337 千字
印　　張:17
版　　次:2022 年 5 月第 1 版
印　　次:2022 年 5 月第 1 次印刷
ISBN 978－7－5596－4760－3
定　　價:168. 00 元(上下册)

文獻分社出品